EINLEITUNG

A. Wettbewerb und Wirtschaftsordnung

Übersicht

Alphabetische Übersicht (A)

Literatur

Aberle Wettbewerbstheorie und Wettbewerbspolitik (1980); *Ahlert* Marketing-Rechts-Management (1988); *Armbruster* Privatautonomie im Handels- und Wirtschaftsrecht, JR 1990, 278; *Badura* Der Eigentumsschutztitel des eingerichteten und ausgeübten Geschäftsbetriebes, AöR 98 (1973), 157; *Badura* Grundprobleme des Wirtschaftsverfassungsrechts, JuS 1976, 205; *Bartholomeyczik/Benisch* Rechtsgrundlagen der Gegengewichtsbildung (1966); *Bartling* Leitbilder der Wettbewerbspolitik (1980); *Basedow* Von der deutschen zur europäischen Wirtschaftsverfassung (1992); *Baudenbacher* Zur funktionalen Anwendung von § 1 des deutschen und Art. 1 des schweizerischen UWG, ZHR 144 (1980), 145; *Baur* Das Tatbestandsmerkmal „Wettbewerb", ZHR 134 (1970), 97; *Behrens* Der Wettbewerbsbegriff des Gesetzes gegen Wettbewerbsbeschränkungen, NJW 1958, 485; *Benöhr* Privatautonomie und Wirtschaftsliberalismus: Adam Smith's Wohlstand der Nationen von 1776, JuS 1976, 273; *Berg* Wettbewerbspolitik, in: Vahlens Kompendium der Wirtschaftstheorie u. Wirtschaftspolitik[2] (1985); *Bethge* Grundrechtsverwirklichung und Grundrechtssicherung durch Organisation und Verfahren, NJW 1982, 1; *Bittlingmeyer* Die wettbewerbspolitischen Vorstellungen der Chicago School, WuW 1987, 709; *Bleckmann* Grundzüge des Wirtschaftsverfassungsrechts der Bundesrepublik Deutschland, JuS 1991, 536; *Bohling* Die Anforderungen des Grundgesetzes an die Wirtschaftsordnung, in: Bohling (Hrsg.) Wirtschaftsordnung und Grundgesetz (1981), 1; *Borchardt/Fikentscher* Wettbewerbsbeschränkung, Marktbeherrschung (1957); *Böhm* Wirtschaftsordnung und Staatsverfassung (1950); *Brandt* Das neoklassische Marktmodell und die Wettbewerbstheorie, JNSt. 199 (1984), 97; *Braun* Werbung und Meinungsfreiheit nach Art. 5 Abs. 1 S. 1 GG, WRP 1982, 510; *Braun* Wettbewerbstheorie, Wettbewerbspolitik, Wettbewerbsrecht, Ordo 35 (1984), 297; *Buhbe* Ökonomische Analyse von Eigentumsrechten (1980); *Burmann* Wettbewerb als sinnvariabler Rechts- und Wirtschaftsbegriff, WRP 1967, 240; *Canaris* Grundrechte und Privatrecht, AcP 184 (1984), 201; *Clapham* Das wettbewerbspolitische Konzept der Wettbewerbsfreiheit, in: Cox/Jens/Markert Handbuch des Wettbewerbs (1981), 129; *Clark* Zum Begriff eines funktionsfähigen Wettbewerbs, AER 1940, 241; *Clark* Competition as a Dynamic Process (1961); *Clark* Wettbewerb und Ziele der Wirtschaftspolitik, in: Herdzina Wettbewerbstheorie (1975), 269; *Clemens/Glahe* Das Gegengewichtsprinzip in der Wirtschaftsordnung (1966); *Cox/Hübener* Wettbewerb. Eine Einführung in die Wettbewerbstheorie und Wettbewerbspolitik, in: Cox/Jens/Markert Handbuch des Wettbewerbs (1981); *Degenhart* Das allgemeine Persönlichkeitsrecht, Art. 2 I i. V. mit Art. 1 I GG, JuS 1992, 361; *Drettmann* Wirtschaftswerbung und Meinungsfreiheit (1984); *Ehlers* Der persönlichkeitsrechtliche Schutz des Verbrauchers vor Werbung, WRP 1983, 187; *Ehmke* Wirtschaft und Verfassung (1961); *Eicke* Meinungsfreiheit für die Werbung?, WRP 1988, 645; *Engels* Soziale Marktwirtschaft. Verschmähte Zukunft? (1972); *Engels* Mehr Markt. Soziale Marktwirtschaft als politische Ökonomie (1976); *Eucken* Die Grundlage der Nationalökonomie[8] (1965); *Everling* Eigentumsordnung und Wirtschaftsordnung in der Europäischen Gemeinschaft, in: FS Raiser (1974), 379; *Fezer* Verantwortete Marktwirtschaft, JZ 1990, 657; *Friauf* Unternehmenseigentum und Wirtschaftsverfassung, DÖV 1976, 624; *Friauf/Wendt* Eigentum am Unternehmen (1977); *Friedrich* Der Grundrechtsschutz der Außenwerbung, WRP 1972, 113; *Friedman* Capitalism and Freedom (1962) = Kapitalismus und Freiheit (1984); *Fritze* Indirekte wettbewerbsrechtliche Schranken für Presseberichterstattung und Pressekritik, GRUR 1985, 414; *Galbraith* American Capitalism. The Concept of Countervailing Power[7] (1956), 124; *Gärtner* Verfassungskonforme Auslegung wettbewerbsrechtlicher Generalklauseln, BB 1970, 1361; *v. Godin* Zum Begriff des „Wettbewerbs", GRUR 1965, 288; *Goerlich* Wertordnung und Grundgesetz (1973); *Gotthold* Neuere Entwicklungen der Wettbewerbstheorie, ZHR 145 (1981), 286; *Gotthold* Nochmals: Kritische Bemerkungen zur neoliberalen Theorie der Wettbewerbspolitik, ZHR 146 (1982), 55; *Grabitz* Die verfassungsorientierte Konkretisierung wettbewerbsrechtlicher Generalklauseln, ZHR 149 (1985), 263; *Grossekettler* Wettbewerbstheorie, in: Borchert/Grossekettler (Hrsg.) Preis- und Wettbewerbstheorie (1985), 174; *Gutersohn/Geisbüsch* Marktungleichgewichte und Gegengewichtsbildung in der Wirtschaftswirklichkeit (1966); *Hablitzel* Wirtschaftsverfassung und Grundgesetz, BayVBl. 1981, 65; 172; *Hauer* Leitbilder der Gerechtigkeit in den marktwirtschaftlichen Konzeptionen von Adam Smith, John Stuart Mill und Alfred Müller-Armack (1991); *v. Hayek* Die Anmaßung von Wissen, Ordo 26 (1975), 12; *v. Hayek* Marktwirtschaft und Wirtschaftspolitik, Ordo 6 (1954), 3 ff; *v. Hayek* Der Wettbewerb als Entdeckungsverfahren, in: Freiburger Studien (1969), 249; *v. Hayek* Grundsätze einer liberalen Wirtschaftsordnung, in: Freiburger Studien (1969), 108; *v. Hayek* Arten der Ordnung, in: Freiburger Studien (1969), 32; *v. Hayek* Die Theorie komplexer Phänomene (1972); *v. Hayek* Individualismus und wirtschaftliche Ordnung[2] (1976); *Herdzina* Wettbewerbstheorie (1975); *Herdzina* Wettbewerbspolitik (1985); *Herschel* Zivilrechtliche Bedeutung des strafrechtlichen Analogieverbotes, NJW 1968, 533; *Herzog* Soziale Marktwirtschaft – Verfassungsgebot oder politische Beliebigkeit, in: Franz (Hrsg.) Die Zukunft der BRD (1975), 109; *Herzog* Grundrechte und Gesellschaftspolitik, in: FS Hirsch (1986), 63; *Heuß* Allgemeine Markttheorie (1965); *Hoppmann* Wettbewerb als Norm der Wettbewerbspolitik, Ordo 18 (1965), 77; *Hoppmann* Das Konzept der optimalen Wettbewerbsintensität, JNSt. 179 (1966), 286; *Hoppmann* Die Funktionsfähigkeit des Wettbewerbs, JNSt. 181 (1967/68), 251; *Hoppmann* Zum Problem einer wirtschaftspolitisch praktikablen Definition des Wettbewerbs, in: Schneider (Hrsg.) Grundlagen der Wettbewerbspolitik (1968), Schriften des Vereins für Socialpolitik NF, Bd. 48, S. 9; *Hoppmann* Neue Wettbewerbspolitik: Vom Wettbewerb zur staatlichen Mikrosteuerung, JNSt. 184 (1970), 397; *Hoppmann* Wirtschaftsordnung und Wettbewerb (1988); *Hoppmann* Prinzipien freiheitlicher Wirtschaftspolitik (1993); *Horn* Zur ökonomischen Rationalität des Privatrechts – Die privatrechtstheoretische Verwertbarkeit der „Economic Analysis of Law", AcP 176 (1976), 307; *Huber* Der Streit um das Wirtschaftsverfassungsrecht, DÖV 1956, 97, 135, 172, 200; *Jarass* Die freien Berufe zwischen Standesrecht und Kommunikationsfreiheit, NJW 1982, 1833; *Kalfass* Die Chicago School – Eine Skizze des „neuen" amerikanischen Ansatzes für die Wettbewerbspolitik, WuW 1980, 596; *Kantzenbach* Die Funktionsfähigkeit des Wettbewerbs[2] (1967), vgl. auch Auszüge, in: Herdzina Wettbewerbstheorie (1975), 194; *Kantzenbach* Das Konzept der optimalen Wettbewerbsintensität, JNSt. 181 (1968), 193; *Kantzenbach/Kalfass* Das Konzept des funktionsfähigen Wettbewerbs, in: Cox/Jens/Markert Handbuch des Wettbewerbs (1981) 103; *Karsten* Wirtschaftsordnung, Wirtschaftsverfassung, Wirtschaftsordnungstypus und Wirtschaftsgestalt, Schmollers Jahrbuch Bd. 88 (1968), 129; *Keßler* Marktordnung, Wettbewerb und Meinungsfreiheit, WRP 1987, 75; *Kirzner* Wettbewerb und Unternehmertum (1978);

Kloepfer/Michael Vergleichende Werbung und Verfassung. Meinungsgrundrechte als Grenze von Werbebeschränkungen, GRUR 1991, 170; *Knöpfle* Der Rechtsbegriff „Wettbewerb" und die Realität des Wirtschaftslebens (1966); *Knöpfle* Marktbezogene Unlauterkeit (1983); *Köhler* Wohin steuert die deutsche Wettbewerbspolitik? Ordo 37 (1986), 275; *v. Köhler* Welche Stellung hat der Wettbewerb in unserer Rechtsordnung? NJW 1964, 569; *Koslowski* Theorie der Marktwirtschaft und der gesellschaftlichen Koordination (1991); *Kraft* Interessenabwägung und gute Sitten im Wettbewerbsrecht (1963); *Kraft* Die Berücksichtigung wirtschaftspolitischer und gesellschaftspolitischer Belange im Rahmen des § 1 UWG, FS Bartholomeyczik (1973), 223; *Kraft* Gemeinschaftsschädliche Wettbewerbsstörungen als unlauterer Wettbewerb?, GRUR 1980, 966; *Kraft* Wettbewerbsrecht und Diskriminierungsverbot, in: FS Kummer (1980), 389; *Kresse* Wirtschaftswerbung und Art. 5 GG, WRP 1985, 536; *Kriele* Wirtschaftsfreiheit und Grundgesetz, ZRP 1974, 105; *Krüger* Staatsverfassung und Wirtschaftsverfassung, DVBl. 1951, 361; *Krüger* Wirtschaftsverfassung, Wirtschaftsverwaltung, Rechtsstaat, BB 1953, 565; *Kübler* Pressefreiheit als Entscheidungsfreiheit des Lesers, in: FS Löffler (1980), 169; *Kübler/Simitis* Presse und Wettbewerb, JZ 1969, 445; *Lammel* Wettbewerbsfreiheit und Staatsintervention, GRUR 1986, 362; *Lampert* Die Wirtschafts- und Sozialordnung der Bundesrepublik Deutschland[9] (1988); *Lehmann* Wirtschaftspolitische Kriterien in § 1 UWG, in: Mitarbeiter-FS E. Ulmer (1973), 321; *Lehmann* Das Prinzip Wettbewerb, JZ 1990, 61; *Leisner* Grundrechte und Privatrecht (1960); *Leisner* Der Eigentümer als Organ der Wirtschaftsverfassung, DÖV 1975, 73; *Leisner* Privateigentum ohne privaten Markt? BB 1975, 1, 5; *Leisner* Selbstbedienungsgroßhandel und Verfassungsrecht. Zu den Verfassungsschranken des Wettbewerbsrechts (1986); *Lerche* Werbung und Verfassung (1967); *Lerche* Meinungsfreiheit und Richtigkeitsanforderungen an Tatsachenangaben im wirtschaftlichen Wettbewerb, in: FS Lorenz (1991), 143; *Liesegang* Die verfassungsrechtliche Ordnung der Wirtschaft (1977); *Lobe* Die Bekämpfung des unlauteren Wettbewerbs, Bd. I, Der unlautere Wettbewerb als Rechtsverletzung (1907), Bd. III, Materialien des Gesetzes zur Bekämpfung des unlauteren Wettbewerbs (1907); *Lukes* Zum Verständnis des Wettbewerbs und des Marktes in der Denkkategorie des Rechts, in: FS Franz Böhm (1965), 199; *Manne* (Hrsg.) The Economics of Legal Relationships. Readings in the Theory of Property Rights (1975); *Meessen* Das Grundrecht der Berufsfreiheit, JuS 1982, 397; *Menke* Die moderne informationsökonomische Theorie der Werbung und ihre Bedeutung für das Wettbewerbsrecht, GRUR 1993, 718; *Merz* Die Vorfeldthese (1988); *Mestmäcker* Macht-Recht-Wirtschaftsverfassung, ZHR 137 (1973), 97; *Mestmäcker* Der verwaltete Wettbewerb (1984); *Mestmäcker* Recht und ökonomisches Gesetz[2] (1984); *Meyer-Cording* Die Grundbegriffe des Wettbewerbs, WuW 1962, 461; *Möschel* Rechtsordnung zwischen Plan und Markt (1975); *Möschel* Pressekonzentration und Wettbewerbsgesetz (1978); *Möschel* Wettbewerb im Schnittfeld von Rechtswissenschaften und Nationalökonomie, WiSt. 1978, 351; *Möschel* Neuere Entwicklungen in der Wettbewerbstheorie, ZHR 145 (1981), 590; *Möschel* Recht der Wettbewerbsbeschränkungen (1983); *Mühl* Aktuelle Wirtschaftspolitik und die tragenden Grundsätze der Wirtschaftsverfassung (Art. 3, 12, 14 GG), DÖV 1976, 224; *Müller-Armack* Wirtschaftslenkung und Marktwirtschaft[2] (1948); *Müller-Volbehr* Das Soziale in der Marktwirtschaft, JZ 1982, 132; *Nipperdey* Grundrechte und Privatrecht (1961); *Nipperdey* Soziale Marktwirtschaft und Grundgesetz[3] (1965); *Nörr* Zwischen den Mühlsteinen (1988); *(o. V.)* Das Konzept der „Workable Competition" in der angelsächsischen Literatur, FIW-Dokumentation (1970); *Ott* Systemwandel im Wettbewerbsrecht, in: FS Raiser (1974), 403; *Papier* Unternehmen und Unternehmer in der verfassungsrechtlichen Ordnung der Wirtschaft, VVDStRL 35, 55; *Paulus* Wirtschaftswerbung und Meinungsfreiheit – Inhalt und Schranken von Art. 5 Abs. 1 S. 1 GG, WRP 1990, 22; *Plaßmann* Rechtsbegriffe im Wettbewerb, JZ 1968, 81; *Pleyer* Die „guten Sitten" in der Wirtschaftsordnung der sowjetischen Besatzungszone Deutschlands, JR 1965, 241; *Posner* The Chicago School of Antitrust Analysis, Univ. of Pennsylvania Law Review 127 (1979), 925; *Rebe* Privatrecht und Wirtschaftsordnung (1978); *Rehbinder* Privatrecht und Wirtschaftsordnung, ZHR 143 (1979), 349; *Reich* Wettbewerbstheorie – Wettbewerbspolitik – Wettbewerbsrecht, ARSP 1976, 111; *Reich* Markt und Recht (1977); *Reichold* Lauterkeitsrecht als Sonderdeliktsrecht. Zur Rolle zivilistischen Denkens bei der Anwendung von § 1 UWG, AcP 193 (1993), 204; *Reuter* Die ethischen Grundlagen des Privatrechts – formale Freiheitsethik oder materiale Verantwortungsethik?

AcP 189 (1989), 199; *Reuter* Freiheitsethik und Privatrecht, DZWir 1993, 45; *Richter* Sichtweise und Fragestellungen der Neuen Institutionenökonomik, ZWS 110 (1990), 571; *Rittner* Über das Verhältnis von Vertrag und Wettbewerb, AcP 188 (1988), 101; *Rittstieg* Eigentum als Verfassungsproblem[2] (1975); *Ruffner* Neuere Wettbewerbstheorie und schweizerisches Kartellrecht (1990); *Rupp* Grundgesetz und „Wirtschaftsverfassung" (1974); *Rupp* „Wirtschaftsverfassung", in: Handwörterbuch der Wirtschaftswissenschaft (1982); *Sack* § 1 UWG und Wirtschaftspolitik, WRP 1974, 247; *Schachtschnabel* Wirtschaftspolitische Konzeptionen[3] (1976); *Schinzinger* Ansätze ökonomischen Denkens von der Antike bis zur Reformationszeit (1977); *Schluep* Vom lauteren zum freien Wettbewerb, GRUR Int. 1973, 446; *Schmidt, E.* Von der Privat- zur Sozialautonomie, JZ 1980, 153; *Schmidt, I.* Wettbewerbspolitik und Verfassung (1971); *Schmidt, R.* Öffentliches Wirtschaftsrecht, Allg. Teil (1990); *Schmidt, R.* Wirtschaftspolitik und Verfassung (1971); *Schmidt/Rittaler* Chicago School of Antitrust Analysis, WiSt. 1986, 283; *Schmidtchen* Wettbewerbspolitik als Aufgabe (1978); *Scholz* Berufsbild und Wettbewerbsrecht, BB 1980, Beilage 5 zu Heft 21; *Schricker* Gesetzesverletzung und Sittenverstoß (1970); *Schricker* Entwicklungstendenzen im Recht des unlauteren Wettbewerbs, GRUR 1974, 579; *Schricker* Möglichkeiten zur Verbesserung des Schutzes der Verbraucher und des funktionsfähigen Wettbewerbs, ZHR 139 (1975), 208; *Schwartz* Verfolgung unlauteren Wettbewerbs im Allgemeininteresse, GRUR 1967, 333; *Sölter* Nachfragemacht und Wettbewerbsordnung[2] (1960); *Sölter* Der unvollständige Wettbewerbsbegriff (1975); *Stadermann* Wirtschaftspolitik (1992); *Stober* Grundrechtsschutz der Wirtschaftstätigkeit (1989); *Stober* Wirtschaftsverwaltungsrecht[8] (1993); *Streniger* Der natürliche Lauf der Dinge. Zur Sozialphilosophie Adams Smith, ARSP 1989, 196; *Tolksdorf* Stand und Entwicklungstendenzen der Wettbewerbstheorie, WuW 1980, 785; *Tuchtfeldt* Über die Staatsfunktionen bei Adam Smith, Ordo 27 (1974), 29; *Tuchtfeldt* Konzepte der Wettbewerbspolitik, in: FS Kummer (1980), 549; *Tyllack* Wettbewerb und Behinderung (1984); *Utzig* Die Rolle des Rechts in der modernen ökonomischen Theorie, AcP 189 (1989), 158; *Voigt* Die Non-Dilemma-These, WiSt. 1992, 516; *Wacke* Werbeaussagen als Meinungsäußerungen, in: FS Schack (1966), 197; *Weides* Wirtschaftswerbung und Grundrechte, WRP 1976, 585; *Wendt* Eigentum und Gesetzgebung (1985); *Wiedemann* Rechtsethische Maßstäbe im Unternehmens- und Gesellschaftsrecht, ZGR 1980, 147; *Willeke* Grundsätze wettbewerbspolitischer Konzeptionen (1973); *Windsperger* Wettbewerb als dynamischer Prozeß, Ordo 37 (1986), 125; *Zacher* Aufgaben einer Theorie der Wirtschaftsverfassung, in: FS Böhm (1965), 63; *Zacher* Soziale Sicherung in der Sozialen Marktwirtschaft, in: Vierteljahresschrift für Sozialrecht (1973), S. 97; *Zuck* Die globalgesteuerte Marktwirtschaft und das neue Recht der Wirtschaftsverfassung, NJW 1967, 1301; *Zuck* Aktuelle Probleme der Wirtschaftspolitik und die tragenden Grundsätze der Wirtschaftsverfassung, BB 1967, 805.

I. Begriff des Wettbewerbsrechtes

A 1 Das „Gesetz gegen den unlauteren Wettbewerb" (UWG) bildet zusammen mit dem inhaltlich verkürzt oft als Kartellrecht bezeichneten „Gesetz gegen Wettbewerbsbeschränkungen" (GWB) jedenfalls unterhalb etwaiger verfassungsrechtlicher Maßgaben die Eckpfeiler des geltenden **Wettbewerbsrechtes.** Wegen der zentralen Rolle, die das Wettbewerbsprinzip in der als (soziale) Marktwirtschaft konstituierten Wirtschaftsordnung[1] der Bundesrepublik Deutschland spielt, ist damit zugleich auch der Stellenwert des UWG für das Wirtschaftsrecht überhaupt markiert.

---

[1] Die besonders von *Rebe* Privatrecht S. 26 ff betonte Unterscheidung zwischen Wirtschaftssystem, Wirtschaftsverfassung und Wirtschaftsordnung (s. a. *Thieme* I A 2.2.) dürfte in diesem Zusammenhang ohne Belang sein. Vgl. auch *Emmerich* Kartellrecht[5] § 1, 1 (1988), der in der Frage der Wirtschaftsordnung wie selbstverständlich auch die Systementscheidung zwischen Zentralverwaltungs- und Marktwirtschaft miteinschließt. S. a. *Bohling* in: Bohling S. 1. Näher – im Zusammenhang mit der Wirtschaftsverfassung – Großkomm.-*Schünemann* Einl. A Rdn. 43 ff.

Im einzelnen ist der **Begriff** des Wettbewerbsrechtes unscharf[2] und seine Verwendung demzufolge unterschiedlich. Zum Teil ist diese Unschärfe auf den schon selber schillernden Wettbewerbsbegriff zurückzuführen (dazu Einl. A Rdn. 8 ff). **Im weitesten Sinne** rechnen zum Wettbewerbsrecht nicht nur GWB und UWG, sondern zusätzlich eine Vielzahl weiterer Normen, die in mehr oder weniger spezifischem Zusammenhang mit dem normativen Regelungsfeld „Wettbewerb" stehen. Unter makroökonomischem Aspekt ist dabei vornehmlich an das StabG zu denken; es will die wirtschaftspolitischen Instrumente für eine optimierte Globalsteuerung des Wettbewerbs im Rahmen der durch das GWB geprägten marktwirtschaftlichen Ordnung und mit Blick auf das teilweise antinomische „magische Viereck" des dortigen Zielkatalogs von Geldwertstabilität, hohem Beschäftigungsstand, außenwirtschaftlichem Gleichgewicht und Wirtschaftswachstum zur Verfügung stellen[3]. Als sachlicher Annex des UWG hinwiederum sind in diesem Sinne zum Wettbewerbsrecht insb. das RabattG und die ZugabeVO, aber auch die PreisangabenVO zu zählen[4], die unmittelbar oder mittelbar die Preispolitik, ein zentrales Instrument des wirtschaftlichen Wettbewerbs, normieren. Wettbewerbliche Züge trägt darüber hinaus insb. der Bereich des sog. Gewerblichen Rechtsschutzes[5], insoweit durch die Einräumung von Ausschlußpositionen Vorsprungsgewinne – zumindest befristet – rechtlich abgesichert werden. Im einzelnen herrscht allerdings Streit, der insb. durch das verfehlte Postulat einer Unvereinbarkeit von wirtschaftlicher Verwertungsperspektive und persönlichkeitsrechtlicher Dimension motiviert ist und sich damit naturgemäß am Urheberrecht entzündet (dazu näher Einl. E Rdn. 29). Sicherlich wettbewerbsrechtlich zu klassifizieren sind die Wettbewerbsverbote für Handlungsgehilfen und persönlich haftende Personenhandelsgesellschafter in den §§ 60, 74 ff, 112 (161 Abs. 2) HGB. Wettbewerbsrechtliche Facetten weisen beispielsweise auch die zahlreichen produktspezifischen Vorschriften des Lebensmittelrechtes (z. B. §§ 17, 18, 19, 22 LMBG) auf. Für die Kommunikationspolitik der pharmazeutischen Industrie im Rahmen des Marketing, insb. also für den Einsatz der Werbung im Wettbewerb, ist vor allem auch das HWG (beispielsweise § 3 HWG mit dem Verbot irreführender Werbung, §§ 6 ff HWG mit den Verboten der Gutachterwerbung, Fernbehandlungswerbung und Werbung für Versandhandel) und das AMG (z. B. § 8 Verbot zum Schutz vor Täuschung, vor allem Irreführung (§ 8 Abs. 1 Ziff. 2) §§ 10, 12 mit Kennzeichnungsvorschriften) sedes materiae. Gelegentlich ist der wettbewerbliche Kontext erst auf den zweiten Blick erkennbar. So eignet etwa auch dem LadenschlußG neben seiner Seite als Arbeitnehmerschutzrecht[6] wettbewerbsrechtliche Qualität, was freilich nichts über die wettbewerbliche Produktivität dieses Ge- **A 2**

---

[2] *Fikentscher* Bd. II § 22 XI 1 a; *Koppensteiner* § 1 I.

[3] Zum gesamtwirtschaftlichen Gleichgewicht als Ziel des StabG und den daran anknüpfenden Problemen – auch aus wirtschaftswissenschaftlicher Sicht – gut informierend *Stober* Wirtschaftsverwaltungsrecht § 10; vgl. zur Kontingenz von StabG und GWB prägnant *Möschel* Wettbewerbsbeschränkungen Rdn. 8.

[4] *Fikentscher* Bd. II § 22 XI 2 b.

[5] Besonders klar zum Warenzeichenrecht s. z. B. *v. Gamm* Kap. 4 Rdn. 2; *Schricker* in: Schricker/Stauder (Hrsg.) Hdb. d. Ausstattungsrechts (1986) S. 9 f mit Hinweisen auf das oft abweichende dogmatische Verständnis im Ausland; RGZ 120, 325, 328 – *Sonnengold;* BGHZ 14, 15, 18 – *Frankfurter Römer;* 46, 130, 132 – *Modess;* 52, 273, 279 – *Streifenmuster;* BGH GRUR 1968, 371, 377 – *Maggi*. S. a. – allgemeiner – *Baumbach/Hefermehl* Allg. Rdn. 102 sowie Großkomm.-*Schünemann* Einl. E Rdn. 27 ff.

[6] Vgl. BVerfGE 13, 235, 240; 14, 19, 22; BVerwG GRUR 1969, 880 f – *freie Möbelschau;* BGH GRUR 1981, 424 f – *Tag der offenen Tür II; Baumbach/Hefermehl* § 3 UWG Anh. VI Rdn. 1.

setzes aussagt[7]. Die Enumeration ließe sich lange fortsetzen, ohne doch den Raum wettbewerbsrechtlich relevanter Normen zu durchmessen.

A 3 Sind mithin die äußersten Grenzen des Wettbewerbsrechtes weit zu ziehen, so haben sich gleichwohl engere Begriffe des Wettbewerbsrechtes herausgebildet. Dem jeweils unterschiedlichen Erkenntnisinteresse folgend wird so etwa in der Volkswirtschaftslehre mit „Wettbewerbsrecht" durchweg das GWB identifiziert, schon weil dieses Verständnis sich zwanglos einer Wissenschaftstrias von Wettbewerbstheorie, Wettbewerbspolitik und eben Wettbewerbsrecht einfügt[8]. In der naturgemäß eher an konkret-unternehmerischem Individualhandeln interessierten Betriebswirtschaftslehre wird mit Wettbewerbsrecht hingegen zumeist das UWG assoziiert, eventuell noch ergänzt durch RabattG, ZugabeVO und ähnliche benachbarte Nebengesetze[9]. Auch im rechtswissenschaftlichen Kontext herrscht dieser am UWG orientierte Begriffsgebrauch des **Wettbewerbsrechtes im engeren Sinne** vor[10]. Bei alledem handelt es sich aber letztlich um terminologische Marginalien. Gleichgültig, um welchen Mittelpunkt – GWB oder UWG – der Kreis des Wettbewerbsrechtes ieS nun gezogen und wie weit der Kreisbogen geschlagen wird, lassen sich aus derartigen, oft nur darstellungspraktischen Erwägungen folgenden Positionen allein ohnehin keine rechtssubstantiellen Schlüsse ziehen.

A 4 Als mißverständlich jedenfalls zu vermeiden – und auch nur vereinzelt gebraucht (so *Baumbach/Hefermehl* Allg. Rdn. 81) – ist die Bezeichnung des UWG als **„allgemeines Wettbewerbsrecht"**, sofern nicht wenigstens gleichzeitig klarstellend z. B. auf RabattG, ZugabeVO, PreisangabenVO und ähnliches als „Sonderwettbewerbsrecht" Bezug genommen wird. Eine gewisse Prägnanz mag der Begriff eines allgemeinen Wettbewerbsrechtes allenfalls als Inbegriff des GWB und des UWG gewinnen: Wie auch immer deren Verhältnis zueinander bestimmt werden muß (dazu Einl. E Rdn. 27 ff), markieren beide den Kernbereich der Rechtsnormen mit Wettbewerbsbezug.

A 5 Wörtlich genommen ebenfalls Mißverständnissen ausgesetzt ist der Begriff **Lauterkeitsrecht,** weil damit bereits Aussagen über das maßgebliche Kriterium wettbewerbsrechtlich zulässigen, den „guten Sitten" entsprechenden Verhaltens iS kaufmännischer Ehrbarkeit, geschäftlichen Anstandes etc. assoziiert werden können. Gleichwohl ist der Ausdruck als plakative Bezeichnung der Normen des UWG und seiner Nebengesetze (namentlich RabattG, ZugabeVO und PreisangabenVO) nicht entbehrlich.

II. Wettbewerbskonzeptionen

1. Wettbewerbsrecht und Wirtschaftswissenschaften

A 6 Der Wettbewerb als **Regelungsmaterie** ist erfahrungswissenschaftliches Erkenntnisobjekt der **Wirtschaftswissenschaften.** Aus diesem von den Wirtschaftswissen-

---

[7] Das LadenschlußG ist geradezu als „Zwangskartell für den Einsatz des Aktionsparameters Verkaufszeit" zu kennzeichnen und mit einer marktwirtschaftlichen Wettbewerbsordnung unvereinbar. So völlig zu Recht *Gröner/Köhler* Der Selbstbedienungsgroßhandel zwischen Rechtszwang und Wettbewerb (1986) S. 60 ff; **a. A.** allerdings – unter Zugrundelegung „wirtschaftspolitischer Neutralität" des GG (dazu Großkomm.-*Schünemann* Einl. A Rdn. 47 ff) – BVerfGE 13, 230; 13, 237; 14, 19.

[8] Vgl. nur *Braun* Ordo 35 (1984), 297; *Cox/Hübener* in: Cox/Jens/Markert I. 4. b; *Reich* ARSP 1976, 111.

[9] Vgl. etwa zur Bedeutung eines Marketing-Rechts-Managements *Ahlert* Marketing-Rechts-Management (1988) S. 14 ff.

[10] Vgl. HdbWR/*Gloy* § 1 Rdn. 1 f (vgl. aber auch HdbWR/*Greuner* ebenda § 4 Rdn. 2 ff, der vielen hier wettbewerbsrechtlich gedeuteten Normen diesen Charakter wohl überhaupt abspricht); *Fikentscher* Bd. II § 22 XI 1 a; *Kehl* § 2

schaften zu eruierenden Rahmen können sich das Wettbewerbsrecht und seine Dogmatik bei aller für eine rechtliche Betrachtungsweise spezifischen Normativität nicht lösen. Von daher ist die Relevanz der Wirtschaftswissenschaften für die Wettbewerbsrechtswissenschaft letztlich eine bare Selbstverständlichkeit[11]. Gesetzgebung, Dogmatik und jedenfalls kartellamtliche Rechtspraxis des GWB und vergleichbarer Regelwerke des benachbarten Auslands sind seit jeher stark von wirtschaftswissenschaftlichen Theoremen über den Wettbewerb geprägt[12]. Davon unberührt bleibt freilich die Notwendigkeit, „Wettbewerb", „Wettbewerbsbeschränkung", „wesentlicher Wettbewerb" und ähnliche Schlüsselbegriffe als Elemente kartellrechtlicher Tatbestände bzw. deren Schutzobjekte eben den spezifisch juristischen Interpretationsmethoden zu unterwerfen, sie überhaupt juristisch-praktikabel zu operationalisieren[13]. Aber auch das UWG ist weder voll verstehbar noch überlegt zu handhaben, wenn sein ökonomischer Kontext nicht aufgehellt wird. Freilich ist dies hier weniger evident als für das GWB, weil für das UWG nicht das Wettbewerbsgeschehen in seiner vollen Komplexität, als Resultante zahlloser Interaktionen innerhalb eines Datenkranzes, im Vordergrund steht, sondern die als singulär und isoliert gedachte Wettbewerbshandlung als Anknüpfungspunkt dient. Die lauterkeitsrechtliche Relevanz der in der Volkswirtschaftslehre, namentlich in deren Teildisziplinen Wettbewerbstheorie und Wettbewerbspolitik geführten Diskussion folgt gleichwohl daraus, daß die Kriterien für zulässiges, „lauteres" Wettbewerbshandeln bezogen auf den auch durch das GWB institutionell geschützten Wettbewerb zielkonform definiert sein müssen. Denn dieser Wettbewerb, der in ihm wirkende ökonomische Mechanismus und die Voraussetzungen seines Funktionierens konstituieren also das **Referenzsystem des Lauterkeitsrechtes.** Besonderes Gewicht für das UWG als originäres Wettbewerbsverhaltensrecht im Gegensatz zu dem eher an Marktstrukturen orientierten und interessierten GWB müssen dabei diejenigen wirtschaftswissenschaftlichen Wettbewerbskonzeptionen gewinnen, die – wie die neueren Strömungen insgesamt – auf die Dynamik des Wettbewerbs als Prozeß abheben, auf eine Dynamik, die wesentlich gerade durch Unternehmensverhalten in Gang gesetzt wird. Dogmatische Gestalt kann dieser Bezug insb. bei der teleologisch-interpretativen Konkretisierung des Lauterkeitsmaßstabes der „guten Sitten" in § 1 UWG gewinnen (eingehend Einl. D Rdn. 37). Insgesamt ist aber sicher zutreffend, daß wegen eben dieser primären Verhaltensorientierung des UWG die wettbewerbstheoretischen und wettbewerbspolitischen, oft sehr kontrovers diskutierten Konzepte hier eine zwar wichtige, aber dennoch vergleichsweise geringere Rolle spielen und deshalb nur einer kursorischen Darstellung bedürfen (ähnlich *RWW/Fezer* 3.0 Rdn. 49).

Rdn. 2; *Koppensteiner* § 1 I; *Möhring* WuW 1954, 387; *Rittner*[4] (1993) Einl. I 1 a, § 1 A I 2; *Schünemann* S. 23 f; *Ulmer/Reimer* Rdn. 10; vgl. ferner Titel und bearbeitete Rechtsmaterien bei *Baumbach/Hefermehl; Bunte* Wettbewerbs- und Kartellrecht (1980); *Nordemann* (s. a. das dortige Vorwort).

[11] S. a. *RWW/Fezer* 3.0 Rdn. 49; *Immenga/Mestmäcker* GWB[2] (1992) Einl. Rdn. 29; HdbWR/*Kreft* § 9 Rdn. 5; *Mestmäcker* Europäisches Wettbewerbsrecht § 12 III 1 (1974); *Raisch* und *K. Schmidt* in: Grimm Rechtswissenschaft und Nachbarwissenschaften Bd. I 1973, 134/159 ff; *Spliethoff* Verkehrsauffassung und Wettbewerbsrecht (1992) S. 242 ff; s. aber auch *Sölter* Wettbewerbsbegriff S. 93 ff, der ein häufig gestörtes Verhältnis der Jurisprudenz zur Ökonomik beklagt.

[12] Informativ *Kartte/Holtschneider* Konzeptionelle Ansätze und Anwendungsprinzipien im Gesetz gegen Wettbewerbsbeschränkungen, in: Cox/Jens/Markert Handbuch des Wettbewerbs I 2, II (1981); *Möschel* Wettbewerbsbeschränkungen Rdn. 61; *Ruffner* S. 11 ff, 22 ff; *I. Schmidt* Wettbewerbspolitik und Kartellrecht[3] (1990) 8. Kap. I. 2.

[13] *Möschel* Wettbewerbsbeschränkungen Rdn. 62 ff; *Rebe* Privatrecht S. 35 ff; *Rittner*[4] (1993) § 5 B 3 a sowie C I 2 c.

A 7 **Wettbewerbskonzeptionen** versuchen, einen plausiblen Zusammenhang von wettbewerbspolitisch wünschbaren Zielen und zur Zielerreichung geeigneten Mitteln auf der Basis wettbewerbstheoretischer Aussagen über Marktstrukturen, Marktprozesse und Marktergebnisse darzustellen. Dabei wird gelegentlich von seiten des methodologischen Essentialismus sogar ein Einblick in das Wesen des Wettbewerbs schlechthin oder doch wenigstens des wirtschaftlichen Wettbewerbs angestrebt. Überwiegend wird indes ein mehr oder weniger umfassend angelegtes erkenntnistheoretisches Engagement pessimistisch beurteilt. Statt dessen werden eher Wettbewerbsleitbilder entworfen, die sich als normative Systeme iS von Sollensaussagen verstehen, dabei aber mit dem Anspruch auftreten, durchaus (jedenfalls zukünftige) wirtschaftliche Wirklichkeit abbilden zu können[14]. Ihr **normativer Anspruch** erwächst hier gleichsam doch aus der Natur der Sache und darf deshalb nicht einfach als Ausdruck bloßer Wünschbarkeit innerhalb mehrerer prinzipiell ebensogut wählbarer Entscheidungsvarianten verstanden werden. Insofern erlangen Wettbewerbskonzeptionen sehr wohl eine Verbindlichkeit für die Auslegung und Anwendung des Wettbewerbsrechts, und zwar gerade auch hinsichtlich des UWG, wenn „separatistisch-kausale Formalvorstellungen vom Wettbewerbsablauf", die gerade hier oft genug anzutreffen sind, überwunden werden sollen[15]. Nicht dies erscheint problematisch, sondern ob und welchen wettbewerbskonzeptionellen Leitbildern eine notwendige wirtschaftsverfassungsrechtliche Konformität zu attestieren ist (dazu Einl. A Rdn. 47 ff, 53 ff).

2. Das „Wesen" des Wettbewerbs

A 8 In der deutschen Sprache bezeichnet das Wort **Wettbewerb** das Streben mehrerer nach Erreichung desselben Ziels[16]. „Wettbewerb" entspricht mithin dem lateinischen Lehnwort **„Konkurrenz"** im Deutschen bzw. dem englischen „competition"[17] (currere bzw. petere: laufen, eilen bzw. zu erreichen suchen sowie con: zusammen, mit). Derartige rivalitätsgeprägte Situationen kommen in allen Bereichen des menschlichen Lebens vor, wobei etwa Sport, Politik, Wirtschaft und persönlich-zwischenmenschliche Beziehungen nur markante, besonders anschauliche Felder bezeichnen. Darüber hinaus wird das Wettbewerbsprinzip sogar zur Deutung biologisch-evolutionärer Prozesse bemüht[18]. Selbst bei einer Restriktion auf den Wettbewerb als „Urkraft menschlichen Handelns" (*Baumbach/Hefermehl* Allg. Rdn. 1) und dabei wiederum auf den wirtschaftlichen Wettbewerb liegt auf der Hand, daß eine explizite Realdefinition des Wettbewerbs, so sie denn überhaupt erkenntnistheoretisch möglich sein sollte[19], angesichts ihrer dann notwendigen begrifflichen Abstraktionshöhe zu blaß ausfallen müßte, um etwa als praktikabler Maßstab zur

---

[14] *Aberle* 2. 1.

[15] So pointiert *Sölter* Wettbewerbsbegriff S. 94, der zu recht eine häufig zu beobachtende, in der ökonomischen Materie des Regelungssubstrats wurzelnde, die „Gewaltenteilung" der wissenschaftlichen Disziplinen ignorierende Selbstherrlichkeit der (Wettbewerbs-)Jurisprudenz beklagt. Ausdrücklich a. A. HdbWR/*Kreft* § 9 Rdn. 6 mwN.

[16] So schon *Meyers* Konversations-Lexikon[7] (1910), Stichwort Wettbewerb; *v. Mises* HdSW Bd. 12 (1965) Stichwort Wettbewerb.

[17] Nach *Websters* Dictionary (1949): „rivalry; mutual strife for the same object".

[18] Vgl. *v. Hayek* Theorie S. 21 ff; *Lehmann* JZ 1990, 61 ff, insb. 66 f mwN.

[19] Skeptisch *Tyllack* S. 188. Ausführlich und ablehnend zum methodologischen Essentialismus bei der Erfassung des Wettbewerbs *Herdzina* Wettbewerbspolitik S. 8 f; *Schmidtchen* Wettbewerbspolitik S. 33 ff. Ablehnend auch *Emmerich* Kartellrecht[5] (1988) § 1, 2 f bb; *Rittner* AcP 188 (1988), 101, 111 f. So im Ergebnis auch *Baumbach/Hefermehl* Allg. Rdn. 9.

Messung von Wettbewerbsintensität an irgendeiner Stelle zu dienen. Selbst die zahllosen Definitionsversuche nur des wirtschaftlichen Wettbewerbs[20] führen diese Aporie vor Augen. So wird der Wettbewerb beispielsweise zu einseitig in seiner Spielart als Angebotswettbewerb gesehen[21] und dabei die Nachfragekonkurrenz vernachlässigt[22], oder es wird der Einfluß der **Marktphasen** eines Produkts auf die Wettbewerbskräfte nicht oder nicht angemessen berücksichtigt. Denn der Wettbewerb trägt doch je nach Marktentwicklung ganz unterschiedliche Züge: Während in der Experimentier- oder Einführungsphase regelmäßig eine allenfalls durch potentielle Wettbewerber charakterisierte monopolistische Situation zu herrschen scheint, beginnen sich – zumindest prima facie – erst in der Expansionsphase die aktuellen Wettbewerbskräfte zu entfalten, um in der durch zunehmende Sättigungseffekte gekennzeichneten Ausreifungs-, Stagnations- und schließlich Rückbildungsphase bis hin zum Ausscheiden des Produkts vom Markt sich immer wieder typisch zu verändern[23].

Unbefriedigend[24] ist auch jene Wettbewerbsdefinition, die eine relativ breite Akzeptanz gefunden hat. Wirtschaftlicher Wettbewerb wird dabei begriffen als „das selbständige Streben sich gegenseitig im Wirtschaftserfolg beeinflussender Anbieter oder Nachfrager (Mitbewerber) nach Geschäftsverbindungen mit Dritten (Kunden oder Lieferanten) durch Inaussichtstellen günstiger erscheinender Geschäftsbedingungen"[25]. Denn hierbei wird schon das Problem der Bewertung der Wettbewerbsmethoden mit dem Wettbewerbsbegriff vermengt: Der Behinderungswettbewerb und „harte" Varianten des Kundenfangs etwa unter Einsatz physischer Gewalt sind zwar unerlaubter Wettbewerb, fallen aber doch nicht schon aus dem Wettbewerbsbegriff heraus[26]. Außerdem ist die „gegenseitige" Beeinflussung des Wirtschaftserfolges eine unzutreffende Einschätzung, weil sie den Wettbewerb als eine Art Nullsummenspiel begreift und Wachstum unberücksichtigt läßt (s. näher Einl. D Rdn. 202 f, 227 f). Neben all diesen eher verhaltensorientierten Festlegungen des (wirtschaftlichen) Wettbewerbs wird „Wettbewerb" auch auf die Gesamtheit bestimmter oder sogar aller geschäftlichen Dispositionen in ihrer marktlichen Vernetzung bezogen und schließlich mit dem für eine Marktwirtschaft konstitutiven Wirkungsmechanismus bzw. Ordnungsprinzip selber identifiziert[27]. **A 9**

Die Bemühungen um eine explizite realdefinitorische Umschreibung des wirtschaftlichen Wettbewerbs haben mithin schon angesichts der vielfältigen Relatio- **A 10**

---

[20] Z. B. *J. Baur* ZHR 134 (1970), 97 ff; *Fikentscher* Wettbewerb und gewerblicher Rechtsschutz (1958) S. 39 f; *v. Gamm* Kap. 3 Rdn. 15; *Kraft* Interessenabwägung S. 177 ff; *Knöpfle* Rechtsbegriff S. 97 ff, 222; *Lukes* FS Böhm (1965) S. 199, 202 ff; *Plaßmann* JZ 1968, 81 ff; *Sandrock* Grundbegriffe des GWB (1968) S. 73 ff, 103 ff, 124 ff; *ders.* Recht und Wirtschaft heute, in: FS Kummer (1980), 449 ff; *Schmidbaur* Allokation, technischer Fortschritt und Wettbewerbspolitik (1974) S. 18 ff.

[21] So z. B. RGSt. 58, 429; BGHZ 19, 392 – *Anzeigenblatt; Abbott* Qualität und Wettbewerb (1958) S. 126; *Behrens* NJW 1958, 485.

[22] S. demgegenüber aber z. B. *Knöpfle* Rechtsbegriff, z. B. S. 25 ff, 81 ff; *Köhler* Wettbewerbsbeschränkungen durch Nachfrager (1977) S. 22 ff, 35 ff; *ders.* Nachfragewettbewerb und Marktbeherrschung (1986) S. 8 ff, 40 ff; *Mestmäcker* Verwalteter Wettbewerb S. 252 ff; *Sölter* Nachfragemacht S. 37 ff; *Tuchtfeldt* FS Kummer S. 551 ff, ferner *Emmerich* Kartellrecht[5] (1988) § 1, 1 a cc.

[23] Vgl. *Heuß* S. 40 ff; zusammenfassend *Aberle* 1. 5.

[24] Vgl. *Knöpfle* Rechtsbegriff S. 103 mwN; *Willemsen* Wettbewerbstheorie – Wettbewerbspolitik und die kartellrechtlichen Bestimmungen des EWG-Vertrages und des EFTA-Vertrages (1971) S. 50.

[25] *Fikentscher* WuW 1961, 788, 796 ff, leicht abgewandelt gegenüber der Urfassung bei *Borchardt/Fikentscher* S. 15; s. a. *Fikentscher* Bd. II § 22 I 3 e.

[26] Vgl. zu diesen und anderen Einwänden *Knöpfle* Rechtsbegriff S. 103 ff; *Tyllack* S. 190 f.

[27] Eingehend *Knöpfle* Rechtsbegriff S. 1 ff, 97 ff, 135 ff, 144 ff; s. a. *Baumbach/Hefermehl* Allg. Rdn. 2 ff; *v. Gamm* Kap. 3 Rdn. 14.

nen, in die der Wettbewerbsbegriff eingebunden ist, wenig Früchte tragen können. Die beklagte „Ewigkeit" des Themas[28] wirft auf den intuitiven Ausgangspunkt zurück, daß der (wirtschaftliche) Wettbewerb wohl durch – tatsächliche oder jedenfalls mögliche – **Rivalität (auf Märkten)** charakterisiert ist[29]. Selbst diese Reduktion auf eine diffuse Rivalität ist noch fragwürdig. Denn in den wettbewerblichen Marktprozessen verändert die Marktgegenseite durch ihr Verhalten – im **Austauschprozeß** – selber wieder die Rahmenbedingungen jenes Rivalitätsverhaltens – im **Parallelprozeß** –. Auch ist die Einordnung des Monopolisten (Angebotsseite) bzw. Monopsonisten (Nachfrageseite) im Wettbewerb je nach dessen konzeptionellem Verständnis durchaus nicht von vornherein klar. Denn nicht nur, aber auch und gerade bei diesen Marktprägungen ist die **Zeitdimension des Marktes** mit zu berücksichtigen, so daß möglicherweise auch ein erst künftiger Marktteilnehmer als vorerst hypothetischer Newcomer schon jetzt Handlungen „zu Zwecken des Wettbewerbs" evoziert und derart ein vermeintlich potentielles „Wettbewerbsverhältnis" bereits hic et nunc aktualisiert (dazu näher Einl. D Rdn. 226 ff). Beschreibungen des wettbewerblichen Wesens reduzieren sich nach dem gegenwärtigen Erkenntnisstand mithin verständlicherweise nicht selten auf parabelhafte Konturen, wie sie sich schon in der Frühzeit des Wettbewerbsrechtes etabliert haben. Besonders der sportliche Wettkampf wurde dabei seit jeher gern als Analogon zum wirtschaftlichen Wettbewerb bemüht[30]. In der Tat eifern auch hier mehrere darum, dasselbe zu erreichen, etwa als erster durchs Ziel zu gehen. Auch hier müssen Absprachen unterbunden werden, um mit dem Siegeswillen jedes einzelnen Teilnehmers, mit dem ganz individuellen „spirit of competition", den institutionellen Sinn des Wettbewerbs zu erhalten. Auch bedarf es zieladäquater Regeln, um nicht leistungsfremden, unfairen Einsatz zu belohnen, etwa bei Wettrudern oder Pferderennen einen Frühstart oder unterschiedlich gewählte Distanzen.

A 11 Gleichwohl bestehen zwischen sportlichem und wirtschaftlichem Wettbewerb derart **essentielle Unterschiede,** daß sich der Sport als paralleles Deutungsmuster der Wettbewerbswirtschaft im übrigen eben doch als ungeeignet erweist[31]. So kennt der sportliche Wettkampf starre spieldefinierende Regeln, der Wirtschaftswettbewerb hingegen ist nicht a priori auf ganz bestimmte, die jeweilige „Leistung" darstellende Handlungszulässigkeiten und Ziele festgelegt (zu der hier angesiedelten Problematik des wirtschaftlichen „Leistungswettbewerbs" s. näher Einl. D Rdn. 81 ff, 90 ff), und seine „Startbedingungen" stellen sich beispielsweise für Newcomer auf dem Markt gänzlich anders dar als für etablierte Unternehmen. Nur sog. potentielle Konkurrenten (zur Problematik dieses Begriffs s. näher Einl. D Rdn. 202, 225, 228) beeinflussen zwar ebenfalls das Unternehmensverhalten, sind jedoch für das sportliche Leistungsverhalten ohne Bedeutung. Geradezu fatal müßte sich der Rekurs auf den sportlichen Wettkampf auswirken, wenn er die Marktgegenseite,

---

[28] *Tuchtfeldt* FS Kummer S. 549.

[29] *Bartling* S. 10 mit Fn. 3. Vgl. auch BGH GRUR 1966, 509, 512 – *Assekuranz;* BGH GRUR 1968, 95, 97 – *Büchereinachlaß; Emmerich* Kartellrecht[5] (1988) § 1, 2 f; *Stigler* in: Herdzina Wettbewerbstheorie S. 30, 32; *Tyllack* S. 191; kritisch *Knöpfle* Rechtsbegriff S. 341 (mit Fn. 4).

[30] Vgl. schon *Lobe* I S. 8 ff; jetzt vor allem *Nordemann* Rdn. 2 f; s. a. *Böhm* Die Ordnung der Wirtschaft als geschichtliche Aufgabe und rechtsschöpferische Leistung (1937) S. 124 sowie *ders.* Wettbewerb S. 212 ff (mit sprachlichen Umschreibungen, die an eine sportliche Kampfveranstaltung erinnern); ferner *Baumbach/Hefermehl* Allg. Rdn. 1, die freilich im ganzen (vgl. Allg. Rdn. 7, 12) dazu eine kritische Haltung einnehmen. Vgl. auch *Sambuc* GRUR 1981, 796.

[31] Vgl. *Baumbach/Hefermehl* Allg. Rdn. 12; *Knöpfle* Rechtsbegriff S. 113 ff; *Meyer-Cording* WuW 1962, 468; *Reichold* AcP 193 (1993), 204, 230 ff; *Rittner*[4] (1993) § 1 B IV 1.

beim Angebotswettbewerb also die Nachfrager, in die Rolle von nicht selber agierenden Schiedsrichtern (so für viele etwa *Wiedemann* ZGR 1980, 147, 165) oder gar von bloßen Zuschauern (so in der Tat *Wiedemann* ZGR 1980, 147, 165) drängen wollte. Überhaupt müßten derartige Analogien vor der Tatsache kapitulieren, daß sich das Wettbewerbsgeschehen eben nicht nur in einer horizontalen Dimension, als Parallelprozeß jeweils unter den Anbietern bzw. den Nachfragern, sondern als Summe von Austauschbeziehungen zwischen verschiedenen Wirtschaftsstufen vielmehr ebenso in der Vertikalen vollzieht[32], im Warenbereich typischerweise somit zwischen Produzent, Groß- und Einzelhändlern und schließlich Letztkunden.

Dabei sind die horizontalen und die vertikalen Aktionen und Reaktionen wiederum **interdependent:** Das Kontraktverhalten zwischen den Angehörigen beider Marktseiten steht in Wechselbeziehung zu dem Verhalten der untereinander konkurrierenden Anbieter bzw. Nachfrager, die ja auf eben dieses Kontraktverhalten der jeweiligen Marktgegenseite Einfluß nehmen möchten. Darüber dürfte Einigkeit bestehen unabhängig davon, ob man die Beteiligten der vertikalen Beziehungen nun ebenso in einem „Wettbewerbsverhältnis" verbunden sieht wie die Anbieter bzw. Nachfrager jeweils untereinander (vgl. einerseits *Sölter* Nachfragemacht S. 43; *v. Godin* U § 1 Rdn. 1; andererseits *Baumbach/Hefermehl* Allg. Rdn. 8 ff; *Fikentscher* WuW 1960, 684 und 1961, 796; *Meyer-Cording* WuW 1962, 466; zum ganzen s. näher Einl. D Rdn. 203 f). Sind demnach wohl die Versuche als gescheitert zu betrachten, den wirtschaftlichen Wettbewerb aus einem Allgemeinbegriff des Wettbewerbs zu deduzieren, ihn unmittelbar und **explizit** oder im Wege von Analogien in seinem Wesen zu erfassen, so braucht dies einem tieferen Verständnis gerade auch des wirtschaftlichen Wettbewerbsgeschehens freilich nicht unüberwindlich entgegenzustehen. Es lassen sich ja beispielsweise (wirtschafts-)wettbewerbliche Ursache-Wirkungsbeziehungen untersuchen und ggfs. modellhaft verdichten, auch wenn bei solchen **impliziten Definitionen**[33] das Wesen des Wettbewerbs eine verbal ungeöffnete black box bleibt. Dasselbe gilt für Definitionsansätze, die sich dem Phänomen „Wettbewerb" dadurch nähern, daß sie Bedingungen formulieren, unter denen sich „Wettbewerb" entfaltet, oder die Indikatoren für seine Existenz benennen. Unvereinbarkeit zwischen Realitätsgerechtigkeit und Rechtsadäquität in bezug auf ein einheitliches, selbst UWG und GWB umfassendes Wettbewerbsverständnis besteht insoweit nicht (**a. A.** aber wohl die hM, die „Wettbewerb" sogar jeweils aus dem Blickwinkel einer speziellen Norm heraus unterschiedlich definieren will (sog. **Tatbestandsbezogenheit** des Wettbewerbsbegriffs), vgl. z. B. *J. Baur* ZHR 134 (1970), 99, 116, 117 ff; HdbWR/*Kreft* § 9 Rdn. 4; *Müller-Henneberg* Gemeinschaftskommentar[4] (1980) § 1 Rdn. 39, 43). A 12

3. Die freie Konkurrenz der Klassiker

Im Merkantilismus schufen sich Feudalismus und Absolutismus das ihnen passende Wirtschaftssystem: Die Obrigkeit tut hier kund, welche Ziele zu erreichen sie für wünschenswert hält, um den Wohlstand des Herrschers und, damit gleichge- A 13

---

32 *Aberle* 1.1.; *Baumbach/Hefermehl* Allg. Rdn. 8 ff; insb. *Hoppmann* Problem S. 40 ff.

33 *Bochenski* Die zeitgenössischen Denkmethoden[4] (1969), S. 91 f; *v. Freytag-Löringhoff* Logik, ihr System und ihr Verhältnis zur Logistik[4] (1966), S. 55 ff. Zu den wettbewerblichen Nominal- und Realdefinitionen s. a. *Köhler* Wettbewerbsbeschränkungen durch Nachfrager (1977) S. 2 ff.

setzt, den Wohlstand des Volkes zu mehren. Die Obrigkeit erläßt dazu Vorschriften und installiert Anreiz- und Sanktionssysteme. In diesem Sinne erfolgreiche Wirtschaftspolitik wirkt gleichsam nur als Reflex auf die einzelnen zurück. Als Gegenbewegung zu dieser autoritäten, bestenfalls patriarchalisch-wohltätigen Wirtschafts- wie auch und vor allem Gesellschaftsordnung formierte sich der **klassische Liberalismus.** Für seine nationalökonomischen Triebkräfte stehen dabei vor allem die Namen von *David Hume, David Ricardo, John Stewart Mill, Jeremy Bentham,* insb. aber *Adam Smith.* Das vom klassischen wirtschaftlichen Liberalismus propagierte System freier Wettbewerbswirtschaft[34] versteht sich als eine Selbstregulation, bei der die individuell-dezentral und egoistisch aufgestellten Wirtschaftspläne sich auf Märkten, also im Zusammentreffen von Angebot und Nachfrage[35], unter freier Preisbildung autonom koordinieren. Dieser Koordinationsprozeß vollzieht sich durch Versuch und Irrtum, durch eine allmähliche Annäherung an die „richtigen" Mengen, Qualitäten und Preise, aber auch an andere Aktionsparameter[36] wie z. B. Vertriebsmethoden und zeitliche Verfügbarkeit. Dem Preis kommt dabei freilich eine ganz besondere Rolle zu, weil er am verständlichsten über den relativen Knappheitsgrad der Güter und Faktorleistungen (namentlich Arbeitskraft) zu informieren vermag. Mit diesem Verständnis des „richtigen" (Gleichgewichts-)Preises setzt sich die freie Konkurrenz der Klassiker in einen endgültigen Gegensatz zur mittelalterlichen, religiös-fundierten **Wirtschaftsethik** und deren Überlegungen zum **pretium iustum.** Bis heute scheinen solche anachronistischen Denkansätze noch allenthalben in der praktischen wirtschaftspolitischen Diskussion fortzuwirken[37].

A 14 Neben dieser unmittelbaren Ausgleichswirkung zwischen den Einzelplänen von Unternehmen und Haushalten eignet der freien, nicht durch exogene Preislimitierungen eingeengten Preisbildung weiterhin eine Lenkungsfunktion: Bei freier Konkurrenz auf offenen Märkten, also Märkten, die durch die Möglichkeit des Markteintritts und des Marktaustritts gekennzeichnet sind, schaffen z. B. (hohe) Gewinne den Anreiz, Ressourcen auf diesen Markt zu lenken, insb. neu in diesen Markt einzutreten, um an den Gewinnchancen zu partizipieren. Bisherige Anbieter werden dazu angehalten, kostengünstig zu produzieren, um ihre Gewinne zu stabilisieren oder vielleicht sogar noch zu steigern. Mit sinkender Nachfrage, aber auch stärker wirksam werdender Konkurrenz oder mangelnder Nutzung von Kosteneinsparungsmöglichkeiten droht bei nachhaltigem Mißerfolg am Markt, monetär ausgedrückt durch Verluste, der zwangsweise Marktausschluß bis hin zum Verlust ökonomischer Existenz durch Konkurs. Gerade in der Lenkungsfunktion des Preises und damit der **Allokationsfunktion des Marktes** wird die angenommene Transformation der

[34] Dazu vgl. *Bartling* S. 9 ff; *Benöhr* JuS 1976, 273; *Berg* Wettbewerbspolitik O-2.1.; *Cox/Hübener* in: Cox/Jens/Markert II. 1.; *Lammel* GRUR 1986, 362 ff; *Mestmäcker* Recht und ökonomisches Gesetz, insb. S. 100 ff; *Möschel* WiSt. 1978, 351; *Neumann* Historische Entwicklung und heutiger Stand der Wettbewerbstheorie (1982) S. 30 ff, 40 ff; *Recktenwald* Zur Lehre von den Marktformen (1951) passim; *Ruffner* S. 12 ff. Vgl. dazu und zum Folgenden überblicksweise auch *Schumann* wisu 1990, 586; *Spliethoff* Verkehrsauffassung und Wettbewerbsrecht (1992) S. 247 ff; *Tuchtfeldt* FS Kummer S. 551 ff.

[35] Zu diesem Marktbegriff im ursprünglichen Sinne vgl. *Ott* Grundzüge der Preistheorie[2] (1974), S. 32. Zur juristischen Problematik des Marktbegriffes vgl. den Überblick bei *Lukes* FS Böhm S. 207 ff.

[36] Dies betonen schon für die Klassiker *Bartling* S. 10; *Cox/Hübener* in: Cox/Jens/Markert II. 1. a.

[37] Vgl. zu diesem Komplex *Neumann* Historische Entwicklung und heutiger Stand der Wettbewerbstheorie (1982) S. 25 ff; *Schinzinger* S. 62 ff; *Stadermann* S. 56.

summierten, egoistisch motivierten Individualinteressen in das Gesamtinteresse manifest. Die in der autonomen, marktvermittelten Plankoordination wirksame „invisible hand" ist also nicht lediglich ein Instrument ökonomischer Effizienz, sondern auch und vor allem Transmissionsriemen, der den Eigennutz überhaupt erst wirtschaftsmoralisch rechtfertigt.

Überhaupt wäre es falsch, das klassische Konzept freier Konkurrenz auf ökonomisches Kalkül reduzieren zu wollen. Das Streben der liberalen englischen Klassiker war vielmehr gerade darauf gerichtet, wirtschaftlichen Wohlstand gegründet auf und als Ausdruck von (politischer) Freiheit und (rechtlicher) Gleichheit darzustellen[38]. Ein **Dilemma** zwischen ökonomisch positiven Ergebnissen („good economic performance") und ihrer gesellschaftlichen Wünschbarkeit besteht deshalb für die Klassiker nicht[39]. Gerade *Smith* hat dabei sein Credo von einem dem Menschen immanenten Sittlichkeitsprinzip („sympathy") relativiert und die Notwendigkeit normativer Rahmenbedingungen des Wettbewerbs erkannt und anerkannt, um die ökonomische und gesellschaftliche Optimierungsleistung des Marktmechanismus voll nutzen zu können. Weder als grobschlächtiger Apologet privater Habgier noch als Verfechter eines laissez-faire staatlicher Wirtschaftspolitik kann *Smith* vorgeführt werden[40]. Es handelt sich bei dem System freier Konkurrenz der Klassiker also durchaus nicht um eine zügellose Freiheit[41] und auch nicht um eine Freiheit ohne Institutionenschutz durch den Staat[42], wohl aber um eine Freiheit von staatlichem Dirigismus im Hinblick auf die durch den Wettbewerbsprozeß herbeigeführten Ergebnisse im einzelnen. Dieser von vornherein also nur bedingt freie Wettbewerb ist nach klassischem Verständnis sowieso kein in einem Zeitpunkt fixierbarer Zustand. Wettbewerb ist danach vielmehr ein **dynamisches Geschehen,** dessen etwaige Gleichgewichtslagen nur temporär bestehen. Aktionen und Reaktionen, ausgelöst durch Veränderung der Marktdaten, führen fortwährend zu den produktiven „Störungen" dieser Gleichgewichtslagen. Wegen dieses prozeßhaften Charakters des Wettbewerbs erscheinen selbst Monopole als unbedenklich, sofern nur bei freiem Marktzutritt potentielle Konkurrenten, angelockt durch hohe Gewinne, diese Marktform abzulösen imstande sind. **A 15**

4. Die vollkommene Konkurrenz

Die Wettbewerbskonzeption der vollkommenen Konkurrenz[43] knüpft an die Wettbewerbsidee der Klassiker an. Im Mittelpunkt des Interesses steht dabei jedoch nur die Gleichgewichtslage, die in der Idee der freien Konkurrenz lediglich ein Stadium des Wettbewerbsprozesses und die gedankliche Antithese zum Monopol bezeichnet hatte. Das klassische Verständnis des Wettbewerbs als eines dynamischen, **A 16**

---

38 *Emmerich* Kartellrecht[5] (1988) § 1, 1 a; *Möschel* Wettbewerbsbeschränkungen Rdn. 62.

39 *Cox/Hübener* in: Cox/Jens/Markert II. 1. a; *Herdzina* in: Herdzina Wettbewerbstheorie S. 18 f.

40 *Engels* Soziale Marktwirtschaft, S. 20 f; *Streminger* ARSP 1989, 196 ff, insb. 214 ff.

41 In diese Richtung aber wohl die Deutung bei *Aberle* 2.2.1.; wie hier vor allem *Bartling* S. 11 mwN; *Mestmäcker* Recht und ökonomisches Gesetz S. 100, 114 ff; s. a. *Reuter* DZWir 1993, 45 f.

42 *Tuchtfeldt* Ordo 27 (1974), 29 ff. S. a. *Starbatty* wisu 1990, 541 f.

43 Vgl. namentlich *Marshall* Principles of Economics (1890) sowie *Knight* Uncertainty and Profit (1921) insb. S. 51 ff; dazu *Bartling* S. 12 ff; *Berg* Wettbewerbspolitik O-2.2.2.; *Cox/Hübener* in: Cox/Jens/Markert II. 2.; *Neumann* Historische Entwicklung und heutiger Stand der Wettbewerbstheorie (1982) S. 67 ff; *Ruffner* S. 15 ff; *Stigler* in: Herdzina Wettbewerbstheorie S. 30 ff.

Handlungsfreiheiten voraussetzenden Geschehens wird dabei auf eine rein **statische Betrachtungsweise** reduziert, die die vor allem von *Cournot* und *Walras* freigesetzten Potenzen formaler, mathematischer Analytik zunehmend mit dem Realitätsverlust ihrer Modellannahmen erkauft. Zugleich wird die Wettbewerbstheorie aus ihrem ursprünglichen gesellschaftstheoretischen Kontext herausgelöst. Wettbewerbstheorie erfährt so eine Einengung auf preistheoretische Fragestellungen. Die Vollkommenheit des Wettbewerbs im neoklassischen Sinne ist dabei durch die preispolitische Machtlosigkeit gekennzeichnet, die die Marktteilnehmer erfahren: Aufgrund ihrer großen Zahl und ihrer dadurch vermittelten, auf kleinen Marktanteilen gründenden atomistischen Konkurrenz müssen alle den Marktpreis als Datum, als **„Schicksalspreis"** hinnehmen. Bewegungsspielräume bestehen nur im Anpassungsverhalten hinsichtlich der Gütermengen, denn Modellvoraussetzung ist völlige Güterhomogenität: Es besteht annahmegemäß keine Möglichkeit (mehr), sich etwa durch Qualitätsverbesserungen dem Konkurrenten gegenüber marktwirksam zu profilieren. Denn alle Konkurrenten können sich mit unendlich großer Reaktionsgeschwindigkeit allen derartigen Veränderungen des Datenkranzes anpassen. Auch herrscht auf ihrer Seite – ebenso wie auf der Marktgegenseite – absolute Markttransparenz. Einschätzungsunsicherheiten, wie sie für alle ex-ante-Beurteilungen in Kauf genommen werden müssen, sind eliminiert.

A 17 Trotz dieser irrealen Züge der **Theorieprämissen** wurde die vollkommene Konkurrenz jedenfalls in ihrer Version als „vollständige" Konkurrenz[44] lange, trotz Modifikationen im Kern sogar bis hin zum sog. Ordo-Liberalismus der Freiburger Schule und bis hin zur Urform des GWB, als wettbewerbspolitisches Leitbild akzeptiert (für den Ordo-Liberalismus vgl. hier nur *Böhm* Wirtschaftsordnung insb. S. 28 f; *Eucken* Grundsätze der Wirtschaftspolitik² (1952) insb. S. 24 f. Zum Einfluß auf die deutsche Kartellgesetzgebung vgl. nur *Kartte/Holtschneider* Konzeptionelle Ansätze und Anwendungsprinzipien im Gesetz gegen Wettbewerbsbeschränkungen, in: Cox/Jens/Markert Handbuch des Wettbewerbs I.2. (1981). Zum Ordo-Liberalismus s. a. Einl. A Rdn. 26 ff), weil ihre Modellannahmen zugleich wesentliche Bedingungen des – allerdings selber umstrittenen – sog. **Pareto-Optimums** erfüllen. Dieser gesamtwirtschaftlich-wohlfahrtsökonomisch respektierte Zielpunkt besteht in einem Zustand, in dem niemand seinen Nutzen erhöhen kann, ohne den Nutzen eines anderen zu vermindern[45]. Gerade der hier verwendete Konkurrenzbegriff wirft schließlich noch ein Schlaglicht auf die allgemeine definitorische crux des Wettbewerbsbegriffs überhaupt. Denn in der genannten Gleichgewichtslage ist von „Wettbewerb" jedenfalls in einem ökonomisch-praktischen Sinne gerade nichts mehr zu spüren. Die Metamorphose des Wettbewerbsbegriffs zu einem reinen Terminus technicus ist bereits hier vollendet[46].

5. „Workable Competition"

A 18 Die unüberwindlichen Friktionen zwischen dem theoretisch-hypostasierten Zustand „vollkommener" Konkurrenz und der vorfindlichen Realität führten zu sog. Workability-Konzepten. Angesichts ubiquitärer Heterogenität der Güter, eines nicht

---

[44] Zur Unterscheidung zwischen vollkommener und vollständiger Konkurrenz vgl. *Bartling* S. 13 f.

[45] Vgl. *Richter* Preistheorie² (1974) S. 119 ff, 137 ff; zur Kritik *Bartling* S. 16.

[46] *V. Hayek* Individualismus S. 122; *Hoppmann* Das Konzept des wirksamen Preiswettbewerbs (1978) S. 10; *Knöpfle* Rechtsbegriff S. 2, 101 f.

selten unüberschaubaren Kreises der Marktteilnehmer etc. wird im Ergebnis vom Modellplatonismus des vollkommemen Wettbewerbs Abschied genommen. Nunmehr wird versucht, unter den Unvollkommenheiten diejenigen hinzunehmen, ja zu fördern, die den jetzt wieder als Prozeß begriffenen Wettbewerb überhaupt erst **funktionsfähig,** „workable", gestalten. Im Zuge dieses Ansatzes[47] erscheinen Marktmachtpositionen und hohe Pioniergewinne nicht nur tolerabel, sondern wünschenswert, weil die dadurch motivierten Innovationen zu technischem Fortschritt führen. Die legitime Vorzugsstellung einzelner Marktteilnehmer besteht allerdings nur befristet, weil und solange imitierende Konkurrenten wieder gleichziehen können.

Hauptanliegen innerhalb der Theoreme über die workable competition ist es, **A 19** Kriterien zu formulieren, die in der Realität darüber Auskunft geben können, ob hic et nunc funktionsfähiger Wettbewerb auf dem in räumlicher, zeitlicher und insb. gegenständlich-sachlicher Hinsicht abgegrenzten und damit partiellen, „relevanten" Markt existiert. Die Kriterienkataloge, die sich im wesentlichen in den Merkmalsgruppen Marktstruktur (Zahl, Größe, Marktanteile der Wirtschaftseinheiten, Preis- und Einkommenselastizitäten etc.), Marktverhalten (bevorzugte Aktionsparameter, Risikoneigung etc.) und Marktergebnis (Güterpreise, -qualität und -mengen, Kosten, Gewinne etc.) manifestieren, sind dabei im einzelnen sehr unterschiedlich formuliert und gewichtet.

Das wettbewerbliche Leitbild der workable competition ist starken **Einwänden** **A 20** ausgesetzt. Auch diese Konzeption unterstellt, daß ihre Ausgangsdaten konstant bleiben, also nicht durch den Wettbewerbsprozeß ihrerseits zu Variablen werden[48]. Sie führt durch den Einbau von ceteris paribus-Elementen zu einer Immunisierung gegenüber allen Falsifikationsversuchen, allerdings zu Lasten des empirischen Gehalts[49]. Die postulierten Korrelationen zwischen Marktstruktur, Marktverhalten und Marktergebnis sind angesichts der hohen Komplexität und auch Reversibilität der Kausalzusammenhänge weitestgehend unsicher[50]. Unbefriedigend ist schließlich eine gewisse Vernachlässigung der gesellschaftspolitischen, Freiheit bedingenden und erzeugenden Aspekte des Wettbewerbs, zumal die gesellschaftspolitische Funktion des Wettbewerbs neben seiner Steuerungs- bzw. Ordnungsfunktion sowie seiner Antriebsfunktion gerade auch von den workability-Konzepten unterstrichen wird[51].

6. „Countervailing Power"

Durchaus auch gesellschaftspolitisch motiviert ist hingegen das wettbewerbliche **A 21** Leitbild der **gegengewichtigen Marktmacht,** der Countervailing Power[52]. Es basiert

[47] *Clark* AER 1940, 241 (= in: Herdzina Wettbewerbstheorie S. 142 ff); *ders.* Competition passim (Auszug in *Herdzina* Wettbewerbstheorie S. 269 ff). Zu den zahllosen Varianten der Workability-Konzepte vgl. jeweils mwN *Aberle* 2.3.; *Bartling* S. 20 ff; *Berg* Wettbewerbspolitik O-2.3.1.; *Cox/Hübener* in: Cox/Jens/Markert I. 4.; *Emmerich* Kartellrecht[5] (1988) § 1, 2 e; *Möschel* Wettbewerbsbeschränkungen Rdn. 66; *Neumann* Historische Entwicklung und heutiger Stand der Wettbewerbstheorie (1982) S. 121 ff, 145 ff; *Ruffner* S. 23 ff; *I. Schmidt* Wettbewerbspolitik und Kartellrecht[3] (1990) 2. Kap. III. 2., IV., V.; *Tolksdorf* WuW 1980, 785, 791; *Willemsen* Wettbewerbstheorie – Wettbewerbspolitik und die kartellrechtlichen Bestimmungen des EWG-Vertrages und des EFTA-Vertrages (1971) S. 89 ff.

[48] *Möschel* WiSt. 1978, 336.

[49] *Schmidtchen* Wettbewerbspolitik S. 107.

[50] Näher *Aberle* 2.3.2.; *Ahlert* S. 109 f; *Bartling* S. 23 ff; *v. Hayek* Theorie 25 ff; *Hoppmann* Fusionskontrolle (1972) S. 20 ff, 41 f, 52 f; *Säcker* Zielkonflikte S. 36 ff. Hinsichtlich der Brauchbarkeit des Markttestes weniger kritisch *Berg* Wettbewerbspolitik O-2.3.1.

[51] Vgl. *Clark* Competition S. 62; s. a. *Günther* Wege zur Europäischen Wettbewerbsordnung (1968) S. 25 f.

[52] *Galbraith* insb. S. 124 ff. Dazu vor allem *An-*

auf der empirisch gewonnenen Annahme, daß die praktische Beseitigung realer Wirtschaftsmacht schnell an ihre Grenzen stößt. Das dem Wettbewerbsprinzip zugeordnete Freiheitsmoment ist demnach besser durch den Aufbau marktneutralisierender wirtschaftlicher Gegenmacht (vornehmlich, aber nicht nur auf der oppositionellen Marktseite) zur Geltung zu bringen. Auch ökonomische Vorteile werden reklamiert, weil die Verhinderung zukünftiger bzw. Zerschlagung vorhandener Wirtschaftsmacht natürliche ökonomische Antriebskräfte beeinträchtigen müßte. Das Konzept der Countervailing Power hat die wettbewerbspolitische Praxis durchaus beeinflußt, z. B. in der Förderung mittelständischer Kooperationen und Einkaufsgenossenschaften als Gegengewichte zu Großunternehmen (s. *Schreiber* Gegengewichtsprinzip in der Wirtschaftsordnung (FIW-Schriftenreihe Heft 36, Kooperation als Gegengewichtsbildung) (1966) passim). Theoretisch wird diesem Wettbewerbsleitbild freilich die mangelnde Quantifizierbarkeit wirtschaftlicher Macht und seine allenfalls nur auf ganz bestimmte Marktverhältnisse zugeschnittene freiheitsfördernde Effizienz entgegengehalten (*Aberle* 2.5). So sind z. B. die privaten Endverbraucher nicht in ausreichendem Grade als wirtschaftliche Gegenmacht organisierbar[53].

7. „Optimale Wettbewerbsintensität"

A 22 In der Kontinuität mit den Workability-Theoremen über den funktionsfähigen Wettbewerb steht *Kantzenbach* mit seinem Konzept der optimalen Wettbewerbsintensität[54], das vor allem auch die Novellierung des GWB im Jahre 1973 stark prägte (vgl. auch *BGHZ* 41, 42, 51 – *Fensterglas*). Dem Wettbewerb werden dabei fünf gesamtwirtschaftliche Funktionen zugeordnet. Drei **„statischen" Funktionen** – marktleistungskonforme Einkommensverteilung, nachfragebezogene Angebotsstruktur, bestmögliche Faktorallokation – stehen zwei **„dynamische" Funktionen** gegenüber, nämlich Anpassungsflexibilität der Produktionskapazitäten und Durchsetzung des technischen Fortschritts. Die dynamischen Funktionen werden dabei im Ergebnis höher gewichtet, weil sie die statischen Funktionen gleichsam nach sich ziehen (*Kantzenbach* JNSt. 181 (1968), 220; *ders.* Funktionsfähigkeit S. 16 ff). Die optimale Wettbewerbsintensität bestimmt sich in diesem Konzept deshalb nach dem Grad der Erfüllung eben jener dynamischen Funktionen. Konkret und marktformenspezifisch wird das wettbewerbliche Intensitätsoptimum im weiten Oligopol mit einer mäßigen Produktheterogenität und beschränkter Markttransparenz lokalisiert. Hier soll dann die Geschwindigkeit, mit der Vorsprungsgewinne durch erfolgreiche Imitation abgeschmolzen werden, optimal sein: nicht zu hoch, um Innovationsanreize zu erhalten, und nicht zu gering, um dauerhafte Marktmacht zu verhindern.

---

dreae in: Andreae/Glahe Heft 33, FIW-Schriftenreihe, 1966 S. 37 ff; *ders.* in: Schneider Grundlagen der Denklehre und der Rechtsanwendung² (1972) 71 ff; *Bartholomeyczik/Benisch* und *Clemens/Glahe* sowie *Gutersohn/Geisbüsch* jeweils aaO (Literaturverzeichnis) passim; *Sölter* Nachfragemacht S. 47 ff.

[53] *Jeschke* Konsumentensouveränität in der Marktwirtschaft (1975) S. 234 ff; *Möschel* Wettbewerbsbeschränkungen Rdn. 73; *U. Müller* Wettbewerb, Unternehmenskonzentration und Innovation (1975) S. 61 ff; *Reich* S. 198 ff, 221 ff.

[54] *Kantzenbach* Funktionsfähigkeit passim, insb. S. 16 ff; s. a. *ders.* in: Herdzina Wettbewerbstheorie S. 194 ff; *ders./Kalfass* in: Cox/Jens/Markert S. 103 ff; *ders.* JNSt. 181 (1968), 193 ff. Dazu etwa *Aberle* 2.6.2.; *Bartling* S. 30 ff; *Berg* Wettbewerbspolitik O-2.3.2.; *Neumann* Historische Entwicklung und heutiger Stand der Wettbewerbstheorie (1982) S. 121 ff; *Ruffner* S. 37 ff; *Säcker* Zielkonflikte S. 39 ff; *I. Schmidt* Wettbewerbspolitik und Kartellrecht³ (1990) 1. Kap. VI. 1.; *Tabbert* Unternehmensgröße, Marktstruktur und technischer Fortschritt (1974) S. 30; *Willeke* Grundsätze S. 69 ff.

Der Lehre von der optimalen Wettbewerbsintensität und dem daraus deduzierten Leitbild des Wettbewerbs wird unter anderem entgegengehalten, daß es schon keine überzeugenden Eindeutigkeiten zwischen Intensität und Funktionsfähigkeit des Wettbewerbs gäbe, sich diese jedenfalls nicht empirisch dartun ließen[55]. Als wesentliches Manko wird auch hier (zur gleichgelageren Kritik an Workability-Konzepten vgl. schon Einl. A Rdn. 20) vermerkt, daß der Wettbewerbsprozeß als **Funktion der Marktform** begriffen werde, dabei aber vernachlässigt werde, daß dieser Prozeß seinerseits auf die Marktstruktur einwirke[56]. Neben diesen ökonomischen Einwänden hat das Konzept der optimalen Wettbewerbsintensität aber vor allem gegen sich, daß es ganz dezidiert den Wettbewerb einer gesellschaftspolitischen Funktion entkleidet wissen will[57]. **A 23**

8. „Chicago-School"

In Gegnerschaft zum Konzept der Workable Competition formierte sich in den 70er Jahren ein Kreis von Ökonomen und Juristen, vornehmlich Mitgliedern der University of Chicago, die in den Vereinigten Staaten von Amerika in der Folgezeit erheblichen Einfluß auf die Anti-Trust-Politik der Reagan-Administration erlangte[58]. Im Verständnis dieser sog. **Chicago-School**[59] soll das Marktgeschehen als freies Kräftespiel ablaufen, wobei mit durchaus sozialdarwinistischem Akzent die Auslese der wirtschaftlich Gesündesten und Besten propagiert wird. Der Staat wird allenfalls auf die Vorgabe eines ordnungspolitischen Rahmens verwiesen. Im Mittelpunkt dieses Leitbildes steht die **Konsumentenwohlfahrt,** als deren Kriterium allokative und produktive Effizienz in den Unternehmen fungiert. Konzentrationsprozesse werden dabei tendenziell iS einer Effizienzsteigerung infolge Optimierung der Betriebsgröße interpretiert, nicht als Begünstigung in Richtung auf die Erzielung von Monopolrenten. Der Zielerreichungsgrad der Effizienzkriterien wird anhand preistheoretischer Aussagen ermittelt, wobei die vollständige Konkurrenz einerseits und das Monopol andererseits die alleinigen Eckdaten liefern. **A 24**

Das Wettbewerbskonzept auch der Chicago-School ist stark **umstritten**[60]. Der Chicago-School wird bereits vorgehalten, daß sie mit antiquierten mikroökonomischen Instrumenten der Preistheorie arbeite. Provokant wirkt die Grundüberzeu- **A 25**

---

[55] *Aberle* 2.6.2. unter besonderem Hinweis auf *Philipps* Market, Structure, Organization and Performance (1962) S. 257; *Berg* Wettbewerbspolitik O-2.3.2.

[56] *Ahlert* S. 110 ff; *Möschel* Wettbewerbsbeschränkungen Rdn. 66; *I. Schmidt* Wettbewerbspolitik und Kartellrecht³ (1990) 1. Kap. VI. 1. c.

[57] Gegen *Kantzenbach* Funktionsfähigkeit S. 13 namentlich *Hoppmann* JNSt. 179 (1966), 286 ff sowie überhaupt die Vertreter der sog. Neoklassik (dazu Einl. A Rdn. 28 f). Auf lediglich kaschierte Wertentscheidungen bei *Kantzenbach* weist ausführlich *Neumann* Historische Entwicklung und heutiger Stand der Wettbewerbstheorie (1982) S. 173 ff hin.

[58] Zu den sog. Reaganomics *Dahlhoff* Europa Archiv, 1986, 687 ff; *I. Schmidt/Rittaler* S. 11 ff.

[59] Vgl. insb. *Demsetz* Wirtschaftswissenschaft als Leitfaden für die Antitrust-Regelung, in: Assmann Ökonomische Analyse des Rechts (1978) S. 330 ff; *Posner* Antitrust Law, An Economic Perspective (1976); *ders.* Univ. of Pennsylvania Law Review 127, 925 ff; *ders.* in: Assmann/Kirchner/Schanze S. 93 ff; *Stigler* The Organisation of Industry (1968). Dazu – jeweils mwN – *Bittlingmayer* WuW 1987, 709; *Dreher/Stewart* RIW 1983, 906; *Emmerich* Kartellrecht⁵ (1988) § 1, 2 g; *Kalfass* WuW 1980, 596; *Kirchner* ZHR 144 (1980), 563 ff, insb. 572 ff; *Ruffner* S. 85 ff; *I. Schmidt* Wettbewerbspolitik und Kartellrecht³ (1990) 1. Kap. VI. 3.; *I. Schmidt/Rittaler* WiSt. 1986, 283.

[60] Vgl. den Überblick bei *Kirchner* ZHR 144 (1980), 583 ff; ferner *Fikentscher* Bd. II § 22 I 5 c aa, e; *I. Schmidt* Wettbewerbspolitik 1. Kap. VI. 3. c. („Riese auf tönernen Füßen"). Übersichtliche Darstellung der unterschiedlichen Lager innerhalb der Industrieökonomik bei *Rahmeyer* in: Verbrauchererziehung und wirtschaftliche Bildung, Heft 4/1990, S. 17 ff, 23 f.

gung dieses Konzeptes, daß die Wirtschaftsstruktur, so, wie sie sich vielfach darbietet, nämlich starken Konzentrationsbewegungen unterworfen, nur die überlegene ökonomische Effizienz der am Prozeßende stehenden Großunternehmen widerspiegelt. Diese Effizienz wird im übrigen trotz ihrer zentralen Stellung im Konzept nicht präzise definiert und bleibt so kaum meßbar[61]. Die Verabsolutierung des Effizienzziels sowie die postulierten Zusammenhänge zwischen wirtschaftlicher Macht, Effizienz und Konzentration führen konsequenterweise dann dazu, daß wirtschaftliche Macht per se als legitimiert erscheint und machtneutralisierende gesellschaftspolitische Funktionen des Wettbewerbs deshalb wohl abgelehnt werden müssen (dezidiert a. A. aber *Friedman* Kapitalismus S. 27ff und passim). Großen Zweifeln muß schließlich das Axiom begegnen, Konsumenten verhielten sich in der Realität generell rational[62]. Letzlich scheint die Dichotomie von Sollen und Sein überhaupt negiert und damit die Existenzberechtigung eines Wettbewerbsrechtes selber in Frage gestellt zu werden.

9. Ordo-Liberalismus

A 26 Eine herausragende Rolle bei der Ausbildung der Wirtschaftsordnung der Bundesrepublik Deutschland als „soziale Marktwirtschaft" hat der sog. Ordo-Liberalismus der **„Freiburger Schule"** um *Böhm, Eucken, Miksch* und *Müller-Armack* gespielt[63], für dessen praktisch-politische Personifikation aber der damalige Wirtschaftsminister *Ludwig Erhard* steht. Das in seinen Wurzeln bis in die 30er Jahre dieses Jahrhunderts zurückreichende, gleichermaßen wirtschaftspolitische wie sozialphilosophische Konzept des **Ordo-Liberalismus** zielt auf die bewußte Ausgestaltung einer regelgebundenen Wettbewerbswirtschaft, die dabei in den Dienst einer freiheitlichen, aber auch sozialverpflichteten Gesellschaft gestellt ist. Die so verfaßte Gesellschaft prägt ihrerseits wieder das Marktgeschehen. Die Wettbewerbspolitik hat sich mithin am Schutz der individuellen wirtschaftlichen Handlungsfreiheit zu orientieren und sie nach Kräften zu fördern, um einen wettbewerbserfüllten, Freiheit stiftenden und Freiheit spiegelnden Wirtschaftsmechanismus zu gewährleisten. Auch die kartellrechtlichen Instrumente sind letztlich auf den Schutz solcher Handlungsfreiheiten, nämlich derjenigen der übrigen Marktteilnehmer, zugeschnitten. Ökonomische Effizienz iS etwa der „Chicago-School" als Sammelbegriff für Wachstum, technischen Fortschritt, Allokationsoptimierung etc. scheidet als eigenständige Zielsetzung aus, ist vielmehr ihrerseits Reflex wahrgenommener Handlungsfreiheit[64]. Eine bestimmte Marktform strebt der Ordo-Liberalismus nicht primär an, greift aber durchaus, wenn auch selektiv, auf die Idee der vollkommenen Konkurrenz zurück. Als konstituierendes Prinzip ordoliberaler Wirtschaftsordnung fungiert allerdings ein gegenüber der vollkommenen Konkurrenz reduktives Modell „vollstän-

[61] So *Kallfass* WuW 1980, 599 unter Bezugnahme auf *Scherer* (s. *Scherer/Ross* Industrial Market Structure and Economic Performance³ (1990)); *Ruffner* S. 105.

[62] In diesem Sinne *Posner* Univ. of Pennsylvania Law Review 127, 930f.

[63] Vgl. namentlich *Böhm* Wirtschaftsordnung, insb. S. 28ff; *Eucken* Grundlage passim; *ders.* Grundsätze, insb. S. 24ff; *Miksch* Wettbewerb als Aufgabe² (1947) und *Müller-Armack* Wirtschaftslenkung passim. Dazu *Aberle* 2.2.2.; *Berg* Wettbewerbspolitik O-2.2.2.; *Fikentscher* Bd. II § 20 IV 2. Dazu z. B. *Ruffner* S. 20ff. Sehr kritisch *Reich* ARSP 1977, 485, 492ff. Die Bezeichnung Ordo-Liberalismus leitet sich aus dem bevorzugten Publikationsorgan seiner Vertreter her.

[64] Zu Berührungspunkten zwischen Ordo-Liberalismus (und der Neoklassik; dazu sogleich) einerseits, der Chicago-School andererseits s. *Fikentscher* Bd. II § 20 II 7c.

diger" Konkurrenz. Zu deren Herstellung wird staatliche Marktstrukturpolitik ausdrücklich gebilligt[65]. Voraussetzung ist hierbei lediglich, daß der Preis von den Wettbewerbern infolge polypolistischer Märkte als Datum zu akzeptieren ist und somit Mengenanpasserverhalten ihren Bewegungsspielraum erschöpft[66].

Das große Verdienst des Ordo-Liberalismus ist es, eindringlich auf die Gefahr der **Selbstaufhebung des Wettbewerbs** durch Zusammenschluß und (dauerhafte) Monopolbildung aufmerksam gemacht zu haben. Dagegen einzuschreiten ist der Staat aufgerufen, ohne daß dies als plan- oder interventionswirtschaftliche Maßnahme im Zuge einer „mixed economy" mißverstanden werden dürfte[67]. Die Veranstaltung des Wettbewerbs als staatliche, durch Rechtsnormen und nicht politisch-dekretionäre Entscheidungen zu bewältigende Aufgabe wird vielmehr als Konsequenz immanenter Schranken der Wettbewerbsordnung gedacht. Allerdings ist die behauptete schroffe Antithetik, in der der Ordo-Liberalismus wegen dieser seiner Grundüberzeugung der freien Konkurrenz der Klassiker gegenübergestellt wird[68], wohl etwas überzogen, weil auch die Klassiker die Gefahr „endogener Pervertierungen"[69] der wettbewerblichen Freiheit nicht völlig negiert haben[70], verständlicherweise aber die Stoßrichtung ihrer Lehre gegenüber dem merkantilistischen System staatlicher Lenkung pointiert haben. Sein unverwechselbares Profil gewinnt der Ordo-Liberalismus aber neben der Einbindung der Wettbewerbspolitik in den Gesamtrahmen der Wirtschaftsordnung (etwa durch die Währungspolitik) jedenfalls durch seinen sozialen Impetus, der planende Eingriffe des Staates in die Ökonomie zugunsten besonders schutzwürdig erachteter Gruppen (historisch bedingt in der Nachkriegszeit also vor allem Flüchtlinge, Kriegsheimkehrer etc.) nicht nur für zulässig, sondern für geboten erachtet. Hierin wurzelt auch der intendierte Schutz des Mittelstandes, der nach *Röpke* (Ordo I (1948), 155, 167f, 177) geradezu Träger einer Kulturfunktion ist, die ihrerseits wiederum als „Qualität, Ehrlichkeit, Dauer, Noblesse, Maß und einfache Schönheit" beschrieben wird. **A 27**

10. Die freie Konkurrenz der Neoklassik

Vor allem als Gegenpol zu den Workability-Konzepten des Wettbewerbs unter Einschluß der Position einer optimalen Wettbewerbsintensität versteht sich das sog. neu- oder neoklassische Leitbild des Wettbewerbs. Diese im deutschen Sprachraum (vgl. im übrigen etwa *Kirzner* passim) vornehmlich von *Hoppmann* formulierten Vorstellungen[71] von einem funktionsfähigen Wettbewerb sehen sich in der ideenge- **A 28**

---

[65] Dazu *Cox/Hübener* in: Cox/Jens/Markert IV. 3.

[66] *Eucken* Grundlage S. 95ff; *ders.* Grundsätze S. 247ff.

[67] Gegen jede Einordnung des Ordo-Liberalismus als mixed economy in ein eindimensionales ideengeschichtliches Spektrum des völligen Liberalismus einerseits, der totalen Planwirtschaft andererseits (so z. B. *Neumann* Historische Entwicklung und heutiger Stand der Wettbewerbstheorie (1982) S. 106; s. a. *Löw* Die Grundrechte[2] (1982) S. 371) nachdrücklich *Fikentscher* Bd. II § 20 IV 2a.

[68] Paradigmatisch *Neumann* Historische Entwicklung und heutiger Stand der Wettbewerbstheorie (1982) S. 104ff.

[69] *Möschel* Wettbewerbsbeschränkungen Rdn. 2.

[70] *Mestmäcker* Die sichtbare Hand des Rechts, in: Mestmäcker Recht und ökonomisches Gesetz S. 100ff; *Möschel* Wettbewerbsbeschränkungen Rdn. 62.

[71] Zustimmend z. B. *Emmerich* Kartellrecht[5] (1988) § 1, 2f und 3; *Möschel* Pressekonzentration S. 42f, 47ff; *ders.* ZHR 145 (1981), 590ff; *Schmidtchen* Wettbewerbspolitik S. 111ff; *ders.* JNSt. 191 (1977), 428. Vgl. dazu, teilweise kritisch auch *Aberle* 2.4.; *Bartling* S. 41ff; *Berg* Wettbewerbspolitik O-2.4.; *Clapham* in: Cox/Jens/Markert passim; *Kraft* GRUR 1980, 966, 968; *Merz* Vorfeldthese S. 216ff; *Rittner*[4] (1993); 2 A I 4c; *ders.* Wirtschaftsrecht[2] (1987) § 13, 36; *ders.* AcP 188 (1988), 101, 113ff, 119f; *Ruffner* S. 70ff; *I. Schmidt* Wettbewerbspolitik 1. Kap. VI. 2.; scharf **ablehnend** *Gotthold* ZHR 145 (1981), 286; *ders.* ZHR 146 (1982), 55; *Neumann* Historische Entwicklung

schichtlichen Tradition der freien Konkurrenz der Klassiker[72]. Die daraus resultierende Etikettierung als neu- bzw. neoklassisch darf freilich nicht dahin mißverstanden werden, daß auch die im historischen Anschluß an die Klassiker erfolgte Verengung auf statische Gleichgewichtsmodelle der mikroökonomischen Preistheorie übernommen worden wäre (vgl. Einl. A Rdn. 16 f und *Neumann* Historische Entwicklung und heutiger Stand der Wettbewerbstheorie (1982) S. 184). Das gerade Gegenteil ist der Fall. Das **neoklassische Leitbild des Wettbewerbs** unterstreicht vielmehr den auch bei den Klassikern vorfindlichen Grundgedanken des dynamischen Charakters von Wettbewerb als Prozeß, und zwar – im Anschluß an *v. Hayek* – als freiheitsbasiertes Entdeckungs- und Problemlösungsverfahren[73]. Die Ergebnisse dieses sich in Vorstoß- und Verfolgungs-(Nachahmungs-)Phasen entwickelnden Prozesses[74] sind ex ante notwendigerweise ungewiß und offen, so daß Wettbewerb sich auch nicht zur Erreichung konkret-bestimmter gesamtwirtschaftlicher, exogen vorgegebener Ziele instrumentalisieren läßt[75]. Damit durchaus vereinbar erscheint aber die Anerkennung abstrakter wettbewerblicher Rahmenfunktionen (marktleistungskonforme Einkommensverteilung, nachfragebezogene Angebotsstruktur, optimale Faktorallokation, produktionskapazitative Anpassungsflexibilität, Fortschrittsstimulation), wie sie namentlich das Konzept der optimalen Wettbewerbsintensität formuliert (**a. A.** *Hoppmann* Problem S. 20, 26; *ders.* Zum Schutzobjekt des GWB. Die sogenannten volkswirtschaftlichen Erkenntnisse und ihre Bedeutung für die Schutzobjektdiskussion, in: Mestmäcker Wettbewerb als Aufgabe (1968) S. 75 ff). Die Kritik sollte sich nicht hiergegen richten, sondern gegen die Überzeugung, den Zielerreichungsgrad dieser Funktionen mit Marktformen in einen eindeutigen Zusammenhang bringen zu können.

A 29 Funktionsfähig ist dieser im neoklassischen Sinne verstandene Wettbewerb also, wenn sich in ihm Freiheit manifestiert, und zwar die Freiheit des Handelns („Handlungsfreiheit“) und die Freiheit des Wollens („Entscheidungsfreiheit“, vgl. *Hoppmann* Wirtschaftsordnung S. 260). Dies resultiert aus dem **systemtheoretischen Ansatz** des neoklassischen Wettbewerbsverständnisses, genauer gesagt: aus der Zuordnung von Wettbewerb und Freiheit: Marktwirtschaft wird als komplexes, evolutorisches, kybernetisch-selbstregulatives System begriffen, das spontane, interdependente Handlungen aller Marktteilnehmer als den Elementen dieses Systems und deren polyzentrische Koordination in **Parallel-** und **Austauschprozessen** in sich schließt[76]. Austausch- und Parallelprozeß sollen sich dabei wechselseitig bedingen

und heutiger Stand der Wettbewerbstheorie (1982) S. 183 ff, insb. S. 251 ff.

[72] *Hoppmann* Zum Schutzobjekt des GWB. Die sogenannten volkswirtschaftlichen Erkenntnisse und ihre Bedeutung für die Schutzobjektdiskussion, in: Mestmäcker Wettbewerb als Aufgabe (1968) S. 80 f; *ders.* in: Hoppmann/Mestmäcker Normenzwecke und Systemfunktionen im Recht der Wettbewerbsbeschränkungen (1974) S. 5, 7 f.

[73] *Hoppmann* Wettbewerbsintensität S. 15; *ders.* Marktmacht und Wettbewerb (1977) S. 7 ff; *ders.* Problem S. 29 f; *ders.* JNSt. 181 (1967/68), 251 ff; *v. Hayek* Wettbewerb S. 249 ff; *Mestmäkker* Europäisches Wettbewerbsrecht § 12 III, IV (1974); *Röpke* Wirtschaftspol. Blätter 1976, 38 ff; s. a. *Windsperger* Ordo 37 (1986), 125.

[74] S. a. *Clark* Competition passim (Auszug in: Herdzina Wettbewerbstheorie S. 269 ff); *Herdzina* Wettbewerbspolitik S. 58 ff; *Heuß* Markttheorie passim; *Hoppmann* Zum Schutzobjekt des GWB. Die sogenannten volkswirtschaftlichen Erkenntnisse und ihre Bedeutung für die Schutzobjektdiskussion, in: Mestmäcker Wettbewerb als Aufgabe (1968) S. 81.

[75] *Brandt* JNSt. 199 (1984), 97, 114; *Hoppmann* Problem S. 20, 26; *ders.* Wirtschaftsordnung S. 269; *Kirzner* passim; *Rittner* Wirtschaftsrecht² (1987) § 14 Rdn. 22.

[76] *V. Hayek* Theorie passim; *ders.* Arten der Ordnung S. 35; *Hoppmann* Prinzipien passim; *ders.* Problem S. 29 ff, 39 ff; ausführlich dazu *Schmidtchen* Wettbewerbspolitik S. 111 f sowie *Köhler* Wettbewerbsbeschränkungen durch Nachfrager (1977) S. 5 ff. Sehr anschaulich *Engels* Soziale Marktwirtschaft S. 23 ff; *ders.* Mehr Markt S. 36, 60 f.

und zwei Seiten ein und derselben Handlungs- und Entschließungsfreiheit darstellen (*Hoppmann* Wirtschaftsordnung S. 269). Allen reduktiven modelltheoretischen Erfassungsversuchen des Wettbewerbs und der Normierung gesamtwirtschaftlicher Wettbewerbsfunktionen wird eine Absage erteilt. Insb. wird ein signifikanter Zusammenhang zwischen (optimalem) Wettbewerb und bestimmten Marktformen verneint[77]. Unter der Maßgabe freien Wettbewerbs sind vielmehr umgekehrt die unterschiedlichsten Ergebnisse des jeweiligen Wettbewerbsprozesses, namentlich auch in Abhängigkeit von der Marktphase, möglich. Bei alledem wird die Komplexität des Marktsystems nicht zuletzt unter dem Aspekt des **Kaufkraftwettbewerbs** gesamtwirtschaftlich begriffen (**Totalmarktkonzept**)[78]; der gedanklichen Ausdifferenzierung der Volkswirtschaft in **Partialmärkte,** die jeweils für irgendeine, namentlich kartellrechtliche Fragestellung „relevant" sein sollen, haftet also von vornherein etwas Dezisionistisches an. Jedenfalls aber sind solche Einzelmärkte dauernden Veränderungen durch den Wettbewerbsprozeß selber unterworfen. Erst ein Wirtschaftssystem, das derart auf der Wahrnehmung von Wettbewerbsfreiheit iS des Fehlens von (künstlichen) Wettbewerbsbeschränkungen beruht, kann danach überhaupt individuelle, aber auch allgemeine ökonomische Vorteile wie Induktion und Entfaltung technischen Fortschritts, Allokationseffizienz, („leistungs-")gerechte Einkommensverteilung etc. bieten. Ein Zielkonflikt zwischen Wettbewerbsfreiheit und guten ökonomischen Ergebnissen iS der sog. Dilemma-These kann dabei nicht eintreten (s. a. Einl. A Rdn. 15, 34)[79], da Wettbewerb in Freiheit zumindest dafür sorgt, daß vordergründig gesehen unzureichende Resultate unter den gegebenen Bedingungen nicht noch unzureichender ausfallen[80]. Soweit dieser Zielkonflikt im Einzelfall gleichwohl gesehen werden sollte, ist er jedenfalls zugunsten der gesellschaftspolitischen Freiheitsfunktion des Wettbewerbs zu entscheiden, weil Wohlstand ohne Freiheit nichts bedeutet.

11. Zusammenfassung, Schlußbewertung

Der (wirtschaftliche) Wettbewerb entzieht sich einer griffigen, explizit-verbalen Beschreibung, zumal „Wettbewerb" in sehr unterschiedlichem Kontext gebraucht wird. Die zahlreichen, auf implizite Definitionen abzielenden wirtschaftswissenschaftlich fundierten Wettbewerbskonzeptionen lassen sich wiederum unter den verschiedensten Gesichtspunkten ordnen. So wird Wettbewerb z. B. teils als Zustand, teils als Verhalten und Verhaltensprozeß verstanden. Teils wird Wettbewerb als wirtschaftliches Ordnungsprinzip zur Erreichung bestimmter Ziele für instrumentalisierbar gehalten, teils Wettbewerb als Manifestation von Freiheit zum Eigenwert erho- **A 30**

---

[77] Hier liegt ein kennzeichnender Unterschied gegenüber dem auf vollkommenen Wettbewerb abhebenden Ordo-Liberalismus, vgl. Großkomm.-*Schünemann* Einl. A Rdn. 26.

[78] *Hoppmann* Marktmacht und Wettbewerb (1977) S. 9; *ders.* Wirtschaftsordnung S. 356 ff; *Schmidtchen* Wettbewerbspolitik S. 194 ff; kritisch etwa *Möschel* Wettbewerbspolitik vor neuen Herausforderungen, in: Ordnung in Freiheit – Symposium aus Anlaß des 100. Jahrestages des Geburtstages von Walter Eucken am 17. Januar 1991 (1992) S. 61, 68.

[79] Zu dieser Non-Dilemma-These: *Hoppmann* Fusionskontrolle (1972) S. 18 ff; *ders.* JNSt. 179 (1966), 289 ff; *ders.* Problem S. 48; *Mestmäcker* AcP 168 (1968), 235, 245; s. a. *Emmerich* Kartellrecht⁵ (1988) § 1, 3; *Merz* Vorfeldthese S. 217 und vor allem *Voigt* WiSt. 1992, 516 ff. Kritisch aus juristischer Sicht z. B. *Fikentscher* Bd. II § 22 I 5 c cc; *Möschel* Das Wirtschaftsrecht der Banken (1972) S. 339 ff; *ders.* Der Oligopolmißbrauch im Recht der Wettbewerbsbeschränkungen (1974) S. 12 ff; *ders.* Ordo 32 (1981), 85, 94; *ders.* Wettbewerbsbeschränkungen Rdn. 68, alle mwN.

[80] *Hoppmann* Wirtschaftsordnung S. 216.

ben, mögen zugleich – reflektorisch – auch bestimmte ökonomische Funktionen mit erfüllt sein[81].

A 31 Im Rückblick auf die bisherige wettbewerbstheoretische Diskussion wird man davon ausgehen müssen, daß die Vielfalt wettbewerblicher Marktwirklichkeit von modellhaft-reduktiven Konzepten allenfalls in Einzelaspekten erfaßt werden kann. Schon aus einem wettbewerbstheoretisch/wirtschaftspolitischem Blickwinkel heraus ist deshalb trotz vieler möglicher Einwände im Detail dem systemtheoretischen, „neoklassisch"-dynamischen Wettbewerbsansatz entschieden der Vorzug zu geben[82]. Denn dieses Wettbewerbsverständnis versucht gerade nicht, sich zumindest approximativ ein umfassendes **Zusammenhangswissen** anzumaßen[83], das es angesichts der äußersten Komplexität der Marktprozesse nicht geben kann. Die vor dem Hintergrund der tiefgreifenden politischen, nicht zuletzt gerade auch wirtschaftspolitischen Veränderungen in Deutschland und Osteuropa historisch evidente ökonomische Überlegenheit des freiheitlichen Marktsystems, insb. seine Wandelbarkeit als Antwort auf die Herausforderung sich immerfort ändernder Marktdaten, beruht ja eben darauf, die unübersehbar marktweit verstreuten Informationen und Handlungskompetenzen durch spontane, nur autonom organisierte und deshalb auch nur musterhaft antizipierbare[84] Koordination in Parallel- und Austauschprozessen zu nutzen. Von daher erscheint es als aussichtsloses Unterfangen und als Widerspruch in sich, diesen Polyzentrismus in ein sich inhaltlich-instrumentell definierendes Wettbewerbskonzept transformieren zu wollen[85], das dann als **„Wettbewerbstechnologie"** allen möglichen politischen Wünschbarkeiten dienstbar gemacht werden könnte.

A 32 Für die Funktionsfähigkeit des Wettbewerbs als permanent innovatives Koordinationsverfahren ist die Handlungsfreiheit iS eines Aktionsraumes und die Entscheidungsfreiheit, diesen Bewegungsraum nach eigenen Präferenzen zu nutzen, für aktuelle wie für potentielle Marktteilnehmer unverzichtbar. Diese Freiheit zu schützen muß deshalb vornehmstes Ziel gerade auch des Wettbewerbsrechtes sein. Ein wettbewerbsrechtliches Leitbild, das die wirtschaftliche Freiheit derart durchaus als Selbstzweck in den Mittelpunkt seiner Überlegungen stellt[86], harmoniert schließlich

---

81 Prägnante Positionsbeschreibung von wettbewerbspolitischem „Instrumentalismus" einerseits, „Institutionalismus" andererseits, bei *Tuchtfeldt* FS Kummer S. 558 ff.

82 *Ahlert* S. 111 ff; *Fezer* JZ 1990, 657, 658 ff; *Kraft* GRUR 1980, 966, 968; s. a. *Köhler* Wettbewerbsbeschränkungen durch Nachfrager (1977) S. 7 ff, der in seiner Kritik auf die Begrenztheit, nicht Unrichtigkeit des Konzepts der Wettbewerbsfreiheit zielt (aaO S. 14).

83 Zu dieser wissenschaftstheoretisch gebotenen Bescheidenheit s. namentlich *v. Hayek* Die Anmaßung von Wissen, Ordo 26 (1975), 12 ff.

84 Näher zur Mustervoraussage als allgemein so übersetztem Begriff der „pattern predictions" (vgl. auch *v. Hayek* Freiburger Studien (1969) S. 144 Anm. 1) *v. Hayek* Theorie S. 7; *Graf* „Muster-Voraussagen" und „Erklärung des Prinzips" bei F. A. v. Hayek (1978) S. 46 ff.

85 *Tuchtfeldt* FS Kummer S. 563 spricht in diesem Zusammenhang sarkastisch, freilich mit verunglückter Metapher, von den – in den ehemaligen Ostblockstaaten in ihrem Scheitern exemplarisch vorgeführten – Versuchen, den sog. sozialistischen Wettbewerb unter bestimmte politische Zielvorgaben zu stellen, nämlich zur Behebung politisch begründeter Mangelzustände einzusetzen, als „Kampf gegen Windmühlenflügel".

86 S. a. *Fezer* JZ 1990, 657, 661. Zur sog. gesellschaftspolitischen Funktion der Wirtschaftsordnung im allgemeinen und in der auf Wettbewerb gründenden Wirtschaftsordnung im besonderen: *Berg* Wirtschaftspolitik II 0-1; *Böhm* in: Kartelle und Monopole im modernen Recht I, 1961, S. 3 ff; *Cox/Hübener* in: Cox/Jens/Markert I. 2. b; *Emmerich* § 1, 1 a; *ders.* Kartellrecht[5] (1988) § 1, 3 b; *Mestmäcker* JZ 1964, 441 ff; *ders.* AcP 168 (1968), 235 ff; *Möschel* Wettbewerbsbeschränkungen Rdn. 1; *Schmidt* Wettbewerbsrecht und Kartellrecht 2. Kap. I. 1. unter Hinweis auf *Giersch*; *Thieme* passim, insb. A 3.4. Gerade nicht als Selbstzweck, sondern als (bloßes) Ordnungsprinzip bewerten *Baumbach/Hefermehl* Allg. Rdn. 25 den Wettbewerb.

schon seiner konzeptionellen Natur nach mit einer verfassungsmäßigen Ordnung, in der schon durch Artt. 1 und 2 GG Freiheit und Selbstbestimmung als Bestandteil und Ausdruck menschlicher Würde ganz allgemein ein herausragender Stellenwert zugemessen wird. Nur das Konzept der **Wettbewerbsfreiheit** erscheint deshalb als das natürliche ökonomische Äquivalent einer freiheitlich verfaßten Gesellschaftsordnung (näher Einl. A Rdn. 51 ff)[87].

Weil sich der Freiheitsinhalt nicht positiv definieren läßt, ohne die Freiheitsgewährung zu konterkarieren, erscheint die neoklassische Konzeption häufig in negativer Formulierung, als Theorie der **Wettbewerbsbeschränkung**[88]. Sie zielt also auf die Ermittlung wettbewerbsbeschränkender Verhaltensweisen und entspricht damit insoweit konstruktiv der Normierungsphilosophie des GWB, das die Wettbewerbsfreiheit ebenfalls als Kehrseite der dortigen Eingriffstatbestände, als Abwesenheit von Wettbewerbsbeschränkungen[89], begreift. Erst in dieser Gestalt bietet das Konzept der Wettbewerbsfreiheit überhaupt die Chance systematischer Einordnung der einzelnen Unlauterkeitsphänomene (dazu eingehend Einl. D Rdn. 1 ff, 37 ff) und eine für die Rechtsanwendung des UWG ausreichende Operationalität: Zwang, (produktferne) Verlockung, Irreführung, Überrumpelung, Kündigungs- und Widerrufsvereitelung, Kundenkontaktstörung, Anschwärzung, Verleumdung, Kennzeichenmißbrauch etc. richten sich allesamt gegen die Entschließungs- und Handlungsfreiheit der Marktteilnehmer, sind aus der Sicht des auf Wettbewerb und Markt gründenden Ordnungsmodells inadäquat, ja, kontraproduktiv und deshalb als ökonomische Aktionsweisen unzulässig. Ähnlich verfährt das **Koordinationsmängelkonzept** (*Grossekettler* S. 174 f; dazu *Ahlert* S. 112 ff; *Ruffner* S. 109 ff). **A 33**

Bei diesem Vorverständnis gewinnt auch der Begriff des funktionierenden Wettbewerbs seine eigene Bedeutung[90]. Fragwürdig ist es jedenfalls, dem Wettbewerb bestimmte Funktionen iS von konkreten (gesamtwirtschaftlichen, etwa wohlfahrtsökonomischen) Aufgaben zuzuweisen. So wird eine „konsequent funktionale Betrachtungsweise" des Wettbewerbsrechtes namentlich von *Baudenbacher* verstanden[91]. Abzustellen sei bei der Auslegung wettbewerbsrechtlicher Normen gerade auf die positiven (Markt-)Ergebnisse, die vom Wettbewerb zu erwarten seien, nicht lediglich auf den Wettbewerbsprozeß als solchen. Diese Forderung wäre freilich nur auf dem Boden von modelltheoretisch-reduktiven Workability-Konzepten erfüllbar[92]. Geradezu verfehlt aber ist es, Funktionen als Aufgaben für die Marktbeteiligten, etwa als Groß- und Einzelhandelsfunktionen, festzuschreiben und innovative Vertriebsformen damit als funktionswidrig zu diskreditieren und lauterkeitsrechtlich **A 34**

---

[87] *Hoppmann* Grundlagen S. 9, 17 ff, 215 ff; *v. Hayek* in: Freiburger Studien S. 108 ff; s. a. *Mestmäcker* Verwalteter Wettbewerb (1984) S. 88 ff; *Merz* Vorfeldthese S. 200, 216; *Möschel* Der Oligopolmißbrauch im Recht der Wettbewerbsbeschränkungen (1974) S. 9 ff; *ders.* Rechtsordnung S. 13 f.

[88] *Merz* Vorfeldthese S. 219; *Rittner* Wirtschaftsrecht² (1987) § 13, Rdn. 36; dazu *Möschel* Pressekonzentration S. 43; *ders.* Wettbewerbsbeschränkungen Rdn. 69 f.

[89] S. a. *Hoppmann* Fusionskontrolle (1972) S. 10; *ders.* Marktmacht und Wettbewerb (1977) S. 7 ff.

[90] Zur Bedeutungsvielfalt und dem häufig nicht explizit gemachten Begriffsverständnis vgl. eingehend *Tyllack* S. 264 ff.

[91] *Baudenbacher* ZHR 144 (1980), 145 ff, 170; *ders.* GRUR 1981, 19; *ders.* GRUR Int. 1981, 162 ff; *ders.* Suggestivwerbung und Lauterkeitsrecht (1978) S. 134 ff; s. a. *Schluep* GRUR Int. 1973, 446, 452.

[92] Deutlich erkennbar bei *Baudenbacher* ZHR 144 (1980), 145, 154; *ders.* Suggestivwerbung und Lauterkeitsrecht (1978) S. 150. Unklar ist der wettbewerbstheoretische Hintergrund hingegen bei *Rebe* Privatrecht S. 144. Zur Kritik s. a. *Rehbinder* ZHR 143 (1979), 349.

zu sanktionieren[93]. Denn diese Funktionen sind lediglich die **Resultanten** der frei beweglichen Marktkräfte im sog. **Stufenwettbewerb** und Ausdruck autonomer Koordination der Marktteilnehmer in einer bestimmten historischen Situation (eingehend § 1 C Rdn. 16 ff). Sie sind deshalb ebenso wandelbar wie die Zeitläufe selber[94]. Mit der Idee der Wettbewerbsfreiheit ist der Funktionsbegriff nur vereinbar, soweit er auf das Funktionieren des Marktmechanismus, auf den **Wettbewerbsprozeß**, gemünzt ist[95]. Die konkreten Marktergebnisse erfüllen mit anderen Worten eo ipso die bekannten abstrakten Wettbewerbsfunktionen Einkommensgerechtigkeit, nachfragedeterminierte Angebotsstruktur, optimale Faktorallokation, produktkapazitative Anpassungsflexibilität sowie Fortschrittsstimulation (s. Einl. A Rdn. 22), sofern sie nur unter wettbewerblichen Funktionsbedingungen, also in Ausübung von Handlungs- und Entscheidungsfreiheiten, zustandegekommen sind.

III. Relevanz von Wettbewerbskonzeptionen für die Auslegung und Anwendung des UWG

1. Auslegung des UWG im allgemeinen

A 35 In seinem Kern besteht das UWG aus privatrechtlichen Normen, wie auch im Durchsetzungsmechanismus zum Ausdruck kommt (dazu näher Vor § 13 Einl. A Rdn. 1 ff; s. a. *Rittner*[4] (1993) Einl. I 2 c). Dieser privatrechtliche Charakter bestimmt auch die **Auslegung** des UWG. Sie weist mangels eigener Interpretationsvorgaben des UWG gegenüber der Interpretation sonstigen Privatrechts keine spezifischen Eigenarten auf (**a. A.** *Sambuc* Folgenerwägungen im Richterrecht (1977) S. 27 f), verlangt dabei aber selbstverständlich die allgemeine methodologische Positionsbestimmung zwischen Begriffs-, Interessen-, Wertungsjurisprudenz und sonstigen hermeneutischen Verfahren. Privatrechtliches Schrifttum und Judikatur folgen seit langem den Interpretationsprinzipien der Wertungsjurisprudenz[96]. Straf- und Ordnungswidrigkeitstatbestände wie §§ 4, 6 Abs. 2, 6 c, 12, 15, 17, 18, 20 UWG unterliegen allerdings dem für diese Rechtsmaterien generell geltenden Analogieverbot (vgl. auch BGH NJW 1971, 521 – *Teerfarben*). Diese auslegungsmethodische Besonderheit entfällt hinwiederum, wenn jene Normen durch an sie anknüpfende Unterlassungsansprüche oder sonstige privatrechtstypische Rechte (Schadensersatzansprüche, Rücktrittsrechte) insoweit auch auf der Tatbestandsseite einen privat-

---

[93] So aber BGH WRP 1977, 183, 185 – *Eintrittsgeld;* BGH GRUR 1973, 475 f – *Preisausschreiben;* BGH WRP 1977, 177 – *Schaufensteraktion.* Normative Marktstufen-Funktionen unterstellt auch OLG Saarbrücken WRP 1977, 364, 366 – *Globus II.* Ähnlich wohl *Ulmer* WuW 1978, 330, 333 ff; *Franzen/Giessen* BB 1978, 1632; *Hahn* Behinderungsmißbräuche marktbeherrschender Unternehmen (1984) S. 172; *Kaligin* WRP 1981, 129 f. Dagegen zutreffend *Loewenheim* GRUR 1976, 224, 226; *Tyllack* S. 273; grundsätzlicher *Emmerich* § 5, 4 c und § 6, 8 d; *Schünemann* S. 129; vgl. mwN *Merz* Vorfeldthese S. 148.

[94] *Barth/Möhlenbruch* DB 1983, 593, 596; *Knöpfle* Marktbezogene Unlauterkeit S. 86; *Meier* WRP 1982, 135 f; *Merz* Vorfeldthese S. 148; *Nordemann* Rdn. 190 a.

[95] Zu diesem Funktionsverständnis vgl. namentlich *Hoppmann* Wirtschaftsordnung S. 274 sowie schon *Burmann* WRP 1967, 240, 243 ff; 1968, 258, 261 f; 1972, 511, 513 ff; 1974, 596, 599; s. a. *Schricker* GRUR 1980, 194 ff, insb. 203; ferner die Wendungen in der amtlichen Begründung zum Regierungsentwurf der 4. GWB-Novelle WuW 1980, 337, 342.

[96] Repräsentativ hierfür – jeweils mwN auch der Gegenmeinungen – *Larenz* Methodenlehre der Rechtswissenschaft[6] (1991) S. 119 ff, 125 ff; *Palandt/Heinrichs* BGB[51] (1992) Einl. VI Rdn. 34; aus der Zivilrechtsprechung vgl. etwa BGHZ 46, 74, 76 ff; kritisch zur tradierten Hermeneutik MünchKomm.-*Säcker* BGB[2] (1984) Einl. Rdn. 63 ff, 81 ff.

rechtlichen Charakter annehmen (für diese Lösung des Problems der sog. **Normspaltung** zutreffend *Herschel* NJW 1968, 533. **A. A.** – für § 1 Abs. 3 ZugabeVO – BGH NJW 78, 1856 – *Gruppenreisen;* zur Normspaltung kritisch *Tiedemann* in: Immenga/Mestmäcker GWB[2] (1992) Vor § 38 Rdn. 27 mwN. S. a. *Möschel* Wettbewerbsbeschränkung Rdn. 118). Anwendungspraktisch wird dies namentlich in den Fällen der §§ 13 Abs. 1 und Abs. 6 Nr. 2, 13 a UWG. Die für das Wettbewerbsrecht des GWB streitige Frage, ob die dortigen (Kartell-)Verbotstatbestände nicht eher wie Eingriffstatbestände des Verwaltungsrechts auszulegen sind[97], wird für das UWG zu Recht nicht aufgeworfen.

Innerhalb der **Wertungsjurisprudenz** genießt die teleologische, auf die ratio legis **A 36**
abstellende Auslegung einen besonders hohen Rang (vgl. aus der stRspr. z. B. BGHZ 78, 265; 87, 383). Dabei darf allerdings nicht der Sinnzusammenhang der Einzelnorm mit der Gesamtheit des Normengefüges, dessen Teil sie darstellt, unterbrochen werden. Die zweckorientierte Auslegung der Einzelnorm ist vielmehr ihrerseits im Lichte der **Teleologik** des Normensystems vorzunehmen (zum Schutzzweck des UWG s. eingehend Einl. C Rdn. 1 ff)[98]. Teleologische und systematische Interpretation sind mithin komplementäre Größen und können nicht, mit unterschiedlicher Wertigkeit versehen, einander gegenübergestellt werden (s. a. *Merz* Vorfeldthese S. 63 („systematisch-teleologische Auslegungsmethode")). Namentlich die lauterkeitsrechtlichen Normen mit generalklauselartig „offenen" Tatbeständen wie § 1 UWG, aber auch tatbestandlich-konstruktive Elementarbegriffe wie etwa „zu Zwecken des Wettbewerbs"[99] bedürfen eines übergeordneten gedanklichen Bezugspunktes, der der hier geforderten Konkretisierung Richtung und Grenzen weist und damit zugleich sicherstellt, daß die Auslegungsergebnisse mit einer etwaigen wettbewerbskonzeptionellen Basis des UWG harmonieren.

2. Interpretativer Einfluß von Wettbewerbskonzeptionen/„Wirtschaftspolitische Neutralität" des UWG?

Ob auf diesen Konkretisierungsprozeß – unabhängig von den Schutzobjekten **A 37**
des UWG im einzelnen (dazu Einl. C Rdn. 1 ff, 9 ff, 21 ff) – Wettbewerbskonzeptionen überhaupt Einfluß nehmen können, gilt allerdings vielfach als unsicher und wird traditionell unter dem Stichwort **„wirtschaftspolitische Neutralität"** des UWG diskutiert. Die substantielle Divergenz, die sich hinter Pro und Contra verbirgt, ist dabei durchweg vage, weil der Neutralitätsbegriff selber unterschiedlich aufgefaßt wird. Beide Positionen gehen incidenter zunächst zutreffend davon aus, daß der Normtext des UWG keine Anhaltspunkte für die Relevanz bestimmter Wettbewerbskonzeptionen liefert. Eine ausdrückliche tatbestandliche Anknüpfung etwa an bestimmte Marktformen oder Unternehmensgrößen, auf Marktdominanz und ähnliches, fehlt jedenfalls. Strukturpolitische Überlegungen zugunsten eines Mittelstandsschutzes wurden freilich durchaus offen vom historischen Gesetzgeber des UWG angestellt[100], haben im UWG allerdings keinen hinreichenden Ausdruck gefunden, um interpretativ maßgeblich werden zu können. Daran ändern auch Vorschriften wie § 6 a ff UWG nichts, in denen sich zwar ebenfalls nicht ausdrücklich,

[97] Dafür *Rittner*[4] (1993) § 5 C II 1 a; dagegen *Möschel* Wettbewerbsbeschränkungen Rdn. 117 ff.

[98] So speziell auch für das Wettbewerbsrecht *Schricker* Gesetzesverletzung S. 223 f; *ders.* GRUR 1974, 579, 583.

[99] S. a. *v. Gamm* Kap. 10 Rdn. 2.

[100] Zur ersten Beratung des UWG in der Reichstagssitzung vom 25. 1. 1909 s. GRUR 1909, 106 ff, insb. die Redebeiträge der Abgeordneten Giese (S. 107), Findel (S. 116) und Linz (S. 199).

aber schon deutlicher mittelstandspolitische Motive manifestieren (*Emmerich* § 6, 8 a, b; *Reichold* AcP 193 (1993), 204, 230; *Schünemann* S. 170), ohne freilich schon wegen ihrer Punktualität dem UWG als ganzem ihren Stempel aufdrücken zu können. Prinzipielle Folgerungen für oder gegen die Übernahme bestimmter Wettbewerbskonzeptionen können jedenfalls aus diesen Vorschriften bei der Konkretisierung der lauterkeitsrechtlichen Generalklauseln nicht gezogen werden. In diesem Sinne ist das UWG durchaus wirtschaftspolitisch neutral.

A 38 Im Lichte dieser **normtextlichen Abstinenz** und vor dem historischen Hintergrund des weitgehend aus dem Jahre 1909 stammenden und somit selbst innerhalb Deutschlands ganz verschiedenen Wirtschaftsordnungen eingefügten UWG (vgl. zur Historie näher Einl. B Rdn. 1 ff, 17 ff)[101] wird nun aber weitergehend der Standpunkt vertreten, ein Handeln sei bezüglich seiner Lauterkeit an Maßstäben zu messen, die von der jeweiligen Wirtschaftsordnung abgelöst seien. Geschäftsmoral iS „guter Sitten" und Wirtschafts-, speziell Wettbewerbspolitik seien inkontingente Größen. Es gebe daher eine breite Schicht wettbewerbsrechtlicher Verhaltensregeln, die von der Wirtschaftsordnung nicht berührt würden, stets zu beachten und in diesem Sinne **systemindifferent** seien. Für die lauterkeitsrechtliche Verhaltensbeurteilung sollten und könnten wirtschaftspolitische speziell wettbewerbspolitische Konzeptionen deshalb keine Bedeutung gewinnen[102]. Auch die **Gegenmeinung** leugnet nicht die normtextliche Abstinenz des UWG bezüglich irgendwelcher Wettbewerbskonzeptionen. Gerade im umgekehrten Sinne wird diese wirtschaftspolitische Neutralität aber als Aufgeschlossenheit und Flexibilität gegenüber UWG-exogenen wirtschaftspolitischen Festlegungen verstanden, wodurch die wettbewerbsrechtlichen Wertungen des GWB auf den Inhalt der guten Wettbewerbssitten zwangsläufig Einfluß nähmen. Realiter betrachtet, d. h. in einer konkreten Rechts- und Wirtschaftsordnung eingesetzt, wandele sich die vordergründig zu konstatierende Neutralität und Fungibilität des UWG daher zum notwendigen Engagement für die so von außen herangetragenen Wertungskriterien, wie sie sich aus den wirtschaftspolitisch geltenden Ordnungsprinzipien ergäben[103].

A 39 Der **Meinungsstreit** verliert bei näherer Analyse der Aussagensubstanz an Bedeutung. Zwar wäre es logisch an sich möglich, das Lauterkeitsrecht, namentlich den Maßstab der guten Sitten, ganz isoliert von den wirtschaftspolitischen Grundentscheidungen des Verfassungsgebers und des einfachen Gesetzgebers zu entwickeln, ohne daß sich ein solches Gesetz dazu in offenen Widerspruch setzen müßte. Dieser Ansatz wird in seiner Durchführung aber auch von denen relativiert, die die wirtschaftspolitische Neutralität des UWG iS seiner grundsätzlichen Wertungsautonomie proklamieren. Auch von dieser Seite wird betont, daß die Grundsätze der Wirtschaftsverfassung und damit auch wirtschaftspolitische Gesichtspunkte bei der rechtlichen Bewertung wettbewerblichen Verhaltens durchaus nicht unbeachtet bleiben

---

[101] S. a. *Beier* GRUR Int. 1966, 198 (zu jugoslawischen Parallelen); *Pleyer* JR 1965, 241.

[102] *Baumbach/Hefermehl* Allg. Rdn. 16 c, 79, Einl. UWG 75; *E. Ulmer* GRUR 1951, 355 f; *Kraft* FS Bartholomeyczik S. 223, 234 f; *Schwartz* GRUR 1967, 333, 343; *Wiedemann* ZGR 1980, 168 f.

[103] *Baudenbacher* ZHR 144 (1980), 145 ff; *Bussmann* Aktivlegitimation im Wettbewerbsrecht, FS Nastelski (1969), 316; *Hirtz* GRUR 1980, 93 ff; *Hölzler/Satzky* Wettbewerbsverzerrungen durch nachfragemächtige Handelsunternehmen (1980) S. 134 f; *Kübler/Simitis* JZ 1969, 445, 451; *Lehmann* Mitarbeiter-FS S. 321, 325 f; *Lindacher* BB 1975, 1311; *Mestmäcker* Verwalteter Wettbewerb S. 76 ff; *Möschel* Pressekonzentration S. 139, 148; *Ott* FS Raiser S. 403, 418 ff; *Rinck/Schwark* Wirtschaftsrecht[6] (1986) Rdn. 657; *Sack* WRP 1974, 247 ff; *ders.* GRUR 1975, 297, 301; *Schluep* GRUR Int. 1973, 446, 452; *Schricker* GRUR 1974, 579, 582 f.

sollten (*Baumbach/Hefermehl* Allg. Rdn. 79). Insofern könne das UWG weder de lege lata noch de lege ferenda wirtschaftspolitisch neutral sein (*Rittner*[4] (1993) § 1 C V 1). Wogegen man sich vielmehr wendet, ist die Berücksichtigung wirtschaftspolitischer, nicht selten kurzfristig sich wandelnder **Zweckmäßigkeitserwägungen.**

Darin trifft man sich aber mit der **Gegenmeinung**, die die Relevanz wirtschafts-, insb. wettbewerbspolitischer Überlegungen ebenfalls nur insoweit bejaht, als diese Zielvorstellungen gesetzesförmigen Ausdruck, namentlich im GWB und StabG, möglicherweise auch im GG, gefunden haben. Keineswegs wird der Durchsetzung regierungsamtlicher Wirtschaftspolitik mit Hilfe des „politischen" Richters das Wort geredet (*Schricker* GRUR 1974, 579, 582 f). Noch viel weniger sollen die individuellen wirtschaftspolitischen Präferenzen des Richters über das Vehikel der guten Sitten judikativ zum Tragen kommen. Zu alledem fehlt den Gerichten selbst unter dem Aspekt zulässiger und gebotener **Rechtsfortbildung** gerade im tatbestandlich offenen Wettbewerbsrecht in der Tat die demokratische Legitimation[104]. Die Gerichte sind vielmehr bei der Anwendung des UWG, namentlich bei der Konkretisierung der Generalklauseln an die das Lauterkeitsrecht tragenden normativen Eckdaten der Wirtschaftsordnung und dabei eben gerade auch an das marktwirtschaftliche Ordnungsprinzip Wettbewerb gebunden[105]. Dieses Prinzip hat selbstverständlich einen genuinen wirtschaftspolitischen Gehalt, hat jedoch positivrechtliche Gestalt gewonnen und ist somit der Dimension des Politisch-zweckmäßigen entwachsen. Allerdings unterliegt das juristische Verständnis dieses Prinzips den Eigengesetzlichkeiten der in wirtschaftswissenschaftlichen Wettbewerbskonzeptionen dargestellten Ontologie des Wettbewerbs (s. Einl. A Rdn. 6 ff) sowie dem auch sonst allfälligen Interpretationswandel und mit ihm auch die Auffassung vom Wesen der wettbewerblichen Unlauterkeit, weg von moralischen Positionen, hin zu einer wettbewerbsfunktionalen Betrachtung (BKartA WuW/E BKartA 600, 622; *Hirtz* GRUR 1980, 94; *P. Ulmer* GRUR 1977, 565, 578. Zu dem genannten **Interpretationswandel** im einzelnen s. Einl. D Rdn. 1 ff). Im übrigen wäre diese Sicht der Dinge auch dann möglich, wenn man die „guten Sitten" weiterhin aus einem moralisch-ethischen Bezugssystem heraus interpretieren wollte. Denn Markt und Wettbewerb können sich ihrerseits auf den moralisch-ethischen Prämissen einer Freiheits- wie (Verteilungs-)Gerechtigkeitsphilosophie abstützen (vgl. hier nur *Martin* Imitationsanreiz und Schutz vor Nachahmung im Gesetz gegen unlauteren Wettbewerb (1981) S. 67; *Raiser* GRUR Int. 1973, 433, 446; *Sack* WRP 1974, 247, 254. Ganz ausführlich zu den Gerechtigkeitsimplikationen des wettbewerbsgesteuerten Marktes bei Klassikern wie *A. Smith* und bei Neoklassikern wie *v. Hayek* s. *Hauer* S. 104 ff, 138 ff. S. ferner Einl. A Rdn. 56, Einl. D Rdn. 37 ff). **A 40**

Daß das UWG im genannten Sinne nicht wirtschaftspolitisch neutral sein kann, wurzelt aber nicht nur darin, daß das UWG auf das Referenzsystem der Wettbewerbsordnung, so wie sie auch das GWB konstituiert, angewiesen ist, sondern ist notwendiger Reflex einer fortschreitenden substantiellen **Vernetzung** von GWB und UWG. Die Vorstellung einer strengen Dichotomie des Wettbewerbsrechtes (i. w. S.) – auf Wettbewerbsquantität abzielender kartellrechtlicher Institutionsschutz einer- **A 41**

---

104 So zutreffend *Hirtz* GRUR 1980, 93, 95; *Kraft* FS Bartholomeyczik S. 234 f; *Kroitzsch* BB 1977, 220, 224; *Krüger-Nieland* WRP 1979, 1; *Merz* Vorfeldthese S. 245; *Raiser* GRUR Int. 1973, 443, 445; jedenfalls im Ergebnis gegen eine solche richterliche Wirtschaftspolitik auch *Möschel* Pressekonzentration S. 147 f. A. A. *Ott* FS Raiser S. 403, 417 ff; *Rebe* Privatrecht S. 158 ff; *Sambuc* Folgenerwägungen im Richterrecht (1977) S. 37.

105 *RWW/Fezer* 3.0 Rdn. 30; *Lindacher* BB 1975, 1312; *Raiser* GRUR Int. 1973, 443, 445.

seits, auf Wettbewerbsqualität gemünzter lauterkeitsrechtlicher Individualschutz (vielleicht sogar noch beschränkt auf den Schutz des Konkurrenten im wettbewerblichen „Parallelprozeß“[106]) andererseits[107] – hat als dogmatisch überholt und nur noch historisch begründbar zu gelten (näher dazu Einl. E Rdn. 7 ff)[108]. Wegen dieser Konvergenz oder sogar durch ein- und dasselbe Schutzobjekt bedingten rechtsmaterialen Identität (näher Einl. E Rdn. 15 ff) der wettbewerblichen Teilrechtsordnungen ist der wirtschaftspolitische Gehalt im Kartell- und Lauterkeitsrecht in summa gleichermaßen zu bejahen[109]. Hier wie dort determiniert die legislative Grundentscheidung für eine Wettbewerbsordnung die Auslegung und Handhabung wettbewerbsrechtlicher Normen und verlangt dabei die Rücksichtnahme auf den durch Wettbewerb gestifteten marktwirtschaftlichen Gesamtzusammenhang, in den diese Normen eingebettet sind. Dieser notwendige Blick auf das Sinnganze, den erst die Vergewisserung des maßgeblichen Wettbewerbskonzepts bei der Reflexion des lauterkeitsrechtlichen Schutzobjets ermöglicht (dazu Einl. C Rdn. 1 ff, 23 ff), ist jedoch keine Besonderheit einer wettbewerbsfunktionalen Betrachtungsweise[110], sondern entspricht ganz herkömmlicher juristischer Methodenlehre[111].

A 42 Die **Rechtsprechung** des BGH hat sich wiederholt und durchaus geradlinig gegen die Einbeziehung wirtschaftspolitischer Gesichtspunkte in die lauterkeitsrechtliche Beurteilung ausgesprochen (BGH GRUR 1957, 365, 368 – *Suwa;* 1965, 489, 491 – *Kleenex;* 1969, 295, 298 – *Goldener Oktober;* 1979, 321 – *Verkauf unter Einstandspreis;* ausdrücklich auf „wirtschaftspolitische Erwägungen“ stützt sich hingegen OLG Frankfurt/M. WRP 1975, 367, 369 – *Eintrittsgeld*). Die einschlägigen Wendungen dürfen allerdings nicht losgelöst von ihrem sprachlichen Kontext gedeutet werden. Berechtigtes Anliegen dieser Rechtsprechung ist es ebenfalls lediglich, wirtschaftspolitischen Zweckmäßigkeitserwägungen keinen Raum zu geben (s. a. *v. Gamm* NJW 1980, 2489 f), nachdem die reichsgerichtliche Rechtsprechung sich gelegentlich dazu verstiegen hatte, sogar betriebswirtschaftliche Aspekte vermeintlich vernünftigen unternehmerischen Handelns dem Lauterkeitsmaßstab einzuverleiben (vgl. zur Gesamttendenz RG GRUR 1936, 810 – *Diamantine;* 1938, 207 – *Persil;* 1939, 862 – *Lockenwickler.* Bedenklicher Rückfall in OLG München WM 1990, 2055 – *Kfz-Superfinanzierung.* Vgl. dazu auch Einl. D Rdn. 16). Die Beeinflussung durch wirtschaftspolitische Basisvorstellungen, insb. wettbewerbskonzeptioneller Art, hat die Rechtsprechung hingegen weder verleugnen können, noch wohl auch verleugnen wollen (s. a. BGH GRUR 1971, 477 – *Stuttgarter Wochen-*

---

106 In Opposition zum „Austauschprozeß“ mit der Marktgegenseite.

107 So vor allem *Kraft* FS Bartholomeyczik S. 237; *ders.* FS Kummer S. 389, 396; *ders.* GRUR 1980, 967.

108 Vgl. hier nur *Baumbach/Hefermehl* Allg. Rdn. 86 ff; *Emmerich* § 1 (vor 1.) sowie § 2, 4 und § 5, 4; *Fikentscher* Bd. II § 22 XI 1 a, b; *v. Gamm* Kap. 3 Rdn. 1 ff; *ders.* NJW 1980, 2489 und WM 1981, 730; *Koppensteiner* § 1 IV 2 b sowie § 14 II 3 a; *Lehmann* GRUR 1977, 26 und 1979, 372; *Möschel* Pressekonzentration S. 151; *Raiser* GRUR Int. 1973, 443, 445; *Rebe* Privatrecht S. 144; *Rittner*[4] (1993) § 1 C IV; *Sack* GRUR 1975, 297, 301; *Schricker* GRUR 1980, 194, 197; *Schünemann* S. 141 f; *Tilmann* GRUR 1979, 825; *P. Ulmer* Schranken zulässigen Wettbewerbs marktbeherrschender Unternehmen (1977) S. 79; *ders.* GRUR 1977, 565, 578 f; *Wrage* UWG-Sanktionen bei GWB-Verstößen (1984) S. 13 ff. Ganz anders *Knöpfle* Marktbezogene Unlauterkeit S. 7 ff; *ders.* Rechtsbegriff S. 345.

109 *Fikentscher* Bd. II § 22 XI 1 b; *Rinck/Schwark* Wirtschaftsrecht[6] (1986) Rdn. 231 f, 657; s. a. *Dreher* Zschr. f. Gesetzgebung 1987, 311, 323 mwN.

110 In dieser Richtung aber *Baudenbacher* ZHR 144 (1980), 145, 147 f; wohl auch *Schluep* GRUR Int. 1973, 446, 451.

111 *Merz* Vorfeldthese S. 62 f unter Hinweis auf *Larenz* Methodenlehre der Rechtswissenschaft[5] (1983), S. 319 ff, 420 (s. nunmehr *ders.* Methodenlehre[6] (1991), S. 206, 324 ff, 370 ff, 474 ff).

blatt; 1977, 608 – *Feld und Wald II* und 668 – *WAZ-Anzeiger; Sack* WRP 1974, 247 f; *Tyllack* S. 251 f; *P. Ulmer* GRUR 1977, 565, 578 f). Die Rechtsprechung ist insoweit also durchaus nicht widersprüchlich (so aber der Vorhalt von *Lehmann* Mitarbeiter-FS S. 325).

IV. Verfassungsrechtliche Grundlagen

1. Wirtschaftsverfassung des Grundgesetzes

Der **Begriff** der **Wirtschaftsverfassung** ist vielschichtig[112]. In grober Unterteilung lassen sich jedenfalls sozialhistorisch-deskriptive, ökonomische und rechtliche Bedeutungsvarianten unterscheiden, je nachdem, ob die Zustandsbeschreibung der Volkswirtschaft (z. B. prosperierend), die Angabe des in ihr wirksamen ökonomischen Gesamtzusammenhangs der Güter und Dienstleistungen (z. B. nach dem Ordnungsprinzip Wettbewerb) oder die rechtlich-normativen Strukturen des Wirtschaftslebens bezeichnet werden sollen. Auf dieser normativen Ebene wird als Wirtschaftsverfassung im weiteren oder materiellen Sinne die Summe sowohl der verfassungsrechtlichen als auch sonstiger grundlegender Bestimmungen über das Verhältnis von Staat und Wirtschaft und der inneren Ordnung der Wirtschaft verstanden. Ein engerer, formeller Begriffsgebrauch von Wirtschaftsverfassung hingegen beschränkt sich auf die verfassungsrechtlichen Maßgaben, schließt also Normkomplexe wie namentlich GWB, StabG, GewO, UWG etc. aus. Der Frage nach der Wirtschaftsverfassung des Grundgesetzes liegt mithin und selbstverständlich ein rechtlicher und dabei enger Begriff der Wirtschaftsverfassung zugrunde. Dieser formelle Begriff der Wirtschaftsverfassung bzw. des Wirtschaftsverfassungsrechtes ist aber auch ansonsten beizubehalten, um der Versuchung zu entgehen, die Dignität des Verfassungsrechtes für wirtschaftliche Ordnungsziele und Ordnungsmittel in Anspruch zu nehmen, denen gar kein Verfassungsrang zukommt[113]. Demgegenüber fehlt dem Begriff der **Wirtschaftsordnung** von vornherein eine ähnliche Brisanz. Terminologische Sensibilitäten sind deshalb hier weniger vonnöten. Normativ kann unter Wirtschaftsordnung sonach dasselbe verstanden werden wie unter dem materiellen Rechtsbegriff der Wirtschaftsverfassung, also die Gesamtheit der für das Wirtschaftsleben basalen Bestimmungen ohne Rücksicht auf die Hierarchie der Rechtsquellen[114]. Empirisch-deskriptiv gewendet nimmt „Wirtschaftsordnung" hingegen auf die „tatsächlichen Prägungen" des Wirtschaftslebens Bezug[115]. **A 43**

Im Gegensatz etwa zur Weimarer Reichsverfassung (dort Artt. 151–165) und einigen Verfassungen der Bundesländer (Brandenburg, Bayern, Hessen, Nordrhein-Westfalen, Rheinland-Pfalz, Saarland, Thüringen) enthält das GG keinen eigenen, der Wirtschaftsordnung gewidmeten Abschnitt oder wenigstens dazu rudimentäre **A 44**

---

112 Vgl. z. B. *Badura* Staatsrecht (1986) S. 18; *ders.* JuS 1976, 205; *Basedow* S. 6 ff; *Fikentscher* Bd. II § 20 I 2; *Mühl* DÖV 1976, 224, 225 f; *Rebe* Privatrecht S. 28 ff; *Rinck/Schwark* Wirtschaftsrecht⁶ (1986) Rdn. 49; *Rupp* HdWW S. 141; *R. Schmidt* Öffentliches Wirtschaftsrecht S. 68 ff; *ders.* Wirtschaftspolitik S. 89 ff; *Stober* Wirtschaftsverwaltungsrecht § 2 III.

113 *Zacher* FS Böhm S. 63, 78; ihm folgend *Reiner Schmidt* Wirtschaftspolitik S. 93; ebenso jetzt *Rinck/Schwark* Wirtschaftsrecht⁶ (1986) Rdn. 60.

114 Weiter *Rebe* Privatrecht S. 33; *Rinck/Schwark* Wirtschaftsrecht⁶ (1986) Rdn. 50.

115 *Reiner Schmidt* Wirtschaftspolitik S. 92 unter Hinweis auf *Lütge; ders.* Öffentliches Wirtschaftsrecht, Allg. Teil (1990) S. 71; *Karsten* Schmollers Jahrbuch 88 (1968), 129; ebenfalls in diesem Sinne z. B. BVerfGE 4, 7; s. a. *Bohling* in: Bohling S. 1; *Mühl* DÖV 1967, 224, 225; *Rebe* Privatrecht S. 32 ff; sozialinstitutionell versteht *Lampert* S. 25 f den Begriff der Wirtschaftsordnung.

Aussagen (so. z. B. in Sachsen und Sachsen-Anhalt sowie demnächst in Mecklenburg-Vorpommern). Der **Verfassungswortlaut** enthält sich sogar der Fixierung eines bestimmten ökonomischen Systems in allgemeinster Form. Wo das GG überhaupt auf den ökonomischen Komplex ausdrücklich zu sprechen kommt, handelt es sich um Gesetzgebungs- bzw. Verwaltungskompetenzen sowie um haushaltswirtschaftliche Normen (Artt. 74 Nr. 11, 15, 16, 17; 91 a Abs. 1 Nr. 2; 104 a Abs. 4; 109 Abs. 2; 115 GG). Selbst wenn man in diesen Vorschriften auch einen materialen Inhalt erkennen wollte, ließen sich daraus keine Aussagen über eine Wirtschaftsverfassung gewinnen[116]. Möglicherweise können jedoch aus den Grundrechten heraus Feststellungen über eine grundgesetzliche Wirtschaftsverfassung getroffen werden. Im Katalog der Artt. 1 ff GG finden sich freilich keine expliziten und spezifischen Angaben zur wirtschaftlichen Valenz der Grundrechte. Daraus wurde vereinzelt gefolgert, daß eine Grundrechtswirksamkeit für die wirtschaftliche Betätigung von vornherein auszuschließen sei (*Krüger* DVBl. 1951, 361; *ders.* BB 1953, 565). Diese für eine Wirtschaftsverfassung entscheidend virulente Frage wird indes nunmehr allgemein und zutreffend verneint[117]. Denn der Stellenwert des ökonomischen Sektors im menschlichen Dasein und damit auch dessen rechtliche Relevanz stehen außer Zweifel. Von daher können Grundrechte also durchaus Schlüsse auf Existenz und Inhalt einer Wirtschaftsverfassung tragen.

A 45 Ihre diesbezügliche Ergiebigkeit wird auch nicht durch ihre Rechtsnatur beeinträchtigt. Denn die Grundrechte erschöpfen sich gerade nicht in der Gewährung diverser subjektiv-öffentlicher (Abwehr-)Rechte[118]. Die Grundrechte besitzen vielmehr auch einen objektiv-rechtlichen Gehalt und konstituieren so eine **objektive Wertordnung**[119], die sich in ihrer Anwendung auf ökonomische Sachverhalte als die dogmatische Substanz einer grundgesetzlichen Wirtschaftsverfassung begreifen läßt. Den objektiven Gehalt wirtschaftsrelevanter Grundrechte dabei jeweils nur isoliert, quasi als Wertinsel, zu erfassen, reicht freilich nicht aus. Vielmehr ist darüber hinaus auch hier im Wege systematischer, **„kombinatorischer" Interpretation**[120] der Inhalt dieser einzelnen Grundrechte zu einem Ganzen zusammenzuführen[121]. Nur dergestalt kann es eigentlich überhaupt zu einer diesen Namen verdienenden Ordnung des Wertegehalts über eine bloße Summation hinaus kommen. Die einzelnen (Wirtschafts-)Grundrechte sind mithin zwar der unverzichtbare Ausgangspunkt bei der Beantwortung der Frage, ob und wenn ja welche Wirtschaftsverfassung gilt, doch wird damit die Wirtschaftsverfassung als ganze, gedacht als systematische Einheit vernetzter Elemente, noch nicht zum „Phantom" (so aber *R. Schmidt* Öffentliches Wirtschaftsrecht S. 77, der sich dabei auf BVerfGE 50, 290,

---

[116] *Stober* Wirtschaftsverwaltungsrecht § 5 I, II.

[117] *Ballerstedt* in: Bettermann/Nipperdey/Scheuner Die Grundrechte (1966) III/1 S. 69 (für Art. 2 Abs. 1 GG); *Fikentscher* Bd. II § 20 V 3 b; *Rinck/Schwark* Wirtschaftsrecht[6] (1986) Rdn. 62; *Rupp* HdWW S. 144; *Scholz* in: Maunz/Dürig GG[3] (Stand 1991) Art. 12 Rdn. 78.

[118] So aber der Einwand von *Thiele* Einführung in das Wirtschaftsverfassungsrecht (1970) S. 101 unter sachlich zweifelhafter Bezugnahme auf *Starck* in: v. Mangoldt/Klein GG[3] (1985) Art. 1 Abs. 3 Rdn. 104, 126 ff.

[119] Grundlegend BVerfGE 7, 198, 204 f; ferner z. B. 20, 162, 175 f; 35, 79, 114 f; 50, 290, 337; 57, 295, 319 f; BVerfG NJW 1973, 1221, 1223; s. a. – teilweise kritisch – *Denninger* JZ 1975, 545; *Goerlich* insb. S. 134 ff, 189; *Isensee* NJW 1977, 545; *Jarass* AöR 110 (1985), 363, 369 ff; *Rupp* AöR 101 (1976), 161, 168 ff; *ders.* HdWW S. 144; im wirtschaftsverfassungsrechtlichen Kontext s. vor allem auch *R. Schmidt* Öffentliches Wirtschaftsrecht S. 101 ff; ferner *Rupp* Grundgesetz und „Wirtschaftsverfassung" S. 11 f.

[120] *Mühl* DÖV 1967, 224, 226; *Reiner Schmidt* Wirtschaftspolitik S. 132 (beide unter Bezugnahme auf *Scheuner*).

[121] BVerfGE 1, 14, 32; 34, 165, 183; 39, 334, 368; 50, 336; *Kröger* Grundrechtstheorie als Verfassungsproblem (1978) S. 20 ff; *Papier* VVDStRL 35, 71.

336 ff stützen zu können glaubt; kritisch auch *Frotscher* Wirtschaftsverfassungs- und Wirtschaftsverwaltungsrecht (1988) § 2, 3; *Schwerdtfeger* ZHR 142 (1978), 301, 306. Dazu s. a. Einl. A Rdn. 52).

Ein objektiv-rechtliches Grundrechtsverständnis, das die Grundrechte (auch) als objektive Wertordnung begreift, kommt der Annahme einer **„Drittwirkung"** der Grundrechte iS einer unmittelbaren Beeinflussung der Privatrechtssphäre zwar entgegen, erzwingt sie freilich nicht[122]. Im übrigen ist die Drittwirkungsproblematik in vorliegendem Zusammenhang letztlich irrelevant (ebenso *Rupp* Grundgesetz und „Wirtschaftsverfassung" S. 11 f; s. a. *Ehmke* S. 78 ff; *Reiner Schmidt* Wirtschaftspolitik S. 245 ff; mit recht soziologischem Akzent *Herzog* FS Hirsch (1986), 67 f. Zur unmittelbaren Einwirkung der Grundrechte auf das (Wettbewerbs-)Privatrecht über die Konkretisierung der Generalklauseln sowie zu sonstigen Ausstrahlungseffekten s. Einl. A Rdn. 58, 61 ff, Einl. D Rdn. 28 ff). Denn Wirtschaftspolitik, umfassend verstanden als normative Beeinflussung des Wirtschaftsgeschehens, wird von „Gesetzgebung und vollziehender Gewalt" getragen, von eben denjenigen Kräften, die neben der Judikative als Grundrechtsadressaten ohnehin ganz explizit in Art. 1 Abs. 3 GG genannt sind. Das Drittwirkungsproblem würde sich nur dann stellen, wenn man die Frage der Wirtschaftsverfassung auf mehr beziehen wollte als auf die Bindung der Wirtschaftspolitik (unter Einschluß des Wirtschaftsrechtes) an die Verfassung. Dies aber würde die dogmatische Leistungsfähigkeit des Begriffs überstrapazieren[123]. **A 46**

Die außerordentliche Zurückhaltung des Verfassungstextes zur Frage der Wirtschaftsordnung hat zu der These geführt, das Grundgesetz sei insoweit auch in der Sache neutral. In ihrer schärfsten Ausprägung postuliert man dabei die Verfassungswidrigkeit jeder Wirtschaftspolitik, die sich auf ein bestimmtes wirtschaftspolitisches Konzept festlegt[124]. Dieses extreme Verständnis **wirtschaftspolitischer Neutralität des Grundgesetzes** hat nicht einmal die interpretativ ohnehin wenig tragfähige Entstehungsgeschichte des Grundgesetzes für sich, auf die sie – neben einer noch vom Weimarer Verfassungsdenken gefärbten Exegetik des Demokratieprinzips[125] (Art. 20 Abs. 2 S. 1 GG) und der Kann-Bestimmung über die Sozialisierung (Art. 15 GG) – rekurriert. Denn der historische Verfassungsgeber beabsichtigte keineswegs die „Nicht-Entscheidung als Verfassungszustand auf dem Gebiet der Wirtschaft" (so aber *Krüger* DVBl. 1951, 361, 363) als prinzipiell und dauerhaft so gewollte Distanz gegenüber wirtschaftspolitischen Systementscheidungen, sondern war nur um einen möglichst breiten Verfassungskonsens bemüht, wobei Optionen für später zu implementierende, sehr divergent konzipierte Wirtschaftsordnungen immer erkennbar im Raum standen[126]. Diese extreme Deutung einer wirtschaftspolitischen **A 47**

---

122 Deutlich schon in BVerfGE 7, 198, 204 f; aus neuerer Zeit vgl. z. B. BVerfGE 73, 261, 269. Gegen eine derartige Drittwirkung der Grundrechte die hM auch im Schrifttum, z. B. *Canaris* AcP 184 (1984), 201, und 185 (1985), 1, 9 ff; *ders.* JuS 1989, 161; *Dürig* in: Maunz/Dürig GG³ (Stand 1991) Art. 1 Abs. 3 Rdn. 127 f, Art. 3 Abs. 1 Rdn. 505; *R. Schmidt* Öffentliches Wirtschaftsrecht S. 103 f; *Starck* JuS 1981, 237; **a. A.** *Nipperdey* Grundrechte S. 12 ff; *Schwabe* Die sogenannte Drittwirkung der Grundrechte (1971) passim; *ders.* AcP 185 (1985), 1 ff; zurückhaltend *Fikentscher* Bd. II § 20 V 4 f.

123 S. a. *Rinck/Schwark* Wirtschaftsrecht⁶ (1986) Rdn. 67; *Rupp* Grundgesetz und „Wirtschaftsverfassung" S. 9.

124 *Krüger* DVBl. 1951, 361; *ders.* BB 1953, 565; *ders.* Allgemeine Staatslehre 1966 S. 578 ff; s. a. *Hamann* Rechtsstaat und Wirtschaftslenkung (1953) 31 f. Ferner *Thiele* Einführung in das Wirtschaftsverfassungsrecht (1970) S. 92 f mwN.

125 Dazu näher *Rupp* HdWW S. 143.

126 Näher – jeweils mwN – *Kriele* ZRP 1974, 105; *Kunert* JuS 1979, 322, 327; *Stober* Wirtschaftsverwaltungsrecht § 5 II.

Neutralität der Verfassung würde im übrigen den einfachen Gesetzgeber sowie Regierung und Verwaltung schon daran hindern, dem Sozialstaatsprinzip (Artt. 20 Abs. 1, 28 Abs. 1 GG) hinreichend Rechnung zu tragen, weil Sozialpolitik ohne Einsatz eines effektiven, d. h. gerade auch wirtschaftstheoretisch konsistent fundierten wirtschaftspolitischen Instrumentariums schlechterdings nicht vorstellbar ist. Auch dem objektiv-rechtlichen Wertegehalt der Grundrechte könnte derart nicht Rechnung getragen werden, es sei denn, man wollte den Grundrechten ihrerseits eine Bedeutung für das Wirtschaftsleben absprechen (so in der Tat *Krüger* DVBl. 1951, 361; *ders.* BB 1953, 565; zur Ablehnung der Extremposition *Krügers* s. a. *Fikentscher* Bd. II § 20 V 3 b; *Rupp* HdWW S. 143 f; *Thiele* Einführung in das Wirtschaftsverfassungsrecht (1970) S. 92 f; *Weimar/Schimikowski* Grundzüge des Wirtschaftsrechts² (1993) Rdn. 47; s. a. Einl. A Rdn. 61 ff).

A 48 Weite Teile der **Literatur**[127], aber auch die ständige verfassungsgerichtliche **Rechtsprechung** (z. B. BVerfGE 4, 17, 18; 7, 377, 400; 12, 354, 365; 50, 290) sind zwar ebenfalls der Auffassung, das Grundgesetz sei wirtschaftspolitisch neutral, verstehen diese Neutralität aber als einen weiten wirtschaftspolitischen **Gestaltungsspielraum** in den durch die Verfassung, insb. durch die Grundrechte gezogenen Grenzen. Innerhalb dieser Grenzen ließen sich, so heißt es, die verschiedenartigsten Wirtschaftsordnungen instituieren, keinesfalls nur das System der sozialen Marktwirtschaft, ja nicht einmal notwendig eine wettbewerblich-marktwirtschaftliche Ordnung. Deshalb bestünden auch gegenüber wirtschaftslenkenden Maßnahmen nicht marktkonformer Art keine Bedenken. Insb. komme es also nicht auf die Wettbewerbsindifferenz der wirtschaftspolitischen Maßnahmen an. Die „relative Offenheit" der grundgesetzlichen Wirtschaftsverfassung als einer bloßen Rahmenordnung sei dabei durch zwei antinomische Verfassungsprinzipien determiniert, die in sehr unterschiedlicher Art und Weise optimiert werden könnten: Das **Individualprinzip** manifestiere sich vorwiegend in dem Respekt vor der Würde des Menschen und in der Statuierung von Freiheitsrechten, das **Sozialprinzip** hingegen bringe, wie etwa in Artt. 14 Abs. 2 S. 2, 15 GG, zunächst die Gemeinschaftsgebundenheit der Individualrechte zum Ausdruck, weise aber darüber hinaus, wie Artt. 20 Abs. 1, 28 Abs. 1 GG belegten. Die Geltung von Individualprinzip einerseits, von Sozialprinzip andererseits, schließt demnach lediglich Extrempositionen, also eine Zentralverwaltungs- bzw. Planwirtschaft ebenso wie einen sog. Manchester-Liberalismus iS eines völligen laissez-faire generell aus[128], schafft im übrigen Zulässigkeitsrestriktionen wirtschaftsordnender Entscheidungen lediglich aus der Sicht der Verletzung einzelner Grundrechte bzw. des Widerspruchs zu den in ihnen beschlossenen materialen Werten. Wegen der zudem verbreitet angenommenen Gleichrangigkeit von Individual-

[127] Vgl. mit Unterschieden im einzelnen *Badura/Rittner/Rüthers* Mitbestimmungsgesetz 1976 und Grundgesetz (1977) S. 249 mwN; *Baumbach/Hefermehl* Allg. Rdn. 42 f; *Breuer* in: Isensee/Kirchhoff Handbuch des Staatsrechts der Bundesrepublik Deutschland VI (1989) § 147 Rdn. 19; *Ehmke* S. 84 ff; *Fikentscher* Bd. II § 20 V 7; *Frotscher* Wirtschaftsverfassungs- und Wirtschaftsverwaltungsrecht (1988) § 2, 3; *Jarass* Wirtschaftsverwaltungs- und Wirtschaftsverfassungsrecht² (1984) § 4 II 2; *Kriele* ZRP 1974, 105; *Löw* Die Grundrechte² (1982) S. 369; *Müller-Volbehr* JZ 1982, 132; *Rinck/Schwark* Wirtschaftsrecht⁶ (1986) Rdn. 67; *Scholz* in: Maunz/Dürig GG³ (Stand 1991) Art. 12 Rdn. 78; *Stein* Staatsrecht¹⁰ (1986) § 30; *Stober* Wirtschaftsverwaltungsrecht⁴ Bd. I (1986) Rdn. 74 ff, 82 ff; *Thiele* Einführung in das Wirtschaftsverfassungsrecht (1970) S. 86 ff; *Weimar/Schimikowski* Grundzüge des Wirtschaftsrechts² (1993) Rdn. 46 f.

[128] Für grundgesetzliche Zulässigkeit einer Wirtschaftsordnung mit zentraler Steuerung aber *Abendroth* Das Grundgesetz⁵ (1975) S. 65 ff; *Reich* Markt und Recht S. 90 ff.

und Sozialprinzip soll es wirtschaftsverfassungsrechtlich nicht einmal eine Rechtsvermutung für das individualfreiheitlich fundierte, marktwirtschaftliche Prinzip und für eine dadurch bedingte Argumentationslast zur Rechtfertigung staatlicher Interventionen geben[129].

In diametralem Gegensatz zu den vorstehend skizzierten Neutralitätsthesen sowohl in der extremen als auch in der gemäßigten Variante ist indes schon früh von *Nipperdey* die Auffassung vertreten worden, dem Grundgesetz lasse sich in der Zusammenschau von Individual- und Sozialprinzip eine **Garantie der sozialen Marktwirtschaft**[130] entnehmen. Im Zentrum seiner marktbezogenen Argumentation[131] steht Art. 2 Abs. 1 GG als eine Magna Charta der Wirtschaftsfreiheit, insb. der Wettbewerbs-, Produktions- und Konsumfreiheit, wovon aus der Bogen namentlich über Art. 9 Abs. 1, 12 GG bis zu Art. 14 GG gespannt wird. Das **Sozialstaatsprinzip** erscheint dabei eher in der Rolle des logisch nachgeordneten Korrektivs als in einer das marktwirtschaftliche Prinzip verwässernden Funktion[132]. Die soziale Marktwirtschaft sein nun einmal kein Gebilde, das als „gemischte" Wirtschaftsverfassung[133] bezeichnet werden dürfe iS eines „weder Fisch noch Fleisch", kein System, in dem staatlicher Dirigismus und Freiheit in letztlich politisch beliebig motivierter Mischung verschränkt werden könnten. **A 49**

Die in den diversen Neutralitätsthesen involvierte Ablehnung, die *Nipperdeys* Standpunkt gefunden hat, kann letztlich nicht überzeugen, abgesehen von der berechtigten Kritik an seiner für den konzeptionellen Duktus eigentlich unnötigen Drittwirkungslehre[134]. Die **Entstehungsgeschichte** des Grundgesetzes, die in der Tat den Formelkompromiß und die Ausklammerungsstrategie in der Thematik der Wirtschaftsverfassung belegt, besitzt nach herrschenden Auslegungsregeln[135] jedenfalls keine Präponderanz, könnte allenfalls anderweitig ermittelte Sinngehalte unterstützen. Auf der Grundlage des objektiven Normbefundes besteht die proklamierte Gestaltungsfreiheit von Legislative, Gubernative und ggfs. auch Exekutive wegen der allseits konsentierten Bindungen durch die Verfassung auch für ökonomisch relevante Entscheidungen aber gerade nach der Rechtsprechung des BVerfG ja nur in dem dann verbleibenden Freiraum (so dezidiert schon BVerfGE 4, 18). Angesichts der zentralen und weitgreifenden, auch aus der personalen Würde fließenden Freiheits- und Gleichheitsverbürgungen etwa der Artt. 1, 2 Abs. 1, 3, 9 Abs. 1, 12, 14 GG[136] trägt die abstrakte Feststellung prinzipieller wirtschaftspolitischer Gestal- **A 50**

---

129 So insb. *R. Schmidt* Öffentliches Wirtschaftsrecht S. 72; ferner *Müller-Volbehr* JZ 1982, 132, 136; *Rinck/Schwark* Wirtschaftsrecht[6] (1986) Rdn. 70. **A. A.** insoweit aber *Jarass* Wirtschaftsverwaltungs- und Wirtschaftsverfassungsrecht[2] § 4 II 2 b (1984).

130 Der Begriff geht zurück auf *Müller-Armack* S. 88.

131 *Nipperdey* Soziale Marktwirtschaft S. 13 ff; zu seiner Drittwirkungslehre s. DVBl. 1958, 445.

132 S. dazu auch die Deutung der „sozialen Gerechtigkeit" im Ordo-Liberalismus von *Müller-Armack* bei *Hauer* S. 357 ff. A. A. aber z. B. *Stober* Wirtschaftsverwaltungsrecht § 4 III.

133 Dazu *Huber* Wirtschaftsverwaltungsrecht[2] Bd. I (1953), S. 20 ff; *ders.* DÖV 1956, 97, 135, 172, 200.

134 *Stein* Staatsrecht[10] (1986) §§ 27 I, 30 I.

135 Zur sog. objektiven Interpretationsmethode vgl. etwa BVerfGE 1, 312; 10, 244; 62, 45; BGHZ 46, 76; 49, 223; *Larenz* Methodenlehre der Rechtswissenschaft[6] (1991), S. 316 ff, 333 ff; *Palandt/Heinrichs* BGB[51] (1992) Einl. VI Rdn. 34; a. A. aber z. B. noch *Hassold* ZZP 94 (1981) 209 ff, 235 ff, 192.

136 S. aber schon hier *Zacher* in: Scheuner Die staatliche Einwirkung auf die Wirtschaft (1971), S. 549, 581, der zutreffend darauf hinweist, daß nicht nur diese häufig genannten, sondern beinahe alle Grundrechte wirtschaftsverfassungsrechtlich relevant sind.

tungsfreiheit, die an den verfassungsrechtlichen Maßgaben aber doch so mannigfach relativiert wird, von vornherein deshalb nur eher deklamatorische Züge.

A 51 Zugleich zerrinnt der namentlich auch gegen *Nipperdey* vorgebrachte methodische Einwand, eine grundgesetzliche Wirtschaftsverfassung sei nur aus einer Betrachtungsweise zu gewinnen, die einzelne (Wirtschafts-)Grundrechte zu einer systembildenden Einheit zusammenschließe und sie damit eigentlich schon hinter sich lasse[137]. Tatsächlich bedingt der Begriff der Wirtschaftsverfassung eine die Grundrechte gleichsam als normative Wertinseln ablösende und überhöhende **Systemvorstellung.** Doch ist dies keine methodologische Singularität, sondern gerade im Verfassungsrecht gängige hermeneutische Praxis[138] nicht zuletzt des BVerfG selber, wenn bei der Interpretation eines Grundrechts der die innere Einheit der Verfassung stiftende Sinnzusammenhang berücksichtigt werden soll, in dem die Grundrechte untereinander und mit tragenden Verfassungsprinzipien stehen (BVerfGE 1, 14, 32; 34, 165, 183; 39, 334, 368; 50, 290, 336) und eigentlich erst derart eine wirkliche Wertordnung formieren können (dazu schon Einl. A Rdn. 45). Daß das GG diese innere Einheit der Verfassung nach ihrer ökonomischen Seite hin regelungstechnisch nicht prägnant in einem eigenen Abschnitt zum Ausdruck bringt, sondern die wirtschaftsverfassungsrechtliche Thematik nur punktuell aufgreift, ist allein Ausdruck eines grundgesetzlichen Menschenbildes, dem es eher entspricht, die Person in ihren einzelnen Beziehungsfacetten zu beleuchten, statt sektoriell die Wirtschaft als solche zum Regelungssubstrat zu wählen (*Fikentscher* Bd. II § 20 V 1).

A 52 Gleichgültig aber, ob man die wirtschaftsrelevanten Grundrechtspositionen nun mehr additiv betrachtet oder sie dialektisch in eine andere Qualität als Elemente eines Systems „Wirtschaftsverfassung" überführt und so einen künstlich wirkenden Gegensatz zwischen der bloßen **„Funktionsgarantie"** und der **„Systemgarantie"** der Verfassung zugunsten der Marktwirtschaft konstruiert[139], wird bereits durch die konkrete Artikelreihung und die jeweilige normtextliche, an freiheitskonstituierenden Regeln und freiheitsbeschränkenden Ausnahmen orientierten Innenstruktur das Überwiegen der Freiheitsidee gegenüber dem Sozialstaatsprinzip evident. Schon dieser Primat der Freiheit vor dem durch das Sozialprinzip vermittelten staatlichen Interventionismus[140], ist – ins Wirtschaftliche gewendet – unvereinbar mit der Vorstellung wirtschaftspolitischer Neutralität des GG. Nur dieser Primat der Freiheit kann gemeint sein, wenn selbst von Seiten der Anhänger der Neutralitätsthese mit Blick auf die grundgesetzlichen Freiheitsgewährungen eingeräumt wird, diese Neutralität dürfe nicht als Inhalts- und Entscheidungslosigkeit des GG in bezug auf die Wirtschaft mißverstanden werden[141]. In der Tat könnte ohne die Freiheitsgarantien der Verfassung das Lauterkeitsrecht ebenso wie das Privatrecht überhaupt nur allzu

---

[137] R. *Schmidt* Öffentliches Wirtschaftsrecht S. 71. Zu diesem methodischen Ansatz *Nipperdeys* s. a. *Müller-Graff* Unternehmerinvestitionen und Investitionssteuerung im Marktrecht (1984) S. 254.

[138] *Bohling* in: Bohling S. 22; *Mühl* DÖV 1967, 224 ff; **a. A.** *R. Schmidt* Öffentliches Wirtschaftsrecht S. 74: Nach der allgemein akzeptierten Hermeneutik dürfe rechtlicher Maßstab nur die einzelne (!) Norm sein, nicht hingegen ein über diese hinausgehender „Systemzusammenhang".

[139] R. *Schmidt* Öffentliches Wirtschaftsrecht S. 73 ff, 77, der selber den Standpunkt der hM einnimmt, sieht dazwischen ganz zutreffend eigentlich keinen konsequenzerzeugenden Unterschied mehr. Ganz ähnlich auch *Basedow* S. 20 ff, 25.

[140] „In dubio pro libertate", dazu *Fikentscher* Bd. II § 20 III c, V 4 d; *Hablitzel* BayVBl. 1981, 101; *P. Schneider* FS zum 100jährigen Bestehen des Deutschen Juristentages 1960, II S. 263 ff.

[141] *R. Schmidt* Öffentliches Wirtschaftsrecht S. 75 mwN.

leicht zum „jederzeit rückrufbaren Ordnungsinstrument" staatlicher Wirtschaftspolitik verkümmern (*Nörr* S. 3).

Für eine derart freiheitsbasierte Verfassung ist der wirtschaftspolitische Spielraum auf normhierarchisch untergeordneten Handlungsebenen bei weitem nicht mehr nur durch den Ausschluß von Extrempositionen – „Manchester-Liberalismus" und staatliche „Kommando-Wirtschaft" – gekennzeichnet. Die vordergründig als bloße **Rahmenordnung** erscheinende grundgesetzliche Wirtschaftsverfassung verdichtet sich vielmehr unter diesen Einflußgrößen materiell eben doch zur **Systementscheidung** für eine (soziale) Marktwirtschaft (*Bleckmann* JuS 1991, 536, 539; *Rüthers* Allg. Teil des BGB[9] (1993) Rdn. 32 f; s. a. *Leisner* BB 1975, 1, 5), ganz abgesehen von Notwendigkeiten, die aus einer zunehmenden supranationalen Durchdringung der deutschen Wirtschaftsverfassung im Hinblick auf den Europäischen Binnenmarkt resultieren (zum lauterkeitsrechtlichen Einfluß näher Einl. F Rdn. 318 ff)[142]. Artt. 3 a und 102 a EGV (Vertrag über die Gründung der Europäischen Gemeinschaft, der den EWG-Vertrag abgelöst hat) fixiert nunmehr supranational ganz ausdrücklich die einheitliche Ausrichtung der Mitgliedsstaaten auf eine „offene Marktwirtschaft mit freiem Wettbewerb" (s. a. *Schünemann,* in: Handwörterbuch des Marketing[2] (1994), Stichwort „EG-Binnenmarkt"). Allgemeine Handlungsfreiheit und damit auch Privatautonomie und Wettbewerbsfreiheit, Garantie des Privateigentums (gerade auch hinsichtlich seiner ökonomischen Nutzbarkeit), Berufs-, Gewerbe- und Arbeitsplatzfreiheit einschließlich der Freizügigkeit sowie eine auch gesellschaftsrechtlich wirksame Vereinigungsfreiheit markieren Elemente einer Wirtschaftsordnung, die nur als Wettbewerbs- und Marktwirtschaft denkbar ist[143]. Davon geht im Rahmen der Wiedervereinigung Deutschlands folglich auch der **Einigungsvertrag** (BGBl. II 1990, 537) in Art. 1 Abs. 3 (s. a. Art. 5, dritter Spiegelstrich) aus (s. *Häberle* JZ 1990, 361, 363; *Horn* FAZ v. 18. 8. 1990, S. 11; *Rüthers* Allg. Teil des BGB[9] (1993) Rdn. 33; kritisch *Stober* Wirtschaftsverwaltungsrecht § 5 II mwN; *Tettinger* BB 1992, 1 ff. Zu den wettbewerbsrechtlichen Fragen des Einigungsprozesses unterhalb der Verfassungsrechtsebene s. eingehend Einl. F Rdn. 426 ff). **A 53**

Trotz des immer wieder rezitierten Neutralitätsdogmas trennt die verfassungsgerichtliche **Rechtsprechung** in der Sache selbst nicht viel von dieser Position (so vor allem BVerfGE 32, 311, 317 (Wirtschaftsverfassung gewährleistet einen grundsätzlich freien Wettbewerb); s. a. abschwächend BVerfGE 30, 292, 312; 38, 348, 361. Zu dieser Analyse der Rspr. vgl. ferner *Bleckmann* JuS 1991, 536, 539; *Müller-Volbehr* JZ 1982, 132, 139; *R. Schmidt* Öffentliches Wirtschaftsrecht S. 78 f). Ggf. sozialstaatlich motivierte **Eingriffe** müssen mit diesem marktwirtschaftlichen Ordnungsmodell kompatibel, d. h. **marktkonform** sein, mag die Abgrenzung zur Markt- **A 54**

---

142 Zum Zusammenhang von deutschem Lauterkeitsrecht und europäischem Wirtschaftsrecht s. a. *Basedow* S. 26 ff, 53 ff; *Müller-Graff* Unternehmerinvestitionen und Investitionssteuerung im Marktrecht (1984) S. 281 ff; *R. Schmidt* Öffentliches Wirtschaftsrecht S. 80 ff; *Wank* Jura 1991, 622, 628; *Zuleeg* in: Dürr u. a. Wirtschafts- und gesellschaftspolitische Ordnungsprobleme der Europäischen Gemeinschaften 1978, S. 82 f, 99 (These 12). Dazu auch *Schünemann* in: Berg/Meissner/Schünemann Märkte in Europa (1990) S. 166 f. Kritisch aber z. B. *Everling* FS Raiser S. 379, 394 ff; *Stober* Wirtschaftsverwaltungsrecht § 5 IV 2.

143 So dezidiert auch *Papier* in: Maunz/Dürig GG[3] (Stand 1991) Art. 14 Rdn. 34. Zu Recht spricht *Zacher* (in: VjSchrfSR 1973, 97, 100) von einer „elementaren Harmonie" zwischen den grundgesetzlichen Grundwerten und der sozialen Marktwirtschaft. S. a. *Fezer* JZ 1990, 657, 661, 663; *Merz* Vorfeldthese S. 200; *Mestmäcker* Verwalteter Wettbewerb S. 88 ff.

inkonformität im konkreten Einzelfall auch schwierig sein[144]. Keine Zweifel werfen dabei freilich die Maßnahmen des (einfachen) Gesetzgebers auf, die das Ziel verfolgen, gerade die Funktionsfähigkeit des Wettbewerbsmechanismus zu gewährleisten, weil es hierbei gar nicht um sozialstaatlich bedingte Einschränkungen der Märkte als Organisations- und Handlungssysteme grundrechtlicher Freiheiten geht, sondern um Interventionen zur Realisierung dieses Systemes selber[145]. Dies legitimiert auch interpretative Konkretisierungen der lauterkeitsrechtlichen Generalklausel in derselben Richtung. Unter diesem Aspekt nicht unproblematisch ist hingegen – trotz ihrer verfassungsrechtlichen Fundamentierung in Art. 109 GG – die sog. globale Steuerung des Marktes. Ob hierbei die von § 1 StabG geforderte **Marktkonformität** überhaupt gewahrt bleiben kann[146] bzw. ob hier Wettbewerb nicht doch wieder instrumentalisiert und damit geradezu pervertiert wird (vgl. Einl. A Rdn. 31), läßt sich nicht nur aus der Sicht des sog. Monetarismus (vgl. *Friedman* Dollars and Deficits ... (1968); s. im übrigen die Nachw. bei *Stober* Wirtschaftsverwaltungsrecht § 4 IV) bezweifeln.

A 55 Die grundgesetzliche Immanenz sozialer Marktwirtschaft, wie sie vor allem durch die wirtschaftlich relevanten Grundrechte als deren Basis- und Steuerungselemente vermittelt und greifbar wird[147], bedeutet für sich genommen weder eine Fixierung der gegenwärtigen Wirtschaftsordnung in ihrer gerade aktuell-konkreten Ausgestaltung noch die verfassungsrechtliche Weihe einer bestimmten Wettbewerbstheorie. Auch *Nipperdey* hat die Wirtschaftsverfassung der sozialen Marktwirtschaft durchaus nicht als unwandelbare statische Größe, gründend auf einer gerade verbreiteten wirtschaftspolitischen Strömung, gesehen[148]. Doch ist nicht zu verkennen, daß das neoklassische Konzept der Wettbewerbsfreiheit (dazu Einl. A Rdn. 28 ff) eine essentielle Affinität zu einer auf Handlungsfreiheiten aufbauenden (Markt-)Wirtschaftsverfassung aufweist, ja geradezu und lediglich als die wettbewerbstheoretische Seite einer gedanklichen Explizierung sozialer Marktwirtschaft aus den Freiheitsrechten erscheint (s. a. *Link* VVDStRL 48 (1990), 40 f). Grund dafür ist das dynamische, ergebnisoffene Verständnis, daß das Konzept der Wettbewerbsfreiheit mit systemtheoretisch orientierter Grundrechtstheorie überhaupt verbindet. Die Grundrechte gewinnen bei solch prozeduraler Betrachtung ganz allgemein die Funktion individueller **Entscheidungs-, Verantwortungs- und Risikozuständigkeiten** in einem kybernetisch als spontan-polyzentrisch koordiniert und selbstre-

[144] S. a. *Bleckmann* JuS 1991, 536, 538 f; *Müller-Volbehr* JZ 1982, 132, 138; *R. Schmidt* Öffentliches Wirtschaftsrecht S. 72.

[145] *Rupp* HdWW S. 146.

[146] Zur schon immanenten Problematik des Steuerungsziels „hoher Beschäftigungsgrad" in § 1 StabG s. a. *Fikentscher* Bd. II § 22 I 5 g; *Reiner Schmidt* Wirtschaftspolitik und Verfassung S. 143.

[147] So explizit *Rupp* HdWW S. 145 f; *Schmidt-Bleibtreu/Klein* GG[7] (1990) Einl. 60 ff unter Hinweis auch auf Art. 109 Abs. 2–Abs. 4 GG. S. a. *Basedow* S. 21 ff (mit eindrucksvoller ökonomischer Interpretation der einschlägigen Grundrechte); *Bleckmann* Ordnungsrahmen für das Recht der Subventionen, Gutachten D für den 55. DJT, München 1984: D 41, Die Beschränkung des Staates auf marktkonforme Eingriffe (III. B) S. 42; *Scholz* Paritätische Mitbestimmung und Grundgesetz (1974) S. 31 ff; *ders.* in: Maunz/Dürig GG[3] (Stand 1991) Art. 12 Rdn. 77 f; *Zuck* NJW 1967, 1301 (unter besonderer Betonung der Globalsteuerung); *ders.* BB 1967, 805, 807. S. a. *Herzog* in: Maunz/Dürig GG[3] (Stand 1991) Art. 20 Rdn. 60 (ausdrücklich *Nipperdey* zustimmend). Zurückhaltender iS einer bloßen Funktionsgarantie der Marktwirtschaft, nicht ihrer Systemgarantie als solcher: *Liesegang* S. 237 ff; *Müller-Graff* Unternehmerinvestitionen und Investitionssteuerung im Marktrecht (1984) S. 258 ff; *Papier* in: Maunz/Dürig GG[3] (Stand 1991) Art. 14 Rdn. 30 ff; *Rinck/Schwark* Wirtschaftsrecht[6] (1986) Rdn. 61 f, 75; *Zacher* VJSchrfSR 1973, 97, 100.

[148] Vgl. *Hablitzel* BayVBl. 1981, 65, 68.

gulativ gedachten gesellschaftlichen Organisationsmodell[149]. Es durchdringt und strukturiert als jene legendäre „invisible hand“ alle Lebensbereiche einer freien, offenen Gesellschaft und dabei eben auch den Sektor der Ökonomie, wo es dann als Wettbewerb auf Märkten in Erscheinung tritt[150].

Diese Wettbewerbsordnung wiederum steht durchaus nicht in einem zwangsläufigen Gegensatz zum **Sozialstaatsprinzip.** Noch viel weniger stellt sich das Problem eines „Vorrangs“ des Wettbewerbsprinzips vor „ethischen Werten“ (so aber *v. Köhler* NJW 1964, 569, 574). Im Gegenteil ist der funktionierende Markt selber ceteris paribus der sozial gerechteste Verteilungsmechanismus[151], der ja gerade dann, wenn (und weil) er als „notwendige Folge“ der grundgesetzlichen Freiheitsrechte erscheint[152], „ethische Werte“ verkörpert (*Hoppmann* FAZ v. 6. 11. 1993 S. 13; *Möschel* Pressekonzentration S. 149; s. a., teilweise allerdings relativierend, *Reuter* DZWir 1993, 45 ff). Für staatliche Korrekturen so zustande gekommener Marktergebnisse unter Hinweis auf die Notwendigkeit „sozialgerechter Intervention“ (*Baumbach/Hefermehl* Allg. Rdn. 72) ist dann gar kein Raum mehr. Die Versuche, Eingriffe des Staates durch ein angebliches **Marktversagen** bezüglich der Verteilungsgerechtigkeit, aber auch anderer Zielfunktionen, zu legitimieren, sind im übrigen schon wirtschaftstheoretisch prekär (ausführliche Kritik dieser durchaus der juristischen hM entsprechenden Auffassung – s. *Baumbach/Hefermehl* Allg. Rdn. 72 – bei *Bartholomé* Die Entstaatlichung- bzw. Deregulierungskontroverse als Reflex konkurrierender wirtschaftstheoretischer Ansätze (1989) passim z. B. S. 306 ff). Nach alledem sind in einer etwas provokativ verkürzten Formulierung nicht nur (soziale) Marktwirtschaft, sondern auch die Theorie der Wettbewerbsfreiheit verfassungsrechtlich verankert[153]. Auf supranationaler Ebene gilt angesichts der Wirtschaftsverfassung der Europäischen Gemeinschaft/Europäischen Union nichts anderes[154]. **A 56**

Über die Sicherung der Wettbewerbsfreiheit hinausgehende sozialstaatliche Interventionen können schlechterdings nicht in die Wettbewerbsordnung integriert werden, ohne zugleich deren schleichende Paralyse zu bewirken. Auf dem Boden der Wettbewerbsfreiheit kann es folglich auch **keine „Einheit von Wirtschafts- und Sozialpolitik“** geben, wie sie bezeichnenderweise gerade von den sozialistischen Volks- **A 57**

---

149 Zu dieser universalen Rolle des Marktprinzips für die Gesellschaft und ihre spontane Kulturbildung s. *Koslowski* Theorie passim. Damit darf nicht die Diskussion vermengt werden, ob die Grundrechte über die spezifischen Verfahrensgarantien der Artt. 19 Abs. 4, 101, 103, 104 GG hinaus auch Verfahrens- und Organisationsmaximen zur Effektivierung des materiellen Grundrechtsgehalts darstellen. Dazu etwa *Bethge* NJW 1982, 1 (insb. 2); *R. Schmidt* Öffentliches Wirtschaftsrecht S. 110 ff mwN; aus der Rspr. vgl. z. B. BVerfG 33, 303, 341; 51, 150, 156; 52, 380, 389 f; 53, 30, 65 f; 65, 1, 44, 49 ff; 73, 118, 153; 73, 280, 296.

150 S. a. *Fezer* JZ 1990, 657, 660 f sowie *Rupp* HdWW S. 145, beide unter Hinweis auf *Popper*. Sehr anschaulich auch *Engels* passim, z. B. S. 60 f sowie *Hoppmann* Prinzipien passim.

151 *L. Raiser* Antinomien im Recht der Wettbewerbsbeschränkungen, in: FS Fechner (1973), 61; *Fikentscher* Bd. II § 22 I 5 c cc trotz Ablehnung einer wirtschaftspolitischen „Einzieligkeit“ iS *Hoppmanns* und der Theorie der Wettbewerbsfreiheit. Zur Bedeutung des Wettbewerbs für die Lösung verbraucherschutzrechtlicher Probleme, die ihrerseits vom Sozialstaatsprinzip gefordert sein mag, s. *Grunsky* BB 1971, 1113 ff; *ders.* BB 1972, 189 ff.

152 So überraschend wiederum *v. Köhler* NJW 1964, 569, 573.

153 S. a. *Merz* Vorfeldthese S. 216.

154 S. bereits Großkomm.-*Schünemann* Einl. A Rdn. 53, ferner *Rittner* Wirtschaftsrecht² (1987) § 14 Rdn. 22 mwN; sehr deutlich z. B. auch *H. Berg* Die EG-Zusammenschlußkontrolle im Spannungsfeld von Wettbewerbs- und Industriepolitik, Volkswirtschaftliche Korrespondenz der Adolf-Weber-Stiftung Nr. 2/1992 (31. Jg.).

demokratien immer wieder beschworen worden ist[155]. Wegen dieser notwendigen Absage an eine **„mixed economy"** als „Mittelweg zwischen (sc. wirtschaftlichem) Kollektivismus und Individualismus"[156] muß sich das soziale Moment der sozialen Marktwirtschaft, soweit es über die Sicherung von Markt und Wettbewerb selber hinausgeht, vornehmlich außerhalb des ökonomischen Systems überhaupt entfalten (**a. A.** aber wohl das historisch-authentische Verständnis sozialer Marktwirtschaft bei *Müller-Armack* S. 85 ff; s. a. *Stober* Wirtschaftsverwaltungsrecht § 4 III, 1). Ansonsten müßte man die Ersetzung der **Privatautonomie** durch eine **„Sozialautonomie"** hinnehmen[157]. Dies ist auch bei der Frage zu berücksichtigen, ob bzw. wie und in welchem Maße das UWG in den Dienst des Verbraucherschutzes gestellt werden kann (dazu Einl. C Rdn. 24 f), weil die soziale Marktwirtschaft ihrerseits das Referenzsystem des UWG darstellt.

A 58 Auf die Privatrechtsverhältnisse der Wirtschaftssubjekte untereinander nehmen die (Wirtschafts-)Grundrechte, abgesehen von dem Sonderfall des Art. 9 Abs. 3 S. 2 GG, nicht als subjektiv-private Rechtspositionen Einfluß (zu dieser ganz hM sowie der judikativ wohl nur vom BAG (BAGE 1, 185, 193; 4, 274, 276; 24, 438, 441) vertretenen **Gegenmeinung** vgl. bereits Einl. A Rdn. 46; ferner *Bleckmann* DVBl. 1988, 938; *Krause* JZ 1984, 656, 711, 828; *Leisner* Grundrechte passim). Eine solche unmittelbare Drittwirkung der Grundrechte über deren Wirkungsrichtung gegenüber den Trägern hoheitlicher Gewalt hinaus würde die das Privatrecht beherrschende Privatautonomie ins Mark treffen[158]. Die Grundrechte, gerade auch in ihrer die Wirtschaftsverfassung konstituierenden Rolle, können sich ins Privatrecht vielmehr nur mittelbar, aufgrund ihres objektiv-rechtlichen Gehalts, einfügen; die **Ausstrahlungwirkung** der grundgesetzlichen Wertentscheidungen kommt insb. bei der Konkretisierung der privatrechtlichen Generalklauseln zum Tragen[159], im Wettbewerbsrecht also namentlich bei § 1 UWG (speziell dazu *Sack* WRP 1974, 247, 250; auch *Gärtner* BB 1970, 1361). Selbst diese Mediatisierung darf freilich nicht die Eigengesetzlichkeiten von öffentlichem Recht einerseits, Privatrecht andererseits aus den Augen verlieren[160], bei der Entfaltung des objektiv-rechtlichen Gehalts nicht die wenigstens typische rechtliche Subordination der (privaten) Träger subjektiver öffentlicher (Grund-)Rechte im Verhältnis zur Staatsgewalt ausgrenzen, eine

---

155 Paradigmatisch hierfür der Bericht des Politbüros an das Zentralkomitee der Sozialistischen Einheitspartei Deutschlands, Dietz-Verlag Berlin (Ost) 1988, S. 28 f; o. V. Ökonomisches Lexikon H–P, Verlag Die Wirtschaft Berlin (Ost) 1979, S. 35/36 – Stichwort: Hauptaufgabe; Programm der Sozialistischen Einheitspartei Deutschlands, Dietz-Verlag Berlin (Ost) 1976, S. 20; *Honecker* Die Aufgaben der Parteiorganisationen bei der weiteren Verwirklichung der Beschlüsse des XI. Parteitages der Sozialistischen Einheitspartei Deutschlands, Dietz-Verlag Berlin (Ost) 1987, S. 20; *Manz/Winkler* Theorie und Praxis der Sozialpolitik in der DDR (Schriften des Instituts für Soziologie und Sozialpolitik der Akademie der Wissenschaften der DDR), Akademie Verlag Berlin (Ost) 1979, S. 79 f; *Winkler* Lexikon der Sozialpolitik, Akademie Verlag Berlin (Ost) 1987, S. 423 – Stichwort: Wirtschafts- und Sozialpolitik, Einheit von.

156 So aber ausdrücklich *Löw* Die Grundrechte² (1982) S. 371. Vgl. schon Einl. A Rdn. 49. S. a. *Forsthoff* Der Staat in der Industriegesellschaft (1971), S. 80 f.

157 Begrüßt von *E. Schmidt* JZ 1980, 153, 155 ff. – Dagegen wiederum mit überzeugendem Plädoyer für die Rehabilitierung einer formalen Freiheitsethik unter Absage an eine materiale Verantwortungsethik *Reuter* AcP 189 (1989), 199, 207.

158 Für alle *Dürig* in: Maunz/Dürig GG³ (Stand 1991) Art. 1 Abs. 3 Rdn. 127 ff.

159 BVerfGE 7, 198, 206; *v. Münch* in: v. Münch/Kunig GG⁴, Bd. 1 (1992) Vor Artt. 1–19 Rdn. 31; *Reimers* Die Bedeutung der Grundrechte für das Privatrecht (1958) S. 20.

160 S. a. *Mestmäcker* AcP 168 (1968), 235, 239; *Schneider* DVBl. 1969, 325, 333.

Subordination, die ersichtlich den konstruktiven Boden der Grundrechtskonzeption des Grundgesetzes bildet.

Umgekehrt ist die Ausstrahlung der grundrechtlichen Werteordnung ins Privatrecht unter dem Aspekt der Einheit der Gesamtrechtsordnung auch geboten[161]. Methodologisch wird dabei ein Unterschied zwischen **verfassungskonformer Auslegung** (grundlegend BVerfGE 2, 266, 282) und lediglich **verfassungsorientierter Auslegung** gesehen[162]. Hintergrund dieser Unterscheidung ist das verfassungs- und justizpolitisch zu begrüßende Anliegen, trotz der Ausstrahlungswirkung des Grundgesetzes vermittels der privatrechtlichen Einbruchsstellen der Generalklauseln das Bundesverfassungsgericht nicht zur zivilprozessualen Superrevisionsinstanz werden zu lassen. Auch dogmatisch spricht einiges dafür, die Grundrechtswertungen bei der Konkretisierung etwa der Generalklausel des § 1 UWG (nur) als Interpretationstopoi zu qualifizieren, nicht – im Zusammenhang mit der verfassungskonformen Auslegung – als Korrekturinstrument einer schon unabhängig davon möglichen Sinngebung. Denn das Merkmal der wettbewerbsrechtlichen Sittenwidrigkeit ist überhaupt erst im Lichte der grundgesetzlichen Wirtschaftsverfassung mit Inhalt zu füllen, ohne diesen Bezugsrahmen hingegen ein substanzloser Blankettbegriff (dies jedenfalls bei einem an den Funktionsbedingungen des Marktes orientierten Interpretationsansatz, der sich seinerseits auf der grundgesetzlichen Wirtschaftsverfassung abstützt. Dazu schon Einl. A Rdn. 38 ff; näher Einl. D Rdn. 37 ff). **A 59**

Soweit wirtschaftliche Tätigkeit der öffentlichen Hand überhaupt am Maßstab des UWG zu messen ist (dazu Einl. D Rdn. 185 ff), ist die Ausstrahlungswirkung der grundrechtlchen Wertordnung auf die Konkretisierung der Generalklausel dieselbe wie gegenüber privaten Wirtschaftssubjekten. Nicht etwa wird die **öffentliche Hand** insoweit einem strengeren Zulässigkeitsmaßstab unterworfen[163]. Dies gilt selbst bei einer einmal unterstellten, bis zur Marktmacht reichenden Vorzugsstellung am Markt, weil dies ebenfalls keinen Ansatzpunkt für Maßstabsdifferenzierungen im Rahmen des § 1 UWG liefert (**a. A.** *Emmerich* Der unl. Wettbewerb der öffentlichen Hand (1969) S. 45. S. dazu auch Einl. D Rdn. 103 ff). **A 60**

2. Grundrechtliche Elemente und Ausstrahlungen der Wirtschaftsverfassung

a) Artt. 1, 2 Abs. 1 GG. Gegenstand des Hauptfreiheitsrechtes und insoweit oberster Verfassungswert ist die im Rahmen der Schrankentrias des Art. 2 Abs. 1 GG gewährleistete, aus der menschlichen Würde (Art. 1 Abs. 1 GG) gespeiste, mit ihr aber nicht ohne weiteres identifizierbare freie Entfaltung der Persönlichkeit (BVerfGE 7, 198, 205; 7, 377, 397, 405. S. a. *Scholz* AöR 100 (1975), 80 ff, 265 ff). Diese Entfaltungsfreiheit hat jedenfalls auch eine wirtschaftliche Dimension[164], weil **A 61**

161 *Gärtner* BB 1970, 1361; *Grabitz* ZHR 149 (1985), 263; *Dürig* in: Maunz/Dürig GG³ (Stand 1991) Art. 1 Abs. 3 Rdn. 132; *Mestmäcker* AcP 168 (1968), 235, 239; *Möschel* Pressekonzentration S. 49.

162 *Gärtner* BB 1970, 1361; *Grabitz* ZHR 149 (1985), 263; *Stern* Das Staatsrecht der Bundesrepublik Deutschland², Bd. 1, (1984) § 4 Abs. 3 S. 8 (S. 136).

163 Richtig *Emmerich* Der unlautere Wettbewerb der öffentlichen Hand (1969) S. 43; *Mestmäcker* AcP 168 (1968, 235, 239 ff).

164 BVerfGE 6, 32, 36 ff; 8, 274, 328; 10, 89, 99; 12, 341, 347; s. a. BGHZ 36, 77, 80 im Zusammenhang mit dem Allgemeinen Persönlichkeitsrecht, das als zivilrechtliches Pendant zum Grundrecht auf freie Entfaltung der Persönlichkeit gesehen wird; *Ballerstedt* in: Bettermann/Nipperdey/Scheuner Die Grundrechte (1966) III/1 S. 69; *Baumbach/Hefermehl* Allg. Rdn. 45; *v. Gamm* Kap. 2 Rdn. 22; *R. Schmidt* Öffentliches Wirtschaftsrecht S. 161; zum untrennbaren Zusammenhang zwischen grundgesetzlichem Menschenbild und Wirtschaftsverfassung s. ferner allgemein *Liesegang* S. 36; *v. Münch* JZ 1960, 305.

über den Kernbereich der Persönlichkeit in ideeller und kultureller Hinsicht hinaus die **Handlungsfreiheit** allgemein grundgesetzlich gewährleistet wird. Im übrigen könnte ein engeres Verständnis der Entfaltungsfreiheit als spezifischer Ausdruck personaler menschlicher Würde[165] keine Ausgrenzung der wirtschaftlichen Betätigungsfreiheit aus dem Schutzbereich des Art. 2 Abs. 1 GG rechtfertigen, weil der ökonomische Kontext einer Handlung diese nicht gleichsam erniedrigt und entwertet, vielmehr umgekehrt gerade in der freien wirtschaftlichen Disposition der Mensch seine Erfüllung finden und daraus sein Selbstwertgefühl speisen kann.

A 62 Die gedankliche Anknüpfung der wirtschaftlichen Betätigungsfreiheit lediglich an die allgemeine Handlungsfreiheit erleichtert es aber, das Freiheitsgrundrecht des Art. 2 Abs. 1 GG auch anderen (Privat-)Rechtssubjekten als nur den natürlichen Personen selber, also nicht nur vermittelt über deren jeweilige Organwalter, zuzuordnen. Die **Grundrechtsfähigkeit** kann dabei nicht von der besonderen rechtskonstruktiven Qualität juristischer Persönlichkeit des Wirtschaftssubjekts (namentlich AG, GmbH, KGaA, eG, VVaG) abhängig sein[166], ergreift also auch andere (Rechts-)Subjekte wie die Personenhandelsgesellschaften (OHG, KG) sowie die auf wirtschaftlichem Gebiet tätige, möglicherweise ja sogar (minder-)kaufmännische Gesellschaft bürgerlichen Rechts (§§ 705 ff BGB i. V. mit § 4 Abs. 1 und Abs. 2 HGB). Schon wegen § 1 EWIV-AG und der darin ausgesprochenen Verweisung auf das ergänzend anwendbare Recht der OHG wird selbstverständlich auch die EWIV vom grundgesetzlichen Schutz erfaßt. Als ein die Wirtschaftsverfassung konstituierendes objektiv-rechtliches Element erfaßt Art. 2 Abs. 1 GG insoweit die Wirtschaftssubjekte reflektorisch im übrigen selbst dann, wenn man bezüglich der Grundrechtsfähigkeit iS unmittelbarer Grundrechtsinnehabung differenzieren wollte.

A 63 Bei der inhaltlichen Erfassung der nach Art. 2 Abs. 1 GG geschützten Handlungsfreiheit ist von vornherein der Charakter dieses Grundrechtes als **Auffangtatbestand** und damit sein Zurücktreten gegenüber speziellen Gewährungen von (Wirtschafts-)Freiheiten namentlich im Blick auf Beruf, Eigentum und Vereinigungen einschließlich der Koalitionen zu beachten[167]. Welche wirtschaftlich relevanten Freiheiten dann noch genuin in Art. 2 Abs. 1 GG verankert bleiben, ist im einzelnen zweifelhaft, kann aber wegen unterschiedlich ausgestalteter Einschränkungen bzw. Einschränkungsmöglichkeiten letztlich nicht dahinstehen[168]. Doch spielt diese Frage eine geringere Rolle, wenn die Grundrechte lediglich in ihrer Funktion als Elemente der objektiv-rechtlichen Ordnung aufgegriffen werden. Die scheinbare Bandbreite

---

[165] In dieser Richtung *Peters* Gegenwartsprobleme des internationalen Rechts und der Rechtsphilosophie, in: FS Laun (1953), 669 ff; *ders.* Das Recht auf freie Entfaltung der Persönlichkeit in der höchstrichterlichen Rspr. (1963), passim; ähnlich *Hesse* Grundzüge des Verfassungsrechts der Bundesrepublik Deutschland[16] (1988) S. 166 f.

[166] BVerfGE 10, 89, 99; 15, 235, 239; 19, 206, 215; 20, 283, 290; 23, 12, 30; 29, 260, 265 f; 50, 290, 319. *Ballerstadt* in: Bettermann/Nipperdey/Scheuner Die Grundrechte (1966) III/1 S. 69 f. Angesichts neuerer dogmatischer Einsichten bezüglich der einheitlichen Rechtssubjektivität der Gesamthand schlechthin (vgl. nur *Flume* ZHR 136 (1972), 177 ff; *Schünemann* Grundprobleme der Gesamthandsgesellschaft (1975) passim, insb. S. 146 ff) besteht kein Anlaß, nur Handelsgesellschaften in den Genuß der grundgesetzlichen Handlungsfreiheit auf wirtschaftlichem Gebiet kommen zu lassen. Zumindest mißverständlich deshalb z. B. *R. Schmidt* Öffentliches Wirtschaftsrecht S. 161.

[167] BVerfGE 6, 32, 37; 8, 274, 328; 12, 341, 347; 77, 84, 118; 77, 308, 339. *Erichsen* Jura 1987, 367 f; *Scholz* AöR 100 (1975), 80, 112 ff. Ob methodologisch Subsidiarität oder Spezialität vorliegt, ändert jedenfalls anwendungstechnisch nichts am Vorrang der grundgesetzlich einzeln benannten und tatbestandlich ausgeformten Wirtschaftsfreiheiten.

[168] Deutlich in: BVerfGE 6, 32 hinsichtlich der Vertragsfreiheit; dazu sogleich Großkomm.-*Schünemann* Einl. A Rdn. 64.

der allein Art. 2 Abs. 1 GG zuzuordnenden Wirtschaftsfreiheiten, wie sie die vielfältigen Formulierungen in Judikatur und Schrifttum nahelegen[169], besteht bei näherer Betrachtung jedoch nicht, schon weil darin häufig nur unterschiedliche Akzentuierungen zum Ausdruck kommen[170].

In Art. 2 Abs. 1 GG genuin verwurzelt ist die **Privatautonomie,** unter Vernachlässigung einseitiger Rechtsgeschäfte und rechtsgeschäftsähnlicher Handlungen häufig verkürzt mit Vertragsfreiheit umschrieben und des weiteren nach Abschluß-, Form- und inhaltlicher Gestaltungsfreiheit aufgeschlüsselt[171]. Ohne den Schutz der Privatautonomie ist die freie Entfaltung der Persönlichkeit unter der Notwendigkeit sozialer Koordination undenkbar. Soweit diese Privatautonomie im Zusammenhang mit Berufswahl oder -ausübung betätigt wird, namentlich also durch Begründung und Ausgestaltung von Arbeitsverträgen, ist allerdings schon Art. 12 GG einschlägig. Artt. 9 und 14 GG sind primär sedes materiae für die privatautonome, gesellschaftsrechtlich zu qualifizierende Kollektivbildung und für Verfügungen über „Eigentum" als Sammelbegriff für ökonomisch wirksame, zu ausschließlicher Disposition befähigende Rechtspositionen iS der sog. **property rights** (s. dazu Einl. A Rdn. 98). Unter dem spezifischen Regime des Art. 2 Abs. 1 GG steht damit als Facette der Privatautonomie im wirtschaftlichen Bereich vor allem noch die Vertragsfreiheit in der vertikalen Dimension des Wettbewerbsgeschehens, im Austauschprozeß, und dabei auch nur im güter- und kapitalmarktlichen Leistungsaustausch, hier namentlich aber auch im Wettbewerb innerhalb verschiedener Produktions- und Distributionsstufen. **A 64**

Zum Kern der nach Art. 2 Abs. 1 GG geschützten Wirtschaftsfreiheit ist sodann die **Wettbewerbsfreiheit** zu zählen[172]. Ihr Inhalt ist es, den Wirtschaftssubjekten eine Marktbetätigung ohne hoheitliche Beeinträchtigung und staatlich bewirkte Wettbewerbsverzerrungen, freien Markteintritt und Marktaustritt zu sichern[173]. Die Wettbewerbsfreiheit schafft damit den prozessualen Hebel für die Zulässigkeit sog. **Konkurrenten- oder Drittklagen,** die sich typischerweise gegen Subventionierungen von Wettbewerbern richten werden[174]. Gerade für das inhaltliche Verständnis dieser **A 65**

---

169 BVerfGE 8, 274, 328; 12, 341, 347; 25, 371, 407; 29, 260, 267; 50, 290, 366; 65, 196, 210; BVerwGE 30, 191, 198 f; 60, 154, 159; 65, 167, 174. S. a. z. B. *Armbruster* JR 1990, 278; *Badura* Staatsrecht (1986) S. 137 f; *Ballerstadt* in: Bettermann/Nipperdey/Scheuner Die Grundrechte (1966) III/1 S. 65 ff; *v. Gamm* Kap. 2 Rdn. 22; *Weimar/Schimikowski* Grundzüge des Wirtschaftsrechts² (1993) Rdn. 76 ff.

170 S. a. *R. Schmidt* Öffentliches Wirtschaftsrecht S. 162; grundsätzlich kritisch zur Wirtschaftsfreiheit als Inhalt des Art. 2 GG aber *Erichsen* in: Isensee/Kirchhof Handbuch des Staatsrechts der Bundesrepublik Deutschland VI (1989) § 152 Rdn. 60 ff.

171 BVerfGE 6, 32; 8, 274, 328; 12, 341, 347; 65, 196, 210. *Baumbach/Hefermehl* Allg. Rdn. 49; *Ballerstadt* in: Bettermannn/Nipperdey/Scheuner Die Grundrechte (1966) III/1 S. 70; *Dürig* in: Maunz/Dürig GG³ (Stand 1991) Art. 2 Abs. 1 Rdn. 53; *Fikentscher* Bd. II § 20 V 5 e; *Raiser* JZ 1958, 1, 5; *Schmidt-Salzer* NJW 1970, 8.

172 BVerfGE 32, 311, 316 – *Grabsteinwerbung;* BVerwGE 30, 191, 198; 60, 154, 159; *Ballerstedt* in: Bettermann/Nipperdey/Scheuner Die Grundrechte (1966) III/1 S. 70; *Baumbach/Hefermehl* Allg. Rdn. 50; *Fikentscher* Bd. II § 20 V 5 c, d; *v. Gamm* Kap. 2 Rdn. 22; *Weimar/Schimikowski* Grundzüge des Wirtschaftsrechts² (1993) Rdn. 78; a. A. *Erichsen* in: Isensee/Kirchhof Handbuch des Staatsrechts der Bundesrepublik Deutschland VI (1989) § 152 Rdn. 62.

173 BVerwGE 30, 191, 198 f; 60, 154, 159; 65, 167, 174; 71, 183, 189 f; *R. Schmidt* Öffentliches Wirtschaftsrecht S. 163; s. a. *Huber* DÖV 1956, 137.

174 BVerwGE 30, 191, 196 (m. Anm. *Friauf* DVBl. 1969, 368); *Mössner* JuS 1971, 131; *Scholz* NJW 1969, 1044; *Selmer* NJW 1969, 1266; *Skouris* Verletztenklagen und Interessentenklagen (1979) passim; *Zuleeg* Subventionskontrolle durch Konkurrentenklage (1974) passim. S. a. OVG Münster NVwZ 1984, 522, 524 f; ferner schon *Nipperdey* Soziale Marktwirtschaft S. 39 f.

Wettbewerbsfreiheit kommt es naturgemäß auf das als maßgeblich zugrundegelegte wettbewerbliche Leitbild an. Die grundgesetzliche Gewährleistung scheint sich demnach desto mehr zu verengen, je stärker Wettbewerb in Abhängigkeit zu gesamtwirtschaftlichen Funktionen, Marktstrukturen etc. begriffen wird. Diese (scheinbare) Abhängigkeit darf aber nicht dazu verleiten, umgekehrt die Wahl der maßgeblichen Wettbewerbskonzeption ihrerseits als von verfassungsmäßigen Vorgaben gelöst und insoweit beliebig anzusehen. Die nach Art. 2 Abs. 1 GG verbürgte Wettbewerbsfreiheit hat vielmehr wegen der erforderlichen gedanklichen Einbindung des Art. 2 Abs. 1 GG in den Gesamtzusammenhang der Wirtschaftsgrundrechte (dazu Einl. A Rdn. 45, 51) eine nicht exogen, nicht erst durch wirtschaftswissenschaftliche Wettbewerbskonzeptionen vermittelte Substanz an ökonomischer Handlungsfreiheit, die durch die dortige Schrankentrias schon wegen der Wesensgehaltsgarantie nicht zur Bedeutungslosigkeit herabgemindert werden kann[175]. Allerdings wird diese Substanz erst in der Dialektik zwischen grundgesetzlicher Wettbewerbsfreiheit und neoklassischer Wettbewerbskonzeption hinreichend transparent und darstellbar (zu diesem Wettbewerbskonzept Einl. A Rdn. 28 ff)[176].

A 66 Aber nicht nur vor diesem Hintergrund ist es bedenklich, die Wettbewerbsfreiheit materiell aus Art. 2 Abs. 1 GG herauszulösen und die freie Teilnahme am Wettbewerb als Unterfall der Berufsfreiheit dem Regelungsbereich des angeblich sachnäheren Art. 12 Abs. 1 zuzuweisen[177]. Dieser **Zuordnungswechsel** bedingt nämlich eine Blickwinkelverengung der Wettbewerbsfreiheit auf die Unternehmer- bzw. Unternehmensfreiheit[178] (speziell etwa auch auf Produktions-, Sortiments- und Werbefreiheit)[179], wobei die **Konsumentenfreiheit** als integraler Bestandteil der Wettbewerbsfreiheit in der Vertikaldimension des Wettbewerbs auf der Strecke bleiben müßte. Dieser wesensmäßigen Ambiguität der Wettbewerbsfreiheit entspricht es, wenn diese Freiheit auch als Ausprägung der Marktfreiheit, des rechtlich gewährleisteten Freiraums selbstverantwortlicher Gestaltung der Marktbeziehungen insgesamt, thematisiert wird[180]. Zumindest insoweit ist also an der Anbindung der Wettbewerbsfreiheit an Art. 2 Abs. 1 GG festzuhalten. Die Verschiebung der Wettbewerbsfreiheit von Art. 2 Abs. 1 zu Art. 12 Abs. 1 GG führt zu einer eventuellen Verkürzung des Freiheitsinhalts auch insoweit, als wegen des angenommenen personalen Grundzuges der Berufsfreiheit juristische Personen und Gesamthandsgesellschaften als Teilnehmer des Wettbewerbs nur in dem Rahmen geschützt sein würden, in dem die betreffende wirtschaftliche Betätigung ihrer Art und ihrem Wesen nach auch von natürlichen Personen ausgeübt werden könnte (BVerfGE 21, 261, 266; 23, 208, 223; 30, 292, 312; 50, 290, 362; 53, 1, 13). Die geringere Einschränkbarkeit des Rechts aus Art. 12 Abs. 1 GG gegenüber der mit Art. 2 Abs. 1 GG gewährten Position bedeutet keine adäquate Kompensation jener doppelten Schwächung der Wettbewerbsfreiheit.

---

[175] S. a. BVerfGE 6, 32, 41. Weitaus enger aber BVerwGE 30, 191, 198 f: Wettbewerbsfreiheit erst essentiell tangiert, wenn sie „im unerträglichen Maße eingeschränkt" ist.

[176] Methodologisch besteht hier eine Parallele zum Prinzip verfassungskonformer Auslegung (dazu grundlegend BVerfGE 2, 266, 282) wie zur Theorie der Wechselwirkung zwischen Grundrechtsvorbehalt und grundrechtseinschränkender Norm (dazu schon BVerfGE 7, 208 f).

[177] BVerfGE 32, 311, 317; 46, 120, 137; OVG Münster NVwZ 1984, 522, 524; *R. Schmidt* Öffentliches Wirtschaftsrecht S. 163; *Scholz* AöR 100 (1975), 80, 128 f.

[178] So jedenfalls tendenziell BVerfGE 29, 260, 267; 50, 290, 363, 366; 65, 196, 210; BVerfGE 65, 167, 174.

[179] Dazu – allerdings im Kontext des Art. 2 GG – auch *Stober* Wirtschaftsverwaltungsrecht § 19 I.

[180] *Ballerstadt* in: Bettermann/Nipperdey/Scheuner Die Grundrechte (1966) III/1 S. 66 ff.

Art. 2 Abs. 1 GG statuiert i. V. mit Art. 1 Abs. 1 GG – tatbestandlich viel enger als die allgemeine Handlungsfreiheit – ein „unbenanntes" Freiheitsrecht, das als **„Allgemeines Persönlichkeitsrecht"** auf den Schutz des Individuums in seiner engeren Persönlichkeitssphäre abhebt (vgl. nur BVerfGE 34, 269; 54, 148). Wettbewerbsrechtlich bedeutsam ist auch und gerade die Transposition dieses Rechts in den privatrechtlichen Bereich (BGHZ 13, 334 – *Leserbriefe*, 338; 15, 249 – *Cosima Wagner*), die methodologisch freilich nicht als unmittelbare Drittwirkung des Grundrechts, sondern als Lückenschließung der Dogmatik durch Schaffung eines privatrechtlichen Pendants zu Art. 2 Abs. 1 GG i. V. mit Art. 1 Abs. 1 GG zu verstehen ist. Im dogmengeschichtlich eher durch den Vermögensbezug geprägten Privatrecht wäre der Persönlichkeitsschutz sonst zu schwach entwickelt, nämlich nur in wenigen Facetten wie z. B. hinsichtlich Name (§ 12 BGB), Abbildung (§§ 22–24 KUG) oder Urheberschaft (§§ 12–14 UrhG). Das Allgemeine Persönlichkeitsrecht tritt wettbewerbsrechtlich durchweg nicht unter dem Aspekt aktiver Persönlichkeitsentfaltung in Erscheinung, sondern wird mehr durch das Wettbewerbsverhalten anderer passiv tangiert, insb. durch aggressives Marketing, z. B. durch unerbetene Kontaktaufnahme in der (häuslichen) Privatsphäre[181], aber auch durch Formen der personenbezogenen Hinweiswerbung und einer darin eventuell beschlossenen Namensnennung ohne Verletzung des Namensrechtes (§ 12 BGB) oder sonstiger rechtswidriger Vermarktung von Name und Bild, eventuell auch Ruf und Ansehen anderer, zumeist medienpräsenter Personen mit entsprechendem Bekanntkeitsgrad[182]. Die wettbewerbsrechtliche Relevanz dieser besonderen Ausstrahlungswirkung des Art. 2 Abs. 1 GG qua Allgemeines Persönlichkeitsrecht sollte dabei allerdings nicht überschätzt werden, weil in den einschlägigen Fallgestaltungen regelmäßig bereits die Dysfunktionalität solchen Wettbewerbsverhaltens hinsichtlich der Funktionsbedingungen des Marktes das Sittenwidrigkeitsurteil begründet und es einer Verschärfung des Zulänglichkeitsmaßstabes im Interesse eines Persönlichkeitsschutzes des Werbeadressaten also gar nicht mehr bedarf. **A 67**

Bereits wettbewerbsfunktional disqualifiziert und damit sittenwidrig iS von § 1 UWG ist mithin häufig etwa das physische oder auch nur telefonische Eindringen in den Privatbereich zu Akquisitionszwecken unter dem Gesichtspunkt des gegen die Marktrationalität gerichteten Kundenfangs[183], unabhängig von einer Ausstrahlungswirkung des Art. 2 Abs. 1 GG in Gestalt des Allgemeinen Persönlichkeitsrechtes. Für die ohnehin prekäre Entscheidung, ob bei einer **Interessenabwägung** innerhalb der Sittenwidrigkeitsprüfung in concreto dem grundrechtlich verankerten Persönlichkeitsschutz des Werbeadressaten oder der ebenfalls grundgesetzlich verankerten Wettbewerbsfreiheit (bzw. der Berufsfreiheit) (dazu näher Einl. A Rdn. 91 ff) der Vorrang gebühren soll[184], besteht dann weder Bedürfnis[185] noch ist dafür über- **A 68**

[181] Ausführlich zum Persönlichkeitsschutz vor Werbung, gerade im häuslichen Intimbereich als Konsequenz der Anerkennung eines „Konsumentenpersönlichkeitsrechtes", *Ehlers* WRP 1983, 187; *v. Gamm* Kap. 24 Rdn. 5 ff; *Hefermehl* GRUR 1980, 622; *Krüger-Nieland* GRUR 1974, 561; *Steindorff* Persönlichkeitsschutz im Zivilrecht 1983, passim; s. a. *Degenhart* JuS 1992, 361, 368.

[182] *V. Gamm* Kap. 24 Rdn. 9 ff; *Krüger* GRUR 1980, 628.

[183] Vgl. hier nur – differenzierend innerhalb der modernen telekommunikativen Mittel, insb. zur wettbewerbsrechtlichen Unbedenklichkeit der BTX-, aber auch der sog. electronic-mail-Werbung – *Bullinger* NJW 1984, 385; *v. Gamm* Kap. 25 Rdn. 35 ff; *Gilles* NJW 1988, 2424, 2430; *Kleier* WRP 1983, 534; *Lachmann* WRP 1983, 591; *ders.* NJW 1984, 405; *Schünemann* S. 58 f.

[184] Im Ergebnis für „Schutz der Intimsphäre" gegenüber „dem wirtschaftlichen Gewinnstreben" BVerfGE 32, 311; BGH GRUR 1971, 317 – *Grabsteinwerbung II*.

[185] Deutlich in dem von BGH GRUR 1970, 523 – *Telefonwerbung* entschiedenen Fall.

haupt Raum. Soweit im Einzelfall **besondere Persönlichkeitsrechte** – etwa das Namensrecht – als sedes materiae in Rede stehen, diese aber nicht (rechtswidrig) verletzt sind, verbietet sich ein dieses Resultat überspielender Rückgriff auf das Allgemeine Persönlichkeitsrecht (**a. A.** aber z. B. BGH GRUR 1959, 430 f – *Catarina Valente;* GRUR 1981, 846 f – *Rennsport-Gemeinschaft*), wenn nicht letztlich die differenzierte Tatbestandlichkeit besonderer Persönlichkeitsrechte konterkariert werden soll. Nur wenn dieser Ausgangspunkt eingenommen wird, machen Überlegungen Sinn, ob die besonderen persönlichkeitsrechtlichen Schutzräume im Wege analoger Anwendung der §§ 12 BGB, 22 KUG vorsichtig ausgeweitet werden können[186]. Hinsichtlich der Brief(post-)werbung fehlt solchen Tendenzen von vornherein allerdings jeder Ansatzpunkt, so daß zumindest methodisch gegen die Einflußnahme des Allgemeinen Persönlichkeitsrechtes auf den wettbewerbsrechtlichen Zulässigkeitsmaßstab nichts einzuwenden ist. In der Sache selbst bedeutet es aber auch hier eine Übertreibung des Persönlichkeitsschutzes und zugleich eine Entleerung des Allgemeinen Persönlichkeitsrechtes, wenn die Mißachtung eines Widerspruchs gegen Brief(post-)werbung grundsätzlich als (rechtswidrige) Verletzung des Persönlichkeitsrechtes des Werbeadressaten und damit als unzulässige Wettbewerbsmaßnahme eingeordnet wird[187]. Denn niemand kann legitimerweise die Respektierung seines Willens schlechthin reklamieren; auch ist kein Rechtswidrigkeitszusammenhang zwischen der bloßen Konfrontation mit Werbematerial – also unabhängig von dessen Inhalt – und der Persönlichkeit des Adressaten erkennbar[188].

A 69 b) **Art. 3 Abs. 1 GG.** In engem gedanklichen Zusammenhang mit Vertragsfreiheit und Wettbewerbsfreiheit steht die Gleichheitsidee, die ihren allgemeinen verfassungsrechtlichen Ausdruck in Art. 3 Abs. 1 GG gefunden hat. Werden die grundgesetzlichen (Wirtschafts-)Freiheiten als konstitutive Faktoren eines ergebnisoffenen Prozesses, als Teile eines gleichsam beweglichen ökonomischen Systems begriffen (vgl. Einl. A Rdn. 55), so verwirklicht sich in dem von Wettbewerb geprägten Markt und in den selbstverantworteten marktlichen Tauschvorgängen eo ipso ein wesentliches Moment der Gleichheit schon als Verhinderung der Konzentration ökonomischer Macht und daraus resultierender Diktate[189]. Es handelt sich dabei allerdings nicht um eine egalisierende, nivellierende Gleichheit, sondern um die **Gleichheit des suum cuique.** Indem das jedem Gebührende nicht von außen, namentlich nicht von Staats wegen verordnet wird, sondern sich konkret erst als nicht prognostizierbares Ergebnis wahrgenommener Privatautonomie manifestiert, sichert diese Gleichheit sowohl die Freiheitsreproduktion als sie auch die tendenziell gerechteste Verteilung knapper Güter bewirkt. Vermittels dieser Gleichheit zeigt sich der Markt seinerseits als Ausfluß des **Sozialstaatsprinzips,** muß dieses Prinzip nicht notwendig gerade

[186] Dazu *Krüger* GRUR 1980, 628, 633; *Neumann-Duesberg* JZ 1970, 564; *Sack* WRP 1984, 521, 529.

[187] So aber BGHZ 60, 296, 300 – *Briefwerbung;* OLG München NJW 1984, 2422 f – *Anwaltskanzlei;* LG Nürnberg-Fürth NJW 1985, 1642; noch schärfer – keine Ausnahmen anerkennend – VG Hannover 1986, 1630, 1632 – *Postgiro-Briefwerbung.* S. a. BGH GRUR 1981, 846 f – *Rennsport-Gemeinschaft* unter Hinweis auf BGHZ 32, 103, 111 – *Vogeler* im Zusammenhang mit namensnennender Werbung: Kraft seines Allgemeinen Persönlichkeitsrechtes sei es allein dem Namensträger „vorbehalten, darüber zu befinden, ob und unter welchen Voraussetzungen sein Name in der Öffentlichkeit in Erscheinung tritt". Diese Rspr. weckt Assoziationen an frühere Epochen der Rechts- und Religionsgeschichte, in denen bereits der Namensnennung magische Kräfte zur Beherrschung des Namensträgers zugeschrieben wurden, die Namensnennung dann also durchaus zu recht mit einem Persönlichkeitseingriff in Verbindung gebracht werden konnte.

[188] Dies mag bei pornographischer Werbung etc. im Einzelfall anders sein.

[189] Eindrucksvoll *Fikentscher* Bd. II § 20 V 3 a und 4 a bb.

durch Marktintervention zur Wirkung gebracht werden[190]. Nur so stehen sich Individualprinzip und Markt einerseits, Sozialprinzip und (**Verteilungs-)Gerechtigkeit** andererseits, in der Tat nicht antithetisch gegenüber[191]. Der Satz, es bestehe grundsätzlich kein Verbot unterschiedlicher Behandlung im wirtschaftlichen Wettbewerb (*Baumbach/Hefermehl* Allg. Rdn. 68), ist demnach irreführend und selbstverständlich zugleich: Gleichheit etwa der Vertragskonditionen iS ihrer Identität ist gerade nicht die grundgesetzlich gemeinte Gleichheit. Nur „willkürliches" Verfahren[192], nicht aber z. B. auf ökonomisch unterschiedlich starken Markt- und Verhandlungspositionen beruhende Differenzierungen würden überhaupt mit der ideellen Substanz des Gleichheitsprinzips kollidieren können.

Verfehlt wäre es deshalb, einen im Rabattgesetz angelegten „Grundsatz gleicher Preisstellung" aller Kunden[193] als von Art. 3 Abs. 1 GG gedeckt oder gar gefordert ausweisen zu wollen. In diesem Lichte ist ferner das **Diskriminierungsverbot** des § 26 Abs. 2 GWB keine Ausnahme vom Gleichheitsgrundsatz oder auch nur seine materielle Sonderregelung (so aber *Baumbach/Hefermehl* Allg. Rdn. 68), sondern nur dessen Bestätigung[194], wenn dort – man kann sagen: auch – für marktbeherrschende bzw. relativ marktmächtige Unternehmen etc. der „sachlich gerechtfertigte Grund" für differenzierendes Wettbewerbshandeln verlangt wird. Das Problem liegt bekanntermaßen überhaupt und deshalb auch hier nicht in der Anerkennung des Gleichheitspostulats, sondern in der ihm vorausliegenden Wertung, welche Differenzierungskriterien zulässig sein sollen[195]. Darauf gibt aber auch § 26 Abs. 2 GWB keine Antwort. Jedenfalls im Wettbewerbskonzept der Handlungsfreiheit (Einl. A Rdn. 28 ff) sind solche Antworten wohl überhaupt unmöglich. Auch davon abgesehen erscheint es als Tautologie, die sachliche Rechtfertigung „prinzipiell in jeder verständigen unternehmerischen Erwägung" zu erblicken[196]. Wirklich gefährlich wird diese Formel aber erst in Verbindung mit Überlegungen der Judikatur, den „verständigen Unternehmer" mit der Person des Richters zu identifizieren[197]. Es überrascht deshalb nicht, daß sowohl die Gefahr des Leerlaufens des Diskriminierungsverbots beschworen wird[198], als auch die **Kasuistik der Judikatur** sich nicht gerade durch überbordende Plausibilität auszeichnet[199]. Im öffentlichen Wirtschaftsrecht ist es um die Operationalität des allgemeinen Gleichheitssatzes naturgemäß nicht besser bestellt[200]. **A 70**

190 *Fikentscher* Bd. II § 20 V 3 a und 4 a bb; noch weiter *Stober* Wirtschaftsverwaltungsrecht § 6 I (auch Artt. 1, 2, 9 Abs. 3, 12 u. a. GG als Niederschlag der Sozialstaatsidee).

191 Vgl. *Kirchhof* in: Isensee/Kirchhof Handbuch des Staatsrechts der Bundesrepublik Deutschland V (1992) § 124 Rdn. 119 ff; s. a. *Baumbach/Hefermehl* Allg. Rdn. 69, die allerdings diesen Ansatz fehlender Antithetik dazu zu verwenden scheinen, um die Möglichkeit von Marktinterventionen als dem Grundrechtsinhalt bereits immanent auszuweisen.

192 Zum Verständnis des Art. 3 Abs. 1 GG als Willkürverbot s. schon BVerfGE 1, 14, 52; auch BVerfGE 3, 58, 135; 9, 334, 337; 33, 367, 384; 46, 55, 62; 61, 138, 147; 76, 256, 329.

193 Vgl. Reichsanzeiger 1933 Nr. 184.

194 S. a. BGHZ 33, 259, 266 – *Molkereigenossenschaft* sowie *Raiser* JZ 1958, 1, 8.

195 Vgl. nur *Badura* Staatsrecht (1986) S. 99; *Dürig* in: Maunz/Dürig GG[3] (Stand 1991) Art. 3 Abs. 1 Rdn. 1 f; *Gubelt* in: v. Münch GG[4] Bd. 1 (1992) Art. 3 Rdn. 13; *Hesse* AöR 109 (1984), 174, 188; *Starck* Die Anwendung des Gleichheitssatzes in: Link, Der Gleichheitssatz im modernen Verfassungsstaat 1982 S. 51, insb. auch S. 64; s. a. *Pietzcker* JZ 1989, 305.

196 Vgl. *Rittner*[4] (1993) § 12 C II 3 b mwN.

197 Sehr nahe daran BGH WuW 1976, 777, 783 – *Asbach-Fachgroßhändler*.

198 Vgl. *Emmerich* Die AG 1976, 91, 97.

199 Beispielhaft etwa BGH WuW 1976, 249, 253 f – *Rossignol;* 1981, 547 – *SB-Verbrauchermarkt;* 1983, 881 f – *Modellbauartikel III*.

200 Dazu umfassend R. *Schmidt* Öffentliches Wirtschaftsrecht S. 165 ff.

A 71 c) **Art. 4 Abs. 2 GG.** Daß auch Grundrechte bzw. in ihnen beschlossene Wertentscheidungen, die keine Elemente der Wirtschaftsverfassung darstellen, im Einzelfall mit dem Wettbewerbsgeschehen in Beziehung treten können, wird man nicht von vornherein ausschließen können. Ein markantes **Beispiel** dafür scheint die durch Art. 4 Abs. 2 GG gewährleistete Freiheit der **Religionsausübung** zu liefern, deren wettbewerbsrechtliche Ausstrahlungswirkung vom Bundesverfassungsgericht thematisiert wurde[201]. Das Problem der sog. Kanzelwerbung und ihrer eventuellen Sittenwidrigkeit iS des § 1 UWG besteht allerdings auch unabhängig von einer grundrechtlichen Einfärbung[202]. In dem höchstrichterlich entschiedenen Leitfall war im (katholischen) Gottesdienst von der Kanzel für die Altmaterialiensammlung einer kirchlichen Jugendvereinigung geworben worden, deren Erlös für Missionsaufgaben etc. verwendet werden sollte. Im Verlauf dieser Aktion war das Geschäft eines Rohstoffhändlers zum Erliegen gekommen. Die Entscheidung bejahte eine Ausstrahlungswirkung: Die Sammlung und ihre Bewerbung seien mit Rücksicht auf deren religiös-karitativen Charakter Teil der Religionsausübung und somit im Rahmen der zum Sittenwidrigkeitsurteil erforderlichen Interessenabwägung gegenüber dem konkurrierenden Rohstoffhändler stärker zu gewichten. Im Ergebnis sei die diesbezügliche Kanzelwerbung mithin wettbewerblich nicht als sittenwidrig zu beanstanden (BVerfGE 24, 236, 251 f).

A 72 Trotz des einleuchtenden Ausgangspunktes – mildtätige Nächstenliebe ist ein zentrales Anliegen christlichen Glaubens – vermag die Entscheidung nicht zu befriedigen, schon weil es hier in Wahrheit an einem Handeln im geschäftlichen Verkehr und in dessen Folge auch an einem Handeln zu Zwecken des (wirtschaftlichen) Wettbewerbs fehlt, so daß die Sittenwidrigkeitsprüfung eigentlich gegenstandslos ist[203]. Aber auch innerhalb der Sittenwidrigkeitsprüfung überzeugt der Rekurs auf die Wertentscheidung des Art. 4 Abs. 2 GG als tragender Entscheidungsgrund nicht, weil Sittenwidrigkeit schwerlich bejaht werden könnte, wenn die karitative Sammeltätigkeit nicht gerade religiös motiviert wäre (*Gärtner* BB 1970, 1361, 1363). Auch gegen die Berücksichtigung von Motiven und Zweckvorstellungen in der Sittenwidrigkeitsprüfung überhaupt lassen sich **Einwände** erheben, jedenfalls dann, wenn man den Maßstab der wettbewerblichen guten Sitten marktfunktional und nicht wirtschaftsmoralisch faßt (vgl. hier nur *v. Gamm* DW 1969, 38, 40; *Schünemann* S. 49 f, 85 f; näher Einl. D Rdn. 131 ff). Schließlich zeigt gerade die genannte Entscheidung die Gefahr auf, qua Ausstrahlungswirkung der Grundrechte auf das Wettbewerbsrecht sich des Bundesverfassungsgerichtes als eines Instrumentes zivilprozessualer Superrevision zu bedienen (s. schon Einl. A Rdn. 59).

A 73 Eine andere Frage ist es, ob Art. 4 Abs. 2 GG schon der Qualifizierung eines Verhaltens als „im geschäftlichen Verkehr" entgegenstehen kann. Eine solche Problemkonstellation ist denkbar, wenn wirtschaftliches Handeln selber Gegenstand einer religiösen Handlungsmaxime darstellt. Derartiges Verhalten verliert indes nicht dadurch seine Geschäftsmäßigkeit, daß es zugleich Religionsausübung dar-

---

201 BVerfGE 24, 236 = GRUR 1969, 137 – *Aktion Rumpelkammer*.

202 *Nordemann* Rdn. 170, 201 (mit insoweit unzutreffendem Hinweis auf BVerfG GRUR 1969, 137, 138 ff); *Schünemann* S. 54 f.

203 *Schünemann* S. 66; ähnlich *v. Gamm* DW 1969, 38, 40; s. a. *ders.* Kap. 17 Rdn. 24; *Gärtner* BB 1970, 1361, 1363. Die Verschiebung der Problematik auf die Sittenwidrigkeit in BVerfGE 24, 236 wird nachvollziehbar, wenn man sich die prozessualen Überlegungen des Senats in Erinnerung ruft: Der Senat glaubt sich nämlich an die vom Instanzgericht vorgenommene Bejahung eines Handelns im geschäftlichen Verkehr zu Zwecken des Wettbewerbs gebunden.

stellt. Es muß sich dann insoweit denselben wettbewerbsrechtlichen Zulässigkeitsforderungen hinsichtlich der „guten Sitten" unterwerfen wie nicht religiös definiertes Verhalten. Die genannte verfassungsrechtliche **Rechtsprechung** folgt im Prinzip durchaus derselben Linie, war jedoch gerade mit den entgegengesetzten Ausgangsdaten, nämlich gerade dem karitativen Charakter der Altmaterialbeschaffung, befaßt. Das prekäre Präjudiz, ob ein Religionsbezug nicht überhaupt nur vorgetäuscht wird, verliert damit sein wettbewerbsrechtliches Gewicht. Insgesamt gesehen sind Ausstrahlungseffekte des Art. 4 Abs. 2 GG bei der Handhabung des Wettbewerbsrechtes also wohl nur marginal, zumal die Religionsausübungsfreiheit auch ohne ausdrücklichen Gesetzesvorbehalt ihre Schranken durchaus sogar in den allgemeinen Gesetzen iS des Art. 5 Abs. 2 GG und damit auch im UWG finden kann[204].

d) **Art. 5 GG (Art. 10 EMRK).** Die zumindest potentielle wettbewerbsrechtliche **A 74** Relevanz der in Art. 5 getroffenen verfassungsrechtlichen Wertentscheidung ist mehrschichtig angelegt. Seine wirtschaftsverfassungsrechtlich herausragende, gleichwohl weniger beachtete Bedeutung gewinnt Art. 5 GG dadurch, daß der marktwirtschaftliche Abstimmungsmechanismus zwischen Angebot und Nachfrage, speziell hinsichtlich des Preises, diesbezüglich **Kommunikationsfreiheit** voraussetzt[205]. In Betracht kommt ferner ein Ausstrahlungseffekt dieses Grundrechtes, soweit **Wirtschaftswerbung** – ein zentrales Instrument unternehmerischer Kommunikationspolitik – als Ausdruck von „Meinung" des Werbenden in den Schutzbereich von Art. 5 Abs. 1 S. 1 GG fällt[206]. Der in Art. 5 Abs. 1 S. 2 GG verankerte institutionelle Schutz der Medienfreiheit, insb. der Presse (BVerfGE 10, 118, 121; 12, 105, 113 ff; 20, 162, 175; 35, 202, 221; 62, 230, 234; 66, 116; vgl. auch *v. Gamm* Kap. 2 Rdn. 25), kann wettbewerbsrechtlich nicht nur dort ins Spiel kommen, wo sich Werbung eben dieser Medien bedient, sondern muß gerade auch für den wirtschaftlichen Wettbewerb der Medien selber interpretiert werden, auch soweit sie öffentlich-rechtlich organisiert sind (BVerfGE 31, 314, 322; 45, 63, 78). Seine Schranken findet der Schutz nach Art. 5 Abs. 1 GG unter anderem allerdings in den „allgemeinen", nicht gegen die Meinungs- bzw. Medienfreiheit als solche gerichteten Gesetzen. Dazu ist durchaus auch das wettbewerbsrechtliche Lauterkeitsrecht in seiner werbebeschränkenden Wirkung zu zählen[207].

Diese Schranken sollen ihrerseits wieder im Lichte der essentiellen Bedeutung der **A 75** Meinungs- und Medienfreiheit für den freiheitlich-demokratischen Willenbildungsprozeß interpretiert, im Ergebnis also ihrerseits wieder restriktiv ausgelegt werden, um die Kommunikationsfreiheit möglichst wirksam zur Geltung zu bringen[208]. Zur Bestimmung dieser **Schranken-Schranken** bedarf es also einer Interessenabwägung, die tendenziell zu einer Präponderanz des grundrechtlichen Wertgehalts führen wird

[204] Zum immanenten Vorbehalt des Art. 4 Abs. 2 GG s. *v. Münch* in: v. Münch GG[4] Bd. 1 (1992) Art. 4 Rdn. 53 ff. *Herzog* in: Maunz/Dürig GG[3] (Stand 1991) Art. 4 Rdn. 112; zum Wettbewerbsbezug des Art. 5 GG und der Schrankenproblematik s. sogleich Einl. A Rdn. 74 ff.

[205] *Bohling* in: Bohling S. 9.

[206] Zum Zusammenhang von sog. product-placement und der Kunstfreiheit (Art. 5 Abs. 3 GG) nicht überzeugend *Bülow* WRP 1991, 9.

[207] BGH GRUR 1986, 812 – *Gastrokritiker* = WRP 1986, 547 f; BVerfGE 62, 230, 284; BVerfG GRUR 1984, 357, 360 – *markt-intern;* OLG Düsseldorf GRUR 1984, 131, 134 – *Fragebogenaktion;* dass. GRUR 1984, 366, 368 f – *Westfälischer Friede; v. Gamm* Wettbewerbsrecht Kap. 2 Rdn. 10; zweifelnd *Leisner* Die Pressegleichheit (1976) S. 90. S. a. *Drettmann* S. 211.

[208] Grundlegend zu dieser sog. Wechselwirkungslehre BVerfGE 7, 208 f. S. a. BVerfG GRUR 1984, 357, 359 – *markt-intern; Möschel* Pressekonzentration S. 60; neuerdings eingehend *Messer* Wettbewerbsrechtliche Beurteilung von Presseäußerungen, in: FS v. Gamm (1990), 95, 104 f; *Kloepfer/Michael* GRUR 1991, 170, 173 ff.

(BVerfGE 7, 198, 209 ff; BGHZ 50, 1, 5 – *Pelzversand;* s. a. *v. Gamm* Kap. 1 Rdn. 20 mwN). Die Wechselwirkung zwischen Grundrecht und Schrankennorm ist allerdings weniger deutlich greifbar, wenn das „allgemeine Gesetz", wie vor allem im Fall des § 1 UWG, mit einer Generalklausel arbeitet. Denn dann kann die geforderte Interessenabwägung nicht gleichsam schaukelartig vonstatten gehen, sondern fließt bereits in den Tatbestand der Schrankennorm, hier also in den Maßstab der guten Sitten, ein (vgl. OLG Düsseldorf GRUR 1984, 366, 368 – *Westfälischer Friede*).

A 76 Daß die Wirtschaftswerbung aber überhaupt am Schutz der Meinungsfreiheit nach Art. 5 Abs. 1 S. 1 GG teilhat, ist freilich zweifelhaft, zumal dann, wenn man die Meinungsfreiheit exklusiv in den Kontext gerade des demokratischen Willensbildungsprozesses zu stellen und damit als **politisches Prinzip** zu begreifen hätte (so jedenfalls in obiter dicta schon BVerfGE 7, 198, 208; 35, 202, 221; s. ferner namentlich *Eicke* WRP 1988, 645, 648). Diese Restriktion würde jedoch der Einsicht nicht gerecht, daß die Meinungs(äußerungs-)freiheit wesentlich nicht nur für die politisch relevante und darin jedenfalls „öffentliche Meinung" ist, sondern jenseits öffentlicher Wirksamkeit schlechthin den unmittelbarsten Ausdruck der menschlichen Persönlichkeit darstellt[209]. Dies kann auch für die Wirtschaftswerbung nicht von vornherein mit dem Hinweis auf den ihr eigenen absatzstimulierenden Zweck in Abrede gestellt werden (so aber BVerwG DVBl. 1954, 362 f; BVerwGE 2, 172, 178 f; s. a. BVerfGE 53, 96, 99 sowie – abgeschwächt – 40, 371, 382. Vgl. demgegenüber *Friauf/Höfling* AfP 1985, 249 f). Doch ist für die Einbeziehung der Wirtschaftswerbung in den Schutzbereich des Art. 5 Abs. 1 GG damit nur eine notwendige, nicht jedoch hinreichende Bedingung erfüllt. Die **Rechtsprechung** ist in der Beurteilung der Wirtschaftswerbung als Gegenstand der Meinungsfreiheit uneinheitlich oder doch zumindest unklar. Während gerade in der älteren Rechtsprechung der grundrechtsrelevante Meinungscharakter der Wirtschaftswerbung durchweg verneint wurde[210], scheint die Judikatur nunmehr immer mehr dem Gegenstandpunkt zuzuneigen[211]. Das neuere Schrifttum befürwortet durchweg die Einbeziehung der Wirtschaftswerbung in den Schutz des Art. 5 Abs. 1 S. 1 GG[212].

A 77 Dem ist sicher dann beizupflichten, wenn die Wirtschaftswerbung **Werturteile** iwS enthält, also „Meinungen" im Gegensatz zu (Tatsachen-)**Informationen**, gleichbedeutend mit **„Angaben"** iS von § 3 UWG. Beides läßt sich freilich praktisch kaum jemals trennen, einerseits, weil Werturteile häufig einen Angabenkern einschließen, andererseits, weil selbst in der Tatsachenauswahl bereits eine Wertung liegt[213]. Dar-

---

[209] Auch zu diesem Verständnis des Art. 5 Abs. 1 S. 1 GG s. schon BVerfGE 7, 198, 208.

[210] Vgl. die soeben Genannten sowie BGHSt. 5, 12, 22; 8, 360, 379; OLG Braunschweig NJW 1956, 839 f.

[211] BVerfGE 30, 336; 53, 96; 71, 162, 173 ff; OLG Köln GRUR 1952, 454 – *Zigarettenwerbung;* s. a. BVerfGE 76, 171 sowie 76, 196 zur zumindest gleichgelagerten anwaltlichen „Werbung"; anders BVerfGE 40, 371, 382; wohl auch BVerfGE 21, 271, 278 f sowie BVerfG AfP 1983, 385, 387.

[212] *Braun* WRP 1982, 510, 512 ff; *Drettmann* S. 59 ff, 93 ff; *Friedrich* WRP 1972, 113; *Geck/Böhmer* JuS 1973, 503; *Jarass* NJW 1981, 193 f; *ders.* NJW 1982, 1833 f; *Keßler* WRP 1987, 75, 81; *Kloepfer/Michael* GRUR 1991, 170, 173 ff; *Kresse* WRP 1985, 536; *Lerche* S. 79 f; *Paulus* WRP 1990, 22; *Scheller* GRUR 1991, 111; *Selmer* JuS 1980, 371 f; *Stober* Grundrechtsschutz S. 146; *Starck* in: v. Mangoldt/Klein GG³ (1985) Art. 5 Abs. 1 und Abs. 2 Rdn. 18, 174; *Wacke* in: FS Schack (1966), 197, 205 ff; *Weides* WRP 1976, 585, 587; **a. A.** z. B. *Klein* in: v. Mangoldt/Klein GG² (1977) Art. 5 Anm. III 3; früher auch *Starck* AöR 92 (1967), 449, 471; differenzierend *Schüle* in: Schüle/Huber Persönlichkeitsschutz und Pressefreiheit (1961), 23.

[213] *V. Gamm* Kap. 2 Rdn. 27; *Herzog* in: Maunz/Dürig GG³ (Stand 1991) Art. 5 Abs. 1 und Abs. 2 Rdn. 51; *Kresse* WRP 1985, 536 f; s. a. BVerfGE 12, 205 f. Zu der gleichgelagerten Problematik bei § 3 UWG s. *Schünemann* S. 31 ff.

über hinaus ist der Transfer von (Tatsachen-)Informationen direkt als von Art. 5 Abs. 1 GG gewährleistet zu betrachten, weil die Freiheit der Meinung ohne freie Meinungsbildung und – ihr vorausliegend – ohne Gewinnung der tatsächlichen Grundlagen der Meinung ins Leere geht[214]. Insofern ist Art. 5 Abs. 1 S. 1 GG wichtiges Element einer auf Transparenz hinsichtlich „geschäftlicher Verhältnisse" (§ 3 UWG) wie z. B. Produkte, Unternehmen etc. als Voraussetzung von Marktrationalität gründenden Wirtschaftsverfassung[215]. Daß die Wirtschaftswerbung wegen des nicht zu leugnenden Sachzusammenhangs auch als Schutzobjekt der Wettbewerbsfreiheit[216] und der Berufsfreiheit (Artt. 2 Abs. 1, 12 GG) anzusehen ist, kann die Wirtschaftswerbung nicht aus dem Einzugsbereich des Art. 5 Abs. 1 GG eliminieren (dazu vor allem *Berka* EuGRZ 1982, 413, 417). Eher könnte ein **Konkurrenzproblem** wegen Spezialität des Art. 5 Abs. 1 in der entgegengesetzten Richtung zu lösen sein.

Für Freiheit und Grenzen der Wirtschaftswerbung kann auch Art. 10 der **Europäischen Konvention** zum Schutze der Menschenrechte und Grundfreiheiten (EMRK)[217] Bedeutung erlangen. Danach hat jedermann Anspruch auf freie Meinungsäußerung ohne Eingriffe öffentlicher Behörden, dies unter Einschluß der Freiheit zum Empfang und zur Mitteilung von Nachrichten und Ideen (Abs. 1). Für eine a limine eingeschränkte Geltung dieser Kommunikationsfreiheit etwa unter Ausschluß des ökonomischen Sektors und dabei wiederum speziell der Werbefreiheit gibt es keinerlei Anhaltspunkte. Unentbehrliche Einschränkungen dieser so weitgefaßten Freiheit bedürfen nach Art. 10 Abs. 2 EMRK einer gesetzlichen Begründung, die sich inhaltlich u. a. auf die Aufrechterhaltung der öffentlichen Sicherheit und Ordnung, aber auch auf den Schutz von (Individual-)Rechten beziehen muß. Trotz weitgehender inhaltlicher Kongruenz mit Art. 5 GG ist Art. 10 EMRK nicht etwa via Artt. 1 Abs. 2 oder 25 GG verfassungsähnlicher Rang in der Rechtsquellenhierarchie zuzubilligen, wohl aber die Qualität eines einfachen Gesetzes[218]. Innerhalb des deutschen (materiellen) Rechts kann sich ein dogmatisch greifbarer Ausstrahlungseffekt des Art. 10 EMRK auf die rechtliche Beurteilung wettbewerblicher Sachverhalte wegen seiner durch Art. 5 GG gleichsam konsumierten Normsubstanz kaum einstellen[219], doch zeigt sich die Relevanz von Art. 10 EMRK für das Wettbewerbsgeschehen in Deutschland durch den dadurch eröffneten Zugang zum Europäischen Gerichtshof für Menschenrechte (EGMR) jedenfalls prozessual. Angesichts der einschlägigen Rechtsprechungspraxis des EGMR (GRUR Int. 1984, 631 – *Barthold;* 1985, 468 – *Tierärztlicher Nachtdienst II*), die an die Unentbehrlichkeit der (Werbe-)Beschränkung qua Verhältnismäßigkeitsprinzip einen sehr strengen Maßstab anlegt und auch Vorfragen des nationalen Wettbewerbsrechts judiziert (dazu kritisch *v. Gamm* Kap. 2 Rdn. 14), kann Art. 10 EMRK doch stärker ins Gewicht fallen, als es zunächst den Anschein hat (zum Einfluß der EMRK auf das Lauterkeitsrecht s. näher Einl. F Rdn. 406 ff)[220]. **A 78**

---

214 BVerfGE 61, 1, 7 f; *Hesse* Verfassungsrecht[14] (1984) Rdn. 391.

215 *Dambrowki* in: Bohling S. 167 ff; *Keßler* WRP 1987, 75, 80 f; *ders.* WRP 1990, 73.

216 Dazu vor allem *Berka* EuGRZ 1982, 413, 417.

217 BGBl. 1952 II S. 685 f, 953; 1954 II S. 14.

218 Vgl. für die hM nur *Dürig* in: Maunz/Dürig GG[3] (Stand 1991) Art. 1 Abs. 2 GG Rdn. 59; *Kunig* in: v. Münch GG[4] Bd. 1 (1992) Art. 1 Rdn. 44; *Schmidt-Bleibtreu/Klein* GG[7] (1990) Vor Art. 1 Rdn. 25; *Maunz/Zippelius* Deutsches Staatsrecht[26] (1985) § 19 II 3; a. A. *Echterhölter* JZ 1955, 689.

219 Noch weniger kann man Art. 10 EMRK unmittelbar als Element des nationalen Wettbewerbprivatrechts einordnen und damit eine größere Nähe zum UWG herstellen, weil Art. 10 EMRK ersichtlich dem öffentlichen Recht zuzuordnen ist („... ohne Eingriffe öffentlicher Behörden ...").

220 Zur wettbewerbsrechtlichen Relevanz der EMRK s. a. – speziell mit Blick auf die verglei-

A 79 In der durchaus noch aktuellen Frage der wettbewerbsrechtlichen Zulässigkeit **vergleichender Werbung** (*Kloepfer/Michael* GRUR 1991, 170; *Menke* GRUR 1993, 718) spielt die Ausstrahlungswirkung des Art. 5 Abs. 1 GG auf die Privatrechtsverhältnisse freilich trotz der Teilhabe der Wirtschaftswerbung an der Meinungsfreiheit richtiger Ansicht nach keine Rolle. Denn der wahre und sachgerecht vorgenommene, kritisch, aber nicht herabwürdigend gestaltete Werbevergleich von Produkten, Unternehmen etc. ist auch und gerade bei möglicher Identifizierbarkeit der Konkurrenz markt- und wettbewerbskonform, mithin bei einem streng an den Funktionsbedingungen des Marktes orientierten Sittenwidrigkeitsbegriff nach § 1 UWG von vornherein nicht zu beanstanden. Denn ein solcher Werbevergleich fördert oder schafft erst gar die als Voraussetzung rationaler Marktentscheidung unverzichtbare Markttransparenz, die angesichts hoher Produktkomplexität und damit einhergehender hoher Informationskosten auf der Marktgegenseite sonst nicht oder nicht in erforderlichem Maße bestünde (vgl. hier nur *Rinck* BB 1962, 105; *Schünemann* S. 93; *Wenzel* NJW 1962, 82). Gleichsam einer Rechtfertigung der vergleichenden Werbung erst im Lichte des Art. 5 GG bedarf es deshalb gar nicht[221]. Insoweit ist auch der Rekurs auf die in Art. 5 Abs. 1 S. 2 GG von der Meinungsfreiheit ab- und herausgehobene, auch den Anzeigenteil ergreifende (BVerfGE 21, 271, 278 f) **Pressefreiheit** überflüssig, wenn ein solcher Werbevergleich in der Presse erfolgt (insoweit zutreffend *Gärtner* BB 1970, 1361, 1364). Dabei ist wiederum gleichgültig, ob ein Wettbewerber sich der Presse nur bedient oder ob die vergleichende Presseveröffentlichung lediglich auf entsprechenden Informationen, möglicherweise der Wettbewerber selber, aufbaut (s. aber *Fritze* GRUR 1985, 414). Vorauszusetzen ist allerdings in jedem Fall, daß die an einen zulässigen Werbevergleich überhaupt zu stellenden Anforderungen namentlich hinsichtlich Objektivität erfüllt sind. Dies schließt ggfs. die Offenlegung der Tatsache ein, daß der Vergleichende selber zum Kreis der Wettbewerber gehört[222].

A 80 Zumindest im Ansatz überzeugend ist eine auf Art. 5 Abs. 1 GG gestützte Argumentation hingegen dann, wenn in Fällen des **Boykotts** der Verrufer sich wettbewerblich kontraproduktiv verhält, das drohende Verdikt der Sittenwidrigkeit wegen Konkurrentenbehinderung aber noch auf den Wertgehalt des Art. 5 Abs. 1 GG abgestimmt werden muß, weil der Verrufer den Boykottaufruf als Instrument im Meinungskampf einsetzt (vgl. BVerfGE 25, 256 für § 823 Abs. 1 BGB – Eingriff in das Recht am eingerichteten und ausgeübten Gewerbebetrieb – als „allgemeines Gesetz"). Durchaus plausibel ist hier ein Kalkül, das mit Rücksicht auf die Wechselwirkung von Grundrecht und einschränkendem § 1 UWG die letztlich zur wettbewerbsrechtlichen Zulässigkeit führende Ausstrahlungswirkung des Art. 5 Abs. 1 GG nur auf den Versuch der Beeinflussung der öffentlichen Meinung, insb. hinsichtlich

---

chende Werbung – *Kloepfer/Michael* GRUR 1991, 170, 178 f.

221 Letztendlich gegenstandslos sind aus Sicht des Textes deshalb die um eine Rechtfertigung des Werbevergleichs aus Art. 5 Abs. 1 S. 1 GG kreisenden Erwägungen bei *Burhenne* NJW 1951, 249; *Eichmann* Vergleichende Werbung in Theorie und Praxis 1967, S. 68 ff; *Koenigs* NJW 61, 1041; *Rinck* BB 1962, 105 f; ähnlich wie hier dagegen *Menke* GRUR 1991, 661, 663 und 1993, 718 ff; *Meyer* WRP 1991, 765, 768 f.

222 Hierin, nicht in einer Ausstrahlung von Art. 5 Abs. 1 S. 2 GG auf Art. 1 UWG, liegt die Problematik bei BGH GRUR 1986, 812 – *Gastrokritiker* = WRP 1986, 547 und – abgeschwächt – bei BGHZ 50, 1 – *Pelzversand* beschlossen. Neben der Sache liegt deshalb auch die Erwägung des OLG Düsseldorf GRUR 1984, 366 – *Westfälischer Friede*, der Wettbewerber, der seinen Werbevergleich durch das Medium der Presse vollziehe, müsse die Vermutung ausräumen, seine Kritik diene der Verfolgung eigener Wettbewerbsinteressen.

politischer, sozialer und kultureller Themen, bezieht (so BVerfGE 25, 256, 264; s. a. BGH GRUR 1984, 461 – *Kundenboykott*). Bei einem nur sehr begrenzten Leserkreis wird man von einem derartigen, auf Öffentlichkeit zielenden Versuch nicht reden können (vgl. BVerfG GRUR 1984, 360). Im übrigen wird die Durchführung dieses Ansatzes notgedrungen zweifelhaft, wenn der Boykottierte seinerseits ein Presseunternehmen betreibt und somit den Schutz des Art. 5 Abs. 1 S. 2 GG grundsätzlich ebenfalls in Anspruch nehmen kann. Dann läßt sich wegen des Neutralisationseffektes eine allemal brisante inhaltliche Stellungnahme zu den vertretenen Meinungen, dem Verlagsprogramm etc. im Lichte anderer Grundrechte bzw. der verfassungsrechtlichen Wertordnung insgesamt schwerlich ausweichen. Die Herbeiführung der wettbewerbsrechtlichen Zulässigkeit eines Boykottausrufs durch Einbeziehung des Wertgehalts von Art. 5 Abs. 1 GG ist aber jedenfalls nicht schon deshalb ausgeschlossen, weil der Boykottaufruf auch den Wettbewerbsinteressen des Verrufers dient (zutreffend BVerfGE 25, 256, 264; BVerfG GRUR 1984, 357, 359. **A. A.** BGH WRP 1984, 321, 323; BGH GRUR 1984, 461 – *Kundenboykott*). Dies charakterisiert ja überhaupt erst die Problemkonstellation, denn § 1 UWG kann als allgemeines Gesetz iS des Art. 5 Abs. 2 GG mit diesem Grundrecht nur bei Handeln „im geschäftlichen Verkehr zu Zwecken des Wettbewerbs" in jene spezifische Wechselwirkung treten. Gelegentlich wird der Akzent noch anders gesetzt, wenn Art. 5 Abs. 1 S. 2 GG eine Vermutung dahingehend entnommen werden soll, daß die Presseveröffentlichung schon nicht zu Wettbewerbszwecken erfolgt (OLG Düsseldorf GRUR 1984, 131, 134 – *Fragebogenaktion;* s. eingehend Einl. D Rdn. 220, 244 f).

Während in den Fallgruppen vergleichende Werbung und Boykottaufruf Art. 5 Abs. 1 GG mit einer die wettbewerbliche Sittenwidrigkeit zurückdrängenden Ausstrahlungswirkung in Rede steht, ist im Zusammenhang mit dem sog. Titel-Merchandising oder dem kostenfreien Vertrieb von Anzeigenblättern, aber auch von Fachzeitschriften, Rundfunkprogrammen u. ä., umgekehrt an eine § 1 UWG verschärfende Einflußnahme des Art. 5 Abs. 1 GG zu denken. Befürchten läßt sich dabei etwa eine aus dem Titel-Merchandising resultierende Abhängigkeit öffentlich-rechtlicher Fernsehanstalten bei der Programmgestaltung (dazu BGHZ 120, 228 – *Guldenburg*), vor allem aber auch – bei kostenfreiem Pressevertrieb – eine **Bestandsgefährdung der Presse.** Zumindest in Gestalt der herkömmlichen Tagespresse gilt sie einerseits zu Recht als unverzichtbares Element einer funktionierenden Demokratie bei der freien Bildung der öffentlichen Meinung, andererseits ist sie aber in privatwirtschaftlicher Trägerschaft auf die Erzielung von Einnahmen als ökonomische Grundlage ihrer Publikationstätigkeit angewiesen[223]. Eine wesentliche Finanzierungsquelle stellen jedenfalls für diese Presseunternehmen die Anzeigenerlöse dar, die wiederum um so höher sein können, je attraktiver sich das Presseerzeugnis im Leserkreis zwar auch wegen seines redaktionellen Teiles, aber eben gerade auch wegen seiner Kostenfreiheit darstellt. **A 81**

Während reine **Anzeigenblätter** (Offertenblätter) wie kostenlos verteilte (andere) Werbeträger unbeanstandet blieben, ist in der Judikatur die kostenlose Verteilung von Anzeigenblättern mit nennenswertem redaktionellen Teil als sittenwidrig deklariert worden, sofern die (Tages-)Presse wegen des durch solche Anzeigenblätter ebenfalls gestillten Leseinteresses einerseits, wegen einer damit einhergehenden Ver- **A 82**

---

223 Insoweit zutreffend *Kübler/Simitis* JZ 1969, 445, 451.

ringerung des Anzeigenvolumens andererseits in ihrem Bestand gefährdet schien[224]. Als dogmatisches Vehikel dienten dabei die ihrerseits allerdings nicht überzeugenden (s. hier nur *Schünemann* S. 124 ff) Grundsätze über die wettbewerbsrechtliche Behandlung kostenlos verteilter Originalware im allgemeinen. Freilich wurden verschieden strenge Maßstäbe an den Nachweis der Bestandsgefährdung gelegt. Teilweise wurde schon eine **abstrakte Gefährdung** für ausreichend erachtet (BGH GRUR 1969, 287 – *Stuttgarter Wochenblatt I*), teilweise der Nachweis konkreter Existenzbedrohung gefordert (BGH GRUR 1971, 477 – *Stuttgarter Wochenblatt II;* 1973, 530 f – *Crailsheimer Stadtblatt;* 1985, 881 – *Bliestal-Spiegel*). Erst verhältnismäßig spät wurde dabei dezidiert nicht mehr auf den Besitzstand konkret vorhandener Presseunternehmen, sondern auf den Schutz der (Tages-)Presse als **Institution** abgehoben[225]. Eine derartige Bestandsgefährdung durch Anzeigenblätter mit oder ohne redaktionellen Teil ist indes empirisch nicht einmal ansatzweise belegbar[226]. Insoweit dürfte sich das Problem rechtspraktisch iS unbeschränkter Zulässigkeit aller Arten von Anzeigenblättern erledigt haben (so **auch** *Emmerich* § 15, 2 b aa; s. ferner *Möschel* Pressekonzentration S. 22 f, 177 f; **a. A.** wohl *Nordemann* Rdn. 285. Aus der neueren **Rspr.** vgl. BGH GRUR 1990, 44 – *Anzeigen-Avis*).

A 83 In ähnlichen gedanklichen Bahnen hat sich überwiegend auch die Rechtsprechung zur **Gratisverteilung von Fachzeitschriften** bewegt, jedenfalls soweit diese nicht von Kammern, Berufsverbänden etc. herausgegeben wurden[227]. Der Akzent liegt hierbei ebenfalls auf der Befürchtung, durch eine Finanzierung allein über den Anzeigenmarkt könne eine redaktionelle Abhängigkeit von dem Inserenten eintreten und mit einem Absinken des Leistungsniveaus einhergehen, wobei noch hinzukomme, daß der Leser auf eine schlechtere inhaltliche Qualität nicht mehr mit der Bezugsweigerung reagieren könne (BGH GRUR 1977, 608 – *Feld und Wald II;* OLG München WRP 1979, 576 und OLG München WRP 1980, 169; **a. A.** OLG Hamburg WRP 1974, 45 – *Dialog;* LG Hamburg WRP 1979, 161; *Assmann/Brinkmann* NJW 1982, 312, 314 f; *Baumbach/Hefermehl* § 1 Rdn. 860; *Kübler* FS Löffler S. 169, 179 f; *Petersen* WRP 1979, 428; *P. Ulmer* GRUR 1977, 565, 569, 576). Diese Gefahren werden bei den sog. **ständigen Freistücken** gesehen, nicht hingegen beim sog. **Wechselversand,** also bei der Gratisbelieferung eines sich ständig ändernden Empfängerkreises (vgl. OLG Karlsruhe WRP 1957, 261; OLG München WRP 1980, 169; LG Bielefeld WRP 1978, 750).

A 84 Die namentlich in der früheren **Judikatur** geäußerten Bedenken gegen die geschilderten Entwicklungen vermögen indes aus vielerlei Gründen nicht zu überzeugen. So ist etwa im Zusammenhang mit den Anzeigenblättern aus Art. 5 Abs. 1 S. 2 GG schon deshalb wenig argumentativer Gewinn zu ziehen, weil die Anzeigenpresse ebenfalls an der institutionellen Pressegarantie teilhat (*Gärtner* BB 1970, 1361, 1364; *Kübler* FS Löffler S. 169, 181; *Kull* JZ 1969, 796; *Schmidt-Glaeser* NJW 1971, 2014. Zur individualrechtlichen Parallele – Teilhabe der Anzeige an der Mei-

---

[224] Vgl. BGH GRUR 1956, 223 – *Freiburger Wochenbericht;* BGH NJW 1992, 1817 – *Heidelberger Stadtkurier.*

[225] BGH GRUR 1985, 881 – *Bliestal-Spiegel;* OLG Köln GRUR 1984, 148 – *Marktplatz;* OLG Hamm GRUR 1985, 63 – *Sonntag in Lippe.* Der institutionelle Presseschutz wird allerdings schon im BGH GRUR 1969, 287 – *Stuttgarter Wochenblatt I* genannt.

[226] Dazu *Lehmann* GRUR 1977, 21, 23 f; *Mestmäcker* Medienkonzentration und Meinungsvielfalt (1978) S. 139 ff; *Nordemann* Rdn. 285.

[227] Speziell dazu vgl. BGH GRUR 1971, 168, 170 f – *Ärztekammer;* 1972, 40 – *Feld und Wald I:* Man ging hierbei wohl von der Entgeltlichkeit des Bezuges mit Rücksicht auf gezahlte Mitgliedsbeiträge aus.

nungsfreiheit – s. Einl. A Rdn. 76 ff). Soweit der **Institutionsschutz** – wie in der Prozeßwirklichkeit – bemüht wird, um den konkreten Besitzstand von aktuell existenten Presseunternehmen zu schützen (ebenso aufschlußreich wie bedenklich BGH GRUR 1991, 616 – *Motorboot-Fachzeitschrift* mit kritischer Anm. *Rohnke* GRUR 1991, 767), sollen mit der grundrechtsbezogenen Auslegung des § 1 UWG in Wahrheit eine am status quo orientierte Marktstruktur und überkommene Vertriebs- und Finanzierungsmodelle fixiert werden. Gerade dies können und sollen aber weder das institutionelle Grundrechtsverständnis von Pressefreiheit (BVerfGE 25, 256 – *Blinkfüer*) noch das Lauterkeitsrecht leisten[228], von der allgemeinen wettbewerbsrechtlichen Problematik einer marktfolgeorientierten Denkweise einmal ganz abgesehen (s. schon Einl. D Rdn. 98 ff). Die Ergebnisoffenheit des Wettbewerbs als eines hervorstechenden Charakteristikums der Wirtschaftsverfassung macht vielmehr auch vor den Medien nicht halt und stellt legitimerweise auch hier traditionelle Lösungen wie die Finanzierung über den Anzeigen- statt über den Vertriebsmarkt in Frage. Auch daß der marktliche Steuerungsmechanismus gerade über den Vertriebs-(Leser-)Markt funktionieren müsse, ist nirgends und schon gar nicht in Art. 5 Abs. 1 S. 2 GG festgelegt[229]. Im übrigen bleibt dieser Mechanismus durchaus erhalten, weil zwischen der Anzeigenakquisition und der Attraktivität des Presseerzeugnisses für den Leser ein Rückkopplungsverhältnis besteht[230]. Gerade für eine anzeigenfinanzierte Fachpresse steht deshalb ein dadurch bewirktes Absinken der redaktionellen Qualität nicht ernsthaft zur Debatte. Die notwendige und wünschenswerte Dynamik dieses Marktes hat sich nicht zuletzt in einer schon wieder gewandelten Konzeption des Offertenblattes niedergeschlagen, die eine Finanzierung gerade umgekehrt wieder allein über den Vertriebsmarkt vornehmen und die Insertion kostenfrei stellen will[231].

Schließlich hat die Entwicklung dieses Marktes selber die ursprünglichen Be- **A 85**
fürchtungen hinsichtlich der Gefährdung der Institution Presse, ja eines Stückes Demokratie, ex post als grundlos erwiesen, nachdem die Meinungsvielfalt trotz neuartiger Presseprodukte, Vertriebsformen und Kalkulationsmodellen bis heute nicht spürbar abgenommen hat. All dies schließt eine wettbewerbsrechtliche Beanstandung des kostenfreien Vertriebs von Anzeigenblättern in Fachzeitschriften aus anderen Gründen freilich nicht aus. Dabei kann insb. an eine **Marktvermachtung** gedacht werden, wenn etablierte Verlage auch noch dieses Anzeigenmarktsegment abdecken. Doch ist auch die Verhinderung von **Marktmacht** weder hier noch sonst Aufgabe des Lauterkeitsrechtes. Soweit das tatbestandlich viel spezifiziertere GWB keine Hemmnisse aufrichtet, kann nicht mithilfe der lauterkeitsrechtlichen Generalklausel im Vorfeld des GWB Medien- und speziell Pressestrukturpolitik betrieben werden (*Mestmäcker* Medienkonzentration und Meinungsvielfalt (1978) S. 158 ff; *Möschel* Pressekonzentration S. 71; *Sachon* Wettbewerbsrechtliche Probleme des Vertriebs von Freistücken auf dem Fachzeitschriftenmarkt (1980), S. 189; *ders.*

---

228 *Emmerich* § 15, 2 c; *Hoth* GRUR 1977, 612; *Kakies* AfP 1977, 297; *Mestmäcker* Medienkonzentration und Meinungsvielfalt (1978) S. 152 f; *Möschel* Pressekonzentration S. 71; *Sachon* WRP 1980, 659, 667; *Schricker* GRUR 1980, 194; *Schünemann* S. 126 ff; wohl auch *Ochs* WRP 1977, 454.

229 A. A. vor allem *Assmann/Brinkmann* NJW 1982, 312; *Kübler* FS Löffler S. 169, 180 ff.

230 Näher *Mestmäcker* Medienkonzentration und Meinungsvielfalt (1978) S. 113; *Sachon* Wettbewerbsrechtliche Probleme des Vertriebs von Freistücken auf dem Fachzeitschriftenmarkt (1980) S. 84; *ders.* WRP 1980, 659, 667.

231 Beispiel etwa schon in OLG Köln GRUR 1984, 148 – *Marktplatz*. Zur Wettbewerbsdynamik der anzeigenorientierten Fachpresse s. *Sachon* Wettbewerbsrechtliche Probleme des Vertriebs von Freistücken auf dem Fachzeitschriftenmarkt (1980) S. 108 ff; *ders.* WRP 1980, 659, 662.

WRP 1980, 659, 665 ff. Im Ergebnis abzulehnen deshalb BGH GRUR 1977, 668 – *WAZ-Anzeiger*. Für Berücksichtigung der Pressemarktstruktur insb. *P. Ulmer* AfP 1975, 870, 876; *ders.* Schranken zulässigen Wettbewerbs marktbeherrschender Unternehmen (1977) S. 78 ff; zur **Vorfeldthese** s. näher Einl. D Rdn. 107 ff).

A 86 Mangels eines Handelns im geschäftlichen Verkehr zu Zwecken des Wettbewerbs wettbewerbsrechtlich von vornherein irrelevant ist die Gratisverteilung von Presseerzeugnissen, die von Parteien verlegt oder wenigstens herausgegeben werden, der Wahlwerbung dienen und schon deshalb durchweg nur in der Vorwahlzeit erscheinen: Für eine Ausstrahlung des Art. 5 Abs. 1 GG auf das Wettbewerbsrecht fehlt es mithin am Ansatzpunkt (**a. A.** *Baumbach/Hefermehl* § 1 UWG Rdn. 861 unter Bezugnahme auf die österreichische Rspr.: kein unlauterer Behinderungswettbewerb).

A 87 e) **Art. 9 GG.** Eine besondere Ausprägung der bereits durch Art. 2 Abs. 1 GG gewährleisteten Vertragsfreiheit stellt die **Vereinigungsfreiheit** nach Art. 9 Abs. 1 GG dar. Wettbewerbsrechtlich erlangt dieses Grundrecht Bedeutung als Fundament unternehmerischer Kooperation vornehmlich durch die auf freier, nicht ständisch-korporativer oder auf staatlicher Planung gründender Bildung eigener, rechtstechnisch durch das Gesamthandsprinzip oder das Prinzip juristischer Persönlichkeit ausgestalteter Organisationen als Unternehmensträger; ohne sie wäre unter den ökonomischen Bedingungen des heutigen Wirtschaftslebens erfolgversprechende unternehmerische Betätigung vielfach unmöglich[232]. Das Gesellschaftsrecht kann dabei – ebenso wie das Konzernrecht[233] – trotz der zahllosen Restriktionen etwa hinsichtlich des möglichen Zwecks der Vereinigung, hinsichtlich der Gründungsmodalitäten, des Firmenrechts etc. – durchaus als Ausdruck und rechtsorganisatorischer Rahmen für die Ausübung der grundgesetzlichen Vereinigungsfreiheit gewertet werden. Weder der ausdrückliche Einschränkungsvorbehalt des Art. 9 Abs. 2 GG noch immanente, aus der Einbindung des Art. 9 Abs. 1 GG in den Gesamtzusammenhang der Wettbewerbswirtschaftsordnung sich ergebende Schranken müssen deshalb bemüht werden[234]. Anders verhält es sich mit der Kartellgesetzgebung, die erst durch eben diese Schranken legitimiert erscheint (*Baumbach/Hefermehl* Allg. Rdn. 59).

A 88 Hingegen sind lauterkeitsrechtliche Bezüge der Vereinigungsfreiheit von vornherein schwer vorstellbar. Einen (schwachen) Zusammenhang vermittelt allenfalls Art. 9 Abs. 3 GG, insoweit z. B. die dort statuierte sog. **Koalitionsfreiheit** eine verfassungsrechtliche Gewähr dafür bietet, daß im wettbewerblichen Rechtsschutz die Möglichkeiten der Aktivlegitimation nach § 13 Abs. 2 Ziff. 2 und 3 UWG ausgeschöpft werden können. Lauterkeitsrechtliche Relevanz gewinnt Art. 9 Abs. 3 GG ferner etwa dann, wenn man das Handeln der Arbeitnehmer als Anbieter auf dem (Faktor-)Markt in den „geschäftlichen Verkehr" mit einzubeziehen hat (dazu Einl. D Rdn. 171 ff), weil koalitionsspezifische Pressionen der Gewerkschaften auf die Arbeitgeber dann im Lichte des Art. 9 Abs. 3 GG auch wettbewerbsrechtlich, im Rahmen der Sittenwidrigkeitsprüfung nach § 1 UWG, zulässig erscheinen werden (s. a. BGH GRUR 1990, 522, 526 f – *HBV-Familien- und Wohnungsrechtsschutz*). Dasselbe gilt umgekehrt auf Arbeitgeberseite, namentlich im Fall der Aussperrung. Im

---

[232] *Badura* Staatsrecht (1986) S. 144; *R. Schmidt* Öffentliches Wirtschaftsrecht S. 147 f mwN.

[233] S. a. *Rinck/Schwark* Wirtschaftsrecht[6] (1986) Rdn. 143, 518.

[234] S. a. *Huber* DÖV 1956, 137, 139.

übrigen kann die Koalitionsfreiheit als Sonderinstitut der Arbeitsordnung[235] hier unberücksichtigt bleiben.

f) **Art. 11 GG.** Der wirtschaftsverfassungsrechtliche Gehalt der grundgesetzlichen **Freizügigkeitsgewähr** des Art. 11 Abs. 1 GG liegt in der verfassungsrechtlichen Festschreibung des Prinzips innerhalb der Bundesrepublik freier, durch den Marktmechanismus gesteuerter (räumlicher) Allokation nicht nur, aber auch des Faktors Arbeit. Insoweit Art. 11 GG also die wirtschaftliche Betätigung, sei sie selbständig oder nicht, überall im Bundesgebiet eröffnet, erscheint die Freizügigkeit durchaus nicht lediglich als selbstverständlicher Teil der von Art. 12 GG geschützten Berufsfreiheit (so aber *Baumbach/Hefermehl* Allg. Rdn. 61 und *Scholz* in: Maunz/Dürig/Herzog/Scholz Art. 11 Rdn. 35 f im Einklang mit BVerfGE 41, 378; BVerwGE 2, 151; 12, 140; **a. A.** wohl BVerfGE 19, 101, 111; BGH NJW 1978, 1328 f. Sehr eng sieht die Freizügigkeitsgewähr insb. *Merten* Der Inhalt der Freizügigkeit (1970) S. 23, 64 ff: lediglich Diskriminierungsverbot zwischen Ortsansässigen und Zuzüglern). **Schutzsubjekte** sind freilich nur Deutsche. Ist bei der Interpretation der Freizügigkeitsschranken nach Art. 11 Abs. 2 GG besonders Bedacht auf die für den marktlichen Wettbewerb essentielle Allokationsfunktion der Freizügigkeit zu nehmen, so wird dies im Ergebnis zu einer restriktiven Auslegung des Freizügigkeitsvorbehalts nach Art. 11 Abs. 2 GG führen, soweit (räumliche) Mobilität wirtschaftlich motiviert ist. **A 89**

Eine privatrechtliche Ausstrahlungswirkung der Freizügigkeitsgewähr ist gegenüber vertraglich begründeten **Residenzpflichten** zu erkennen, deren Wirksamkeit tendenziell allemal zurückhaltend zu beurteilen ist und die allenfalls aus zwingenden betrieblichen Notwendigkeiten resultieren können. Residenzpflichten über die Zeit der Betriebszugehörigkeit hinaus sind deshalb jedenfalls als Wettbewerbsverbote iS der §§ 74 ff HGB zu werten und nach Wirksamkeit und Rechtsfolgen entsprechend zu würdigen. **A 90**

g) **Art. 12 Abs. 1 GG.** Das durch die Aspekte Berufswahl und Berufsausübung beschreibbare, inhaltlich jedoch nicht aufzuspaltende, vielmehr substantiell einheitliche Grundrecht der **Berufsfreiheit**[236] zielt als Konkretisierung des Rechts auf (auch wirtschaftliche) Entfaltungsfreiheit (Art. 2 Abs. 1 GG) (dazu Einl. A Rdn. 61 ff), auf Sicherung der freien Entscheidung privater Wirtschaftssubjekte über das Ob, das Wie und den Inhalt ihrer auf Schaffung und Erhaltung der materiellen Grundlagen der Lebensführung und Daseinsgestaltung abgestellten Tätigkeit[237]. Die Gewerbefreiheit einschließend, darüber aber weit hinausreichend[238] untersteht namentlich auch das Verhalten der Unternehmer im Wettbewerb, die freie Gründung und Führung von Unternehmen, als Bestandteil der Berufswahl und Berufsausübung dem **A 91**

---

[235] *Böhm* WuW 1956, 176.

[236] So zuerst BVerfGE 7, 377, 402. Zur dementsprechend auch die Berufswahl – allerdings mit minderer Intensität – ergreifende Regelungsbefugnis des Gesetzgebers, zur methodischen Entwicklung der diesbezüglichen „Stufentheorie" bis hin zum elastischeren allgemeinen Rekurs auf das Verhältnismäßigkeitsprinzip s. – mwN und teilweise zu Recht distanziert gegenüber den angenommenen Regelungsspielräumen – *Meessen* JuS 1982, 397 ff; *Rinck/Schwark* Wirtschaftsrecht[6] (1986) Rdn. 100 ff; *Rittner* Wirtschaftsrecht[2] (1987) § 3 B II 2 a, Rdn. 37; *R. Schmidt* Öffentliches Wirtschaftsrecht S. 122 ff; *Stober* Wirtschaftsverwaltungsrecht § 21 II.

[237] BVerfGE 7, 377, 397; 13, 97, 106; 19, 330, 336; BVerwGE 22, 286; *Badura* Staatsrecht (1986) S. 135; *R. Schmidt* Öffentliches Wirtschaftsrecht S. 117 ff mzN.

[238] Anders noch der engere, nur auf Gewerbefreiheit abstellende Art. 151 Abs. 3 der Weimarer Reichsverfassung; vgl. auch *Rinck/Schwark* Wirtschaftsrecht[6] (1986) Rdn. 96.

Schutz des Art. 12 Abs. 1 GG[239]. Die höchstrichterliche Rechtsprechung geht sogar noch einen Schritt weiter und sieht in bezug auf Art. 12 Abs. 1 GG „den grundsätzlich freien Wettbewerb der als Anbieter und Nachfrager auf dem Markt auftretenden Unternehmer" als ein „Grundprinzip" der Wirtschaftsverfassung an (BVerfGE 32, 311, 317; BGH GRUR 1952, 582 – *Sprechstunden*). Diese Einbindung der Berufsfreiheit in den Wettbewerbsprozeß läßt es als selbstverständlich erscheinen, daß Art. 12 GG kein Abwehrrecht gegenüber der wirtschaftlichen Betätigung anderer, insb. gegenüber lästiger Konkurrenz darstellen kann (BVerfGE 7, 377, 408; 55, 261; s. a. BVerfGE 11, 168, 188). Marktzutrittsbarrieren, Hauptfeinde der Wettbewerbsfreiheit, können schlechterdings nicht aus Art. 12 Abs. 1 GG heraus konstruiert und legitimiert werden[240]. Auch Art. 12 Abs. 2 GG ist dazu nur in äußerst begrenztem Maße als geeignet anzusehen. Jedenfalls Bedürfnisprüfungen als sog. objektive Berufszulassungsschranken können somit speziell im Lichte einer wettbewerblich verstandenen Berufsfreiheit keine Existenzberechtigung haben[241]. Nur das Sichbehaupten eines Unternehmens am Markt ist geeignet, ein Urteil über seinen Bedarf zu fällen. Nicht einmal die sog. **„überragend wichtigen Gemeinschaftsgüter"** wie die „Volksgesundheit" oder die Brotversorgung der Bevölkerung können diesbezügliche Ausnahmen rechtfertigen (**a. A.** aber BVerfGE 7, 377, 414; 9, 73 – *Apothekenmonopol* sowie BVerfGE 25, 1, 13, wo Bedürfnisprüfungen im Zusammenhang mit Überkapazitäten mit der Mühlenwirtschaft für hinnehmbar erachtet werden. Erst recht abzulehnen BVerfGE 11, 168, mit der Akzeptierung von objektiven Zugangsbeschränkungen sogar im vergleichsweise weniger wichtigen Personenbeförderungsmarkt. Nur wenig wettbewerbsfreundlicher BVerfGE 40, 196 für die Kontingentierung im LKW-Möbelverkehr). Versorgungssicherheit, aber auch Patientenschutz wird vielmehr bei pharmazeutischen Produkten nicht anders als bei Grundnahrungsmitteln ceteris paribus allemal am besten durch Erhalt der Wettbewerbsfreiheit hergestellt und aufrechterhalten. Für die **Niederlassungsfreiheit** der Ärzte gilt nichts anderes.

A 92 Ein etwas größerer Spielraum ist dem Gesetzgeber bei **Befähigungsnachweisen** als subjektiven Berufszulassungsrestriktionen zuzubilligen (s. BVerfGE 19, 330). Doch auch solche Regulative bleiben bedenklich, nicht nur wegen der auch ihnen durchaus eigenen Ausschlußeffekte[242], sondern auch, weil ihnen eine gewisse innere Statik, eine konservierende Tendenz hinsichtlich überkommener Wirtschaftsformen und Tätigkeitsmuster innewohnt, wie etwa im Bereich des Handwerks deutlich wird[243]. Die dem Wettbewerb eigene Ergebnisoffenheit (dazu Einl. A Rdn. 28 ff) bedingt hingegen zugleich, Art. 12 Abs. 1 GG gerade auch als **„autonomes Berufsschöpfungs- und Berufsprägungsrecht"** zu begreifen[244]. In diesem Sinne ist Art. 12 Abs. 1 GG notwendig „zukunftsgerichtet" (BVerfGE 30, 392, 334), weil angesichts der permanenten Veränderungen des Datenkranzes ökonomischen Handelns in der

---

239 Zu dieser Unternehmerfreiheit s. BVerfGE 50, 290, 363.

240 *Rinck/Schwark* Wirtschaftsrecht[6] (1986) Rdn. 95; *Rittner* Wirtschaftsrecht[2] (1987), § 3 B II 2, Rdn. 36 f.

241 Im Ansatz richtig deshalb – für Apotheken – die grundlegende Entscheidung BVerfGE 7, 377.

242 In aller Regel würden zudem die mit den Beförderungsnachweisen angeblich verfolgten Schutzzwecke gegenüber der Marktgegenseite schon durch besondere Bezeichnungsbefugnisse derart qualifizierter Anbieter erreicht, ohne zugleich eine wettbewerblich zu beanstandende Marktzutrittsbarriere zu errichten. S. a. BVerwGE 40, 17, 19 f.

243 Dazu etwa BVerfGE 13, 97 zum sog. großen Befähigungsnachweis nach § 7 HandwO; zu recht kritisch *Rinck/Schwark* Wirtschaftsrecht[6] (1986) Rdn. 107.

244 *Scholz* in: Maunz/Dürig GG[3] (Stand 1991) Art. 12 Rdn. 263. Vgl. z. B. zum Beruf des Automatenaufstellers BVerfGE 46, 120, 137 f.

modernen Industriegesellschaft der Berufsbegriff seinerseits einer permanenten Dynamisierung unterworfen ist[245].

Mit der sich daraus ergebenden Forderung, ökonomische Handlungsmuster rechtlich nicht zu zementieren, kann durchaus auch das UWG in Konflikt geraten, obwohl das UWG wie das Wettbewerbsverhaltensrecht überhaupt prima facie allein die Berufsausübung zu betreffen und ein Reflex auf die nur schwer einschränkbare Freiheit der Berufswahl ausgeschlossen zu sein scheint. Das hier mögliche **Spannungsverhältnis** des Lauterkeitsrechts zur Berufswahlfreiheit spiegelt die Judikatur namentlich zu § 6 b UWG[246]. Aber auch § 6 a UWG ist hier involviert, wie überhaupt die tiefgreifenden Veränderungen in den Handelsstrukturen, die unter dem Stichwort „Probleme des Stufenwettbewerbs" üblicherweise bei § 1 UWG angesiedelt werden, im Lichte auch des Art. 12 GG, d. h. im Geiste der Wettbewerbsfreiheit, gewürdigt werden müssen (näher § 1 C Rdn. 1 ff, insb. Rdn. 94). Nicht unter dem Aspekt einer rechtlich abgeblockten Berufsbildentwicklung problematisch, aber als objektive Markteintrittsbarriere wirtschaftsverfassungsrechtlich gleichwohl außerordentlich prekär ist das als Berufswahlverbot zu klassifizierende, an einen Räumungsverkauf wegen Geschäftsaufgabe anknüpfende Verbot des § 8 Abs. 6 Ziff. 2 UWG trotz Befristung und Ausnahmevorbehalt[247]. Verfassungskonformität dieser Norm dürfte nur bei extensiver Auslegung des Ausnahmevorbehalts zu bejahen sein. Davon abgesehen liegen Zulässigkeitsbedenken aus Art. 12 Abs. 1 GG gegen wettbewerbliche Verhaltensnormen aber in der Tat nicht nahe (vgl. aber zur zweifelhaften Verfassungskonformität des § 6 d UWG: *Leisse* GRUR 1991, 507, 509 ff, 513 ff einerseits, § 6 d Rdn. 28 andererseits), weil auf der Ebene reiner Berufsausübungsregelungen die Normsetzungskompetenz des einfachen Gesetzgebers in verhältnismäßig weitem Umfang besteht (BVerfG GRUR 1972, 358 – *Grabsteinwerbung*). Für § 1 UWG vorauszusetzen ist dabei allerdings, daß diese Generalklausel dogmatisch so konzipiert wird, daß daraus keine Friktionen zu der wirtschaftsverfassungsrechtlich getroffenen Grundentscheidung für eine Markt- bzw. Wettbewerbswirtschaft erwachsen. Dies ist ex definitione ausgeschlossen, wenn die Generalklausel im Hinblick auf die funktionsbedingungen des Marktes interpretiert wird (dazu im einzelnen Einl. D Rdn. 37 ff). **A 93**

Vielfach wird freilich gerade umgekehrt argumentiert, Art. 12 Abs. 1 GG schütze von vornherein nur die erlaubte wirtschaftliche Tätigkeit, wobei die **Erlaubnisnormen** eben auch durch das UWG konstituiert würden[248]. Der einfache Gesetzgeber hätte es sonach weitgehend in der Hand, die Geltungskraft des Grundrechts zu beeinflussen. Allein noch die angenommene Wechselwirkung zwischen Art. 12 Abs. 1 GG und dem UWG, insb. dessen § 1, der seinerseits verfassungskonform ausgelegt werden müsse[249], würde dann noch eine Restriktion für den einfachen Gesetzgeber bedeuten. Diese Konsequenz eines allgemeinen gesetzlichen Eingriffsvorbehalts parallel zu Art. 5 Abs. 2 GG kann dem (bloßen) Regelungsvorbehalt des **A 94**

---

245 *Stober* Wirtschaftsverwaltungsrecht § 21 II. Teilweise leider rückschrittlich insofern BVerfG NJW-RR 1993, 1969 für den Selbstbedienungsgroßhandel.

246 Vgl. BVerfG GRUR 1973, 319 f – *Kaufscheinhandel;* BGH GRUR 1972, 135, 137 – *Kunden-Einkaufsdienst;* BGHZ 74, 215, 220 – *Kaufscheinwerbung;* s. a. BGH GRUR 1980, 1007, 1009 sowie BVerfGE 40, 371 zum völligen Verbot reiner Reklamefahrten im Straßenverkehr.

247 Zu dem Vorläufer dieser Norm, § 7 c UWG aF und seiner Verfassungswidrigkeit, s. *Reineck* WRP 1986, 129, 132.

248 *Uber* Freiheit des Berufs. Art. 12 des Grundgesetzes (1952) S. 99 f.

249 So *Baumbach/Hefermehl* Allg. Rdn. 50 und Einl. UWG 92; *Leisner* Selbstbedienungsgroßhandel und Verfassungsrecht (1986) S. 100 ff.

Art. 12 Abs. 1 GG nicht ohne weiteres untergeschoben werden. Das Grundgesetz selber entscheidet vielmehr abschließend darüber, welche Tätigkeiten den Anforderungen des verfassungsrechtlichen Berufsbegriffs genügen bzw. der verfassungsrechtlich geschützten Berufsfreiheit zuzuordnen sind[250]. Bezogen auf die in § 1 UWG aufgegebene Inhaltsbestimmung der Norm unterstreicht dieser Gedankengang die Adäquität, ja Notwendigkeit eines methodischen Ansatzes, der sich allein an den Funktionsbedingungen der wirtschaftsverfassungsrechtlich vorgegebenen Wettbewerbswirtschaft orientiert. Ob die Auffassung des BVerfG (GRUR 1993, 751 und 754 – *Großmarktwerbung I und II*) zur Verfassungskonformität der §§ 6a und b UWG als bloß berufsausübungsregelnde Normen, zumal in der dazu in der Rspr. herrschend gewordenen sehr extensiven Auslegung, insoweit überzeugen kann, erscheint doch sehr fraglich.

A 95 Insgesamt ist kritisch festzuhalten, daß das wettbewerbsproduktive Potential des Art. 12 GG bislang, namentlich auch von der Judikatur, nicht voll ausgeschöpft wurde. Dieses Grundrecht ist im Kern richtig verstanden nur als **Garant umfassender Marktzutrittsfreiheit,** permanenter Dynamisierung der Märkte und damit der Etablierung und Stabilisierung des Wettbewerbsprinzips selber. Die Anwendung des Verhältnismäßigkeitsprinzips hat hier im Verein mit oft reichlich spekulativen Annahmen über die volkswirtschaftlichen Zusammenhänge und Kosten der marktschließenden Maßnahmen im vorgeblichen Interesse überragender Gemeinschaftsgüter letztendlich diese wettbewerbliche Perspektive unzulässig verkürzt (so völlig zu Recht *Basedow* S. 23 ff).

A 96 **h) Art. 13 GG.** Das Grundrecht der **Unverletztlichkeit der „Wohnung"** umfaßt auch Geschäftsräume, und zwar selbst wenn sie wie bei Läden und Warenhäusern prinzipiell einem Publikum eröffnet wurden (näher *Dagtoglu* JuS 1975, 753). Systematisch steht Art. 13 GG in diesem Anwendungssegment in engem Zusammenhang mit Art. 12 Abs. 1 GG und beide wiederum mit Art. 2 Abs. 1 GG und der darin (auch) gewährleisteten Wirtschaftsfreiheit[251]. Tangiert wird Art. 13 GG insoweit namentlich durch **Kontrollmaßnahmen** in Geschäftsräumen. Soweit diese öffentlichrechtlicher Natur sind, kann zweifelhaft sein, ob es hierbei einer Legitimation im Lichte des Art. 13 Abs. 3 GG bedarf oder ob nicht bei Geschäftsräumen, zumal solchen, die einem Publikum zugänglich sind, schon der Gewährleistungsumfang enger zu bestimmen ist[252]. Für eine eventuelle privatrechtliche Ausstrahlungswirkung des Art. 13 GG kommt es allerdings auf eine derartige Feinabgrenzung nicht an, weil – bedingt insb. durch das Fehlen rechtlicher Subordination in Privatrechtsverhältnissen – bei der privatrechtlichen Mediatisierung des objektiv-rechtlichen Gehalts des Grundrechts selbst sein Kernbereich nur in veränderter Gestalt und letztlich abgeschwächt in Erscheinung treten kann (zur Frage der Drittwirkung s. schon Einl. A Rdn. 46, 58).

A 97 Kontrollen Privater in Geschäftsräumen finden namentlich im Zusammenhang mit sog. **Testkäufen** statt, die der Feststellung von ex ante immer nur vermeintlichen Wettbewerbsrechtsverstößen, z. B. Verletzungen des Rabattverbots, einer übernommenen Vertriebsbindung etc., dienen. Gegenmaßnahmen gegen solche Testkäufe

---

[250] BVerwGE 22, 286 sowie – jeweils mwN – *R. Schmidt* Öffentliches Wirtschaftsrecht S. 120; *Stober* Wirtschaftsverwaltungsrecht[4] Bd. I (1986) Rdn. 292. Zur Irrelevanz der Lokalisierung des Problems entweder schon im Berufsbegriff oder erst in der geschützten Berufsfreiheit s. *Bachof* in: Bettermann/Nipperdey/Scheuner Die Grundrechte (1966) III/1 S. 189 f.

[251] S. a. BVerfGE 32, 54; LG München NJW 1983, 2390; *Battis* JuS 1973, 25.

[252] Dazu BVerfGE 32, 54; OVG Münster GewArchiv 1978, 366.

und hierbei insb. Hausverbote werden nun häufig als sittenwidrige und damit nach § 1 UWG unzulässige Behinderung des Konkurrenten begriffen (vgl. nur BGH GRUR 1965, 612 – *Warnschild;* 1966, 564 – *Hausverbot;* 1979, 860 – *Hausverbot II; Nordemann* Rdn. 285 b). Dieser Auffassung ist jedoch nicht zu folgen. Denn die prinzipielle, auf der allgemeinen Handlungsfreiheit basierende Befugnis potentiell zu Rechtsschutzmaßnahmen Aktivlegitimierter, Wettbewerbsverstöße aufzudekken und Beweismittel zu sammeln, besagt schon nichts für die Mitwirkungspflicht des Verdächtigten (näher *Schünemann* S. 82 f, mwN; s. a. KG WRP 1976, 770 – *Kfz-Gebrauchtwagen-Märkte*). Speziell die Abwehrmaßnahme Hausverbot aber hat den objektiv-rechtlichen Wertgehalt des Art. 13 auf ihrer Seite. Er schließt bei der Konkretisierung der Generalklausel des § 1 UWG eine Inhaltsbestimmung aus, die gegenüber Testkäufern die Unverletztlichkeit eben auch der Geschäftsräume im Ergebnis vollständig aufhebt[253].

i) **Art. 14 GG.** Neben Art. 12 Abs. 1 GG wird Art. 14 GG – vor allem in seiner Funktion als Institutsgarantie[254] – als die zweite tragende Säule einer auf private Wirtschaftsfreiheit abhebenden Wirtschaftsverfassung verstanden[255]. Denn die dortige **Eigentumsgarantie** beschränkt sich gerade nicht nur auf das „persönliche", in einen Gegensatz zum Eigentum an Produktionsmitteln gestellte Eigentum iS der sozialistischen, an zentralverwaltungswirtschaftlichen Strukturen orientierten Rechtstheorie[256], sondern erfaßt neben dem **Produktionsmitteleigentum** parallel zur anglo-amerikanischen Theorie der **property rights**[257] jedenfalls alle Rechtspositionen, die für ein auf Marktautonomie basierendes Wettbewerbsgeschehen wesentlich sind[258]. Hierher rechnen also **gewerbliche Schutzrechte** einschließlich der vermögensrechtlichen Elemente des Urheberrechts (Verwertungsrecht, Nutzungsrechte) (vgl. etwa für Patente BVerfGE 36, 281, 290 f, für eingetragene Warenzeichen BVerfGE 51, 193, 216 ff; für den Ausstattungsschutz nach § 25 WZG BVerfGE 78, 58, 71 ff, für das Urheberrecht BVerfGE 31, 229, 238 ff; 31, 270, 272; 49, 382, 392; 77, 263, 270; BVerfG DVBl. 1989, 245) ebenso wie Aktien und andere **Unter-** A 98

---

[253] Für das „Recht des Händlers, in seiner eigenen Geschäftssphäre von Kontrollen Dritter frei zu sein", letztlich auch *Nordemann* Rdn. 290 (anders Rdn. 285 b).

[254] Zu den Garantiedimensionen des Art. 14 GG s. z. B. BVerfGE 58, 300, 339; *Kimminich* Bonner Kommentar Art. 14 Rdn. 86 ff; 92 ff mwN.

[255] Vgl. BVerfGE 50, 290, 339 ff; *Rittner* Wirtschaftsrecht² (1987) § 3 B II 3, Rdn. 47; *R. Schmidt* Öffentliches Wirtschaftsrecht S. 130; *Stober* Wirtschaftsverwaltungsrecht § 22 I.

[256] Vgl. nur Art. 11 der Verfassung der ehemaligen DDR sowie dem durchaus nahestehend *Rittstieg* S. 315, 351 ff. Zur Verfassungsgeschichte des Art. 14 GG, in deren Verlauf ein Antrag erfolglos blieb, den Eigentumsschutz auf Gegenstände insb. der persönlichen Lebenshaltung einzuengen, vgl. die Hinweise bei *Frotscher* JuS 1981, 891 und *Rittner* Wirtschaftsrecht² (1987) § 3 B II 3 b Fn. 76 zu Rdn. 45.

[257] Zum Begriff und zur daran anknüpfenden ökonomischen Institutionenanalyse gerade im Zusammenhang mit dem neoklassischen Konzept der Wettbewerbsfreiheit s. neben *R. Richter* ZWS 110 (1990), 571 ff, 575 und *Schäfer/Ott* Lehrbuch der ökonomischen Analyse des Zivilrechts (1986) S. 68 auch *Buhbe* Analyse S. 3 ff; *Horn* AcP 176 (1976), 307, 313 ff; *Kirchner* WuW 1992, 584, 588 ff; *Lehmann* Bürgerliches Recht und Handelsrecht. Eine juristische und ökonomische Analyse (1983) S. 32; *Utzig* AcP 189 (1989), 158, 160 ff sowie die von *Manne* The economics of legal relationships (1975) zusammengestellte Literatur. Zu neueren Entwicklungen in der ökonomischen Analyse des Rechts s. a. *Koboldt/Leder/Schmidtchen* WiSt. 1992, 334 ff mwN. Der Theorieansatz bleibt wertvoll auch dann, wenn man der Chicago School (dazu Großkomm.-*Schünemann* Einl. A Rdn. 24 f), die sich ihm besonders zugewandt hat, z. B. hinsichtlich der Folgerungen für die Privatrechtsinstitutionen, aber auch ganz allgemein distanziert gegenübersteht. Dazu vor allem auch *Fezer* JZ 1986, 807, 817 und 1988, 223.

[258] BVerfGE 50, 290, 339 ff; *Rinck/Schwark* Wirtschaftsrecht⁶ (1986) Rdn. 129; *Rittner* Wirtschaftsrecht² (1987) § 3 B II 3 b, c, Rdn. 45 f; *Scheuner/Küng* Der Schutz des Eigentums (1966) S. 43.

nehmensanteile (BVerfGE 14, 263, 276 f; 25, 371, 407; 50, 290, 341 f). Darüber hinaus soll der verfassungsrechtliche Eigentumsbegriff nach gefestigter hM, vor allem in der Judikatur, sogar ein Recht am eingerichteten und ausgeübten Gewerbetrieb – allgemeiner: am Unternehmen – selber umschließen (so schon BVerfGE 1, 264, 277 f; sodann 13, 225, 229; 22, 380, 386; 30, 292, 335; 45, 142, 173; BGHZ 23, 157, 163; 45, 83, 87; 45, 150, 154; 48, 65 f; 55, 261, 263; BGH NJW 1983, 1662; BVerwGE 6, 247, 266; 30, 235, 239; 36, 248, 251; 62, 224, 225 ff; 66, 307, 309; *Friauf* DÖV 1976, 624; *Friauf/Wendt* passim; *Krohn* GewArchiv 1981, 249; *Leisner* in: HdbStR Bd. VI 1989, 1023 ff; *Mayer-Abich* Der Schutzzweck der Eigentumsgarantie (1980) S. 78 ff; *Schenke* AöR 98 (1973), 153).

A 99 **Dafür** spricht, daß die im Unternehmen zweckhaft organisierte, funktionelle Gesamtheit von Sachen, Rechten und allen Arten sonstiger unkörperlicher Gegenstände wie Know-how, Good-will etc. ganz sicher mehr ist als die Summe der einzelnen Unternehmensbestandteile und deshalb rein aggregativ nicht angemessen geschützt werden kann[259]. **Gegen** jene Inkorporierung spricht, daß Art. 14 GG gerade in Richtung auf den Bestands- bzw. Substanzschutz hin interpretiert wird[260]. Ein Bestandsschutz hinsichtlich des die „Chancen" und „Verdienstmöglichkeiten" konstituierenden Datenkranzes unternehmerischen Handelns kommt indes in einer Wettbewerbswirtschaft nicht in Frage (BVerfGE 28, 119, 142; 30, 292, 335; 45, 272, 296; 65, 196, 209; 68, 193, 222; 77, 84, 118; 78, 205, 211), ganz zu schweigen von einer Unternehmensexistenzgarantie oder wenigstens einer Gewähr für das Unternehmensverbleiben am Markt (BVerfGE 4, 17; 45, 179). Schwer darstellbar ist deshalb, was eigentlich die durch Art. 14 GG zu schützende Unternehmens-„Substanz" ausmacht[261] bzw. wie die Eingriffskriterien – „Unmittelbarkeit", „Betriebsbezogenheit" – operational zu formulieren sind (vgl. übersichtsweise *Baumbach/Hefermehl* Allg. Rdn. 122 f). Der spezifische Unternehmensschutz dürfte demnach doch eher dem in der Wettbewerbsdynamik geforderten unternehmerischen Aktionspotential, also der unternehmerischen Betätigung selber, gelten, sedes materiae dafür also Art. 12 Abs. 1 GG sein.

A 100 Gleichwohl bleibt die Eigentumsfreiheit ein unverzichtbarer Baustein im Gebäude einer eben auch auf Verfügungsfreiheit über Produktionsmittel fundierten Privatwirtschaft, die in der Eigentumsgarantie beschlossene **Dispositionsfreiheit** integraler Bestandteil einer Wettbewerbswirtschaft[262]. Sie weist darin über die mikroökonomische Dimension des Eigentumsschutzes, wie sie vor allem in der Lehre vom Grundrechtsschutz des „eingerichteten und ausgeübten Gewerbebetriebes" zum Ausdruck kommt, weit hinaus. Als Eigentümer im Schutzbereich des Art. 14 GG wächst der Unternehmer vielmehr zugleich in eine makroökonomische Funktion als „Organ der Wirtschaftsverfassung" (*Leisner* DÖV 1975, 73) insgesamt hinein. Ohne unternehmerisches Eigentum ist die Kybernetik der Marktwirtschaft undenkbar, kann die dezentrale, wettbewerbliche Selbstregulation des ökonomischen Handlungssystems nicht in Gang gesetzt werden[263]. Mehr noch: Mit der in Art. 14

---

[259] *Bryde* in: v. Münch GG³, Bd. 1 (1985) Art. 14 Rdn. 19; *Leisner* in: HdbStR VI 1989, 1065 f; *Selmer* S. 22; *Wendt* S. 58 ff, 273 f.

[260] BVerfGE 13, 225, 229; 30, 292, 335; *Stober* Wirtschaftsverwaltungsrecht § 22 II.

[261] BVerfGE 51, 193, 221; *Badura* AöR 98 (1973), 157 f; *Ossenbühl* Staatshaftungsrecht³ (1983) S. 106; *Scholz* Entflechtung und Verfassung (1981) S. 90.

[262] *Rittner* Wirtschaftsrecht² (1987) § 3 B II 3c, Rdn. 46.

[263] *Günther* Wege zur Europäischen Wettbewerbsordnung (1968) S. 19 ff; *Rupp* Grundgesetz und „Wirtschaftsverfassung" S. 35 f; *Scholz* Entflechtung und Verfassung (1981) S. 91 f.

Abs. 1 GG involvierten Institutsgarantie des Eigentums wird jedenfalls im Verbund mit Artt. 2, 3, 5, 9 und 12 GG die Gesamtentscheidung für den wirtschaftsverfassungsrechtlichen Systementwurf einer marktautonomen Wettbewerbsordnung getroffen (so auch *Papier* in: Maunz/Dürig/Herzog/Scholz Art. 14 Rdn. 34. Zur Frage einer wirtschaftsverfassungsrechtlichen Neutralität des GG s. bereits Einl. A Rdn. 47 ff. Vgl. auch *Rittner* Wirtschaftsrecht[2] (1987) § 3 B II 3 c, Rdn. 46). Auslegung und Anwendung des UWG müssen mithin daran orientiert sein, vor allem diesem Aspekt der Eigentumsgewähr als wesentlicher Funktionsbedingung des Wettbewerbs gerecht zu werden.

B. Geschichtliche Entwicklung, Rechtsquellen

Übersicht

Alphabetische Übersicht (B)

Literatur

Beyendorff Die Geschichte der Reichsgewerbeordnung (1901); *Bödiker* Das Gewerberecht des Deutschen Reiches (1883); *Böhlert* Freiheit der Arbeit! Beiträge zur Reform der Gewerbegesetze (1858); *Böhm* Wettbewerb und Monopolkampf (1933, Neudruck 1964); *Böhmert* Die Freiheit der Arbeit (1858); *Burge* 200 Jahre Französische Revolution: 200 Jahre Wirtschaftsfreiheit?, ZHR 153 (1989), 367; *Buxbaum* Die private Klage als Mittel zur Durchsetzung wirtschaftspolitischer Rechtsnormen (1972); *Frantz* Kritik aller Parteien (1862); *Freitag* Der Leistungswettbewerb als rechtliche Denkfigur, Diss. Göttingen (1968); *v. Gierke* Das deutsche Genossenschaftsrecht Bd. I (1868); *Hedemann* Deutsches Wirtschaftsrecht (1939); *Huber* Quellen zum Staatsrecht der Neuzeit Bd. II (1951); *Kaizl* Der Kampf um Gewerbereform und Gewerbefreiheit in Bayern von 1799–1869 (1879); *Käseborn/Siekerkötter/Fehn* Wirtschaftswerbung. Historische Beispiele von der Antike bis zum Beginn des 20. Jahrhunderts (1993); *Knöpfle* Der Rechtsbegriff „Wettbewerb" und die Realität des Wirtschaftslebens (1966); *Knöpfle* Marktbezogene Unlauterkeit (1983); *Kohler* Der unlautere Wettbewerb, Darstellung des Wettbewerbsrechts (1914); *Krasser* Die Entwicklung der Ordnung des Wettbewerbsrechts in der französischen und deutschen Rechtsprechung des 19. Jh., in: Coing/Wilhelm Wissenschaft und Kodifikation des Privatrechts im 19. Jh., Bd. IV (1979) S. 145; *Krause* Kriegswirtschaftsrecht, ZHR 107 (1940), 221; *Krause* Der verteilende Staat, in: FS Gieseke (1958), 1; *Lammel* Wettbewerbsfreiheit und Staatsintervention, GRUR 1986, 362; *Lindenmeyer/Henseler* Vom Schutz des Mitbewerbers zum Schutz des Bewerbers, WRP 1978, 87; *Lobe* Die Bekämpfung des unlauteren Wettbewerbs Bd. I: Der unlautere Wettbewerb als Rechtsverletzung (1907), Bd. III Materialien des Gesetzes zur Bekämpfung des unlauteren Wettbewerbs (1907); *Lobe* Die Entwicklung des Schutzes gegen unlauteren Wettbewerb nach der Rechtsprechung des Reichsgerichts, GRUR 1931, 1215; *Lütge* Deutsche Sozial- und Wirtschaftsgeschichte[3] (1966); *Miritz* Geschichte des Gewerberechts von 1869 bis zur Gegenwart, Diss. Göttingen (1983); *Müller/Woltz* Das Recht des unlauteren Wettbewerbs ausgewählter kapitalistischer Industrieländer Berlin (Ost) (1988); *Nußbaum* Das neue deutsche Wirtschaftsrecht[2] (1922); *Nußbaum* Wirtschaft und Staat in Deutschland während der Weimarer Republik (1978); *Onken* Geschichte der Nationalökonomie (1922); *Pause* Die Berücksichtigung der Allgemeinheit bei Beurteilung wettbewerblichen Handelns (1984); *Puppo* Die Wirtschaftsgesetzgebung des Dritten Reiches, Konstanzer Diss. Bd. 200 (1987); *Quante* Die geistesgeschichtlichen Grundlagen und die Entwicklung der Gewerbefreiheit in Deutschland, Diss. Münster (1984); *v. Rohrscheidt* Die Gewerbeordnung für das Deutsche Reich (1901); *Schlecht* Grundlagen und Perspektiven der sozialen Marktwirtschaft (1990); *Schünberg* Zur wirtschaftlichen Bedeutung des deutschen Zunftwesens im Mittelalter (1868); *Steindorff* Die guten Sitten als Freiheitsbeschränkung, in: summum ius summa iniuria (1963), 58; *Thoma* Die Staatsfinanzen in der Volksgemeinwirtschaft. Ein Beitrag zur Gestaltung des deutschen Sozialismus (1937); *Tuchtfeldt* Gewerbefreiheit als wirtschaftspolitisches Problem (1955); *Winkel* Der Umschwung der wirtschaftswissenschaftlichen Auffassungen um die Mitte des 19. Jh., in: Coing/Wilhelm Wissenschaft und Kodifikation des Privatrechts im 19. Jh., Bd. IV (1979) S. 3 ff; *Ziekow* Freiheit und Bindung des Gewerbes (1992).

I. Die Entwicklung bis zum Erlaß des UWG von 1909

1. Die Zeit bis 1870

Unlauterer Wettbewerb setzt die Existenz von Wettbewerb überhaupt voraus, **B 1**
und diese wiederum bedingt **Gewerbefreiheit.** Während im Altertum zwar eine Art Gewerbefreiheit geherrscht haben dürfte, angesichts der handwerklich bescheidenen Produktionsvolumina, des niedrigen Lebensstandards, der geringen Mobilität, der einfachen und langsamen Kommunikationsmittel etc. aber ein Regelungsbedürfnis allenfalls ansatzweise vorhanden war (dazu *Kohler* Unl. Wettbewerb S. 34 ff), vollzog sich im Mittelalter die nach wie vor handwerklich-gewerbliche Tätigkeit überwiegend nicht in wettbewerblichen, sondern vielmehr in **kollektiven Strukturen** (*v. Gierke* Genossenschaftsrecht I S. 359; *Lobe* I S. 73 f; *Miritz* S. 6 ff; *Ziekow* S. 16 ff). Dabei lassen sich drei mittelalterliche Perioden unterscheiden. Zunächst ist die Erwerbswirtschaft von grundherrschaftlicher Gebundenheit geprägt. An die Stelle dieser Bindungen tritt später das Zunftregime, bis schließlich auch diese Restriktionen überwunden werden und das Gewerbe immer mehr individualistische Züge gewinnt. Der Modus der Aufrechterhaltung des geschäftlichen Anstandes, der „Lauterkeit", wandelt sich demzufolge in Abhängigkeit zu den periodisch unterschiedlichen gewerblichen **Rahmenbedingungen:** Grundherrschaftliche Organisationsgewalt, Zunftordnungen und schließlich privatrechtliche Normen lösen so einander ab.

Im einzelnen ist für die vorindustrielle Periode prägend, daß die am Herrenhof **B 2**
geleistete Arbeit zur Deckung des **Eigenbedarfs** der Hofhaltung diente. Später vertypten und verselbständigten sich einzelne Handlungsmuster insofern, als bestimmte Handwerke im grundherrlichen Interesse einer ökonomischen Verstetigung als Ämter begriffen und vom Grundherren verliehen und inhaltlich ausgestaltet wurden (s. a. *Quante* S. 3 f). Dabei hatte der Amtsinhaber ein monopolartiges örtliches Ausschließungsrecht, als dessen Reflex aber auch die Pflicht, nicht nur den Anforderungen des **Grundherrn** nachzukommen, sondern auch die Bedürfnisse der Angehörigen der Kommune zu „billigen" Preisen zu befriedigen. Erst nach dem Erstarken kommunaler Autonomie und der dadurch bewirkten Zurückdrängung der Grundherrschaft übernahmen die Kommunen selber die Gewerbeorganisation (*Lobe* I S. 75).

Nachdem es zwischen dem 9. und 13. Jahrhundert nicht zuletzt durch die Zu- **B 3**
wanderung „Höriger", also grundherrlich Gebundener, zu einem Anwachsen der Städte kam[1], bildeten sich im 12. und 13. Jahrhundert private Vereinigungen der

[1] Eine wesentliche Attraktion lag in der recht leicht realisierbaren Chance, den Status des Freien zu erlangen („Stadtluft macht frei").

städtischen Gewerbetreibenden, die zwar die wirtschaftlichen Interessen ihrer Mitglieder wahrnahmen, dabei aber jedenfalls bis zum 13. Jahrhundert keine polizeilichen oder gar justitiellen Befugnisse besaßen. Erst mit deren allmählicher Übertragung wurden sie zu jenen Organisationen wirtschaftlicher Selbstverwaltung, die mit dem **Zunftbegriff** belegt werden können (*Miritz* S. 6)[2]. Diese Entwicklung wurde dadurch angestoßen, daß der Handwerkerstand sich des Marktzugangs bemächtigte und damit der bisher dort herrschenden Exklusivität zugunsten der Kaufleute ein Ende setzte. Denn diese marktrechtliche Gleichstellung konnte nur gelingen, wenn gegen die bereits in **Gilden** zusammengeschlossenen Kaufleute ein organisatorisches Äquivalent ins Feld zu führen war.

B 4 Die **Zunftordnungen**, die nunmehr für das (städtische) Wirtschaftssystem charakteristischen Einfluß gewannen, waren beherrscht von den Leitlinien der **Nahrung** und der **brüderlichen Gleichheit** (näher *Schünberg* S. 76; s. a. *Lobe* I S. 115 f; *Tuchtfeld* Gewerbefreiheit S. 32). Das Prinzip der Nahrung normierte ein standesgemäß ausreichendes Einkommen aller Meister[3], während die Idee brüderlicher Gleichheit einmal auf Gleichsinnigkeit namentlich in politischer und religiöser Hinsicht und auf Einbindung der gesamten Persönlichkeit des Zunftgenossen und seiner Familie in einen engeren gesellschaftlichen Kontext (*v. Gierke* Genossenschaftsrecht I S. 359, 384 ff), ein anderes Mal auf möglichst gleichmäßige Güter-, Kosten- und Gewinnverteilung abzielte (*Miritz* S. 7). Die im Zunftgedanken beschlossenen prinzipiell antiwettbewerblichen Positionen (*v. Gierke* Genossenschaftsrecht I S. 391; *Käseborn/Siekerkötter/Fehn* S. 48 f; *Quante* S. 6) drückten sich in den Zunftordnungen nach innen neben einem durchweg strikten Reklameverbot (z. B. für die Hamburger Krämer 1375, für die Straßburger Weber 1484) durch strenges Reglement der unternehmerischen Aktionsparameter für die Zunftgenossen bis hin zu den Produktionsmethoden, den einzusetzenden Werkzeugen und sogar bis hin zur gemeinsamen Materialbewirtschaftung aus. Nach außen wirkten die Zunftordnungen im Verbund mit Zwangs- und Bannrechten der Zünfte durch den **Zunftzwang** (näher *Quante* S. 7 ff), der grundsätzlich – von Ausnahmen etwa an bestimmten Markttagen abgesehen – nur Zunftgenossen Marktzutritt gewährte. Während das Stadtregiment vor dem 14. Jahrhundert die bei der Zunftaufnahme obwaltende Willkür durch die gelegentliche Zulassung sog. **Freimeister** ausglich, bekamen die Zünfte nunmehr das Stadtregiment selber in die Hand (*Lobe* I S. 76 f) und effektivierten damit den Zunftzwang noch weiter, zumal im Laufe des 13. und 14. Jahrhunderts die Zünfte auch noch Träger der Gewerbepolizei und der Gewerbegerichtsbarkeit geworden waren. Darüber hinaus konnte sich Wettbewerb auch deshalb nicht entwickeln, weil gewerbliche Betätigung außerhalb des jeweiligen Stadtrechts grundsätzlich untersagt war, ferner, weil aufgrund der schlechten Infrastruktur ohnehin selbst jede kleine Stadt praktisch einen abgeschlossenen Wirtschaftsraum bildete (*Miritz* S. 8).

B 5 Die Zunftordnungen lieferten auch erste greifbare Anknüpfungspunkte für die Ausbildung eines gegen unlauteren Wettbewerb gerichteten Normenkomplexes, soweit freilich ein Wettbewerb überhaupt möglich war. Gewisse wettbewerbliche Resi-

---

[2] Zu den grundherrschaftlich dominierten Innungen als Vorläuferin der Zünfte s. *v. Gierke* Genossenschaftsrecht I, S. 359; *Quante* S. 4.

[3] Das Nahrungsprinzip dürfte mithin den entscheidenden Einfluß bei der Gestaltung der Preistaxen – auch der nicht zünftlerischen, stadtobrigkeitlichen – gespielt haben, wennschon ein gewisser Konsumentenschutz vor der Diskussionstradition um das pretium iustum mitgespielt haben mag. S. a. *v. Rohrscheidt* S. 2.

duen bestanden dabei allenfalls unter den Zunftgenossen selber, doch ließen die Ideen der Nahrung und der brüderlichen Gleichheit auch einen derartigen (Binnen-) Wettbewerb allenfalls marginal zu (*Lobe* I S. 115 f). Nach außen hin waren die Bemühungen eher auf die Aufrechterhaltung des ehrbaren Rufes der Zunft im allgemeinen gerichtet. Daran knüpfte sich vor allem die Ausbildung eines scharf kontrollierten **Markenwesens,** das eben der Zunft insgesamt, nicht den einzelnen Zunftmitgliedern zugute kommen sollte[4] und damit als eine Art **Verbandszeichen** zu gelten hat.

Im Laufe des 16. Jahrhunderts begann der Verfall der Zünfte in der Konsequenz langsam erstarkender Landesherrlichkeit und mit dem Zunftverfall die Erosion des Zunftgeistes (ausführlich *v. Gierke* Genossenschaftsrecht I S. 392 ff; *Quante* S. 10 ff). Der Zunftgeist hatte teilweise perverse Züge in seinem Bestreben angenommen, einerseits den Zunftgenossen ein Höchstmaß an Existenzsicherung nicht nur in wirtschaftlicher Hinsicht, sondern an **„Ehrbarkeit"** zu gewährleisten, andererseits durch ein eng geflochtenes Netz von Regularien vielen auf immer den Zunft- und damit den ökonomisch wirksamen Marktzugang zu verwehren[5]. Dagegen mobilisierte die staatliche Gesetzgebung im Zuge des **Merkantilismus** nunmehr zunehmend Gegenkräfte (*Lammel* GRUR 1986, 362; *Onken* S. 152), namentlich die **Reichszunftordnung** von 1731, die zwar das Zunftwesen noch nicht abschaffte, aber z. B. durch die straffe staatliche Leitung der Zünfte oder durch die den Territorialregierungen eröffnete Möglichkeit, jederzeit Freimeister zuzulassen, den Zunftzwang doch ganz erheblich abmilderte (*Lobe* I S. 76 f; *Miritz* S. 11 f; *Quante* S. 17 ff). **B 6**

Die wirkliche Beseitigung des etablierten Zunftwesens erfolgte durch den zunehmenden Einfluß des **Liberalismus,** der sich paradigmatisch in der **Französischen Revolution** von 1789 historisch manifestiert. Erstmals wurde in Frankreich unter Beseitigung des bisherigen zünftisch-korporativen Wirtschaftssystems des **Ancien Régime** die allgemeine Gewerbefreiheit 1791 eingeführt[6], was auf die mit Frankreich politisch verbundenen deutschen Länder wie z. B. das Königreich Westfalen ausstrahlte. Parallel dazu institutionalisierte Preußen 1810/11 im Kontext der Stein-Hardenbergschen Reformen für sein damals noch sehr kleines Staatsgebiet die Gewerbefreiheit[7]. Befähigungsnachweise oder behördliche Konzessionen für die Gewerbeausübung wurden damit grundsätzlich abgeschafft, die gewerberechtlichen Differenzierungen zwischen Stadt und Land entfielen. Nach 1815 galt auch in den hinzugekommenen Landesteilen Rheinland und Westfalen, wenn auch nach fortbestehendem französischen bzw. westfälischen Recht, das Prinzip der Gewerbefreiheit, während in dem nunmehr ebenfalls preußischen Sachsen das alte Zunftwesen in ungebrochener Kontinuität fortbestand (s. a. *Tuchtfeldt* Gewerbefreiheit S. 39). Für ganz Preußen herrschte erst seit der Allgemeinen Gewerbeordnung von 1845 Gewerbefreiheit, womit auch die letzten regional noch bestehenden Zwangs- und Bannrechte der Zünfte in Wegfall kamen. Freilich stört den liberalen Grundzug der **B 7**

---

4 *Hubmann* Gewerblicher Rechtsschutz[5] (1988) § 2 II 3; *Kohler* Unl. Wettbewerb S. 34.

5 Beispielhaft für Bayern zu den vielfältigen Sperrmaßnahmen der Zünfte bis hin zum Junktim zwischen Meisterschaft und Heirat einer Meistertochter oder Meisterwitwe *Kaizl* S. 13 f.

6 Dazu *Krasser* in: Coing/Wilhelm IV S. 145, ferner, besonders auch zu den schon damals etwa von *Renouard* deutlich gesehenen Interdependenzen zwischen Wirtschaftsfreiheit und individueller Selbstverwirklichung, s. *Bürge* ZHR 153 (1989), 367, 383.

7 Eingehend zu Gewerbesteuer- und Gewerbepolizeiedikt *Quante* S. 45 ff, 50 ff; *Tuchtfeldt* Gewerbefreiheit S. 37 ff.

Allgemeinen Gewerbeordnung eine Ausweitung der Ausnahmetatbestände hinsichtlich Befähigungsnachweisen, Prüfung der persönlichen Zuverlässigkeit und Unbescholtenheit, also der früheren „Ehrbarkeit" (s. im einzelnen *Miritz* S. 18 ff; *Quante* S. 60 ff).

B 8 Mit der räumlichen **Erweiterung der Märkte** durch die Fortschritte im Bereich der Logistiktechnik nahm die Bedeutung gerade des Kennzeichenschutzes noch zu, der konstruktiv nicht an absolut-rechtlich geschützte Positionen, sondern an eine Verhaltenswertung anknüpfte. Für den dabei angelegten wirtschaftsmoralischen Maßstab erschienen insb. sog. innere Tatsachen wie Schädigungswille und Täuschungsabsicht maßgebend[8]. Nicht nur im Geltungsbereich des Gemeinen Rechts, sondern auch in Frankreich und den vom französischen Recht beeinflußten Gebieten herrschte diese Sicht der Dinge vor. Sie fand in der sich langsam vollziehenden begrifflichen Durchbildung der concurrence déloyal um 1850 herum ihren weithin anerkannten dogmatischen Niederschlag[9].

B 9 Die sich anschließenden Jahrzehnte standen ganz im Zeichen des **Hochliberalismus,** obwohl es der sog. **Handwerkerbewegung** mit der 1849 erzwungenen Novellierung der Gewerbeordnung zunächst gelang, die Gewerbefreiheit zurückzudrängen und damit substantiell wieder zu der alten Zunftverfassung zurückzukehren (näher *Miritz* S. 20 f; *Quante* S. 63 ff). Die Hoffnungen, durch die flächendeckende Einführung der nunmehr sog. **Innungen,** durch die Wiederbelebung des **Innungszwanges** bei der Ausübung zahlreicher Tätigkeiten, durch die Schaffung von **„Gewerberäten"** etc. gegenüber der aufkommenden Industrie bestehen zu können, erfüllten sich freilich nicht. Vielmehr behauptete sich letztlich das liberale Gedankengut gegenüber den Vorwürfen, der Liberalismus achte Moral und Ethik als nichts und degradiere dabei selbst die menschliche Arbeit zum Produktionsfaktor[10], gerade auch um Deutschland mit dem Erlaß der (Reichs-)Gewerbeordnung für den Norddeutschen Bund von 1869[11], deren § 1 demonstrativ den Grundsatz der Gewerbefreiheit unterstrich. Meilensteine auf diesem Weg waren namentlich 1847 die Gründung des allerdings mehr auf die äußere Verkehrsfreiheit bedachten **Deutschen Freihandelsvereins**[12] und 1848 des Kongresses deutscher Volkswirte, der erstmals 1858 tagte und dabei von Anfang an die Gewerbefreiheit auf sein Panier schrieb[13]. Parallel dazu verlief die Entwicklung eines liberalen Handelsrechtes. 1861 wurde der Entwurf eines Allgemeinen Deutschen Handelsgesetzbuches **(ADHGB)** vorgestellt, der die Substanz zunächst für landesrechtliche Regelungen und sodann für das 1869 als Bundesgesetz ergangene Handelsrecht lieferte. Dieses ADHGB galt

[8] *Kohler* Unl. Wettbewerb S. 35 ff mit Dokumentation der wohl frühesten spezifisch lauterkeitsrechtlichen Entscheidungen.

[9] *Krasser* in: Coing/Wilhelm IV S. 146; *Lammel* GRUR 1986, 362, 364 ff.

[10] Aufschlußreich das Pamphlet von *Frantz* passim, z. B. S. 45 ff, 62.

[11] Zur Gesetzgebungshistorie vor dem Hintergrund der Interessendivergenzen zwischen Liberalen einerseits, konservativen und kirchlichen Kräften sowie der Arbeiterbewegung andererseits, s. ausführlich *Beyendorff* S. 5 ff; *Bödiker* S. 1 ff; *Quante* S. 67 ff, 80 ff; *Winkel* in: Coing/Wilhelm IV S. 8 f. Informative Kurzdarstellung und Würdigung der Normensubstanz der Gewerbeordnung auch bei *Miritz* S. 40 ff.

[12] Dazu und zu Folgegründungen *Winkel* in: Coing/Wilhelm IV S. 4 f.

[13] Den unmittelbaren Anstoß zur Gründung hatte der Aufruf *Böhmerts* gegeben, dessen Werk „Die Freiheit der Arbeit" den Gründungsteilnehmern schon vorab übermittelt worden war und die Kongreßentschließungen entscheidend prägte. Die dort pathetisch propagierte Gewerbefreiheit figuriert dabei nicht nur als Bestandteil ökonomisch-funktionaler, speziell wohlfahrtstheoretischer Überlegungen, sondern auch als das „ursprünglichste" und „heiligste" aller Menschenrechte (*Böhmert* S. 7 f).

nach seiner Übernahme 1871 als Reichsrecht fort. Die Bedeutung des ADHGB für das deutsche Lauterkeitsrecht liegt darin, daß hier in den Artt. 16 ff zum ersten Mal weitgreifende Normen im Bereich des Wettbewerbsverhaltensrechts statuiert wurden, die sich hinsichtlich ihres Schutzobjektes freilich ganz auf firmenrechtliche Aspekte beschränkten (s. a. *Lobe* GRUR 1931, 1215).

2. Die Periode zwischen 1870 und 1909

Die Epoche nach 1870 ist durch eine enorme **Industrialisierung** gekennzeichnet, die allerdings in sehr unstetigem Wachstum verlief. Der **Wiener Börsenkrach** beendete schon im Mai 1873 jäh die Euphorie und Prosperität der legendären **Gründerjahre** und mündete in eine langanhaltende Depression, die allerdings ihrerseits wiederholt durch Wachstumsschübe unterbrochen wurde[14]. Obwohl die Kennziffern materiellen Wohlstandes für diese Zeit durchaus positive Werte aufwiesen, etwa die Nominal- und Realeinkommen auch der Arbeitnehmer trotz Arbeitszeitverkürzung bei allerdings großen regionalen und wirtschaftssektoralen Unterschieden ganz erheblich stiegen[15], führte die Gründerkrise zu einer tiefgreifenden Abkehr der öffentlichen Meinung vom liberalen Gedankengut. Sie ist etwa bei der Stimmverteilung zu den Reichstagswahlen ab 1877 quantitativ unmittelbar abzulesen (vgl. *Huber* S. 650 f). Die **Freihandelsbewegung** hatte somit ihren Scheitelpunkt überschritten und ein häufig sehr doktrinär vorgetragener Wirtschaftsliberalismus verlor namentlich durch das Wirken des 1872 gegründeten **„Verein für Socialpolitik“** entscheidend an Terrain (*Miritz* S. 61 ff). Die wirtschaftspolitische Landschaft wurde nunmehr nach außen durch Schutzzölle und andere protektionistische Maßnahmen, nach innen durch zunehmende staatliche Einflußnahme auf den Wirtschaftsbereich vor dem Hintergrund starker sozialer Spannungen bestimmt (*Fikentscher* Bd. II § 20 II 3 und 4). Die Auswirkungen dieses klimatischen Umschwungs zeigten sich auch im Gewerberecht an zahlreichen Novellierungen der Gewerbeordnung, die in dem seit 1897 möglichen **Innungszwang** gipfelten (eingehend *Miritz* S. 71 ff, 81 ff). **B 10**

Für die Entwicklung des Lauterkeitsrechts nach 1870 verdient zunächst das **Markenschutzgesetz** aus dem Jahre 1874 Beachtung[16]. Für das Markenrecht und seine Priorität war die Anmeldung konstitutiv, z. B. nicht angemeldete Warenzeichen kraft bloßer Verkehrsgeltung somit nicht geschützt. Überhaupt wurde das Markenschutzgesetz als abschließend verstanden. Daraus gewann das RG in ständiger Rechtsprechung weiterhin das argumentum e contrario, daß dem deutschen Recht im Gegensatz zum französischen ein Allgemeinbegriff des unlauteren Wettbewerbs fremd sei; im Wettbewerb sei mithin erlaubt, was nicht ausdrücklich einem Verbot unterliege (RGZ 20, 71, 75; s. schon zuvor insb. RGZ 3, 6, 7 – *Apollinaris-Brunnen* sowie für die Folgezeit etwa RGZ 29, 56 – *Constantinople*). Selbst in den Gebieten, in denen noch französisches Recht galt, wurde mit dieser Begründung jeder Rückgriff auf die deliktsrechtliche Generalklausel der Artt. 1382 f des Code civil gegenüber Wettbewerbsmaßnahmen abgelehnt. Hinter dieser in ihren wettbewerblichen Auswirkungen sicherlich sehr unbefriedigenden, methodisch zweifelhaften und deswegen auch heftig bekämpften[17], gelegentlich gar als „ungeheuerlich“ **B 11**

---

[14] Ausführlich *Lütge* S. 503 ff; *Schanze* in: Mertens/Kirchner/Schanze Wirtschaftsrecht² (1982) S. 65 ff.

[15] Umfangreiches Datenmaterial zu Betriebsgrößen, Beschäftigungsstand, industrieller Produktion, Absatzmengen, Einkommensentwicklung etc. bei *Miritz* S. 55 ff mwN.

[16] RGBl. 1874, 143; s. a. *Lammel* GRUR 1986, 362, 367 f; *Ulmer/Reimer* Rdn. 2.

[17] Vor allem von *Kohler* Unl. Wettbewerb S. 45 ff.

qualifizierten Argumentation (so *Baumbach/Hefermehl* Einl. UWG Rdn. 16) verbarg sich freilich nur eine im Lauf der Zeit grundlegend gewandelte dogmatische Standortbestimmung der Gewerbetätigkeit überhaupt.

B 12 Mit dem Verfall der Zünfte und der Einführung der allgemeinen Gewerbefreiheit hörte die Gewerbetätigkeit nach deutschem Verständnis – anders als für die französische Dogmatik – auf, Rechtsausübung zu sein. Sie galt nunmehr als Ausfluß einer jedermann zustehenden Handlungsfreiheit, deren Wahrnehmung rechtlich nicht zu beanstanden war, soweit eine Spezialgesetzgebung keine Restriktionen geschaffen hatte (s. a. *Lobe* I S. 117 f sowie *ders.* GRUR 1931, 1215). Das Markenschutzgesetz wurde 1894 durch das Gesetz zum Schutze der Warenbezeichnung abgelöst, das bereits einen ersten greifbaren Erfolg der Bemühungen aus Wirtschaftskreisen ebenso wie aus den Reihen der Rechtswissenschaft hinsichtlich eines verbesserten Schutzes gegen unlauteren Wettbewerb brachte[18]. Zwar stand im Mittelpunkt immer noch der **Kennzeichenschutz,** der nunmehr erst an die Eintragung in die patentamtliche Zeichenrolle nach materieller Vorprüfung geknüpft oder um einen **Ausstattungsschutz** erweitert wurde. Doch eröffnete § 16 dieses Gesetzes eine ganz neue Perspektive, indem dort die in Täuschungsabsicht vorgenommene Werbung mit falschen Wappen und falschen geographischen **Herkunftsbezeichnungen** bei Strafe verboten wurde. Für die weitere Entwicklung des Lauterkeitsrechts wohl entscheidend wurde freilich der sich abzeichnende Umschwung der Judikatur, die mittlerweile das **Warenzeichenrecht** in dem genannten Gesetz nicht mehr erschöpfend geregelt sah und somit sich selbst Raum für umfassendere Beurteilungen eines Wettbewerbsverhaltens eröffnete (s. z. B. RGZ 38, 128, 131 ff; 48, 233, 235 ff).

B 13 Gleichwohl wurde der wettbewerbliche Rechtszustand weithin nach wie vor als äußerst unbefriedigend empfunden, zumal früher partikulare Gesetze einen (strafrechtlichen) Schutz wenigstens von Geschäfts- und Fabrikgeheimnissen gewährt hatten. Diese Unzufriedenheit vereinte wesentliche Teile der gewerblichen Wirtschaft und der Rechtswissenschaft (vgl. *Lobe* I S. 122 f) und mündete 1884 ein in die Erarbeitung von Grundsätzen seitens des Reichsamtes der Justiz und des Inneren[19], die nunmehr Strafbestimmungen gegen Geheimnisverrat vorsahen und die in den **Entwurf eines Gesetzes zur Bekämpfung des unlauteren Wettbewerbs** einfließen sollten. Als Ergebnis der sich anschließenden Beratungen wurde 1895 der Entwurf eines solchen Gesetzes zusammen mit einer Denkschrift veröffentlicht[20]. Eine „allgemein gehaltene Vorschrift", also eine **Generalklausel,** die „jede denkbare Erscheinungsform des unlauteren Geschäftsgebahrens zu treffen vermöge", wurde gerade auch im Interesse der Rechtsklarheit entschieden abgelehnt[21]. Diese Zurückhaltung darf freilich nicht als Ausdruck eines prinzipiellen Liberalismus gedeutet werden. Vielmehr durchweht die Denkschrift durchaus noch bzw. wieder ein gewisser Zunftgeist (vgl. Einl. B Rdn. 5 f), wenn dort allenthalben die Rede ist von „Ehrbarkeit" und von der notwendigen „Säuberung" in den Reihen der „Erwerbsgenossen", die – horribile dictu – von manchen gar als „Gegner" betrachtet würden. Nachdem sich Handelstag und Juristentag mit dem vorgeschlagenen Text auseinandergesetzt hatten, wurde der Entwurf mit Zustimmung des Bundesrates in den Reichstag einge-

[18] RGBl. 1894, 441; dazu auch *Lobe* GRUR 1931, 1215 f; *Ulmer/Reimer* Rdn. 3.

[19] Vgl. die umfassende Zusammenstellung der Gesetzgebungsmaterialien bei *Lobe* III, hier S. 6; dazu auch *Lobe* I S. 125.

[20] Materialien im einzelnen bei *Lobe* III S. 9 ff, 12 ff.

[21] Denkschrift bei *Lobe* III S. 15.

bracht und erfuhr dort mehrere Änderungen, um schließlich 1896 als Gesetz verabschiedet zu werden[22].

Obwohl dieses **erste** UWG von 1896 schon wegen der drängenden Zeit, aber auch aus den erwähnten grundsätzlichen Überlegungen heraus keine umfassende Wettbewerbsverhaltensordnung errichten konnte und wollte (vgl. Einl. B Rdn. 13)[23], sich vielmehr auf die Bekämpfung der gröbsten Mißstände zu beschränken trachtete, enthielt es doch eine „allgemein gehaltene Vorschrift" in Gestalt des § 1, der dem heutigen § 3 UWG, der sog. **„kleinen" Generalklausel**, weitgehend gleichkam. Im übrigen bestand es aus eng umrissenen Tatbeständen, namentlich der Anschwärzung und der geschäftlichen Verleumdung (jetzt §§ 14 f UWG), des Kennzeichenmißbrauchs (jetzt § 16 UWG) sowie des Bruchs von Geschäftsgeheimnissen (jetzt §§ 17 ff UWG). **B 14**

Mit Rücksicht auf den schon in der Denkschrift zum Ausdruck gelangten Willen, mit dem UWG keine erschöpfende Regelung bereitzustellen[24], war die Rechtsprechung, wie schon in der Judikatur des Gesetzes zum Schutze der Warenbezeichnungen von 1894 (vgl. Einl. B Rdn. 12), grundsätzlich bereit, ein Wettbewerbsverhalten auch an Maßstäben außerhalb des UWG zu messen, um Schutzlücken zu schließen, die wegen der konzeptionellen Enge des UWG unvermeidlich auftreten mußten. Nach Inkrafttreten des BGB im Jahre 1900 bevorzugte die Rechtsprechung dabei zunächst die **deliktsrechtliche Generalklausel** des § 826 BGB (grundlegend RGZ 48, 114, 119 f – *Dampfschiffahrtsgesellschaft;* s. a. RG JW 1905, 507 – *Lockvogel*), zumal der bürgerlich-rechtliche Gesetzgeber dieser Lösung durchaus selber gewogen war (*Motive* II S. 726). Eine wirksame Bekämpfung unlauteren Wettbewerbs konnte auf diesem Wege freilich nicht gelingen (**a. A.** noch RGZ 74, 434, 436 – *Pomril;* s. a. *Lobe* GRUR 1910, 3), weil schon die für § 826 BGB erforderliche Vermögensschädigung in den einschlägigen Fallgestaltungen häufig nur schwer darstellbar ist[25], und weil erst recht der notwendige Schädigungsvorsatz entweder fehlt oder doch nicht nachweisbar ist. Immerhin bot diese Konzeption eine Handhabe z. B. gegen Erscheinungsformen des schweren Behinderungswettbewerbs wie Boykott und Diskriminierungsmaßnahmen[26]. **B 15**

Die tatbestandlichen Probleme im Zusammenhang mit § 826 BGB lösten seitens der Rechtswissenschaft alsbald Überlegungen aus, § 823 I BGB in den Dienst der Bekämpfung des unlauteren Wettbewerbs zu stellen. Ansatzpunkt war dabei die in dem an sich enumerativ gefaßten Normtext enthaltene Öffnungsklausel des beeinträchtigten „sonstigen" Rechts. Hierzu bestanden freilich wiederum mehrere Optionen, namentlich der Rekurs auf das **Persönlichkeitsrecht** des Unternehmers (insb. *Lobe* I S. 141 ff, 174 ff) oder auf das **Recht am eingerichteten und ausgeübten Ge-** **B 16**

---

[22] RGBl. 1896, 145. Zum Beratungsverlauf in den drei Reichstagslesungen im einzelnen s. bei *Lobe* III S. 79 ff, 218 ff, 371 ff; ferner *Lobe* I S. 126. „Zur Herausbildung des kapitalistischen Wettbewerbsrechts" aus marxistischer Sicht vgl. den kurzen Abriß bei *Müller/Woltz* S. 18 f.

[23] Im übrigen traute der Gesetzgeber es der Justiz nicht zu, eine umfassend konzipierte Generalklausel wie den heutigen § 1 UWG sachgerecht zu handhaben; s. a. *Lobe* I S. 127; *ders.* GRUR 1931, 1215, 1216.

[24] Denkschrift bei *Lobe* III S. 15.

[25] Darauf weist bereits die Denkschrift (vgl. *Lobe* III S. 14) im Zusammenhang mit den rechtspraktischen Schwierigkeiten hin, dem unlauteren Wettbewerb mit Hilfe des Straftatbestandes „Betrug" wirksam zu begegnen. Eben diese Schwäche war ein Beweggrund zur Schaffung des UWG von 1896 gewesen.

[26] RGZ 48, 114, 127 f – *Dampfschiffahrt;* 60, 94, 104 f – *Feingoldschlager* sowie die bei *Lobe* I (Anh. II) nachgewiesene Judikatur. S. a. *Ulmer/Reimer* Rdn. 6.

werbebetrieb (Unternehmen)[27]. Obwohl letzteres von der Rechtsprechung – sogar schon vor Inkrafttreten des BGB – anerkannt worden war (RGZ 48, 114 – *Dampfschiffahrt;* 58, 24; s. a. RGZ 56, 271), war seine Eignung als Remedur gegen unlauteres Wettbewerbsverhalten wenigstens aus der Sicht der damaligen reichsgerichtlichen Rechtsprechung weitgehend zu verneinen, weil der dadurch vermittelte Schutz sich auf unmittelbare Bestandseingriffe oder unmittelbare Eingriffe in die Betriebsführung beschränken sollte. Erst viel später wurde das restriktive Verständnis aufgegeben (s. a. Einl. C Rdn. 14, Einl. E Rdn. 68 f)[28]. Im Ergebnis war damit eine Entwicklung abgeblockt worden, die – wie in Frankreich[29] – den Schutz des lauteren Wettbewerbs überhaupt dem allgemeinen Deliktsrecht hätte anvertrauen können. Wenngleich das **zweite UWG** von 1909 hier die Weichen auch endgültig anders gestellt hat, so wirken jene konstruktiven Bemühungen, das Lauterkeitsrecht aus dem allgemeinen **Deliktsrecht** heraus zu erklären, doch in der Diskussion um das Schutzgut des UWG, ja um Sinn und Zweck des ganzen Lauterkeitsrechts und um die dogmatische Standortbestimmung des UWG in seinem Verhältnis zum bürgerlich-rechtlichen Deliktsrecht bis heute fort[30] (näher Einl. C passim, E Rdn. 64 ff).

II. Das UWG von 1909 und die nachfolgende Rechtsentwicklung

1. Motive der Novellierung des Lauterkeitsrechts

B 17 Den Schwächen des bestehenden Lauterkeitsrechts versuchte man auf verschiedenen Wegen zu begegnen. Die Reichsregierung legte zum Jahresbeginn 1909 einen Gesetzentwurf vor, der keineswegs als radikaler Neubeginn gedacht war, vielmehr nur punktuelle Verbesserungen bringen sollte[31]. Nachdem beispielsweise die Rechtsprechung es abgelehnt hatte, das sog. Nachschieben von Waren bei Sonderverkäufen schlechthin für unzulässig zu erklären (RGZ 30, 25), sollte hier durch den Gesetzgeber selber ein strengeres Regiment errichtet werden. Eine **„große"** wettbewerbsrechtliche **Generalklausel** war nicht vorgesehen, doch sollte wenigstens die Aktivlegitimation für Klagen aus der deliktsrechtlichen Generalklausel des § 826 BGB auf nicht selbstgeschädigte Gewerbetreibende und auf Verbände zur Förderung gewerblicher Interessen ausgedehnt werden. Nach den ersten Plenumsberatungen des Reichstages wurde die Sache einer Kommission überwiesen, die sich von Anfang an einhellig für die Einführung einer „großen" wettbewerbsrechtlichen Generalklausel aussprach[32]. Erstens müsse eine enumerativ-tatbestandliche Regelung immer unbefriedigend bleiben, zweitens müsse der Rechtsgedanke des § 826 BGB

---

[27] *Baumbach* Kommentar zum Wettbewerbsrecht[2] (1932) S. 125 ff.

[28] Vgl. z. B. RGZ 158, 377 – *Rundfunkeinrichtungen;* RG GRUR 1940, 375, 378 – *Naturessig.* Zur Dogmengeschichte und zur dogmatischen Substanz dieses Rechts gerade auch in seinen wettbewerbsrechtlichen Bezügen eingehend *Katzenberger* Recht am Unternehmen und unlauterer Wettbewerb (1967) passim; *Schippel* Das Recht am eingerichteten und ausgeübten Gewerbebetrieb (1956) passim, insb. S. 1 ff, 38 ff; *Schrauder* Wettbewerbsverstöße als Eingriffe in das Recht am Gewerbebetrieb (1970) passim. Instruktiv auch *Baumbach/Hefermehl* Allg. Rdn. 115, 120.

[29] Zur erst allmählichen Verknüpfung des Gedankens der concurrence déloyal mit der deliktsrechtlichen Generalklausel nach Art. 1382 des Code civil s. *Krasser* in: Coing/Wilhelm IV S. 145 ff, 157 ff; *Lammel* GRUR 1986, 362, 364 f.

[30] S. a. *Emmerich* § 2, 2. a. E. sowie § 3.

[31] Verhandlungen des Reichstages Bd. 252, 12. Legislaturperiode, I. Session 1907/1909, Anl. (Reichstagsdrucksache) Nr. 1109.

[32] Kommissionsbericht in Verhandlungen des Reichstages Bd. 255, 12. Legislaturperiode, I. Session 1907/1909, S. 8433–8494 (mit Anl. Nr. 1390); zum weiteren Beratungsverlauf vgl. aaO Bd. 236, S. 8496–8523 (259. Sitzung) und S. 8542–8543 (260. Sitzung) – teilweise fehlzitiert in der Zusammenstellung der Materialien bei *Eichmann* S. XXIV.

schon bei Fahrlässigkeit zum Zuge kommen können, und zwar – auch hier bestand später weitgehend Übereinstimmung – sowohl durch Schadensersatz- als auch durch Unterlassungsansprüche. Mit diesem Regelungsziel wurde in enger sprachlicher Anlehnung an § 826 BGB der neue § 1 UWG formuliert. Die Einsicht, daß auch eine umfassende Schutzgesetzgebung gegen unlauteren Wettbewerb die Gewerbefreiheit materiell weniger einengt als vielmehr deren Ausübung fördert und letztlich überhaupt erst ermöglicht, hatte sich gegenüber früheren Denkmodellen durchgesetzt (vgl. Einl. B Rdn. 11 f sowie *Ulmer* GRUR 1937, 769, 770; kritisch *Hedemann* Die Flucht in die Generalklauseln (1933) S. 19 ff. Zur Parallelentwicklung in Österreich s. *Koppensteiner* § 1 II u. 2). Die bisherige „kleine" Generalklausel wurde aber als § 3 UWG beibehalten, im übrigen wurden die vorhandenen Einzelnormen effektiver gefaßt[33].

2. Die Periode zwischen 1909 und 1945

Die auf die Praxis des zweiten UWG wirkenden Einflußgrößen sind vor allem durch das Ende einer weitgehend staatsfreien Wettbewerbswirtschaft mit dem Beginn des 1. Weltkrieges gekennzeichnet. Auf der Grundlage des **Ermächtigungsgesetzes** vom 4. August 1914 bediente sich der Staat nunmehr der Unternehmen, um die ökonomischen Potentiale der Kriegswirtschaft und später der Nachkriegswirtschaft nutzbar zu machen. An die Stelle von Wettbewerbsdenken trat Verteilungsdenken, das Gewerbe- und Vertragsfreiheit nur noch rudimentär duldete[34], weil die immer offenen Ergebnisse dieser Freiheitsprozesse sich dem gewünschten sicheren kalkulatorischen Ansatz notwendig entzogen hätten. In diesem Szenario hatten auch die Kartelle ihre keineswegs nur geduldete Disziplinierungsfunktion. Überhaupt wurden sie immer mehr zu Instrumenten der staatlichen Intervention im Wirtschaftsleben (*Krause* ZHR 107 (1940), 221 f). Mangels nennenswerten Wettbewerbs blieb für Erscheinungsformen unlauteren Wettbewerbs erst recht kaum noch Raum. **B 18**

Die **Weimarer Reichsverfassung** von 1919 brachte hier insofern einen Wandel, als die dortigen Artt. 151 ff tendenziell durchaus nicht nur die Sicherung der Wirtschaftsfreiheit gegenüber staatlicher Intervention, sondern auch den Schutz gegenüber privatem Mißbrauch wirtschaftlicher Macht bezweckten, wenngleich kein grundsätzliches **Kartellverbot** ausgesprochen wurde[35]. Daran änderte auch die Kartellverordnung von 1923 nichts, die Kartelle lediglich einer staatlichen (Mißbrauchs-)Aufsicht unterstellte, im übrigen aber anerkannte[36]. In der Wirtschaftsverfassungswirklichkeit kam es so zu einer fortschreitenden Vermachtung der Märkte unter voller Billigung des Staates, der so seine vor dem Hintergrund der **Weltwirtschaftskrise** nicht zuletzt auch sozialpolitisch motivierten Lenkungsinteressen leichter realisieren zu können glaubte. **B 19**

An diese Strukturen konnte der **Nationalsozialismus** schnell und nachhaltig anknüpfen. Schon 1933 erging das **Zwangskartellgesetz** (RG Bl. I 1933, 488), das die **B 20**

33 RGBl. 1909, 499.

34 *Baumbach/Hefermehl* Allg. Rdn. 39; *Fikentscher* Bd. II § 20 II 5; *Nußbaum* Wirtschaftsrecht S. 34; *Rittner* Wirtschaftsrecht² (1987) § 1 II (Rdn. 6 f).

35 Zu den wirtschaftsverfassungsrechtlich gegenläufigen Ansätzen innerhalb der Weimarer Verfassung, bei denen Momente der Statuierung einer Wirtschaftsfreiheit aber wohl überwiegen, vgl. überblicksweise auch *Baumbach/Hefermehl* Allg. Rdn. 40; *Miritz* S. 158 f; *Rittner* Wirtschaftsrecht² (1987) § 1 III (Rdn. 9 ff). Eingehende Darstellung bei *Nußbaum* Wirtschaft und Staat, passim.

36 S. dazu etwa *Fikentscher* Bd. II § 22 II 6 a.

vollständige Formierung der Wirtschaft zu einer zentral verwalteten, mit pathetisch vorgetragenem ideologischen Ballast befrachteten **„Volksgemeinwirtschaft"**[37] einläutete. Auch die letzten Reste einer Wettbewerbswirtschaft wurden dann in der Zeit der Kriegswirtschaft nach 1939 zu Grabe getragen. Wettbewerbsfernes Denken in der Tradition eines wirtschaftlichen Ständestaates war mit einer ebenso diffusen wie perversen, letztlich freiheits- und menschenverachtenden Wirtschaftsromantik um „Blut und Boden", Abschaffung der **„Zinsknechtschaft"** und des „Zwischenhandels" eine unheilige Allianz eingegangen[38]. Schon für die ausklingende Weimarer Republik, erst recht aber für die Zeit nach der nationalsozialistischen Machtergreifung 1933 wird man freilich kaum sagen können, daß der mehr oder weniger konsequent betriebene Niedergang der Wettbewerbswirtschaft zugunsten eines sozialistischen Verteilungssystems[39] und damit die Einbuße eines wesentlichen Stücks individueller und kollektiver Freiheit von breitesten Bevölkerungskreisen als Verlust empfunden worden wäre[40].

B 21 Auf diesem ja keineswegs schlagartig erst 1933 oder gar erst 1939 existenten gedanklichen Boden reifte als erste das UWG flankierende wettbewerbsrechtliche Maßnahme die **ZugabeVO** von 1932 als „Erster Teil der Verordnung zum Schutze der Wirtschaft" des Reichspräsidenten Hindenburg[41].

B 22 Bis dahin waren vor allem seitens des mittelständischen (Klein-)Einzelhandels zwar immer wieder Forderungen nach gesetzlichen Restriktionen des Zugabewesens erhoben worden[42], weil auf diesem Felde – wie auch im Rabattbereich – „verwerfliche", „mit den Geschäftsgrundsätzen eines ehrbaren Kaufmanns nicht vereinbare" Praktiken zu beobachten seien, doch waren solche Forderungen bisher an den Abgrenzungsschwierigkeiten zwischen jenen inkriminierten Varianten und solchen, die im Einklang mit „uralten Geschäftsgewohnheiten" stehen, gescheitert[43]. Jetzt wurden die Abgrenzungsschwierigkeiten regelungstechnisch durch ein grundsätzliches Verbot der Zugabe überhaupt gelöst und Ausnahmen entweder durch niedrigste Wertgrenzen für ein aggressives Marketing unattraktiv definiert oder durch deren Anknüpfung an die „Handelsüblichkeit"[44] ganz in den Dienst einer in ruhigen und traditionellen Bahnen verlaufenden Wirtschaft gestellt. Den **wirtschaftsgeschichtlichen Hintergrund** der ZugabeVO bildete die tiefe Abneigung des mittelständischen (Fach-)Handels gegen die zunehmend innovativen Marketingaktivitäten der großbetrieblichen Einzelhandelsformen, namentlich der Warenhäuser ab Ende der 20er Jahre, in das auch das Zugabewesen eingebunden worden war. Hinzu kamen Befürchtungen, „daß das sehr viel kapitalkräftigere Ausland sich Teile des deutschen Marktes mit dem Mittel der Zugabereklame erobern werde". Wenn die bisher zuga-

[37] *Thoma* passim, z. B. S. 3 ff. Zum ideologiegeschichtlichen Kontext der „Volksgemeinwirtschaft" vgl. näher *Rittner* Wirtschaftsrecht[2] (1987) § 1 IV 1 (Rdn. 16 Fn. 10). Umfassende Darstellung der NS-Wirtschaftsgesetzgebung bei *Puppo* aaO (Lit.-Verz.).

[38] S. a. *Fikentscher* Bd. II § 20 II 6 mwN.

[39] Eindringlich *Krause* in: FS Gieseke S. 1 f.

[40] S. a. *Rittner* AcP 188 (1988), 101, 114, der zutreffend davon spricht, daß auch heute noch „... in unserem Volk tief verwurzelte gemeinwirtschaftliche Vorstellungen ..." allenthalben präsent sind.

[41] RGBl. I 1932, 121.

[42] Einen Überblick über das breite Spektrum der Befürworter eines Zugabeverbots bietet RGZ 135, 38.

[43] S. dazu die Begründung des Regierungsentwurfs zum (zweiten) UWG in Verhandlungen des Reichstages Bd. 252, 12. Legislaturperiode, I. Session 1907/1909, Anl. (Reichstagsdrucksache) Nr. 1109 S. 8 f.

[44] Vgl. § 1 II ZugabeVO auch in der heute gültigen Fassung. Daß bei der Feststellung der Handelsüblichkeit etwas großzügiger verfahren wird (vgl. BGH GRUR 1976, 314 – *Büro-Service-Vertrag*), ändert nichts an dem konservierend-statischen Normansatz.

beabstinenten Unternehmen gezwungenermaßen ebenfalls zu derartiger Wertreklame greifen müßten, um sich gegen die Konkurrenz zu behaupten, wäre damit „die Zuverlässigkeit des Geschäftsverkehrs in hohem Maße in Frage gestellt", schon weil das Zugabewesen eine überflüssige und unwirtschaftliche Inanspruchnahme von Lagerraum auf allen Produktions- und Distributionsstufen mit sich bringe. Außerdem werde Nachfrage von jenen Geschäften abgezogen, bei denen die Zugabe branchenmäßig ressortiere. Schließlich gelte es auch, den Käufer vor einer mit der Zugabe verbundenen Ablenkung von der „Hauptware", der „eigentlichen Verkaufsware", zu schützen[45].

Gesellschaftspolitisch traf die ZugabeVO vor allem jüdische Unternehmer, die mit neuen Absatzkonzepten erfolgreich gewesen waren. Zwar waren keineswegs nur Anhängern der nationalsozialistischen Ideologie diese Erfolge und der dadurch zweifellos verschärfte Wettbewerb ein Dorn im Auge, aber die mehr oder minder verbreitet vorhandenen **rassistischen Resentiments** verbanden sich nun einmal mit dem Unmut über den immer stärker werdenden ökonomischen Anpassungsdruck zu einem politisch äußerst prekären Zeitpunkt, in dem die Machtübernahme der Nationalsozialisten – wie sich schon ein Jahr später zeigen sollte – unmittelbar vor der Tür stand. In deren Gedankenwelt fügte sich der zutiefst wettbewerbsfeindliche, auf Konservierung überkommener Strukturen bedachte, dabei kleinbürgerlich-protektionistische Geist, dem die ZugabeVO ihre Existenz verdankt, allerdings bestens ein, wie die Rechtsprechung schon bald ebenso geflissentlich wie befriedigt feststellen konnte[46]. **B 23**

Die Einschätzung, die ZugabeVO könne angesichts ihres Entstehungsdatums gar kein spezifisch nationalsozialistisches Gedankengut enthalten[47], ist somit nur bedingt richtig, die Annahme einer **Fortgeltung** der ZugabeVO auch unter der Herrschaft des Grundgesetzes zumindest peinlich. Diese Peinlichkeit wird auch nicht dadurch beseitigt, daß der nachkonstitutionelle Gesetzgeber die ZugabeVO durch Änderungen[48] womöglich losgelöst von den ursprünglichen, sehr zeitbedingten Erwägungen in seinen Willen aufgenommen hat. Denn die **Zwecksetzung** ist entgegen anders lautenden Beteuerungen eben doch dieselbe wie die des historischen Verordnungsgebers geblieben: Schutz des mittelständischen Fachhandels und der überkommenen Branchenbilder[49]. Der daneben ins Feld geführte, schon angesichts fehlender verbraucherseitiger Aktivlegitimation ohnehin unglaubwürdige Verbraucherschutz vor Preisverschleierung und Qualitätsverfall[50] ordnet sich denn auch ganz diesem Anliegen des Mittelstands- und Branchenschutzes unter, wenn zum geltenden Recht ausgeführt wird, der Vertreiber branchenfremder Waren werde dem Kunden meist **B 24**

---

45 Vgl. die amtliche Begründung der ZugabeVO, Reichsanzeiger 1932 Nr. 61, abgedruckt auch bei *v. Godin* Anh. I (S. 543 ff, insb. S. 544 f) sowie bei *Hoth/Gloy* Zugabe und Rabatt, Kommentar zur ZugabeVO und zum Rabattgesetz (1973) Anh. I (S. 429 ff, insb. 430 f).

46 Paradigmatisch KG JW 1936, 956 (dazu *Tetzner* Recht und Unrecht der Zugabe (1953) S. 13).

47 Vgl. *Reimer/Krieger* Zugabe- und Rabattrecht (1955) Vor § 1.

48 BGBl. I 1953, 939; 1955, 790; 1986, 1169; 1987, 2294.

49 Vgl. nur *Baumbach/Hefermehl* Vor § 1 ZugabeVO Rdn. 5; *v. Godin* U § 1 Rdn. 1 (Zugabeverbot soll Wettbewerbsübersteigerungen entgegenwirken, bei denen der mittelständische Mitbewerber nicht Schritt halten könne und zugrunde gehen müsse); *Hoth/Gloy* Zugabe und Rabatt, Kommentar zur ZugabeVO und zum Rabattgesetz (1973) Einf. ZugabeVO Rdn. 3; HdbWR/*Klosterfelde* § 50 Rdn. 4; s. a. BGH GRUR 1954, 174 – *Kunststoffiguren I.*

50 Näher BGH GRUR 1961, 588 – *Einpfennig-Süßwaren;* 1976, 248 f – *Vorspannangebot; Baumbach/Hefermehl* Vor § 1 ZugabeVO Rdn. 7, 9. Ein Verbraucherschutzzweck müßte ferner den Anwendungsbereich der ZugabeVO auf den „letzten Verbraucher" wie in § 1 RabattG einschränken.

kein zuverlässiger Berater sein[51]. Bestimmte Handelsstrukturen sind indessen ebensowenig wie der Zuschnitt von Branchen in einer der Wettbewerbsfreiheit verpflichteten Wirtschaftsordnung fixe Größen; sie stellen lediglich die Resultanten einer ganz konkreten, räumlich und zeitlich sich ständig verändernden Angebots- und Nachfragesituation dar (eingehend § 1 C Rdn. 25 ff).

B 25 Dasselbe gilt hinsichtlich der von der ZugabeVO abverlangten, auf dem Boden der Wettbewerbsfreiheit theoretisch unmöglichen, notwendig anmaßenden Unterscheidung von **„eigentlicher" Leistung** einerseits, **Zugabe** andererseits. Denn über eine Gewichtung der Angebotsteile lassen sich nur auf der Grundlage der jeweils ganz individuellen Nutzenpräferenzen der Parteien selber sachhaltige Aussagen treffen. Die von der ZugabeVO der Rechtsanwendung hier abverlangte Arroganz, ihre eigenen Wertvorstellungen bzw. diejenigen der Verkehrsauffassung an die Stelle der am Austauschprozeß Beteiligten zu setzen, belegt eine breite, von Dezisionismus getragene Kasuistik, der nur die Krone mit der wettbewerbstheoretisch wie auch aus Sicht der Privatautonomie befremdlichen Feststellung aufgesetzt wird, die Vertragsparteien könnten „nicht willkürlich eine nach der Verkehrsauffassung als Zugabe angesehene besondere Nebenleistung zum Teil der Gesamt- und damit der Hauptleistung machen"[52]. Von daher ist die **Fortgeltung** der ZugabeVO im Lichte ihrer Entstehungsgeschichte nicht nur eine Frage der heutigen Rechts- bzw. Wirtschaftskultur, in der Argumente wie die „Vergiftung des Geschäftslebens" durch „übersteigerte", dem „Gefühl" „innerlich widerstrebende" Zugaben[53] keinen Platz haben können. Die ZugabeVO wirft vielmehr gerade auch ein wirtschaftsverfassungsrechtliches Problem auf, dessen Diskussion – von dem für sich betrachtet nur schwach wirksamen Art. 2 I GG abgesehen – allein unter dem Aspekt des Art. 12 I GG und mit dem Hinweis auf das Zugaberecht als bloßer „gewerbepolizeilicher" Regelung der Berufsausübung[54] jedenfalls viel zu kurz greift. Zumindest ist eine äußerst restriktive Handhabung der ZugabeVO erforderlich, wenn die verfassungsrechtlichen Bedenken durch eine verfassungskonforme Auslegung derartigen wettbewerbswidrigen Wettbewerbsrechtes überhaupt überwunden werden sollten[55].

B 26 Gleichzeitig mit Erlaß der ZugabeVO wurde am 9. 3. 1932 durch die Verordnung des Reichspräsidenten zum Schutze der Wirtschaft das UWG geändert, womit erstmals wesentliche materiellrechtliche Umgestaltungen des Lauterkeitsrechtes[56], und zwar vor allem im Ausverkaufsrecht, vorgenommen wurden. Sie bestanden – unter Einfügung der §§ 7a und 7b UWG – in einer Neufassung der §§ 7–10 UWG. Außerdem wurden § 17 und 18 UWG neu formuliert und die §§ 20a und 27a inseriert. Eine weitere Novellierung des Sonderveranstaltungsrechts erfolgte

---

[51] *Baumbach/Hefermehl* Vor § 1 ZugabeVO Rdn. 8.

[52] *V. Gamm* Kap. 59 Rdn. 12 ff, insb. Rdn. 14 unter Hinweis auf BGH GRUR 1976, 314 f – *Büro-Service-Vertrag*.

[53] So *Baumbach/Hefermehl* Vor § 1 ZugabeVO Rdn. 9.

[54] *Baumbach/Hefermehl* Vor § 1 ZugabeVO Rdn. 4 f; *Hoth/Gloy* Zugabe und Rabatt, Kommentar zur ZugabeVO und zum Rabattgesetz (1973) Einf. ZugabeVO Rdn. 3, 5; s. a. KG WRP 1982, 92, 94 – *Bus-Gruppenfahrt*.

[55] So dezidiert schon *Tetzner* Recht und Unrecht der Zugabe (1953) S. 13 ff; *ders.* JZ 1954, 533; im neueren Schrifttum z. B. *Emmerich* § 11, 1 b; *Schünemann* S. 191 ff sowie – abschwächend – *Rinck/Schwark* Wirtschaftsrecht[6] (1986) Rdn. 756 f; *Rittner*[4] (1993) § 3 G I 3. Widersprüchlich *Baumbach/Hefermehl* Vor § 1 ZugabeVO Rdn. 10 einerseits (im Lichte des Prinzips eines freien Wettbewerbs sei die Rechtfertigung der ZugabeVO zweifelhaft), aaO Rdn. 11 andererseits (gegen alle Versuche einer „vorsichtigen und zurückhaltenden Auslegung").

[56] RGBl. I 1932, 121. Zuvor war im Zusammenhang mit dem Beitritt zum MMA schon § 22 UWG geändert worden (RGBl. II 1925, 115).

schon 3 Jahre später[57]. Durch die Einfügung der §§ 7c und 9a unter Neufassung der §§ 7, 7a, 8 (Nr. 2), 9 und 10 UWG sollten Lücken geschlossen werden, die 1932 noch offengeblieben waren. Von den neuen Ermächtigungen der §§ 9 und 9a UWG machte der Reichswirtschaftsminister durch die Anordnungen über Verkaufsveranstaltungen besonderer Art und über die Neuregelung der **Saisonschlußverkäufe**[58] alsbald Gebrauch. Die Reformen des Sonderveranstaltungsrechts vollzogen sich vor dem Hintergrund der **Weltwirtschaftskrise** und einer damit einhergehenden großen Zunahme von Sonderverkäufen, namentlich von Ausverkäufen, die den „regulären" Warenumsatz in der Tat sehr erschwerte[59]. Triebfeder für die Verschärfung des Rechts der Sonderveranstaltungen war wiederum der **Mittelstandsschutz**, der seinerseits gesellschafts- und wirtschaftspolitisch mit dem nationalsozialistischen Programm eng verwoben war und dessen ideologische Handschrift schon die Novelle von 1932, jedenfalls aber die von 1935 deutlich trägt (so ganz richtig *Mewes* Das Recht der Sonderverkaufsveranstaltungen (1936) S. 50 f). An dieser Einschätzung ändert sich nichts dadurch, daß das Sonderverkaufswesen unter dem nationalsozialistischen **Wirtschaftsdirigismus** immer weiter an Bedeutung verlor (**a. A.** *Kind* Sonderveranstaltungen, in: Hdb. d. Ausverkaufsrechts (1979) S. 45 f).

Am 12. 9. 1933 wurde das Gesetz über den **Werberat** der deutschen Wirtschaft ins Leben gerufen[60]. Mit ihm wurde die gesamte Wirtschaftswerbung einschließlich des Messewesens der Reichsaufsicht unterstellt und diese durch den zentralistisch organisierten Werberat ausgeübt. Materiell wurde die Wirtschaftswerbung durch § 3 des Gesetzes einem generellen Genehmigungsvorbehalt unterworfen. Auch dieses Gesetz ist bei seinem totalitären Aufsichtsanspruch ganz von dem ideologischen Geist des Nationalsozialismus durchdrungen (aufschlußreich *Hedemann* S. 113). **B 27**

Kurz darauf, am 25. 11. 1933 erging das Gesetz über Preisnachlässe, das sog. **Rabattgesetz**[61], und daran anknüpfend wenige Monate später die erste Durchführungsverordnung zu diesem Gesetz[62]. Ausweislich seiner amtlichen Begründung durch das Reichswirtschaftsministerium[63] sollten damit insgesamt die schon mit der ZugabeVO verfolgten Intentionen weiter effektiviert werden, nachdem innovative Unternehmen nach dem Erlaß des grundsätzlichen Zugabeverbots Wertreklame nunmehr eben mit dem Aktionsparameter Preis durch Rabattierung betrieben. Ganz offen ausgesprochen wurde auch hier das Ziel des **Mittelstandsschutzes** unter Konservierung traditioneller Marketing-Formen[64], wiederum verquickt mit wirtschafts- **B 28**

---

57 RGBl. I 1935, 311.

58 Reichsanzeiger 1935 Nr. 158.

59 Dazu *Kind* Sonderveranstaltungen, in: Hdb. d. Ausverkaufsrechts (1979) S. 46 mit Zahlenmaterial. Demzufolge wurden allein 1931 im Bereich der Industrie- und Handelskammer Berlin 1156 „Ausverkäufe" registriert.

60 RGBl. I 1933, 625.

61 RGBl. I 1933, 1011.

62 RGBl. I 1934, 120; weitere, die vorangehende Fassung jeweils abändernde Durchführungsverordnungen folgten (RGBl. I 1935, 208 und 1938, 981).

63 Reichsanzeiger 1933 Nr. 184, auch abgedruckt bei *v. Godin* Anh. II (S. 550 ff) sowie bei *Hoth/Gloy* Zugabe und Rabatt, Kommentar zur ZugabeVO und zum Rabattgesetz (1973) Anh. II S. 437 ff.

64 Plastisch insb. die amtliche Begründung zu § 2 RabattG (Reichsanzeiger 1933 Nr. 184): „Die zum Teil wilde Steigerung der Preisnachlaßhöhe führt zu einer solchen Verminderung des Rohgewinns, daß die Lebensfähigkeit vieler – besonders kleinerer – Geschäfts-, Gewerbe- und Handwerksbetriebe in Frage gestellt wird ... Höhere Preisnachlässe (sc. als gesetzlich gestattet) sind ... schädlich". Vgl. ferner die selbst innerhalb des RabattG angelegte weitere Diskriminierung von „Warenhäusern, Einheit-, Klein- oder Serienpreisgeschäften sowie ähnlicher, durch die besondere Art der Preisstellung gekennzeichneten Geschäfte ..." durch den für nichtig erklärten (BVerfG GRUR 1967, 605 f – *Warenhausrabatt*) § 6 RabattG.

politisch-dezionistischen Vorstellungen etwa über „normale", „vernünftige" und „gesunde" kaufmännische Kalkulation, die zu gewährleisten der „erzieherische Grundgedanke" des RabattG sei.

B 29 Daß derartige, unverkennbar an Elemente nationalsozialistischer Ideologie anknüpfende Gedankengänge[65] einer freiheitlichen, auf individuellem Unternehmerrisiko als Äquivalent der **Kalkulationsfreiheit** gründenden Wettbewerbswirtschaft geradezu ins Gesicht schlagen, sollte sich von selbst verstehen. Um so befremdlicher ist, daß weithin nicht nur die grundsätzliche **Fortgeltung** des RabattG angenommen wird[66], sondern daß man mit Rücksicht auf eben die vom historischen Gesetzgeber genannten Schutzzwecke auch nach 1945 um schlagkräftige Durchsetzung des RabattG bemüht war[67]. Selbst, ja gerade dann, wenn man von der historisch belasteten Genese des RabattG abstrahiert, erscheint die Vereinbarkeit seines Regelungsgehalts mit der wirtschaftsverfassungsrechtlichen Vorgabe einer auf Wettbewerbsfreiheit basierenden Wirtschaftsordnung nicht gegeben: Weder läßt sich das Lauterkeitsrecht strukturpolitisch instrumentalisieren noch kann schon angesichts der Regelung der Aktivlegitimation in § 12 RabattG ein Verbraucherschutzzweck zugunsten des RabattG reklamiert werden. In diesem Zusammenhang ist auch der schon in der amtlichen Gesetzesbegründung bemühte „Grundsatz gleicher Preisstellung" der Kunden[68] ein marktwirtschaftsfeindliches, innerhalb einer von Privatautonomie und Wettbewerbsfreiheit geprägten Wirtschaftsverfassung illegitimes Relikt, das auf ein allgemeines, keinesfalls etwa durch Art. 3 I GG legitimiertes Diskriminierungsverbot hinausläuft. Dieses aber steht im Widerspruch nicht nur zu den konstitutiven wettbewerbsrechtlichen Wertentscheidungen wirtschaftsverfassungsrechtlicher Art, sondern auch zu denjenigen des GWB, das sich aus guten Gründen nur gegen die marktmachtbedingte Diskriminierung wendet[69].

B 30 Schließlich ist die kontraproduktive Wettbewerbsfunktion des RabattG unübersehbar, die von seiner Verwendung als faktischem Ersatzinstrument für die an sich unzulässige Preisbindung der zweiten Hand qua Normalpreis ausgeht[70]. In Wahrheit beschränkt das RabattG trotz gegenteiliger Beteuerungen (BGH GRUR 1961, 367 f – *Schlepper*) eben doch den **Preiswettbewerb**[71], sei es auch nur dadurch, daß es der Konkurrenz eine Verstetigung deren Kalkulation ermöglicht (näher *Schünemann* S. 190). Dies wird sogar ganz offen eingeräumt, wenn es heißt, das RabattG

---

[65] Zutreffend *v. Godin* R § 1 Rdn. 1; *Koppensteiner* § 6 II 1 b.

[66] BVerfG GRUR 1967, 605 – *Warenhausrabatt;* BGHZ 27, 369, 371 – *Elektrogeräte;* BGH GRUR 1958, 487 – *Antibiotica;* 1959, 326 – *Kaffeeversandhandel;* 1961, 367 – *Schlepper; Baumbach/Hefermehl* Vor § 1 RabattG Rdn. 7; *Hoth/Gloy* Zugabe und Rabatt, Kommentar zur ZugabeVO und zum Rabattgesetz (1973) Einf. RabattG Rdn. 2.

[67] BGH GRUR 1978, 485 f – *Gruppenreisen;* 1983, 682 – *Fach-Tonband-Cassetten;* 1987, 302 – *Unternehmeridentität;* OLG Hamburg WRP 1962, 203 f – *Automaten;* 1963, 164 – *Allzwecktücher; Hoth/Gloy* Zugabe und Rabatt, Kommentar zur ZugabeVO und zum Rabattgesetz (1973) Einf. RabattG Rdn. 4; s. a. *Kisseler* WRP 1975, 129.

[68] Vgl. Reichsanzeiger 1933 Nr. 184.

[69] Vgl. § 26 II GWB und *Koenigs* NJW 1961, 1041, 1043; *Koppensteiner* § 6 II 1 b; *Ulmer* Rabattgesetz und Wettbewerbsordnung, in: FS Hefermehl (1972) S. 201, 211.

[70] *Assmann* BB 1985, 1685 (Anm. zu BGH NJW 1985, 2950); BKartA BB 1984, 231; *Emmerich* § 6, 3 a; *Gröschner* BB 1982, 1331; *v. Lampe* DAR 1984, 105; *Lindacher* GRUR 1985, 985 f; *Mestmäcker* Der verwaltete Wettbewerb (1984) S. 283; *Ulmer* GRUR Int. 1983, 611; *ders.* DAR 1983, 132. Im Ergebnis gegen die Preisbindung der zweiten Hand mit rabattrechtlichen Mitteln auch BGH NJW 1986, 29. Keine Bedenken äußern *Bunte* BB 1984, 1516; *Creutzig* DB 1984, 171; *ders.* DAR 1984, 97; *Heckelmann/Langheid* WRP 1983, 475; *Ostermann/Heckelmann* WRP 1985, 126; *Wild* WRP 1984, 352.

[71] *Koenigs* NJW 1961, 1043 f; *Ulmer* Rabattgesetz und Wettbewerbsordnung, in: FS Hefermehl (1972), 377, 383 ff.

unterbinde eine „Verschiebung der Wettbewerbslage unter den Einzelhändlern durch die Gewährung von Nachlässen vom Normalpreis" (so HdbWR/*Klosterfelde* § 50 Rdn. 45 unter Bezugnahme auf BGH GRUR 1959, 329, 331 – *Teilzahlungskauf;* 1960, 495, 498 – *WIR-Rabatt;* 1961, 367 f – *Schlepper;* 1974, 345 f – *Geballtes Bunt*). Die weitaus besseren Gründe sprechen deshalb ebenso wie bezüglich der ZugabeVO gegen die Gültigkeit des RabattG; zumindest ist seine äußerst zurückhaltende Handhabung geboten, um Verfassungskonformität herstellbar erscheinen zu lassen[72].

Ebenfalls schon aus einer recht frühen Phase nationalsozialistischer Herrschaft datiert schließlich die **„Verordnung über Wettbewerb"** vom 21. 12. 1934[73]. Wenngleich sie formal Strafrecht enthält, steht sie systematisch in engem Zusammenhang mit dem UWG. Dabei widmet sich die Verordnung zwar nur einem einzigen Tatbestand, dem plakativ sog. Verschleudern, also der Leistungserbringung unter Selbstkosten; gleichwohl verdeutlicht diese Verordnung aber selbst in dieser engen thematischen Begrenzung, wie sehr die dahinter stehende Doktrin sich programmatisch gegen einen an der individuellen Wirtschaftsfreiheit orientierten und von den einzelnen Wirtschaftssubjekten jeweils selber zu verantwortenden Wettbewerb wendete. Strafbar macht sich demzufolge, „wer unter unlauterem Ausnutzen eines Kredits oder böswilliger Nichterfüllung seiner Verpflichtung gegenüber dem Staate, der Gefolgschaft seines Betriebes oder seinen Gläubigern in gemeinschädlicher Weise Güter oder Leistungen zu Preisen anbietet, die seine Selbstkosten nicht decken können und den Anforderungen einer ordnungsmäßigen Wirtschaft widersprechen". Den gedanklichen Boden, in dem diese Verordnung über Wettbewerb verwurzelt ist, macht erst recht die Präambel deutlich: Nach einem Lippenbekenntnis, daß „Preise, die der Kaufkraft des Volkes entsprechen, ... sich ... am sichersten und zuverlässigsten auf der Grundlage eines gesunden Wettbewerbs (entwickeln)", erfährt man, daß Wettbewerb niemals „die Sicherung der Ernährung aus heimatlicher Scholle ... beeinträchtigen" dürfe. Zu niedrig kalkulierte Preise, aus denen Steuern und Löhne nicht gezahlt und die Gläubiger nicht befriedigt werden könnten, stünden nicht im Einklang mit einem auf Leistung und Verantwortungsbewußtsein gegründeten Wettbewerb und stellten damit nicht den für die Volkswirtschaft besten Preis dar (zu alledem s. a. *Hedemann* S. 114 f). Angesichts dieser Diktion überrascht einigermaßen, daß der nachkonstitutionelle Gesetzgeber diese Verordnung in seinen Willen aufgenommen hat[74]. Zu denken geben ferner gewisse **Argumentationsparallelen** hinsichtlich einer „gemeinschaftsschädigenden Störung des Wettbewerbs" in der rezenten Diskussion um eine angebliche wettbewerbsrechtliche Unzulässigkeit der Leistungskalkulation unter Selbst- bzw. Einstandskosten (vgl. hier nur *Baumbach/Hefermehl* § 1 Rdn. 873 f mwN; s. a. BGH GRUR 1990, 685 – *Anzeigenpreis I* (m. ablehnender Anm. *Emmerich* JuS 1991, 252); entschieden a. A. aber z. B. *Emmerich* § 6, 2; *Schünemann* S. 87 ff). Auch die Erwägungen, die im Rahmen der GWB-Novelle von 1989 zur Einfügung der damit in engem Zusammenhang stehenden **B 31**

[72] Im Ergebnis ebenso entschieden *Emmerich* § 6, 3 a; *Schünemann* S. 188 ff; sehr kritisch auch *v. Godin* R § 1 Rdn. 1; *Koppensteiner* § 6 II 1 b; *Lehmann* GRUR 1978, 375, 377; *Rinck/Schwark* Wirtschaftsrecht[6] (1986) Rdn. 756; *Rittner*[4] (1993) § 3 G I 3; s. a. *Baumbach/Hefermehl* Vor § 1 RabattG Rdn. 9; *Hefermehl* GRUR 1967, 605, 608 (Urteilsanm.). Grundsätzlich positiv stehen dem RabattG gegenüber z. B. *Kisseler* WRP 1975, 129; *Nastelski* MA 1962, 312, 325; *Nordemann* 485 f; *Ulmer/Reimer* Rdn. 1098.

[73] RGBl. I 1935 S. 128.

[74] Vgl. BGBl. III 1960, Folge 11 S. 147.

Regelungen der §§ 26 IV (= § 37 a III aF), V GWB veranlaßt haben, scheinen davon nicht frei[75].

B 32 Die wettbewerbsrechtliche **Rechtsprechung** des Reichsgerichts zwischen 1909 und 1945 hat naturgemäß auch die Dogmatik des Wettbewerbsrechts über den Einzelfall hinaus nachhaltig beeinflußt. Einen ersten Meilenstein stellt dabei wohl die Entscheidung aus dem Jahre 1914 dar[76], die einen ersten Schritt weg vom reinen Konkurrentenschutz in Richtung **Verbraucherschutz** wagt. Der Verbraucherschutz wird hier allerdings nur mittelbar angesprochen und erscheint lediglich als Reflex eines diffusen wettbewerbsrechtlichen Interesses an der Reinhaltung des öffentlichen Verkehrs. Eine andere Wendung erhält das „Interesse des Publikums an der Reinhaltung des öffentlichen Verkehrs" mit dem Urteil aus dem Jahre 1924 zu § 16 UWG, dessen Zweck nicht nur im Schutz des Vorberechtigten, sondern gerade auch in den „Interessen der Allgemeinheit" gesehen wird (RGZ 108, 272, 274). Dieses **Allgemeininteresse** wird nicht viel später, nämlich schon 1928, sehr deutlich konturiert[77]: Das Klagerecht, ja das ganze Wettbewerbsrecht, solle nicht nur – wie es vordergründig erscheinen mag – dem Konurrenten in seiner individuellen Betroffenheit zur Seite stehen, sondern den „Auswüchsen des Wettbewerbs" auch im öffentlichen Interesse entgegenwirken. Man kann dies iS eines frühen Verständnisses des Lauterkeitsrechtes als Instrument des wettbewerblichen Institutionsschutzes deuten, bei dem der Aktivlegitimierte mit einer „actio pro institutione (competitionis)" gleichsam in die Rolle eines „Funktionärs des Allgemeininteresses" an einer intakten Wettbewerbsordnung überzuwechseln beginnt[78]. Insoweit folgerichtig, wenngleich nicht unbedingt von der konkreten Entscheidungssituation abverlangt und auch ohne plausible Ausgrenzung der Popularklage, hat das Reichsgericht die Zulässigkeit der Verbandsklage auf eben diesen Gedankengang gegründet[79]. Dieser neue Interpretationsansatz des Lauterkeitsrechts wurde in seiner Tragweite und Sprengkraft für die bisherige, streng am **Konkurrentenschutz** orientierte Sicht des UWG durchaus richtig gewürdigt, wenngleich kontrovers beurteilt[80].

B 33 Zu Beginn der 30er Jahre werden sodann die Weichen für eine lange nachwirkende judikative Bewertung **vergleichender Werbung** gestellt: Während vordem unter Hinweis auf einen Umkehrschluß aus §§ 14 f UWG die wahre vergleichende Werbung wettbewerbsrechtlich unbeanstandet geblieben war, wurde nunmehr das Verdikt der Sittenwidrigkeit ausgesprochen, weil die „Anmaßung des Richteramtes in eigener Sache" den „Grundsätzen des anständigen, ... ordnungsgemäßen Wettbewerbs" zuwider laufe (RG GRUR 1931, 1299 – *Hellegold*). Außerdem zog das Reichsgericht (GRUR 1934, 59 – *Westfalenkoks*) einen Schlußstrich unter seine

[75] Vgl. die Begründung zum Regierungsentwurf (BT-Drucks. 11/4610, S. 23) sowie dem Bericht des Rechtsausschusses (BT-Drucks. 11/5949, S. 20 f).

[76] RG MuW XV (1915/1916), 48 f – *Ärztlicher Bezirksverein;* vgl. demgegenüber noch RGZ 75, 370.

[77] RGZ 120, 47, 49 – *Markenschutzverband*. S. a. *Möschel* Pressekonzentration und Wettbewerbsgesetz (1978) S. 134 f.

[78] S. näher *Buxbaum* aaO (Lit.-Verz.); *Fikentscher* Bd. II § 27 V; *Kötz* Klagen Privater im öffentlichen Interesse, in: Homburger/Kötz (Hrsg.) Klagen Privater im öffentlichen Interesse (1975) S. 69 ff, 92 ff; *Sack* WRP 1985, 1, 11; *Schünemann* S. 238.

[79] RGZ 128, 330, 342 – *Graf Zeppelin;* 132, 311, 316. Vgl. zu alledem auch *Möschel* Pressekonzentration und Wettbewerbsgesetz (1978) S. 135 (der allerdings das dort zitierte Allgemeininteresse, so, wie es aaO verwendet wird, für dogmatisch weniger ergiebig hält); *Schwartz* GRUR 1967, 333, 335 f.

[80] Zustimmend etwa *Rosenthal/Leffmann* Kommentar zum Wettbewerbsgesetz[9] (1969) S. 5; ablehnend z. B. *Callmann* Der unlautere Wettbewerb[2] (1932) § 13 Rdn. 2.

jahrzehntelang umstrittene Rechtsprechung, die geographischen **Herkunftsangaben** nur einen recht geringen Schutz im Rahmen des UWG hatte angedeihen lassen[81].

Besonders bemerkenswert ist ferner die Sinngebung, die die höchstrichterliche Judikatur im Verlaufe der Nazi-Herrschaft dem **Allgemeininteresse** gab, das Einzug in die wettbewerbsrechtliche Dogmatik – mit gänzlich anderem Inhalt – allerdings schon früher (vgl. RGZ 108, 272, 274) gefunden hatte. Seit 1936 sollte bei der Anwendung des § 1 UWG der Rekurs auf das Allgemeininteresse nunmehr den Hebel für die praktische Durchsetzung ganz bestimmter wirtschaftspolitischer Vorstellungen liefern. Die Zulässigkeitsprüfung einer Werbemaßnahme sollte sonach berücksichtigen, ob sie gerade wegen ihrer Marktfolgen vom „gesunden Volksempfinden" gebilligt oder aber als sittenwidrig abgelehnt würde. Gemessen an diesem Maßstab erregte die massenhafte Verteilung von Gutscheinen zum Gratisbezug einer Dose Schuhcreme Anstoß: Es handele sich dabei um ein nicht nur kaufmännischen Wirtschaftsgrundsätzen, sondern auch den wohlverstandenen Interessen der Marktgegenseite zuwiderlaufendes Verfahren, das zu einer der Volkswirtschaft abträglichen Bedarfsdeckung führe, zumal wenn man eine zu befürchtende Nachahmung mit in das Bewertungskalkül einbeziehe. Derartige Wertreklame störe die Wirtschaftsordnung und beeinträchtige sie in ihrem normalen Verlauf. Sie bürde letztlich der Allgemeinheit die entgegen den Geboten wirtschaftlicher Vernunft getätigten Reklameaufwendungen auf (RG GRUR 1936, 810, 812 – *Diamantine*. Ebenso RG GRUR 1939, 682 – *Lockenwickler;* etwas abgeschwächt hingegen RG GRUR 1938, 209 – *Persil*). **B 34**

War das Allgemeininteresse damit immerhin noch ökonomisch – wenngleich inhaltlich nicht wettbewerbskonform – definiert, so verkam das wettbewerbliche Allgemeininteresse in der Folge vollends zum bloßen Vehikel ideologischer, rassistischer Doktrinen. Nachdem schon im allgemeinen Zivilrecht die guten Sitten durch das von nationalsozialistischer Weltanschauung gespeiste, das Allgemeininteresse verkörpernde **„gesunde Volksempfinden"** bestimmt wurden (RGZ 150, 1, 4 ff), berief man sich nunmehr auch im Wettbewerbsrecht offen auf diesen Maßstab. So stand mit den guten Sitten in vollem Einklang, wenn ein Lieferant seinen Kunden gegenüber darauf verwies, daß ein anderer Lieferant Jude sei. Die noch kurz zuvor praktizierte Rechtsprechung, die die Bezeichnung eines Versicherungsunternehmens als „internationale Judengesellschaft" mangels Leistungsbezuges zum Versicherungsschutz für unzulässig erklärt hatte[82], wurde aufgegeben, weil „der volksbewußte Deutsche auch eine geschäftliche Verbindung mit dem Juden vermeiden" wolle (RG JW 1939, 429 f; ähnlich OLG Hamburg JW 1938, 3052. Zu dieser Rechtsprechungsentwicklung insgesamt s. *Pause* S. 314). **B 35**

3. Die Zeit nach 1945

Auch während der unmittelbaren Nachkriegszeit blieb das umfassende **Bewirtschaftungsrecht** zunächst noch erhalten, eklatant vom Nationalsozialismus gepräg- **B 36**

---

[81] RGZ 79, 250 – *Magdeburger Pilsener;* 139, 363 – *Herrenhäuser Pilsener.* Vgl. dazu vor dem Hintergrund zahlreicher Sonderregelungen (namentlich LMBG, WeinG mit zahlreichen Ausführungsverordnungen, Gesetz über die Herkunftsbezeichnung des Hopfens, Gesetz zum Schutze des Namens Solingen) auch *Ulmer/Reimer* Rdn. 673, 755 ff.

[82] RGZ 150, 298, 303 ff, 307; s. a. OLG Köln GRUR 1934, 202: Die Bezeichnung eines Unternehmens als „jüdisch getarnt" sei wettbewerbsrechtlich mangels geschäftlicher Relevanz unzulässig; gleichwohl sei festzustellen, daß der jüdische Einfluß zurückgedrängt werden müsse. Die „hohen Bestrebungen" der NSDAP seien jedoch zu „heilig", als daß sie durch eine Verknüpfung mit den reinen Geschäftsinteressen in den Staub eines unfairen Konkurrenzkampfes herabgezogen werden dürften.

tes Recht wurde von den Alliierten allerdings sofort aufgehoben. Erste Schritte in Richtung auf eine Wettbewerbswirtschaft wurden jedoch schon jetzt mit der Wiedereinführung der Gewerbefreiheit und der Rekonstruktion des **Kartellverbotes** unternommen[83]. Beides konnte freilich angesichts der desolaten gesamtwirtschaftlichen Lage wenig praktisch werden.

B 37 Von einschneidender Bedeutung für die Wirtschaftsgeschichte der Nachkriegszeit wurde dann das Jahr 1948 durch den Erlaß des die **Währungsreform** vorbereitenden Gesetzes über Leitsätze für die Bewirtschaftung und Preispolitik nach der Geldreform (sog. **Leitsätzegesetz**), durch die Währungsreform selber sowie die epochale Preisfreigabeanordnung *Ludwig Erhards,* die als Geburtsstunde der **sozialen Marktwirtschaft** als Wirtschaftsordnung der Bundesrepublik Deutschland angesehen werden kann[84]. Auf dieser Basis entwickelten sich bis heute freilich im einzelnen sehr verschiedene Wettbewerbskonzeptionen (vgl. ihre abrißhafte Darstellung Einl. A Rdn. 8 ff), die nicht nur ihre innere Kontingenz, sondern nach Erlaß des Grundgesetzes 1949 auch ihre Vereinbarkeit mit der dadurch statuierten Wirtschaftsverfassung darzutun haben (zu den verfassungsrechtlichen Vorgaben s. Einl. A Rdn. 43 ff, 61 ff). Eine ähnliche Herausforderung bestand in der ehemaligen **DDR** niemals, obwohl das UWG dort erstaunlicherweise trotz seines manifesten „Klassencharakters" niemals aufgehoben wurde und also dort formell weitergalt, jedoch aber unter den Bedingungen der sozialistischen Volkswirtschaft faktisch gegenstandslos war und demzufolge binnenwirtschaftlich völlig unbeachtet blieb (exemplarisch *Müller/ Woltz* S. 17 ff).

B 38 Mit dem schlagartigen Ende der allgemeinen Warenknappheit im Gefolge des wirtschaftlichen Aufschwungs nach Währungsreform und grundsätzlicher Preisfreigabe gewannen zwischenzeitlich obsolet gewordene Instrumente des Marketing wieder ihre Attraktivität zurück. Namentlich **Schlußverkäufe** erlangten erneut große Bedeutung. Zu ihrer Reglementierung erging schon im Juli 1950 eine auf die Ermächtigung des damaligen § 9 UWG gestützte Verordnung des Bundeswirtschaftsministers, die inhaltlich weitestgehend an ihre Vorgängerin, die Anordnung über Schlußverkäufe aus dem Jahre 1935 (dazu schon Einl. B Rdn. 26), anknüpfte[85], obwohl eine kritische Distanz angesichts der Entstehungsgeschichte und der wirtschaftspolitisch gewollten Effekte jener Anordnung in der Tat wünschenswert hätte erscheinen können. Die erste Nachkriegsänderung des UWG selber galt 1957 dem in § 27 a UWG verankerten Einigungsverfahren[86].

B 39 Das zum 1. 1. 1958 in Kraft getretene Gesetz gegen Wettbewerbsbeschränkungen (**GWB**)[87] hat das Lauterkeitsrecht zwar nicht normtextlich, wohl aber seiner dogmatischen Substanz nach stark beeinflußt[88]. Zwar ging man zunächst auch nach Erlaß des GWB noch von einem antinomischen Spannungsverhältnis zwischen

---

[83] S. *Fikentscher* Bd. II § 20 II 6 und 7 a; *Steindorff* Einführung in das Wirtschaftsrecht der Bundesrepublik Deutschland[2] (1985) S. 15.

[84] S. a. dazu sehr instruktiv *Fikentscher* Bd. II § 20 II 7 a; *Schlecht* Grundlagen aaO (Lit.-Verz.).

[85] Zur Verordnung vom 13. 7. 1950 (Bundesanzeiger 1950 Nr. 135), die nach Änderungen (Bundesanzeiger 1969 Nr. 138) schließlich aufgehoben (BGBl. I 1986, 1163) und sachlich in das UWG (§ 7 III Nr. 1) inkorporiert wurde, s. a. *Kind* Sonderveranstaltungen, in: Hdb. d. Ausverkaufsrechts (1979) S. 61.

[86] BGBl. I 1957, 172. Zu einer früheren Neufassung dieser Vorschrift s. die Verordnung vom 8. 3. 1940 (RGBl. I 1940, 480).

[87] BGBl. I 1957, 1081.

[88] Überhaupt lassen sich die Wandlungen des UWG nur sehr bedingt an den textlichen Änderungen ablesen, vgl. *Hefermehl* in: FS Fischer (1979), 197.

UWG und GWB aus[89]. Doch gewann zunehmend – zumal nach späteren GWB-Novellen – die Einsicht an Boden, daß UWG (einschließlich seiner Nebengesetze) und GWB in einer höheren, Individual- und Institutionsschutz versöhnenden substantiellen wettbewerbsrechtlichen Einheit aufgehoben sind[90]. Dies ist für die Anwendung des Lauterkeitsrechts insb. bei der Konkretisierung der Generalklauseln und hier wiederum des Zulässigkeitsmaßstabes der guten Sitten nach § 1 UWG von ausschlaggebendem Gewicht (näher Einl. D Rdn. 45 f, Einl. E Rdn. 15 ff)[91].

Mit der Novelle vom 21. 7. 1965[92] wurde dem ja schon lange proklamierten Gedanken, das UWG schütze auch Verbraucherinteressen, verfahrensrechtlich Rechnung getragen. Denn nunmehr wurde das **Verbandsklagerecht** durch einen § 13 I a UWG[93] grundsätzlich auf bestimmte Vebraucherschutzverbände ausgeweitet. Die Aktivlegitimation im Rahmen des § 1 UWG beschränkte sich dabei freilich auf Formen der irreführenden Werbung, weil man mehrheitlich nur dadurch eine wesentliche Betroffenheit der Verbraucher feststellen zu können glaubte[94]. **B 40**

Sehr viel tiefere Spuren hat das Änderungsgesetz vom 26. 6. 1969[95] im UWG hinterlassen. Hierbei wurde zunächst das Merkmal „zu Zwecken des Wettbewerbs" eingefügt und sodann der Ansatz für die wettbewerbsrechtliche Zulässigkeitsprüfung nach § 3 UWG von „unrichtigen Angaben", die „geeignet sind, den Anschein eines besonders günstigen Angebots hervorzurufen", ganz allgemein verschoben auf **„irreführende Angaben"** über geschäftliche Verhältnisse. Die alte Normsubstanz hat sich jedoch in dem Straftatbestand des § 4 UWG noch erhalten. **B 41**

Während die Novellierung des § 3 UWG jedenfalls insoweit zu begrüßen war, als sie eine normtextliche Harmonisierung mit § 1 UWG bewirkte (s. aber auch Einl. D Rdn. 231), verdienen die seinerzeit eingefügten §§ 6 a und b UWG das entgegengesetzte Prädikat. Sie bedeuten jedenfalls im Ergebnis eine Behinderung des Direktmarketings zugunsten des vielfach mittelständischen Einzelhandels, die zudem noch Großhandel und Hersteller unterschiedlich trifft. Unter dem Deckmantel eines **Verbraucherschutzes** vor typischer Irreführung[96] wurde der Versuch unternommen, unter massivem Eingriff in den sog. **Stufenwettbewerb** derart traditionelle Distributionsstrukturen festzuschreiben, nachdem einschlägige Bemühungen, über § 1 UWG zu diesem Ziel zu kommen, gescheitert waren (dazu eingehend § 1 C Rdn. 1 ff)[97]. Eine wie auch immer geartete konkret vorfindliche Funktionsteilung zwischen Produktion und Distribution auf Groß- und Einzelhandelsebene kann in einer Wettbewerbswirtschaft aber keinerlei normative Geltung beanspruchen. Ihre Bildung und Umbildung muß deshalb allein Sache der Marktkräfte bleiben[98]. Die **B 42**

---

[89] So insb. *Koenigs* NJW 1961, 1041 f, der freilich durchaus Wechselwirkungen zwischen UWG und GWB bejaht. S. a. *Knöpfle* Rechtsbegriff S. 345; *ders.* Marktbezogene Unlauterkeit S. 7 ff.

[90] Vgl. *v. Gamm* Kap. 3 Rdn. 5 ff sowie eingehend Einl. E Rdn. 7 f.

[91] Für die Einbeziehung kartellrechtlicher Gesichtspunkte bei § 1 UWG ausdrücklich z. B. BGH GRUR 1990, 685 und 687 – *Anzeigenpreis I und II.*

[92] BGBl. I 1965, 625.

[93] Vgl. jetzt § 13 II Nr. 3 UWG in allerdings geänderter Fassung.

[94] Zur rechtspolitischen Kontroverse, in welcher der weitergehende Entwurf der sozialdemokratischen Bundestagsfraktion sich nicht durchsetzen konnte, vgl. BT-Drucks. IV/2001, 2217, 3403.

[95] BGBl. I 1969, 633. Kurz zuvor, am 25. 6. 1969, war durch Art. 55 des Ersten Strafrechtsreformgesetzes § 23 UWG völlig umgestaltet worden (BGBl. I 1969, 645).

[96] Vgl. Motive des Rechtsausschusses BT-Drucks. V/4035 (= GRUR 1969, 338).

[97] Aufschlußreich BGH GRUR 1958, 557 – *Direktvertrieb;* BGH WuW/E 1959, 339 – *Elektrogeräte.*

[98] So dezidiert z. B. auch *Emmerich* § 6, 8; *Gröner/Köhler* Der Selbstbedienungsgroßhandel zwischen Rechtszwang und Wettbewerb (1986) S. 69; *Kilian* Schutz des Verbrauchers oder der Handelsstrukturen? (1987) S. 70 ff; *Schricker/*

Vereinbarkeit der §§ 6 a und b UWG mit der – wenngleich über einzelne Grundrechte vermittelten – wirtschaftsverfassungsmäßigen Grundentscheidung für eine Marktwirtschaft (dazu Einl. A Rdn. 50 ff) ist deshalb trotz höchstrichterlicher Unbedenklichkeitsfeststellungen durchaus nicht zweifellos, zumal dann, wenn man an der Rechtsnatur der §§ 6 a und b UWG als abstrakten Gefährdungstatbeständen iS unwiderleglicher Vermutungen festhält[99].

B 43 Daneben hat die UWG-Novelle von 1969 erneut § 23 sowie weiterhin § 24 UWG geändert und § 27 um die Absätze 2 bis 4 erweitert. Ein Jahr später erfuhren mit einer Änderung des § 27 a XI die (kollektiven) Verbraucherbelange eine Stärkung im Rahmen der Besetzung der Einigungsstellen[100].

B 44 Auf das Lauterkeitsrecht hat auch die (zweite) GWB-Novelle von 1973[101] erheblichen Einfluß ausgeübt, wennschon nur mittelbar, nämlich über die dogmatische Konvergenz beider Wettbewerbsrechtsgebiete (vgl. schon Einl. B Rdn. 39, vor allem Einl. E Rdn. 15 ff). Der seitdem in § 28 II GWB ausdrücklich fixierte Begriff des **„leistungsgerechten Wettbewerbs"** hat das Verständnis des Schutzzwecks bzw. Schutzguts auch des § 1 UWG nunmehr ganz an die Alternative von schützenswertem Leistungs- und unlauterem Nichtleistungs- bzw. Behinderungswettbewerb gebunden[102]. Auch wenn die rechtliche Operationalität dieser Dichotomie im einzelnen sehr kritisch beurteilt werden mag (näher Einl. D Rdn. 81 ff, 95 f)[103], so ist es doch § 28 II GWB zu verdanken, daß der dogmengeschichtliche Prozeß der Ablösung einer wirtschaftsethisch-moralisierenden Betrachtungsweise hin zu einem marktfunktionalen Verständnis des Wettbewerbsverhaltensrechts hierdurch eine normtextlich etwas deutlicher greifbare wettbewerbsrechtliche Legitimationsbasis gefunden hat.

B 45 In der Folgezeit wurde mit dem EGStGB von 1974[104] durchweg das straf- und ordnungsrechtliche Sanktionsinstrumentarium des UWG bereinigt bzw. angepaßt, d. h. §§ 4 I, 6 II, 8, 10, 12, 15 I, 17 I und III, 18, 20 a, 22, 23 I UWG geändert und §§ 11 IV sowie 26 UWG aufgehoben. Allerdings erfuhr auch § 27 a (V und XI) UWG dabei eine Umgestaltung. Im folgenden Jahr wurde dann § 7 d UWG eingefügt[105].

B 46 Ende der 70er Jahre traten erneut Bestrebungen, das UWG zu reformieren, an das Licht. Weitgehend in Einklang mit Empfehlungen einer beim Bundesjustizminister angesiedelten Sachverständigenkommission zur Bekämpfung der Wirtschaftskriminalität sowie in Übereinstimmung mit dem Verbraucherbeirat beim Bundeswirtschaftsminister legte die damals regierungsbildende **sozialliberale Koalition**

Lehmann Der Selbstbedienungsgroßhandel² (1987) S. 94 ff; *Mestmäcker* Der verwaltete Wettbewerb (1984) S. 285 ff; *Pfaff* BB 1986, 1799; *Schünemann* S. 170.

99 Vgl. *Gillert* Die rechtliche Bewertung des sogenannten Anzapfens nach § 1 UWG (1980) S. 200 f; *ders.* BB 1981, 702; *Gröner/Köhler* Der Selbstbedienungsgroßhandel zwischen Rechtszwang und Wettbewerb (1986) S. 72 ff; *dies.* BB 1982, 257; *Köhler* Wettbewerbs- und kartellrechtliche Kontrolle der Nachfragemacht (1979) S. 30; *Leisner* Selbstbedienungsgroßhandel und Verfassungsrecht (1986) S. 145 ff. S. a. *Baumbach/Hefermehl* § 6 a UWG Rdn. 1 f. Zu der darin beschlossenen, schon unter dem Blickpunkt des Art. 12 I GG verfassungswidrigen „heteronomen Berufsbildprägung" s. *Scholz* BB 1980 Beilage 5.

100 BGBl. I 1970, 805.

101 BGBl. I 1973, 917.

102 Vgl. beispielhaft nur *Ulmer* GRUR 1977, 565; vordem s. namentlich schon *Lobe* I S. 47 ff; sodann *Böhm* Wettbewerb passim, z. B. S. 73 ff, 124 ff; *Nipperdey* Wettbewerb und Existenzvernichtung (1930) S. 16 ff.

103 Ganz ablehnend *Freitag* S. 120 ff; sehr zurückhaltend etwa *Emmerich* § 5, 2 c ee; *Steindorff* in: summum ius summa iniuria S. 77.

104 BGBl. I 1974, 469.

105 BGBl. I 1975, 685.

1978 einen kontrovers diskutierten Änderungsentwurf vor[106]. Er sah unter anderem eine Verschärfung der Straftatbestände nach §§ 4 und 17 UWG sowie die Strafbarkeit progressiver Kundenwerbung (sog. Schneeballsystem) vor. Neuregelungen sollten ferner etwa die Verbandsklagebefugnis, das Einigungsverfahren und die Streitwertfestsetzung betreffen. Vorgesehen war auch ein Rücktrittsrecht sowie ein Schadensersatzanspruch des irregeführten Verbrauchers.

Ziel der geplanten Reform war es, einem Wandel im Verständnis des UWG Rechnung zu tragen, das nunmehr dezidiert neben dem **Konkurrentenschutz** auch den **Verbraucherschutz** auf sein Panier geschrieben hatte (dazu eingehend *Lindenmeyer/Henseler* WRP 1978, 87). Den Gegenpol stellte der Entwurf der Opposition dar[107], der sich trotz eines Parallelvorschlages im Bereich des verbraucherseitigen Schadensersatzanspruchs doch ganz wesentlich vom Regierungsentwurf unterschied. Einen wesentlichen Punkt bildete dabei die Neuorientierung des § 1 UWG an der Wirksamkeit eines leistungsgerechten Wettbewerbs. Weiterhin sollten bestimmte Formen der Preisgegenüberstellungen und der Werbung mit mengenmäßigen Beschränkungen untersagt werden. Beweislastregelung und Neuformulierung des § 23 a UWG rundeten das Vorschlagspaket ab. Den Hintergrund dieser Gesetzesinitiative bildeten wiederum klar erkennbare mittelstandspolitische, aber verbraucherpolitisch verbrämte Aktivitäten, da ein Diskussionskreis „Mittelstand" der CDU/CSU-Fraktion und die **Mittelstandsvereinigungen** von CDU/CSU den Vorentwurf geliefert hatten (informativ auch *Gaedertz* WRP 1977, 681). Die parlamentarische Diskussion führte bis zum Ende der Legislaturperiode im Herbst 1980 freilich zu keinem greifbaren Ergebnis. **B 47**

Dasselbe Schicksal erlitten die Novellierungsbemühungen, die während der 9. Legislaturperiode des Deutschen Bundestages fortgesetzt wurden[108], obwohl sich im Diskussionsverlauf die sozialliberale Regierungskoalition den oppositionellen Positionen stark angenähert hatte. So sollten etwa Schadensersatzansprüche der Verbraucher auf das negative Interesse beschränkt bleiben. Doch kam es – wie gesagt – zu keiner Verabschiedung des nunmehr substantiell geänderten Regierungsentwurfs, nachdem der Regierung Schmidt durch das Ausscheiden der FDP-Regierungsmitglieder seit Mitte September 1982 die parlamentarische Basis fehlte. **B 48**

1986 traten die Novellierungspläne in eine **neue Phase.** Während die sozialdemokratische Bundestagsfraktion praktisch ihren Vorschlag aus dem Jahre 1982 wiederholte[109], trägt der Entwurf der Regierungskoalition[110] in manchem doch eine veränderte Handschrift. Neben dem Verbot bestimmter Werbung mit mengenmäßigen Beschränkungen und Preisgegenüberstellungen, die nur das alte Anliegen mittelständischer Kreise an einer Reduktion erfahrungsgemäß besonders absatzwirksamer Reklame und – indirekt – auch aggressiver Preispolitik selbst verfolgte, war eine Straffung iS einer Vereinfachung des Sonderveranstaltungsrechts, ein Ausschluß des Aufwendungsersatzanspruchs für eine erste Abmahnung, ein Rücktrittsrecht des irregeführten Verbrauchers sowie eine flexible Streitwertbemessung vorgesehen. Im Rechtsausschuß des Bundestages wurde abweichend vom Koalitionsentwurf die Zu- **B 49**

---

106 BT-Drucks. 8/2145 (der dem Regierungsentwurf zugrundeliegende Referentenentwurf aus dem Bundesjustizministerium ist abgedruckt in WRP 1978, 277). Befürwortend z. B. *Krieger* WRP 1978, 1; *Schricker* GRUR 1979, 1; ablehnend *Ahrens* WRP 1978, 677; *Borck* WRP 1978, 337.

107 BT-Drucks. 8/1670.

108 Die CDU/CSU-Fraktion erneuerte am 15. 7. 1981 praktisch ihren Entwurf aus dem Jahre 1978 (BT-Drucks. 9/665), die Koalition stützte sich ihrerseits bei ihrem Entwurf vom Januar 1982 (BT-Drucks. 8/1707) ebenfalls weitgehend auf den Regierungsentwurf von 1978.

109 BT-Drucks. 10/80.

110 BT-Drucks. 10/4741.

lassung von Jubiläums- und Umbausonderveranstaltungen vorgeschlagen und hinsichtlich des Aufwendungsersatzausschlusses bei Abmahnungen eine elastischere Mißbrauchsregelung befürwortet[111]. In dieser Gestalt wurde die Novelle vom Gesetzgeber als Teil des Gesetzes zur Änderung wirtschafts-, verbraucher-, arbeits- und sozialrechtlicher Vorschriften verabschiedet und trat nach ihrer Verkündung am 25. 7. 1986[112] mit Wirkung zum 1. 1. 1987 in Kraft. Damit waren §§ 6 d und e, 13 a UWG eingefügt und das Sonderveranstaltungsrecht in den §§ 7 f UWG konzentriert. §§ 9, 9 a, 10 und 11 UWG entfielen. § 13 UWG wurde redaktionell überarbeitet und die Aktivlegitimation der Industrie- und Handelskammern sowie der Handwerkskammern verdeutlicht. Die Streitwertherabsetzung nach § 21 a UWG wurde erleichtert.

B 50 Parallel dazu wurden strafrechtliche Elemente des UWG durch das am 15. 5. 1986 verkündete Zweite Gesetz zur Bekämpfung der Wirtschaftskriminalität neu gestaltet[113]. Mit Wirkung bereits zum 1. 8. 1986 wurde nun materiellrechtlich mit § 6 c UWG die progressive Kundenwerbung strafbar und die Strafbarkeit der Betriebsspionage nach § 17 UWG deutlich verschärft. Verfahrensrechtlich markant ist die Einfügung des § 22 I 2 UWG, der die §§ 17, 18 und 20 UWG bei besonderem öffentlichen Interesse an der Strafverfolgung zu Offizialdelikten aufgewertet hat.

B 51 Der Bundesrat hatte seine Zustimmung zur UWG-Reform von 1986 mit der Maßgabe gegeben, daß die Bundesregierung bis 1. 1. 1989 über die mit der Novellierung gemachten Erfahrungen berichten solle. Diesen Bericht hat die Bundesregierung am 13. 3. 1989 erstattet[114]. Sie vertritt darin die Auffassung, daß sich die Novelle im wesentlichen praktisch bewährt habe.

B 52 Beginnend mit der EG-Richtlinie zur Angleichung der Rechts- und Verwaltungsvorschriften der Mitgliedsstaaten über irreführende Werbung aus dem Jahr 1984[115] wird die Geschichte des deutschen Lauterkeitsrechts auch und gerade vom **Europäischen Recht** geschrieben (eingehend Einl. F Rdn. 318 ff)[116]. Eine in ihren Wirkungen noch schwer abschätzbare Größe ist dabei vor allem die durch die EEA schon lange geplante, schließlich für Ende 1992 terminierte Vollendung des Europäischen Binnenmarktes gemäß Art. 8 a EWGV[117], der nun im Zuge der Schaffung einer Europäischen Wirtschafts- und Währungsunion (EWWU) in den Art. 7 a des Vertrages über die Gründung der Europäischen Gemeinschaft (EGV) normtextlich gleichlautend übernommen wurde. Einerseits ist ein solcher **Binnenmarkt** gerade ohne homogenes Wettbewerbsverhaltensrecht undenkbar, andererseits wurden im sekundären Gemeinschaftsrecht die Weichen dafür nicht rechtzeitig gestellt, geschweige denn, daß nationalrechtliche Transformationsakte erfolgt wären. Dies wirft die Frage auf, ob sich das supranationale Primärrecht des Art. 7 a EGV insoweit ggf. selbst vollzieht, ob also binnenmarktinadäquates nationales Recht – trotz der gegenteiligen Ansicht der an der EEA Beteiligten[118] – mit Beginn des Jahres 1993

---

111 BT-Drucks. 10/5771.

112 BGBl. I 1986, 1167.

113 BGBl. I 1986, 721. S. a. die Regierungsentwürfe aus dem Jahre 1982 und 1983 (BT-Drucks. 9/2008 und 10/318) sowie den Bericht des Rechtsausschusses (BT-Drucks. 10/5058).

114 BR-Drucksache 1989/150 (s. a. GRUR 1989, 408).

115 Richtlinie 84/450/EWG vom 19. 9. 1984 (ABl-EG 1984 L 250/17 = GRUR Int. 1984, 688).

116 Zu den Problemen der Europäischen Angleichung des Rechts des Unlauteren Wettbewerbs s. schon *Schricker* Probleme der Europäischen Angleichung des Rechts des Unlauteren Wettbewerbs, in: FS Zweigart (1981), 535 ff sowie hier nur noch *ders.* GRUR Int. 1990, 771.

117 Vgl. bereits *Bulletin* der Europäischen Gemeinschaften Beilage 2/86.

118 S. die Protokollerklärung der Konferenz zu Art. 8 a EWGV aaO.

gleichsam automatisch harmonisiert ist. Ein solches „self-executing" erscheint gerade bezüglich des UWG möglich, insb. soweit eine gemeinschaftsrechtskonforme Konkretisierung der großen Generalklausel des § 1 UWG betroffen ist. Denn sind die „guten Sitten" ohnehin nicht aus teilweise höchstdifferenten nationalen Usancen hinsichtlich irgendeines geschäftlichen Anstandes, sondern aus den ökonomisch-theoretischen Implikaten eines funktionierenden (Binnen-)Marktes selber zu entwikkeln (zu den Konkretisierungsstrategien im einzelnen Einl. D Rdn. 3 ff, 8 ff), so bietet sich damit eine gemeinschaftsweit homogene und ausreichend substantiierte Basis für die Entfaltung wettbewerblicher Verhaltensanforderungen auch ohne näher spezifiziertes supranationales Wettbewerbsrecht und nationalrechtliche Transformationen. Die dabei notwendig auftretenden dogmatischen Unsicherheiten und Unschärfen sind gewiß groß, aber auch nicht größer, als sie sich bei der Konkretisierung der Generalklausel schon jetzt darstellen[119].

C. Die geschützten Rechtsgüter, ihre dogmatische Einordnung

Übersicht

Alphabetische Übersicht (C)

---

119 S. näher *Schünemann* Rechtsvereinheitlichung und Rechtsangleichung in der EG, in: H. Berg/Meissner/Schünemann (Hrsg.) Märkte in Europa (1990) S. 165 f, 169 f, insb. 186 f.

Literatur

Alexander-Katz Moderne Fälle unlauteren Wettbewerbs[2] (1933); *Behrens* Die ökonomischen Grundlagen des Rechts. Politische Ökonomie als rationale Jurisprudenz (1986); *Burmann* Strukturwandel des Werbe- und Wettbewerbsrechts, WRP 1967, 71; *Burmann* Wettbewerb als sinnvariabler Rechts- und Wirtschaftsbegriff, WRP 1967, 240; *Burmann* Wettbewerbsrecht und gewerblicher Rechtsschutz. Die Entwicklung vom Persönlichkeitsrecht zum Funktionsrecht im Wettbewerb, WRP 1968, 258; *Callmann* Der unlautere Wettbewerb[2] (1932); *Fezer* Schadensersatz und subjektives Recht im Wettbewerbsrecht, WRP 1993, 565; *Fikentscher* Wettbewerb und gewerblicher Rechtsschutz (1958); *Forkel* Allgemeines Persönlichkeitsrecht und wirtschaftliches Persönlichkeitsrecht, in: FS Neumeyer (1985), 229; *Friedrich* Die rechtliche Struktur des Wettbewerbsverhältnisses im Sinne des UWG, WRP 1976, 439; *Giere* Die Bedeutung öffentlicher Interessen bei Anwendung des § 1 UWG, Diss. Münster (1978); *v. Godin* Wettbewerbsrecht[2] (1974); *Hefermehl* Grenzen des Lauterkeitsschutzes, GRUR Int. 1983, 507; *v. Hippel* Der Schutz des Schwächeren (1982); *v. Hippel* Verbraucherschutz[3] (1986); *Hösl* Interessenabwägung und rechtliche Erheblichkeit der Irreführung bei § 3 UWG (1986); *Hubmann* Grundsätze der Interessenabwägung, AcP 155 (1955), 84; *Isay* Das Rechtsgut des Wettbewerbsrechts (1933); *Keins* Das geschützte Rechtsgut bei der Bekämpfung des unlauteren Wettbewerbs, Diss. Breslau 1935; *Kirchberger* Unlauterer, sittenwidriger und unerlaubter Wettbewerb (1931); *Kirchgässner* Führt der homo oeconomicus das Recht in die Irre?, JZ 1991, 104; *Knöpfle* Der Rechtsbegriff „Wettbewerb" und die Realität des Wirtschaftslebens (1966); *Kohler* Der unlautere Wettbewerb – Darstellung des Wettbewerbsrechts (1914); *Kraft* Interessenabwägung und gute Sitten im Wettbewerbsrecht (1963); *Kraft* Die Berücksichtigung wirtschaftspolitischer und gesellschaftspolitischer Belange im Rahmen des § 1 UWG, in: FS Bartholomeyzik (1973), 223; *Kraft* UWG-Reform zwischen Mitbewerber-, Verbraucher- und Wettbewerbsschutz, ZRP 1979, 161; *Kraft* Gemeinschaftsschädliche Wirtschaftsstörungen als unlauterer Wettbewerb?, GRUR 1980, 966; *Krause* Die Berücksichtigung der Allgemeinheit bei der Beurteilung wettbewerblichen Handelns (1982); *Krüger-Nieland* Persönlichkeitsschutz im Wettbewerbsrecht, GRUR 1974, 561; *Kummer* Anwendungsbereich und Schutzgut der privatrechtlichen Rechtssätze gegen unlauteren und gegen freiheitsbeschränkenden Wettbewerb (1960); *Kummer* Interessenabwägung und gute Sitten im Wettbewerbsrecht (1963); *Lindacher* Grundfragen des Wettbewerbsrechts, BB 1975, 1311; *Lobe* Die Bekämpfung des unlauteren Wettbewerbs, Bd. I: Der unlautere Wettbewerb als Rechtsverletzung nach dem Bürgerlichen Gesetzbuch und den Nebengesetzen; Bd. III Materialien des Gesetzes zur Bekämpfung des unlauteren Wettbewerbs (1907); *Lobe* Die Entwicklung des Schutzes gegen unlauteren Wettbewerb nach der Rechtsprechung des Reichsgerichts, GRUR 1931, 1215; *Löwenheim* Suggestivwerbung, unlauterer Wettbewerb, Wettbewerbsfreiheit und Verbraucherschutz, GRUR 1975, 99; *Merz* Die Vorfeldthese (1988); *Nerreter* Allgemeine Grundlagen eines Deutschen Wettbewerbsrechtes (1936); *Ott* Systemwandel im Wettbewerbsrecht, in: FS Raiser (1974), 403; *Pause* Die Berücksichtigung der Allgemeinheit bei Beurteilung wettbewerblichen Handelns (1984); *Raiser* Rechtsschutz und Institutionenschutz im Privatrecht, in: summum ius, summa iniuria (1963), 145; *Reichold* Lauterkeitsrecht als Sonderdeliktsrecht. Zur Rolle zivilistischen Denkens bei der Anwendung von § 1 UWG, AcP 193 (1993), 204; *Reinhardt* Das Persölichkeitsrecht in der geltenden Rechtsordnung (1931); *Rotondi* Das Avviamento als Schutzobjekt der Klage aus unlauterem Wettbewerb und als Kriterium für die Einteilung der unlauteren Wettbewerbshandlungen, GRUR Int. 1956, 531; *Sack* Sittenwidrigkeit, Sozialwidrigkeit und Interessenabwägung, GRUR 1970, 493; *Samwer* Verbraucherschutz und Wettbewerbsrecht, GRUR 1969, 326; *Schluep* Vom lauteren zum freien Wettbewerb, GRUR Int. 1973, 446; *Schrauder* Wettbewerbsverstöße als Eingriffe in das Recht am Gewerbebetrieb (1970); *Schricker* Unlauterer Wettbewerb und Verbraucherschutz, GRUR Int. 1970, 32; *Schricker* Entwicklungstendenzen im Recht des unlauteren Wettbewerbs, GRUR 1974, 579; *Schwartz* Verfolgung unlauteren Wettbewerbs im Allgemeininteresse, GRUR 1967, 333; *Simon* Das allgemeine Persönlichkeitsrecht und seine gewerblichen Erscheinungsformen (1981); *Ulmer* Wandlungen und Aufgaben im Wettbewerbsrecht, GRUR 1937, 767; *Würdinger* Freiheit der persönlichen Entfaltung, Kartell- und Wettbewerbsrecht, WuW 1953, 721.

I. Schutzzweck, Schutzsubjekt und Schutzobjekt

Hinsichtlich des Gewichts der **teleologischen Interpretation** innerhalb des Methodenkanons der juristischen Hermeneutik sind für das Wettbewerbsrecht keinerlei Einschränkungen angezeigt (vgl. *Merz* Vorfeldthese S. 185 sowie schon Einl. A Rdn. 35). Im Gegenteil ist das Erfassen des Normzwecks hier um so wichtiger, als das Wettbewerbsrecht und dabei in vorliegendem Kontext namentlich das UWG sich regelungstechnisch maßgeblich auf Generalklauseln stützt, deren dogmatischer Sinngehalt sich nur unter Rückgriff auf eben den **Normzweck,** ja den Sinn und Zweck des Wettbewerbsrechts überhaupt[1] entfalten läßt. In diesem Zusammenhang des Norm- bzw. Schutzzwecks kommt wiederum besondere Bedeutung zunächst der Problematik des Schutzsubjekts zu, wen also das Gesetz schützt. Sodann fragt es sich, welches die dabei geschützten Rechtsgüter sind, eine Frage, die sich wiederum mit derjenigen nach dem Schutzzweck der Norm bzw. des Normkomplexes praktisch deckt[2]. **C 1**

Schutzsubjekt und **Schutzobjekt** sind trotz ihrer begrifflichen Separierbarkeit freilich zu eng aufeinander bezogen, als daß es Sinn machte, sie in der wettbewerbs- **C 2**

---

[1] S. bereits *E. Ulmer* GRUR 1937, 767, 772 f; ferner *RWW/Fezer* 3.0 Rdn. 109; *Fikentscher* Bd. II § 22 XI 3 a. Enger *Rittner*[4] (1993) § 1 B II 2: Frage nach dem Schutzzweck könne sinnvoll nur für die einzelne Norm gestellt werden.

[2] S. a. *Emmerich* § 3 (vor 1.) sowie *Merz* Vorfeldthese S. 198.

rechtlichen Normzweckerfassung fein säuberlich zu trennen (so auch *RWW/Fezer* 3.0 Rdn. 111. **A. A.** aber die insoweit wohl **hM**, vgl. z. B. *Baumbach/Hefermehl* Einl. UWG Rdn. 41 ff, 44 ff; *Emmerich* § 3), wie exemplarisch etwa in der Diskussion um ein wettbewerbsrechtlich berücksichtigungswürdiges **Allgemeininteresse** (s. schon Einl. B Rdn. 32 ff; näher Einl. C Rdn. 5 f, 19 f, 26 ff) deutlich wird, weil dieses Interesse ohne seinen subjektiven Bezugspunkt, die Allgemeinheit, sich begrifflich verflüchtigen müßte. Wenn als Schutzobjekt Interessen definiert werden, deren rechtlicher Schutz sich zu subjektiven Rechten, etwa zum Persönlichkeitsrecht, verdichtet haben soll (dazu Einl. C Rdn. 9 f), so wird dieser unlösbare Zusammenhang zwischen Schutzsubjekt und Schutzobjekt ebenfalls manifest, wenn man nicht subjektlose subjektive Rechte akzeptiert[3]. Es erscheint heuristisch mithin unschädlich, das Schutzsubjekt als integrales Moment des Schutzobjekts zu diskutieren, zumal eine rechtspraktische Erheblichkeit des Schutzsubjekts für sich allein genommen nicht erkennbar wird: Zweifel beispielsweise, wer über den durch Wettbewerbsrechtsverstoß unmittelbar Tangierten hinaus aktiv legitimiert ist, löst das Gesetz abschließend selber (§ 13 UWG, 2 I 2 ZugabeVO, 12 S. 2 RabattG), und Überlegungen, die um das Schutzsubjekt als Determinante eines „Wettbewerbsverhältnisses" kreisen, erübrigen sich jedenfalls dann, wenn das Wettbewerbsverhältnis als eine dogmatisch unergiebige Denkfigur zu gelten hat (dazu Einl. D Rdn. 225 ff). Außerdem klärt sich über das Schutzobjekt das Schutzsubjekt auch deshalb gleichsam von selbst, weil das Schutzsubjekt allemal nicht schlechthin, in allen seinen Beziehungsfacetten, geschützt sein kann, sondern nur unter dem Aspekt der jeweiligen ihm zuordenbaren und von Rechts wegen anerkannten Interessen (*Kraft* Interessenabwägung S. 196; s. a. Einl. D Rdn. 165 zu den wettbewerbsrechtlichen „Handlungssubjekten" sowie *Schünemann* S. 31 f).

C 3 Mit der Schutzzweckfrage verwoben ist ferner nicht nur die Suche nach Schutzsubjekt und Schutzobjekt[4], sondern auch die Zweifel daran, ob sich das Schutzobjekt des Lauterkeitsrechts wirklich zwingend als **subjektiv-rechtliche Position** erweisen muß. Denkbar ist vielmehr auch, daß hier lediglich objektiv-rechtliche **Wettbewerbsverhaltensnormen** statuiert werden, die ihrerseits durch legislatorische Wertschätzung eines ganzen konkurrenten- wie verbraucherseitigen Interessenkomplexes unter Einschluß etwa auch eines „Allgemeininteresses" motiviert sind. Vornehmlich aus dieser Sicht kann dann das Schutzgut scheinbar paradox im Rechtskreis des unlauter Handelnden selber zu suchen sein: Sein wettbewerbsrechtswidriges Verhalten ist unter dieser Sichtweise als Mißbrauch zwar nicht eines subjektiven Privatrechts zu deuten, aber immerhin als Mißbrauch der dem einzelnen nach der gegebenen Wirtschaftsverfassung zukommenden, von den objektiv-rechtlichen Verhaltensnormen reglementierten und nur in diesem Umfang zugeteilten Befugnis freier Teilnahme am Wettbewerb (*Kraft* Interessenabwägung S. 206 f; *Kummer* Interessenabwägung S. 79). Gelegentlich scheint sich freilich selbst diese methodische Alternative zwischen einem subjektiv-privatrechtlichen Ansatz einerseits, der dogmatischen Einordnung des lauterkeitsrechtlichen Schutzgutes in den Kontext objektiv-rechtlicher Verhaltensnormen andererseits zu verwischen: Wird das aus der

---

[3] Eine solche Akzeptanz dürfte freilich weit verbreitet sein, vgl. in diesem Sinne *Hohner* Subjektlose Rechte (1969) S. 39 ff. Demgegenüber kritisch am speziellen Beispiel der Gesamthandskonstruktion *Schünemann* Grundprobleme der Gesamthandsgesellschaft (1975) S. 71 ff.

[4] Vgl. zum Verhältnis von Schutzzweck und den geschützten Interessen als Schutzobjekt *Kraft* Interessenabwägung S. 17 ff.

Wirtschaftsverfassung fließende allgemeine „Recht zum Wettbewerb" mit einem subjektiv-rechtlich verdichteten **Persönlichkeitsrecht** identifiziert, dann gerät das wettbewerbsrechtswidrige Verhalten zur mißbräuchlichen Ausübung eben dieses Persönlichkeitsrechtes[5].

II. Die Sicht von Gesetzgebung und Rechtsprechung. Dogmengeschichtlicher Ausgangspunkt

Nach dem Tenor der Materialien, die den durch unlauteren Wettbewerb Geschädigten in den Mittelpunkt rücken (s. *Lobe* III S. 46 ff (z. B. S. 50); zur geschichtlichen Entwicklung des Lauterkeitsrechtes s. näher Einl. B Rdn. 1 ff), dürfte der Gesetzgeber schon 1896 mit dem Lauterkeitsrecht allein auf einen **Individualschutz** gezielt haben, und zwar auf den des **Konkurrenten**[6]. Selbst die Kollektivinteressen der Mitbewerbergesamtheit wurden nur zögernd als schutzwürdig angesehen[7]. Den Verbraucher, in der Diktion der damaligen Zeit: das Publikum, sah man dabei lediglich reflektorisch begünstigt: „Der Schutz des konsumierenden Publikums gegen Übervorteilungen ist nicht der unmittelbare Zweck eines gegen den unlauteren Wettbewerb gerichteten Gesetzes, wenngleich Maßregeln ... mittelbar auch dem Interesse ... (der) Abnehmer entgegen kommen werden"[8]. **C 4**

Auch das **Reichsgericht** knüpfte in seiner Judikatur zunächst an diesen Willen des historischen Gesetzgebers an, weitete dann aber doch das Spektrum der geschützten Interessen in eine ganz andere Sphäre aus, indem es das „öffentliche Interesse" an lauterem Wettbewerb, den Schutz der Allgemeinheit, ins Kalkül zog (vgl. bereits Einl. B Rdn. 32 ff; ferner RGZ 145, 396, 399 – *Bestattungswerbung;* 149, 224, 227 f – *Gummiwaren;* 160, 385, 389 – *Lockenwickler;* RG GRUR 1929, 936, 937; 1935, 753, 759 – *NSU*). Damit wurde die Wendung zu einem recht mißverständlich so genannten sozialrechtlichen Verständnis des Lauterkeitsrechts vollzogen, ohne daß dabei irgendwelche Assoziationen an das **Sozialrecht** des SGB gerechtfertigt wären. Letztendlich soll damit überhaupt nur die Abkehr von einer rein am Individualschutz des Konkurrenten orientierten Sichtweise hinsichtlich des Schutzobjekts zum Ausdruck gebracht werden, was den Schutz anderer Marktteilnehmer, namentlich der **Verbraucher,** ebenso einschließt wie den Schutz eines wie auch immer näher zu spezifizierenden Allgemeininteresses[9]. **C 5**

Die deutsche **Nachkriegsrechtsprechung** schritt auf diesem Weg fort, wobei das Schutzgut „Allgemeininteresse" bzw. „öffentliches Interesse" in ganz diversen Konstellationen Begründungsrelevanz erlangte: Die Möglicheit auf verbreiteter Nachahmung beruhenden Belästigung der Verbraucher (BGH GRUR 1959, 285, 287 – *Bienenhonig;* BGH WRP 1981, 456 – *Maklerauftträge*) oder die mögliche Gefährdung des Leistungswettbewerbes zu Lasten der Konkurrenten (BGHZ 43, 278, 284 – *Kleenex;* BGH GRUR 1957, 363 – *Sunil;* 1957, 365, 367 – *Suwa;* 1975, 22, **C 6**

[5] So wohl *v. Godin* U § 1 Rdn. 15; ähnlich schon *Finger* Reichsgesetz gegen den unlauteren Wettbewerb[3] (1910), S. 6 f; *Lobe* III S. 46; s. dazu auch *Burmann* WRP 1968, 258 f.

[6] So schon die Einschätzung von *Kohler* Unl. Wettbewerb S. 17 ff; s. ferner *Kraft* ZRP 1979, 161 f; *Schricker* GRUR Int. 1970, 32 f. Anders beurteilt *Pastor* GRUR 1969, 571, 574 die Motivlage.

[7] Vgl. *Schwartz* GRUR 1967, 333.

[8] Begründung zum Regierungsentwurf v. 5. 12. 1895, abgedruckt bei *Lobe* III S. 51.

[9] Vgl. nur *Baumbach/Hefermehl* Einl. UWG Rdn. 40; *Knöpfle* Rechtsbegriff S. 51 ff. S. a. – kritisch – *Emmerich* § 3, 2 a.

29 – *Colgate*); „Belange des Volkes im Ganzen" im Zusammenhang mit Bestattungswerbung (BGH GRUR 1955, 541 f – *Bestattungswerbung;* s. a. BGHZ 56, 18 f – *Grabsteinwerbung*), ja sogar die prima facie allein verbraucher-individualrechtlich determinierte Erzeugung psychischen Zwangs durch Zusenden unbestellter Ware (BGH GRUR 1959, 277, 279 – *Künstlerpostkarten;* vgl. auch BGH WRP 1980, 392, 394 – *Werbung am Unfallort III*) wurden mit dem Allgemeininteresse in Zusammenhang gebracht.

C 7 Wie insb. schon der Gesetzgeber, so verstand auch das **ältere Schrifttum** das Lauterkeitsrecht ganz als **Individualrechtsschutz.** Die Dogmatik war dabei in den vertrauten Denkfiguren des negatorischen und deliktischen Rechtsschutzes befangen. In diesem Deutungsrahmen waren absolute subjektive Rechte natürliche Quellen von Unterlassungs- und Schadensersatzansprüchen. Dies veranlaßte zur Suche nach jenem absolutem Recht, aus dem die wettbewerbsrechtlichen Ansprüche fließen könnten[10]. Außerdem wäre die Suche nach einem wettbewerbsrechtlich geschützten absoluten Recht wohl niemals so intensiv betrieben worden, wenn das Lauterkeitsrecht von Anfang an über eine „große" Generalklausel nach dem Muster des jetzigen § 1 UWG verfügt hätte, weil es dann zur Lückenschließung eines Rückgriffs auf § 823 I BGB wegen Eingriffs in ein „sonstiges Recht" gar nicht bedurft hätte (zur Regelungstechnik des 1. UWG von 1896 sowie zu den Unzulänglichkeiten, § 826 BGB als Auffangtatbestand heranzuziehen, s. Einl. B Rdn. 13 ff). Bei dieser Blickwinkelverengung auf Individualrechtsschutz wurde demzufolge jede heute sog. **sozialrechtliche Zweckbestimmung** des Lauterkeitsrechts abgelehnt: Es sein ein „grundlegender, nicht auszurottender Irrtum, daß das deutsche Wettbewerbsrecht auch das Publikum, den Verbraucher, schütze"[11]. Unter Bezugnahme auf *Lobe*[12] beharrte die Literatur zumeist darauf, das in der Judikatur aufgegriffene wettbewerbsrechtliche Allgemeininteresse (vgl. Einl. B Rdn. 32 ff, Einl. C Rdn. 5 f) könne deshalb nur als **Kollektivinteresse** der konkurrierenden Unternehmen sinnvoll dargestellt werden[13]. Untermauert wurde diese Doktrin mit der gesetzlichen Ausgestaltung der Aktivlegitimation, die zwar eine **Verbandsklage,** nicht jedoch eine **Popularklage** zulasse. Ein verfahrensrechtliches Argument ließ sich aus dem Umstand gewinnen, daß das Lauterkeitsrecht außerhalb von Straftatbeständen keine Verfolgung von Amts wegen kennt.

C 8 Im einzelnen herrschte Streit, wie das lauterkeitsrechtlich geschützte subjektive Individualrecht zu definieren sei. Dabei standen sich zwei Lager gegenüber. Sahen die einen den maßgeblichen Bezugspunkt in einem auf die wirtschaftliche Betätigung hin gewendeten **Persönlichkeitsrecht,** so wurde von den anderen an ein von der Persönlichkeit abgelöstes Unternehmen angeknüpft und demzufolge der Schutz des **Rechts am eingerichteten und ausgeübten Gewerbebetrieb** zum Zweck des Lauterkeitsrechts erklärt. Dabei wurde im Grunde auf zwei Ebenen zugleich diskutiert: Nicht nur ging es um die Frage nach dem maßgeblichen Schutzgut des Lauterkeitsrechtes, sondern ebenso um die bis heute durchaus noch virulente Vorfrage, inwieweit ein solches Persönlichkeitsrecht[14] und ein Recht am eingerichteten und ausgeübten Gewerbebetrieb[15] dogmatisch überhaupt existenzfähig seien. Vereinzelt

---

[10] *Callmann* S. 43; *Kohler* Unl. Wettbewerb S. 17; *Lobe* I S. 174; vgl. auch *Emmerich* § 3, 1 a aa; *Knöpfle* Rechtsbegriff S. 35; *Nerreter* S. 86 ff.

[11] *Baumbach* Wettbewerbsrecht², S. 128 (V 1).

[12] *Lobe* I S. 12.

[13] *Baumbach* MuW 1931, 5 f; *Callmann* S. 28 ff, 43 f; *Kirchberger* S. 31 f; abschwächend aber z. B. *Alexander-Katz* S. 9.

[14] Vgl. etwa *Fikentscher* Bd. II § 21 III 3 e; *Forkel* FS Neumeyer S. 229 ff; *Simon* passim.

[15] *Esser/Weyers* Schuldrecht Bd. II Besonderer Teil⁶ (1984), § 55 I 2 c.

und unbeachtet blieb der Versuch, statt absolut-rechtlicher Positionen ein gesetzliches **Schuldverhältnis sui generis** zwischen den Konkurrenten als Quelle wettbewerbsrechtlicher Ansprüche auszuweisen, also nach einem nur relativ wirkenden Grundtatbestand zu forschen. Dieses primäre Schuldverhältnis, dessen Verletzung sekundäre Unterlassungs- und Schadensersatzansprüche auslösen sollte, wurde dabei im sog. **Wettbewerbsverhältnis** gesehen (*Friedrich* WRP 1976, 439 ff; s. a. Einl. D Rdn. 202 ff).

III. Die Lehren vom Individualrechtsschutz der Konkurrenten

1. Lehre vom Persönlichkeitsschutz

Unter Bezugnahme auf *v. Gierke* versuchte erstmals *Lobe*[16] und sodann *Koh- C 9
ler*[17] die Idee eines allgemeinen Persönlichkeitsrechtes[18] für das tiefere Verständnis des wettbewerblichen Rechtsschutzes fruchtbar zu machen. *Kohler* hat dabei einen besonderen Akzent gesetzt, wenn er das Gewerbe bzw. Unternehmen mit der Person „in ihrem zusammenhängenden Wirken" identifizierte, um damit die ansonsten angenommene Antinomie zwischen Persönlichkeitsschutz und unternehmensbezogenem Immaterialgüterschutz zu überwinden[19]. Unter dem Eindruck der gerade gegen die Generalität jenes Persönlichkeitsrechts vorgetragenen Einwände wurde die Lehre vom **wettbewerblichen Persönlichkeitsschutz** in der Folge enger gefaßt. Als Schutzobjekt des Lauterkeitsrechts wurde nunmehr nur derjenige Teil der Unternehmerpersönlichkeit betrachtet, der sich im Wirtschaftsleben entfaltet[20]. Angesichts der prinzipiellen Schwierigkeiten, die sich jeder präziseren Fassung des Allgemeinen Persönlichkeitsrechts auch in der zweitgenannten Version stellen, muß sich diese Lehre vom konkurrentenbezogenen Individualrechtsschutz entgegenhalten lassen, daß sie zur Orientierung bei der Interpretation des Wettbewerbsrechtes, namentlich bei der teleologischen Konkretisierung der Generalklauseln, ihrerseits nichts beitragen kann und lediglich eine Problemverschiebung bewirkt[21]. Außerdem ist die Lehre vom lauterkeitsrechtlichen Persönlichkeitsschutz der Wettbewerber dogmatisch deshalb wenig attraktiv, ja unakzeptabel, weil sie von vornherein jede wettbewerbsrechtlich-spezifische, nicht nur reflektorische Betroffenheit und Begünstigung der Verbraucher sowie übergeordnete, also marktstrukturelle, wettbewerbsinstitutionelle oder wie auch immer näher beschreibbare Aspekte eines Allgemeininteresses von vornherein ausgrenzt (*Baumbach/Hefermehl* Einl. UWG Rdn. 45).

2. Lehre vom Schutz des Betätigungsrechtes

Dogmengeschichtlich gemeint als Absage an die Auffassung, Schutzgut des Wett- C 10
bewerbsrechts sei der Unternehmensschutz, dogmatisch der Lehre vom wettbe-

---

16 *Lobe* I S. 145 ff, 157, 183 ff; *ders.* GRUR 1910, 3, 5 ff; *ders.* GRUR 1931, 1215, 1216 ff; *ders.* MuW XVIII 70, 73.

17 *Kohler* Unl. Wettbewerb S. 17 ff; ebenso viel später noch *Rosenthal/Leffmann* Kommentar zum Wettbewerbsgesetz[9] (1969) Einl. 1 (s. a. Einl. 5).

18 Vgl. *v. Gierke* Deutsches Privatrecht I (1895), S. 260, 703. Ob *v. Gierke*, der letztlich recht vage vom Schutz der gesamten Persönlichkeitssphäre spricht, damit als Initiator eines allgemeinen Persönlichkeitsrechts vereinnahmt werden darf, wird bezweifelt; s. *Scheyhing* AcP 158 (1960), 503.

19 *Kohler* Unl. Wettbewerb S. 18, 22 f. S. dazu auch *Schrauder* S. 111 ff.

20 *Alexander-Katz* S. 2 f; *Kirchberger* S. 60 ff, 77 ff; *Reinhardt* S. 10, 77.

21 S. a. *Kraft* Interessenabwägung S. 151 ff, insb. 164 sowie 197 f; *Knöpfle* Rechtsbegriff S. 35, 39; *Lohrberg* Voraussetzungen, Grenzen und rechtssystematische Einordnung des Abwehreinwandes im Recht gegen den unlauteren Wettbewerb, Diss. Münster (1979) S. 15.

werbsrechtlichen Persönlichkeitsschutz verbunden, sah *Nerreter* das Schutzgut des UWG im **Betätigungsrecht des Unternehmers,** gerichtet auf „das selbständige wirtschaftliche Schaffen, sein Ansehen und sein(en) Erfolg" (*Nerreter* S. 97). Obwohl *Nerreter* dabei wie schon *Lobe* und *Kohler* an das „gewerbliche Tätigsein", an den „wirtschaftlichen Tätigkeitsbereich", an die „freie Erwerbstätigkeit" und ähnliches anknüpfte, sah er im subjektiven Recht auf freie wirtschaftliche Betätigung kein Persönlichkeitsrecht.

C 11 Ähnlichkeiten mit *Nerreter* zeigt *Fikentscher* mit seinem Ansatz, wobei die (spätere) Terminologie vom **„wirtschaftlichen Persönlichkeitsrecht"** (*Fikentscher* Bd. II § 22 I 2) nur vordergründig einen Gegensatz signalisiert. Unter Ablehnung eines allgemeinen, einheitlichen Persönlichkeitsrechts (nach dem Vorbild von *Lobe*) als zu verschwommen und den Interessenkonflikt zwischen den Konkurrenten ignorierend gelangt *Fikentscher* zu einer differenzierenden Sicht (*Fikentscher* Wettbewerb und gewerblicher Rechtschutz (1958), S. 162 ff, 207 ff, hier insb. auch S. 211 f und 224). Das doppelte, letztlich antithetische Interesse an **Bestandsschutz** hinsichtlich schon erworbener Güter einerseits, an Entfaltungs- und Bewegungsfreiheit zum Erwerb weiterer Güter andererseits, bedinge eine Zweispurigkeit des Persönlichkeitsschutzes. Die hier angesichts eines dynamischen Verständnisses des Wettbewerbs als Schutzobjekt naturgemäß übergeordnete **Betätigungsfreiheit** umschließt ihrerseits neben dem Aspekt der Wettbewerbsfreiheit gerade auch denjenigen der wettbewerblichen Lauterkeit. Demzufolge definiert sich das Schutzobjekt des Lauterkeitsrechts als „die freie und vor unlauteren Eingriffen sichere Betätigung" (*Fikentscher* aaO S. 229 f).

C 12 Mit der Zuordnung dieser Betätigungsfreiheit zur grundrechtlichen Entfaltungsfreiheit nach Art. 2 I GG – und darüber hinaus zur EG-rechtlichen allgemeinen Marktfreiheit (*Fikentscher* Bd. II § 22 I 2 b) wird dabei nicht nur die Brücke zum Persönlichkeitsschutz, sondern zugleich auch zum **Wirtschaftsverfassungsrecht** geschlagen. Insofern auch die Verbraucherseite an dieser Betätigungsfreiheit partizipiert (s. näher *Fikentscher* Bd. II § 22 I 2 b), bietet die Lehre vom Betätigungsrecht als Schutzgut des UWG allemal ein eindrucksvolles Bild (kritisch aber *L. Raiser* JZ 1961, 465, 472). Sie weist freilich gewisse tautologische Schattierungen auf (s. a. *Kraft* Interessenabwägung S. 202). Denn die Gefahr ist dabei nicht von der Hand zu weisen, daß das Betätigungsrecht inhaltlich als Kehrseite des unlauteren Wettbewerbs und die Lauterkeit ihrerseits als Verhaltenskonformität mit eben dem Betätigungsrecht definiert wird. Grundsätzlich fragwürdig ist auch die Trennung von freiem und lauterem Wettbewerb (dazu Einl. D Rdn. 46, 94 f, Einl. E Rdn. 15 ff). Nicht überzeugend erscheint hingegen die Kritik, gewöhnlich tangierten unlautere Machenschaften überhaupt nicht das wirtschaftliche Handeln selber, sondern (nur) deren ökonomischen Erfolg dadurch, daß die (übrigen) Erfolgsbedingungen nachteilig verändert würden (so *Knöpfle* Rechtsbegriff S. 44 f; *Kraft* Interessenabwägung S. 198 ff). Ein subjektiv-rechtlicher Schutz unternehmerischen Erfolges wäre in einer Wettbewerbswirtschaft in der Tat eine Absurdität. Dazu zwingt die Lehre vom Schutz des Betätigungsrechtes aber gar nicht. Sie geht lediglich zutreffend davon aus, daß der Inhalt der Betätigungsfreiheit – soll diese Freiheit nicht durch positive Inhaltsbestimmung konterkariert werden – eben nur vermittels ex ante gedanklich statuierter, empirisch für möglich gehaltener, aber natürlich keineswegs zwangsläufiger Zusammenhänge von Handlungsmustern und ökonomischen Erfolgen unter bestimmten Bedingungen begrifflich-approximativ erfaßt werden kann.

3. Lehre vom Schutz an der Wettbewerbsstellung

Zu den individualrechtlichen Schutzgutlehren gehört auch die Ansicht, lauterkeitsrechtliches Schutzgut sei ein vom Persönlichkeitsrecht abgeleitetes subjektives **Recht an der Wettbewerbsstellung.** Hierzu rechnen all jene Interessen, die auf Gewinn gerichteten Leistungsaustausch zielen; als Schutzgut figuriert also die Chance, einen solchen Leistungsaustausch zu realisieren[22], oder – etwas anders gewendet – die **„legale Siegeschance“** (*Böhm* Wettbewerb und Monopolkampf (1933, Neudruck 1964) S. 285; ähnlich auch *Rotondi* GRUR Int. 1956, 531). Schon ob darin der für ein absolutes Recht erforderliche Zuweisungsgehalt ausreichend vorhanden ist, mag fraglich sein (s. schon *Mestmäcker* JZ 1958, 521; *Raiser* JZ 1961, 465), und daß ein solches Recht dann den aktivlegitimierten Verbänden zukommen könnte, ist ebenfalls schwer einzusehen (*Knöpfle* Rechtsbegriff S. 45). Überdies bedürfte ein solch weitgreifendes Recht eingestandenermaßen (*Kummer* Interessenabwägung S. 108) allemal einer Konkretisierung, die nur als einzelfallorientierte Inhaltsbestimmung anhand eines objektiv-rechtlichen, auch Allgemeininteressen bzw. Verbraucherinteressen respektierenden Wertmaßes denkbar ist. Damit wird aber die ganze Argumentation brüchig, weil der Sache nach das Wettbewerbsrecht dann eben doch auf objektiv-rechtlichen **Interessenschutz** und allein daraus abgeleitete **Verhaltensnormen** zurückgeführt wird, die Vorschaltung eines subjektiven Rechts an der Wettbewerbsstellung also ganz unmotiviert erscheint (ablehnend auch *Baumbach/Hefermehl* Einl. UWG Rdn. 48; *Knöpfle* Rechtsbegriff S. 44 f; *Troller* Immaterialgüterrecht Bd. II (1962) S. 886 ff, 898). **C 13**

4. Lehre vom Unternehmensschutz

Den Widerpart zu den auf Persönlichkeitsschutz abhebenden Lehrmeinungen spielen die Ansichten, die das Schutzobjekt des Lauterkeitsrechtes, mit unterschiedlichen Akzenten im einzelnen, im Unternehmen erblicken. Das Unternehmen gilt dabei aber gerade nicht als Teil der Unternehmerpersönlichkeit, sondern als von dieser abgelöst, als **objektiviertes Immaterialgut**[23]. Gedanklich wird dabei an ein „Recht am eingerichteten und ausgeübten Gewerbebetrieb“ angeknüpft, das in der Judikatur schon früh seinen festen Platz gefunden hatte (vgl. nur RGZ 48, 114, 125; BGHZ 3, 270, 279 – *Constanze.* Eingehend zu diesem Ansatz *Schrauder* S. 115 ff). *Baumbach,* der diese Doktrin besonders nachdrücklich vertreten hat, rückt dabei dieses subjektive Recht sogar in die Nähe zum Sacheigentum und expliziert auf dieser Grundlage einen außerordentlich großen, keineswegs nur gegenüber unmittelbaren bzw. betriebsbezogenen Eingriffen (vgl. BGHZ 29, 65) wirksamen **Schutz des Unternehmens.** Jedes unlautere Verhalten soll vielmehr einen (rechtswidrigen) Eingriff in dieses Recht bedeuten, weswegen sich durch die Anwendbarkeit der §§ 823 I, 1004 BGB (analog) der lauterkeitsrechtliche Schutz geradezu erübrigt[24]. Diese Konzeption stößt freilich schnell an die Grenze ihrer Plausibilität. So läßt sich **C 14**

---

22 *Kummer* Anwendungsbereich S. 77 ff, 87 ff. Hierzu muß wohl auch *Friedrich* WRP 1976, 439 gerechnet werden, der allerdings die durch das Wettbewerbsverhältnis, nicht durch ein Persönlichkeitsrecht vermittelte Rechtsposition als schuldrechtlich-relativ, nicht „absolut“ wirkend, begreifen muß.

23 *Baumbach* Wettbewerbsrecht bis zur 5. (noch nicht von *Hefermehl* bearbeiteten) Aufl. 1943, Allg. S. 12; *ders.* JW 1930, 1643, 1645 f; *Callmann* S. 28 ff, 43; *v. Godin* U § 1 Rdn. 15 f; *Metzner* Kommentar zum UWG² (1957) Vorbem. 12; vgl. referierend *Knöpfle* Rechtsbegriff S. 36 f; *Schrauder* S. 109 ff.

24 *Baumbach* Wettbewerbsrecht⁵ (1943) Allg. S. 13 f; *Callmann* S. 32 f.

zwar wohl der Kennzeichenmißbrauch, nicht aber beispielsweise eine irreführende Werbung ohne Inbezugnahme eines Konkurrenten als Eingriff in jenes absolut-subjektive Recht interpretieren. Im übrigen muß auch diese individualrechtliche, auf Konkurrentenschutz abgestellte Betrachtungsweise übergreifende Interessen negieren, und wird mithin dem erklärten hermeneutischen Anliegen, das Lauterkeitsrecht in der Vielfalt seiner Schutzaspekte zu verstehen, nicht gerecht (ebenso *Baumbach/Hefermehl* Einl. UWG Rdn. 46 mwN).

IV. Interessenschutz im Wettbewerbsrecht

1. Methodik

C 15 Mit Rücksicht darauf, daß die wettbewerblich involvierten und schutzwürdigen Interessen offenbar zu vielfältig sind, um in einem subjektiven Recht eingefangen zu werden, und daß es eines derartigen individualrechtlichen Konstrukts auch gar nicht zwingend bedarf, um die wettbewerbsrechtlichen Reaktionen auf rechtswidriges Verhalten dogmatisch zu erklären, ist mit der heute ganz **hM** davon auszugehen, daß das Lauterkeitsrecht schlicht objektiv-rechtliche **Verhaltensnormen** statuiert[25]. Derartige objektiv-rechtliche Normen schließen dabei durchaus nicht aus, daß das UWG auch den Schutz individueller Interessen der Konkurrenten bezweckt, daß diese Interessen teilweise sogar zu subjektiven Rechten verdichtet sein mögen und daß unlauteres Wettbewerbsverhalten sich insoweit dann zugleich als Verletzung eines solchen subjektiven Rechtes darstellt (sehr klar *Knöpfle* Rechtsbegriff S. 42 f). Doch fehlt es eben an dem engen, spezifischen Zusammenhang zwischen lauterkeitsrechtlicher Unzulässigkeit und Eingriff in eine subjektiv-rechtliche Individualposition namentlich eines Konkurrenten. Die gesetzlich vorgesehenen Sanktionen für beispielsweise iS der §§ 14, 15 oder 16 UWG tatbestandliches Verhalten knüpfen mithin allein an den Verstoß gegen die zugrundeliegenden Verhaltensnormen an, selbst soweit zugleich eine Persönlichkeitsrechtsverletzung oder eine Verletzung des Namens- bzw. Firmenrechts zu diagnostizieren ist.

C 16 Eine auf wettbewerbsrechtlichem Interessenschutz gründende, sich als Ausprägung der Wertungsjurisprudenz verstehende Dogmatik bedarf der Vergewisserung, welche wettbewerblichen Interessen existieren, ob sie schutzwürdig sind und welche Präferenzen bei kollidierenden schutzwürdigen Interessen zu setzen sind[26]. Hinter diesen Aufgaben tritt die sehr abgehoben anmutende Frage an Bedeutung zurück, wie der **Interessenbegriff** selber zu fassen ist, ob das Interesse zu verstehen ist als „Begehrensvorstellung" (*H. Westermann* Interessenkollisionen und ihre richterliche Wertung (1954), S. 4), „Streben des Menschen nach Werten" (*Hubmann* AcP 155

---

[25] Vgl. *Baumbach/Hefermehl* Einl. UWG Rdn. 50; *Burmann* WRP 1968, 258, 260 ff; *Emmerich* § 3, 1 b; *Knöpfle* Rechtsbegriff S. 42; *Kraft* Interessenabwägung passim, z. B. S. 176, 201, 207; *Lindacher* BB 1975, 1311 f; *Lohrberg* Voraussetzungen, Grenzen und rechtssystematische Einordnung des Abwehreinwandes im Recht gegen den unlauteren Wettbewerb, Diss. Münster (1979) S. 21, 23 ff; *Rittner*[4] (1993) § 1 B III; *Schrauder* S. 130 ff; *Schricker* GRUR 1974, 579; *Ulmer/Reimer* Rdn. 28; aus der Rspr. s. insb. BVerfGE 32, 311, 316; 51, 193; BGHZ 35, 329, 333 f – *Kindersaugflasche;* BGH GRUR 1958, 30 f – *Außenleuchte;* 1962, 254 f – *Fußballprogrammheft.* Diese Sicht der Dinge beherrscht auch das benachbarte Ausland, vgl. die Nachweise bei *Baumbach/Hefermehl* und *Knöpfle* jeweils aaO. Kritisch *Fezer* WRP 1993, 565, 570 f; *Fikentscher* Bd. II § 22 XI 3 b.

[26] Vgl. *Baumbach/Hefermehl* Einl. UWG Rdn. 83; *Fikentscher* Methoden des Rechts in vergleichender Darstellung Bd. III (1976), Bd. IV (1977) S. 376, 382; *v. Gamm* Kap. 6 Rdn. 7 ff; *Henning-Bodewig* WRP 1992, 533, 537 f; *Hösl* S. 112 ff; *Hubmann* AcP 155 (1955), 84 ff; *Kraft* FS Bartholomeyczik S. 228.

(1955), 84, 94), „auf Güter gerichtete Willensbildungen" (*Fikentscher* Bd. II § 22 XI 3 b) oder als „ein effektiv, d. h. bewußt, oder latent, d. h. unbewußt vorhandenes Wünschen ... (mit dem Ziel), bestimmte Objekte zu erhalten, sich in bestimmter Weise zu verhalten und zu betätigen oder andere von einem bestimmten Verhalten abhalten zu dürfen" (*Kraft* Interessenabwägung S. 13 in eingehender Darstellung der Gesamtproblematik; s. a. *Lohrberg* Voraussetzungen, Grenzen und rechtssystematische Einordnung des Abwehreinwandes im Recht gegen den unlauteren Wettbewerb, Diss. Münster (1979) S. 26 ff). Wenig ergiebig erscheint auch eine rechtsphilosophisch und erkenntnistheoretisch geführte Diskussion, ob nur das Individuum als **Interessenträger** in Betracht kommt[27], denn die Anerkennung übersummativer Kollektivinteressen, namentlich der Konkurrenten- bzw. der Verbrauchergesamtheit ist jedenfalls heuristisch bedeutsam, ohne daß damit freilich schon Sinnhaftigkeit und Sinngebung eines Allgemeininteresses abschließend entschieden wären (dazu Einl. B Rdn. 32 ff, Einl. C Rdn. 5 f, 19 f, 26 f). Empirisch werden derartige Kollektivinteressen vielfach nur den gedanklich kleinsten gemeinsamen Nenner der jeweiligen Individualinteressen bilden (*Pause* S. 70), doch bleiben sie wertungsjuristisch auch dann noch faßbar, wenn konkret kein Gruppenmitglied (mehr) ein solches Interesse für sich artikulieren würde[28]. Dabei müssen Anbieter- und Nachfragerinteresse nicht notwendig konträr aufeinanderprallen: So liegt insb. der Bestand einer funktionierenden Wettbewerbswirtschaft durchaus im („wohlverstandenen") Interesse beider Seiten.

2. Involvierte Interessen

a) **Konkurrenteninteressen.** Hinsichtlich der Konkurrenteninteressen kann auf die Unterscheidung von wettbewerbsrechtlichem Tätigkeits- und Bestandsschutz zurückgegriffen werden (vgl. *Fikentscher* Wettbewerb S. 224 ff und schon Einl. C Rdn. 11 f). Die **Interessen des Mitbewerbers** richten sich zum einen auf die Erlangung einer Marktposition, die ihn zur Erreichung seiner ökonomischen Letztziele (z. B. Gewinnmaximierung) befähigt, zum anderen auf die Erhaltung der von ihm erwirtschafteten Werte (also Betriebsmittel, Kundenkreis, Know-how, Good-will etc.), Handlungs- und Entscheidungsfreiheiten, die es ihm ermöglichen, sich veränderten Rahmenbedingungen anzupassen (*Lohrberg* Voraussetzungen, Grenzen und rechtssystematische Einordnung des Abwehreinwandes im Recht gegen den unlauteren Wettbewerb, Diss. Münster (1979) S. 30). Als Aspekt des Bestandsinteresses läßt sich auch der Wunsch begreifen, auf sicherer Kalkulationsgrundlage disponieren zu können. Dies schließt zuverlässige Informationen über die Preispolitik der Mitbewerber ein. Gerade auch unter diesem Blickwinkel erschließt sich der – allerdings (preis-)wettbewerbsfeindliche – Sinn eines Rabattierungsverbots (näher *Schünemann* S. 190). **C 17**

b) **Interessen der Marktgegenseite.** Die **Interessen der Marktgegenseite** müssen naturgemäß sehr heterogen sein, hält man sich allein schon die Diversitäten vor Augen, die hier etwa zwischen einem privaten (Letzt-)Verbraucher einerseits und **C 18**

---

[27] Vgl. *Baumbach/Hefermehl* Einl. UWG Rdn. 83; *Fikentscher* Methoden des Rechts in vergleichender Darstellung Bd. III (1976) S. 382 ff; *Pause* Die Berücksichtigung der Allgemeinheit bei Beurteilung wettbewerblichen Handelns (1984) S. 70; *Kraft* Interessenabwägung S. 14 ff.

[28] S. a. *Fikentscher* Bd. II § 22 XI 3 b; *ders.* Methoden des Rechts in vergleichender Darstellung Bd. III (1976) S. 346, 386, Bd. IV (1977) S. 620.

dem Wiederverkäufer andererseits existieren. Zwar besteht Interessenkonformität bezüglich Sortimentsbreite und -tiefe, niedriger Preisstellung, Angebotstransparenz, Wahlfreiheit ohne unsachliche Beeinflussung und ähnlichen ökonomisch greifbaren Kriterien, doch sind Subjektivismen wie persönlicher Geschmack, Life-style-Resonanz, über Produkt oder Einkaufsquelle vermitteltes soziales Prestige etc. signifikant nur für die privaten Verbraucher, sehr individuell definiert und nur schwer typisierbar[29]. Im gewerblichen **Wiederverkäufer** überschneiden sich zudem die Interessen beider Marktseiten: Als Nachfrager wünscht er sich z. B. große Sortimentsbreite und -tiefe, als Anbieter wird ihm eher an Sortimentsstraffung gelegen sein, um die Logistikkosten günstig zu beeinflussen. Unter dem Aspekt des sog. **Stufenwettbewerbs** hat der mittelständische (Fach-)Einzelhandel beispielsweise ein Interesse an der Aufrechterhaltung traditioneller Distributionsformen und an der Unterdrükkung des Direktvertriebs oder von Großbetriebsformen des Einzelhandels (vgl. hier überblicksweise nur *Baumbach/Hefermehl* § 1 Rdn. 881 ff; zur rechtlichen Bewertung vor wirtschaftswissenschaftlichem Hintergrund s. eingehend § 1 C Rdn. 1 ff). Die Interessensituation speziell des privaten **Verbrauchers** ist schließlich gerade durch dessen verbreiteten Wunsch geprägt, von den Risiken seiner ex post möglicherweise unvorteilhaften Entscheidung am Markt entlastet zu werden. Dieses Risiko wächst in der Tat mit immer weiter zunehmender Produktkomplexität, mit immer differenzierteren Vertriebsmethoden oder mit der Langfristigkeit und mit dem beachtlichen finanziellen Volumen der übernommenen vertraglichen Bindungen, wie sie etwa für den Versicherungs-, Vermögensanlage- und Bausektor typisch sind. Hinzu kommt, daß die dem Verbraucher gegenüberstehende Marktseite zu Recht als geschäftsgewandter und deshalb überlegen eingeschätzt wird (näher *v. Hippel* Verbraucherschutz § 1, 1 mwN).

C 19 c) **Das Allgemeininteresse.** In seiner Vieldeutigkeit am schillerndsten stellt sich das sog. **Allgemeininteresse** dar[30]. So sollen darin teils die Interessen der Gesellschaft – sogar des Staates, z. B. auch am Fortbestand des Wettbewerbs oder am Erhalt des **„Leistungswettbewerbs“**[31] – aufgehoben sein, teils soll sich im Allgemeininteresse nur das einheitliche Interesse aller auf der Marktgegenseite Beteiligten, namentlich also der Verbraucher, ausdrücken. Als Synonym für das Gemeinwohl verläßt das Allgemeininteresse bzw. öffentliche Interesse endgültig den Raum additiv zusammengefügter Begehren, wird einer hypostasierten „Sollensordnung“ entlehnt[32] und gerät damit zum Hebel, der das Lauterkeitsrecht der regierungsamtlichen Wirtschaftspolitik dienstbar macht, gesellschaftliche Strukturen insb. im Blick auf den **Mittelstandsschutz** tradieren soll oder zumindest tradieren kann (s. a. *Kraft* GRUR 1980, 966, 968). Das Allgemeininteresse kaschiert jedes individuell-beliebige Wertsystem[33], dessen für möglich gehaltene Metamorphose zum nunmehr

[29] *Banning* Lebensstilorientierte Marketing-Theorie (1987) S. 60 ff, 75 ff, 153 ff, 176 ff; *Kroeber-Riel* Konsumentenverhalten[5] (1992) passim, z. B. S. 97 ff, 370 ff.

[30] Dazu ausführlich *Giere* S. 38 ff. S. a. *Burmann* WRP 1967, 240, 246 f; *ders.* WRP 1968, 258 f; *Gillert* Die rechtliche Bewertung des sogenannten Anzapfens nach § 1 UWG (1980) S. 105 ff; *Kraft* FS Bartholomeyczik S. 223 f; *Pause* S. 52; *Samwer* GRUR 1969, 326 ff.

[31] Vgl. z. B. BGH GRUR 1965, 489 – *Kleenex;* 1969, 287 – *Stuttgarter Wochenblatt I;* 1969, 295, 297 – *Goldener Oktober;* 1971, 477 – *Stuttgarter Wochenblatt II;* 1977, 608 – *Feld und Wald II;* 1977, 668 – *WAZ-Anzeiger;* 1979, 321 – *Verkauf unter Einstandspreis; Baumbach/Hefermehl* Einl. UWG Rdn. 81.

[32] Vgl. *Gillert* Die rechtliche Bewertung des sogenannten Anzapfens nach § 1 UWG (1980) S. 103, 105.

[33] Eingehend *Merz* Vorfeldthese S. 209 ff; s. a. *Burmann* WRP 1967, 71 ff; *ders.* 1968, 258, 260; *Schwartz* GRUR 1967, 333, 342.

überindividuellen, übergeordneten Bewertungsfaktor bei der Harmonisierung von Freiheit und Lauterkeit in einer wettbewerblichen Gesamtordnung geradezu die herrschende Auffassung des Allgemeininteresses charakterisiert[34]. Sogar totalitäre Ideologie vermag das Allgemeininteresse mühelos zu transportieren, wie die Geschichte lehrt (dazu Einl. B Rdn. 34 f).

Ähnlich prekär ist es, das Allgemeininteresse auf ein **„Berufsethos"** der Gewerbetreibenden und auf **„Standesehre"**, „Sauberkeit" und „Reinerhaltung des Wirtschaftslebens" oder auf das „Ansehen des deutschen Kaufmanns" und seinen „Ruf" zu beziehen (*Baumbach/Hefermehl* Einl. UWG Rdn. 21; *Isay* S. 54 ff; *Knöpfle* Rechtsbegriff S. 62 ff). Es wirkt konstruktiv recht gekünstelt, dies zum „Anliegen der Gesamtheit", also unter Einschluß der Verbraucher, zu stempeln (so *Knöpfle* Rechtsbegriff S. 64). Völlig offen ist aber jedenfalls die rechtliche Legitimationsbasis eines derartigen Schutzzwecks des UWG via „Allgemeininteresse". Hierzu heißt es selbst in monographischen Untersuchungen der jüngeren Vergangenheit lapidar, es läge auf der Hand, daß Sauberkeit und Reinerhaltung des Wirtschaftslebens – unabhängig von jeden ökonomischen Erwägungen – ein Anliegen der Gesamtheit sei. Das gesunde Empfinden wehre sich ganz einfach gegen ein Geschäftsgebaren, in dem Wahrheit, Aufrichtigkeit und Fairneß keinen Platz mehr hätten (*Knöpfle* Rechtsbegriff S. 64). **C 20**

3. Schutzwürdigkeit und Interessenabwägung am Maßstab des Institutionsschutzes

Welche Interessen **schutzwürdig** sind und wie das Problem etwa kollidierender schutzwürdiger Interessen zu lösen ist, läßt sich nur anhand eines auf den Schutzzweck des Wettbewerbsrechts selber bezogenen, einheitlichen Maßstabes entscheiden, um der Gefahr zusammenhangloser Einzelwertungen zu begegnen (*Baumbach/Hefermehl* Einl. UWG Rdn. 51). Die **früher hM** gewann diesen Maßstab, indem sie das Lauterkeitsrecht in einen scharfen Gegensatz zu sonstigem Wettbewerbsrecht stellte: Während das Kartellrecht den Schutz des **Wettbewerbs als Institution** der Marktwirtschaft bezwecke, bekämpfe das Wettbewerbsrecht ieS innerhalb der in der Marktwirtschaft bestehenden Wettbewerbsfreiheit die **Anwendung unlauterer Wettbewerbsmethoden**[35]. Die Auflösung dieser dichotomen Betrachtung wurde eingeleitet durch die Einsicht, daß der kartellrechtliche Institutionsschutz den Vollzug einer Garantie wirtschaftlicher Handlungs- und Entscheidungsfreiheit des einzelnen bildet[36]. In der Tat kann die Institution Wettbewerb vor dem wirtschaftsverfassungsrechtlichen Hintergrund grundrechtlicher Freiheiten des Individuums nicht um ihrer selbst willen, sondern letztlich eben nur um des einzelnen willen geschützt sein[37]. Wettbewerbsrechtlicher Individual- und Institutionsschutz wurden aus kartellrechtlichem Blickwinkel in der Folge dieses Ansatzes zunehmend nur als verschiedene Erscheinungsformen desselben Problems, nicht hingegen als antinome Größen betrachtet[38]. **C 21**

---

[34] *Baumbach/Hefermehl* Einl. UWG Rdn. 81; *Hefermehl* FS Fischer S. 197, 203 ff. S. a. *Giere* S. 248 f.

[35] *Würdinger* WuW 1953, 721, 731; ähnlich *Benisch* WuW 1956, 480, 482 f; *Möhring* WuW 1954, 387.

[36] *Koenigs* GRUR 1958, 589 f; *ders.* NJW 1961, 1041; s. a. *Fikentscher* Wettbewerb S. 198 ff.

[37] So schon *Flume* WuW 1956, 457; s. a. *Schluep* GRUR Int. 1973, 446, 448; *Willemer* WRP 1976, 16, 19.

[38] Hierzu und zum folgenden s. insb. *Knöpfle* Rechtsbegriff S. 152 f; *Merz* Vorfeldthese S. 190 ff mwN; *Mestmäcker* Der verwaltete Wettbewerb (1984) S. 78 ff; *ders.* AcP 168 (1968), 235, 245; *Möschel* Wettbewerbsbeschränkungen 1978, 111; *L. Raiser* FS Fechner S. 57, 60; *Rittner* Wirtschaftsrecht § 13, Rdn. 39; *Sack* GRUR

C 22 In der Dogmatik des Lauterkeitsrechts war man für solche, den **Schutzzweckdualismus** zwischen GWB und UWG überwindende Entwicklungen von vornherein viel weniger offen, solange die Diskussion sich innerhalb eines Rahmens bewegte, der die These exklusiven lauterkeitsrechtlichen Individualrechtsschutzes nicht in Frage stellte[39]. Auch mit der Anerkennung „sozialrechtlicher" Aspekte des Lauterkeitsrechts unter Berücksichtigung namentlich des Allgemeininteresses ist durchaus noch nicht notwendig der Schritt gewagt, den Zweck des Lauterkeitsrechtes auch im Schutz der Institution Wettbewerb, der Wettbewerbsordnung selber, zu erblicken (vgl. BVerfGE 51, 193, 215; ferner z. B. *v. Gamm* NJW 1980, 2489 f; *ders.* Kap. 4 Rdn. 13 f; dazu auch Einl. E Rdn. 12). Heute hat sich dieser Standpunkt als **hM** allerdings weitgehend durchgesetzt[40], ohne daß eine solche verbale Akzeptanz schon die Substanz jener Aussage hinreichend kennzeichnen könnte. Der Aussagegehalt erschließt sich vielmehr erst im Kontext eines definierten Verständnisses von Wettbewerb, also in der Offenlegung der vertretenen Wettbewerbskonzeption.

C 23 Unter Zugrundelegung des neoklassischen Konzepts der Wettbewerbsfreiheit (dazu schon Einl. A Rdn. 28 ff) ist **Schutzobjekt des Lauterkeitsrechts** – nicht anders als der des Kartellrechts (näher Einl. E Rdn. 7 ff, 13 ff, 18) – mithin in institutioneller Hinsicht ein System freien Wettbewerbs als einer sich spontan-polyzentrisch koordinierenden Ordnung des wirtschaftlichen Lebens, individualrechtlich gegründet auf die ökonomische Handlungsfreiheit jedes einzelnen Marktteilnehmers[41]. Weil der Inhalt dieser Handlungsfreiheiten begriffsnotwendig nicht positiv formuliert werden kann, läßt sich der Schutz der Institution Wettbewerb – sei es unter dem Stichwort „Verhinderung von Wettbewerbsverfälschung", sei es mit dem Postulat einer „Förderung des funktionsfähigen Leistungswettbewerbs" – gerade nicht in die Forderung nach Erreichung bestimmter strukturpolitischer, marktordnender, insb. mittelstandsschützender Zielkomplexe ummünzen. Derartige Interessen können wettbewerbsrechtlich grundsätzlich nicht als schutzwürdig gelten[42]. Zugleich erweist sich die Differenzierung von Individualinteressen einerseits, Allgemeininteresse andererseits, als **Scheingegensatz,** weil das so verstandene Allgemeininteresse, der intendierte Schutz eines funktionierenden Wettbewerbs, mit den als interaktiven ökonomischen Handlungsfreiheiten aller Marktteilnehmer beschreibbaren Individualinteressen schlicht deckungsgleich ist[43]. Es ist deshalb auch nicht

---

1975, 297, 306; *Sandrock* WuW 1969 205, 226 f; a. A. aber *Säcker* Zielkonflikte und Koordinationsprobleme im deutschen und europäischen Kartellrecht o. J. (1971) S. 7. S. a. BR-Drucksache 265/71 S. 34 (Begründung des Reg.-Entwurfs zur 2. GWB-Novelle).

[39] So insb. noch *Samwer* GRUR 1969, 326 ff.

[40] BVerfGE 51, 193, 215; *Baumbach/Hefermehl* Einl. UWG Rdn. 51; *Baudenbacher* Suggestivwerbung und Lauterkeitsrecht (1978) S. 132 ff; *Giere* S. 251 ff; *Gillert* Die rechtliche Bewertung des sogenannten Anzapfens nach § 1 UWG (1980) S. 98 ff; *ders.* BB 1981, 702, 705; *Lindacher* BB 1975, 1311 f; *Löwenheim* GRUR 1975, 99, 104; *Merz* Vorfeldthese S. 197; *Mestmäcker* Der verwaltete Wettbewerb (1984) S. 88 ff; *Möschel* Pressekonzentration und Wettbewerbsgesetz (1978) S. 134, 145, 151 f; *Raiser* Rechtsschutz S. 145 ff; *Rebe* Privatrecht und Wirtschaftsordnung (1978) S. 151 f; *Sack* GRUR 1970, 493, 501; 1975, 297, 299; *Tilmann* GRUR 1979, 825, 827 ff; *P. Ulmer* GRUR 1977, 565, 578; *ders.* ZHR 146 (1982), 466, 484 ff; *Ulmer/Reimer* Rdn. 38; *Willemer* WRP 1976, 16 ff; *Wrage* UWG-Sanktionen bei GWB-Verstößen? (1984) S. 15 ff. Zu den Einzelheiten (Konvergenz oder Identität) s. Großkomm.-*Schünemann* Einl. E Rdn. 13 ff.

[41] Dazu und zum folgenden s. eindringlich *Merz* Vorfeldthese S. 199 ff, 204 ff, 214 ff. S. a. *Nordemann* GRUR 1975, 625, 629 ff.

[42] *Merz* Vorfeldthese S. 206, 247; *Mestmäcker* Der verwaltete Wettbewerb (1984) S. 82 f; *Möschel* Pressekonzentration und Wettbewerbsgesetz (1978) S. 40 f; *Wilde* Wettbewerbsverzerrungen und Wettbewerbsbeschränkungen durch Nachfragemacht (1979) S. 34 ff.

[43] *Merz* Vorfeldthese S. 206; *Raiser* Rechtsschutz S. 162; *Wrage* UWG-Sanktionen bei GWB-Verstößen? (1984) S. 53.

verwunderlich, wenn bei dieser Schutzgutfixierung deutliche Anklänge an solche individualrechtliche Schutzgutlehren festzustellen sind, die das Lauterkeitsrecht als Waffe gegen den Mißbrauch von Handlungsfreiheiten verstehen (Einl. C Rdn. 3, 10 ff).

Aus der Sicht eines solchen Schutzobjekts (auch) des Lauterkeitsrechts ist ferner die **Schutzwürdigkeit der Verbraucherinteressen** zu beurteilen. Gesellschafts- und rechtspolitisch gilt der Verbraucher heute ganz allgemein und von vornherein als besonders schutzwürdig[44], was in der Dogmatik des Wettbewerbsrechts nur seine selbstverständliche Fortsetzung zu finden scheint. Als tragender Grund hierfür soll allein schon die Gegenposition der Verbraucher zu „Herstellern und Händlern" ausreichen (*Baumbach/Hefermehl* Einl. UWG Rdn. 79). Dieses Argument ist dergestalt schlechthin nicht nachvollziehbar. Möglicherweise wird es aber unausgesprochen in den Zusammenhang mit der Countervailing Power gestellt und dabei auf die Schwierigkeiten der Konzeptrealisation Bezug genommen (dazu Einl. A Rdn. 21; s. a. *v. Hippel* Verbraucherschutz § 1, 4). Soweit – namentlich im Zusammenhang mit § 3 UWG – die besondere Schutzwürdigkeit des Verbrauchers aus einer empirisch gewonnenen Feststellung hergeleitet wird, das Verbraucherverhalten sei häufig durch geschäftliche Unerfahrenheit und auch intellektuelle Überforderung gegenüber den ökonomischen Notwendigkeiten marktrationalen Entscheidungsverhaltens gekennzeichnet[45], ist daran zu denken, eine besondere wettbewerbsrechtliche Schutzwürdigkeit auf das soziale Moment der sozialen Marktwirtschaft zurückzuführen[46]. Damit würde jedoch die Bedeutung des Sozialstaatsprinzips verkannt, das nicht dazu verwendet werden kann, nach Art einer „mixed economy" die spezifischen Voraussetzungen und Wirkungen einer Marktwirtschaft zu paralysieren (dazu Einl. A Rdn. 27, 52 ff, 57). Hierher rechnet aber gerade auch das Risiko individuell unvorteilhaften Gebrauchs ökonomischer Handlungsfreiheit. Mit anderen Worten: Inhalt und Grenzen jedenfalls wettbewerbsrechtlich legitimen Verbraucherschutzes ergeben sich nicht aus irgendwelchen empirisch darstellbaren Defiziten hinsichtlich Intelligenz, Marktübersicht, Produktkenntnissen, geschäftlicher Gewandtheit u. ä., sondern normativ aus den wettbewerblichen Funktionsbedingungen des Marktes (**a. A.** § 3 Rdn. 102 ff). Denn der funktionierende Wettbewerb ist und bleibt des Verbrauchers „bester Freund"[47]. Verbraucherschutz darf nicht zum „systemsprengenden Postulat" entarten[48]. **C 24**

Die Schutzwürdigkeit von Verbraucherinteressen definiert sich mithin über das **Leitbild** eines Wirtschaftssubjekts, das über die zur selbstverantwortlichen Marktteilnahme erforderlichen Handlungskompetenzen verfügt und dergestalt als **homo oeconomicus** wirtschaftsgeschichtlich und auch wettbewerbstheoretisch kein Unbekannter ist[49]. Auch verbreitete individuelle Defizite im Vergleich zu diesen Anforde- **C 25**

---

[44] Umfassende Nachweise bei *v. Hippel* Verbraucherschutz § 1, 2.

[45] Schätzungsweise allein 10–15% der Bevölkerung bewegen sich intellektuell auf Sonderschulniveau oder knapp darüber, vgl. *Baumbach/Hefermehl* § 3 UWG Rdn. 32; *Emmerich* § 12, 2 b. Beklagt wird ferner die Trägheit und Unlust der Verbraucher, die Fülle der dargebotenen Informationen effektiv zu nutzen, vgl. *v. Hippel* Verbraucherschutz § 1, 6 mwN.

[46] Vgl. *v. Hippel* Verbraucherschutz, Schlußwort (S. 270 ff); s. a. *ders.* Schutz S. 2 ff, 29 ff, 115 ff, 146 f.

[47] So schon der Final Report of the Committee on Consumer Protection von 1962 (nach dem Kommissionsvorsitzenden als „Molony-Report" bekanntgeworden) S. 295 f.

[48] Davor warnt *Lieb* AcP 183 (1983), 327, 348 f.

[49] Ausführlich *Behrens* Grundlagen S. 50; *Kirchgässner* JZ 1991, 104; *Schäfer/Ott* Lehrbuch der ökonomischen Analyse des Zivilrechts (1986) S. 46 ff; *Schünemann* ARSP 1986, 502; *ders.* (Wettbewerbsrecht) S. 137 f; s. a. BGH GRUR 1968, 433, 436 – *Westfalenblatt II; Emmerich* § 12, 2 b; *Schricker* ZHR 139 (1975), 224. Zu den Auswirkungen auf die maßgebliche „Verkehrsauffassung" s. Großkomm.-*Schünemann* Einl. D Rdn. 296 f.

rungen sind Teil des allgemeinen Lebensrisikos, das selbstverständlich die ökonomische Dimension nicht ausspart. Nur ein solches wettbewerbsrechtliches Leitbild des **verständigen, wachen Verbrauchers** fügt sich auch in eine Gesamtrechtsordnung ein, die etwa die politische, die bürgerlich-rechtliche und die strafrechtliche Mündigkeit von der unübersehbaren Fülle individueller Eigenheiten (und dies heißt auch: von individuellen Schwächen) abstrahiert und auch abstrahieren muß, weil Freiheit und Mündigkeit sich bedingen und die Schutzwürdigkeit erst dort beginnt, wo die Mündigkeit endet (**a. A.** § 3 Rdn. 102 ff). Die auch für die ökonomische Dimension bemühte „Schonungsethik des Sozialstaates" (*Hoffmann* ARSP 1989, 27 ff; s. a. – durchaus von der **Freiheitsethik"** auch des Wirtschaftsprivatrechts ausgehend, diese aber doch sehr relativierend – *Reuter* DZWir 1993, 45 ff) findet jedenfalls hier ihre Wirkungsschranke[50]. Dies wirkt sich wettbewerbsrechtlich etwa auch dahingehend aus, daß nicht an einer empirisch zu ermittelnden, sondern von vornherein an einer **normativen (normierten) Verkehrsauffassung** anzusetzen ist (s. näher Einl. D Rdn. 257, 267 ff). Erst recht müssen solche Überlegungen gegenüber einem Unternehmer greifen, der als Käufer und späterer Wiederverkäufer im Stufenwettbewerb etwa vor Irreführung und „übertriebenem Anlocken" geschützt werden sollte, zumal hier empirischer Befund und normatives Leitbild sich weitestgehend decken dürften (vgl. auch Einl. D Rdn. 269 f, § 1 C Rdn. 156 f, 166).

C 26 Mit dem Ansatz der neoklassischen Theorie der Wettbewerbsfreiheit beantwortet sich schließlich auch die zunächst schwierig erscheinende Frage, nach welchen Kriterien nun eine **Abwägung** widerstreitender schutzwürdiger Interessen der Marktbeteiligten zu erfolgen hat: Diese Entscheidung obliegt dem Wettbewerbsprozeß selber[51]. Eben dies ist ja der Sinn, der dem Wettbewerb als Problemlösungs- und Koordinationsverfahren im Konzept der Wettbewerbsfreiheit innewohnt, und nichts spricht dafür, von diesem Sinnbezug ausgerechnet die **Interessenkollision** auszunehmen. Das **Allgemeininteresse** gewinnt also keine gleichsam von außen an das Wettbewerbsgeschehen herangetragene „eigenständige Bedeutung" bei der „überindividuellen Wertung" der involvierten schutzwürdigen Partikularinteressen der Marktbeteiligten, vorgenommen auf der Basis des „geeint vorgestellten Interesses der Gesamtbevölkerung"[52]. Vielmehr ist das Allgemeininteresse nichts weiter als das wohlverstandene Interesse aller an einer freien, funktionierenden Wettbewerbsordnung, in der allein – ceteris paribus – sich ein ökonomisches wie gesellschaftliches Optimum allseitiger Interessenwahrung konzipieren und realisieren läßt[53]. Die Diffusität eines ominösen, dem jeweiligen Interpreten je nach dessen Interesseneinbindung aufs äußerste willfährigen Allgemeininteresses[54] weicht erst hier intersubjektiv vermittelbaren und konsensfähigen Konturen, wo das Allgemeininteresse unter Verzicht auf außerwettbewerbliche Bestimmungsgrößen ganz durch die Institution Wettbewerb selber definiert wird.

---

[50] S. a. *Reuter* AcP 189 (1989), 199, 218, der sich entschieden gegen einen Verbraucherschutz durch „Materialisierung des Privatrechts" speziell über § 1 UWG als Einbruchstelle wendet.

[51] *Hoppmann* Zum Problem einer wirtschaftlich praktikablen Definition des Wettbewerbs, in: H. K. Schneider (Hrsg.) Grundlagen der Wettbewerbspolitik (1968) S. 9, 18 f; *Merz* Vorfeldthese S. 211.

[52] So aber *Baumbach/Hefermehl* Einl. UWG Rdn. 81. Wenn aaO zu den „partiellen Interessen" auch „Interessen ... des Staates" gerechnet werden, die dann mit dem Allgemeininteresse konfrontiert werden, dann dreht man sich ersichtlich im Kreise, verliert das Allgemeininteresse vollends jede begriffliche Faßbarkeit. Wie der Text hingegen auch *Reichold* AcP 193 (1993), 204, 232.

[53] *Merz* Vorfeldthese S. 210 f, 247; *Möschel* Pressekonzentration und Wettbewerbsgesetz (1978) S. 134. S. a. *Kraft* GRUR 1980, 966, 968.

[54] S. a. *Giese* S. 44 ff; *Merz* Vorfeldthese S. 209 f.

Der Rekurs auf das wettbewerblich beachtliche Allgemeininteresse reduziert sich bei Licht besehen mithin auf eine **hermeneutische Forderung,** bei der Auslegung des UWG, namentlich bei der Konkretisierung der Generalklauseln, auf die wirtschaftsverfassungsrechtlichen Maßgaben und auf die wiederum daraus abzuleitenden Wertungen des GWB und auf die wirtschaftsverfassungskonformen wirtschaftswissenschaftlichen Wettbewerbskonzeptionen Rücksicht zu nehmen[55], um so zur Erfüllung allgemein-basaler Zielfunktionen des Wettbewerbs wie z. B. seiner Antriebs- oder Verteilungsfunktion beizutragen. Darüber hinaus handelt es sich beim Allgemeininteresse um eine bezeichnenderweise auch philosophisch-erkenntnistheoretisch kaum substantiell darstellbare **Leerformel** (ausführlich dazu *Fach* ARSP 1974, 231 ff): Soweit darin zum Ausdruck kommen sollte, daß sich der Gesetzgeber beim Erlaß wettbewerbsrechtlicher Normen irgendetwas gedacht hat, Wettbewerbsschutz in diesem Sinen einer Entsprechung mit der volonté générale im Interesse aller liege[56], ist dies natürlich nicht falsch, aber selbstverständlich[57]. **C 27**

Soll Wettbewerbsrecht allgemein und damit auch speziell Lauterkeitsrecht nicht jede klare Kontur nach Zweck und Inhalt einbüßen, sind neben der marktwirtschaftlich-ökonomischen Dimension keinerlei tragfähige Ansatzpunkte dafür vorhanden, dem Wettbewerbsrecht andersartige Sinnbezüge überzustülpen. Namentlich „Sauberkeit“ und „Reinerhaltung des Wirtschaftslebens“, „Wahrheit“ und „Aufrichtigkeit“ im Geschäftsverkehr, „sauberes Geschäftsgebaren“, „Wahrung des kaufmännischen Anstandes“ und der „Berufsehre“ der Branche sowie der „Standesehre“ (geradezu penetrante Massierung bei *Knöpfle* Rechtsbegriff S. 63 ff; s. a. Einl. D Rdn. 70 ff, 75) scheiden als Schutzgüter auch des sog. Lauterkeitsrechtes aus. All dies sind Partikel eines ominösen „Allgemeininteresses“ oder – ehrlicher – erklärte Partikularinteressen, deren wettbewerbsrechtliche Relevanz in einer wirtschaftsverfassungsrechtlich von Wettbewerbsfreiheit geprägten Wirtschaftsordnung kategorisch zu verneinen ist (s. Einl. B Rdn. 32 ff, Einl. C Rdn. 19 ff; zur „Ehrbarkeit“ als wirtschaftsgeschichtliches Fossil einer zünftischen Ordnung vgl. Einl. B Rdn. 6 f). Noch viel weniger – eine Steigerungsmöglichkeit einmal vorausgesetzt – ist wettbewerbsrechtliches Schutzobjekt der christliche Dekalog in einer Hinwendung auf das ökonomische Geschehen (zur negativen Bewertung des sog. Verdrängungswettbewerbs als eines Verstoßes gegen das Gebot: „Du sollst nicht töten“ s. jedoch *Simitis* Gute Sitten S. 24). Weder die gesetzliche Selbstbezeichnung noch der historische Werdegang des UWG oder gar der historisch durchaus gut belegte uralte Zusammenhang von politischer Philosophie, Wirtschaftsethik und Ökonomik (dazu eingehend *Koslowski* Politik und Ökonomie bei Aristoteles[3] (1993)) rechtfertigen aus heutiger Sicht die Annahme eines sich auf den Schutz der **„Lauterkeit“** im Sprachsinne erstreckenden Zielbündels. Zu betonen ist hierbei freilich nochmals, daß es in vorliegendem Zusammenhang lediglich um die spezifisch wettbewerbsrechtlich zur Geltung zu bringenden Interessen bzw. geschützten Rechtsgüter geht. Selbstverständlich fällt die ökonomische Ebene des gesellschaftlichen Lebens nicht aus dem Kontext des allgemeinen Rechtsregimes heraus: Strafrecht und Polizeirecht **C 28**

---

[55] *Emmerich* § 3, 2 c; *Möschel* Pressekonzentration und Wettbewerbsgesetz (1978) S. 138; s. a. *Mestmäcker* AcP 168 (1968), 235, 253 ff; *ders.* Der verwaltete Wettbewerb (1984) S. 83. Gerade dagegen jedoch *Schwartz* GRUR 1967, 333, 343.

[56] Vgl. letztlich mit dieser Quintessenz *v. Gamm* NJW 1980, 2489 f; s. a. *Loewenheim* GRUR 1975, 99, 104.

[57] *Hefermehl* GRUR Int. 1983, 507, 509; *Merz* Vorfeldthese S. 208, 211; *Möschel* Pressekonzentration und Wettbewerbsgesetz (1978) S. 135; *Schünemann* S. 49.

etwa erfassen freilich auch Wettbewerbsverhalten, so daß auf diesem Wege – aber auch nur auf diesem Wege – ein (außerökonomisches) Interesse an „Wahrheit", „Aufrichtigkeit", „Anstand" und „Sauberkeit" im Geschäftsleben, z. B. via § 185 ff, 263 StGB und die „öffentliche Ordnung" im Rahmen ihrer polizeirechtlichen Erheblichkeit, verfolgt werden kann. Umgekehrt können derartige Werte durchaus auch einmal Bedeutung für den funktionierenden Wettbewerb gewinnen. Aber eben nur, soweit und weil sie – z. B. „Wahrheit" und „Aufrichtigkeit" – dann etwa die Markttransparenz als wettbewerbstheoretischen Topos betreffen, ist ihr Charakter als wettbewerbsrechtlich anzuerkennendes Schutzgut zu bejahen.

C 29 Insofern ist auch Zurückhaltung bei der Anerkennung eines wettbewerbsrechtlichen Schutzes der Persönlichkeit im Rahmen des § 1 UWG, also über §§ 14 f UWG hinaus, geboten: Wettbewerbliche Bezugnahmen auf **persönliche Merkmale** wie „Rasse, Konfession, Ehe- oder Kinderlosigkeit, Krankheit, Unzuverlässigkeit, Ausländereigenschaft" etc. mögen zwar in der Tat den „Todesstoß für den lauteren Wettbewerb" bedeuten können (vgl. *Baumbach/Hefermehl* Allg. Rdn. 432 ff), sind aber lauterkeitsrechtlich schützenswert doch nur, wenn und weil dadurch der **wettbewerbsgesteuerte Marktmechanismus** in seiner ökonomischen Funktionsfähigkeit in Mitleidenschaft gezogen wird, nicht aber deshalb, weil damit die Grenzen des Anstands bezüglich der Wahrung der Intimsphäre anderer „verwerflich" überschritten wären (**a. A.** ganz iS der **hM** aber *Baumbach/Hefermehl* Allg. Rdn. 432. Zur sog. Anstandsformel der hM näher Einl. D Rdn. 10 ff. Zur Begründung der rein wettbewerbsfunktionalen Gegenansicht zum Begriffsinhalt der „guten Sitten", wie sie in der Konsequenz der Auffassung des Textes liegt, s. eingehend Einl. D Rdn. 37 ff).

C 30 **Zusammenfassend** ist festzustellen: **Schutzgut des UWG** – wie das Wettbewerbsrecht überhaupt – ist allein der (ökonomische) Wettbewerb iS der Wettbewerbsfreiheit. Schutzzweck des UWG ist demzufolge – wiederum in Übereinstimmung mit den übrigen wettbewerbsrechtlichen Normenkomplexen – die Aufrechterhaltung des wettbewerblichen Prozesses durch das Zur-Geltung-Bringen seiner wesentlichen Voraussetzungen, nämlich individueller Handlungs- und Entscheidungsfreiheiten.

D. Zentralbegriffe des UWG

Übersicht

Alphabetische Übersicht (D)

Literatur

Ahlert Marketing-Rechts-Management (1988); *Ahrens* Handeln zu Zwecken des Wettbewerbs nach § 3 UWG, WRP 1972, 57; *Ahrens* Wettbewerbshandlungen von Testinstituten – Irreführungsgefahr und maßgebliche Verkehrsauffassung, WRP 1977, 14; *Aicher* Verkehrsauffassung und Unklarheitenregel im Wettbewerbsrecht, DB 1970, 2009; *Alexander-Katz* Wettbewerbscharakter und Wettbewerbszweck geschäftlicher Handlungen, NJW 1954, 129; *Andersen* Bemerkungen zur Definition der beteiligten Verkehrskreise aus der Sicht und der Erfahrung der Umfrageforschung, GRUR 1981, 160; *Arndt* Leistungswettbewerb und ruinöse Konkurrenz (1986); *Arndt* Hat der Leistungswettbewerb in der Bundesrepublik noch eine Chance?, WRP 1986, 137; *Arzt* Die Ansicht aller billig und gerecht Denkender, Diss. Tübingen (1962); *Assmann* Verkehrsauffassung und Verbrauchererwartung beim Warenkauf (1970); *Ballerstedt* Handlungsunwert oder Erfolgsunwert im Gesetz gegen Wettbewerbsbeschränkungen?, in: FS Böhm (1965) S. 179; *Ballmann* Der Machtaspekt im UWG. Die Bedeutung der Macht eines Wettbewerbers für die Anwendung des § 1 UWG (1990); *Baudenbacher* Zur funktionalen Anwendung von § 1 des deutschen und Art. 1 des schweizerischen UWG, ZHR 144 (1980), 145; *Baudenbacher* Machtbedingte Wettbewerbsstörungen als Unterlauterkeitstatbestände, GRUR 1981, 19; *Bauer* Zur Bedeutung der Verkehrsauffassung bei der Auslegung des § 3 UWG, GRUR 1968, 248; *Bauer* Handeln zu Zwecken des Wettbewerbs (1991); *Baumbach* Verschulden und Sittenwidrigkeit im Wettbewerbsrecht, DJZ 1930, 1643; *J. Baur* Wettbewerbsregeln und Außenseiter, ZHR 141 (1977), 293; *Becher* Wettbewerbsrecht (Kommentar) (1928); *F. S. Behrens* Der Wettbewerbsbegriff des GWB, NJW 1958, 480; *P. Behrens* Die ökonomischen Grundlagen des Rechts. Politische Ökonomie als rationale Jurisprudenz (1986); *Benisch* Zur Problematik eines gesetzlichen Schutzes des Leistungswettbewerbs, WuW 1955, 421; *Benisch* Schutz des Leistungswettbewerbs. Übersicht über Diskussion und Problematik. Bundesverband der Deutschen Industrie (Hrsg.) Abt. Wettbewerbsordnung, Drucksache Nr. 77, 1966; *C. Berg* Grundfragen des Wettbewerbsrechts, Diss. Frankfurt a. M. (1936); *van den Bergh/M. Lehmann* Informationsökonomie und Verbraucherschutz im Wettbewerbs- und Warenzeichenrecht, GRUR Int. 1992, 588; *Bierling* Der Schutz des Leistungswettbewerbs. Eine Studie über die Generalklausel des § 1 UWG, Diss. Bonn (1957); *Borck* Zum Anspruch auf Unterlassung unlauteren Wettbewerbs, WRP 1966, 1; *Borck* Über „geheime Handelsmarken" und Interessenabwägung bei irreführender Werbung, WRP 1967, 258; *Borck* Wertreklame: Leistungs- oder Nichtleistungswettbewerb?, WRP 1976, 285; *Borck* Über aggressive Wertreklame. Versuch der Abgrenzung unterschiedlicher Unlauterkeitskriterien gegeneinander, WRP 1983, 311; *Borck* Die Interessenabwägung bei irreführender Werbung, WRP 1985, 63; *Böttner* 80 Jahre „Gute Sitten". Zum 80. Geburtstag des UWG, WRP 1989, 433; *Büchler* Handeln zu Zwecken des Wettbewerbs und Wettbewerbsverhältnis im UWG, Diss. Heidelberg (1981); *Bülow* Der Begriff der guten Sitten im Wettbewerbsrecht, WIR 1974, 231; *Burger* Über die Rechtsstellung öffentlicher Unternehmen im Privatrechtsverkehr, Diss. Tübingen (1966); *Burmann* Wettbewerb als sinnvariabler Rechts- und Wirtschaftsbegriff, WRP 1967, 240; *Burmann* Marktbezogene Unlauterkeit als eigenständiger Tatbestand, WRP 1967, 385; *Burmann* Wettbewerbsrecht und gewerblicher Rechtsschutz, WRP 1968, 258; *Burmann* Systematik des Werbe- und Wettbewerbsrechts, WRP 1969, 262; *Burmann* Zum Problem der Sittenwidrigkeit im Wettbewerb, WRP 1972, 511; *Doepner* Unlauterer Wettbewerb durch Verletzung von der Verbraucherinformation dienenden Gesetzesvorschriften, WRP 1980, 473; *Döll* Die Berücksichtigung der Nachahmungsgefahr bei Wettbewerbsverstößen, BB 1965, 173; *Dörinkel* Leistungswettbewerb – Rechtsbegriff oder Schlagwort?, DB 1967, 1883; *Drescher* Zur Problematik empirischer Untersuchungen für wettbewerbsrechtliche Prozesse, ZPM 1966, 135; *Droste* Abwehr im Wettbewerb, WuW 1954, 507; *Droste* Recht, Moral und Sitte im Wettbewerb, WRP 1964, 66; *Droste* Zum Begriff des „Sittenwidrigen" im Wettbewerb, WRP 1965, 35; *Eichmann* Der Vorsprung durch eigenen Rechtsbruch, GRUR 1967, 564; *Emmerich* Der Wettbewerb der öffentlichen Hand, insbesondere das Problem der staatlichen Versorgungsmonopole (1971); *Engelhardt* Grundprobleme der Leistungslehre, dargestellt am Beispiel der Warenhandelsbetriebe, ZfbF 1966, 158; *Federer* Das Wettbewerbsverhältnis im Gesetz gegen den unlauteren Wettbewerb (1990); *Fikentscher* Wettbewerb und gewerblicher Rechtsschutz (1958); *Freitag* Der Leistungswettbewerb als rechtliche Denkfigur, Diss. Göttingen (1968); *Friedrich* Die rechtliche Struktur des Wettbewerbsverhältnisses im Sinne des UWG, WRP 1976, 439; *Friehe* „Unclean hands" und lauterer Wettbewerb, WRP 1987, 439; *Friese* Wende im Wettbewerbsrecht, Die nationale Wirtschaft 1934, 47; *Fritze* Der Einwand des Selbstwiderspruchs, insbesondere im Sinne der „unclean hands" und das Allgemeininteresse im Wettbewerbsrecht, WRP 1966, 158; *v. Gamm* Verfassungs- und wettbewerbsrechtliche Grenzen des Wettbewerbs der öffentlichen Hand, WRP 1984, 303; *Giersch* Die Moral der offenen Märkte, FAZ v. 16. 3. 1991, 13; *Gleißner-Klein* Private Standesregeln im Wettbewerbsrecht – Die Berufsordnung der Heilpraktiker (1990); *v. Godin* Zum Begriff des „Wettbewerbs", GRUR 1965, 288; *v. Godin* Über den Verstoß gegen die wettbewerbsrechtlichen guten Sitten, GRUR 1966, 127; *Günther* Der Schutz der Leistung außerhalb des Kartellrechts, WuW 1955, 493; *Gütebier* Der Leistungsgrundsatz im Wettbewerbsrecht, JW 1934, 1091; *Haberstumpf* Die Formel vom Anstandsgefühl aller billig und gerecht Denkender in der Rechtsprechung des BGH (1976); *Hamm* Die Bedeutung des leistungsgerechten Wettbewerbs im Rahmen der Wettbewerbsregeln, WuW 1975, 115; *v. Harder* Zum Unwerturteil der Werbungsübersteigerung, GRUR 1962, 439; *v. Harder* Der Einfluß der par condicio concurrentium auf die Bewertung im Wettbewerbsrecht, Diss. Hamburg (1968); *Harms* Unlauterer Wettbewerb durch wirtschaftliche Aktivitäten öffentlicher Hände, BB 1986, Beilage 17/1986 zu Heft 32; *Harmsen* Der Besitzstand im Wettbewerbs- und Warenzeichenrecht, GRUR 1968, 503; *Hefermehl* Verbraucherschutz im Wettbewerbsrecht, in: FS Kastner, Wirtschaftspraxis und Rechtswissenschaft (1972), 183; *Hefermehl* Das Prokrustesbett „Wettbewerbsverhältnis", in: FS Kummer (1980), 345; *Hefermehl* Grenzen des Lauterkeitsschutzes, GRUR Int. 1983, 507; *Heintz* Feststellung der Sittenwidrigkeit nach § 1 UWG, NJW 1952, 1005; *Hellwig* Die Sicherung des Leistungswettbewerbs in der Sicht der gesetzgeberischen Arbeit, WuW 1959, 389; *Herber* Leistungswettbewerb und Preisunterbietung, Diss. Köln (1956); *Hirtz* Die Relevanz der Marktmacht bei der Anwendung des UWG, GRUR 1980, 93; *Hirtz* Der Rechtsbegriff „Gute Sitten" in § 1 UWG, GRUR 1986, 110; *Hirtz* Die Bedeutung des Wettbewerbsverhältnisses für die

Anwendung des UWG, GRUR 1988, 173; *Homann/Bloeme-Drees* Wirtschafts- und Unternehmensethik (1992); *Hönn* Wettbewerbsregeln und die Wirksamkeit eines leistungsgerechten Wettbewerbes, GRUR 1977, 141; *Hönn* Die Bedeutung spezieller Normen für die Konkretisierung von Generalklauseln, am Beispiel des Wettbewerbsrechts, in: FS Mühl (1981), 309; *Hoppmann* Behinderungsmißbrauch und Nichtleistungswettbewerb, WuW 1980, 811; *Hösl* Interessenabwägung und rechtliche Erheblichkeit bei § 3 UWG (1986); *Hubmann* Naturrecht und Rechtsgefühl, AcP 153 (1954), 297; *Kautter* Liberalismus, Marxismus, Kommunismus und das nationalsozialistische Leistungsprinzip (1934); *Keßler* Marktordnung, Wettbewerb und Meinungsfreiheit, WRP 1987, 75; *Keßler* Wettbewerbstheoretische Aspekte des Irreführungsverbotes – eine ökonomische und dogmengeschichtliche Analyse, WRP 1990, 73; *Keßler* Wettbewerbliches Irreführungsverbot und Freiheit des Warenverkehrs, EuZW 1991, 107; *Keysner* Täuschung durch Unterlassen – Informationspflichten in der Werbung (1986); *Kirchberger* Unlauterer, sittenwidriger und unerlaubter Wettbewerb (1931); *Kirchgässner* Führt der homo oeconomicus das Recht in die Irre?, JZ 1991, 104; *Kisseler* Sünden wider den Leistungswettbewerb, WRP 1975, 701; *Kisseler* Die Vernichtung des Gegners als Zweck des Wettbewerbs?, WRP 1978, 81; *Knöpfle* Der Rechtsbegriff „Wettbewerb" und die Realität des Wirtschaftslebens (1966); *Knöpfle* Zum Erfordernis eines Wettbewerbsverhältnisses bei der Anwendung des UWG, UFITA 93 (1982), 25; *Knöpfle* Die marktbezogene Unlauterkeit (1983); *Kohler* Der unlautere Wettbewerb, Darstellung des Wettbewerbsrechts (1914); *Koppensteiner* Wettbewerbsrecht Bd. 2: Unlauterer Wettbewerb[2] (1987); *Kornblum* Zum Werbeverbot für die rechts- und wirtschaftsberatenden akademischen freien Berufe, BB 1985, 65; *Kraft* Interessenabwägung und gute Sitten im Wettbewerbsrecht (1963); *Kraft* Wertungsfragen und Verkehrsanschauung im Markenrecht, JZ 1969, 408; *Kraft* Die Berücksichtigung wirtschaftspolitischer und gesellschaftspolitischer Belange im Rahmen des § 1 UWG, in: FS Bartholomeyczik (1973), 223; *Kraft* Gemeinschaftsschädliche Wirtschaftsstörungen als unlauterer Wettbewerb?, GRUR 1980, 966; *Kreiterling* Das Problem der Abgrenzung von Leistungs- und Nichtleistungswettbewerb in der Nachfragemacht-Diskussion, Diss. Frankfurt a. M. (1980); *Kroeber-Riel* Konsumentenverhalten[5] (1992); *Kroitzsch* Wirtschaftspolitische Entscheidungen durch Wettbewerbsregeln oder durch die UWG-Rechtsprechung?, BB 1977, 220; *Kroitzsch* Die Wettbewerbsregeln in kartell- und wettbewerbsrechtlicher Sicht, GRUR 1965, 12; *Kummer* Anwendungsbereich und Schutzgut der privatrechtlichen Rechtssätze gegen unlauteren und gegen freiheitsbeschränkenden Wettbewerb (1960); *Kunz* Das Allgemeine Übermaßverbot im bürgerlichen Recht und seine Auswirkungen auf das „übertriebene Anlocken" im Wettbewerbsrecht (1980); *Kunze* Der Behinderungswettbewerb, Diss. Heidelberg (1964); *Kübler/Simitis* Presse und Wettbewerb, JZ 1969, 445; *Lammel* Wettbewerbsrecht contra Standesrecht, WuW 1984, 853; *H. Lehmann* Handel und Gewerbe[3] (1943); *M. Lehmann* Wirtschaftspolitische Kriterien in § 1 UWG, in: Mitarbeiter-FS Ulmer 1973; *M. Lehmann* Wettbewerbsrecht, Strukturpolitik und Mittelstandsschutz, GRUR 1977, 580; *M. Lehmann* Schutz des Leistungswettbewerbs und Verkauf unter Einstandspreis, GRUR 1979, 368; *M. Lehmann* Die wettbewerbs- und bürgerlich-rechtlichen Grenzen der wirtschaftlichen Betätigung von Idealvereinen, WRP 1986, 63; *Leibold* Behinderungswettbewerb durch marktbeherrschende Unternehmen – Kriterien der Abgrenzung von zulässigem und unzulässigem Marktverhalten, Diss. Tübingen (1985); *Lindacher* Grundfragen des Wettbewerbsrechts, BB 1975, 1311; *Lobe* Die Bekämpfung des Unlauteren Wettbewerbs, Bd. I, Der unlautere Wettbewerb als Rechtsverletzung (1907), Bd. III Materialien des Gesetzes zur Bekämpfung des unlauteren Wettbewerbs (1907); *Loewenheim* Suggestivwerbung, unlauterer Wettbewerb, Wettbewerbsfreiheit und Verbraucherschutz, GRUR 1975, 99; *Lohrberg* Voraussetzungen, Grenzen und rechtssystematische Einordnung des Abwehreinwandes im Recht gegen den unlauteren Wettbewerb, Diss. Münster (1979); *Mähling* Werbung, Wettbewerb, Verbraucherpolitik (1984); *Martin* Imitationsanreiz und Schutz vor Nachahmung im Gesetz gegen unlauteren Wettbewerb (1981); *May* Business Ethics and the Law (1991); *Mayer-Maly* Das Bewußtsein der Sittenwidrigkeit (1971); *Mees* Normwidrigkeit und § 1 UWG, WRP 1985, 373; *Meesen* Internationale Verhaltenskodizes und Sittenwidrigkeitsklauseln, NJW 1981, 1131; *G. Meier* Zur Sicherung des Leistungswettbewerbs, BB 1977, 720; *G. Meier* Verhaltensregeln der Wirtschaft und „Leistungswettbewerb", WRP 1978, 514; *Meier* Maßnahmen des Nebenleistungswettbewerbs als unlauteres und marktmißbräuchliches Verhalten im Lebensmitteleinzelhandel, DB 1980, 721; *Menke* Die moderne informationsökonomische Theorie der Werbung und ihre Bedeutung für das Wettbewerbsrecht, dargestellt am Beispiel der vergleichenden Werbung, GRUR 1993, 718; *Merkel* Zum Schutz des Leistungswettbewerbs durch die Gerichte, BB 1977, 705; *Merkel* Zum Schutz des Leistungswettbewerbs: Eine Zwischenbilanz, BB 1977, 1176; *Merz* Die Vorfeldthese (1988); *Messer* Wettbewerbsrechtliche Beurteilung von Presseäußerungen, in: FS v. Gamm (1990), 95; *Mestmäcker* Die Abgrenzung von öffentlichrechtlichem und privatrechtlichem Handeln im Wettbewerbsrecht, NJW 1969, 1; *Mestmäcker* Der verwaltete Wettbewerb (1984); *A. H. Meyer* Das Verbraucherleitbild des Europäischen Gerichtshofs – Abkehr vom „flüchtigen Verbraucher", WRP 1993, 215; *Meyer-Cording* Die Grundbegriffe des Wettbewerbsrechts, WuW 1962, 461; *Meyer-Cording* Gute Sitten und ethischer Gehalt des Wettbewerbsrechts, JZ 1964, 273; *Möschel* Pressekonzentration und Wettbewerbsgesetz (1978); *Möschel* Die Kontrolle von Marktmacht außerhalb des Kartellrechts, in: FS Locher (1990), 461; *T. W. Müller* Die demoskopische Ermittlung der Verkehrsauffassung im Rahmen des § 3 UWG (1987); *Nastelski* Schutz der Allgemeinheit im Wettbewerbsrecht, GRUR 1969, 323; *Nerreter* Allgemeine Grundlagen eines deutschen Wettbewerbsrechts (1936); *Nipperdey* Wettbewerb und Existenzvernichtung (1930); *Nordemann* Der verständige Durchschnittsgewerbetreibende – Zum Verständnis der „guten Sitten" in § 1 UWG, GRUR 1975, 625; *Ohm* Definitionen des Leistungswettbewerbs und ihre Verwendungsfähigkeit für die praktische Wirtschaftspolitik, in: Seraphim (Hrsg.) Zur Grundlegung wirtschaftspolitischer Konzeptionen, Schriften des Vereins für Socialpolitik, Bd. 18 nF (1960), 239; *Ott* Systemwandel im Wettbewerbsrecht, in: FS Raiser (1974), 403; *Piper* Zum Wettbewerb der öffentlichen Hand, GRUR 1986, 574; *Piper* Zu den Auswirkungen des EG-Binnenmarktes auf das deutsche Recht gegen den unlauteren Wettbewerb, WRP 1992, 685; *Prölss* Der Einwand der „unclean hands" im Bürgerlichen Recht, ZHR 132 (1969), 35; *Raiser* Rechtsschutz und Institutionenschutz im Privatrecht, in: summum ius, summa iniuria (1963), 145; *Raiser* Marktbezogene Unlauterkeit, GRUR Int. 1973, 443; *Rawls* Outline of a Decision Procedure for Ethics, Philosophical Review 60 (1951) S. 177; *Rebe* Privatrecht und Wirtschaftsordnung (1978); *Reich/Wegener* Verbraucherschutz und Wettbewerb, JuS 1974, 561; *Reichold* Lauterkeitsrecht als Sonderdeliktsrecht. Zur Rolle zivilistischen Denkens bei der Anwendung von § 1 UWG, AcP 193 (1993), 204; *Reimann* Wettbewerb und „gute Sitten", WuW 1957, 621; *Reinhardt* Leistungsprinzip und Wettbewerbsrecht, DJZ 1935, Sp. 274; *Reinhardt* Grundsätzliches zum Leistungswettbewerb, in: FS Hedemann (1938), 381; *Reuter* Die ethischen Grundlagen des Privatrechts – formale Freiheitsethik oder materiale Verantwortungsethik, AcP 189 (1989), 199; *Reuter* Freiheitsethik und Privatrecht, DZWir 1993, 45; *Ring* Wettbewerbsrecht der freien Berufe. Unlauterer Wettbewerb durch standeswidriges Verhalten (1989); *Rinck* Gute Sitten im Wettbewerb, in: Göttinger Festschrift für das Oberlandesgericht Celle (1961), 151; *Rittner* Über das Verhältnis von Vertrag und Wettbewerb, AcP 188 (1988), 101; *Rödding* Scheinargumente im Wettbewerbsrecht, DB 1969, 1877; *Röper* Zur Verwirklichung des Leistungswettbewerbs, in: Seraphim (Hrsg.) Zur Grundlegung wirtschaftspolitischer Konzeptionen, Schriften des Vereins für Sozialpolitik, nF Bd. 18 (1960) S. 261; *Sack* Sittenwidrigkeit, Sozialwidrigkeit und Interessenabwägung, GRUR 1970, 493; *Sack* § 1 UWG und Wirtschaftspolitik, WRP 1974, 247; *Sack* Unlauterer Wettbewerb und Folgevertrag. Die Auswirkungen unlauteren Wettbewerbs auf Vertragsabschlüsse, WRP 1974, 445; *Sack* Lauterer und leistungsgerechter Wettbewerb durch Wettbewerbsregeln, GRUR 1975, 297; *Sack* Schadensersatzansprüche wettbewerbsgeschädigter Verbraucher nach deutschem und österreichischem Wettbewerbs- und Deliktsrecht, in: Konsumentenschutz im Privat- und Wirtschaftsrecht (1977); *Sack* Das Anstandsgefühl aller billig und gerecht Denkender und die Moral als Bestimmungsfaktoren der guten Sitten, NJW 1985, 761; *Sack* Die lückenfüllende Funktion der Sittenwidrigkeitsklauseln, WRP 1985, 1; *Sack* Der Schutzzweck des UWG und die Klagebefugnis des „unmittelbar Verletzten", in: FS v. Gamm (1990), 161; *Sambuc* Folgenerwägungen im Richterrecht (1967); *Sambuc* Monopolisierung als UWG-Tatbestand, GRUR 1981, 796; *Schachtschneider* Staatsunternehmen und Privatrecht (1986); *v. Schall-Riaucour* Wettbewerbsverstöße durch Verletzung außerwettbewerbsrechtlicher Normen (1968); *Schäfer/Ott* Lehrbuch der ökonomischen Analyse des Zivilrechts (1986); *Scheler* Der Formalismus in der Ethik und die materiale Wertethik[4] (1954); *Schluep* Vom lauteren zum freien Wettbewerb, GRUR

Int. 1973, 446; *Schluep* Über den Begriff der Wettbewerbsverfälschung, in: FS Kummer (1980), 487; *Schlüter* Ökonomische Funktion als Basis wettbewerbsrechtlicher Zulässigkeit (1992); *Schmidt-George* Der Einfluß des Gesetzes gegen Wettbewerbsbeschränkungen auf die Bestimmung der guten Sitten im Wettbewerb, Diss. Frankfurt a. M. (1969); *Schmiedel* Der „leistungsgerechte Wettbewerb" in der Neufassung des § 28 GWB, WuW 1975, 743; *Schmittat* Rechtsschutz gegen staatliche Wirtschaftskonkurrenz, ZHR 148 (1984), 428; *Schmitz* Preisunterbietung als Problem des GWB, WuW 1992, 209; *Schoen* Leistungswettbewerb und Behinderungswettbewerb, Diss. Köln (1933); *Scholz* Wettbewerbsrecht und öffentliche Hand, ZHR 132 (1969), 97; *Schricker* Unlauterer Wettbewerb und Verbraucherschutz, GRUR Int. 1970, 32; *Schricker* Gesetzesverletzung und Sittenverstoß (1970); *Schricker* Entwicklungstendenzen im Recht des unlauteren Wettbewerbs, GRUR 1974, 579; *Schricker* Möglichkeiten zur Verbesserung des Schutzes der Verbraucher und des funktionsfähigen Wettbewerbs im Recht des unlauteren Wettbewerbs, ZHR 139 (1975), 208; *Schricker* Wettbewerbsrechtliche Aspekte des Verbraucherschutzes, RabelsZ 40 (1976), 535; *Schricker* Wirtschaftliche Tätigkeit der öffentlichen Hand und unlauterer Wettbewerb[2] (1987); *Schricker* Wettbewerb der öffentlichen Hand im Strukturwandel (1990); *Schulte* Das standesrechtliche Werbeverbot für Ärzte (1992); *Schünemann* Der homo oeconomicus im Rechtsleben, ARSP 1986, 502; *Schütz* Nachahmungsgefahr und Unlauterkeit, WRP 1993, 168; *Schwark* Spekulation – Markt – Recht, in: FS Steindorff (1990), 473; *Schwarzfischer* Der Leistungswettbewerb, in: FS der Jur. Fak. Fribourg zur 77. Jahresversammlung des schweizerischen Juristenvereins (1943), 327; *Simitis* Gute Sitten und ordre public. Ein kritischer Beitrag zur Anwendung des § 138 Abs. 1 BGB (1960); *Sölter* Nachfragefunktion, Nachfrageverhalten und Nachfragemacht, WRP 1977, 445; *Sölter* Das Dilemma mit dem Leistungswettbewerb, WRP 1979, 296; *Sölter* Vom Leistungswettbewerb zum Verdrängungswettbewerb, DB 1983, 1241; *Spliethoff* Verkehrsauffassung und Wettbewerbsrecht (1992); *Starck* Empirie in der Rechtsdogmatik, JZ 1972, 609; *Tetzner* Objektive Sittenwidrigkeit und Verschulden bei § 1 UWG, GRUR 1950, 130; *Tetzner* Die Problematik der Generalklausel des § 1 UWG, NJW 1962, 1087; *Tetzner* Interessenabwägung bei irreführender Werbung, JZ 1965, 605; *Teubner* Standards und Direktiven in Generalklauseln (1971); *Tilmann* Über das Verhältnis von GWB und UWG, GRUR 1979, 825; *Tilmann* Die Verkehrsauffassung im Wettbewerbs- und Warenzeichenrecht, Grenzen der demoskopischen Wahrheitsfindung im Prozeß, GRUR 1984, 716; *Tilmann* Gesetzesverstoß und § 1 UWG, WRP 1987, 293; *Tilmann* Das UWG und seine Generalklausel, GRUR 1991, 796; *Tyllack* Wettbewerb und Behinderung. Eine rechtvergleichende Untersuchung zur Beurteilung von Individual- und Wettbewerbsbehinderungen nach deutschem und amerikanischem Recht (1984); *Ullmann* Der Verbraucher als Hermaphrodit, GRUR 1991, 789; *P. Ulmer* Der Begriff Leistungswettbewerb und seine Bedeutung für die Anwendung von GWB und UWG-Tatbeständen, GRUR 1977, 565; *E. Ulmer* Sinnzusammenhänge im modernen Wettbewerbsrecht (1932); *E. Ulmer* Die Anwendung von Wettbewerbs- und Kartellrecht auf die wirtschaftliche Tätigkeit der öffentlichen Hand beim Angebot von Waren- oder Dienstleistungen, ZHR 146 (1982), 455; *Vogt* Bedeutungsgehalt und Funktion der guten Sitten im Wettbewerbsrecht, NJW 1976, 729; *Weber* Einige Gedanken zur Konkretisierung von Generalklauseln durch Fallgruppen AcP 192 (1992), 516; *Wenzel* Wesen und Begriff der Warenausstattung (1957); *Wiedemann* Rechtsethische Maßstäbe im Unternehmens- und Gesellschaftsrecht, ZGR 1980, 147; *Willeke* Leistungswettbewerb und Leistungsprinzip, in: FS Rieger (1963), 158; *Wirtz* Wettbewerbsregeln nach § 28 II GWB mit dem Zielobjekt der Markttransparenz und die Wettbewerbsfunktion der marktleistungsgesteuerten Erfolgsverteilung, WRP 1978, 854; *Wrage* UWG-Sanktionen bei GWB-Verstößen?, (1984).

I. Die guten Sitten

1. Entwicklung und Konkretisierung

a) Begriffsgeschichte, Problemstellung. Das UWG von 1909 machte mit seiner durch § 1 statuierten „großen" Generalklausel erstmals die „guten Sitten" zum Dreh- und Angelpunkt des gesamten Lauterkeitsrechts (s. Einl. B Rdn. 17). Es **D 1**

knüpfte dabei verbal ersichtlich an das 1900 in Kraft getretene BGB an, das mit demselben Begriff in den §§ 138, 817 und 826 BGB operiert. Namentlich bestand dabei eine enge Affinität zu § 826 BGB, nachdem diese Norm wegen ihrer tatbestandlichen Erfordernisse hinsichtlich Vermögensschädigung und Vorsatz sich als wettbewerbsrechtlich weitgehend stumpfe Waffe erwiesen hatte (dazu Einl. B Rdn. 15). In allen Fällen stellt sich der Begriff der „guten Sitten" als wortgetreue Übersetzung der römisch-rechtlichen wie gemeinrechtlichen **boni mores** dar[1]. Damit war von vornherein eine wesentliche inhaltliche Unschärfe angelegt. Denn das klassische Verständnis hatte noch nicht klar zwischen Sitte iS von äußerer Gewohnheit („Sitten und Gebräuche") einerseits und Sittlichkeit iS bestimmter gewissensgeprägter Verhaltensanforderungen andererseits getrennt. Eine derartige Unterscheidung brachte erst die **mittelalterliche Begriffsbildung** von mos und moralitas. Indem die Väter des UWG wie schon zuvor die des BGB zwar die mos bzw. Sitte zum Ausgangspunkt nahmen, dieser aber nur als „guter" Sitte im Gegensatz zur Unsitte Maßgeblichkeit zusprachen, verwischten sie damit angesichts der zwischenzeitlich eingetretenen **Bedeutungsreduktion** der mos bzw. Sitte die Grenze gegenüber der moralitas bzw. Sittlichkeit (s. a. *Kaser* Römisches Recht I (1971) S. 173 ff; *ders.* Römisches Privatrecht[14] (1968) S. 57 f).

D 2 In welcher Richtung die begriffliche Unschärfe der „guten Sitten" nach dem Willen des **historischen Gesetzgebers** aufgelöst werden sollte, wird auch anhand der Materialien zum BGB nicht deutlicher. Zwar scheint man dabei in erster Linie an Regeln der Sittlichkeit und Rechtsmoral gedacht zu haben. Gleichwohl wurde im Beratungsverlauf ein Antrag abgelehnt, die „guten Sitten" durch „Sittlichkeit" zu ersetzen, weil nur die „guten Sitten" den im Interesse der Rechtssicherheit wünschenswerten „richtigen, objektiven Maßstab für die Handhabung des Gesetzes" liefern könnten[2]. Mit dieser Überzeugung von der Objektivität des gewählten Maßstabes in gewissem Gegensatz steht, daß der Gesetzgeber durchaus eine Ausfüllungsbedürftigkeit des Begriffs der guten Sitten konzedierte, diese Ausfüllung aber dem Richterstand überlassen wollte (*Mugdan* Die gesamten Materialien zum BGB für das Deutsche Reich (1899) I, S. 469).

D 3 Bei der konkretisierenden **Inhaltsbestimmung** des hochabstrakten Begriffs der „guten Sitten" in § 1 UWG kommen im einzelnen sehr verschiedenartige, hier zunächst **überblicksartig** zusammengestellte Ansätze in Betracht, die in zwei großen Kategorien zusammengefaßt werden können: **Ethischen Bestimmungskriterien** stehen solche außerethischer Herkunft gegenüber. Die ethischen Bestimmungsgründe, die die „guten Sitten" als Normen der Sittlichkeit ausweisen, lassen sich wiederum entweder naturrechtlich, als Teil einer absolut gesetzten Wertordnung, oder aber als historisch gewachsene Wertordnung begreifen. Dieser historische Zugang mündet

---

1 Hierzu und zum folgenden s. *v. Jhering* Der Zweck im Recht[1], Bd. II (1883) S. 1 ff, 21 ff; *Windscheid* Pandekten II[5] (1879) S. 204, 286 f; ferner *Lobe* Gruchot 72, 145 ff; *Nerreter* S. 28; *Salinger* JW 1917, 7 f; *Wiget* Der zivilrechtliche Begriff der öffentlichen Ordnung (1939) S. 54; aus dem neueren Schrifttum s. *Emmerich* § 5, 1 b bb; *Kraft* Interessenabwägung S. 103, 105 f; *Schricker* Gesetzesverletzung S. 186 ff.

2 Vgl. *Mugdan* Die gesamten Materialien zum BGB für das Deutsche Reich (1899) I S. 469, 725, II S. 406. S. a. *Sack* WRP 1985, 1, 14. Die „guten Sitten" wurden im übrigen nicht nur der „Sittlichkeit", sondern auch der „öffentlichen Ordnung" vorgezogen, weil man bei letzterer die sichere begriffliche Umgrenzung mehrheitlich vermißte. Vgl. *Mugdan* Die gesamten Materialien zum BGB für das Deutsche Reich (1899) I S. 469, 725. Bei der Ablehnung dürfte aber auch die Befürchtung der Mehrheit mitgespielt haben, die öffentliche Ordnung könne zum Hebel der Durchsetzung sozialdemokratischer Ideen werden. Vgl. *Mugdan* Die gesamten Materialien zum BGB für das Deutsche Reich (1899) I S. 1004.

seinerseits ein entweder in das nur scheinbar empirisch-deskriptiv zu ermittelnde, in Wahrheit aber normativ definierte, der bürgerlich-rechtlichen Dogmatik entlehnte „Anstandsgefühl aller billig und gerecht Denkender", in eine materiale Wertethik oder in eine sittlich-normativ geprägte, objektiv verstandene Sozialmoral.

In der Kategorie **außerethischer Konkretisierungskriterien** lassen sich die „guten Sitten" einmal als prinzipiell empirisch-deskriptiv erfaßbare Größen, als Konventionalnormen auffassen, aber auch als Wertungskonsequenzen der Rechtsordnung selber, sei es des überpositiven, sei es des positiven Rechts, und hier wiederum der Verfassung, des ordre public oder aber im Kontext mit dem wettbewerblichen Institutionsschutz, also etwa dem Schutz der Wirtschaftsordnung, des „Leistungswettbewerbs" oder bestimmter Wettbewerbsfunktionen. Von der positiven Rechtsordnung her geprägt werden die „guten Sitten" aber auch als Ausdruck einer bestimmten, gesetzlich vorgenommenen Interessenabwägung. Schließlich ist denkbar, in dem Verweis des § 1 UWG auf die „guten Sitten" weder einen Rekurs auf empirisch darstellbare Sitten und Gebräuche noch auf Konsequenzen der rechtlichen Wertordnung zu sehen, sondern in der Formulierung des § 1 UWG lediglich einen Normbildungsauftrag an die Gerichte zu erblicken, den diese etwa durch eigene Interessenbewertung, durch ihr Rechtsgefühl, ihre Lebenserfahrung etc. erfüllen. Hiernach wäre § 1 UWG eine genuine Blankettnorm, die sich lediglich zur Rechtsfolge, nicht aber zum Tatbestand selber äußert. **D 4**

Nicht übersehen werden darf, daß dieser Systematisierung keine realkategoriale, sondern **heuristisch-orientierende Bedeutung** zukommt, Überschneidungen und Doppeleinordnungen also nicht ausgeschlossen sind. So ist namentlich die Formel von den „guten Sitten" als dem Anstandsgefühl aller billig und gerecht Denkender (bzw. eines sonst für maßgeblich erklärten Personenkreises) als Konzept normativ korrigierter Konventionalnormen wegen ihres Ausgangspunktes ebensogut in die Gruppe der außerethisch determinierten Konkretisierungskriterien einzuordnen, also nicht – wie hier wegen ihres immanenten ethisch-normativen Korrektivs vorgeschlagen – in die erste Großgruppe ethisch fundierter Bestimmungskriterien. **D 5**

Mit der Konkretisierung der „guten Sitten" in § 1 UWG wird eine das gesamte Lauterkeitsrecht dominierende Frage entschieden; ihrer Beantwortung ist deshalb besondere Sorgfalt zu widmen. Denn Rechtsprechung und Rechtslehre gehen zutreffend davon aus, daß § 1 UWG das ganze Gesetz beherrscht (so bereits RGZ 79, 321, 327; *Baumbach/Hefermehl* § 1 Rdn. 1). Diese schon äußerlich durch die Stellung im UWG angedeutete **beherrschende Rolle** drückt sich in einer **Doppelfunktion** des § 1 UWG aus (näher *Rittner*[4] (1993) § 2 A II; *Schünemann* S. 44 ff, s. a. Einl. D Rdn. 52): Erstens erscheint § 1 UWG sozusagen als **Inbegriff** der lauterkeitsrechtlichen Einzeltatbestände, die mit § 1 UWG durch einen einheitlichen, eben durch die „guten Sitten" konstituierten Wertungszusammenhang verknüpft sind. § 1 UWG stellt mithin eine Art Klammer dar; in ihm kulminiert die Wertungssubstanz der beispielhaft zu verstehenden, mit § 1 UWG insoweit deshalb konkurrierenden Einzeltatbestände[3]. Zweitens fungiert § 1 UWG als **Auffangtatbestand,** der dort eingreifen kann, wo die beispielhaft-einzeltatbestandliche Fixierung sittenwidrigen Handelns im geschäftlichen Verkehr zu Zwecken des Wettbewerbs ihre jeweilige Grenze aufweist. Diese rechtstechnische Funktion der Generalklausel des § 1 UWG **D 6**

---

[3] So besonders deutlich *Callmann* Der unlautere Wettbewerb[2] (1932) § 1 Rdn. 1; *Koppensteiner* § 14 II 1 a; s. a. *Tonner* NJW 1987, 1917 f.

erschöpft sich dabei nicht in der Gewährung eines Minimalschutzes in Extremfällen, sondern zielt – wie die Gesetzgebungsgeschichte zeigt (Einl. B Rdn. 17) – auf umfassende Lückenschließung (*Kraft* Interessenabwägung S. 100, 119, 134 ff; *Sack* WRP 1985, 1, 3). Der Gesetzgeber des UWG von 1909 hat damit die sachlich gebotene und jedenfalls im Ergebnis heute verfassungsrechtlich unbedenkliche (BVerfGE 32, 311, 316; s. aber auch Einl. D Rdn. 36 zur Generalklausel als **„Ermächtigungsnorm"**) Konsequenz aus der Einsicht gezogen, daß die unübersehbare Vielfalt möglicher Verhaltensweisen im geschäftlichen Wettbewerb die Bildung eines erschöpfenden Katalogs von Einzeltatbeständen nicht zuläßt (BVerfGE 32, 311, 316). Die „guten Sitten" gelten somit zu Recht als wettbewerbsrechtlicher Zentralbegriff schlechthin (HdbWR/*Kreft* § 13, Rdn. 1), der die Auslegung der Einzeltatbestände ebenso steuert wie er qua Auffangtatbestand die Reichweite des Lauterkeitsrechtes überhaupt bestimmt.

D 7 Bei der erforderlichen Konkretisierung des Zentralbegriffs der „guten Sitten" in § 1 UWG ist schließlich vorab festzuhalten, daß für die Lösung dieser hermeneutischen Aufgabe ein Rückgriff auf den Sinngehalt der „guten Sitten" in den §§ 138, 817, 826 BGB nicht hilfreich ist. Zwar ist es im Interesse der Rechtsklarheit ein grundsätzlich zu unterstützendes Anliegen, innerhalb der Gesamtrechtsordnung eine Kontingenz zwischen Sprachgebrauch und Begriffsinhalt herzustellen. Doch findet dieses Bemühen seine Grenze in den **unterschiedlichen Funktionen,** die dieses Tatbestandsmerkmal bzw. dieser Wertungsmaßstab in den diversen Normen zu erfüllen hat. Der Begriffsinhalt der „guten Sitten" wird mithin in den §§ 138, 817, 826 BGB, § 1 UWG durchaus wesentlich differieren[4], obwohl normgeschichtlich enge Anlehnungen insb. zwischen § 826 BGB einerseits, § 1 UWG andererseits, nahelägen (Einl. B Rdn. 15 ff).

D 8 b) **„Gute Sitten" als naturrechtliche Wertethik.** Sieht man in den „guten Sitten" einen Verweis auf die Sittlichkeit, so stellen sich zuvörderst die Fragen nach deren Inhalt und nach der Möglichkeit deren erkenntnismäßiger Evaluation. In der Lehre vom wertethischen Naturrecht[5] geht man bei der Beantwortung dieser Fragen von der apriorischen Existenz einer absolut verpflichtenden Wertordnung aus, die auch gerade sittliche Werte normiert (*Coing* Grundzüge der Rechtsphilosophie[4] (1985) S. 214; *Hubmann* AcP 153 (1954), 297, 309). Diese sind von allen historischen und gesellschaftlichen Umständen oder gar von persönlichen Anschauungen gänzlich unabhängig und unbeeinflußt, in ihrem Bestand also selbst einer sich wandelnden Einschätzung aller entzogen (s. a. *Kelsen* Reine Rechtslehre[2] (1960) S. 429). Gelegentlich ging auch die Rechtsprechung von einer derartigen **absoluten Wertordnung** aus, wenn sie auf die „Normen des Sittengesetzes" rekurrierte, die „auf einer vorge-

---

[4] So schon RG JW 1905, 507 – *Lockvogel;* RGZ 48, 114 – *Brisbane;* 74, 434, 436 – *Pomril;* 143, 48; 161, 229, 233; BGHZ 8, 387, 393 – *Fernsprechnummer;* 10, 228, 233 – *Sicherungsverträge;* 12, 308, 318 – *Feststellungsklage eines einzelnen Gesellschafters;* neuerdings BGH GRUR 1990, 522, 528 – *HBV-Familien- und Wohnungsrechtsschutz; Baumbach/Hefermehl* Einl. UWG Rdn. 69; *Deutsch* JZ 1963, 389; *v. Gamm* Kap. 18 Rdn. 1; *v. Godin* GRUR 1966, 129; HdbWR/*Kreft* § 13 Rdn. 5; *Lehmann* NJW 1981, 1237; *Medicus* Allgemeiner Teil des BGB (1982) Rdn. 681; *Mees* WRP 1985, 373, 375; *Mestmäcker* Verwalteter Wettbewerb (1984) S. 94. MünchKomm.-*Mayer-Maly* BGB[2] (1984) § 138 Rdn. 19; *Sack* WRP 1985, 1, 4 (anders *ders.* GRUR 1970, 493, 502); s. a. *ders.* WRP 1974, 445, 447 f; *Teubner* Standards S. 62; a. A. z. B. RGZ 125, 159, 166 – *Scharlachberg; Fikentscher* Wettbewerb S. 108; *Hubmann* Gewerblicher Rechtsschutz[5] (1988) S. 272; Kunz S. 113 ff; *Nastelski* GRUR 1969, 323; *Schricker* Gesetzesverletzung S. 248, 275.

[5] Hierzu und zum Folgenden s. vor allem *Hubmann* AcP 153 (1954), 297 ff.

gebenen und hinzunehmenden Ordnung der Werte beruhen“[6]. Auch der Verfassungsgeber scheint die Dinge so gesehen zu haben, wenn Art. 2 I GG auf das „Sittengesetz“ abhebt[7]. Innerhalb dieser absolut gesetzten Wertsphäre stehen wiederum die einzelnen sittlichen Werte in einem bestimmten Rangverhältnis, das im Kollisionsfall über die konkrete Prävalenz der Werte entscheidet. Als der für den Rechtsbereich hierarchisch allem vorgeordnete Wert gilt dabei die Gerechtigkeit (vgl. *Coing* Grundzüge der Rechtsphilosophie^{4} (1985) S. 192). Die Lehre vom **wertethischen Naturrecht** geht von der menschlichen Fähigkeit aus, diese objektive Wertordnung zu erkennen. Diese Werterfassung soll aber nicht durch den Einsatz des vernünftigen Denkens, sondern durch Intuition und Emotion vermittelt werden, stellt also ein irrationales Wertwissen oder besser **Wertfühlen** dar (*Scheler* S. 88), das sich bezüglich des Erfassens von Rechtswerten als Rechtsgefühl manifestiert (*Henkel* Einführung in die Rechtsphilosophie^{2} (1977) S. 430).

Einwänden ist diese Lehre schon hinsichtlich des von ihr propagierten Erkennt- **D 9**
nismittels ausgesetzt, weil das Wertfühlen der Einzelnen ersichtlich nicht ubiquitär einheitlich ist. Selbst ein hier bemühter, in der Praxis die seltene Ausnahme bildender consensus omnium (*Hubmann* AcP 153 (1954), 297, 320) hilft schwerlich über diese Hürde hinweg, weil die Wertordnung ja gerade von den bestehenden historisch und individuell determinierten Anschauungen unabhängig sein soll (*Bülow* WIR 1974, 231, 233), ein empirisch darstellbarer Allgemeinkonsens mithin nicht einmal Indizfunktion hinsichtlich des jeweiligen Sittlichkeitswerts für sich in Anspruch nehmen kann und sonach vollkommen belanglos ist. Jedenfalls in der gegebenen Rechts-, Staats- und Gesellschaftsordnung unannehmbar aber wäre die an sich denkbare Alternative, diese Wertordnung von irgendeiner Seite gleichsam ex cathedra als wahr zu verkünden. Insofern die Lehre von den „guten Sitten“ als Ausdruck naturrechtlicher Wertethik insb. wegen des von ihr für maßgeblich erachteten Erkenntnismittels in den allgemeineren philosophischen Kontext einer **Individualethik** eingebunden zu sehen ist, käme eine solche heteronome Verbindlichkeitserklärung auch vom Konzept her nicht in Betracht, weil dies zu der Grundannahme in Gegensatz treten müßte, Zentrum der Sittlichkeit sei das **autonome** – freilich hierbei psychoanalytisch gesprochen nur vom Ich, nicht vom Über-Ich losgelöste – Gewissen (s. a. *Suranye/Unger* Stichwort: Wirtschaftsethik, in: HDSW Bd. 12 (1965) S. 83). Gerade die hiervon ausgehenden, jeder zumal gesinnungsethisch ausgerichteten Individualmoral immanenten Zentrifugalkräfte, die in der Konsequenz des *Kant*'schen **kategorischen Imperativs** eine je nach Individuum variierende Sittlichkeit mehr als nur in Kauf nehmen[8], würden im übrigen freilich die Idee einer starr vorgegebenen, nicht erst auf der Erkenntnisebene, sondern schon der Substanz nach ein für allemal unveränderlichen Wertordnung konterkarieren. Insgesamt verschafft also die Lehre vom wertethischen Naturrecht – ihre innere Widerspruchsfreiheit einmal gar nicht

[6] BGHSt. 6, 46; s. a. BGHSt. 17, 230; BGHZ 17, 328, 332. Zweifelhaft ist allerdings, ob dabei eine Fundierung der Wertordnung im Naturrecht oder nicht vielmehr in der christlichen Ethik vorgenommen wird; vgl. dazu *Simitis* Gute Sitten S. 16.

[7] *Starck* in: v. Mangoldt/Klein GG^{3} (1985) Art. 2 Abs. 1 Rdn. 24 (Sittengesetz als ein der Verfassungsordnung transzendenter Normenbestand); vgl. aber auch BVerfGE 6, 433 f, das dieses „Sittengesetz“ über die herrschenden Moralvorstellungen definiert und damit sachlich in die Nähe der sog. Anstandsformel (s. Großkomm.-*Schünemann* Einl. D Rdn. 10 ff) rückt.

[8] Dazu *Larenz* Sittlichkeit und Recht, in: Reich und Recht in der deutschen Philosophie, Bd. I (1943) S. 169, 276 f, 342.

problematisiert – kein für die Konkretisierung der „guten Sitten" brauchbares Instrumentarium und wird zu Recht weithin abgelehnt[9].

D 10 c) **„Gute Sitten" im Spiegel des „Anstandsgefühls aller billig und gerecht Denkender".** Einer wesentlichen Schwäche der Lehre von der Existenz eines wertethischen Naturrechts mit seiner geschichtlich unwandelbaren, a priori existenten Wertordnung entgeht, wer sich bei der Konkretisierung der „guten Sitten" vor allem mit der **Rechtsprechung** schon des RG und später des BGH die sog. **Anstandsformel** zu eigen macht. Demzufolge steht im Einklang mit den „guten Sitten", was dem „Anstandsgefühl aller billig und gerecht Denkender"[10] oder – für das Wettbewerbsrecht spezifizierter: – dem Anstandsgefühl des redlichen, verständigen, gerecht denkenden Durchschnittsgewerbetreibenden[11] bzw. des anständigen oder ehrbaren Kaufmanns bzw. Gewerbetreibenden[12] entspricht[13]. Seit den siebziger Jahren wird von der Rechtsprechung allerdings eher darauf abgestellt, „ob das konkrete Wettbewerbsverhalten ... dem Anstandsgefühl der beteiligten Verkehrskreise widerspricht oder von der Allgemeinheit mißbilligt und für untragbar angesehen wird" (BGH GRUR 1971, 259 f – *WAZ;* 1972, 553 – *Onko statt Blumen;* 1977, 668, 670 – *WAZ-Anzeigen;* 1985, 975 – *Sparkassenverkaufsaktion;* 1987, 116, 118 – *Kommunaler Bestattungsbetrieb I*). Dieses Anstandsgefühl bzw. die einschlägige Verkehrsauffassung (dazu Einl. D Rdn. 251 ff) wird dabei keinesfalls als ahistorische Größe, sondern als Spiegel einer **relativen,** von Kultur und Geschichte abhängigen **Wertordnung** begriffen (vgl. *Bülow* WIR 1974, 231, 235; *Schricker* Gesetzesverletzung S. 196 f): Die Auffassungen darüber, was sittenwidrig sei, könnten vielmehr im und mit dem Fluß des sittlichen, geistigen und wirtschaftlichen Lebens und der Bedürfnisse des Volkes wechseln und sich ändern (RG GRUR 1929, 115 f). Speziell unter wettbewerbsrechtlichem Aspekt wird die grundsätzlich veränderliche Substanz der Anstandsformel betont, wenn auf die „Entwicklung des sittlichen ... Lebens des Volkes und (auf) das darin wurzelnde Bewußtsein von der Notwendigkeit gesteigerter Anforderungen an die Lauterkeit ..." abgehoben (RGZ 134, 342, 355) und unterstrichen wird, die Auffassungen des redlichen Durchschnittsgewerbetreibenden seien nicht unwandelbar feststehend, sondern unterlägen wie jedes andere Geschehen Entwicklungen (BGHZ 81, 291, 296 – *Bäcker-Fachzeitschrift;* s. a. OLG Frankfurt/M. WRP 1988, 335, 338 („vernünftige Fortentwicklung der Kauf-

---

[9] Vgl. neben den bisher Genannten auch *Henkel* Einführung in die Rechtsphilosophie[1] (1964) S. 409; *Kelsen* Reine Rechtslehre[2] (1960) S. 429; *Teubner* Standards S. 19; wohl auch *Baumbach/Hefermehl* Einl. UWG Rdn. 71; *Soergel/Hefermehl* BGB[12] (1988) § 138 Rdn. 2.

[10] S. schon – für § 826 BGB – RGZ 48, 114, 124 – *Brisbane,* sodann z. B. – für § 1 UWG – RGZ 80, 219, 221; ferner RGZ 120, 142, 148; für die bürgerlich-rechtliche Judikatur der Nachkriegszeit vgl. etwa BGHZ 10, 228, 232; 17, 327, 332; BGH LM Nr. 2 zu § 138 (Ba).

[11] Vgl. BGHZ 10, 228, 232 – *Sicherungsverträge;* 15, 356, 364 – *Progressive Kundenwerbung;* 17, 327 – *objektiv wahre Anzeige;* 23, 332, 365, 371 – *Suwa;* BGH GRUR 1955, 346, 349 – *Indeta;* 1960, 558, 561 – *Eintritt in Kundenbestellung;* 1971, 318 – *Grabsteinwerbungen II.*

[12] S. RGZ 48, 114, 125 – *Brisbane;* OLG Frankfurt/M. GRUR 1978, 720, 722 – *Folgeverträge; Ulmer/Reimer* Rdn. 55 mwN des Sprachgebrauchs des BKartA bei der Eintragung von Wettbewerbsregeln.

[13] Umfassende Nachweise, auch zur bis zu *Savigny* zurückreichenden Begriffsgeschichte der Anstandsformel, bei *Arzt* und *Haberstumpf* passim; *Teubner* Standards, insb. S. 19. Für die durchaus häufige Zustimmung auch des rezenten Schrifttums s. nur *v. Gamm* Kap. 18 Rdn. 2, 7, 9 ff; HdbWR/*Kreft* § 13 Rdn. 6; *Hubmann* Gewerblicher Rechtsschutz[5] (1988) § 49 IV; *Ulmer/Reimer* Rdn. 51 („sittlich-rechtliches Bewußtsein", „Rechtsempfinden"); *Weimar/Schimikowski* Grundzüge des Wirtschaftsrechts[2] (1993) Rdn. 274 f; s. a. *Sack* NJW 1985, 761 und WRP 1985, 1.

mannssitte"); *v. Gamm* Kap. 18 Rdn. 12; *Heintz* NJW 1952, 1005; s. a. *Ulmer/Reimer* Rdn. 53).

Ausgangspunkt der Anstandsformel ist mithin nur scheinbar ein mit den Methoden empirischer Sozialforschung darstellbarer consensus omnium[14], denn – und erst dies macht den Kern dieser Lehre aus – der entscheidende Schritt liegt in der Definition der maßgeblichen Population, womit jener Ausgangspunkt wertethisch von vornherein relativiert, ja, in eine andere Dimension verschoben wird. Die „herrschenden sittlichen Auffassungen"[15] behaupten so ihre Maßstäblichkeit sogar in Zeiten allgemeinen moralischen Verfalls dadurch, daß sie sich gleichsam ex definitione auch dann noch im Einklang mit den sittlichen Überzeugungen des relevanten Personenkreises der „billig und gerecht Denkenden" bzw. der redlichen, verständigen, gerechten und ehrbaren Durchschnittsgewerbetreibenden oder Kaufleute befinden. Dies ermöglicht es der Justiz, mit dem Verdikt der Sittenwidrigkeit als „verwerflich" auch und gerade heute (besonders) schockierend-geschmacklose Werbung zu belegen (vgl. nur OLG Frankfurt/M. GRUR 1993, 130 – *Benetton-Werbung*), obwohl sich in solcher (Bild-)Sprache letztlich nur eine für die Gesellschaft faktisch durchaus charakteristische allgemeine Paralyse traditioneller Verhaltensstandards und Tabus spiegelt. Diese „Verwerflichkeit" soll sogar so schwer wiegen, daß es auf einen irgendwie förderlichen Zusammenhang mit dem Absatz der beworbenen Produkte überhaupt nicht mehr ankommen soll[16]. **D 11**

Der **philosophische Standort** der Anstandsformel in allen ihren Spielarten ist insofern schwer festzustellen, als die Funktion des subjektiven Bezuges des Handelnden zu den tangierten Normen der Sittlichkeit nur vage angedeutet ist. So wird einerseits für sittenwidriges Handeln weder das **Bewußtsein der Sittenwidrigkeit** noch wenigstens eine (besondere) verwerfliche Gesinnung verlangt, wie es aus dem Blickwinkel einer **Individualethik** ganz natürlich erscheinen könnte; andererseits wird aber auch nicht völlig auf subjektive Elemente verzichtet, weil das Verdikt der Sittenwidrigkeit an die **Kenntnis** des Handelnden bezüglich aller **Tatumstände,** die die objektive Basis des Sittenwidrigkeitsurteils begründen, geknüpft ist (vgl. hier nur BGH GRUR 1954, 274 – *Goldwell;* 1960, 200 f – *Abitz II.* Näher dazu Einl. D Rdn. 122 ff). **D 12**

Die Anstandsformel begegnet außerordentlich vielfältiger **Kritik.** Diese setzt schon auf semantischer Ebene in der Inadäquität des „Gefühls" (!) der „Denkenden" (!) an (*Emmerich* § 5, 1 b a a; *Teubner* Standards S. 21 f), richtet sich zentral aber gegen die vorgebliche Bestimmbarkeit des Anstandsgefühls überhaupt, weil das Ermittlungsergebnis ganz davon abhängen muß, wer dem **maßgeblichen Verkehrskreis,** wer der „erlauchten Schar" der billig und gerecht Denkenden bzw. redlichen, verständigen, gerechten und ehrbaren Durchschnittsgewerbetreibenden und Kaufleute, zugezählt wird[17]. Die logische Aporie erhält nur eine andere sprachliche **D 13**

---

[14] S. a. *Larenz* Allgemeiner Teil des deutschen Bürgerlichen Rechts[7] (1989) § 22 III a.

[15] RGZ 51, 369, 384. – Ähnlich auch BVerfGE 6, 433 f in seiner Ausdeutung des in Art. 2 I GG als Schranke aufgeführten „Sittengesetzes". „Sittengesetz" und „gute Sitten" erscheinen im Ergebnis gleichgesetzt, obwohl „Sittengesetz" seinerseits doch eher in die Richtung einer naturrechtlichen Betrachtung weist. S. schon *Nerreter* S. 33 ff, 55 ff.

[16] Die Verknüpfung der auf „Verwerflichkeit" der Werbung abstellenden Argumentation des OLG Frankfurt/M., GRUR 1993, 130 – *Benetton-Werbung* abstellenden Argumentation mit den angeblichen Geboten des „Leistungswettbewerbs" wirkt deshalb um so befremdlicher.

[17] So süffisant *Emmerich* § 5, 1 b a a im Anschluß an *Nordemann* Rdn. 33; ferner *Medicus* Allgemeiner Teil des BGB (1982) Rdn. 682; *Pawlowski* AT des BGB[2] (1983) Rdn. 498.

Form, wenn es heißt, maßgeblich sei „die gesunde (!) Anschauung der in Betracht kommenden Verkehrskreise" (BGHZ 23, 365, 371 – *Suwa*). Die auf diese Anstandsformel gestützten Ergebnisse sind mithin notwendigerweise Produkte des **logischen Zirkels,** bestenfalls Resultate einer Weiterverweisung von einem sehr unbestimmten Rechtsbegriff auf einen noch unbestimmteren, ja unbestimmbaren anderen[18]. Es nimmt deshalb nicht Wunder, daß mit Hilfe dieses „Musterbeispiels einer Leerformel"[19] – unter Gleichsetzung des Anstandsgefühls der nach den Vorgaben der nationalsozialistischen Weltanschauung ausgewählten gerecht und billig Denkenden, der verständig und redlich Urteilenden mit dem „herrschenden" bzw. „gesunden Volksempfinden" – die rassistisch motivierte, menschenverachtende Diskriminierung jüdischer Unternehmer ausdrücklich zum lauteren Wettbewerbsverhalten geraten konnte (RGZ 150, 1, 4 ff; 161, 296, 300; RG JW 1935, 420; 1938, 3052). Im Zuge nationalsozialistischer „Rechtserneuerung" avancierte die Anstandsformel zum geeigneten dogmatischen Vehikel, um unter erklärter Absage an den Primat der Rationalität das (Wettbewerbs-)Recht schlicht im Wege „göttlich geoffenbarter Intuition" erfassen zu können (*Nerreter* S. 17, 22, 43; vgl. auch *Waldmann* GRUR 1935, 194).

D 14 Statt ein Instrument rational begründeter und so diskursiv auch vermittelbarer Urteile zu sein, erscheint die Anstandsformel mithin jedenfalls geeignet, wennschon in ihrer Genese durchaus nicht dazu bestimmt[20], letztlich das Anstandsgefühl, gelegentlich vielleicht auch nur emotionale Affekte (vgl. *Droste* GRUR 1965, 35, 39; *Emmerich* § 5, 1 b a a) „älterer Richter in hoher Stellung" über den derart nicht mehr justitiablen Inhalt der guten Sitten entscheiden zu lassen (so schon *Baumbach* Kommentar zum Wettbewerbsrecht (1929) S. 174 f; *ders.* DJZ 1931, 58; *ders.* JW 1930, 1643; s. a. *Emmerich* § 5, 1 b a a; *Kraft* Interessenabwägung S. 128; *Nordemann* Rdn. 34. In der Sache ebenso BVerwGE 10, 164, 167 f: Richtern, die hinsichtlich der „guten Sitten" eine von der Judikatur des BGH abweichende Auffassung verträten, könnten schlechterdings nicht Sitte und Anstand abgesprochen werden). Ein geradezu konzeptionell-positiver Sinn läßt sich dem nur abgewinnen, wenn man den Richter kraft seines Amtes als den **berufenen Repräsentanten** der gerecht und billig Denkenden deklarieren wollte[21] und so einschlägige Fehlurteile zu § 1 UWG hinsichtlich der „guten Sitten" eigentlich denknotwendig ausschlösse. Bemühte man sich hingegen effektiv um die Ermittlung dessen, was dem Anstandsgefühl etwa des Durchschnittsgewerbetreibenden entspricht, so wäre dieses Unterfangen prozessual als Tatfrage zu qualifizieren. Die Gerichte haben indes die Konkretisierung der „guten Sitten" auf der Basis der Anstandsformel von Anfang an zumindest implizit als (revisible!) **Rechtsfrage** betrachtet[22], was sie hinwiederum

---

[18] *Meyer-Cording* JZ 1964, 273, 275; *Nordemann* GRUR 1975, 625 f; *Schünemann* S. 46; *Teubner* Standards S. 21.

[19] *Emmerich* § 5, 1 b a a; ähnlich scharf ablehnend etwa *Koppensteiner* § 14 I 2; *Möschel* Pressekonzentration S. 140 f; *Heldrich* AcP 186 (1986) 47, 93 f; *Teubner* Standards S. 19 ff, 115.

[20] Wie bei Schaffung des BGB konnte der Gesetzgeber auch noch 1909 für das UWG wohl doch noch davon ausgehen, daß eine von der Gesellschaft überwiegend anerkannte einheitliche Sittenordnung bestehe; vgl. *Larenz* JurJB 1966/67, 98, 104; *Schricker* Gesetzesverletzung S. 216; *Teubner* Standards S. 52 ff.

[21] So *Sack* NJW 1985, 761, 763; *Wiedemann* ZGR 1980, 147, 168 unter Hinweis auf *Rawls* aaO (Lit.-Verz.), ähnlich bereits *Meyer-Cording* JZ 1964, 273, 277 und schon früher *Nerreter* S. 37, der darin gar die eingelöste Forderung des Nationalsozialismus nach einem „Führertum der Rechtsprechung" erkennen wollte.

[22] Ausdrücklich bereits 1901 RGZ 48, 114, 128 – *Brisbane;* s. ferner z. B. RGZ 81, 86, 91; BGHZ 10, 228, 323 – *Sicherungsverträge;* 17, 327, 332 – *objektiv wahre Anzeige;* BGH NJW 1976, 1883 – *Dirnenlohn.* S. a. *Nastelski* GRUR 1968, 545 ff. Das ältere Schrifttum hielt verbreitet freilich ebenso früh mit der Auffassung dagegen, es handele sich um die Klärung einer Tatfrage; ausführliche Nachweise bei *Schricker* Gesetzesverletzung S. 199 f.

nicht hinderte, gleichwohl – wenn auch sehr vereinzelt – sich den „guten Sitten" empirisch, namentlich durch Einholung von Auskünften der Industrie- und Handelskammern, zu nähern (vgl. z. B. BGH GRUR 1960, 558, 560 f – *Eintritt in Kundenbestellung;* speziell dazu *Kroitzsch* GRUR 1965, 17. S. a. *Arzt* Ansicht S. 109; *Heintz* NJW 1952, 1005 f; *Koppensteiner* § 14 I 2; *Nastelski* GRUR 1968, 545 ff; *Simitis* Gute Sitten S. 69 ff; aus der älteren Literatur s. etwa *Fuchs* JW 1917, 633 ff; *Salinger* JW 1917, 9; *Schwinge* JW 1938, 771).

Methodische Friktionen erzeugt die Anstandsformel im übrigen auch insoweit, als der hinsichtlich seines Anstandsgefühls maßgebliche Personenkreis primär bei den (redlichen, verständigen, anständigen, ehrbaren) Gewerbetreibenden bzw. Kaufleuten lokalisiert wird, während das Anstandsgefühl der Allgemeinheit lediglich **Korrektivfunktionen** erfüllen soll (BGHZ 34, 264, 271 – *Einpfennig-Süßwaren;* BGH GRUR 1960, 558, 561 – *Eintritt in Kundenbestellung; Baumbach/Hefermehl* Einl. UWG Rdn. 88; *Nastelski* GRUR 1969, 323 f). Denn diese Einengung läßt sich mit Rücksicht auf die generell konzedierte Ausweitung des wettbewerbsrechtlichen Schutzzwecks über den Konkurrentenschutz hinaus (dazu schon Einl. C Rdn. 4 f, 24 f) nicht mehr plausibilisieren. Ist der relevante Beteiligtenkreis somit unter Einschluß der Marktgegenseite und dabei insb. der Verbraucher festzulegen, so müßten etwa gleichgewichtig auch Verbraucherverbände zu ihren Anstandsvorstellungen befragt werden. Der dagegen ins Feld geführte Hinweis, im konkreten Fall würden gleichwohl nicht ohne weiteres die Interessen aller berührt, was jene Einengung rechtfertige (*Baumbach/Hefermehl* Einl. UWG Rdn. 86; *v. Gamm* Kap. 18 Rdn. 9), verfängt schon deshalb nicht, weil – soweit ersichtlich – überhaupt noch keine Versuche unternommen wurden, das **Anstandsgefühl der Verbraucherkreise** effektiv zu eruieren. Erst recht greift der Hinweis zu kurz, bedenkt man, daß der Schutzzweck auch des Lauterkeitsrechts eine ganz wesentliche institutionelle, den Schutz des Wettbewerbs als Institution ergreifende Dimension aufweist (dazu Einl. C Rdn. 21 ff): Dann müssen sich Relevanzrestriktionen auf das Anstandsgefühl bestimmter Kreise von vornherein verbieten, selbst wenn man der Anstandsformel im übrigen folgen wollte, weil Träger dieser Institution eben die Allgemeinheit ist. **D 15**

Zwangsläufige **Irritationen** erzeugt die Anstandsformel weiterhin dadurch, daß unter ihrer Ägide traditionell Entscheidungen gefällt wurden, die mit ihrer immer wieder zitierten ethischen Wertungsbasis, der Sittlichkeit, in keinerlei Zusammenhang mehr gebracht werden können. Zu denken ist dabei nicht nur an die vom RG bemühten, in ihrer Deplaziertheit geradezu klassisch gewordenen Topoi einer der Volkswirtschaft angeblich abträglichen Bedarfsdeckung durch Verschenkung von Originalware (RG GRUR 1936, 381 – *Diamantine*) oder des Verstoßes gegen die judikativ dekretierten „Gebote vernünftiger kaufmännischer Betriebsführung" (RGZ 160, 385, 388 – *Lockenwickler*), sondern etwa auch an den bei der lauterkeitsrechtlichen Beurteilung immer wieder aufgegriffenen Aspekt der Nachahmungsgefahr einer Wettbewerbshandlung (vgl. z. B. BGHZ 54, 188, 192 – *Fernsprechwerbung;* 81, 291, 295 – *Bäcker-Fachzeitschrift;* 82, 375, 397 – *Brillen-Selbstabgabestellen;* GRUR 1985, 975 – *Sparkassenverkaufsaktion;* OLG Hamburg GRUR 1992, 531 – *„Lieber zu Sixt als zu teuer";* dagegen völlig zu recht OLG Oldenburg GRUR 1993, 128 – *„Lieber zu W. als zu teuer"*. Zum Fehlen eines inneren Zusammenhangs zwischen der „Nachahmungsgefahr" und dem „Anstandsgefühl" bzw. der Sittlichkeit überhaupt s. a. *Koppensteiner* § 14 I 2; *Meyer-Cording* JZ 1964, 273, 276). In der Tat wird mit der Anstandsformel zwar das „Sittlichkeitsbewußtsein des Volkes" beschworen, gleichwohl aber damit eben doch nicht lediglich eine Transformation der „Vorschriften der Moral" in das Recht vor- **D 16** genommen[23]. Vielmehr werden die das Anstandsgefühl steuernden ethischen Normen von vornherein aus dem Blickpunkt der **Praktikabilität** von Rechtsfindung und Rechtsanwendung ausgewählt und abgewandelt[24] und schon damit jener Prozeß eingeleitet, an dessen Ende der Rekurs auf die Moral in der Judikatur des Einzelfalls den Eindruck von Eklektizismus und Dezisionismus erweckt.

D 17 Hervorzuheben in diesem Zusammenhang ist namentlich, daß die rechtspraktische Handhabung der Anstandsformel impliziert, **sittliche Maßstäbe unterschiedlicher Stringenz** könnten nebeneinander existieren (vgl. z. B. RGZ 55, 367, 373; *Baumbach/Hefermehl* Einl. UWG Rdn. 86 ff; *Ulmer/Reimer* Rdn. 56 f): etwa diejenigen der Branchenangehörigen differieren von denen der „Allgemeinheit" (wobei dann in undurchsichtiger Weise einmal eine **„ethische Mittellage"** (*Baumbach/Hefermehl* Einl. UWG Rdn. 85), ein andermal eine jedenfalls strengere Auffassung der Allgemeinheit maßgeblich sein soll)[25]. Demgegenüber ist die Ethik prinzipiell binär, ohne Gradationen strukturiert und von universalem Geltungsanspruch: Ihr Urteil lautet „gut" oder „böse", ohne Differenzierung nach der Zugehörigkeit ihrer Adressaten zu bestimmten Verkehrskreisen. Weil in der Tat in einer marktwirtschaftlichen Ordnung für ethischen Rigorismus kein Platz wäre (*Schwark* FS Steindorff S. 473, 476), macht mithin die Anstandsformel die „guten Sitten" zum „juristischen Wechselbalg aus Ethik und Gewöhnlichkeit" (*v. Hippel* Recht, Sittlichkeit und Religion im Aufbau von Sozialordnungen (1958) S. 24). Ihr juristisches Überleben trotz gravierender Mängel[26] muß sie sonach nicht ihren dogmatischen Qualitäten, sondern allein ihrer Suggestivkraft verdanken: Die Antinomien von Emotionalität und Rationalität des „Gefühls" der „Denkenden", vom „billigem" **ius aequum** und „gerechtem" **ius strictum** scheinen aufgehoben, und diese dialektische Problemlösung soll nicht einmal Ausfluß einer juristischen Kompetenz, sondern „allen" oder doch zumindest den „Durchschnittsgewerbetreibenden" verfügbar sein[27]. Prosaischer ausgedrückt: ihre essentielle Inhaltsleere verschafft der Anstandsformel eine ubiquitäre Einsatzfähigkeit in beliebigem Begründungskontext und erweist sich damit als Lieferant praktischer Scheinargumente, wo keine sachhaltige Begründung parat ist[28].

---

[23] Dieser Anspruch wird besonders deutlich in BGHZ 17, 327, 332 – *objektiv wahre Anzeige* erhoben; s. a. RG JW 1921, 624.

[24] Vgl. hierzu und zum folgenden insb. *Schricker* Gesetzesverletzung S. 193 ff; aufschlußreich in diesem Zusammenhang auch *Ulmer/Reimer* Rdn. 55 (Ermittlung der herrschenden Auffassung „aus praktischen Gründen", jedoch ohne Zwang zur Berücksichtigung bei der Beurteilung der Sittenwidrigkeit).

[25] So mit Unterschieden im einzelnen BGH GRUR 1955, 541 f – *Bestattungswerbung;* BGHZ 34, 264, 271 – *Einpfennig-Süßwaren; Antoni* BB 1962, 1171, 1172 f; *Baumbach/Hefermehl* Einl. UWG Rdn. 98 f; *Gödde* DB 1967, 1074, 1079; insgesamt kritisch *Meyer-Cording* JZ 1964, 273, 275. Umfassende Nachweise zum Meinungsstand bei *Sack* NJW 1985, 761, 762 f; *Ulmer/Reimer* Rdn. 57 mit Fn. 131.

[26] Im Ergebnis ablehnend fast die gesamte Literatur, so z. B. neben den bereits Genannten *Baumbach/Hefermehl* Einl. UWG Rdn. 86 ff; *Böttner* WRP 1989, 433; *Bülow* WIR 1974, 231, 234 ff; *Kapp* WRP 1987, 71, 75; *Krasser* Der Schutz von Preis- und Vertriebsbindungen gegenüber Außenseitern (1972) S. 302 ff; *Kraft* Interessenabwägung S. 122 ff; **a. A.**, zumindest sehr viel positiver, z. B. *Sack* NJW 1985, 761, *ders.* WRP 1985, 1; *Larenz* Allgemeiner Teil des deutschen Bürgerlichen Rechts[7] (1989) § 22 III a; MünchKomm.-*Mayer-Maly* BGB[2] (1984) § 138 Rdn. 14; *Medicus* Allgemeiner Teil des BGB (1982) Rdn. 682; *Merz* Vorfeldthese S. 256; *Möschel* Pressekonzentration S. 140 ff; *Nordemann* GRUR Int. 1975, 625 ff; *ders.* Wettbewerbsrecht Rdn. 33 ff; *Ott* FS Raiser S. 403, 410 ff; *Rebe* Privatrecht S. 139 ff; *Rinck/Schwark* Wirtschaftsrecht[6] (1986) Rdn. 681; *Rittner*[4] (1993) § 2 A I 4 a, b; *Simitis* Gute Sitten S. 64 ff; *Soergel/Hefermehl* BGB[12] (1988) § 138 Rdn. 4; *Teubner* Standards S. 18 ff; *v. Godin* U § 1 Rdn. 61.

[27] Sehr einfühlsam *Teubner* Standards S. 22.

[28] *Koppensteiner* § 14 I 2; s. a. *Rödding* DB 1969, 1877.

d) **„Gute Sitten" als kulturell-materiale Wertethik.** Aus der Ablehnung der Anstandsformel insb. der Judikatur entwickelt sich der Versuch *Meyer-Cordings,* die „guten Sitten" an einer **materialen Wertethik** festzumachen[29]: Nicht das psychische Erleben der sittlichen Normen im „Anstandsgefühl" gebe den Schlüssel zum Verständnis der guten Sitten in die Hand, sondern es bedürfe eines Zugriffs auf die ethischen Normen selber. Dabei wird davon ausgegangen, daß Menschen einer Zeitepoche hinsichtlich der Anerkennung bestimmter Werte, Ideen oder Verhaltensanforderungen bei allen Unterschieden en detail im wesentlichen doch übereinstimmen, was einer einheitlichen, von *Meyer-Cording* zwar als **Sozialethik** ausgewiesenen (JZ 1964, 273, 277), dabei aber wohl doch eher individual-ethischen Substanz selber Ausdruck verleihe. Diese Substanz sei „in unserer westeuropäischen, christlich-humanistischen Kulturgemeinschaft" ganz spezifisch ausgeformt (aaO S. 277). Damit distanziert sich *Meyer-Cording* nicht nur von der Anstandsformel, sondern zugleich vom Konzept einer unwandelbaren, geschichts- und kulturlosen naturrechtlichen Wertethik. Bezogen auf den Wettbewerb wird die allgemeine materiale Wertethik zur materialen **Geschäftsmoral** bzw. **-ethik,** die z. B. Behinderung oder Irreführung verbiete (aaO S. 277, 310 ff; zum Postulat eines unmittelbaren Zusammenhangs zwischen Verdrängungswettbewerb und dem Gebot: „Du sollst nicht töten" s. bereits Einl. C Rdn. 28). **D 18**

Soweit erkennbar geht es *Meyer-Cording* so beinahe weniger um wettbewerbsrechtliche Ergebnisse, die sich von denen schon mit Hilfe der Anstandsformel seit langem entwickelten Fallgruppen im Rahmen des § 1 UWG sachlich unterscheiden (näher *Teubner* Standards S. 18), sondern eher um die Vermeidung der **definitionslogischen Schwächen** der Anstandsformel (*Meyer-Cording* JZ 1964, 273, 275; s. zu der definitorischen Problematik der Anstandsformel schon Einl. D Rdn. 10 ff). Dieses Ziel wird rein formal auch erreicht, doch bleibt allemal das **Legitimationsproblem** dessen bestehen, der den Inhalt der – individualethisch eigentlich nur im Gewissen jedes einzelnen erfahrbaren – Sittlichkeitsnormen erkannt zu haben vorgibt. Unbefriedigend ist hier jedenfalls der lapidare Hinweis, der Richter habe nun eben als Repräsentant der Vorstellungen der Allgemeinheit bzw. der gültigen Geschäftsethik hervorzutreten und dem Geltung zu verschaffen (*Meyer-Cording* JZ 1964, 273, 277). Außerdem erscheint fraglich, ob heute die Annahme der Existenz einer spezifisch „westeuropäisch christlich-humanistisch" geprägten Kulturgemeinschaft und der sie verbindenden materialen Wertethik zumindest eine Wahrscheinlichkeit für sich hat, und ob sie für den Fall ihrer Existenz in einer wertepluralistisch-säkular verfaßten Gesellschaft Maßgeblichkeit beanspruchen könnte[30]. Näher liegt hier das Plädoyer für die Rehabilitierung einer **„formalen Freiheitsethik"**; gerade § 1 UWG sieht sich mit der Gefahr konfrontiert, material aufgeladen zu werden (*Reuter* AcP **D 19**

---

[29] *Meyer-Cording* JZ 1964, 273 ff, 311 ff. Dazu *Schricker* Gesetzesverletzung S. 214 ff. S. a. schon *Wiget* Der zivilrechtliche Begriff der öffentlichen Ordnung (1939) S. 104, 106.

[30] Speziell für § 1 UWG verneinend z. B. *Reichold* AcP 193 (1993), 204, 226. Zur Faktizität des Wertepluralismus und seiner insb. auf Art. 4 GG abgestützten verfassungsrechtlichen Anerkennung (die allerdings in einem gewissen Spannungsverhältnis zu dem ebenfalls verfassungsmäßig akzeptierten „Sittengesetz" des Art. 2 Abs. 1 GG steht; s. a. Großkomm.-*Schünemann* Einl. D Rdn. 8) vgl. *Baudenbacher* Suggestivwerbung und Lauterkeitsrecht (1978) S. 116 ff; *Bülow* WIR 1974, 231, 241 f; *Droste* WRP 1964, 65 f und 1965, 35, 38 f; *Emmerich* § 5, 2 a; *Geiger* Vorstudien zu einer Soziologie des Rechts² (1970) S. 293 ff, 313 ff, 325 ff; *Henkel* Einführung in die Rechtsphilosophie² (1977) S. 71; *Ott* FS Raiser S. 403, 410; *Sambuc* Folgenerwägungen S. 28 ff; *Schachtschneider* Staatsunternehmen S. 399 ff; *v. Godin* GRUR 1966, 127 ff; *Westermann* FS Barz (1974), 545 ff.

189 (1989), 199, 207, 218; s. a. *ders.* DZWir 1993, 45 f). Von alledem abgesehen greift der gewählte Ansatz jedenfalls heute auch mit Rücksicht auf die Notwendigkeiten in einem europäischen Binnenmarkt zu kurz, denn in ihm können sicher nicht ausgerechnet am westeuropäischen Wesen auch Nord-, Süd- und auf absehbare Zeit wohl Osteuropa wettbewerbsrechtlich genesen, sprich: sich diese hier ausgebildete Geschäftsmoral einfach zu eigen machen[31].

D 20 e) **„Gute Sitten" als Sozialmoral.** Alle individualethischen Ansätze zur Konkretisierung der „guten Sitten" fokussieren in der Forderung einer bestimmten Gesinnung: Die Bewertung eines beobachteten Verhaltens ist demzufolge ganz von der es tragenden **Motivation** abhängig[32]. Schon dies ist für eine eventuell individualethische Anknüpfung des Rechts hinsichtlich der „guten Sitten" eine zweifelhafte Ausgangsbasis, insofern das Recht als Regelungssystem in bezug auf soziale Interaktion, also als **Verhaltensregulator**, zu begreifen ist. Hinzu kommt, daß aus individualethischer Sicht das Gewissen des einzelnen autonom Verhaltensmaßstäbe setzt, damit übereinstimmendes Verhalten also moralisch integer ist, auch wenn der individuell zugrundegelegte Maßstab von dem anderer abweicht. Abgesehen von den erkenntnistheoretischen Schwierigkeiten provoziert dies das Problem einer für jedes Mitglied der Rechtsgemeinschaft womöglich spezifisch unterschiedlichen rechtlichen Verhaltensnorm und dementsprechend individuell differierender Rechtswidrigkeit. Von daher leuchtet ein, daß von den Verfechtern einer ethischen Dimension der „guten Sitten" ganz überwiegend auf die Sozialethik bzw. – gleichbedeutend – Sozialmoral abgehoben wird[33]. Denn die Sozialethik formuliert eine **heteronome Sittlichkeit,** die gleichsam von außen an den Normadressaten herantritt, ihn als Angehörigen eines sozialen Gefüges anspricht und sich demzufolge damit begnügt, daß das so gesollte Verhalten auch praktiziert wird[34]. Der Mensch sei nicht nur für die Reinheit seiner Gesinnung sittlich verantwortlich, sondern auch für die Qualität seiner Handlungen unter Einbeziehung der Handlungsfolgen[35].

D 21 In diese Richtung weist wohl auch Art. 10bis II PVÜ, der die usages honnêtes, die anständigen Gepflogenheiten, zum Maßstab nimmt (s. a. Einl. F Rdn. 53 ff). Eine ähnliche Sicht der Dinge indiziert gelegentlich der gesetzliche Sprachgebrauch in einschlägigen Normen des Auslandes, wenn, wie etwa in Belgien und Luxemburg, die „anständigen Gebräuche" Maßstabsfunktion übernehmen sollen (zur lauterkeitsrechtlichen **Rechtsvergleichung** s. näher Einl. F Rdn. 234–317). Diese Objekti-

---

[31] Zur europarechtlichen Problematik bei der Konkretisierung der „guten Sitten" auf einer national-kulturell oder auch – weiter ausgreifend – regional-kulturell geprägten Geschäftsmoral s. näher *Schünemann* Rechtsvereinheitlichung und Rechtsangleichung in der Europäischen Gemeinschaft, in: Berg/Meissner/Schünemann (Hrsg.) Märkte in Europa (1990) S. 186 f.

[32] Vgl. nur *Kraft* Interessenabwägung S. 109; *Jellinek* Die sozialethische Bedeutung von Recht, Unrecht und Strafe[2] (1908) S. 28; s. a. *Simitis* Gute Sitten S. 17. Aus der neueren Rspr. vgl. OLG Frankfurt/M. WRP 1991, 733, 735 – *Warenhauserwerb*.

[33] *Baumbach/Hefermehl* Einl. UWG Rdn. 66; *Callmann* Der unlautere Wettbewerb[2] (1932) § 1 Rdn. 8; *Droste* WRP 1964, 65 ff; *Fikentscher* Wettbewerb S. 105 ff; *ders.* Bd. II § 22 XI 8 a; *Hönn* FS Mühl S. 309, 321 f; *Katzenberger* Recht am Unternehmen und Unlauterer Wettbewerb (1967) S. 119 ff; *Larenz* Allgemeiner Teil des deutschen Bürgerlichen Rechts[7] (1989) § 22 III a; *Rittner*[4] (1993) § 2 A I 4; *Nerreter* S. 18 ff, 33; *Sack* GRUR 1970, 493, 496; *ders.* NJW 1985, 761; *Schricker* Gesetzesverletzung S. 213, 221. Vgl. ferner *Fischer* Die Rechtswidrigkeit mit besonderer Berücksichtigung des Privatrechts (1911) (Nachdruck 1966) S. 64 ff; *Teubner* Standards S. 23 ff.

[34] *Henkel* Einführung in die Rechtsphilosophie[1] (1964) S. 133 f, [2] (1977) S. 66 ff; *Sack* GRUR 1970, 493, 496.

[35] *Weber* Politik als Beruf (1958) S. 539 ff; s. a. die Nachweise bei *Katzenberger* Recht am Unternehmen und Unlauterer Wettbewerb (1967) S. 122 f.

vierung oder auch Veräußerlichung der Sittlichkeit erlaubt mithin einen klärenden Verzicht auf subjektive Elemente in der Person des Handelnden, namentlich einen Verzicht auf das **Bewußtsein der Sittenwidrigkeit** oder wenigstens auf die **Kenntnis** der die Sittenwidrigkeit begründenden (äußeren) Tatsachen (*Herzog* Zum Begriff der guten Sitten im BGB (1910) S. 46). Denn die Verpflichtungskraft der Sozialmoral wird nicht in einem **Gewissensanruf** an den Handelnden gesehen, sondern soll der „normativen gemeinsamen Übung" entspringen (*Henkel* Einführung in die Rechtsphilosophie[1] (1964) S. 134).

In dieser Abkoppelung der Sittenwidrigkeit von allen subjektiven Momenten liegt die für das ethisierende Konzept der „guten Sitten" essentielle Gefahr einer Ununterscheidbarkeit von Sozialethik einerseits, von **Konventionalnormen** iS deskriptiv-empirisch darstellbarer **Sitte** andererseits[36]. Zur Trennung wird ohne große Überzeugungskraft in der Sache und vor allem ohne operationale Kriterien vorgetragen, die Sozialmoral sei als das moralbezogene Gebiet des „geübten und geforderten Sozialhandelns" zu definieren, die Sitte hingegen als „moral-indifferent"[37]. Gegen das Konzept der Sozialmoral überhaupt wird ferner angeführt, auch die von der Gemeinschaft gestellten sittlichen Forderungen fänden ihren Grund doch in der Gesinnung der Gemeinschaftsmitglieder, so daß die Sozialmoral letztendlich doch nur summativ-individualethisch zu erfassen sei (*Bülow* WIR 1974, 231, 239). Einen bemerkenswerten Brückenschlag zwischen den Versuchen, die „guten Sitten" durch die Postulate der Sozialmoral zu konkretisieren oder die „guten Sitten" aus dem Blickwinkel des wettbewerblichen, sich an ökonomischen Handlungsfreiheiten orientierenden Institutionsschutzes (dazu Einl. D Rdn. 37 ff) heraus zu begreifen, stellt der Hinweis *Möschels* dar[38]: Eine Wettbewerbsordnung, die der Idee individueller, sich im Marktgeschehen dialektisch aufhebender und integrierender Handlungsfreiheiten verpflichtet sei, stütze sich doch bereits darin auf einen Wert, der allgemein als ein zutiefst sittlicher gelte. **D 22**

f) **„Gute Sitten" als Konventionalnormen.** Durch außerethische Bestimmungsgründe determiniert sieht die „guten Sitten" zunächst jene Auffassung an, die spezifisch auf die Sitte abhebt, d. h. auf „stillschweigend entstandene, tatsächlich bestehende und als solche feststellbare **Konventionalnormen**"[39]. Die im Einklang jedenfalls mit der grammatikalischen Auslegung des § 1 UWG zum Maßstab genommene **Sitte** ist dabei – im Gegensatz zur Sittlichkeit – also die „im Leben des Volkes sich bildende, verpflichtende Gewohnheit", wie *v. Ihering* sich ausdrückt[40]. Die moderne **empirische Wert- und Normforschung** formuliert lediglich anders, wenn sie die „guten Sitten ... definiert als kollektiv befolgtes, erwartetes, sanktioniertes und legitimiertes Verhaltensmodell" (*Teubner* Standards S. 79). Das verpflichtende Moment der Gewohnheit oder Übung wurzelt hier letztlich freilich nur in dem gruppeneigentümlichen Bestreben, im Interesse eines ausreichenden Flexibilitätspotentials der Gruppe im Verhältnis zu anderen eine möglichst große interne Verhaltenskonstanz zu wahren. Der normierende Anspruch der Sitte ist auch lediglich an das äußere Verhalten der Gruppenmitglieder adressiert[41], ohne sich um die tragenden **D 23**

---

[36] Dies konzediert durchaus *Henkel* Einführung in die Rechtsphilosophie[1] (1964) S. 134.

[37] *Henkel* aaO (Vornote).

[38] *Möschel* Pressekonzentration S. 149.

[39] *V. Godin* U § 1 Rdn. 59; s. a. *Herzog* Zum Begriff der guten Sitten im BGB (1910) S. 114; *Kirchberger* S. 50 ff; *v. Schall-Riaucour* S. 11 ff, 19; *Tetzner* GRUR 1950, 130 f; *Vogt* NJW 1976, 729, 731 ff.

[40] *V. Jhering* Der Zweck im Recht[1], Bd. II (1883) S. 12.

[41] *V. Jhering* Der Zweck im Recht[1], Bd. II (1883) S. 28.

Motivationen zu kümmern. Als tatsächliche soziale Vorgänge sind diese Sitten, denen nicht kumulativ oder alternativ, sondern pleonastisch gern die „Gebräuche“ beigesellt werden, mit den Methoden der **empirischen Sozialforschung** zu ermitteln und statistisch zu beschreiben (*Kirchberger* S. 50; *Teubner* Standards S. 10, 61). Gerade in dieser Objektivierbarkeit der „guten Sitten“ wird von den Verfechtern dieses Standpunktes der besondere Vorzug gesehen, weil erst dies eine hinreichende Bestimmtheit des Begriffs unter den Postulaten rechtsstaatlicher Rechtsanwendung ermögliche (*Schachtschneider* Staatsunternehmen S. 405 ff). Auch ganz praktisch gedacht sei dieser deskriptive Zugang zu den „guten Sitten“ zu präferieren, weil häufig schon die richterliche Erfahrung zur Feststellung von Geschäftsbräuchen genüge. Darüber hinaus könne aber auf Sachverständigengutachten, auf Bekundungen von Branchenkennern und Berufsvertretern bis hin zu Umfrageergebnissen zurückgegriffen werden (*Heintz* NJW 1952, 1005 f Fn. 7; *Talbot/Thomas* Unl. Wettbewerb (1979) § 1 Anm. 3).

D 24 Der deskriptive Ansatz kann freilich nur prima facie für sich ins Feld führen, zu einer „juristisch legitimen und zugleich soziologisch präzisen Definition der guten Sitten“[42] zu gelangen. Denn ganz abgesehen von den durchaus nicht geringen praktischen Schwierigkeiten, angesichts des **Wertepluralismus** auch und gerade der Wirtschaftsgesellschaft **Sozialnormen** zuverlässig zu ermitteln[43], sind auch theoretisch-substantielle Unklarheiten und Friktionen nicht zu unterdrücken. So bereitet es große Schwierigkeiten, den maßgeblichen Personenkreis plausibel festzulegen, dessen Sozialnormen zu eruieren sind. Lediglich auf die Übung der Gewerbetreibenden einer bestimmten Branche abzustellen, würde in Konflikt zu dem auch die Marktgegenseite einschließenden Schutzzweck treten (zum Schutzzweck s. schon Einl. C Rdn. 4 ff, 15 ff, 21 ff). Ob aber die (privaten) Verbraucher an der Sittengenese überhaupt beteiligt sind und dergestalt ihre Interessen sich in einer Sitte niederschlagen können, erscheint durchaus fraglich (vgl. auch *Bülow* WIR 1974, 249 f; *Schricker* Gesetzesverletzung S. 222).

D 25 Selbst innerhalb der Gewerbetreibenden einer Branche versagt der Maßstab der Gewohnheit bzw. Übung nicht selten und gerade in den prekären Fällen, in denen **neue wettbewerbliche Handlungsmuster** auf den Plan treten. Die Sittenwidrigkeitsprüfung geht hier ins Leere, es sei denn, man wollte mit einem argumentum ad absurdum das der Wettbewerbswirtschaft ureigene Innovationspotential dadurch zerstören, daß man das Verdikt der Unlauterkeit allein schon darauf stützt, alles Neue widerspreche eo ipso dem Hergebrachten, eben: der Sitte[44]. Auch die umgekehrte Konsequenz befriedigt nicht: Wettbewerbshandlungen, die nicht „konkret als Verstöße gegen bestimmte und gepflogene gute Sitten gewertet werden können“, sind nicht schon allein darum wettbewerbsrechtlich akzeptiert[45], weil sonst alle neuen, bis dato unbekannten Handlungsformen a limine unangreifbar wären.

D 26 Der deskriptive Ansatz bei der Konkretisierung der „guten Sitten“ tut sich naturgemäß besonders schwer, **qualitative Kriterien** an die eruierten Sitten heranzutragen, also die „guten“ von den unmaßgeblichen „schlechten“ Sitten, den Unsitten, zu scheiden.

---

[42] *Teubner* Standards S. 10. Zu dessen empirischer Wert- und Normforschung s. *Gillert* Die rechtliche Bewertung des sogenannten Anzapfens nach § 1 UWG (1980) S. 81 ff.

[43] Vgl. eingehend *Teubner* Standards S. 79 ff, ferner *Ott* FS Raiser S. 403, 415.

[44] Im Ergebnis diese Einwände teilend *Katzenberger* Recht am Unternehmen und Unlauterer Wettbewerb (1967) S. 114; *Schricker* Gesetzesverletzung S. 222 f; *Ulmer/Reimer* Rdn. 51.

[45] So aber zumindest in der Tendenz *v. Godin* GRUR 1966, 127, 132.

V. *Jhering* freilich leugnet letztlich überhaupt einen Entscheidungsbedarf, weil ihm die wahre Sitte immer auch als gut gilt[46]. Freilich vollzieht *v. Jhering* eine Differenzierung bereits auf einer begrifflichen Vorstufe, indem er als Sitte nur diejenigen Sozialgewohnheiten begreift, die gesellschaftlichen Nutzen erbringen. Sobald eine Sitte ihren gesellschaftlichen Nutzen verliere, sinke sie zu einem **überholten Brauch** herab[47]. Wer dem nicht folgt, muß die Trennung zwischen „guten Sitten" und Unsitten mit Hilfe eines Rückgriffs auf irgendein außersoziales Ordnungssystem vornehmen, sei es auf die Rechtsordnung[48], sei es auf den allerdings wiederum seinerseits ominösen „Leistungswettbewerb" (*v. Godin* GRUR 1966, 128, 131. S. zum „Leistungswettbewerb" näher Einl. D Rdn. 81 ff). Als Kriterium befürwortet wird ferner der Zweck, den die von § 1 UWG angeblich angeordnete Transformation des sozialen Phänomens Sitte in den Raum rechtlicher Maßstäblichkeit verfolgt, nämlich funktionierenden Wettbewerb zu ermöglichen (*Vogt* NJW 1976, 729, 733). Schließlich werden wiederum Ethik und Moral, nunmehr freilich in Gestalt der „in unserem Kulturkreis" vorherrschenden Wertungen, bemüht, um zwischen guten und schlechten Sitten unterscheiden zu können[49]. Wenn aber derart im Ergebnis eben doch nur eine an Wertungen orientierte, judikativ kontrollierte Rezeption der Sitte[50] als Zulässigkeitsmaßstab wettbewerblichen Verhaltens stattfinden kann, dann wird gerade jener Vorzug preisgegeben, den der deskriptive Ansatz für sich beansprucht, nämlich intersubjektive Plausibilität und **Objektivierung** hinsichtlich der „guten Sitten" durch deren Ableitung aus gesellschaftlich vorfindlichen, empirisch eruierbaren und statistisch darstellbaren Sozialnormen zu schaffen (dazu bereits Einl. D Rdn. 23). Auf dem Weg, den Begriff der „guten Sitten" überzeugend rechtlich zu operationalisieren, kommt man über die Anknüpfung an Konventionalnormen sonach kaum einen Schritt weiter[51]. **D 27**

g) **„Gute Sitten" als Rechtskonformität und ordre public.** Bare Selbstverständlichkeit ist, daß § 1 UWG **keine isolierte Norm** darstellt. Diese Generalklausel ist vielmehr nicht nur in das System des Wettbewerbsrechtes selber eingebunden, sondern bildet in der weiteren Konsequenz dieser Einbindung ein Glied der Privatrechtsordnung insgesamt, ja letztlich des Rechts schlechthin. Von daher liegt es nahe, den Begriff der „guten Sitten" mit Hilfe eben dieser rechtlichen Sinnbezüge der Normen und Normelemente untereinander zu erfassen[52]. In dem Maße, in dem **D 28**

[46] *V. Jhering* Der Zweck im Recht[1], Bd. II (1883) S. 21, 196 ff. Ähnlich, von einem anderen Ausgangspunkt aus (Ununterscheidbarkeit von Sitte und Moral) auch *Weigelin* Archiv für Rechts- und Wirtschaftsphilosophie Bd. VIII (1914/15) S. 321 sowie *Herzog* Zum Begriff der guten Sitten im BGB (1910) S. 50, der freilich aaO S. 114 gerade die strikte Trennung von Sitte und Moral fordert.

[47] S. a. *v. Godin* U § 1 Rdn. 59.

[48] *Hirsch* JZ 1962, 334; *Kirchberger* S. 44.

[49] *V. Godin* U § 1 Rdn. 59, der sich verbaliter freilich dagegen verwahrt, daß diese Wertungen ethisch-moralisch determiniert seien. Es bleibt jedoch kein anderer Gehalt denkbar, nachdem *v. Godin* Wertungen aus der Sphäre des Rechts – sicher selber ein Baustein unseres Kulturkreises – nicht anspricht.

[50] Näher zu dieser Rezeption *Teubner* Standards S. 61, 91.

[51] Im Ergebnis ebenso auch *Baumbach/Hefermehl* Einl. UWG Rdn. 91; *Bülow* WIR 1974, 249 f; *Emmerich* § 5, 2 b; *v. Gamm* WM 1981, 730, 732; *Katzenberger* Recht am Unternehmen und Unlauterer Wettbewerb (1967) S. 103 ff; *Kraft* Interessenabwägung S. 105 ff; HdbWR/*Kreft* § 13 Rdn. 6; *Merz* Vorfeldthese S. 258; *Möschel* Pressekonzentration S. 142 f; *Schricker* Gesetzesverletzung S. 223 (Konventionalnormverstoß allenfalls Indiz für Unlauterkeit); *Schünemann* S. 45 f; s. a. BGHZ 23, 365, 371 – *Suwa*. Stark einschränkend *Rinck/Schwark* Wirtschaftsrecht[6] (1986) Rdn. 680, die eine scharfe Trennung tatsächlicher und normativer Aspekte nicht für möglich halten.

[52] Näher zu diesem gedanklichen Ansatz, der sich nicht nur auf das methodologische Prinzip systematischer Interpretation, sondern auf die materiale Einheit der Rechtsordnung stützen kann (vgl. *Engisch* Die Einheit der Rechtsordnung (1935), passim, insb. S. 27, 70 ff; *Esser* Grundsatz und Norm in der richterlichen Fortbildung

die „guten Sitten" derart mit rechtlichen Wertungen angereichert werden, verliert „sittenwidriges", „unlauteres" Handeln vollends den Stempel des moralisch-ethischen Unwerturteils und gerät so zum bloßen terminus technicus des wettbewerblich Unzulässigen (so auch – für § 826 BGB – *Steindorff* JZ 1960, 583). Zu einer Rückkopplung an die (Sozial-)Ethik kommt es hierbei nur, wenn man im Recht jenes Minimum an Sittlichkeit verkörpert sieht, das für den Bestand der Gesellschaft unverzichtbar sei (näher *Messner* Das Naturrecht[4] (1960) S. 202).

D 29 Als **Bezugsrahmen** mag man mit *Stammler* (Wirtschaft und Recht[5] (1924)) zunächst an Normen und Wertungen des **überpositiven Rechts** denken. Ausgehend von einer strikten Trennung von Recht und Sittlichkeit postuliert *Stammler* dabei als Regelungsfeld des Rechts das menschliche Zusammenleben und sieht den Bezugspunkt der Sittlichkeit allein im forum internum. Darin, daß das überpositive Recht *Stammler* nicht als Verwirklichung der Sittlichkeit gilt, grenzt er sich von der Lehre vom wertethischen Naturrecht ab (dazu bereits Einl. D Rdn. 8 ff), zu dem im übrigen aber durchaus enge Verbindungen bestehen. Die Kritik, die sich gegen die Annahme geschichtsloser Gültigkeit solcher sittlichen Werte richtet, greift hier freilich nicht, weil das Naturrecht *Stammler*'scher Prägung **wechselnden,** vom jeweils rezenten Sozialleben abhängigen **Inhalt** aufweisen soll[53]. Auch dessen Erkennbarkeit oder auch nur Erfahrbarkeit in concreto bleibt freilich Hypothese.

D 30 Deutlichere Konturen lassen sich gewinnen, wenn man die „guten Sitten" durch Rückgriff auf das **positive Recht** mit Sinngehalt füllt. Hier bieten sich zuvörderst **verfassungsrechtliche Normen** an, namentlich die Grundrechte. In der Verfassungsdogmatik wird dieser Transfer von Norminhalten der Grundrechte geradezu als normaler hermeneutischer Vorgang gesehen[54]. Angeknüpft wird dabei an die Möglichkeit einer (nur) mittelbaren **Drittwirkung** der Grundrechte in die Privatrechtsordnung hinein: Als Einbruchstellen einer solchen privatrechtlichen Einflußnahme durch den objektiv-rechtlichen Grundrechtsgehalt werden gerade die Generalklauseln begriffen, neben §§ 138, 242, 826 BGB also insb. auch § 1 UWG (dazu bereits Einl. A Rdn. 58). Eine derartige verfassungsrechtlich motivierte und geleitete Konkretisierung der wettbewerblichen „guten Sitten" verfechten etwa *Bülow* und *Nordemann,* wobei Art. 2 I GG für sie einen ganz besonderen Stellenwert besitzt (*Bülow* WIR 1974, 231, 237 ff, 249 ff; *Nordemann* Rdn. 39; *ders.* GRUR 1975, 625, 630): § 1 UWG sei „nichts anderes als die wettbewerbsrechtliche Ausprägung des Art. 2 I GG"; dem Gewerbetreibenden müssen demnach grundsätzlich jede Handlung erlaubt sein, die sich innerhalb der Schrankentrias des Art. 2 I GG bewegt, also weder Rechte anderer verletzt noch gegen die verfassungsmäßige Ordnung oder gegen das Sittengesetz verstößt. Speziell ein Verstoß gegen dieses Sittengesetz sei weder aus den Regeln der Sittlichkeit noch aus Konventionalnormen abzuleiten. Doch dürfe der Richter umgekehrt auch nicht dieses Vakuum durch eigene Wertschau ausfüllen, sondern müsse eben von der Basis verfassungsmäßiger Wertungen aus argumentieren. Ließen sich für problematische Aktionsparameter keine einschlägigen Verfassungswertungen namhaft machen, müsse von der wettbewerbsrechtlichen Zulässigkeit des Marktverhaltens ausgegangen werden. Das Einbringen autonom-judikativer Wertungen jedenfalls sei als Durchbrechung der Gewaltenteilung zu beanstanden (*Bülow* WIR 1974, 231, 257).

---

des Privatrechts[2] (1964) S. 70), s. *Schricker* Gesetzesverletzung S. 223 ff.

[53] *Stammler* Wirtschaft und Recht[5] (1924) S. 173.

[54] *Dürig* in: Maunz/Dürig GG[3] (Stand 1991), Art. 2 Rdn. 16; *Podlech* in: Ak-GG[2] (1989) Art. 2 Rdn. 64 ff.

Gegen eine solche Sinnerfüllung von Generalklauseln anhand einzelner Grundrechte wird ganz prinzipiell eingewandt, als Blankette für die Aufnahme anderer Norminhalte würden Generalklauseln in ihrem Wesen verkannt: Generalklauseln könnten nicht die rechtliche Substanz von Grundrechten tradieren; Generalklauseln würden vielmehr durch die Grundrechte lediglich in ihrer Anwendung begrenzt (*Leisner* Grundrechte und Privatrecht (1960) S. 365 ff). Auch wenn man diese **grundsätzliche Kritik** nicht wird teilen können (zur Ausstrahlungswirkung der Grundrechte vgl. schon Einl. A Rdn. 43 ff, 61 ff), so bleibt es doch ein fragwürdiges Unterfangen, allein aus den letztlich doch nur recht groben verfassungsrechtlichen Direktiven einzelner Grundrechte hinreichendes Material für die Konkretisierung des wettbewerbsrechtlichen Zulässigkeitsmaßstabes gewinnen zu wollen (so auch *Rebe* Privatrecht S. 143; *Schricker* Gesetzesverletzung S. 227 f). Höchstrichterliche Entscheidungen, die bei der Sinngebung der „guten Sitten" so unmittelbar auf den (objektiv-rechtlichen) Grundrechtsgehalt zurückgegriffen haben (vgl. namentlich BGH GRUR 1956, 223, 225 – *Wochenbericht;* 1968, 645 f – *Pelzversand;* 1969, 287, 290 – *Stuttgarter Wochenblatt*), verstärken diesbezügliche Vorbehalte. **D 31**

Von dem Bestreben, die Sittenwidrigkeit durch ein Ankoppeln der „guten Sitten" an die Rechtsordnung von einem ethisch-moralischen Unwertgehalt weitgehend zu distanzieren, ist auch *Simitis* mit seinem Ansatz geleitet, die „guten Sitten" als Ausdruck des **„ordre public"** zu begreifen (*Simitis* Gute Sitten S. 21). Diese Doktrin rekurriert damit auf einen der Dogmatik des Internationalen Privatrechts entlehnten Begriff, der auch dem anglo-amerikanischen Rechtskreis in Gestalt der **„public policy"** bekannt ist. Der ordre public umfaßt gemäß Art. 6 EGBGB die „wesentlichen Grundsätze des deutschen Rechts", wobei den grundrechtlichen Wertungen besonderes Gewicht beigelegt werden soll. *Simitis* formuliert, zum ordre public sei das „den Prinzipien der Rechtsordnung gemäße Wirken des Sinnganzen im Rechtsinstitut" zuzurechnen (aaO S. 174). Das „Sinnganze" wird demnach nicht nur durch die Summe einzelner durch den Sachzusammenhang verknüpfter Normen, etwa der §§ 823 ff BGB als Rechtsinstitut „Deliktische Haftung", konstatiert, sondern auch durch die Prinzipien und Interessenbewertungen, die diesen Normen zugrunde liegen. *Simitis* begreift den ordre public somit als Gesamtheit des positiven Rechts, der durch Rechtsprechung und Lehre entwickelten (dogmatischen) Grundsätze zur Ergänzung der positiv-rechtlichen Normen, und schließlich der gesetzlichen, insb. der grundgesetzlichen Wertungen[55]. **D 32**

Simitis ist es zu danken, daß auch er die im Rechtssinne „sittenwidrige" Handlung von jeder moralisierenden Anrüchigkeit befreien will und sie – im weiteren, untechnischen Sinne – als bloße **„Ordnungswidrigkeit"** charakterisiert (*Simitis* Gute Sitten S. 166, 195 ff). Gerade aus wettbewerbsrechtlichem Blickwinkel erscheint freilich der ordre public als recht unsicheres, ja diffuses Zulässigkeitskriterium (s. a. *Simitis* Gute Sitten S. 166), das zudem mit dem Regelungssubstrat „Wettbewerb" in keinen spezifischen Zusammenhang gestellt wird[56]. Jedenfalls für die Hermeneutik der „guten Sitten" in § 1 UWG erscheint mithin der ordre public wenig Substantielles beizutragen[57]. **D 33**

---

[55] AaO Gute Sitten S. 176 ff; s. a. *Pawlowski* AT des BGB² (1983) Rdn. 498.

[56] *Simitis* Gute Sitten S. 169 streift § 1 UWG nur beiläufig, weil er seine Ausführungen thematisch von vornherein auf § 138 BGB münzt.

[57] Im Ergebnis ablehnend – mit z. T. anderer Begründung – *Katzenberger* Recht am Unternehmen und Unlauterer Wettbewerb (1967) S. 118; *Kraft* Interessenabwägung S. 118; *Teubner* Standards S. 39; s. a. *Gillert* Die rechtliche Bewertung des sogenannten Anzapfens nach § 1 UWG (1980) S. 89 ff.

D 34 **„Gute Sitten", Interessenabwägung und gerichtlicher Normbildungsauftrag.** Während die sog. **Interessenjurisprudenz** in die Methodologie des allgemeinen Privatrechts namentlich durch *Heck* Eingang gefunden hatte[58], blieb sie im speziellen Segment des Wettbewerbsrechts und dort insb. im Zusammenhang mit der Konkretisierungsproblematik der „guten Sitten" praktisch unbeachtet. Erst *Kraft* hat es unternommen, den methodologischen Ansatz der Interessenjurisprudenz für die Dogmatik des § 1 UWG fruchtbar zu machen. **Ausgangspunkt** ist ihm dabei seine Ablehnung, die „guten Sitten" als Normen der Sittlichkeit bzw. als Konventionalnormen zu begreifen, da diese ungeeignet seien, äußeres Verhalten zu bewerten bzw. in ihrer Qualität als „gute Sitten" nicht feststellbar oder in manchen Bereichen des Wettbewerbs überhaupt nicht existent seien. Wie schon Rechtsnormen schlechthin als Resultat einer Abwägung widerstreitender Interessen zu verstehen seien, so sei auch der in § 1 UWG genannte Zulässigkeitsmaßstab der „guten Sitten" selber als Synonym für eine **Interessenabwägung** anzusehen, ein Maßstab, der in der Sache damit nicht mehr bedeute als die Demarkationslinie zwischen rechtmäßigem und rechtswidrigem Wettbewerbsverhalten. In der Normsetzung ganz allgemein, besonders deutlich aber im Bereich des Wettbewerbsrechtes, beruhe die Bewertung eines Verhaltens als rechtmäßig wohl niemals auf deren „völliger Harmlosigkeit", sondern auf „Interessenübergewicht"[59].

D 35 Die Interessenjurisprudenz hat zweifellos ihre methodologischen Verdienste. Sie hat sich dabei auch im Wettbewerbsrecht bewährt, eine komplexe Problematik zu analysieren und die **Problemstrukturen transparent** zu machen[60]. Ihre essentielle Schwäche darf angesichts dieser ihrer Vorzüge aber nicht überspielt werden. Diese Schwäche ist freilich nicht darin lokalisiert, daß die wettbewerblichen „guten Sitten" aus der Sittlichkeit gespeist würden und dann die „kühl-verstandsmäßige Interessenabwägung sich bescheiden zurückzuhalten (hätte), wo die kategorischen Imperative der Sittlichkeit ... im Vordergrund stehen"[61]. Die Achillesferse solcher Interessenjurisprudenz liegt vielmehr darin, daß schon die Bewertung der involvierten Interessen als schutzwürdig, erst recht aber ihre Abwägung in der Kollisionssituation nicht aus sich selbst heraus gelingt. Dazu bedarf es interessenexogener Bewertungs- und Reihungskriterien. Das Terrain der Interessenjurisprudenz ist deshalb nicht eigentlich die Konkretisierung dessen, was die „guten Sitten" ausmacht; das Denken in Interessen bewegt sich vielmehr nur im Vorfeld der in § 1 UWG enthaltenen, besser: erst aufgegebenen wettbewerbsrechtlichen Wertung[62].

---

[58] Vgl. *Heck* Das Problem der Rechtsgewinnung[2] (1932); *ders.* Gesetzesauslegung und Interessenjurisprudenz AcP 112 (1914), 1 ff; *ders.* Begriffsbildung und Interessenjurisprudenz (1932).

[59] *Kraft* Interessenabwägung S. 109, 118 ff unter Hinweis auf *Engisch;* s. a. *Lohrberg* S. 23 ff.

[60] Vgl. auch *Döll* BB 1965, 175; *Hubmann* GRUR 1975, 234; *Lindacher* Lockvogel- und Sonderangebote: rechtliche Grenzen selektiver Niedrigpreisstellungen (1979) S. 21 f; *Sack* GRUR 1970, 493, 500; 1974, 247; *ders.* WRP 1985, 1, 4; *P. Ulmer* ZHR 146 (1982), 466, 486.

[61] Dieses Zitat *Oertmanns* aus seinem Werk: Interesse und Begriff in der Rechtswissenschaft (1931) S. 34 hält freilich *Schricker* Gesetzesverletzung S. 235 f in diesem Kontext für „aufschlußreich".

[62] *Baumbach/Hefermehl* Einl. UWG Rdn. 83; *Bülow* WIR 1974, 252; *Emmerich* § 5, 2 c cc; *Merz* Vorfeldthese S. 260; *Koppensteiner* § 14 II 4 c; *Meyer-Cording* JZ 1964, 273, 276 f; *Möschel* Pressekonzentration S. 144; *Müller-Erzbach* Die Hinwendung der Rechtswissenschaft zum Leben und was sie hemmt (1939) S. 26; *Schricker* Gesetzesverletzung S. 237 f; *Teubner* Standards S. 44 f; *Westermann* Wesen und Grenzen der richterlichen Streitentscheidung (1955) S. 15 f; s. a. OLG Frankfurt/M. GRUR 1991, 733, 735 – *Warenhauserwerb* (allerdings für §§ 138, 826 BGB). Zum Wandlungsprozeß der Interessenjurisprudenz zur sog. Wertungsjurisprudenz allgemein s. *Henkel* Einführung in die Rechtsphilosophie[1] (1964) S. 229; *Larenz* Methodenlehre der Rechtswissenschaft[6] (1991) S. 119 ff.

Soll die Interessenabwägung ihrerseits nicht doch wieder zu Ordnungskriterien zurückführen, die einer ominösen Wirtschaftsethik oder Wirtschaftsmoral, der Sittlichkeit, aber auch Konventionalnormen etc. entnommen werden, so wird die Formulierung derartiger Kriterien wenigstens rechtspraktisch gesehen zu einer judikativen Aufgabe, die jedenfalls weit jenseits eines gedanklichen Nachvollzugs bereits getroffener Wertungen, weit jenseits eines genuinen Erkenntnisaktes, angesiedelt ist. Ob man unter methodologischem Aspekt hierbei mit einer weithin **hM** nun noch von **richterlicher Rechtsfortbildung**[63] oder schon von **rechtsschöpferischer Rechtsgestaltung**[64] sprechen will, ist letztlich eine Frage der jeweils angenommenen Gradation in der gedanklichen Distanz zur Norminterpretation[65]. Soweit die hM der Judikatur nur einen Rechtsfortbildungsauftrag erteilt, entschärft sich zwar das in der rechtsstaatlichen Gewaltenteilung wurzelnde Legitimitätsproblem[66]. Der Sache nach wird freilich durchaus konzediert, daß auch ein noch als Rechtsfortbildung charakterisierter Konkretisierungsprozeß im Rahmen des § 1 UWG, präziser: die begrifflich-rechtspraktische Operationalisierung der „guten Sitten", eine vollständige „Überantwortung des Wettbewerbsrechts an Richter ..." darzustellen droht (HdbWR/*Kreft* § 13 Rdn. 1). In diesem Verständnis müßte die „große" wettbewerbsrechtliche Generalklausel des § 1 UWG einen Wesenswandel von einer auch so noch durch erhebliche interpretatorische Varianzbreite gekennzeichneten **Verweisungsnorm** zu einer reinen **Ermächtigungsnorm** durchlaufen haben (so in der Tat *Baumbach/Hefermehl* Einl. UWG Rdn. 71 f, 84; *RWW/Fezer* 3.0 Rdn. 147; *Nerreter* S. 78; *Ott* FS Raiser S. 403, 417; *Rittner*[4] (1993) § 2 A II 2). Damit wäre man über die rechtsdogmatische Kapitulationserklärung *Isays* nicht hinausgekommen, der in § 1 UWG nicht nur anwendungsfaktisch, sondern auch theoretisch eine bloße, lediglich die Rechtsfolge bestimmende **Blankettnorm** sah, deren tatbestandliche Ausfüllung ganz dem Rechtsgefühl und der praktischen Vernunft des Richters überlassen bleibe (*Isay* Das Rechtsgut des Wettbewerbs (1933) S. 65. Ablehnend auch *Rebe* Privatrecht S. 161). **D 36**

i) „Gute Sitten" und institutioneller Schutz der Wettbewerbsfreiheit. aa) Grundlagen. Im Rückblick auf die trotz ihrer Mannigfaltigkeit doch unbefriedigenden Versuche, die „guten Sitten" aus jeweils einem einzigen Ansatz heraus zu entwickeln, mußte es verlockend erscheinen, aus der dogmatischen Not gleichsam eine Tugend zu machen und zu konstatieren, die Zeit sei „reif für einen weiteren Schritt: für die Erkenntnis der Mehrheit oder Vielheit der Maßstäbe und Arten, die Unlauterkeit im Wettbewerb zu begründen" (*Schricker* Gesetzesverletzung S. 211). Diverse „sittlich-rechtliche" Kriterien, Konventionalnormen, ordre public und Interessenabwägung präsentieren sich dabei verbreitet in einer undurchschaubaren Gemengelage[67]. Aus **D 37**

---

[63] *Baudenbacher* Suggestivwerbung und Lauterkeitsrecht (1978) S. 127 ff; *ders.* GRUR 1981, 19; *v. Gamm* Kap. 19 Rdn. 4; *Nerreter* S. 78; *ders.* GRUR 1937, 170; *Ott* FS Raiser S. 427 ff; *Sack* GRUR 1974, 251 f; *ders.* WRP 1985, 1; *ders.* NJW 1985, 761; *Sambuc* Folgenerwägungen S. 22 ff, 40 ff, 90 ff; *Steindorff* in: summum ius summa iniuria S. 58; *Teubner* Standards S. 99 ff; *Ulmer/Reimer* Rdn. 58.

[64] *Baumbach/Hefermehl* Einl. UWG Rdn. 71; *Ott* FS Raiser S. 403, 417; s. a. *Rittner*[4] (1993) § 2 A I 4 b; *ders.* Ermessensfreiheit und Billigkeitsspielraum des Zivilrichters (1964) S. 41 f.

[65] *Larenz* Methodenlehre der Rechtswissenschaft[6] (1991) S. 366 ff.

[66] Vgl. dazu grundsätzlich BVerfGE 34, 269, 287 sowie etwa *Coing* Grundzüge der Rechtsphilosophie[4] (1985) S. 280 ff; *Fikentscher* Methoden des Rechts in vergleichender Darstellung, Bd. IV (1977) S. 313 ff.

[67] Vgl. *Baumbach/Hefermehl* Einl. UWG Rdn. 66 ff, 84; *Schricker* Gesetzesverletzung S. 212 ff; *ders.* ZHR 139 (1975), 208, 216 ff; *Teubner* Standards S. 51 ff, 59 ff, 115 ff.

ihr resultiert der Eindruck einer gewissen Beliebigkeit, warum im konkreten Fall die Argumentationstopoi gerade so und nicht anders selektiert und kombiniert werden (*Emmerich* § 5, 2 c aa). Derartige **Vereinigungs- bzw. Mischlehren** bedeuten letztlich einen „Verzicht auf ein rechtssystematisch vermitteltes Verständnis des § 1 UWG überhaupt“[68]. Ein solcher Verzicht muß um so weniger geleistet werden, als eine monistische Interpretation der „guten Sitten“ und des § 1 UWG sich geradezu aufdrängt, sofern man nur bereit ist, sich von dem vermeintlichen Fixpunkt zu distanzieren, eine „**ethische Implikation** des Begriffs der guten Sitten“ könne gar nicht in Zweifel gezogen werden (*Schricker* Gesetzesverletzung S. 212 – **a. A.** *ders.* aaO S. 262: Das Unlauterkeitsrecht ziele auf den Schutz der Funktionsfähigkeit des wettbewerblichen Marktmechanismus –; ebenso *Baumbach/Hefermehl* Einl. UWG Rdn. 66, 68; *Droste* WRP 1964, 65, 72; *Henning-Bodewig* WRP 1992, 533, 538). Das **Gegenteil** ist der Fall: Es erscheint weder möglich noch gar geboten, sämtlichen Materien des Wettbewerbsrechts eine andere **Aufgabe** zuzuweisen als die so naheliegende, durch die wettbewerbsrechtlichen Verhaltensregeln zur **Erhaltung der Funktionsfähigkeit von Wettbewerb und Markt als grundlegenden Institutionen unserer Gesellschafts- und Wirtschaftsordnung** beizutragen (zum Schutzzweck des Wettbewerbsrechts s. bereits ausführlich Einl. C Rdn. 1 ff, 26 ff)[69]. Diese Institutionen sind als im Kern der Rechtsordnung vorausliegende Typen sozialer Handlungsmuster zu begreifen, die allerdings von der (Verfassungs-)Rechtsordnung nicht nur anerkannt, sondern von ihr auch beeinflußt und bis zu einem gewissen Grade von ihr überhaupt erst organisiert werden, ohne dabei freilich substantiell zur Disposition des (einfachen) Gesetzgebers zu stehen[70].

D 38 In der Institutionalität von Markt und Wettbewerb drückt sich die **Übersummativität** aus, die der Gesamtheit der wirtschaftsrelevanten individuellen, teilweise zu subjektiven Rechten erstarkten Freiheitssphären dadurch zuwächst, daß sie zu Elementen eines hochkomplexen, interdependenten Interaktionssystems verknüpft sind. In dieser institutionellen, „gestalthaften“ Übersummativität wird der prima facie bestehende scharfe Dualismus von Individualinteressenschutz einerseits, Schutz eines wie auch immer inhaltlich definierten Allgemeininteresses andererseits, im Wettbewerbsrecht gänzlich hinfällig[71]: Institutionsschutz ist hier mit Individualschutz schlicht deckungsgleich[72]. Beide erweisen sich als die zwei Seiten ein und derselben Medaille, insofern die Deklaration der Institution Wettbewerb als Schutzobjekt des Lauterkeitsrechts zwar durchaus die **individuellen Handlungs- und Entscheidungsfreiheiten** anvisiert, diese aber gedanklich von vornherein in ihrer Komplexität erfaßt, und zwar nicht statisch-gleichgewichtig, sondern dynamisch-prozeß-

---

[68] *Möschel* Pressekonzentration S. 144 f; ihm folgend *Koppensteiner* § 14 II 4 d; *Merz* Vorfeldthese S. 261.

[69] So entschieden schon *F. Böhm* Wettbewerb und Monopolkampf (1933, Neudruck 1964) S. 104 ff, 124 ff, insb. S. 273 f; vgl. ferner *Burmann* WRP 1972, 511, 513 f; *Emmerich* § 5, 2 c ff, gg, 3; *Koppensteiner* passim z. B. § 14 II 2 aE, II 6, III; *Lehmann* Mitarbeiter-FS Ulmer S. 321, 328 f; *Merz* Vorfeldthese S. 263; *Reichold* AcP 193 (1993), 204, 229 f, 239; *Schünemann* S. 46 ff; *Spliethoff* S. 76 f, 79 ff.

[70] *Merz* Vorfeldthese S. 204 ff; *Mestmäcker* Verwalteter Wettbewerb (1984) S. 78 ff; *ders.* AcP 168 (1968), 235, 238 ff; *Raiser* in: summum ius summa iniuria S. 145 ff, 156 f; *Steindorff* in: summum ius summa iniuria S. 58, 71 ff.

[71] Zur Denkfigur der „Gestalt“, die sich auch in anderen juristischen Feldern bei der Überwindung scheinbarer Gegensätze als rechtsdogmatisch hochproduktiv erwiesen hat, vgl. paradigmatisch im gesellschaftsrechtlichen Kontext *Schünemann* Grundprobleme der Gesamthandsgesellschaft (1985) S. 164 ff.

[72] So präzis *Merz* Vorfeldthese S. 206; s. a. *Gillert* Die rechtliche Bewertung des sogenannten Anzapfens nach § 1 UWG (1980) S. 99. *Wrage* S. 53; **a. A.** wohl *v. Köhler* NJW 1964, 569, 573 und – deutlicher – *Reichold* AcP 193 (1993), 204 ff passim, z. B. S. 221 ff, 230.

haft. Der Wettbewerbsprozeß selber entscheidet dabei über den Rang kollidierender schutzwürdiger Interessen, so daß die sog. **Interessenabwägung keinen eigenständigen Beitrag** zur Konkretisierung der wettbewerblichen „guten Sitten" zu leisten vermag (dazu im einzelnen Einl. A Rdn. 28 ff, Einl. C Rdn. 21 ff, insb. Rdn. 26, Einl. D Rdn. 34 ff). Der wirtschaftsethische Fluchtpunkt der wettbewerblichen „guten Sitten" ist mithin nichts anderes als die „Moral" der Wettbewerbsfreiheit, ist die **„Moral der offenen Märkte"**[73].

In die Denkstrukturen der **Spieltheorie** übersetzt heißt dies, daß die Spielzüge (der Marktteilnehmer) an individueller Effizienz (mit Blick auf Nutzenmaximierung) orientiert sein dürfen, ohne die in den Spielregeln, sprich: in der Wettbewerbsordnung, aufgehobene Moralität der freiheitlichen Ordnung in Frage zu stellen. Die Remoralisierung der Spielzüge müßte deshalb notwendig zu Lasten jener Effizienz gehen, in der letztlich der übersummative Kollektivnutzen aller Spieler (aller Marktbeteiligten) wurzelt. Wer dies verkennt, wird moralische Appelle an die Spieler (die Marktbeteiligten) richten, ihre Spielzüge zu ändern, und sie so mit Forderungen konfrontieren, die sie unter Wettbewerbsbedingungen systematisch nicht erfüllen können. Auch von daher ist es unabweisbar, den Begriff der wettbewerblich „guten Sitten" aus der Funktionsfähigkeit der Institution Wettbewerb heraus zu entwickeln, ihn also institutionell zu deuten. In diesem Sinne muß der Markt geradezu **„moralfrei"** arbeiten. Eine mit rechtlichen Mitteln erzwungene Orientierung der Marktbeteiligten an einer der Wettbewerbsordnung gegenüber wiederum transzendenten Moral qua „gute Sitten", der Versuch also, in der einzelnen Markthandlung den unmittelbaren Niederschlag eines wirtschaftsethisch Gesollten herbeiführen zu wollen, ist konzeptionell verfehlt und dementsprechend kontraproduktiv (s. bereits Einl. A Rdn. 56)[74]. **D 39**

Diese dogmatische Essenz, die wechselseitige Durchdringung und dialektische Aufhebung von lauterkeitsrechtlich-wettbewerblichem Individual- und Institutionsschutz, prägt auch das maßgebliche **Verständnis wettbewerblichen Rechtsschutzes:** Die mit § 13 UWG konstituierte Ausweitung der Aktivlegitimation über den Kreis eventuell unmittelbar Verletzter hinaus, die aus mancherlei Gründen von Unterlassungsklagen Abstand nehmen mögen[75], legitimiert sich durch das öffentliche, allgemeine Interesse an einer funktionierenden Wettbewerbsordnung[76]. Die privaten Rechtssubjekten zustehende lauterkeitsrechtliche Klagebefugnis gewinnt dadurch – sogar in der Hand des Verletzten selber und dies sogar bei ausgeschlossener Verbandsklage wie bei Verstößen gegen § 16 UWG – den Charakter einer fremdnützigen **„actio pro institutione"**[77], wobei das egoistische Interesse des Klagebefugten vom UWG in den Dienst der Sicherung des Wettbewerbs gestellt wird. Dies ist der zutreffende Kern jener Meinung, die den Wettbewerbsteilnehmer hierbei als **„Funk-** **D 40**

---

[73] *Giersch* aaO (Lit.-Verz.), insb. 1., 4. und 6. Sp.

[74] Vgl. zu alledem auf der Basis des wirtschaftstheoretisch klassischen „Gefangenen-Dilemmas" ausführlich *Homann/Blome-Drees* S. 35 ff mzN. Weshalb dies im Gegensatz zu *Giersch* aaO (Lit.-Verz.) stehen soll (so *Homann/Blome-Drees* S. 110 f), ist nicht recht klar.

[75] Zu den Zufälligkeiten, aus denen es an einem Verletzten fehlen kann, vgl. etwa RG JW 1935, 3158 – *Deutscher Möbelfachverband; Schricker* ZHR 139 (1975), 208, 233. Zu den Motiven des Verletzten, den Rechtsweg nicht zu beschreiten (Nachahmungswunsch, Kostenrisiken), vgl. *Fikentscher* Bd. II § 22 XI 1 c (S. 370); *Lehrmann* WRP 1972, 285 f.

[76] *Raiser* in: summum ius summa iniuria S. 156 f; *Wrage* S. 18.

[77] S. auch *Fikentscher* Bd. II § 22 XI 10 (A) (f) – S. 397 sowie § 27 V unter Hinweis auf *Buxbaum* Die private Klage als Mittel zur Durchsetzung wirtschaftspolitischer Rechtsnormen (1972); *Sack* WRP 1985, 1, 11; *Wrage* S. 18.

tionär des Wirtschaftssystems"[78] oder mit noch deutlicherem prozessualem Akzent als „private attorney general"[79] beschreibt. Entgegen der h.M. (vgl. Vor § 13 B Rdn. 457, 477 mwN) kommt die Verwirkung wettbewerbsrechtlicher Ansprüche deshalb überhaupt nicht in Betracht, nicht etwa nur ausnahmsweise – z. B. bei § 3 UWG – nicht. Umgekehrt liefert die Gewährleistung der Kartellrechtsordnung durch Kartellbehörden, also außerhalb des sog. **Drittschutzes** nach § 35 GWB, kein Argument gegen einen vom GWB intendierten Schutz auch von Individualinteressen[80].

D 41 Die Interpretation der „guten Sitten" im Blick auf die Gewährleistung der Institution Wettbewerb und ihrer allesamt in der Wettbewerbsfreiheit aufgehobenen Funktionsbedingungen läßt ferner die gängige Dogmatik des **Abwehreinwandes** als durchaus fragwürdig erscheinen. Ein tendenziell sittenwidriges Wettbewerbsverhalten soll demnach unter den Voraussetzungen der Erforderlichkeit, Tauglichkeit und Adäquität im Ergebnis sich dann als nicht sittenwidrig darstellen, wenn es als Abwehrmaßnahme gegen seinerseits sittenwidriges Wettbewerbshandeln eingesetzt wird[81]. Gleichgültig, ob man in diesem sog. Abwehreinwand nun ein wettbewerbsrechtliches Seitenstück zum allgemeinen Institut der Notwehr erblickt, den Abwehreinwand also als Art Rechtfertigungsgrund begreift[82], oder ob man den Abwehreinwand als bloßes Beurteilungskriterium im Rahmen der Sittenwidrigkeitsprüfung behandelt wissen will[83], herrscht hier ein sachlich verfehltes, auf Individualrechtsschutz verkürztes Verständnis mit dem Tenor vor, wer zu Unrecht angegriffen werde, dürfe sich wehren (so etwa *Baumbach/Hefermehl* Einl. UWG Rdn. 359). Tatsächlich greift das Lauterkeitsrecht jedoch viel weiter: Unter dem Aspekt des Institutionsschutzes kann marktinkonformes, wettbewerbsdysfunktionales, „sittenwidriges" Wettbewerbsverhalten in seinem Rechtsunwert nicht dadurch neutralisiert werden, daß es vervielfältigt praktiziert wird, also die Gefährdungsintensität für Markt und Wettbewerb noch zunimmt[84].

D 42 Die hM, die die grundsätzliche Zulässigkeit des Abwehreinwandes bejaht, überrascht um so mehr, als sie für den Einwand der **„unclean hands"** gerade umgekehrt entscheidet[85], obwohl sich die rechtlichen Verhätnisse dort nicht anders als hier darstellen. Mit dem Einwand der „unclean hands" verteidigt sich der namentlich auf Unterlassung in Anspruch Genommene mit dem Hinweis darauf, auch der An-

---

[78] So schon *Baudenbacher* Suggestivwerbung und Lauterkeitsrecht (1978) S. 136 f unter Hinweis auf *Schluep;* kritisch aber *Reichold* AcP 193 (1993), 204, 221 ff.

[79] *Tilmann* GRUR 1991, 796, 798.

[80] S. a. *K. Schmidt* Kartellverfahrensrecht, Kartellverwaltungsrecht, Bürgerliches Recht (1977) S. 405 ff.

[81] Vgl. BGH NJW 1971, 804 – *WAZ;* OLG Köln WRP 1975, 375 – *Kugelschreiber aus Köln; Baumbach/Hefermehl* Einl. UWG Rdn. 359 ff; HdbWR/*Melullis* § 20 Rdn. 23 ff; *Nordemann* Rdn. 236, 306, 332, 407 a, 396 a, 599.

[82] So etwa *Nerreter* S. 61 f; *Nordemann* Rdn. 599.

[83] So die wohl hM, vgl. etwa BGH GRUR 1960, 193 – *Frachtenrückvergütung;* 1967, 138, 140 – *Streckenwerbung;* 1971, 259 f – *WAZ; Baumbach/Hefermehl* Einl. UWG Rdn. 359; *Lohrberg* S. 151 ff, 190 ff; *Droste* WuW 1954, 507; unklar HdbWR/*Melullis* § 20 Rdn. 22 f, der die wettbewerbliche Abwehr zwar weder mit der allgemeinen Notwehr identifizieren will noch sie als deren Unterfall akzeptiert, andererseits aber von der Abwehr als Rechtfertigungsgrund spricht.

[84] Zu weiteren Bedenken gegen die hM aus der Selbsthilfedogmatik heraus vgl. *Schünemann* S. 50 unter Hinweis auf *Schünemann* Selbsthilfe im Rechtssystem (1985) S. 17 ff, 28, 65 ff, 71 ff.

[85] Für die stRspr. s. nur BGH GRUR 1956, 270, 273 – *Rügenwalder Teewurst;* 1977, 494, 497 – *Dermatex; Baumbach/Hefermehl* Einl. UWG Rdn. 448 ff; *Friehe* WRP 1987, 439; weitgehend **a. A.** (also für die grundsätzliche rechtliche Beachtlichkeit des Einwandes) *Fritze* WRP 1966, 158 ff; *Prölss* ZHR 132 (1969), 35, 69 ff; HdbWR/*Gloy* § 23 Rdn. 3; *Nordemann* Rdn. 539 f.

spruchsteller verhalte sich wettbewerbsrechtswidrig. Im Ergebnis völlig zu recht wird durchweg argumentiert, das „öffentliche Interesse" bzw. das „Allgemeininteresse", das trotz der privatrechtlichen Organisation wettbewerblichen Rechtsschutzes dabei zumindest auch verfolgt werde, lasse für den Einwand der „unclean hands" – im Kern nichts anderes als der gemeinrechtliche und im englischen Recht noch heute als solcher präsente **tu quoque-Grundsatz** – prinzipiell keinen Raum, und zwar nicht nur bei den Verbandsklagen, sondern auch für den Konkurrenten, selbst bei dessen eigener Betroffenheit[86]. Ob man bei „wechselseitiger Abhängigkeit der beiderseits unlauteren Wettbewerbsmaßnahmen" von der Unbeachtlichkeit des „unclean hands"-Einwandes Abstriche vornehmen soll (so BGH GRUR 1957, 23 f – *Bündener Glas;* 1971, 582, 584 – *Kopplung im Kaffeehandel;* HdbWR/*Gloy* § 23 Rdn. 3), erscheint immerhin fraglich, weil hier der zutreffende Entscheidungstopos, der durch das zitierte „öffentliche Interesse" bzw. „Allgemeininteresse" lediglich maskierte Institutionsschutz, wieder zugunsten einer ganz individualrechtlich geprägten Sicht ins Hintertreffen zu geraten droht (s. a. *Schünemann* S. 238; Aktivlegitimierter als „Funktionär des Allgemeininteresses"; vgl. ferner Einl. B Rdn. 32).

Speziell für Schadensersatzansprüche ist zu beachten, daß beiderseitige Wettbewerbsrechtsverletzungen typischerweise einem eigenen Schaden des Anspruchstellers entgegenstehen, so daß eben deshalb ein Schadensersatzanspruch zu verneinen ist (RG GRUR 1944, 88 f; BGH GRUR 1971, 582, 584 – *Kopplung im Kaffeehandel*). Die Frage einer vielleicht ausnahmsweise anzuerkennenden Beachtlichkeit des „unclean hands"-Einwandes stellt sich insoweit bei dieser auf die Verhaltensfolgen bezogenen Art „wechselseitiger Abhängigkeit" also gar nicht. Im übrigen kann ein zutreffendes dogmatisches Verständnis auch der wettbewerbsrechtlichen Schadensersatzansprüche nicht auf den vorausliegenden Institutionsschutzzweck verzichten: Gerade die wettbewerbsrechtlich etablierten eigenartigen **Schadensberechnungsmethoden,** insb. in Gestalt von **Gewinnabschöpfungen** (s. Vor § 13 Rdn. 321 ff, 344 ff), verdeutlichen den tieferen Sinn dieser Schadensersatzansprüche, nämlich ökonomische Anreize für Wettbewerbsverstöße zu paralysieren, um dadurch den Wettbewerb als ganzen, institutionell, zu stärken. **D 43**

Selbst innerhalb der verbreiteten, methodische Unklarheiten geradezu zum Prinzip erhebenden Vereinigungs- bzw. Mischtheorien zu den Bewertungskriterien bei der Konkretisierung der „guten Sitten" bricht sich dieses Leitbild des institutionellen Schutzes der Wettbewerbsfreiheit freilich insofern zunehmend, wenn auch larviert Bahn, als eine gewisse **Präponderanz des Institutionsschutzes** propagiert zu werden scheint. So heißt es, der Maßstab der „guten Sitten" müsse im Einklang mit dem Sinngehalt des Wettbewerbs stehen, der seinerseits Wettbewerbsfreiheit ebenso voraussetze wie manifestiere; nicht ein Sittenkodex könne darüber entscheiden, was im Wettbewerb rechtlich erlaubt sei, zumal die Anschauungen darüber sehr verschieden seien[87]. Die Ausfüllung der wettbewerblichen Generalklausel sei zwar un- **D 44**

[86] BGH GRUR 1971, 582, 584 – *Kopplung im Kaffeehandel; Baumbach/Hefermehl* Einl. UWG Rdn. 449; Der Vorbehalt, die Wahrnehmung öffentlichen Interesses dürfe allerdings nicht vorgeschoben sein, geht freilich fehl, da das wettbewerbsrechtliche Rechtsschutzsystem schon seiner Natur nach, unabhängig von den Motivationen der Klagenden im Einzelfall, diesem Interesse an einem intakten Wettbewerb verpflichtet ist.

[87] *Baumbach/Hefermehl* Einl. UWG Rdn. 70, 73, 107; vgl. freilich auch aaO (Rdn. 73, 108): Sittenwidrigkeit dürfe nicht von ihrem „sittlichrechtlichen Bezug" losgelöst werden, der seinerseits von der Struktur der Wirtschafts- und Sozialordnung nicht berührt werde.

ter Berücksichtigung von Sozialnormen vorzunehmen, doch sei die Entscheidung „vorrangig (!) an der Funktion des Wettbewerbs und dem Schutzzweck des Wettbewerbsrechts" auszurichten (HdbWR/*Kreft* § 13 Rdn. 6).

D 45 Bestimmt allein diese institutionelle Aufgabenstellung des Wettbewerbsrechts im Verein mit der Analyse der im Marktgeschehen involvierten Interessen und ihrer Schutzwürdigkeit die inhaltliche Ausgestaltung des Reglements, dem die Akteure des Wettbewerbs auf Angebots- wie Nachfrageseite unterworfen sind, so erlangen dessen ökonomische Mechanismen und ihre in der Wettbewerbsfreiheit kulminierenden Funktionsbedingungen, die ökonomische **„Natur der Sache"** (*Hirtz* GRUR 1986, 110, 113; *Schricker* Gesetzesverletzung S. 233 ff, 262), über den Hebel des § 1 UWG normativen Rang[88],erscheinen geradezu als „Komplementärfunktion der Marktwirtschaft" (HdbWR/*Kreft* § 13 Rdn. 3). Die „guten Sitten" liefern dabei lediglich eine sprachliche Hülse, ein dogmatisches Vehikel, diesen auf Wettbewerbsfreiheit bezogenen Sinn und Zweck gerade auch des Lauterkeitsrechtes wenigstens in einem ersten Schritt in die Kategorie rechtlicher Tatbestandlichkeit zu überführen und so juristisch zu operationalisieren. Unter Berücksichtigung der wirtschaftsverfassungsrechtlichen Eckdaten der Marktwirtschaft[89] ist **Referenzrahmen des Lauterkeitsrechts,** aus dem sich der Modus begrifflicher Konkretisierung der „guten Sitten" allein speist, also ein auf ergebnisoffenen, selbstregulativen Koordinationsprozessen basierendes System hinreichend freien Wettbewerbs im Kontext der geltenden wirtschaftsrechtlichen Gesamtordnung, so wie sie in der Fortschreibung wirtschaftsverfassungsrechtlicher Maßgaben, etwa auch durch das GWB, konstituiert wird (zur wettbewerbstheoretischen bzw. wettbewerbspolitischen Konzeption der Wettbewerbsfreiheit s. bereits Einl. A Rdn. 28 ff). Das grundsätzliche Anliegen des Lauterkeitsrechts deckt sich sonach mit dem des Kartellrechts, dem die Aufrechterhaltung eines ominösen kaufmännischen Anstands, der in einer pluralistisch verfaßten Gesellschaft rechtlich ohnedies kaum transformierbaren Sittenordnung oder ähnliches noch nie angesonnen wurde (dazu Einl. C Rdn. 21 ff, Einl. E Rdn. 7 ff).

---

88 Deutlich auch OLG München NJW-RR 1993, 686: „Natürlicher Sinn des Wettbewerbs und seiner Grundvoraussetzungen" als Maßstab der „guten Sitten". Jedenfalls iS eines gemeinsamen Tenors, das Lauterkeitsrecht, speziell die „guten Sitten", aus den Eigengesetzlichkeiten des Wettbewerbs und seiner Funktionsbedingungen heraus zu begreifen, also zu de-moralisieren, s. näher – mit durchaus ganz erheblichen, aus differierenden Wettbewerbskonzeptionen resultierenden Unterschieden: *Baudenbacher* Suggestivwerbung und Lauterkeitsrecht (1978) S. 143 ff; *ders.* ZHR 144 (1980), 152 ff; *ders.* GRUR 1981, 19; *Böhm* Wettbewerb und Monopolkampf (1933, Neudruck 1964) S. 104 ff, 124 ff, 273 f; *Burmann* WRP 1968, 258, 261 ff; *ders.* WRP 1969, 262, 270; *ders.* WRP 1972, 511, 513; *Emmerich* § 4, 2 c ff, 3; RWW/*Fezer* 3.0 Rdn. 148; *Gillert* Die rechtliche Bewertung des sogenannten Anzapfens nach § 1 UWG (1980) S. 98 f; *Keßler* WRP 1987, 75, 78 ff; *Koppensteiner* § 14 II 6 a; *Lehmann* Mitarbeiter-FS Ulmer S. 321, 327 ff; *ders.* Die Werbung mit Geschenken (1974) S. 193 ff; *Lindacher* BB 1975, 1311 f; *Loewenheim* GRUR 1975, 103; *Martin* Imitationsanreiz S. 70 f; *Merz* Vorfeldthese S. 215 ff, 262 ff; *Mestmäcker* Verwalteter Wettbewerb S. 78 ff; *Ott* FS Raiser S. 403, 414; *Rebe* Privatrecht S. 144 f, 153 ff; *Sack* GRUR 1975, 301; *Schricker* Gesetzesverletzung S. 223 f; *ders.* GRUR 1974, 579, 583; *P. Ulmer* Kartellrechtswidrige Konkurrentenbehinderung durch leistungsfremdes Verhalten marktbeherrschender Unternehmen, in: FS Kummer (1980), 578. Im Grunde ebenso wohl auch *Reichold* AcP 193 (1993), 204, der die Maßgeblichkeit der ökonomischen Betrachtungsweise nur bekämpft (aaO S. 215), soweit und weil marktstrukturelle Wettbewerbskonzepte mit der Notwendigkeit „spekulativer Folgeerwägungen" (aaO S. 232) verfolgt werden.

89 Zur Notwendigkeit dieser Berücksichtigung s. a. *Antoni* BB 1962, 1171 f; *Hirtz* GRUR 1986, 110, 113; *Sack* WRP 1974, 247, 251; *Schwamberger* NJW 1961, 1185; *Ulmer* GRUR 1951, 355 f.

Die Inhaltsverschiebung wettbewerbsrechtlicher Sittenwidrigkeit von der verletzten Geschäftsmoral oder Wirtschaftsethik, von einer Devianz gegenüber Konventionalnormen etc. zur **„Unlauterkeit gegenüber der Institution Wettbewerb"** und damit zum **Marktbezug (auch) des Lauterkeitsrechts** (s. – kritisch – *Wiedemann* ZGR 1980, 168 f und – ihm folgend – *Kraft* GRUR 1980, 966 f) deutet normtextlich nunmehr Art. 1 des **schweizerischen UWG** an, der als Zielrichtung des Lauterkeitsrechts ausdrücklich den Schutz des unverfälschten Wettbewerbs nennt (s. a. Einl. F Rdn. 291 f). Art. 1 des schweizerischen UWG droht freilich den Blick auf den Inhaltswandel auch der dortigen Generalklausel dadurch zu verstellen, daß neben dem unverfälschten auch der lautere Wettbewerb genannt ist und Art. 2 dann diesbezüglich auf die Gebote von Treu und Glauben abstellt. Demgegenüber wird zu Recht darauf hingewiesen, daß in beiden Varianten letztlich auf die Aufrechterhaltung der Funktionsfähigkeit des Wettbewerbs abzustellen ist und dadurch die „künstliche und durch nichts gerechtfertigte Kluft zwischen dem (schweizerischen) UWG und dem Kartellrecht" geschlossen wird[90]. Für das deutsche Wettbewerbsrecht kann die Einschätzung keine andere sein. Schon damit erweist sich im übrigen auch die in § 28 Abs. 2 GWB vorgenommene Gegenüberstellung von lauterem Wettbewerb einerseits, leistungsgerechtem Wettbewerb andererseits, als inhaltsleer, ganz abgesehen von der Fragwürdigkeit der auf den „Leistungswettbewerb" abstellenden Begriffsbildung (s. a. Einl. D Rdn. 81 ff). **D 46**

Die exklusive Ausrichtung des gesamten Wettbewerbsrechts auf den Institutionsschutz und damit auf die Gewährleistung der marktwirtschaftlich-wettbewerblichen Funktionsbedingungen muß zwar ihrerseits durchaus noch quasi in kleine Münze umgewechselt werden, um das konkret-individuelle, in diesem Sinne banale Wettbewerbsverhalten dergestalt rechtlich würdigen zu können. Doch erwächst aus dieser subsumtionspraktischen Kalamität kein Einwand gegen die Qualität des in der Tat auf **hohem Abstraktionsniveau** angesiedelten, wirtschaftswissenschaftlich fundierten, wettbewerbstheoretischen Konkretisierungskonzeptes (*Schlüter* S. 86 ff, 152 ff, 164 ff, 190 ff. Ganz **a. A.** *Schachtschneider* Staatsunternehmen S. 385 ff; auch *Rittner*[4] (1933) § 2 A I 4 a in Fn. 18: mangelnde Kompetenz der Wirtschaftswissenschaften). Dies gilt jedenfalls dann, wenn als wettbewerbstheoretisches Referenzsystem die Theorie der Wettbewerbsfreiheit zugrunde liegt: Ihre Transparenz und Operationalität ist ja gerade dadurch bedingt, daß diese Theorie etwa auf wohlfahrtsökonomische oder marktstrukturelle Aussagen verzichtet und vermittels dieser charakteristischen makroökonomischen Abstinenz zu relativ einfachen Grundaussagen über die Funktionsbedingungen des Wettbewerbs gelangen kann (dazu eingehend schon Einl. A Rdn. 28, 31 ff. Methodisch vorbildliche Umsetzung etwa bei *Keßler* WRP 1987, 75; s. a. *Menke* GRUR 1993, 718 ff; *Tilmann* GRUR 1991, 796, 798 f). Deshalb kann die auf den ersten Blick vage Identifikation der wettbewerbsrechtlichen „Sittenwidrigkeit" mit dem **„Mißbrauch der Wettbewerbsfreiheit"**[91] sehr wohl schärfere Konturen gewinnen. **D 47**

Ein Beispiel dafür liefert etwa die **Versicherungswirtschaft.** Gegenüber mancherlei Manifestationen wohl doch wettbewerbswidrigen Verhaltens von bereits volkswirtschaftlichen Dimensionen in diesem Wirtschaftssektor ist bislang keinerlei Sensibilität der Wettbewerbsrechtsdogmatik erkennbar geworden (grundlegende Denk- **D 48**

---

[90] *Sack* in: Baudenbacher (Hrsg.) Das UWG auf neuer Grundlage (1989) S. 113.

[91] Vgl. den Vorschlag *Krafts* (Interessenabwägung S. 278) zur Neuformulierung der Generalklausel des § 1 UWG.

anstöße aber bei *H. D. Meyer* ZRP 1990, 424 ff). Motiviert ist dies durch die mangelnde Beachtung der maßgeblichen wettbewerblichen Funktionsbedingungen und statt dessen das Anlegen eines in den Vordergrund tretenden Bewertungsrasters nach Fallgruppen (zur Problematik s. eingehend Einl. D Rdn. 137 ff). So ist es bei einem wettbewerbsfunktionellen Basisverständnis der guten Sitten, abgehoben von jeder wie auch immer gearteten Fallgruppenbildung und Einordenbarkeit, schwerlich bedenkenfrei, **Langzeitbindungen** von Versicherungsnehmern für 10 Jahre zu akzeptieren[92]. Denn dadurch wird der Marktzutritt anderer Versicherer faktisch unmöglich gemacht, jedenfalls dort, wo keine Wachstumsmärkte angetroffen werden, wie es in einigen Versicherungssparten der Fall ist. Außerdem (bzw. damit sachlich zusammenhängend) wird die Reagibilität der Marktgegenseite auf veränderte Rahmendaten, alternative Angebote etc., also schlicht die Handlungs- und Entscheidungsfreiheit der Versicherungsnehmer, langfristig aufgehoben[92a]. Ähnlich wirken die wettbewerbsrechtlich völlig unbeachtet gebliebenen hochprogressiven **Rückkaufsregelungen** in der Kapitallebensversicherung und der Verlust der Altersrückstellung bei Versicherungswechsel in der privaten Krankenversicherung. Wegen der anfallenden hohen Opportunitätskosten unterbinden diese Konditionen faktisch ebenfalls die wettbewerbstheortisch sehr erwünschte Anpassung der Marktteilnehmer an veränderte Marktdaten auf seiten der ökonomisch hier allein nachteilig betroffenen Versicherungsnehmer, was zugleich potentiell alternative Anbieter vom Markt fernhält.

D 49 Die Feststellungen in bezug auf die Funktionsbedingungen des Wettbewerbes sind – anders als teilweise der Theorieentwicklungsprozeß selber – von jeder Empirie abgehoben. Der Begriff der Sittenwidrigkeit ist daher reine **Rechtsfrage,** der einer revisionsgerichtlichen Nachprüfung vollumfänglich offensteht (ebenso – allerdings vom gewünschten Ergebnis her, nicht konzeptionell argumentierend – die wohl **hM**, vgl. schon RG GRUR 1934, 608 – *Funkhandel; Baumbach/Hefermehl* Einl. UWG Rdn. 350).

D 50 **bb) Sittenwidrigkeit und Rechtswidrigkeit.** Ein rein wettbewerbsfunktionales Verständnis der Sittenwidrigkeit nach § 1 UWG attackiert verbreitete Vorstellungen über das Verhältnis dieser Sittenwidrigkeit zur Rechtswidrigkeit. Sittenwidrigkeit soll demnach als eine Art gesteigerter, besonders **qualifizierter Rechtswidrigkeit** zu begreifen sein (für die **hM** vgl. nur *Nordemann* Rdn. 31; s. a. – referierend – *Sack* WRP 1985, 1 mzN). Von diesem Ausgangspunkt her gelangt man selbst innerhalb des Lauterkeitsrechtes zu einer Unterscheidung von sittenwidrigem, im eigentlichen Sinne unlauterem Wettbewerbsverhalten einerseits und „bloß unrechtem", rechtswidrigem Wettbewerbsverhalten andererseits. Genuin sittenwidrige Handlungen sollen demnach nur solche sein, die den „sittlich-rechtlichen Anforderungen im Wettbewerb" widersprechen. Sie seien mit den gegen Sondervorschriften des UWG verstoßenden Handlungen zur Gruppe der unlauteren Wettbewerbshandlungen (iwS) zusammenzufassen und dann denjenigen (bloß) rechtswidrigen, unerlaubten

---

[92] Auf Vorlage hat das BVerfG mit Beschluß v. 4. 6. 1985 (1 BvL 12/84) lediglich § 23 Abs. 2 Ziffer 6 AGBG für verfassungsgemäß erklärt, dabei allerdings den hier ebenfalls involvierten wirtschaftsverfassungsrechtlichen Aspekt ignoriert, indem es lediglich Artt. 2 und 14 GG im Rahmen der Zulässigkeitsprüfung heranzog.

[92a] Unzulässigkeit versicherungsvertraglicher Langzeitbindungen bejaht neuerdings das OLG München unter dem Aspekt des § 9 AGBG (BB 1993, 887 ff). Im Verfahren hatte der Versicherer den vertragsrechtlich belanglosen, wettbewerbsrechtlich aber höchst aufschlußreichen Gesichtspunkt vorgetragen, Langzeitbindungen steuerten Konkurrenzeinbrüchen wirksam entgegen (vgl. aaO S. 889/890)!

wettbewerblichen Verhaltensweisen gegenüberzustellen, die gegen Vorschriften verstießen, die den Wettbewerb aus „praktisch-zweckmäßigen Gesichtspunkten", „rein opportunistisch", „nicht sittlich-rechtlich", „wertneutral" ordneten (so z. B. BGHZ 22, 167, 180 – *Arzneifertigwaren;* 23, 184, 186 – *Arzneimittelverkauf in Drogerien; Baumbach/Hefermehl* Einl. UWG Rdn. 65, 144 ff; *Nerreter* S. 62 ff; *ders.* GRUR 1937, 167; *Nordemann* Rdn. 31; *Rittner*[4] (1993) § 2 A I 4 e; *Ulmer/Reimer* Rdn. 80. S. a. *Tilmann* WRP 1987, 293). Nur in scheinbarem Gegensatz dazu heißt es z. B. bei *Fikentscher,* Sitten- und Rechtswidrigkeit seien in § 1 UWG dasselbe (*Fikentscher* Bd. II § 22 XI 7). Denn hier liegt der Akzent auf der Gleichsetzung nur innerhalb des § 1 UWG, nicht des UWG insgesamt und schon gar nicht bezüglich irgendwelcher Normen außerhalb des UWG. Noch deutlicher kommt dies in der umgekehrten Formulierung zum Ausdruck, eine Handlung iS des § 1 UWG könne nur dann rechtswidrig sein, wenn sie sittenwidrig sei (*Ulmer/Reimer* Rdn. 52; auf sie bezieht sich *Fikentscher* aaO, allerdings mit Fehlzitat).

Diese zunächst rein klassifikatorisch erscheinenden Überlegungen verweisen im Kern allerdings auf systematische Probleme im Zusammenhang mit der Generalklausel des § 1 UWG. Dabei handelt es sich im wesentlichen um zwei freilich eng benachbarte Fragen. Zum einen geht es um die **dogmatische Binnenstruktur des UWG** selber, also darum, ob die Verletzung wettbewerbsrechtlicher Normen innerhalb des UWG eo ipso den Tatbestand auch des § 1 UWG erfüllt. Zum anderen handelt es sich um die **Verhältnisbestimmung von Normen** außerhalb des UWG zu § 1 UWG, also gleichfalls um die Frage, ob bzw. unter welchen Voraussetzungen derartige Normverstöße in ihrer dort wurzelnden Rechtswidrigkeit zugleich unter den Begriff der Sittenwidrigkeit iS von § 1 UWG subsumierbar sind (dazu auch Einl. E Rdn. 1 ff). Beidesmal interessieren vor allem auch die möglichen Ausstrahlungseffekte der Generalklausel auf die jeweiligen Verbotstatbestände sowie Rechtsschutzfragen, weil über § 1 UWG i. V. mit § 13 UWG wettbewerbsspezifische Aktivlegitimationen für Unterlassungs- und Schadensersatzansprüche eröffnet werden. **D 51**

Hinsichtlich der Binnenstruktur des UWG kann mit der **hM** davon ausgegangen werden, daß § 1 UWG das ganze Gesetz „beherrscht" (so bereits RGZ 79, 321, 327 und *Wertheimer* ARSP 3 (1909/1910), 90, 92; ferner Einl. D Rdn. 6. *Baumbach/Hefermehl* § 1 Rdn. 1; *Callmann* § 1 Rdn. 1; *Fikentscher* Bd. II § 22 XI 5 e; *Rittner*[4] (1993) § 2 A II 1). Wenn diese **beherrschende Rolle** mehr bedeuten soll als die äußere Exponiertheit des § 1 UWG in seiner normtextlichen Spitzenstellung, wenn dadurch also auch dogmatische Konsequnezen gezogen werden sollen, dann stellt sich die **„große" Generalklausel** des § 1 UWG als Inbegriff der lauterkeitsrechtlichen Sondertatbestände (unter Einschluß der **„kleinen" Generalklausel** des § 3 UWG, vgl. § 3 Rdn. 35)[93] dar, wie sich umgekehrt diese als beispielhafte Konkretisierungen der Generalklausel begreifen lassen[94]. Anders ausgedrückt repräsentiert die wettbewerbliche Sittenwidrigkeit also den Rechtswidrigkeitsgehalt der Sondertatbestände auf höherer Abstraktionsebene, nimmt umgekehrt aber ihrerseits Ein- **D 52**

---

[93] S. a. *Schünemann* S. 130 f; ganz deutlich auch *Fikentscher* Die Preislistentreue im Recht der Werbeagenturen (1968) S. 36.

[94] So deutlich schon *Callmann* Der unlautere Wettbewerb[2] (1932) § 1 Rdn. 1. Nur marginal einschränkend ebenso etwa *Baumbach/Hefermehl* § 1 Rdn. 1 („fast" das gesamte Wettbewerbsrecht lasse sich unter § 1 UWG subsumieren). Vgl. auch *Sack* GRUR 1970, 493, 499; *ders.* in: Baudenbacher (Hrsg.) Das UWG auf neuer Grundlage (1989) S. 113, 122 (mit Blick auf Art. 2 des schweizerischen UWG); *Tonner* NJW 1987, 1918, schließlich Großkomm.-*Schünemann* Einl. D Rdn. 6.

fluß auf die Verbotssubstanz der Sondertatbestände (*Rittner*[4] (1993) § 2 A II 1 a; *Tilmann* GRUR 1979, 825 f; teilweise wohl **a. A.** *Hönn* FS Mühl S. 309, 322 f).

D 53 Letzteres muß zur **restriktiven Interpretation** derjenigen UWG-rechtlichen **Sondertatbestände** führen, die – wie §§ 6 a, 6 b, 6 d und 6 e, aber auch § 7 (Abs. 1) UWG – schwerlich mit dem maßgeblichen, gerade auch wirtschaftsverfassungsrechtlich geforderten Verständnis von freiem Wettbewerb als dem Referenzsystem des Lauterkeitsrechts in Einklang zu bringen sind[95]. Bezeichnenderweise hat jedenfalls der EuGH (GRUR 1993, 747 – *Yves Rocher* mit Anm. *Bornkamm*) auf supranationaler Ebene völlig zu Recht entschieden, daß § 6 e UWG als wettbewerbsverfälschend gegen Art. 30 EWGV verstößt. Diese **Wechselwirkung** zwischen der wettbewerbsrechtlichen lex generalis und den leges speciales[96], die übrigens keine wettbewerbsrechtliche Singularität darstellt, einem vordergründig-radikalen Verständnis von Derogation allerdings zuwiderläuft[97], setzt gedanklich Identität von Sittenwidrigkeit in § 1 UWG und der Rechtswidrigkeit der lauterkeitsrechtlichen Sondertatbestände voraus. Erst der anwendungsmethodische Ausdruck dieser Identität ist die von der **hM** zumindest im Grundsatz anerkannte und im Regelfall auch praktizierte **Konkurrenz** iS paralleler Heranziehung von § 1 UWG einerseits und den Sondertatbeständen des UWG andererseits (RG GRUR 1938, 619, 621 – *Herdweiß* (für § 12 UWG); BGH GRUR 1957, 491, 493 – *Wellaform* (für § 3 UWG); 1962, 45, 48 – *Betonzusatzmittel* (für § 14 UWG); *Baumbach/Hefermehl* § 1 Rdn. 1; *Tilmann* WRP 1987, 293; zurückhaltender *Rittner*[4] (1993) § 2 A II 1 a). Von daher stellt sich die Unlauterkeit (iwS) nicht eigentlich als Oberbegriff von Sittenwidrigkeit und UWG-rechtlicher Rechtswidrigkeit dar, sondern als sachgerecht einheitlicher terminus technicus für wettbewerbsrechtlich inkriminiertes Verhalten, weil es eine differentia specifica zwischen wettbewerblicher Sittenwidrigkeit (als Unlauterkeit ieS) und wettbewerblicher Rechtswidrigkeit nicht gibt. Dies unterstreicht die Betitelung des UWG: Alle dortigen Verbotstatbestände, seien sie über die Sittenwidrigkeit definiert oder nicht, sind dort in ein und denselben Bezug zur Lauterkeit gesetzt[98].

D 54 Unterstützt wird diese Auffassung von der **Identität wettbewerbsrechtlicher Sittenwidrigkeit und wettbewerbsrechtlicher Rechtswidrigkeit** (s. a. *Ott* FS Raiser S. 403, 413) ferner durch die der Generalklausel des § 1 UWG im übrigen auch historisch zugewiesenen Funktion als Auffangtatbestand für alle rechtlich zu mißbilligenden Wettbewerbshandlungen, soweit die wettbewerbsrechtlichen Sondertatbe-

---

[95] Vgl. zu diesem „Horroralphabet der Gefährdungsdelikte" (so *Schricker* GRUR Int. 1990, 112, 115 zu §§ 6 a ff) und zu der gebotenen äußerst restriktiven Handhabung näher hier nur *van den Bergh/Lehmann* GRUR Int. 1992, 588, 598 f; *Gröner/Köhler* Der Selbstbedienungsgroßhandel zwischen Rechtszwang und Wettbewerb (1986) S. 71; *Leisner* Selbstbedienungsgroßhandel und Verfassungsrecht. Zu den Verfassungsschranken des Wettbewerbsrechts (1986) passim; *Keßler* WRP 1987, 75, 82; *ders.* WRP 1993, 571, 577; *Reichold* AcP 193 (1993), 204, 230; *Schricker* GRUR Int. 1992, 347, 352; *Schricker/Lehmann* Der Selbstbedienungsgroßhandel[2] (1987) S. 123 ff; *Schünemann* S. 161 ff, 166 ff, 170 ff mwN; nur teilweise ebenso auch *Piper* WRP 1992, 685, 689 ff unter Bezugnahme auf den Vorlagebeschluß des BGH an den EuGH bezüglich der Vereinbarkeit von § 6 e UWG mit Art. 30 EWGV (GRUR Int. 1991, 556 – *Yves Rocher*). Zur Problematik der §§ 6 a und b UWG aus supranationaler Sicht etwa *Leisner* EuZW 1991, 498. Ganz konservativ aber *Borck* WRP 1994, 15, 21 ff; *Kisseler* WRP 1994, 1, 11 f. Zu neuesten Novellierungsplänen s. GRUR 1993, 877 ff.

[96] Dazu pointiert auch *Schricker/Lehmann* (Vornote) S. 126; *Tilmann* WRP 1987, 293 f; ebenso (für § 1 des österreichischen UWG) *Koppensteiner* § 14 II a bb.

[97] *Schünemann* S. 44 f; *ders.* Selbsthilfe im Rechtssystem (1985) S. 51 ff (am Beispiel der §§ 227, 229 BGB).

[98] Insofern etwas undurchsichtig *Rittner*[4] (1993) § 1 A I 1 einerseits, § 2 A II 1 a andererseits.

stände nicht ausreichen[99]. Diese mithin nicht nur auf einen Minimalschutz in Extremfällen abzielende Aufgabe, die an die Natur des § 1 UWG als Inbegriff lauterkeitsrechtlicher Sondertatbestände anknüpft und damit gedanklich eng verbunden ist, darüber aber noch hinausgeht, vermag § 1 UWG ebenfalls nur zu erfüllen, wenn man durchgängig die Gleichsetzung von Sittenwidrigkeit und sonstiger Rechtswidrigkeit im Rahmen des UWG bejaht, in der wettbewerbsrechtlichen Sittenwidrigkeit also gerade keine Steigerungsform wettbewerblicher Rechtswidrigkeit schlechthin erblickt. Wegen des völlig anders gearteten dogmatischen Szenarios der nicht vergleichbar auf ein exogenes Referenzsystem angewiesenen, lediglich normtextlich ebenfalls auf Sittenwidrigkeit abstellenden Normen der §§ 138, 817, 826 BGB lassen sich selbst dort eventuell gültige Einsichten über einen auf besonders qualifizierte, gesteigerte Rechtswidrigkeit hinauslaufenden Sittenwidrigkeitsbegriff[100] nicht auf § 1 UWG übertragen.

Hinsichtlich der Verhältnisbestimmung wettbewerbsrechtlicher Sittenwidrigkeit zu einer **außerhalb des UWG** begründeten Rechtswidrigkeit greift die **hM** (vgl. schon bei *Schricker* Gesetzesverletzung S. 34 ff, 53 ff; s. a. *v. Gamm* GRUR 1991, 405, 412 f. Aus der stRspr. s. neuerdings nur BGH GRUR 1989, 762, 764 – *Stundungsangebote;* 1990, 611 – *Programmwerbung;* 1990, 2316 – *Leserichtung bei Pflichtangaben*) zunächst ebenfalls auf den Gesichtspunkt möglicher **sittlich-rechtlicher Fundierung** der betreffenden Normen zurück. Der Kreis derartiger, mit dem Sittengesetz korrespondierender Normen wird allerdings sehr eng gezogen und beschränkt sich im wesentlichen auf Normen strafrechtlicher Natur. Als dergestalt sittenwidriges Wettbewerbsverhalten genannt werden schon innerhalb des UWG die Verleumdung (§ 15 UWG)[101], im übrigen Handel mit gestohlenen, unterschlagenen oder gehehlten Waren (§ 242, 246, 259 StGB)[102] oder Vertrieb pornographischer Schriften (§ 21 GjS)[103]. Gedacht wird ferner an Fälle schwerer Steuerhinterziehung[104], an betrügerisches Geschäftsgebaren (§ 263 StGB)[105] bis hin zur physischen „Beseitigung" eines Konkurrenten (§ 211 StGB)[106]. Die Werbung für eine strafbare Handlung soll ganz „augenscheinlich" den „guten Sitten" im Wettbewerb widersprechen (OLG Hamm GRUR 1991, 688 f – *Radarwarner* unter Hinweis auf KG GRUR 1989, 919). Als in der Sittenordnung verwurzelt wird auch die privatrechtliche Norm des § 138 Abs. 2 BGB zitiert, so daß die Vergabe von Krediten zu Wucherzinsen zugleich als sittenwidriges Wettbewerbsverhalten nach § 1 UWG erscheinen kann (KG WRP 1980, 492). **D 55**

Per se sittenwidrig iS des § 1 UWG soll darüber hinaus auch Wettbewerbsverhalten sein, das gegen eine nicht im Sittengesetz selber verankerte wettbewerbsrelevante Norm verstößt, wenn nur die Einhaltung dieser Norm einem sittlich-rechtlichen Gebot entspricht. Derartige **„wertbezogene" Normen** erblickt man dort, wo der **D 56**

---

[99] Dazu schon Großkomm.-*Schünemann* Einl. B Rdn. 17, Einl. D Rdn. 6; ausführlich iS dieser im Wettbewerbsrecht herrschenden, durch RGZ 79, 321, 327 begründeten Meinung: *Sack* WRP 1985, 1, 3 mwN, s. a. *v. Gamm* Kap. 18 Rdn. 3.

[100] Mit dieser Kernaussage z. B. *Canaris* AcP 184 (1984), 201, 236, 241, 244; *ders.* FS Larenz (1983), S. 27, 49, 50; *Wieacker* JZ 1961, 337, 339 f. Vgl. auch *Fikentscher* Bd. II § 22 XI 8, der von dem „bürgerlich-rechtlichen Begriff der Sittenwidrigkeit" als dem „Zentralbegriff" auch des Lauterkeitsrechts spricht.

[101] BGH NJW 1970, 1457 – *Anpreisung von Sexliteratur.*

[102] OLG Düsseldorf NJW 1984, 1977; OLG Hamburg WRP 1987, 484; *Ulmer/Reimer* Rdn. 83.

[103] *Baumbach/Hefermehl* § 1 Rdn. 613.

[104] Eingehend *Terstegen* Unl. Wettbewerb durch Steuerhinterziehung (1971).

[105] Vgl. *Emmerich* § 16, 1 b aa.

[106] Vgl. *Schünemann* S. 116.

Schutz eines für die Allgemeinheit besonders wichtigen Gutes in Rede steht. Dazu werden namentlich Volksgesundheit und Rechtspflege gezählt. Die Mißachtung zahlreicher Vorschriften insb. des HWG, LMBG und des AMG einschließlich einschlägiger Kennzeichnungspflichten etwa lebensmittel-, wein- oder chemikalienrechtlicher Art sowie namentlich Verstöße gegen das RBerG, gegen BRAO und StBerG führen danach – als Widerspruch gegen das sittlich-rechtliche Empfinden der Allgemeinheit – ohne weitere Unlauterkeitskriterien zur Subsumtion auch unter § 1 UWG[107]. Dasselbe soll wegen der grundlegenden Bedeutung der Medien für das öffentliche Leben, für ein verfassungsrechtlich geschütztes wichtiges Gemeinschaftsgut, z. B. auch für die Mißachtung von Werbeverboten in einschlägigen Staatsverträgen von Rundfunk und Fernsehen gelten (BGH GRUR 1990, 611 – *Programmwerbung*).

D 57 Grundsätzlich per se sittenwidrig iS von § 1 UWG sollen ferner Verstöße gegen solche nicht „wertbezogene“, also „wertneutrale“, aus Gründen der Zweckmäßigkeit statuierte Normen sein, die **unmittelbare Wettbewerbsbezogenheit** aufweisen[108]. Hierzu werden kartellrechtliche Vorschriften (z. B. §§ 15 i. V. mit 38 I Nr. 1, 26 I, 38 a GWB)[109], aber auch § 56 a II 2 GewO (Verbot der Ankündigung unentgeltlicher Zuwendungen bei der Veranstaltung eines Wanderlagers zum Vertrieb von Waren)[110] sowie Normen des europäischen Wettbewerbsrechtes[111] genannt, aber auch solche Vorschriften, die zum Schutz eines wichtigen Gemeinschaftsgutes, namentlich der Volksgesundheit, aber auch sozial schwacher Mieter, wettbewerbliche Regulative enthalten[112]. Insoweit erkennt man dabei denjenigen Normenkomplex wieder, der sich gerade durch seinen sittlich-rechtlichen Gehalt auszeichnen sollte. Überraschenderweise als nicht unmittelbar wettbewerbsbezogen werden die wettbewerbsrechtlichen Nebengesetze (im materiellen Sinne), insb. RabattG, ZugabeVO und PreisangabenVO, eingestuft[113]. Es irritiert hierbei freilich, daß die Beantwortung der Frage des unmittelbaren Wettbewerbsbezuges doch an der sittlichen Substanz dieses Normkomplexes festgemacht wird: Den wettbewerbsrechtlichen Nebengesetzen eigne kein so unmittelbar wettbewerbsrechtlicher Gehalt, daß ihre Einhaltung einem sittlichen Gebot entspreche (*Baumbach/Hefermehl* Einl. UWG Rdn. 146; HdbWR/*Jacobs* § 46 Rdn. 10; *Ulmer/Reimer* Rdn. 1100). Der Autointerpretation nach ganz auf dem Boden dieser hM stehend wird freilich – was erst recht erstaunt – lapidar gleichwohl festgestellt, das RabattG etwa sei von demselben

---

[107] Grundlegung der hM und reiche Kasuistik bei *Baumbach/Hefermehl* § 1 Rdn. 614ff; HdbWR/*Jacobs* § 46 Rdn. 1ff, 5ff; mwN auch bei *Schricker* Gesetzesverletzung S. 34ff. S. ferner *v. Gamm* GRUR 1990, 313, 322f; aus der Rspr. vgl. neuerdings etwa BGH GRUR 1990, 1041f – *Fortbildungskassetten;* WRP 1992, 773f – *Hyanit*; 1993, 697 – *Mild-Abkommen* mit Anm. *Jacobs*; OLG Düsseldorf GRUR 1993, 846f – *Terfemundin.*

[108] Hierzu und zum folgenden s. *Baumbach/Hefermehl* § 1 Rdn. 614, 665, 668f; HdbWR/*Jacobs* § 46 Rdn. 9; *Schricker* Gesetzesverletzung S. 37ff; *ders.* JurA 1970, 80.

[109] BGH GRUR 1978, 445f – *4 zum Preis von 3* (vgl. auch BGHZ 28, 208, 212 – *„4711“*); OLG Hamm WRP 1982, 668 und OLG Hamburg GRUR 1985, 452; OLG Koblenz GRUR 1982, 571 und KG GRUR 1983, 589f.

[110] OLG Düsseldorf GRUR 1984, 131, 134.

[111] Vgl. *Emmerich* § 16, 1; *ders.* in: Immenga/Mestmäcker GWB² (1992) § 35 Rdn. 116f; HdbWR/*Jacobs* § 46 Rdn. 24; *Mees* WRP 1985, 373f.

[112] Vgl. HdbWR/*Jacobs* § 46 Rdn. 9 mit 5; OLG Düsseldorf GRUR 1993, 838 – *Fehlende Mietzinsangabe* für § 6 Abs. 2 WohnungsvermittlungsG.

[113] Für alle s. *Baumbach/Hefermehl* § 1 Rdn. 634, Vor § 1 ZugabeVO Rdn. 14ff, Vor § 1 RabattG Rdn. 11. Die Einordnung der PreisangabenVO ist freilich nicht ganz einheitlich; für Wertbezug z. B. OLG Hamm GRUR 1989, 162, dagegen BGH WRP 1991, 652 – *Nebenkosten* und BGH GRUR 1993, 62f – *Kilopreise III* (**stRspr.**); zweifelnd OLG Köln GRUR 1991, 59 mwN.

Grundgedanken nicht nur wie § 3 UWG, sondern auch wie § 1 UWG beseelt, werde normativ also von den „werthaltig“ gedeuteten „guten Sitten“ gespeist[114]. Normen mit unmittelbarem Wettbewerbsbezug erscheinen aus dieser Sicht gerade nicht als Unterfall der wertneutralen, sondern der wertbezogenen Normen (so aber die **Systematik der hM;** s. *Baumbach/Hefermehl* § 1 Rdn. 613 ff (626), 630 ff).

Die **wettbewerbsrechtlichen Nebengesetze** werden mithin jedenfalls der Gruppe nicht unmittelbar wettbewerbsbezogener Normen zugerechnet, die ausschließlich durch Überlegungen ordnender und regelnder Zweckmäßigkeit motiviert sein, dabei aber doch wohl noch Anklänge an das Wettbewerbsgeschehen aufweisen sollen (umfangreiche Nachweise der Judikatur bei *Baumbach/Hefermehl* § 1 Rdn. 631 ff). Hierher werden – außer RabattG, ZugabeVO und vielfach PreisangabenVO – z. B. Normen des Gewerberechts wie die §§ 105a ff GewO (Sonn- und Feiertagsarbeit), des LadenschlußG, der HandwerksO, des KWG, des GüKG und des PersBefG gezählt. Die in der Verletzung solcher Normen beschlossene Rechtswidrigkeit, aber auch die Verletzung von allgemeinverbindlich erklärten Tarifverträgen (BGH JuS 1993, 872 – *Tariflohnunterschreitung*), soll nur unter **„besonderen Umständen“** (vgl. z. B. BGH GRUR 1965, 372, 375 – *Blockeis* II; OLG Frankfurt/M. 1961, 1030; OLG Köln DB 1965, 137), also nach dem Duktus der hM in gesteigerter Unrechtsqualität, als Sittenwidrigkeit iS des § 1 UWG zu qualifizieren sein. Solche „besonderen Umstände“ werden in **subjektiven Momenten** erblickt. Sittenwidrig verhalte sich namentlich derjenige, der sich über die einschlägigen (wertneutralen) Vorschriften bewußt und planmäßig hinwegsetze, um sich dadurch einen ungerechtfertigten, auf Verschiebung der **par condicio concurrentium** beruhenden **Vorsprung** vor den Mitbewerbern zu verschaffen[115]. Ob der Vorsprung darüber hinaus oder statt des subjektiven Moments objektiv erzielt worden sein muß, wird nicht immer klar[116]. Wie konkret ein solcher „Vorsprung“ beschaffen sein muß, liegt gleichfalls nicht gerade auf der Hand; vereinzelt ist der „Vorsprung“ sogar in der Normverletzung selber gesehen worden (OLG Köln WRP 1991, 42; *v. Harder* S. 61 f). Unklar bleibt auch, ob unter den genannten „besonderen Umständen“ die Verletzung auch solcher überaus zahlreicher wertneutraler Normen, die – wie etwa solche des Straßenverkehrs(ordnungs-)rechts – originär keinerlei Wettbewerbsbezug mehr aufweisen, sich zu sittenwidrigem Handeln „steigern“ kann (vgl. die freilich vereinzelten Andeutungen z. B. bei *Doepner* WRP 1980, 473, 476 f sowie HdbWR/*Jacobs* § 46 Rdn. 1 f, die dies zu bejahen scheinen). **D 58**

Der hM ist allenfalls insoweit Plausibilität zuzubilligen, als sie ihren Ausgangspunkt im Einklang mit ihrem ethisierenden Verständnis der wettbewerbsrechtlichen Sittenwidrigkeit wählt. Im übrigen vermag sie weder konzeptionell noch in ihrer **D 59**

---

114 *Fikentscher* Die Preislistentreue im Recht der Werbeagenturen (1968) S. 36 f.

115 So schon BGH GRUR 1957, 558 f – *Bayernexpress;* **stRspr.**, z. B. BGH GRUR 1960, 240, 243 – *Süßbier;* 1974, 281 f – *Clipper* mit Anm. *Hefermehl;* 1977, 553 – *Luxusferienhäuser;* 1980, 304, 306 – *Effektiver Jahreszins;* 1981, 140, 142 – *Flughafengebühr;* BGH GRUR 1991, 768 – *Fahrschulunterricht;* BGH WRP 1991, 785, 788 – *Kachelofenbauer II;* OLG Köln GRUR 1991, 151, 153; *Baumbach/Hefermehl* Einl. UWG Rdn. 118, 121 sowie § 1 Rdn. 654, 658 ff.

116 Zu den unterschiedlichen Formulierungen in Rspr. und Literatur eingehend *Doepner* WRP 1980, 473 ff; *Schricker* Gesetzesverletzung S. 43 ff (s. a. zu einer dort befürwortenden Differenzierung S. 267 ff). Beispielhaft neuerdings etwa BGH WRP 1991, 157 – *Gebührenausschreibung;* BGH GRUR 1993, 62 f – *Kilopreise III;* OLG Koblenz GRUR 1991, 328 – *Fehlende kW-Angabe.* Die hM begnügt sich nach *Baumbach/Hefermehl* § 1 Rdn. 662 klar mit dem bloßen Versuch der Vorsprungserzielung.

Durchführung zu überzeugen (ablehnend auch § 1 F Rdn. 42 ff)[117]. Einem fundamentalen **Einwand** begegnet schon ihr begrifflicher, nicht ausreichend an der Teleologie des UWG – Schutz der ökonomischen Funktionsbedingungen des marktlichen Wettbewerbs – ausgerichteter Hintergrund, ihre dogmatische Sinngebung der „guten Sitten". Konzeptionsimmanent gedacht erscheint die Abgrenzung ethisch fundierter, wertbezogener Vorschriften von wertneutralen Normen teilweise schwer nachvollziehbar, gelegentlich in ihrer Widersprüchlichkeit sogar willkürlich[118]. So ist ein durchgängiger, in einer vorgeblich ja ethischen Dimension angesiedelter Wertbezug der Normen zum Schutze der Volksgesundheit oder der Rechtspflege alles andere als evident (zweifelnd auch *Mees* WRP 1985, 373, 376/377), ja wohl intersubjektiv überhaupt nicht darstellbar, mögen auch unbezweifelbar gerechtfertigte hohe rechtspolitische Präferenzen dafür bestehen (ganz klar vom gewünschten Ergebnis her argumentierend BGH NJW-RR 1993, 617 – *Mild-Abkommen*, wo im Effekt sogar eine Vertragsverletzung sittenwidrig sein soll, weil die Volksgesundheit auf dem Spiel stehe).

D 60 Mehr als nur eine negative Randerscheinung sind auch die **Wertungsinkonsequenzen,** wenn beispielsweise die Erlaubnispflicht im Versicherungsgewerbe als ethisch fundiert, jene im Bankgewerbe hingegen als wertneutral charakterisiert wird[119]. Befremdlich ist auch, daß die deutsche Judikatur das LadenschlußG als wertneutral betrachtet, das österreichische Pendant der dortigen Rechtsprechung hingegen als Ausdruck sittlicher Wertungen, als Erfüllung eines ethischen Postulats gilt (dazu *Sack* WRP 1985, 1, 10 unter Hinweis auf OGH ÖBl. 1977, 7 und 1984, 14 f). Aus dem System der hM heraus unbefriedigend ist ferner die Argumentation bezüglich der unmittelbar wettbewerbsbezogenen Normen, denen man schwerlich schon en détail und pauschal wohl gar nicht sittliche Fundierung iS der hM wird bescheinigen können, deren Verletzung aber gleichwohl im Rahmen des § 1 UWG per se als sittenwidrig klassifizierbar sein soll –, ganz abgesehen von den Merkwürdigkeiten der konkreten Normenzuordnung namentlich am Beispiel von RabattG und ZugabeVO, die keinen unmittelbaren Wettbewerbsbezug aufweisen sollen (vgl. Einl. D Rdn. 56 f)[120].

D 61 Schließlich könnte sich die hM selber ad absurdum führen, wenn mit einem ethisch aufgeladenen Begriff wettbewerbsrechtlicher Sittenwidrigkeit ernst gemacht werden wollte: Denn aus (rechts-)philosophischer Sicht wird ein prinzipielles Gebot der Sittlichkeit statuiert, schlechthin alle gültigen Rechtsnormen zu befolgen, weil mit der Mißachtung von Rechtsnormen und „der sich daraus ergebenden Auflösung aller rechtlichen Ordnung auch alles sittliche Leben untergehen würde"[121]. Jedwede

---

[117] S. a., im einzelnen unterschiedlich, *Koppensteiner* § 14 III 4; *Tilmann* WRP 1987, 293, 297 f; *Reich/Wegener* JuS 1974, 561 f; *Schricker* Gesetzesverletzung S. 239 ff; s. a. *Mestmäcker* Verwalteter Wettbewerb S. 86 ff.

[118] *Doepner* WRP 1980, 473, 475; *Eichmann* GRUR 1967, 564; *Emmerich* § 16, 2; *Sack* WRP 1985, 1, 10 f; *ders.* NJW 1985, 761, 765, 768; *v. Schall-Riaucour* S. 64 ff; *Schricker* Gesetzesverletzung S. 240.

[119] Vgl. OLG Saarbrücken Der Wettbewerb (Zeitschrift) 1964, 39 einerseits, OLG Karlsruhe GRUR 1968, 705 andererseits. Zahlreiche weitere Paradoxien bei *Schricker* Gesetzesverletzung S. 39 ff, 240.

[120] Beiläufig wird hier sogar wieder ein Wertbezug reklamiert, so von *Baumbach/Hefermehl* Vor § 1 ZugabeVO Rdn. 13 („materieller Unwertgehalt der Zugabe").

[121] *Kaufmann* Recht und Sittlichkeit (1964) S. 30; s. a. *Baumgarten* Moral, Recht, Gerechtigkeit (1917) S. 58 ff; *Fischer* Die Rechtswidrigkeit mit besonderer Berücksichtigung des Privatrechts (1911) (Nachdruck 1966) S. 62; *Hattenhauer* Zeitschrift für evangelische Ethik 1967, 292 ff. Zu alledem *Schricker* Gesetzesverletzung S. 241 f, der diese Pauschallösung ablehnt, obwohl er eine ethische Einfärbung der wettbewerbsrechtlichen Sittenwidrigkeit durchaus bejaht (aaO S. 212 ff).

Gesetzesverletzung wäre damit ohne weiteres in wettbewerbsrechtliche Sittenwidrigkeit transformiert, womit die Unterscheidung von wertbezogenen und wertneutralen Normen überhaupt irrelevant würde.

In der Tat wird diese Konsequenz gezogen, wenn unter prinzipieller Ablehnung der Unterscheidung zwischen wertbezogenen und wertneutralen Normen Gesetzesverletzungen außerhalb des UWG in dieser ihrer Rechtswidrigkeit mit der Sittenwidrigkeit des § 1 UWG identifiziert werden[122]. Dieser Standpunkt hat gegenüber dem verwirrenden Bild, das die hM bietet, sicherlich den Vorzug der Klarheit und wertungskontingenten Praktikabilität für sich. Auch kann dabei auf ausländische Parallelen, etwa in der österreichischen, schweizerischen oder niederländischen Judikatur, verwiesen werden[123]. Gleichwohl ist dieser **Radikalvorschlag** abzulehnen, weil er die begriffliche Spezifität der wettbewerbsrechtlichen „guten Sitten" nicht ausreichend berücksichtigt: den damit geforderten Rekurs auf die Funktionsbedingungen der Institution Wettbewerb als ökonomisch-rechtlichem Komplex (vgl. Einl. D Rdn. 37 ff). Ohne dieses Referenzsystem außerhalb des § 1 UWG wäre die Rechtswidrigkeit eines Verhaltens in diesem Rahmen gar nicht darstellbar. Ist die Sittenwidrigkeit des § 1 UWG also eine allein über das Schutzobjekt bzw. den Schutzzweck des Unlauterkeitsrechts überhaupt definierbare, in diesem Sinne qualifizierte, freilich nicht in ihrem Unwert „gesteigerte" Rechtswidrigkeit, so kann der Verstoß gegen eine Norm außerhalb des UWG nur insoweit per se ein sittenwidriges Verhalten nach § 1 UWG begründen, als der Normzweck jener Vorschrift sich mit dem wettbewerbsrechtlichen Grundanliegen, dem Schutz der Institution Wettbewerb und dessen Funktionsfähigkeit, deckt (so im Ansatz zutreffend die von *Schricker* Gesetzesverletzung S. 250 ff begründete, die Dogmatik des § 823 Abs. 2 BGB analogisierende „Normzweck-" oder „Schutznormtheorie". S. a. *Koppensteiner* § 14 III 4 b; *Möschel* Pressekonzentration S. 138 f; *Keßler* WRP 1991, 285, 289; *Wrage* S. 47 ff. Bei ähnlicher Argumentation in der gedanklichen Durchführung wiederum **a. A.** § 1 F Rdn. 46 ff: Sittenwidrigkeit auch bei Verletzung wertbezogener Normen nur bei Vorliegen eines wettbewerblichen Vorsprungs oder sonstiger wettbewerbsbezogener Unlauterkeitsmerkmale). **D 62**

Hier ergeben sich durchaus nennenswerte Überschneidungen mit den praktischen Ergebnissen der hM, die immerhin gelegentlich das Kriterium des Wertbezuges bzw. Wertgehalts vernachlässigt und den **Wettbewerbsbezug der Norm** zum Dreh- und Angelpunkt ihrer Entscheidung gemacht hat, ob Rechtswidrigkeit außerhalb des UWG mit lauterkeitsrechtlicher Sittenwidrigkeit identifiziert werden kann[124]. Dabei ist aber zu berücksichtigen, daß wettbewerblicher Institutionsschutz und Individualschutz nicht gegeneinander ausgespielt werden können, denn „der Wettbewerb als solcher wird um des einzelnen willen geschützt" (*Fikentscher* Bd. II § 22 I 6 a bb; *Schrauder* Wettbewerbsverstöße als Eingriff in das Recht am Gewerbebetrieb (1970) S. 93; dazu näher schon Einl. C Rdn. 21 ff, Einl. D Rdn. 38 ff). Die Identifikation einer außerhalb des UWG begründeten Rechtswidrigkeit mit der wettbewerbsrechtlichen Sittenwidrigkeit ist sonach von einem nach der Diktion der Rechtsprechung „unmittelbaren", besser: spezifischen Wettbewerbsbezug jener **D 63**

122 *Emmerich* § 16, 2; *Lobe* I S. 63 ff; *Sack* WRP 1985, 1, 10; *ders.* NJW 1985, 761, 765, 768.

123 *Emmerich* § 16, 1; *Sack* WRP 1985, 1, 10. Jedenfalls die jüngere österreichische Rspr. scheint aber doch auf eine Linie der Differenzierung eingeschwenkt zu sein; vgl. *Koppensteiner* § 13 IV.

124 Vgl. RG JW 1927, 1471, 1473. LG Köln GRUR 1953, 258 f; s. a. *Schricker* Gesetzesverletzung S. 37 ff, 252 mwN der älteren Rspr. sowie neuerdings etwa OLG Hamburg WRP 1989, 256 f, *Reich/Wegener* JuS 1974, 561, 563; *Wrage* S. 51.

Normen abhängig (im Ergebnis ebenso *Herb* WRP 1993, 151, 156; *Tilmann* GRUR 1991, 796, 799). Ob jeweils nur bestimmte Marktteilnehmer, etwa Angebotskonkurrenten oder deren Marktgegenseite, insb. Verbraucher, Schutzsubjekte jener Normen darstellen oder aber die Wettbewerbsordnung als Ganze geschützt werden soll, ist hingegen belanglos (**a. A.** aber *Schricker* Gesetzesverletzung S. 253 f).

D 64 Von diesem Ausgangspunkt aus ist grundsätzlich ein **Verstoß gegen kartellrechtliche Normen** wie z. B. § 22 Abs. 4 GWB geeignet, per se eine lauterkeitsrechtliche Sittenwidrigkeit iS des § 1 UWG darzustellen, ohne daß also der Vorsprungsgedanke bemüht werden müßte (siehe näher zum Verhältnis des UWG zum GWB Einl. E Rdn. 7 ff)[125]. Dabei ist freilich auf die vom GWB verfolgte Rechtstechnik, also auf die Trennung von Verbots- und Mißbrauchstatbeständen, Rücksicht zu nehmen: Die Praktizierung von kartellrechtlich lediglich amtlich verbietbarem (Wettbewerbs-)Verhalten kann deshalb im Gegensatz zu kartellrechtlich eo ipso verbotenem Verhalten als solches keine lauterkeitsrechtliche Relevanz iS seiner Sittenwidrigkeit erlangen. Dasselbe – per se-Sittenwidrigkeit – gilt in bezug auf **Verstöße gegen die PreisangabenVO,** deren wettbewerbliche Eignung, durch die Forderung nach Preisklarheit wirksame Preisvergleichsmöglichkeiten herzustellen, unmittelbar mit dem wettbewerbstheoretischen Postulat einer auf Information gründenden Entschließungsfreiheit der Marktgegenseite korrespondiert[126].

D 65 Problematischer ist hingegen der Gehalt an – wettbewerbsfunktional verstandener – Sittenwidrigkeit in den Fällen rabatt- und zugaberechtlicher Devianz. Denn gerade **RabattG und ZugabeVO** sehen sich schon wegen ihrer Genese in den 30er Jahren dieses Jahrhunderts und dem prekären allgemein- und wirtschaftspolitischen Hintergrund dieser Zeit, aber auch ganz unabhängig davon allein wegen ihrer durch Regelverbote und einige Ausnahmetatbestände gekennzeichneten Normsubstanz, massiven Zweifeln ausgesetzt, ob sie dogmatisch überhaupt in ein von Verfassungs wegen freiheitsbasiertes marktwirtschaftliches Konzept integrierbar sind (dazu bereits Einl. B Rdn. 28 ff. Vgl. ferner *Emmerich* § 5, 3 e; § 6, 3 a; § 11, 1 b; *v. Godin* R § 1 Rdn. 1; *Koppensteiner* § 6 II 1 b; 14 II 1 b ee und ff; *Rinck/Schwark* Wirtschaftsrecht[6] (1986) Rdn. 756 f; *Rittner*[4] (1993) § 3 G I 3; *Schünemann* S. 188 ff; *Ulmer* FS Hefermehl (1971), 377, 392; s. aber auch *Schönherr* FS Hefermehl (1971), 163, 170 f). Bedenken ergeben sich auch im Hinblick auf die rechtlichen **Harmonisierungspostulate eines Europäischen Binnenmarktes,** nachdem im europäischen Vergleich Rabatt- und Zugabeverbot, zumal in dieser Kombination, keinesfalls als Allgemeingut einer Wettbewerbskultur gelten können[127]. Schließlich

---

[125] Richtig *Wrage* S. 60 f; s. a. *Merz* Vorfeldthese S. 243 f; weitergehend *Emmerich* § 16, 2; s. a. *ders.* in: Immenga/Mestmäcker GWB[2] (1992) § 35 Rdn. 116 f. Unentschieden *Möschel* in: Immenga/Mestmäcker GWB[2] (1992) § 22 Rdn. 213.

[126] *Rinck/Schwark* Wirtschaftsrecht[6] (1986) Rdn. 874; *Schünemann* S. 211; s. a. OLG Frankfurt/M. GRUR 1987, 554. Zur **a. A.** (Sittenwidrigkeit erst unter Hinzutreten weiterer wettbewerbsrelevanter Umstände, namentlich unter dem Aspekt des „Vorsprungs durch Rechtsbruch") s. etwa BGH GRUR 1983, 443, 445 – *Kfz-Endpreis* m. Anm. *Loschelder;* 1989, 836 – *Stundungsangebote; Baumbach/Hefermehl* § 1 Rdn. 634.

[127] S. nur Großkomm.-*Schricker* Einl. F Rdn. 255 für Griechenland; ferner EuGH GRUR Int. 1987, 585 – *Berlin-Butter II; v. Godin* R § 1 Rdn. 1; *Piper* WRP 1992, 685; *Schünemann* S. 189. Deshalb ist zu fragen, ob nach dem 31. 12. 1992 auch ohne Tätigwerden des deutschen Gesetzgebers RabattG und ZugabeVO wegen des Rechtsinstituts des sog. self-executing von EWG-Vertrag und Einheitlicher Europäischer Akte überhaupt noch angewandt werden dürfen. Dazu näher *Schünemann* Rechtsvereinheitlichung und Rechtsangleichung in der Europäischen Gemeinschaft, in: Berg/Meissner/Schünemann (Hrsg.) Märkte in Europa (1990) S. 169 f, 186 f. Extrem konservativ aber *Kisseler* WRP 1994, 1, 9 ff.

müssen die rabatt- und zugaberechtlichen Normen als unmittelbare Annexe zum Wettbewerbsverhaltensrecht des UWG, als sachlich dem UWG selber zuzurechnende Materien, verstanden[128] und deshalb gerade im Lichte einer **Wechselwirkung** mit § 1 UWG gesehen werden (zu dieser Wechselwirkung als Effekt der „beherrschenden Rolle", die § 1 UWG im Lauterkeitsrecht ja spielen soll, vgl. Einl. D Rdn. 6). Sie sind deshalb ihrerseits so zu interpretieren und zu handhaben, daß sie mit dem Grundanliegen der lauterkeitsrechtlichen Generalklausel, die Wettbewerbsfreiheit über das dogmatische Vehikel der „guten Sitten" praktisch werden zu lassen, im Einklang stehen. Sollte sich dabei Rabatt- und Zugabeverbot tatsächlich ein wettbewerbsproduktiver Sinn abgewinnen lassen, wären Verstöße dagegen ebenfalls per se als „sittenwidrige" Verhaltensweisen zu begreifen. Weitaus näher liegt jedoch die gegenteilige Einschätzung, so daß rabatt- und zugaberechtliche Normverletzungen den Charakter wettbewerblicher Sittenwidrigkeit überhaupt erst dann gewinnen können, wenn eben daraus ein wettbewerblicher Vorsprung erwächst.

Ob ein derartiger **„Vorsprung"** am Markt[129] freilich schon hinreichende oder nur notwendige Bedingung für die Verhaltensbeurteilung als „sittenwidrig" ist, steht auf einem anderen Blatt. Bei der Beantwotung dieser Frage ist auch hier von einem erforderlichen **Normzweckzusammenhang** nunmehr zwischen Vorsprung und Normverletzung auszugehen[130]. Dabei ist gedanklich aber an § 1 UWG bzw. an die dortige Sittenwidrigkeit anzuknüpfen und der „Vorsprung" dann auf seine Kontingenz mit dem Normzweck des § 1 UWG zu prüfen. Eine durchgängige Identifikation von wettbewerblichem Vorsprung und wettbewerblicher Sittenwidrigkeit erscheint dabei freilich zu schematisch, um generell einen inneren Normzweckzusammenhang zu stiften (ebenso *Herb* WRP 1993, 151 ff am Beispiel der Werbung mit PS- statt kW-Angaben als Verstoß gegen das Gesetz über Einheiten im Meßwesen bzw. gegen die EinheitenVO; schon im konzeptionellen Ansatz **a. A.** aber BGH GRUR 1993, 679 – *PS-Werbung* und § 1 F Rdn. 46 ff, weil die dort (Rdn. 48) geforderte „Relevanz" des Vorsprungs lediglich quantitativ begriffen wird). Es bedarf dazu vielmehr einer **Kontrollbewertung** der durch die Normverletzung tangierten **„par condicio concurrentium"**[131] anhand definitorischer Kriterien der wettbewerblichen „guten Sitten" selber, um auch im Rahmen des Vorsprungsgedankens nicht die Beziehung von verletzter Norm und Wettbewerb aus den Augen zu verlieren[132], um also Wertungswidersprüche zu vermeiden. **D 66**

Soweit dem wettbewerblichen Vorsprung **Verstöße gegen wettbewerbsferne Normen** vorausgehen, bleibt dieses Bewertungsmuster naturgemäß unergiebig, so daß mit der Feststellung des wettbewerblichen Vorsprungs zugleich und abschließend **D 67**

128 *Rittner*[4] (1993) § 3 G I 2.

129 Zu den Schwierigkeiten der begrifflichen Präzision s. *Schricker* Gesetzesverletzung S. 54 ff mzN.

130 **A. A.** aber *Schricker* Gesetzesverletzung S. 260 f, der einen prinzipiellen Gegensatz zwischen Normzwecktheorie und Vorsprungsargumentation postuliert: Erstere erfasse nur diejenigen Beziehungen zum Wettbewerbsrecht, die schon nach der Natur der zu übertretenden Vorschrift gegeben seien. Erst jenseits dieses Sinnzusammenhangs komme dann der Vorsprungsgedanke zum Tragen.

131 Zu der „dem unmittelbaren Rechtsempfinden entspringenden Forderung ... nach einer par condicio concurrentium" s. wohl erstmals ausdrücklich *E. Ulmer* Sinnzusammenhänge S. 22.

132 Nur insoweit zutreffend *v. Schall-Riaucour* S. 76 ff. Für den umgekehrten Fall – Sittenwidrigkeit ohne Vorsprung bei „massenhafter" Verletzung wettbewerbsferner Normen – ebenso *Fikentscher* Bd. II § 22 XI 2 b (S. 376); *Schricker* Gesetzesverletzung S. 271. S. im übrigen Großkomm.-*Schünemann* Einl. D Rdn. 98 ff.

auch das Sittenwidrigkeitsurteil gefällt ist[133]. Soweit dieser für den „Vorsprung" gedanklich in Bezug genommene **Vergleichsstatus** seinerseits aber durch spezifisch wettbewerblich restriktive Normen determiniert ist, läßt sich das den Vorsprung bewirkende Verhalten allerdings kaum als „sittenwidrig", als Widerspruch zu den an der Wettbewerbsfreiheit orientierten Funktionsbedingungen des Marktes inkriminieren[134]. Ob Verstöße gegen **rabatt- und zugaberechtliche Vorschriften** selbst mit Hilfe des Vorsprunggedankens dem § 1 UWG unterstellt werden können, bleibt deshalb letztlich doch sehr zweifelhaft.

D 68 Ebenso greifen wettbewerbsrechtliche Sittenwidrigkeit und eine etwa durch Verstoß gegen das **LadenschlußG** konstituierte Rechtswidrigkeit ineinander. Auch hier kann – wenn überhaupt – allenfalls der Vorsprungsgedanke den Weg zu einer Verhaltensklassifikation als sittenwidrig iS des § 1 UWG eröffnen. Eine per se-Sittenwidrigkeit hingegen kommt jedenfalls nicht in Betracht. Denn das LadenschlußG beschneidet nachhaltig einen wettbewerbsessentiellen Aktionsparameter, die Gestaltung zeitlicher Verfügbarkeit des Angebots[135]. Es harmoniert sonach gerade nicht mit dem Grundanliegen des UWG, die verhaltensbezogenen Funktionsbedingungen von Markt und Wettbewerb zu stärken. Trotz dieser seiner wettbewerblichen Kontraproduktivität rechnet es wegen seines Regelungsfeldes – wie RabattG und ZugabeVO – freilich zum Wettbewerbsrecht (so zutreffend *Fikentscher* Bd. II § 22 XI 2 Fn. 760; **a. A.** BVerwG NJW 1982, 2513 f – *Klett-Passage*).

D 69 **Zusammenfassend** läßt sich also nicht einmal sagen, daß Verletzungen wettbewerbsrechtlicher Normen – in der Diktion der hM: Verletzung von Normen mit unmittelbarem Wettbewerbsbezug – generell unter die Sittenwidrigkeit des § 1 UWG zu subsumieren seien (s. aber *Baumbach/Hefermehl* § 1 Rdn. 665). Vielmehr ist bei der außerhalb des UWG begründeten Rechtswidrigkeit in deren Verhältnis zur Sittenwidrigkeit nach § 1 UWG zunächst nach der Wettbewerbsnähe der verletzten Norm zu differenzieren. Verstöße gegen wettbewerbsferne Normen begründen nur im Zusammenhang mit einem Wettbewerbsvorteil wettbewerbliche Sittenwidrigkeit. In der Rechtswidrigkeit durch Verletzung wettbewerbsnaher Normen liegt per se auch wettbewerbliche Sittenwidrigkeit nur dann, wenn jene Normen ihrerseits die Wettbewerbsfreiheit stärken. Soweit dies nicht der Fall ist, scheidet jedenfalls eine per se-Identifikation von Rechtswidrigkeit und Sittenwidrigkeit aus; auch der Gedanke wettbewerblicher Sittenwidrigkeit in Gestalt eines (konkret erzielten) wettbewerblichen „Vorsprungs durch Rechtsbruch" wird hier nur ausnahmsweise dogmatisch tragfähig sein. Bei alledem macht die Vorsprungsargumentation überhaupt nur dann eigenen Sinn, wenn der Vorsprung als konkrete, betriebswirtschaftlich oder mikroökonomisch darstellbare Vorzugsposition am Markt verstanden wird. Wird der „Vorsprung" hingegen bereits in der Durchbrechung der par condicio concurrentium, also letztlich in jeder Normverletzung außerhalb des § 1 UWG erblickt, verliert der Vorsprungsgedanke jede dogmatische Kontur, weil er dann mit der Denkfigur der per se-Sittenwidrigkeit begrifflich zusammenfällt.

---

[133] S. z. B. *Schünemann* S. 120 zur Sittenwidrigkeit des Haltens oder gar Parkens des Auslieferungsfahrzeuges im absoluten Halteverbot wegen der dadurch erzielten höheren zeitlichen Liefergenauigkeit.

[134] Im Tenor ähnlich *Merz* Vorfeldthese S. 203: Nur wettbewerbs- und freiheitsschützende Normen könnten (zusätzlich) über § 1 UWG sanktioniert werden, um eine „überzogene" Heranziehung des Vorsprungsgedankens zu vermeiden. S. a. *Mestmäcker* Verwalteter Wettbewerb S. 87; *Schricker* Gesetzesverletzung S. 252; *Wrage* S. 47.

[135] *Monopolkommission* Sondergutachten 14: Die Konzentration im Lebensmittelhandel (1985) S. 116 f; s. a. *Scholtissek* BB 1992, 589 f.

cc) **Sittenwidrigkeit und Standeswidrigkeit/Verstoß gegen Handelsbrauch.** Die **hM** überträgt ihre Vorstellungen über das Verhältnis der (wettbewerblichen) Sittenwidrigkeit zur Rechtswidrigkeit auch auf die Relation **Sittenwidrigkeit/Standeswidrigkeit**[136]. Eine nochmalige Ausweitung dieser Konzeption findet dadurch statt, daß Verstöße gegen **Handelsbräuche** demselben dogmatischen Regime unterworfen werden[137]. Diese Fortführung bedingt wiederum die Gleichsetzung von Standeswidrigkeit und Devianz von Handelsbräuchen, eine Gleichsetzung, die zwar durch die ursprüngliche, sich selbst heute noch gesetzlich spiegelnde gesellschaftliche Ordnung in Ständen, eben auch in dem Handelsstand, nahegelegt wird[138], damit aber auch die Fragwürdigkeit von Standesrecht in der demokratischen Gesellschaftsordnung überhaupt teilt. **D 70**

Spezifische lauterkeitsrechtliche Fragestellungen tauchen dabei auf dem Boden der hM von vornherein nicht auf, soweit **Standesauffassungen formell-gesetzlich** normiert sind (vgl. §§ 43 BRAO; 8 Abs. 1, 57 Abs. 1 StBerG, §§ 1, 18 WPO), als gewohnheitsrechtlich geltend anerkannt werden oder in **Berufs- bzw. Standesordnungen** gefaßt sind, die sich im Rahmen gesetzlicher Ermächtigungen bewegen[139]. Unterhalb dieser normativen Ebene soll allerdings dasselbe gelten, obwohl eine diesbezügliche Gleichsetzung etwa der **Berufs- bzw. Standesrichtlinien** vor allem, aber nicht nur der sog. freien Berufe, also der Rechtsanwälte und der steuerberatenden Berufe, der Ärzte, Heilpraktiker und Apotheker, der Architekten etc., wegen ihrer andersartigen, überwiegend lediglich privat-verbandlicher Natur nicht unzweifelhaft ist[140]. Auf noch schwächeren Füßen steht das Äquivalenzurteil, soweit Berufs- bzw. Standesauffassungen keinen derartigen Niederschlag in Kodifikationen gefunden haben, sondern lediglich als **empirisch beobachtbares Regelverhalten,** wie z. B. auch in Gestalt von Handelsbräuchen, greifbar sind. Wettbewerbsrechtlich nicht zur Debatte steht dabei die mittlerweile seit den wegweisenden Entscheidungen des Bundesverfassungsgerichts aus dem Jahre 1987 (BVerfG NJW 1988, 191 und 194) zu Recht breit thematisierte insb. verfassungsrechtliche Zulässigkeit und damit rechtliche Beachtlichkeit solcher (kodifizierter) Regeln insb. hinsichtlich Werbeverboten[141], sondern ob und in welcher Weise sie mit den „guten Sitten" iS des § 1 UWG in Verbindung stehen. **D 71**

136 BGH GRUR 1955, 541 f – *Bestattungwerbung;* 1961, 288, 292 – *Zahnbürsten;* 1965, 690, 693 – *Facharzt;* 1971, 585 – *Spezialklinik;* 1972, 709 – *Patentmark;* 1978, 255 f – *Sanatoriumswerbung;* 1982, 311, 313 – *Heilpraktiker-Berufsordnung;* 1982, 679 f – *Planungsbüro;* 1984, 540 – *Lohnsteuerberatung I*; 1986, 81 f – *Hilfsdienst für Rechtsanwälte;* 1989, 827 ff – *Werbeverbot für Heilpraktiker;* 1989, 601 – *Institutswerbung;* 1989, 758 – *Gruppenprofil;* 1993, 837 – *Lohnsteuerberatung II*; OLG Frankfurt/M. GRUR 1983, 387, 389 – *Heilpraktikerwerbung; Baumbach/Hefermehl* § 1 Rdn. 673 ff; HdbWR/*Jacobs* § 47 Rdn. 1 ff; *v. Gamm* Kap. 31 Rdn. 11 ff; *ders.* GRUR 1990, 313, 323; *Ulmer/Reimer* Rdn. 97 ff.

137 BGHZ 28, 54, 60 – *Direktverkäufe;* BGH GRUR 1969, 474, 476 – *Bierzukauf;* HdbWR/*Jacobs* § 47 Rdn. 17 ff; *v. Gamm* Kap. 18 Rdn. 34; *v. Godin* U § 1 Rdn. 172 f; *Ulmer/Reimer* Rdn. 104.

138 Vgl. die Überschrift des Ersten Buches des HGB: „Handelsstand". Zur (steckengebliebenen) Einbeziehung der Handwerker s. *Kornblum* FS Nitschke (1991), 561 ff.

139 HdbWR/*Jacobs* § 47 Rdn. 2; **a. A.** *Ring* S. 207. 217, 458 mit Kompetenzbedenken, soweit Landesrecht die Ermächtigungsgrundlage bildet. Hiergegen wiederum *Schulte* S. 160 ff.

140 So werden etwa auch die rein privat-verbandlichen ZAW-Richtlinien ohne weiteres als „geltendes Standesrecht" apostrophiert; s. OLG Hamm GRUR 1986, 172; *Baumbach/Hefermehl* § 1 Rdn. 30, 689; **a. A.** – für Werberichtlinien der Versicherungswirtschaft – OLG München WRP 1980, 284 f. Zu der sehr unterschiedlichen Rechtsnatur von Standesnormen s. BVerfGE 33, 157 – *Fachärzte; v. Gamm* Kap. 18 Rdn. 32, 35; 31 Rdn. 12.

141 S. z. B. – für die steuerberatenden Berufe – *Kornblum* StB 1988, 189; *ders.* StVj. 1991, 271; gegen ihn wiederum *Gilgan* StB 1989, 29; *Meng* StB 1988, 303; *Schäfer* StB 1988, 301. Zu ärztlichen Werbeverboten s. etwa kritisch *Ring* S.

D 72 In Durchführung ihres Ausgangspunktes steht die **hM** dabei – wie gesagt – auf dem Standpunkt, die Verletzung von Standesnormen unter Gesetzesrang bzw. äquivalenter Normativität[142], die einem sittlich-rechtlichen Gebot entsprächen, sei per se unlauter, so daß es keines besonderen wettbewerblichen Moments, namentlich eines wettbewerblichen Vorsprungs, bedürfe (BGH GRUR 1967, 592 – *Gesunder Genuß; 1980, 855, 857 – Innenarchitektur; Baumbach/Hefermehl* § 1 Rdn. 675). Dasselbe soll gelten, soweit derartige Normen bzw. Übungen unmittelbar den Wettbewerb der Standesgenossen regelten, was insb. auf Werbeverbote zutreffe (BGH GRUR 1972, 709 – *Patentmark;* 1978, 255 f – *Sanatoriumswerbung;* 1986, 81 f – *Hilfsdienst für Rechtsanwälte*). Die Verletzung einer wertneutralen Standesnorm bzw. ein standesunübliches Verhalten verlange hingegen das Hinzutreten besonderer Umstände wettbewerblicher Relevanz. Namentlich wer sich zielbewußt über Standesanschauungen hinwegsetze, deren Einhaltung für den redlichen Geschäftsverkehr in einem Berufszweig die berufsständische Ehre nach Anschauung der Standesgenossen verlange, um auf diese Weise einen nicht zu rechtfertigenden Vorsprung vor den standestreuen Mitbewerbern zu gewinnen, handele wettbewerbswidrig (*Baumbach/Hefermehl* § 1 Rdn. 676; *v. Gamm* Kap. 31 Rdn. 15; *Ulmer/Reimer* Rdn. 101 f; **a. A.** – per se „Berufsstandesvergessenheit" bei jeder Verletzung von Standesrecht – *Ring* S. 579 f). Der verletzten Standesnorm müsse dabei von der Allgemeinheit ein solcher Rang eingeräumt werden, daß die Normverletzung auch vom Standpunkt der Allgemeinheit aus als verwerflich erscheine. Außerdem müsse die Standesauffassung gefestigt und so innerhalb des Berufsstandes auch einheitlich befolgt werden. Nur dann könne diese sog. **Berufsstandesvergessenheit** wettbewerbsrechtlich wie eine Gesetzesverletzung behandelt werden[143]. Den Schlußstein der hM bildet die These, ein **Standesfremder** handele allein schon dadurch unlauter, daß er sich die Berufsstandesvergessenheit eines Standesangehörigen wirtschaftlich zunutze mache oder fördere[144].

D 73 Die **hM** hinsichtlich des Verhältnisses der Standeswidrigkeit zur wettbewerblichen Sittenwidrigkeit ist sowohl im Ansatz als auch in ihren Konsequenzen **abzulehnen.** Die hM basiert klar auf einem **Konzept,** das die wettbewerblichen guten Sitten nicht im Blick auf den institutionellen Schutz des wirtschaftlichen Wettbewerbs und seiner ökonomischen Wirkungsbedingungen, ja letztlich überhaupt ohne Bezugnahme auf irgendwelche Immanenzen von Markt und Wettbewerb, sondern entweder ethisierend oder auch iS von Konventionalnormen deutet (ablehnend auch *Nordemann* Rdn. 534 ff, insb. 535 b). Eine eindeutige Sprache sprechen hier ökonomischem Denken völlig fremde Begriffe wie berufsständische Ehre, Standeswürde, Verwerflichkeit und Berufsstandesvergessenheit. Bezeichnend ist ferner, daß die Berufs- und Standesrichtlinien der Standesorganisationen und Berufsverbände, soweit sie nicht den Rang formeller Gesetze besitzen, nicht gewohnheitsrechtlich anerkannt

---

420 f. Details zur Fülle reklamierter Werbeverbote bei *Baumbach/Hefermehl* § 1 Rdn. 678 ff.

142 Der Normbegriff wird dabei offenbar sehr weit gefaßt und umschließt als soziologischer Normbegriff selbst die nicht kodifizierten Standesgewohnheiten. Vgl. *Baumbach/Hefermehl* § 1 Rdn. 675 f, wo „Norm" und „Gewohnheit" synonym verwendet werden. Begrifflich differenzierend aber *v. Gamm* Kap. 18 Rdn. 31 f.

143 BGH GRUR 1965, 390, 393 – *Facharzt;* 1969, 474, 476 – *Bierbezug;* 1972, 709 f – *Patentmark;* 1977, 36 – *Arztpraxismiete; Baumbach/Hefermehl* § 1 Rdn. 673 f, 676; HdbWR/*Jacobs* § 47 Rdn. 3; *Mees* WRP 1985, 373 f; s. a. *Ring* GRUR Int. 1986, 103, 105; *Teubner* Standards S. 96.

144 OLG Düsseldorf 1962, 413 – *Rezeptformulare;* OLG Hamburg GRUR 1988, 141 – *Branchenverzeichnis;* ÖOGH ÖBl. 1986, 154 f – *Kfz-Schadenschätzstelle;* LG München ZIP 1994, 66 – *Focus-Anwälte* Baumbach/Hefermehl § 1 Rdn. 677; *Ulmer/Reimer* Rdn. 102.

sind oder nicht in Satzungsform vorliegen, als „Erkenntnisquelle" dafür herangezogen werden, was nach Auffassung erfahrener und angesehener Standesgenossen angemessener Berufsausübung und einschlägigem Standesdenken entspricht. Je größer der Organisationsgrad der Standesangehörigen[145] ist, desto eher deckt sich dann jene Erkenntnisquelle mit dem eigentlich proklamierten Maßstab, der Überzeugung aller anständig und gerecht denkenden Angehörigen des jeweiligen Berufskreises und der „Würde des Standes" (*v. Gamm* Kap. 18 Rdn. 32 unter Hinweis auf BGHZ 37, 396, 400; BGH GRUR 1957, 387, 389 – *Clemens Laar;* 1972, 709 – *Patentmark;* zur sog. Anstandsformel s. bereits Einl. D Rdn. 10 ff). Dies soll dann seinerseits – bei entsprechendem Sittlichkeitsgehalt oder unmittelbarem Wettbewerbsbezug der Standesnorm – die wettbewerbsrechtlich allein relevanten „guten Sitten" unmittelbar, bei Wertneutralität im Zusammenwirken mit dem Vorsprungsgedanken mittelbar determinieren.

Derselbe Mechanismus soll bezüglich Abweichungen von **Handelsbräuchen** **D 74** wirksam werden (BGH GRUR 1969, 474, 476 – *Bierbezug I;* OLG München WRP 1980, 284; *v. Gamm* Kap. 18 Rdn. 34. HdbWR/*Jacobs* § 47 Rdn. 17 ff). Die Handelsbräuche fungieren dogmatisch in diesem Zusammenhang aber entweder wiederum als Indikator für einen entsprechenden Sittenkodex, wobei also auch hier die Anstandsformel im Hintergrund steht, oder die guten Sitten werden als Konventionalnormen interpretiert, die dann mit den Handelsbräuchen schlicht identisch sind. All dies findet in einem wettbewerbsfunktional geprägten dogmatischen Raster der „guten Sitten" iS des § 1 UWG keinen Platz. Auch schon rein konstruktiv gesehen ist die von der **hM** hier mit leichter Hand vorgenommene Gleichsetzung von Rechtsnormen einerseits und feststehenden Übungen, Gebräuchen etc. andererseits, also Normen im soziologischen Sinne, wenig befriedigend. Denn dadurch wird der einfache, auf die Anstandsformel bzw. auf die Sittenwidrigkeit als Konventionalnormverletzung rekurrierende Ausgangspunkt kaschiert und ganz überflüssigerweise erst über den Umweg einer – im übrigen wohl gar nicht recht möglichen – Differenzierung von wertbezogenen und wertneutralen soziologischen Normen eingeführt. Außerdem bleibt letztlich offen, wodurch diese Äquivalenz von Rechtsnorm und soziologischer Norm legitimiert ist: Die dazu angeführte einheitliche und gefestigte sowie tatsächlich praktizierte Standesauffassung, die einen Verstoß gegen Standesregeln als unvereinbar mit den Berufspflichten mißbilligt (HdbWR/*Jacobs* § 47 Rdn. 19; s. a. Einl. D Rdn. 72), beseitigt dieses Defizit gerade nicht, erklärt nicht den qualitativen Sprung von der Faktizität bzw. der soziologischen Normativität zum spezifischen Geltungsanspruch der Rechtsnorm.

Richtig erscheint demgegenüber folgendes: Standesauffassungen, die einen for- **D 75** mal-gesetzlichen oder normqualitativ äquivalenten, insb. satzungsmäßigen Niederschlag gefunden haben, können für § 1 UWG Relevanz gewinnen, wenn sie wettbewerbsregelnden Inhalt aufweisen. Standeswidrigkeit ist dann lediglich Rechtswidrigkeit im ganz üblichen Sinn[146]. Es kommt also darauf an, ob die standesrechtliche Wettbewerbsregelung im Lichte der den Sinngehalt der „guten Sitten" konstituierenden Wettbewerbsfreiheit als wettbewerbsproduktiv anzusehen ist. Nur dann kann

---

[145] Zur Bedeutung des Organisationsgrades für die Feststellung der Standeswidrigkeit s. *Gleißner-Klein* S. 38 ff.

[146] Insoweit zutreffend BGH GRUR 1974, 396, 398 – *Unfallhelfer II* und *Baumbach/Hefermehl* § 1 Rdn. 676: Die Prüfung, ob ein Verhalten wegen Berufsstandesvergessenheit wettbewerbswidrig sei, erübrige sich, wenn ohnehin in wettbewerbswidriger Weise gegen ein (die Berufspflichten konkretisierendes) Gesetz verstoßen werde.

Standeswidrigkeit per se wettbewerbliche Sittenwidrigkeit bedeuten (s. Einl. D Rdn. 62 f). Bei den standesrechtlichen Wettbewerbsregelungen ist freilich, wie sich gerade auch bei den Werbeverboten manifestiert, ihre Wettbewerbsproduktivität regelmäßig, zumindest tendenziell zu verneinen. Im **Ergebnis** führt dies dazu, daß Standeswidrigkeit nicht nur keine wettbewerbliche per se-Sittenwidrigkeit nach sich zieht, sondern selbst mit Hilfe des Vorsprungsgedankens eine Transformation von Standeswidrigkeit in Wettbewerbswidrigkeit, also Sittenwidrigkeit, wohl nicht gelingen kann[147]. Auffassungen über das „Gute" im Wettbewerb, seien sie repräsentativ oder nicht, seien sie selbst von angesehenen Persönlichkeiten des jeweiligen Berufskreises oder von Spitzengremien in Sittenkodices „festgestellt"[148], sind wettbewerbsrechtlich hingegen belanglos, ebenso wie Branchengewohnheiten und Handelsbräuche, die im Konzept eines dynamisch-prozeßhaften Wettbewerbsbegriffes (s. Einl. A Rdn. 28 ff) niemals, auch nicht mediatisiert durch rechtliche Konstruktionen wie etwa den Vorsprungsaspekt, normative Bedeutung beanspruchen können[149]. Ist das Wettbewerbsrecht schon ganz allgemein nicht dazu berufen, einer wie immer gearteten Wirtschaftsethik im Marktgeschehen zum Zuge zu verhelfen, so fehlt noch mehr jeder ökonomische Sinn- und Zweckbezug zur Durchsetzung von Traditionen oder Wunschvorstellungen über die „Reinhaltung" eines Standes, über die Verteidigung von Standesehre und Standeswürde etc. Derartige Begriffe haben keinen Platz in einer wettbewerbsrechtlich/marktwirtschaftlichen Argumentation; ihre Benutzung mag sich auf „strukturkonservierende, standesinterne Zunftordnungen beschränken" (*Treis* GRUR 1985, 955, 964, dort Fn. 91).

D 76 **Entgegen der hM** (vgl. die Nachw. in Einl. D Rdn. 72 aE) ist erst recht das wirtschaftliche **Ausnutzen fremder Berufsstandesvergessenheit** durch einen Nicht-Standesangehörigen wettbewerbsrechtlich nicht zu beanstanden. Dies sollte eigentlich selbstverständlich sein, weil nach einhelliger Ansicht Standesrecht grundsätzlich nur die dem fraglichen Berufsstand angehörenden Personen bindet[150]. Fernwirkungen auf Außenseiter könnten allerdings über den Hebel eines nun für maßgeblich erklärten Anstandsgefühls aller (!) gerecht und billig Denkender herbeigeführt werden, denen ein solches Verhalten durchaus verwerflich erscheinen mag[151]. Damit aber würde die hM ihrer eigenen Anknüpfung entsagen, eben der Berufsstandesvergessenheit, und ihre Argumentation vollends zum Dezisionismus geraten.

---

[147] S. a. *Koch* WuW 1986, 983; *Lammel* WuW 1984, 853. Ganz auf der Linie der hM hingegen *Schulte* S. 166. Dogmatisch stellen sich ähnliche Probleme wie bei dem Verhältnis von rabatt- bzw. zugaberechtlicher Devianz und Sittenwidrigkeit nach § 1 UWG; vgl. Großkomm.-*Schünemann* Einl. D Rdn. 65 ff.

[148] Zur Schwierigkeit der Ermittlung einer Standesauffassung selbst oder eben gerade bei Vorliegen kodifizierter Standesregeln s. eingehend *Gleißner-Klein* S. 35 ff anhand OLG Frankfurt/M. GRUR 1983, 387, OLG Köln WRP 1985, 443 und KG AfP 1988, 346; s. a. *Hörle* WRP 1983, 596, 599; *Kornblum* BB 1985, 65, 69.

[149] Ebenso *Nordemann* Rdn. 536, der allerdings daraus nicht die gebotenen Konsequenzen zieht, indem er glaubt, standesrechtliche Werbeverbote beispielsweise stünden gerade im Einklang mit den Postulaten des „Leistungswettbewerbs". Zur Problematik dieses Begriffs, wenn er nicht bloß als Synonym für den auf Freiheit gründenden Wettbewerb stehen sollte, s. Großkomm.-*Schünemann* Einl. D Rdn. 81 ff, 97. Nach *Nordemann* verwendet die hM also lediglich unzutreffende Argumentationstopoi.

[150] *V. Gamm* Kap. 18 Rdn. 33. Die im Grundsatz vorbehaltenen Ausnahmen gehen allenfalls in Richtung tätigkeitsmäßig nahestehender Berufsgruppen (ärztliche Standesnormen auch für Heilpraktiker?). S. dazu BGH GRUR 1982, 311 f; *Gleißner-Klein* S. 34 ff, 59 ff.

[151] Den Nährboden dafür mögen diffuse Wertvorstellungen über dieselbe moralische Minderwertigkeit des „Hehlers" wie des „Stehlers" oder ein in der Laiensphäre parallel gewerteter extensiver Täterbegriff oder ähnliche Gesichtspunkte bilden.

dd) „Gute Sitten“ und Wettbewerbsregeln. Wettbewerbsregeln iS von § 28 GWB, die also von Wirtschafts- und Berufsvereinigungen aufgestellt werden und den Zweck verfolgen, unlauterem oder nicht leistungsgerechtem Wettbewerbsverhalten entgegenzuwirken bzw. den lauteren oder leistungsgerechten Wettbewerb zu fördern, können nach Eintragung in das Kartellregister[152] kartellrechtliche Relevanz gewinnen: Vereinbarungen, in denen sich die daran Beteiligten zur Einhaltung solcher Regeln verpflichten, sowie entsprechende Verbandsbeschlüsse sind nach Eintragung vom Kartellverbot des § 1 GWB ausgenommen (§ 29 GWB), auch wenn sie an sich Wettbewerbsbeschränkungen darstellen. Von den zahlreichen eingetragenen Regelwerken[153] sind die von anderen Verbänden übernommenen Wettbewerbsregeln des Markenverbandes (Textabdruck in WRP 1975, 668) und diejenigen des Zentralausschusses der Wettbewerbswirtschaft (ZAW) (Textabdruck in WRP 1973, 391) von allgemeiner Bedeutung. Doch auch sie sind als solche rechtlich unverbindlich, so daß ein „Verstoß“ hiergegen weder unter dem Aspekt des „Vorsprungs durch Rechtsbruch“ noch gar per se sittenwidrig ist. Ihre **Eintragungswirkung** beschränkt sich auf das Kartellrecht. Die Eintragung wertet diese Wettbewerbsregeln nicht etwa derart auf, daß ein Abweichen von ihnen sich nun ohne weiteres als unlauterkeitsrechtlich relevanter Normverstoß – begehbar sogar durch Außenseiter – darstellen könnte und es sonach weiterer Feststellungen über den Geltungsgrund eines Sittenwidrigkeitsverdikts gar nicht mehr bedürfte (so aber *Mees* WRP 1985, 373 f gegen die **hM,** z. B. BGH GRUR 1971, 580 – *Johannisbeersaft; Baumbach/Hefermehl* § 1 Rdn. 690 f; *Emmerich* Kartellrecht[5] (1988) § 11, 1; *v. Gamm* Kap. 4 Rdn. 7; HdbWR/*Jacobs* § 47 Rdn. 14). **D 77**

Diesen Geltungsgrund sieht die **hM** darin, daß derartigen Wettbewerbsregeln – kraft ihrer Eintragung in erhöhtem Maße – **Indizfunktion** dafür eigne, was einer gefestigten Standesauffassung entspreche; dies gelte zumal dann, wenn sie, wie die Wettbewerbsregeln des Markenverbandes und des ZAW, mit Verhaltensregeln der Internationalen Handelskammer in Paris abgestimmt sind[154]. Gegenüber nicht eingetragenen Wettbewerbsregeln bedeutet dies aber eben nur einen graduellen Unterschied, so daß bei diesem argumentativen Ausgangspunkt die Indizfunktion von Wettbewerbsregeln für die Feststellung der „guten Sitten“ ganz unabhängig von deren Eintragung bejaht werden muß[155]. Konsequenterweise müßte eine zumindest schwache Indizfunktion wohl auch der als **„Sündenregister“** bekanntgewordenen Dokumentation des Bundeswirtschaftsministers über (angebliche) Wettbewerbsverzerrungen (vgl. § 1 C Rdn. 51 f) oder etwa der **Gemeinsamen Erklärung** der Spitzenorganisationen der gewerblichen Wirtschaft zur Sicherung des Leistungswettbewerbes (vgl. § 1 C Rdn. 53 ff)[156] beigemessen werden (s. aber BGH GRUR 1977, 257, 259 – *Schaufensteraktion;* 1977, 619, 621 – *Eintrittsgeld;* s. näher unter dem Aspekt des sog. Stufenwettbewerbs § 1 C insbes. Rdn. 78 ff, 186 ff). **D 78**

---

[152] Das früher dafür vorgesehene eigene Register wurde mit Gesetz vom 24. 2. 1985 (BGBl. I 1985, 457) abgeschafft.

[153] Vgl. dazu die Nachweise in den Tätigkeitsberichten des BKartA; s. dazu auch den zusammenfassenden Überblick über wichtige gegenwärtig anerkannte Wettbewerbsregeln bei *Kellermann* in: Immenga/Mestmäcker GWB[2] (1992) § 28 Rdn. 25 f.

[154] Vgl. *Meessen* NJW 1981, 1131.

[155] BGHZ 22, 347 – *Clemens Laar;* 46, 168 – *Bauindustrie; Baumbach/Hefermehl* Einl. UWG Rdn. 132 f sowie § 1 Rdn. 691; HdbWR/*Jacobs* § 47 Rdn. 15.

[156] S. a. *Hintz* WRP 1984, 653; zur weiteren verbandlichen Durchsetzung s. die Grundsätze in WuW 1986, 126.

D 79 Indessen kann den Wettbewerbsregeln, gleich ob eingetragen oder nicht und ohne Rücksicht auf ihren tatsächlichen Befolgungsgrad, **entgegen der hM** nicht einmal eine bloße Indizfunktion für die Ermittlung der „guten Sitten" als Zulässigkeitsmaßstab wettbewerblichen Handelns zugebilligt werden. Denn selbst die Anerkennung jener bloßen Indizfunktion hätte zur Voraussetzung, daß die „guten Sitten" iS des § 1 UWG vom „Anstandsgefühl" der beteiligten Verkehrskreise, deren wirtschaftsbezogener Sozialmoral, den dort praktizierten Konventionalnormen oder ähnlichen Bestimmungsgrößen determiniert werden (dazu Einl. D Rdn. 10 ff, 20 ff, 23 ff), als deren juristisch operationale Manifestation verbandliche Richtlinien, vom Konsens verbandlicher Spitzengremien getragene oder regierungsoffiziöse Erkärungen dann gedeutet werden könnten. Bei einem nüchternen ökonomischen Kalkül, mit einem an den Funktionsbedingungen des Wettbewerbs orientierten Verständnis der „guten Sitten" sind solche Überlegungen freilich von vornherein gegenstandslos. Die sachlich verfehlte wirtschaftsethische Einfärbung all dieser Bezugspunkte findet ihren bezeichnenden sprachlichen Höhepunkt im Schlagwort vom „Sündenregister" für die vorstehend erwähnte Dokumentation des Bundeswirtschaftsministers aus dem Jahre 1975.

D 80 Im übrigen läuft der Versuch, namentlich verbandlichen Wettbewerbsregeln über § 1 UWG irgendeine eigenständige lauterkeitsrechtliche Beachtlichkeit zu verschaffen, im Kern darauf hinaus, eine **Allgemeinverbindlichkeitserklärung** mit Wirkung also auch für verbandliche **Außenseiter** (zur Frage der Außenseiterbindung s. im einzelnen *Baur* ZHR 141 (1977), 293 ff) und letztlich eine mit marktwirtschaftlicher Wettbewerbsfreiheit unvereinbare Selbstorganisation der Märkte durch die Wirtschaft nach ständestaatlichem Muster zu implementieren[157]. Es besteht freilich auch die gedankliche Möglichkeit, daß Wettbewerbsregeln sich rein deklaratorisch – sei es unter dem Aspekt der Lauterkeit, sei es unter dem damit sachlich identischen Aspekt des „Leistungswettbewerbes" (zu dieser in § 28 Abs. 2 GWB angesprochenen Scheinalternative s. a. Einl. D Rdn. 81 ff, 94 ff) – mit einer Wiederholung der Postulate der Wettbewerbsfreiheit begnügen. Ob sie dies tun, gilt es dabei freilich erst einmal zu evaluieren, so daß auch von daher den **Wettbewerbsregeln keine indizielle Bedeutung** für die Ermittlung der „guten Sitten" im Rahmen des § 1 UWG eignen kann. Daß beispielsweise Werbung, die als solche nicht erkennbar ist, gerade deshalb gegen §§ 1, 3 UWG verstößt, läßt sich gewiß plausibel machen (s. nur *Baumbach/Hefermehl* § 1 Rdn. 30). Daß dies auch die **ZAW-Richtlinien** untersagen, ist für den notwendigen Konkretisierungsprozeß allerdings bedeutungslos. Schon gar nicht geht es an, eine derartige „gesetzliche Fundierung" jener ZAW-Richtlinie nun in „geltendes Standesrecht" umzumünzen (so aber *Baumbach/Hefermehl* § 1 Rdn. 30, 689; OLG Hamm GRUR 1986, 172; OLG Düsseldorf DB 1987, 837). Selbst dann wäre ein Verstoß hiergegen nach zutreffender Ansicht freilich wettbewerbsrechtlich irrelevant (s. näher Einl. D Rdn. 73 ff).

D 81 ee) **„Gute Sitten" und Leistungswettbewerb.** Nach weitverbreiteter Auffassung liegt der (soziale) Sinn auch und gerade des wirtschaftlichen Wettbewerbs darin, als **„Leistungswettbewerb"** das **„Leistungsprinzip"** zur Geltung zu bringen[158]. Der

---

[157] S. a. *Emmerich* Kartellrecht[5] (1988) § 11, 3 c Fn. 58; *Mestmäcker* Verwalteter Wettbewerb S. 10 ff.

[158] Vgl. hier nur *Arndt* Leistungswettbewerb und ruinöse Konkurrenz (1986); *Baudenbacher* ZHR 144 (1980), 145, 155; *Baumbach/Hefermehl* Einl. UWG Rdn. 96 ff; *v. Godin* U § 1 Rdn. 12 ff; *Knöpfle* Rechtsbegriff S. 60; *Kunze* S. 14 f; *Schricker* Gesetzesverletzung S. 262; *Tyllack* S. 204; *Ulmer* GRUR 1977, 565 ff.
Aus der Rspr. s. z. B. BGH GRUR 1955, 346, 349 – *Progressive Kundenwerbung;* BGHZ 23, 365, 373 f – *Suwa;* BGH WRP 1965, 223, 225 f – *Kleenex;* 1969, 193, 195 – *Stuttgarter Wochenblatt I;* 1971, 472, 474 – *Feld und Wald I;* 1976, 100 f – *Mars;* BGH GRUR 1977, 110 f

„Leistungswettbewerb" erscheint danach zumindest als wichtige **Wertungshilfe** für die Beurteilung von Wettbewerbsverhalten als lauter bzw. unlauter iS von § 1 UWG[159]. Gelegentlich wird der Leistungswettbewerb mit dem lauteren Wettbewerb überhaupt gleichgesetzt, so besonders deutlich, wenn tautologisch von „lauterem Leistungswettbewerb" gesprochen wird (BGH GRUR 1959, 277 f – *Künstlerpostkarten;* s. a. *H. Lehmann* Handel S. 101). Auch für die kartellrechtliche Bewertung bestimmter Behinderungskonstellationen bzw. Mißbrauchstatbeständen wie § 22 Abs. 4 GWB[160] und der Eintragungsfähigkeit von Wettbewerbsregeln nach § 28 Abs. 2 GWB, wo der Gesetzestext ja expressis verbis auf den „leistungsgerechten" Wettbewerb rekurriert, wird der „Leistungswettbewerb" herangezogen[161].

„Leistungswettbewerb" scheint zuerst im Bereich der **Wirtschaftswissenschaften,** **D 82**
von *Sombart,* beim Namen genannt worden zu sein[162]. Inwieweit der Begriff selber, so wie er heute Verwendung findet, schon im klassischen Altertum existierte, mag hier dahinstehen[163].

In der **Jurisprudenz** verwendete „Leistungswettbewerb" explizit wohl zuerst **D 83**
Callmann[164], um im Anschluß an *Sombart* das Wettbewerbsverhalten systematisch in Leistungs-, Suggestions- und Gewaltkonkurrenz zu gliedern (s. Einl. D Rdn. 145). Über die bloße Systematisierung hinaus versuchte den „Leistungswettbewerb" als Leitbild des Wettbewerbs hingegen *Nipperdey* wettbewerbsrechtlich fruchtbar zu machen[165], mit dessen Unterscheidung zwischen Leistungs- und Behinderungswettbewerb sich die Judikatur im sog. **Benrather Tankstellenfall** an exponierter Stelle eingehend auseinandersetzte (RGZ 134, 342). Seitdem *Böhm* den „Leistungswettbewerb" in den Mittelpunkt seiner Überlegungen gestellt hatte[166], wurde der Begriff nicht nur im wirtschaftswissenschaftlichen Schrifttum namentlich des Neoliberalismus allmählich Allgemeingut, sondern fand auch alsbald Eingang in den Sprachgebrauch des Gesetzgebers[167].

– *Kochbuch;* 1979, 300, 302 – *Verkauf unter Einstandspreis I;* 1981, 265 f – *Goldene Karte I;* 1981, 576, 578 – *Ein-Groschen-Werbeaktion.*

159 *Baudenbacher* Suggestivwerbung und Lauterkeitsrecht (1978) S. 153 ff; *Baumbach/Hefermehl* Einl. UWG Rdn. 96 ff, 105; *Bunte* GRUR 1981, 397, 399; *Callmann* Der unlautere Wettbewerb[2] (1932) S. 50 f; *Fikentscher* Wettbewerb S. 127; *v. Godin* U § 1 Rdn. 12 ff, 68; *Hahn* WRP 1984, 59 ff; 589, 591 f; *Hölzler/Satzky* Wettbewerbsverzerrungen durch nachfragemächtige Handelsunternehmen: Möglichkeiten und Grenzen ihrer Kontrolle (1980) S. 31 ff, 132; *Hubmann* Gewerblicher Rechtsschutz[5] (1988) § 49 VI 1; *Knöpfle* Marktbezogene Unlauterkeit S. 59 ff; *Koppensteiner* § 12 I 1; *Lehmann* GRUR 1979, 368; *Nipperdey* Wettbewerb S. 16 ff (= KartRsch 1930, 127 ff); *Nordemann* Rdn. 1, 3, 51, 233 ff; *ders.* GRUR 1975, 625, 631; *E. Ulmer* Sinnzusammenhänge S. 10 ff; *P. Ulmer* GRUR 1977, 565; *ders.* Kartellrechtswidrige Konkurrentenbehinderung durch leistungsfremdes Verhalten marktbeherrschender Unternehmen, in: FS Kummer (1980), 565, 575 ff; *Ulmer/Reimer* Rdn. 23; *Wirtz* WRP 1978, 854 ff; *Wrage* S. 22 ff.

160 *Benisch* WuW 1955, 421 ff; *Kartte* WRP 1976, 1; *Sambuc* GRUR 1981, 796, 800 f; *Wiedemann* BB 1978, 1633; *Ulmer* GRUR 1977, 565 ff; *ders.* Kartellrechtswidrige Konkurrentenbehinderung durch leistungsfremdes Verhalten marktbeherrschender Unternehmen, in: FS Kummer (1980), 565, 572.

161 KG BB 1981, 1110 (zu § 22 Abs. 4 GWB) m. abl. Anm. *Markert; Benisch* GRUR 1976, 448, 450; *Hönn* GRUR 1977, 141, 143 ff; *Sack* GRUR 1975, 297, 302 ff; *Schmiedel* WuW 1975, 743, 745 ff.

162 *Sombart* Der moderne Kapitalismus Bd. III, 2. Halbbd. (1927, Neudruck 1955) S. 557; s. a. *Bierling* S. 24; *Böhm* Wettbewerb und Monopolkampf (1933, Neudruck 1964) S. 178; *Schwarzfischer* S. 327 ff, 329.

163 Dazu näher *Freitag* S. 3 f mwN.

164 *Callmann* Der unlautere Wettbewerb[2] (1932) S. 50 ff. Der Begriff des Leistungswettbewerbs ist der Sache nach aber schon bei *Lobe* I S. 47 ff angelegt; zu dieser Einschätzung s. a. *Emmerich* § 5, II c ee; *Kraft* Interessenabwägung S. 258.

165 *Nipperdey* Wettbewerb passim.

166 *Böhm* Wettbewerb und Monopolkampf (1933, Neudruck 1964).

167 Vgl. die Verordnung über Wettbewerb vom 21. 12. 1934 (RGBl. 1934 I, 1280), die laut ihrer Präambel einen auf „Leistung und Verantwortungsbewußtsein" gegründeten Wettbewerb auf ihr Panier geschrieben hatte.

D 84 Die **politische Diskussion** bediente sich des (wirtschaftlichen) „Leistungsprinzips" bzw. des „Leistungswettbewerbs" ebenso ausgiebig, und zwar sowohl vor 1945 als auch nach Kriegsende: Der „Leistungswettbewerb" – so hieß es im sog. Dritten Reich – sei der Garant für die auf der Sittlichkeit der völkischen Wirtschaftsordnung aufbauende, unzerreißbare Beziehung zwischen unternehmerischem Einsatz und Gewinn; der Leistungswettbewerb und eine ihm innewohnende **Marktordnungsfunktion** sei zugleich die Antwort auf übersteigerten, zügellosen Wettbewerb, der einer nationalsozialistischen Haltung des „Gemeinnutz vor Eigennutz" zutiefst widerspreche[168]. Schon relativ kurz nach dem Kriege griffen nicht nur die Parteien CDU/CSU und FDP, sondern auch die SPD in ihren programmatischen Erklärungen auf den anzustrebenden „Leistungswettbewerb" (bzw. die „Leistungswirtschaft") zurück[169]. Im Rechtsleben gewann der „Leistungswettbewerb" besonderes Gewicht für die Beratungen des späteren GWB. Namentlich der sog. ***Josten*-Entwurf**[170] machte den „Leistungswettbewerb" zum Dreh- und Angelpunkt, wie schon in seinem Titel deutlich zum Ausdruck kommt. In der Folge avancierten „Leistungsprinzip" wie „Leistungswettbewerb" zu den Standardtermini im rechtlichen, wirtschaftlichen, politischen und allgemeingesellschaftlichen Sprachgebrauch[171], und zwar durchweg als **positiv besetzter Wertbegriff**[172].

D 85 Verbreitung und zugemessener Rang des Begriffs „Leistungswettbewerb" kontrastieren stark mit seiner inhaltlichen Bestimmtheit. Nachdenklich macht hier bereits seine offenkundige Fungibilität im historischen Längsschnitt, namentlich vor und nach 1933 und 1945 sowie seine Inanspruchnahme durch die verschiedensten (wirtschafts-)politischen Lager. Geradezu paradigmatisch für die **begriffliche Unschärfe** bzw. axiologische Indifferenz des „Leistungswettbewerbs" erscheint aber, daß *Nipperdey* in seinem genannten Gutachten zum Benrather Tankstellenfall im Zusammenhang mit nachhaltiger **Preisunterbietung** zu einem Ergebnis gelangte, das dem Urteil des RG in derselben Sache diametral entgegengesetzt war, obwohl beide mit dem „Leistungswettbewerb" operierten. Angesichts dieses Befundes muß es befremden, wenn einerseits die „Erkenntnis" vorgetragen wird, „daß eine gesunde Wettbewerbsordnung nur auf dem Leistungswettbewerb aufgebaut sein" könne, andererseits aber konzediert wird, „daß das Wesen des Leistungswettbewerbs kaum zu fassen" sei (*v. Godin* U § 1 Rdn. 12), ja, wenn allen Ernstes von vornherein ein Verzicht auf die begriffliche Klärung propagiert wird, weil Wesen und Sinn des

---

168 *Gütebier* JW 1934, 1091 f; *Kautter* S. 30 ff; *Klug* JW 1934, 3106, 3112; *H. Lehmann* Handel S. 101 ff; s. a. dazu *Freitag* S. 6 ff mwN.

169 Vgl. die „Grundsätze" der CDU/CSU Deutschlands von 1950, das Manifest der FDP von 1949 sowie ihr Lübecker Wahlprogramm von 1953, schließlich das auf ihrem Dortmunder Parteitag 1953 beschlossene Aktionsprogramm der SPD. Näher zu alledem *Freitag* S. 8 ff.

170 Benannt nach dem Ausschußvorsitzenden („Entwurf zu einem Gesetz zur Sicherung des Leistungswettbewerbs und zu einem Gesetz über das Monopolamt" 1949).

171 Zahlreiche weitere Verwendungsnachweise dieses allgemein positiv besetzten Begriffs im wirtschaftsrechtlichen und -politischen Leben bei *Exner* Der Mißbrauch von Nachfragemacht durch das Fordern von Sonderleistungen nach deutschem Recht (1984) S. 71 ff; *Freitag* S. 12 ff; *Gillert* Die rechtliche Bewertung des sogenannten Anzapfens nach § 1 UWG (1980) S. 122 ff; *Hahn* Behinderungsmißbräuche marktbeherrschender Unternehmen. Eine Untersuchung der Beeinträchtigung von Wettbewerb und Marktstruktur durch horizontalen Nichtleistungswettbewerb als Gegenstand der Mißbrauchsaufsicht nach § 22 IV Satz 2 Nr. 1 GWB (1984) S. 53 ff; *Knöpfle* Rechtsbegriff S. 57 ff; *Leibold* S. 21 ff; *Ohm* S. 241 ff; *Tilmann* GRUR 1979, 825, 828; *Ulmer* Kartellrechtswidrige Konkurrentenbehinderung durch leistungsfremdes Verhalten marktbeherrschender Unternehmen, in: FS Kummer (1980), 565 ff.

172 S. bereits *Dornseiff* Lexis Bd. 1 (1948), Stichwort: die Leistung, S. 16 ff; ferner *Ohm* S. 242; *Röper* Verwirklichung S. 272 (Fn. 23); *Freitag* S. 96 mwN.

„Leistungswettbewerbs" schlicht intuitiv erfaßt, erfühlt werden könne und müsse (vgl. *Kartte* MA 1977, 343, 345). Wenig befriedigend ist auch, im „Leistungswettbewerb" den Appel an ein „friedliches", sich in kameradschaftlicher, rücksichtsvoller Atmosphäre vollziehendes Wirtschaftleben zu erblicken[173], um damit – gewollt oder ungewollt – die (vordergründig) idyllischen Verhältnisse einer zünftisch verfaßten Wirtschaftsgesellschaft zu beschwören (vgl. Einl. B Rdn. 3 ff).

Soweit definitorische Klärungen versucht oder analysiert werden, sollte Einigkeit darüber bestehen, daß der „Leistungswettbewerb" zumindest dieselbe Vieldeutigkeit aufweist wie der „Wettbewerb" schlechthin[174]. So wird damit wiederum eine **Zustandsbeschreibung** wirtschaftlicher Wirklichkeit gegeben oder ein **ordnungspolitisches Prinzip** formuliert, aber auch eine **Verhaltensqualität** wirtschaftlichen Einzelhandelns gezeichnet. Die spezifische crux des „Leistungswettbewerbs" liegt mithin im Element der „Leistung". Deren eigene begriffliche Diffusität führt dabei dazu, daß „Leistungswettbewerb" gegenüber „Wettbewerb" keineswegs deutlicher konturiert ist, sich im „Leistungswettbewerb" vielmehr die interpretatorischen Probleme der begrifflichen Elemente eher potenzieren. **D 86**

Schon aus der allgemeinen bürgerlich-rechtlichen Dogmatik geläufig ist, daß der **Leistungsbegriff** handlungs- oder erfolgsbezogen gebraucht werden kann[175]. Im wettbewerbstheoretischen Zusammenhang, ja, wohl in der **Ökonomik** schlechthin, sowie in der wettbewerbsrechtlichen Literatur wird bei der prinzipiellen Weichenstellung expressis verbis auf den **erfolgsorientierten Leistungsbegriff** abgehoben: Die „subjektive Leistung", Aufwand und Anstrengungen, könnten nicht maßgeblich sein, weil im wettbewerblichen Leistungsvergleich nur das der Marktgegenseite präsentierte Ergebnis zähle[176]. Gleichwohl wird das wirtschaftliche Leistungsprinzip gelegentlich dann doch **handlungsorientiert,** d. h. eben auch: aufwandsorientiert, argumentativ eingeführt. So verhält es sich etwa im Rahmen des sog. ergänzenden Leistungsschutzes bzw. bei der Diskussion der Unlauterkeit unter dem Aspekt der „Ausbeutung" (vgl. Einl. E Rdn. 49). Dieser Paradigmenwechsel entbehrt freilich nicht einer inneren Logik. Denn bei einem Abstellen auf den Leistungserfolg müssen die Umstände, die Voraussetzungen seines Zustandekommens, ganz unberücksichtigt bleiben[177], während es doch in den genannten dogmatischen Kontext gerade darum geht, die Sittenwidrigkeit eines Wettbewerbsverhaltens aus eben diesen Umständen und Erfolgsvoraussetzungen zu deduzieren: Besonders augenfällig wird dieser Mechanismus bei der „Erschleichung" der für eine Nachahmung erforderlichen Kenntnisse, die trotz des akzeptierten Grundsatzes der **Nachahmungsfreiheit** das Unlauterkeitsverdikt dieser Imitation stützen soll (s. Einl. E Rdn. 45). Ihren legitimierenden Grund findet diese Handlungsorientierung des Leistungsbegriffs dann, wenn über die „guten Sitten" normative, insb. wirtschaftsethische Direktiven transportiert werden soll (s. Einl. D Rdn. 8 ff, 18 ff), weil diese Normationen keinesfalls **D 87**

---

173 *Rüstow* Das Versagen des Wirtschaftsliberalismus² (1950) S. 68, 135; *ders.* Ordo II (1949), 153; Gutachten des Ausschusses für Wettbewerbsfragen (eingerichtet beim DIHT und der Hauptgemeinschaft des Einzelhandels), Nr. 17/1950.

174 *Gillert* Die rechtliche Bewertung des sogenannten Anzapfens nach § 1 UWG (1980) S. 129 f; *Freitag* S. 90 ff; *Merz* Vorfeldthese S. 270 ff; *Tyllack* S. 204 ff; *Wrage* S. 20 ff.

175 Vgl. nur *Fikentscher* Schuldrecht⁸ (1992) Rdn. 29 (§ 8, 1); für die Leistung iS der Ökonomik vgl. *Willeke* Leistungswettbewerb S. 158, 164.

176 *Baumbach/Hefermehl* Einl. UWG Rdn. 97; *v. Godin* U § 1 Rdn. 12, 68; *Röpke* Die Gesellschaftskrisis der Gegenwart⁵ (1948) S. 263, 283. *Knöpfle* Rechtsbegriff S. 56 ff hält offenbar auch wettbewerbsrechtlich beide Leistungsbegriffe gleichermaßen für brauchbar und legitim.

177 *Kohler* Der unlautere Wettbewerb (1914) S. 3.

an Handlungserfolge adressiert werden können. Umgekehrt heißt es demzufolge konsequent, ein erfolgsorientierter Leistungsbegriff, wie ihn der marktliche Mechanismus seinem Wesen entsprechend verlange, könne keinerlei Kriterien für die Erwünschtheit einer Handlung in den herkömmlichen, ethisierenden Konzepten der „guten Sitten" und der „Lauterkeit" liefern[178].

D 88 Selbst als Ergebnis verstanden gibt der Leistungsbegriff noch vielfältigen Deutungsansätzen Raum. Genannt werden hierzu die **innerbetriebliche Leistung,** also die betriebstechnische und -organisatorische Einrichtung sowie das Produktionsvolumen etc., sodann die **unternehmerische Leistung,** namentlich Umsatz und Gewinn, die Leistung aus dem Blickwinkel der Marktgegenseite, z. B. Angebotspreis, Produktqualität, Sortimentsbreite und -tiefe, Verpackung und Aufmachung, Geschäftslage und Lieferzeit, Zahlungsziele, Informationswerbung und Service, schließlich die **verhaltensdirektive Leistung** iS des Vermögens, Marktteilnehmer zu einem bestimmten erwünschten Verhalten zu veranlassen (*Willeke* Leistungswettbewerb S. 160).

D 89 Neben diesen **betriebswirtschaftlichen Leistungsbegriffen** stehen **volkswirtschaftliche,** denen für die Konkretisierung erwünschten Wettbewerbsverhaltens qua „Leistungswettbewerb" eine größere Bedeutung zukommen könnte.

D 90 Sub specie des einzelnen Marktteilnehmers, seiner Konkurrenten und seiner Kontraktpartner, also **mikroökonomisch** betrachtet[179], wird dabei der wirtschaftliche Leistungswettbewerb traditionell in Analogie zum sportlichen Wettkampf gesetzt. Wie die sportlichen Spielregeln die zulässigen Aktionsparameter sowie die Art und Weise ihres Einsatzes festlegen und damit den Maßstab für faires Verhalten liefern, so soll auch die ökonomisch-wettbewerbsrechtliche Lauterkeit erfaßt werden können. Die wettbewerbsrechtliche Unlauterkeit soll so durch das Einführen von „Bedingungen" gekennzeichnet sein, „die nicht eine zur Vergleichung stehende Tätigkeit entfalten"[180]. Unfair, unlauter handelt demnach sowohl derjenige, der bei einem Wettrudern Motorkraft einsetzt – also wenigstens noch die Effizienz des Handelns absolut gesehen erhöht – als auch derjenige, der die Ruder des Gegners oder dessen Boot nachteilig präpariert – also die eigene Leistung nur durch die Behinderung des Konkurrenten, nur relativ, erhöht (vgl. *Lobe* I S. 8 ff). Beidesmal fehlt es eben wegen des Fairneßverstoßes an der „echten", „wahren", „wirklichen" eigenen Leistung[181]. Als das ökonomische Pendant erscheint dann ein Angebot, welches z. B. nur durch Ausnutzung eines Vertragsbruches, durch Ausbeutung fremder Arbeitsleistung oder durch eine Behinderung des Konkurrenten erzielt wird, die dem eigenen Absatz erst freie Bahn schaffen soll (*Nipperdey* Wettbewerb S. 16, 23, 28). Schon diese Beispiele zeigen übrigens, daß als eigentlicher Antipode des Leistungswettbewerbs der **Nichtleistungswettbewerb** figuriert. Denn bereits Ausnutzen eines

---

[178] *Gillert* Die rechtliche Bewertung des sogenannten Anzapfens nach § 1 UWG (1980) S. 134; *Willeke* Leistungswettbewerb S. 158, 171.

[179] Grundlegend in der Heuristik, zu einem tieferen Verständnis des „Leistungswettbewerbs" zu gelangen, *Ohm* S. 246 ff; vgl. auch *Freitag* S. 38 ff; *Gillert* Die rechtliche Bewertung des sogenannten Anzapfens nach § 1 UWG (1980) S. 136 ff; *Hölzler/Satzky* Wettbewerbsverzerrungen durch nachfragemächtige Handelsunternehmen: Möglichkeiten und Grenzen ihrer Kontrolle (1980) S. 33.

[180] *Lobe* I S. 10, der allerdings das Wort „Leistungswettbewerb" nicht ausdrücklich verwendet, aber der Sache nach auf den sportlichen Leistungswettbewerb rekurriert; vgl. dazu *Böhm* Wettbewerb und Monopolkampf (1933, Neudruck 1964) S. 178 f; *Herber* S. 27; *Nipperdey* Wettbewerb S. 20.

[181] *Nipperdey* Wettbewerb S. 28; *ders.* DRZ 1950, 193, 196; s. a. *v. Godin* U § 1 Rdn. 13 sowie – in allerdings mehr gesamtwirtschaftlicher, makroökonomischer Blickrichtung – auch *Böhm* Die Ordnung der Wirtschaft als geschichtliche Aufgabe und rechtsschöpferische Leistung (1937) S. 124.

Vertragsbruchs und Ausbeutung fremder Arbeitsleistung sprengen den begrifflichen Rahmen der Behinderung. Der **Behinderungswettbewerb** dient also letztlich lediglich als plakative pars-pro-toto-Formel, um Konkurrenzverhalten zu kennzeichnen, bei dem ein „wirklicher Leistungsvergleich" ohne den „Schiedsrichter", die Marktgegenseite, nicht erfolgen kann[182].

Seiner **begrifflichen Struktur** nach ist der „Leistungswettbewerb" im mikroökonomischen Sinne – ganz wie der sportliche Wettbewerb – nur scheinbar rein ergebnisorientiert: Beim Fußballspiel kommt es eben nicht schlechthin darauf an, wieviele „Tore" eine Mannschaft erzielt hat, sondern auch und gerade darauf, ob dieser Erfolg regelgerecht, ohne „Handspiel", „Abseits"-Stellung etc., herbeigeführt wurde. Und die „echte", „wahre", „wirkliche" eigene wirtschaftliche Leistung wird ebenfalls nicht isoliert in der Offerte gesehen, so wie sie der Marktgegenseite präsentiert wird, sondern unter Berücksichtigung der Umstände, die diese Offerte in ihrer konkreten Gestalt ermöglicht haben. **D 91**

An dieser Stelle offenbart sich die **Unhaltbarkeit einer Analogisierung** von sportlichem und ökonomischem Wettbewerb (dazu bereits Einl. A Rdn. 10 f): Die sportlichen Wettkampfregeln konstituieren nämlich nicht nur Fairneßmaßstäbe, sondern definieren auch das Wettkampfziel selber. Beim Tennisspiel stellt sich mithin die Frage, ob ein „Tor" nach dem Fußballreglement regelgerecht erzielt wurde, gar nicht. Im ökonomischen Wettbewerb hingegen fehlt es an einem solchen vorgegebenen Ziel iS operationaler Kriterien einer Ergebniswertung. Solche aus einer schief angesetzten „funktionalen" Wettbewerbskonzeption abgeleiteten „erwünschten Leistungskriterien" könnten nur bestimmte, politisch als erwünscht vorgegebene Marktergebnisse bzw. Marktstrukturen darstellen[183]. Dies ist allerdings mit einem wettbewerbstheoretisch wie wirtschaftsverfassungsrechtlich gebotenen, auf die Ausübung von Handlungs- und Entscheidungsfreiheiten angelegten, systemtheoretischen Leitbild des Wettbewerbs (näher Einl. A Rdn. 28 ff, 50 ff) schlechterdings unvereinbar. Die allgemeinen Wettbewerbsfunktionen können diese Rolle nach systemtheoretischem Wettbewerbsverständnis nicht übernehmen: Verteilungsgerechtigkeit, optimale Faktorallokation etc. (dazu Einl. A Rdn. 22, 34) werden eo ipso bei der autonom-spontanen, freiheitsbasierten Kooperation der Marktteilnehmer dargestellt, eignen sich daher nicht für eine Verwendung auf der Metaebene, als Maßstab zur Trennung von Leistungs- und Nichtleistungwettbewerb und in der weiteren Folge als Wertungskriterium im Zusammenhang mit der Feststellung von Lauterkeit bzw. Unlauterkeit. Auch gibt es keinen numerus clausus zulässiger Aktionsparameter und normativer Fixierungen über die Art und Weise ihres jeweiligen Einsatzes, wie dies den jeweiligen sportlichen Wettkampf (Tennis, Fußball etc.) charakterisiert. Anders gewendet: Darüber, was die anerkennenswerte, die gute, die bessere oder die beste Leistung ist, entscheidet unter der Bedingung der Wettbewerbsfreiheit **D 92**

182 *Baumbach/Hefermehl* Einl. UWG Rdn. 96 ff; *Hahn* Behinderungsmißbräuche marktbeherrschender Unternehmen. Eine Untersuchung der Beeinträchtigung von Wettbewerb und Marktstruktur durch horizontalen Nichtleistungswettbewerb als Gegenstand der Mißbrauchsaufsicht nach § 22 IV Satz 2 Nr. 1 GWB (1984) S. 62 f, 229 ff; *ders.* WRP 1984, 59, 61; *ders.* WuW 1984, 285, 292; *Hefermehl* GRUR Int. 1983, 507 ff; *Ulmer* Kartellrechtswidrige Konkurrentenbehinderung durch leistungsfremdes Verhalten marktbeherrschender Unternehmen, in: FS Kummer (1980), 565, 595; *ders.* GRUR 1977, 565, 568; *Wirtz* Werbung und Marktleistung (1979) S. 28; *ders.* WRP 1978, 854 f.

183 Konsequent *Baudenbacher* Suggestivwerbung und Lauterkeitsrecht (1978) S. 153 ff; *ders.* ZHR 144 (1980), 145, 155. Wie der Text hingegen *Reichold* AcP 193 (1993), 204, 230 ff („Wettkampfmetapher" völlig unbrauchbar).

immer aufs neue und ausschließlich der Markt selber[184]. „Leistungsfremd“ ist mithin lediglich ein Marktergebnis, bei dessen Zustandekommen eine hinreichende, d. h. rechtliche Handlungs- und Entscheidungsfreiheit der Marktgegenseite nicht respektiert wurde bzw. gar nicht bestand. Dann aber leistet der Leistungsbegriff nichts für die Konkretisierung der „guten Sitten“, was nicht schon im Begriff der Wettbewerbsfreiheit enthalten ist[185].

D 93 **Makroökonomisch** verwendet bezeichnet „Leistungswettbewerb“ ein (wünschenswertes) „Ordnungsprinzip“[186] der Gesamtwirtschaft. „Leistungswettbewerb“ erscheint hierbei abgehoben von den Aktivitäten der einzelnen Anbieter und Nachfrager als „kollektives“ Postulat (vgl. *Freitag* S. 59), das dem institutionellen Sinn und Zweck der Wettbewerbswirtschaft, nämlich das „Leistungsprinzip“ ökonomisch zur Geltung zu bringen, sprachlichen Ausdruck verleiht. Jedenfalls vor dem Hintergrund der **Weltwirtschaftskrise,** also etwa seit 1930, wurde die dem „Leistungswettbewerb“ zugewiesene Ordnungsfunktion als Kontrapunkt zur zunehmenden Verschärfung des Wettbewerbs gesehen, das **Ordnungsprinzip „Leistungswettbewerb“** dabei auf bestimmte Marktstrukturen bezogen[187]. Je nach konzeptionellem Ausgangspunkt wurde der „Leistungswettbewerb“ unterschiedlich akzentuiert: Entweder wurde er zur „völkischen“, am „Gemeinwohl“ iS der nationalen Ertragssteigerung orientierten Alternative der wirtschaftenden Volksgenossen gegenüber der angeblichen wirtschaftsethischen Bindungslosigkeit des Liberalismus und einem daraus resultierenden wirtschaftlichen Chaos erklärt[188], oder aber es wurde der Leistungswettbewerb – seitens des sog. Ordo-Liberalismus – iS der Verhinderung wirtschaftlicher Macht mit einer **Marktordnung** identifiziert, die auf polypolistisch-„vollständige“ Konkurrenz abgestellt ist[189]. Mit diesem Sinngehalt hat das Ideal des „Leistungswettbewerbs“ dann maßgeblich auf das wirtschaftstheoretisch-dogmatische Umfeld der **Kartellgesetzgebung** eingewirkt[190].

D 94 Im vorliegenden Zusammenhang besonderes Interesse verdient hier seit der zweiten Kartellnovelle von 1973[191] die Fassung des § 28 Abs. 2 GWB mit der dort vorgesehenen Zulässigkeit von Wettbewerbsregeln (zu ihrer lauterkeitsrechtlichen Rolle s. bereits Einl. D Rdn. 77 ff). Der reformierte § 28 Abs. 2 GWB scheint einen deutlichen Hinweis auf das begriffliche und dogmatisch-systematische Verhältnis von „Leistungswettbewerb“ und wettbewerblicher Lauterkeit zu liefern, wenn dort die

---

[184] *Exner* Der Mißbrauch von Nachfragemacht durch das Fordern von Sonderleistungen nach deutschem Recht (1984) S. 84 ff; HdbWR/*Kreft* § 9 Rdn. 22; *Hoppmann* WuW 1980, 811 f; *Mestmäcker* Verwalteter Wettbewerb S. 151 ff; *Merz* Vorfeldthese S. 276; *Möschel* Pressekonzentration S. 100; *Rittner*[4] (1993) § 1 B IV 1; *Wilde* Wettbewerbsverzerrungen und Wettbewerbsbeschränkungen durch Nachfrager (1979) S. 34 ff.

[185] S. a. *Knöpfle* Marktbezogene Unlauterkeit S. 60, 62; *Merz* Vorfeldthese S. 278; *Möschel* Pressekonzentration S. 96.

[186] Vgl. zum Begriffsgebrauch z. B. *Baumbach/Hefermehl* Allg. Rdn. 25; Präambel des sog. *Josten*-Entwurfs (Entwurf zu einem Gesetz zur Sicherung des Leistungswettbewerbs und zu einem Gesetz über das Monopolamt, 1949). S. a. *Hölzler/Satzky* Wettbewerbsverzerrungen durch nachfragemächtige Handelsunternehmen: Möglichkeiten und Grenzen ihrer Kontrolle (1980) S. 33.

[187] *Röper* Verwirklichung S. 265. Für die spätere Zeit s. nur BGH GRUR 1985, 883/1986, 397 – *Abwehrblatt I/II* sowie *Hölzler/Satzky* Wettbewerbsverzerrungen durch nachfragemächtige Handelsunternehmen: Möglichkeiten und Grenzen ihrer Kontrolle (1980) S. 37 mwN.

[188] *Berg* Grundfragen S. 10 ff; *Friese* S. 47 ff; *Kautter* S. 30 ff; *H. Lehmann* Handel S. 101, 104.

[189] *Böhm* Wettbewerb und Monopolkampf (1933, Neudruck 1964) S. 128, 73, 108 f; *Eucken* Grundsätze der Wirtschaftspolitik[5] (1975) S. 245 ff; s. a. *Griesbach* BB 1962, 1011 f. Zur vollständigen Konkurrenz vgl. Großkomm.-*Schünemann* Einl. A Rdn. 17, 26.

[190] Vgl. hier nur BT-Drucks. Nr. 1158 (2. Wahlperiode) S. 22.

[191] BGBl. I 1973, 917.

„Grundsätze des lauteren Wettbewerbs" mit der „Wirksamkeit eines leistungsgerechten Wettbewerbs" alternativ verknüpft sind (zum Leistungswettbewerb als Synonym für den „leistungsgerechten Wettbewerb" iS des § 28 Abs. 2 GWB s. nur *Kellermann* in: Immenga/Mestmäcker GWB² (1992) § 28 Rdn. 57 mwN). Die Lauterkeit soll dabei also offenbar nicht aus den Sachgesetzlichkeiten, dem Wesen des Leistungswettbewerbs, deduziert werden; bei dieser Satzfassung stehen beide Kategorien vielmehr einander ganz getrennt gegenüber. In der Begründung zur Kartellnovelle von 1973 heißt es in der Tat, „lauterer Wettbewerb" sei in erster Linie ein zivilrechtlicher, dem Individualschutz (sc. insbesondere der Konkurrenten) zugeordneter, „leistungsgerechter Wettbewerb" hingegen ein wirtschaftspolitischer„ auf Institutionsschutz gerichteter Begriff, der im GWB als wirtschaftspolitisches Ordnungsprinzip verankert sei. Der Schutz eines „den guten Sitten entsprechenden Verhaltens der Unternehmer am Markt" sei von dem Schutz eines Wettbewerbs, „der seine volkswirtschaftliche Aufgabe möglichst gut erfüllt", gedanklich scharf zu trennen (ganz eingehend und immer noch instruktiv, obwohl auf § 28 Abs. 2 GWB aF, also auf die vor 1973 geltende Formulierung gemünzt, *Wolf* Wettbewerbsregeln. Zweck und System nach dem Gesetz gegen Wettbewerbsbeschränkungen (1972) S. 7–86; prägnant zum Verhältnis der beiden Varianten in § 28 Abs. 2 GWB – auch gesetzgebungshistorisch – *Kellermann* in: Immenga/Mestmäcker GWB² (1992) § 28 Rdn. 8 ff, 14 ff). Die **Marktordnungsfunktion des „Leistungswettbewerbs"** tritt hierbei klar zutage, wenn als Beispiele für iS des „Leistungswettbewerbs" kontraproduktive Marktverhältnisse die Monopolisierung genannt wird sowie „ein Strukturwandel, der sich im konkreten Fall zu rasch vollzieht und dadurch einen überstürzten Konzentrationsprozeß begünstigt"[192]. Wie wenig homogen die Gesetzgebungsmotive bezüglich des „Leistungswettbewerbs" sind, zeigt sich freilich ebenso deutlich, weil neben den genannten makroökonomischen und dabei speziell auf eine Marktordnungsfunktion abgestellten Aspekten des „Leistungswettbewerbs" in ein und demselben Atemzug Verdrängungswettbewerb durch Mischkalkulation sowie Treuerabatte, also klar am einzelnen Unternehmensverhalten, mikroökonomisch ausgerichtete Momente des „Leistungswettbewerbs" vorgestellt werden[193]. Schon von daher gelingt es nicht, dem „Leistungswettbewerb" klare begriffliche Konturen abzugewinnen, weil in Wahrheit nicht ein, sondern mehrere **disparate Ordnungsprinzipien** in ihm in einer undurchsichtigen Gemengelage vermischt sind[194].

Kritisch festzuhalten ist ferner, daß die Prämissen, die der Trennung von wettbe- **D 95**
werblicher Lauterkeit und Leistungswettbewerb zugrundeliegen, obsolet geworden sind. Denn Individualschutz und Institutionsschutz können gerade nicht auseinanderdividiert und sodann schon gar nicht dem Lauterkeitsrecht einerseits, dem Kartellrecht andererseits zugewiesen werden (näher Einl. E Rdn. 7 ff). Im nachhinein betrachtet erscheint deshalb der Standpunkt des BKartA vor der Novelle von 1973 zu § 28 GWB aF, „lauterer" und „leistungsgerechter" Wettbewerb entsprächen einander bzw. der lautere Wettbewerb umfasse den leistungsgerechten Wettbewerb[195], für sich genommen durchaus attraktiv. Im Prinzip ähnlich verfährt auch § 1 Abs. 1

---

192 BR-Drucks. Nr. 265/71, insb. S. 34.

193 BR-Drucks. Nr. 265/71 aaO.

194 Wiederum ganz anders setzt die Ministererlaubnis nach § 24 Abs. 3 GWB an, obwohl auch sie nach den legislatorischen Motiven wohl im Einklang mit dem Leitbild des „Leistungswettbewerbs" steht. S. zu alledem *Gillert* Die rechtliche Bewertung des sogenannten Anzapfens nach § 1 UWG (1980) S. 157 ff sowie vor allem *Rebe* Privatrecht S. 156 ff.

195 Vgl. die Beschlüsse des BKartA vom 30. 12. 1960 und 15. 5. 1964 (WuW KartA 305 und 815).

des österreichischen Gesetzes zur Verbesserung der Nahversorgung und der Wettbewerbsbedingungen von 1977 (öNVG), wobei ausdrücklich das geforderte „kaufmännische Wohlverhalten" an den Implikaten des „leistungsgerechten" Wettbewerbs festgemacht wird (vgl. dazu auch § 1 C Rdn. 42 ff, 77, 86, 90, 93). Allerdings stand das BKartA seinerzeit – wie auch noch der Gesetzgeber des öNVG – dabei ersichtlich noch unter dem Eindruck der wettbewerbspolitischen Diskussion um den **funktionsfähigen Wettbewerb** („workable competition") (dazu Einl. A Rdn. 18 ff, 22 f), interpretierte also den „Leistungswettbewerb" marktfolge-, insb. marktstrukturbezogen. In diesem Kontext erweisen sich die gegen den Standpunkt des BKartA geäußerten Zweifel der Rechtsprechung, ob Wettbewerbsregeln zur Verhinderung unlauteren bzw. zur Förderung lauteren Wettbewerbs unter dem Stichwort: „Förderung des Leistungswettbewerbs" nun „als Instrument zur Unterstützung strukturpolitischer (!) Zielfunktionen der Wirtschaftspolitik" verwendet werden dürften (BGHZ 46, 168, 183 f – *Vorkalkulation/Bauindustrie*), im Ergebnis dann doch als berechtigt.

D 96 **Zusammenfassend** ist festzustellen, daß „Leistungswettbewerb" nur einen Appell an die Intuition richtet[196], letztlich jedoch **keine definitorisch-begriffliche Aussagekraft** besitzt. Eine Äquivalenzkontrolle hinsichtlich der Tauschwertrelation im Vertikalverhältnis zwischen den Kontraktpartnern kann ihm jedenfalls nicht angesonnen werden, ohne den marktwirtschaftlichen Rahmen überhaupt zu sprengen[197]. Wird der „Leistungswettbewerb" in einem weiter ausgreifenden Sinne marktbezogen verwendet, soll er also mit bestimmten Marktstrukturen in Verbindung gebracht werden, so begegnet er denselben Einwänden, die gegen eine essentielle Verknüpfung von Marktstruktur und Wettbewerb überhaupt geltend zu machen sind (dazu näher Einl. A Rdn. 19 f). Keinesfalls läßt sich argumentieren, **Preisunterbietungen** seien „leistungsfremd" und dadurch ihre Unlauterkeit jedenfalls indiziert, wenn sie durch „Marktmacht", also durch eine besondere Marktstärke bzw. Unternehmensgröße des Unterbietenden, ermöglicht wurden[198]. Ein solcher Gedankengang ist letztlich nichts weiter als eine Umkehrung von Marktfolgeerwägungen bei der Bestimmung der „guten Sitten" und dogmatisch ebensowenig attraktiv wie diese (vgl. Einl. D Rdn. 98 ff); auch müßte er scharfe Friktionen zu den Wertungen des GWB erzeugen, das zu Recht gerade kein allgemeines, an Marktmacht anknüpfendes **Mißbrauchsverbot** kennt (vgl. *Schünemann* S. 86; s. ferner Einl. E Rdn. 22 f).

D 97 Im übrigen ist auch hier schwer einsehbar, wie der so gewählte ergebnisorientierte Definitionsansatz der „Leistung" bzw. des „Leistungswettbewerbs" es gestatten soll, zur Abgrenzung unterschiedlicher Handlungsqualitäten als lauter bzw. unlauter beizutragen. Handlungsorientiert müßte der „Leistungswettbewerb", um mehr als eine Leerformel darzustellen, mit einem positiv definierten numeraus clausus zulässiger, „lauterer" Aktionsparameter einhergehen. Jedenfalls aus Sicht eines systemtheoretischen, auf Handlungs- und Entscheidungsfreiheiten aller Marktteilnehmer basierenden Wettbewerbskonzeption kann es einen derartigen numerus

---

[196] Vgl. *Hölzler/Satzky* Wettbewerbsverzerrungen durch nachfragemächtige Handelsunternehmen: Möglichkeiten und Grenzen ihrer Kontrolle (1980) S. 33 („Intuitiv-offensichtlicher Erfahrungssachverhalt").

[197] Insoweit zutreffend *Hölzler/Satzky* Wettbewerbsverzerrungen durch nachfragemächtige Handelsunternehmen: Möglichkeiten und Grenzen ihrer Kontrolle (1980) S. 34; *Ulmer* Kartellrechtswidrige Konkurrentenbehinderung durch leistungsfremdes Verhalten marktbeherrschender Unternehmen, in: FS Kummer (1980), *565*, 579.

[198] *Ott* FS Raiser S. 403, 435; *Tyllack* S. 280; vgl. aber auch *Baumbach/Hefermehl* Einl. UWG Rdn. 99.

clausus etwa aus „Preis, Qualität, Konditionen, Service ... sowie leistungsbezogener Werbung" (*Baumbach/Hefermehl* Einl. UWG Rdn. 99) nicht geben[199]. Der „Leistungswettbewerb" fällt damit begrifflich mit dem (als Leitbild gedachten) „Wettbewerb" schlechthin in eins[200], verweist damit im Grunde nur auf eine Funktionsbedingung des hier immer wieder zitierten „Leistungsvergleichs"[201] am Markt, nämlich auf die **Willensfreiheit der Marktteilnehmer,** die in ihrem Marktentscheidungsprozeß beispielsweise nicht durch Täuschung oder Nötigung beeinflußt werden dürfen[202]. Es nimmt nach alledem nicht wunder, daß es dort, wo in der Judikatur auf den „Leistungswettbewerb" abgehoben wird, in den allermeisten Fällen ohne jede Änderung in Argumentationsgehalt und Entscheidungsergebnis schlicht „Wettbewerb" heißen könnte[203]. Die Formel „Leistungswettbewerb" liefert nach alledem keinen eigenständigen Beitrag, keinen hinreichenden Maßstab, nicht einmal einen Indikator zur Feststellung wettbewerbsrechtlicher Zulässigkeit im Rahmen der „guten Sitten" und ist auch bei der gedanklichen Durchdringung der kartellrechtlichen **Behinderungstatbestände** differentialdiagnostisch nicht hilfreich[204].

---

199 S. a. *Knöpfle* Rechtsbegriff S. 58 f.

200 Ebenso – teilweise auf anderer Argumentationsbasis – schon *Callmann* Der unlautere Wettbewerb² (1932) S. 23 sowie *Benisch* GRUR 1976, 448, 450; *Hönn* GRUR 1977, 141 ff; *Kartte* WRP 1976, 1 ff; *Sack* GRUR 1975, 298, 302; s. a. *Greifelt* WRP 1955, 1, 4 f.

201 S. z. B. *Baumbach/Hefermehl* Einl. UWG Rdn. 99; *Hahn* Behinderungsmißbräuche marktbeherrschender Unternehmen. Eine Untersuchung der Beeinträchtigung von Wettbewerb und Marktstruktur durch horizontalen Nichtleistungswettbewerb als Gegenstand der Mißbrauchsaufsicht nach § 22 IV Satz 2 Nr. 1 GWB (1984) S. 111 ff; *Hölzler/Satzky* Wettbewerbsverzerrungen durch nachfragemächtige Handelsunternehmen: Möglichkeiten und Grenzen ihrer Kontrolle (1980) S. 111 ff; *Tyllack* S. 204.

202 *V. Godin* U § 1 Rdn. 13; HdbWR/*Kreft* § 9 Rdn. 22 f; *Merz* Vorfeldthese S. 278; bezeichnenderweise auch *Baumbach/Hefermehl* Einl. UWG Rdn. 96 ff, insb. Rdn. 100 sowie *Knöpfle* Marktbezogene Unlauterkeit S. 61 und *Leibold* S. 64 f, die dem „Leistungswettbewerb" bzw. der „Leistung" prinzipiell einen originären definitorischen Eigenwert beimessen.

203 Richtig beobachtet von *Knöpfle* Marktbezogene Unlauterkeit S. 60; zustimmend *Merz* Vorfeldthese S. 267 Fn. 72.

204 Im Ergebnis ebenso etwa *Baudenbacher* GRUR Int. 1981, 162 f; *Dörinkel* DB 1967, 1883, 1885; *Emmerich* Kartellrecht⁵ (1988) § 11 c; *ders.* (Recht des unlauteren Wettbewerbs) § 5, 2 c ee; *Freitag* S. 108; *Gillert* Die rechtliche Bewertung des sogenannten Anzapfens nach § 1 UWG (1980) S. 121 ff; *ders.* BB 1981, 702, 705; *Hoppmann* Behinderungsmißbrauch S. 50 ff; *ders.* WuW 1980, 811 f; *Hönn* GRUR 1977, 141; *John* GRUR Int. 1978, 343 f; *Köhler* Wettbewerbs- und kartellrechtliche Kontrolle der Nachfragemacht (1977) S. 23 ff (mit starken Einschränkungen); *Kraft* GRUR 1980, 966 f, 968; *Kreiterling* S. 67 ff, 112 ff; *Lehmann* WuW 1980, 812; *Markert* S. 19 ff; *ders.* in: Immenga/Mestmäcker GWB² (1992) § 26 Rdn. 208; *Meier* WRP 1978, 514, 516; *Mestmäcker* Medienkonzentration S. 131 ff; *ders.* Verwalteter Wettbewerb S. 148 f; *Merz* Vorfeldthese S. 279; *Möschel* Pressekonzentration S. 95 ff; *ders.* Recht der Wettbewerbsbeschränkungen (1983) Rdn. 542; *Nerreter* S. 82 ff; *Rittner*⁴ (1993) § 2 A I 4 c; *Sack* GRUR 1975, 297, 302; *Schluep* FS Kummer S. 487, 514 ff; *Schricker* GRUR 1979, 1; *Teubner* Standards S. 39 ff; *Tyllack* S. 114 ff; *E. Ulmer* Sinnzusammenhänge S. 10 ff; *Wilde* Wettbewerbsverzerrungen und Wettbewerbsbeschränkungen durch Nachfrager (1979) S. 34 ff; *Willeke* FS Rieger (1963), 158.
A. A. *Baumbach/Hefermehl* Einl. UWG Rdn. 96 ff; *Bunte* GRUR 1981, 397, 399; *v. Gamm* GRUR 1979, 680; *ders.* NJW 1980, 2489, 2491; *ders.* Kap. 3 Rdn. 17; *Gütebier* JW 1934, 1091; *Hahn* Behinderungsmißbräuche marktbeherrschender Unternehmen. Eine Untersuchung der Beeinträchtigung von Wettbewerb und Marktstruktur durch horizontalen Nichtleistungswettbewerb als Gegenstand der Mißbrauchsaufsicht nach § 22 IV Satz 2 Nr. 1 GWB (1984) S. 53 ff; *ders.* WRP 1984, 59 ff; *ders.* WRP 1984, 589, 591 f; *Hefermehl* GRUR Int. 1983, 507 ff; *Hölzler/Satzky* Wettbewerbsverzerrungen durch nachfragemächtige Handelsunternehmen: Möglichkeiten und Grenzen ihrer Kontrolle (1980) S. 31 ff; *Koppensteiner* § 14 III 2 d; *Lindacher* Lockvogel- und Sonderangebote: rechtliche Grenzen selektiver Niedrigpreisstellungen (1979) S. 33 ff; *Nette* S. 33 ff; *Nordemann* Rdn. 2, 38 f; *Reinhardt* MuW 1930, 468, 470 und 1931, 247 f; *Rinck/Schwark* Wirtschaftsrecht⁶ (1986) Rdn. 206; *Ulmer* GRUR 1977, 565 ff; *ders.* Kartellrechtswidrige Konkurrentenbehinderung durch leistungsfremdes Verhalten marktbeherrschender Unternehmen, in: FS Kummer (1980), 565 ff; *Wrage* S. 22 ff.

D 98 ff) **Sittenwidrigkeit und Folgenerwägungen.** (1) **Grundsatz.** In der Konsequenz der letztlich banalen Feststellung eines (derivativen) wirtschaftspolitischen Gehalts des Lauterkeitsrechtes[205] ist dem UWG nicht anders als dem GWB ein Marktbezug eigen, ja geradezu wesensimmanent[206]. Die Unlauterkeit iS des UWG verläßt damit ihre genetisch nicht zu leugnende individualrechtliche Heimat als Verhaltensmakel aus dem Blickwinkel aktueller und konkreter Konkurrenten oder auch aus der Sicht der Marktgegenseite. Das Problem liegt weniger in der Anerkennung dieser dogmatischen Metamorphose zur **„Unlauterkeit gegenüber der Institution Wettbewerb"** (teilweise kritisch *Wiedemann* ZGR 1980, 168, 169; ebenso *Kraft* GRUR 1980, 966 f; zustimmend aber bereits Einl. D Rdn. 46) als solcher, sondern darin, wie man den **Marktbezug des Lauterkeitsrechtes** näher spezifiziert. Jedenfalls auf dem Boden des neoklassischen Konzepts der Wettbewerbsfreiheit, die im Wettbewerb ein Entdeckungs- und Problemlösungsverfahren mit offenem Ausgang sieht (dazu Einl. A Rdn. 28 ff), darf der Marktbezug des UWG konstruktiv allein am Wettbewerbs- bzw. **Marktverhalten** anknüpfen, nicht hingegen an bestimmten, wirtschaftspolitisch (oder vielleicht sogar sozialpolitisch) so nicht erwünschten Marktergebnissen und -strukturen als den Erfolgen jenes Wettbewerbsverhaltens[207]. Darin liegt allerdings ein gewisser Gegensatz zur Wertungsbasis des GWB, das – historisch bedingt – seinerseits leider auf einem statischen, marktstrukturorientierten Leitbild des Wettbewerbes aufbaut (s. a. Einl. A Rdn. 17, 22; Einl. E Rdn. 17, 22), damit die für Verhaltensbewertungen auch dort notwendige Prozeßbetrachtung des Wettbewerbs unterläßt und so dessen Komplexität gerade auch auf der Zeitachse vernachlässigt (ähnlich *Ahlert* S. 111).

D 99 Umgekehrt läßt sich die Zulässigkeit von **Folgenerwägungen,** speziell von Marktwirkungen, im Zusammenhang mit der Sittenwidrigkeitsprüfung nur dann bejahen, nachdem man zumindest incidenter eine wirtschaftspolitische Entscheidung getroffen hat, nämlich einer wie auch immer gearteten marktergebnisorientierten Wettbewerbskonzeption zu folgen bereit ist[208]. Erstaunlich ist freilich, daß Folgenerwägungen in das Sittenwidrigkeitskalkül in großem Maße gerade auch der **Rechtsprechung** einfließen[209], obwohl sie der sog. Anstandsformel folgt (vgl. Einl. D Rdn. 10 ff). Denn auf dem Boden ethisierender Definitionsansätze der „guten Sitten" ist dafür eigentlich gar kein Platz[210]. Von daher befremdet es besonders, zu erfahren, Werbemaßnahmen, die wegen der von ihnen ausgehenden **Nachahmungsgefahr** den Keim zu einem immer weiteren Umsichgreifen in sich trügen, würden von allen an die

---

205 Zutreffend *Merz* Vorfeldthese S. 245 ff; s. a. *Baumbach/Hefermehl* § 1 Rdn. 832; *Rinck/Schwark* Wirtschaftsrecht[6] (1986) Rdn. 657.

206 *Burmann* WRP 1967, 385 f; *ders.* WRP 1968, 258, 261 ff; *Hirtz* GRUR 1980, 93 f; *Raiser* GRUR Int. 1973, 443 ff; *Sack* WRP 1974, 247, 251.

207 *Hirtz* GRUR 1980, 93, 95 f; *Tyllack* S. 253 ff; ausführlich und überzeugend gegen die in der Rspr. vorgenommenen „spekulativen Folgenerwägungen" von einem ganz anderen Ausgangspunkt aus (zivilistische Grundprinzipien) ebenso *Reichold* AcP 193 (1993) 204, 229 ff (232); s. a. *Kraft* FS Bartholomeyczik S. 223, 236 ff; *ders.* GRUR 1980, 966, 968. Für die prinzipielle Berücksichtigung von Marktfolgeerwägungen bei der Konkretisierung des Lauterkeitsmaßstabes gerade auch aus der Sicht eines wettbewerbsfunktionalen Ansatzes aber *Koppensteiner* § 14 III 2 b. S. a. die Nachweise der folgenden Fn.

208 Für die Zulässigkeit von Folgenerwägungen zur Begründung wettbewerblicher Sittenwidrigkeit insb. *Sambuc* Folgenerwägungen passim, z. B. S. 60 ff, 90 ff, 108 ff.

209 Zahlreiche Nachweise bei *Sambuc* Folgenerwägungen S. 53 ff, z. B. RG GRUR 1938, 207, 210 – *Persil;* BGH GRUR 1957, 365 ff – *Suwa;* 1959, 544, 546 – *Modenschauen;* 1965, 489, 491 – *Kleenex;* 1965, 542, 544 f – *Omo;* 1967, 430 f – *Grabsteinwerbung I;* 1970, 523 f – *Telefonwerbung I;* s. a. *Baumbach/Hefermehl* Einl. UWG Rdn. 123.

210 S. a. *Koppensteiner* § 14 III 2 b; ganz **a. A.** *Kunz* S. 150 i. V. mit S. 113 ff.

Ordnung des Ganzen denkenden Menschen als mißbräuchlich angesehen (BGH GRUR 1959, 544, 546 – *Modenschauen; Baumbach/Hefermehl* Einl. UWG Rdn. 138). Die „Ordnung des Ganzen" figuriert dabei im übrigen als verfehlte wirtschaftspolitische Dezision für ein rein statisches Wettbewerbsverständnis, einer „gesunden Marktsituation" (vgl. *Baumbach/Hefermehl* Einl. UWG Rdn. 123), in der alles seinen festen Platz hat, die ökonomischen Variablen auf das äußerste beschränkt sind und das Wirtschaftsleben idyllisch gleichsam als ruhig dahinfließender Strom erscheint[211]. Erst dann stellt sich nämlich der erwünschte Kontrasteffekt ein, wenn von nachahmungsbedingten „Übersteigerungen" und „Auswüchsen" des Wettbewerbs gewarnt wird, dadurch bedingte „allgemeine Marktbeunruhigung" (*v. Gamm* Kap. 26 Rdn. 18) und **„Verwilderung" des Wettbewerbs** beschworen werden (BGHZ 43, 278, 282 f – *Kleenex;* 54, 188, 192 – *Fernsprechwerbung;* BGH WRP 1992, 646 ff – *Verdeckte Laienwerbung;* KG WRP 1993, 110 ff mit der nun wirklich unverständlichen Argumentation, eine „Werbung nur mit PS-Angaben" (Stichwort) könne zur „Verwilderung der Wettbewerbssitten" führen und erzeuge dadurch eine „Unsicherheit" am Markt, die ihrerseits eine „Verzerrung des Leistungswettbewerbs" bewirke (?); *Baumbach/Hefermehl* Einl. UWG Rdn. 123, 138; *v. Gamm* Kap. 18 Rdn. 11 und Kap. 19 Rdn. 3).

Eine ganz andere Frage ist, ob – umgekehrt – trotz wettbewerblicher Dysfunktionalität des Marktverhaltens, also trotz an sich zu bejahender „Sittenwidrigkeit", eine lauterkeitsrechtliche Sanktion verzichtbar erscheint, weil die marktliche Wirkungsintensität des fraglichen Verhaltens, etwa angesichts seines isolierten Auftretens, unterhalb der Schwelle rechtlicher Beachtlichkeit liegt (dazu *Baumbach/Hefermehl* Einl. UWG Rdn. 122). **D 100**

(2) **Unlauterkeit qua „Marktbezug".** Zurecht wird mithin die Beurteilung von Wettbewerbshandlungen als sittenwidrig oder aber in Einklang mit den „guten Sitten" stehend nicht davon abhängig gemacht, welche Auswirkungen das betreffende Verhalten gehabt hat bzw. vermutlich haben wird[212]. Der **Handlungsunwert** ist also sowohl notwendige als auch hinreichende Bedingung für das Verdikt der Sittenwidrigkeit (ausführlich und dezidiert ebenso *Reichold* AcP 193 (1993), 204, insb. 238 f). Gelegentlich stützt insb. die **Judikatur** das Sittenwidrigkeitsurteil hingegen maßgeblich (auch) auf den **Erfolgsunwert**, eben bei solchen wettbewerblichen Verhaltensweisen, deren „rechtlich-sittliche" Qualität zwar keineswegs bedenkenfrei zu bejahen ist, die aber – für sich genommen – doch wohl auch nicht als Verstoß gegen die „guten Sitten" gewertet werden können. Zu denken ist hier etwa an das massenhafte Verschenken von Originalware. Den ausschlaggebenden Erfolgsunwert solcher Wettbewerbshandlungen, der dann die Sittenwidrigkeit begründen soll, sieht man dabei in deren Marktfolgen, insb. in einer durch **Marktsättigung** (vorwertend kakophemistisch: **„Marktverstopfung"**[213]) angeblich vermittelten Ausschaltung des Wettbewerbs. Weitere Marktfolgenaspekte werden unter dem Stichwort „allgemeine Marktbehinderung" bzw. „allgemeine **Marktstörung**" und „Marktverdrängung der Mitbewerber" thematisiert (vgl. BGHZ 51, 236, 240 ff und BGH GRUR 1971, **D 101**

---

[211] Ungewollt plastisch *Rosenthal/Leffmann* Kommentar zum Wettbewerbsgesetz[9] (1969) § 1 Rdn. 52: Die „üblichen" wettbewerbsrechtlichen Mittel dürften nicht durch Maßnahmen überboten werden, die der „ruhige (!), anständige Mitbewerber" verschmähe.

[212] Vgl. *Koppensteiner* § 14 III 2 a.

[213] BGHZ 3, 339, 342 – *Rasierklingen;* 43, 278, 281 f – *Kleenex;* BGH GRUR 1969, 295 f – *Goldener Oktober; Baumbach/Hefermehl* § 1 Rdn. 216, 832; *v. Gamm* Kap. 18 Rdn. 11.

477 f – *Stuttgarter Wochenblatt I und II;* 1990, 371 ff – *Schallplatten-Preiskampf;* 1990, 685 ff und 687 ff – *Anzeigenpreis I und II;* 1991, 616 ff – *Motorbootfachzeitschrift; v. Gamm* Kap. 18 Rdn. 11. Zum Gesamtkomplex s. eingehend § 1 D Rdn. 1 ff).

D 102 Ein derartiges Verständnis **„marktbezogener Unlauterkeit“**[214] ist jedoch schon mit dem vorzugswürdigen „dynamischen“ Wettbewerbskonzept des Neoliberalismus nicht vereinbar: „Marktbezogene Unlauterkeit“ iS der Gegenmeinung verbiegt den Wettbewerb zu einem zeitpunktuellen Zustand, unterdrückt den prozeduralen Charakter des sich ja auf der Zeitachse bewegenden Wettbewerbs (vgl. zur Relevanz von Wettbewerbskonzeptionen gerade in diesem Zusammenhang schon Einl. A Rdn. 37 ff, zu den im wesentlichen vorgetragenen Wettbewerbskonzeptionen Einl. A Rdn. 8 ff, insb. zum neoliberalen Wettbewerbskonzept Einl. A Rdn. 28 ff). Die Gleichsetzung beispielsweise von ex ante notwendig immer nur zeitweiliger Marktsättigung einerseits und Ausschaltung des Wettbewerbs andererseits greift deshalb zu kurz und ist schon darum ungeeignet, wettbewerbsrechtliche „Sittenwidrigkeit“ zu statuieren. Wer mit dem Instrument „marktbezogene Unlauterkeit“ Markt und Wettbewerb in ihrem „Bestand“ schützen will, obwohl er aktuell-individuelles Wettbewerbsverhalten für sich genommen nicht beanstanden kann, spielt den status quo des Marktes gegen die essentielle Dynamik des Wettbewerbs aus (*Ahlert* S. 111 f, 118; *Reichold* AcP 193 (1993), 204, 238 f; s. a. *Mestmäcker* Verwalteter Wettbewerb S. 75).

D 103 (3) **Marktstärkedifferenzierte Auslegung.** Vordergründig nur auf der Ebene der Handlungsvoraussetzungen angesiedelt, aber eben eingebunden in den Zusammenhang eventuell zulässiger Folgenerwägungen im Rahmen der Sittenwidrigkeitsprüfung ist die Frage, ob die **Marktstärke** bei der Konkretisierung der „guten Sitten“ in § 1 UWG von Bedeutung ist[215]. Von der wettbewerbskonzeptionellen Position der Wettbewerbsfreiheit aus ist diese Frage zu verneinen: Ein (markt-)funktionskonformes Verhalten (zum Verständnis des Funktionsbegriffs auf dem Boden des Konzepts der Wettbewerbsfreiheit s. Einl. A Rdn. 28 ff), ein Einsatz wettbewerblicher Aktionsparameter, kann mithin auch bei einer marktbezogenen Interpretation des UWG – insb. des § 1 UWG – gerade wegen seiner Marktfolgen lauterkeitsrechtlich auch dann nicht beanstandet werden, wenn es von marktstarken Beteiligten praktiziert wird und demzufolge freilich marktwirksamer ist[216].

D 104 Hinter dem Postulat differenzierender Verhaltensanforderungen stehen Vorstellungen, die die Konterkarierung der Wettbewerbsidee durch unterschiedliche Marktchancen befürchten[217]. Diese Marktchancen können für marktstarke Unter-

---

[214] Zu dem auch hier nicht geleugneten, im Gegenteil für essentiell erachteten Marktbezug der Sittenwidrigkeit aus durchaus „wettbewerbsfunktionaler“ Sicht s. bereits Großkomm.-*Schünemann* Einl. D Rdn. 98.

[215] Dazu umfassend *Ballmann* Machtaspekt passim. Zum Kontext s. a. *Koppensteiner* § 14 III 3 a.

[216] *Bodewig* GRUR Int. 1979, 29, 33; *Hefermehl* GRUR Int. 1983, 507, 512; *Hirtz* GRUR 1980, 93, 95 f; *Hönn* FS Mühl S. 309, 319 ff, 326 ff; *Knöpfle* Marktbezogene Unlauterkeit S. 38, 53; *Lehmann* GRUR 1977, 580, 637 ff; *Merz* Vorfeldthese S. 248 ff; *Mestmäcker* Verwalteter Wettbewerb S. 31, 77, 96; *Spliethoff* S. 262 ff. A. A. *Baudenbacher* ZHR 144 (1980), 145, 167 f; *ders.* GRUR 1981, 19, 21 f; *Hahn* WRP 1984, 589, 591 f; *Kübler/Simitis* JZ 1969, 445, 452; *Lindacher* Lockvogel- und Sonderangebote: rechtliche Grenzen selektiver Niedrigpreisstellungen (1979) S. 38 ff; *Sambuc* GRUR 1981, 796, 798 ff; *Möschel* Pressekonzentration S. 149; s. a., im einzelnen unterschiedlich, *Schrikker* Gesetzesverletzungen S. 211; *ders.* GRUR 1974, 579 ff; *ders.* RabelsZ 40 (1976), 535, 541. S. a. die Nachweise zum Meinungsstand bei *Sack* WRP 1985, 1, 6 mit Fn. 58.

[217] Dazu näher *Tyllack* S. 257 ff.

nehmen aufgrund ihrer Kapitalkraft, aufgrund ihrer auf Filialisierung beruhenden, eventuell sogar marktubiquitären Präsenz in der Tat besser sein. Wer daraus strukturpolitische, insb. mittelstandspolitische Ansprüche bei der Konkretisierung des Lauterkeitsrechts mit dem Ziel kompensatorischer Effekte ableitet, stellt mithin auf Beseitigung faktischer Ungleichheiten ab. Der Ruf nach **„Herstellung materialer Chancengleichheit“**[218] ist indes jedenfalls mit dem wettbewerbspolitischen Konzept der Wettbewerbsfreiheit inkompatibel, insoweit die unterschiedlichen Marktpositionen als Ausdruck der gerade unterschiedlich zu honorierenden Leistungen am Markt zu werten sind[219] und gleichsam eine Stunde Null des Marktes, ein definierter Start aller Konkurrenten, in einem dynamischen Wettbewerbsverständnis keinen Platz findet. Die **par condicio concurrentium** kann deshalb auch nur als **rechtliche Gleichheit** verstanden werden[220], die bei Anlegung desselben Verhaltensmaßstabes aufgrund der unterschiedlichen Lebenssachverhalte, auf den der (Lauterkeits-)Maßstab angewandt wird, freilich auch unterschiedlich praktisch werden wird. Ökonomisch potenteren Unternehmen steht naturgemäß nun einmal ein größeres Arsenal an Marketing-Instrumenten zur Verfügung, und nur realiter, nicht jedoch rechtlich, ist ihre Handlungsfreiheit iS ihrer Entfaltungsmöglichkeiten größer. Für Restriktionen mittels eines gespaltenen, auf Unternehmensgröße, Marktmacht und ähnliches abhebenden Lauterkeitsmaßstabes gibt es mithin keinen rechtlich tragfähigen Anknüpfungspunkt.

Die **Haltung der Rechtsprechung** in dieser Frage ist letztlich nicht eindeutig. Un- **D 105**
mittelbare Relevanz strukturpolitischer, insb. mittelstandspolitischer Präferenzen wird in lauterkeitsrechtlichen Argumentationszusammenhängen jedenfalls nicht offen reklamiert; allenfalls klingt sie vereinzelt entfernt an[221]. Die klarsten Konturen gewinnt im Spektrum der Judikatur noch die höchstrichterliche Rechtsprechung, die jedenfalls verbaliter lauterkeitsrechtliche Differenzierungen nach Unternehmensgröße und den dadurch bedingten Handlungsfolgen auf den Markt ablehnt[222].

Der Verzicht auf die Berücksichtigung der Marktstärke bis hin zu etwaiger **D 106**
Marktmacht bei der lauterkeitsrechtlichen Beurteilung wird im übrigen auch durch die Schwierigkeiten induziert, Marktstärke bzw. Marktmacht zu definieren[223], zu messen und dann das Niveau unangemessener Marktmacht festzulegen. Auf dem Boden des neoklassischen Konzepts der Wettbewerbsfreiheit wären allenfalls **Marktverhaltenstests** („conduct-tests“) problemlösungsadäquat, doch bleibt auch dabei wenigstens das Plausibilitätsdefizit bezüglich der sachgerechten Relevanz-

---

218 So *P. Ulmer* GRUR 1977, 565, 579f; s. a. *ders.* Schranken S. 65; kritisch dazu *Lehmann* GRUR 1977, 633, 637f; ablehnend *Rittner*[4] (1993) § 1 C V 2.

219 Im Ergebnis so durchaus auch *Sack* WRP 1965, 65, 73 sowie 1975, 261, 263.

220 *Merz* Vorfeldthese S. 248; *Schricker* Strukturwandel, S. 88 mit zutreffendem Hinweis auf den Sonderfall der öffentlichen Hand, die eben in einem speziell auf sie zugeschnittenen rechtlichen Umfeld wettbewerblich agieren könne, ohne die par condicio zu verletzen; *Tyllack* S. 263; s. a. *Kisseler* WRP 1978, 81, 86; *Burmann* DB 1966, 369.

221 BGH GRUR 1990, 371ff – *Schallplattenpreiskampf;* KG WRP 1977, 783, 785, 788 – *Pocket Camera Set;* OLG Düsseldorf GRUR 1974, 161f – *Bettelbriefe;* LG Stuttgart NJW 1976, 1270f – *Tierbuch;* OLG Stuttgart WRP 1976, 723, 727 – *Tierbuch.*

222 Am deutlichsten BGH GRUR 1965, 489, 491 – *Kleenex.* Inwieweit schon BGH GRUR 1957, 365, 368 – *Suwa* auf der Linie dieser Entscheidung liegt, ist unklar: vgl. einerseits – verneinend – *Baudenbacher* ZHR 144 (1980), 145, 162f; *Sack* WRP 1975, 261, 263; *ders.* WRP 1965, 65, 72; *Lehmann* Die Werbung mit Geschenken (1974) S. 109ff; *Lehmpfuhl* GRUR 1965, 493; andererseits – bejahend – *Tyllack* S. 258ff.

223 Zur Verschwommenheit des Marktmachtbegriffs *Schricker/Lehmann* WRP 1977, 289, 306. Mit Bezug auf LG Stuttgart NJW 1976, 1270 – *Tierbuch,* s. a. *Tyllack* S. 275ff.

schwelle[224]. **Marktergebnistests** („market-performance-tests") hingegen sind mit einem Verständnis des Wettbewerbs als Ausdruck von Handlungsfreiheiten von vornherein unvereinbar. Und **Marktstrukturtests** („market-structure-tests") harmonieren wegen ihrer statischen Betrachtungsweise ebenfalls nicht mit der „dynamischen" Sicht des Wettbewerbs, wie sie der Idee der Wettbewerbsfreiheit eignet (zu alledem s. a. *Merz* Vorfeldthese S. 225 f). Daß in der praktischen Handhabung des Kartellrechts wegen bestimmter positivrechtlicher Vorgaben[225], aber auch mangels brauchbarer methodischer Alternativen[226] notgedrungen auf das Instrumentarium von Struktur-, Ergebnis- und Verhaltenstests zurückgegriffen werden muß, begründet noch keine Attraktivität dafür, sich nun im Rahmen des Unlauterkeitsrechtes durch dogmatische Weichenstellungen von solchen als fragwürdig erkannten Verfahren erst abhängig zu machen[227]. Schließlich kann ganz grundsätzlich Marktmacht nicht per se als wettbewerbspolitisches Übel gelten: Sie mag Ausdruck höherer Effizienz im Verhältnis zu den Mitbewerbern sein und sogar in ein sog. natürliches Monopol einmünden (*Möschel* FS Locher S. 461, 472), so daß auch von daher eine lauterkeitsrechtliche Beachtlichkeit der Marktmacht im Rahmen des § 1 UWG nicht angezeigt ist.

D 107 (4) **Vorfeldthesen.** Die lauterkeitsrechtliche Zulässigkeit und Relevanz eines marktfolgenorientierten wirtschaftspolitischen Kalküls wird auch von der sog. **Vorfeldthese** vorausgesetzt. Ihr zufolge kann das UWG namentlich über seine Generalklausel als Sanktionshebel für Verhaltensweisen dienen, die die Eingriffsvoraussetzungen **kartellrechtlicher Mißbrauchs- und Diskriminierungstatbestände** (vgl. §§ 22, 26 GWB) gerade noch nicht erfüllen, aber eben zu ihrer Erfüllung hin tendieren (vgl. hier neben *Ott* FS Raiser S. 403, 425 ff nur *P. Ulmer* Schranken passim z. B. S. 64 f, 103 f; *ders.* GRUR 1977, 565, 577; *ders.* ZHR 146 (1982), 466, 484 f. Der Ausdruck stammt, soweit ersichtlich, von *Möschel* Pressekonzentration S. 133 ff. S. a. Einl. E Rdn. 22 f). Marktbezogene Unlauterkeit darf aber auch in diesem Zusammenhang nicht zur marktergebnis- und marktstrukturbezogenen Unlauterkeit deformiert werden. Eben dies jedoch wäre nötig, um das „Vorfeld" jener eben derart konzipierten kartellrechtlichen Tatbestände abstecken zu können[228].

D 108 Abgesehen davon müßte man über wenigstens einigermaßen gesichertes **Prognosewissen** verfügen, um extrapolierte Marktergebnisse mit einigem Recht in die lauterkeitsrechtlich Beurteilung einbringen zu dürfen. Tatsächlich aber ist die Einsicht darin, welche Richtung die Marktprozesse einschlagen werden, nur sehr gering (so nachdrücklich *Emmerich* § 5, 2 c cc, 3 c; s. a. *Kraft* GRUR 1980, 966, 968). Denn das Ausübungsspektrum der Handlungsfreiheiten der Marktteilnehmer ist weit, die Aktionsinterdependenzen sind dementsprechend komplex und entziehen sich der wirtschaftspolitischen Planbarkeit durch eine **„umgekehrte Kausalanalyse"**[229] damit ebenso wie der realistischen Einschätzung im Rahmen der Lauterkeitskontrolle.

---

224 Vgl. *Möschel* Oligopolmißbrauch S. 19 f; *ders.* Pressekonzentration S. 45 f; *ders.* Recht der Wettbewerbsbeschränkungen (1983) Rdn. 69.

225 Vgl. etwa § 22 Abs. 1 (Nr. 2) und Abs. 3, Abs. 4 S. 1 (Nr. 2) GWB; *Emmerich* Kartellrecht⁵ (1988) § 17, 4 c; *Möschel* in: Immenga/Mestmäcker GWB² (1992) § 22 Rdn. 12 f, 18.

226 *Möschel* Recht der Wettbewerbsbeschränkungen (1983) Rdn. 70.

227 S. dazu am Beispiel der pharmazeutischen Industrie *Hoppmann* Marktbeherrschung S. 18 ff, 23 ff, 46 ff; a. A. *Sambuc* GRUR 1981, 796, 801.

228 Zur Einbettung der Vorfeldthese in die „marktbezogene Unlauterkeit" (so ganz explizit *H. Herrmann* GRUR 1982, 395, 397 ff); s. a. *Merz* Vorfeldthese S. 60.

229 Zu ihr und ihrer spekulativen Qualität *Möschel* Recht der Wettbewerbsbeschränkungen (1983) Rdn. 66; *ders.* Ordo 32 (1981) 85, 89.

Wettbewerb ist nun einmal prinzipiell nicht simulierbar und damit instrumentalisierbar[230], so daß allenfalls „musterhafte" Voraussagen („pattern predictions") möglich erscheinen (*v. Hayek* Theorie S. 7 ff; vgl. auch Einl. A Rdn. 28 ff). Im übrigen greifen gegen diese gleichsam **„kartellrechtliche" Vorfeldthese** Bedenken durch, die die Systematik des Wettbewerbsrechtes, also insb. das Verhältnis von GWB und UWG, betreffen, und die letztlich aus Konzept und Primat der Wettbewerbsfreiheit resultieren. Das GWB entfaltet gegenüber Versuchen, in dessen tatbestandlichem Vorfeld qua Lauterkeitsrecht zu intervenieren, deshalb eine **Sperrwirkung** (dazu Einl. E Rdn. 23 ff).

Noch in einer **anderen Variante** tritt die Vorfeldthese in Erscheinung. Eingebettet wiederum in die Problematik einer „marktbezogenen Unlauterkeit" werden bei der Anwendung des § 1 UWG Folgewirkungen eines an sich unanstößigen Verhaltens nicht auf die Erfüllung kartellrechtlicher Tatbestände, sondern auf den sog. **Leistungswettbewerb** bezogen[231]. Die Unlauterkeit eines Verhaltens wird hier also nicht aus ihm selbst heraus begründet, sondern wegen seiner mutmaßlichen Folgeeffekte auf den Markt, etwa durch seine (prognostizierte) Nachahmung und eine dadurch bedingte „Übersteigerung" des Wettbewerbs mit dem Ergebnis einer allgemeinen Marktstörung infolge Beeinträchtigung oder gar Ausschaltung des „Leistungswettbewerbs"[232]. Auch diese gleichsam **„lauterkeitsrechtliche" Vorfeldthese,** die im Handlungs(un-)wert noch indifferentes Wettbewerbsverhalten erst aus Folgenerwägungen heraus für sittenwidrig erklärt, impliziert in dieser **Grauzone der Unlauterkeit** die Relevanz wirtschaftspolitischer, hier um den Schutz des „Leistungswettbewerbs" kreisender Konzeptionen für die Anwendung des UWG. Die Problematik dieser lauterkeitsrechtlichen Vorfeldthese entbehrt allerdings naturgemäß der Facette möglicher Kollisionen mit kartellrechtlichen Wertungen und der spezifischen Rechtstechnik des GWB. Bedenklich ist – neben der auch nicht unzweifelhaften **Verschiebung des Handlungsunwertes** „sittenwidrigen" Wettbewerbsverhaltens (auch) auf den **Erfolgsunwert**[233] – schon die Konturenschwäche des Bezugsbegriffes, des „Leistungswettbewerbs" (dazu Einl. D Rdn. 81 ff). Des weiteren prekär ist etwa auch hier die dem Rechtsleben, Normadressaten wie Justiz, abgeforderte **Prognostik,** die angesichts der dabei nicht selten praktizierten **„Alltagstheorien"** in Verbindung mit der Hochkomplexität wettbewerblicher Marktprozesse über „unwissenschaftliche" Spekulation nicht hinauskommen dürfte[234], zumal durchweg nicht einmal die Richtung der hypostasierten Nachahmung (Potenzierung oder Neutralisierung der Markteffekte) feststeht (zum wirtschaftswissenschaftlichen Hintergrund s. näher Einl. A Rdn. 28–34). Schließlich fragt es sich, warum dem Initiator die Nachahmung durch andere zugerechnet werden sollte (richtig *Knöpfle* Marktbezogene Unlauterkeit S. 58 f). **D 109**

---

230 Zutreffend *Merz* Vorfeldthese S. 255; *Rittner* AcP 188 (1988), 101, 119 f.

231 Zu den verschiedenen dogmatisch-systematischen Standorten der Vorfeldthese(n) s. *Merz* Vorfeldthese S. 22 ff, hier insb. auch S. 31 ff.

232 Grundlegend *P. Ulmer,* z. B. AfP 1975, 870, 875 f; *ders.* GRUR 1977, 565, 577; *ders.* WuW 1978, 330, 343; *ders.* Schranken S. 64 f, 103 f; *ders.* Kartellrechtswidrige Konkurrentenbehinderung durch leistungsfremdes Verhalten marktbeherrschender Unternehmen, in: FS Kummer (1980), 565, 572, 577; *ders.* ZHR 146 (1982), 466, 484 f.

233 Zur Kritik s. z. B. *Knöpfle* Marktbezogene Unlauterkeit S. 5; s. a. *Mestmäcker* Verwalteter Wettbewerb S. 73.

234 So – als Befürworter der Zulässigkeit von Folgenerwägungen – selbst *Sambuc* Folgenerwägungen S. 131 ff, der dieses Defizit damit rechtfertigen will, daß der Gesetzgeber gleichermaßen vorgehe.

D 110 (5) **Unlauterkeit qua Nachahmungsgefahr.** Im Rahmen der angestellten Folgenerwägungen werden nicht nur die (vermuteten) Konsequenzen der fraglichen, auf ihre Sitenwidrigkeit hin geprüften Wettbewerbshandlung selber berücksichtigt. Vielmehr wird häufig gerade darauf abgehoben, welche Auswirkungen jene Handlung erst in Folge ihrer Wiederholung – also verdichtet zur **„Gesamtaktion"** – und insb. ihrer Summierung durch Handlungsimitatoren haben würde (BGH GRUR 1977, 257, 259 f – *Schaufensterwerbung;* 1981, 746 f – *Ein-Groschen-Werbung;* 1985, 975 – *Sparkassenverkaufsaktion; v. Gamm* Kap. 18 Rdn. 15, 17). Namentlich Wettbewerbsmaßnahmen, die im Falle ihrer zu befürchtenden Nachahmung „zu einer unangemessenen übertriebenen Belastung der Wirtschaft", zu „Auswüchsen" und zur „Verwilderung der Wettbewerbssitten" führen würden, wurden so schon durch die reichsgerichtliche **Judikatur** im vorgeblichen Allgemeininteresse mißbilligt (vgl. RG GRUR 1936, 810, 812 – *Diamantine;* 1938, 207, 209 – *Persil;* zustimmend *Baumbach/Hefermehl* § 1 Rdn. 832). In Fortführung dieser Judikatur hat namentlich auch der **BGH** immer wieder ausgeführt, ein schon in gewisser Weise negativ geprägtes Wettbewerbsverhalten könne eine erhebliche und entscheidende Verstärkung dadurch erfahren, daß bei Zulassung eines solchen Verhaltens die Gefahr der Nachahmung durch Mitbewerber bestehe und durch die Nachahmung die negativen Auswirkungen des Wettbewerbsverhaltens vervielfacht und für die Allgemeinheit im Hinblick auf die dadurch begründete „Belästigung" und „Verwilderung" des Wettbewerbs und im Hinblick auf die befürchteten Wettbewerbsauswüchse nicht mehr hinnehmbar gemacht werden könnten[235]. Dabei findet das Argument der Nachahmungsgefahr sowohl in den Fällen sog. „marktbezogener Unlauterkeit" durch partiell/temporär bestehende **„Marktsättigung"** bzw. **„Marktverstopfung"** (s. RG GRUR 1936, 810, 812 – *Diamantine;* 1938, 207, 209 f – *Persil;* BGHZ 23, 365, 372 – *Suwa;* 43, 279, 282 – *Kleenex;* BGH GRUR 1969, 295 f – *Goldener Oktober*) als auch außerhalb dieser Konstellation, insb. etwa im Zusammenhang mit **Preisunterbietungen** „unter Mißachtung kaufmännischer Kalkulationsgrundsätze" (vgl. *Mees* WRP 1992, 223, 226, allerdings ganz unkritisch), vielfach Verwendung[236].

D 111 Die Zulässigkeit von Folgenerwägungen im Blick auf etwaige Imitationseffekte anläßlich einer bei der Sittenwidrigkeitsprüfung geforderten **„Gesamtwürdigung"** (*Baumbach/Hefermehl* § 1 Rdn. 832) oder „Gesamtbeurteilung" (BGH WRP 1992, 646, 649 – *Verdeckte Laienwerbung*) erscheint schon prinzipiell, aus wettbewerbskonzeptioneller Sicht, zweifelhaft: im Konzept der Wettbewerbsfreiheit haben Marktergebnisbewertungen jeder Art, also auch im Gewand imitationsbezogener

---

[235] **StRspr.**, s. nur BGHZ 43, 278, 282 f – *Kleenex;* 54, 188, 192 – *Fernsprechwerbung;* 59, 317, 319 – *Telexwerbung;* 60, 296, 300 – *Briefwerbung;* BGH GRUR 1967, 430 f – *Grabsteinaufträge I;* 1972, 367, 369 – *Besichtigungsreisen;* 1977, 257 ff – *Schaufensteraktion;* 1977, 668, 670 – *WAZ-Anzeiger;* 1981, 655 f – *Laienwerbung für Maklerauftäge;* BGH WRP 1992, 646, 649 – *Verdeckte Laienwerbung;* s. a. besonders eindringlich *v. Gamm* Kap. 18 Rdn. 11, 15; Kap. 19 Rdn. 3; Kap. 24 Rdn. 4; Kap. 25 Rdn. 13; Kap. 26 Rdn. 18.

[236] BGHZ 51, 236, 242 und GRUR 1971, 477 – *Stuttgarter Wochenblatt I und II;* BGHZ 54, 188, 192 – *Fernsprechwerbung;* BGH GRUR 1962, 415, 417 – *Glockenpackung I;* 1967, 430 – *Grabsteinaufträge I;* 1970, 523 – *Telefonwerbung I;* 1972, 367, 369 – *Besichtigungsreisen;* 1973, 210, 212 – *Telexwerbung;* 1973, 591 – *Schatzjagd;* 1977, 257 – *Schaufensteraktion;* 1979, 321, 323 – *Verkauf unter Einstandspreis I;* 1982, 53, 55 – *Bäckereifachzeitschrift;* 1985, 975 – *Sparkassenverkaufsaktion* m. Anm. *Merkel;* 1990, 371 ff – *Schallplatten-Preiskampf;* 1990, 685 ff und 687 ff – *Anzeigenpreis I und II;* 1991, 616 ff – *Motorbootfachzeitschrift;* WRP 1992, 646, 647 ff – *Verdeckte Laienwerbung;* KG WRP 1993, 110 ff – *Werbung nur mit PS-Angaben.*

Folgenerwägungen, keinen Platz (dazu bereits Einl. D Rdn. 98). Im übrigen gehört die Nachahmung – wie der Vorstoß – zu den ureigensten Elementen des Wettbewerbsprozesses. Die Nachahmungsgefahr kann deshalb **entgegen der wohl hM,** zumindest in der Judikatur, schlechterdings nicht als Anknüpfungspunkt für das Verdikt wettbewerblicher Sittenwidrigkeit verwandt werden (s. a. *Rödding* DB 1969, 1877, 1881 f; *Schütz* WRP 1993, 168 f; *Tyllack* S. 245). Vom Standpunkt der verbreiteten Anstandsformel aus (zu ihr Einl. D Rdn. 10 ff, insb. 16) gilt, wenngleich aus anderen Gründen, letztlich wohl dasselbe. Denn „unanständiges" Verhalten schöpft seine negative Qualität aus sich selbst heraus und kann sie ebensowenig erst dadurch gewinnen, daß auch andere sich derart verhalten[237], wie eine „rechtlich-sittlich" geprägte Anstößigkeit dadurch in Frage gestellt wird, daß sie nur vereinzelt in Erscheinung tritt[238]. Hinzu kommen auch hier (vgl. Einl. D Rdn. 109) Bedenken, die aus der deutlichen **Verschiebung des Handlungsunwertes auf den Erfolgsunwert** resultieren[239].

Aber auch auf der rechtlich eher operativen Ebene bleiben Folgenerwägungen prekär, schon weil sie sich regelmäßig nicht einmal auf bereits eingetretene, sondern lediglich in der Zukunft erwartete Imitationseffekte beziehen und damit notwendig mit einem hohen **Prognoserisiko** behaftet sind. Selbst entschiedene Befürworter der Zulässigkeit von Folgenerwägungen stehen den regelmäßig als **„Alltagstheorien"** praktizierten prognostischen Überlegungen kritisch-distanziert gegenüber[240]. Die **Rechtsprechung** zeigt leider nur gelegentlich eine entsprechende Risikosensibilität (vgl. BGH GRUR 1959, 138, 142 – *Italienische Note;* OLG Nürnberg GRUR 1974, 400 f – *Monatszeitschrift*). Dieses Prognoserisiko wiegt um so schwerer, als die Nachahmungsgefahr als **konkrete Gefahr** gefordert wird (BGHZ 81, 291, 295 – *Bäckerreifachzeitschrift;* BGH GRUR 1971, 477, 479 – *Stuttgarter Wochenblatt II;* BGH WRP 1992, 646, 649 – *Verdeckte Laienwerbung; v. Gamm* Kap. 26 Rdn. 18, Kap. 30 Rdn. 23) und deshalb auch nicht mit der Behauptung **unterstellt** werden darf, effektive Wettbewerbsmethoden trügen die Nachahmungsgefahr eo ipso in sich[241]: Hier wird unter dem Anschein des Indizbeweises der konkreten Nachahmungsgefahr das beweisrechtliche Anforderungsniveau doch auf den Nachweis einer bloß abstrakten Nachahmungsgefahr reduziert. Auch ist nicht erkennbar, weshalb dem einzelnen das Verhalten von (hypothetischen) Nachahmern sollte **zugerechnet** werden dürfen (richtig *Knöpfle* Marktbezogene Unlauterkeit S. 58 f). **D 112**

Insgesamt ist die Statthaftigkeit des Nachahmungsargumentes als Ausfluß von Folgenerwägungen zur Begründung wettbewerblicher Sittenwidrigkeit mithin doch wohl zu verneinen (so jedenfalls grundsätzlich auch § 1 D Rdn. 29 f, 32 aE). Jedenfalls ist es einer erforderlichen, sachhaltigen Diskussion wenig förderlich, mit der **Judikatur** eine gar nicht vorhandene allgemeine Anerkennung des hier abgelehnten Standpunktes in der **Literatur** zu konstatieren[242] und erhebliche Zweifel daran so **D 113**

---

[237] *Vgl. Döll* BB 1965, 173 f; *Emmerich* § 15, 1 b; *Mestmäcker* Verwalteter Wettbewerb S. 64.

[238] S. a. *Koppensteiner* § 14 III 2 b.

[239] S. *Knöpfle* Marktbezogene Unlauterkeit S. 5; *Mestmäcker* Verwalteter Wettbewerb S. 73; *Reichold* AcP 193 (1993), 204, 238 f.

[240] So sehr deutlich *Sambuc* Folgenerwägungen S. 131. Deutliches Beispiel solcher „alltagstheoretischen" Prognostik in WRP 1992, 646, 649 – *Verdeckte Laienwerbung* mit dem Rekurs auf die „allgemeine Lebenserfahrung".

[241] So aber *Baumbach/Hefermehl* Einl. UWG Rdn. 123; kritischer *Eichmann* Mitarbeiter-FS Ulmer S. 287, 292 ff, 296.

[242] So aber BGH WRP 1992, 646 ff – *Verdeckte Laienwerbung; Baumbach/Hefermehl* § 1 Rdn. 832: Die Gegenmeinung sei eine „schon lange überholte Auffassung". **A. A.** – also wie im Text vertreten – schon *Kohler* Unl. Wettbewerb S. 31 f; ferner z. B. *Dietrich* DB 1987, 528; *Döll* BB 1965, 173; *v. Harder* GRUR 1962, 439; *Kraft* FS Bartholomeyczik S. 223, 237 f; *Knöpfle* Marktbezogene Unlauterkeit S. 58 f; *Lehmann* Die Werbung mit Geschenken (1974) S. 66,

schon im Keim zu ersticken. Umgekehrt fällt die Berücksichtigung fehlender Nachahmungsgefahr bei an sich wettbewerbswidrigem Verhalten hingegen leicht, wenn damit iS der Sentenz „minima non curat praetor" die Eingriffsschwelle lauterkeitsrechtlicher Sanktionen gerade abgesenkt werden soll (vgl. auch *Baumbach/Hefermehl* Einl. UWG Rdn. 122).

D 114 **gg) Sittenwidrigkeit als „Gesamttatbestand".** Immer wieder wird betont, für die Beurteilung eines Verhaltens im Rahmen der wettbewerbsrechtlichen Sittenwidrigkeitsprüfung bedürfe es einer **Gesamtwürdigung** (s. nur *Baumbach/Hefermehl* Einl. UWG Rdn. 106, § 1 Rdn. 832; *v. Gamm* Kap. 18 Rdn. 16). Dies ist ein sehr **vieldeutiges Postulat.** Hinter dieser Formulierung verbergen sich jedenfalls dogmatisch streng zu unterscheidende, aber durchweg synkretistisch dargestellte und praktizierte Varianten. Neben der Einbeziehung von (Fern-)Wirkungen, die mit der fraglichen Wettbewerbshandlung nur locker verbunden sein können (dazu bereits vorstehend Einl. D Rdn. 98 ff) und neben der Berücksichtigung wiederum diverser subjektiver Elemente (s. sogleich Einl. D Rdn. 117) wird hierdurch auch die echte Komplexität eines normativ gebildeten „Gesamttatbestandes" anerkannt. Diese sich im sittenwidrigen **„Gesamttatbestand"** manifestierende **„Summen-"** oder **„Kombinationswirkung"** (BGH GRUR 1975, 264 f – *Werbung am Unfallort I;* 1977, 668, 670 – *WAZ-Anzeiger;* s. a. BGH GRUR 1985, 975 – *Sparkassenverkaufsaktion*) wird so bemüht, um darzutun, daß erst durch das Hinzutreten einer an sich zulässigen Handlung zu einer an sich ebenfalls zulässigen Handlung das Gesamtverhalten als Handlungskomplex durch die Interferenzen seiner Verhaltensteile „sittenwidrig" erscheint[243]. Die **Judikatur** liefert zahlreiche Beispiele einer solchen Verwendung der Argumentationsfigur „Gesamttatbestand", etwa im Zusammenhang mit der wettbewerbsrechtlichen Bewertung einer durch Außenseiter betriebenen Frustrierung von Bindungssystemen[244].

D 115 Noch in einer weiteren Wendung wird die Denkfigur des sittenwidrigen Gesamttatbestandes wettbewerbsrechtlich etabliert: Ob und inwieweit verschiedene rechtliche Bedenken jeweils für sich genommen schon genügten, um eine Maßnahme als wettbewerbswidrig erscheinen zu lassen, bedürfe keiner Entscheidung. Denn für die zu treffende Gesamtbeurteilung sei nicht dies allein maßgeblich, sondern es sei zu berücksichtigen, daß eine Reihe für sich genommen jedenfalls bedenklicher Umstände zu summieren seien und dann in dieser Gesamtheit das Sittenwidrigkeitsurteil trügen (BGH WRP 1992, 646, 649 – *Verdeckte Laienwerbung*). Die Begründung des BGH zu dieser Entscheidung geht allerdings fehl, wenn sie dabei auf ein angebliches Präjudiz (BGH GRUR 1985, 975 f – *Sparkassenverkaufsaktion*) rekurriert: Dort ging es nicht wie hier um eine Mehrheit rechtlicher Erwägungen, sondern – wie auch in der vorgenannten Version des „Gesamttatbestandes" – um eine Mehrheit von Handlungen. Die „Summierung negativer Umstände"[245] liegt also einmal auf **tatsächlicher,** ein andermal auf **rechtlicher Ebene.**

---

198 ff mwN; *Mestmäcker* Verwalteter Wettbewerb S. 64; *Rödding* DB 1969, 1877, 1881 f (Nachahmungsgefahr als Scheinargument). Sehr kritisch auch *Tyllack* S. 244 ff. Speziell zur Nachahmungsgefahr als Argument innerhalb des Problemkomplexes „Marktbezogene Unlauterkeit".

[243] Genaue Analyse bei *v. Gamm* Kap. 6 Rdn. 8 (s. a. Kap. 18 Rdn. 17).

[244] Vgl. RGZ 133, 335; BGHZ 37, 30 ff – *SB-Großhandel;* BGH GRUR 1984, 150, 154 – *Gemeinschaftsunternehmen für Mineralölprodukte;* s. a. *v. Gamm* WRP 1958, 367, ferner – auf jeweils ganz anderen Sektoren – BGH GRUR 1975, 264 f – *Werbung am Unfallort I;* 1977, 668, 670 – *WAZ-Anzeiger.*

[245] BGH BB 1992, 1444 f (r. Sp.) – *Verdeckte Laienwerbung.*

Die **Problematik** des sittenwidrigen „Gesamttatbestandes" liegt nicht in seiner logischen Möglichkeit (näher *Kunz* S. 102 ff). Dabei ist es allerdings schief, von „Summenwirkung" zu sprechen. Denn weder können für sich unbedenkliche Handlungen durch bloße Summation den Charakter wettbewerblicher Sittenwidrigkeit annehmen, noch werden brüchige Argumente in ihrer Aneinanderreihung zur tragfähigen Begründung. Die hM denkt wohl trotz ihrer Wortwahl auch gar nicht an solche bloßen Summationen, sondern gerade an übersummative synergetische Effekte („Kombinationswirkungen"), in denen sich das Mehr des Ganzen gegenüber der Aggregation seiner Teile offenbart, und wegen denen dem „Gesamttatbestand" dann eine andere Qualität als seinen Einzelelementen eignet. Die crux liegt allerdings darin, daß die hM in den konkreten Anwendungsfällen eine Antwort darauf schuldig bleibt, warum nun nicht nur im strengen methodologischen Sinne Summationswirkungen, sondern gerade Kombinationswirkungen Platz greifen sollten. Deshalb sieht sich eine auf den sittenwidrigen „Gesamttatbestand" abstellende Argumentation verständlicherweise dem Verdacht ausgesetzt, vom gewünschten Ergebnis her zu argumentieren[246]. **D 116**

k) Relevanz subjektiver Elemente? aa) Problemspektrum. Die Frage nach Existenz bzw. Erfordernis **subjektiver Elemente** wird wettbewerbsrechtlich namentlich im Rahmen des § 1 UWG anhand der „Sittenwidrigkeit" akut und diskutiert. Diskussionsansätze und Meinungsstand folgen im wesentlichen Vorbildern der bürgerlich-rechtlichen Dogmatik im Bereich der §§ 138 (Abs. 1) und 826 BGB[247]. Bei einer solchen Parallelisierung ist jedoch zunächst zu berücksichtigen, daß **wettbewerbsrechtliche und bürgerlich-rechtliche Sittenwidrigkeit** jedenfalls dann inhaltsverschieden sein müssen, wenn man wettbewerbsrechtlich auf ökonomisch-marktwirtschaftliche Determinanten abhebt (dazu Einl. C Rdn. 28, Einl. D Rdn. 7 und 37 ff), sich also schon von daher eine pauschale Übernahme bürgerlich-rechtlicher Argumentationen auch hinsichtlich subjektiver Momente verbietet. Außerdem muß die teilweise **unterschiedliche Formalstruktur** der Normen im Auge behalten werden. So ähneln sich diesbezüglich nur § 826 BGB und § 1 UWG, weil beide Ansprüche generieren, die jeweils an Verhaltensbewertungen anknüpfen. Demgegenüber liegen die Dinge bei § 138 (Abs. 1) BGB ganz anders: Hier ist, jedenfalls primär, der Inhalt des Rechtsgeschäfts[248], nicht aber das vorausliegende rechtsgeschäftliche Handeln Bezugspunkt des Sittenwidrigkeitsurteils; auch hinsichtlich der Rechtsfolgen (Nichtigkeit einerseits, Unterlassung und Schadensersatz andererseits) bestehen keine Berührungspunkte. **D 117**

Im einzelnen zeigen sich **drei Problemfacetten**[249]: Zum einen stellt sich die Frage, ob die Anwendung insb. des § 1 UWG, konsequenterweise aber wohl auch der mit der Generalklausel begrifflich und axiologisch zusammenhängenden, mehr oder weniger speziellen Vorschriften des Lauterkeitsrechtes[250], ein Bewußtsein des Inanspruchgenommenen voraussetzen, sittenwidrig gehandelt zu haben. Zum anderen **D 118**

---

246 So schon *Schünemann* S. 101.

247 Vgl. nur *Soergel/Hefermehl* BGB[12] (1978) § 138 Rdn. 19 ff. *Staudinger/Schäfer* BGB[12] (1986) § 826 Rdn. 32 ff.

248 S. insb. *Flume* AT des Bürgerlichen Rechts 2. Bd.[3] (1979) § 18, 3.

249 Vgl. *Baumbach/Hefermehl* Einl. UWG Rdn. 125 ff; *Emmerich* § 5, 5; *v. Gamm* Kap. 18 Rdn. 36 ff; *v. Godin* U § 1 Rdn. 77 ff; HdbWR/*Kreft* § 13 Rdn. 7 ff; *Koppensteiner* § 13 V 1; *Kraft* Interessenabwägung S. 138 ff; *Rinck/Schwark* Wirtschaftsrecht[6] (1986) Rdn. 685 f; *Rittner*[4] (1993) § 2 A I 5; *Sack* WRP 1985, 1, 12; *Schünemann* S. 49 f; *Teplitzky* Kap. 5 Rdn. 17; *Ulmer/Reimer* Rdn. 61 ff.

250 Zur dogmatisch-systematischen Binnenstruktur des Wettbewerbsrechts s. bereits Großkomm.-*Schünemann* Einl. D Rdn. 6, 52.

ist zu klären, ob für das Sittenwidrigkeitsurteil (wenigstens) die Kenntnis der Tatumstände zu verlangen ist, insb. die Kenntnis derjenigen Tatumstände, die im konkreten Fall die Sittenwidrigkeit des Verhaltens konstituieren, oder ob die Kenntnis der Tatumstände erst innerhalb einer von der Sittenwidrigkeitsfeststellung abgehobenen Verschuldensdimension Bedeutung erlangt. Schließlich muß Stellung dazu bezogen werden, ob subjektive Elemente der Sittenwidrigkeit selber anzuerkennen sind, ob etwa ein für sich genommen wertindifferentes, in einer Art Grauzone zwischen Lauterkeit und Unlauterkeit anzusiedelndes Wettbewerbsverhalten erst durch die ihm subjektiv vorausliegende Motivation oder Zweckbestimmung zum Verstoß gegen die „guten Sitten" gerät.

D 119 bb) **Bewußtsein der Sittenwidrigkeit?** Nach **einhelliger Meinung** ist das **Bewußtsein der Sittenwidrigkeit** als solches, d. h. unabhängig von seinem evtl. Stellenwert im Kontext eines (Vorsatz-)Verschuldens wettbewerbsrechtlich **irrelevant,** umgekehrt ein Irrtum über den sittenwidrigen Charakter des Wettbewerbsverhaltens mithin belanglos[251]. Zur **Begründung** wird seit RGZ 79, 17, 23 zumeist vorgetragen, der Zweck des Wettbewerbsrechtes, Kampfesauswüchsen im Wirtschaftsleben entgegenzutreten, könne offensichtlich nicht erreicht werden, wenn man ein Bewußtsein der Sittenwidrigkeit zur Anwendung des § 1 UWG verlange. Denn in der Verblendung eines heftigen Kampfes, vornehmlich auf wirtschaftlichem Gebiete, werde häufig derjenige, welcher seine Macht in rücksichtsloser Weise zur Niederringung seines Gegners gebrauche, nicht einsehen, daß seine Ziele oder seine Mittel anstößig sind, sondern überzeugt sein, nur sein berechtigtes Interesse auf erlaubtem Wege zu wahren. Der gegenteilige Standpunkt müßte dazu führen, daß gerade der bedenkenlose Marktteilnehmer nicht belangt werden könne[252].

D 120 Jedenfalls dieses argumentum ad absurdum überzeugt. Insoweit ist im Ergebnis unschädlich, daß statt dessen zur **Begründung** gelegentlich darauf abgestellt wird, die Sittenwidrigkeit sei ein rein objektiv zu fassender Begriff und deshalb (!) bedürfe es keines Bewußtseins der Sittenwidrigkeit (so z. B. *Nordemann* Rdn. 40). Dieser Schluß ist – unbeschadet seiner zutreffenden Prämisse (dazu auch Einl. D Rdn. 20 f, 27) – falsch, weil das Bewußtsein der Sittenwidrigkeit und die Sittenwidrigkeit selber auf verschiedenen Ebenen liegen, das Bewußtsein der Sittenwidrigkeit nämlich im Verhältnis zur Sittenwidrigkeit selber auf der logischen Metaebene. Noch undurchsichtiger argumentiert *v. Godin,* der nicht nur ebenfalls das Bewußtsein der Sittenwidrigkeit mit dem „Begriff der objektiven Sittenwidrigkeit" in gedankliche Verbindung bringt, sondern darüber hinaus auch noch die Verschuldensproblematik schon an dieser Stelle involviert (*v. Godin* U § 1 Rdn. 77).

D 121 **Rechtssystematisch** kann das Bewußtsein der Sittenwidrigkeit freilich in der Tat jedenfalls als Parallele zum **Unrechtsbewußtsein,** bei Annahme einer Identität von

---

251 StRspr. vgl. z. B. BGHZ 8, 387, 393 – *Fernsprechnummer;* 23, 184, 193 f – *Spalttabletten;* 37, 30, 37 – *Selbstbedienungsgroßhandel;* BGH GRUR 1954, 274 – *Goldwell;* 1955, 411 – *Zahl 55;* 1960, 201 f – *Abitz II;* 1962, 42 – *Sonderveranstaltung II;* 1967, 596 f – *Kuppelmuffenverbindung. Baumbach/Hefermehl* Einl. UWG Rdn. 125 sowie § 1 Rdn. 369; *v. Godin* U § 1 Rdn. 77; *v. Gamm* Kap. 18 Rdn. 37; HdbWR/*Kreft* § 13 Rdn. 7; *Nordemann* Rdn. 40; *Rittner*[4] (1993) § 2 A I 5 c; *Ulmer/Reimer* Rdn. 67. S. a. – für das Bürgerliche Recht – ebenso *Larenz* Allgemeiner Teil des deutschen Bürgerlichen Rechts[7] (1989) § 22 III c; *Soergel/Hefermehl* BGB[12] (1988) § 138 Rdn. 31 ff. *Staudinger/Schäfer* BGB[12] (1986) § 826 Rdn. 66; vgl. ferner – differenzierter – *Mayer-Maly* Bewußtsein S. 17 ff, 37 ff; *ders.* AcP 170 (1970), 133, 162.

252 *Baumbach/Hefermehl* Einl. UWG Rdn. 125; *Koppensteiner* § 13 V 1 b. S. a. *v. Bar* Verkehrssicherungspflichten – Richterliche Gefahrsteuerungsgebote im deutschen Deliktsrecht (1980) S. 212 ff.

wettbewerblicher Sittenwidrigkeit und wettbewerblicher Rechtswidrigkeit (dazu näher Einl. D Rdn. 50 ff) sogar als eben dieses Unrechtsbewußtsein lediglich in anderer, wettbewerbsrechtlich spezifischer Sprachform begriffen werden. Das Bewußtsein der Sittenwidrigkeit ist – wie das Unrechtsbewußtsein – mithin sachgerecht in der **Verschuldensdogmatik** anzusiedeln. Es ist dabei in die von sog. **Vorsatz-** und **Schuldtheorie** jeweils unterschiedlich beantwortete Frage eingebunden, ob Vorsatz (hier verstanden als Verschuldensform, nicht als natürliche Finalität des Verhaltens) ein Unrechtsbewußtsein verlangt[253]. Jedenfalls für das zivilistische Wettbewerbsrecht ist die Frage aber praktisch bedeutungslos, weil es insoweit auf spezielles Vorsatzverschulden prinzipiell nicht ankommt. Soweit das Bewußtsein der Sittenwidrigkeit isoliert vom Verschuldenskomplex als Erfordernis der Anwendbarkeit von § 1 UWG erörtert wird, scheint demgegenüber die Vorstellung zu herrschen, es handele sich um eine Art **ungeschriebenes subjektives Tatbestandsmerkmal**[254].

cc) **Kenntnis der Tatumstände?** Wenngleich das Bewußtsein der Sittenwidrigkeit für wettbewerbsrechtlich irrelevant erklärt wird, so soll doch – iS eines minus[255] – die wettbewerbsrechtliche Sittenwidrigkeit nach vielfach, auch **höchstrichterlich ständig geäußerter Auffassung,** prinzipiell voraussetzen, daß der Handelnde die Tatumstände kennt, die sein Verhalten als sittenwidrig erscheinen lassen[256]. Konsequenterweise muß dann ein **Irrtum über die tatsächlichen Umstände** hier rechtlich beachtlich sein und einem Anspruch aus § 1 UWG grundsätzlich entgegenstehen, und zwar gleichgültig, ob die Verkennung der Sachlage auf Unkenntnis vorhandener oder Annahme nicht vorhandener tatsächlicher Umstände beruht, die die Sittenwidrigkeit begründen bzw. ausschließen. Dabei von „gutem Glauben" zu sprechen (so *Baumbach/Hefermehl* Einl. UWG Rdn. 126), empfiehlt sich allerdings nicht, weil sogar grob fahrlässige Unkenntnis der die Sittenwidrigkeit begründenden Tatumstände den Handelnden entlasten soll[257]. Das Votum, an den **„Rechtsirrtum"** schärfere Maßstäbe anzulegen und leicht fahrlässige oder gar schuldlose Fehlqualifikation der Rechtslage ausreichen zu lassen (*Baumbach/Hefermehl* Einl. UWG Rdn. 126), ist in diesem Zusammenhang regelmäßig zumindest mißverständlich plaziert, weil sich ein Rechtsirrtum durchweg schon in fehlendem Sittenwidrigkeits-, also Unrechtsbewußtsein niederschlägt und deshalb – vorbehaltlich seiner Beachtlichkeit im Verschuldenskontext (s. Einl. D Rdn. 127 ff) – überhaupt irrelevant ist. Dies **D 122**

---

[253] Vgl. hier nur *Palandt/Heinrichs* BGB[52] (1993) § 276 Rdn. 11; speziell mit wettbewerbsrechtlicher Ausrichtung – auf dem Boden der sog. Schuldtheorie – eingehend *Gierke/Sandrock* Handels- und Wirtschaftsrecht, Bd. I[9] (1975) § 19 II 1 d γ.

[254] Zur dogmatischen Einordnung s. a. *Geilen* JZ 1964, 6, 9; *Niese* JZ 1956, 457, 465; *Wiethölter* JZ 1963, 205, 209.

[255] Besonders deutlich *Nordemann* Rdn. 40 („lediglich"); s. a. *v. Gamm* Kap. 18 Rdn. 36.

[256] RG JW 1927, 1102, 1104; RG GRUR 1937, 466 – *Mulla 500;* 1939, 732, 735 – *Fettsäure;* 1943, 182, 184 – *Industrieöle;* BGH GRUR 1954, 274 – *Goldwell;* 1955, 411, 414 – *Zahl 55;* 1957, 219, 221 – *Bierbezug;* 1960, 193, 196 – *Frachtenrückvergütung;* 1960, 200 f – *Abitz II;* 1962, 42, 44 – *Sonderanstaltung II;* 1964, 146, 150 – *Rückvergütung;* 1967, 569 f – *Kuppelmuffenverbindung;* 1979, 553 f – *Luxusferienhäuser* und öfter, z. B. auch GRUR 1983, 587 f – *Letzte Auftragsbestätigung;* 1991, 914 f – *Kastanienmuster;* BGH BB 1992, 1444 f – *Verdeckte Laienwerbung* (Kenntnis des Beklagten von der „Anstößigkeit"); BGH GRUR 1992, 466 f – *Pullovermuster;* HdbWR/*Kreft* § 13 Rdn. 7; *Nordemann* Rdn. 40; *Ulmer/Reimer* Rdn. 65. *Baumbach/Hefermehl* Einl. UWG Rdn. 126 (anders aaO Rdn. 148: „... umfassende Tatsachenkenntnis ... kein Wesenserfordernis der Sittenwidrigkeit"). Teilweise **a. A.** (dem BGB sei die gemeinrechtliche Unterscheidung von error iuris und error facti fremd) *Mayer-Maly* Bewußtsein S. 12 ff, 52 f.

[257] RG GRUR 1937, 466, 471 – *Solinger Stahlwaren* („Klarstellung" zu RGZ 72, 175 f) und MuW XIX, 145 – *Preisschleuderei;* BGH GRUR 1991, 914, 916 – *Kastanienmuster.* S. aber auch *Ulmer/Reimer* Rdn. 66 (keine Entlastung bei grober Fahrlässigkeit).

gilt auch dann, wenn die rechtliche Bewertung eines Tatbestandes außerhalb der Sittenwidrigkeitsqualifikation vorgenommen werden muß[258]. Wird aber die vorgreifliche Rechtsfrage im Prinzip zu den „tatsächlichen Umständen" der Sittenwidrigkeit gerechnet, so muß dann auch insoweit selbst die grob fahrlässige Unkenntnis privilegiert sein.

D 123 Der positiven Kenntnis des wettbewerbsrechtswidrigen Sachverhalts **gleichgestellt** wird, daß man mit der Möglichkeit des Vorliegens derartiger Umstände rechnet (RG GRUR 1937, 713, 718 – *Ly-Feder;* so in **stRspr.** auch der BGH, s. nur BGHZ 8, 387, 393 – *Fernsprechnummer;* BGH GRUR 1960, 200f – *Abitz II;* 1962, 42, 44 – *Sonderveranstaltung II; v. Gamm* Kap. 18 Rdn. 39). Erst recht wird dem Wissenden gleich erachtet, wer sich der Kenntnis der wertungserheblichen tatsächlichen Umstände bewußt verschließt oder entzieht[259]. Wer sich „gewissenlos", „rücksichtslos" oder „grob leichtfertig" verhält, soll bereits deshalb sittenwidrig handeln, ohne daß es dann noch darauf ankommen soll, ob und wie er sich die relevanten Umstände im einzelnen vorgestellt hat[260]. Die genannten Topoi in gewisser Weise kombinierend heißt es auch, wenn die Unkenntnis der relevanten Tatumstände auf „gewissenlosem" oder „frivolem Handeln" beruhe, so sei damit der Schluß darauf gerechtfertigt, daß sich der Handelnde der Kenntnis bewußt verschlossen habe, was wiederum der Kenntnis der Tatumstände gleichstehe und somit zur Bejahung der Sittenwidrigkeit führe[261]. Ob diese hierbei zu beobachtende **Akzentverschiebung** von der Gewissenlosigkeit des Handelns auf die Gewissenlosigkeit der Unkenntnis lediglich eine unabgestimmte Formulierung darstellt oder eine inhaltliche Variante bezeichnet, ist zweifelhaft.

D 124 **Zweifelhaft** ist auch, ob man die hM (zumindest der Judikatur) mit ihrer Formulierung, es komme auf die Kenntnis[262] aller (!) Tatumstände an, die das Verhalten objektiv sittenwidrig machten, wirklich beim Wort nehmen darf. Soweit nämlich Folgeerwägungen im Rahmen der Sittenwidrigkeitsprüfung angestellt, insb. also auch mögliche Auswirkungen des Verhaltens auf den – marktstrukturell gedeuteten – Wettbewerb berücksichtigt werden (dazu – ablehnend – Einl. D Rdn. 98ff), wird vom Erfordernis der Kenntnis der Tatumstände durchaus abgesehen[263]. Die **Rechtsprechung** verlangt mithin lediglich die Kenntnis der sittenwidrigkeitsbegründenden Tatumstände in der Aktionssphäre des Handelnden, wozu namentlich „Anlaß, Zweck und eingesetzte Mittel" gerechnet werden[264]. Soweit wettbewerbsrechtliche Sittenwidrigkeit auf einem Verstoß gegen „werthaltige" oder „wertneutrale"

---

[258] Vgl. BGH GRUR 1957, 219, 221 – *Bierbezug; Ulmer/Reimer* Rdn. 65 (Kenntnis der Wirksamkeit eines Vertrages, zu dessen Bruch verleitet wird).

[259] Zu dieser auf den Gedanken eines verbotenen venire contra factum proprium zu stützenden Äquivalenz s. RG GRUR 1943, 182, 184 – *Industrieöle;* BGH GRUR 1955, 411, 414 – *Zahl 55;* 1975, 555 – *Speiseeis;* 1987, 532 – *Zollabfertigung;* s. a. BGH NJW 1967, 493, 495; 1975, 1361f; *Ulmer/Reimer* Rdn. 66.

[260] Vgl. – vornehmlich bürgerlich-rechtlich – RGZ 72, 175f; 143, 48, 51; BGHZ 10, 228, 233; BGH NJW 1961, 2302f; 1963, 2270f; *Staudinger/Schäfer* BGB[12] (1986) § 826 Rdn. 44f; **kritisch** *v. Bar* Verkehrssicherungspflichten – Richterliche Gefahrsteuerungsgebote im deutschen Deliktsrecht (1980) S. 215f; *Honsell* JuS 1976, 621, 628; *Lammel* AcP 179 (1979), 337, 341f; *Mayer-Maly* Bewußtsein S. 40.

[261] RG MuW 1931, 200; s. a. RG MuW XIX, 145 sowie – referierend – *Baumbach/Hefermehl* Einl. UWG Rdn. 127.

[262] Eingeschlossen sind hier und im folgenden jeweils die der Kenntnis gleichgestellten Tatbestände.

[263] BGH GRUR 1967, 596f – *Kuppelmuffenverbindung* (mit zustimmender Anm. *Utescher*); ähnlich auch BGH GRUR 1983, 587f – *Letzte Auftragsbestätigung;* **a. A.** noch RG GRUR 1937, 466 – *Mulla 500;* der Rspr. des BGH beipflichtend etwa *v. Gamm* Kap. 18 Rdn. 38, Kap. 19 Rdn. 3 aE; HdbWR/*Kreft* § 13 Rdn. 7.

[264] Vgl. *v. Gamm* Kap. 18 Rdn. 36, 38.

Normen aufbaut (dazu im einzelnen Einl. D Rdn. 50 ff), soll dies bedeuten, daß der objektive Verletzungstatbestand hinsichtlich jener Norm in Kenntnis seines Vorliegens verwirklicht werden muß. Ein diesbezügliches Unrechtsbewußtsein wird auch hier nicht verlangt. Soweit der Vorsprungsgedanke zum Tragen kommt, wird für ausreichend erachtet, daß für den Handelnden aus der Kenntnis der Tatumstände ersichtlich ist, er werde durch seine Handlungsweise einen Vorsprung vor gesetzestreuen Mitbewerbern erzielen können, er einen solchen Vorsprung also (billigend) in Kauf nimmt. Eine **Vorsprungserzielungsabsicht,** die dann als subjektives Element der Sittenwidrigkeit zu gelten hätte, wird hingegen nicht verlangt. Im Ergebnis heißt dies, daß lediglich „eine Normverletzung, die aus Versehen oder aus Unachtsamkeit geschieht", keinen Anspruch nach § 1 UWG auslöst (*Mees* WRP 1985, 373, 377; näher § 1 F Rdn. 59 ff). Soweit Kenntnis auch der bestehenden Wettbewerbslage gefordert wird[265], handelt es sich aber keineswegs mehr um ein Sittenwidrigkeitsproblem, sondern um die Bejahung einer subjektiven Komponente des Tatbestandsmerkmals „zu Zwecken des Wettbewerbs" (dazu näher Einl. D Rdn. 215 ff, 241 ff. S. a. *Mees* WRP 1985, 373, 375).

Hinsichtlich des für die Kenntnis **maßgeblichen Zeitpunktes** wird zwar grundsätzlich die Verletzungshandlung für maßgeblich erklärt (*v. Gamm* Kap. 18 Rdn. 40). Doch kann eine ursprünglich fehlende Kenntnis der für die Sittenwidrigkeitsfeststellung relevanten Tatumstände später **außergerichtlich** durch Abmahnung oder – **im Prozeß** – namentlich durch das Vorbringen der Gegenseite erlangt werden. Liegen die (übrigen) Voraussetzungen für wettbewerbsrechtliche Ansprüche auch dann noch vor, wird also namentlich das beanstandete Verhalten fortgesetzt oder der beanstandete Zustand aufrechterhalten, so ist es – akzeptiert man den gewählten Ausgangspunkt, die Erforderlichkeit der Kenntnis der im Handlungsbereich gelegenen Tatumstände – nur konsequent, die Sittenwidrigkeit nunmehr zu bejahen, allerdings bezogen auf diesen Zeitpunkt, nicht hingegen hinsichtlich der ursprünglich inkriminierten Handlung. Soweit Unterlassung zukünftigen Wettbewerbsrechtswidrigen Verhaltens begehrt wird, ist der Anspruch mithin begründet, ohne daß die (gemeinrechtlichen) Lehren vom **dolus subsequens** oder von der **mala fides superveniens** bemüht werden müßten. Die Kritik gegenüber dem reichsgerichtlichen Versuch, dieses Ergebnis über eine Gleichsetzung beider dogmatischen Figuren herzuleiten[266], ist mithin letztlich unproduktiv. **D 125**

Stellt der Abgemahnte bzw. Beklagte hingegen sogleich **nach Kenntniserlangung** sein bislang beobachtetes Verhalten ein, so kann in dieser Konzeption allenfalls eine sog. **vorbeugende Unterlassungsklage** erfolgreich sein, dann nämlich, wenn eine zukünftige Wiederholung des zunächst eingestellten Verhaltens, nunmehr notwendigerweise in Kenntnis der relevanten Umstände, ernstlich zu besorgen ist (*Ulmer/Reimer* Rdn. 65). Weil die Ersthandlung bei dieser Betrachtungsweise rechtlich irrelevant ist, handelt es sich eben gerade nicht um eine **„Wiederholungsgefahr"** iS des Verletzungsunterlassungsanspruchs[267], so daß die faktische Ersthandlung strenggenommen nicht einmal als Indiz für die **„Erstbegehungsgefahr"** gewertet werden dürfte und die Abmahnung eigentlich unberechtigt erfolgt ist. Auch einem Beseitigungsanspruch fehlt **D 126**

---

265 *V. Gamm* Kap. 18 Rdn. 38.

266 Vgl. RG GRUR 1927, 124 – *Batschari Krone* und vor allem RG MuW 1931, 610 – *Granitol* und dazu kritisch *Schramm* ebd.; wie das RG aber *Callmann* Der unlautere Wettbewerb² (1932) § 1 Rdn. 4; s. a. *Baumbach/Hefermehl* Einl. UWG Rdn. 127 sowie *v. Godin* U § 1 Rdn. 78, 80.

267 Dies wird bei *v. Gamm* Kap. 18 Rdn. 40 nicht ausreichend deutlich.

hier die Grundlage (zu den Varianten des wettbewerbsrechtlichen Abwehranspruches s. Vor § 13 B Rdn. 23 ff; 75 ff; 125 ff). Erst recht müßte dies wohl für einen Schadensersatzanspruch gelten, da er wie der Abwehranspruch an eine konkrete Verletzungshandlung anknüpft (Vor § 13 B Rdn. 259), mangels Kenntnis der Tatumstände in diesem Zeitpunkt und deshalb zu verneinender Sittenwidrigkeit diese als rechtlicher Anknüpfungspunkt aber ausscheidet. Denkbar bleibt aber, daß mit Kenntniserlangung die Aufrechterhaltung des Zustandes ihrerseits einen Schadensersatzanspruch auslöst, so daß die Frage, ob Kenntnis der sittenwidrigkeitsbegründenden Tatbestandsmerkmale zu verlangen ist, allemal den Umfang des liquidierbaren Schadens beeinflußt. Insgesamt ist demnach doch zweifelhaft, ob die Einschätzung zutrifft, die praktische Bedeutung des Streits sei gering[268].

D 127 In der Sache selber verdient der vorstehend ausgeführte Standpunkt namentlich der **Judikatur** allerdings **keine Gefolgschaft**[269]. Denn hier vermengt sich erkennbar, in einer im Detail allerdings dogmatisch undurchsichtigen Weise[270], die begriffliche Substanz der Sittenwidrigkeit mit der intellektuellen basis entweder der Handlungsfinalität oder aber – dies liegt der hM näher – des (Vorsatz-)Verschuldens. Die Kenntnis der Tatumstände gilt jedenfalls der überkommenen Verschuldensdogmatik als Kern eines iS von Vorwerfbarkeit gedeuteten (Vorsatz-)Verschuldens[271]. Es ist deshalb kein Zufall, wenn bei der einschlägigen Diskussion argumentiert wird, dem, der nicht wisse, was er tue, könne auch nicht vorgeworfen (!) werden, er handele sittenwidrig (*Ulmer/Reimer* Rdn. 65). Dogmengeschichtlich steht hier immer noch die Auffassung des historischen Gesetzgebers im Hintergrund, eine sittenwidrige Handlung setze (Vorsatz-)Verschulden als integrales Moment **„subjektiver" Sittenwidrigkeit** voraus[272]. In dieser Denktradition steht auch die Formulierung, für den auf § 1 UWG gestützten Schadensersatzanspruch bedürfe es – im Gegensatz zum Unterlassungsanspruch – eines „besonderen (!) Verschuldens" (s. nur BGH GRUR 1960, 200, 202 – *Abitz II*).

D 128 Die **Integration eines Basisverschuldens in die Sittenwidrigkeit** macht freilich ihrerseits schon nur dann tieferen Sinn, wenn die Sittenwidrigkeit als Negation individualethischer Normen gedeutet werden kann. Schon ein sozialethisches Verständnis der guten Sitten und erst recht deren bloßer subjektiv-kollektiver Reflex im „Anstandsgefühl billig und gerecht Denkender" (s. Einl. D Rdn. 10 ff, 20 ff) zerschneidet strenggenommen das postulierte definitorische Band zwischen der Sittenwidrigkeit und der Kenntnis der diesbezüglichen Tatumstände (richtig gesehen von *Sack* WRP 1985, 1, 14 f). Angesichts der überwiegenden Ablehnung individualethischer Positionen innerhalb der Befürworter eines ethisierenden Verständnisses der (wettbe-

---

[268] So aber *Emmerich* § 5, 5 b; *Rittner*⁴ (1993) § 2 A I 5 b; *Sack* WRP 1985, 1, 12.

[269] Im Ergebnis ebenso die wohl hM in der Literatur, z. B. *Baumbach/Hefermehl* Einl. UWG Rdn. 128; *Bork* ZHR 157 (1993), 370 f; *v. Godin* U § 1 Rdn. 79; *Emmerich* § 5, 5 b aE (der allerdings trotz seines dezidierten wettbewerbsfunktionalen und damit objektivierenden Verständnisses der Sittenwidrigkeit auch vom „Vorwurf der Sittenwidrigkeit" spricht und damit ein Verschuldenselement der Sittenwidrigkeit anzudeuten scheint); *Schünemann* S. 49 f; *Kraft* Interessenabwägung S. 138 ff, 147, 239 ff; *Nerreter* S. 48 ff; *Sack* GRUR 1970, 502; *ders.* WRP 1985, 1, 12 ff; *ders.* NJW 1985, 761, 768 f; *Katzenberger* Recht am Unternehmen und Unlauterer Wettbewerb (1967) S. 110 ff.

[270] S. a. *Koppensteiner* § 13 V 1 d für die österreichische Rspr.

[271] BGHZ 27, 264, 273 trennt zwar verbaliter Sittenwidrigkeit und Verschulden, formuliert aber durchaus doppeldeutig, grundsätzlich könne davon ausgegangen werden, daß denjenigen, der in Kenntnis aller Tatumstände objektiv sittenwidrig handele, auch ein Verschulden treffe.

[272] Vgl. dazu näher *Levy* MuW IX, 116 f; *E. Reimer* MuW XXIX, 208, 213; s. a. – referierend – *Baumbach/Hefermehl* Einl. UWG Rdn. 128.

werblichen) „guten Sitten“ (s. Einl. D Rdn. 20 ff) erscheint diese hM[273] also nicht gerade in sich konsistent. Speziell wettbewerbsrechtlich wenig überzeugend ist auch, die Kenntnis der Tatumstände im wesentlichen nur in bezug auf Anlaß, Zweck sowie eingesetztes Mittel des wettbewerblichen Handelns zu verlangen, jedenfalls aber nicht für die Handlungsfolgen, obwohl doch diese in ihren marktlichen Effekten gerade erst die Disqualifikation der Handlung als sittenwidrig entscheidend prägen sollen (vgl. Einl. D Rdn. 124).

Alle diese **Einwände** implizieren jedoch, daß ihr Ausgangspunkt akzeptiert wird. **D 129**
Ob ethisierende Ansätze jeder coleur bei der Erfassung der Sittenwidrigkeit im Zusammenhang mit einschlägigen bürgerlich-rechtlichen Tatbeständen angemessen sind, kann nun hier dahinstehen, ist aber jedenfalls für den wettbewerbsrechtlichen, nicht wirtschaftsethisch, sondern wettbewerbsfunktional-ökonomisch besetzten Begriff der Sittenwidrigkeit (vgl. Einl. D Rdn. 37 ff) entschieden zu verneinen.

Die Frage nach der **Relevanz der Tatumstandskenntnis** ist nach alledem nicht **D 130**
auf den Begriff der Sittenwidrigkeit zu münzen, sondern anders zu stellen, ob nämlich die Kenntnis der Tatumstände erforderlich ist, um einen Anspruch aus § 1 UWG auszulösen, mit anderen Worten, ob es dazu also – außer der getrennt davon festzustellenden, von der Kenntnis des Akteurs hinsichtlich der zugrundeliegenden Tatsachen unabhängigen, in diesem Sinne „objektiven“ Sittenwidrigkeit – eines (Vorsatz-)Verschuldens bedarf (so ganz richtig *v. Godin* U § 1 Rdn. 77 f). Dies ist mit der seit langem ganz hM für Abwehransprüche zu verneinen, für Schadensersatzansprüche hingegen zu bejahen[274]. Damit erledigt sich – für Abwehransprüche – auch die Frage nach dem für die Tatsachenkenntnis relevanten Zeitpunkt, ohne daß sich an diesem Punkt allerdings im Ergebnis Änderungen gegenüber der hM ergeben (vgl. Einl. D Rdn. 125 f). Für Abwehransprüche bedarf es also unter jedwedem rechtlichen Gesichtspunkt keinerlei Tatumstandskenntnis oder äquivalent-substitutiver psychischer Zustände.

dd) Subjektive Elemente der Sittenwidrigkeit? In Parallele zur bürgerlich-rechtli- **D 131**
chen Dogmatik[275] bejaht eine **ganz hM** in Rechtsprechung und Literatur die Existenz subjektiver Sittenwidrigkeitselemente gerade auch im Wettbewerbsrecht. Ausgehend von der angenommenen Notwendigkeit einer **„Gesamtwürdigung“** im Rahmen der Sittenwidrigkeitsfeststellung wegen des „Gesamtcharakters“ eines Verhaltens nach inneren, subjektiven und äußeren, objektiven Momenten[276] sollen zwar nicht generell, aber in bestimmten Fallgruppen „natürlich“ (*Bork* ZHR 157 (1993),

---

[273] *Sack* WRP 1985, 1, 12 bezeichnet freilich die Gegenposition, wie sie der Text vertritt, schon als herrschend, jedenfalls in der wettbewerbsrechtlichen Literatur.

[274] BGHZ 27, 264, 273 – *Programmhefte;* BGH GRUR 1955, 487 f – *Alpha;* 1960, 200, 202 – *Abitz II;* 1967, 596, 598 – *Kuppelmuffenverbindung;* 1974, 666, 669 – *Reparaturversicherung;* 1981, 286, 288 – *Goldene Karte I;* zur früheren Rspr. s. nur RG MuW XXV, 97 f – *Heringsvertreter;* noch unentschieden BGH GRUR 1955, 411, 414 – *Zahl 55;* 1956, 284, 287 – *Rheinmetall/Borsig II; v. Gamm* Kap. 18 Rdn. 55 f; *Katzenberger* Recht am Unternehmen und Unlauterer Wettbewerb (1967) S. 129 ff; *Schricker* Gesetzesverletzung S. 257 f. Dazu näher Großkomm.-*Köhler* Vor § 13 B Rdn. 2, 126, 131, 275 ff.

[275] S. etwa MünchKomm.-*Mertens* BGB² (1986) § 826 Rdn. 42 ff; kritisch etwa *Damm* JZ 1986, 913, 917.

[276] RGZ 80, 219, 221; BGH GRUR 1964, 489, 491 – *Kleenex;* 1967, 256 f – *Stern;* 1975, 264 f *Werbung am Unfallort I;* 1977, 668, 670 – *WAZ-Anzeiger;* 1982, 425, 430 – *Brillen-Selbstabgabestellen;* 1983, 120, 126 f – *ADAC-Verkehrsrechtsschutz;* 1983, 748 f – *HEWI-Beschläge; Baumbach/Hefermehl* Einl. UWG Rdn. 106, 148; HdbWR/*Kreft* § 13 Rdn. 9; *Kraft* Interessenabwägung S. 142 (mit fehlender bzw. unklarer Abgrenzung subjektiver Sittenwidrigkeitsmerkmale gegenüber Verschuldensaspekten innerhalb des Sittenwidrigkeitsbegriffs); *Tyllack* S. 227; *Ulmer/Reimer* Rdn. 62 ff.

370 f) erst **Motivlage** und **Handlungszweck** den **Handlungsunwert** konstituieren. Ohne erkennbaren dogmatischen Gewinn mag man als Handlungszweck das vorgestellte (ökonomische) Ergebnis bezeichnen, als Motiv den Grund dafür, daß der Wettbewerber gerade dieses Ergebnis anstrebt[277]. Die niedere Gesinnung des Wettbewerbers allein soll dabei jedenfalls niemals ausreichen, um Unlauterkeit bejahen zu können[278]; gefordert wird vielmehr deren Niederschlag im „objektiven Tatbestand", also im äußeren Geschehen[279]. Umgekehrt soll ein Verhalten, das bereits seinem Inhalt nach den „guten Sitten" zuwiderläuft, auch dann unlauter sein, wenn der Handelnde keinerlei „verwerfliche Motive" oder „unlautere Absichten" hatte (*Ulmer/Reimer* Rdn. 62).

D 132 Das Erfordernis subjektiver Sittenwidrigkeitselemente spielt dogmengeschichtlich erstmals eine herausragende Rolle im sog. Benrather Tankstellenfall, um eine an sich nach allgemeiner Meinung wettbewerbsrechtlich gerade nicht zu beanstandende **aggressive Preispolitik** doch noch als sittenwidrig darzustellen, eben wegen der sie tragenden Absicht der Konkurrentenverdrängung, moralisierend-tendenziös durchweg als **„Vernichtungsabsicht"** oder „Vernichtungszweck" etikettiert (vgl. OLG Düsseldorf GRUR 1929, 1368 als Vorinstanz zu RGZ 134, 342, 350 ff). Die Nachkriegsrechtsprechung ist dieser Linie – etwa bei den **Verkäufen unter Einstandspreis** – weiterhin gefolgt[280]. In gleicher Weise wurde zunächst bei der sog. **sklavischen Nachahmung** grundsätzlich eine **Ausnutzungsabsicht** verlangt (BGHZ 35, 341, 348 – *Buntstreifensatin;* BGH GRUR 1966, 30, 33 – *Konservenzeichen I;* 1966, 38, 42 – *Centra* mit Anm. *Falck*), doch wird auf dieses subjektive Element der Sittenwidrigkeit mittlerweile wieder verzichtet (vgl. schon BGH GRUR 1960, 244, 246 – *Simili-Schmuck* sowie GRUR 1968, 581, 593 – *Pulverbehälter* und GRUR 1985, 445, 447 – *Amazonas;* s. neuerdings BGH GRUR 1991, 914 – *Kastanienmuster*). Bei der wettbewerbsrechtlichen Beurteilung des **Abwerbens von Arbeitskräften** soll das verfolgte Ziel, den Konkurrenten nachhaltig in seiner wirtschaftlichen Entfaltung zu beeinträchtigen oder ihn auszubeuten, eine entscheidende Rolle spielen (RGZ 149, 114, 121; BGH GRUR 1966, 263 – *Bau-Chemie;* OLG Köln WRP 1984, 571, 573). Vor allem im Zusammenhang mit der Frage, wann die Verletzung von Normen außerhalb des UWG, namentlich von „wertneutralen" Normen, als sittenwidrig iS von § 1 UWG zu betrachten ist, wird häufig auf die **Planmäßigkeit** der Normübertretung sowie auf die **Absicht einer ungerechtfertigten Vorsprungserzielung** abgestellt (vgl. § 1 F Rdn. 60 ff)[281].

---

[277] S. näher *Tyllack* S. 228 mwN.

[278] A. A. möglicherweise *Rosenthal/Leffmann* Kommentar zum Wettbewerbsgesetz[9] (1969) § 1 Rdn. 21: Bei der Sittenwidrigkeitsprüfung sei das Hauptgewicht nicht auf „äußerliche Dinge", sondern auf die „Gesinnung des Handelnden" zu legen.

[279] *Ulmer/Reimer* Rdn. 64; s. a. speziell zur Konkurrentenbehinderung *Nordemann* Rdn. 238 f; *Tyllack* S. 228. Nachweise zu der auf dieser Linie liegenden Judikatur s. folgende Fn.

[280] BGH GRUR 1979, 321 f und 1984, 204, 206 – *Verkauf unter Einstandspreis I und II;* ferner BGH GRUR 1964, 215 f – *Milchfahrer;* 1990, 371 ff – *Schallplatten-Preiskampf;* 1990, 685 ff und 687 ff – *Anzeigenpreis I und II;* 1991, 616 ff – *Motorbootfachzeitschrift.* S. a. *Mees* WRP 1992, 223 ff.

[281] BGHZ 5, 1, 11 – *Hummelfiguren I;* BGH GRUR 1953, 40 – *Gold-Zack;* 1957, 558 f – *Bayernexpress;* 1960, 240, 243 – *Süßbier;* 1961, 244 f – *Natürlich in Revue;* 1963, 578, 583 – *Sammelbesteller;* 1965, 373, 375 – *Blockeis II;* 1974, 281 f – *Clipper* mit Anm. *Hefermehl;* 1979, 553 – *Luxusferienhäuser;* 1980, 304, 306 – *Effektiver Jahreszins;* 1981, 140, 142 – *Flughafengebühr;* 1991, 768 – *Fahrschulunterricht;* WRP 1991, 785, 788 – *Kachelofenbauer II;* OLG Köln GRUR 1991, 151, 153. Eingehende Darstellung bei *Schricker* Gesetzesverletzung S. 42 ff, 68 f, 100, 257 und – speziell auch zum österreichischen Analogon – *Koppensteiner* § 13 V 1 c.

Dabei ist allerdings die **begriffliche Substanz der „Planmäßigkeit"** nur unscharf zu erkennen. Möglicherweise deckt sich die „Planmäßigkeit" bereits mit der Kenntnis der Tatumstände, die – als objektive Basis der Sittenwidrigkeit – den Normverstoß begründen, so daß die „Planmäßigkeit" dann keine dogmatische Eigenständigkeit besitzt[282]. Vom Wortsinn her liegt es allerdings näher, in der „Planmäßigkeit" eine Art **Fortsetzungsvorsatz** zu erblicken, der in der Konzeption der hM auch unverzichtbar erscheint, um über eine hierin verkörperte (wettbewerbs-)rechtsfeindliche Energie die Steigerung der bloßen Rechtswidrigkeit zur Sittenwidrigkeit plausibel darzustellen (s. zu dieser „Steigerung" Einl. D Rdn. 50), vor allem dann, wenn schon ein erstmaliger Verstoß gegen eine „wertneutrale" Norm als sittenwidrig erscheinen soll[283]. **D 133**

Entgegen der hM ist die Existenz bzw. das Erfordernis subjektiver Sittenwidrigkeitselemente nicht anzuerkennen[284]. Auf den ersten Blick scheint zwar die hM durchaus im Interesse der Wettbewerbsfreiheit zu argumentieren, weil ja mit jedem zusätzlichen Erfordernis hinsichtlich der Sittenwidrigkeit die Eingriffsschwelle des § 1 UWG angehoben wird. Diese Sicht der Dinge verdeckt aber, daß es zumeist erst die subjektiven Sittenwidrigkeitsmerkmale ermöglichen, an sich völlig wettbewerbskonformes, nicht selten allseits zugegebenermaßen sogar dem „Leistungswettbewerb" zuzurechnendes Marktverhalten als sittenwidrig zu diskreditieren. Dies ist in den Fällen der **Preisunterbietung** und des **Verkaufs unter Einstandspreis** offensichtlich (Freiheit der Preispolitik, speziell die **Kalkulationsfreiheit** als Kernbereich der Wettbewerbsfreiheit und der Preis als unbestritten leistungsbezogener Aktionsparameter); dasselbe gilt aber auch für die **Mitarbeiterabwerbung**[285] und angesichts des ebenfalls allseits akzeptierten Grundsatzes der Nachahmungsfreiheit für die Imitationshandlungen sowie sogar für die unter dem Dach des § 1 UWG etablierte Fallgruppe **„Vorsprung durch Rechtsbruch"**. Hier läßt sich – jedenfalls gegenüber der Verletzung „wertneutraler" Normen – nicht sagen, die Wettbewerbshandlung weise schon deshalb einen „gewissen Unwert" auf[286], weil dieser in der Normverletzung liegende Unwert eben gerade noch keinerlei wettbewerbsrechtliche Spezifität besitzt, wettbewerbsrechtliche Sittenwidrigkeit also nicht einmal in nuce existiert. In Wahrheit ist die hM also gegen eben jene Wettbewerbsfreiheit gerichtet, zu deren Gewährleistung und Effektivierung das Lauterkeitsrecht gerade beitragen soll. Die hM rekurriert dabei naturgemäß wiederum auf ihren hinsichtlich des philosophischen Standorts letztlich nicht deutlichen, jedenfalls aber stark wirtschaftsethisch eingefärbten Begriff der „guten Sitten", was – etwa mit der „Verwerflichkeit" der sittenwidrigen Gesinnung – im Sprachgebrauch einen greifbaren Ausdruck findet (vgl. schon Einl. D Rdn. 10 ff, 131, ganz deutlich auch *Rosenthal/Leffmann* Kommentar zum Wettbewerbsgesetz[9] (1969) § 1 Rdn. 20 f). **D 134**

Demgegenüber ist die Bewertung von Handlungen in einem Konzept, das an den Funktionsbedingungen des prozeßhaft-selbstregulativ interpretierten Wettbewerbs **D 135**

---

282 Vgl. BGH GRUR 1981, 140, 142 – *Flughafengebühr;* OLG Köln GewArchiv 1985, 242; OLG Hamburg WRP 1985, 654 f; *Baumbach/Hefermehl* Einl. UWG Rdn. 221; HdbWR/*Kreft* § 13 Rdn. 8; *Mees* WRP 1985, 373, 377.

283 *Baumbach/Hefermehl* Einl. UWG Rdn. 121. Zum Konzept der hM s. näher Großkomm.-*Schünemann* Einl. D Rdn. 50 ff.

284 So früher – aus anderen Erwägungen als der folgende Text – schon *Callmann* Der unlautere Wettbewerb[2] (1932) S. 36; *Kohler* Unl. Wettbewerb S. 28.

285 S. zu diesen Fallgruppen nur *Ulmer/Reimer* Rdn. 62 und zum „Leistungswettbewerb" Einl. D Rdn. 81 ff.

286 Vgl. *Baumbach/Hefermehl* Einl. UWG Rdn. 121: Nur wenn eine Wettbewerbshandlung bereits einen gewissen Unwert aufweise (oder ein verwerflicher Zweck verfolgt werde), könne der „Planmäßigkeit" Gewicht zukommen.

orientiert ist, **von subjektiven Faktoren gänzlich unabhängig**[287]: Hier entscheidet allein, ob ein Verhalten mit jenen Anforderungen konform geht, die wettbewerbstheoretisch bezüglich der Wirksamkeit des Marktmechanismus zu stellen sind, insb., ob die Marktteilnehmer unter den Bedingungen hinreichender Wettbewerbsfreiheit agieren (dazu eingehend Einl. A Rdn. 28 f, Einl. C Rdn. 28, Einl. D Rdn. 37 ff). Bei dieser grundsätzlichen Position gleichwohl echte subjektive Sittenwidrigkeitselemente zu akzeptieren[288], ist nicht nachvollziehbar. Schon eher diskutabel ist hingegen, ob (scheinbar) subjektiven Sittenwidrigkeitselementen **Indizfunktion** für ein Gefährdungspotential bezüglich des Wettbewerbsprozesses zugesprochen werden kann. Dies wird in der Tat bejaht[289]: Ein Handeln mit Verdrängungs- oder Vernichtungszweck erlaube den Schluß auf eine intendierte Wettbewerbsbeschränkung; dieser Wirtschaftsplan, die daraus konstruierte, also anders als gewohnt interpretierte „Planmäßigkeit" des Handelns, sei wiederum Indiz für Marktmacht und lasse eine Gefährdung für die Freiheit des Wettbewerbsprozesses erkennen. Dieser Umschlag vom an sich unbeachtlichen Subjektiven ins wettbewerbsrechtlich allein relevante Objektive rechtfertige sich vor dem Erfahrungshintergrund, daß ein Unternehmen, das nachhaltig den Plan verfolge, ausgewählte Wettbewerber zu vernichten oder sie zu wettbewerbsbeschränkendem Verhalten zu nötigen, auch über die Macht verfüge, seinen Plan zu verwirklichen[290]. Der unterstellte Erfahrungssatz ist jedoch äußerst fragwürdig. Außerdem wird – folgt man der Argumentation – das rechtliche Verhältnis zwischen UWG und GWB als Problem virulent (eingehend Einl. E Rdn. 7 ff), ganz abgesehen von der schon originär prekären Berücksichtigung von Marktmacht und Marktfolgen bei der Konkretisierung der wettbewerblichen „guten Sitten" (vgl. Einl. D Rdn. 98 ff).

D 136 Schließlich erscheint schon auf einer weniger grundsätzlichen, gleichsam nur dogmatisch-operativen Ebene die Anerkennung subjektiver Sittenwidrigkeitselemente wenig attraktiv: Ihre Feststellung soll sich ohnehin weitgehend über objektive, äußere **Indiztatsachen** vollziehen[291], so daß die Grenzen zwischen objektiven und subjektiven Sittenwidrigkeitsmerkmalen nicht nur praktisch, sondern auch dogmatisch zu verschwimmen beginnen[292]. Und bemerkenswerterweise lösen sich die subjektiven Sittenwidrigkeitsmerkmale gleichsam in nichts gerade bei jenen Autoren auf, die deren begriffliche Distanz zur Verschuldensebene darzulegen unternehmen, namentlich bezüglich „Planmäßigkeit" und „Absicht" einerseits, Vorsatzverschulden andererseits[293]. Noch undurchsichtiger wird die dogmatische Gemengelage, wenn die subjektiven Sittenwidrigkeitsmerkmale mit Hilfe einer **Doppelindikation**

---

[287] Klar erkannt von *Merz* Vorfeldthese S. 231; s. a. *Schricker* GRUR 1974, 579, 582; 1980, 194, 197; *Schünemann* S. 49 f. Von „marktbezogener Sittenwidrigkeit" sogar bei § 138 BGB und einer daraus resultierenden Irrelevanz subjektiver Momente spricht *Damm* JZ 1986, 913, 917 f, 921.

[288] So aber *Emmerich* § 5, 5 c, demzufolge überraschenderweise kein Zweifel daran soll bestehen können, daß es Fälle – wie etwa die Preisunterbietung in Vernichtungsabsicht – gebe, in denen der Vorwurf der Sittenwidrigkeit erst im Einzelfall aufgrund der besonderen Motive und Zwecke des Täters begründet sei.

[289] *Merz* Vorfeldthese S. 231; *Schricker* Gesetzesverletzung S. 269 f.

[290] *Mestmäcker* Verwalteter Wettbewerb S. 163.

[291] So schon die Judikatur in RGZ 134, 342, 350 ff – *Benrather Tankstelle;* s. ferner BGH GRUR 1961, 244, 246 – *Natürlich in Revue;* 1966, 30, 33 – *Konservenzeichen; Tyllack* S. 236; *Ulmer/Reimer* Rdn. 63.

[292] *Möschel* Pressekonzentration S. 104 f.

[293] Große, aber letztlich wenig ergiebige Bemühungen in dieser Richtung bei *Tyllack* S. 230 ff. Vgl. auch *v. Godin* U § 1 Rdn. 78, der in den hier diskutierten Fallgruppen den als Verschulden aufgefaßten Vorsatz beiläufig gerade zum subjektiven Element der Sittenwidrigkeit erklärt, obwohl er doch größten Wert darauf legt, die Feststellung der Sittenwidrigkeit verschuldensunabhängig zu gestalten (aaO Rdn. 77).

(Schluß vom äußeren Geschehen auf die Kenntnis der Tatumstände und aus dieser wiederum auf die Existenz subjektiver Sittenwidrigkeitselemente) erfaßbar sein sollen[294].

2. Einteilung der Wettbewerbshandlungen

a) Methodologische Aspekte. Die Bemühung um das Herausarbeiten prinzipieller Einsichten und um Systembildung ist Kennzeichen jeder Wissenschaft und damit selbstverständlich auch der Rechtswissenschaft, die sich diesen Aufgaben bezüglich des geltenden Rechts im Rahmen der Rechtsdogmatik zuwendet. Dabei kann es auf den jeweiligen Gegenstand, auf die jeweilige Rechtsmaterie, nicht ankommen. Auch die wettbewerbsrechtliche **Dogmatik** ist deshalb – nicht anders als diejenige des bürgerlichen Rechts, des Handelsrechts etc. – gehalten, den aufgegebenen Rechtsstoff in eine sinnvolle, geordnete Form zu bringen (*Baumbach/Hefermehl* Einl. UWG Rdn. 157). Darin manifestieren sich Ziel und Wesen der Rechtsdogmatik, die Normen des geltenden Rechts in seinen inneren Zusammenhängen zu entwickeln, sie aus übergeordneten, möglicherweise dem Gesetz selber vorausliegenden[295] Gesichtspunkten heraus abgeleitet erscheinen zu lassen und so als Elemente eines Systems zu verstehen[296]. **D 137**

Eine so basierte Dogmatik und ihr Bemühen um die Herstellung systematischer Ordnung stehen traditionell im Spannungsfeld zwischen theoretischen Subtilitäten und den **Anforderungen der Rechtspraxis.** Rechtsdogmatik solle – auch und gerade im so schwer über- und durchschaubaren Wettbewerbsrecht (*Kraft* Interessenabwägung S. 268) – ja doch immer – so wird seit jeher gefordert – auf dem Boden „praktischer Jurisprudenz" bleiben[297]. Rechtsdogmatik müsse auf die „Erleichterung des Richteramtes" zielen[298] und überhaupt allen ihren Destinatären gebrauchsfähige Ergebnisse zur Verfügung stellen, Ergebnisse, mit denen man „wirklich etwas anfangen" könne (vgl. *Emge* Philosophie der Rechtswissenschaft (1961) S. 83). Rechtsdogmatik wird so unversehens zur Handlungslehre, genauer: zur Handlungsführungslehre (*Ballweg* S. 60 ff), die dem Rechtsanwender, insb. dem einem Entscheidungszwang unterliegenden Richter[299], eine Anleitung zum Finden des richtigen Urteils auch in denjenigen Fällen bieten soll, die sich nicht evident als konkret-faktische Exemplifikation eines abstrakt-normativen Entscheidungsmodells darstellen. Besondere Schwierigkeiten[300] ergeben sich hier naturgemäß dann, wenn der Gesetzgeber – wie eben vor allem in § 1 UWG – mit Generalklauseln arbeitet. **D 138**

---

294 Auch unter diesem Aspekt lesenswert RGZ 134, 342, 350 ff – *Benrather Tankstelle*.

295 *Vgl. Larenz* Wegweiser zu richterlicher Rechtsschöpfung, in: FS Nikisch (1958), 275, 301, 304.

296 Vgl. *Dahm* Deutsches Recht² (1963) S. 39 f, 57 f; *Larenz* Über die Unentbehrlichkeit der Jurisprudenz als Wissenschaft (1966) S. 12 f; *Radbruch* Rechtsphilosophie⁴ (1950) (besorgt von Erik Wolf) S. 209, 220; *Sauer* Einführung in die Rechtsphilosophie² (1961) S. 10 f.

297 *Larenz* Über die Unentbehrlichkeit der Jurisprudenz als Wissenschaft (1966) S. 11 f; *Starck* JZ 1972, 609; ebenso schon *v. Jhering* im Vorwort zu seinen Dogmatischen Jahrbüchern Bd. I (1857) S. 19.

298 *Savigny* Zschr. f. geschichtl. Rechtswiss. Vorwort zum I. Bd. (1815) S. 14; ferner *Heck* Begriffsbildung und Interessenjurisprudenz (1932) S. 4 ff, 165 f, 173 ff.

299 Interessante Begründung des „non liquet"-Verbots bei *Ballweg* S. 108 f.

300 Vgl. *Hruschka* ARSP 50 (1964), 485 f, 493 mit dem zutreffenden Hinweis auf die bereits grundsätzliche methodologische Schwierigkeit, in der Subsumtion die Klassenverknüpfung zwischen den abstrakt-normativen Elementen (Tatbestandsmerkmale) und den konkret-faktischen (Tatsachen) zu leisten.

D 139 Ob Rechtsdogmatik mit der ihr eigenen Denkform (dazu eingehend *Thul* ARSP 46 (1960), 241 ff) diesem an sie herangetragenen **Aufgabendualismus** von Hermeneutik einerseits, Heuristik andererseits, überhaupt gerecht werden kann, ist sehr zweifelhaft[301]. Die methodologische Problematik findet jedenfalls ihren augenfälligen wettbewerbsrechtlichen Niederschlag in den bislang vorgestellten **Systementwürfen,** die wohl ganz überwiegend sowohl die „theoretische Leidenschaft"[302] nach wissenschaftlicher Erkenntnis befriedigen als auch die juristisch-praktische Operationalisierung der „guten Sitten" leisten wollten. Wegen der dem Wettbewerb wesenseigenen, buchstäblich unberechenbaren Dynamik und der unübersehbaren Vielfalt der durch den Wettbewerb hervorgebrachten Handlungsweisen mußte konzediert werden, daß jedenfalls **materiale,** an Inhalt oder Zweck des Wettbewerbshandelns, aber auch am „Grund des (sc. wettbewerbsrechtlichen) Unwerturteils" (*Kraft* Interessenabwägung S. 270) anknüpfende Einteilungen (faktisch-materiale bzw. normativ-materiale Systeme) niemals dem systematischen Ideal der Vollständigkeit und Überschneidungsfreiheit auch nur annähernd würden entsprechen können[303]. Die wettbewerbliche Realität kennt nun einmal „keine durch (sc. definitorische) Mauern fest abgegrenzte, sondern nur ineinander übergehende Begriffe" (*Baumbach/Hefermehl* Einl. UWG Rdn. 156 f).

D 140 Einschränkend ist allerdings zu sagen, daß **Substrat der Systematisierung** ja durchweg gar nicht das Wettbewerbshandeln schlechthin zu sein braucht. Eine gegenständliche Einengung und damit eine größere methodische Chance zur Systematisierung liegt vielmehr darin, daß hier – im Gegensatz zur Wettbewerbstheorie – nur das wettbewerbsrechtlich relevante, und d. h. letztlich nur das wettbewerbsrechtlich inkriminierte Handeln interessiert. Unerheblich ist dann hingegen, ob man im Rahmen dieser Zielsetzung das Augenmerk nun nur auf die Explikation des Verstoßes gegen die „guten Sitten" des § 1 UWG legt oder das Lauterkeitsrecht in seiner ganzen Breite im Blick hat. Denn wer die Sittenwidrigkeit aufschlüsselt, entwirft – gewollt oder nicht – immer auch ein System des Lauterkeitsrechts insgesamt, weil § 1 UWG die speziellen Unlauterkeitstatbestände gedanklich umschließt (vgl. Einl. D Rdn. 6, 51; **a. A.** *Baumbach/Hefermehl* Einl. UWG Rdn. 158, denenzufolge die meisten Systematisierungsversuche daran krankten, daß der Gegenstandsbereich in einer Blickwinkelverengung auf § 1 UWG zu schmal gefaßt sei, sie also das Wettbewerbsrecht nicht als etwas Einheitliches betrachteten).

D 141 Die Aussichten auf eine stimmige, ohne Rest aufgehende Systematik der (unlauteren) Wettbewerbshandlungen sind bei einem **formalen Ansatz** von vornherein besser, namentlich also dann, wenn Systematisierungskriterium nicht die (unlautere) Wettbewerbsmethode, sondern die Richtung ihres Einsatzes ist (s. a. *Nordemann* Rdn. 25). Dabei handelt es sich dann eher nur noch um sprachliche Vollzugsvarianten dieses formalen Ansatzes, ob nun die **Wirkungsrichtung** über die betroffenen Wirtschaftssubjekte oder aber über die tangierten Interessen definiert wird. Der Vorzug einer solchen Systematik, ihr jedenfalls tendenziell viel größerer Annäherungsgrad an Vollständigkeit und Überschneidungsfreiheit, ist allerdings zugleich ihre Schwäche: Sie leistet eben wegen ihrer formalen Natur keinen eigenen Beitrag zur

---

[301] Ausführliche, prinzipielle Auseinandersetzung mit diesem hier nur ganz knapp zu streifenden Fragenkreis bei *Schünemann* Grundprobleme S. 38 ff, insb. S. 42 ff, 47 ff.

[302] Vgl. die Ironisierung bei *Wiedemann* in seiner Kölner Rektoratsrede vom 19. 10. 1979 (vgl. ZGR 1980, 147 ff, insb. S. 176).

[303] *Baumbach/Hefermehl* Einl. UWG Rdn. 156 f, 166; *Callmann* Der unlautere Wettbewerb[2] (1932) S. 52; *Tetzner* UWG § 1 Rd. 41.

Konkretisierung der wettbewerblichen Sittenwidrigkeit selber, hat also einen lediglich das vorgefundene Fallmaterial **ordnenden Charakter** und eine gewisse **didaktische Bedeutung.** Unabhängig davon, ob man im heuristischen Interesse einer Operationalisierung der „Sittenwidrigkeit" die gegen material konzipierte Systeme zu erhebenden Bedenken (s. dazu auch Einl. D Rdn. 139 f) hintanstellt[304] oder aber eine bezüglich der Ausssagekraft über „sittenwidriges" Handeln bewußt substanzlose, dafür aber vielleicht klarere formale Systematik bevorzugt, sollte Einigkeit in folgendem Punkt bestehen: Notwendige Voraussetzung der definitionslogischen Plausibilität jeder Systematik ist die Vermeidung von Paradigmenwechseln bei der Systembildung. Mit anderen Worten ist eine Vermischung materialer und formaler Kriterien sowohl der hermeneutischen als auch der heuristischen Leistungsfähigkeit eines Systems abträglich und deshalb in jedem Fall ein entscheidender Konstruktionsfehler.

b) **Überblick über markante Systematisierungskonzepte.** Die verhältnismäßig kurze Geschichte des Wettbewerbsrechts und die – gemessen an anderen Materien des Privatrechts – schon dadurch bedingte vergleichsweise geringe wissenschaftliche Durchdringung des Wettbewerbsrechts haben zu **zahlreichen Systematisierungsversuchen** geführt, die überwiegend eine sehr individuelle Handschrift tragen[305]. **D 142**

Den wohl **ersten** umfassend gemeinten, aber aus heutiger Sicht doch sehr unübersichtlichen **Systematisierungsversuch** der wettbewerbsrechtlich anstößigen Verhaltensweisen unternahm *Lobe,* ohne freilich prägnante Bezeichnungen für die jeweiligen Fallgruppen einzuführen. Ausgehend von dem Satz, daß im Wettbewerbskampf nur der Einsatz der eigenen Leistung zulässig sein könne (*Lobe* I S. 47 ff), rechnete er zur **ersten Gruppe** wettbewerbsrechtlich unzulässiger Verhaltensweisen zunächst Handlungen, die die Erfolgsaussichten der Erwerbstätigkeit von Konkurrenten beeinträchtigen. Hier lokalisierte *Lobe* auch Behinderungen fremder Erwerbstätigkeit durch Angriffe gegen besondere Erwerbsmittel, Kredit, guten Ruf, durch Täuschung, Drohung und Gewalt gegen Mitbewerber (*Lobe* I S. 49). Die **zweite Gruppe** wird bei *Lobe* durch Handlungen konstituiert, die der Förderung eigener Erwerbstätigkeit dienen, sich dabei aber gegnerischer Wettbewerbsinstrumente bedienen, wie z. B. der Gebrauch von Unterscheidungs- und Bezeichnungsmitteln des Mitbewerbers oder Aneignung und Verwertung fremder Geschäfts- und Betriebsgeheimnisse (*Lobe* I S. 51 ff). Die **dritte Gruppe** wird durch die Beeinflussung des Kunden in anderer Weise als durch die eigene gewerbliche Leistung charakterisiert. Dabei wird etwa gedacht an täuschende Reklame, an – modern gesprochen – progressive Vertriebssysteme (Schneeballsysteme), an Preisunterbietungen mit Vernichtungszweck und an unwahre Behauptungen zur Herabsetzung der Konkurrentenleistung (*Lobe* I S. 56 ff). Schließlich wird als **vierte Fallgruppe** die gesetzlich (nicht: vertraglich!) verbotene Erwerbstätigkeit vorgestellt (*Lobe* I S. 63). **D 143**

Ein **weiterer früher Vorschlag** stammt von *Kohler* (Unl. Wettbewerb, passim, z. B. S. 24 ff). Er verknüpfte das **Formalkriterium der Zielrichtung** der Wettbewerbshandlungen mit **materialen Kennzeichnungen,** indem er **„Irreleitungen"** und **„Feind-** **D 144**

---

[304] Als entschiedener Vertreter einer materialen Systematik – allerdings ohne irgendwelche diesbezüglichen Bedenken – ist vor allem *Kraft* (Interessenabwägung S. 270 ff) zu nennen; s. a. *Baumbach/Hefermehl* Einl. UWG Rdn. 159 und zu beiden noch Großkomm.-*Schünemann* Einl. D Rdn. 157 ff.

[305] Vgl. auch die mit unterschiedlichen Schwerpunkten versehenen Überblicke bei *Baumbach/Hefermehl* Einl. UWG Rdn. 158 f; *Kraft* Interessenabwägung S. 268 ff; *Ott* FS Raiser S. 403, 406 f; *Ulmer/Reimer* Rdn. 17. Eine Systematisierung speziell des Werberechts versucht *Burmann* WRP 1969, 262 ff.

seligkeiten" unterschied. Irreleitungen sollten dabei über das umworbene Publikum die Konkurrenten mittelbar, Feindseligkeiten hingegen die Konkurrenten unmittelbar affizieren. Die Feingliederung erfolgte bei den Irreleitungen sodann in allgemeine Mißleitung, also in objektive, insb. angebotsbezogene Irreleitungen und in subjektive Irreleitungen, die sich auf die Person des Konkurrenten beziehen sollten. Bei den Feindseligkeiten standen Anschwärzung und Geheimnisverrat neben Bestechung und feindseliger Geschäftshemmung im Mittelpunkt. Das Warenzeichenrecht bezog *Kohler* in seinen Systementwurf nicht mit ein. In deutlicher Parallele hierzu (vgl. näher *Merz* Vorfeldthese S. 220 ff) hat in neuerer Zeit aus wettbewerbstheoretischer Sicht *Hoppmann* (Fusionskontrolle (1972) S. 12 ff, 24) eine – materiale – Systematisierung der im Blick auf die Wettbewerbsfreiheit kontraproduktiven Verhaltensweisen vorgeschlagen, wobei der Bogen zugleich bis zum Kartellrecht gespannt wird.

D 145 Der Zweiteilung *Kohlers* setzte *Callmann,* der sich der Systematisierungsproblematik bereits recht eingehend gewidmet hat, eine **rein material konzipierte Dreiteilung** gegenüber (*Callmann* Der unlautere Wettbewerb^2 (1932) S. 50 ff). Eine an sich wertfrei gefaßte wirtschaftswissenschaftliche Begriffsbildung *Sombarts* aufgreifend (vgl. Einl. D Rdn. 82) gliederte *Callmann* das wettbewerbsrechtlich anstößige Verhalten in **unerlaubten Leistungswettbewerb, unerlaubten Suggestionswettbewerb** und den – per se anstößigen – **Gewaltwettbewerb.** Zu ersterem rechnete *Callmann* zwar die Entfaltung eigener Kräfte, aber z. B. im Rahmen einer Ausbeutung fremder Arbeitsleistung durch Mißachtung gewerblicher Schutzrechte, die gesetzes- oder vertragswidrige Preisunterbietung, Angestelltenbestechung und Geheimnisverrat. Unerlaubter Suggestionswettbewerb hingegen sollte in der Beeinflussung der öffentlichen Meinung, etwa durch irreführende Werbung, durch Verstöße gegen das Ausverkaufsrecht, durch sklavische Nachahmung und durch Mißbrauch gewerblicher Kennzeichnungsmittel charakterisiert sein. Als Formen des Gewaltwettbewerbs, in dem der Mitbewerber unmittelbar bedrängt werde, betrachtete *Callmann* Anschwärzung und Verleumdung, die sog. persönliche Reklame (eine Art wahrer übler Nachrede), das Abspenstigmachen von Angestellten (Mitarbeiterabwerbung), das Abfangen von Kunden sowie Boykott (Sperre).

D 146 Sehr nachhaltig hat die von *Nipperdey* vertretene Unterscheidung zwischen **Leistungswettbewerb** und **Behinderungswettbewerb**[306] die wissenschaftliche Diskussion beeinflußt (s. a. nachfolgende Rdn. 147 f), obwohl der Gedanke an sich nicht neu war, im Wettbewerbsrecht der Sache nach vielmehr schon von *Lobe* (I S. 47 ff; s. a. Einl. D Rdn. 143 f) vorgezeichnet und jedenfalls von *Callmann* sogar bereits beim Namen genannt worden war (s. vorstehend Rdn. 145). Während der Leistungswettbewerb die Förderung der Erwerbstätigkeit mit den Mitteln der eigenen Leistung, namentlich unter Einsatz der „klassischen" Aktionsparameter Preis, Qualität und Service, sein soll, ziele der Behinderungswettbewerb gerade unter Einsatz anderer Mittel als der eigenen Leistung, z. B. durch Boykott, aber wiederum auch durch Preisunterbietung, auf Ausschaltung oder Verdrängung der Konkurrenten ab, um dadurch freie Bahn für den eigenen Absatz zu schaffen. Soweit die **Rechtsprechung** überhaupt Veranlassung hatte, sich zu systematischen Fragen zu äußern, hat sie in der Zeit **des Reichsgerichts** sich *Nipperdeys* Ansatz erkennbar zu eigen ge-

---

306 *Nipperdey* Wettbewerb S. 16 ff. Ihm ohne Abstriche folgend etwa *Schoen* S. 32 ff; *Tetzner* UWG § 1 Rdn. 41, 48, 58, 62; s. a. *Ulmer* Sinnzusammenhänge S. 10 ff, 18 sowie zur Problematik des „Leistungswettbewerbs" Großkomm.-*Schünemann* Einl. D Rdn. 81 ff.

macht (vgl. vor allem RGZ 134, 342, 353 ff – *Benrather-Tankstelle;* ferner RG GRUR 1931, 983, 985 – *Zement*).

Aufbauend auf *Nipperdey,* aber die Enge dessen Zweiteilung der Wettbewerbshandlungen in Leistungs- und Behinderungswettbewerb vermeidend, entwickelte *Böhm* die **Dichotomie** von grundsätzlich **erwünschtem Leistungs- und unerwünschtem Nichtleistungswettbewerb,** die jedenfalls den Vorzug einer konzeptionell bedingten Lückenlosigkeit beanspruchen konnte. Außerdem konnte unter dem Nichtleistungswettbewerb neben dem überkommenen Behinderungswettbewerb nun insb. noch der Monopolkampf gegen Außenseiter subsumiert werden[307]. Im einzelnen sah *Böhm* den Leistungswettbewerb durch ein Ordnungs-, Leistungs- und Wettelement gekennzeichnet, den Nichtleistungswettbewerb durch das Merkmal eines regelwidrig erlangten oder verfolgten Vorsprungs zutreffend beschrieben. Auf dieser Grundlage unternahm *Böhm* für den Nichtleistungswettbewerb eine weitere Auffächerung in einige nicht klar benannte Fallgruppen[308]. **D 147**

In anderer Art und Weise wirkte die Klassifizierung durch *Nipperdey* bei *H. Lehmann* fort. Er unterschied (*H. Lehmann* Handel S. 101) zunächst **Behinderungswettbewerb** (Förderung des eigenen Absatzes durch das Mittel der Schädigung bis hin zur Vernichtung des Konkurrenten) und den durch Ausnutzung fremder Arbeitsergebnisse oder unlauter erlangter sonstiger Vorteile überhaupt erst ermöglichten oder jedenfalls unterstützten **(unlauteren) Leistungswettbewerb.** Eine dritte und vierte, jeweils in sich geschlossene Fallgruppe glaubte *H. Lehmann* in **irreführenden Anpreisungen** zu erkennen sowie schließlich – mit besonderem Unwertgehalt – im **„gemeinschaftsschädlichen Wettbewerb“**, der in der Überschreitung jener Grenzen liegen sollte, die sich für Unternehmen durch ihre Eingliederung in die „völkische Wirtschaftsordnung“ ergäben (s. a. Einl. B Rdn. 34 f, Einl. D Rdn. 13). Eine solche Grenzüberschreitung wurde von ihm schon bei (fortgesetzter) Preisunterbietung bejaht. **D 148**

Nerreter wiederum griff ausdrücklich die Fallgruppenbildung *Kohlers* auf, definierte sie aber neu (*Nerreter* S. 103 ff). Die „Irreleitung“ wurde so zur „ungehörigen Beeinflussung“, die „Feindseligkeit“ zur „ungehörigen Behinderung“. Zur **ersteren Gruppe** rechnete er z. B. irreführende Angaben, aufdringliche und anreißerische Werbung, aber auch Angestelltenbestechung, zur **zweiten** die systematische Preisunterbietung, Boykott, Rufschädigung, vergleichende und persönliche Werbung. *Nerreter* etablierte aber darüber hinaus als **dritte Fallgruppe** die „ungehörige Ausnutzung“, die er in der Aneignung fremder Arbeitsleistung, namentlich durch sklavische Nachahmung, sah. Ferner zählte er hierzu das Abwerben von Mitarbeitern, das („ungehörige“) Ausspannen von Kunden, anlehnende, vergleichende Werbung sowie die Mißachtung gesetzlicher oder vertraglicher Normen, welche die rechtliche par condicio concurrentium statuierten[309]. **D 149**

Um auch die Fälle „unredlicher Gestaltung der Produktionsgrundlage“, beispielsweise der auf günstigerer Kalkulation wegen Tarifbruchs möglichen Preisunterbietung zu erfassen, plädierte *E. Ulmer* (GRUR 1937, 769, 771) unter grund- **D 150**

[307] *Böhm* Wettbewerb und Monopolkampf (1933, Neudruck 1964) S. 73 ff, 124 ff, 178 ff, 210 ff, 250 ff.

[308] Ähnlich *Benisch* WuW 1955, 421, 427 ff; *Hubmann* Gewerblicher Rechtsschutz[5] (1988) Kap. 49 III/50.

[309] Ebenso wie *Nerreter* auch *Schramm* Grundlagenforschung auf dem Gebiet des gewerblichen Rechtsschutzes und des Urheberrechts (1954) S. 219; zu ähnlichen Systematisierungsversuchen s. ferner *Kraft* Interessenabwägung S. 279.

sätzlicher Übernahme der Systematik *Nerreters* vor allem dafür, die „ungehörige Beeinflussung" zugunsten des „ungehörigen Vorsprungs" aufzugeben. Dies läuft unversehens freilich auf eine Preisgabe des systematischen Anliegens überhaupt hinaus, weil der **„ungehörige Vorsprung"** letztlich nichts weiter als das Ergebnis jedweden unzulässigen Wettbewerbsverhaltens darstellt (so zutreffend *Baumbach/Hefermehl* Einl. UWG Rdn. 159).

D 151 *Baumbach* (Kommentar zum Wettbewerbsrecht (1929) 509 ff) nahm eine Einteilung der unlauteren Wettbewerbshandlungen in **zwei Gruppen** vor, die nicht nur durch ihren **Inhalt,** sondern auch durch deren **Wirkungsrichtung** unterschieden sein sollten (aaO S. 511, 513): Wettbewerbsverstöße durch greifbare **Förderung des eigenen Betriebs** einerseits, Wettbewerbsverstöße durch **Behinderung fremden Betriebs** andererseits. Zur ersten Gruppe zählte *Baumbach* beispielsweise Irreführung und eigenen Vertragsbruch, aber auch Ausbeutung fremder Rechtsgüter und Abwerbung fremden Personals, zur zweiten Gruppe etwa Unterschieben von Ware, Geheimnisverrat, Preisunterbietung, Verleitung zum Vertragsbruch und Ausnutzung einer wirtschaftlichen Machtstellung.

D 152 Nach *Elster* (Gewerblicher Rechtsschutz (1921) S. 256 f) wiederum sollte zu differenzieren sein zwischen **Einwirkungen auf das Publikum** und **auf Angestellte des Konkurrenten,** wozu sich als dritte Fallgruppe der **Vertrauensbruch durch Angestellte** gesellen sollte.

D 153 Daneben wurden eher **kaleidoskopartige Einteilungen** vorgenommen, die nicht einmal den Anspruch erhoben, einem Systemgedanken im engeren Sinne verpflichtet zu sein, also gar kein übergeordnetes Einteilungskriterium zu benennen suchten. Paradigmatisch hierfür ist etwa *Becher.* Er zählt insgesamt acht Fallgruppen auf (*Becher* § 1 UWG Anm. 31 (S. 33)): Handlungen, die das Gemeinwohl gefährden; Handlungen, die eine Verwilderung geschäftlicher Sitten bedeuten; Anlocken des Publikums durch unlautere Reklame; Anlocken des Publikums durch Erregung der Spielleidenschaft; Hineinziehen des Persönlichen in den Wettbewerbskampf; Ausnutzen der Vertragsuntreue der anderen Erwerbsgenossen; Ausnutzen einer wirtschaftlichen Machtstellung und schließlich Ausbeuten fremder Arbeit. Nur vereinzelt findet dieser unsystematische Darstellungsansatz darüber hinaus auch heute noch Verwendung (so etwa bei *Böttner* WRP 1989, 433, 436 ff). Zu den materialen, dabei aber auf systematische Durchbildung verzichtenden Einteilungen muß wohl auch der aktuelle Vorschlag von *Tilmann* (GRUR 1991, 798 f) gerechnet werden, die wettbewerbsrechtliche „Sittenwidrigkeit" nach den „rechtstatsächlichen Grundbedingungen des Marktmechanismus", zu denen er z. B. die Marktinformation zählt, zu gliedern.

D 154 Für die **jüngere Dogmatik** ist ansonsten vielfach eine nachhaltige **Skepsis** gegenüber einer material konzipierten Systematik zu verzeichnen. Statt dem System die Aufgabe zuzuweisen, den „materiellen Unrechtsgehalt" der jeweiligen Fallgruppen zum Ausdruck zu bringen (mit dieser Intention aber offenbar *Baumbach/Hefermehl* Einl. UWG Rdn. 159; dazu näher Einl. D Rdn. 158 ff), begnügt man sich lieber mit einer ordnungspraktischen Nutzenfunktion „handlicher Orientierung" (*Fikentscher* Bd. II § 22 XI 6): Die Systematisierung wird so „allein eine Frage darstellerischer Zweckmäßigkeit" (*Emmerich* § 5, 7 a). Die Betonung des Interessengedankens im Wettbewerbsrecht liefert in diesem Zusammenhang das probate Mittel, etwa mit *Emmerich* danach zu unterscheiden, ob der Schwerpunkt der fraglichen Handlung in einem Verstoß gegen die Interessen der Konkurrenten, gegen die der Verbraucher oder gegen die der Allgemeinheit liegt (*Emmerich* § 5, 7 a). Systemkonstruktiv maßgeblich ist also die Richtung der Wettbewerbshandlung[310]. Ein in seiner **Formalität** und **Interessenorientierung** ähnlicher Ansatz liegt der Systematisierung dort zugrunde, wo eine **Dreiteilung** nach den tangierten Interessen der Unternehmen (Anbieter oder Nachfrager), der Verbraucher und der Allgemeinheit erfolgt (RWW/*Fezer* 3.0 Rdn. 129).

Fikentscher wiederum geht nunmehr von einem **dichotomischen Modell** mitbewerber- oder kundenbezogener Unlauterkeit aus (*Fikentscher* Bd. II § 22 XI 6; anders noch *ders.* Wettbewerb S. 115 f: Gliederung in Leistungs- und Behinderungsbzw. Nichtleistungswettbewerb). Mitbewerberbezogene Unlauterkeit soll dabei entweder den Weg über die Psyche des Kunden (sog. Kundenfang-Tatbestände) nehmen oder nicht. Die Kundenfang-Tatbestände ihrerseits teilt *Fikentscher* ein in solche, die sich auf die Güterseite (wie z. B. auch die Zugabe), und solche, die sich auf die Preisseite des mit dem Kunden angestrebten Geschäfts (wie z. B. auch der Rabatt) beziehen. Die übrigen mitbewerberbezogenen Fallgruppen unlauteren Verhaltens sieht *Fikentscher* durchgängig durch die Wegnahme von Ressourcen gekennzeichnet, sei es auch in Form des Profitierens an fremden Ressourcen. Hierher werden von ihm die „Wegnahme“ von Kunden- oder Lieferantenbeziehungen, die Ausbeutung der Leistung des Mitbewerbers und sonstige Ressourcenbeeinträchtigungen (z. B. die Rufschädigung) gerechnet. Diese Einteilung der Wettbewerbshandlungen, die *Fikentscher* als weitgehende **Anlehnung an kartellrechtliche Mißbrauchstatbestände** begreift (Bd. II § 2 XI 6 Fn. 826), findet – wie gesagt – ihre Fortsetzung in der kunden- und lieferanten-, insb. verbraucherbezogenen Unlauterkeit. Quer zu dieser Einteilung positioniert *Fikentscher* schließlich als „Erweiterung“ der jeweiligen beiden Großgruppen die Kategorie Unlauterkeit durch Rechtsbruch. Damit verläßt *Fikentscher* aber wohl die sonst doch formale Ebene seiner Systematik[311]. **D 155**

Auch *Nordemann* klassifiziert die Wettbewerbshandlungen „nach der Angriffsrichtung der konkreten Verhältnisse“ (*Nordemann* Rdn. 27). Insoweit ähnlich wie schon *Kohler* verknüpft er diesen **formalen Aspekt** mit **materialen**, hier Grund und Gehalt an „Sittenwidrigkeit“ explizierenden Kennzeichnungen. Ihmzufolge kann sich das „wettbewerbsrechtlich verbotene Tun eines Kaufmanns“ primär richten zunächst gegen den Kunden: Der Kunde werde durch Irreführung oder durch andere unlautere Beeinflussungsmittel in seiner Entschließungsfreiheit beeinträchtigt; dadurch werde zugleich auch die Konkurrenz benachteiligt. Zweitens könnte sich der Angriff gegen bestimmte Mitbewerber richten; durch solche Behinderungshandlungen werde deren Freiheit zu gewerblicher Tätigkeit beschnitten. Schließlich könnten durch das Wettbewerbshandeln alle Mitbewerber beeinträchtigt sein, dann nämlich, wenn sich der Kaufmann durch Rechtsbruch einen Vorsprung vor der rechtstreuen Konkurrenz verschaffe. Eine formal/material kombinierte Systematik verfolgt auch *Burmann* (WRP 1968, 258, 263 f). Er unterscheidet konkurrenzbezogene, verbraucherbezogene und marktbezogene Unlauterkeit und führt innerhalb dieser Dreiteilung beispielsweise „persönliche Diffamierung“, „Verleitung zum Vertragsbruch“, Unterlagenerschleichung, „Mißachtung der Verbrauchererwartung“, **D 156**

---

310 *Koppensteiner* § 4.

311 Irritierend auch seine Bemerkung aaO Bd. II § 22 XI 6 mit Fn. 826, sein System nehme insgesamt sowohl eine Aufgliederung der Generalklausel (sc. des § 1 UWG) vor – das ist sicher ein materiales, am jeweiligen Unrechtsgehalt der Fallgruppen orientiertes Anliegen –, als darin auch eine Einteilung der Wettbewerbshandlungen entsprechend der (formalen?) „Struktur des Wettbewerbs“ – gewiß kein originär normativer Aspekt – liege.

„Verfälschung der Austauschverhältnisse“ und viele andere inkriminierte Tatbestände auf.

D 157 Ein ganz entschiedener Verfechter einer **materialen Betrachtungsweise** ist *Kraft*. Den Sinn jeder Systematisierung im Wettbewerbsrecht erblickt er darin, in den vom System erzeugten Fallgruppen diejenigen Faktoren deutlich werden zu lassen, die zu dem Unwerturteil selbst führen (*Kraft* Interessenabwägung S. 272 ff). Die Analyse der wettbewerblich involvierten Interessen ist bei *Kraft* somit Vorstufe zur Entwicklung eines **„Topoi-Katalogs“**, der alle Gesichtspunkte enthalte, die zu einer Minderbewertung kollidierender Wettbewerbsinteressen führen könnten. Es soll sich dabei nicht um eine materiale Systematik im herkömmlichen Sinn handeln, die sich an den Gründen für das Unwerturteil der unlauteren Wettbewerbshandlungen orientiert. Der Topoi-Katalog solle vollständig vielmehr nur in dem Sinne sein, daß er diverse „Erörterungsgesichtspunkte“ in einer Fassung enthalte, „daß unter sie alle möglichen unlauteren Wettbewerbshandlungen subsumiert werden“ könnten (aaO S. 274). Mit dieser Maßgabe nennt *Kraft* erstens Beeinträchtigung oder Ausschluß der Entscheidungsfreiheit des Marktpartners (z. B. durch Bestechung, Irreführung und Täuschung, auch durch Verwendung verwechslungsfähiger Kennzeichen, durch Vorwegnahme des Kundenurteils, durch sog. psychologischen Kaufzwang, durch Ausnutzen von Mitleid oder Spielleidenschaft, auch qua Belästigung durch anreißerische Mittel), zweitens Behinderung der Tätigkeit des Mitbewerbers (etwa Fälle der Absatzbehinderung, der Betriebsstörung, des Boykotts, der Anschwärzung, der Ausbeutung fremder Leistung, soweit diese durch Erschleichung oder Vertrauensbruch möglich wurde), drittens Verstöße gegen den wettbewerblichen Gleichheitsgrundsatz (Gesetzes- und Vertragsverletzungen sowie Verstöße gegen Standesordnungen, soweit die par condicio concurrentium tangiert ist), und schließlich viertens den Rechtsmißbrauch im engeren Sinn, also etwa Fälle des sog. venire contra factum proprium.

D 158 Einen **gliederungsmethodischen Ansatz sui generis** verfolgen *Baumbach/Hefermehl*. Ihnen geht es dabei nicht um eine die Wettbewerbshandlungen schlechthin in den Blick nehmende Einteilung, sondern um die Gliederung von „Wettbewerbsverstößen“, also um die Systematisierung wettbewerbsrechtlich inkriminierter Verhaltensweisen, und zwar nicht nur im Rahmen des § 1 UWG (*Baumbach/Hefermehl* Einl. UWG Rdn. 166, § 1 Rdn. 3). Mit diesem Zielpunkt wird eine Systematik vorgeschlagen, die sowohl nach „Art und Richtung“ als auch nach den „durch die betroffenen Interessen der Mitbewerber, der Marktpartner (Abnehmer und Lieferanten) und der Allgemeinheit“ differenziert. Dabei geht es vor allem darum, den „materiellen Unrechtsgehalt“ des Verstoßes gegen die „guten Sitten“ in den Fallgruppen augenfällig, nicht nur angedeutet zum Ausdruck zu bringen (*Baumbach/Hefermehl* Einl. UWG Rdn. 159 aE/160). Methodologisch gesehen handelt es sich bei der vorgeschlagenen Systematik also um ein **mixtum compositum** aus formalen („Richtung“) und normativ-materialen Momenten („Art“ der „Wettbewerbsverstöße“).

D 159 Auf diesem Fundament gründen **fünf Fallgruppen: Kundenfang,** Behinderung (einzelner Mitbewerber), **Ausbeutung,** (Vorsprung durch) **Rechtsbruch** und **Marktstörung** (allgemeine Marktbehinderung)[312]. Während man in den ersten beiden Fall-

[312] *Baumbach/Hefermehl* Einl. UWG Rdn. 161 ff. Die Fallgruppe „Marktstörung“ entstand erst in der wissenschaftlichen Diskussion Ende der 70er Jahre und wird von *Baumbach/Hefermehl* entschieden wohl erst seit der 14. Auflage deren Kommentars favorisiert.

gruppen unschwer die Fortsetzung der Einteilung *Kohlers* in Irreleitungen und Feindseligkeiten erkennt, umschließt die „Ausbeutung" diejenigen Verhaltensweisen, in denen man sich auf unlautere Weise fremde Arbeitsergebnisse aneignet, wie z. B. Ausnutzen eines Vertragsbruchs sowie das „Schmarotzen" an fremder Leistung, fremdem Ruf und fremder Werbung. Die besonders in dieser Fallgruppe sehr plastische, **affektbesetzte Begriffsbildung** trägt dem erklärten Anliegen besonders Rechnung, den „materiellen Unrechtsgehalt" zu verdeutlichen (s. a. speziell *Baumbach/Hefermehl* Einl. UWG Rdn. 163). Der Fallgruppe (Vorsprung durch) „Rechtsbruch" wird zugerechnet z. B. die „Verletzung wettbewerbsordnender Vorschriften und Grundsätze", die „Mißachtung vertikaler Preis- und Vertriebsbindungssysteme" und das „soziale Dumping" (Preisunterbietung durch Tarifbruch oder Nichteinhaltung von vorgeschriebenen Arbeitsbedingungen). Unter der Bezeichnung „Marktstörung" schließlich sollen diejenigen Fälle erfaßt werden, bei denen ein Unternehmen nicht leistungsgerechte Mittel einsetzt, die Gefahren für einen unverfälscht funktionierenden Markt, für den Bestand des Wettbewerbs, nach sich ziehen. Wert wird auch auf die Feststellung gelegt, daß sich die genannten Fallgruppen nicht gegenseitig ausschließen sollen, in casu also auch kumulativ vorliegen können, und schon auf konzeptioneller Ebene, unter sich, „fließende Übergänge" aufweisen (*Baumbach/Hefermehl* Einl. UWG Rdn. 166).

Soweit man der **Rechtsprechung** – die naturgemäß keinen Anlaß hat, sich dezidiert zu Systematisierungskonzepten zu äußern – während der letzten Jahrzehnte entnehmen kann, scheint auch sie in ihrer Argumentation häufig von der Systematik *Baumbach/Hefermehls* geleitet (vgl. aus zahllosen Beispielen in jüngerer Zeit etwa BGH WRP 1992, 661 – *Multifilter;* 1992, 642, 643 f – *Klemmbausteine II;* 1992, 693 f und 695 f – *Kilopreise III und IV*). Auch in der **Literatur** ist die Systematik *Baumbach/Hefermehls* vielfach aufgegriffen und der Darstellung zugrundegelegt worden[313]. Daraus darf allerdings nicht vorschnell der Schluß gezogen werden, daß mit dieser Systematik auch die Sinngebung übernommen wurde, die sie bei *Baumbach/Hefermehl* gefunden hat. Geht es *Baumbach/Hefermehl* darum, über eine auch normativ-materiale Fallgruppenbildung (zur methodologischen Einordnung vgl. Einl. D Rdn. 137 ff) den Unwertgehalt des fraglichen Wettbewerbsverhaltens insb. als sittenwidrig darzutun, also eine nomologische Explikation der Generalklausel des § 1 UWG zu leisten, ja das innere System des Wettbewerbsrechts insgesamt darzutun, so sieht man die Nützlichkeit dieser Systematik im übrigen wohl durchweg lediglich in einer gewissen **äußeren Ordnung** der höchst unübersichtlichen Kasuistik. Die Übernahme dieser Ordnung erhöht ganz „pragmatisch" die Dialogfähigkeit mit der Judikatur und kommt wegen ihrer besonderen Anschaulichkeit dem didaktischen Impetus der Lehrbuchliteratur entgegen (wohl weitergehend *Rittner*[4] (1993) § 2 A III). **D 160**

Es ist demnach auch kein innerer Widerspruch, eine formale, nach der primären Wirkungsrichtung der Wettbewerbshandlung differenzierende Systematik anzumahnen und zugleich eben lediglich aus jenen Gründen bloßer „darstellerischer Zweckmäßigkeit" (s. bereits Einl. D Rdn. 154) sich der Systematik *Baumbach/Hefermehls* **D 161**

---

[313] Vgl. *Kehl* Wettbewerbsrecht (1990) Rdn. 22; *Koppensteiner* § 4; *Rinck/Schwark* Wirtschaftsrecht[6] (1986) Rdn. 687; *Rittner*[4] (1993) § 2 A III, B; *Schünemann* S. 51; *ders.* Wirtschaftsprivatrecht[2] (1993) B IV 4; *Weimar/Schimikowski* Grundzüge des Wirtschaftsrechts[2] (1993) Rdn. 276 ff; s. a. *Nirk* Gewerblicher Rechtsschutz (1981) S. 358 (ohne „Marktstörung").

zu bedienen[314], ohne aber deren normativ-materialen Anspruch zu erheben, damit also schon die maßgeblichen Wertungsgesichtspunkte des Unlauterkeitsverdikts auszuweisen. Nur so ist der „undoktrinäre" Charakter, der an der Systematik *Baumbach/Hefermehls* wegen des dort angelegten Paradigmenwechsels zwischen der „Art der Kampfmittel und der Richtung ihres Einsatzes" (*Nordemann* Rdn. 25 aE) und wegen der notwendigen Unabgeschlossenheit und mangelnden Überschneidungsfreiheit materialer Systeme (s. bereits Einl. D Rdn. 141) diagnostiziert wurde (*Rittner*[4] (1993) § 2 A III), ein positives Prädikat und nicht etwa ein durchschlagendes Argument gegen die Brauchbarkeit der dort vorgenommenen Fallgruppenbildung.

D 162 Für die **vorliegende Kommentierung** stellt sich das Systematisierungsproblem drängend **nur innerhalb der Generalklausel** des § 1 UWG, nicht bezüglich des Lauterkeitsrechts insgesamt, weil die äußere Stoffanordnung des Gesetzes in der Reihenfolge seiner Paragraphen ohnehin die Ausführungen vorstrukturiert (zur dogmatischen Verwandtschaft der einzelnen Vorschriften wird ggf. an jeweils passender Stelle ausgeführt, vgl. z. B. zu §§ 1 und 3 UWG Einl. D Rdn. 50 ff und § 3 Rdn. 35). Im Rahmen der Kommentierung der Generalklausel des § 1 UWG wiederum wird prinzipiell eine grundsätzlich ebenfalls **formale Systematik** gewählt, die sich an der **Wirkungsrichtung** wettbewerblicher Instrumente bzw. an den durch den Einsatz jener Mittel involvierten **Interessen** orientiert. Daraus erwächst eine **grundsätzliche Dreiteilung** der Fallgruppen in solche, in denen der Schutz der Mitbewerber, der Schutz der Marktgegenseite (Verbraucher und sonstige Marktteilnehmer) und schließlich – ohne deutlich erkennbare Betroffenheit einzelner Wirtschaftssubjekte – der Schutz der Institution Wettbewerb in Rede steht. Lediglich aus Gründen der Stoffülle und der vorhandenen Möglichkeit einer durch den Sachzusammenhang gestifteten und somit plausiblen Abgrenzbarkeit werden einzelne problematische Themenfelder wie etwa Normverstöße, Probleme der Preis- und Vertriebsbindung, der Komplex des Leistungsschutzes und schließlich die wettbewerbsrechtlichen Spezifitäten der öffentlichen Hand gesondert abgehandelt[315].

D 163 Zu beachten ist, daß sich gerade an dem Stichwort „Schutz der Institution Wettbewerb" nicht der Irrtum festmachen darf, es handele sich bei der vorgestellten Gliederung in Wahrheit doch (auch) um ein normativ-materiales System. In der Tat ist jeder Verstoß gegen die guten Sitten iS von § 1 UWG, ja jeder wettbewerbsrechtlich inkriminierte Sachverhalt letztlich als Schwächung der Institution Wettbewerb zu begreifen und bezieht allein aus dieser seiner Tendenz den wettbewerbsrechtlichen Unwert (s. eingehend Einl. C Rdn. 21 ff, 28 f, Einl. D Rdn. 37 ff). Es bedarf mithin in jeder wie auch immer geschnittenen Fallgruppe einer aktiv betriebenen **Rückbesinnung** auf diesen alleinigen Fluchtpunkt allen Wettbewerbsrechts und seiner argumentativen Aufbereitung im Einzelfall.

D 164 Natürlich ganz besonders eine normativ-materiell, konzipierte, dabei aber gleichwohl in einer methodischen „Rückwärtsbewegung" durch Abstraktion vom Fallmaterial, also gerade nicht durch wirkliche Konkretisierung gewonnene, zudem **durch Konvention und Rechtspraxis verfestigte Fallgruppenbildung** läuft Gefahr, daß sich ihre gedanklichen Produkte im Laufe der Zeit über das Gesezt zumindest faktisch

---

314 So *Koppensteiner* § 4 einerseits, §§ 5 ff andererseits; *Schünemann* S. 51; s. a. *Rinck/Schwark* Wirtschaftsrecht[6] (1986) Rdn. 687.

315 S. a. die lose Gruppierung bei *v. Gamm* Kap. 21 ff; *v. Godin* U § 1 Rdn. 92 ff; HdbWR §§ 42 ff; *Rosenthal/Leffmann* Kommentar zum Wettbewerbsgesetz[9] (1969) § 1 Rdn. 52 ff (s. a. die allgemeinere Einteilung in Einl. Rdn. 11); *Spengler/Weber* Wettbewerb – Recht und Schranken[2] (1972) S. 69 ff.

selber erheben, für die Praxis geradezu den „Charakter selbständiger (!) Gebote und Verbote" gewinnen[316] und so ein schwer kontrollierbares, sich von ihrer normativen Grundlage immer weiter entfernendes Eigenleben als „Ersatztatbestandsmerkmale" entfalten (sehr richtig *Weber* AcP 192 (1992), 516, 534, 537 f, 553, 565; ebenso warnend *Hirtz* GRUR 1986, 110; *Ott* FS Raiser S. 403, 407 ff). Dadurch werden Wertungswidersprüche nicht weniger begünstigt als durch einen Gesetzesperfektionismus, der die Generalklausel durch immer mehr Einzeltatbestände überlagern möchte (**a. A.** *v. Gamm* WRP 1986, 401 f). Gerade die Judikatur ist diesbezüglich gefährdet, weil die von ihr goutierte sog. Anstandsformel eine überall verwendbare Scheinlegitimation für das Sittenwidrigkeitsurteil über so emotional-affektiv besetzte Fallgruppen wie „Kundenfang" oder „Ausbeutung" (mit Untergruppe „Schmarotzen"!)[317] liefert (zur „Anstandsformel" eingehend bereits Einl. D Rdn. 10 f; speziell und dezidiert gegen eine derartige Verlagerung der Entscheidung über die wettbewerbliche Verhaltenszulässigkeit auf die emotionale Ebene, wie sie gerade durch die Anstandsformel, aber auch von der *Baumbach/Hefermehl*'schen Systematik erzeugt wird: *Ott* FS Raiser S. 403, 408 f). Dadurch vermögen die Fallgruppen zu Unrecht mit demselben **Geltungsanspruch** aufzutreten wie ihr usurpierter Quellgrund, die wettbewerbsrechtliche Sittenwidrigkeit selber. Es fällt dann eben doch sehr schwer, die darin enthaltene oder jedenfalls provozierte Vorwertung einfach zu ignorieren und beispielsweise beim „Schmarotzen an fremder Leistung" völlig wertfrei an nichts anderes zu denken als an „die Benutzung des technischen Fortschritts"[318], oder mit „Anzapfen" lediglich einen wettbewerbsrechtlich noch ganz indifferenten sog. Nebenleistungswettbewerb zu assoziieren (näher § 1 C Rdn. 60 ff, 78 ff, 191 ff).

II. Geschäftlicher Verkehr

1. Allgemeine Zweckbestimmung

Das Merkmal **„Handeln im geschäflichen Verkehr"**, das dem UWG von 1896 noch völlig fremd war, findet sich in den §§ 1, 3, 5, 6 a–e, 12, 13 und 18 UWG, ferner etwa in der ZugabeVO sowie im RabattG. Es ist zumeist dem Erfordernis des „Handelns zu Zwecken des Wettbewerbs" vorgeschaltet (zu dem Vorkommen dieses Merkmals im Gesetzestext detaillierter Einl. D Rdn. 193) und hat in diesem Zusammenhang eine zentrale **Filterfunktion:** Da das UWG nicht jeglichen, sondern allein **wirtschaftlichen Wettbewerb** normieren soll, ist eine Abgrenzung zu den übrigen Lebensbereichen nötig, indem vor allem private und rein hoheitliche Tätigkeiten dem „geschäftlichen Verkehr" gegenübergestellt werden[319]. Das „Handeln im geschäftlichen Verkehr" stellt damit entscheidend die Weiche für die Anwendbarkeit **D 165**

[316] Zutreffend beobachtet, aber offenbar für ganz unbedenklich gehalten von *Bunte* Wettbewerbs- und Kartellrecht (1980) S. 171. *Henning-Bodewig* WRP 1992, 533, 535 spricht bedenkenlos von einer Art case law.

[317] Vgl. *Baumbach/Hefermehl* Einl. UWG Rdn. 163; *v. Gamm* Kap. 18 Rdn. 42.

[318] So aber die sachlich absolut beherzigenswerte Empfehlung bei *v. Gamm* Kap. 18 Rdn. 42 mit Blick auf BGHZ 50, 125, 131 – *Pulverbehälter*. Zur gerade hier evidenten Gefahr der berüchtigten Inversionsmethode, das Ergebnis, das es erst zu finden gilt, mit einer solchen Gliederung und der sich daran anschließenden Subsumtion schon vorwegzunehmen, siehe zutreffend *Nordemann* Rdn. 26; *Ott* FS Raiser S. 403, 408 f.

[319] BGH GRUR 1953, 293, 294; GRUR 1960, 384, 386 – *Mampe Halb u. Halb;* GRUR 1962, 45, 47 – *Betonzusatzmittel;* GRUR 1964, 208, 209 – *Fernsehinterview; Baumbach/Hefermehl* Einl. UWG Rdn. 208; *Fikentscher* Bd. II § 22 XI 5 c; *Hubmann* Gewerblicher Rechtsschutz[5] (1988) § 49 III; *Nordemann* Rdn. 25; HdbWR/*Wilde* § 5 Rdn. 2.

des UWG überhaupt, selbst dort, wo es nicht ausdrücklich als Tatbestandsmerkmal einer Norm erwähnt wird. Die verhaltensbezogene Formulierung des Gesetzes verschüttet freilich den eigentlichen dogmatischen Gehalt, nämlich die Festlegung der **Normadressaten** des Lauterkeitsrechts, seiner **„Handlungssubjekte"** (*Koppensteiner* § 3 I 2). Noch präziser muß darauf abgestellt werden, daß diese Subjekte gerade in einer bestimmten, „geschäftlichen" Funktion agieren. Im Handelsrecht ist diesem subjektiven System durch § 343 HGB – betriebszugehöriges Handeln eines Kaufmanns – normtechnisch besser Rechnung getragen worden. Zumindest quasi-subjektiv ist auch der den Anwendungsbereich des GWB steuernde, die Normadresssaten definierende Begriff des Unternehmens, der normtechnisch wiederum eng mit dem lauterkeitsrechtlichen „geschäftlichen Verkehr" verwandt ist[320]: Auch der **Unternehmensbegriff** übernimmt im wesentlichen nur die Funktion, die private und die hoheitliche Handlungssphäre von der Anwendung des GWB auszuschließen (*Emmerich* Kartellrecht[5] (1988) § 4, 1 a; *Ulmer* ZHR 146 (1982), 466, 474).

2. Definitorische Problematik

D 166 Approximativ wird – mit Formulierungsunterschieden im einzelnen – das Handeln im geschäftlichen Verkehr als jede selbständige, wirtschaftliche Betätigung umschrieben, als **selbständige Teilnahme am Erwerbsleben**[321]. Dabei wird das Merkmal **allgemein weit ausgelegt** (BGHZ 42, 210, 218 – *Gewerkschaft ÖTV; Emmerich* § 4, 2 a; HdbWR/*Kreft* § 11 Rdn. 3; *Ulmer/Reimer* Rdn. 69). So meint Betätigung nicht nur ein Tun. Es genügt vielmehr ein **Unterlassen,** wenn eine Handlungspflicht besteht (*Callmann* § 1 Rdn. 7; RWW/*Fezer* 3.0 Rdn. 131; s. a. – im Zusammenhang mit der Wettbewerbshandlung – zur begrifflich gleichgelagerten Frage Einl. D Rdn. 193 ff). Erforderlich, aber auch ausreichend ist demnach weiter eine selbständige Tätigkeit. Erfaßt werden damit nicht nur Gewerbetreibende, sondern ebenfalls Angehörige der sog. **freien Berufe**[322]. Neben der weitgefaßten Formulierung des Gesetzestextes mag hierfür durchaus auch die **Entstehungsgeschichte** ins Feld geführt werden. Denn das ursprünglich in § 1 UWG genannte Merkmal „im Handels- und Gewerbebetrieb" ersetzte der Gesetzgeber durch den Begriff des Handelns im geschäftlichen Verkehr, um keine Zweifel an der Einbeziehung der Ärzte und Anwälte als typischen Vertretern der sog. freien Berufe aufkommen zu lassen (zur Entstehungsgeschichte s. eingehend RGZ 99, 189, 193). Eine unselbständige Tätigkeit üben demgegenüber weisungsgebundene **Arbeitnehmer** aus (HdbWR/*Wilde* § 5 Rdn. 2). Mit dem Erfordernis **„im Verkehr"** soll schließlich rein internes Verhalten aus dem Anwendungsbereich des Lauterkeitsrechts ausgenommen werden (BGH GRUR 1971, 119 – *Branchenverzeichnis;* BGH LM § 1 UWG Nr. 220; *Emmerich* § 4, 2 a; *v. Gamm* Kap. 17 Rdn. 19; *v. Godin* U § 1 Rdn. 9), da der freie

---

[320] *Wrage* S. 31 ff; zur Frage einer über dieselbe normtechnische Funktion hinausreichenden materiellen Verwandtschaft in rechtssubjektiver Hinsicht s. Großkomm.-*Schünemann* Einl. D Rdn. 172 f.

[321] BGHZ 19, 299, 303 – *Bad Ems;* BGHZ 67, 81 – *Auto-Analyzer;* BGH GRUR 1953, 293, 294; GRUR 1960, 384, 386 – *Mampe Halb u. Halb;* RGZ 108, 272, 274; *Baumbach/Hefermehl* Einl. UWG Rdn. 208; *Emmerich* § 4, 2 a; HdbWR/*Kreft* § 11 Rdn. 3; *Koppensteiner* § 3 III 3.

[322] Vgl. BGH GRUR 1965, 690, 693 – *Facharzt;* vgl. RGZ 99, 189, 191 f; *Baumbach/Hefermehl* Einl. UWG Rdn. 208; *Fikentscher* Bd. II § 22 XI 5 c; *v. Gamm* Kap. 17 Rdn. 17; *v. Godin* U § 1 Rdn. 9; *Hubmann* Gewerblicher Rechtsschutz[5] (1988) § 49 III 1; *Rinck/Schwark* Wirtschaftsrecht[6] (1986) Rdn. 669; *Rosenthal/Leffmann* Kommentar zum Wettbewerbsgesetz[9] (1969) Einl. Rdn. 25 f; *Ulmer/Reimer* III Rdn. 70; HdbWR/*Wilde* § 5 Rdn. 2.

Wettbewerb sowie Mitbewerber und Verbraucher grundsätzlich erst bei Eintritt der **Außenwirkung** gefährdet werden können. Ein im Vorfeld bestehendes Rechtsschutzbedürfnis wird durch die vorbeugende Unterlassungsklage befriedigt (vgl. BGH GRUR 1971, 119, 120 – *Branchenverzeichnis;* OLG Koblenz, WRP 1988, 557, 558 – *Handlung im Geschäftsverkehr*).

Diese im Verständnis der hM recht glatte Definitorik des „geschäftlichen Verkehrs" erweist sich bei näherer Betrachtung doch als problematischer, als die durchweg knappe Auseinandersetzung mit diesem Merkmal gerade auch in der Literatur[323] nahelegt. Argumentationsmethodisch **unbefriedigend** erscheint zunächst die **Einbeziehung** auch derjenigen **freien Berufe** in das Wettbewerbsrecht, denen kraft Gesetzes anderweits der Status von Gewerbetreibenden explizit abgesprochen wird (vgl. nur § 2 Abs. 2 BRAO für den Rechtsanwalt). Dann aber können sie auch keine gewerblichen (Dienst-)Leistungen erbringen, auf die sich das Lauterkeitsrecht (durch § 2 UWG) gegenständlich bezieht[324]. Der gesetzliche Ansatz ist freilich, jedenfalls heute, zutiefst lebensfremd und deshalb methodologisch nicht einmal unwiderlegliche Vermutung, sondern reine Fiktion und Ausbund einer schon historisch nicht legitimierten Mythologisierung der freien Berufe (so überzeugend *Gleißner-Klein* S 71 ff; *Kornblum* BB 1985, 65; *ders.* ZRP 1988, 465, 467). Angesichts dessen ist der Wunsch, auch Rechtsanwälte, Ärzte und Heilpraktiker, Architekten, Steuerberater, Wirtschaftsprüfer, Künstler und Wissenschaftler dem Regime des Wettbewerbsrechts zu unterwerfen, nur allzu verständlich und auch durch die ökonomischen Realitäten, in denen sich die Tätigkeit dieser Berufsgruppen nun einmal bewegt, sachgerecht motiviert. Doch läßt sich eine aus heutiger Sicht **fundamentale legislatorische Fehlentscheidung** nur unbefriedigend an isolierter Stelle, eben im Lauterkeitsrecht, korrigieren, jedenfalls nicht, ohne das Postulat von der Einheit der Rechtsordnung in Frage zu stellen (*Schünemann* S. 33, 37). **D 167**

Die **dagegen** (auch vom historischen Gesetzgeber) verwendete Argumentation, Erwerbsleben und Gewerbetätigkeit seien veschiedene Begriffe und diese Differenz schaffe den nötigen Freiraum zur wettbewerbsrechtlichen Einbeziehung aller freien Berufe (*Baumbach/Hefermehl* Einl. UWG Rdn. 208), kann ihre Oberflächlichkeit nicht verbergen, zumal auch in der Sache selber beidesmal jedenfalls die Begriffskerne identisch sind. In diesem dogmatischen Szenario wird man aus Gründen der Wertungskontingenz deshalb lauterkeitsrechtlich nur mit Bedenken den Standpunkt einnehmen dürfen, z. B. Rechtsanwälte nähmen trotz allem am geschäftlichen, und d. h. ja: am wirtschaftlichen Verkehr, teil. Zum gegenteiligen und auch allein realitätskonformen Ergebnis gelangt man nur dann, wenn man die einschlägigen gesetzlichen Vorgaben (etwa des § 2 Abs. 2 BRAO) im Lichte der grundgesetzlichen Wirtschaftsverfassung ihrerseits für unmaßgeblich hält, weil der einfache Gesetzgeber im Wege der Fiktion die sog. freien Berufe ihrer genuinen sedes materiae, dem ökonomischen Wettbewerbsgeschehen, weder ganz noch zum Teil rechtlich einfach entfremden darf. Im Einklang damit steht, daß die Werbung als spezifisches Instrument zur Realisierung einer Gewinnerzielungsabsicht diesen sog. freien Berufen zugestanden und damit der Charakter auch der sog. **Freiberufler als „normale Unternehmer"** **D 168**

---

[323] Paradigmatisch etwa *Fikentscher* Bd. II § 22 XI 5 c (mit fünf Zeilen Ausführungen), s. a. *Baumbach/Hefermehl* Einl. UWG Rdn. 208 (einzige dogmatisch-theoretische Thematisierung); *Nordemann* Rdn. 8.

[324] *Baumbach/Hefermehl* § 2 Rdn. 2 operieren dagegen hier mit einem in sich unklaren eigenen, wettbewerbsrechtlichen Begriff der gewerblichen Leistungen: „alle geldwerten Leistungen auf dem Gebiet des gewerblichen (!) Lebens, auch wenn sie von anderen Berufskreisen, z. B. Ärzten oder Künstlern, herrührten (?)".

(*Kornblum* ZRP 1988, 465, 467) auch von Rechts wegen wahrgenommen werden muß[325].

D 169 **Problematisch** erscheint ferner der allgemein akzeptierte Status des **privaten Verbrauchers** als Nichtadressat des Wettbewerbsrechts. Hierzu heißt es lapidar, es werde nicht im geschäftlichen Verkehr gehandelt, wenn man Waren kaufe, um seinen privaten Bedarf zu decken (*Baumbach/Hefermehl* Einl. UWG Rdn. 208; *v. Godin* U § 1 Rdn. 9). **Bedenken** dagegen tauchen dann auf, wenn man das Merkmal „im geschäftlichen Verkehr" so versteht, daß damit ein Handeln am Markt gemeint ist, ein Handeln, das irgendwie die Marktverhältnisse beeinflußt[326]. Dies aber trifft für jede Nachfrage zu, auch für diejenige mit dem Ziel privaten Konsums. Hinzu kommt, daß die Einbeziehung der Verbraucherinteressen in den Wettbewerbsrechtsschutz (dazu Einl. C Rdn. 18, 24) nicht ohne Folgen für den Adressatenkreis des Lauterkeitsrechts sein kann, wenn die Verbraucher nicht zur Staffage, zu Objekten des Wettbewerbs, bestenfalls zu dessen Destinatären, denaturiert werden sollen, was der aktiv-mitgestaltenden Rolle der Verbraucher im Wettbewerb zutiefst widerspräche.

D 170 Der **Ausgrenzung der Verbraucher** als Handlungssubjekte, mag sie auch historisch dem Lauterkeitsrecht zugrundeliegen, ist im übrigen auch deshalb schwerlich zu folgen, weil sie den Wettbewerb zumindest in der letzten Handelsstufe sachwidrig auf die **Angebotskonkurrenz** verkürzt und dabei die Gefährdung der Funktionsbedingungen des Marktes auf der Seite „privater" Nachfrager rechtlich ignorieren muß. Deutlich wird dies z. B. bei Aufrufen zum **Nachfrageboykott** von Verbrauchern gegenüber dem Einkauf von Pelztiermänteln[327]. Warum hier die lauterkeitsrechtliche Meßlatte von vornherein nicht sollte angelegt werden können, ist nicht einzusehen, wenn man mit dem Zweck (auch) des Lauterkeitsrechts, den Wettbewerb als Institution zu schützen, Ernst macht. Zu bedenken ist ferner, daß durch unlautere Nachfragepraktiken auf der Endverbraucherstufe bei „engen" Märkten die übrigen Verbraucher in gleicher Weise betroffen sein können wie bei unlauterem Angebotsverhalten. Welche Konsequenzen man daraus für die Aktivlegitimation zu ziehen hat, ist eine davon getrennt zu erörternde Frage (dazu § 13 Rdn. 13 ff. Zu der wiederum von der Aktivlegitimation zu trennenden, aber natürlich für den Anwendungsbereich des UWG relevanten Frage nach dem Sinn des z. B. in §§ 1 und 3 UWG geforderten Wettbewerbszwecks s. Einl. D Rdn. 215 ff, 241 ff).

D 171 Schließlich befriedigt es nicht, den **Arbeitnehmer als wettbewerbsrechtlichen Normadressaten** ausgrenzen zu wollen. Daß er trotz charakteristisch fehlender Selbständigkeit als Normadressat keinesfalls generell ausscheidet, zeigen allein schon §§ 12 Abs. II und 17 Abs. I UWG. Auch darüber hinaus wird z. B. seine persönliche Passivlegitimation für möglich gehalten, „soweit er an wettbewerbswidrigen Akten seines Arbeitgebers oder eines Dritten maßgeblich teilgenommen hat" (HdbWR/*Wilde* § 5 Rdn. 2). Die dogmatische Begründung im Hinblick auf das Hilfskriterium der Selbständigkeit bleibt dabei freilich offen.

---

[325] Vgl. – teilweise im Anschluß an BVerG NJW 1988, 191 und 194 – *Kornblum* AnwBl. 1988, 361; *ders.* StB 1988, 189; *ders.* Die Wirtschaftsprüfung 1988, 253; *ders.* GRUR 1989, 22, s. a. *Gleißner-Klein* S. 106 ff.

[326] Vgl. die Wendungen bei *Koppensteiner* § 3 I 1, der im Ergebnis freilich ganz der Linie der hM folgt. S. a. *v. Godin* U § 1 Rdn. 9 und HdbWR/*Wilde* § 5 Rdn. 1 („... Verhalten, das für den Wettbewerb bzw. den Geschäftsverkehr von Relevanz ist ...").

[327] Vgl. auch OLG Frankfurt/M. DB 1969, 697 – *Seehundmäntel.* Zur Judikatur in ähnlichen Fällen wettbewerbsrelevanten Verbraucherverhaltens s. *v. Gamm* Kap. 17 Rdn. 20.

Hiervon ganz unberührt ist die Frage, ob der **Arbeitnehmer als Anbieter seiner Arbeitskraft,** also sicher noch im Stadium der Selbständigkeit iS fehlender Weisungsgebundenheit, „im geschäftlichen Verkehr" handelt. Dies ist zu bejahen. Denn sog. **Faktormärkte** wie derjenige, auf dem der Arbeitnehmer als Anbieter auftritt, sind wettbewerbstheoretisch betrachtet ein Markt wie jeder andere auch. Selbstverständlich handelt auch der potentielle Arbeitgeber als Nachfrager auf diesem Markt „im geschäftlichen Verkehr". Erst in zweiter Linie stellt sich bei diesem Ausgangspunkt die Frage nach den konkreten Ausprägungen der „guten Sitten" in diesem Wettbewerbssegment, wobei speziell für die Formen kollektiven Handelns (Gewerkschaften/Arbeitgeberverbände), insbesondere für die Kampfmittel Streik und Aussperrung, mögliche Ausstrahlungseffekte des Art. 9 Abs. 3 GG zu beachten sind (dazu Einl. A Rdn. 88, Einl. D Rdn. 183). Im Ergebnis sind als Teilnehmer am „geschäftlichen Verkehr" als Handlungssubjekte und Normadressaten, also **nicht nur Unternehmer** (bzw. in kartellrechtlicher Terminologie: Unternehmen), sondern gleichermaßen private Haushalte und Arbeitnehmer ausgewiesen. **D 172**

Die **ganz herrschende Gegenmeinung**[328] will ihrerseits freilich darauf verweisen, daß damit kein Gleichlauf mehr zwischen GWB und UWG bestehe. Dies wäre wegen der Konnexität zwischen beiden Normkomplexen (dazu Einl. E Rdn. 11 f) zumindest prima facie bedauerlich, müßte aber schon deshalb hingenommen werden, weil das GWB durch die Wahl des „Unternehmens" als Anknüpfungspunkt seiner Regelung sich im Gegensatz zum UWG einem der Materie adäquat weiten Begriff der Teilnehmer am ökonomischen Wettbewerb nun einmal verschlossen hat. Verbaliter will allerdings auch die im Lauterkeitsrecht hM als Träger des „geschäftlichen Verkehrs" nicht nur Unternehmen anerkennen (*Baumbach/Hefermehl* Einl. UWG Rdn. 208), zieht aus diesem Ansatz aber nicht in ausreichendem Maße Folgerungen. Auf den zweiten Blick macht die Restriktion des GWB auf Unternehmen dort freilich Sinn, weil es auf Seiten der privaten Endverbraucher und Arbeitnehmer vielfach an einem kartellrechtlichen Regelungsbedürfnis fehlt. Dies wird besonders augenfällig im Punkt fehlender Marktmacht des einzelnen oder der Unmöglichkeit von Fusionen. Im übrigen ist aber auch in kartellrechtlicher Dogmatik und Judikatur durchaus eine vorsichtige Erweiterung des Unternehmensbegriffs in Richtung auf die Einbeziehung privater Verbraucher und Arbeitnehmer festzustellen. Zunächst wird schon konzediert, daß der private Verbraucher selbst als bloßer Nachfrager am geschäftlichen Verkehr teilnimmt. Lediglich der Zweck des GWB soll der Grund für die Ausgrenzung des Verbrauchers aus dem kartellrechtlichen Adressatenkreis sein (*Langen* in: Langen/Niederleithinger/Schmidt, Kommentar zum Kartellgesetz^6 (1982) § 1 Rdn. 9). Darüber hinaus sollen Privatpersonen jedenfalls dann sogar Träger von Unternehmen im kartellrechtlichen Sinne sein, wenn sie als Anbieter am Markt in Erscheinung treten (vgl. z. B. BGH BB 1973, 1278 – *Feuerwehrschutzanzüge;* NJW 1980, 1046 – *Berliner Musikschule*). Bemerkenswert ist schließlich, daß Arbeitnehmer sehr wohl als Adressaten des Kartellrechtes angesehen werden, soweit sie nämlich für die Zeit nach Beendigung des Arbeitsverhältnisses ein Konkurrenzverbot akzeptieren (*Immenga* in: Immenga/Mestmäcker GWB^2 (1992) § 1 Rdn. 55 mwN). Auch von einem das Wettbewerbsrecht iwS überblickenden Standpunkt aus **D 173**

[328] S. z. B. *Ulmer* ZHR 146 (1982), 466, 475; *Wrage* S. 31 ff. Nach *Koppensteiner* § 3 I 1 soll trotz unterschiedlicher Begrifflichkeit von Lauterkeitsrecht und Kartellrecht der Adressatenkreis beider Normkomplexe „allerdings nur im großen und ganzen" übereinstimmen.

läßt sich somit nichts gegen die Einbeziehung privater Haushalte und Arbeitnehmer im vorstehend näher beschriebenen Rahmen in den Kreis der Normadressaten des UWG einwenden.

3. Ausgegrenzte Fallgruppen

D 174 Der „geschäftliche Verkehr" ist unter der Geltung des GG die konkrete Manifestation der ökonomischen Wettbewerbsfreiheit und somit wie diese einer präzisen positiven Inhaltsbestimmung letztlich unzugänglich, ohne zugleich sich selbst aufzuheben (s. Einl. A Rdn. 33). Eine nähere Umschreibung dieses Merkmals ist deshalb über die Platitüde eines sachlichen Handlungsbezuges zum ökonomischen Feld gesellschaftlichen Lebens hinaus von vornherein mit Hilfe eines **Substraktionsverfahrens** aussichtsreicher[329]. Ein Handeln im geschäftlichen Verkehr liegt danach nicht vor:

D 175 a) **Bei privatem Verhalten**[330]. Die genaue Abgrenzung zwischen geschäftlichem und privatem Bereich ist ebenso wichtig wie schwierig (*Koppensteiner* § 3 I 3). Eine Tätigkeit ist nach **hM** privater Natur, wenn mit ihr persönliche, vom Erwerbsgeschäft oder der Berufsausübung unabhängige Interessen verfolgt werden (BGHSt 2, 396, 403; RGSt 66, 380, 384; *Baumbach/Hefermehl* Einl. UWG Rdn. 208; HdbWR/*Kreft* § 11 Rdn. 4; *Rinck/Schwark* Wirtschaftsrecht[6] (1986) Rdn. 674). Eine typischerweise private Handlung soll danach etwa der Erwerb von Gegenständen durch den Endverbraucher zum Zwecke der eigenen Verwendung sein (vgl. RGSt 10, 322, 323 – *Maggi; Baumbach/Hefermehl* Einl. UWG Rdn. 208; *v. Gamm* Kap. 17 Rdn. 20; HdbWR/*Kreft* § 11 Rdn. 4; *Rinck/Schwark* Wirtschaftsrecht[6] (1986) Rdn. 674; HdbWR/*Wilde* § 5 Rdn. 2; **a. A.**, also gegen die Ausgrenzung des Verbrauchers, bereits Einl. D Rdn. 169 f). Davon abzugrenzen ist der Kauf von Werbegeschenken. Hier fehlt es an der privaten Zielrichtung des Verhaltens (vgl. BGH GRUR 1975, 320, 321 – *Werbegeschenke; Baumbach/Hefermehl* Einl. UWG Rdn. 208). Ebenfalls in diese Fallgruppe einzuordnen ist die private Unterhaltung (*Baumbach/Hefermehl* Einl. UWG Rdn. 209; *v. Gamm* Kap. 17 Rdn. 20; HdbWR/*Kreft* § 11 Rdn. 4). Probleme ergeben sich allerdings, wenn jemand eine derartige Unterredung nutzt, um (eigene oder fremde) Geschäftsinteressen zu fördern, das Gespräch also eine geschäftliche Wendung nimmt. Dann ist insoweit von einem Handeln im geschäftlichen Verkehr auszugehen[331]. Äußerungen, die in der Öffentlichkeit gemacht werden oder durch Medien der Öffentlichkeit zugänglich gemacht werden, fehlt generell der private Charakter. Dies gilt zumindest dann, wenn der Sprecher von der Verbreitung seiner Äußerung weiß (vgl. BGH GRUR 1964, 208, 209 – *Fernsehinterview;* OLG Koblenz AfP 1989, 552; *Rinck/Schwark* Wirtschaftsrecht[6] (1986) Rdn. 674). Auch Boykottaufrufe durch Konsumenten sind **entgegen der hM** (vgl. OLG Köln BB 1966, 178 – *Aufforderung zum Anzeigenboykott;* OLG

---

[329] S. a. die Darstellungsweise bei *Koppensteiner* § 3 I 3 zur Überschrift „Handlungsinhalt" (im Zusammenhang mit dem „geschäftlichen Verkehr").

[330] BGHZ 19, 299, 303 – *Bad Ems;* BGHZ 67, 81 – *Auto-Analyzer;* BGH GRUR 1953, 293, 294; GRUR 1960, 384, 386 – *Mampe Halb u. Halb;* GRUR 1964, 208, 209 – *Fernsehinterview;* RGZ 108, 272, 274; *Baumbach/Hefermehl* Einl. UWG Rdn. 208; *Emmerich* § 4, 2 a; *v. Gamm* Kap. 17 Rdn. 17; HdbWR/*Kreft* § 11 Rdn. 3.

[331] Vgl. BGH GRUR 1953, 1293, 1294; GRUR 1960, 384, 386 – *Mampe Halb u. Halb; Baumbach/Hefermehl* Einl. UWG Rdn. 209; *Emmerich* § 4, 2 b; *v. Gamm* Kap. 17 Rdn. 20; HdbWR/*Kreft* § 11 Rdn. 4; *Nordemann* Rdn. 25; *Ulmer/Reimer* Rdn. 69.

Frankfurt/M. DB 1969, 697 – *Seehundmäntel; v. Gamm* Kap. 17 Rdn. 20. Hiergegen bereits Einl. D Rdn. 170) nicht als private Tätigkeit einzustufen.

b) **Bei betriebsinternen Vorgängen**[332]. Zu den betriebsinternen Vorgängen rechnen vor allem Weisungen sowie der innerbetriebliche Informationsfluß. Weiterhin wird erfaßt die Abgabe von Produktionsgütern durch den Hersteller an seine Mitarbeiter (vgl. BGH GRUR 1969, 479, 480 – *Colle de Cologne;* GRUR 1979, 551, 552 – *lamod; v. Gamm* Kap. 17 Rdn. 21). Hier fehlt es augenscheinlich an der für ein Handeln im geschäftlichen Verkehr erforderlichen Außenwirkung. Die Prüfung der **Außenwirkung** kann im Einzelfall allerdings **problematisch** sein, da insoweit nicht allein auf das äußere Erscheinungsbild abgestellt werden kann. Vergleichbar mit der privaten Tätigkeit ist auch der Zweck des Verhaltens zu berücksichtigen (vgl. BGH GRUR 1959, 484, 489 – *Konsumgenossenschaft; v. Gamm* Kap. 17 Rdn. 21). Dementsprechend wird z. T. angenommen, daß bei innerbetrieblichen Äußerungen ein Handeln im geschäftlichen Verkehr vorliegt, wenn mit der Weitergabe durch die Mitarbeiter oder durch Medien gerechnet bzw. diese sogar bezweckt wird (*Emmerich* § 4, 2 a). Die **gegenteilige Auffassung** vermeidet eine Rechtsschutzlücke, indem sie die Erhebung einer vorbeugenden Unterlassungsklage zuläßt (vgl. BGH GRUR 1971, 119, 120 – *Branchenverzeichnis;* OLG Koblenz WRP 1988, 557, 558; *Baumbach/Hefermehl* Einl. UWG Rdn. 208; *v. Gamm* Kap. 17 Rdn. 21). **D 176**

c) **Bei wissenschaftlicher und künstlerischer Tätigkeit.** Soweit es sich bei **wissenschaftlicher Tätigkeit** um innerbetriebliche Forschung handelt, fehlt wiederum schon die für ein Handeln im geschäftlichen Verkehr notwendige **Außenwirkung.** Bei veröffentlichten Arbeiten wird teilweise nach der Zweckbestimmung **differenziert:** Sind sie vornehmlich aus rein wissenschaftlichen Gründen, also zur sachlichen Information und Auseinandersetzung mit einem Themenbereich publiziert worden, soll ein Handeln im geschäftlichen Verkehr nicht vorliegen (*v. Gamm* Kap. 17 Rdn. 25; vgl. auch RG GRUR 1932, 85, 85 – *Vitophos;* BGH GRUR 1957, 360, 361 – *Phylax-Apparate*). Anderes soll gelten, wenn die Veröffentlichung in einem nicht unwesentlichen Umfang der Förderung eigener oder fremder Geschäftsinteressen dient (vgl. BGH GRUR 1961, 189, 191 – *Rippenstreckmetall;* GRUR 1962, 34, 35 – *Torsana;* GRUR 1964, 389, 391 – *Fußbekleidung;* RG GRUR 1937, 60, 63), die wissenschaftliche Abhandlung also beispielsweise zu Werbezwecken erstellt wurde (vgl. BGH GRUR 1964, 389, 391 – *Fußbekleidung;* RG GRUR 1937, 60, 63). Diese Sichtweise ist **umstritten.** Es wird ihr entgegengehalten, daß die wissenschaftliche Betätigung durchweg zur Berufsausübung gehört und damit – bei entsprechender Außenwirkung – stets im geschäftlichen Verkehr erfolgt (*Baumbach/Hefermehl* Einl. UWG Rdn. 208; *v. Godin* U § 1 Rdn. 25; s. a. *Rosenthal/Leffmann* Kommentar zum Wettbewerbsgesetz[9] (1969) Einl. Rdn. 24). Die **Rechtsprechung** vermeidet diesen Streit, indem sie auf die Wettbewerbsabsicht als maßgebliches (materiellrechtliches) Kriterium abstellt; stehen wissenschaftliche Ziele im Vordergrund, ist das UWG somit nicht anwendbar (vgl. BGH GRUR 1957, 360, 361 – *Phylax-Apparate;* RG GRUR 1932, 85, 86 – *Vitophos*). **D 177**

Auszugehen ist auf dem Boden der **Differenzierungsthese** davon, daß in diesen Fällen eine Teilnahme am geschäftlichen Verkehr nicht vorliegt. Die Bewältigung **D 178**

---

[332] Vgl. BGH GRUR 1971, 119 – *Branchenverzeichnis;* OLG Hamburg WRP 1985, 651, 652 – *Rundschreiben an Vertragshändler;* OLG Koblenz WRP 1988, 557 – *Rundschreiben an Handelsvertreter; Baumbach/Hefermehl* Einl. UWG Rdn. 208; *Emmerich* § 4, 2 a; *Hubmann* Gewerblicher Rechtsschutz[5] (1988) § 49 III; HdbWR/*Kreft* § 11 Rdn. 4; *Nordemann* Rdn. 25.

von Ausnahmesituationen, in denen bei **wissenschaftlicher Tätigkeit** doch Teilnahme am geschäftlichen Verkehr vorliegt, muß beweisrechtlich gelöst werden (näher dazu Einl. D Rdn. 247). Folgt man der Auffassung, daß jede Berufsausübung im geschäftlichen Verkehr vorgenommen wird, muß das Merkmal regelmäßig auch bei künstlerischer Betätigung bejaht werden. Nur insoweit ist das Abstellen auf die „Wettbewerbsabsicht" möglich und geboten (s. a. Einl. D Rdn. 248). Entscheidet man sich für die bei der wissenschaftlichen Betätigung vorgenommene Differenzierung, sollte man diese konsequenterweise auch auf die **künstlerische Tätigkeit** übertragen: Soweit vornehmlich künstlerische Ziele (wie z. B. die Auseinandersetzung mit gesellschaftlichen Strömungen) verfolgt werden, ist dann ein Handeln im geschäftlichen Verkehr nicht gegeben. Davon zu unterscheiden ist die den eigenen oder fremden Geschäftszwecken dienende Kunst, wie sie sich etwa in Reklamezeichnungen und Werbefotographien wiederfindet und die stets als Teilnahme am geschäftlichen Verkehr zu gelten hat[333]. Vorzuziehen ist aber auch hier die einheitliche Qualifizierung des Handelns im geschäftlichen Verkehr, zumal wenn man sich – auf dem Boden der hM – das Fehlen eines wettbewerbsrechtlichen Sonderstatus der sog. freien Berufe vor Augen hält (s. schon Einl. D Rdn. 167 f).

D 179 d) **Beim Handeln zu wohltätigen Zwecken. Karitative Tätigkeiten** vom „geschäftlichen Verkehr" zu sondern erscheint unproblematisch, soweit Geldspenden oder Gegenstände gesammelt werden, die unmittelbar an Bedürftige weitergegeben werden (*v. Gamm* Kap. 17 Rdn. 24). Eine **andere Beurteilung** soll erfolgen, wenn durch Sammelaktion erlangte oder selbst hergestellte Sachen zunächst verkauft und ihr Erlös zu karitativen Zwecken verwendet werden soll (*v. Gamm* Kap. 17 Rdn. 24). Da ein Handeln im geschäftlichen Verkehr kein eigennütziges Gewinnstreben voraussetzen soll (*Baumbach/Hefermehl* Einl. UWG Rdn. 208; *Rinck/Schwark* Wirtschaftsrecht[6] (1986) Rdn. 669; HdbWR/*Wilde* § 5 Rdn. 2), kann hier erst eine tatbestandlich erforderliche, in solchen Fällen aber vielleicht fehlende Wettbewerbsabsicht zur Unanwendbarkeit des Lauterkeitsrechts führen. Soweit man in der Teilnahme am geschäftlichen Verkehr ein Handeln zu Zwecken des Wettbewerbs notwendig inhärent sieht (dazu Einl. D Rdn. 248 ff), läßt sich auf diesem Weg freilich nicht plausibel argumentieren. Die **Rechtsprechung** hilft sich z. T. damit, daß sie die grundsätzliche Anwendbarkeit des UWG dahinstehen läßt und mit Blick auf das Allgemeininteresse die Sittenwidrigkeit einer Handlung verneint, wenn die Uneigennützigkeit dem Verkehr bekannt ist (vgl. BGH GRUR 1976, 308, 310 – *UNICEF-Grußkarten*). Das gilt allerdings nur, soweit der gesamte Erlös karitativ eingesetzt werden soll; trifft dies lediglich für einen Teilbetrag zu, sind die einschlägigen Vorschriften des Lauterkeitsrechts zu beachten[334].

D 180 Die **hM** sieht sich allerdings in jüngerer Zeit ernstzunehmenden **Angriffen** ausgesetzt, weil ihre Differenzierungen nicht überzeugten. Vielmehr soll die **Sammeltätigkeit,** insb. die **Spendenwerbung,** in toto als Teilnahme am geschäftlichen Verkehr (und im übrigen auch als Handeln „zu Zwecken des Wettbewerbs") zu gelten haben[335].

---

[333] Vgl. insoweit *Baumbach/Hefermehl* Einl. UWG Rdn. 208; *Hubmann* Gewerblicher Rechtsschutz[5] (1988) § 49 III 1; *Nordemann* Rdn. 25.

[334] Vgl. BGH GRUR 1976, 699, 700 – *Die 10 Gebote heute;* BGH BB 1987, 1840 – *Mc Happy Day; Baumbach/Hefermehl* Einl. UWG Rdn. 208, 210; HdbWR/*Wilde* § 5 Rdn. 2; *Schünemann* S. 66/67 (zu Fn. 92 f).

[335] Ausführlich *Hoffrichter-Daunicht* Unlauterer Wettbewerb auf dem Spendenmarkt, in: FS v. Gamm (1990) S. 39, 44 f.

e) **Bei allgemeiner Verbraucheraufklärung.** Tätigkeiten zur **Verbraucheraufklärung** lassen sich nicht generell dem „geschäftlichen Verkehr“ entziehen. Vielmehr muß gemäß der **hM** nach den Mitteln, denen sich eine Verbraucherorganisation zur Aufklärung bedient, **differenziert** werden. Durch ganz allgemein gehaltene, sachliche Veröffentlichungen werden weder eigene noch fremde Geschäftsinteressen unterstützt (*v. Gamm* Kap. 17 Rdn. 27). Hier wird deshalb eine Teilnahme am geschäftlichen Verkehr **verneint.** Erfolgt die Information des Verbrauchers hingegen durch Preis-/Qualitätsvergleiche konkurrierender Produkte, muß eine Förderung fremder Geschäftszwecke **bejaht** werden (vgl. BGH GRUR 1981, 658, 660 – *Preisvergleich; v. Gamm* Kap. 17 Rdn. 27). Eine Anwendung des UWG kann dann allenfalls wegen fehlender Wettbewerbsabsicht ausscheiden, sofern ihr überhaupt rechtliche Relevanz beizumessen ist (vgl. BGHZ 65, 325, 328 – *Stiftung Warentest II;* BGH GRUR 1967, 113 – *Leberwurst;* GRUR 1981, 658, 660 – *Preisvergleich.* Zur Konnexität von „geschäftlichem Verkehr“ und Wettbewerbshandeln s. aber auch Einl. D Rdn. 248 ff). **D 181**

f) **Bei sozialpolitischen Verbänden und Idealvereinen. Verbände** und **Idealvereine** können zwar untereinander im Wettbewerb stehen, ihrer Tätigkeit fehlt jedoch zumeist der geschäftliche Bezug. Deshalb findet auch die **Mitgliederwerbung** im allgemeinen nicht im geschäftlichen Verkehr statt (vgl. BGHZ 42, 210, 218 – *Gewerkschaft ÖTV;* BGH GRUR 1968, 205, 207 – *Teppichreinigung;* GRUR 1972, 427, 428 – *Mitgliederwerbung;* BGH NJW 1970, 378, 380 – *Sportkommission*). Eine Ausnahme von diesem Grundsatz muß hingegen gemacht werden, wenn hierdurch letztlich die Wettbewerbsposition der bereits vorhandenen Mitglieder verbessert werden soll (vgl. BGH GRUR 1968, 205, 207 – *Teppichreinigung;* GRUR 1972, 427, 428 – *Mitgliederwerbung*). Die Vorschriften des UWG müssen ferner beachtet werden, sobald ein Idealverein in Verfolgung eines Nebenzwecks am geschäftlichen Verkehr teilnimmt, also erwerbswirtschaftlich tätig wird[336]. **D 182**

Problematisch ist die Einordnung der Betätigung von **Gewerkschaften** und **Arbeitgeberverbänden.** Auf die Rechtsform der Gewerkschaften als (nicht rechtsfähige) Idealvereine kann dabei nicht entscheidend zurückgegriffen werden, da sie ihren Grund allein in der Entstehungsgeschichte der Arbeitnehmerorganisation hat. Im **Schrifttum** wird teilweise ein Handeln im geschäftlichen Verkehr mit dem Argument verneint, es handele sich hierbei um die Betreuung von Mitgliedern (*Baumbach/Hefermehl* Einl. UWG Rdn. 210; *v. Gamm* Kap. 17 Rdn. 22; *Kehl* Wettbewerbsrecht (1990) § 7 Rdn. 4; HdbWR/*Kreft* § 11 Rdn. 6; vgl. auch BGHZ 42, 210, 218 – *Gewerkschaft ÖTV*). Unter Berücksichtigung der ansonsten sehr weiten Auslegung des Merkmals erscheint dies ungerechtfertigt[337]. Schließlich haben es sich die genannten Organisationen gerade zur Aufgabe gemacht, die Erwerbs- und Berufsinteressen ihrer Mitglieder zu fördern. Auch aus Art. 9 Abs. 3 GG, der die Tätigkeit von Gewerkschaften und Arbeitgeberverbänden innerhalb ihres spezifischen Wirkungsbereiches unter grundgesetzlichen Schutz stellt, folgt nichts Gegenteiliges (**so aber** **BGH** GRUR 1990, 522, 526 f – *HBV-Familien- und Wohnungsrechtsschutz*). Doch ist bei der Anwendung des Lauterkeitsrechts, insb. bei der Präzisierung der „guten Sitten“, auf Ausstrahlungseffekte dieser Grundrechtsposition **D 183**

[336] Vgl. BGHZ 56, 328, 331 – *Verbandszeitschrift;* BGH GRUR 1962, 254, 255 – *Fußballprogrammheft;* BGH NJW 1970, 378, 380 – *Sportkommission; Lehmann* WRP 1986, 63 f, wo freilich die Tatbestandsmerkmale „im geschäftlichen Verkehr“ und „zu Zwecken des Wettbewerbs“ ineinander überzugehen scheinen.

[337] S. a. *Bauer* S. 12.

grundsätzlich Rücksicht zu nehmen. Ob sich daraus ein besonderer Verhaltensmaßstab ableiten läßt, erscheint allerdings fraglich. Denn genaugenommen wird durch Art. 9 Abs. 3 GG lediglich die kollektive Wettbewerbsfreiheit von **Anbietern und Nachfragern von Arbeitskraft auf einem (Faktor-)Markt** aufgegriffen, insoweit also nur die allgemeine Marktfreiheit, wie sie wirtschaftsverfassungsrechtlich normiert ist (dazu Einl. A Rdn. 49 ff), unterstrichen. Soweit sich die Verbände weitergehende Ziele gesetzt und eine über das genannte Gebiet hinausgehende Aufgabe übernommen haben, müssen sie ihr Verhalten – bei Vorliegen der übrigen Voraussetzungen – erst recht an den Zulässigkeitskriterien des Lauterkeitsrechts messen lassen (vgl. BGH GRUR 1990, 522, 526 f – *HBV-Familien- und Wohnungsrechtsschutz*).

D 184 g) **Bei politischen Auseinandersetzungen. Politische Auseinandersetzungen** sind nicht Teil des geschäftlichen Verkehrs (vgl. BGH GRUR 1966, 693, 695 – *Höllenfeuer;* GRUR 1980, 309 – *Straßen- und Autolobby; v. Gamm* Kap. 17 Rdn. 26). Dies gilt wohl auch dort, wo wirtschaftliche Interessen berührt werden, wie etwa bei public relations-Aktionen von Branchen, die günstige gesellschafts-, wirtschafts-, verkehrs- oder sozialpolitische Rahmenbedingungen für die Unternehmer schaffen wollen. Werden hierbei konkrete (fremde) Unternehmensinteressen verfolgt, so liegt sicher Handeln im geschäftlichen Verkehr vor. Doch ist jedenfalls bei der wettbewerbsrechtlichen Zulässigkeitsprüfung eine Ausstrahlungswirkung des Art. 5 GG zu berücksichtigen, vor allem dann, wenn die Einflußnahme öffentlich erfolgt. Weil der Stellenwert dieses Grundrechts für eine funktionierende Demokratie gerade hier besonders zu Buche schlägt (vgl. BGH GRUR 1966, 693, 695 – *Höllenfeuer;* GRUR 1980, 309, 310 – *Straßen- und Autolobby*), wird dies regelmäßig wettbewerbsrechtlich außerordentlich große Handlungsspielräume eröffnen (zur Ausstrahlungswirkung des Art. 5 GG s. im übrigen schon Einl. A Rdn. 74 ff).

D 185 h) **Bei amtlichem Tätigwerden der öffentlichen Hand. Die öffentliche Hand** nimmt auf unterschiedlichste Weise sowohl auf der Angebots- als auch auf der Nachfrageseite (wie namentlich im Beschaffungswesen) am Wirtschaftsleben teil. Da das GG insoweit keine Regelung trifft, kann sich der Staat dabei nicht nur hoheitlich, sondern grundsätzlich auch **(erwerbs-)wirtschaftlich** betätigen[338]. Es stellt sich somit die Frage, ob das staatliche Verhalten generell der Beurteilung anhand des UWG entzogen ist oder ob dies ausschließlich für das amtliche, hoheitliche Handeln des Staates gilt. Für letzteres spricht, daß es nicht einsehbar ist, warum der Staat bei vergleichbarem Verhalten durch die Nichtanwendbarkeit des UWG besser oder schlechter gestellt werden soll als private Teilnehmer am Wirtschaftsverkehr (*Schricker* Wirtschaftliche Tätigkeit S. 74 f; *Schmittat* ZHR 148 (1984), 428, 442 ff). Ferner zeigt auch die allgemeine Formulierung des § 1 UWG („Wer"), daß eine Beschränkung auf bestimmte, nämlich private **Normadressaten** nicht vorgesehen ist (*Piper* GRUR 1986, 574 f; vgl. auch *Ulmer* ZHR 146 (1982), 466, 474). Angesichts der engen Verknüpfung von UWG und GWB kann weiter auf § 98 GWB verwiesen werden, der in seinem Abs. 1 ausdrücklich Unternehmen in den Anwendungsbereich des Kartellrechts einbezieht, die in unmittelbarer Rechtsträgerschaft des Staates stehen oder von diesem geführt werden (*Piper* GRUR 1986, 574 f; *Ulmer* ZHR 146 (1982), 466, 475 f). Die öffentliche Hand unterliegt also bei (erwerbs-)wirtschaftlicher Tätigkeit den Bestimmungen des Lauterkeitsrechts (vgl.

---

338 *V. Gamm* WRP 1984, 303, 305; *Piper* GRUR 1986, 574, 575 mwN; *Rinck/Schwark* Wirtschaftsrecht[6] (1986) Rdn. 672. Etwas anderes kann im Einzelfall gelten, wenn dieser Tätigkeit die Grundrechte Privater entgegenstehen. S. *Emmerich* § 4, 4 a; *Piper* GRUR 1986, 574, 575.

BGHZ 66, 229, 237 (GS); *v. Gamm* GRUR 1990, 313; *Harms* BB 1986, Beilage 17 S. 8 ff; *Hubmann* Gewerblicher Rechtsschutz[5] (1988) § 49 III 2; *Rinck/Schwark* Wirtschaftsrecht[6] (1986) Rdn. 670; *Schricker* Wirtschaftliche Tätigkeit S. 74; *ders.* Strukturwandel S. 21 ff, 27 f; **a. A.** *Schachtschneider* Staatsunternehmen S. 16, 357, 455. Eingehend zur wettbewerbsrechtlichen Stellung der öffentlichen Hand § 1 H Rdn. 1 ff).

Von besonderer Wichtigkeit – nicht zuletzt für den einzuschlagenden Rechtsweg[339] – ist deshalb die Abgrenzung dieser Tätigkeit vom **amtlich-hoheitlichen Handeln.** Dabei trifft die **hM** zunächst eine Unterscheidung zwischen dem iS des wettbewerbsrechtlichen Parallelprozesses (s. dazu Einl. A Rdn. 29) verstandenen **„Wettbewerbsverhältnis"**, d. h. der Beziehung des Staates zu anderen Anbietern (oder auch Nachfragern), und dem **„Leistungsverhältnis"** als der Austauschbeziehung zu den Abnehmern (vgl. BGHZ 66, 229, 233 (GS); BGHZ 82, 375, 382 f – *Brillen-Selbstabgabestellen; Piper* GRUR 1986, 574, 577; *Ulmer* ZHR 146 (1982), 466, 478; HdbWR/*Wilde* § 5 Rdn. 5). Da die öffentliche Hand das Leistungsverhältnis frei ausgestalten kann[340], muß für die rechtliche Einordnung allein das „Wettbewerbsverhältnis" bedeutsam sein[341]. Ansonsten könnte der Staat die Rechte und Pflichten seines Mitbewerbers sowie seinen eigenen Pflichtenkreis nach Belieben festlegen (*Backhaus* Öffentliche Unternehmen[2] (1980) S. 321; *Emmerich* § 4, 4 b; *Mestmäcker* NJW 1969, 1, 2; *Ulmer* ZHR 146 (1982), 466, 478; **a. A.** *Burger* S. 102 ff). Im Rahmen dieses „Wettbewerbsverhältnisses" ist maßgeblich, ob der Staat zu den privaten Unternehmen in einem Über- bzw. Unterordnungsverhältnis steht (dann handelt er auch im „Wettbewerbsverhältnis" amtlich-hoheitlich), oder ob er den übrign Anbietern rechtlich gleichgeordnet ist (dann liegt eine erwerbswirtschaftliche Betätigung vor[342]). eine Gleichordnung wiederum besteht, wenn der Nachfrager frei zwischen den Angeboten der öffentlichen Hand einerseits und denen privater Unternehmen andererseits wählen kann, ohne daß also ein die öffentliche Hand begünstigender, rechtlich begründeter **Kontrahierungszwang** greift (vgl. BGHZ 33, 352, 356; *Backhaus* Öffentliche Unternehmen[2] S. 322; *Emmerich* § 4, 4 b; *Mestmäcker* NJW 1969, 1, 3; HdbWR/*Wilde* § 5 Rdn. 5). Indem der Staat dem Nachfrager diese Entscheidung überläßt, stellt er sich notwendigerweise der Konkurrenz mit privaten Anbietern. Soweit also keine rechtlichen **Marktzutrittsbarrieren** bestehen, ist die öffentliche Hand dem Lauterkeitsrecht deshalb auch in einer etwaigen Monopolstellung unterworfen, obwohl es hier an einem Wettbwerbsverhältnis zu fehlen scheint. Denn das „Wettbewerbsverhältnis" existiert zumindest als potentieller Parallelprozeß; dies genügt für eine Teilnahme am geschäftlichen Verkehr (zum Wettbewerbsverhältnis und seiner Problematik im einzelnen s. Einl. D Rdn. 202 ff, 225 ff). **D 186**

---

339 *V. Gamm* GRUR 1991, 405; *Harms* BB 1986, Beilage 17, S. 3 ff; *Piper* GRUR 1986, 574, 576 ff; *Schmittat* ZHR 148 (1984), 428, 458 ff.

340 In Betracht kommt öffentlich-rechtliche Ausgestaltung durch Verwaltungsakt, privatrechtliche durch Vertrag oder zweistufige (Verwaltungsakt entscheidet über das „ob", Vertrag über das „wie").

341 Vgl. BGHZ 66, 229, 235 (GS); BGHZ 67, 81, 86 – *Auto-Analyzer;* BGHZ 82, 375, 382 f – *Brillen-Selbstabgabestellen; Emmerich* Der unl. Wettbewerb der öffentlichen Hand (1969) S. 16 ff; *ders.* § 4, 4 b; *Kehl* Wettbewerbsrecht (1990) § 10 Rdn. 5; *Schünemann* S. 36 f; *Ulmer* ZHR 146 (1982), 466, 477; HdbWR/*Wilde* § 5 Rdn. 5.

342 Vgl. BGHZ 66, 229, 237 (GS); BGHZ 82, 375, 382 f – *Brillen-Selbstabgabestellen; Backhaus* Öffentliche Unternehmen S. 321; *v. Gamm* WRP 1984, 303, 306 f; *Kehl* Wettbewerbsrecht (1990) § 10 Rdn. 5; *Nordemann* Rdn. 25; *Piper* GRUR 1986, 574, 577; HdbWR/*Wilde* § 5 Rdn. 5.

D 187 **Im einzelnen** gilt für die – bestehende oder fehlende – Teilnahme der öffentlichen Hand am geschäftlichen Verkehr grundsätzlich folgendes (eingehend § 1 H Rdn. 13 ff, 22 ff. Dazu auch *Schricker* Wirtschaftliche Tätigkeit S. 75 ff):

D 188 Wie auch sonst muß Handeln im geschäftlichen Verkehr nach außen hervortreten. Ein Gemeinderatsbeschluß stellt demnach noch einen Vorgang der **inneren Willensbildung** der (BGH NJW 1970, 2294 – *Gemeinderatsbeschluß*), mag dies auch in der Öffentlichkeit, namentlich durch die Massenmedien, bekannt werden (so jedenfalls OLG Köln WRP 1983, 226 – *Schönster Aussichtspunkt*; s. aber auch Einl. D Rdn. 200 aE). Anders als natürliche Personen besitzen juristische Personen, jedenfalls solche des öffentlichen Rechts, keinen Privatbereich (*Schachtschneider* Staatsunternehmen S. 267), allerdings gleichwohl vielfach einen **außerwirtschaftlichen Wirkungsraum**, in dem also keine Teilnahme am geschäftlichen Verkehr erfolgt[343]. Umgekehrt rechnet zum geschäftlichen Verkehr der öffentlichen Hand die Erbringung wirtschaftlicher Leistungen[344], ferner – auf der Nachfrageseite – die Auftragsvergabe z. B. bezüglich Ingenieurleistungen (OLG Düsseldorf WuW 1980, 682 – *Fernmeldetürme*) und die Auftragsvergabe im Beschaffungswesen einschließlich der **Hilfsgeschäfte** zur Erfüllung selbst hoheitlicher Aufgaben[345].

D 189 **Zweifelhaft** ist hingegen die Teilnahme am geschäftlichen Verkehr hinsichtlich **Regiebetrieben** im engeren Sinne, die also ausschließlich der Bedarfsdeckung des Trägers öffentlicher Verwaltung selber dienen (Staatsdruckerei, Reparaturbetrieb eines städtischen Fuhrparks etc.). Auszugehen ist davon, daß hier der Binnenraum der öffentlichen Hand grundsätzlich noch nicht verlassen ist (**a. A.** RG GRUR 1948, 117 – *Sankt Georg*). Außenbezug und damit Teilnahme am geschäftlichen Verkehr fehlt auch dann noch, wenn der Destinatär daneben auch noch eine Bedarfsdeckung bei privatwirtschaftlichen Unternehmen vornimmt (**a. A.** *Schricker* Wirtschaftliche Tätigkeit S. 78). Ein Regiebetrieb im engeren Sinne nimmt aber am geschäftlichen Verkehr teil, wenn er nicht nur in der Bedarfsdeckung der öffentlichen Haushalte engagiert ist, sondern auch Aufträge von Privatrechtssubjekten ausführt (*Emmerich* Wettbewerb der öffentlichen Hand S. 28, 40). Amtlich, ohne am geschäftlichen Verkehr teilzunehmen, soll hingegen die öffentliche Hand bei Interventionsmaßnahmen im Rahmen der **Wirtschaftslenkung** handeln, insbesondere bei der Subventionsvergabe (vgl. BGH WM 1980, 1280 – *Saarländische Mühlenwirtschaft; Scholz* ZHR 132 (1969), 129 Fn. 173; *Schricker* Wirtschaftliche Tätigkeit S. 79).

D 190 **Methodisch** fällt auf, daß gerade bei der Beurteilung, inwieweit die öffentliche Hand an den rechtlichen Maßstäben des UWG zu messen ist, die Teilnahme am geschäftlichen Verkehr mit dem Handeln „zu Zwecken des Wettbewerbs" begrifflich eng verzahnt wird (s. a. § 1 H Rdn. 13), zumindest jedenfalls Gesichtspunkte (wie der des „Wettbewerbsverhältnisses") eingeführt werden, die herkömmlich im Zusammenhang mit dem **Wettbewerbshandeln** diskutiert werden[346]. Gelegentlich

---

343 So z. B. bei der Plakatwerbung von Landwirtschaftsbehörden für einen Tag der offenen Tür; vgl. *Schricker* Wirtschaftliche Tätigkeit S. 76.

344 BGH GRUR 1974, 733 – *Schilderverkauf;* 1962, 159 und 1965, 373 – *Blockeis I und II.* Zu denken ist ferner an die Vermietung von Werbeflächen, an Verkauf von Holz aus staatlichen oder kommunalen Forsten.

345 Zu denken ist an Inneneinrichtungen, Büromaterial etc.

346 S. (etwa für den öffentlich-rechtlichen Rundfunk) BGH GRUR 1986, 316 – *fix und clever;* BGHZ 82, 375, 382 f – *Brillen-Selbstabgabestellen;* s. a. BGHZ 3, 270 – *Constanze I; Harms* BB 1986 Beilage 17, S. 16; *Henning-Bodewig* GRUR 1981, 877; *Ulmer* ZHR 146 (1982), 466, 474; s. a. *Rinck/Schwark* Wirtschaftsrecht[6] (1986) Rdn. 670. Deutlichere Trennung aber bei *Schricker* Wirtschaftliche Tätigkeit S. 75 ff, wobei freilich – wegen aaO S. 74 f – zumindest der Anschein erweckt wird, die Anwendbarkeit des UWG auf die öffentliche Hand sei eine von alledem abgehobene Fragestellung.

wird die Frage auch ganz unspezifisch unter dem Stichwort „Anwendungsbereich des Wettbewerbsrechts" behandelt, auf eine genaue Lokalisierung des Problems entweder bei dem Kriterium „Geschäftlicher Verkehr" oder beim Merkmal „Handeln zu Zwecken des Wettbewerbs" also gänzlich verzichtet (so z. B. *v. Gamm* Kap. 17 Rdn. 11; s. a. BGHZ 82, 375, 395 – *Brillen-Selbstabgabestellen*). Darin deuten sich freilich ganz **prinzipielle dogmatische Probleme** bei der Inhalts- und Verhältnisbestimmung beider Merkmale an. So stellt sich die Frage, ob auch die Förderung fremden Wettbewerbs für ein Handeln „zu Zwecken des Wettbewerbs" ausreicht (dazu Einl. D Rdn. 201), häufig gar nicht, weil schon eine Teilnahme am geschäftlichen Verkehr zu verneinen ist. Hier ist durchweg die entscheidende lauterkeitsrechtliche Weichenstellung vorzunehmen, nicht erst bei dem dogmatisch eigentlich redundanten Merkmal „zu Zwecken des Wettbewerbs" (näher Einl. D Rdn. 248 ff). Gerade diese logische Abfolge liefert ja das gängige Argument dafür, die Subventionstätigkeit der lauterkeitsrechtlichen Beurteilung zu entziehen, weil es nämlich insoweit an einer Teilnahme am geschäftlichen Verkehr fehlen soll. Da die Förderung fremden Wettbewerbs nach hM für ein Handeln „zu Zwecken des Wettbewerbs" genügen soll, könnte das zutreffende Ergebnis bezüglich der Subventionstätigkeit ansonsten durch die hM gar nicht plausibel dargestellt werden.

Aus alledem darf aber nicht der Schluß gezogen werden, die Teilnahme der öffentlichen Hand am geschäftlichen Verkehr sei eher restriktiv zu beurteilen. Das **D 191**
Gegenteil ist der Fall. Dies wird auch von der **neueren Judikatur** sinngemäß vorausgesetzt, weil sonst der im Interesse einer Intensivierung des privatwirtschaftlichen Wettbewerbs und des Schutzes der dortigen Marktbeteiligten überaus zu begrüßenden **Gleichsetzung** von öffentlich-rechtlich unzulässiger wirtschaftlicher Betätigung der öffentlichen Hand überhaupt mit sittenwidrigem Wettbewerb iS des § 1 UWG[347] der Boden, nämlich die Anwendbarkeit des § 1 UWG überhaupt, entzogen wäre. Man wird sogar noch einen Schritt weiter gehen müssen, und zwar dann, wenn die öffentliche Hand in ein wesensmäßig nur ihr zugängliches Wettbewerbssegment eintritt, für das es historisch kein Vorbild gibt und das dementsprechend auch besondere dogmatische Schwierigkeiten aufgibt. Zu denken ist hier vor allem an das politisch hochbedeutsame **kommunale Marketing,** bei dem Städte, Kreise, Regionalverbände etc. sich potentiellen Investoren mit ihren Standortqualitäten empfehlen. Ähnliches ist auf der Ebene der Bundesländer zu beobachten. Obschon die Subsumtion dieses gleichsam **schlicht-hoheitlichen Standortwettbewerbs** unter das Merkmal „geschäftlicher Verkehr" in den Bahnen der traditionellen dogmatischen Diskussion alles andere als auf der Hand liegt, wird die Beurteilung einschlägiger Problemfälle anhand lauterkeitsrechtlicher Kriterien, namentlich anhand der §§ 1 und 3 UWG, gleichwohl ernsthaft in Betracht kommen. Jedenfalls geht es der Sache nach um wirtschaftlichen Wettbewerb, und zwar durchaus nicht nur, ja nicht einmal spezifisch, lediglich mittelbar qua Einflußnahme auf die spätere wettbewerbliche Position potentieller Investoren.

---

[347] Zu der damit aufgegebenen Trennung zwischen öffentlich-rechtlicher, auf das „Ob" der Zulässigkeit wirtschaftlicher Betätigung gemünzter Betrachtungsweise und der rein auf die wettbewerblichen Handlungsmodalitäten beschränkten privatrechtlich-lauterkeitsrechtlichen Sicht (in diesem Sinne noch *Piper* GRUR 1986, 574, 578); s. BGHZ 82, 375; *Emmerich* § 4, 4; *Harms* BB 1986 Beilage 17, S. 8 ff; *Kirchhof* Deutsches Verwaltungsblatt DVBl. 1982, 933; *Lerche/v. Pestalozza* Die Deutsche Bundespost als Wettbewerber (1985) S. 105 ff; *Schmittat* ZHR 148 (1984), 428 ff.

4. Konsumtion des „geschäftlichen Verkehrs" durch andere Tatbestandsmerkmale

D 192 Zu beachten ist, daß das Merkmal des „geschäftlichen Verkehrs" gelegentlich in einem Komplex anderer Tatbestandsmerkmale vertypt sein kann, im Normtext also nicht augenfällig entgegentritt, von diesem Merkmalskomplex somit **konsumiert** wurde (vgl. *Schünemann* S. 41). Dies ist etwa bei § 4 UWG der Fall, weil die tatbestandlich dort aufgeführte Verhaltensweise außerhalb einer Teilnahme am geschäftlichen Verkehr grundsätzlich nicht praktizierbar erscheint und deshalb der „geschäftliche Verkehr" in dieser Norm sinngemäß vorausgesetzt wird. In den Ausnahmefällen, in denen solche scheinbar tatbestandlichen Verhaltensweisen doch einmal vorkommen sollten, ist die mangelnde Teilnahme am geschäftlichen Verkehr dann im Wege der teleologischen Reduktion bei der Normauslegung und Normanwendung zu berücksichtigen.

III. Handeln zu Zwecken des Wettbewerbs

1. Tun und Unterlassen

D 193 Eine Reihe von Normen des Wettbewerbsrechtes im engeren Sinne (zu den diversen Wettbewerbsrechtsbegriffen vgl. Einl. A Rdn. 2 ff), darunter vor allem die Generalklauseln der §§ 1 und – seit der Novellierung vom 6. 6. 1969[348] – auch 3 UWG, normieren als Tatbestandsmarkmal ein Verhalten „zu Zwecken des Wettbewerbs" vielfach, aber nicht ausschließlich in Verbindung mit dem Merkmal „im geschäftlichen Verkehr"[349]. Das Handeln im geschäftlichen Verkehr zu Zwecken des Wettbewerbs fungiert dabei als Umschreibung des Anwendungsbereichs des Lauterkeitsrechts in funktionaler Hinsicht (vgl. *Schünemann* S. 34 f; **a. A.** *Harms* WRP 1986 Sonderbeilage 17, S. 16). Der **Wettbewerbszweck als Tatbestandsmerkmal** findet sich bereits im UWG von 1896 (§§ 6, 9, 10 – entsprechend §§ 14, 17 und 20 des geltenden UWG)[350]. Den Charakter dieses Verhaltens definieren die einschlägigen Normen naturgemäß jeweils aus der zumeist mehr oder weniger speziellen Regelungsmaterie heraus. So spricht § 3 UWG davon, daß Angaben gemacht werden, § 6 b UWG davon, daß Bescheinigungen zum Warenbezug ausgegeben werden, § 12 UWG nennt das Anbieten, Versprechen oder Gewähren von Vorteilen, § 14 UWG bezieht sich auf das Behaupten bzw. Verbreiten von Tatsachen, etc. Am allgemeinsten kann bzw. muß seinem Wesen als umfassend konzipierter Generalklausel entsprechend § 1 UWG formulieren, der auf die Vornahme von Handlungen abstellt.

D 194 Von diesem **gesetzlichen Sprachgebrauch** ausgehend hat sich eingebürgert, das fragliche Tatbestandsmerkmal schlechthin als „Handeln zu Zwecken des Wettbewerbs" zu etikettieren. Dies ist aber insofern mißverständlich, als damit nicht einmal in § 1 UWG lediglich ein **Tun** erfaßt werden soll. Vielmehr ist nach Maßgabe der dafür seit langem anerkannten dogmatischen Grundsätze[351] ein Handeln zu

---

[348] BGBl. I 1969, 633.

[349] Zur Kombination beider Merkmale vgl. §§ 1, 3, 6 b, 12, 18 UWG, § 1 RabattG (der wegen der dortigen Gesetzestechnik des Verbots mit Ausnahmevorbehalt für das Rabattrecht schlechthin gilt).
Isoliert Handeln „zu Zwecken des Wettbewerbs" verlangen §§ 14, 20 UWG.
Umgekehrt lediglich Handeln im geschäftlichen Verkehr ohne Hinzutreten des Wettbewerbszwecks verlangen § 16 UWG, § 1 ZugabeVO.

[350] Zur Begriffsgeschichte vgl. näher *Büchler* S. 5 ff.

[351] Vgl. schon BGHZ 7, 204 und die nunmehr jedenfalls für das Strafrecht auch gesetzesförmig existenten Äquivalenzkriterien in § 13 StGB. Daß die Äquivalenzproblematik traditionell unter deliktsrechtlichem Aspekt diskutiert wird, ist historischer Zufall. Im übrigen gilt das Lauterkeitsrecht gemeinhin als Teil des Deliktsrechts. Dazu näher Einl. E Rdn. 64 ff.

Zwecken des Wettbewerbs generell auch als **pflichtwidriges Unterlassen** möglich[352]. Dieses pflichtwidrige Unterlassen ist im Blick auf § 1 UWG und die meisten wettbewerbsrechtlichen Verbotstatbestände namentlich aus sog. **Ingerenz,** also aus entsprechendem Vorverhalten, denkbar (vgl. BGH GRUR 1977, 614 f – *Gebäudefassade;* näher § 3 Rdn. 92 f, 184; **a. A.** wohl *Baumbach/Hefermehl* § 3 Rdn. 48 ff; *Keysner* passim; *Loewenheim* GRUR 1980, 14). Ein nur scheinbarer rechtspraktischer Schwerpunkt der Gleichstellungsproblematik liegt bei § 3 UWG, wo etwa der Verstoß gegen gesetzlich begründete Handlungspflichten iS von Erfolgsabwendungspflichten, namentlich qua Kennzeichnungsrecht, als einschlägiger Gleichstellungstopos figuriert[353].

Die **Gleichstellung** von (pflichtwidrigem) Unterlassen und Handeln iS aktiven Tuns greift selbstverständlich auch dort, wo lauterkeitsrechtliche Normen das tatbestandliche Verhalten[354] ohne ausdrückliche Bezugnahme gerade auf den Wettbewerbszweck definieren. Denn zum einen ist das Äquivalenzproblem gar kein ontologisches Spezifikum gerade des Handelns zu Zwecken des Wettbewerbs, und zum anderen ist der Wettbewerbszweck nach richtiger Auffassung in allen lauterkeitsrechtlichen (Verbots-)Normen[355] vorausgesetzt bzw. enthalten, bei fehlender ausdrücklicher Nennung nur mehr oder weniger kaschiert in dem tatbestandlichen Verhaltenstypus bereits sinngemäß beschlossen (vgl. hier nur *v. Gamm* Kap. 17 Rdn. 29), sogar schon im Merkmal des Handels im geschäftlichen Verkehr (dazu schon Einl. D Rdn. 192 und noch 197, 248 ff). **D 195**

2. Die tradierte Interpretation

Die inhaltliche Deutung des Merkmals „Handeln zu Zwecken des Wettbewerbs" – im folgenden kurz **„Wettbewerbshandeln"** oder **„Wettbewerbshandlung"**[356] – und damit verknüpft die Einschätzung seines eigenständigen dogmatischen Gewichts ist mittlerweile stark uneinheitlich geworden, jedenfalls in der **Literatur.** Trotz einer insoweit immer noch weitgehend gefestigten **Judikatur**[357] kann mithin an diesem Punkt kaum noch von einer hM gesprochen werden[358]. Nach tradierter, nach wie vor in **stRspr.** vertretenen Auffassung tritt mit der Wettbewerbshandlung schon wegen der Verwendung des Begriffs in der Generalklausel des § 1 UWG ein **„Zentralbegriff"** entgegen, der die begriffliche Spannweite des Wettbewerbsrechtes bestimmt und damit dessen Abgrenzung gegenüber dem allgemeinen bürgerlichen Recht, vor allem gegenüber dem Deliktsrecht der §§ 823 ff BGB, leistet (zu den möglichen Kollisionen s. Einl. E Rdn. 57 ff)[359]. **D 196**

---

[352] S. schon *Rosenthal/Leffmann* Kommentar zum Wettbewerbsgesetz[9] (1969) § 1 Rdn. 31 unter Hinweis auf RGZ 76, 48 und andere Beispiele der reichsgerichtlichen Rspr.; *Büchler* S. 14; *Callmann* Der unlautere Wettbewerb[2] (1932) § 1 Rdn. 7; *Meyer-Cording* WuW 1962, 461, 463. S. a. (zum „Handeln im geschäftlichen Verkehr") *v. Gamm* Kap. 17 Rdn. 18; *RWW/Fezer* 3.0 Rdn. 131.

[353] S. z. B. die unterlassene Giftkennzeichnung eines Desinfektionsmittels in BGH GRUR 1964, 269, 271 – *Grobdesin.*

[354] Allgemein zur methodischen Legitimität der klassischen Problematik des Handlungsbegriffs durch ein Abheben auf das weniger vorbelastete „Verhalten" aus dem Wege zu gehen, s. *Münzberg* Verhalten und Erfolg als Grundlagen der Rechtswidrigkeit und Haftung (1966) S. 22.

[355] Normen wie §§ 2 und 5 UWG können unberücksichtigt bleiben, weil sie keinen Verhaltensmaßstab statuieren.

[356] Zu dieser verbreiteten sprachlichen Kurzfassung des vom Gesetz recht umständlich formulierten Tatbestandsmerkmals s. a. *Borck* WRP 1966, 1, 4 mit Fn. 47; *Hirtz* GRUR 1988, 173, 175; *Wrage* S. 32 mit Fn. 10.

[357] Zu ihrer stetigen Weiterentwicklung s. ausführlich *Bauer* S. 4 ff; *Büchler* S. 16 ff mzN.

[358] Nachweise des verästelten Meinungsstandes im einzelnen in den folgenden Fn.

[359] Vgl. statt aller nur BGHZ 65, 325 – *Stiftung Warentest;* BGH GRUR 1981, 658, 660 – *Preis-*

D 197 a) **Definitionslogische Stellung der Wettbewerbshandlung zum geschäftlichen Verkehr.** Die **begriffliche Beziehung** der Wettbewerbshandlung zum Handeln im geschäftlichen Verkehr wird wohl so gesehen, daß ein Handeln im geschäftlichen Verkehr als Voraussetzung für die Wettbewerbshandlung gilt. Das „an sich wettbewerbsneutrale Handeln im geschäftlichen Verkehr" erhalte durch das Tatbestandsmerkmal Wettbewerbszweck – erst, aber auch lediglich – seinen **Wettbewerbsbezug** (*v. Gamm* Kap. 17 Rdn. 30). Ein Wettbewerbshandeln ohne Teilnahme am geschäftlichen Verkehr sei deshalb überhaupt nicht denkbar (*v. Gamm* Kap. 17 Rdn. 43, 51; abschwächend HdbWR/*Kreft* § 11 Rdn. 6). Dieses **definitionslogische Prius** des geschäftlichen Verkehrs gegenüber dem Wettbewerbshandeln erkläre auch den üblichen Lösungsansatz der **Rechtsprechung** in einschlägigen konkreten Fällen, häufig nur das Wettbewerbshandeln zu prüfen und damit incidenter auch zum Handeln im geschäftlichen Verkehr Stellung zu nehmen (HdbWR/*Kreft* § 11 Rdn. 6 im Blick auf BGH GRUR 1957, 360 f – *Phylax-Apparate;* 1966, 693, 695 – *Höllenfeuer;* 1976, 308, 310 – *UNICEF-Grußkarten;* 1981, 658 ff – *Preisvergleich;* OLG Karlsruhe WRP 1977, 45, 47).

D 198 b) **Objektive Begriffsmomente. aa) Definitionsansatz.** Nach seiner **objektiven Seite** hin wurde das Wettbewerbshandeln zunächst darin erblickt, daß es geeignet sei, den Absatz einer Person (oder eines Unternehmens) auf Kosten bzw. zuungunsten anderer zu fördern[360]. Weil damit eine Einengung auf den Angebotswettbewerb nahegelegt werden könnte, trägt die **Rechtsprechung** nunmehr seit längerem dem Nachfragewettbewerb durch eine erweiterte Formulierung Rechnung: Handeln zu Zwecken des Wettbewerbs ist demnach in objektiver Hinsicht dann gegeben, wenn „ein Tun vorliegt, das geeignet ist, den Absatz oder Bezug einer Person zum Nachteil desjenigen einer anderen Person zu fördern" (BGH GRUR 1981, 685 f – *Preisvergleich;* 1990, 611, 613 – *Werbung im Programm;* 1992, 450 – *Beitragsrechnung;* ganz ähnlich BGH GRUR 1983, 374 f – *Spendenbitte;* 1983, 379 f – *Geldmafiosi;* BGH WRP 1992, 550 f – *Ereignis-Sponsorwerbung;* OLG Karlsruhe WRP 1984, 340, 343. Aus dem **Schrifttum** vgl. etwa *Baumbach/Hefermehl* Einl. UWG Rdn. 215; HdbWR/*Kreft* § 11 Rdn. 7. s. a. *Ulmer/Reimer* Rdn. 15). Gleichwohl tut man sich ersichtlich schwer, sich vom **Ausgangspunkt,** der Verkürzung des Wettbewerbs auf den Angebotswettbewerb, wirklich völlig zu lösen. So erscheint gelegentlich der Nachfragewettbewerb beinahe nur als Vorbereitung späteren Angebotswettbewerbs auf der nachfolgenden Marktstufe[361], was der tatsächlichen Komplexität

---

vergleich; Bauer S. 1; *Baumbach/Hefermehl* Einl. UWG Rdn. 214; HdbWR/*Kreft* § 11 Rdn. 2; *Rittner*[4] (1993) § 2 A I 3; *Ulmer/Reimer* Rdn. 16.

[360] BGH GRUR 1953, 293 f – *Fleischbezug* (mit sinnentstellendem, in späteren Entscheidungen und auch in der Literatur unentdeckt perpetuiertem Redaktionsfehler: „... zugunsten ..." – statt: zuungunsten – „einer anderer Person"); 1956, 216 f – *Kurverwaltung (Bad Ems);* 1956, 223 f – *Anzeigenblatt;* 1960, 384, 386 – *Mampe halb und halb;* 1962, 45, 47 – *Betonzusatzmittel;* 1964, 208 f – *Fernsehinterview;* 1965, 381, 384 – *Weinbrand;* 1966, 509, 512 – *Assekuranz;* 1968, 97 – *Büchereinachlaß;* 1974, 31 – *Perserteppiche; Rosenthal/Leffmann* Kommentar zum Wettbewerbsgesetz[9] (1969) § 1 Rdn. 6; *Ulmer/Reimer* Rdn. 15. Zu der genannten sinnentstellenden „positiven Korrelation" der ökonomischen Effekte s. auch *Büchler* S. 13 Fn. 3 unter Hinweis auf *Sandrock* Grundbegriffe des GWB (1968) S. 193.

[361] Vgl. BGH GRUR 1977, 619 – *Eintrittsgelder* und dazu *Baumbach/Hefermehl* Einl. UWG Rdn. 215: Das „Anzapfen" der Lieferanten durch einen Händler, der dadurch eigene Investitionen für seine Ladenausstattung erübrige, fördere dadurch seine Stellung gegenüber den Mitbewerbern (sc. gegenüber seinen Abnehmern, mit denen er im Angebotswettbewerb steht). Vgl. ferner *Köhler* Wettbewerbsbeschränkungen durch Nachfrage (1977) S. 30 ff; *ders.* Nachfragewettbewerb und Marktbeherrschung (1986) S. 10 unter Hinweis auf *Gröner/Köhler* BB 1982, 257 f.

der handelsökonomischen Verhältnisse nicht ausreichend Rechnung trägt (dazu im einzelnen § 1 C Rdn. 32 ff).

Allerdings ist dem Abstellen auf die Absatz- bzw. Bezugsmenge nicht zu großes definitorisches Gewicht beizumessen. Gedacht ist nämlich nicht nur an derartige (potentielle) quantitative Effekte (dazu *Knöpfle* UFITA 93 (1982), 25 ff). Die genannte Formel umschließt ihrem Sinn nach vielmehr, daß das Handeln geeignet ist, die Wettbewerbsstellung irgendwie günstig zu beeinflussen (BGH GRUR 1967, 256 f – *Stern; Baumbach/Hefermehl* Einl. UWG Rdn. 215; HdbWR/*Kreft* § 11 Rdn. 7; s. a. *Nordemann* Rdn. 15; *Rittner*[4] (1993) § 2 A I 3 a), in der breiten **Kasuistik** etwa durch Stabilisierung des Kundenkreises (BGH GRUR 1959, 488 f – *Konsumgenossenschaften;* 1970, 65, 67 – *Prämixe;* ebenso schon RGZ 60, 189 – *Bergalter.* S. a. *Ulmer/Reimer* Rdn. 15), durch Veranstaltung von Meinungsumfragen im Zusammenhang mit der Intensivierung der Werbung (BGH GRUR 1973, 268 f – *Verbraucherumfrage*) oder selbst durch bloße Verfolgung von Geschäftsforderungen (OLG Kassel WRP 1955, 131 f; **a. A.** OLG Hamm NJW-RR 1986, 459 für Vollstreckungsmaßnahmen einer Bank gegen einen Kreditkunden; offengelassen von OLG Köln WRP 1975, 170, 172). Der Charakter als Wettbewerbshandlung wurde hingegen beispielsweise für den Fall verneint, daß der Inhaber eines Unternehmens, der zugleich Vorsitzender eines Idealvereins ist, seine Lieferanten um Spenden zugunsten jenes Vereins bittet, ohne daß das Unternehmen daraus irgendwelche Vorteile zieht oder die Lieferantenbeziehungen durch erfolgte oder verweigerte Spenden beeinflußt werden (BGH GRUR 1983, 374 ff – *Spendenbitte*). **D 199**

bb) Wettbewerbliche Vorbereitungshandlungen als Wettbewerbshandlungen. Ein Teil der vorgenannten Beispiele steht zugleich für die Auffassung, daß es für die Wettbewerbshandlung auf ihr Näheverhältnis zum Kern des marktlichen Austauschprozesses, dem Zusammentreffen von Angebot und Nachfrage, nicht ankommt. Auch Handlungen zur **Vorbereitung künftigen Wettbewerbs** werden damit den Wettbewerbshandlungen zugerechnet (BGH GRUR 1955, 342, 346 – *Holländische Obstbäume (= Rheinpfalz);* 1985, 823 f – *Charterfluggesellschaften; v. Godin* U § 1 Rdn. 6), sofern sie sich nicht ausschließlich im betriebsinternen Bereich abspielen (BGH GRUR 1971, 119 – *Branchenverzeichnis*). Daß wirklich nur ein **Betriebsinternum** vorliegt, dürfte aber praktisch kaum jemals zu bejahen sein. Denn schon dadurch, daß es einem anderen außerhalb der betrieblichen Sphäre zur Kenntnis kommt, entfaltet sich eine Außenwirkung mit der Folge, daß der Charakter als Wettbewerbshandlung – bei Vorliegen der sonstigen Begriffsmerkmale – zu bejahen ist (vgl. *Tyllack* S. 126. Noch weitergehend OLG München WRP 1971, 280). **D 200**

cc) Eigennütziges und fremdnütziges Wettbewerbshandeln. Bei alledem soll es nicht darauf ankommen, ob der Handlung die Tendenz innewohnt, gerade die eigene Wettbewerbsposition des Akteurs zu stärken. Vielmehr soll zu den Wettbewerbshandlungen auch die **Förderung der Marktstellung Dritter** gehören (stRspr. s. nur BGH GRUR 1964, 392, 394 – *Weizenkeimöl;* 1964, 389 f – *Fußbekleidung;* 1974, 666 – *Reparaturversicherung;* 1980, 242, 244 – *Denkzettelaktion;* 1984, 461 f – *Kundenboykott;* 1985, 550 – *Dimple;* 1990, 373 – *Schönheitschirurgie;* zustimmend die **ganz hM** auch im Schrifttum, z. B. *Baumbach/Hefermehl* Einl. UWG Rdn. 215; HdbWR/*Kreft* § 11 Rdn. 8; *Henning-Bodewig* GRUR 1982, 202 f; *Ulmer/Reimer* Rdn. 15). Dies wird regelmäßig als **eigene Wettbewerbshandlung,** nicht etwa als Teilnahme an fremder Wettbewerbshandlung angesehen, so daß sich ein Zurechnungsproblem, etwa im Rahmen des § 13 Abs. 3 UWG, gar nicht stellt **D 201**

(HdbWR/*Kreft* § 11 Rdn. 8; s. a. HdbWR/*Melullis* § 20 Rdn. 12 ff sowie – referierend – *Büchler* S. 25. Zur Problematik einer Zurechnung über bürgerlich-rechtliche Normen Einl. E Rdn. 66 f. Zu einer **wettbewerblichen Teilnahmehandlung** s. aber BGHZ 22, 181 – *Arzneifertigwaren; Büchler* S. 25 f, der allerdings kein Zurechnungsproblem sieht). Dabei gilt wiederum für unerheblich, ob bestimmte Personen oder Unternehmen die Destinatäre der fremdnützigen Wettbewerbshandlung darstellen, oder ob eine ganze Gruppe von der (potentiellen) Begünstigung erfaßt wird (BGH GRUR 1962, 45, 47 – *Betonzusatzmittel*).

D 202 dd) **Das Wettbewerbsverhältnis.** (1) **Beschränkung auf den Parallelprozeß.** Im tradierten Verständnis der Wettbewerbshandlung wird das Angebots- bzw. Nachfrageverhalten mit großer Selbstverständlichkeit in den durch gleichartige Bemühungen anderer vorgegebenen Handlungsrahmen eingeordnet[362]: Wie in den Formulierungen zur objektiven Seite der Wettbewerbshandlung schon seit den ersten einschlägigen Entscheidungen noch zum UWG von 1896[363] immer wieder anklingt (s. a. Einl. D Rdn. 198 mwN)[364], herrscht bis heute die Vorstellung vor, das Marktgeschehen folge den Regeln eines **Nullsummenspiels,** bei dem die wirtschaftlichen Erfolge des einen notwendigerweise „auf Kosten", „zum Nachteil", „zuungunsten" des anderen realisiert werden müßten. Dabei wird für ausreichend gehalten, daß irgendwann einmal eine derartige Kollisionssituation, sei es auch erst nach einer Änderung der Marktverhältnisse, eintreten kann (sog. **potentielles Wettbewerbsverhältnis**)[365]. Besondere Probleme wirft in diesem Zusammenhang allerdings die **Verbandswerbung** auf, weil es hier an der Eignung mangelt, dem Absatz anderer Gewerbetreibender einen Nachteil zuzufügen (unentschieden OLG Köln GRUR 1992, 454 – *Zigarettenwerbung*). Unter Hinweis auf eine wettbewerbsrechtlich ganz allgemein maßgebliche **Verkehrsauffassung** (vgl. neuerdings etwa BGH GRUR 1993, 62 – *Kilopreise III* sowie schon BGH Urt. v. 17. 12. 1992 – I ZR 61/91 – *Versandhandelspreis* = BB 1993 Heft 5, S. IV: OLG Hamburg GRUR 1992, 531 – *„Lieber zu Sixt als zu teuer"*) soll schon der durch die Verwendung verwechselbarer Bezeichnungen erweckte Anschein eines Wettbewerbsverhältnisses genügen können (RG MuW XXIII S. 187 – *Cellit*). Teilweise wird sogar auf eine konkrete Benachteiligung verzichtet, die abstrakte Möglichkeit einer solchen also – vor allem mit Blick auf § 13 Abs. 2 Nr. 1 UWG – im Zusammenhang mit der **Aktivlegitimation** für ausreichend erachtet[366].

D 203 Diese in der Wettbewerbshandlung angeblich angelegte aktuelle oder zumindest potentielle Wechselbeziehung zwischen dem Marktverhalten des einen und demjenigen seiner Mitbewerber erfaßten **Rechtsprechung** und ihr zumindest insoweit und jedenfalls grundsätzlich folgende **Literatur** seit jeher – auch außerhalb des Unlau-

---

362 Klar analysiert von *Koppensteiner* § 3 II 1 a.

363 S. a. *Büchler* S. 10 ff mwN.

364 Vgl. schon RGSt 32, 27 ff – *Drucktuche* zu §§ 6, 9, 10 des UWG von 1896; ferner RGSt 45, 254; 58, 27 und 249 f; RGZ 118, 133, 136 – *Getreidehandel;* 134, 342, 350; 144, 41, 49; BGH GRUR 1951, 283 – *Möbelbezugsstoffe;* 1964, 208 f – *Fernsehinterview;* 1965, 381, 384 – *Weinbrand;* 1986, 898 f – *Frank der Tat;* 1989, 430 – *Krankentransportbestellung.*

365 RG GRUR 1933, 662, 667 – *Schienenzeppelin;* BGH GRUR 1955, 342, 344 f – *Holländische Obstbäume (= Rheinpfalz);* 1964, 389, 391 – *Fußbekleidung;* 1984, 823 f – *Charterfluggesellschaften; Rosenthal/Leffmann* Kommentar zum Wettbewerbsgesetz[9] (1969) § 1 Rdn. 9; *Ulmer/Reimer* Rdn. 15; wN bei *Emmerich* § 4, 3 a aa mit Fn. 11.

366 OLG München GRUR 1984, 373 f – *Klagefreudiger Immobilienmakler* (mwN); *Ahrens* WRP 1962, 57, 60; *Baumbach/Hefermehl* Einl. UWG Rdn. 217; *Hefermehl* FS Kummer S. 345, 347; *ders.* FS Wilde S. 41, 43; *Nordemann* Rdn. 9; *Sandrock* Grundbegriffe des GWB (1968) S. 130, 144; *ders.* Handels- und Wirtschaftsrecht I § 19 II 1.

terkeitsrechts[367] – im Begriff des **Wettbewerbsverhältnisses**[368]. Rein von der **definitorischen Struktur** her ist zweifelhaft, ob das Wettbewerbsverhältnis wirklich als **integraler Bestandteil** der Wettbewerbshandlung aufgefaßt wird (vgl. für diese **hM** nur *Borck* WRP 1966, 1, 4; *v. Gamm* Kap. 17 Rdn. 30; *Wrage* S. 356) oder aber als **„ungeschriebenes Tatbestandsmerkmal"** – dann neben der Wettbewerbshandlung stehend? – figurieren soll[369]. Ausdrücklich wird das Wettbewerbsverhältnis definitorisch jedenfalls auf den marktlichen **Parallelprozeß** beschränkt, so daß auf verschiedenen Marktseiten stehende Beteiligte, namentlich die Kontraktpartner des Austauschverhältnisses von Angebot und Nachfrage, nicht als in einem Wettbewerbsverhältnis verbunden betrachtet werden[370]. Auf dem Boden dieser Restriktion wird das Wettbewerbsverhältnis sogar als (gesetzliches) Schuldverhältnis sui generis gedeutet (so insb. *Friedrich* WRP 1976, 439 ff), dessen Verletzung das Entstehen von Unterlassungs- und Schadensersatzpflichten jedenfalls dogmatisch besser verständlich machen und sogar zur Gehilfenhaftung nach § 278 BGB führen soll (vgl. für diese **hM** nur *Borck* WRP 1966, 1, 4; *v. Gamm* Kap. 17 Rdn. 30; *Wrage* S. 356).

(2) **Irrelevanz der Wirtschaftsstufen/„mittelbares Wettbewerbsverhältnis".** Innerhalb dieses wettbewerblichen Parallelprozesses soll es aber grundsätzlich nicht darauf ankommen, ob die Beteiligten verschiedenen **Wirtschaftsstufen** angehören bzw. ob sich der Wettbewerb auf verschiedenen Wirtschaftsstufen abspielt (zum sog. **Stufenwettbewerb** s. ausführlich § 1 C Rdn. 1 ff)[371]. **D 204**

Ganz unproblematisch ist die Annahme eines Wettbewerbsverhältnisses sicher, wenn beispielsweise die Beziehung eines **direktvertreibenden Herstellers** zu einem denselben Kundenkreis beliefernden **Händler,** der evtl. sogar die Waren eben dieses Herstellers vertreibt, in Rede steht[372]. Hier ist auch das angenommene Wettbewerbsverhältnis zwischen jeweils selbst vertreibenden **Druckern** und **Buchbindern** einzuordnen (BGHZ 19, 72, 79 – *Gesangbuch*). Für **Dienstleistungen** gilt selbstverständlich dasselbe (z. B. Wettbewerbsverhältnis zwischen einem Spediteur/Fracht- **D 205**

---

[367] S. nur *Sandrock* Grundbegriffe des GWB (1968) S. 102 ff, 123 ff, 130 ff für das Kartellrecht.

[368] RGZ 60, 189 f – *Bergalter;* 149, 224, 227 – *Präservativwerbung;* BGHZ 3, 270, 277 und 14, 163, 170 ff – *Constanze I und II;* 19, 392 ff – *Anzeigenblatt;* BGH GRUR 1951, 283, 294 – *Möbelbezugsstoffe;* 1955, 598 ff – *Praktischer Ratgeber;* 1957, 342, 347 – *Underberg;* 1967, 138, 141 – *Streckenwerbung;* 1972, 553 – *Onko statt Blumen;* 1981, 529 f – *Rechtsberatungsanschein;* 1982, 431, 433 – *Point;* 1983, 247 – *Rolls Royce;* 1983, 582 f – *Tonbandgerät;* 1984, 907, 909 – *Frischzellenkosmetik;* 1985, 550 – *Dimple;* 1986, 812 f – *Gastrokritiker;* OLG Frankfurt/M. WRP 1992, 570 – *Preisbericht.* Vgl. neben den Vorgenannten hier nur noch *Ahrens* WRP 1972, 57 ff; *Bauer* S. 15 ff; *Baumbach/Hefermehl* Allg. Rdn. 9 und 11 sowie Einl. UWG Rdn. 216; *v. Gamm* Kap. 17 Rdn. 30; *ders.* WRP 1988, 281 f; *v. Godin* U § 1 Rdn. 7; *Hefermehl* FS Kummer S. 345 ff; *Hirtz* GRUR 1988, 173 ff. S. a. die folgenden Nachweise sowie diejenigen bei *Federer* S. 10 ff, 117 ff; *Sack* FS v. Gamm S. 161, 173 Fn. 55; *Schricker* GRUR Int. 1973, 453 f.

[369] So HdbWR/*Kreft* § 10 Rdn. 1, der allerdings dem Inhalt seiner Ausführungen nach das Wettbewerbsverhältnis wohl doch als begriffliches Moment der Wettbewerbshandlung werten will. Insofern betreffen die Erörterungen von *Hirtz* GRUR 1988, 173, 175 f ein Scheinproblem.

[370] *Baumbach/Hefermehl* Allg. Rdn. 10; *Fikentscher* WuW 1960, 684 sowie 1961, 796; *Meyer-Cording* WuW 1962, 461, 466.

[371] Grundlegend (für die Nachkriegsrechtsprechung) BGHZ 18, 175, 182 – *Werbeidee;* s. auch – neben den folgenden Nachweisen – BGHZ 37, 30, 34 – *SB-Großhändler;* BGH GRUR 1957, 342, 347 – *Underberg;* 1964, 320 – *Maggi;* 1965, 309 – *gemafrei;* 1965, 612, 615 – *Warnschild;* 1969, 413 f – *Angélique II;* 1983, 582 f – *Tonbandgeräte* mit Anm. *Mees;* 1984, 204 ff – *Verkauf unter Einstandspreis II;* 1988, 916 – *PKW-Schleichbezug; Federer* S. 135 ff, 140; *Gillert* Die rechtliche Bewertung des sogenannten Anzapfens nach § 1 UWG (1980) S. 22 ff.

[372] RG GRUR 1930, 446 – *Fittingswerke;* MuW 1935, 183 – *Glashüttendirektverkauf; Baumbach/Hefermehl* Einl. UWG Rdn. 226; *Burmann* WRP 1967, 240, 243; *Ulmer/Reimer* Rdn. 15.

führer und einem Hersteller, der die Transporte in seinem Beschaffungs- oder Absatzwesen selber besorgt bzw. durchführt (RGZ 118, 133, 136, 138 – *Eigentransporte*).

D 206 Im übrigen wird hier die im einzelnen recht vage formulierte und im Lauf der Zeit in der **Kasuistik** immer ausufernder angewandte Konstruktion eines **„mittelbaren Wettbewerbsverhältnisses"** eingeführt[373], insofern die Kunden etwa der Handelsunternehmen jedenfalls als mittelbare Kunden der Hersteller betrachtet werden, auch und gerade dann, wenn der Hersteller keinen Direktvertrieb unterhält[374]. Vorausgesetzt ist freilich auch bei diesen sog. mittelbaren Wettbewerbsverhältnissen, daß das Handeln des einen die Wettbewerbslage des anderen überhaupt zu beeinträchtigen geeignet ist[375]. Ein derartiges mittelbares Wettbewerbsverhältnis wird so beispielsweise angenommen, wenn ein Händler beim Vertrieb von Produkten des Herstellers X die Produkte des Herstellers Y werbemäßig in negativen Bezug nimmt (Wettbewerbsverhältnis auch zwischen dem Händler und Y, nicht nur zwischen X und Y)[376]. Dieselbe Einschätzung erfolgt bezüglich der indirekten Beeinträchtigung der Erwerbsaussichten eines Künstlers durch die von ihm nicht gebilligte Ausnutzung seiner Leistung zu gewerblichen Zwecken, weil zwischen seinem entgangenen Verdienst und dem Nutzen des Gewerbetreibenden eine Wechselbeziehung bestehe (BGH GRUR 1960, 614, 617 – *Figaros Hochzeit*), was ebenfalls für die Stellung des Verlegers gegenüber einem Buchhändler bejaht wird (BGH GRUR 1958, 247 f – *Verlagserzeugnisse*).

D 207 Ein mittelbares Wettbewerbsverhältnis wird ferner gesehen zwischen einem Händler und einem Hersteller, der jenen Händler von der Belieferung ausgeschlossen hatte (BGH GRUR 1988, 826 f sowie WRP 1989, 369 – *Entfernen von Kontrollnummern II und III;* **a. A.** aber BGH GRUR 1978, 364, 367 – *Golfrasenmäher* (mit Anm. *Schulze zur Wiesche*) für einen ganz ähnlich gelagerten Fall). Durch ein mittelbares Wettbewerbsverhältnis verbunden sein sollen ferner ein Filmproduzent, der Lizenzen zur Nutzung der durch einen Film berühmt gewordenen Bezeichnung „Bambi" vergibt, sowie einer Schokoladenfabrik, die ihr Produkt unter diesem Namen vertreibt (BGH GRUR 1960, 144 – *Bambi*). Eine mittelbare Konkurrenzsituation soll schließlich die Beziehung zwischen einem Vermieter von Fernsehgeräten und einem Anbieter von Reparaturkostenversicherungen auszeichnen (OLG München WRP 1989, 50, 52), ebenso sogar die Relation zwischen einem gewerblichen Verein und den Konkurrenten seiner Mitglieder (BGH WRP 1981, 385 – *Rechtsberatungsanschein*). Zuweilen kann fraglich sein, ob nun ein „unmittelbares" oder nur ein „mittelbares" Wettbewerbsverhältnis bejaht wird, so etwa zwischen dem Lizenzgeber für Schuheinlagen und dem Einlagenproduzenten (BGH GRUR 1962, 34, 36 – *Torsana*) sowie zwischen einer Zeitung und einer Werbeagentur (OLG Hamm WRP 1979, 477 f), doch bleibt dies wegen der angenommenen Äquivalenz beider allemal folgenlos.

D 208 Der Alternativität von „unmittelbar" und „mittelbar" verweigert sich das Wettbewerbsverhältnis, wo die Wettbewerbsstellung eines **Dritten** gefördert werden soll

---

[373] Dazu näher *Büchler* S. 28 ff.

[374] *V. Gamm* Kap. 17 Rdn. 38; *Koppensteiner* § 3 II 1 c; *Nordemann* Rdn. 11. S. a. *v. Godin* U § 1 Rdn. 7.

[375] S. a. BGH GRUR 1955, 598 – *Matern*. In der Einschätzung der Häufigkeit einer Bejahung dieser Beeinträchtigungsgefahr divergierend *Nordemann* Rdn. 11 einerseits (speziell für das mittelbare Wettbewerbsverhältnis eher zurückhaltend), *Koppensteiner* § 3 II 1 f andererseits (generell die Beeinträchtigungsgefahr durchweg für gegeben erachtend).

[376] Vgl. *Baumbach/Hefermehl* Einl. UWG Rdn. 226.

(vgl. bereits Einl. D Rdn. 201). Hier soll es auf das Wettbewerbsverhältnis zwischen dem Geförderten und dem Betroffenen ankommen (*Nordemann* Rdn. 13), das seinerseits im vorgestellten Sinn unmittelbar oder mittelbar sein kann.

(3) **Marktabgrenzung.** Gleichsam quer zur Qualität eines Wettbewerbsverhältnisses als unmittelbar oder nur mittelbar ist das Problem der **Marktabgrenzung** plaziert[377], genauer: seiner grundsätzlichen Erforderlichkeit und – bejahendenfalls – seiner gedanklichen Durchführung im einzelnen. Einigkeit herrscht hier darüber, daß eine Konkurrenzsituation ohne weiteres bei einer zumindest partiellen Einheitlichkeit des Abnehmerkreises bzw. – im Nachfragewettbewerb – des Lieferantenkreises besteht (für alle s. hier nur *Baumbach/Hefermehl* Einl. UWG Rdn. 220 ff). Gedacht wird nicht nur an **homogene Güter** und (Dienst-)Leistungen, sondern auch an heterogene, soweit **Substituierbarkeit** existiert. Greifbares Indiz für solche Substituierbarkeit ist der Vorgang des sog. **Unterschiebens** anderer als der verlangten Ware (RGZ 60, 189 f – *Bergalter;* RG GRUR 1939, 801, 804 – *Kaffee Hag;* BGH GRUR 1965, 361 f – *Taxibestellung;* 1966, 564 f – *Hausverbot I; v. Gamm* Kap. 17 Rdn. 37). Die **Branchengleichheit** bzw. das Nähe-(Verwandtschafts-)Verhältnis verschiedener Branchen soll also das Wettbewerbsverhältnis ebenfalls maßgeblich determinieren. Auch sollen dabei räumliche Aspekte eine Rolle spielen, so daß von daher ein Wettbewerbsverhältnis zwischen Münchener und Kölner Gastwirten, Bäckern etc. ausscheidet (*Baumbach/Hefermehl* Einl. UWG Rdn. 223). Darin spiegelt sich bei Licht besehen freilich nur das eingangs genannte personelle Merkmal bezüglich desselben Abnehmer- bzw. Lieferantenkreises in einer ganz bestimmten Facette wider. Gegenwärtige oder wenigstens für die Zukunft zu erwartende Branchengleichheit (s. bereits Einl. D Rdn. 202, ferner BGHZ 24, 238, 244 – *tabu I;* BGH GRUR 1961, 535, 537 – *arko*) oder wenigstens Branchengleichartigkeit und (partielle) Einheitlichkeit des Abnehmer- bzw. Lieferantenkreises werden also erst in ihrer Addition zur erforderlichen Marktabgrenzung als hinreichend angesehen. In dieser Kombination von sachlichen und räumlichen bzw. dadurch vermittelten personellen Abgrenzungsmerkmalen des konkret existenten Wettbewerbsverhältnisses wird eine deutliche **Parallele** zu wettbewerbstheoretischen und kartellrechtlich praktizierten **Definitionskriterien des „relevanten Marktes"** – namentlich im Zusammenhang mit Marktmachtmessungen – gezogen[378], ohne daß die **Judikatur** – soweit erkennbar – die hier vielleicht möglichen synergetischen Effekte zwischen lauterkeits- und kartellrechtlichen Argumenten planvoll genutzt hätte[379]. **D 209**

Auf dieser gedanklichen Basis wurde – teilweise nur sehr schwer nachvollziehbar – ein **Wettbewerbsverhältnis bejaht** etwa zwischen dem Verleger eines Anzeigenblattes mit redaktionellem Teil und einer herkömmlichen Tageszeitung wegen der Einheitlichkeit der Inserenten und – mittelbar – auch der Leser (BGHZ 19, 392, 394 f – *Anzeigenblatt/Freiburger Wochenbericht*), zwischen einem Zeitschriftenverlag und einem Lesering, die sich ja letztlich beide an denselben Abnehmerkreis wenden (BGH GRUR 1969, 413 f – *Angélique II*), zwischen einem kircheneigenen Versicherungsdienst und selbständigen Versicherungsvertretern (BGH GRUR 1981, 823 – *Ecclesia-Versicherungsdienst*), zwischen Rundfunk und Zeitungen hinsicht- **D 210**

---

[377] S. a. *Koppensteiner* § 3 II 1 b.

[378] Vgl. *Koppensteiner* § 3 II 1 b.

[379] Zu den Grenzen eines solchen Vorhabens bei den sog. ad-hoc-Wettbewerbsverhältnissen (dazu sogleich Großkomm.-*Schünemann* Einl. D Rdn. 212 f) s. zutreffend *Büchler* S. 84 f. Die Problematik einer solchen Parallelisierung liegt letztlich aber in der Fragwürdigkeit des gesetzlich abgenötigten Ansatzes, Wettbewerb zumindest auch marktstrukturell erfassen zu sollen.

lich der Nachrichtenverbreitung (RGZ 128, 330, 340 f), zwischen einer Allgemeinen Ortskrankenkasse, die Heil- und Hilfsmittel vertreibt, und Apothekern und Optikern (vgl. BGH GRUR 1982, 425 – *Brillen-Selbstabgabestellen I*), aber auch zwischen einer Fachzeitschrift und Unternehmen, die Gegenstand kritischer fachlicher Stellungnahmen waren (RGZ 150, 107 ff – *Fachzeitschriftenkritik*), zwischen einem Brancheninformationsdienst und einem Unternehmen, das von diesem Informationsdienst im Zusammenhang mit einem Boykott verrufen wurde (vgl. BGH WRP 1984, 321 – *Kundenboykott*), sowie zwischen einem zugleich als Verleger tätigen Diamantenhändler und einem Informationsdienst für „Uhren/Schmuck" (OLG Frankfurt/M. WRP 1992, 570). Ebenso wird beurteilt die Verwertung von Sicherungsgut durch eine Sparkasse im Verhältnis zu den „regulären" Verkäufern derartiger Waren (OLG Hamm WM 1983, 1144) und die im Zuge der Lagerräumung erfolgende kostenlose Butterabgabe einer Marktordnungsstelle (OLG Frankfurt/M. NJW 1985, 2901 – *Kostenlose Butterabgabe*). Allgemein wird über die bislang vorgestellten Fallgruppen hinaus die Möglichkeit von Wettbewerbsverhältnissen selbst bezüglich Marktteilnehmern, die verschiedenen Branchen angehören, angenommen. Hierher rechnen zunächst die in diesem Zusammenhang durchweg gar nicht eigens erwähnten (s. aber *Büchler* S. 32 ff) Sortimentserweiterungen, die einen bislang vertrauten branchentypischen Rahmen sprengen. Ein wirtschaftshistorisch einprägsames Beispiel liefert die Sortimentspolitik von „Tchibo" und „Eduscho", die schon in den 60er Jahren begannen, neben dem Kaffee eine derart heterogene Angebotspalette zu implementieren, daß dies mit „Randsortiment", „Vorspannangeboten" u. ä. wohl nicht richtig zu beschreiben war. Insoweit ergeben sich freilich keinerlei Besonderheiten gegenüber Marktteilnehmern ein und derselben Branche, weil sich das Wettbewerbsverhältnis – nach tradierter Auffassung – eben auch hier bereits über die (evtl. nur partielle) Einheitlichkeit des Abnehmer- bzw. Lieferantenkreises definiert (s. schon Einl. D Rdn. 209).

D 211 Dagegen wurde ein **Wettbewerbsverhältnis verneint** beispielsweise zwischen einem Rechtsanwalt und einer Zeitung, die nicht fallbezogene Rechtsauskünfte erteilt (BGH WRP 1981, 385 – *Rechtsberatungsanschein*), zwischen einem sog. Filmverleih und einem Graphiker (BGH GRUR 1957, 291 – *Europapost*), und auch zwischen dem Herausgeber eines Hotelführers und den dort beurteilten Hotelunternehmen (OLG Frankfurt/M. WRP 1974, 212 – *Varta*) sowie zwischen einem Produzenten und einem Großhändler, der von jenem unter Dissimulation seines Direktvertriebs Waren bezieht (BGH GRUR 1958, 557 – *Direktverkäufe*).

D 212 Sodann wird in diesem Zusammenhang für das Bestehen von Wettbewerbsverhältnissen zwischen Marktteilnehmern auch verschiedener Branchen auf eine besondere Variante des **Substitutionswettbewerbs**[380] hingewiesen: In dieser Fallgruppe soll zwischen den angebotenen (bzw. nachgefragten) Gütern und (Dienst-)Leistungen keine gleichsam in der Natur der Sache begründete Substituierbarkeit und deshalb zwischen den betreffenden einander branchenfremden Marktteilnehmern „von Haus aus" kein Wettbewerbsverhältnis, wie es unter Gewerbetreibenden gleicher oder verwandter Branchen als „geborenen" Konkurrenten[381] gewöhnlich vorliege, bestehen (vgl. *Baumbach/Hefermehl* Einl. UWG Rdn. 228). Vielmehr soll hier das Wettbewerbsverhältnis ganz konkret und vielleicht nur einmalig erst durch die quasi eben darauf gerichtete Handlung selber konstituiert werden. Während ansonsten

---

[380] Richtig eingeordnet bei *Büchler* S. 30 ff; s. a. *Baumbach/Hefermehl* Einl. UWG Rdn. 228.

[381] *Kummer* Anwendungsbereich S. 28.

eine Wettbewerbshandlung im Rahmen eines auch schon ohne sie bestehenden Wettbewerbsverhältnisses erfolge, werde das Wettbewerbsverhältnis hier also dadurch gestiftet, daß ein Wettbewerber durch sein Marktverhalten – im Angebotswettbewerb – seine Angebote mit den ganz heterogenen Angeboten anderer in Beziehung setze (*Baumbach/Hefermehl* Einl. UWG Rdn. 228) und so mit seiner Aktion sein Wettbewerbsverhältnis selber definiere (*Emmerich* § 4, 3 a bb).

Das Medium solcher **„Wettbewerbsverhältnisse ad hoc"**[382] wird namentlich in einer Werbung gesehen, die eine prima facie überraschende Substituierbarkeit thematisiert, etwa als Geschenk für die Gastgeber statt des üblichen Blumenstraußes Kaffee ins Spiel bringt (paradigmatisch BGH GRUR 1972, 553 – *Onko statt Blumen;* s. a. OLG Köln GRUR 1968, 705; OLG Stuttgart NJW-RR 1989, 164. S. eingehend *Kummer* Anwendungsbereich S. 28 ff; ferner *Nordemann* Rdn. 12). Im Hinblick auf den erhofften Substitutionseffekt ist vor dem Hintergrund der übrigen Vorstellungen vom „Wettbewerbsverhältnis" die Folgerung nicht plausibel, hier werde ein Wettbewerbsverhältnis erzeugt, „ohne daß der Absatz der beiderseitigen ungleichartigen Waren beeinträchtigt" werde (zu pauschal deshalb die Eingangsfeststellung bei *Baumbach/Hefermehl* Einl. UWG Rdn. 228). **D 213**

Von derart notwendig gezieltem Inbeziehungsetzen ist wiederum die Fallgruppe zu unterscheiden, in der die Bezugnahme final angelegt sein kann, aber nicht zwangsläufig sein muß. Ferner spielt die (nahegelegte) Substituierbarkeit hier gerade keine Rolle. In der Tat kommt hier auch eine wechselseitige Beeinflussung der Absatzchancen nicht in Betracht. Die einschlägige Problematik wird deutlich am Beispiel einer sog. **Verwässerung** der überragenden Kennzeichnungskraft fremder **berühmter Kennzeichen.** Das eigene Produkt partizipiert (oder soll zumindest partizipieren) an der Verkehrsdurchsetzung, an dem Ruf jenes Kennzeichens, durch seine Nähe zu ihm, wobei eben dadurch dessen überragende Kennzeichnungskraft Einbußen erleidet. Da voraussetzungsgemäß diverse Branchen mit unterschiedlichen Kundenkreisen involviert sind und deshalb mangels Verwechselungsgefahr eine Intervention über §§ 16 UWG, 24 f, 31 WZG von vornherein ausscheidet, hängt ein wettbewerbsrechtlicher Schutz gegen „Anlehnung", gegen „Schmarotzen" und „Ausbeutung" – insb. durch § 1 UWG, evtl. auch § 3 UWG – von der Eingangsvoraussetzung dieser Normen, dem Wettbewerbshandeln und damit nach tradierter Auffassung von der Existenz eines Wettbewerbsverhältnisses ab. Dies aber ist schlechterdings nicht mehr als **„konkretes" Wettbewerbsverhältnis** faßbar, da hier ja wechselseitige Beeinflussung des Absatzes naturgemäß ausscheidet. Die in diesen Fällen teilweise, vor allem in der **neueren Judikatur,** dennoch erfolgende wettbewerbliche Inbezugsetzung zum Inhaber des berühmten Kennzeichens[383] kann mithin allenfalls als **„abstraktes" Wettbewerbsverhältnis** qualifiziert werden[384]. Eine **D 214**

---

[382] *Koppensteiner* § 3 II 1 d; s. a. *Baumbach/Hefermehl* Einl. UWG Rdn. 228 f; *Hefermehl* FS Kummer S. 345, 348; *Sandrock* Grundbegriffe des GWB (1968) S. 140 f; *Ulmer/Reimer* Rdn. 15 (mit Fn. 5 und 14).

[383] Vgl hier nur BGH GRUR 1960, 144 – *Bambi;* 1983, 247, 249 – *Rolls-Royce;* 1985, 550, 552 – *Dimple* mit Anm. *Tilmann;* s. a. BGH GRUR 1988, 453, 455 – *Perrier;* OLG Hamburg WRP 1986, 221 – *Quattro* und GRUR 1988, 549 – *Cats.* S. aber auch schon BGH GRUR 1959, 25, 29 – *Triumpf.*

[384] S. *Büchler* S. 34, speziell auch zur dogmatischen Einordnung des in BGH GRUR 1960, 144 ff – *Bambi* angenommenen (abstrakten) Wettbewerbsverhältnisses. Unklar *Baumbach/Hefermehl* Einl. UWG Rdn. 230. Gegenüber den Mitbewerbern innerhalb derselben Branche des „Schmarotzers" ist die Annahme eines Wettbewerbsverhältnisses vergleichsweise unproblematisch. S. a. *Baumbach/Hefermehl* Einl. UWG Rdn. 246; *Kummer* Anwendungsbereich S. 477.

solche wettbewerbsrechtliche Weichenstellung erscheint sachlich zumindest sehr naheliegend, ja geradezu unabweisbar, vergegenwärtigt man sich, daß es sich hier anerkannt um Erscheinungsformen des Behinderungswettbewerbs handelt[385] und es deshalb eigenartig anmutet, derartige Konflikte unter Negierung eines Wettbewerbsverhältnisses allein mit bürgerlich-rechtlichen Mitteln lösen zu wollen (Eingriff in das Recht am Unternehmen bzw. in das Namensrecht, §§ 823 Abs. 1, 12 BGB)[386].

D 215 c) **Subjektive Begriffsmomente. aa) Inhalt.** Nach tradierter Auffassung (erschöpfende Darlegung der Quellenlage bei *Bauer* S. 53, 58 ff; repräsentative Einzelnachweise sogleich) gehört zur Wettbewerbshandlung mit Rücksicht auf den Wortlaut des Gesetzes („... zu Zwecken ...") in subjektiver Hinsicht konstitutiv „eine auf Wettbewerb gerichtete Absicht"[387]. Dieses intentionale Moment wird dabei inhaltlich als **„Förderungsabsicht"** gedeutet und von einem nicht hinreichenden **Förderungsbewußtsein** abgegrenzt (BGH GRUR 1981, 658 f – *Preisvergleich; Baumbach/Hefermehl* Einl. UWG Rdn. 232). In Konsequenz zum Meinungsstand hinsichtlich der objektiven Seite der Wettbewerbshandlung soll die Absicht, einen fremden Mitbewerber zum Nachteil seiner Mitbewerber zu fördern, als **Wettbewerbsabsicht** genügen (BGHZ 3, 270, 277 – *Constanze I;* BGH GRUR 1953, 293 – *Fleischbezug;* 1964, 210, 212 – *Landwirtschaftsausstellung;* 1964, 392, 394 – *Weizenkeimöl; Baumbach/Hefermehl* Einl. UWG Rdn. 233; *Rosenthal/Leffmann* Kommentar zum Wettbewerbsgesetz[9] (1969) § 1 Rdn. 8).

D 216 Dieser **Ausgangspunkt** wird dahingehend konkretisiert, daß die auf Förderung eigener oder fremder Wettbewerbsstellung gerichtete Absicht zwar nicht der alleinige oder wesentliche Beweggrund des Handelns zu sein braucht, daß diese „Förderungsabsicht" aber immerhin nicht völlig beiläufig den Akteur in seinem Verhalten determinieren darf[388]. Es erscheint mithin möglich, daß eine gemeinnützige Tätigkeit von der Absicht getragen ist, eigenen oder fremden Wettbewerb zu fördern (zur Verbandstätigkeit des VDE vgl. RG GRUR 1930, 977 f – *Heizkissen*). Förderungsabsicht darf demnach nicht mit Gewinnerzielungsabsicht identifiziert werden (BGH GRUR 1974, 733 f – *KFZ-Schilderverkauf; Nordemann* Rdn. 15). Die „konkrete

---

[385] *Büchler* S. 35; *Kummer* Anwendungsbereich S. 46.

[386] S. hier nur BGHZ 15, 107 – *Koma;* 28, 320, 328 – *Quick;* BGH GRUR 1961, 280, 282 – *Tosca;* 1966, 623 f – *Kupferberg.* Aufschlußreich vor allem auch BGH GRUR 1985, 550, 552 – *Dimple* mit der Bejahung eines Wettbewerbsverhältnisses einerseits, andererseits die gegenteilige Entscheidung des OLG Hamburg GRUR 1983, 140, 142 in der Vorinstanz.

[387] BGH GRUR 1956, 216 – *Kurverwaltung (Bad Ems);* **stRspr.** z. B. schon RG MuW XXVII 53, 55; RG GRUR 1930, 977 f – *Heizkissen;* 1933, 321 f – *Fleischeinfuhr;* 1940, 223 f – *Sekurit;* BGHZ 3, 270, 276 und 14, 163, 171 – *Constanze I und II;* BGH GRUR 1953, 293 f – *Fleischbezug;* 1964, 208 f – *Fernsehinterview;* 1964, 389 f – *Fußbekleidung;* 1967, 256 – *Stern;* 1973, 371 – *Gesamtverband;* 1981, 569 – *Preisvergleich;* 1983, 379 f – *Geldmafiosi;* 1986, 812 – *Gastrokritiker;* 1986, 898 f – *Frank der Tat;* 1989, 430 – *Krankentransportbestellung;* OLG Frankfurt/M. WRP 1992, 570 f; *Bauer* S. 56 ff; *Callmann* Der unlautere Wettbewerb[2] (1932) S. 26; *v. Gamm* Kap. 17 Rdn. 42; *v. Godin* U § 1 Rdn. 8; *Hirtz* GRUR 1988, 173, 176; HdbWR/*Kreft* § 11 Rdn. 9; *Knöpfle* Rechtsbegriff S. 67; *Rittner*[4] (1993) § 2 A I 3 b; *Rosenthal/Leffmann* Kommentar zum Wettbewerbsgesetz[9] (1969) § 1 Rdn. 6; *Ulmer/Reimer* Rdn. 73.

[388] RG MuW 1929, 20; 1941, 90; RGSt 47, 129; BGHZ 3, 270, 276 und 14, 163, 171 – *Constanze I und II;* BGH GRUR 1953, 293 – *Fleischbezug;* 1960, 384, 386 – *Mampe halb und halb I;* 1964, 77, 79 – *Blinkfüer;* 1965, 381, 384 – *Weinbrand;* 1966, 509, 512 – *Assekuranz;* 1968, 95, 97 – *Büchereinachlaß;* 1981, 658 f – *Preisvergleich;* 1983, 374 f – *Spendenbitte;* 1983, 587 f – *Letzte Auftragsbestätigung;* 1990, 611, 613 – *Werbung im Programm;* 1992, 450 – *Beitragsrechnung;* BGH NJW 1970, 378, 380 – *Sportkommission;* BGH BB 1967, 92; OLG Köln WRP 1984, 340, 343; *v. Gamm* Kap. 17 Rdn. 42; *Ulmer/Reimer* Rdn. 73.

Zielsetzung, sich im Wettbewerb zu betätigen", soll genügen[389]. Ob ein subjektives Handlungsmoment mit solchem Inhalt als (Wettbewerbs-)„Absicht" juristisch-dogmatisch korrekt gekennzeichnet werden kann, gilt allerdings zu Recht als fraglich: Das **Verhältnis zum Vorsatz,** insb. zum Eventualdolus, ist zumindest unsicher[390]. So heißt es beispielsweise, Absicht sei ein „Sonderfall des Vorsatzes", das bestimmte Ziel, das der Täter mit einer Handlung verfolgt (dolus directus)[391]. Selbst gegenüber dem – lediglich kognitiven, nicht auch voluntativen – Bewußtsein, Marktverhältnisse beeinflussen zu können, besteht trotz der Abgrenzungsbemühungen eine nur niedrige begriffliche Hürde. Diese substantielle Nähe wird lediglich beweisrechtlich verfremdet, wenn man dieses Bewußtsein – jedenfalls unter bestimmten Umständen – als Beweisanzeichen für das Vorhandensein einer Wettbewerbsabsicht wertet (BGH GRUR 1952, 410, 413 – *Constanze I;* 1967, 428 f – *Anwaltsberatung I;* 1981, 658, 660 – *Preisvergleich;* 1983, 379, 381 – *Geldmafiosi;* 1986, 898 – *Frank der Tat;* OLG Koblenz NJW-RR 1989, 363; HdbWR/*Kreft* § 11 Rdn. 2; *v. Gamm* Kap. 17 Rdn. 43; kritisch *Bauer* S. 66).

bb) Regelvermutung. Beweisrechtliche Erleichterung hinsichtlich der Darstellung einer Wettbewerbsabsicht in casu bringt aber vor allem die Annahme eines (mehrgliedrigen) Erfahrungssatzes: Für das Vorliegen einer Wettbewerbsabsicht soll eine **tatsächliche Vermutung** bestehen, wenn eine Handlung ihrem objektiven Gehalt nach Wettbewerbscharakter hat, also zur Förderung eigenen oder fremden Wettbewerbs geeignet ist, wobei wiederum ein innerer Zusammenhang mit der Teilnahme am geschäftlichen Verkehr gesehen wird[392]. Dogmatisch ist diese Vermutung wohl als echte tatsächliche Vermutung iS vollständiger **Beweislastumkehr,** nicht nur als Variante eines prima facie-Beweises zu qualifizieren (dazu im einzelnen *Bauer* S. 64 f). Gelegentlich wird als Vermutungsbasis aber auch die Teilnahme am geschäftlichen Verkehr herangezogen (vgl. *Messer* FS v. Gamm S. 95, 106). Diese **Regelvermutung** wird auch auf Massenmedien (Presse, Rundfunk, Fernsehen) angewandt, soweit sie außerhalb ihres informierend-meinungsbildenden Funktionsbereichs tätig würden (zur Rechtslage innerhalb dieses Funktionsbereichs s. Einl. D Rdn. 220), etwa bei der Abwerbung von Abonnenten (BGH GRUR 1971, 259, 269 – *WAZ;* eingehend *v. Gamm* Kap. 17 Rdn. 44 ff) oder – hinsichtlich fremdnütziger Wettbewerbsabsicht – im Anzeigengeschäft, in Werbehörfunk und Werbefernsehen (BGH GRUR 1973, 203 f – *Badische Rundschau;* WRP 1992, 762 f – *Ausländischer Inserent*). Für Werbehinweise in Stellungsanzeigen gilt dasselbe (LG Düsseldorf WRP 1969, 427 – *Bessere Produkte*). All dies führt ggf. zur doppelten Inanspruchnahme wegen unlauteren Wettbewerbshandelns sowohl des Werbenden als D 217

[389] BGH GRUR 1974, 733 f – *KFZ-Schilderverkauf;* 1981, 665 f – *Knochenbrecherin;* 1982, 425, 430 – *Brillen-Selbstabgabestellen; Baumbach/Hefermehl* Einl. UWG Rdn. 232; HdbWR/*Kreft* § 11 Rdn. 11 (im Original irrtümlich „bestätigen" statt „betätigen").

[390] Dazu eingehend *Bauer* S. 59 ff; *Koppensteiner* § 3 II 2; *Schulze zur Wiesche* in Anm. zu BGH GRUR 1981, 658 – *Preisvergleich* (aaO 661 ff).

[391] *V. Godin* U § 1 Rdn. 8, der mit dieser Umschreibung im Einklang mit der Judikatur zu stehen glaubt, die doch – bei aller Elastizität ihrer Formulierungen die Wettbewerbsabsicht gerade nicht notwendig als dolus directus verstanden wissen will.

[392] BGH GRUR 1952, 410 und 1955, 97, 99 – *Constanze I und II;* 1953, 293 f – *Fleischbezug;* 1957, 93 f – *Jugendfilmverleih;* 1960, 386 – *Mampe halb und halb I;* 1962, 34, 36 – *Torsana;* 1966, 509, 512 – *Assekuranz;* 1966, 693, 695 – *Höllenfeuer;* 1973, 371 – *Gesamtverband;* 1982, 234 f – *Großbanken-Restquoten.* S. a. OLG Hamburg WRP 1979, 312, 315 und KG WRP 1979, 651 f; *Ahrens* Die Veröffentlichung vergleichender Werbeträgeranalysen (1974) S. 53 f; *Bauer* S. 62 ff; *Baumbach/Hefermehl* Einl. UWG Rdn. 235; *v. Godin* U § 1 Rdn. 8; HdbWR/*Kreft* § 11 Rdn. 10; *Rittner*[4] (1993) § 2 A I 3 b; *Ulmer/Reimer* Rdn. 73; **a. A.** *Hehnke* JR 1961, 48, 51 (sub 6).

auch des Trägers des Werbemediums (vgl. BGHZ 59, 76, 78 – *Geschäftsaufgabe*). Die Regelvermutung hinsichtlich bestehender Wettbewerbsabsicht bei Teilnahme am geschäftlichen Verkehr und bei Eignung zur Beeinflussung des Wettbewerbsverhältnisses wirkt gleichermaßenn für die öffentliche Hand, sofern eine echte erwerbswirtschaftliche Betätigung in privatrechtlicher Rechtsform oder als Regieunternehmen vorliegt (BGH GRUR 1962, 159 f und 1965, 373 f – *Blockeis I und II;* 1992, 618 – *Pressehaftung II,* **stRspr.**), nicht jedoch, sofern sich die Hoheitsverwaltung im Geschäftsverkehr mit privaten Mitbewerbern auf deren Rechtsebene stellt[393].

D 218 cc) **Eingeschränkte bzw. ausgeschlossene Vermutung.** Die Regelvermutung gilt jedenfalls für ein Handeln von Gewerbetreibenden bei objektiver Eignung der Handlung zur Förderung des eigenen Geschäftskreises. Ansonsten, vor allem bei Handlungen nicht Gewerbetreibender bzw. bei deren Handeln außerhalb ihrer Geschäftssphäre, soll die genannte Vermutung hinsichtlich der Existenz einer Wettbewerbsabsicht nur bei Vorliegen **besonderer Anhaltspunkte** greifen[394]. Solche Anhaltspunkte könnten sich, so heißt es, bei fremdnützigem Wettbewerbshandeln (s. Einl. D Rdn. 201) etwa aus den Beziehungen des Handelnden zu dem begünstigten Wettbewerber ergeben, z. B. wenn der Lizenzgeber eines Unternehmens einen Fachaufsatz veröffentlicht (BGH GRUR 1964, 389, 391 – *Fußbekleidung;* s. a. OLG Celle BB 1962, 429) oder bei bezahlten Gutachten (BGH GRUR 1961, 189 ff – *Rippenstreckmetall*). Eine derart eingeschränkte Vermutung aufgrund besonderer Anhaltspunkte als Vermutungsbasis greift demzufolge etwa Platz bei fremdnützigem Handeln von Privatpersonen (BGH GRUR 1964, 162 f – *Elektronicorgeln;* s. a. BGH WRP 1984, 465 f – *Antiraucherwerbung*) sowie bei der Rechtsberatung durch Rechtsanwälte[395] und deren forensischen Vorträgen (BGH GRUR 1971, 175 f – *Steuerhinterziehung;* 1973, 550 f – *halbseiden;* dazu kritisch *Klaka* GRUR 1973, 515. Für das minus eines Vortrages vor dem BKartA durch den Parteivertreter s. BGH GRUR 1965, 381, 384 – *Weinbrand*). Bei Stellungnahmen von Wissenschaftlern besteht ebenfalls keine Regelvermutung für eine Wettbewerbsabsicht (BGH GRUR 1957, 360 f – *Phylax-Apparate;* 1962, 45, 49 – *Betonzusatzmittel;* OLG Karlsruhe WRP 1977, 45, 47; s. a. LG Düsseldorf GRUR 1960, 298 – *Selbstansaugevorrichtung;* ausführlich *Bauer* S. 87 ff). Auch läßt sich eine diesbezügliche Vermutung – für fremdnützige Förderungsabsicht – nicht darauf stützen, daß es sich um einen angestellten Wissenschaftler handelt (BGH GRUR 1962, 45, 49 – *Betonzusatzmittel*). Ein eigenes geschäftliches Interesse kann indessen die Vermutungsbasis für das Vorliegen einer Wettbewerbsabsicht in solchen und ähnlichen Fällen liefern (BGH GRUR 1964, 389, 391 – *Fußbekleidung*). Die Wettbewerbsabsicht wird ferner dann vermutet, wenn Erklärungen über geschäftliche Verhältnisse einem Massenmedium gegenüber abgegeben werden, wenn und weil dessen Veröf-

---

[393] BGHZ 19, 299, 302 ff – *Kurverwaltung (Bad Ems);* BGHZ (GS) 66, 229, 238 – *Studentenversicherung;* BGH GRUR 1971, 168 f – *Ärztekammer;* 1981, 823, 825 – *Ecclesia-Versicherungsdienst;* s. eingehend *v. Gamm* Kap. 17 Rdn. 48 ff mzN; *ders.* WRP 1984, 307 f; *Schrikker* Wirtschaftliche Tätigkeit S. 80 ff; s. aber auch *ders.* Strukturwandel S. 29: Regelvermutung angesichts eines typischen Einschlags öffentlich-rechtlicher Zwecke bei der öffentlichen Hand außerhalb des fiskalischen Bereiches nicht sachentsprechend.

[394] *Baumbach/Hefermehl* Einl. UWG Rdn. 235 f; HdbWR/*Kreft* § 11 Rdn. 10; *Nordemann* Rdn. 16, 18; *Ulmer/Reimer* Rdn. 73.

[395] BGH GRUR 1967, 428 f – *Anwaltsberatung I;* OLG Koblenz NJW-RR 1989, 363; s. aber auch iS der Regelvermutung – zur Gestaltung von Briefbögen eines Anwalts – BGH WRP 1992, 707, 709 – *Haftungsbeschränkung bei Anwälten.*

fentlichungen einen Werbewert für den Erklärenden haben (OLG Hamburg WRP 1979, 312; KG WRP 1979, 651 und 789).

D 219 Für die Tätigkeit von **Fachverbänden** und ihrer Organe wird prinzipiell dasselbe vertreten, wobei der Verbandsbegriff in diesem Zusammenhang insgesamt weit zu verstehen ist, insb. also ohne Beschränkung auf juristische Personen als Mitglieder: Soweit eigene Teilnahme am geschäftlichen Verkehr vorliegt bzw. eigene wirtschaftliche Interessen verfolgt werden, greift schon die Regelvermutung zugunsten bestehender Wettbewerbsabsicht (vgl. *Baumbach/Hefermehl* Einl. UWG Rdn. 242). Im übrigen, also für Fachverbände mit ideeller Zielsetzung, figuriert die zwangsläufig bestehende Beziehung des Verbandes zu seinen Mitgliedern hier als selbstverständliche Basis für die Vermutung, die Wettbewerbsposition der Verbandsmitglieder fremdnützig zu fördern[396]. Begrifflich ist dies allerdings von der Regelvermutung im strengen Sinn zu trennen (mißverständlich *Baumbach/Hefermehl* Einl. UWG Rdn. 235). Auf die Frage, ob sich die fragliche Tätigkeit noch im Rahmen des Nebenzweckprivilegs für Idealvereine bewegt, kommt es nicht an (BGH GRUR 1972, 40, 42 – *Feld und Wald I;* 1983, 120, 123 – *ADAC-Verkehrsrechtsschutz; Lehmann* WRP 1986, 63 f).

D 220 Eine Vermutung hinsichtlich der Wettbewerbsabsicht wird vielfach bei Äußerungen der **Massenmedien**, namentlich der **Presse**, verneint, weil hier die Ausstrahlungswirkung des Art. 5 Abs. 1 GG zu beachten sei (OLG Düsseldorf GRUR 1984, 131, 134 – *Fragebogenaktion;* eingehend *Bauer* S. 97 ff; *Messer* FS v. Gamm S. 95, 98 ff. Zur Ausstrahlungswirkung dieses Grundrechtsartikels s. bereits Einl. A Rdn. 74 ff): Befasse sich die Presse (oder ein anderes Massenmedium) mit Vorgängen von allgemeiner Bedeutung oder von öffentlichem Interesse, so nehme sie die grundgesetzlich zugewiesene bzw. geschützte Aufgabe wahr, die Öffentlichkeit zu informieren und zur öffentlichen Meinungsbildung beizutragen, was keine Vermutung zulasse, eigene oder fremde ökonomische Positionen fördern zu wollen (BGH GRUR 1983, 379 f – *Geldmafiosi;* 1984, 461 f – *Kundenboykott;* 1986, 812 – *Gastrokritiker;* 1986, 898 – *Frank der Tat* (mit Anm. *Tilmann*); OLG Frankfurt/M. WRP 1985, 271 f). Eine Wettbewerbsabsicht sei selbst dann nicht zu vermuten, wenn im soeben angesprochenen Rahmen ein Konkurrenzmedium kritisch angegangen werde (BGH GRUR 1966, 693, 695 – *Höllenfeuer;* 1982, 234 f – *Großbanken-Restquoten;* s. a. BGH GRUR 1965, 551 – *Glanzlose Existenz;* 1968, 314 – *Fix und clever*). Außerhalb dieses informierend-meinungsbildenden Funktionsbereichs der Massenmedien kommt allerdings durchaus sogar die Regelvermutung hinsichtlich der Wettbewerbsabsicht zum Zuge (OLG Frankfurt/M. WRP 1992, 570. S. Einl. D Rdn. 217).

D 221 Bei **Verbraucherverbänden** und Stiftungen, die in Erfüllung ihres satzungsgemäßen Zwecks ihre Mitglieder und/oder die Öffentlichkeit durch Marktinformationen, insb. durch Warentests und Preisvergleiche, aufklären, wird typischerweise eine (fremdnützige) Wettbewerbsabsicht verneint (BGH GRUR 1966, 386 – *Warentest;* 1976, 268 und 1986, 330 – *Stiftung Warentest I und II;* 1981, 658 – *Preisvergleich;* 1983, 379, 381 – *Kredithaie;* OLG München NJW 1963, 2129; KG GRUR 1979, 324 – *Informationsbroschüre;* zu allem ausführlich (und zustimmend) *Bauer*

---

[396] So schon RG MuW 1930, 69 (gegen RGZ 56, 271, 276); 1941, 90; sodann BGH LM Nr. 15 zu § 1 UWG – *Innungsboykott;* BGH GRUR 1955, 342 – *Holländische Obstbäume (= Rheinpfalz);* 1962, 47 – *Betonzusatzmittel;* 1972, 40, 42 – *Feld und Wald I;* 1972, 427 f – *Mitgliederwerbung;* 1973, 371 – *Gesamtverband; Baumbach/Hefermehl* Einl. UWG Rdn. 235, 242; s. a. *Ellscheid* GRUR 1972, 284 ff.

S. 67 ff). Ob die Wettbewerbsabsicht bereits deshalb fehlen soll, weil insoweit die Teilnahme am geschäftlichen Verkehr zu verneinen ist, wird in den jeweiligen Entscheidungsbegründungen nicht immer ganz klar[397]. Die Veröffentlichung eines in einer Wettbewerbssache erstrittenen Urteils soll regelmäßig ebensowenig von einer Wettbewerbsabsicht geleitet sein[398].

D 222 dd) **Allgemeine Beweiszugänglichkeit.** Greift weder die Regelvermutung noch die an besondere Anhaltspunkte geknüpfte, in diesem Sinne eingeschränkte Vermutung hinsichtlich der Wettbewerbsabsicht ein, so kann gleichwohl der – allerdings schwierige – **Nachweis im Einzelfall** geführt werden, daß eine Wettbewerbsabsicht vorliegt (*v. Gamm* Kap. 17 Rdn. 43). Diese Möglichkeit wird an sich auch hinsichtlich der **Massenmedien,** insb. der Presse, und der dort verbreiteten Äußerungen eröffnet (vgl. OLG Hamburg AfP 1989, 678 ff – *Gesprächsrunde*). Doch heißt es zugleich, das Vorliegen einer Wettbewerbsabsicht dürfe nur zurückhaltend angenommen werden, um der Presse (sowie Rundfunk und Fernsehen) den nötigen Spielraum für die Erfüllung ihrer öffentlichen Aufgaben zur Berichterstattung, Meinungsbildung etc. einzuräumen. Soweit bei Berücksichtigung aller Umstände – also losgelöst von jeder Vermutung – wettbewerbliche Motive zu Tage treten sollten, blieben sie rechtlich unberücksichtigt, wenn bei wertender Prüfung die Wahrnehmung der Meinungs- und Pressefreiheit im Vrodergrund stehe. Unsachliche Kritik (z. B. pauschale Disqualifizierung eines Konkurrenten als „unseriös") lege aber – auch hier – die Annahme nahe, daß nicht die Erfüllung jener öffentlichen Aufgabe, sondern die Absicht für das Handeln bestimmend sei, eigenen oder fremden Wettbewerb zu fördern[399].

D 223 Ganz ähnlich heißt es bezüglich **verbraucherschützender Organisationen** und Stiftungen, der Nachweis, daß ausnahmsweise durch Warentests, Preisvergleiche etc. gezielt zugunsten einzelner Unternehmen interveniert werde, sei nicht gänzlich ausgeschlossen (*Baumbach/Hefermehl* Einl. UWG Rdn. 244 aE). Einem methodisch fehlerhaft angelegten Preisvergleich beispielsweise ist in diesem Zusammenhang Indizfunktion beigemessen worden (BGH GRUR 1981, 658, 660 – *Preisvergleich*).

D 224 Als allerdings sehr stark vergröbernde **Faustregel** läßt sich mithin sagen, daß bei Teilnahme am geschäftlichen Verkehr prozessual das Vorhandensein, gegenüber Wissenschaftlern, den Massenmedien, Verbraucherschutzverbänden sowie der Stiftung Warentest und schließlich gegenüber der öffentlichen Hand das Fehlen einer Wettbewerbsabsicht vermutet wird (vgl. *Nordemann* Rdn. 19 a, 632). Ob eine Wettbewerbsabsicht vorliegt, wird hierbei als **Tatfrage** behandelt, ob ein Verhalten objektiv geeignet ist, ein Wettbewerbsverhältnis eigen- oder fremdnützig zu beeinflussen, hingegen als **Rechtsfrage** (BGHZ 3, 270, 278 – *Constanze I;* BGH GRUR 1982, 234 – *Großbanken-Restquoten*).

3. Die Wettbewerbshandlung als Markthandlung

D 225 **a) Kritik des „Wettbewerbsverhältnisses". aa) Wettbewerbstheoretische Einwände.** Im Mittelpunkt der **Kritik** an der tradierten Auffassung zum dogmatischen

397 Aufschlußreich in diesem Zusammenhang auch *v. Gamm* Kap. 17 Rdn. 27, der die Judikatur zur typischerweise fehlenden Wettbewerbsabsicht an Verbraucherorganisationen dort unter dem Gliederungspunkt des „geschäftlichen Verkehrs" abhandelt.

398 KG BB 1978, 468 – *Urteilsveröffentlichung* (mit Anm. *Brinkmann*) schon für ein nicht rechtskräftiges Urteil. Vgl. im übrigen § 23 Abs. 4 UWG.

399 BGH GRUR 1982, 234, 236 – *Großbanken-Restquoten;* 1984, 461 f – *Kundenboykott;* OLG Frankfurt/M. WRP 1985, 271 f; *Baumbach/Hefermehl* Einl. UWG Rdn. 240; *v. Gamm* WM 1984, Sonderbeilage Nr. 6, S. 6; HdbWR/*Kreft* § 11 Rdn. 11.

Wesen des Handelns „zu Zwecken des Wettbewerbs" steht die überkommene Doktrin des „Wettbewerbsverhältnisses". Gegen sie wird insb. eingewandt, bei der hier praktizierten begrifflichen Extension etwa auf „mittelbare" und „potentielle" Konkurrenzbeziehungen habe sich die dogmatische Substanz des Wettbewerbsverhältnisses, so, wie sie vom definitorischen Ausgangspunkt her eigentlich faßbar sein müßte, schon weitestgehend verflüchtigt. Auch die ad-hoc-Wettbewerbsverhältnisse seien mit dem vorgegebenen begrifflichen Instrumentarium gedanklich-konstruktiv nur schwer in den Griff zu bekommen. Vor allem aber unterfalle der Monopolist dem Reglement der Normen, die ein Handeln „zu Zwecken des Wettbewerbs" verlangten, von vornherein nicht, weil er nach herkömmlichem Verständnis ex definitione mit niemandem in einem Wettbewerbsverhältnis stehe. Die Mißbrauchsaufsicht nach § 22 GWB sei keinesfalls ein adäquater Ersatz für die Unanwendbarkeit des Lauterkeitsrechtes (**a. A.** z. B. *Bauer* S. 24). Ebenso sicher sei mangels eines gedanklich auf denselben Kundenkreis bezogenen Wettbewerbsverhältnisses ein wettbewerbsrechtlicher Schutz des Inhabers einer berühmten Marke gegen Verwässerung oder ein Schutz gegen Boykott und Abwertungsmaßnahmen nicht zu erreichen (zur Kritik insgesamt s. etwa *Hefermehl* FS Kummer S. 345, 348; *Kummer* Anwendungsbereich S. 1, 24 ff; *Lindacher* BB 1975, 1311, 1313; *Schünemann* S. 39).

Dieser **Kritik** ist prinzipiell **beizutreten,** und zwar nicht nur, weil der tradierte Ansatz zu wenig überzeugenden, ja „befremdlichen" Ergebnissen führt (vgl. *Lindacher* BB 1975, 1311, 1313), die dann wiederum nur mit dogmatisch fragwürdigen und jedenfalls ziemlich unspezifischen Mitteln des allgemeinen Zivilrechts, nämlich mit Hilfe des sog. Rechts am eingerichteten und ausgeübten Gewerbebetrieb bzw. dem sog. Recht am Unternehmen korrigiert werden müssen (vgl. hier etwa BGHZ 28, 320, 328 – *Quick* sowie Einl. E Rdn. 59). Entscheidend ist vielmehr zunächst einmal, daß in der tradierten Auffassung zum Wettbewerbsverhältnis ein wettbewerbstheoretisch äußerst prekärer, ja beinahe **trivialer Wettbewerbsbegriff** Ausdruck findet. **D 226**

Wettbewerb wird dabei im Grunde aus einem statischen Szenario heraus gedeutet, als Kampf um eine quantitativ fixe Größe, aus Sicht des Angebotswettbewerbs also um eine insgesamt vorgegebene Absatzmenge bzw. – im Nachfragewettbewerb – um eine in ihrer nachgefragten Gesamtheit unveränderlich gesetzten Gütermenge. Die hier deutlich dahinterstehende Modellvorstellung des **Nullsummenspiels,** in dem der Gewinn des einen notwendig den Verlust des anderen bedeutet (s. bereits Einl. D Rdn. 198, 202) ist verfehlt, weil darin Wettbewerb im Kontext wirtschaftlichen Wachstums keinen Platz findet. Dabei können durchaus mehrere, ja in einer ausgewogen breit prosperierenden Volkswirtschaft alle „gewinnen". Die dem wirtschaftlichen Wettbewerb durchaus eigentümliche „Rivalität" (vgl. Einl. A Rdn. 10) ist eben nichts weiter als das sprachliche Kürzel für die allgemeine und elementare Voraussetzung allen ökonomischen Handelns, sich mit der irdisch nun einmal unabänderlichen Knappheit von Ressourcen und Gütern und den divergierenden diesbezüglichen Verwendungsinteressen der Wirtschaftssubjekte auseinandersetzen zu müssen. Diese Rivalität darf nicht dadurch überinterpretiert werden, daß man die Knappheit als eingeschränkte Verfügbarkeit hic et nunc mißversteht[400]. Diese Auseinandersetzung mit dem Knappheitsphänomen ist permanent aufgegeben und voll- **D 227**

---

400 Recht deutliche Ausprägung dieses Mißverständnisses in RG MuW 1927/28, 255 – *Düngemittel;* s. a. *Büchler* S. 19 f sowie HdbWR/*Kreft* § 9 Rdn. 2.

zieht sich deshalb auf der Zeitachse in einem dynamischen Prozeß, eben dem des Wettbewerbs (s. näher Einl. A Rdn. 28 ff).

D 228 Mit Rücksicht darauf steht selbstverständlich auch der **Monopolist** (auf dem Beschaffungsmarkt: der **Monopsonist**) im Wettbewerb, solange die Möglichkeit des Marktzutritts für andere nicht ausgeschlossen ist[401], und zwar durchaus nicht nur „potentiell" (**a. A.** ausdrücklich *Bauer* S. 24. Zum „potentiellen" Wettbewerbsverhältnis im Rahmen der tradierten Auffassung s. bereits Einl. D Rdn. 202 f). Die Situationsbeschreibung des Monopolisten durch Fehlen von Konkurrenten auf dem Markt ist letztlich nur ein methodisch-kommunikativer Kunstgriff, um eine historische Marktkonstellation gerade unter Ausblendung des Zeitmoments des Wettbewerbs begreifbar und beschreibbar zu machen. Im übrigen ist die dabei getroffene notwendige Unterstellung eines „relevanten" **Partialmarktes** willkürlich und wettbewerbstheoretisch weitestgehend aussagelos (zur wettbewerbstheoretischen Konzeption des **Totalmarktes** vgl. bereits Einl. A Rdn. 29). Außerdem muß selbst bei einem statischen Verständnis des Wettbewerbs konzediert werden, daß über die Kaufkraft alles mit allem konkurriert (so ganz richtig *Knöpfle* Rechtsbegriff S. 71, 78, 87 ff; *ders.* UFITA 93 (1982), 25, 34; *Koppensteiner* § 3 II 3 mit Fn. 50; *Kummer* Anwendungsbereich S. 42 ff; **a. A.** – ohne Begründung – offenbar *Baumbach/Hefermehl* Einl. UWG Rdn. 219). Dies wird bei den ad-hoc-Wettbewerbsverhältnissen (dazu bereits Einl. D Rdn. 212 f) nur ganz besonders augenfällig.

D 229 Ferner verkürzt die tradierte Auffassung des Wettbewerbsverhältnisses den Wettbewerb expressis verbis, aber sachlich unzutreffend auf den marktlichen Parallelprozeß (s. Einl. D Rdn. 203). Sie verkennt dabei, daß der Wettbewerb sich dualistisch, sowohl in den Parallelprozessen als auch in den Austauschprozessen vollzieht, und daß diese Prozesse wiederum untereinander interdependent verknüpft sind (dazu bereits Einl. A Rdn. 29 ff; s. a. *Hefermehl* FS Kummer S. 345, 355). Zwischen **Parallel- und Austauschprozessen** besteht mithin nicht nur ein „Beziehungszusammenhang", sondern ein wirklicher **„Wesenszusammenhang"** (so ganz treffend *Burmann* GRUR 1967, 240, 244). Diese Einsicht darf mittlerweile zwar durchaus zum „Allgemeingut" ökonomischer Wettbewerbstheorie gezählt werden[402], muß aber offensichtlich gleichwohl in der wettbewerbsrechtlichen Dogmatik noch nachhaltiger implementiert werden.

D 230 Für das „Wettbewerbsverhältnis" heißt dies, daß die Beteiligten auf der **Marktgegenseite** – also im Austauschprozeß – gleichermaßen wie die Beteiligten auf der **Marktnebenseite** – also im Parallelprozeß – in das Wettbewerbsverhältnis einzubeziehen sind (*Burmann* GRUR 1967, 240, 243/244; *Sölter* WRP 1977, 445; s. a. *Büchler* S. 83 f; *Tilmann* GRUR 1979, 825, 831). Damit entfallen die berechtigten Bedenken (s. *Meier* WRP 1978, 514, 516), ob die Gegenmeinung viele Probleme des **Stufenwettbewerbs** (dazu eingehend § 1 C Rdn. 1 ff) überhaupt am Maßstab des § 1 UWG messen kann. Die Einbeziehung des Austauschprozesses in das Wettbewerbsverhältnis gilt ohne alle Abstriche aber auch für den einzelnen **privaten Letztverbraucher.** Es wäre grundfalsch, seine – nicht einmal anzuerkennende (vgl. bereits

---

[401] *Burmann* WRP 1967, 240, 243; *Emmerich* § 4, 3 b; *ders.* Kartellrecht[5] (1988) § 1, 2 f bb; *v. Godin* U § 1 Rdn. 1; *ders.* GRUR 1965, 288 f; *Köhler* Nachfragewettbewerb und Marktbeherrschung (1986) S. 10; *Scheufele* BB 1973 Beilage 4; *Schricker* Strukturwandel S. 28; *Wrage* S. 38 ff.

[402] *Hölzler/Satzky* Wettbewerbsverzerrungen durch nachfragemächtige Handelsunternehmen: Möglichkeiten und Grenzen ihrer Kontrolle (1980) S. 15.

Einl. C Rdn. 24 f; s. a. Einl. D Rdn. 294 f) – besondere Schutzwürdigkeit wegen irgendeiner sozialen Schwäche als Basis wettbewerbsrechtlicher Individualansprüche zu behaupten. Es ist vielmehr schlicht seine Eigenschaft als Angehöriger der Marktgegenseite auf der untersten Wirtschaftsstufe, die es jedenfalls ermöglicht, ja eigentlich sogar verlangt, ihn in das wettbewerbsrechtliche Rechtsschutzsystem – freilich auch ihn nur als eine Art Treuhänder der Institution Wettbewerb (vgl. Einl. D Rdn. 40 f) – einzubeziehen[403]. Inwieweit von diesem dogmatischen Spielraum dann tatsächlich Gebrauch gemacht werden kann, entscheidet sich freilich nicht hier, im Rahmen des Wettbewerbshandelns, sondern bei der Frage der Aktivlegitimation (dazu eingehend Vor § 13 B Rdn. 221 ff).

Im übrigen wird die Einbeziehung der wettbewerblichen Austauschprozesse in das „Wettbewerbsverhältnis" letztlich schon durch **§ 3 UWG** erzwungen. Diese Vorschrift, die ja erst seit der UWG-Novelle von 1969 die Wettbewerbshandlung als Eingangsvoraussetzung nennt (vgl. Einl. B Rdn. 41), würde beim Abstellen auf den Parallelprozeß praktisch leerlaufen. Das hatte schon seinerzeit das OLG Celle (WRP 1971, 234 ff) zutreffend erkannt und daraus den Schluß gezogen, das neu eingeführte Merkmal bedeute nicht, daß § 3 UWG „nunmehr ... nur im Rahmen des Wettbewerbsverhältnisses zur Anwendung gelangt". Die dadurch wiederum ausgelösten Irritationen sind zwar verständlich, der Versuch, gleichwohl ein Wettbewerbsverhältnis im wettbewerblichen Parallelprozeß auch bei Irrtumserregung ohne Konkurrentenbetroffenheit aufzuzeigen (*Ahrens* WRP 1972, 57 ff), aber wohl zum Scheitern verurteilt. Allerdings trifft auch die Diktion des OLG Celle nicht den Kern der Sache: Auch die in § 3 UWG geforderte Wettbewerbshandlung kann nicht des Wettbewerbsverhältnisses entsagen, doch muß dieses Wettbewerbsverhältnis eben auf die wettbewerblichen Prozesse insgesamt bezogen werden. Kommt es mithin auf ein mehr oder weniger gekünstelt konstruiertes Wettbewerbsverhältnis herkömmlicher Lesart gar nicht an, so lassen sich auch Verwässerung berühmter Marken, Boykott und Abwerbemaßnahmen organisch in den Kontext der Wettbewerbshandlungen einfügen (zum Problem s. schon Einl. D Rdn. 214 sowie Rdn. 225). **D 231**

Auf der Grundlage des **Totalmarktkonzeptes** bzw. der Einsicht in die Vernetzung der Marktprozesse iS des **Kaufkraftwettbewerbs**[404] ist weiterhin zu folgern, daß die Frage, wie konkret ein so verstandenes Wettbewerbsverhältnis für ein Handeln zu Zwecken des Wettbewerbs beschaffen sein muß, letztlich falsch gestellt ist, weil alle realen Marktprozesse konkret vernetzt sind, lediglich in ihrer sinnlichen Wahrnehmbarkeit differieren. Das mag man ohne sachliche Bedeutungsverschiebung getrost auch in die Worte eines „allgemeinen" oder auch „abstrakten" Wettbewerbsverhältnisses iS der in § 13 Abs. 2 Nr. 1 UWG genannten Merkmale kleiden[405]. Dann allerdings ist die Gleichartigkeit oder **Verwandtschaft von Waren und (Dienst-)Leistungen** in der Tat außerordentlich weit zu fassen. „Verwandtschaft" muß sonach **z. B. bejaht** werden zwischen Kleinbusproduzenten und Personenwagenherstellern, zwischen dem Textilgeschäft und dem Fotohändler des Badeortes, sogar zwischen **D 232**

---

[403] So prägnant und zutreffend *Büchler* S. 58.

[404] Dazu Großkomm.-*Schünemann* Einl. A Rdn. 29; gegen die These vom Kaufkraftwettbewerb aber ausdrücklich *Kummer* Anwendungsbereich S. 36 (unverständlich deshalb *Sandrock* Grundbegriffe des GWB (1968) S. 137, der *Kummer* zu den Verfechtern der Lehre vom Kaufkraftwettbewerb rechnet).

[405] *Hefermehl* FS Wilde S. 41, 43; *Knöpfle* Rechtsbegriff S. 70 ff, 78 ff, 85; *Sandrock* Grundbegriffe des GWB (1968) S. 145 f.

dem Bestattungsunternehmen eines Ortes und den dort tätigen Versicherungsgesellschaften[406].

D 233 Ob bei einer derartigen Ausuferung noch **Sprachkonformität** zwischen Begriff und den darunter subsumierten Beispielen zu bejahen ist, mag bezweifelt werden (skeptisch jedenfalls *Lindacher* BB 1975, 1311, 1313). Auch eine verneinende Antwort ändert jedoch nichts an der Beschaffenheit des realen Begriffssubstrates. Für die dogmatisch-operative Bewältigung des im Wettbewerbshandeln aufgegebenen Problems muß dann eben auf die ohnehin unnötige Anknüpfung an § 13 Abs. 2 Nr. 1 UWG verzichtet werden. Wer diese Sicht der Dinge, die totale Einbeziehung aller Marktbeteiligten in einen Komplexbegriff des Wettbewerbsverhältnisses und insofern eine umfassende Weichenstellung in das UWG als „unlauteren Wettbewerb ohne Wettbewerb" ironisiert[407], muß sich seinerseits ein wettbewerbstheoretisch antiquiertes, eher dem Alltagsdenken verhaftetes Wettbewerbsverständnis vorhalten lassen.

D 234 **bb) Schutzzweckbezogene Einwände.** Neben den wettbewerbstheoretischen Einwänden wird die **Kritik** an der tradierten Auffassung des Wettbewerbsverhältnisses schließlich auf die im Laufe der Zeit gewandelte Schutzfunktion des Lauterkeitsrechtes gestützt[408]. Tatsächlich ist die Diskussion um den **Schutzzweck des UWG** und die lauterkeitsrechtlich geschützten Interessen erstaunlich lange ohne erkennbaren Einfluß auf die Doktrin des Wettbewerbsverhältnisses geblieben. In diesem Zusammenhang ist nurmehr kurz an die Metamorphose des lauterkeitsrechtlichen Konkurrentenschutzes über die Einbeziehung von Verbraucherinteressen (teilweise im Gewand des „Allgemeininteresses") bis hin zum Schutz der Institution „Wettbewerb" als Agens und konstitutives Prinzip der Marktwirtschaft zu erinnern (eingehend Einl. B Rdn. 32, 40, 47). Formallogisch gesehen wäre es allerdings durchaus möglich, die Frage nach dem lauterkeitsrechtlich geschützten Interesse bzw. nach dem Schutzzweck des UWG und seiner Nebengesetze völlig von der Problematik des Wettbewerbsverhältnisses zu isolieren. Axiologisch betrachtet besteht diese Möglichkeit indes doch nicht: Es wäre ein zu krasser (Wertungs-)Widerspruch, einerseits das Spektrum geschützter Interessen derart auszuweiten, daß dem Lauterkeitsrecht bescheinigt werden muß, seinen ursprünglichen Charakter als rein individualrechtlicher Konkurrentenschutz eingebüßt zu haben, andererseits aber an einer dogmatisch entscheidenden Stelle, nämlich beim Wettbewerbshandeln[409], eine nur dogmengeschichtlich motivierte Enge beizubehalten, die im Ergebnis den Schutz der Marktgegenseite, namentlich den der privaten Letztverbraucher, nach wie vor und trotz Ausweitung der Aktivlegitimation nach § 13 Abs. 2 Nr. 3 UWG auf Verbraucherverbände nur als Reflex individualrechtlichen Konkurrentenschutzes ausweisen müßte. Vollends nicht hinnehmbar ist dieser Wertungswiderspruch, wenn man – wie hier vertreten – dem UWG den institutionellen Wettbewerbsschutz aufgibt (*Lindacher* BB 1975, 1311, 1313), weil an ihm schlechterdings nicht nur eine Marktseite partizipieren kann.

---

406 Beispiele von *Sandrock* Grundbegriffe des GWB (1968) S. 146.

407 So *Troller* Immaterialgüterrecht^2 Bd. II (1971) S. 1035 ff, 1042 ff wohl mit Blick auf *Callmann* Unfair competition without competition? Univ. of Pennsylvania Law Review 95 (1946/47), 443.

408 *Burmann* WRP 1967, 240, 244; *Hefermehl* FS Kummer S. 345, 355 f; *Koppensteiner* § 3 II; *Federer* S. 238 ff; RWW/*Fezer* 3.0 Rdn. 140; *Lindacher* BB 1975, 1311, 1313; *Sack* Schadensersatzansprüche S. 101 ff, 106; *ders.* FS v. Gamm S. 161, 164 ff; s. a. *Baumbach/Hefermehl* Einl. UWG Rdn. 247; *Büchler* S. 53 ff.

409 Im übrigen auch bei der Umgrenzung der Teilnahme am geschäftlichen Verkehr! S. dazu bereits Großkomm.-*Schünemann* Einl. D Rdn. 169 ff.

cc) **Neudefinition von Wettbewerbshandlung und Wettbewerbsverhältnis.** In der Konsequenz der hier verfolgten gedanklichen Linie liegt, daß das Wettbewerbshandeln, befreit vom Ballast des Wettbewerbsverhältnisses im herkömmlichen Sinn, nunmehr schlicht mit **Markthandeln** gleichzusetzen ist[410]. Dies bedeutet für das UWG keine inhaltliche Umgestaltung eines „Rechts des unlauteren Wettbewerbs" hin zu einem andersartigen „Recht des unlauteren Geschäftsgebarens"[411] oder **Marktverhaltensrecht**[412], vielmehr verdeutlichen die Fortschritte der Wettbewerbstheorie, daß zwischen beiden gar keine sachlichen Unterschiede bestehen. Deshalb sind Entwicklungstendenzen etwa in Belgien und Schweden, weg vom „Wettbewerbsrecht" und hin zu einem Gesetz über Handelspraktiken bzw. zu einem umfassenden Markt-(verhaltens)recht[413], zwar im Vergleich zur überkommenen Doktrin bemerkenswert, in Wahrheit aber weit weniger spektakulär, wenn man nur die moderne Wettbewerbstheorie in den Begriff des Handelns „zu Zwecken des Wettbewerbs" hineinprojiziert. **D 235**

Die **definitorischen Formulierungen** für das so als Markthandeln verstandene Wettbewerbshandeln **variieren:** Handlungen, die sich auf die Marktverhältnisse beziehen (*Baumbach/Hefermehl* Einl. UWG Rdn. 247), Handlungen, durch die ein Wirtschaftssubjekt auf ein anderes in dessen Eigenschaft als Marktteilnehmer einwirkt[414], Handlungen, die eigenen oder fremden Wirtschaftserfolg fördern sollen (vgl. *Knöpfle* Rechtsbegriff S. 87, *ders.* UFITA 93 (1982), 25, 30). Mit demselben Tenor wird ausgeführt, zu Zwecken des Wettbewerbs erfolge eine Handlung, die sich als eigenes oder fremdes Streben nach Gewinn oder Selbstbehauptung auf dem Markt darstelle (*v. Godin* U § 1 Rdn. 2). Wenn schon nicht iS des Textes gemeint, so kann doch vor dem Hintergrund des hier vertretenen wettbewerbstheoretischen Konzepts selbst eine Wendung in der Judikatur als brauchbare Sprachform für die als Markthandlung zu begreifende Wettbewerbshandlung gelten: Für die Wettbewerbshandlung reiche aus, wenn eine bestimmte Maßnahme des Marktteilnehmers „seine Stellung im Wettbewerb ganz allgemein fördert"[415]. **D 236**

Ob das Verständnis der Wettbewerbshandlung als Markthandlung noch mit dem jeder Dogmatik abverlangten **Respekt vor dem Gesetz** zu vereinbaren ist, wird gelegentlich thematisiert[416], wobei die Problematik in der tiefgreifenden begrifflichen Umgestaltung, ja vielleicht sogar in einem damit abverlangten Verzicht auf das Erfordernis eines Wettbewerbsverhältnisses angelegt zu sein scheint. Beim „Wettbewerbsverhältnis" handelt es sich aber gerade nicht um ein originär gesetzliches **D 237**

---

410 *Baumbach/Hefermehl* Einl. UWG Rdn. 247 und § 1 UWG Rdn. 832; *Büchler* S. 83 ff; s. a. *Burmann* WRP 1967, 240, 244; *Hefermehl* FS Kummer S. 345, 355.

411 So aber wohl schon *Ahrens* WRP 1972, 57 f im Blick auf *Sandrock* Grundbegriffe des GWB (1968) S. 135 und dessen Erläuterungen der Folgen bei Übernahme der Doktrin vom Kaufkraftwettbewerb. Auf der von *Ahrens* vorgezeichneten Linie ausführlich *Bauer* S. 23 f.

412 Gegen ein Verständnis des Lauterkeitsrechts als Marktverhaltensrecht aber z. B. RWW/*Fezer* 3.0 Rdn. 134; ganz unbefangen vom Lauterkeitsrecht als „Marktverhaltensrecht" spricht *Piper* WRP 1992, 685.

413 Vgl. z. B. die Hinweise bei *Baumbach/Hefermehl* Einl. UWG Rdn. 247; *Schricker* GRUR Int. 1972, 184 und GRUR 1974, 579, 582; Gesetzgebungsbericht GRUR Int. 1992, 623.

414 Vgl. *Büchler* S. 89, der allerdings statt von Marktteilnehmer von Marktpartner spricht. Dies ist sehr mißverständlich, weil er damit ungewollt (vgl. aaO S. 83 f) Assoziationen nur an das Austauschverhältnis weckt, was sicherlich zu eng ist, wenn man nur an Fälle des Behinderungswettbewerbs denkt, die – im Parallelprozeß – auf Effekte in der marktseitigen Sphäre des Handelnden zielen.

415 BGH GRUR 1967, 256 f – *Stern;* (s. a. Großkomm.-*Schünemann* Einl. D Rdn. 198); dies muß auch *Bauer* S. 26 konzedieren.

416 Vgl. z. B. *Hefermehl* FS Kummer S. 345, 355; *Lindacher* BB 1975, 1311, 1313.

Merkmal, sondern lediglich um eine durch verbesserte Einsichten jederzeit zur Disposition gestellte dogmatische Figur mit Hilfsfunktion in bezug auf die gedankliche Erfassung des Wettbewerbshandelns. Damit ist dem Legitimitätsproblem jedenfalls die Spitze gebrochen. Im übrigen bedarf es gar nicht des „Abschieds vom Wettbewerbsverhältnis" als Voraussetzung des Lauterkeitsschutzes[417], sondern nur des Abschieds von einer diesbezüglich tradierten, einerseits rigiden, andererseits diffusen Auffassung. Was dabei vom Wettbewerbsverhältnis noch übrigbleibt, ist freilich nur auf den ersten Blick wenig, nämlich die Feststellung, daß jeder Anbieter oder Nachfrager in „irgendeiner (!) Wettbewerbsbeziehung" steht[418]. In Wahrheit drückt sich darin aber der nicht hoch genug zu bewertende Verzicht auf jene „Anmaßung von Wissen" (*v. Hayek*)[419] aus, die glaubt, die ungeheure Komplexität des Wettbewerbs in die kleine Münze detailliert beschreibbarer „Wettbewerbsverhältnisse" umwechseln zu können. Ein solcher Schritt ist um so leichter zu vollziehen, als die tradierte Auffassung in Folge der immer weiter getriebenen interpretatorischen Extension das Wettbewerbsverhältnis ohnehin schon „bis an den Rand des juristisch noch Greifbaren" (*Emmerich* § 4, 3 b) verdünnt hat (s. Einl. D Rdn. 202–214).

D 238 Gegen die hier als entscheidenden Vorzug und **Abbildung der ökonomischen Sachnatur** gewertete **Weite des Wettbewerbsverhältnisses** läßt sich der Einwand erwarten, der Begriff leiste nun nichts mehr im Hinblick auf die Klärung der **Aktivlegitimation.** Eine solche Aufgabe wird dem Wettbewerbsverhältnis in der Tat vielfach angesonnen, um die gesetzliche Umgrenzung der Aktivlegitimation nach § 13 II Nr. 1 UWG dogmatisch aus einem „abstrakten" Wettbewerbsverhältnis heraus zu plausibilisieren und darüber hinaus die Aktivlegitimation eines „unmittelbar Verletzten" als des Beteiligten am „konkreten" Wettbewerbsverhältnis darzutun (vgl. etwa BGHZ 37, 1, 15 – *AKI;* BGH GRUR 1966, 445 f – *Glutamal;* eingehende Darstellung und kritische Würdigung des Meinungsstandes bei § 13 Rdn. 13 f, ferner bei *Bauer* S. 15 ff; *Sack* FS v. Gamm S. 161 ff). Sicher muß eingeräumt werden, daß der genannte Vorhalt berechtigt ist. Allerdings ist seine Ausgangsannahme, die Aktivlegitimation sei aus dem Wettbewerbsverhältnis als einem Bestandteil der Wettbewerbshandlung zu entwickeln, selber prekär. Hinsichtlich des § 13 Abs. 2 Nr. 1 UWG führt das „abstrakte" Wettbewerbsverhältnis iS der tradierten Auffassung als Deutungsmuster schon deshalb in die Irre, weil wettbewerblicher Rechtsschutz generell, auch bei § 13 Abs. 2 Nr. 1 UWG, homogen nur aus dem Institutionsschutz des Wettbewerbs, nicht jedoch aus einem „abstrakten" Individual-(Konkurrenten-)Schutz entwickelt werden kann (s. bereits Einl. D Rdn. 40). Hier kann ein „konkretes" Wettbewerbsverhältnis herkömmlicher Provenienz aber auch nicht im Zusammenhang mit dem Wettbewerbshandeln verlangt werden, weil sonst die vom Gesetzgeber durch § 13 Abs. 2 Nr. 1 UWG gerade trotz Fehlens eines konkreten Wettbewerbsverhältnisses gewollte Aktivlegitimation konterkariert würde[420]. Bei den **Verbandsklagen** greifen solche Überlegungen erst recht[421].

D 239 Auch als Instrument, den **„unmittelbar Verletzten"** zu bestimmen, muß das (konkrete) Wettbewerbsverhältnis sogar vom Boden tradierter Vorstellungen aus als unproduktiv angesehen werden. Denn selbst dann, wenn man zum Wettbewerbshandeln ein konkretes Wettbewerbsverhältnis in überkommener Gestalt verlangt, bleibt

---

[417] So aber *Lindacher* aaO (Vornote). In der Sache wie dieser ebenso *Emmerich* § 4, 3 b; s. a. *Knöpfle* Rechtsbegriff § 68 ff, 87; *ders.* Marktbezogene Unlauterkeit S. 9 ff; *Kummer* Anwendungsbereich S. 24 ff; *Sandrock* Grundbegriffe des GWB (1968) § 141.

[418] *Hefermehl* FS Kummer S. 345, 356.

[419] Ordo 26 (1975), 12 ff; s. a. Großkomm.-*Schünemann* Einl. A Rdn. 29 ff.

[420] S. a. *Sack* FS v. Gamm S. 161, 174.

[421] S. a. *Bauer* S. 18: Verbandsklage wäre geradezu „absurd" und ein „Paradoxon".

offen, warum so automatisch der daran neben dem Akteur Beteiligte zugleich der „unmittelbar Verletzte" sein sollte: Zur Voraussetzung eines Handelns „zu Zwecken des Wettbewerbs" mag man selbst das traditionell begriffene Wettbewerbsverhältnis bezüglich irgendeines anderen Wettbewerbsteilnehmers rechnen, doch muß davon die Frage unterschieden werden, ob zusätzlich ein Wettbewerbsverhältnis gerade zwischen den Parteien zu fordern ist[422]. Dann aber bedeutet es gar keine spezifische Schwäche des hier vertretenen Begriffs des Wettbewerbsverhältnisses, zur Klärung der Identität des „unmittelbar Verletzten" nichts beitragen zu können. Im übrigen ist es gedanklich-ablauflogisch unbefriedigend, die im Wettbewerbshandeln – neben anderen Tatbestandsmerkmalen – aufgeworfene Frage, ob ein wettbewerblicher Anspruch – namentlich aus §§ 1 oder 3 UWG – besteht, essentiell mit dem Problem zu verknüpfen, wem dieser Anspruch nun zusteht[423].

In diesem Zusammenhang erinnert man gelegentlich daran, es entspreche einem im Deliktsrecht allgemein geltenden Rechtsgrundsatz, daß der in einem subjektiven Recht oder einem Rechtsgut unmittelbar Verletzte stets auch Anspruchsgläubiger sei (vgl. § 13 Rdn. 13). Dieser Ansatz erscheint allerdings ebensowenig hilfreich wie derjenige, der sich auf ein („konkretes") Wettbewerbsverhältnis iS der tradierten Auffassung stützt[424] und den der Rekurs auf allgemein geltende deliktsrechtliche Grundsätze gerade ersetzen soll (vgl. § 13 Rdn. 14). Denn damit wird nur eine ihrerseits **fragwürdige Problemverschiebung** vorgenommen, die in eine unglückliche, wenig aussichtsreiche Suche nach wettbewerblichen subjektiven Rechten oder absolut wirkenden Rechtsgutpositionen mündet (s. Einl. C Rdn. 7 ff). Im übrigen ist die angenommene deliktsrechtliche Qualität des Lauterkeitsrechts nicht überzeugend (s. Einl. E Rdn. 64 f). **D 240**

b) Kritik der „Wettbewerbsabsicht". Die dogmatische Notwendigkeit der sog. **Wettbewerbsabsicht** ist nicht minder **zweifelhaft** wie diejenige eines Wettbewerbsverhältnisses überkommener Prägung. Jene Notwendigkeit an der Wortwahl des Gesetzes („... zu Zwecken ...") festzumachen[425], ist kein starkes Argument (a. A. BGHZ 3, 270, 277 – *Constanze I; Büchler* S. 91 f; *Knöpfle* Rechtsbegriff S. 67; selbst als Vertreter eines objektivierten Begriffs der Wettbewerbshandlung wohl auch *Kraft* Interessenabwägung S. 192). Denn das Problem ist gerade, wer die Zweck-Mittel-Relation definiert, „subjektiv" der Akteur oder „objektiv" der wertende Betrachter. Welche Entscheidung hier zu treffen ist und daß die Entscheidung überall, wo diese gesetzliche Formulierung sich wiederholt (wie etwa in § 229 BGB), gleich ausfallen müßte, ist keineswegs selbstverständlich. Vielmehr ist nach der jeweiligen dogmatischen Funktion zu fragen, die dieses Tatbestandsmerkmal erfüllen soll und die sowohl eine subjektive Färbung als auch eine Interpretation als „objektives Zweckmoment" nahelegen kann[426]. Auch die eine Wettbewerbsabsicht fordernde **(überwiegende) Meinung** verhehlt nicht, daß sich hinter dem Wortlautargument das Empfinden verbirgt, bestimmte Fallgestaltungen nur qua fehlender Wett- **D 241**

---

[422] *Bauer* S. 17 ff; *Hirtz* GRUR 1988, 173, 177; HdbWR/*Kreft* § 10 Rdn. 3; *v. Godin* U § 1 Rdn. 6; *Sack* FS v. Gamm S. 161, 174.

[423] S. a. *Hefermehl* FS Kummer S. 345, 357.

[424] S. a. *Sack* FS v. Gamm S. 161 ff.

[425] Vgl. hier nur *Bauer* S. 56; *Koppensteiner* § 3 Abs. II 2 sowie die Nachweise bei Großkomm.-*Schünemann* Einl. D Rdn. 215.

[426] Vgl. nur *Oehler* Das objektive Zweckmoment in der rechtswidrigen Handlung (1959) passim; *Schünemann* Selbsthilfe im Rechtssystem (1985) S. 30 f; s. a. *Alexander-Katz* NJW 1954, 129, 132, der allerdings diese Offenheit des Zweckbegriffs dadurch überstrapaziert, daß er den „Zweck" allein auf der objektiven Sinnebene lokalisiert und die objektive Singgebung nur durch die – vom Gesetz ja nicht verwendete – Formulierung „Absicht" angesprochen sieht.

bewerbsabsicht einer sonst unumgänglichen wettbewerbsrechtlichen Beurteilung entziehen zu können: Es gebe Fälle, in denen Handlungen, die objektiv geeignet seien, fremden Wettbewerb zu fördern, rein aus wissenschaftlichen, weltanschaulichen, religiösen oder sonstigen außerwettbewerblichen – besser wohl: außerökonomischen – Motiven vorgenommen würden, so daß eine Anwendung namentlich des § 1 UWG nicht in Betracht komme (so ganz klar *Ulmer/Reimer* Rdn. 73).

D 242 Gerade diese offengelegten Erwägungen machen aber deutlich, daß es auf eine (nur) hier fehlende „Wettbewerbsabsicht" gar nicht ankommt. Denn in den genannten Beispielsfällen fehlt es schon an der Teilnahme am geschäftlichen Verkehr (dazu eingehend Einl. D Rdn. 177 ff)[427], so daß bereits deshalb eine Anwendung wettbewerbsrechtlicher Normen, die dieses Tatbestandsmerkmal enthalten, ausgeschlossen werden kann. Auch bei §§ 14, 20 UWG, die ihrem Wortlaut nach lediglich ein Wettbewerbshandeln verlangen, gilt bei genauerer Betrachtung dasselbe. Denn wenn das Handeln „zu Zwecken des Wettbewerbs" der Teilnahme am geschäftlichen Verkehr lediglich seine besondere, eben wettbewerbsrechtliche Färbung geben soll (s. bereits Einl. D Rdn. 197), so muß man die Teilnahme am geschäftlichen Verkehr in den §§ 14, 20 UWG als ungeschriebenes bzw. dem Wettbewerbshandeln **sinnimmanentes Tatbestandsmerkmal** sehen.

D 243 Bei der gebotenen bewußteren Ausschöpfung des begrifflichen Potentials des „geschäftlichen Verkehrs" unter Verzicht auf das Merkmal der Wettbewerbsabsicht entfällt auch ein Bedürfnis, das außerhalb jener als problematisch empfundenen Fälle eher lästige Erfordernis eines subjektiven Moments durch weitreichende Vermutungen auszufüllen (ausführlich dazu Einl. D Rdn. 217 ff), die ihrerseits eigentlich nur als Hinweise auf die **Entbehrlichkeit der Wettbewerbsabsicht** als materiellrechtliches Tatbestandsmerkmal gelten können (vgl. auch *Emmerich* § 4, 3 b). Ein Verzicht auf die „Wettbewerbsabsicht" macht ferner argumentative Verbiegungen in umgekehrter Richtung unnötig: So ist es eine reine Fiktion, **neutralen Testveranstaltern,** insb. auch der Stiftung Warentest, bei ihrer Tätigkeit eine Absicht, die Wettbewerbspositionen klar zu identifizierender Unternehmen positiv wie negativ durch Herstellen produktbezogener Markttransparenz zu beeinflussen, glattwegs abzusprechen[428]. Der Hinweis auf die Satzung der Stiftung Warentest, die als Stiftungszweck unter anderem nennt, der Öffentlichkeit Informationen zur Verfügung zu stellen, die zur Verbesserung der Marktbeurteilung beitragen[429], steht dem nicht entgegen, zumal die hM die dogmatische Substanz der Wettbewerbsabsicht durchaus sehr großzügig faßt, also eben nicht iS eines alleinigen oder auch nur wesentlichen Beweggrundes (s. näher Einl. D Rdn. 215 f).

D 244 Die **wahren Gründe,** neutralen Testveranstaltern, insb. der Stiftung Warentest, eine Wettbewerbsabsicht zugunsten bzw. zu Lasten Dritter abzusprechen, liegen freilich noch tiefer, nämlich in der aus wettbewerbsfunktionaler Sicht verfehlten Auffassung, identifizierend-kritische **Warenvergleiche** seien grundsätzlich sittenwidrig[430], so daß nichts übrig zu bleiben schien, als die Weichenstellung in Richtung

---

[427] Aufschlußreich auch *Ulmer/Reimer* Rdn. 73: Die genannten Beispiele lägen außerhalb geschäftlicher Interessen.

[428] Vgl. BGH GRUR 1967, 113 und 176, 268, 271 – *Warentest I und II; Baumbach/Hefermehl* § 1 Rdn. 404. Eingehender Begründungsversuch bei *Bauer* S. 70 ff. Dazu, daß hier Teilnahme am geschäftlichen Verkehr vorliegt, s. bereits Großkomm.-*Schünemann* Einl. D Rdn. 181.

[429] Vgl. das Zitat bei *Baumbach/Hefermehl* § 1 Rdn. 403.

[430] Vgl. zur Kritik hier nur *Schünemann* S. 93 f; s. a. zu Recht *Gierke/Sandrock* Handels- und Wirtschaftsrecht, Bd. I⁹ (1975) § 19 II 1 b bb: Die Rspr. benutze die „Wettbewerbsabsicht" sachwidrig dazu, Argumente zu mobilisieren, die eigentlich im Rahmen der Sitten- oder Rechtswidrigkeitsmaterie zu lösen seien.

Zulässigkeit bereits beim (fehlenden) Wettbewerbshandeln vornehmen zu müssen[431]. Eine ähnlich motivierte, nur Verwirrung stiftende Vertauschung von Merkmalen, die den Anwendungsbereich des Lauterkeitsrechts markieren, und solchen, die die Zulässigkeit des Wettbewerbsverhaltens betreffen, wird auch andernorts greifbar, wenn etwa im Bereich der **Massenmedien** Zurückhaltung beim Bejahen von deren Wettbewerbsabsicht angemahnt wird, um den nötigen Spielraum zur umfassenden Berichterstattung und Meinungsbildung nicht zu gefährden (s. Einl. D Rdn. 220, 222): Werden die „guten Sitten" sachgerecht, d. h. wettbewerbstheoretisch fundiert, begründet, so bedarf es häufig nicht einmal mehr des Rekurses auf die Ausstrahlungswirkung des Art. 5 Abs. 1 GG im Rahmen dieser Zulässigkeitsprüfung. Völlig überflüssig, ja geradezu falsch angesetzt ist aber, schon ein fehlendes Wettbewerbshandeln der Presse mit Art. 5 Abs. 1 GG begründen zu wollen[432].

Der **Verzicht auf die Wettbewerbsabsicht** als subjektives Begriffsmoment der Wettbewerbshandlung wird allerdings nicht nur aus den Unzulänglichkeiten der Gegenmeinung gespeist. Entscheidend ist vielmehr, daß die Beschreibung der Wettbewerbshandlung als Markthandlung bei geschärftem Vorverständnis unterstreicht, daß es hier um **objektive Effekte** oder wenigstens **Tendenzen** geht, um die Beeinflussung von Marktverhältnissen, um die Einwirkung auf Marktteilnehmer (vgl. die bei Einl. D Rdn. 236 zitierten Formulierungen), nicht aber um innere, subjektive Strebungen. Nach dem **Sinn und Zweck des Wettbewerbsrechtes,** den Wettbewerb als den Funktionsmechanismus der Marktwirtschaft zu gewährleisten, gibt es zu diesem Verzicht auf die Wettbewerbsabsicht schwerlich eine Alternative: Denn warum sollte derjenige, der im geschäftlichen Verkehr in kontraproduktiver Weise in den Wettbewerb tatsächlich eingreift und so den Optimierungsgrad der Marktprozesse senkt, vor einem Unterlassungsanspruch gefeit sein, nur weil ihm eine – wie weitherzig auch immer verstandene – „Wettbewerbsabsicht" fehlt?[433] **D 245**

Dagegen wird geltend gemacht, die Berücksichtigung innerer Gegebenheiten sei ein Gebot verfeinerter Gerechtigkeit (*Büchler* S. 91). Doch selbst dann, wenn man sich mit dem Ausgangspunkt dieser These prinzipiell auch für das Lauterkeitsrecht anfreunden wollte, wäre doch der rechte Platz für die Berücksichtigung solcher subjektiven Momente allemal im Rahmen von Zulässigkeitserwägungen, also im Zusammenhang mit der Feststellung der Rechtswidrigkeit, insb. als Verstoß gegen die „guten Sitten" (auch gegen die Anerkennung subjektiver Sittenwidrigkeitsmomente allerdings bereits Einl. D Rdn. 134 ff). Befürchteten Härten im Blick auf die Strafvorschriften der §§ 12, 18 UWG[434] kann entweder über das im Wettbewerbshandeln implizierte Merkmal der Teilnahme am geschäftlichen Verkehr (s. Einl. D Rdn. 197 sowie auch Einl. D Rdn. 248 f), wiederum bei der Feststellung der Rechtswidrigkeit, oder aber im Rahmen der Verschuldensprüfung Rechnung getragen werden. Nicht die hier vertretene Auffassung, sondern die Gegenmeinung nimmt eine sachwidrige **„Verschiebung des Prüfungsortes"** vor (*Büchler* S. 92) und entleert ein Tatbestandsmerkmal des § 1 UWG in ein anderes (*Ahrens* Die Veröffentlichung vergleichender Werbeträgeranalysen (1974) S. 49), so daß sich der von ihr erhobene **D 246**

---

[431] Dazu zu recht sehr kritisch *Sandrock* Grundbegriffe des GWB (1968) S. 206 f.

[432] Zwar nicht im Ergebnis, aber in der Methodik deshalb unbefriedigend auch *Messer* FS v. Gamm S. 95 ff, insb. auch S. 100, 105 ff.

[433] S. a. *Schünemann* S. 40.

[434] Vgl. *Büchler* S. 91.

Vorwurf gegen sie selber richtet. Nach alledem ist ein subjektives Begriffsmoment des Handelns „zu Zwecken des Wettbewerbs" nicht anzuerkennen[435].

D 247 Der Verzicht auf die Wettbewerbsabsicht als materiellrechtliches Tatbestandselement der Wettbewerbshandlung bedeutet allerdings nicht notwendig eine totale rechtliche Irrelevanz der sog. Wettbewerbsabsicht. Die „Wettbewerbsabsicht" kann vielmehr beweisrechtlich, im Rahmen eines **Indizbeweises** oder im Rahmen der **Beweiswürdigung,** eine rechtliche Rolle spielen. Zu denken ist etwa an die Fälle, in denen nur grundsätzlich und prima facie keine Teilnahme am geschäftlichen Verkehr bzw. kein Handeln zu Zwecken des Wettbewerbs vorliegt, beispielsweise bei wissenschaftlicher Tätigkeit (dazu bereits Einl. D Rdn. 177f, 218), der Einzelfall aber gerade aus dem Rahmen konventioneller Einordnung herausfällt. Eine **konkrete Wettbewerbsabsicht als Beweisthema** zielt dabei aber in jedem Fall auf die subsumtionslogische Ausfüllung eines davon abgehobenen, andersartigen Tatbestandsmerkmals. **Materiellrechtlicher Hintergrund** dieses Beweises ist also die Teilnahme am geschäftlichen Verkehr oder das – materiellrechtlich ohne ein subjektives Moment konzipierte – Wettbewerbshandeln: Ihm stehen Wissenschaftler, aber auch Sportler, Geistliche oder Politiker im Grundsatz fern, so daß es besonderer tatsächlicher Anhaltspunkte, nicht jedoch besonderer materiellrechtlicher Anknüpfungspunkte für die juristische Bewältigung einer Ausnahmesituation bedarf. Dies ist der zutreffende Kern der Ansicht, die auf dem Boden eines prinzipiell rein objektiven Verständnisses der Wettbewerbshandlung in diesen und ähnlichen „Sonderfällen" auf das Merkmal der Wettbewerbsabsicht zurückgreifen möchte[436]. Eine Notwendigkeit, die Wettbewerbsabsicht wenigstens in diesen Sonderfällen als materiellrechtlich-subjektive Komponente der Wettbewerbshandlung anzuerkennen, besteht also nicht (**a. A.** *Büchler* S. 92f).

D 248 c) **Die Wettbewerbshandlung als Teilnahme am „geschäftlichen Verkehr".** Das Verständnis der Wettbewerbshandlung als Markthandlung wirft die naheliegende Frage auf, ob dann mit dem Handeln „zu Zwecken des Wettbewerbs" nicht lediglich das Erfordernis einer Teilnahme am „geschäftlichen Verkehr" wiederholt, der Sache nach also entweder auf ersteres oder aber auf letzteres verzichtet wird[437]. Grundsätzlich wird man gewiß zurückhaltend sein müssen, gesetzlichen Tatbestandsmerkmalen **Überflüssigkeit** zu bescheinigen. Gleichwohl sollte eine solche Möglichkeit gerade für das Wettbewerbshandeln einerseits und die Teilnahme am geschäftlichen Verkehr andererseits doch offengehalten werden. Denn im Rückblick auf die zahlreichen Bemühungen bei der begrifflichen Erfassung jener Merkmale müssen die vielfachen **Überschneidungen** doch zu denken geben (s. a. bereits Einl. D Rdn. 197). So werden beispielsweise betriebsinterne Vorgänge einmal aus dem Bereich des geschäftlichen Verkehrs, ein andermal aus der Wettbewerbshandlung ausgeschieden (dazu Einl. D Rdn. 166, 176, 200). Inwieweit wissenschaftliche oder

---

[435] Mit variierenden Begründungen im Ergebnis – wenigstens grundsätzlich – ebenso schon *Reimer* Wettbewerbs- und Warenzeichenrecht Bd. II (1935) Kap. 107 Anm. 5 (S. 516); ferner *Alexander-Katz* NJW 1954, 129ff; *Emmerich* § 4, 3b; *Kraft* Interessenabwägung S. 187ff; *Kummer* Anwendungsbereich S. 16ff; *Gierke/Sandrock* Handels- und Wirtschaftsrecht, Bd. I[9] (1975) § 19 II 1b bb. Zu diesem Schritt an sich bereit, aber noch zweifelnd *Koppensteiner* § 3 II aE. Auf das subjektive Moment jedenfalls als Merkmal mit eigenständiger dogmatischer Bedeutung verzichtet letztlich auch *Nordemann* Rdn. 15, wenn er die Wettbewerbsabsicht eo ipso – nicht nur vermutungsweise – an das geschäftliche Handeln knüpft.

[436] So z. B. *Emmerich* § 4, 3b aE; *Gierke/Sandrock* Handels- und Wirtschaftsrecht, Bd. I[9] (1975) § 19 II 1b bb.

[437] S. *Bauer* S. 22 in seiner Kritik an *Knöpfle* UFITA 93 (1982), 25ff, 34 und *ders.* Marktbezogene Unlauterkeit S. 8ff.

künstlerische Tätigkeiten am Maßstab des Wettbewerbsrechts zu messen sind, wird sowohl als Problem der Teilnahme am geschäftlichen Verkehr als auch als Frage eines subjektiven Moments der Wettbewerbshandlung erörtert (vgl. Einl. D Rdn. 177, 218). Oft wird also dem Anschein nach beinahe zufällig eine Problematik bei der Wettbewerbshandlung statt beim Handeln im geschäftlichen Verkehr und umgekehrt erörtert oder aber das Handeln „im geschäftlichen Verkehr zu Zwecken des Wettbewerbs" quasi überhaupt als **einheitliches Merkmal** abgehandelt[438]. Das hat auch seinen **rechtsgeschichtlichen Grund:** Die heute dem Merkmal „geschäftlicher Verkehr" zugewiesene dogmatische Funktion wurde zur Zeit der Geltung des UWG von 1896, dem dieses Merkmal noch ganz unbekannt war, schlicht dem Wettbewerbshandeln beigelegt (vgl. RG JW 1899, 53 Nr. 65; RGZ 59, 1 f; s. a. *Bauer* S. 4).

Wettbewerbstheoretische Überlegungen im Verein mit den allfälligen begrifflichen Überschneidungen und operativen Vertauschungen von „Wettbewerbshandeln" und „geschäftlichem Verkehr" führen sonach geradlinig zu der Auffassung, **jedes geschäftliche Handeln** erfolge **zu Zwecken des Wettbewerbs,** weil und soweit es geeignet sei, die eigene (oder auch eine fremde) Wettbewerbslage in irgendeiner Form zu beeinflussen (vgl. *Nordemann* Rdn. 15). Kurz gesagt schließt gedanklich ein Handeln im geschäftlichen Verkehr das Wettbewerbshandeln prinzipiell mit ein (*Schünemann* S. 41; s. a. *Knöpfle* UFITA 93 (1982), 25, 34; *ders.* Marktbezogene Unlauterkeit S. 8 ff; gerade andersherum *v. Gamm* Kap. 17 Rdn. 43, 51; HdbWR/*Kreft* § 11 Rdn. 6), so daß auch die **Formulierungsdifferenzen** zwischen den diese Merkmale unterschiedlich einsetzenden Normgruppen (vgl. Einl. D Rdn. 165, 193) letztlich **ohne Belang** sind. Der auch nach tradierter Meinung schon immer bestehende latente Bedeutungsmangel des Wettbewerbshandelns als eigenständigem Tatbestandsmerkmal gegenüber dem „geschäftlichen Verkehr"[439] – oder: die „enge Beziehung" und sachliche „Nähe" zwischen beiden Merkmalen[440] – offenbart sich im übrigen auch darin, daß schon für § 3 UWG aF das dort noch nicht genannten Handeln zu Zwecken des Wettbewerbs zumindest mit seinen objektiven Momenten schlicht als ungeschriebenes Tatbestandsmerkmal angesehen wurde (vgl. *Ahrens* WRP 1972, 57, 60 mwN. Wiederum zum geschäftlichen Verkehr als ungeschriebenem, „konsumiertem" Tatbestandsmerkmal vgl. bereits Einl. D Rdn. 192). Für die §§ 4, 6, 6 a, 6 c–e, 7, 8 und 15 ist dies noch aktuelle **hM**: die dort näher bezeichneten Merkmale sollen mithin der Sache nach unter den Oberbegriff eines Handelns zu Zwecken des Wettbewerbs fallen (vgl. nur *Hirtz* GRUR 1988, 173; wN bei *Federer* S. 11 mit Fn. 4). **D 249**

Als **differenzierende Nuance** muß – was durchaus nicht selten praktische Bedeutung gewinnen dürfte[441] – festgehalten werden, daß ein Rest an Spezifität der Wettbewerbshandlung als Markthandlung gegenüber jedweder Art von Teilnahme am geschäftlichen Verkehr doch verbleibt: Da mit der vertraglichen Koordination der Wirtschaftssubjekte auf dem Markt der Wettbewerb sein mikroökonomisches Spannungspotential aufgezehrt hat, erscheinen **Wettbewerbshandlungen im Rahmen von Vertragsverhältnissen ausgeschlossen** (*Rittner*[4] (1993) Einl. I 1 b; *ders.* AcP 188 **D 250**

---

438 Vgl. die Kritik bei HdbWR/*Kreft* § 11 Rdn. 6; s. a. *Ahrens* WRP 1972, 57, 59.

439 Vgl. aber zum UWG von 1896 Großkomm.-*Schünemann* Einl. D Rdn. 165, 193.

440 *Bauer* S. 9 f.

441 S. BGH GRUR 1983, 451 und 1987, 180 – *Ausschank unter Eichstrich I und II;* 1986, 816 – *Widerrufsbelehrung bei Teilzahlungskauf;* OLG Kassel WRP 1955, 131; OLG Köln WRP 1975, 170; OLG Frankfurt/M. GRUR 1978, 720; LG Berlin WRP 1972, 96.

(1988), 318). Die Geltendmachung einer Geschäftsforderung wie deren Erfüllung (einschließlich von diesbezüglichen Vollstreckungsmaßnahmen), aber auch die Verletzung einschlägiger Vertragspflichten (vgl. BGH GRUR 1983, 451 und 1987, 180 ff – *Ausschank unter Eichstrich I und II;* näher *Bauer* S. 37 ff) stellen sich mithin sehr wohl zwar als Akte einer Teilnahme am geschäftlichen Verkehr dar, sind jedoch keine Wettbewerbshandlungen iS von Markthandlungen (in diesem Sinne auch OLG Hamm NJW-RR 1986, 459; für Vollstreckungsmaßnahmen offengelassen in OLG Köln WRP 1975, 170, 172; **a. A.** OLG Kassel WRP 1955, 131 f), weil sie keinen Bezug zu den Marktverhältnissen aufweisen, keine Handlungen darstellen, durch die ein Wirtschaftssubjekt auf ein anderes in dessen Eigenschaft gerade als Marktteilnehmer einwirkt (jedenfalls im Ergebnis ebenso BGH GRUR 1986, 816, 818 f – *Widerrufsbelehrung bei Teilzahlungskauf;* wohl auch LG Berlin WRP 1972, 96 f; *Bauer* S. 34; *v. Gamm* Kap. 17 Rdn. 41; **a. A.** OLG Kassel WRP 1955, 131 f; OLG Frankfurt/M. GRUR 1987, 720; wohl auch OLG Köln WRP 1975, 170, 172. Differenzierend BGH GRUR 1990, 609, 611 – *Monatlicher Ratenzuschlag*). Ob der Vertrag – z. B. wegen Anfechtbarkeit oder Widerrufbarkeit – nur vorläufig wirksam ist, hat insoweit keine Bedeutung (richtig *Bauer* S. 34 f; **a. A.** *Büchler* S. 88).

IV. Verkehrsauffassung

1. Erscheinungsformen und Bezugnahmen auf die Verkehrsauffassung im Wettbewerbsrecht

D 251 Das Wettbewerbsrecht, insb. das UWG, kennt verschiedene Tatbestände unerlaubten Wettbewerbs, deren Erfüllung nach gängiger Ansicht zumindest auch von der Auffassung des geschäftlichen Verkehrs abhängen soll. Neben der vor allem von der **Rspr.** durchweg akzeptierten erhöhten Relevanz für die Auslegung gesetzlicher Tatbestandsmerkmale im allgemeinen (vgl. neuerdings BGH GRUR 1993, 62 – *Kilopreise III* sowie schon BGH Urt. v. 17. 12. 1992 – I ZR 61/91 – *Versandhandelspreis* = BB 1993 Heft 5, S. IV; OLG Hamburg GRUR 1992, 531 – *„Lieber zu Sixt als zu teuer";* ferner z. B. § 6 d Rdn. 21; § 7 Rdn. 20, 29, 37, 49) soll so von der **Verkehrsauffassung** abhängen, ob sich eine nach § 1 UWG zu beurteilende Wettbewerbshandlung noch im Rahmen der „guten Sitten" bewegt[442]. Vor allem, ob eine Angabe über geschäftliche Verhältnisse zur Irreführung gem. § 3 UWG geeignet ist, hängt nach **hM** entscheidend davon ab, welche Vorstellungen sie bei einem nicht unerheblichen Teil der von ihr angesprochenen Verkehrskreise hervorruft (*Baumbach/Hefermehl* § 3 Rdn. 2, 23). Gleiches gilt auch im Rahmen des § 4 UWG, wenn es um die Feststellung der Irreführungseignung geht; ähnliches gilt für die Feststellung der **Verwechslungsgefahr** bei § 16 UWG. Aber nicht nur im UWG kommt die sog. Verkehrsauffassung zu tragender Bedeutung. Im Warenzeichenrecht wird sie etwa zur Beurteilung einer möglichen Warengleichartigkeit oder einer Verwechslungsgefahr, z. B. bei § 31 WZG, bedeutsam (*Baumbach/Hefermehl* WZG § 5 Rdn. 99, 101; *v. Gamm* Kap. 7 Rdn. 1 ff).

D 252 Verkehrsauffassung wird im Wettbewerbsrecht sprachlich oft gleichgesetzt mit einer bestimmten Vorstellung (HdbWR/*Kreft* § 17 Rdn. 1). Dabei soll „Vorstellung"

---

[442] Vgl. hier nur HdbWR/*Kreft* § 17 Rdn. 1; *Kur* Beweislast und Beweisführung im Wettbewerbsprozeß. Eine vergleichende Untersuchung zum deutschen, amerikanischen und schwedischen Recht (1981) S. 137.

nach dem **allgemeinen Sprachgebrauch** verstanden sein als ein im Bewußtsein erzeugtes, aus Empfindungen als seinen Elementen zusammengesetzes Bild eines Gegenstandes oder eines Vorganges[443], knapper und eingängiger: „wie man sich etwas denkt, ohne es genau oder in Wirklichkeit zu kennen“[444]. Anders verhält es sich bei einer Kenntnis von Waren, gewerblichen Leistungen, Kennzeichen. Hier spricht man daher auch in der Rechtswissenschaft nicht mehr von **Verkehrsauffassung ieS,** sondern von **Verkehrsbekanntheit** (*Tilmann* GRUR 1984, 716). Sie soll dann von entscheidender Bedeutung sein, wenn es etwa um die Beurteilung eines Ausstattungsschutzes nach § 25 WZG oder die Zuordnung eines Kennzeichens iS von § 16 UWG geht. Bei der Verkehrsbekanntheit wird dabei begrifflich differenziert zwischen einer **„Verkehrsgeltung“** und einer **„Verkehrsdurchsetzung“** (HdbWR/*Kreft* § 17 Rdn. 3). Von einer Verkehrsgeltung spricht man im Zusammenhang mit dem Schutz einer Ausstattung nach § 25 WZG oder dann, wenn es um die Unterscheidungskraft bestimmter Kennzeichen gem. § 16 UWG geht. So macht § 25 WZG den Schutz für eine bestimmte Aufmachung einer Ware davon abhängig, daß diese im geschäftlichen Verkehr wie ein bestimmtes Kennzeichen angesehen wird („gilt“). Dieses „Gelten“ soll nach allgemeiner Meinung etwas anderes sein, als die bloße Eignung zur Kennzeichnung[445]. Verkehrsgeltung wird vielmehr als ein soziales Faktum angesehen, die Ausstattung muß im Verkehr bekannt geworden sein (*Baumbach/Hefermehl* WZG § 25 Rdn. 38). Mehr als bei einer bloßen Vorstellung, die von einer tatsächlichen Kenntnis eines Gegenstandes unabhängig sein könnte, ist bei einer Verkehrsgeltung also ein sozialer Lernprozeß, der auf der Sammlung von Erfahrungen beruht[446], notwendig. Ähnliches gilt auch für die im § 4 Abs. 3 WZG so bezeichnete „Verkehrsdurchsetzung“. Alle nach § 4 Abs. 3 Nr. 1 WZG schutzunfähigen Zeichen sollen eintragungsfähig sein, sobald sie sich im Verkehr als individuelle Kennzeichen der Waren durchgesetzt haben, d. h. ebenfalls Verkehrsgeltung erlangt haben (*Baumbach/Hefermehl* WZG § 4 Rdn. 108). Sowohl die Verkehrsvorstellung wie die Kenntnisse des Verkehrs hinsichtlich bestimmter Waren und Leistungen, die man als Verkehrsbekanntheit bezeichnen kann, werden nach allgemeiner Meinung in der Jurisprudenz von dem Oberbegriff **Verkehrsauffassung iwS** erfaßt[447].

Nicht unwichtig ist im Zusammenhang mit der Bewertung eines Wettbewerbs- und speziell Werbeverhaltens anhand der Verkehrsauffassung die nur **konsumsoziologisch** und **werbepsychologisch** zu beantwortende Frage der wechselseitigen Abhängigkeiten von aktivierenden und kognitiven Prozessen, ob etwa eine starke Aktivierung (Erregung des Umworbenen), beispielsweise durch Bildelemente oder exponierte Textelemente den Wahrnehmungsprozeß beeinträchtigen kann (statt vieler: *Mayer/Däumer/Rühle* Werbepsychologie (1982) S. 175 ff). Fest steht zunächst, daß es durch Werbung möglich ist, innere Erregungen des Menschen gezielt zu stimulieren (*Mähling* S. 98 mwN). Hängt sodann die gedankliche Leistungsfähigkeit eines Individuums, sein Wahrnehmen, Denken und Lernen von der jeweiligen Aktivierung in entscheidendem Maße ab, so wird es vielfach Ziel der Werbung sein, die auf die **D 253**

443 Meyers Konversationslexikon, zum Begriff „Vorstellung“.

444 (O. V.) Sinnverwandte Wörter 1964, ebenfalls zum Begriff „Vorstellung“.

445 *Baumbach/Hefermehl* WZG § 25 Rdn. 35; *v. Gamm* Warenzeichenrecht § 25 WZG Rdn. 17.

446 *Schricker* GRUR 1980, 466 mit Verweis auch auf *Wenzel* Wesen und Begriff der Warenausstattung (1957) S. 26.

447 HdbWR/*Kreft* § 17 Rdn. 3. Zum konsumsoziologischen und werbepsychologischen Verständnis der Verkehrsauffassung s. eingehend *Spliethoff* S. 35 ff, 46 mzN.

Produkte gerichteten affektiven Haltungen der Konsumenten zu bessern und positiv zu verstärken[448].

D 254 Aus juristischer Sicht wird der **Effizienzgrad,** den **Werbung** haben kann, sehr hoch eingeschätzt und ein Umgang mit diesem Instrument unter größter Vorsicht angemahnt. Beispielhaft hierfür ist das Verständnis etwa bei *Baumbach/Hefermehl* (Vor §§ 3–8 Rdn. 3), die die Werbung als „eines der wirksamsten, aber auch gefährlichsten Mittel zur Steigerung des eigenen Absatzes auf Kosten der Mitbewerber" ansehen. Die **„Gefährlichkeit"**[449] wird dabei korreliert mit einem bestimmten Nachfrageverhalten bzw. einem bestimmten Verbrauchertypus, wenn es weiter heißt, der Verbraucher handele, irrationalen Vorstellungen folgend, weitgehend emotional. Aus der Sicht der **Konsumsoziologie,** der **Werbepsychologie** und der **Marketingtheorie** scheint eine solche **Überbewertung** freilich nicht selten **unangebracht.** Die **Gesamtwerbewirkung** besteht nämlich grundsätzlich aus einer Mischung kognitiver und emotionaler Wirkungen[450]. Das Abstellen auf eine einschlägige „Verkehrsauffassung" mag bei solch komplexen Vorgängen zwar praktikabel sein, ist hier aber von trügerischer Attraktivität; gefordert sind hier vielmehr wissenschaftliche Erkenntnisse, die freilich erst sehr rudimentär vorliegen.

2. Relevanz der Verkehrsauffassung innerhalb der §§ 1 und 3 UWG

D 255 a) **Verkehrsauffassung und Sittenwidrigkeitsurteil** (§ 1 UWG). Der in § 1 UWG gewählte Maßstab der „guten Sitten" ist außerordentlich vieldeutig (dazu eingehend Einl. D Rdn. 1 ff). Vielfach, vor allem in der **Judikatur,** wird hier – zu Unrecht – auf das „Anstandsgefühl aller billig und gerecht Denkender" bzw. auf das „Anstandsgefühl und die Auffassungen eines redlichen Durchschnittsgewerbetreibenden der begreffenden Branche abgestellt" (BGH GRUR 1970, 244, 246 – *Spritzgußengel;* 1975, 556 – *Speiseeis;* 1981, 665 – *Knochenbrecherin;* BGHZ 81, 291, 296 – *Bäckereifachzeitschrift.* Zu alledem eingehend Einl. D Rdn. 10 ff). Es soll also bei § 1 UWG eine Auffassung relevant sein, die sich aus Einstellungen, Vorstellungen und Urteilen eines bestimmten Verkehrskreises zusammensetzt. Gelegentlich wird freilich eine Auffassung zugrundegelegt, die so, wie sie vom Richter zur Klärung der wettbewerbsrechtlichen Verhaltenszulässigkeit herangezogen wird, in der empirisch erfahrbaren Realität zwar existieren kann, aber nicht existieren muß. Faktisch ersetzt eine richterliche Bewertung hier die **tatsächliche Auffassung der Verkehrskreise;** diese Auffassung wird jedenfalls so gut wie niemals effektiv, etwa durch Umfragen, festgestellt[451]. Es kommt daher, um einer bewußt provokant formulierten Äußerung *Nordemanns*[452] zu folgen, letztendlich „auf das Anstandsgefühl des zuständigen BGH-Senats an", was gegen die guten Sitten im Wettbewerbsrecht verstößt. Es fällt schwer, bei dieser Sachlage noch von der Maßgeblichkeit einer Verkehrsauffassung zu sprechen, denn ihre begriffliche Essenz, die tatsächliche Auffassung einer Personenmehrheit, kommt nicht mehr voll zum Tragen.

---

[448] Ein Blick in die Werbepraxis zeigt die Dominanz von Emotionen in der Bild- und Filmwerbung.

[449] Diese präsumptive Gefährlichkeit steht auch hinter berufsständischen Werbeverboten.

[450] *Mähling* S. 99; *Kroeber-Riel*[3] (1984), S. 157.

[451] HdbWR/*Kreft* § 17 Rdn. 8; *Kur* Beweislast und Beweisführung im Wettbewerbsprozeß: eine vergleichende Untersuchung zum deutschen, amerikanischen und schwedischen Recht (1981) S. 144 ff; *Tilmann* GRUR 1984, 716 f; *Ullmann* GRUR 1991, 789.

[452] *Nordemann* Rdn. 34; auf *Baumbach* DJZ 1931, 58 ff geht die Äußerung zurück, daß „letztendlich das Anstandsgefühl älterer Richter in hoher Stellung, die das praktische Geschäftsleben ganz überwiegend nie kennengelernt haben", entscheide.

Insoweit ist es nur konsequent, wenn bei der Feststellung der „guten Sitten" **beweisrechtliche Probleme keine Rolle** spielen. Im Vordergrund steht hier vielmehr der Rechtsbegriff der Sittenwidrigkeit. Im Instanzenzug äußert sich diese Qualifizierung darin, daß man bei den „guten Sitten" von einem **revisiblen Tatbestandsmerkmal** ausgeht, also einem solchen, das durch Revisionsgerichte, die nur für die Beurteilung von Rechtsfragen zuständig sind, beurteilt werden kann (vgl. hierzu RGZ 48, 114; BGHZ 10, 228; BGHZ 17, 327, 332; BGH NJW 1976, 1883; *Emmerich* § 5, 1; *v. Gamm* Kap. 7 Rdn. 3; *Nordemann* Rdn. 33 f). **D 256**

Hat man sich im Rahmen des § 1 UWG bei der Auslegung des Begriffs der „guten Sitten" für den Schutz objektivierbarer Funktionsbedingungen des Wettbewerbs zu entscheiden (vgl. dazu Einl. D Rdn. 37 ff), so stellt sich erst recht die Frage, ob dann eine empirisch eruierbare Verkehrsauffassung noch von Bedeutung für deren Ermittlung sein kann. Dies ist nicht der Fall. Die diesbezüglichen Feststellungen sind vielmehr allein durch einen (richterlichen) Wertungsvorgang möglich, der seinerseits auf **wirtschaftswissenschaftlichen Erkenntnissen** aufbauen muß. **D 257**

b) **Verkehrsauffassung und „Irreführung".** Angelpunkt des § 3 UWG sind **„irreführende Angaben"** über geschäftliche Verhältnisse. Dabei soll die Verkehrsauffassung als zentrales Beurteilungskriterium für die Frage, ob eine irreführende Angabe vorliegt oder nicht, bedeutsam sein (vgl. nur HdbWR/*Kreft* § 17 Rdn. 1. Zu Begriff und Ermittlung der Verkehrsauffassung im Wettbewerbsrecht, insb. bei § 3 UWG, s. monographisch – auch unter Berücksichtigung der Wirtschafts- und Sozialwissenschaften – *Spliethoff* S. 25 ff, 33 ff und passim. Vgl. im übrigen eingehend § 3 Rdn. 131 ff, 984 ff). Irreführung spielt ferner eine Rolle in § 1 UWG im Zusammenhang mit „Kundenfang"-Praktiken (*Baumbach/Hefermehl* § 1 Rdn. 5 ff). Der Begriff Verkehrsauffassung taucht freilich auch hier ausdrücklich im Gesetzeswortlaut gar nicht auf. Allerdings hat die **überkommene Ansicht,** vor allem diejenige der Rspr., **Hilfskriterien** gebildet, um diesen aus ihrer Sicht unbestimmten Rechtsbegriff zu operationalisieren. Sie hat also versucht, den Begriff der Irreführung in einzelne, praktisch leichter handhabbare Bestandteile zu zerlegen. Das bedeutendste Hilfskriterium ist dabei die Verkehrsauffassung. Herkömmlich geht man nicht nur davon aus, daß dieses Hilfskriterium durch tatsächliche empirische Ermittlungen zu eruieren ist, sondern auch davon, daß das Tatbestandsmerkmal **„Irreführungsgefahr"** insgesamt betrachtet ein deskriptives Merkmal sei; die Ermittlung der Irreführung jedenfalls innerhalb des § 3 UWG gilt demnach („im wesentlichen") als Tatfrage (*Baumbach/Hefermehl* § 3 Rdn. 39, 110; s. a. § 3 Rdn. 984). Die hieraus praktisch erwachsende Konsequenz liegt darin, daß nun in Zweifels- und Streitfragen der Weg zu einer **Beweiserhebung** offensteht. Als Beweismittel können dabei neben den im Zivilprozeß allgemein gebräuchlichen Beweismitteln (Zeugen, Augenschein, Parteivernehmung und Urkunden) vor allem auch Sachverständigengutachten, nun vornehmlich in Form demoskopischer Umfragegutachten, in Betracht kommen. **D 258**

Die Beurteilung der Frage, ob eine Angabe insgesamt irreführend ist, erfolgt in der **Rechtsprechungspraxis methodisch** in mehreren Einzelschritten. Zunächst wird geprüft, an welche Verkehrskreise sich eine Angabe richtet. Sodann ermittelt man in einer zweiten Stufe, wie diese Angaben zu verstehen sind. Erst danach erfolgt die Feststellung, ob die erweckte Vorstellung mit der Wirklichkeit übereinstimmt. Die letzte Phase nimmt die Prüfung der Relevanz des Inhalts der Werbeangabe für die Marktentscheidung des Verkehrs ein. Teilweise wird in einer nachgeschalteten Prüfung (Wertung) noch entschieden, welcher Prozentsatz der beteiligten Verkehrskreise tatsächlich irregeführt sein muß, um das Vorliegen einer Irreführungsgefahr **D 259** zu bejahen (sog. **Quorum**)[453]. Die Ermittlung der Verkehrsauffassung ist bei einer so gearteten Vorgehensweise besonders im zweiten und vierten Prüfungsabschnitt gefragt, also zur Ermittlung des Angabeninhalts und zur Feststellung der Relevanz einer irreführenden Angabe für die Marktentscheidung. Teilweise wird eine Ergänzung dieses empirischen Ansatzes bei der Ermittlung der maßgeblichen Verkehrsauffassung um eine nachgeschaltete Interessenabwägung befürwortet, die als Korrekturvorbehalt im Blick auf die empirischen Feststellungen zur Verkehrsauffassung fungiert (eingehend zu alledem § 3 Rdn. 104, 245 ff). Damit wird in letzter Konsequenz die empirische Ermittlung der Irreführung qua Verkehrsauffassung freilich überhaupt entbehrlich (s. a. § 3 Rdn. 105: Hypostase (!) ausreichend hoher Konfusionsraten), und gewinnen die einschlägigen Feststellungen den Charakter einer **Rechtsfrage** (s. aber auch *Müller* Demoskopische Ermittlung S. 27 ff, 32 ff zur Einordnung als Tat- oder Rechtsfrage anhand eines sozialempirisch-methodisch basierten Phasenmodells).

D 260 Die **Rspr.** hat das Postulat aufgestellt, daß für die Beurteilung einer „Angabe", insbesondere einer Werbebehauptung, der **Eindruck eines flüchtigen Durchschnittszuschauers, -zuhörers oder -lesers** ausschlaggebend sei, der eine Werbeangabe ungezwungen und unkritisch wahrnimmt[454]. Sie hat damit zum Ausdruck gebracht, worin sie die wesentlichen Determinanten für das wettbewerbsrechtsrelevante Kaufverhalten sieht: Die Gewohnheiten gingen selten dahin, sich den Ankündigungen aufmerksam und kritisch zu nähern. Dazu fehle meist Zeit und Lust[455], denn die Fülle der Werbebehauptungen verschiedenster Unternehmen könne das Publikum nur flüchtig und ungezwungen aufnehmen. Es pflegte daher weder „grammatikalische oder philologische Überlegungen anzustellen, noch eine kritische, vollständige Würdigung vorzunehmen"[456]. Dieses Bild des flüchtigen Durchschnittsverbrauchers impliziert, daß Werbeaussagen in der Realität des Wettbewerbsgeschehens ohne tiefschürfende, abwägende Überlegungen aufgrund eines ersten Eindrucks wahrgenommen werden. Die Auffassungen des Verkehrs werden demnach weniger im Wege komplizierter Denkprozesse, sondern vielfach spontan gebildet. Dies steht insofern in einem gewissen Gegensatz zu dem Verständnis der Verhaltenswissenschaften, als spontane Kaufentscheidungsprozesse demnach nicht der Regelfall sind und sich allenfalls in einem vom Verbraucher eng budgetierten Bereich abspielen[457]. Bei einem **fachkundigen Adressatenkreis** wird allerdings auch von der **Rechtsprechung** angenommen, daß den Werbebehauptungen größere Aufmerksamkeit entgegengebracht wird (vgl. beispielsweise BGH GRUR 1958, 444 – *Emaillelack;* BGH GRUR 1964, 144 – *Sintex;* BGH WRP 1969, 241 – *Kaltverzinkung*).

D 261 Auf der Basis der zitierten Rspr. erscheint umgekehrt die **Flüchtigkeitsprämisse** dort **unangebracht,** wo es z. B. um Luxusartikel oder solche Artikel geht, bei deren Kauf regelmäßig mit gesteigerter Aufmerksamkeit zu rechnen ist (z. B. Autokauf).

---

[453] Vgl. die Analyse der Methodik bei *Böhm* GRUR 1986, 291.

[454] BGH GRUR 1951, 412, 413 – *Graphia;* 1959, 365, 366 – *Englisch Lavendel;* 1968, 433, 435 – *Westfalenblatt II;* 69, 415 – *Kaffeerösterei;* 1970, 425, 426 – *Melitta Kaffee;* 1983, 32 – *Stangenglas I;* BGH WRP 1991, 789 – *ICE-Publikation;* OLG Hamm WRP 1991, 813 – *Freizeitspaß für Jedermann;* KG NJW-RR 1993, 943; s. a. *Baumbach/Hefermehl* § 3 Rdn. 33; *Knaak* Demoskopische Umfragen in der Praxis des Wettbewerbs- und Warenzeichenrechts (1986) S. 18.

[455] BGH GRUR 1959, 365 – *Englisch Lavendel;* 1969, 415 – *Kaffeerösterei;* 1970, 425 – *Melitta Kaffee.*

[456] S. BGH aaO (Vornote).

[457] Vgl. *Nieschlag/Dichtl/Hörschgen* Marketing[16] (1991) S. 118 ff; *Kroeber-Riel*[5] S. 386 ff.

In diese Richtung deuten auch einschlägige höchstrichterliche Entscheidungen, in denen ein Abrücken vom Maßstab des „flüchtigen Durchschnittsverbrauchers" anklingt (BGH GRUR 1965, 317 – *Kölnisch Wasser;* 1983, 257f – *bis zu 40%;* 1966, 382 – *Jubiläum*).

Kritik an der Maßgeblichkeit der Auffassung eines flüchtigen Durchschnittsverbrauchers wird nicht nur von seiten der **demoskopischen Praxis**[458], sondern auch vom **wettbewerbsrechtlichen Schrifttum** geäußert, weil damit hinsichtlich einer Irreführung „auf den einfältigsten und vertrauensseligsten Kunden" abgestellt wird[459]. Dies irritiert angesichts des ansonsten im Privatrechtsverkehr üblichen Maßstabs der Beachtung der im Verkehr erforderlichen Sorgfalt (vgl. etwa § 276 BGB). Wenn dagegen z. B. *Spengler* die Verkehrsauffassung nach dem Maßstab eines wachen Durchschnittsverbrauchers beurteilen will[460], so ist dies vor dem Hintergrund einer normierten oder normativen, von einem empirischen Substrat weitgehend abgelösten Verkehrsauffassung zu verstehen (näher Einl. D Rdn. 267ff). **D 262**

Einen **Schritt in Richtung** einer insgesamt **normativen Betrachtung der Irreführungsgefahr** unternahm auch die Rspr. schon mit der Berücksichtigung nur der schutzwürdigen Interessen der beteiligten Verkehrskreise (BGH GRUR 1958, 496 – *Eispralinen;* 1963, 36 – *Fichtennadelextrakt;* 1964, 269 – *Grobdesign;* 1965, 96 – *20% unter dem empfohlenen Richtpreis;* 1966, 62 – *Bleistiftabsätze;* 1967, 143 – *Ewiglicht;* 1974, 665 – *Germany*). Das Abstellen nur auf schutzwürdige Interessen war dabei kein absolutes Novum (s. bereits BGH GRUR 1957, 285ff – *Erstes Kulmbacher;* BGH GRUR 1958, 444 – *Emaillelack;* BGH GRUR 1962, 310 – *Gründerbildnis*). Neu aber war die Verwendung dieses Gesichtspunktes, um an **faktischen Verkehrsvorstellungen normative Korrekturen** anbringen zu können (s. a. BGH GRUR 1967, 600ff – *Rhenodur;* 1967, 30 – *Rumverschnitt;* 1969, 277ff – *Whisky;* 1969, 280 – *Scotch-Whisky;* 1981, 71 – *Lübecker Marzipan*). **D 263**

Besonders deutlich wird diese **Tendenz** auch in der Entscheidung des BGH vom 15. 11. 1967 (GRUR 1968, 433, 436 – *Westfalenblatt II*). Auch hier wurde die Verkehrsauffassung ohne ein vorher durchgeführtes Beweiserhebungsverfahren beurteilt. Bei der hier so deutlich unterstrichenen Schutzunwürdigkeit bestimmter Verkehrsvorstellungen drängt es sich geradezu auf, die Frage der Feststellung der tatsächlichen Verkehrsauffassungen nicht nur aus prozeßökonomischer Sicht dahinstehen zu lassen und diese einfach zu unterstellen. Der BGH hat das hier ausdrücklich freilich noch nicht getan. In der Entscheidung findet sich vielmehr der kurze Hinweis, daß das Gericht ausreichend sachkundig sei, diese Feststellungen selbst zu treffen, obwohl es doch eigentlich schon gar nicht mehr um tatsächliche Verkehrsauffassungen geht. **D 264**

Trotz der Vielzahl an Entscheidungen, die sich stärker normativen Kriterien bei der Feststellung einer Verkehrsauffassung zuwenden, bleibt die **Judikatur** bei einer vorgeblich sozialempirisch angeleiteten Prüfungsmethodik, die geprägt ist von der Vorstellung, daß bei Vorliegen eines bestimmten Tatbestandes, nämlich eines entsprechend erheblichen Quorums (die erhebliche Quote der tatsächlich irregeführten Verkehrskreise), einer Anlockung und eines besonders günstigen Angebotes die Erheblichkeit der Irreführungsgefahr zumindest nachhaltig indiziert, wenn nicht sogar **D 265**

---

[458] *Trommsdorff* Marketing (ZFP) 1979, 91ff; *Böhm* Demoskopische Gutachten als Beweismittel in Wettbewerbsprozessen (1985) S. 126ff.

[459] *Spengler* S. 252; ähnlich auch *Emmerich* § 12, 2 b; *Schünemann* S. 137f.

[460] *Spengler* S. 252, ebenso *Schünemann* S. 138.

per se gegeben sei (s. a. OLG Hamm MDR 1990, 1119; OLG Düsseldorf GRUR 1990, 693).

D 266 Entscheidungen, die sich von den tatsächlich vorliegenden Verkehrsvorstellungen lösen und postulieren, daß selbst effektive Irreführungen hinzunehmen sind, unabhängig davon, wieviele Personen durch eine Werbeangabe getäuscht werden (BGH GRUR 1965, 96 – *20% unter dem empfohlenen Richtpreis*), sind noch die Ausnahme. Es bleibt mithin eine gewisse **Bewegung in der Rechtsprechung** zu konstatieren, wobei die – allerdings nur partiell erfolgende – Nutzung des gelegentlich schon als überwunden geglaubten Umfragegutachtens zur Ermittlung der Irreführung allerdings wiederum irritiert (vgl. OLG Köln GRUR 1991, 387 ff – *„The Queen of Table Waters"*).

D 267 c) **Die normierte Verkehrsauffassung.** Der **methodische Ansatz der hM** ist mithin dadurch gekennzeichnet, daß die Irreführung iS namentlich des § 3 UWG, aber wohl auch im übrigen, über Hilfskriterien ermittelt wird, unter denen die in einem bestimmten Verkehrskreis real-existente Verkehrsauffassung eine besondere Rolle spielt. Dabei wird auch die grundsätzliche Eignung einer Angabe zur Irreführung und ein Quorum Getäuschter von ca. 10–15% des betreffenden Verkehrskreises geprüft (näher, auch zu den geringeren Quoren in Sonderbereichen: § 3 Rdn. 107 ff; s. a. *Spliethoff* S. 103 ff, 223 ff). Diese begriffliche Aufspaltung kann zur juristischen Operationalisierung des § 3 UWG nur dann beitragen, wenn die Feststellung der Irreführung dadurch zum Ergebnis eines sich nunmehr in Einzelschritten bewegenden, leichter zu vollführenden Subsumtionsvorgangs gerät. In der Tat wurden zunächst die Irreführung selber insoweit konsequent ebenso wie ihre begrifflichen Spaltprodukte, die Hilfskriterien, als deskriptive, dem Beweise zugängliche Tatbestandsmerkmale angesehen. Im Laufe der Zeit wurden indes unter Aufrechterhaltung der These, daß die Irreführung selber deskriptives Tatbestandsmerkmal sei, dieser Tatfrage nachgeschaltete Wertungskorrektive im Vollzug einer Interessenabwägung befürwortet oder die Hilfskriterien, namentlich die Verkehrsauffassung, ihrerseits mit Wertungen belegt[461].

D 268 Insgesamt dürfte nicht in Abrede gestellt werden, daß die Heranziehung deskriptiv verstandener Hilfskriterien dogmatisch wie aus Sicht **prozeduraler Praktikabilität** jedenfalls nicht hinreichend ist, um die Qualifizierung einer wettbewerblichen Angabe als irreführend zu tragen. Gerade deshalb aber stellt sich die Frage, warum überhaupt an dem axiomatisch verwendeten Dogma sozialempirisch angesetzter Ermittelbarkeit der Irreführung und speziell der ihres Hilfskriteriums Verkehrsauffassung[462] festgehalten werden sollte. Judikatur und Literatur bleiben jedenfalls eine Antwort darauf schuldig, wie sich der Widerspruch lösen läßt, einerseits die Irreführung als Tatfrage, andererseits zumindest teilweise ihre Hilfskriterien, insbesondere auch die Erheblichkeit der Verkehrsauffassung, aber weitgehend als Rechtsfrage ein-

---

461 *Ahrens* Die Veröffentlichung vergleichender Werbeträgeranalysen (1974) passim z. B. S. 137 ff, 155 ff; *Aicher* DB 1970, 2009; *Baumbach/Hefermehl* § 3 Rdn. 30, 97 ff; *Borck* WRP 1967, 258; 1985, 63; *v. Gamm* Kap. 6 Rdn. 6 ff; *v. Godin* NJW 1965, 1008; *Hösl* S. 91 ff, 149 ff und passim; *Keßler* WRP 1988, 714, 719 ff; *ders.* WRP 1990, 73, 83 ff; *Rödding* DB 1969, 779; *Schricker* ZHR 139 (1975), 208; *Tetzner* JZ 1965, 605; *Tilmann* Die geographische Herkunftsangabe (1976) S. 148 ff; *ders.* GRUR 1976, 544; *Ulmer/Reimer* Rdn. 570 ff. Eingehende Darstellung der Entwicklung und dogmatische Analyse bei *Spliethoff* S. 121 ff, 183 ff, 223 ff.

462 Paradigmatisch *Bungeroth* GRUR 1971, 93; ihm zustimmend z. B. *Baumbach/Hefermehl* § 3 Rdn. 23.

zuordnen[463]. Konzeptionell weitaus befriedigender erscheint es demgegenüber, die Verkehrsauffassung als prägendes Element innerhalb der Ermittlung irreführender Angaben von vornherein anders, als **rechtlich normierte, normative Verkehrsauffassung** darzustellen (vgl. dazu auch OLG Köln GRUR 1991, 387 ff – *„The Queen of Table Waters“*). In ihr drückt sich aus, welches individuelle Irrtumsrisiko die Marktteilnehmer hinzunehmen haben, ohne daß zu Lasten der Marktgegenseite wettbewerbsrechtliche Sanktionen Platz greifen. Mißverstanden wird das Konzept der normierten Verkehrsauffassung hingegen, wenn dahinter generell ein – in der Tat wettbewerbsrechtsfremder – verbrauchererzieherischer Impetus vermutet wird (so aber § 3 Rdn. 101 wohl mit Blick auf *vom Stein* WRP 1970, 332 f; s. a. *Bungeroth* GRUR 1971, 93 f). Anders gewendet bestimmt sich die Irreführung a limine und exklusiv aus der Sicht einer normativ zu entwickelnden **Soll-Verkehrsauffassung,** nicht aus dem Blickwinkel sozialempirisch ermittelter, allenfalls in einem zweiten dogmatischen Schritt korrigierter Ist-Verkehrsauffassung[464]. Ebenso wie die Feststellung dieser normierten Verkehrsauffassung ist auch die Feststellung der Irreführung somit **reine Rechtsfrage,** die sozialempirischer Methodik insbesondere demoskopischer Verfahren, aber auch des Beweises schlechthin, weder bedürftig noch überhaupt zugänglich ist. Entsprechendes gilt dort, wo die Verkehrsauffassung auf andere wettbewerbsrechtliche Topoi bezogen wird, wie z. B. auf das Vorliegen von „Kundenfang“-Praktiken, zumal auch hier ein Zusammenhang mit der Irreführung besteht (vgl. *Baumbach/Hefermehl* § 1 Rdn. 5 ff).

Bei der Erfassung dieser (Soll-)Verkehrsauffassung kann auf die **Wertungen** zurückgegriffen werden, die die (Privat-)Rechtsordnung selber vorführt, wenn sie etwa in § 276 Abs. 1 Satz 2 BGB normativ-typisierend auf die im Rechtsverkehr erforderliche (!) Sorgfalt, nicht etwa auf empirisch darstellbare Usancen oder individuell-habituelle Umstände abhebt. Ähnliche normative Typisierungen liegen der lebensalterorientierten Regelung der Geschäftsfähigkeit in den §§ 104 ff BGB zugrunde. Schließlich ist dem auf Institutionsschutz rekurrierenden Sinn und Zweck des Wettbewerbsrechts überhaupt Rechnung zu tragen, was ja gerade die differentia specifica zwischen den auf Schutz der individuellen Willensbildungs- und Entscheidungsfreiheit angelegten §§ 119, 123 BGB einerseits und – pars pro toto – dem § 3 UWG andererseits ausmacht[465]. **Wettbewerbsrechtliches Leitbild** der über die Irreführung entscheidenden Soll-Verkehrsauffassung ist mithin gerade nicht der „flüchtige Durchschnittsverbraucher“, der „wenig erfahrene“, „unkritische“ Marktteilnehmer[466] oder gar der „absolut unmündige, fast schon pathologisch dumme und fahrlässig unaufmerksame Durchschnittsverbraucher“[467], ja, der „bemitleidenswerte **D 269**

---

[463] S. a. *Koppensteiner* § 5 II 2 c ee; gerade anders herum *Müller* Demoskopische Entwicklung S. 27 ff (Irreführung Rechtsfrage, Verkehrsauffassung Tatfrage).

[464] So auch – allerdings nur für den Spezialfall gesetzlich vorgeschriebener Angaben – *Baumbach/Hefermehl* § 3 Rdn. 98. In der Sache nicht unähnlich, in den Formulierungen freilich teilweise widersprüchlich, *Kur* Beweislast und Beweisführung im Wettbewerbsprozeß: eine vergleichende Untersuchung zum deutschen, amerikanischen und schwedischen Recht (1981) S. 147 ff (insb. S. 159 f).

[465] Im übrigen kommen Normationen selbst innerhalb des bürgerlich-rechtlichen Individualschutzes zum Tragen, wenn dort (§ 119 Abs. 1 BGB aE) die „verständige Würdigung des Falles“ als Anfechtungsvoraussetzung figuriert.

[466] BGH 1991, 789 – *ICE-Publikation;* OLG Hamm WRP 1991, 813 – *Freizeitspaß für Jedermann; Baumbach/Hefermehl* § 3 Rdn. 32 ff, insb. Rdn. 36; s. a. *Koppensteiner* § 5 II 2 c bb.

[467] Dieses nicht selten der deutschen Wettbewerbsjudikatur zugrundeliegende Leitbild, besser: Zerrbild (vgl. EuGH Slg. 1984, 1299, 1306 – *Boxbeutel*) zutreffend karikierend *Klette* NJW 1985, 1261 und im Anschluß an ihn *Kornblum* StVj 1991, 271, 277. S. a. *Keßler* WRP 1993, 571, 575; *Meyer* WRP 1993, 215, 224.

Blödian" (§ 6c Rdn. 13), sondern im Einklang mit der zeitlosen Sentenz „leges vigilantibus" der **verständige, kritische, wache Rechtsgenosse,** der **„reasonable man"**, der mit jenem Mindestmaß an intellektueller Kompetenz und Rationalität ausgestattet ist, dessen eine Rechtsordnung und ein funktionierender Markt nun einmal bedürfen (überzeugend *Behrens* Ökonomische Grundlagen S. 50 ff; aus der Sicht des Art. 5 GG *Lerche* FS Lorenz (1991), 143, 151 ff; s. ferner *Schünemann* S. 137 f und in Großkomm. Einl. C Rdn. 25; *Spengler* in: Spengler/Weber S. 252 f; *vom Stein* WRP 1970, 332 f; vgl. ferner *Hefermehl* FS Kastner S. 183, 189; *Rödding* DB 1969, 1877 ff; *Tiedemann* Wettbewerb und Strafrecht (1976) S. 32; *Tilmann* GRUR 1976, 544; *Ullmann* GRUR 1991, 791, 795). Aus dieser Sicht besteht qualitativ kaum noch ein Unteschied zum Geschäftsmann und seinem Schutz gegenüber Irreführungen oder auch „übertriebenen" Anlockeffekten, wie sie vereinzelt auch im sog. **Stufenwettbewerb** befürchtet werden (vgl. § 1 C Rdn. 1 ff, 63, 155 ff).

D 270 Dieser wirtschaftsgeschichtlich und wettbewerbstheoretisch nicht unbekannte **homo oeconomicus**[468] und seine Auffassung finden in der Tat allzuoft keine Entsprechung in der Realität vor allem der konsumierenden Wirtschaftssubjekte. Doch besagt dies nur dann etwas gegen die Maßgeblichkeit einer normierten Verkehrsauffassung speziell auch bei § 3 UWG, wenn man den Schwerpunkt dieser Norm im Schutz des individuellen, real-existenten Verbrauchers erblicken, also auf die „Konsumentensouveränität" der konkret greifbaren, oft genug unaufmerksamen, irrational entscheidenden und wenig willensmächtigen Verbraucher abzielen wollte[469]. Diese Sicht würde aber den essentiellen Zusammenhang negieren, in dem § 3 UWG zu § 1 UWG steht, und der letztlich das Wettbewerbsrecht überhaupt konstituiert, nämlich die einheitliche Ausrichtung auf den **Schutz der Institutionen Markt und Wettbewerb und ihrer Funktionsbedingungen**[470]. Aus diesem Blickwinkel ist es unerträglich, dem Individualinteresse einzelner weniger die Werbung als institutionell unverzichtbares, weitgreifendes Vehikel marktrelevanter Informationen tendenziell zu opfern (so auch aus informationsökonomischer Sicht dezidiert *van den Bergh/Lehmann* GRUR Int. 1992, 588, 596 f), weil praktisch immer die Möglichkeit wettbewerblicher Irreführung iS der hM und daran anknüpfender Unterlassungsansprüche im Raum steht[471]. Erst unter Zugrundelegung der normierten Verkehrsauffassung fügt sich somit § 3 UWG harmonisch in ein **wettbewerbsrechtsdogmatisches Gesamtkonzept** ein. Außerdem wird damit die prozeßpraktische Feststellung der Irreführung von Angaben stimmig, die bei der ansonsten unbefriedigenden und undurchsichtigen Schichtung von Tat- und Rechtsfrage[472] und bei den zur Klärung angeblicher wettbewerbsrechtlicher Tatfragen eingesetzten Instrumenten kaum plausibel gemacht werden kann (s. bereits Einl. D Rdn. 258 f).

D 271 Die als Rechtsfrage verstandene normierte Verkehrsauffassung sowie die Irreführung selber schlagen weiterhin die Brücke zur judikativen Behandlung der warenzeichenrechtlichen **Verwechselungsgefahr** jedenfalls im Rahmen des § 31 WZG, wo

---

[468] Ausführlich dazu, gerade auch in rechtlichen Bezügen, *Behrens* Ökonomische Grundlagen S. 50 ff; *Kirchgässner* JZ 1991, 104; *Schäfer/Ott* S. 46 ff; *Schünemann* ARSP 1986, 502.

[469] Den grundsätzlich verfehlten gedanklichen Ansatz des herrschenden Verständnisses des Verbraucherschutzes spiegelt z. B. *Schwab* 130.

[470] Richtig *Spliethoff* S. 89 f, 257 ff.

[471] *Emmerich* § 12, 2 b; *Schricker* ZHR 139 (1975), 208, 224 ff; *ders.* RabelsZ 40, 542 ff; so auch *Baumbach/Hefermehl* § 3 Rdn. 28.

[472] Vgl. *Baumbach/Hefermehl* § 3 Rdn. 39 (unter Hinweis auf BGH GRUR 1960, 567, 570 – *Kunstglas;* 1964, 144 – *Sintex;* 1964, 397, 399 – *Damenmäntel;* OLG Hamburg BB 1974, 577): Beurteilung der Verkehrsauffassung liege „im wesentlichen" (?) auf tatsächlichem Gebiet. S. a. *Koppensteiner* § 5 II 2 c ee.

das Problem überwiegend als **Rechtsfrage** qualifiziert wird[473]. Eine Normierung der Verkehrsauffassung als Hilfskriterium der Irreführung bzw. Irreführungseignung ist ohnehin bei dem **Straftatbestand** des § 4 UWG geboten: Von einer rechtsstaatlich abverlangten ex-ante Bestimmtheit der Strafbarkeit iS von Art. 103 Abs. 2 GG ließe sich schlechterdings nicht sprechen, wenn über die Strafwürdigkeit des Verhaltens die faktische Verkehrsauffassung zu befinden hätte (s. dazu auch Einl. D Rdn. 276). Schließlich ist die wettbewerbsrechtsdogmatische Maßgeblichkeit der normierten Verkehrsauffassung auch unter dem Aspekt des **Europäischen Binnenmarktes** unabweisbar (so auch Einl. F Rdn. 357; zurückhaltender aber § 3 Rdn. 11 ff): Das Abstellen auf den realiter ja durchaus nicht selten sich irrational, ja geradezu „schlafmützig" gerierenden Verbraucher und die demoskopische Feststellung seines Verständnishorizontes sind eine europaweite Singularität, die durchaus wettbewerbsverfälschende Effekte zeitigt und deshalb europarechtlich (vgl. nur Art. 30 EWGV, jetzt: EGV) keine Perspektive hat[474]. Dies manifestiert sich nicht zuletzt schon in der bisherigen Rechtsprechung des EuGH, dessen Leitbild seit jeher ein von der Realität nicht erreichter, insoweit fiktiver, eben normierter, supranationaler, von handelshemmenden nationalen Eigenarten freier, **wirtschaftsmündiger Verbraucher** gewesen ist (überzeugend *Meier* GRUR Int. 1990, 817, 819; *Meyer* WRP 1993, 215, 221 ff; ebenso *Spliethoff* S. 90 ff; s. a. *Keßler* EuZW 1991, 107, 108 ff; *Leisner* EuZW 1991, 498 ff; kritisch *Kisseler* WRP 1994, 1, 4 ff).

d) **Relevanz der Verkehrsauffassung innerhalb des § 4 UWG.** Wesentlich für das Verständnis der Verkehrsauffassung bei § 4 UWG ist das Erfassen der Tatbestandsmerkmale „Irreführungseignung" und „Unwahrheit". Durch das Änderungsgesetz zum UWG vom 26. 9. 1969 (BGBl. I, 633; zur **Gesetzgebungsgeschichte** s. ausführlich § 4 Rdn. 1 f) erhielt § 3 UWG eine neue Gestalt. Vorher bestand trotz einiger kleinerer Unterschiede zwischen beiden Vorschriften weitgehende sprachliche Gleichheit: § 3 UWG untersagte „**unrichtige** Angaben, die geeignet sind, den Anschein eines besonders günstigen Angebots hervorzurufen", § 4 UWG „**unwahre** und zur Irreführung geeignete Angaben", die in der Absicht gemacht worden waren, den Anschein eines besonders günstigen Angebots hervorzurufen. Während § 4 UWG unverändert blieb, wurde in § 3 UWG nunmehr allein auf die Irreführung abgestellt. Für § 4 UWG erhielt dadurch das alte Problem neue Nahrung, wie das Verhältnis von Unwahrheit (bzw. Unrichtigkeit) und (Eignung zur) Irreführung zu bestimmen sei (s. nur KG JR 1973, 428; OLG Stuttgart NJW 1982, 115; *Klug* GRUR 1975, 219; s. a. *Spliethoff* S. 272 ff). **D 272**

---

[473] RG GRUR 1929, 1204, 1207 – *Grenzquell;* 1940, 158, 161 – *Kathreiner;* BGH GRUR 1954, 346 f – *Strahlenkranz;* 1956, 183 f – *Dreipunkt;* 1960, 133 – *Sunpearl II;* 1968, 581 – *Blunazit;* 1969, 686 – *Roth Händle;* 1971, 332, 324 – *Rotbart; Beier* GRUR 1974, 516 ff; *Pander* Mitarbeiter-FS E. Ulmer (1973), 247 ff. Zu § 16 UWG s. Einl. D Rdn. 277 ff.

[474] OLG München EuZW 1990, 259 – *Maissaatgut* mit Anm. *Montag* aaO S. 261; *Fritze* NJW 1968, 2358; HdbWR/*Jacobs* § 26 Rdn. 16 f; *Keilholz* GRUR Int. 1987, 390 f; *Keßler* EuZW 1991, 107, 112; *Meier* WRP 1985, 143; *ders.* GRUR Int. 1990, 817; *Schricker* GRUR Int. 1982, 720 ff; *ders.* 1990, 112 ff und 771, 773 ff; *Schünemann* Rechtsvereinheitlichung und Rechtsangleichung in der Europäischen Gemeinschaft, in: Berg/Meissner/Schünemann (Hrsg.) Märkte in Europa (1990) S. 186 f; *ders.* in: Reichmann/Voßschulte (Hrsg.) Europa ohne Grenzen (1992) S. 50 ff, 110 ff; *Spliethoff* S. 90 ff; *Steindorff* WRP 1993, 139; *Tilmann* GRUR 1976, 544, 552 (unter Hinweis auf den Richtlinienentwurf, der allerdings insoweit keinen textlichen Niederschlag in der sog. Werberichtlinie vom 10. 9. 1984 – abgedruckt in GRUR Int. 1984, 688 – gefunden hat: hier wurde expressis verbis auf ein „reasonable understanding" abgehoben). S. a. *Hösl* S. 326, 331, 380 ff.

D 273 Auf den ersten Blick scheint der **Unterschied** darin zu bestehen, daß es bei der Unwahrheit um die objektive Unrichtigkeit der Angabe gegenüber den wirklichen Verhältnissen geht, wohingegen die Irreführung auf die subjektive Unrichtigkeit iS einer Divergenz der Verkehrsauffassung einerseits, den wirklichen Verhältnissen andererseits, hinausläuft. Von der hermeneutischen Struktur her gibt es einen solchen qualitativen Unterschied freilich nicht. Denn jede Angabe muß zunächst in ihrem Sinngehalt erfaßt werden, bevor in einem zweiten Schritt eine etwa fehlenden Übereinstimmung dieses Auslegungsergebnisses mit der Faktizität geklärt werden kann. Bei der Feststellung des Angabengehalts in bezug auf die „Unwahrheit" wird der Empfängerhorizont, die beteiligten Verkehrskreise, dabei lediglich sehr viel enger als bei der Irreführung gefaßt, indem hier das richterliche Verständnis als Verkehrsauffassung den Maßstab bildet. Entscheidungslogisch läßt sich dies äquivalent auch als sehr hoch angesetzte Konfusionsrate (Quorum) bei Zugrundelegung eines größeren Verkehrskreises begreifen[475]. Der Unterschied zwischen unwahren und irreführenden Angaben ist also **allenfalls ein quantitativer,** nämlich hinsichtlich des Kreises derjeniger, deren Interpretationshorizont für den Angabengehalt als relevant betrachtet wird (s. näher § 4 Rdn. 24 ff, insb. Rdn. 33 f mzN auch der **Gegenmeinung,** z. B. OLG Stuttgart NJW 1982, 115).

D 274 Auf dem Boden der Konzeption einer normierten, nicht empirisch ermittelbaren Verkehrsauffassung als maßgeblichem Bezugspunkt fallen unwahre und irreführende Angaben vollends in eins, weil dann beidesmal die wachen, verständigen Rechtsgenossen – mit den Richtern als selbstverständlichen Elementen dieser Menge – das Leitbild verkörpern, aus dessen Blickwinkel der Sinngehalt der Angabe zu ermitteln ist. Auch unabhängig davon wird zu § 4 UWG die Auffassung vertreten, Unwahrheit und Irreführung bzw. Irreführungseignung seien **sinnidentisch** zu verstehen[476]. Hierfür kann nicht nur die spezifisch strafrechtsdogmatische Parallele der „falschen Tatsachen" im Rahmen des § 263 StGB gezogen werden, bei denen ebenfalls – wie bei Irreführung bzw. Irreführungseignung – auf die subjektive Richtigkeit, auf den Wahrheitsgehalt von der Warte des Empfängerhorizontes, abgestellt wird[477]. Aufschlußreich ist vielmehr auch, daß dieselbe Methodik bei der Feststellung unwahrer kreditgefährdender Mitteilungen iS des § 824 BGB Verwendung findet (s. nur KG JR 1973, 428; OLG Stuttgart NJW 1982, 115; *Klug* GRUR 1975, 219; s. a. *Splietboff* S. 272 ff).

D 275 Obwohl von der hM auch im Rahmen des § 4 UWG hinsichtlich der Ermittlung der Irreführungseignung, aber offensichtlich auch hinsichtlich der Unwahrheit geschäftlicher Angaben auf die im Rahmen des § 3 UWG beobachtete Methodik verwiesen und damit auf die empirisch darstellbare Verkehrsauffassung abgehoben wird (*Baumbach/Hefermehl* § 4 Rdn. 8; *v. Godin* U § 4 Rdn. 5; s. a. *Schricker* ZHR 139 (1975), 224, 228), ergibt die **Auswertung der Judikatur,** daß sie sich hier zur Feststellung der Irreführungseignung in keinem Fall des Mittels der Meinungsumfrage bedient (ausführlich *Horn* Strafbare Werbung (1991) passim, insb. S. 71 ff). Der Sache nach wird damit die Ermittlung sowohl der Unwahrheit als auch der

---

[475] Vgl. *Baumbach/Hefermehl* § 4 Rdn. 8 (unter Hinweis auf RGSt 40, 439 f; 41, 161 f; 47, 161, 163; RGSt MuW XV, 132): Feststellung, ob eine Angabe wahr oder unwahr ist, hängt von einem gegenüber der Irreführung breiteren Konsens ab.

[476] S. a. *Gribkowsky* Strafbare Werbung (§ 4 UWG) (1989) S. 48.

[477] *Lampe* Strafrechtlicher Schutz gegen irreführende Werbung (§ 4 UWG), in: FS Richard Lange (1976), 455, 460 ff; *Otto* GRUR 1982, 276; *Tiedemann* Wettbewerb und Strafrecht (1976) S. 34.

Irreführungseignung zur Rechtsfrage auf der Basis einer normierten, von empirischen Befunden losgelösten Verkehrsauffassung (**a. A.** konsequent § 4 Rdn. 43).

Gerade bei § 4 UWG wird dieser Ansatz auch von dem rechtsstaatlichen Fundamentalgebot der **ex-ante-Bestimmtheit des Straftatbestandes** gefordert (Art. 103 Abs. 2 GG, Art. 7 MRK)[478]. Wollte man hier auf die empirisch ermittelte Verkehrsauffassung abheben, müßte der Werbende quasi tatrichterliche Feststellungen über die Auffassung der jeweiligen Zielgruppe antizipieren. Anders ausgedrückt müßte sich der Werbende bei dem Vorwurf eines Verstoßes gegen § 4 UWG in Wahrheit weniger vor Rechtsordnung und Strafgericht als vielmehr vor dem Tribunal der beteiligten Verkehrskreise verantworten[479]. Über die Strafbarkeit wären somit überhaupt erst ex post-Aussagen möglich, die Strafbarkeit würde letztlich gar nicht vom Gesetzgeber, sondern von der sich in stetem Wandel befindlichen öffentlichen Meinung definiert, so daß von der Bestimmtheit der Strafbarkeit keine Rede mehr sein könnte. Nur im Ergebnis, nicht jedoch im dogmatischen Ansatz, ist der judikativen, auf demoskopische Umfragen verzichtenden Praxis somit voll zuzustimmen. **D 276**

c) **Relevanz der Verkehrsauffassung innerhalb des § 16 UWG.** Die mit § 16 UWG geschützten Kennzeichnungen dienen der Individualisierung der Unternehmen am Markt. Hinsichtlich der Produktindividualisierung bietet das Warenzeichenrecht einen vergleichbaren Schutz (näher Vor § 16 Rdn. 3 ff, 10 ff, 29 ff; § 16 Rdn. 1 ff). Gelingen den Marktteilnehmern diese Individualisierungen aufgrund verwechslungsfähiger Zeichen nicht mehr, wird es dadurch zu Marktentscheidungen kommen, die ansonsten so nicht getroffen worden wären. Wettbewerbsverfälschungen sind also die notwendige Folge (ausführlich *Horn* Strafbare Werbung (1991) passim, insb. S. 71 ff). Unternehmens- wie produktbezogene Verwechslungsfähigkeit von Zeichen ist deshalb einheitlich aus dem Blickwinkel einer defizitären Orientierungsfunktion für die Marktteilnehmer heraus zu beurteilen. Mit anderen Worten entscheidet sich auch die Verwechslungsgefahr am Maßstab der Verkehrsauffassung (s. nur BGH GRUR 1960, 83, 85 – *Nährbier;* 1964, 28, 30 – *Electrol;* 1967, 246, 248 – *Vitapur; Beier* GRUR 1974, 514, 516; HdbWR/*Kreft* § 16 Rdn. 1; s. näher § 16 Rdn. 315 ff). Einer zeichenisolierten, den Zeicheneindruck auf den Marktteilnehmer negierenden Betrachtung ist damit eine Absage erteilt, so daß selbst ein hohes Maß an Zeichenübereinstimmung rechtlich irrelevant ist, wenn dadurch keine irrigen Verkehrsvorstellungen erzeugt werden (*Baumbach/Hefermehl* § 16 Rdn. 49, 58). **D 277**

Hinsichtlich der **Unterscheidungskraft der Kennzeichen** greift die **hM** auf **angebliche Erfahrungssätze** zurück. Je größer die Unterscheidungskraft der Kennzeichen, desto größer gerät demnach auch ihr rechtlicher Schutz gegenüber der Gefahr ihrer Verwechslung, weil bei der auch hier zugrundegelegten Flüchtigkeit der Informationsaufnahme durch die Marktteilnehmer unterscheidungsschwache Zeichen schneller in Vergessenheit fallen und somit in einer Vergleichssituation nicht mehr als deutliches Erscheinungsbild zur Verfügung stehen sollen (BGH GRUR 1952, 35 – *Widia/Ardia;* 1959, 182, 184 – *Quick;* 1962, 647, 649 – *Strumpfzentrale;* 1963, **D 278**

---

478 S. grundsätzlich BVerfGE 32, 346, 361 ff; BGHSt. 11, 365; 12, 136, 145; speziell in wettbewerbsrechtlichem Kontext s. *Albrecht* WRP 1976, 277, 279; *Klug* GRUR 1975, 221; *Schrikker* ZHR 139 (1975), 208, 228 ff; *ders.* GRUR Int. 1975, 33 ff. Zur Problematisierung der tatbestandlichen Bestimmtheit des § 4 vgl. aus der Judikatur z. B. OLG Stuttgart GRUR 1981, 750.

479 S. bereits *Albrecht* WRP 1976, 277, 280 sowie das Memorandum des Zentralausschusses der Werbewirtschaft (ZAW) e. V. zum Regierungsentwurf eines EGStGB 1972, S. 24.

622 f – *Sunkist;* 1964, 28 f – *Electrol;* s. a. *Krüger-Nieland* GRUR 1980, 425 f; *Tilmann* GRUR 1980, 660, 672; HdbWR/*Kreft* § 16 Rdn. 13). Ob die zitierten Erfahrungssätze einer Verifikation mit Methoden der empirischen Sozialforschung standhalten würden, ist zumindest **fragwürdig** (sehr kritisch *Kraft* JZ 1969, 408; s. a. § 16 Rdn. 343). Darauf kommt es jedoch entscheidend gar nicht an. Ob den Ergebnissen, zu denen die hM gelangt, beizutreten ist, muß vielmehr danach beurteilt werden, ob die Wertungen, die in der hM impliziert sind, angemessen sind, dann aber als solche auch offengelegt werden müssen (vgl. Einl. E Rdn. 49 ff)[480].

D 279 Das zur plausiblen Darstellung solcher Ergebnisse sowohl ausreichend flexible als auch dogmatisch valide Instrument stellt jedenfalls wiederum die **normierte Verkehrsauffassung** dar, die den rechtlichen Wertungen erst einen legitimen Entfaltungsraum eröffnet. Wird z. B. der Coca-Cola-typische Schriftzug von einem Textilproduzenten zu Designzwecken auf ein sog. T-Shirt aufgedruckt, so entscheidet über die Verwechslungsgefahr nicht die (falsche) Vorstellung irgendeines Quorums der Verkehrsbeteiligten über den Namen des Textilproduzenten, sondern die aus Sicht des homo oeconomicus, des **„reasonable man"** bekannte Tatsache, daß derartige Entfremdungen geschäftlicher Kennzeichen gang und gäbe und unter dem Aspekt möglichst umfassender marktlicher Handlungsfreiheiten wettbewerbskonzeptionell auch wünschenswert sind (s. aber a. *Baumbach/Hefermehl* § 16 Rdn. 59 b). Erst in ihrer Normation ist die Verkehrsauffassung auch hier ein Begriff von jener immer wieder zitierten „fundamentalen Bedeutung", weil erst die normierte Verkehrsauffassung die notwendige Relativierung bereits in sich trägt, die von der Teleologie des Wettbewerbsrechts, dem Institutionsschutz von Markt und Wettbewerb vor dem Hintergrund einer marktwirtschaftlichen Wirtschaftsverfassung, abverlangt werden (sehr deutlich auch HdbWR/*Kreft* § 17 Rdn. 4 ff).

D 280 Mit dem normativ gefaßten Begriff der Verkehrsauffassung als gedanklich-konstruktivem Element der Verwechslungsgefahr steht im Einklang, daß die **Verwechslungsgefahr** als **„reiner Rechtsbegriff"**, als normatives, nicht deskriptives Tatbestandsmerkmal ausgewiesen wird (*Beier* GRUR 1974, 514, 518; § 16 Rdn. 316 f mit Darstellung der **abweichenden Meinungen,** z. B. *Krüger-Nieland* GRUR 1980, 425; *Völp* GRUR 1974, 754, 756)[481]. **Irritierend** ist in diesem Zusammenhang aber nicht nur, daß die Ermittlung der Irreführungsgefahr bzw. der Irreführungseignung demgegenüber trotz offensichtlicher begriffsstruktureller Übereinstimmung mit der Verwechslungsgefahr als Tatfrage betrachtet wird, sondern auch, daß dieser als Rechtsfrage qualifizierten Verwechslungsgefahr zumindest gelegentlich durch Meinungsumfragen zu Leibe gerückt wurde (BGH GRUR 1960, 130 – *Sunpearl II;* 1968, 581 – *Blumazit*). Nicht überzeugend ist auch der Versuch, den rein **normativen Charakter der Verwechslungsgefahr,** ähnlich wie es bei der Irreführung unternommen wird, durch **deskriptiv verstandene Hilfskriterien,** darunter namentlich auch eine empirisch gedeutete Verkehrsauffassung, die Kennzeichnungskraft und ähnliches, zu verwischen (so aber BGH GRUR 1986, 245 f – *India Gewürze;* s. a. § 16 Rdn. 198 f, 317 sowie *Beier* GRUR 1974, 514, 518). Daß tatsächlich Verwechslungen vorgekommen sind, ist demzufolge nicht einmal ein „Indiz" für das Vorliegen

---

[480] Insoweit methodisch zutreffend *Kraft* JZ 1969, 408, 411, der den im Effekt besseren Schutz starker Zeichen aus einer dahinterstehenden größeren unternehmerischen Werbeleistung herleitet. Die wettbewerbsrechtliche Schutzwürdigkeit solcher „Besitzstände" außerhalb der spezifischen Leistungsschutzrechte ist aber ihrerseits zweifelhaft.

[481] Das RG (MuW 1911/12, 194 – *Salamander*) ging ursprünglich (Abmilderungen schon RG MuW 1926/27, 85 f) von der Verwechslungsgefahr als reiner Tatfrage aus.

einer Verwechslungsgefahr (so aber vielfach die **Rspr.**; zu ihr s. § 16 Rdn. 374 mzN). Über das Vorliegen einer Verwechslungsgefahr kann mithin weder in toto noch qua Hilfskriterien Beweis erhoben werden.

Für die im Rahmen des § 16 Abs. 3 Satz 1 UWG erhebliche Verkehrsauffassung hinsichtlich der „Einrichtungen ..., welche innerhalb beteiligter Verkehrskreise als Kennzeichen des Erwerbsgeschäftes gelten", ist hingegen die Meinung überzeugend, hier handele es sich um ein **deskriptives Tatbestandsmerkmal**, dessen Ermittlung **Tatfrage** sei (BGH GRUR 1957, 88 – *Ihr Funkberater* (**stRspr.**); s. a. *Knaak* Demoskopische Umfragen in der Praxis des Wettbewerbs- und Warenzeichenrechts (1986) S. 51 ff; *Schricker* GRUR 1980, 462, 466). Denn das „Gelten" ist hier – wie in § 25 WZG – nur als soziales Faktum begreifbar. Die Verkehrsauffassung fungiert hier nicht als Hilfskriterium, sondern tritt als tatsächliche Bekanntheit in Erscheinung[482], über die das Gericht kaum aus eigener Sachkunde heraus wird entscheiden können. Denn entweder sind die beteiligten Verkehrskreise zu groß, oder zwar kleiner, dafür aber von den Verkehrskreisen, denen die Richter angehören, sachlich abgehoben[483]. Hier ist die Einholung demoskopischer Umfragegutachten durchweg nicht nur möglich und hilfreich, sondern vielfach geradezu unerläßlich; für die bei § 4 Abs. 3 WZG relevante **Verkehrsdurchsetzung eines Zeichens** gilt dasselbe[484]. **D 281**

E. Systematischer Standort des UWG

Übersicht

[482] S. a. *Knaak* Demoskopische Umfragen in der Praxis des Wettbewerbs- und Warenzeichenrechts (1986) S. 52.

[483] (BGH GRUR 1963, 270, 273 – *Bärenfang;* 1967, 100, 102 – *Edeka-Schloß-Export*).

[484] *Knaak* Demoskopische Umfragen in der Praxis des Wettbewerbs- und Warenzeichenrechts (1986) S. 51 ff; *Schramm* GRUR 1973, 453. Hinsichtlich der erforderlichen Quoten (Prozentanteile) der Verkehrskreisbeteiligten herrschen recht unterschiedliche Auffassungen (15 bis über 50%), die zudem in den diversen Materien (Lauterkeitsrecht/Kennzeichenrecht) schwanken; vgl. z. B. BGH GRUR 1957, 426, 428 – *Getränkeindustrie;* 1960, 130, 132 – *Sunpearl II;* 1970, 77 f – *Ovalumrandung;* OLG Hamm GRUR 1979, 67 f – *Chemotechnik; Noelle-Neumann/Schramm* GRUR 1966, 70, 81; *Harmsen* GRUR 1968, 503, 505; HdbWR/*Schulze-Süchting* § 57 Rdn. 62 ff, 72; *Sauberschwarz* WRP 1970, 40.

Alphabetische Übersicht (E)

Literatur

Baudenbacher Machtbedingte Wettbewerbsstörungen als Unlauterkeitstatbestände, GRUR 1981, 19; *Baudenbacher* Zusammenhänge zwischen Recht des unlauteren Wettbewerbs und Kartellrecht, ZBJV 119 (1983), 161; *Bork* Kennzeichenschutz im Wandel – Zum Verhältnis des bürgerlich-rechtlichen zum wettbewerbsrechtlichen Schutz der berühmten Marke gegen Verwässerungsgefahr, GRUR 1989, 725; *Fikentscher* Wettbewerb und gewerblicher Rechtsschutz (1958); *Fikentscher* Das Verhältnis von Kartellrecht und Recht des unlauteren Wettbewerbs, GRUR Int. 1966, 181; *Fikentscher* Das Verhältnis von Kartellrecht und Recht des unlauteren Wettbewerbs im deutschen und europäischen Recht, in: FS Hallstein (1966), 127; *Gewiese* Die Ausnutzung fremder Gedanken und Arbeiten, GRUR 1935, 633; *Gewiese* Sklavische Nachahmung, GRUR 1936, 296; *Goll* Verbraucherschutz im Kartellrecht, GRUR 1976, 486; *Groh* Die Übernahme fremder Leistung im Wettbewerb, Jura 1984, 586; *Haines* Bereicherungsansprüche bei Warenzeichenverletzungen und unlauterem Wettbewerb (1969); *Hefermehl* Entwicklungen im Recht gegen unlauteren Wettbewerb, in: FS R. Fischer (1979), 197; *Hefermehl* Grenzen des Lauterkeitsschutzes, GRUR Int. 1983, 507; *Hellenschmidt* Die unmittelbare Leistungsübernahme (1980); *Hirtz* Die Relevanz der Marktmacht bei der Anwendung des UWG, GRUR 1980, 93; *Hoppmann/Mestmäcker* Normzwecke und Systemfunktionen im Recht der Wettbewerbsbeschränkungen (1974); *Hubmann* Die sklavische Nachahmung, GRUR 1975, 230; *Kellermann* Die gewerblichen Schutzrechte im Gesetz gegen Wettbewerbsbeschränkungen, GRUR 1958, 581; *Kleinheyer* Rechtsgutverwendung und Bereicherungsausgleich, JZ 1970, 471; *Klippel* Grundfragen des Schutzes gewerblicher Kennzeichen gegen Verwässerungsgefahr, GRUR 1986, 697; *Knöpfle* Der Rechtsbegriff „Wettbewerb" und die Realität des Wirtschaftslebens (1966); *v. Köhler* Wie weit gilt im Wettbewerbsrecht der Grundsatz der Einheit der Rechtsordnung?, NJW 1971, 118; *Koenigs* Das Gesetz gegen Wettbewerbsbeschränkungen und das Recht des unlauteren Wettbewerbs unter besonderer Berücksichtigung der Wettbewerbsregeln, GRUR 1958, 589; *Koenigs* Wechselwirkungen zwischen dem Gesetz gegen Wettbewerbsbeschränkungen und Recht des unlauteren Wettbewerbs, NJW 1961, 1041; *Körner* Verstöße gegen die Vorschriften des UWG und WZG und ihrer Auswirkung auf Drittverträge, GRUR 1968, 348; *Kraft* Interessenabwägung und gute Sitten im Wettbewerbsrecht (1963); *Kraft* Gemeinschaftsschädliche Wirtschaftsstörungen als unlauterer Wettbewerb?, GRUR 1980, 966; *Kraft* Wettbewerbsrecht und Diskriminierungsverbot, in: FS Kummer (1980), 389; *Kur* Der wettbewerbliche Leistungsschutz, GRUR 1990, 1; *Lindacher* Grundfragen des Wettbewerbsrechts, BB 1975, 1311; *Martin* Imitationsanreiz und Schutz vor Nachahmung im Gesetz gegen unlauteren Wettbewerb (1981); *Merz* Die Vorfeldthese (1988); *Mestmäcker* Über das Verhältnis des Rechts der Wettbewerbsbeschränkungen zum Privatrecht, AcP 168 (1968), 235; *Mestmäcker* Der verwaltete Wettbewerb (1984); *Möschel* Die Kontrolle von Marktmacht außerhalb des Kartellrechts, in: FS Locher (1990), 461; *Möhring* Wettbewerbsordnung und Kartellrecht, WuW 1954, 387; *Müller-Laube* Wettbewerbsrechtlicher Schutz gegen Nachahmung und Nachbildung gewerblicher Erzeugnisse, ZHR 156 (1992), 480; *Peters* Zur Gesetzestechnik des § 823 II BGB, JZ 1983, 913; *Quiring* Zum wettbewerbsrechtlichen Schutz von kurzlebigen Produkten gegen Nachahmung, WRP 1985, 684; *Raiser* Rechtsschutz und Institutionenschutz im Privatrecht, in: summum ius summa iniuria (1963), 145; *Reichold* Lauterkeitsrecht als Sonderdeliktsrecht. Zur Rolle zivilistischen Denkens bei der Anwendung von § 1 UWG, AcP 193 (1993), 204; *Sack* Sittenwidrigkeit, Sozialwidrigkeit und Interessenabwägung, GRUR 1970, 493; *Sack* Produzentenhaftung nach § 823 Abs. 2 BGB in Verbindung mit § 3 UWG?, BB 1974, 1369; *Sack* Zur Sittenwidrigkeit von anläßlich sogenannten „Kaffeefahrten" abgeschlossenen Kaufverträgen, NJW 1974, 564; *Sack* Unlauterer Wettbewerb und Folgeverträge, WRP 1974, 445; *Sack* Deliktsrechtlicher Verbraucherschutz gegen unlauteren Wettbewerb, NJW 1975, 1303; *Sambuc* Monopolisierung als UWG-Tatbestand, GRUR 1981, 796; *Scherer* Zur Frage der Schutzgesetzqualität von §§ 1, 3 UWG für Verbraucher, WRP 1992, 607; *K. Schmidt* Kartellverfahrensrecht – Kartellverwaltungsrecht – Bürgerliches Recht (1977); *Schmitz* Preisunterbietung als Problem des GWB, WuW 1992, 209; *Schricker* Schadensersatzansprüche der Abnehmer wegen täuschender Werbung?, GRUR 1975, 111; *Schroeter* Die Sittenwidrigkeit bei der Benutzung fremder Arbeit und Gedanken im Wettbewerb, GRUR 1949, 228; *Schwark* Individualansprüche Privater aus wirtschaftlichen Gesetzen, JZ 1979, 670; *Seydel* Zur Systematik des Gesetzes gegen Wettbewerbsbeschränkungen, NJW 1957, 1300; *Spengler* Ergänzender wettbewerbsrechtlicher Leistungsschutz in den Grenzgebieten des gewerblichen Rechtsschutzes und des Urheberrechts, WuW 1955, 599; *Stekkler* Der Sonderschutz berühmter Geschäftszeichen gegen Verwässerungsgefahr (1985); *Tilmann* Über das Verhältnis von GWB und UWG, GRUR 1979, 825; *Traub* Durchführungsverbot und Folgeverträge, GRUR 1980, 673; *Tyllack* Wettbewerb und Behinderung (1984); *Ulmer* Der Begriff „Leistungswettbewerb" und seine Bedeutung für die Anwendung von GWB und UWG-Tatbeständen, GRUR 1977, 565; *Ulmer* Die Anwendung von Wettbewerbs- und Kartellrecht auf die wirtschaftliche Tätigkeit der öffentlichen Hand beim Angebot von Waren- oder Dienstleistungen, ZHR 146 (1982), 466; *Walch* Ergänzender Leistungsschutz nach § 1 UWG (1992); *Wedemeyer* Wettbewerbswidrige Kaffeefahrten – Nichtige Kaufverträge?, WRP 1972, 117; *Willemer* GWB-Einwendungen gegen UWG-Ansprüche, WRP 1976, 16; *Wrage* UWG-Sanktionen bei GWB-Verstößen (1984).

I. Verhältnis zu wettbewerblichen Sondergesetzen (Nebengesetzen)

E 1 Der **Begriff** der sog. wettbewerblichen Sondergesetze ist naturgemäß äußerst unbestimmt, weil schon über den Begriff des Wettbewerbsrechts selber unterschiedliche Auffassungen bestehen (vgl. dazu Einl. A Rdn. 2 ff). Nach der hier gewählten Systematik scheiden als wettbewerbliche Sondergesetze im vorliegenden Zusammenhang jedenfalls das GWB sowie jene Rechtsnormen aus, die unter den insoweit spezielleren Begriff des Gewerblichen Rechtsschutzes zu subsumieren sind (s. Einl. E Rdn. 27 ff). Soweit nach diesen Ausgrenzungen die wettbewerblichen Sondergesetze in begrifflicher Opposition zum UWG als „allgemeinem Wettbewerbsrecht“[1] herausgearbeitet werden sollten, werden die definitorischen Unklarheiten nicht geringer, weil der Kreis der Normen mit spezifischem Wettbewerbsbezug (dies würde die Bezeichnung „wettbewerbliche Sondergesetze“ rechtfertigen) immer noch sehr groß, vor allem aber immer noch unklar konturiert ist. Am ehesten sind unter den wettbewerblichen Sondergesetzen wohl diejenigen Normmaterien zu begreifen, die ihre vom UWG formal getrennte Existenz historischen Zufälligkeiten verdanken, der Sache nach wegen ihrer wirtschaftssektorialen Neutralität (im Gegensatz etwa zum HWG) aber ebenso in das UWG inkorporiert hätten werden können und sich demzufolge als Annex zum UWG als „allgemeinem“ Wettbewerbs-(verhaltens-)recht darstellen. Wettbewerbliche Sondergesetze iS derartiger Nebengesetze zum UWG sind namentlich die besonders auch praktisch wichtigen Materien **RabattG, ZugabeVO** und **PreisangabenVO** (so auch *Fikentscher* Bd. II § 22 XI 2b). Dieser an der Allgemeinheit der Normmaterie orientierten Begriffsbildung steht nicht entgegen, daß nur die ZugabeVO wie das UWG auf alle Wirtschaftsstufen zielt, während § 1 Abs. 1 RabattG und § 1 Abs. 1 S. 1 PreisangabenVO allein auf den Wirtschaftsverkehr mit dem Letztverbraucher abheben. In dieser Restriktion drückt sich lediglich ein Moment ihrer tatbestandlichen Eigenart aus, nicht anders, als dies etwa auch bei §§ 6a, b, d, e UWG der Fall ist.

Im Anschluß schon an die reichsgerichtliche Rechtsprechung (RG GRUR 1936, 517; 1936, 810, 813 – *Diamantine;* 1938, 207, 210 – *Persil-Werbepakete;* RGSt 61, 58) gehen nach bis heute **hM** RabattG und ZugabeVO als wettbewerbliche Sondergesetze dem UWG vor, ohne daß dieser Vorrang abschließend zu verstehen sein soll: Vielmehr wird eine **ergänzende Anwendung des UWG** propagiert, wenn zugleich ein Verstoß gegen das „allgemeine Wettbewerbsrecht“ vorliegt[2]. In Betracht kommt insb. § 1 UWG, weil der hM die in RabattG und ZugabeVO normierte sog. Wertreklame immer auch als sittenwidrig suspekt erscheint (paradigmatisch BGH GRUR 1974, 345 – *Geballtes Bunt;* WRP 1976, 172 – *Versandhandelspreisausschreiben; Baumbach/Hefermehl* § 1 Rdn. 85f; *v. Gamm* Kap. 25 Rdn. 24, Kap. 26 Rdn. 2 mzN). Freilich gilt nicht jeder Verstoß gegen rabatt- und zugaberechtliche Normen eo ipso als sittenwidrig[3], sondern nur bei Hinzutreten besonderer Umstände im Einzelfall, wobei vor allem an eine Sittenwidrigkeit in Gestalt des wettbewerblichen „Vorsprungs durch Rechtsbruch“ gedacht wird (kritisch dazu Einl. D Rdn. 58ff, 66ff). **Umgekehrt** schließt die rabatt- und zugaberechtliche Zulässigkeit eines Wettbewerbsverhaltens eine Subsumtion unter UWG-rechtliche Tatbestände[4] nicht aus (*v. Gamm* Kap. 59 Rdn. 3 mzN). Eben dies ist ja gerade das **E 2**

[1] Vgl. *Baumbach/Hefermehl* Allg. Rdn. 81, bei denen allerdings nicht völlig klar ist, ob das „allgemeine Wettbewerbsrecht“ allein durch das UWG manifestiert wird. Zur Problematik dieser Begriffsbildung s. schon Großkomm.-*Schünemann* Einl. A Rdn. 4.

[2] S. nur BGHZ 65, 68, 73 – *Vorspannangebote;* GRUR 1957, 40 – *Puppenservice;* 1961, 588 – *Ein-Pfennig-Süßwaren;* 1974, 345f – *Geballtes Bunt;* 1981, 202 – *RAMA-Mädchen* mit Anm. Jacobs; aus der Literatur s. nur *Baumbach/Hefermehl* Vor § 1 RabattG Rdn. 11, Vor § 1 ZugabeVO Rdn. 14ff; HdbWR/*Greuner* § 4 Rdn. 7ff, 11.

[3] So aber noch *Grosse* MA 1952, 108; für die heute hM s. z. B. OLG Frankfurt/M. GRUR 1963, 326f – *Selbstbedienungswaschplätze; Baumbach/Hefermehl* Vor § 1 ZugabeVO Rdn. 15 i. V. mit Vor § 1 RabattG Rdn. 11; *Ulmer/Reimer* Rdn. 1065, 1100. Hinsichtlich der dahinterstehenden verfehlten Unterscheidung der betreffenden Normen in solche mit und solche ohne „Wertbezug“ und bezüglich weiterer Differenzierungen s. hier nur *Baumbach/Hefermehl* § 1 Rdn. 614ff sowie Einl. D Rdn. 50ff.

[4] Neben § 1 UWG ist auch an § 3 UWG zu denken, weil über den sonst geforderten Preis, die individuelle Preiswürdigkeit etc. irregeführt worden sein könnte. Vgl. *Baumbach/Hefermehl* § 1 Rdn. 87; HdbWR/*Greuner* § 4 Rdn. 9, 11.

normativ entscheidende Moment des angenommenen ergänzenden Eingreifens des UWG, soweit dessen tatbestandliche Voraussetzungen erfüllt sind.

E 3 Gerade hier zeigt sich das wahre dogmatische Gesicht dieses Konzepts: Der **Beteuerung der hM,** was rabatt- bzw. zugaberechtlich erlaubt sei, könne grundsätzlich nicht wettbewerbswidrig, nicht sittenwidrig sein, ist wenig wert. So soll schon die bloße Überschreitung beispielsweise der Geringfügigkeitsgrenzen nach § 1 Abs. 2 a–c ZugabeVO als besonderer Umstand gelten können, der das Sittenwidrigkeitsurteil trägt (BGH GRUR 1974, 345, 347 – *Geballtes Bunt;* zustimmend *v. Gamm* Kap. 26 Rdn. 3). Insgesamt ist sonach eine **deutliche Tendenz** erkennbar, mit Hilfe des anerkannten **Wechselspiels** zwischen den wettbewerbsrechtlichen Generalklauseln und den wettbewerblichen Sondergesetzen RabattG und ZugabeVO die wettbewerbsrechtlichen Sanktionsschwellen noch weiter herabzusetzen, als dies den **„Formaltatbeständen“**[5] des RabattG und der ZugabeVO ohnehin zu eigen ist.

E 4 Der hM ist nur in ihrem Ausgangspunkt zuzustimmen. In der Tat entscheiden **RabattG** und **ZugabeVO** – wie § 2 Abs. 3 ZugabeVO lediglich klarstellt – nicht abschließend über die lauterkeitsrechtliche Beurteilung eines Wettbewerbsverhaltens. Diese Feststellung besagt freilich noch nichts darüber, mit welcher interpretatorischen Tendenz die Konkurrenzfrage gegenüber dem UWG des weiteren zu beantworten ist. Ein **sachgerechter Ansatz** muß dabei in die allgemeinere Diskussion um das Verhältnis der Sittenwidrigkeit iS des § 1 UWG zur Rechtswidrigkeit bezüglich rabatt- und zugaberechtlicher Normdevianzen eingebettet sein (eingehend dazu Einl. D Rdn. 65 ff). Er muß hier einerseits zur Kenntnis nehmen, daß wettbewerbliche Sittenwidrigkeit nicht die Qualität gesteigerter Rechtswidrigkeit hat, sondern nur den Wertungsbezug zu den Funktionsbedingungen des Wettbewerbs ausdrückt, und daß auch RabattG und ZugabeVO diesen Wertungsbezug für sich reklamieren (ein lediglich sprachlicher Anklang besteht hier zu der in Wahrheit dogmatisch unergiebigen Differenzierung der hM in Normen mit und ohne „Wertbezug“. Vgl. Einl. D Rdn. 50, 55 ff). In der Konsequenz könnte somit eigentlich eine iS des § 1 UWG bestehende per se-Sittenwidrigkeit rabatt- und zugaberechtlicher Normverstöße liegen. Zu erinnern ist andererseits aber daran, daß wegen der Wechselwirkung zwischen § 1 UWG und RabattG/ZugabeVO-Tatbeständen und den dabei interpretatorisch zu Tage tretenden Wertungswidersprüchen eine solche Identifikation von Sittenwidrigkeit (§ 1 UWG) und rabatt- bzw. zugaberechtlicher Rechtswidrigkeit, selbst unter Zuhilfenahme des sog. Vorsprunggedankens, nicht gelingt (vgl. Einl. D Rdn. 65 ff). Außerdem ist es geradezu abwegig, im Ergebnis die Eingriffsschwelle des Lauterkeitsrechts noch unter diejenige der rabatt- und zugaberechtlichen „Formaltatbestände“ absenken zu wollen, zumal bereits jene Formaltatbestände mit demselben **„methodischen Trilemma“** ihrer Legitimation zu kämpfen haben, wie ihr strafrechtliches Vorbild, die **abstrakten Gefährdungsdelikte** (dazu eingehend *Kindhäuser* Gefährdung als Straftat. Rechtstheoretische Untersuchungen zur Dogmatik der abstrakten und konkreten Gefährdungsdelikte (1989) S. 225 ff, 354). Im **Gegensatz zur hM** können deshalb die lauterkeitsrechtlichen Generalklauseln[6] erst recht nicht dazu verwendet werden, echte oder vermeintliche Lücken in den Verbotstatbeständen des RabattG und der ZugabeVO zu schließen. Verfehlt ist

---

[5] *Baumbach/Hefermehl* Vor § 1 RabattG Rdn. 10, Vor § 1 ZugabeVO Rdn. 12, 17.

[6] Da auch § 3 UWG letztlich nur als Derivat des § 1 UWG anzusehen ist – s. Großkomm.-*Schünemann* Einl. D Rdn. 52 – gilt das im Text für § 1 UWG Ausgeführte der Sache nach ebenso für § 3 UWG im Verhältnis zu (angeblichen) Irreführungseffekten durch „Wertreklame“.

es deshalb z. B., einen nach § 1 Abs. 2 lit. b ZugabeVO aus Sicht der hM gerade wegen seiner absoluten Geringwertigkeit unbedenklichem Zugabeartikel mit § 1 UWG zu Leibe zu rücken, wenn die Hauptware ihrerseits schon so geringwertig ist, daß die Zugabe relativ dazu nicht mehr nur geringwertig erscheint (BGH GRUR 1954, 174 – *Kunststoff-Figuren I;* HdbWR/*Greuner* § 4 Rdn. 9). Die Funktion des § 1 UWG als **Auffangtatbestand** (vgl. Einl. D Rdn. 6, 52) steht einer solch restriktiven Handhabung der Generalklausel nicht entgegen, weil diese Auffangfunktion sinnvollerweise nur im Rahmen der Teleologie des Wettbewerbsrechtes sich entfalten kann.

Bei der **PreisangabenVO** wird das dogmatische Konfliktpotential im Verhältnis zum UWG wesentlich geringer als bei RabattG und ZugabeVO eingeschätzt, wohl weil die ominöse Wertreklame-Problematik hier keine Rolle spielt. Schnittstellen sind gleichwohl vorhanden, etwa weil der wettbewerbliche Einsatz des Aktionsparameters Preis unter den Aspekten „Kundenfang" (nach § 1 UWG), vor allem aber auch unter dem Gesichtspunkt der „Irreführung" (nach § 3 UWG) lauterkeitsrechtliche Relevanz erlangen kann, ggf. unter gleichzeitiger Verletzung von Normen der PreisangabenVO (*Schünemann* S. 156 f). Nach hM sind UWG und PreisangabenVO vielmehr nach Tatbestand und Rechtsfolge durchweg unabhängig voneinander. Als von der hM so titulierte bloße Ordnungsnormen ohne Wertbezug entbehren sie von vornherein einer Kontingenz mit den „guten Sitten" iS des § 1 UWG. Verstöße gegen die PreisangabenVO gelten mithin als bloß unerlaubt, unzulässig, rechtswidrig. Auch sie sollen demnach einen qualitativen Bezug zur wettbewerblichen Sittenwidrigkeit erst über den Gedanken des „verwerflichen" „Vorsprungs durch Rechtsbruch" gewinnen (s. (zur früheren PreisangabenVO) BGH GRUR 1973, 655 – *Möbelauszeichnung* (mit Anm. *Hefermehl*); 1974, 281 – *Clipper;* 1979, 533 f – *Luxusferienhäuser;* 1980, 304, 306 – *Effektiver Jahreszins;* 1981, 140, 142 *Flughafengebühr;* 1981, 289 f – *Kilopreise;* 1982, 493, 495 – *Sonnenring;* 1983, 443, 445 – *Kfz-Endpreis* (mit Anm. *Loschelder*); 1989, 836 – *Stundungsangebote;* **a. A.** (schon für die geltende Fassung der PreisangabenVO) OLG Frankfurt/M. GRUR 1988, 49; OLG Hamm GRUR 1989, 162; zweifelnd OLG Köln GRUR 1991, 59; *Baumbach/Hefermehl* § 1 Rdn. 608, 610 ff, 634). **E 5**

Auch die Konkurrenz zwischen PreisangabenVO und UWG wird mithin durch das dogmatische Verhältnis zwischen Sittenwidrigkeit und Rechtswidrigkeit determiniert (hierzu und zum Folgenden vgl. nochmals Einl. D Rdn. 50 ff). Dabei kommt es **entgegen der hM** nicht auf „Wertbezug" oder „Wertneutralität" der PreisangabenVO an. Entscheidend ist vielmehr, daß die PreisangabenVO eine zielorientierte und normmaterielle Übereinstimmung mit dem Sinn und Zweck des Lauterkeitsrechts und speziell der Regelungssubstanz des § 1 UWG in punkto Sittenwidrigkeit aufweist, nämlich Wettbewerbsfreiheit durch Herstellung und Gewährleistung ihrer Funktionsbedingungen rechtlich zu konstituieren. Verstöße gegen die auf Preistransparenz als wichtiger Funktionsbedingung wettbewerblicher Handlungs- und Entscheidungsfreiheit ausgestalteten Verhaltensnormen der PreisangabenVO sind mithin notwendig wettbewerbsdysfunktional. **Preisangaberechtliche Rechtswidrigkeit** begründet deshalb **per se** die **Sittenwidrigkeit** iS des § 1 UWG. Zugleich liegt – bei zutreffend normativer Verkehrsauffassung (dazu Einl. D Rdn. 294 ff) – durchweg eine Irreführung iS des § 3 UWG vor[7]. **E 6**

---

[7] *Schünemann* S. 157. Die dort (aaO Fn. 156) vorfindliche Formulierung bezüglich § 1 UWG ist jedenfalls mißverständlich, weil § 1 UWG gerade nicht erst über den Vorsprungsgedanken aktiviert werden muß.

II. Verhältnis zum Recht der Wettbewerbsbeschränkungen

E 7 Das **systematische Verhältnis** des Lauterkeitsrechtes zum Kartellrecht ist seit dessen Anfängen[8] **streitig** gewesen. Die Bedeutung dieser Diskussion liegt dabei keineswegs nur im schieren Gewinn an Einsicht in die innere Struktur irgendeiner **Gesamtwettbewerbsordnung** oder aber auch in der Einsicht, daß es eine solche Gesamtordnung gar nicht gäbe. Vielmehr resultieren aus einer derartigen Positionsbestimmung dogmatisch im Detail greifbare Konsequenzen, so etwa bei der Frage, ob sich die Inhaltsbestimmung der „guten Sitten" in § 1 UWG in Widerspruch zu dem wettbewerbspolitischen Leitbild des Kartellrechts setzen darf, ja, ob eine solche Kollision gedanklich überhaupt möglich ist. Eventuell läßt sich das UWG unter den Aspekten einer „marktbezogenen Unlauterkeit" und einer im „Vorfeld" des GWB angesiedelten, kartellrechtlich also gerade noch nicht inkriminierten Wettbewerbswidrigkeit als Sittenwidrigkeit iS des § 1 UWG in den Dienst der Zielsetzungen des GWB stellen.

E 8 **Ursprünglich** wurden Lauterkeitsrecht und Kartellrecht in einen **scharfen Gegensatz** gestellt, was angesichts der um Jahrhunderte versetzten dogmengeschichtlichen Wurzeln nicht verwundert. Die hierzu formulierte sog. **Trennungsthese** sah durch das noch sehr junge Kartellrecht den Schutz des Wettbewerbs als marktwirtschaftliche Institution bezweckt, während das Wettbewerbsrecht im engeren Sinne des Lauterkeitsrechtes innerhalb der in der Marktwirtschaft bestehenden Wettbewerbsfreiheit die Anwendung unlauterer Wettbewerbsmethoden bekämpfe; dem Wettbewerbsrecht sei „die Vorstellung des Schutzes des Wettbewerbs fremd"[9]. Anders ausgedrückt soll das GWB auf das **„Ob"**, auf die **Quantität**, auf das Maß des Wettbewerbs, das UWG hingegen auf die **Qualität**, auf das **„Wie"** des Wettbewerbs bezogen sein[10].

E 9 Die Trennungsthese impliziert dabei genaugenommen zweierlei: nicht nur einen behaupteten Gegensatz, ein **„antinomisches Spannungsverhältnis"** (vgl. *Koenigs* NJW 1961, 1041 f) zwischen wettbewerblichem **Institutionsschutz** und wettbewerblichem **Individualschutz,** sondern auch die jeweils **exklusive Zuordnung** dieser Schutzrichtungen zu Kartellrecht einerseits, Lauterkeitsrecht andererseits (so richtig *Merz* Vorfeldthese S. 191 gegen *Wrage* S. 13). Dies erhellt aus einem dabei zugrundeliegenden Verständnis des Lauterkeitsrechts als „einzelaktionsbezogener Kampfordnung für den geschäftlichen Wettstreit der Kaufleute und Gewerbetreibenden" (*Lehmann* GRUR 1977, 580, 587), einer Kampfordnung, die einem allein kartellrechtlich vermittelten Institutionsschutz des Wettbewerbs schon deshalb „neutral" gegenüberstehen soll, weil die Existenz eines Lauterkeitsrechts historisch von der Kartellproblematik völlig gelöst ist (*Wrage* S. 13 f. Zu der mit unterschiedlichen Akzenten vorgetragenen **Neutralitätsthese** s. a. Einl. A Rdn. 37 ff).

E 10 Wird die Trennungsthese konsequent zu Ende gedacht und angewandt, ist somit die Verhältnisbestimmung des Lauterkeitsrechts zum kartellrechtlichen Institutions-

---

[8] Vgl. die allerdings weitgehend folgenlose NotVO vom 2. 11. 1923 (RGBl. I S. 1067, 1090) mit ihrem bloßen Kartellmißbrauchsverbot, vor allem aber die alliierte Dekartellierungsgesetzgebung aus dem Jahre 1947. Zu alledem s. etwa *Möschel* Recht der Wettbewerbsbeschränkungen (1983) Rdn. 23 ff.

[9] *Würdinger* WuW 1953, 721, 731; s. a. *Benisch* WuW 1956, 480, 482 f; *v. Brunn* Grundzüge des deutschen Kartellrechts (1938) S. 11 ff; *Möhring* WuW 1954, 387.

[10] *Fikentscher* Wettbewerb S. 227 f; *ders.* GRUR Int. 1966, 181 ff; *Koenigs* GRUR 1958, 589 f; *ders.* NJW 1961, 1041 ff; *Kraft* Interessenabwägung S. 106 ff; *ders.* GRUR 1980, 966 f; *Möhring* WuW 1954, 387; *Schluep* GRUR Int. 1973, 446, 448.

schutz äußerst einfach, weil **Berührungsflächen** oder gar Überschneidungen der jeweiligen Regelungsbereiche von vornherein **undenkbar** sind: Die begriffliche Opposition schließt „jede Idealkonkurrenz, jede Häufung beider im identischen Sachverhalt" unbedingt aus (*Kummer* Anwendungsbereich und Schutzgut der privatrechtlichen Rechtssätze gegen unlauteren und gegen freiheitsbeschränkenden Wettbewerb (1960) S. 89 f; dazu *Wrage* S. 14). Auch normative Zusammenhänge werden negiert. Insbesondere scheidet in diesem Kalkül aus, eine per se-Unlauterkeit gerade in der Verletzung kartellrechtlicher Normen zu erblicken.

Die **kartellrechtliche Dogmatik** hat sich diese Sichtweise freilich letztlich nicht **E 11**
zu eigen gemacht, jedenfalls insoweit, als die Trennungsthese einen begrifflichen Gegensatz von Individual- und Institutionsschutz postuliert. Das GWB wird vielmehr seit je her ganz überwiegend als Vollzug der wirtschaftsverfassungsrechtlichen Garantie der ökonomischen Handlungs- und Entscheidungsfreiheit des einzelnen Wirtschaftssubjekts gedeutet (*Koenigs* GRUR 1958, 589 f; *ders.* NJW 1961, 1041). Kartellrechtliche Schutzobjekte sind demzufolge sowohl die Marktwirtschaft und ihr Wettbewerbsprinzip als Institution als auch der dadurch vermittelte individuelle wirtschaftliche Bewegungsraum[11]. Ja, mehr noch: Institutions- und Individualschutz erscheinen hier nicht als substantiell unterscheidbare, oppositionelle, im Regelungszweck des GWB freilich kumulierte Größen. Sie gelten lediglich als **verschiedene Erscheinungsformen** ein und desselben Schutzobjektes[12].

Auch in der **lauterkeitsrechtlichen Diskussion** verlor die Trennungsthese bald an **E 12**
Einfluß, da sie sich angesichts der frühzeitig vollzogenen Einbeziehung eines lauterkeitsrechtlich zu berücksichtigenden „Allgemeininteresses", das als „sozialrechtliche" Komponente dem konkurrentenbezogenen Individualschutz an die Seite trat (s. Einl. B Rdn. 32, 46 f, C Rdn. 19, 22), kaum ohne konzeptionelle Friktionen darstellen ließ. Da das lauterkeitsrechtlich berücksichtigungsfähige „Allgemeininteresse" einen wie immer gearteten Brückenschlag zum wettbewerblichen Institutionsschutz zumindest zuläßt, wenn nicht gar fordert (s. Einl. C Rdn. 26 f), kann die **Trennungsthese** insgesamt als **überwunden** gelten.

Die **ganz hM**[13] geht nunmehr zutreffend davon aus, daß GWB und UWG zwei **E 13**
Seiten einer **einheitlichen Gesamtordnung** des Wettbewerbs darstellen, zwei Rechtskreise, die sich nicht fremd und beziehungslos einander gegenüberstehen, sondern

---

[11] *Flume* WuW 1956, 457; *Koenigs* Rechtsbegriff S. 150 ff; *ders.* NJW 1961, 1041; *Raiser* in: summum ius, summa iniuria S. 145, 157; *Schluep* GRUR Int. 1973, 446, 448; *Willemer* WRP 1976, 16, 19; **a. A.** aber *Fikentscher* Wettbewerb S. 227 f sowie *Kellermann* GRUR 1958, 581 und *Seydel* NJW 1957, 1300, die das GWB rein individualrechtlich interpretieren.

[12] *Merz* Vorfeldthese S. 192; *Mestmäcker* Verwalteter Wettbewerb S. 78 ff; *ders.* AcP 168 (1968), 235, 245; *Möschel* Recht der Wettbewerbsbeschränkungen (1983) Rdn. 111.

[13] *Baudenbacher* ZHR 144 (1980), 145, 169; *Baumbach/Hefermehl* Allg. Rdn. 86 ff; *Emmerich* § 5, 4; *Fikentscher* Bd. II § 22 XI 1 a und 4 b; *ders.* FS Hallstein S. 127 ff; *v. Gamm* NJW 1980, 2489; *ders.* WM 1981, 730; *Goll* GRUR 1976, 486, 489 f; *Heinze* Zur Rechtsnatur wettbewerbsbeschränkender Verträge, in: FS Fechner (1973) S. 75 ff, 86; *Hirtz* GRUR 1980, 93 f; *Lindacher* BB 1975, 1311 f; *Loewenheim* GRUR 1975, 99, 104; *Merz* Vorfeldthese S. 197; *Martin* Imitationsanreiz S. 66 ff; *Möschel* Recht der Wettbewerbsbeschränkungen (1983) Rdn. 5; *ders.* Pressekonzentration und Wettbewerbsgesetz (1978) S. 151; *ders.* FS Locher S. 461, 469 f; *Rittner*[4] (1993) § 1 C IV 2; *Sachon* WRP 1980, 659, 665; *Sack* GRUR 1970, 493, 501 f; *ders.* GRUR 1975, 297, 299, 301; *Schluep* GRUR Int. 1973, 446 ff; *K. Schmidt* Kartellverfahrensrecht S. 409; *ders.* JuS 1978, 736; *Schrauder* Wettbewerbsverstöße als Eingriffe in das Recht am Gewerbebetrieb (1970) S. 97 ff; *Schünemann* S. 24; *Ulmer* Schranken zulässigen Wettbewerbs marktbeherrschender Unternehmen (1977) S. 63 ff; *Ulmer/Reimer* Rdn. 38; *Willemer* WRP 1976, 16, 19; *Wrage* S. 17 ff, insb. S. 24 ff.

sich in ihrer **Konvergenz** zu einem umfassenden Wettbewerbsrecht im weiteren Sinne[14], zu einem „allgemeinen Marktordnungsrecht"[15], zusammenschließen (**a. A.** *Knöpfle* Rechtsbegriff S. 345; *ders.* Die marktbezogene Unlauterkeit (1983) S. 8 ff: Das Lauterkeitsrecht sei seiner Natur nach überwiegend Deliktsrecht und bilde eher mit diesem eine Gesamtordnung als zusammen mit dem GWB). Freiheit und Lauterkeit des Wettbewerbs sind sonach keine Gegensätze, sondern marktwirtschaftlich „korrelative Postulate" (*Baumbach/Hefermehl* Allg. Rdn. 86). Damit stellt sich freilich die systematische Problematik auf höherer Ebene neu, nämlich welcher Art, wie beschaffen die daraus resultierenden dogmatischen „Zusammenhänge", **„Wechselbeziehungen"** (*Baumbach/Hefermehl* Allg. Rdn. 87, 89 a) etc. zwischen GWB und UWG nun im einzelnen sind. Bei genauer Betrachtung schwingt diese Aufgabenstellung bereits dort mit, wo im Rahmen der Trennungsthese die angebliche Antinomie von kartellrechtlichem Institutionsschutz und lauterkeitsrechtlichem Individualschutz in ein „Spannungsverhältnis" eingebunden, also gerade keine beziehungslose Antithetik proklamiert wird (so richtig *Merz* Vorfeldthese S. 193 f zu *Koenigs* NJW 1961, 1041, 1048; s. a. *Baumbach/Hefermehl* Allg. Rdn. 86; s. ferner Einl. E Rdn. 9).

E 14 Selbstverständlich ist, daß bei fehlendem Wettbewerb sich jede Frage nach der Lauterkeit des Wettbewerbs erübrigt, insofern also ein notwendiger **ontologischer Zusammenhang** zwischen Lauterkeits- und Kartellrecht besteht[16]. Auf **normativsystematischer Ebene** ist die Situation komplexer. Hier darf der Zusammenhang zwischen beiden Rechtsgebieten nicht darin gesehen werden, daß nur der lautere Wettbewerb am (institutionellen) Schutz der Wettbewerbsfreiheit partizipiere, nur im Rahmen der Lauterkeit Wettbewerbsfreiheit instituiert sei[17]. Denn dies liefe auf einen **Vorrang** des UWG gegenüber dem GWB hinaus, was in der Konsequenz seinerseits auf der Grundlage der im Lauterkeitsrecht vielfach goutierten Anstandsformel (dazu Einl. D Rdn. 10 ff) die Wettbewerbsfreiheit zur Disposition des gerecht und billig denkenden Durchschnittsmarktteilnehmers stellen müßte.

E 15 In dieser Schärfe wird die Position des „Nur der lautere Wettbewerb ist frei" freilich nicht vertreten. Vielmehr sollen – im Wege der „Wechselwirkung" – die Wertungen des GWB ihrerseits derart auf die lauterkeitsrechtlichen Anforderungen einwirken, daß sie „mit dem Grundziel des GWB, den freien Wettbewerb und dessen Funktionsfähigkeit zu gewährleisten, im Einklang stehen" (*Baumbach/Hefermehl* Allg. Rdn. 86; s. a. *Wrage* S. 19 ff, insb. S. 24 f). Damit ist in der Tat jedenfalls dem verbalen Duktus nach der richtige Weg zur Verhältnisbestimmung von UWG und GWB gewiesen. Die **methodische Schwäche** der Argumentation liegt jedoch darin, daß sie – insoweit der Trennungsthese verhaftet (richtig *Merz* Vorfeldthese S. 197 f) – Lauterkeit und Freiheit, wennschon nicht als wirkliche kontradiktorische Gegensätze, so doch als begrifflich voneinander a priori ganz unabhängige, erst auf definitionslogisch höherer Ebene in irgendeinem Oberbegriff aufgehobene Größen versteht bzw. von dem „reinen" Begriff der Lauterkeit im Interesse des wettbewerb-

---

[14] *Baumbach/Hefermehl* Allg. Rdn. 88; *Rittner*[4] (1993) Einl. I 1 a, b. Zur Definition des Wettbewerbsrechts vgl. bereits Großkomm.-*Schünemann* Einl. A Rdn. 1 ff.

[15] So schon *Schramm* GRUR 1937, 433, allerdings vor einem aus heutiger Sicht obsoleten wirtschaftsverfassungsrechtlichen und wirtschaftspolitischen Hintergrund.

[16] Vgl. *Fikentscher* WuW 1955, 205, 224; *ders.* GRUR Int. 1966, 181, 185; *Koenigs* GRUR 1958, 589 f.

[17] BGHZ 5, 71, 126; 36, 105, 112; *Baumbach/Hefermehl* Allg. Rdn. 86 f; *Koenigs* GRUR 1958, 589 f; *Ulmer/Reimer* Rdn. 39; *Willemer* WRP 1976, 16 f; *Wrage* S. 25.

lichen Freiheitsschutzes Abstriche macht. In dem Maße jedoch, in dem man von einem ethisierenden, moralisierenden Interpretationsansatz der Lauterkeit, der „guten Sitten", Abschied nimmt und an dessen Stelle den Maßstab der „guten Sitten" qua Sinngehalt der Institutionen Markt und Wettbewerb objektiviert, definiert sich die wettbewerbliche Lauterkeit selber über die wettbewerbliche Freiheit[18]. Das Lauterkeitsrecht leistet insoweit nicht anders als das Kartellrecht seinen „organisatorischen Beitrag" für das Funktionieren einer Wettbewerbswirtschaft (*Schluep* GRUR Int. 1973, 446, 450), so daß es zwischen beiden nur **„Quasikonflikte"** (*Schluep* GRUR Int. 1973, 446, 452) geben kann. So ist eine echte Ausweitung der Unlauterkeit auf Kosten der Wettbewerbsfreiheit, eine tatbestandliche Ausweitung des UWG unter gleichzeitiger Verengung des GWB, nur dann vorstellbar, wenn im Wege der **„Normerschleichung"**[19] mit Hilfe des UWG im Grunde außerwettbewerbliche, und das heißt eben: nicht auf die Wettbewerbsfreiheit gemünzte Beurteilungstopoi zur Geltung gebracht werden sollen.

Die wesensmäßige **Konkordanz der Wertungen** im GWB und UWG im Hinblick auf die Wettbewerbsfreiheit schließt demgegenüber einen „Wettbewerbsschutz" in einem der beiden Normkomplexe, die in dem anderen als „Wettbewerbsbeschränkung" erscheinen könnte, notwendig aus und entzieht Überlegungen um irgendeine (rechts-)logische Prävalenz des UWG gegenüber dem GWB oder umgekehrt[20] von vornherein den Boden[21]. Mit Rücksicht darauf bewegt sich § 31 Abs. 1 GWB gedanklich also im Kreis, wenn er die kartellrechtliche Zulässigkeit von Wettbewerbsregeln, manifestiert durch deren Eintragungsfähigkeit, an deren Vereinbarkeit mit den lauterkeitsrechtlichen Vorgaben knüpft (auf der Grundlage der herkömmlich verbreiteten Vorstellungen über das Wesen der Lauterkeit hingegen **a. A.** paradigmatisch *Wrage* S. 26 f). Auch die in § 28 Abs. 2 GWB mit der Konjunktion „oder" verknüpften Grundsätze „des **lauteren Wettbewerbs**" einerseits, „der Wirksamkeit eines **leistungsgerechten Wettbewerbs**" andererseits, können letztlich nur als verschiedene sprachliche Zugänge zu ein und demselben Postulat, nämlich der Aufrechterhaltung hinreichender Wettbewerbsfreiheit, nicht jedoch als sachliche Alternative gedeutet werden. **E 16**

Unmöglich erscheint es bei dieser Sicht der Dinge hingegen ferner, die schon heuristisch **zweifelhafte Aufspaltung der Wettbewerbsfreiheit** in das Maß und die Art ihrer Ausübung dem GWB einerseits, dem UWG andererseits als Regelungssubstrat zuzuordnen[22]. Fraglich kann demzufolge auch nicht sein, ob es eine „marktbezogene Unlauterkeit" überhaupt gibt – deren Existenz quasi als Absage an eine „ethikbezogene" Unlauterkeit ist vielmehr ganz vehement zu unterstreichen (dazu Einl. D Rdn. 37 ff) –, sondern ob man diese mit einer ganz bestimmten, marktfolgen- oder marktstrukturorientierten Sinngebung als dogmatisches Instrument benutzen darf, um die Wettbewerbsfreiheit zu unterminieren – was ebenso vehement zu verneinen ist (ganz **a. A.** ist insbesondere die **Rspr.** zur Preisunterbietung, die den **E 17**

---

[18] S. a. *Mestmäcker* AcP 168 (1968), 235, 255 f; *ders.* Verwalteter Wettbewerb S. 83, 90; *Möschel* in: Immenga/Mestmäcker GWB² (1992) § 22 Rdn. 10.

[19] Vgl. *Mestmäcker* Verwalteter Wettbewerb S. 90 f.

[20] Vgl. *Baumbach/Hefermehl* Allg. Rdn. 89 (GWB kein Sonderrecht gegenüber UWG); *Baudenbacher* ZHR 144 (1980), 145, 170 (Freiheitsschutz als Sonderfall des Lauterkeitsschutzes); *Mestmäcker* Verwalterer Wettbewerb S. 90 (Hinnahme der lauterkeitsrechtlichen Wertungen durch das GWB).

[21] So aufgrund überzeugender Analyse in der gebotenen Klarheit zutreffend *Merz* Vorfeldthese S. 201 f.

[22] Vgl. noch einmal *Merz* Vorfeldthese S. 201.

Wettbewerbsbestand an eine bestimmte Marktstruktur gebunden sieht und damit im Ergebnis gerade jene positiven Wettbewerbseffekte durch harte Preiskämpfe unterbindet, die sie vorgeblich im Interesse der Marktgegenseite doch erzielen möchte; vgl. nur BGH GRUR 1985, 883 ff und 1986, 397 ff – *Abwehrblatt I und II* sowie BGH GRUR 1990, 371 ff – *Schallplatten-Preiskampf;* 1990, 685 ff und 687 ff – *Anzeigenpreis I und II;* 1991, 616 ff – *Motorbootfachzeitschrift.* Dazu wiederum – teilweise kritisch – *Schmitz* WuW 1992, 209 ff (s. näher Einl. D Rdn. 98 ff). Vor diesem Hintergrund nicht falsch, aber nunmehr ohne jede Pointe ist weiterhin die Feststellung, beide Rechtsgebiete könnten im Einzelfall nebeneinander zur Anwendugn kommen, wenn ein und dasselbe Verhalten sowohl gegen das UWG als auch gegen das GWB verstoße (BGHZ 13, 33, 37 – *Warenkredit; Baumbach/Hefermehl* Allg. Rdn. 89; *Bunte* Wettbewerbs- und Kartellrecht (1980) S. 167; *Würdinger* WuW 1953, 223 f).

E 18 Die **materielle Identität** von **Freiheitsschutz** und **Lauterkeitsschutz** und in deren Folge die Einsicht, daß kartellrechtliche Rechtswidrigkeit und lauterkeitsrechtliche Sittenwidrigkeit nicht erst vermittels des Vorsprunggedankens verbunden, sondern vielmehr miteinander wesensmäßig verknüpft sind und in kartellrechtlichem Normverstoß deshalb lauterkeitsrechtlich grundsätzlich zugleich ein Verstoß gegen die „guten Sitten" beschlossen ist (dazu bereits Einl. D Rdn. 64), erlauben hingegen nicht, mit Hilfe der lauterkeitsrechtlichen Generalklausel die **Rechtstechnik des GWB,** speziell im Bereich des von § 35 Abs. 1 GWB normierten **Drittschutzes,** zu desavouieren. Eine ipso iure-Sanktion von Verhalten, das vom GWB – etwa in § 22 Abs. 4 und 5; 37 a Abs. 3 – nur für verbietbar erklärt wird, kommt auch über den Umweg des Lauterkeitsrechts nicht in Betracht. Zur Vermeidung von (prozeduralen) Wertungswidersprüchen zwischen GWB und UWG ist es geboten, die kartellrechtlich zur Voraussetzung privatrechtlichen Drittschutzes erhobene kartellbehördliche **Schutzverfügung** auch lauterkeitsrechtlich zu respektieren. Per se sittenwidrig kann mithin nur ein Verstoß gegen solche GWB-Normen sein, die – wie z. B. § 25 GWB – rechtstechnisch ohne normaktualisierende „Rechtsfolgenanordnung kraft Verfahrens", nämlich durch kartellbehördlichen Verwaltungsakt, auskommen[23].

E 19 **Zweifelhaft** ist, ob **weitere Voraussetzungen** erfüllt sein müssen, um eine Sittenwidrigkeit iS des § 1 UWG gerade wegen einer GWB-Normverletzung anzuerkennen. Die Frage wird darauf zugespitzt, ob – mit der Folge der Anspruchskonkurrenz zwischen UWG und GWB[24] – der zivilrechltiche Sanktionsmechanismmus des Lauterkeitsrechts nur insoweit ausgelöst wird, als auch der kartellrechtliche Drittschutz nach § 35 GWB reicht. Dies zu bejahen[25] verschiebt indes nur die Problematik auf die Klärung nach dem Kreisradius kartellrechtlicher Schutzgesetze iS des § 35 Abs. 1 GWB bzw. provoziert die **Kardinalfrage,** ob sich derartige **Schutzgesetze** als **Teilmenge der Kartellrechtsnormen** insgesamt überhaupt noch eliminieren lassen, wenn man mit dem Gedanken der Einheit von Institutions- und Individual-

---

[23] *Wrage* S. 62 ff; s. a. *Möschel* Der Oligopolmißbrauch im Recht der Wettbewerbsbeschränkungen (1974) S. 211; *K. Schmidt* Kartellverfahrensrecht S. 111, 147, 226 f mit Fn. 113, 266. Auf den unmittelbaren Verbotscharakter kartellrechtlicher Normen (§§ 15 i. V. mit 38 Abs. 1 Nr. 1 GWB) zur lauterkeitsrechtlichen Beachtlichkeit stellt auch die Rechtsprechung ab, vgl. BGH GRUR 1978, 445 f – *Vier zum Preis von Drei;* BGHZ 28, 208, 212 – *4711.* **A. A.** *Emmerich* in: Immenga/Mestmäcker GWB^2 (1992) § 35 Rdn. 116 f (zu ihm – ablehnend – *Wrage* S. 63 f).

[24] S. aber a. *K. Schmidt* Kartellverfahrensrecht S. 414.

[25] So *Möschel* Pressekonzentration und Wettbewerbsgesetz (1978) S. 157; *Wrage* S. 70 ff.

schutz wirklich ernst macht. Der schon für das Lauterkeitsrecht anzuerkennende wahre Charakter des Unterlassungsanspruchs als **„actio pro institutione"** (sc. des Wettbewerbs)[26] dürfte sich für den kartellrechtlichen Unterlassungsanspruch dabei noch viel eher aufdrängen und seinerseits tendenziell die Deckungsgleiche der Schutzgesetze iS des § 35 GWB mit der Gesamtheit der Kartellrechtsnormen induzieren[27]. Man kann also mit anderen Worten nicht die bei GWB und UWG gleichermaßen auf Institutions- und Individualschutz zielende Axiologie akzeptieren, ohne damit doch zugleich eine Vorentscheidung für eine per se-Sittenwidrigkeit von Verstößen gegen (schutzverfügungsunabhängige) GWB-Normen zu treffen[28]. Dogmatisch unfruchtbar ist der Verweis auf eine von der Wertungsebene angeblich ganz abschichtbare Ebene kartellrechtlicher Rechtstechnik und die daraus gezogene Konsequenz, es sei bei der Transformation kartellrechtlicher Rechtswidrigkeit in lauterkeitsrechtliche Sittenwidrigkeit gesondert von der Schutzgesetzqualität der betreffenden Kartellrechtsnorm zu prüfen, ob sie „subjektivrechtlich" sanktionierbar sein soll (so aber *Wrage* S. 72 f).

Unabhängig von der Problematik, ob Verstöße gegen (schutzverfügungsunabhängige) GWB-Normen eo ipso nur insoweit sittenwidrig sein können, als diese Normen „innerhalb des GWB von § 35 GWB abgedeckt" sind[29] und wie groß der Kreis einschlägiger Normen zu ziehen ist, stellt sich die Frage, ob die **Aktivlegitimation** dem vergleichsweise eng formulierten § 35 Abs. 3 GWB oder aber § 13 UWG folgen soll, wenn – so oder so – nun einmal eine Transformation kartellrechtlicher Rechtswidrigkeit in lauterkeitsrechtliche Sittenwidrigkeit zu bejahen ist. Unbeschadet des Anknüpfungspunktes für die Sittenwidrigkeit handelt es sich dann um einen lauterkeitsrechtlichen Anspruch, so daß § 13 UWG maßgeblich sein muß. Nur prima facie wird damit die enge Aktivlegitimation des § 35 GWB (nur des normgeschützten Verletzten sowie gewerblicher Interessenverbände) „unterminiert"[30]. Positiv formuliert werden hingegen kartellrechtliche Restriktionen korrigiert, die sich angesichts des mittlerweile auf breiter Front durchgesetzten Verständnisses einer aus denselben Schutzobjekten und Schutzzwecken gespeisten Einheit des Wettbewerbsrechts nicht mehr plausibilisieren lassen. Diese vielleicht sogar als Rechtsfortbildung des § 35 GWB selber begreifbare Korrektur[31] beschränkt sich im übrigen auf eine Verbreiterung der **Verbandsklagebefugnis,** weil die kartellrechtliche Aktivlegitimation für Konkurrenten bzw. Angehörige derselben Branche schon durch eine sachlich angemessen großzügige Bejahung des Schutzgesetzcharakters innerhalb des § 35 **E 20**

[26] Vgl. Großkomm.-*Schünemann* Einl. D Rdn. 40.

[27] Jedenfalls im Ergebnis ebenso *Emmerich* Kartellrecht[5] (1988) § 30, 1 a. Selbst für den kartellrechtlichen Schadensersatzanspruch ist das verletzte „Schutzgesetz" prinzipiell wohl eine auch vom Gesetzgeber in ihrem dogmatischen Wert überschätzte Rechtsfigur: Wie im Lauterkeitsrecht (und übrigens auch bei § 823 Abs. 2 BGB) liegen die dogmatisch hier notwendigen Restriktionen vielmehr vor allem in der Erfassung einer Schadenskausalität bzw. der richtigen Schadensberechnung, namentlich dann, wenn letztere qua Gewinnabschöpfung realisiert werden soll. Die Qualifizierung als „Schutzgesetz" kaschiert hier das eigentliche Problem, die Festlegung des Destinatärs der Abschöpfung.

[28] **A. A.** *Möschel* Recht der Wettbewerbsbeschränkungen (1983) Rdn. 111; *K. Schmidt* Kartellverfahrensrecht S. 62 ff.

[29] *Möschel* Pressekonzentration und Wettbewerbsgesetz (1978) S. 157.

[30] Dies moniert *Wrage* S. 74; s. a. *K. Schmidt* Kartellverfahrensrecht S. 413.

[31] Ablehnend neben *Wrage* S. 74 auch *K. Schmidt* Kartellverfahrensrecht S. 413; **a. A.** wohl *Möschel* Pressekonzentration und Wettbewerbsgesetz (1978) S. 157, der in diesem Zusammenhang lediglich rechtspolitische Zweifel an der Wünschbarkeit einer effektiv gegen Kartellrechtsverstöße gerichteten Klagemöglichkeit für Verbraucherschutzverbände anmeldet.

Abs. 1 GWB geleistet werden kann, die Formulierungsdifferenz gegenüber § 13 UWG insoweit materiell gar nicht zum Tragen kommt.

E 21 Von der Frage, ob Unlauterkeit gerade durch einen GWB-Verstoß konstituiert werden kann, sind logisch ganz anders geartete Konstellationen zu unterscheiden, in denen Berührungen zwischen UWG und GWB in Betracht kommen könnten.

E 22 Die Diskussion wird dabei von der sog. **Vorfeldthese**[32] dominiert. Dabei handelt es sich im Kern – mit Varianten im einzelnen – um den Versuch, die Eingriffsschwelle wettbewerblicher Sanktionen mit Hilfe der Generalklausel des § 1 UWG, also mit Hilfe des Begriffs der Sittenwidrigkeit, vor die vom GWB gezogenen Marktmachtgrenzen zu verlegen[33]. Vornehmlich unter dem Postulat des „Leistungswettbewerbs", verstanden als die Möglichkeit, die Leistungsfähigkeit eines Unternehmens unabhängig von seiner jeweiligen Marktstellung zur Geltung bringen zu können[34], erfolgt dabei eine Indienstnahme des Lauterkeitsrechtes für marktstrukturelle Überlegungen, die – gewollt oder ungewollt – in aller Regel auf mittelstandspolitisch wirksame Effekte hinauslaufen. Die an sich völlig richtige Einsicht einer Wertungskongruenz in GWB und UWG, einer Verzahnung von Kartell- und Lauterkeitsrecht im Kontext eines einheitlichen Wettbewerbsrechtes, kann jedoch schlechterdings nicht dafür bemüht werden, durch Einschränkungen der Wettbewerbsfreiheit quasi wettbewerbswidriges Wettbewerbsrecht zu generieren. Eben dies aber wäre jedenfalls tendenziell der Fall, wenn man die im GWB getroffenen legislatorischen Entscheidungen bezüglich tatbestandlich relevanter Marktmacht durch den Einsatz von § 1 UWG als eine Art Notbehelf, als subsidiärem Interventionsmittel, die **Auffüllung vermeintlicher Regelungslücken** einsetzen wollte.

E 23 Dabei muß man sich im klaren sein, daß die kartellrechtlich gewählten marktstrukturellen Anknüpfungspunkte ihrerseits nur gleichsam methodische Kinder der Not sind, weil nach dem gegenwärtigen Stand der Ökonomik keine wirklich verläßlichen Meßgrößen für Bedrohung oder für schon erfolgte Einschränkung von Wettbewerbsfreiheit zu Gebote stehen, so daß man sich letztlich mit der Vermutung behelfen muß, die Inhaber von Marktmacht würden diese tatsächlich auch zur („unlauteren") Beschränkung der Wettbewerbsfreiheit anderer einsetzen. Allenfalls annäherungsweise sind auch die wettbewerblichen Effekte einer Marktintervention abschätzbar (s. schon Einl. A Rdn. 28 ff und Einl. D Rdn. 108 sowie – auch zum folgenden – insb. *Merz* Vorfeldthese S. 234 ff). Von daher sind die Marktmachtschwellen des GWB als legislatorisches Optimierungskalkül zwischen dem Risiko eines voreiligen Einschreitens des GWB mit der Folge eines „kartellbehördlich verwalteten Wettbewerbs" (*Mestmäcker* Verwalteter Wettbewerb S. 51) einerseits, dem

[32] Der Ausdruck geht – soweit ersichtlich – auf *Möschel* Pressekonzentration und Wettbewerbsgesetz (1978) S. 131 ff zurück. S. bereits Großkomm.-*Schünemann* Einl. D Rdn. 107 ff.

[33] *Ulmer* Schranken zulässigen Wettbewerbs marktbeherrschender Unternehmen (1977) S. 104; *ders.* GRUR 1977, S. 565, 577; s. a. *Baudenbacher* GRUR 1981, 19, 22 ff; *ders.* ZHR 144 (1980), 145, 168; *Bunte* GRUR 1981, 397, 399, 406; *Hefermehl* GRUR Int. 1983, 507, 508 ff; *ders.* FS R. Fischer S. 197, 200, 207 ff; *Hölzler/Satzky* Wettbewerbsverzerrungen durch nachfragemächtige Handelsunternehmen: Möglichkeiten und Grenzen ihrer Kontrolle (1980) S. 48 f, 134 ff; *Sack* WRP 1974, 247, 251; *ders.* WRP 1975, 65, 69 ff; *ders.* WRP 1975, 261, 263; *ders.* GRUR 1970, 493, 499; *Sambuc* GRUR 1981, 796, 799 ff; *Schricker* GRUR 1980, 194, 198, 203. Eingehende Darstellung und Analyse sowie zwN bei *Merz* Vorfeldthese passim, etwa S. 21 ff.

[34] *Ulmer* Schranken zulässigen Wettbewerbs marktbeherrschender Unternehmen (1977) S. 61; *ders.* Kartellrechtswidrige Konkurrentenbehinderung durch leistungsfremdes Verhalten marktbeherrschender Unternehmen, in: FS Kummer (1980) S. 565, 572.

Risiko einer verspäteten und dann in ihrer Wettbewerbseffizienz möglicherweise nur noch unzureichenden wettbewerbsrechtlichen Intervention andererseits zu begreifen. Mit der Übernahme der Vorfeldthese würde nicht nur die im GWB wahrgenommene Wertungsprärogative des Gesetzgebers konterkariert, sondern auch das interventionsimmanente Irrtumsrisiko zu Lasten der Wettbewerbsfreiheit (weiter) erhöht. Die in den kartellrechtlichen Marktmachtkriterien gebundene gesetzliche Wertung entfaltet deshalb eine grundsätzliche **Sperrwirkung** gegenüber einem an sich denkbaren marktmachtorientierten lauterkeitsrechtlichen Schutz der Wettbewerbsfreiheit (s. a. § 1 D Rdn. 14)[35]. Dies bedeutet insb. auch eine Absage an jeden Versuch, ein vom GWB abgelehntes allgemeines **Diskriminierungsverbot** jenseits von § 26 Abs. 2 GWB mit Hilfe der lauterkeitsrechtlichen Generalklausel zu etablieren (BGH NJW 1958, 1140; *Emmerich* § 5, 4 c bb; *Hirtz* GRUR 1980, 96; *Herrmann* GRUR 1982, 395, 398 f; *Kraft* FS Kummer S. 389 f).

Soweit GWB und UWG oberhalb der im Kartellrecht fixierten Marktmachtgrenzen tatbestandlich in Berührung treten, ist die Gefahr einer Kollision der jeweiligen gesetzlichen Wertungen kaum gegeben. Dabei ist wiederum vorausgesetzt, daß beide Normkomplexe gleichermaßen den Schutz der Wettbewerbsfreiheit beinhalten, sich also exklusive Zuordnungen eines „Freiheitsschutzes" im GWB einerseits, eines „Lauterkeitsschutzes" im UWG andererseits a limine verbieten. Die dabei auftretende Normenkonkurrenz ist auch hier – wie in den Fällen der Sittenwidrigkeit gerade wegen eines GWB-Verstoßes – als echte **Anspruchskonkurrenz** zu begreifen[36]. Für eine insoweit befürwortete Sperrwirkung in Gestalt einer „materiellen (Wertungs-)Spezialität" des GWB aufgrund einer Posterioritätsderogation und aufgrund der Tatsache, daß das GWB „materiell konkreter gefaßt" sei[37], ist kein rechter Grund ersichtlich, weil die Wertungen des GWB bei der Interpretation der „guten Sitten" iS des § 1 UWG gerade hier einfließen, so daß materiell, wertungsmäßig, nur ein Gleichlauf von GWB und UWG die Konsequenz sein kann[38]. **E 24**

Keine Sperrwirkung des GWB gegenüber dem UWG besteht auch, jedenfalls prima facie, im umgekehrten Fall, in dem das GWB überhaupt seinerseits – wie im Merkmal der beabsichtigten „unbilligen" Beeinträchtigung nach § 26 Abs. 1 GWB – die UWG-rechtlich grundsätzlich negative Qualifizierung des Boykotts als sittenwidrig zu beachten zu haben scheint. Bei genauer Betrachtung handelt es sich methodisch freilich nicht eigentlich um eine Ausstrahlung spezifisch lauterkeitsrecht- **E 25**

[35] Im Ergebnis ebenso z. B. *Emmerich* § 5, 4 c bb; *v. Gamm* NJW 1980, 2489, 2492; *Hirtz* GRUR 1980, 93, 96; *Hönn* Die Bedeutung spezieller Normen für die Konkretisierung von Generalklauseln, am Beispiel des Wettbewerbsrechts, in: FS Mühl (1981) S. 309, 326 ff; *Knöpfle* Die marktbezogene Unlauterkeit (1983) S. 21 ff, 150 ff; *Lehmann* GRUR 1979, 368, 398; *Lindacher* Lockvogel- und Sonderangebote: rechtliche Grenzen selektiver Niedrigpreisstellungen (1979) S. 40 f; *ders.* BB 1975, 1311 ff; *Loewenheim* GRUR 1976, 224, 227; *Köhler* Wettbewerbs- und kartellrechtliche Kontrolle der Nachfragemacht (1979) S. 23; *Merz* Vorfeldthese S. 239 (mwN); *Mestmäcker* Verwalteter Wettbewerb S. 96, 143 ff; *Möschel* Pressekonzentration und Wettbewerbsgesetz (1978) S. 130 ff; *ders.* FS Locher S. 461, 471 f; *ders.* in: Immenga/Mestmäcker GWB² (1992) § 22 Rdn. 214; *Sachon* WRP 1980, 659, 665; *ders.* WRP 1982, 183, 187.

[36] Ebenso *Hefermehl* GRUR Int. 1983, 507, 512; *Hönn* Die Bedeutung spezieller Normen für die Konkretisierung von Generalklauseln, am Beispiel des Wettbewerbsrechts, in: FS Mühl (1981) S. 309, 324 f; *Mestmäcker* Verwalteter Wettbewerb S. 141; *Möschel* Pressekonzentration und Wettbewerbsgesetz (1978) S. 153; *ders.* in: Immenga/Mestmäcker GWB² (1992) § 22 Rdn. 211; *Ulmer* ZHR 146 (1982), 466, 485.

[37] So *Merz* Vorfeldthese S. 240 f; s. a. *Baudenbacher* GRUR 1981, 19, 26 f; *Raiser* GRUR Int. 1973, 443, 446; *K. Schmidt* Kartellverfahrensrecht S. 272, 405.

[38] S. a. *Tyllack* S. 183 ff (für § 26 II GWB).

licher Wertungen – solche gibt es nicht –, sondern um das Resultat teleologischer Auslegung, die sowohl kartell- als auch lauterkeitsrechtlich originär am Schutz der Wettbewerbsfreiheit ansetzt (s. Einl. E Rdn. 14 ff). **Entgegen der Einschätzung der Rspr.** (vgl. BGH WRP 1986, 261 ff – *Abwehrblatt II*) dreht man sich methodisch also im Kreis, wenn man bei der Auslegung des Merkmals „unbillig" in § 26 (nicht nur in dessen Abs. 1) GWB interpretative Anleihen bei der lauterkeitsrechtlichen Sittenwidrigkeit iS des § 1 UWG machen zu können glaubt.

E 26 Eine Schnittstelle von Kartell- und Lauterkeitsrecht kann sich schließlich in der Dogmatik des sog. **ergänzenden Leistungsschutzes** zeigen. Der Annahme eines den Gewerblichen Rechtsschutz mit seinen Exklusivrechten über § 1 UWG „ergänzenden Leistungsschutzes" wird dabei – gestützt auf § 20 GWB – die These entgegengesetzt, über den kartellrechtlich garantierten Wesensgehalt oder Kernbereich hinaus komme ein wettbewerbsrechtlicher Leistungsschutz nicht in Betracht (so *Martin* Imitationsanreiz S. 76, 104 ff). Unabhängig von dem zutreffenden Ausgangspunkt einer Wettbewerbsrechtsordnung, in der GWB und UWG als legislative Medien einheitlicher, auf Wettbewerbsfreiheit zielender Wertungen figurieren, ist doch sehr fraglich, ob vor diesem Hintergrund mehr oder weniger isoliert an § 20 GWB anknüpfende, dessen Zusammenspiel mit den §§ 15 und 18 GWB gar nicht thematisierende Gedankengänge tragfähig genug sind, um die Unzulässigkeit von **„Ersatz-Ausschließlichkeitsrechten"** darzutun (s. a. Einl. E Rdn. 34, 48 ff)[39].

III. Verhältnis zum Gewerblichen Rechtsschutz

1. Begriff, Umfang und Wesen des Gewerblichen Rechtsschutzes

E 27 Der im **deutschen Recht** (vgl. z. B. Artt. 73 Nr. 9, 96 Abs. 1 GG) sog. Gewerbliche Rechtsschutz umfaßt diejenigen Gesetze, die den Schutz des geistigen Schaffens auf gewerblichem Gebiet bezwecken. Der **internationale Sprachgebrauch** (vgl. z. B. § 1 Abs. 2 PVÜ) präferiert zur Bezeichnung des Schutzgegenstandes hingegen die Wendung „gewerbliches Eigentum", ein Begriff, der wegen des Sachbezuges des Eigentums (vgl. § 903 BGB) aber von vornherein schief ansetzt und für die deutsche Dogmatik deshalb wenig hilfreich ist.

E 28 Über den Umfang der dem Gewerblichen Rechtsschutz **zuzuordnenden Materien** besteht keine vollständige Einigkeit. Nach jetzt wohl allgemeiner Meinung zählen zum Gewerblichen Rechtsschutz jedenfalls das **Patent-** und **Gebrauchsmusterrecht** sowie das Kennzeichenrecht (insb. auch das Warenzeichenrecht), aber auch das **Geschmacksmusterrecht**[40].

E 29 Geteilt sind die Auffassungen zu einer **Einordnung insb. des Urheberrechts** in den Gewerblichen Rechtsschutz[41]. Das Urheberrecht an Werken der Literatur, Wissenschaft und Kunst sowie die ihm verwandten Schutzrechte (§§ 70 ff UrhG) zählen

---

[39] Mit ausführlicher Begründung ablehnend jedenfalls *Walch* S. 82 ff, der allerdings mit anderer Begründung zurecht einen ergänzenden Leistungsschutz weitgehend ablehnt.

[40] Vgl. *Baumbach/Hefermehl* Allg. Rdn. 91 unter Einbeziehung des Schutzrechts geistiger und gewerblicher Art an Topographien von mikroelektronischen Halbleitererzeugnissen nach dem HalbleiterschutzG vom 1. 11. 1987 (BGBl. I S. 2294 ff); *Fischer* Grundzüge des Gewerblichen Rechtsschutzes² (1986) § 1 II, III (unter Einbeziehung des Sortenschutzes); *Hubmann* Gewerblicher Rechtsschutz⁵ (1988) § 1 II; *Martin* Imitationsanreiz S. 3 ff.

[41] Dafür insb. schon *Elster* Urheber- und Erfinder-, Warenzeichen- und Wettbewerbsrecht (Gewerblicher Rechtsschutz)² (1928) S. 3 ff; ihm vorsichtig zustimmend z. B. *Rittner*⁴ (1993) § 1 C II 2; **a. A.** etwa *Hubmann* Gewerblicher Rechtsschutz⁵ (1988) § 1 II.

nicht zu den gewerblichen Schutzrechten, wenn man darauf abstellt, daß – im Gegensatz zu Patent-, Muster- und Zeichenrecht – für urheberrechtliche Werke deren gewerbliche Verwertbarkeit keine Schutzvoraussetzung ist. Betrachtet man allerdings die tatsächliche Bedeutung des Urheberrechts für die gewerbliche Verwertung, so wirkt dieses auf die Rechtstatbestandlichkeit abhebende Abgrenzungskriterium ziemlich formal. Die enge sachliche Verwandtschaft des Urheberrechts mit den Materien, die dem Gewerblichen Rechtsschutz zuzuordnen sind, zeigt sich hingegen in ihrer gemeinsamen Rolle als zumindest temporär wirksames Instrument des Marktausschlusses potentieller Konkurrenten[42]. Für das Urheberrecht wird dieser negative Wettbewerbseffekt vor allem hinsichtlich des Schutzes von Computerprogrammen praktisch. Für die **materielle Teilhabe des Urheberrechts am Gewerblichen Rechtsschutz** spricht ferner die sachliche Nähe des Urheberrechts zu dem Geschmacksmusterrecht (vgl. nur § 1 GeschmMG und das dortige Merkmal „Urheber")[43], das seinerseits jedenfalls heute und international dem Gewerblichen Rechtsschutz (bzw. dem „gewerblichen Eigentum") zuzurechnen ist[44].

Zweifelhaft ist ferner, ob das **Lauterkeitsrecht selber** zum Gewerblichen Rechtsschutz zu zählen ist. Die wohl hM bejaht dies mit der Begründung, das den Gewerblichen Rechtsschutz begriffliche konstituierende Moment liege im Schutz des gewerblichen Schaffens, der gewerblichen Leistung, und eben dies sei auch der Leitgedanke des Lauterkeitsrechts[45]. **E 30**

Dieser Standpunkt begegnet aber **erheblichen Bedenken.** Schon nach seiner formalen Struktur hebt sich das Lauterkeitsrecht sehr deutlich vom Patentrecht, Gebrauchsmusterrecht etc. ab, insofern hier eben keine absolut-rechtlichen Positionen definiert und zugewiesen, sondern Verhaltensstandards normiert werden. Inhaltlich spricht gegen eine Einbeziehung, daß die rechtliche Gewährleistung von Besitzständen via absoluter Rechte vom gedanklichen Ansatz her wettbewerblich gerade kontraproduktiv ist und deshalb der Gewerbliche Rechtsschutz in einem dem Wettbewerbsrecht in einer Marktwirtschaft eigentlich gegenläufigen Prinzip gründet. Schließlich zeichnen sich Patentrecht, Gebrauchsmusterrecht etc. durch eine rein individualrechtliche Substanz aus. Anders als das Lauterkeitsrecht zielt der Gewerbliche Rechtsschutz gerade nicht, auch nicht als Nebeneffekt, auf den Schutz des Wettbewerbs als Institution und marktwirtschaftlichen Gesamtmechanismus. Das UWG und seine Nebengesetze können mithin nicht ihrerseits als Teil des Gewerblichen Rechtsschutzes gelten (so im Ergebnis auch *Rinck/Schwark* Rdn. 660). **E 31**

Gemeinsam ist Patent-, Muster-, Zeichen- und Urheberrecht, daß sie in Form **absoluter Rechte** immaterielle Güter unter Zubilligung von verwertungs- und ggf. persönlichkeitsrechtlichen Befugnissen schützen. Diese Immaterialgüterrechte genießen **verfassungsrechtlichen Eigentumsschutz, deliktsrechtlichen Schutz** als sonstige Rechte iS des § 823 Abs. 1 BGB und sind Ausfluß von Schutzgesetzen iS des § 823 Abs. 2 BGB. Angesichts ihrer umfassenden Sonderregelungen, die den allgemeinen Vorschriften der unerlaubten Handlung grundsätzlich vorgehen, kommt der Sonderschutzrechtsverletzung als unerlaubter Handlung nicht allzu große Bedeutung zu. **E 32**

[42] *Emmerich* § 9, 1; *Fikentscher* Wettbewerb S. 148; *Schünemann* S. 103 f.

[43] Einen nur graduellen Unterschied sehen auch *Baumbach/Hefermehl* Allg. Rdn. 98.

[44] *Hubmann* Gewerblicher Rechtsschutz[5] (1988) § 1 I 2; s. a. HdbWR/*Schmidt-Diemitz* § 42 Rdn. 1.

[45] *Baumbach/Hefermehl* Allg. Rdn. 96; *Fischer* Grundzüge des Gewerblichen Rechtsschutzes[2] (1986) § 1 III 6; *Hubmann* Gewerblicher Rechtsschutz[5] (1988) § 1 II 4.

Wichtig ist der Rückgriff, wo die Sonderregelung fehlt, so im Blick auf die Verjährungsregelung[46], auf allgemeine Haftungsvorschriften wie z. B. § 827 BGB, auf den Gerichtsstand des Begehungsortes einer unerlaubten Handlung nach § 32 ZPO sowie auf die Anknüpfung für internationale Zuständigkeitsfragen und schließlich im Blick auf Kollisionsnormen des internationalen Privatrechts.

E 33 Gemeinsam ist den immaterialgüterrechtlichen Sondergesetzen auch die Tatsache, daß sie Ausdruck einer grundlegenden und damit abschließend zum Ausdruck gebrachten gesetzgeberischen Interessenabwägung sind zwischen dem Interesse der Allgemeinheit an einer ungehinderten Nutzung des Fortschritts in Wissenschaft und Technik einerseits sowie andererseits dem Interesse des Leistungsträgers an einem möglichst langen und umfassenden Verwertungsmonopol an seinem oft mit Mühe und Kosten geschaffenen Leistungssubstrat. Der Gesetzgeber hat diesen Interessenkonflikt durch Zubilligung eines regelmäßig sachlich, zeitlich und örtlich begrenzten Ausschließlichkeitsrechtes des Leistungsträgers gelöst. Im Umkehrschluß folgt daraus die grundsätzliche Freiheit, die Leistung des anderen zu übernehmen und nachzuahmen, wo der Sonderrechtsschutz örtlich, zeitlich und umfangmäßig endet. Diese Abwägung des Gesetzgebers darf weder durch Privatautonomie noch bürgerliches oder wettbewerbliches Recht abgeändert werden. Es besteht insoweit **Vorrang** im Verhältnis zu UWG und BGB[47].

2. Eckdaten des Gewerblichen Rechtsschutzes

E 34 Neben grundlegenden Gemeinsamkeiten weisen die im Begriff des Gewerblichen Rechtsschutzes aufgehobenen Immaterialgüterrechte eine Vielzahl wesenseigener Besonderheiten auf, d. h. Unterschiede in Schutzgegenstand, Entstehungsvoraussetzungen sowie Schutzumfang. Sie schließen sich deshalb weder untereinander aus noch besteht ein Subsidiaritätsverhältnis[48]. Das Erfassen der rechtlichen Charakteristik dieser **Leistungsschutzrechte** ist notwendig, soweit auf sie keine Argumentationen im Zusammenhang mit § 1 UWG gestützt werden dürften, um über einen Sittenverstoß konstruierte **„Ersatz-Ausschließlichkeitsrechte"** zu unterbinden (*Walch* S. 6 ff; s. a. Einl. E Rdn. 26, 48 ff). Im Überblick lassen sich die Eckdaten des gewährten Sonderschutzes wie folgt skizzieren:

E 35 a) **Patentrecht.** Maßgebende Rechtsquelle für die seit 1. 1. 1981 eingereichten Patentanmeldungen ist das PatG vom 16. 12. 1980 (BGBl. 1981 I, 1)[49].

Die Schutzdauer beträgt 20 Jahre, die mit dem auf die Patentanmeldung folgenden Tag beginnen, § 16 PatG. Patentfähig sind nur neue technische, gewerblich anwendbare Erfindungen, §§ 1, 3–5 PatG. Mit Vollendung der Erfindung steht dem Erfinder ein Erfinderrecht auf Anmeldung und Erteilung des Patents zu, das jedoch kein Recht auf Alleinbenutzung umfaßt (*Baumbach/Hefermehl* § 1 Rdn. 572). Die gesetzlichen Wirkungen des (subjektiven) Patentrechts – insb. Zuweisung einer absolut-rechtlichen Position – treten erst mit Veröffentlichung der Patenterteilung ge-

---

[46] S. dazu beiläufig *Baumbach/Hefermehl* Einl. UWG Rdn. 346, 347, die entgegen der hM die Verjährungsfrist des § 21 UWG auf das Zeichenrecht anwenden wollen; *v. Gamm* Kap. 9 Rdn. 3.

[47] *Baumbach/Hefermehl* § 1 Rdn. 439; *v. Gamm* Kap. 9 Rdn. 9; HdbWR/*Schmidt-Diemitz* § 42 Rdn. 1 und 2.

[48] *V. Gamm* Kap. 9 Rdn. 8.

[49] Rechtsquellenangabe hier und im folgenden ohne spätere Gesetzesänderungen. Hinsichtlich der für frühere Anmeldungen geltenden anderen Fassungen vgl. *v. Gamm* Kap. 9 Rdn. 14.

mäß § 58 Abs. 1 Satz 3 PatG ein. Der Erteilung des Patents geht eine eingehende Prüfung der formellen und materiellen Voraussetzungen durch das Patentamt voraus, § 49 PatG.

b) **Gebrauchsmusterrecht.** Maßgebliche Rechtsquelle ist das GebrMG in der neu bekanntgemachten Fassung vom 28. 8. 1986 (BGBl. I, 1455). **E 36**

Die Schutzdauer beträgt 3 Jahre, deren Verlauf mit dem auf die Anmeldung folgenden Tag beginnt. Es besteht eine Verlängerungsmöglichkeit von zunächst 3 Jahren, sodann von jeweils 2 Jahren bis auf höchstens 10 Jahre, § 23 GebrMG. Gebrauchsmusterfähig sind nur neue, erfinderische und gewerblich anwendbare Raumformkombinationen, die dem Arbeits- oder Gebrauchszweck durch neue Gestalt, Anordnung oder Vorrichtung dienen, also Arbeitsgerätschaften oder Gebrauchsgegenstände, §§ 1, 3 GebrMG. Das subjektive Gebrauchsmusterrecht entsteht mit Eintragung in die Gebrauchsmusterrolle durch das Patentamt, wobei nur die formellen Eintragungsvoraussetzungen geprüft werden, §§ 8, 11 GebrMG. Die Prüfung der materiellen Voraussetzungen bleibt dem Verletzerprozeß vorbehalten.

Zwischen Gebrauchsmuster- und Patentrecht besteht ein enger, wesensmäßiger Zusammenhang. Allerdings ist für das Gebrauchsmuster nicht die Erfindungshöhe des Patents notwendig. Gewährt werden mit absoluter Ausschlußwirkung gegenüber Dritten, d. h. unabhängig davon, ob eine subjektive Benutzung vorliegt, bestimmte, gesetzlich näher umschriebene Verwertungsformen. Im Grundsatz handelt es sich um das alleinige Recht, den Gegenstand der Erfindung (Musters) gewerbsmäßig herzustellen, in Verkehr zu bringen, feilzuhalten oder zu gebrauchen, §§ 9 PatG, 11 GebrMG. **E 37**

c) **Urheberrecht.** Maßgebliche Rechtsquelle ist das UrhG vom 9. 9. 1965 (BGBl. I, 1273), daneben gilt das **KunstUrhG** vom 9. 1. 1907 in Hinblick auf den Schutz von Bildnissen, §§ 22 ff KunstUrhG, noch fort. Das regelmäßige Erlöschen des Urheberrechts erfolgt 70 Jahre nach dem Tod des Urhebers, §§ 64 ff UrhG. Gegenstand des Urheberrechts ist die eigenschöpferische, geistig immaterielle Werkschöpfung der Literatur, Wissenschaft und Kunst, auch wenn sie nicht gewerblich verwertbar ist. Notwendig sind individuelle Prägung und besonderer ästhetischer Gehalt des Werkes, dessen Schutz mit Werkschöpfung entsteht. **E 38**

Das Urheberrecht gewährt im Gegensatz namentlich zum Patent- und Gebrauchsmusterschutz ein umfassendes, d. h. ein nicht auf bestimmt umschriebene Verwertungsformen beschränktes Ausschließlichkeitsrecht. Andererseits beschränkt sich der Schutz, wieder im Gegensatz zum Patent- und Gebrauchsmusterrecht, auf eine subjektiv und objektiv vorliegende Benutzung als Vorlage (sog. **Nachbildung**). Zufällige Übereinstimmung in Form der unbewußten **Nachschöpfung** wird nicht erfaßt. Es besteht mithin keine völlige Ausschlußwirkung (*Baumbach/Hefermehl* Allg. Rdn. 97, § 1 Rdn. 575, 579).

In den §§ 70 ff UrhG wurde in Form von sog. **verwandten Schutzrechten** wissenschaftlichen Ausgaben, nachgelassenen Werken, Photographien, Darbietungen ausübender Künstler, Veranstaltern von Darbietungen, Herstellern von Tonträgern, Sendeunternehmen, Film- und Laufbildherstellern Sonderrechtsschutz gewährt. Damit wurde eine Lücke beseitigt, die die Rechtsprechung zuvor unter dem Gesichtspunkt der unmittelbaren Ausnutzung fremder Leistung durch das UWG zu schließen versuchte. Gewährt wird ein ausschließliches, jedoch regelmäßig nur auf bestimmte Befugnisse begrenztes Recht. Aus dem Bereich dieser verwandten Schutzrechte können wohl nur der Photographieschutz sowie der Schutz wissenschaftlicher Ausgaben und nachgelassener Werke (§§ 70–72 UrhG) wesensmäßig **E 39** zu den eigentlichen Urheberrechten gezählt werden (vgl. *v. Gamm* Kap. 9 Rdn. 6 f). Die übrigen dort genannten Sonderrechte beinhalten einen urheberrechtlich unspezifischen Leistungsschutz zugunsten vermögens- und persönlichkeitsrechtlicher Belange.

E 40 d) **Geschmacksmusterrecht.** Ursprüngliche Rechtsquelle ist das GeschmMG vom 11. 1. 1876 (RGBl. 11).

Die Schutzdauer beläuft sich auf 5 Jahre, beginnend mit dem auf die Anmeldung folgenden Tag. Vorgesehen ist eine Verlängerungsmöglichkeit um jeweils 5 Jahre bis auf höchstens 20 Jahre, § 9 GeschmMG. Gegenstand des Geschmacksmusterrechts sind neue, eigentümliche, gewerblich verwertbare, geistig-ästhetische Formgestaltungen (flächenhafte Muster und plastische Modelle). Schutz wird gemäß § 7 GeschmMG durch Anmeldung zur Eintragung in das Musterregister erlangt, wobei das Patentamt allein die formellen Voraussetzungen vor der Eintragung prüft. Die Prüfung der materiellen Schutzvoraussetzungen bleibt wie beim Gebrauchsmuster dem Verletzerprozeß vorbehalten. Der Geschmacksmusterschutz wird nur gegen Nachbildung gewährt (zum Nachbildungsbegriff s. Einl. E Rdn. 38).

E 41 Zwischen Urheber- und Geschmacksmusterrecht bestehen ähnlich enge wesensmäßige Bezüge wie zwischen Patent- und Gebrauchsmusterrecht. Während Patent- und Gebrauchsmusterrecht gleichermaßen technische Leistungen schützen, bezieht sich das Geschmacksmusterrecht anders als das Urheberrecht aber speziell auf eine gewerblich nutzbare ästhetische Leistung, die im übrigen vom Kunstwerk freilich nur durch den geringeren ästhetischen Gehalt, also nur graduell unterschieden ist. Diese substantielle Nähe drückt der Gesetzestitel deutlich aus, wenn er vom „Urheberrecht an Mustern und Modellen" spricht (*Baumbach/Hefermehl* Allg. Rdn. 98; *v. Gamm* Kap. 9 Rdn. 12).

E 42 e) **Kennzeichenrecht.** Maßgebliche Rechtsquelle für den zeichenrechtlichen Schutz von Waren- und Dienstleistungszeichen sowie Ausstattungen ist das WZG in der neu bekanntgemachten Fassung vom 2. 1. 1968 (BGBl. I, 29). Bemerkenswert ist für die Folgezeit die Neufassung des § 8 WZG durch das sog. Erstreckungsgesetz vom 23. 4. 1992 (BGBl. I, 938).

Die Schutzdauer beträgt 10 Jahre, deren Lauf mit dem auf die Anmeldung folgenden Tag beginnt. Es besteht eine Verlängerungsmöglichkeit um jeweils 10 Jahre ohne Höchstgrenze, § 9 WZG. Der Schutz entsteht für Waren- und Dienstleistungszeichen mit Eintragung in die Zeichenrolle beim Patentamt und gewährt ein Ausschließlichkeitsrecht auf Benutzung des **Zeichens** und gegen **Verwechselungsgefahr** im Gleichartigkeitsbereich; für **Ausstattungen** entsteht dieser Schutz mit **Verkehrsgeltung,** §§ 5, 15, 24, 25, 31 WZG.

E 43 Name, Firma, Unternehmensbezeichnungen sind über §§ 12 BGB, 16 UWG geschützt. Entwickeln sich Warenzeichen und Ausstattungen zu **Unternehmenskennzeichen,** so sind sie sowohl nach WZG als auch nach §§ 12 BGB, 16 UWG geschützt (dazu eingehend § 16 Rdn. 1 ff, 74 f; s. a. *Baumbach/Hefermehl* § 1 Rdn. 222 sowie § 16 Rdn. 7 f, 58, 59 a, 102, 112, 139, 147 f). In naher Zukunft ist mit einer völligen gesetzlichen Neuordnung des Kennzeichenrechts zu rechnen, nachdem die Existenz eines entsprechenden Arbeitsentwurfes des Bundesjustizministeriums für ein eigenes Gesetz über Kennzeichenrechte bekannt geworden ist.

3. Grundsatz und Grenzen der Nachahmungsfreiheit

E 44 Während die Immaterialgüterrechte die Frage entscheiden, ob und inwieweit dem Leistungsträger ein Auswertungsmonopol an der besonderen Leistung zusteht, ist es Aufgabe des UWG, sicherzustellen, daß die dort, wo der Sonderrechtsschutz zeitlich oder sachlich endet, grundsätzlich zulässige Benutzung der besonderen Leistung durch Dritte in lauterer Art und Weise, also in Form einer **Verwertungshandlung durch wettbewerbsgerechte Methoden,** stattfindet. Jenseits des Sonderschutzes gilt zwar der **Grundsatz der Übernahme-, Nachahmungs- und Annäherungsfreiheit.** Denn dem wirtschaftlichen, technischen und kulturellen Fortschritt einer Gesellschaft ist es nur dienlich, wenn auf den aktuellen Entwicklungsstand zurückgegriffen wird, wenn also das übernommen wird, was sich schon als gut oder erfolgreich erwiesen hat (grundlegend RGZ 73, 294 – *Schallplatten;* 109, 1 – *Siegfried-Möbel;* 120, 94 – *Huthaken;* 135, 385, 394 f – *Künstliche Blumen;* 144, 41 – *Hosenträger; Martin* Imitationsanreiz S. 10). Dies gilt insb. auch im technischen Bereich[50].

Der Grundsatz dieser Wettbewerbsfreiheit bedeutet aber nicht, daß bei der wettbewerblichen Aneignung fremder Bemühungen alles erlaubt ist. Eine solche Aussage kann dem Sonderrechtsschutz im Gegenschluß nicht entnommen werden. Entsprechend unterschiedlichem Ansatzpunkt und unterschiedlicher Aufgabenstellung von Sonderrechtsschutz und UWG können beide nebeneinander eingreifen. Dabei kann jedoch weder die Sonderrechtsschutzverletzung per se einen Wettbewerbsverstoß begründen noch eine sonderrechtlich zugelassene Drittbenutzung einem Wettbewerbsverstoß a limine entgegenstehen[51]. Vielmehr müssen für die **Wettbewerbswidrigkeit** generelle, außerhalb des Sonderschutzes liegende, **spezifisch wettbewerbliche Umstände** die Urteilsbasis bilden[52]. Als in Betracht kommend werden genannt z. B. nachahmungsbedingte Verwechselungsgefahr bezüglich der Warenherkunft, Rufausbeutung, planmäßige Behinderung oder Erschleichung der für eine Nachahmung erforderlichen Kenntnisse[53], ja sogar die durch Ersparnis eigener Aufwendungen ermöglichte Preisunterbietung durch den Imitator (OLG Nürnberg MuW 1930, 574 f; OLG Köln GRUR 1953, 297, 299 – *Zyklotest;* wohl auch BGH GRUR 1959, 240, 243 – *Nelkenstecklinge*; nicht zu rechtfertigen). **E 45**

Ist die Entstehung des Sonderschutzes klar umrissen und greift der Schutz wegen absoluter Ausschließlichkeit schon bei rein objektiver Nachahmung ein, wie z. B. beim Patentrecht, das vor Patenterteilung sogar in seinen materiellen Voraussetzungen geprüft wird, so kommt UWG-Ansprüchen mit ihrem diffizilen Tatbestand für den Schutzrechtsinhaber allerdings von vornherein **keine praktische Bedeutung** zu (*Baumbach/Hefermehl* § 1 Rdn. 573; *v. Gamm* Kap. 9 Rdn. 17; Kap. 21 Rdn. 58; HdbWR/*Schmidt-Diemitz* § 42 Rdn. 54). **Anders** ist die Sach- und Rechtslage, wenn die Feststellung der Voraussetzungen des Sonderschutzes und seiner Verletzung größere Schwierigkeiten bereitet, wie dies im Urheber- und Geschmacksmusterrecht[54] der Fall sein kann. **E 46**

---

[50] Zur gelegentlich in Frage gestellten Gleichbehandlung von technischer und nicht technischer Leistung s. *Martin* Imitationsanreiz S. 12 f mwN.

[51] BGH GRUR 1986, 454, 456 – *Bob Dylan;* – kritisch hierzu *Krüger* GRUR 456 ff; zum Sonderfall der sog. patentamtlosen Zeit vgl. *v. Gamm* Kap. 21 Rdn. 2; *Walch* S. 46 f.

[52] In Betracht kommen etwa Herkunftstäuschung und Vertrauensbruch; vgl. *Baumbach/Hefermehl* § 1 Rdn. 442, 449; *v. Gamm* Kap. 9 Rdn. 9, 21, 16, 33, 37 f; Kap. 31 Rdn. 3, 9; HdbWR/*Schmidt-Diemitz* § 42 Rdn. 4 f, 42 f, 80 f, eingehend *Martin* Imitationsanreiz S. 11 ff.

[53] Eingehende Darstellung und zahlreiche Nachweise dieser von der hM anerkannten Sittenwidrigkeitskriterien bei *Walch* S. 33 ff.

[54] BGH GRUR 1957, 291, 294 – *Europapost;* 1984, 597 – *vitra programm;* BGH WRP 1976, 370, 371 – *Puderdose; Baumbach/Hefermehl* § 1 Rdn. 578, die es zutreffend als bedenklich beanstanden, eine Verurteilung nur nach UWG zu treffen und von der Entscheidung urheberrechtlicher Fragen abzusehen, vgl. hierzu BGH GRUR 1969, 413 – *Angélique II* mit kritischer Anm. *Bielenberg;* HdbWR/*Gloy/Harte-Bavendamm* § 42 Rdn. 130, 140.

E 47 Für das **Kennzeichenrecht** gilt uU hierbei eine **Besonderheit.** Betrachtet man das Zeichenrecht als Teil des Wettbewerbsrechts, so folgt aus dieser Zugehörigkeit, daß dem UWG nicht nur die Funktion des ergänzenden Schutzes, sondern auch einer Begrenzung zukommt. So soll unter besonderen Umständen die planmäßige Entwicklung eines Warenzeichens zur berühmten Marke andere Zeichen sittenwidrig beeinträchtigen[55].

E 48 In dem potentiell gleichzeitigen Eingreifen mit anderer Zielrichtung und weitergehenden bzw. andersartigen Tatbestandsvoraussetzungen kommt dem UWG eine systematisch den Gewerblichen Rechtsschutz unproblematisch **ergänzende Schutzfunktion** zu. Dieser Ergänzungsschutz des UWG paßt sich dergestalt an, daß nur die unlautere Benutzungsmethode ausgefiltert wird, wo der Sonderschutz nicht gegeben ist (weil noch nicht entstanden, verabsäumt, ausgelaufen) oder in seinen Voraussetzungen wegen der Art bzw. mangels Qualität der Leistung überhaupt nicht zutrifft sowie dort, wo der Sonderschutz für eine Leistung gegeben ist, aber in seinem Ausschließlichkeitsgehalt nicht tangiert, also nicht verletzt wird. Ausgeschaltet wird allein die unzulässige Methode, nicht andere denkbare, zulässige Benutzungsweisen, so daß die vom Sonderrechtsschutz festgelegte Grenze, jenseits der die zulässige Benutzung beginnt, erhalten bleibt. Lediglich dort, wo ohne unlautere Begleitumstände eine Nutzung der fremden Leistung nicht möglich ist, könnte das UWG faktisch zu einem Schutz des Leistungsergebnisses selbst führen.

E 49 **Entgegen der bisher hM**[56] ist hinsichtlich der Bejahung einer solchen Konstellation aber **äußerste Zurückhaltung** geboten, wenn das Prinzip eines eben nur begrenzten Sonderrechtsschutzes nicht erodiert und zugleich das Lauterkeitsrecht als aufgabengemäß wettbewerbsproduktiver Normkomplex nicht denaturiert werden soll[57]. Denn der hier vornehmlich zur Begründung wettbewerbsrechtlicher Sittenwidrigkeit bemühte Gesichtspunkt der „Ausbeutung" beispielsweise einer markterschließenden Pionierleistung oder einer auf Ergänzungs- und Fortsetzungsbedarf (Ersatzteile) zugeschnittenen Produktion ist vor dem Hintergrund eines neoklassisch-freiheitsbasierten Wettbewerbskonzepts (dazu Einl. A Rdn. 28 ff) von vornherein suspekt[58]. Im Grunde wird damit nämlich nur schlecht kaschiert eine (temporäre) reichsgerichtliche Rechtsprechung fortgeführt, die – ausgehend von Überlegungen zu wirtschaftlichem Anstand und zur Wirtschaftsethik – über § 1 UWG subjektive Unlauterkeitsmerkmale zum maßgeblichen Kriterium machen oder eine Korrelation zwischen Aufwand einerseits und Ertrag andererseits normativ festschreiben wollte, weil der Pionier durch den Nachahmer nicht um die „Früchte seiner Arbeit" gebracht werden dürfe[59]. Dieser Gedanke läßt sich nun unter dem

---

[55] BGH GRUR 1958, 233, 235 – *Mit dem feinen Whipp;* 1960, 144 – *Bambi; Baumbach/Hefermehl* Allg. Rdn. 101; *v. Gamm* Kap. 4 Rdn. 2, Kap. 21 Rdn. 57; HdbWR/*Greuner/Schmidt-Diemitz* § 4 Rdn. 15, § 42 Rdn. 105; *Schroeter* WRP 1968, 125.

[56] Vgl. BGHZ 50, 125 – *Pulverbehälter;* BGH GRUR 1958, 354, 356 – *Sherlock Holmes;* 1981, 517 – *Rollhocker; Baumbach/Hefermehl* § 1 UWG Rdn. 438, 439, 483, 572, 575, 576, 579; *v. Gamm* GRUR 1978, 453; *ders.* Kap. 9 Rdn. 9, 13, 17, Kap. 21 Rdn. 3; *Nirk* GRUR 1993, 247 ff; *Sack* FS Voyame, Lausanne (1989), 225, 227 ff mzN; HdbWR/*Schmidt-Diemitz* § 42 Rdn. 2–4.

[57] *Baumann* WRP 1975, 693, 699 ff; *Hellenschmidt* S. 94 f, 129; *Rehbinder* FS Roeber 1982, 321, 328; *Vierheilig* GRUR 1977, 704. *Walch* passim, z. B. S. 96 ff, 151 ff. Von der Gegenposition aus im Ergebnis ebenso *Fezer* WRP 1993, 63 f: Rspr. mache mit dem Postulat der Nachahmungsfreiheit letztlich nicht ernst; allerdings sei gerade dieser Ausgangspunkt verfehlt.

[58] *Martin* Imitationsanreiz S. 2; *Tetzner* NJW 1962, 1087, 1089; *Schünemann* S. 103.

[59] Insoweit ist *Kur* GRUR 1990, 1 f und *Müller-Laube* ZHR 156 (1992), 480, 486 f zuzustimmen. Zur genannten Rspr. vgl. RGZ 73, 294 – *Schallplatten;* 111, 254 – *Käthe Kruse-Puppen;* 115, 180 – *Puppenjunge;* s. a. KG GRUR 1925, 40 – *Multigraph;* aus dem Schrifttum *Smoschewer* GRUR 1929, 381. Den Wendepunkt der

Rubrum „Schutz des Leistungswettbewerbs" im Rahmen des § 1 UWG nur zur Geltung bringen, wenn man dabei diesen Begriff im Kern eben doch auf jenen moralisierenden Gehalt der reichsgerichtlichen Judikatur zurückführt[60]. Denn jedenfalls in einer wettbewerblich determinierten Marktwirtschaft kann es prinzipiell auch bei höchster Leistung nur Ertragschancen, nicht jedoch Ertragsgarantien geben, so frustrierend dies im Einzelfall auch sein mag[61]. Von daher ist die **Tendenz** zumindest der **Judikatur,** die Nachahmungsfreiheit letztendlich überhaupt unter den Vorbehalt eines „sachlich anzuerkennenden Grundes" zu stellen[62], **entschieden abzulehnen**[63].

In einem spezifisch ökonomisch-wettbewerblich geprägten Argumentationskon- **E 50**
text wird das Anliegen, die Nachahmungsfreiheit zu verkürzen, nicht dadurch legitimiert, daß mit der Gefährdung von Vorsprungsgewinnen die Verminderung von Innovationsanreizen und dadurch eine auch institutionelle Gefährdung des Wettbewerbs behauptet wird[64]. Wettbewerbstheoretisch betrachtet liegt zwar in der Tat in der Aussicht auf Vorsprungsgewinne des Pioniers gerade eine jener Triebfedern, die den Wettbewerb als Prozeß überhaupt in Gang setzt und in Gang hält, dies jedoch nur solange, wie **wettbewerbliche Vorsprünge** durch den Einsatz **ökonomischer, nicht rechtlich-prohibitiver Aktionsparameter** verteidigt werden. Die **Antagonisten Innovation und Imitation** sind wettbewerblich also **gleichermaßen essentiell (a. A.** *Fezer* WRP 1993, 63 f: Vorrang des Innovationsschutzes geboten); erst in ihrer immerwährenden, wechselseitig zerstörerischen Abfolge kann sich die gesamtwirtschaftliche Produktivität des Wettbewerbs als Fortschritt grundsätzlich enfalten[65].

Rechtsprechung, die nach heftigen Angriffen (vgl. nur *Benjamin* GRUR 1926, 186 und 565) zumindest verbal wieder auf dem Grundsatz der Nachahmungsfreiheit einschwenkte, markieren RGZ 120, 94 – *Huthaken;* RG MuW 1929, 221 – *Spielzeugscheibe.* S. a. LG Berlin GRUR 1927, 817 – *Opelwagen.* Zur BGH-Rechtsprechung vgl. hier einerseits (Irrelevanz des Mühe- und Kostenarguments) z. B. BGH GRUR 1953, 40 f – *Gold-Zack; 1966, 503, 507 f – Apfelmadonna,* andererseits BGH GRUR 1973, 478, 480 – *Modeneuheit;* WRP 1976, 370 f – *Ovalpuderdose;* 1992, 466, 468 – *Pullovermuster.* S. a. LG Hamburg NJW 1990, 1610 f – *Softwareimitation.* WNw bei *Walch* S. 46.

60 BGH GRUR 1973, 478, 480 – *Modeneuheit;* 1984, 453 f – *Hemdblusenkleid;* noch entschiedener *Fezer* WRP 1993, 63 f: „Schutz der unternehmerischen Leistung" sei „originäre Aufgabe des Wettbewerbsrechts". Aufschlußreich ist allein schon der hier eingeführte Begriff des „Trittbrettfahrers", des „Schmarotzens an fremder Leistung" (s. a. *Baumbach/Hefermehl* Einl. UWG Rdn. 163) oder der „Schmarotzerkonkurrenz" (*Sack* FS Voyame, Lausanne (1989), 225, 228 Fn. 15).

61 So auch das angesichts der in praxi angenommenen großen Bandbreite des „ergänzenden Leistungsschutzes" einigermaßen überraschende Credo der hM (s. z. B. BGHZ 1, 10 – *Hummelfiguren I;* 35, 341, 348 – *Buntstreifensatin I;* 50, 125, 131 – *Pulverbehälter;* BGH GRUR 1953, 40 – *Goldzack;* 1954, 337 – *Radschutz;* 1960, 168 f – *Modeneuheit;* 1960, 244 – *Simili-Schmuck;* 1961, 581, 583 – *Hummelfiguren II;* 1967, 315, 317 – *skai cubana;* 1970, 244 f – *Spritzgußengel;* 1976, 434 – *Merkmalklötze;* 1980, 235, 238 – *Play Family;* 1986, 673 – *Beschlagprogramm; Baumbach/Hefermehl* § 1 Rdn. 438 ff, 440; *Hubmann* GRUR 1975, 236; *Hamann* GRUR 1961, 171; HdbWR/*Schmidt-Diemitz* § 42 Rdn. 2 f; *Ulmer/Reimer* Rdn. 266 ff.

62 OLG Hamburg GRUR 1984, 139 – *Garnierschneider.* Zu diesem Trend der Rspr. s. a. HdbWR/*Schmidt-Diemitz* § 42 Rdn. 6.

63 Eingehend *Martin* Imitationsanreiz S. 37 ff, 51 f, 85, 105 ff. Beachtlich schon – allerdings von einem moralisierenden Verständnis der guten Sitten ausgehend – *Schroeter* GRUR 1949, 289; s. a. *Benjamin* GRUR 1925, 36 und 111; 1926, 186.

64 S. bereits RGZ 120, 94 – *Huthaken;* sodann BGH GRUR 1966, 617, 620 – *Saxophon;* 1972, 189 ff – *Wandsteckdose;* BGHZ 60, 168 – *Modeneuheit; Gewiese* GRUR 1935, 633, 635; *ders.* GRUR 1936, 294, 296; *Hubmann* GRUR 1975, 230, 236 f; *Luchterhand* GRUR 1959, 592; *Nerreter* GRUR 1957, 534; *Osterried* GRUR 1935, 132; *Reimer* GRUR 1933, 454; *Schramm* WuW 1956, 199, 205; *Seligsohn* GRUR 1926, 248; *Smoschewer* 1929, 381, 384; *Spengler* WuW 1955, 599; aus neuerer Zeit etwa *Quiring* WRP 1985, 684, 687 f.

65 *Arndt* Schöpferischer Wettbewerb und klassenlose Gesellschaft (1952) S. 35 ff; *Groh* Jura 1984, 586, 589 f; *Heuß* Allgemeine Markttheorie (1965) S. 110 ff; *Meyer-Cording* WuW 1962, 462; *Schumpeter* Kapitalismus, Sozialismus und Demokratie (1950), passim. Insoweit wirt-

Zu bedenken ist schließlich, daß die Anerkennung eines „ergänzenden Leistungsschutzes" durch Lauterkeitsrecht angesichts von § 20 GWB intolerable Spannungen zu den kartellrechtlichen Wertungen schaffen kann[66].

E 51 Soweit parallele Ansprüche aus Sonderrechtsschutz und UWG für den geschützten Leistungsträger überhaupt möglich erscheinen, ist jedenfalls für die **Aktivlegitimation** der Unterschied in den Zielrichtungen zu berücksichtigen. Während der Sonderrechtsschutz sich allein die Interessen des Leistungsträgers angelegen sein läßt, dient das UWG nicht nur seinem Schutz, sondern dem der Mitbewerber, der anderen Marktbeteiligten und dabei schließlich dem Institutionsschutz des Wettbewerbs (s. Einl. C Rdn. 17 ff). Es stellt sich hier also die Frage, inwieweit neben dem Leistungsträger auch weitere, nicht sondergeschützte Mitbewerber durch die **Leistungsübernahme** unmittelbar verletzt werden und damit UWG-Ansprüche, insb. aus § 1 UWG, erlangen können. In der Judikatur (BGH GRUR 1988, 620 f – *Vespa Roller*) wurde dazu die Überlegung aufgeworfen, aber nicht weiter verfolgt, die Aktivlegitimation von Ansprüchen aus ergänzendem Leistungsschutz in Parallele zu Individualansprüchen nach §§ 14 ff UWG zu regeln und § 13 Abs. 2 UWG nach seinem Sinn und Zweck für unanwendbar zu erachten, soweit nicht neben Individualinteressen des Betroffenen ausnahmsweise auch schützenswerte Belange der Wettbewerber oder der sog. Allgemeinheit berührt werden[67]. Denn der ergänzende Leistungsschutz diene häufig, ungeachtet seiner Entwicklung auf der Grundlage der Generalklausel des § 1 UWG, in seinem vorherrschenden Schwergewicht nicht dem Schutz des Wettbewerbs im allgemeinen, sondern Individualinteressen[68]. Dies wird übrigens teilweise auch ganz offen konzediert (BGH GRUR 1991, 223 f – *Finnischer Schmuck; Nirk* GRUR 1993, 247, 254).

E 52 Demnach ist grundsätzlich **allein der Sonderrechtsinhaber** zur Durchsetzung von Normen des Sonderrechtsschutzes und des UWG aktivlegitimiert (OLG Köln GRUR 1983, 517 – *Videofilme in Diskothek;* s. a. auch *Seifert* ZUM 1985, 81). Neben seinen UWG-Ansprüchen bedarf es für Ansprüche der nicht unter den Sonderschutz fallenden Dritten besonderer, die Unlauterkeit gerade auch aus deren Interessen heraus begründender Umstände. Dies wird man namentlich in den Fällen der Herkunftstäuschung annehmen können (z. B. Imitation namhafter Markenerzeugnisse, sog. **Markenpiraterie,** HdbWR/*Harte-Bavendamm* § 42 Rdn. 137), wobei dann kaum noch innerhalb des § 13 Abs. 2 UWG differenziert werden kann. Gerade auch im Punkt der Aktivlegitimation wird somit die viel tiefer ansetzende, ganz prinzipielle Problematik einer Interferenz von Gewerblichem Rechtsschutz und lauterkeitsrechtlichem Leistungsschutz erkennbar. Derartige, in den unterschiedlichen systematischen Prinzipien der Rechtsmaterien begründete Interferenzen sollten deshalb konzeptionell von vornherein möglichst vermieden werden.

---

schaftstheoretischen Argumenten distanziert gegenüberstehend *Walch* S. 92 ff. Noch zurückhaltender *Müller-Laube* ZHR 156 (1992), 480, 496: Nachahmungsfreiheit sei nur ein Ordnungsfaktor unter vielen im Rahmen der Wettbewerbsordnung, so daß schon ein Grundsatz der Nachahmungsfreiheit nicht anzuerkennen sei (aaO S. 484 f).

[66] Eingehend dazu *Martin* Imitationsanreiz S. 76, 104 ff; s. a. die Nachweise bei *Emmerich* in: Immenga/Mestmäcker GWB § 20 Rdn. 57; ausführliche Kritik bei *Walch* S. 81 ff.

[67] *Baumbach/Hefermehl* § 13 Rdn. 6 bezweifeln, ob eine Abgrenzung zwischen reinen Individualansprüchen und anderen Interessen durchführbar ist, da jedenfalls bei Verstoß gegen § 1 UWG das öffentliche Interesse generell bejaht werde.

[68] Zustimmend zur differenzierten Anwendung des § 13 Abs. 2 UWG auf die Fallgestaltungen der Generalklausel des § 1 UWG *Schricker* GRUR Int. 1973, 453, 458.

Ein gleichwohl befürworteter Leistungsschutz nach UWG bezieht sich dann jedenfalls auf alle Arten von Leistungen: technische oder ästhetische Erfindungen/Werke, Waren und ihre Ersatzteile, Waren- und Unternehmenskennzeichen, Ausstattungen, Aufführungen, Sendungen, Lichtbilder, Computerprogramme (Software) und Werbemaßnahmen (soweit es sich nicht bloß um eine abstrakte Idee, allgemeine Lehre, Stil handelt)[69]. **E 53**

Bei Beurteilung der wettbewerblichen **schutzwürdigen Eigenart** ergibt sich nach hM eine Wechselbeziehung zu den anderen unlauterkeitsbegründenden Merkmalen dergestalt, daß größere Eigenart des Leistungsergebnisses geringere Anforderungen an die sonstigen Umstände zuläßt wie umgekehrt geringere Eigenart bei besonderem Maß der Anstößigkeit der weiteren Umstände (z. B. Erschleichen, Geheimnisverrat) ausreicht[70]. **E 54**

Allerdings hat die **neuere Rechtsprechung** (BGHZ 50, 125, 131 – *Pulverbehälter; v. Gamm* Kap. 21 Rdn. 7) in Umkehr früherer Tendenzen klargestellt, daß selbst starke **subjektive Unlauterkeitsmomente** (Behinderungs-, Schädigungsabsicht, zielbewußtes, planmäßiges Vorgehen) **nicht ausreichend** sind, Wettbewerbswidrigkeit zu begründen, wenn der objektive Tatbestand, z. B. in Form einer Vielzahl von Nachahmungshandlungen, nicht erfüllt ist. Die Rechtsprechung ist damit auf dem richtigen Weg, weil subjektive Unlauterkeitsmomente in einem wettbewerbsfunktionalen, entmoralisierten Verständnis der „guten Sitten" überhaupt nicht anzuerkennen sind (vgl. Einl. D Rdn. 117 ff, 131 ff). **E 55**

IV. Verhältnis zum bürgerlichen Recht

1. Überblick

Das Lauterkeitsrecht hat sich – unbeschadet seiner Neufassung von 1909, also nach Inkrafttreten von BGB und HGB zum 1. 1. 1900 – unabhängig von diesen privatrechtlichen Kodifikationen entwickelt (dazu eingehend Einl. B Rdn. 1 ff). Die Klarstellung der **kodifikationsrechtlichen Bezüge des UWG** wurde in der legislativen Phase verabsäumt und ist bis heute von Rechtsprechung und Lehre nur unbefriedigend aufgearbeitet worden. **E 56**

Schon prima facie steht das **UWG** in **engstem Kontext** zum BGB. Vergleichsweise unproblematisch ist die Verzahnung, wo es zur Abwicklung lauterkeitsrechtlicher **Unterlassungs- und Schadensersatzverpflichtungen** oder etwa für die Berechnung der **Anspruchsverjährung** nach § 21 UWG des gedanklichen Rückgriffs auf das Allgemeine Schuldrecht und auf den Allgemeinen Teil des BGB bedarf. Entsprechendes gilt für **ZugabeVO** und **RabattG**. Doch ist zu beachten, daß für die **Schadensberechnung** schon die §§ 249 ff BGB spezifisch wettbewerbsrechtlich modifiziert und damit wiederum dogmatische Elemente des bürgerlichen Bereicherungsrechts kaschiert im Wettbewerbsrecht angesiedelt werden[71]. Neben dieser mehr rechtstechnischen Ergänzungsfunktion des BGB ergeben sich aber **äußerst strittige Konkurrenzfragen** zwischen den Tatbeständen des UWG und einer zumindest vordergründig parallelen **E 57**

---

[69] *Baumbach/Hefermehl* § 1 Rdn. 447; *v. Gamm* Kap. 21 Rdn. 15.

[70] *Baumbach/Hefermehl* § 1 Rdn. 451–455; *v. Gamm* Kap. 21 Rdn. 8, 9; HdbWR/*Schmidt-Diemitz* § 42 Rdn. 3.

[71] Vgl. *Däubler* JuS 1969, 49, 52 ff; *Erman/Westermann* BGB[8] (1989) § 812 Rdn. 88; *Jakobs* Eingriffserwerb und Vermögensverschiebung in der Lehre von der ungerechtfertigten Bereicherung (1964) S. 81 ff; zur Schadensberechnung vgl. eingehend Großkomm.-*Köhler* Vor § 13 B Rdn. 297 ff, 321 ff; *Kleinheyer* JZ 1970, 471.

Tatbestandsverwirklichung namentlich der §§ 823 ff BGB. Als Lösungsmodell kommt a priori einmal die echte, rechtlich autonome Heranziehung der verschiedenen Normkomplexe in Betracht (**Anspruchskonkurrenz**), zum zweiten die Verdrängung eines Normkomplexes zugunsten des anderen (**Gesetzeskonkurrenz**)[72]. Deliktsrechtliche Anleihen des Wettbewerbsrechts kommen möglicherweise im Hinblick auf §§ 827 f (Zurechnungsfähigkeit), 831 (Haftung für Verrichtungsgehilfen) BGB im Kontext mit lauterkeitsrechtlich begründeten Schadensersatzansprüchen in Betracht. Dies liegt jedenfalls dann nahe, wenn das Lauterkeitsrecht systematisch dem Recht der unerlaubten Handlungen zuzurechnen sein sollte (vgl. hier nur *v. Gamm* Kap. 8 Rdn. 1, 9 näher Einl. E Rdn. 64 ff).

E 58 Das Konkurrenzverhältnis zu den bürgerlich-rechtlichen Deliktsnormen wird jedenfalls von der **Rechtsprechung** nicht schlechthin im Sinne von Gesetzeskonkurrenz, also iS des Vorrangs der UWG-Regelungen verstanden. Vielmehr ist danach bei wettbewerblichem Handeln jeweils gesondert zu prüfen, ob dem Wettbewerbsrecht eine abschließende Regelung, etwa auch in bezug auf die Verjährung, zu entnehmen ist. Nach dieser Auffassung stehen §§ 824, 826 BGB, §§ 12/823 Abs. 1 BGB bezüglich des Namens- und Firmenrechts sowie § 823 Abs. 1 BGB betreffend dort geschützte Rechte und Rechtsgüter in **Anspruchskonkurrenz** zu den Wettbewerbsnormen, wobei für das Recht am eingerichteten und ausgeübten Gewerbebetrieb (kurz: Recht am Unternehmen) und hinsichtlich des allgemeinen Persönlichkeitsrechtes Ausnahmen gemacht werden. Anspruchskonkurrenz wird auch für § 823 Abs. 2 BGB i. V. mit Schutzgesetzen außerhalb des UWG, vor allen strafrechtlichen Tatbeständen, angenommen[73]. Hier wird kein Anlaß gesehen, Normverstöße im Rahmen bürgerlichen Deliktsrechts durch die gegenüber § 852 BGB kurze Verjährung des § 21 UWG zu begünstigen, nur weil zugleich noch Wettbewerbsrecht verletzt werde. Für das Namens- und Firmenrecht wird eine abschließende Sonderregelung im UWG unter dem Gesichtspunkt verneint, daß § 16 UWG in dem in seinem Schutzumfang weiterreichenden § 12 BGB aufgeht (*Baumbach/Hefermehl* § 16 Rdn. 7 f; vgl. hierzu Vor § 13 B Rdn. 247 f, § 16 Rdn. 19 ff).

E 59 Die **Verbotsnormen des UWG** werden von der Rechtsprechung grundsätzlich als **Schutzgesetze** jedenfalls für den Mitbewerber iS des § 823 Abs. 2 BGB gesehen, der als Anspruchsgrundlage praktisch aber ohne Bedeutung bleibt, da sich die Verjährung doch allein nach § 21 UWG bestimmen soll (BGH GRUR 1962, 310, 313, 314 – *Gründerbildnis;* 1964, 218, 219 – *Düngekalkhandel*). Zu der anderen Frage, ob ein Ersatzanspruch aus § 823 Abs. 2 BGB i. V. mit UWG-Regelungen als **Schutzgesetzen zugunsten des Verbrauchers** in Betracht kommt, sind die **Meinungen geteilt.** In der BGH-Entscheidung GRUR 1975, 150, 151 – *Prüfzeichen* (ebenso BGH NJW 1983, 2493, 2494) wurde § 13 Abs. 6 (früher Abs. 2) UWG als Sonderregelung bewertet, die die Anwendung des § 823 Abs. 2 BGB ausschließe (dagegen kritisch *Sack* NJW 1975, 1303; *Schricker* GRUR 1975, 111. Im Ergebnis hingegen der Rspr. zustimmend *Baumbach/Hefermehl* § 3 Rdn. 440, die den Schutzcharakter für Verbraucher zwar grundsätzlich bejahen, die Anwendung des § 823 Abs. 2 BGB aber mangels Lücke unter dem Gesichtspunkt des § 13 Abs. 2 Nr. 3 UWG ablehnen. S. a. § 13 a Rdn. 87 ff). Teilweise wird ganz entschieden die Schutzgesetzqualität des § 1

[72] S. a. *Katzenberger* Das Recht am Unternehmen und unlauterer Wettbewerb (1967) S. 132.

[73] **StRspr.**; grundlegend BGH GRUR 1962, 310, 313 f – *Gründerbildnis; Baumbach/Hefermehl* Vor §§ 14, 15 Rdn. 29 ff, § 16 Rdn. 5 ff; *v. Gamm* Kap. 8 Rdn. 8 ff; HdbWR/*Greuner/Melullis* § 4 Rdn. 24, § 20 Rdn. 4 ff; *Emmerich* § 17, 5 c.

UWG zugunsten der Verbraucher befürwortet (so z. B. *Herrmann* GRUR 1982, 395, 400 ff). Eine **Sonderstellung in der Konkurrenzfrage** nehmen §§ 823 Abs. 1/1004 BGB betreffend das **Recht am Unternehmen** ein (s. a. Einl. E Rdn. 68 f). Nach der **Rechtsprechung** kommt einer Anwendung im Wettbewerbsrecht seit BGHZ 36, 252, 256 f – *Gründerbildnis* **nur lückenfüllende Funktion** zu. Bei Überschneidung der Tatbestände unterliegen Unterlassungs- und Schadensersatzansprüche sonach jedenfalls der kurzen Verjährung nach § 21 UWG (BGH GRUR 1962, 310, 313, 314 – *Gründerbildnis;* 1964, 218, 219 – *Düngekalkhandel*). Die **Lehre** hingegen geht überwiegend vom **Zurücktreten des deliktischen Unternehmensschutzes** aus[74]. Ob überhaupt eine **Regelungslücke** angenommen werden kann, wenn eine Wettbewerbshandlung vorliegt, wird angezweifelt[75]. Die **Judikatur bejaht** eine regelungsbedürftige Lücke bei Wettbewerbshandeln hinsichtlich **unberechtigter Schutzrechtsverwarnungen,** wenn der Verwarner (Mitbewerber) – fahrlässig – das Nichtbestehen seines behaupteten Schutzrechtes nicht kannte[76]. **Ablehnend** ist dagegen die Einstellung der **Rechtsprechung** für den Rückgriff auf § 823 Abs. 1 BGB (Unternehmensschutz) bei unberechtigter **Abmahnung** von Wettbewerbsverstößen, da es an einem Schutzerfordernis fehle. Das ansonsten schon bei leichter Fahrlässigkeit begründete Haftungsrisiko wird unter dem Gesichtspunkt der Meinungsfreiheit des Abmahnenden grundsätzlich für nicht tragbar erachtet[77]. Des weiteren greift die wohl hM auf die Verletzung eines deliktsrechtlich geschützten Rechts am Unternehmen für den Schutz vor **Verwässerung** berühmter Warenbezeichnungen zurück, da bei branchenfremder Beeinträchtigung ihrer einmaligen Werbekraft einerseits **mangels Verwechslungsgefahr** § 16 Abs. 1 UWG nicht greife, andererseits der Schutz gegenüber unlauterer Behinderung nach § 1 UWG am mangelnden Wettbewerbsverhältnis scheitere[78]. Verwässerungsschutz für **berühmte Zeichen** (Marken) mit Namensfunktion wird – hinsichtlich Schadensersatzansprüchen – über §§ 823 Abs. 1 i. V. mit § 12 BGB (**Namensrecht** als „sonstiges Recht") gewährt[79].

---

[74] Ausführliche Darstellung des Meinungsstandes in Rspr. und Literatur bei *Scherer* WRP 1992, 607 ff (im Ergebnis ebenfalls mit dem Votum gegen den Schutzgesetzcharakter der §§ 1, 3 UWG). S. aber – auf der Grundlage der Lehre vom „Wirtschaftlichen Persönlichkeitsrecht" *Fikentscher* Bd. II § 22 XI 4 a ee.

[75] *Baumbach/Hefermehl* Allg. Rdn. 129 f; *Rittner*[4] (1993) § 1 C I 1 a; **a. A.** (also für Anspruchskonkurrenz) aber noch *Reimer/Pastor* Wettbewerbs- und Warenzeichenrecht[4] 3. Bd. (1966) S. 39, 215.

[76] BGHZ 2, 387, 393 – *Mülltonnen;* 28, 203 – *Eisbein;* zustimmend HdbWR/*Melullis* § 20 Rdn. 68; kritisch *Baumbach/Hefermehl* Allg. Rdn. 136 und § 14 Rdn. 8 ff mit ausführlichen Rechtsprechungsnachweisen, die § 1 UWG, bei Drittverwarnung auch § 14 UWG, für einschlägig halten. Zur Kritik an dem die Lücke bewirkenden Sittenwidrigkeitsverständnis des BGH, wonach grundsätzlich Kenntnis aller die Sittenwidrigkeit begründenden Tatumstände erforderlich ist, s. hier nur *Baumbach/Hefermehl* Einl. UWG Rdn. 128, 142; ebenso *Emmerich* § 7, 3 c.

[77] So z. B. BGH WRP 1965, 97, 99 – *Kaugummikugeln;* BGH GRUR 1985, 571, 573 – *Feststellungsinteresse;* OLG Hamm WRP 1980, 216, 218; zustimmend *Baumbach/Hefermehl* Einl. UWG Rdn. 559 und zum Anspruch aus § 678 BGB aaO Rdn. 560; HdbWR/*Melullis* § 20 Rdn. 66, zum Anspruch aus § 678 BGB aaO Rdn. 67; zu alledem eingehend Großkomm.-*Kreft* Vor § 13 C Rdn. 193 ff; zum Ersatzanspruch des unberechtigt Abgemahnten gemäß § 678 BGB vgl. Großkomm.-*Kreft* Vor § 13 C Rdn. 199 f.

[78] Vgl. *Baumbach/Hefermehl* § 1 Rdn. 230, § 16 Rdn. 61 unter Hinweis auf die verminderten Anforderungen der Rspr. zum Wettbewerbsverhältnis im Rahmen der Rufausbeutung (BGH GRUR 1983, 247 – *Rolls Royce;* 1985, 550 – *Dimple*) s. a. *Tilmann* GRUR 1985, 553 ff. Das auf fehlendes Wettbewerbsverhältnis gestützte Argument ist nach richtiger Ansicht freilich nicht stichhaltig, s. Großkomm.-*Schünemann* Einl. D Rdn. 214, 225 ff, 231; Einl. E Rdn. 71 ff.

[79] BGH GRUR 1959, 182, 186 – *QUICK;* 1960, 550, 553 – *Promonta;* 1990, 37, 39 – *Quelle;* zustimmend HdbWR/*Schultz-Süchting* § 62 Rdn. 9; kritisch *v. Gamm* Kap. 21 Rdn. 69 ff; *Bork* GRUR 1989, 725, 736 ff; *Emmerich* § 14, 6 f, die § 1 UWG anwenden wollen.

E 60 Eine Heranziehung des § 823 Abs. 1 BGB unter dem Gesichtspunkt der Verletzung des **allgemeinen Persönlichkeitsrechts** neben UWG-Normen kommt nach **hM grundsätzlich nicht in Betracht.** Soweit Teilregelungen bestehen, brauche auf das die gesetzlichen Regelungen nur ergänzende allgemeine Persönlichkeitsrecht ohnehin nicht zurückgegriffen werden (s. zu dieser Problematik auch § 16 Rdn. 20, 439 ff)[80]. § 823 Abs. 1 BGB (Allgemeines Persönlichkeitsrecht) kommt demnach – ähnlich wie beim deliktischen Schutz des Rechts am Unternehmen, zu dem eine Abgrenzung durchaus nicht immer eindeutig ist – **nur als Auffangtatbestand** Bedeutung zu[81]. Dabei denkt man an ehrschädigendes Handeln außerhalb eines sog. Wettbewerbsverhältnisses und im namens-/firmenrechtlichen Bereich an Verwendungsweisen eines Namens-/Unternehmenskennzeichens, die keinen namensrechtlichen Gebrauch iS des § 12 BGB beinhalten (*Baumbach/Hefermehl* Allg. Rdn. 132, 157 a, Vor §§ 14, 15 Rdn. 19, 19 b; *v. Gamm* Kap. 24 Rdn. 11, 14, Kap. 53 Rdn. 16, 17; vgl. dazu auch § 16 Rdn. 17, 24, 425). Für Anspruchskonkurrenz bleibt bei dieser Konzeption aber Raum hinsichtlich §§ 1, 14, 16 UWG einerseits, §§ 824, 826, 823 Abs. 2 BGB (i. V. mit § 12 BGB und vor allen strafrechtlichen Schutzgesetzen) andererseits.

E 61 Ebenso **umstritten** wie die systematischen Aspekte des Lauterkeitsrechts zum **bürgerlich-rechtlichen Deliktsrecht** sind für wettbewerbliche Eingriffe Möglichkeit und Umfang eines **bereicherungsrechtlichen Ausgleichs** und einer Haftung aus **angemaßter Geschäftsführung** (vgl. dazu näher Vor § 13 B Rdn. 352 ff; Rdn. 390 ff).

E 62 Schließlich bestehen Berührungspunkte zwischen Wettbewerbsrecht und **bürgerlich-rechtlichem Vertragsrecht,** etwa wenn sich die Frage der Wirksamkeit von Verträgen stellt (§§ 134, 138, 119, 123 BGB), die ihrerseits einen Verstoß gegen Wettbewerbsrecht darstellen (z. B. die **Bestechung** nach § 12 UWG), bzw. wenigstens begrifflich Voraussetzung eines solchen Verstoßes sind (vgl. für den **Kaufscheinhandel** nach § 6 b UWG den Vertrag zwischen dem Kaufscheinhändler und seinem Vertragslieferanten, sog. **Basisverträge**) oder die mit ihm anderweitig in (wirtschaftlichem) Zusammenhang stehen, wie dies bei Umsatzgeschäften infolge einer Wettbewerbsrechtswidrigkeit der Fall ist (sog. **Folgeverträge,** beim Kaufscheinhandel also zwischen Kaufscheinhändler und seinem Kunden).

E 63 Insgesamt ist zu beachten, daß die Schnittstellen mit dem bürgerlichen Recht – wie auch mit anderen Rechtsmaterien – stetig zunehmen müssen, weil der funktionale Anwendungsbereich des Lauterkeitsrechts (dazu *Schünemann* S. 34 ff) – definiert über das Handeln „im geschäftlichen Verkehr zu Zwecken des Wettbewerbs" – durch die dogmatische Entwicklung namentlich des „Wettbewerbsverhältnisses" sich beachtlich ausgeweitet hat (vgl. eingehend Einl. D Rdn. 198 ff, insbes. 202 ff). Im Hinblick darauf wird zur allgemeinen Orientierung ein gewisser **Vorrang des Vertrags- vor dem Wettbewerbsrecht** empfohlen[82], ohne daß die Konsequenzen im einzelnen bislang erkennbar wären und ohne daß über die Prämissen dieser Wegweisung näher Rechenschaft abgelegt worden wäre. Plausibel erscheint aber die Grundannahme, daß mit Eingehung der vertraglichen Bindung der wettbewerbseigentümliche Spannungszustand bezüglich des Parallel- und/oder Austauschprozesses im

---

[80] *Baumbach/Hefermehl* Allg. Rdn. 142, § 1 Rdn. 317; *v. Gamm* Kap. 22 Rdn. 3 f, Kap. 24 Rdn. 10.

[81] S. aber *Fikentscher* Bd. II § 22 XI 4 a ee („Wirtschaftliches Persönlichkeitsrecht").

[82] Vgl. *Baumbach/Hefermehl* Einl. UWG Rdn. 247; *Büchler* Handeln zu Zwecken des Wettbewerbs und Wettbewerbsverhältnis im UWG, Diss. Heidelberg (1981) S. 89.

konkreten Einzelfall sein natürliches Ende findet, so daß insb. Erfüllungshandlungen wie Vertragsverletzungen keinen Wettbewerbsbezug mehr aufweisen (s. bereits Einl. D Rdn. 250)[83].

2. Insbesondere: UWG und Deliktsrecht

Das Recht des unlauteren Wettbewerbs wird nicht selten mit großer Selbstverständlichkeit in systematischer Hinsicht dem Deliktsrecht, dem Recht der unerlaubten Handlungen iS der §§ 823 ff BGB, zugerechnet[84]. Damit gestaltet sich in wettbewerblich geprägten Fällen ein Rückgriff auf deliktsrechtliche Vorschriften dogmatisch unproblematisch, wenn – wie etwa hinsichtlich der Zurechnungsfähigkeit, aber auch in international-privatrechtlicher Hinsicht[85] – spezifische wettbewerbsrechtliche Vorgaben weitgehend fehlen. Allerdings ist diese **systematische Verwurzelung** des **Lauterkeitsrechts im Deliktsrecht** trotz seiner Dogmengeschichte (vgl. Einl. B Rdn. 16) durchaus **nicht zweifelsfrei.** Denn das Deliktsrecht soll doch seinen Charakter durch die Allgemeinheit seiner Rechtsbeziehung zwischen den Beteiligten gewinnen[86]. Das Lauterkeitsrecht hingegen wird zumindest nach der bisher herrschenden, freilich sachlich nicht überzeugenden Vorstellung an eine Art Sonderbeziehung, nämlich an das „Wettbewerbsverhältnis", geknüpft (dazu Einl. D Rdn. 203). Deliktsrecht soll aber vor allem durch seine Zielrichtung auf den Individualschutz gekennzeichnet sein[87]. Lauterkeitsrecht dem Deliktsrecht systematisch einzuverleiben bedingt von daher, die wettbewerbsrechtlichen Normen dogmatisch auf individualrechtliche Wurzeln, womöglich sogar auf die gedanklich vorausgeschickte Beeinträchtigung subjektiv-rechtlicher Positionen zurückzuführen. **E 64**

Ein solches Verständnis des Lauterkeitsrechtes kann freilich nicht mehr konform gehen mit den Einsichten in die prägend „sozialrechtliche" Dimension des Wettbewerbsrechtes als normatives Medium zur Gewährleistung des Wettbewerbs als Institution (eingehend dazu Einl. C Rdn. 15 ff, 21 ff). Eine systematische Zugehörigkeit des Lauterkeitsrechtes zum Deliktsrecht ist in Anbetracht dessen heute eigentlich nicht mehr plausibel darzustellen, mag auch die wettbewerbsrechtlich prinzipiell vorgesehene, in der Gesetzessystematik und erst recht in der Praxis aber sehr nachrangige Gewährung von Schadensersatzansprüchen für ein deliktsrechtlich gefärbtes Verständnis des Wettbewerbsrechtes insgesamt attraktiv sein[88]. Die grundsätzliche kollisionsrechtliche Favorisierung des Deliktsstatuts für wettbewerbsrechtliche **E 65**

---

[83] S. a. *Büchler* Handeln zu Zwecken des Wettbewerbs und Wettbewerbsverhältnis im UWG, Diss. Heidelberg (1981) S. 88 f.

[84] BGHZ 14, 286, 291 – *Farina Belgien;* 40, 394 – *Stahlexport;* BGH GRUR 1955, 351 – *Gema;* 1982, 495, 497 – *Domgartenbrand; Baumbach/Hefermehl* § 21 UWG Rdn. 2; *Emmerich* § 17, 5; *v. Gamm* Kap. 8 Rdn. 1, 8 ff; HdbWR/*Melullis* § 20 Rdn. 3; *Teplitzky* Kap. 4 Rdn. 11; s. aber auch *Schrauder* Wettbewerbsverstöße als Eingriffe in das Recht am Gewerbebetrieb (1970) S. 106.

[85] Vgl. Großkomm.-*Schricker* Einl. F Rdn. 168 ff; s. aber auch *Bernhard* EuZW 1992, 437.

[86] MünchKomm.-*Mertens* BGB² (1986) Vor §§ 823–853 Rdn. 29 („generelle Bürgerpflichten des Deliktsrechts").

[87] *V. Bar* Deliktsrecht, in: Gutachten und Vorschläge zur Überarbeitung des Schuldrechts Bd. II (1981), S. 1681, 1694; *Baumbach/Hefermehl* Einl. UWG Rdn. 58; s. a. Prot. III, S. 567.

[88] Ebenso *Baumbach/Hefermehl* Einl. UWG Rdn. 61; *Callmann* Der unlautere Wettbewerb² (1932) S. 73, 87; *Isay* Das Rechtsgut des Wettbewerbs (1933) S. 7; *Keßler* WRP 1990, 73, 77 f (s. aber auch S. 80); *Nerreter* Allgemeine Grundlagen eines deutschen Wettbewerbsrechts (1936) S. 99. Sehr distanziert zur Kennzeichnung des Lauterkeitsrechts als Deliktsrecht etwa auch *Rittner*⁴ (1993) § 1 C I; HdbWR/*Gloy* § 1 Rdn. 24.

Sachverhalte ist deshalb ebenfalls vom Ansatz her fragwürdig (s. zur kollisionsrechtlichen Thematik im einzelnen Einl. F Rdn. 155ff, 168ff, 176ff). Methodologisch ist damit eine wie immer geartete Zurückdrängung des bürgerlich-rechtlichen Deliktsrechts durch Wettbewerbsrecht nicht als Spezialität, sondern als Subsidiarität zu begreifen[89]. Ein Rückgriff auf deliktsrechtliche Normen wie namentlich § 827f (Zurechnungsfähigkeit), § 831 (Gehilfenhaftung), aber auch § 852 Abs. 2 (Verjährungshemmung), bedarf deshalb im wettbewerbsrechtlichen Kontext jener **besonderen Begründung,** wie sie für die **Analogie** auch sonst erforderlich ist (vom Boden der hM – Wettbewerbsrechtsverstöße als unerlaubte Handlungen – konsequent für unmittelbare und generelle Anwendbarkeit des § 852 Abs. 2 BGB hingegen *Teplitzky* Kap. 16 Rdn. 55).

E 66 Bei dieser Ausgangslage ist die entsprechende Anwendung der §§ 827f BGB auf wettbewerbsrechtliche Schadensersatzansprüche durchaus **problemlos,** weil in dieser Vorschrift ein allgemeiner Rechtsgrundsatz haftungsrechtlicher Verantwortung Ausdruck findet, wie § 276 Abs. 1 Satz 3 BGB zeigt. In mehrfacher Hinsicht **fragwürdig** ist hingegen der **Rekurs der hM** auf § 831 BGB im Zusammenhang nicht nur mit wettbewerbsrechtlichen Schadensersatzansprüchen (näher Vor § 13 B Rdn. 252, 254ff), sondern auch mit Unterlassungsansprüchen, hier jedenfalls dergestalt, daß die Heranziehung von § 831 BGB durch § 13 Abs. 4 UWG als „Sonderregelung" ausgeschlossen bzw. „weitgehend entbehrlich" sein solle (*Baumbach/Hefermehl* § 13 Rdn. 60; s. a. Vor § 13 B Rdn. 212). Hinsichtlich der Schadensersatzansprüche ist zwar zutreffend, daß eine **explizite wettbewerbsrechtliche Normierung einer Haftung für Dritte fehlt.** Doch liegt dann eine Analogie zu dem normtextlich auf Unterlassungsansprüche beschränkten § 13 Abs. 4 UWG näher als eine nach hier vertretener Auffassung ohnehin ebenfalls nur analoge Anwendung des deliktsrechtlichen § 831 BGB. Dies hat prinzipielle Bedeutung wegen der zwar in § 831 BGB, nicht jedoch in § 13 Abs. 4 UWG vorgesehenen Exkulpationsmöglichkeit des Geschäftsherrn. Praktisch werden die Unterschiede allerdings nicht sehr groß sein. Denn da die wettbewerbsrechtliche Rspr. verhältnismäßig leicht ein Verschulden des Geschäftsherrn bejaht[90], dürften mit der Anwendbarkeit des § 831 BGB vielfach ohnehin nur Steine statt Brot gewährt werden.

E 67 Indirekt scheint überraschenderweise **auch die hM** dem Gedanken nicht völlig fern zu stehen, daß § 13 Abs. 4 UWG doch eher eine Relevanz für die schadensersatzrechtliche Haftung als für Unterlassungsansprüche (einschließlich Beseitigungsansprüche) besitzt. Ansonsten macht die soeben zitierte Aussage, § 831 BGB werde durch die Sonderregelung des § 13 Abs. 4 UWG weitgehend entbehrlich, wenig Sinn, weil § 831 BGB im spezifischen Zusammenhang mit Unterlassungsansprüchen offensichtlich nirgends diskutiert werden soll. Auch § 13 Abs. 4 UWG selber wirkt substanzlos, wenn man ihn normtextlich beim Wort nimmt und auf Unterlassungs-

---

[89] Richtig *Baumbach/Hefermehl* Allg. Rdn. 130, Einl. UWG Rdn. 61; *Callmann* Der unlautere Wettbewerb² (1932) S. 73; *Katzenberger* Das Recht am Unternehmen und unlauterer Wettbewerb (1967) S. 144ff; *Lobe* Die Bekämpfung des unlauteren Wettbewerbs, Bd. I: Der unlautere Wettbewerb als Rechtsverletzung (1907) S. 261; s. a. *Schrauder* Wettbewerbsverstöße als Eingriffe in das Recht am Gewerbebetrieb (1970) S. 287ff. Methodologisch unklar, da zwischen Spezialität und Subsidiarität alternierend: *v. Gamm* Kap. 8 Rdn. 8ff. Klar für Spezialität *Teplitzky* Kap. 16 Rdn. 16.

[90] Vgl. z. B. BGH GRUR 1969, 418, 422 – *Standesbeamte;* besonders deutlich beim Rechtsirrtum: z. B. BGH GRUR 1963, 197, 202 – *Zahnprothesenpflegemittel;* 1965, 198, 202 – *Küchenmaschine;* 1975, 667, 669 – *Reichswehrprozeß.*

(respektive Beseitigungs-)Ansprüche beschränkt. Denn der für die Passivlegitimation hier zentrale **Störerbegriff** greift ohnedies sehr weit[91], so daß § 13 Abs. 4 UWG eigentlich leerlaufen würde. Erst bei einer hier befürworteten klaren Abschichtung des Wettbewerbsrechts vom Deliktsrecht bedeutet es ferner keine Auffälligkeit, wenn z. B. für den wettbewerblichen Unterlassungsanspruch im Vergleich zum deliktischen Unterlassungsanspruch weitaus geringere Anforderungen an die **Verletzungsgefahr** gestellt werden[92].

Einigkeit sollte im Ergebnis darin bestehen, daß jedenfalls eine echte Anspruchskonkurrenz iS völliger Parallelität zwischen Wettbewerbsrecht von § 823 Abs. 1 BGB hinsichtlich der Verletzung des sog. **Rechts am Unternehmen** als „sonstigem Recht" ausscheidet (**a. A.** *Fikentscher* Bd. II § 22 XI 4 a ee; s. a. Einl. E Rdn. 60). Zwar mögen bestimmte Fallgruppen des § 1 UWG sowie §§ 14–18 und 20 UWG den für eine deliktsrechtliche Konkurrenzsituation begrifflich unabdingbar vorauszusetzenden Individualschutzzweck aufweisen[93]. Doch reicht dies schon wegen des **nur lückenfüllenden Charakters** des sog. Rechts am Unternehmen[94] nicht aus, um § 823 Abs. 1 BGB tatbestandlich überhaupt anspringen zu lassen. Denn im Zuge einer **Entmoralisierung** des wettbewerbsrechtlichen Zulässigkeitsmaßstabes **der „guten Sitten"** (dazu eingehend Einl. D Rdn. 37 ff) und bei dem gebotenen **Verzicht auf subjektive Sittenwidrigkeitsmerkmale** (s. näher Einl. D Rdn. 131 ff) entfallen letztlich alle ansonsten denkbaren Lücken des Wettbewerbsrechtes namentlich bei §§ 1, 14 UWG, die das Deliktsrecht insoweit noch auffangen könnte[95]. Dies gilt nicht zuletzt auch für die **unberechtigte Schutzrechtsverwarnung** (*Emmerich* § 7, 3; *Schrauder* Wettbewerbsverstöße als Eingriffe in das Recht am Gewerbebetrieb (1970) S. 249 ff; *Schünemann* S. 89; **a. A.** BGHZ 62, 29, 32 ff (**stRspr.**); s. a. BGH WRP 1965, 97 – *Verwarnung*). Die sachlich-rechtlichen Rechtsfolgen, insb. § 21 UWG hinsichtlich der Verjährung, wären ohnehin, gerade auch beim dogmatischen Ausgangspunkt der Rechtsprechung, jedenfalls allein am Wettbewerbsrecht zu orientieren[96]. **E 68**

Diese Exklusivität des Wettbewerbsrechts ist um so naheliegender, als hinsichtlich der Entscheidungsmethodik **Deliktsrecht** gegenüber Wettbewerbsrecht gerade hier **keinen Vorteil** bietet: Einen Sachverhalt am Maßstab wettbewerbsrechtlicher Sittenwidrigkeit zu messen, schließt eine Interessenwertung ja nicht aus, sondern bedingt sie ebenso, wie dies bei der Rechtswidrigkeitsprüfung im Zusammenhang mit § 823 Abs. 1 BGB hinsichtlich des Eingriffs in das lediglich als **„Rahmenrecht"** **E 69**

---

91 Vgl. BGH GRUR 1965, 485, 488 – *Versehrtenbetrieb;* 1969, 51 – *Glassteine; Teplitzky* Kap. 14 Rdn. 7 ff.

92 *Schrauder* Wettbewerbsverstöße als Eingriffe in das Recht am Gewerbebetrieb (1970) S. 134 f.

93 *Stadtmüller* Schutzbereich und Schutzgegenstand des Rechts am Unternehmen (1985) S. 103.

94 Vgl. BGHZ 3, 270; 29, 65, 67 ff; *Baumbach/Hefermehl* Allg. Rdn. 129 f; *Buchner* Die Bedeutung des Rechts am eingerichteten und ausgeübten Gewerbebetrieb für den deliktischen Unternehmensschutz (1971) S. 96; *Gierke/Sandrock* Handels- und Wirtschaftsrecht Band I[9], (1975) S. 202; *Nirk/Kurtze* Wettbewerbsstreitigkeiten (1980) 13; *Katzenberger* Das Recht am Unternehmen und unlauterer Wettbewerb (1967) S. 143; *Rittner*[4] (1993) § 1 C I 1 a; *Sack* WRP 1976, 736; **a. A.** *Stadtmüller* Schutzbereich und Schutzgegenstand des Rechts am Unternehmen (1985) S. 111 f.

95 So besonders deutlich *Katzenberger* Das Recht am Unternehmen und unlauterer Wettbewerb (1967) S. 130.

96 Vgl. nur BGHZ 36, 252, 256 f – *Gründerbildnis* (wo allerdings offenbleibt, ob als Ausgangspunkt Subsidiarität oder vielmehr Anspruchskonkurrenz mit wettbewerbsrechtlich konformen Modifikationen im Rechtsfolgenbereich postuliert wird); 41, 123, 127 – *Stromunterbrechung;* 42, 210 – *gemafrei;* 43, 359, 361 – *Warnschild;* 65, 325, 328 – *Warentest II;* 69, 128, 138 f – *Fluglotsenstreik.*

begreifbare Recht am Unternehmen möglich, aber auch notwendig ist[97]. Von daher sind eo ipso auch die Wertungsergebnisse aufeinander abgestimmt: Lautere Wettbewerbshandlungen können das Recht am Unternehmen deshalb logischerweise nicht verletzen[98].

E 70 Das **allgemeine Persönlichkeitsrecht,** das „Recht des einzelnen auf Achtung seiner Menschenwürde und auf Entfaltung seiner individuellen Persönlichkeit"[99], wird als **„Rahmenrecht"** gleich dem Recht am Unternehmen dogmatisch operational ebenfalls erst durch die Bewertung und Abwägung der involvierten Interessen[100]. Parallelen zeigen sich auch im Charakter des allgemeinen Persönlichkeitsrechtes als **„Auffangtatbestand"** (BGHZ 50, 133, 143; s. a. BGHZ 30, 7, 11; BGH GRUR 1984, 688 f – *AEG-Aktionär;* s. a. Einl. E Rdn. 60). Wie seinem öffentlich-rechtlichen Pendant, Art. 2 Abs. 1 GG, ist ihm auch und gerade die ökonomische Dimension nicht begrifflich verschlossen (zu Art. 2 GG s. schon Einl. A Rdn. 61). Doch wird – oft implizit – zutreffend davon ausgegangen, daß dem allgemeinen Persönlichkeitsrecht als „sonstigem Recht" iS des § 823 Abs. 1 BGB kein Anwendungsbereich in Fällen mit wettbewerblicher Prägung verbleibt[101], wohl weil das UWG insoweit **keine Lücke** enthalte (zur Frage, inwieweit das Lauterkeitsrecht sich seinerseits einen Persönlichkeitsschutz angelegen sein läßt, s. Einl. C Rdn. 29). Angriffe im Wettbewerb auf die Person des Gegners wie etwa personenbezogene Werbung unter Hinweis auf lange zurückliegende Straftaten werden so allein sub specie §§ 1, 14 UWG abgehandelt (vgl. BGH GRUR 1954, 333, 335 – *Molkereizeitung;* 1966, 92, 94 – *Bleistiftabsätze*).

E 71 Als (sonstiges Recht) iS des § 823 Abs. 1 BGB dient das durch § 12 BGB konstituierte **Namensrecht** als Grundlage einschlägiger Schadensersatzansprüche[102]. Durch die überaus extensive Interpretation, die § 12 BGB im Laufe der Zeit erfahren hat (vgl. neben der bürgerlich-rechtlichen Kommentarliteratur auch § 16 Rdn. 15, 20 mwN), hat diese Norm den § 16 UWG jedenfalls in der **Judikatur** substantiell konsumiert, ja – wegen tatbestandlicher Erleichterungen (jedwede Beeinträchtigung schutzwidriger Interessen, nicht nur Verwechselungsgefahr) – gleichsam überholt, ohne daß das dogmatische Verhältnis zwischen bürgerlich-rechtlichem und lauterkeitsrechtlichem Namens-/Bezeichnungsschutz luzide geklärt worden wäre. Der **dogmatische Synkretismus** wird besonders deutlich in der judikativen Zitierpraxis, in der nicht selten § 16 UWG und § 12 BGB praktisch unvermittelt nebeneinander stehen (vgl. BGHZ 11, 214 – *KfA;* 60, 206 – *Miss Petite;* GRUR 1971, 517, 519 – *Swops;* 1977, 503 – *Datenzentrale;* s. a. BGH GRUR 1984, 820, 822 – *Intermarkt*). Prekär ist diese normative Gemengelage vor allem für das Problem, ob und wie einer sog. **Verwässerungsgefahr** von **„berühmten"** oder auch nur **„bekannten"** geschäftlichen **Zeichen,** also der Einbuße ihrer (überragenden) Werbekraft, außerhalb von § 1 UWG („Rufausbeutung"; dazu eingehend *Thomas-*

---

[97] S. a. *Sack* WRP 1976, 735; demgegenüber hält *Stadtmüller* Schutzbereich und Schutzgegenstand des Rechts am Unternehmen (1985) S. 114 den § 1 UWG dogmatisch für weniger spezifiziert als das Recht am Unternehmen.

[98] *Baumbach/Hefermehl* Allg. Rdn. 130; *Gierke/Sandrock* Handels- und Wirtschaftsrecht Bd. I[9] (1975) S. 206.

[99] BGHZ 24, 72, 76; zur Frage des Persönlichkeitsschutzes juristischer Personen s. *Klippel* JZ 1988, 625.

[100] Eingehend *Baumbach/Hefermehl* Allg. Rdn. 126, 144, 146 mwN.

[101] *Baumbach/Hefermehl* Allg. Rdn. 142 aE; *Ulmer/Reimer* Rdn. 401 ff (insb. auch aaO Fn. 23). Bei *Helle*, Der Schutz des Persönlichkeitsrechts, der Ehre und des wirtschaftlichen Rufs im Privatrecht[2] (1969), findet das allgemeine Persönlichkeitsrecht im Kap. „Wirtschaftlicher Ruf und Wettbewerb" nicht einmal Erwähnung.

[102] MünchKomm.-*Schwerdtner* BGB[2] (1984) § 12 BGB Rdn. 157.

berger Rufausbeutung im Wettbewerbsrecht, 1993) rechtlich begegnet werden soll und kann. Dem gelegentlich einfach unterstellten prinzipiellen Schutzbedürfnis[103] soll rechtskonstruktiv für Zeichen mit Namensfunktion eben mit Hilfe des § 12 BGB (ggf. – für Schadensersatzansprüche – i. V. mit § 823 Abs. 1 BGB), für sonstige Zeichen (reine Marken) über § 823 Abs. 1 (Eingriff in das Recht am Unternehmen) Rechnung getragen werden, ggf. i. V. mit dem Institut des deliktischen bzw. quasinegatorischen Unterlassungsanspruchs[104].

Dieses **Herausdrängen des Verwässerungsschutzes aus dem Wettbewerbsrecht** ist allerdings schon deshalb **wenig überzeugend,** weil die Rechtsprechung ihrer eigenen Linie folgend gerade hier die Anforderungen an das Wettbewerbsverhältnis sehr niedrig ansetzen könnte[105]. Hinzu kommt die prinzipielle Fragwürdigkeit der tradierten Vorstellungen über das Wettbewerbsverhältnis (dazu Einl. D Rdn. 225 ff). Mit dem Wegfall seiner sachlich illegitimen dogmatischen Existenz ist allemal der Weg frei, das Problem der Verwässerung (wieder) vollständig dem Wettbewerbsrecht zu überlassen, wo darüber genuin zu entscheiden ist[106]. **E 72**

Gerade dann aber zeigt sich, daß der Rückgriff auf wettbewerbsunspezifisches bürgerliches Recht auch hier nur zu **wertungsmäßigen Verwerfungen** führt[107], da selbst die Generalklausel des § 1 UWG letztlich keine Handhabe dafür bieten kann, das Interesse des Inhabers **berühmter Zeichen** an der Erhaltung seiner Alleinstellung rechtlich ubiquitär zur Geltung zu bringen: Gerade unter der Ägide der Wettbewerbsfreiheit als des maßgeblichen Referenzsystems der wettbewerbsrechtlichen „guten Sitten" (eingehend Einl. D Rdn. 37 ff) kann es nicht Aufgabe des Wettbewerbsrechts sein, unter Hinweis auf eine bezweckte Unterbindung unlauterer Behinderung anderer Marktteilnehmer oder der Ausbeutung ihres Rufs ausgerechnet monopolistische Positionen zu stabilisieren, die dann wegen ihrer rechtlich konstituierten Unangreifbarkeit wettbewerblich notwendig kontraproduktiv sind[108]. Auch hinsichtlich der **Verjährung** werden die eklatanten **Wertungsfriktionen** deutlich, wenn man mit der hM einen Schadensersatzanspruch nach §§ 12, 823 Abs. 1 BGB der Verjährung nach § 852 BGB unterwerfen würde, einen Unterlassungsanspruch aus § 12 BGB sogar in der dreißigjährigen Frist des § 195 BGB verjähren lassen wollte und noch dazu den dabei im Einzelfall gleichermaßen erfüllten, in der Konzeption der hM insoweit konsumierten § 16 UWG der kurzen Verjährung nach § 21 UWG entzieht[109]. **E 73**

---

[103] Dem angeblichen Ausnahmecharakter, der dem Verwässerungsschutz eigen sein soll, wird von der hM erst auf einer zweiten Ebene, etwa bei den Anforderungen an die Berühmtheit und ähnliches, Rechnung getragen, vgl. *Ulmer/Reimer* Rdn. 202, 204.

[104] BGHZ 28, 320, 327 ff – *Quick;* BGH GRUR 1960, 550, 552 – *Promonta;* OLG Düsseldorf GRUR 1983, 389 – *Rosenthal;* OLG Köln GRUR 1985, 559 – *Camel;* LG Köln NJW 1965, 1667; eingehend *Steckler* S. 111, 150 ff, 170 ff; *Ulmer/Reimer* Rdn. 202 ff, 205; s. a. *Baumbach/Hefermehl* § 16 Rdn. 61; *v. Gamm* Kap. 21 Rdn. 68 ff. Zum Sonderschutz (nur) bekannter Marken im Einklang mit der EG-Markenrechtsrichtlinie von 1989 s. de lege ferenda *Sack* BB 1993, 869 ff.

[105] *Baumbach/Hefermehl* § 1 Rdn. 230, § 16 Rdn. 61 unter Hinweis auf BGH GRUR 1983, 247 – *Rolls Royce;* 1985, 550 – *Dimple; Tilmann* GRUR 1985, 553 ff.

[106] Aufschlußreich insoweit die frühere Rspr., z. B. RGZ 115, 409 ff; 170, 137, 150 ff – *Farbenindustrie;* BGH GRUR 1960, 550 – *Promonta;* dazu *Steckler* S. 8, 69 ff; s. a. *Bork* GRUR 1989, 725, 736 ff; *Emmerich* § 14, 6 f bb; *Klippel* GRUR 1986, 697, 699 f.

[107] S. a. *Fabricius* JR 1972, 15 ff; MünchKomm.-*Schwerdtner* BGB^2 (1984) § 12 Rdn. 62.

[108] So sehr deutlich *Emmerich* § 14, 6 f dd; *Hefermehl* FS Hueck (1959), 535 ff; MünchKomm.-*Schwerdtner* BGB^2 (1984) § 12 Rdn. 141.

[109] BGH GRUR 1984, 820, 823 – *Intermarkt II; Baumbach/Hefermehl* § 21 Rdn. 9; *Klippel* Der zivilrechtliche Schutz des Namens (1985) S. 434 f.

E 74 **Anspruchskonkurrenz** zwischen § 823 Abs. 1 BGB und Wettbewerbsrecht (§ 1 UWG) wird auch in den Fällen des sog. **Brachialwettbewerbs** angenommen (Beschädigung oder gar Zerstören fremder Betriebsmittel, körperliche Einwirkungen auf den Konkurrenten)[110]. Parallele Anwendung iS echter Anspruchskonkurrenz soll ferner stattfinden im Verhältnis des Wettbewerbsrechts zu § 824 BGB – mit Blick auf § 14 UWG – und § 826 BGB – hinsichtlich § 1 UWG[111]. Neuerdings wird vertreten, der ergänzende Leistungsschutz stelle nicht nur eine Fallgruppe innerhalb des § 1 UWG dar, sondern schaffe eine „quasi-dingliche" Rechtsposition, die als „sonstiges Recht" iS von § 823 Abs. 1 BGB darstelle und damit den Weg zur Verjährung nach § 852 BGB eröffne (*Nirk* GRUR 1993, 247, 254).

E 75 Soweit für diese Anspruchskonkurrenz überhaupt **Gründe** ins Feld geführt werden, vermögen diese **nicht zu überzeugen.** Gewiß erscheint es auf den ersten Blick unbefriedigend, den „deliktischen" Täter im Ergebnis hinsichtlich der **Verjährung** dadurch zu **„privilegieren"**, daß wegen des Wettbewerbsbezuges des Geschehens § 21 UWG ausschließlich Anwendung finden soll[112], wodurch nicht nur die abstrakt kürzere Verjährungsfrist Platz greift, sondern auch die Möglichkeit einer konkret die Verjährungsfrist verlängernden Verhandlungshemmung (§ 852 Abs. 2 BGB) entfällt (**a. A.** *Teplitzky* Kap. 16 Rdn. 52 ff). Doch ist diese deutliche Besserstellung des wettbewerblich sittenwidrig Handelnden letztlich nur konsequent. In der **Argumentationslinie der hM** wäre ein Zurücktreten des § 852 BGB hinter § 21 UWG an keiner Stelle plausibel zu machen. Im übrigen hat der UWG-Gesetzgeber nun einmal keine unterschiedliche Verjährung für schwere und leichte Verstöße gegen die „guten Sitten" vorgesehen, eine Wertung, die nicht durch Rückgriff auf Deliktsrecht in Fällen des Brachialwettbewerbs und äquivalenter Fallkonstellationen konterkariert werden darf (s. a. *Schünemann* S. 28). Speziell hinsichtlich § 824 BGB/§ 14 UWG ist die Annahme einer Anspruchskonkurrenz auch deshalb wertungswidrig, weil § 14 den Kläger doch gerade von jener Beweislast hinsichtlich der Wahrheit der Tatsachenbehauptung freistellen will, die § 824 BGB ihm auferlegen würde.

E 76 Hinsichtlich des Verhältnisses von § 823 Abs. 2 BGB zum Wettbewerbsrecht ist jedenfalls vom gedanklichen Ansatz her zunächst danach zu unterscheiden, ob das betreffende **„Schutzgesetz"** selber dem Wettbewerbsrecht entnommen ist. Daß das materielle Wettbewerbsrecht überhaupt Schutzgesetze iS des § 823 Abs. 2 BGB enthalten kann, ist durchaus unsicher, bedenkt man, daß dem Wettbewerbsrecht nur ein eher reflexiv-individualrechtlicher Charakter zu eigen ist (vgl. Einl. C Rdn. 23 ff, 30), was wiederum als Voraussetzung eines Schutzgesetzes unverzichtbar erscheint[113]. Im übrigen wird gegen die Schutzgesetzqualität geltend gemacht, § 13 UWG regele die Folgen unlauteren Wettbewerbs abschließend; daher komme z. B. § 3 UWG nicht als Schutzgesetz in Betracht[114]. Indes stellt sich die Frage nach der dogmatischen Einflußnahme des § 13 UWG gar nicht, wenn den lauterkeitsrechtlichen Normen die Qualität von Schutzgesetzen abzusprechen ist; die Feststellung einer „abschließenden" Regelung macht dabei gar keinen rechten Sinn, weil erst die

---

110 *Ulmer/Reimer* Rdn. 516.

111 BGH GRUR 1961, 310, 314 – *Gründerbildnis;* 1964, 218 f – *Düngekalkhandel;* HdbWR/*Melullis* § 20 Rdn. 7 f; *v. Gamm* Kap. 48 Rdn. 18; *Katzenberger* Das Recht am Unternehmen und unlauterer Wettbewerb (1967) S. 156 f.

112 *Baumbach/Hefermehl* Einl. UWG Rdn. 345 (für § 826 BGB); *Emmerich* § 17, 5 c.

113 S. a. BGHZ 46, 17, 23; 64, 232, 237 sowie *Baumbach/Hefermehl* Einl. UWG Rdn. 342 (Schutzgesetz bedingt mehr, als daß eine Norm letztlich auch dem einzelnen zugute kommt).

114 BGH NJW 1974, 1503, 1505 – *Prüfzeichen; Staudinger/Schäfer* BGB[12] (1986) § 823 Rdn. 607.

tatbestandliche Berührung zweier Normen Raum für eine solche Aussage schafft (s. a. *Sack* BB 1974, 1369, 1370 f).

Wird aber die **Schutzgesetzqualität wettbewerbsrechtlicher Normen** grundsätzlich für möglich gehalten (BGHZ 41, 314, 317 – *Lavamat I; Emmerich* § 17, 5c (aE); HdbWR/*Melullis* § 20 Rdn. 5; *Sack* NJW 1975, 1303; *Schricker* GRUR 1975, 111), so ist gleichwohl im Ergebnis vom **Vorrang des Wettbewerbsrechtes** auszugehen: Zumindest dort, wo wettbewerbsrechtseigene Ansprüche vorgesehen sind (insb. also nach § 13 Abs. 2 UWG), würde eine Anspruchskonkurrenz mit § 823 Abs. 2 BGB die Spezifiken des Wettbewerbsrechtes – z. B. hinsichtlich Verjährung und Gerichtsstand – zur praktischen Bedeutungslosigkeit verurteilen (so jedenfalls in der Quintessenz BGHZ 36, 252, 256 – *Gründerbildnis;* BGH NJW 1974, 1503, 1505 – *Prüfzeichen,* insoweit gegen BGHZ 15, 338, 355 – *GEMA; Emmerich* § 17, 5c (aE); *v. Godin* U § 1 Rdn. 30; *Helle* Der Schutz des Persönlichkeitsrechts, der Ehre und des wirtschaftlichen Rufs im Privatrecht² (1969) S. 213; *Rittner*⁴ (1993) § 1 C I 1 b). Es wäre geradezu eine konstruktive Perversion, wollte man Normen, die § 823 Abs. 2 BGB überhaupt erst zur Anwendung bringen, im Effekt vom Deliktsrecht überspielen lassen[115]. Aber auch dort, wo eine wettbewerbsrechtliche Aktivlegitimation klar fehlt, darf nicht über § 823 Abs. 2 BGB etwa i. V. mit § 3 UWG als Schutzgesetz die rechtspolitisch wie auch wettbewerbsrechtssystematisch verfehlte Entscheidung, Konsumenten vom Schadensausgleich auszunehmen, contra legem korrigiert werden (insoweit ist BGH NJW 1974, 1503, 1505 – *Prüfzeichen* zuzustimmen; **a. A.** – de lege lata – z. B. *Emmerich* § 17, 5c (aE); unklar *Rittner*⁴ (1993) § 1 C I 1 b). **E 77**

Dasselbe hat erst recht auch in den Fällen zu gelten, in denen – wie bei § 15 UWG – wettbewerbsrechtlich überhaupt keine zivilrechtlichen **Sanktionen** vorgesehen sind (die **hM** ist allerdings – vom erwünschten Ergebnis her denkend – einhellig **a. A.**, s. nur *Baumbach/Hefermehl* § 15 Rdn. 9; *v. Godin* U § 15 Rdn. 7). Gerade bei dieser die einschlägige Diskussion besonders beschäftigenden Norm hat der Streit aber gar **keine Relevanz:** Entweder kommt § 15 UWG – seinem Wortlaut zufolge – tatbestandlich ohne ein Handeln zu Zwecken des Wettbewerbs aus, dann kann – wenn in concreto ein solches Handeln nicht vorliegt – gar kein Konkurrenzproblem zum Wettbewerbsrecht entstehen, oder § 15 UWG muß im Lichte des § 1 UWG um ein solches Tatbestandsmerkmal ergänzt werden (zu diesem Gedanken grundsätzlich *Schünemann* S. 35), dann ist mit § 15 UWG notwendig zugleich § 14 UWG erfüllt, der seinerseits unmittelbar zum Schadensersatz verpflichtet. Im Verhältnis zwischen §§ 4 UWG/823 Abs. 2 BGB liegen die Dinge mit Rücksicht auf §§ 3/13 Abs. 2 UWG ähnlich. **E 78**

Die zahllosen **Schutzrechte außerhalb des UWG** können prima facie im Falle ihrer Verletzung „im geschäftlichen Verkehr zu Zwecken des Wettbewerbs" in Verbindung mit § 823 Abs. 2 BGB in Konkurrenz insb. zu § 1 UWG treten. Substantiell handelt es sich hier jedoch um einen Teilbereich der Problematik, unter welchen Umständen und in welchem Umfang ein Verstoß gegen die „guten Sitten" unter dem Aspekt eines wettbewerbsdysfunktionalen „Vorsprungs durch Rechtsbruch" Ansprüche nach § 1 UWG (in Verbindung mit § 13 UWG) auszulösen vermag (dazu s. a. Einl. D Rdn. 58). Die dort maßgeblichen Entscheidungsparameter würden unterlaufen, würde man hier den Weg über § 823 Abs. 2 BGB (ggf. – unterhalb der **E 79**

---

[115] Im Kreis bewegt sich umgekehrt *Borck* WRP 1986, 1 f, der einen Anspruch überhaupt erst aus § 823 Abs. 1 BGB i. V. mit § 1 UWG gegeben sieht.

schadensersatzrechtlichen Ebene – im Zusammenwirken mit der Rechtsfigur des deliktischen Unterlassungsanspruchs) eröffnen. Auch insoweit ist die **Anwendbarkeit des Deliktsrechts** auf wettbewerbliche Vorgänge also **abzulehnen,** zumal § 823 Abs. 2 BGB wegen seiner unsicheren Verweisungskriterien unter rechtsstaatlichen Gesichtspunkten schon rein bürgerlich-rechtlich nicht mehr unangefochten ist (eingehend *Peters* JZ 1983, 913).

E 80 **Zusammenfassend** läßt sich feststellen, daß eine Anspruchskonkurrenz zwischen Deliktsrecht und Wettbewerbsrecht durchweg nur dort in Betracht kommt, wo Sachverhalte ohne Wettbewerbsbezug zu beurteilen sind[116].

3. Insbesondere: UWG und Bereicherungsrecht

E 81 Gegen die Möglichkeit einer Parallelität von **Bereicherungs- und Wettbewerbsrecht iS der Anspruchskonkurrenz** wurde im Schrifttum lange generell plädiert. Zur Begründung wurde insb. ausgeführt, § 14 UWG enthalte eine abschließende Regelung für einen verschuldensunabhängigen Ausgleichsanspruch. Auch sei es unangemessen, daß der potentielle Kondiktionsgläubiger abwarten könne, ob der Eingreifer überhaupt Gewinne erziele, um diese dann ohne jeden eigenen Leistungseinsatz abschöpfen zu können[117]. Das historisch-systematische Argument hat indes kein Gewicht, weil es auf der Fiktion gründet, hinter § 14 UWG stehe eine durchdachte, auch auf das Verhältnis zum bürgerlich-rechtlichen Bereicherungsrecht rekurrierende Konzeption. Dies trifft aber nicht zu, zumal ein solcher Versuch angesichts der seinerzeit fehlenden Durchdringung der Kondiktionsdogmatik ohnehin nicht aussichtsreich hätte erscheinen müssen (näher *Haines* S. 154 ff). Der fehlende eigene Leistungseinsatz des Kondiktionsgläubigers hinwiederum ist der Eingriffskondiktion schlechthin wesenseigen.

E 82 Die **Literatur** scheint **nunmehr** eher dazu zu neigen, dem Bereicherungsrecht im Wettbewerbsgeschehen einen breiten Anwendungsbereich zu eröffnen (*Baumbach/Hefermehl* Einl. UWG Rdn. 417 ff; *Brandner* GRUR 1980, 359, 364; *Haines* S. 93 ff; *Sack* Die Lizenzanalogie im System des Immaterialgüterrechts, in: FS Hubmann (1985) S. 373, 395 f. S. a. Vor § 13 B Rdn. 352 ff, insb. auch Rdn. 370). Die **Rechtsprechung** hingegen ist bislang nicht auf diese Linie eingeschwenkt; sie hat vielmehr die Frage nach der Anwendbarkeit des Bereicherungsrechts grundsätzlich offengelassen (so schon BGH GRUR 1960, 554, 557 – *Handstrickverfahren;* neuerdings BGH GRUR 1990, 221 f – *Forschungskosten*), für einen Spezialfall des Eingriffs in das sog. Recht am Unternehmen sogar – mangels Zuweisungsgehalt dieses „Rahmenrechts" – dezidiert verneint (BGHZ 71, 86, 98 – *Fahrradgepäckträger II*). Legt man gerade mit der Rechtsprechung im Rahmen des Schadensersatzanspruchs die **dreifache Schadensberechnung** zugrunde, besteht von vornherein weniger Anlaß, Bereicherungsrecht zu bemühen: Jedenfalls die Schadensberechnung

---

[116] S. a. *Schünemann* S. 26 ff. Wenigstens im verbalen Ansatz dem durchaus nahestehend *Baumbach/Hefermehl* Allg. Rdn. 104; Einl. UWG Rdn. 61. S. a. *v. Bar* Deliktsrecht, in: Gutachten und Vorschläge zur Überarbeitung des Schuldrechts Bd. II (1981), 1681 ff, 1719: Zurückhaltung gegenüber deliktsrechtlicher Haftung in einer freien Marktwirtschaft beim Versuch des Vermögensschutzes ganz allgemein geboten.

[117] So *Reimer/Pastor* Wettbewerbs- und Warenzeichenrecht[4] 3. Bd. (1966) S. 303; weiterführende Argumentationen referiert *Jakobs* Eingriffserwerb und Vermögensverschiebung in der Lehre von der ungerechtfertigten Bereicherung (1964) S. 70 (mit Fn. 21).

nach einer fiktiven Lizenzgebühr, aber auch die Schadenskalkulation nach dem Verletzergewinn bringen bereits Überlegungen zur Geltung, die einen Schadensbegriff hinter sich lassen, der an der Differenzhypothese auf Seiten des Beeinträchtigten orientiert ist. Derartige Erwägungen sind stattdessen für das Ausgleichssystem des Bereicherungsrechts typisch. Bereicherung und Schaden sind aber keine korrespondierenden Größen, weil das Marktgeschehen nicht den Regeln des **Nullsummenspiels** folgt[118]. Gleichwohl kann es noch Sinn machen, den Zugängen zur unmittelbaren Inanspruchnahme der §§ 812 ff BGB nachzuspüren. Denn eine falsche Nomenklatur verschleiert die wahre dogmatische Substanz der Argumentation und wirkt sich dabei auch sachlich aus. So ließe sich z. B. die von der **Rechtsprechung** betriebene **Aushöhlung des Verschuldensbegriffs im Wettbewerbsrecht** vermeiden, wenn ein Ausgleichsanspruch offen als verschuldensunabhängige Kondiktion ausgewiesen würde (durchaus selbstkritisch BGH GRUR 1977, 250 – *Kunststoffhohlprofil I;* s. im übrigen *Haines* S. 157; zu weiteren Effekten s. Vor § 13 B Rdn. 326).

Die entscheidende Frage liegt freilich darin, ob und inwieweit bereicherungsrechtliche Prinzipien überhaupt, offen oder larviert, zum Tragen kommen können. **E 83**
Im Zusammenhang mit der Konkurrenzproblematik bei Wettbewerbs- und Bereicherungsrecht ist dabei besonderes Augenmerk der Frage des **Zuweisungsgehalts des Wettbewerbsrechts** zu schenken, weil der Widerspruch eines (Wettbewerbs-)Verhaltens zu eben diesem Zuweisungsgehalt bei der Eingriffskondiktion (§ 812 Abs. 1 Satz 1, 2. Alt. BGB) das Fehlen des rechtlichen Grundes und der Vorteilserlangung auf Kosten eines anderen im kondiktionsrechtlichen Sinne konstituieren würde[119]. Dies ist jedenfalls grundsätzlich **zu verneinen:** Die sich aus dem UWG ergebenden Positionen der Marktteilnehmer sind generell keine Besitzstände, keine Positionen mit einem ausschließlichen Zuweisungsgehalt. Eine gegenteilige, letztendlich auf statische Verteilung rechtlicher Ressourcen gründende Vorstellung ist mit dem auf Wettbewerbsfreiheit basierenden, dynamisch-prozeßhaft zu begreifenden Marktgeschehen vom Ansatz her unvereinbar. Anders gewendet enthält das Lauterkeitsrecht durchweg, nicht nur in §§ 1, 3 UWG, (nur) Verhaltensnormen ohne Zuweisungsgehalt an einzelne. Deren individuelle Marktposition wird – pointiert gesagt – (nur) als integrales Element oder Reflex des intendierten Schutzes der Institution Wettbewerb, als rechtliche Teilhabe an Chancen und Risiken des Marktgeschehens, erfaßt[120]. Dies wird nicht zuletzt auch in der Regelung der weitgespannten Aktivlegitimation für wettbewerbsrechtliche Unterlassungsansprüche deutlich.

---

118 Vgl. zu den bereicherungsrechtlichen Elementen in der dreifachen Schadensberechnung für die fiktive Lizenzgebühr – vom Standpunkt des sog. objektiven Wertbegriffs – BGHZ 82, 299, 307; für den Verletzergewinn – ausgehend vom subjektiven Wertbegriff – *Jakobs* Eingriffserwerb und Vermögensverschiebung in der Lehre von der ungerechtfertigten Bereicherung (1964) S. 81 ff, 89, 128 ff; *Haines* S. 121, 127; ferner *Brandner* GRUR 1980, 359 ff; *Erman/Westermann* BGB^8 (1989) § 812 Rdn. 88 sowie § 818 Rdn. 16; *Goetzke* AcP 173 (1973), 289; *Loewenheim* ZHR 135 (1971), 97.

119 Die Lehre vom Zuweisungsgehalt ist herrschend, vgl. nur BGH NJW 1982, 1154, 1155; BGH GRUR 1990, 221 – *Forschungskosten; Erman/Westermann* BGB^8 (1989) § 812 Rdn. 64 f; *Mestmäcker* JZ 1958, 521; MünchKomm.-*Lieb* BGB^2 (1986) § 812 Rdn. 204. Die Gegenposition setzt im Kern die Rechtsgrundlosigkeit mit Rechtswidrigkeit gleich; grundlegend *Schulz* AcP 105 (1909), 1, 205 ff; s. a. *Jakobs* Eingriffserwerb und Vermögensverschiebung in der Lehre von der ungerechtfertigten Bereicherung (1964) S. 26 ff. Dazu sehr prägnant *Reuter/Martinek* Ungerechtfertigte Bereicherung (1983) § 7 II 2; *Rümker* Das Tatbestandsmerkmal „ohne rechtlichen Grund" im Bereich der Eingriffskondiktion (1972) S. 64 f. Zu beiden Ansätzen unter wettbewerbsrechtlichem Aspekt s. besonders *Baumbach/Hefermehl* Einl. UWG Rdn. 417 f; ferner Großkomm.-*Köhler* Vor § 13 B Rdn. 356 ff.

120 *Emmerich* § 17, 7; *Erman/Westermann* BGB^8 (1989) § 812 Rdn. 89; *Fikentscher* Bd. II § 22 XI 10 (A) (a); *Reuter/Martinek* Ungerechtfertigte Bereicherung (1983) § 7 IV 2 f; s. a. *Mestmäcker* JZ 1958, 526.

E 84 Ob man von dem Ausgangspunkt fehlenden Zuweisungsgehalts wettbewerbsrechtlicher Normen **Ausnahmen** zugunsten der Anwendbarkeit von Bereicherungsrecht zu machen hat, erscheint sehr **zweifelhaft.** Derartige Ausnahmen werden mit Blick z. B. auf §§ 14–18 UWG bejaht. Dort existiere ein Zuweisungsgehalt im bereicherungsrechtlichen Sinne, weil der Eingreifer eine fremde Position durch kommerzielle Nutzbarmachung usurpiere, was der Normbegünstigte in Verfolgung eines Unterlassungsanspruchs verhindern könne; darüber hinaus wird die Anerkennung eines Zuweisungsgehalts in dem Sittenwidrigkeitssegment der sog. Ausbeutung ganz allgemein, insoweit also auch im Rahmen des § 1 UWG, in Erwägung gezogen (dazu näher Vor § 13 B Rdn. 369; s. a. *Emmerich* § 17, 7). Dagegen ist jedoch schon einzuwenden, daß § 1 UWG wie §§ 14 ff UWG und das Lauterkeitsrecht überhaupt nur objektiv-rechtliche Verhaltensnormen, nicht jedoch – über Handlungs- und Entschließungsfreiheit hinaus – subjektiv-rechtliche, mit exklusivem Zuweisungsgehalt ausgestattete Rechtspositionen markieren und deshalb als solche bereicherungsrechtlich indifferent sind (dazu Einl. C Rdn. 15). Hinsichtlich der §§ 17 f UWG gilt dabei nichts anderes. Für die Beantwortung der Gretchenfrage nach dem jeweiligen Zuweisungsgehalt ist heuristisch nämlich durchaus nicht hilfreich, ob der Betroffene die wirtschaftliche Nutzung der jeweiligen Position gegen Entgelt mit Wirkung allen übrigen gegenüber gestatten könnte[121]. Denn gefordert wird hier die Lösung einer Gleichung mit zwei Unbekannten. Nicht nur praktisch, sondern auch theoretisch-dogmatisch unergiebig wäre ferner das Abstellen auf eine empirisch belegbare Lizensierung von Geschäftsgeheimnissen, Modellen etc.[122], weil daraus für die Rechtsnatur des Lizenzgegenstandes gar nichts folgt.

E 85 Gegen die „**Ausbeutung**" als maßgeblichen Anknüpfungspunkt für **bereicherungsrechtliche Ausgleichsansprüche** schließlich spricht, daß de iure die weite Aktivlegitimation des § 13 UWG auch die von § 1 UWG erfaßten „Ausbeutungs"-Fälle ergreift, von einer rein individualrechtlich darstellbaren Position, wie sie für den exklusiven Zuweisungsgehalt eines Rechts als notwendige Bedingung zu fordern ist, insoweit also nicht die Rede sein kann. Davon abgesehen muß sich bei genauer Betrachtung die sittenwidrige „Ausbeutung" als leere Menge erweisen, weil unter diesem Aspekt letztlich nur paradoxe Bestrebungen verfolgt werden, mit den Mitteln des Wettbewerbsrechts Wettbewerb zu erschweren (durchweg kritisch zu den von der hM der „Ausbeutung" zugeordneten Konstellationen *Schünemann* S. 103 ff). Grundsätzlich unberührt bleibt freilich eine etwaige kondiktionsrechtliche Haftung, soweit bei wettbewerblichem Handeln zugleich eine mit (exklusivem) Zuweisungsgehalt versehene, subjektiv-rechtliche Stellung (Patent, Urheberrecht etc.) vom Eingreifer usurpiert wird.

E 86 Die besseren Gründe sprechen nach alledem in dem genannten Problemkomplex **gegen eine Anspruchskonkurrenz** von Wettbewerbsrecht und Bereicherungsrecht überhaupt[123]. Die **Gegenmeinung** muß zumindest wettbewerbsrechtliche Ausstrahlungseffekte in Richtung Bereicherungsrecht auf der Rechtsfolgenseite, etwa hinsichtlich einer kurzen **Anspruchsverjährung** (§ 21 UWG analog), akzeptieren, um die lauterkeitsrechtlichen Wertungen qua Bereicherungsrecht nicht totaliter zu unterminieren (a. A. allerdings BGHZ 56, 317, 319 – *Gasparone II;* s. a. *Däubler* JuS

---

121 So z. B. *Reuter/Martinek* Ungerechtfertigte Bereicherung (1983) § 7 IV 2 f; *Sack* Die Lizenzanalogie im System des Immaterialgüterrechts, in: FS Hubmann (1985), 373, 379.

122 S. a. BGH GRUR 1972, 189 – *Wandsteckdose II;* 1973, 478 – *Modeneuheit;* 1977, 539, 541 – *Prozeßrechner;* KG GRUR 1988, 702 f – *Corporate Identity;* s. a. BGH GRUR 1990, 221 f – *Forschungskosten.*

123 Kategorisch gegen Anspruchskonkurrenz auch *Fikentscher* Bd. II § 22 XI 10 (A) (a).

1969, 49, 53 sowie Vor § 13 B Rdn. 386 f). Soweit kondiktionsrechtliche Elemente in der sog. **dreifachen Schadensberechnung** anzutreffen sind, ist ihre sachliche Rechtfertigung in gleicher Weise **fragwürdig.** Aus Sicht der allgemeinen Dogmatik des Schadensersatzes abzulehnen ist dieser Modus der Schadensberechnung nicht nur als Hebel bei Verletzungen jedweder wettbewerbsrechtlicher Normen[124], sondern schon im Zusammenhang mit (nur) wettbewerbsrechtlich geschützten, zu Unrecht (dazu Einl. E Rdn. 49 ff) mit den Immaterialgüterrechten für äquivalent erklärten Positionen (sog. erweiterter Leistungsschutz (eingehend Vor § 13 B Rdn. 321 ff)). Deshalb würde insoweit auch kein Hinweis auf eine Gesamtanalogie zu den §§ 97 Abs. 3 UrhG, 14 a GeschmMG verfangen, um die dort normativ fixierte dreifache Schadensberechnung auch im Wettbewerbsrecht zu legitimieren.

4. Insbesondere: UWG und Vertragsrecht

Soweit Wettbewerbs- und Vertragsrecht in Berührung treten (s. dazu Einl. E Rdn. 62 f), stellt sich die Frage, inwieweit eine Wettbewerbsrechtswidrigkeit auf die **Wirksamkeit** der betreffenden **Basis- oder Folgeverträge** unmittelbar – durch §§ 134, 138 Abs. 1 BGB – oder mittelbar – durch Anfechtung nach §§ 119, 123 BGB – Einfluß nehmen kann. Wegen der substantiellen Verschiedenheit des Begriffs der „guten Sitten“ in § 1 UWG und § 138 Abs. 1 UWG (dazu schon Einl. D Rdn. 7) kann von einem Automatismus zwischen beiden Normen jedenfalls keine Rede sein (im Ergebnis ebenso BGH GRUR 1990, 522, 528 – *HBV-Familien- und Wohnungsrechtsschutz*). Gleiches gilt für die sonstigen lauterkeitsrechtlichen Normen, die ihrerseits als Entfaltung des § 1 UWG zu begreifen sind (näher dazu Einl. D Rdn. 6, 51 ff). Im übrigen kann § 138 Abs. 1 BGB dort eingreifen, wo seine Voraussetzungen erfüllt sind. Welcher Maßstab dabei angelegt werden muß – im Wege der Rezeption außerrechtlicher Wertungen z. B. Sittlichkeit, Moral, Gesinnungsethik, oder unmittelbar die im Gesamtsystem der Rechtsordnung als Rechts- und Sozialethik immanenten Wertungen – ist unsicher, aber hier nicht zu entscheiden (s. etwa BVerfGE 7, 206; 24, 251; BGHZ 70, 324). Ähnliche Grundsatzprobleme birgt auch § 134 BGB, wie allein schon die ausufernde Kasuistik erweist[125]. Akzeptiert man die **Strafandrohung** als wichtiges **Indiz** für ein **Verbotsgesetz** iS des § 134 BGB[126], so erscheinen im Fall des § 12 UWG die **Bestechungsabrede** und die **Schmiergeldvereinbarung** selber nach §§ 134, 138 Abs. 1 BGB nichtig[127]. Nichtigkeit jedenfalls nach § 134 BGB ist demnach auch für eine Vereinbarung anzunehmen, die der Täter namentlich in den Fällen der §§ 17 f UWG mit dem Mitteilungsempfänger schließt. **E 87**

Nichtigkeit nach § 134 BGB nimmt die **Judikatur** auch für die **Basisverträge** des nach § 6 b UWG unzulässigen **Kaufscheinhandels** an, also im Verhältnis des Kaufscheinhändlers zu seinem Vertragslieferanten (BGH GRUR 1978, 311 f – *BSW III*). Damit überspannt die Rechtsprechung jedoch § 134 BGB, der hier nur herangezogen werden kann, soweit § 6 b UWG sich gerade gegen die Vornahme eines bestimmten Rechtsgeschäftes gerichtet darstellen läßt[128]. Für die Nichtigkeits- **E 88**

[124] So auch *Teplitzky* GRUR 1987, 215 f; vgl. hingegen auch *Loewenheim* ZHR 135 (1971), 97, 123 ff.

[125] Vgl. z. B. MünchKomm.-*Mayer-Maly* BGB[2] (1984) § 134 Rdn. 47 ff.

[126] So MünchKomm.-*Mayer-Maly* BGB[2] (1984) § 134 Rdn. 47 f; die Judikatur verlangt hier grundsätzlich – bei einer Fülle konzeptionell wenig transparenter Ausnahmen – Strafbarkeit für beide Parteien, vgl. z. B. BGHZ 37, 365; 53, 157; 65, 370; BGH NJW 1984, 229; s. a. *Palandt/Heinrichs* BGB[52] (1993) § 134 Rdn. 8.

[127] Noch weitergehend – zu Unrecht – auch für den aufgrund der Bestechung geschlossenen Hauptvertrag (als Folgevertrag der Bestechung) Nichtigkeit annehmend RG JW 1932, 270.

[128] Zu dieser Zielrichtung eines Verbotsgesetzes allgemein vgl. BGH NJW 1983, 2873.

folge in Betracht kommen also von vornherein allenfalls die Abrede des Kaufscheinhändlers mit seinem Kunden über die Ausstellung von Kaufscheinen und der Kaufvertrag selber. Doch auch in diesem begrenzten Rahmen wird man **entgegen der Rspr.** § 6 b UWG nicht als Verbotsgesetz heranziehen dürfen: Mangels Strafsanktion müßten sehr deutliche Indikatoren für eine solche Klassifikation erkennbar sein. Die pauschale Erwägung, es sollten alle rechtlichen Anreize für wettbewerbsrechtlich unzulässigen Kaufscheinhandel unterbunden werden (BGH GRUR 1978, 311 f und 370 – *BSW III* und *IV*), rechtfertigt es jedenfalls nicht, § 6 b UWG als Verbotsgesetz heranzuziehen, zumal Gültigkeit oder zumindest Reichweite dieser Norm selber zweifelhaft sind (vgl. Einl. D Rdn. 53, Einl. E Rdn. 111 ff).

E 89 Dasselbe gilt für sonstiges nicht strafbewehrtes (materielles) Wettbewerbsrecht. Deshalb ist es auch nicht angezeigt, die **Boykottabrede** unter dem Aspekt der damit verfolgten wettbewerbsdysfunktionalen Konkurrenten-„Behinderung" nach §§ 1 UWG, 134 BGB für nichtig zu erachten. Daß die Boykottabrede per se unter § 138 Abs. 1 BGB zu subsumieren ist, dürfte ebenfalls zu verneinen sein (**a. A.** *Körner* GRUR 1968, 351), weil elementare Verbote der Rechts- und Sozialethik u. ä. nicht tangiert erscheinen[129]. Wettbewerbswidriges Verhalten bewirkt weder im Lichte des § 134 BGB noch des § 138 BGB eo ipso Nichtigkeit der an dieses Verhalten anknüpfenden Verträge. Solche **Folgeverträge** befinden sich schon begrifflich außerhalb des wettbewerbsrechtlich zu bewertenden Handlungstatbestandes. Soweit bei §§ 134, 138 Abs. 1 BGB auf diesen Tatbestand aufgebaut werden sollte, fehlt es somit von vornherein am Bezugspunkt[130]. In den Fällen irreführender Werbung, Anwendung psychologischen Kaufzwangs und ähnlicher mit Willensmängeln auf der Marktgegenseite einhergehender Marketingaktivitäten kommt noch hinzu, daß nach der bürgerlich-rechtlichen Systematik der hier wirkende Motivirrtum grundsätzlich unbeachtlich sein und allenfalls, selbst bei Arglist, nur zur Anfechtung berechtigen soll (arg. §§ 119, 123 BGB). Dieses klare Ergebnis, dem auch die hM beipflichtet[131], darf nicht sinnwidrig durch die Überlegung ins gerade Gegenteil verkehrt werden, wer nun auf die Erfüllung derartiger (wirksamer!) Folgeverträge – durch Rechnungen, Mahnungen etc. – bestehe, handele schon damit rechtsmißbräuchlich (so aber OLG Köln WRP 1975, 170; OLG Frankfurt/M. GRUR 1978, 720; *Baumbach/Hefermehl* § 1 Rdn. 913; *Traub* GRUR 1980, 673, 678 ff).

E 90 **Entgegen der wohl hM** (*Baumbach/Hefermehl* § 13 a Rdn. 2 a) ist das bürgerlich-rechtliche **Anfechtungsrecht** der §§ 119 ff (123) BGB ebenfalls als **subsidiär** anzusehen, weil § 13 a UWG das Problem des werbebedingten Willensmangels spezieller angeht und anders löst. Durch die unglückliche und unnötige Anknüpfung des Rücktrittsrechts nach § 13 a UWG an den Straftatbestand des § 4 UWG, der „unwahre und (!) zur Irreführung geeignete Angaben" verlangt, sowie durch die dabei geforderte Zielrichtung auf eine zumindest beschränkte Öffentlichkeit entsteht da-

---

[129] Bei Verstößen gegen das Zugabe- oder Rabattverbot kommt Vertragsnichtigkeit ebenfalls nicht in Betracht, so zutreffend die hM, vgl. nur *Baumbach/Hefermehl* § 2 ZugabeVO Rdn. 6; § 12 RabattG Rdn. 5 mwN, auch der gegensätzlichen Mindermeinung.

[130] S. a. BGH WRP 1974, 100 f und 172, 174; *v. Gamm* WRP 1974, 1; *Traub* GRUR 1980, 678: Werbung und die sich ihr anschließenden Folgeverträge seien als einheitlicher Lebensvorgang zu betrachten und dürften in der juristischen Bewertung nicht auseinandergerissen werden (Folgevertrag als Vertiefung der vorausliegenden Wettbewerbsrechtsverletzung).

[131] OLG Frankfurt/M. GRUR 1978, 720; LG Berlin WRP 1972, 96; LG Trier NJW 1974, 151; *Körner* GRUR 1968, 348; *Lehmann* NJW 1981, 1233, 1236 f; *Sack* WRP 1974, 445; *ders.* NJW 1974, 564; *Wedemeyer* WRP 1972, 117; **a. A.** LG Mainz BB 1967, 1180; AG Trier WRP 1972, 157. S. a. *Ochs* WRP 1977, 375.

bei nur eine gewisse tatbestandliche Divergenz zu §§ 119 Abs. 2[132], 123 BGB. Denn zum einen dürfte zwischen „Unwahrheit“ und Irreführungseignung letzlich kein Unterschied bestehen (dazu schon Einl. D Rdn. 273 f), und zum anderen ist § 13 a UWG insoweit tatbestandlich sogar weiter als § 123 BGB, weil es hier richtiger Ansicht nach nicht auf Ursächlichkeit zwischen dem inkriminierten Wettbewerbsverhalten und der vertraglichen Willenserklärung des Getäuschten ankommt (eingehend dazu *Schünemann* S. 247 f. Die hM ist **a. A.**, vgl. nur *Baumbach/Hefermehl* § 13 a Rdn. 7; *Nordemann* Rdn. 588 a). Im übrigen aber decken sich § 123 Abs. 2 und § 13 a Abs. 1 Satz 2 UWG in der rechtlichen Behandlung täuschender bzw. irreführender Drittwerbung[133], insb. also hinsichtlich der sog. vorverkaufenden Werbung (zu diesem Begriff näher *Schünemann* S. 249), die z. B. vom Hersteller oder Importeur initiiert sich an Adressaten einer erst späteren Handelsstufe richtet, wobei die Werbung mithin gar nicht vom Vertragspartner des Irregeführten gesteuert wird. Die Subsidiarität der §§ 119, 123 BGB wird schließlich dadurch gefordert, daß ansonsten der spezifische zeitliche Rahmen für die Rechtsausübung des Rücktrittsrechtes nach § 13 a Abs. 2 UWG, der hinsichtlich der dortigen Ausschlußfrist wesentlich enger als § 121 BGB und erst recht enger als § 124 BGB ist, gar nicht zum Tragen käme.

Keine Subsidiarität besteht im Verhältnis zwischen dem bürgerlich-rechtlichen **Gewährleistungsrecht** (z. B. §§ 459 ff, 537 ff, 633 ff BGB) und § 13 a UWG (*Baumbach/Hefermehl* § 13 a Rdn. 2 a). Eine Konkurrenzsituation wird aber fast immer aus tatsächlichen Gründen ausscheiden, weil durch Werbung keine Eigenschaften, z. B. der Kaufsache, vertraglich zugesichert werden (BGHZ 48, 118). Ob Werbung geeignet ist, zumindest die für einen „Fehler“ iS des § 459 Abs. 1 BGB nach dem sog. subjektiven Fehlerbegriff als gedanklichem Anknüpfungspunkt dienende Sollbeschaffenheit festzulegen[134], erscheint sehr fraglich. Dann müßten nämlich, von den Fällen einer expliziten vertragsimmanenten Definition unter Bezugnahme auf die einschlägige Werbung abgesehen, die Werbung so ihren Niederschlag im Bewußtsein aller Marktbeteiligten gefunden haben, daß sie die für den „gewöhnlichen Gebrauch“ adäquate Sollbeschaffenheit fixiert. Im Einzelfall etwa bestehende Schadensersatzansprüche z. B. nach §§ 463, 480 Abs. 2 BGB hält § 13 a Abs. 3 Satz 2 UWG jedenfalls ausdrücklich offen. Ihre nähere Ausgestaltung, z. B. hinsichtlich der **Verjährung,** hat dabei wohl dem bürgerlichen Recht zu folgen. **E 91**

Gelegentlich wird befürwortet, das Rechtsinstitut der sog. **culpa in contrahendo** auch auf Handlungen zu erstrecken, die erst auf Herstellung geschäftlichen Kontaktes gerichtet sind; dann könnte grundsätzlich jede Art wettbewerbsrechtlich unzulässiger Werbung Schadensersatzansprüche aus culpa in contrahendo auslösen (so *Sack* WRP 1974, 445, 454 ff). Damit wird aber die Tragfähigkeit der dogmatischen, an einem Quasi-Vertragsrecht orientierten Grundidee überschätzt. Macht man sich jedoch diesen Ansatz zueigen, sind solche Ansprüche gleichfalls nicht durch Wettbewerbsrecht blockiert (arg. § 13 a Abs. 3 Satz 2 UWG. Vgl. in diesem Zusammenhang auch Einl. D Rdn. 203 zur Kritik des Wettbewerbsverhältnisses als eines „gesetzlichen Schuldverhältnisses“). **E 92**

---

132 Ein Erklärungs- bzw. Inhaltsirrtum (§ 119 Abs. 1 BGB) in der Folge unzulässiger Werbung ist schwer vorstellbar.

133 *Baumbach/Hefermehl* § 13 a Rdn. 14 ff; zum Problemkreis s. a. *Köhler* JZ 1989, 262, 265 f.

134 S. nur *Schünemann* Wirtschaftsprivatrecht[2] (1993), A VI 4 a.

V. Verhältnis zum Handelsrecht

E 93 Das **Konfliktpotential** zwischen Lauterkeitsrecht und Handelsrecht ist denkbar **gering** (einhellige Meinung, vgl. nur *Rittner*[4] (1993) § 1 C I 2; *Schünemann* S. 25), schon weil das Handelsrecht als seinen alleinigen Anknüpfungspunkt die besondere, rein handelsrechtlich definierte Qualität eines Wirtschaftssubjekts als „Kaufmann" (vgl. §§ 1 ff, 343 ff HGB) wählt, nicht hingegen ein Handeln im geschäftlichen Verkehr zu Zwecken des Wettbewerbs zum Ausgang nimmt. Das UWG kann deshalb systematisch keinesfalls zum Handelsrecht gezählt werden (so aber HdbWR/*Gloy* § 1 Rdn. 24). Eine sachliche **Schnittstelle** zwischen Lauterkeitsrecht und Handelsrecht ergibt sich damit überhaupt nur bezüglich der Firmenverwendung (§ 37 Abs. 2 HGB einerseits, § 16 UWG andererseits). Die tatbestandlichen Voraussetzungen sind hierbei ganz verschieden. Insbesondere rekurriert der handelsrechtliche **Firmenschutz** allein auf das vollkaufmännische Unternehmen (arg. § 4 Abs. 1 HGB) und begnügt sich mit der nach rein handelsrechtlichen Kriterien zu beurteilenden Unzulässigkeit des Firmengebrauchs am Maßstab der §§ 18 ff, 30 HGB.

E 94 **Konkurrenzrechtlich problematisch** erscheint letztlich nur, ob die in § 37 Abs. 2 HGB geforderte Verletzung eigener Rechte (durch handelsrechtlich unzulässigen Firmengebrauch) auf seiten aller durch § 13 UWG Aktivlegitimierten schon im Hinblick auf eben diese ihnen ja nur wettbewerbsrechtlich verliehene Kompetenz bejaht werden kann (dazu eingehend § 16 Rdn. 468 ff). § 37 Abs. 2 HGB würde so unversehens zu einer Art kennzeichenrechtlicher Generalklausel avancieren und dabei insbesondere auch den Verbänden zu Gebote stehen[135]. Für diese Sicht der Dinge wird ins Feld geführt, daß § 37 Abs. 2 HGB praktisch leer liefe, wollte man die Rechtsverletzung allein auf absolute Rechte beziehen, weil die Kennzeichenrechte (wie alle Immaterialgüterrechte) ohnehin negatorischen Rechtsschutz genießen (BGH GRUR 1970, 320 – *Doktortitel*). Letzteres Argument überzeugt im Grundsatz. Gleichwohl bleibt die daraus häufig gezogene Folgerung, nun allen insoweit wettbewerbsrechtlich nach § 13 UWG Aktivlegitimierten die Geltendmachung des in § 37 Abs. 2 HGB vorgesehenen Unterlassungsanspruchs zu ermöglichen, **fragwürdig,** mag eine solche Ausweitung auch Effizienzerwägungen entgegenkommen (zu dieser starken Betonung des Effizienzgedankens vgl. § 16 Rdn. 474). Näher liegt die Überlegung, dem – allerdings bestrittenen (Nachweise bei § 16 Rdn. 464) – Individualschutzzweck des § 37 Abs. 2 HGB dadurch Rechnung zu tragen, daß man allein die auf örtlich-beschränkte Unterscheidungskraft der Firmen gerichteten Interessen der (vollkaufmännischen) Marktteilnehmer selber, insb. der Konkurrenten, als „Recht" iS des § 37 Abs. 2 HGB wertet, Verbände also präkludiert[136].

E 95 Ausgehend von der Anstandsformel bzw. vom Verständnis wettbewerblicher Sittenwidrigkeit als Verletzung von Konventionalnormen (dazu Einl. D Rdn. 23 ff) können für die hM die nach § 346 HGB zu berücksichtigenden **Handelsbräuche** auch wettbewerbsrechtliche Bedeutung erlangen[137]. Handelsbräuche, die als Ausdruck gefestigter Berufs- und Standesüberzeugung auf „sittlichen Motiven", auf ethischen Wertungen beruhen oder aber unabhängig davon „nach dem Anstandsge-

---

[135] So etwa *Staub/Canaris/Ulmer* (Großkomm.-HGB)[4] (1983)/*Hüffer* § 37 Rdn. 30, 38.

[136] In dieser Richtung wohl *v. Gamm* Kap. 55 Rdn. 13 f, der jedenfalls auf Verbände nicht zu sprechen kommt.

[137] BGH GRUR 1969, 474, 476 – *Bierbezug I;* BGHZ 28, 54, 60 – *Direktverkäufe;* s. a. BGH DB 1969, 1010; *Baumbach/Duden/Hopt* Handelsgesetzbuch[28] (1989) § 346 Anm. 1; HdbWR/*Jacobs* § 47 Rdn. 17 ff; *Pflug* ZHR 135 (1971), 12.

fühl der beteiligten Verkehrskreise unerläßlich sind, um einen redlichen Geschäftsverkehr in dem betreffenden Berufs- oder Gewerbezweig zu gewährleisten", sollen ohne weiteres mit den „guten Sitten" iS von § 1 UWG zu identifizieren sein. Verstöße gegen sonstige Handelsbräuche sollen hingegen erst im Zusammenwirken mit anderen Gesichtspunkten als „verwerflich" erscheinen (HdbWR/*Jacobs* § 47 Rdn. 19 f). Dabei soll namentlich der erstrebte bzw. erlangte wettbewerbliche Vorsprung eine entscheidende Rolle spielen (BGH GRUR 1969, 474, 476 – *Bierbezug I; v. Gamm* Kap. 31 Rdn. 3), wobei also eine der hM vertraute Unterscheidung zwischen werthaltigen und wertneutralen Normen repetiert wird (dazu Einl. D Rdn. 50 ff). Dies ist ein prinzipiell **unzutreffender Ansatz** (ebenso *Nordemann* Rdn. 531 ff), weil er die Gefahr in sich birgt, einen gegenwärtigen Verhaltensstatus zu zementieren. Dies aber steht in unvereinbarem Gegensatz zu der im Rahmen von § 1 UWG als Aspekt der Wettbewerbsfreiheit zur Geltung zu bringenden wettbewerbsessentiellen Offenheit gerade auch gegenüber dem unkonventionellen Marktverhalten, das den Pionier oft neben oder statt einer Produktionnovation charakterisiert (s. Einl. A Rdn. 28 ff). Handelsbräuche stellen also in Wahrheit keine Berührungspunkte zwischen Wettbewerbsrecht und Handelsrecht dar.

F. Internationalrechtliche Fragen

Übersicht

Alphabetische Übersicht (F)

I. Einführung

Übersicht

Literatur

v. Bar Territorialität des Warenzeichens und Erschöpfung des Verbreitungsrechts im Gemeinsamen Markt (1977); *Baumbach/Hefermehl* Warenzeichenrecht und internationales Wettbewerbs- und Zeichenrecht[12] (1985); *Baumbach/Hefermehl* Wettbewerbsrecht [17](1993); *Beier* Territorialität des Markenrechts und internationaler Wirtschaftsverkehr, GRUR 1968 8; *Beier* Entwicklung und gegenwärtiger Stand des Wettbewerbsrechts in der Europäischen Wirtschaftsgemeinschaft, GRUR Int. 1984 61; *Beier* Gewerblicher Rechtsschutz und freier Warenverkehr im Europäischen Binnenmarkt und im Verkehr mit Drittstaaten, GRUR Int. 1984 603; *Beier* Die Zukunft des geistigen Eigentums in Europa, GRUR Int. 1990 675; *Beier/Schrikker* (Hrsg.) GATT or WIPO? New Ways in the International Protection of Intellectual Property (1989); *Bernitz* Svensk och internationell marknadsrätt[2] (1973); *Brandmair* Die freiwillige Selbstkontrolle in der Werbung (1978); *Busse/Starck* Warenzeichengesetz[6] (1990); *Cornish* Intellectual Property[2] (1989); *Fikentscher* Wirtschaftsrecht (1983); *Frignani* Il Contratto Internazionale, in: Galgano (Hrsg.) Trattato di Diritto Commerciale (1990); *v. Gamm* Wettbewerbsrecht[5] (1987); *Gloy* (Hrsg.) Handbuch des Wettbewerbsrechts (1986); *v. Hippel* Verbraucherschutz[3] (1986); *Hubmann* Gewerblicher Rechtsschutz[5] (1988); *Krämer* EWG-Verbraucherrecht (1985); *Möschel* Die rechtliche Behandlung der Paralleleinfuhr von Markenware innerhalb der EWG (1968); *Mook* Internationale Rechtsunterschiede und nationaler Wettbewerb. Rechtliche Möglichkeiten zur Abwehr von Wettbewerbsstörungen und ihre Grenzen (1986); *Osterrieth/Axster* Die Pariser Konvention (1903); *Paefgen* Globales und Euro-Marketing (1989); *Reich/Micklitz* Verbraucherschutzrecht in den EG-Staaten. Eine vergleichende Analyse (1981); *Riehle* Markenrecht und Parallelimport (1968); *Schricker* Recht der Werbung in Europa I Einführung in das Recht der Werbung, Internationales und EWG-Recht (1990); *Schricker* Unlauterer Wettbewerb und Verbraucherschutz, GRUR Int. 1970 32; *Schricker* Territoriale Probleme und Klagerecht bei unlauterem Wettbewerb, GRUR Int. 1973 453; *Schrikker* Die Bekämpfung der irreführenden Werbung in den Mitgliedstaaten der EWG, GRUR Int. 1990, 112; *Schricker* Die europäische Angleichung des Rechts des unlauteren Wettbewerbs – ein aussichtsloses Unterfangen? GRUR Int. 1990 771; *Schricker/Stauder* Handbuch des Ausstattungsrechts (1986); *Troller, A.* Das internationale Privat- und Zivilprozeßrecht im gewerblichen Rechtsschutz und Urheberrecht (1952); *Troller, A.* Die mehrseitigen völkerrechtlichen Verträge im internationalen gewerblichen Rechtsschutz und Urheberrecht (1965); *Ulmer* Das Recht des unlauteren Wettbewerbs in den Mitgliedstaaten der Europäischen Wirtschaftsgemeinschaft I, Vergleichende Darstellung mit Vorschlägen zur Rechtsangleichung (1965); *Ulmer* Die Immaterialgüterrechte im internationalen Privatrecht (1975); *Windisch* Gewerblicher Rechtsschutz und Urheberrecht im zwischenstaatlichen Bereich (1969).

1. Begriff und System

F 1 **Rechtssystematisch** pflegt das Recht des unlauteren Wettbewerbs in Deutschland dem **gewerblichen Rechtsschutz** zugeordnet zu werden; es steht dort neben dem **Immaterialgüterrecht**, d. h. der Sonderregelung der gewerblichen Schutzrechte (Patente, Marken, Gebrauchs- und Geschmacksmuster) wie auch des Urheberrechts und der mit ihm verwandten Schutzrechte[1]. Auf internationaler Ebene stimmt mit dem Begriff des gewerblichen Rechtsschutzes derjenige des **„gewerblichen Eigentums"** überein, wie er in Art. 1 der Pariser Verbandsübereinkunft (PVÜ) definiert wird[2]. Er umfaßt auch die „Unterdrückung des unlauteren Wettbewerbs" (Art. 1 Abs. 2 PVÜ, s. auch Art. 10bis PVÜ)[3]. Nach der Praxis des Europäischen Gerichtshofes wird dagegen das Recht des unlauteren Wettbewerbs nicht zum **„Schutz des gewerblichen und kommerziellen Eigentums"** im Sinn des Art. 36 EWGV gerechnet, wenngleich nach der Cassis de Dijon-Rechtsprechung zwingende Erfordernisse des Schutzes „der Lauterkeit des Handelsverkehrs und des Verbraucherschutzes" gegenüber der Warenverkehrsfreiheit des Art. 30 EWGV Berücksichtigung finden[4].

F 2 Mit der Zuordnung zum gewerblichen Rechtsschutz wird an den Zweck des Wettbewerbsrechts angeknüpft, die Wettbewerber, d. h. die als Anbieter im Wettbewerb stehenden **Unternehmen** zu schützen. Diesem ältesten und auch heute noch im gesamten Bereich des Rechts gegen den unlauteren Wettbewerb nachweisbaren Schutzzweck ist jedoch sowohl in Deutschland als auch in einer Reihe anderer Länder (insbesondere Österreich, Schweiz, Belgien, Schweden, Dänemark, Frankreich, Spanien) ein weiterer Schutzzweck an die Seite getreten: der Schutz der Abnehmer, und zwar vor allem der privaten **Letztverbraucher**[5]. Dem Verbraucherschutz dienen zwar nicht alle Teile des Wettbewerbsrechts, aber doch wesentliche Bereiche, wie insbesondere das wettbewerbliche Recht der Werbung[6]. Allein vom Unternehmerschutzzweck geprägt bleiben dagegen Bereiche wie der Schutz gegen Anschwärzung und der Kennzeichenschutz[7]. Recht des unlauteren Wettbewerbs und **Verbraucherschutzrecht** bilden demnach Kreise, die sich schneiden, aber nicht voll überdecken[8].

---

[1] S. statt aller *Hubmann* § 1 I.

[2] *Baumbach/Hefermehl* Warenzeichenrecht, Art. 1 PVÜ Rdn. 2; *Busse/Starck* Art. 1 PVÜ Anm. 3; *Troller, A.* Die mehrseitigen völkerrechtlichen Verträge, S. 36; *Ulmer* Das Recht des unlauteren Wettbewerbs, S. 2 Rdn. 3.

[3] Kritisch zur Unterordnung des Wettbewerbsschutzes unter den Begriff des „gewerblichen Eigentums" *Fikentscher* § 8 III 2 d aa. „Eigentum" sollte hier jedoch cum grano salis genommen werden, wie es der Begriffsbildung des französischen Rechtskreises entspricht. Daß der Ausdruck „gewerbliches Eigentum" für die juristische Konstruktion des Schutzes gegen unlauteren Wettbewerb unerheblich ist, betonen schon *Osterrieth/Axster* S. 3.

[4] EuGH GRUR Int. 1982, 117, 120 (Irische Souvenirs); EuGH GRUR Int. 1985, 110, 111 (r + r). Im Sinne einer Unanwendbarkeit von Art. 36 auch *Baumbach/Hefermehl* Einl. UWG Rdn. 619; *v. Gamm* 13. Kapitel Rdn. 11; HdbWbR/*Helm* § 48 Rdn. 23. Kritisch zur Ausklammerung der Bekämpfung unlauteren Wettbewerbs aus Art. 36 *Beier* GRUR Int. 1989, 603, 608 f. Näheres s. unten VI.

[5] S. zur Rechtsentwicklung *Schricker* GRUR Int. 1970, 32 ff; s. auch den Überblick bei *Reich/Micklitz* S. 77 f.

[6] S. zu dem Begriff des über das Recht des unlauteren Wettbewerbs hinausgreifenden Rechts der Werbung *Schricker* Recht der Werbung in Europa, Bd. I Rdn. 1 ff.

[7] Ein Argument bildet die Regelung des Klagerechtes, s. einerseits die unternehmerschützenden Tatbestände der §§ 14 und 16 des deutschen UWG mit Klagerecht nur des individuell Verletzten, andererseits § 3 UWG mit dem weiten Klagerecht des § 13 Abs. 2 UWG. Zumindest indirekte Auswirkungen auf die Verbraucherbelange sind aber freilich auch bei den Tatbeständen des Individualschutzes nicht auszuschließen und könnten durch eine konkurrierende Anwendung von §§ 1 oder 3 UWG aufgefangen werden.

[8] Vgl. die systematische Einordnung wettbewerbsrechtlicher Themen in das Verbraucherschutzrecht bei *v. Hippel* § 3; *Krämer* S. 175 ff; *Reich/Micklitz* S. 76 ff.

Als ein den Unternehmer- und Verbraucherschutz überwölbender überindividueller Wertungshorizont ist der **Schutz der Allgemeinheit**, insbesondere in Form des Schutzes der Institution Wettbewerb, zu berücksichtigen[9].

Einen weitergreifenden systematischen Bogen schlägt Bernitz mit dem von ihm geprägten Begriff des **Marktrechts**[10]. Hierunter werden alle Disziplinen zusammengezogen, die sich mit der Regelung der Marktvorgänge befassen. Das Recht des unlauteren Wettbewerbs wird im Rahmen dieser Begriffsbildung nicht nur dem Immaterialgüterrecht an die Seite gesetzt, sondern es wird auch der Bezug zum Kartellrecht und Verbraucherschutzrecht hergestellt. Gegenüber dem weiteren und verschwommeneren Begriff des **Wirtschaftsrechts**[11] hat der Begriff des Marktrechts den Vorzug, mit der Marktrelevanz ein funktionales, auch für die Rechtsanwendung nutzbar zu machendes Abgrenzungskriterium einzuführen. **F 3**

2. Territorialitätsprinzip

Im Patent-, Marken- und Urheberrecht wird die international-rechtliche Betrachtung vom **Territorialitätsprinzip** beherrscht: Entstehung, Rechtsinhaberschaft, Wirkung und Erlöschen des Schutzrechtes richten sich nach dem Recht des jeweiligen Schutzlandes, für das der Schutz in Anspruch genommen wird[12]. Hinter dem Territorialitätsprinzip steht die Vorstellung, daß es sich um Rechte handelt, die durch staatlichen Hoheitsakt verliehen werden: Der staatlichen Hoheit unterstehen alle Schutzvorgänge auf dem Staatsgebiet; die Wirkungen des Hoheitsaktes enden aber an den Staatsgrenzen[13]. Bekräftigt wird die Herrschaft des Territorialitätsprinzips durch das Schutzsystem der internationalen Verträge, insbesondere die Pariser Verbandsübereinkunft[14]. **F 4**

Das Territorialitätsprinzip ermöglicht eine klare **kollisionsrechtliche Lösung**: Sollen z. B. aus einer in Deutschland geschehenen Warenzeichenverletzung Rechtsfolgen geltend gemacht werden, so ist das deutsche Warenzeichenrecht anwendbar; bei einer Verletzung im Ausland das jeweils zuständige Auslandsrecht. Inländische Zeichenrechte können nicht durch Auslandshandlungen und ausländische Zeichenrechte nicht durch Inlandshandlungen verletzt werden[15]. Dies bedeutet freilich nicht, daß nicht – bei gegebener internationaler Zuständigkeit – aufgrund einer **F 5**

---

[9] *Schricker* GRUR Int. 1970, 32, 38 f; vgl. die Schutzzweckdefinition in Art. 1 der EG-Richtlinie über irreführende Werbung von 1984, GRUR Int. 1984, 688: „Zweck dieser Richtlinie ist der Schutz der Verbraucher, der Personen, die einen Handel oder ein Gewerbe betreiben oder ein Handwerk oder einen freien Beruf ausüben sowie der Interessen der Allgemeinheit gegen irreführende Werbung und deren unlautere Auswirkungen". Näheres s. unten V.

[10] Marknadsrätt (1969); Svensk och internationell marknadsrätt², S. 1 ff.

[11] *Fikentscher* § 1 I, II mwN.

[12] *v. Bar* § 1; *Fikentscher* I § 16 VI; *Hubmann* § 7 II 2; *Schricker/Katzenberger* Urheberrecht, Vor §§ 120 ff Rdn. 69 ff; *Schricker/Stauder/Katzenberger* Handbuch des Ausstattungsrechts, S. 1014 f; *Schricker/Stauder/Pfaff* Handbuch des Ausstattungsrechts, S. 1122 ff; *Kropholler* Internationales Privatrecht, § 53 VII 2; *v. Bar* Internationales Privatrecht II Rdn. 702 ff; *Troller, A.* Das internationale Privat- und Zivilprozeßrecht im gewerblichen Rechtsschutz und Urheberrecht, S. 48 ff; *Ulmer* Die Immaterialgüterrechte im internationalen Privatrecht, S. 7 ff; *Windisch* S. 36, 65 ff, 78 ff.

[13] Diese Konzeption wird freilich schon bei dem nicht aus einem Formalakt entstehenden Ausstattungsrecht (§ 25 WZG) fraglich; im Urheberrecht läßt sie sich nurmehr historisch verstehen. S. zur Kritik *v. Bar* S. 30 ff; *Möschel* S. 108 ff.

[14] *Beier* GRUR Int. 1983, 339, 342 f; *Osterrieth/Axster* S. 9 ff; *Riehle* S. 12 ff; *Ulmer* Die Immaterialgüterrechte im internationalen Privatrecht, S. 9 ff.

[15] *Baumbach/Hefermehl* Warenzeichenrecht, § 15 Rdn. 48.

ausländischen Markenverletzung im Inland geklagt werden könnte; die deutschen Gerichte haben dann aber freilich das einschlägige Auslandsrecht anzuwenden[16]. Und schließlich verbietet das Territorialitätsprinzip nicht, aus im Ausland verwirklichten Tatbeständen Folgerungen für das inländische Schutzrecht abzuleiten, etwa ein Inverkehrbringen im Ausland im Sinne einer Erschöpfung des deutschen Zeichenrechtes zu werten[17].

F 6 Es wird oft undifferenziert behauptet, auch im **Recht des unlauteren Wettbewerbs gelte das Territorialitätsprinzip**[18]. Diese pauschale Behauptung kann zu Fehlschlüssen Anlaß geben; einer näheren Nachprüfung hält sie nicht stand[19]. Es fehlt schon an einem durch staatlichen Akt verliehenen territorial begrenzten Recht. Individualrechtlicher Schutzgegenstand sind vielmehr die unternehmerische Betätigung und die mit ihr verknüpften Werte. Bei international tätigen Unternehmen sind diese Schutzobjekte nicht territorial limitiert, sie reichen fließend über die Landesgrenzen und können den ganzen Weltmarkt erfassen. Ebenso vermögen Verletzungshandlungen stufenlos über die Landesgrenzen zu gehen. Andererseits kommt freilich durch die überindividualen Schutzzwecke des Wettbewerbsrechts tendenziell doch eine territoriale Note in die Rechtsanwendung: Wenn es um den Schutz von Verbraucher- oder Allgemeininteressen geht, wird jeder Staat in erster Linie auf den Schutz inländischer Belange abzielen. Dies braucht jedoch nicht zu bedeuten, daß man sich nicht auch um Auslandssachverhalte kümmert, wie etwa um den Schutz des einheimischen Verbrauchers als Opfer einer ins Ausland veranstalteten Werbefahrt oder als Käufer im Inland beworbener ausländischer Immobilien[20].

F 7 **Internationalprivatrechtlich** ergibt sich aus alledem ein gemischtes Bild, bei dem bald territoriale, bald überterritoriale Gesichtspunkte die Oberhand gewinnen (s. im einzelnen unten III). So hat die früher herrschende Meinung, nach der deutsches Wettbewerbsrecht praktisch auf alle Wettbewerbsvorgänge anwendbar war, bei denen auch nur ein Zipfelchen des Geschehens in Deutschland lokalisiert werden konnte, im Widerspruch zu einer territorialen Betrachtung weitgehend Auslandsverletzungen unter einheimisches Recht gebracht. Die heute durchgesetzte Schwerpunktbeurteilung rückt die Dinge zwar zurecht, jedoch werden auch bei ihr grenzüberschreitende Sachverhalte nicht territorial segmentiert, sondern einheitlich angeknüpft[21]: Herstellung verwechselbar nachgeahmter Erzeugnisse und deren Vertrieb

---

[16] *Hubmann* § 7 II 3 b; *Ulmer* Die Immaterialgüterrechte im internationalen Privatrecht, S. 16 ff, jeweils mwN.

[17] *Beier* GRUR Int. 1968, 8, 12 f; *ders.* GRUR 1968, 492 ff.

[18] *Baumbach/Hefermehl* Wettbewerbsrecht Einl. UWG Rdn. 173; *v. Gamm* 15. Kapitel Rdn. 5. Es wird dabei möglicherweise der Grundsatz der gebietsgebundenen Geltung der Gesetze mit dem Territorialitätsprinzip verwechselt, vgl. *v. Bar* S. 32.

[19] S. hierzu und zum Folgenden *Schricker* GRUR Int. 1973, 453 ff. Ausdrücklich gegen die Anwendung des Territorialitätsprinzips im Recht des unlauteren Wettbewerbs z. B. Urteil der italienischen Corte di Cassazione GRUR Int. 1972, 427; s. auch *Frignani* S. 107. Vgl. neuerdings auch BGH WRP 1991, 575, 576 – *Betonsteinelemente*: Ein ausländisches Unternehmen ist gegen sklavische Nachahmung seiner Produkte in Deutschland geschützt, auch wenn es dort noch keinen wettbewerblichen Besitzstand erworben hat; die Lage ist hier „anders als bei der Verletzung von territorialen Schutz erfordernden Rechten des Immaterialgüterrechts". Ablehnend gegenüber dem Territorialitätsprinzip auch MünchKommBGB/*Kreuzer*² Art. 38 EGBGB Rdn. 234; *Staudinger/v. Hoffmann* Art. 38 EGBGB Rdn. 512.

[20] Vgl. BGH GRUR 1972, 367, 368: In Deutschland veranstaltete Werbung für Grundstücke in Spanien untersteht deutschem UWG. S. im einzelnen Rdn. F 206.

[21] Zu weit geht deshalb *Riehle* (S. 35 ff) bei der Feststellung angeblichen Gleichklangs zwischen Marken- und Wettbewerbsrecht im Sinne der Durchsetzung einer territorialen Betrachtung.

im Ausland etwa werden einheitlich dem Recht des ausländischen Vertriebsmarktes unterstellt[22]. Geblieben ist es nach herrschender, wenn auch angefochtener Praxis auch bei der Anwendung deutschen Rechts auf Auslandssachverhalte im Fall der Individualverletzung zwischen deutschen Mitbewerbern auf einem Auslandsmarkt[23]. Andererseits führt die marktbezogene Rechtsanwendung bei der sog. Multistate-Werbung nach heutiger Auffassung zu territorialer Aufteilung: Eine in mehreren Staaten, etwa über international vertriebene Zeitschriften verbreitete irreführende Werbung ist für jeden nationalen Markt nach dem dortigen Marktrecht zu beurteilen[24]. Beim wettbewerbsrechtlichen Schutz der Firma und anderer Unterscheidungszeichen ist territorial auf das Schutzlandstatut abzustellen (Rdn. F 198 ff).

3. Internationaler Entwicklungsstand

Im Vergleich zu anderen Materien des gewerblichen Rechtsschutzes, insbesondere zum Patent- und Markenrecht[25], erscheint das internationale Recht des unlauteren Wettbewerbs **relativ schwach entwickelt**[26]. Dies gilt sowohl im Blick auf die weltweiten internationalen Verträge als auch für die Harmonisierung in der EWG[27]; der Befund wird neuerdings durch die GATT-Verhandlungen zum Schutz des geistigen Eigentums bestätigt, die sich auf Patente, Marken und Urheberrechte konzentrieren, den unlauteren Wettbewerb nur in Teilaspekten erfassen[27a]. **F 8**

Für die besondere Lage des Wettbewerbsrechtes dürften verschiedene Gründe ursächlich sein: das Fehlen eines Formalschutzes und institutionellen Unterbaus, die vielfach zu beobachtende mangelnde Selbständigkeit der Materie gegenüber anderen Disziplinen, wie dem allgemeinen Deliktsrechts, dem Strafrecht und dem Gewerberecht[28] und schließlich die sehr unterschiedliche Schutzrichtung und Bedeutung in den nationalen Rechtsordnungen[29].

Im **internationalen Vergleich** kommt dem **deutschen Recht** des unlauteren Wettbewerbs an Gewicht, Masse der Normen, theoretischer Durcharbeitung und praktischer Bedeutung eine Sonderstellung zu. Neben dem GWB wird es mit Recht als eines der beiden Grundgesetze des Wirtschaftslebens bezeichnet. Die großzügige Öffnung des Klagerechts, die den obsiegenden Kläger belohnende Prozeßkostenregelung und das speditive Verfahren der einstweiligen Verfügung haben zu einer international wohl einmaligen Prozeßfrequenz geführt, die ihrerseits gegenüber der verbreiteten Abmahnjustiz nur die Spitze des Eisberges bildet. Außer dem UWG und seinen Nebengesetzen werden mittels der Figur des unlauteren Wettbewerbs durch Verletzung außerwettbewerbsrechtlicher Normen auch zahlreiche andere gewerberechtliche Regelungen, wie etwa Lebensmittelrecht und Preisauszeichnungs- **F 9**

---

[22] BGH GRUR 1962, 243 – *Kindersaugflaschen.*

[23] BGH GRUR 1964, 316 – *Stahlexport*, ein „Restbestand" der sog. *Nußbaumschen* Regel. Vgl. auch *v. Bar* S. 28; *Hubmann* § 7 II 2; *Riehle* S. 29 ff. S. im einzelnen Rdn. F 186, 196.

[24] BGH GRUR 1971, 153 – *Tampax*; MünchKommBGB/*Kreuzer*² Art. 38 EGBGB Rdn. 248.

[25] S. hierzu *Beier* GRUR Int. 1990, 675 ff.

[26] Dies stellt auch *Fikentscher* Wirtschaftsrecht I § 7 III 3, 6, fest.

[27] *Schricker* GRUR Int. 1990, 771 ff; s. im einzelnen unten V.

[27a] Das Agreement on Trade-Related Aspects of Intellectual Property Rights (TRIPS), das dem die Uruguay-Runde beschließenden Agreement Establishing the Multilateral Trade Organisation vom 15. 12. 1993 als Annex 1 c beigefügt ist, behandelt den Schutz der geographischen Angaben (Art. 22–24) und den Schutz von Geschäftsgeheimnissen (Art. 39).

[28] Vgl. *Troller, A.* Die mehrseitigen völkerrechtlichen Verträge, S. 4.

[29] Vgl. *Beier* GRUR Int. 1984, 61 ff; *Paefgen* S. 245 ff.

recht, einer wettbewerbsrechtlichen Sanktionierung zugeführt. Insgesamt wird eine Kontrolldichte erreicht, die im Ausland wohl kein Gegenstück hat.

F 10 Die intensive Bearbeitung der Materie in der deutschen Literatur und Praxis hat nicht nur zu einer detaillierten, fein verästelten und dogmatisch spezifizierten richterrechtlichen Normierung, sondern im allgemeinen auch zu einer gesteigerten Sensibilität gegenüber möglicher Unlauterkeit und damit zu einem **hohen Verbotsniveau** geführt. Als Paradebeispiel für die singuläre Strenge des deutschen Wettbewerbsrechts mag der Schutz gegen irreführende Werbung dienen[30].

F 11 Die Hypertrophie des deutschen Wettbewerbsrechts ist nicht ohne **Bedenken**. Sie gelten nicht nur den Schwierigkeiten der Rechtsangleichung, sondern auch den Auswirkungen im Inland und auf der Ebene des internationalen Wettbewerbs[31]. Gefahren drohen namentlich für die Wettbewerbsfreiheit. Selbst der Gesetzgeber scheint zunehmend seine Neutralität gegenüber dem Spiel des Wettbewerbs aufzugeben und sich dazu bereit zu finden, den Wünschen bestimmter Anbietergruppen nach wettbewerbsrechtlichen Subventionen zu entsprechen, wie insbesondere die Schaffung der §§ 6 a, 6 b und 6 d, 6 e UWG zeigt. Die Fälle mehren sich, in denen der Eindruck unabweisbar wird, daß man „Behinderungswettbewerb mit Hilfe der Gerichte" zu machen sucht. Die Bekämpfung unlauteren Wettbewerbs kann zum geschäftlichen Selbstzweck werden, wie die jahrelange Diskussion um den Mißbrauch der Verbandsklage deutlich gemacht hat. Es fragt sich, ob die Sozialkosten des wettbewerblichen Überwachungssystems richtig eingesetzt sind. Ein Abbau von Überspitzungen ist vor allem vom EWG-Recht zu erwarten (s. unten V): Einerseits wird der Vorrang der Grundfreiheiten des EWGV, insbesondere der Warenverkehrsfreiheit, gegenüber einschränkenden nationalen Rechtsvorschriften zunehmend zur Geltung gebracht, andererseits kann die Rechtsangleichung zu einer Auflockerung führen, wie sie etwa für das Verbot der wahrheitsgemäßen vergleichenden Werbung geplant ist (s. den Richtlinienvorschlag in GRUR Int. 1991 634).

F 12 Wer sich vom deutschen Wettbewerbsrecht ins **Auslandsrecht** begibt, sieht sich veränderten Bedingungen gegenüber. Es beginnt schon damit, daß die Informationsquellen über Gesetze, Praxis und Lehre weit spärlicher fließen. Der Rechtsstoff ist weniger dicht und umfangreich; das Wettbewerbsrecht hat nicht die Bedeutung eines alle geschäftlichen Regungen kontrollierenden Instruments. Im Extremfall ist der Rechtsbegriff des unlauteren Wettbewerbs der einheimischen Rechtsordnung überhaupt fremd[32].

Wer sich im Ausland um rechtliche Sanktionen bemüht, kann mit besonderen Verfahrensarten konfrontiert werden, speziellen Behörden und Amtsträgern begegnen. Wettbewerbsprozesse können risikoreicher sein und auch bei Obsiegen den Kläger mit Kosten belasten; es mag der Mentalität der Gewerbetreibenden entsprechen, daß sie gerichtliche Auseinandersetzungen scheuen, Wege der außerrechtlichen Bereinigung vorziehen. Was in Deutschland unter den Begriff des unlauteren Wettbewerbs fällt, mag im Ausland vom allgemeinen Zivilrecht, dem Strafrecht, Gewerberecht oder Verbraucherschutzrecht erfaßt werden oder aber – oft ganz unreflektiert – als rechtmäßig gelten. Schutzzweck und Regelungsgehalt differieren:

---

30 S. dazu vergleichend *Schricker* GRUR Int. 1990, 112.

31 S. zur Relevanz der Rechtsunterschiede im internationalen Wirtschafts- und Wettbewerbsrecht *Mook* Internationale Rechtsunterschiede und nationaler Wettbewerb S. 70 ff.

32 So im Vereinigten Königreich, s. *Cornish* S. 6 ff.

Von Regelungen reinen Individualschutzes reicht die Palette bis zu umfassenden Marktgesetzen, in denen der Schutz der Unternehmer, Verbraucher und der Allgemeinheit voll integriert sind.

4. Programm der Darstellung

Im folgenden sollen zunächst die **weltweiten internationalen Verträge**[33] behandelt werden, durch die die Vielfalt der nationalen Wettbewerbsrechtsordnungen verbunden wird (unten II). Es geht vornehmlich um die Pariser Verbandsübereinkunft zum Schutz des gewerblichen Eigentums (PVÜ) (II 1). Die PVÜ hat vor allem **fremdenrechtliche Bedeutung,** d. h. sie regelt die Frage, unter welchen Voraussetzungen ein ausländisches Unternehmen in Deutschland, ein deutsches Unternehmen im Ausland Rechtsschutz gegen unlauteren Wettbewerb in Anspruch nehmen kann. Die deutsche fremdenrechtliche Regelung in **§ 28 UWG** wird durch die PVÜ im wesentlichen überlagert und praktisch ausgeschaltet (s. die Erl. zu § 28). Ferner enthalten die mehrseitigen internationalen Verträge **materiellrechtliche Schutznormen** und Regelungen der Sanktionen, insbesondere des **Klagerechts.** **F 13**

Besondere Schutzinstrumente hält das internationale Vertragsrecht für die **geographischen Bezeichnungen** (Ursprungsangaben und Herkunftsbezeichnungen) bereit (s. unten II 2). Für Deutschland sind hier vor allem die mit einer Reihe von Ländern abgeschlossenen zweiseitigen Verträge von Bedeutung.

Ein weiterer Abschnitt ist dem **Kollisionsrecht** gewidmet, d. h. dem **internationalen Privatrecht des unlauteren Wettbewerbs** (s. unten III). Hier geht es um die Frage, welche nationale Rechtsordnung auf Wettbewerbssachverhalte mit Auslandsberührung Anwendung findet, etwa auf den Auslandsabsatz im Inland hergestellter Produkte oder auf eine grenzüberschreitende Werbung in Zeitschriften oder Fernsehsendungen. **F 14**

Ein **rechtsvergleichender Überblick** über das **Auslandsrecht in ausgewählten europäischen Ländern** schließt sich an (s. unten IV). Soweit möglich soll hier der Zugang zur Literatur und zu den Grundzügen der rechtlichen Regelung eröffnet werden.

Beim **Recht der EWG** (s. unten V) wird zum einen die Anwendung des EWG-Vertrages im Bereich des unlauteren Wettbewerbs dargestellt, insbesondere der **Regeln über den freien Warenverkehr.** Zum anderen geht es um die Rechtsangleichung. Die **Richtlinie über irreführende Werbung von 1984** und ihre Wirkung auf das nationale Recht ist zu behandeln; auf die weiteren Arbeiten zur **Angleichung des Rechts des unlauteren Wettbewerbs** ist einzugehen. Schließlich werden die Werberegeln der **Rundfunkrichtlinie von 1989** erörtert. **F 15**

Eine Kontrolle der Anwendung des nationalen, insbesondere des deutschen Wettbewerbsrechts findet nicht nur anhand des EWG-Rechtes, sondern auch der **Europäischen Menschenrechtskonvention** statt (s. unten VI). In einer zunehmenden Zahl von Fällen werden durch die nationalen Gerichte verhängte wettbewerbsrechtliche Verbote, die wettbewerbliche Äußerungen treffen, unter dem Aspekt der Meinungsfreiheit der Konvention überprüft. **F 16**

[33] Zu den regionalen und zweiseitigen internationalen Verträgen s. den Überblick von Katzenberger in *Schricker/Stauder* Handbuch des Ausstattungsrechts, S. 1020 ff Rdn. 23 ff.

F 17 Weiterhin ist ein Blick auf die internationale Entwicklung des **selbstdisziplinären Schutzes gegen unlauteren Wettbewerb** zu werfen, wie er sich insbesondere in den Verhaltensregeln der Internationalen Handelskammer manifestiert[34] (s. unten VII).

F 18 Schließlich bedürfen das Verhältnis zur ehemaligen **DDR** und die Rechtsfolgen der Wiedervereinigung gesonderter Behandlung (unten VIII).

II. Internationale Verträge zum Schutz gegen unlauteren Wettbewerb

Übersicht

Literatur

Ballreich Die Interdependenz internationaler Organisationen. Das System zum Schutz des gewerblichen Eigentums als Beispiel, Archiv des Völkerrechts 19 (1981) S. 121 ff; *Baumbach/Hefermehl* Warenzeichenrecht und internationales Wettbewerbs- und Zeichenrecht[12] (1985); *Baur, E.* Der Schutz des ausländischen Namens und des ausländischen Handelsnamens in Frankreich (1967); *Baur, J.* Zum Namensschutz im deutschen IPR unter besonderer Berücksichtigung des Schutzes der Handelsnamen, AcP 167 (1967) 535; *Beier* Der Schutz ausländischer Handelsnamen in Deutschland, in Problemi attuali di diritto industriale, Volume celebrativo del XXV anno della Riv. Dir. Ind. 1977, 93; *Beier* Hundert Jahre Pariser Verbandsübereinkunft. Ihre Rolle in der Vergangenheit, Gegenwart und Zukunft, GRUR Int. 1983, 339; *Beier/U. Krieger* Der Schutz des Handelsnamens(AIPPI-Bericht) GRUR Int. 1964, 440; 1965, 616; 1967, 304; 1969, 103; 1970, 228; *Beier/Kunz-Hallstein* Zu den Voraussetzungen des Schutzes ausländischer Handelsnamen nach Art. 2 und 8 der PVÜ, GRUR Int. 1982, 362; *Bodenhausen* Guide to the Application of the Paris Convention for the Protection of Industrial Property (1968); *Boudon* Internationaler Schutz des Handelsnamens im englischen und deutschen Recht (1982); *Brandmair* Die freiwillige Selbstkontrolle der Werbung (1978); *Busse/Starck* Warenzeichengesetz[6] (1990); *Fernández-Nóvoa* La protección internacional de las denominaciones geográficas de los productos (1970); *v. Gamm* Wettbewerbsrecht[5] (1987); *Gloy* (Hrsg.) Handbuch des Wettbewerbsrechts (1986); *Knaak* Gedanken zum Konflikt von Handelsnamen im Gemeinsamen Markt, GRUR Int. 1982, 651; *Koppensteiner* Wettbewerbsrecht[2], 2 Bd. (1987); *Korschan* Der Schutz des Handelsnamens in der Europäischen Wirtschaftsgemeinschaft (1971); *Kraßer* Der Schutz des Handelsnamens nicht verbandsangehöriger Ausländer in Deutschland, GRUR 1971, 490; *Ladas* Patents, Trademarks and Related Rights. National and International Protection, 3 Bände (1975); Les indications de provenance et les appellations d'origine en droit comparé, Actes du Colloque de Lausanne (1983); *Miosga* Internationaler Marken- und Herkunftsschutz (1967); *v. Moltke* Begriff und Schutz des Handelsnamens in rechtsvergleichender Sicht (1964); *Näke* Der Schutz des ausländischen Handelsnamens in

[34] S. zusammenfassend die Monographie von *Brandmair*.

Deutschland (1974); *Osterrieth* Lehrbuch des gewerblichen Rechtsschutzes (1908); *Osterrieth/Axster* Die Pariser Konvention (1903); *Pillet* Le régime international de la propriété industrielle (1911); *M. Plaisant* Traité de droit conventionnel international concernant la propriété industrielle (1949), *Pointet* Der internationale Schutz des berühmten Handelsnamens, GRUR Int. 1961, 393; *Roubier* Le droit de la propriété industrielle, I (1952); *Saint-Gal* Protection du nom commercial sur le plan international, RIPIA 1962, 189; 1964, 92; *Schönherr* Gewerblicher Rechtsschutz und Urheberrecht, Grundriß Allgemeiner Teil (1982); *Schricker* Gesetzesverletzung und Sittenverstoß (1970); *Schricker* Recht der Werbung in Europa, Bd. I, Einführung in das Recht der Werbung, Internationales und EWG-Recht (1990); *Schricker/Stauder* Handbuch des Ausstattungsrechts (1986); *Sinanioti* Der Schutz geographischer Herkunftsangaben und Ursprungsbezeichnungen (1986); *Tilmann* Die geographische Herkunftsangabe (1976); *Troller, A.* Die mehrseitigen völkerrechtlichen Verträge im internationalen gewerblichen Rechtsschutz und Urheberrecht (1965); *Troller, P.* Kollisionen zwischen Firmen, Handelsnamen und Marken (1980); *Ulmer* Das Recht des unlauteren Wettbewerbs in den Mitgliedstaaten der Europäischen Wirtschaftsgemeinschaft (1965 ff) Bd. I, Vergleichende Darstellung mit Vorschlägen zur Rechtsangleichung (1965), *Ulmer/Schricker/Wunderlich* Bd. II/1, Belgien, Luxemburg (1967), *Ulmer/Baeumer/van Manen* Bd. II/2, Niederlande (1967), *Ulmer/Reimer* Bd. III Deutschland (1968), *Ulmer/Kraßer* Bd. IV, Frankreich (1967), *Ulmer/Schricker* Bd. V, Italien (1965), *Ulmer/v. Westerholt* Bd. VI Vereinigtes Königreich (1981); *Ulmer* Urheber- und Verlagsrecht[3] (1980); Wirner Wettbewerbsrecht und internationales Privatrecht (1960).

1. Die Pariser Verbandsübereinkunft

a) **Allgemeines.** Die Pariser Verbandsübereinkunft vom 20. März 1883 zum Schutz des gewerblichen Eigentums wurde vor allem zum Zweck geschaffen, den internationalen Patentschutz zu fördern[35]; der **Schutz gegen unlauteren Wettbewerb** ist ihr erst später zugewachsen (Rdn. F 42 ff). Er ist noch nicht zu der praktischen Entfaltung gelangt, die von der einschlägigen Konventionsregelung ermöglicht würde und angesichts der heutigen internationalen Schutzbedürfnisse erwünscht wäre. **F 19**

Gegenüber dem vorherigen Rechtszustand[36] liegt der entscheidende Fortschritt der PVÜ im Übergang vom Regime zweiseitiger Reziprozität zum Prinzip allseitiger **Inländerbehandlung** im Rahmen eines Verbands (Rdn. F 36 ff)[37]. Hinzu kommt ein System von besonderen Rechten, die einen **Mindestschutz** gewährleisten; sie haben sich praktisch als Motor einer Rechtsangleichung durch entsprechende Anhebung des Schutzstandards in den Mitgliedstaaten ausgewirkt[38].

Das mit der Industrialisierung unabweisbar werdende Bedürfnis, an den Vorteilen des internationalen Patent- und Markenschutzes zu partizipieren, hat die PVÜ im Lauf der Jahrzehnte zu einem weltumspannenden, fast lückenlosen Verband werden lassen[39]. Der Schutz gegen unlauteren Wettbewerb ist zwar ein Nebenthema geblieben; er wird aber als unlösbarer Bestandteil und gleichwertiges Schutzobjekt[40] der neueren Revisionsfassungen „mitgezogen" und ist im gleichen Maße wie der Patent- und Markenschutz weltweit angelegt.

---

[35] S. zur Geschichte *Beier* GRUR Int. 1983, 339 mwN; *Osterrieth/Axster* S. IX ff.

[36] Praktisch war die Inländerbehandlung, insbesondere im Patentrecht, freilich z. T. schon vorher angebahnt, s. *Osterrieth/Axster* S. 33.

[37] *Beier* GRUR Int. 1983, 339, 342 f; so schon *Osterrieth/Axster* S. 9. Zweifel daran, ob die Gegenseitigkeit nicht nur faktisch in der Staatenpraxis, sondern auch rechtlich aufgehoben wurde und ob nicht in neuester Zeit ein Wiederaufleben des Gegenseitigkeitsprinzips zu befürchten sei, *Ballreich* GRUR Int. 1983, 470 ff.

[38] *Beier* GRUR Int. 1983, 339, 343 f.

[39] Nach der Übersicht zum 1. 1. 1990, GRUR Int. 1990, 310, zählt man rund 100 Mitgliedstaaten.

[40] *Miosga* S. 13.

F 20 Für die Entwicklung der PVÜ ist die Institutionalisierung in einem **„Verband**[41] **zum Schutze des gewerblichen Eigentums“** (Art. 1 Abs. 1 PVÜ[42] von wesentlicher Bedeutung[43]. Der Verband stellt eine körperschaftliche Organisation dar, die sich im Laufe der Zeit zunehmend verfestigt hat und der die eigene Rechtspersönlichkeit nicht abgesprochen werden kann[44].

F 21 Die PVÜ sah ursprünglich die Errichtung eines **„Internationalen Büros“** in Bern vor, das der „Hohen Autorität der Regierung der Schweizerischen Eidgenossenschaft unterstellt“ sein sollte. Die Wahrnehmung der Aufgaben eines Sekretariats der PVÜ, anderer Unionen im Bereich des gewerblichen Rechtsschutzes[45] und der Berner Übereinkunft zum Schutz von Werken der Literatur und Kunst wurde zusammengelegt und den „Vereinigten Internationalen Büros für den Schutz des geistigen Eigentums“ (Bureaux Internationaux Réunies pour la Protection de la Propriété Intellectuelle – BIRPI) übertragen.

F 22 Im Zuge der Reorganisation und Modernisierung der Verwaltungsstruktur der Übereinkünfte wurde auf der Stockholmer Revisionskonferenz am 14. Juli 1967 das Abkommen über die Errichtung einer **Weltorganisation für geistiges Eigentum** (World Intellectual Property Organization – WIPO; Organisation Mondiale de la Propriété Intellectuelle – OMPI) abgeschlossen[46]. Es handelt sich dabei um eine nach dem Muster einer Sonderorganisation der Vereinten Nationen aufgebaute Organisation mit eigener Völkerrechtssubjektivität[47]. Die Büros der bestehenden Verbände und der neuen Weltorganisation wurde zu einem gemeinsamen Internationalen Büro unter Leitung eines Generaldirektors vereinigt. Die Weltorganisation für geistiges Eigentum ist somit keine eigentliche Dachorganisation der PVÜ und der anderen Verbände[48], sondern ein Instrument, dessen sich die alten Unionen unter Wahrung ihrer Unabhängigkeit und Souveränität bedienen[49].

Organe der PVÜ sind nach der Organisationsreform die Versammlung (Art. 13), der Exekutivausschuß (Art. 14) und das Internationale Büro sowie der Generaldirektor (Art. 15).

F 23 Nach Art. 18 soll die PVÜ **„Revisionen** unterzogen werden, um Verbesserungen herbeizuführen, die geeignet sind, das System des Verbandes zu vervollkommnen“. Die Revisionskonferenzen von Brüssel (1900), Washington (1911), Haag (1925),

---

41 „Union“ im französischen und englischen Text.

42 Hier und im folgenden wird die Stockholmer Fassung der PVÜ zitiert.

43 S. zur Entwicklung des Verbandes umfassend *Ballreich* ArchVR 19 (1981) S. 121 ff.

44 *Baumbach/Hefermehl* Art. 1 PVÜ Rdn. 1; *Bodenhausen* Art. 1 Anm. e; *Busse/Starck* Art. 1 PVÜ Rdn. 1; *Miosga* S. 9; *Plaisant* S. 33, 68, 70; *Roubier* S. 237 f; *Schönherr* S. 112; *Troller, A.* Die mehrseitigen völkerrechtlichen Verträge, S. 181. **A. A.** *v. Gamm* 16. Kapitel Rdn. 12: Nur die Weltorganisation für geistiges Eigentum habe eigene Rechtspersönlichkeit. Dieser Auffassung dürfte ein Mißverständnis zugrunde liegen: *v. Gamm* beruft sich auf *Krieger/Rogge* GRUR Int. 1967, 462, 463, die in der Tat davon sprechen, daß mit der Weltorganisation für geistiges Eigentum „erstmals eine internationale Organisation mit eigener Völkerrechtssubjektivität geschaffen worden“ sei. Dies schließt aber nicht aus, daß der bisherige Verband der PVÜ eine juristische Person unter schweizerischem öffentlichen Recht (so *Miosga* S. 9) oder Privatrecht (so *Troller* S. 181, der allerdings zugleich Völkerrechtssubjektivität annimmt, so auch *Bodenhausen* Art. 1 PVÜ Anm. e, *Schönherr* S. 112) bildete und auch weiterhin bleibt. In diesem Sinne betonen *Krieger/Rogge*, daß „die Souveränität der alten Unionen“ nicht angetastet werde (S. 463).

45 Vgl. *Miosga* S. 170.

46 S. zur Entwicklung *Krieger/Rogge* GRUR Int. 1967, 462 ff. S. nunmehr Bogsch Brief History of the First 25 Years of the World Intellectual Property Organization, Copyright 1992, 248 ff.

47 *Schönherr* S. 120 f.

48 So aber *Busse/Starck* Vorbemerkung vor Art. 1 PVÜ Rdn. 10.

49 *Krieger/Rogge* GRUR Int. 1967, 462, 463, 464 mit Kritik an der recht umständlichen Kompromißlösung.

London (1934), Lissabon (1958) und Stockholm (1967) haben unterschiedliche **Fassungen** der PVÜ formuliert. Weitaus die meisten, jedoch nicht alle Verbandsländer sind der letzten (Stockholmer) Fassung beigetreten; einige wenige von ihnen sind bei der Lissaboner oder Londoner Fassung stehengeblieben[50]. Neu beitretende Länder können sich allerdings nurmehr der Stockholmer Fassung anschließen (Art. 23). Zwischen den Verbandsländern gilt grundsätzlich die jüngste gemeinsame Fassung (Art. 27)[51].

Das Deutsche Reich ist der PVÜ mit Wirkung vom 1. Mai 1903[52] beigetreten[53]. Die **Bundesrepublik** gehört heute der **Stockholmer Fassung** vom 14. Juli 1967 an[54]. **F 24**

Während der Kriegszeit ruhte die Anwendung der Abkommen de facto[55]; in der Folge wurden sie sowohl in bezug auf die Bundesrepublik als auch auf die **DDR** wieder angewendet[56]. Durch den Beitritt der DDR zur Bundesrepublik ist die selbständige Mitgliedschaft der DDR im Pariser Verband erloschen; im Gebiet der früheren DDR gilt die PVÜ jetzt aufgrund der Mitgliedschaft der Bundesrepublik im Verband[57] (Näheres zu den Problemen der Wiedervereinigung s. unten VIII).

Nach Art. 25 PVÜ verpflichtet sich jedes Vertragsland „entsprechend seiner Verfassung die notwendigen Maßnahmen zu ergreifen, um die **Anwendung dieser Übereinkunft** zu gewährleisten“ (Art. 25 Abs. 1); im Zeitpunkt der Hinterlegung seiner Ratifikations- oder Beitrittsurkunde muß jedes Land „gemäß seinen innerstaatlichen Rechtsvorschriften in der Lage sein ..., den Bestimmungen dieser Übereinkunft Wirkung zu verleihen“. **F 25**

Im Blick auf die **nationale Inkraftsetzung der PVÜ** sind zwei Gruppen von Normen der internationalen Übereinkunft zu unterscheiden: Die einen sind nach Natur, Inhalt und Bestimmtheit der Formulierung **unmittelbarer Anwendung als privatrechtlicher Rechtssatz fähig** (self executive)[58]; die anderen bilden bloße Programmsätze, wenden sich nur an die Mitgliedstaaten und verpflichten sie insbesondere, entsprechende Gesetzesvorschriften zu erlassen[59]. **F 26**

Für die Annahme einer unmittelbar anwendungsfähigen Norm ist die **inhaltliche Bestimmtheit** entscheidend; es kommt darauf an, ob die Vorschrift „nach Inhalt

---

50 S. den Überblick zum 1. 1. 1990 in GRUR Int. 1990, 310, 311.

51 *Busse/Starck* Art. 27 Anm. 1.

52 RGBl. 1903 S. 147.

53 S. zur geschichtlichen Entwicklung *Beier* GRUR Int. 1983, 339 ff; *Osterrieth/Axster* S. XVI ff.

54 BGBl. 1970 II 391, BGBl. 1984 II 799.

55 Einzelheiten s. bei *Baumbach/Hefermehl* Warenzeichenrecht, Grundzüge vor Art. 1 PVÜ Rdn. 15.

56 S. im einzelnen *Baumbach/Hefermehl* Warenzeichenrecht, Grundzüge vor Art. 1 PVÜ Rdn. 16, 17; *Busse/Starck* Vorbemerkung vor Art. 1 PVÜ Rdn. 12/13.

57 Nach Art. 11 des Vertrages vom 31. August 1990 zwischen der Bundesrepublik Deutschland und der Deutschen Demokratischen Republik über die Herstellung der Einheit Deutschlands – Einigungsvertrag, BGBl. 1990 II 889 mit Gesetz zum Einigungsvertrag vom 23. 9. 1990, BGBl. 1990 II 885, gehen die Vertragsparteien davon aus, „daß völkerrechtliche Verträge und Vereinbarungen, denen die Bundesrepublik Deutschland als Vertragspartei angehört, einschließlich solcher Verträge, die Mitgliedschaften in Internationalen Organisationen oder Institutionen begründen, ihre Gültigkeit behalten und die daraus folgenden Rechte und Verpflichtungen sich ... auch auf das in Art. 3 genannte Gebiet beziehen“ (d. h. in den fünf neuen Bundesländern). Angesichts der Geltung der PVÜ für das Gebiet der ehemaligen DDR qua Mitgliedschaft der Bundesrepublik dürfte ein Erlöschen der Mitgliedschaft der DDR gemäß Art. 12 Abs. 1 des Einigungsvertrages festzustellen sein. S. im einzelnen *v. Mühlendahl* GRUR 1990, 719, 727.

58 Von der Frage der unmittelbaren Anwendbarkeit ist die weitere Frage zu trennen, ob die Vorschriften nur zugunsten ausländischer Verbandsangehöriger oder auch zugunsten von Inländern wirken, s. dazu Rdn. 40/41.

59 *Baumbach/Hefermehl* Warenzeichenrecht, Grundzüge Vor Art. 1 PVÜ Rdn. 14; v. Gamm 16. Kapitel Rdn. 9; *Schricker/Stauder/Katzenberger* S. 1028; *Ulmer* Urheber- und Verlagsrecht § 1 III.

und Fassung als privatrechtlicher Rechtssatz anwendbar" ist[60]. An die Bestimmtheit ist dabei nicht derselbe strenge Maßstab wie im nationalen Recht anzulegen; es genügt, wenn der Rechtssatz soweit konkretisiert ist, daß er von nationalen Behörden oder Gerichten angewendet werden kann[61]. Auch eine textlich nicht im Gesetzesstil, sondern als Verpflichtung der Mitgliedstaaten im Vertragsstil formulierte Vorschrift kann der unmittelbaren Anwendung als Rechtssatz fähig und bedürftig sein[62].

F 27 Während sich bei der Gruppe der nicht unmittelbar anwendungsfähigen Normen, sofern sie auf den Erlaß nationaler Rechtsvorschriften abzielen, die innerstaatliche Wirkung jedenfalls aus der betreffenden nationalen Gesetzgebung ergibt, wird die Situation bei der ersten Gruppe der „rechtswirkungsfähigen" Konventionsvorschriften[63] unterschiedlich beurteilt[64]: In einzelnen Ländern, wie im Vereinigten Königreich, in Norwegen und Schweden wird auch bei dieser Normengruppe eine Überführung in die interne Gesetzgebung verlangt, d. h. die Ratifikation des internationalen Vertrages genügt nicht; es muß vielmehr ein (in der Regel im Wortlaut dem internationalen Vertrag mehr oder weniger folgendes) Gesetz erlassen werden; intern anwendbar ist nur dieses Gesetz. In der Mehrzahl der Staaten, so etwa in den USA, in Frankreich, in Belgien[65], in den Niederlanden und in der Schweiz, wird dagegen aufgrund der Ratifizierung der internationale Vertrag selbst innerstaatlich angewendet; einer Umsetzung in ein entsprechendes innerstaatliches Gesetz bedarf es nicht.

F 28 Die **Bundesrepublik Deutschland** gehört zur zweiten Staatengruppe, in der die innerstaatliche Rechtswirkung der unmittelbar anwendungsfähigen Normen des internationalen Vertragsrechts kraft Ratifikation anerkannt ist. Die Ratifikation der hier in Frage stehenden internationalen Verträge, insbesondere der PVÜ, bedarf nach Art. 59 Abs. 2 S. 1 GG, Art. 73 Nr. 9 GG des Bundesgesetzes. Hinsichtlich der Wirkung des Ratifikationsgesetzes gehen die Meinungen auseinander[66]: Die früher herrschende Meinung nahm an, durch das Ratifikationsgesetz würden die rechtswirkungsfähigen Vorschriften des internationalen Vertrages global ins innerstaatliche Recht transformiert[67]; während eine im Vordringen begriffene neuere Lehre es vorzieht, das Ratifikationsgesetz als Geltungsgebot aufzufassen, durch das den Völkerrechtsnormen unter Beibehaltung ihres Charakters innerstaatliche Wirkung beigelegt wird[68].

F 29 Die Pariser Verbandsübereinkunft gehört nicht zu den **„allgemeinen Regeln des Völkerrechts"** im Sinn des Art. 25 GG[69]. Ein Vorrang gegenüber den innerstaatlichen Gesetzen kann für sie nach deutscher Aufassung[70] somit nicht begründet

---

[60] BGHZ 11, 135, 138; RGZ 124, 204, 206.

[61] *Beier* in Beier/Deutsch/Fikentscher (Hrsg.) Die Warenzeichenlizenz (1963) S. 575.

[62] *Baumbach/Hefermehl* Grundzüge vor Art. 1 PVÜ Rdn. 14; *Beier* aaO S. 555, 574 ff; *Ulmer* GRUR Int. 1960, 57, 61/62.

[63] Vgl. zu dem entsprechenden Problem beim EWGV unten V; s. *Fikentscher* I § 13 II mwN.

[64] *Schricker/Stauder/Katzenberger* S. 1029; *Ulmer* Urheber- und Verlagsrecht § 11 III, jeweils mwN.

[65] *Schricker/Stauder/Ballreich* Handbuch des Ausstattungsrechts S. 924 f.

[66] *Schricker/Stauder/Katzenberger* S. 1028 f mwN; *Ulmer* Urheber- und Verlagsrecht § 11 III.

[67] So z. B. für die PVÜ *v. Gamm* 16. Kapitel Rdn. 9; so wohl auch *Baumbach/Hefermehl* Warenzeichenrecht, Grundzüge vor Art. 1 PVÜ Rdn. 13; für zweiseitige Verträge BGH GRUR 1957, 430, 432 – *Havana*; BGH GRUR 1969, 611, 612 – *Champagner-Weizenbier.*

[68] Der neueren Lehre ist, wie *Ulmer* Urheber- und Verlagsrecht § 11 III darlegt, der Vorzug zu geben. S. auch *Raible* GRUR Int. 1970 137, 138.

[69] S. allgemein *v. Münch* Grundgesetzkommentar² Bd. 2 Art. 25 Rdn. 5 ff, 8.

[70] Anders z. T. der Standpunkt im Ausland; z. B. nimmt man in Frankreich Vorrang vor dem nationalen Recht an; s. *Troller, A.* Die mehrseitigen völkerrechtlichen Verträge S. 179; *Miosga* S. 15.

werden; in der Bundesrepublik in Geltung gesetzt, hat die PVÜ den **Rang eines einfachen Bundesgesetzes**; bei einem Konflikt mit anderen Bundesgesetzen geht regelmäßig das jüngere[71] vor[72]. Es besteht jedoch nach allgemeinen Regeln die Vermutung, daß der nationale Gesetzgeber bei späteren Gesetzen sich zu internationalen Verpflichtungen nicht in Widerspruch setzen will; das jüngere Gesetz ist somit **„konventionsfreundlich auszulegen"**[73]. Dabei ist nicht nur den unmittelbar anwendbaren Normen, sondern auch Verpflichtungen der Mitgliedstaaten, ja bloßen Programmsätzen und dem „Geist des Abkommens" Rechnung zu tragen[74].

Was die **Auslegung der PVÜ** betrifft, so ist davon auszugehen, daß sie durch die Ratifizierung nicht zum innerstaatlichen Gesetz wurde, sondern als internationaler Vertrag in Geltung trat (Rdn. F 28); sie ist deshalb nicht wie nationales Recht, sondern als Völkervertragsrecht nach den hierfür geltenden Regeln auszulegen[75]. **F 30**

Für die Auslegung der 1970 in Kraft getretenen Stockholmer Fassung der PVÜ kann die **Wiener Konvention über das Recht der internationalen Verträge von 1969** nicht unmittelbar herangezogen werden, da sie nach ihrem Art. 4 nur auf Verträge Anwendung findet, die nach ihrem Inkrafttreten abgeschlossen wurden[76]. Da die Wiener Konvention jedoch weitgehend Auslegungsregeln kodifiziert, die Völkergewohnheitsrecht bilden oder aus der Natur der Sache folgen, kann sie gleichwohl wertvolle Anhaltspunkte für die Auslegung bieten.

Die PVÜ ist **vertragsautonom**, d. h. aus sich heraus **auszulegen**[77]; ihr liegt eine eigenständige, international einheitliche Begriffs- und Systembildung zugrunde. Gegenüber der Auslegung nationaler Gesetze ist diejenige eines internationalen Vertrages im allgemeinen eher **strikt**[78]. **F 31**

Wesentliche Bedeutung kommt dem **Wortlaut** zu[79]; nach Art. 29 Abs. 1 c ist bei Streitigkeiten über die Auslegung der verschiedenen Texte der französische Text maßgebend.

---

[71] Die Stockholmer Fassung wurde durch Gesetz vom 5. 6. 1970 ratifiziert; sie ist am 19. 9. 1970 in Kraft getreten, BGBl. 1970 II 1073.

[72] *v. Gamm* 16. Kapitel Rdn. 9; *Pfanner* GRUR Int. 1966, 262, 264; *Schricker/Stauder/Katzenberger* Handbuch des Ausstattungsrechts S. 1030; vgl. auch *Ulmer* § 11 III. S. für Belgien *Schricker/Stauder/Ballreich*, Handbuch des Ausstattungsrechts S. 924 f Rdn. 30, 33. S. auch *Palandt/Heldrich* BGB[52] Art. 3 EGBGB Rdn. 7 (Die Vorrangsregel des Art. 3 Abs. 2 S. 1 EGBGB gilt nur in bezug auf die Regelungen in Art. 3 ff EGBGB und damit nicht in bezug auf das internationale Deliktsrecht – und internationale Wettbewerbsrecht – mit Ausnahme des Art. 38 EGBGB, s. Rdn. F 169 ff).

[73] *Schricker/Stauder/Katzenberger* S. 1030 Rdn. 46; *Ulmer* Urheber- und Verlagsrecht § 11 III.

[74] *Baumbach/Hefermehl* Warenzeichenrecht, Grundzüge Vor Art. 1 PVÜ Rdn. 14.

[75] So – bei abweichendem Ausgangspunkt – auch *v. Gamm* 16. Kapitel Rdn. 11; BGH GRUR 1969, 611, 612 – *Champagner-Weizenbier* für die Auslegung des deutsch-französischen Herkunftsabkommens.

[76] *Schmitt* GRUR Int. 1970, 361, 363.

[77] Vgl. zur Auslegung internationaler Verträge im Bereich des gewerblichen Rechtsschutzes *Haertel/Stauder* GRUR Int. 1982, 85 ff; *Schricker* in Beier/Haertel/Schricker (Hrsg.) Europäisches Patentübereinkommen, Münchner Gemeinschaftskommentar, Vorwort 1. Lieferung S. XII ff. S. allgemein zur Auslegung internationaler Verträge *Bayer* RabelsZ 1955, 603 ff; *Dölle* RabelsZ 26, 1961, 4 ff; *Germer* Harvard Law Journal 11 1970, 400 ff; *Hardy* The British Yearbook of International Law 1961, 72 ff; *Lipstein* Tulane Law Review 48 1973, 907 ff; *Makarov* Recueil d'Etudes de Droit International en Hommage à Paul Guggenheim 1968 S. 403 ff; *Mann* L. Quart. Rev. 62 1946, 278 ff; *Mössner* ArchVR 15 1972, 273 ff; *Wiebringhaus* Ann. Franç. de Droit International 1966, 455 ff.

[78] Nicht „eher restriktiv", wie *v. Gamm* 16. Kapitel Rdn. 11 meint: Eine Restriktion des Wortlauts wird im Zweifel ebensowenig zulässig sein wie eine Extension.

[79] BGH GRUR 1969, 611, 612 – *Champagner-Weizenbier*.

Art. 28 sieht bei Streitigkeiten zwischen Verbandsländern über die Auslegung oder Anwendung der Übereinkunft die Möglichkeit einer **Klage vor dem Internationalen Gerichtshof** vor; von einem derartigen Verfahren ist freilich bisher nichts bekanntgeworden[80].

F 32 Ist der Wortlaut der Konvention eindeutig, so wird in der Regel für eine Auslegung kein Raum bleiben[81]. Hauptfall der Auslegung ist der **mehrdeutige Wortlaut,** bei dem die Zweifel auch nicht durch Heranziehung der französischen Fassung geklärt werden können (vgl. Art. 29 Abs. 1 c). Als **Auslegungskriterien** kommt subjektiv der übereinstimmende Wille der vertragsschließenden Staaten in Betracht[82]; objektiv ist der Gesichtspunkt der zweck- und sinnhaften, sach- und systemgerechten Ordnung der Normen zu berücksichtigen[83].

F 33 **Hilfsmittel der Auslegung** bilden die zur PVÜ in weitem Umfang vorhandenen Konferenzdokumente, die die Entstehungsgeschichte der Vorschriften nachweisen. Als Zeugnis des Willens der Vertragsschließenden sind die vorbereitenden Dokumente allerdings mit Vorsicht zu gebrauchen; nicht jede Äußerung im Vorfeld wird bei der entscheidenden Willensbildung in der zur Verabschiedung des Textes führenden Sitzung aufgenommen und vom Konsens der Vertragsstaaten getragen.

F 34 Ein wichtiges Erkenntnismittel für die Vertragsauslegung bildet ferner die **Rechtsvergleichung.** Dabei muß freilich vermieden werden, die Begriffe des Abkommens kurzschlüssig ohne weiteres mit denjenigen einer bestimmten nationalen Rechtsordnung oder eines Rechtskreises gleichzusetzen. Andererseits ist nicht auszuschließen, daß sich das Abkommen an gewisse nationale Rechtsinstitute anschließt, so daß deren Behandlung für die Auslegung wegweisend sein kann.

F 35 Schließlich ist unter verschiedenen Auslegungsmöglichkeiten diejenige vorzuziehen, bei der der Staatsvertrag mit der **innerstaatlichen Verfassung** in Einklang zu bringen ist, da im Zweifel davon ausgegangen werden muß, daß die Organe des vertragsschließenden Staates nicht verfassungswidrige Bindungen haben eingehen wollen[84].

F 36 b) **Inländerbehandlung und besondere Rechte.** Der ursprüngliche Plan, durch eine internationale Konvention, einheitliches Recht für die Mitgliedstaaten zu schaffen, erwies sich seinerzeit nicht als realisierbar. Die PVÜ zielt deshalb in erster Linie darauf ab, den Verbandsangehörigen den Schutz der nationalen Gesetze der Verbandsländer zu sichern[85]; dabei baut sie auf dem fortbestehenden nationalen Recht und dem Territorialitätsprinzip auf[86].

Nach Art. 2 PVÜ genießen die Angehörigen eines jeden der Verbandsländer[87] in allen übrigen Ländern des Verbandes in bezug auf den Schutz des gewerblichen

---

80 S. dazu *Ballreich* GRUR 1979, 294 (Kritik an den Bestrebungen zur Neufassung des Art. 28). Zur aktuellen Entwicklung s. GRUR Int. 1990, 485, 1991, 66 f (Arbeiten der WIPO zur Schaffung eines neuen Abkommens zur Streitbeilegung).

81 BGH GRUR 1969, 611, 612 – *Champagner-Weizenbier.*

82 BGH GRUR 1969, 611, 612 – *Champagner-Weizenbier*: Maßgebend ist in erster Linie der „aus dem Gesamtinhalt, dem Zweck und der Entstehungsgeschichte zu ermittelnde Wille der vertragsschließenden Staaten". So auch *v. Gamm* 16. Kapitel Rdn. 11.

83 S. im einzelnen *Schricker* in Beier/Haertel/Schrikker (Hrsg.) Europäisches Patentübereinkommen, Vorwort S. XIV f.

84 BGH GRUR 1960, 611, 612 unter Berufung auf BVerfGE 4, 168. So auch *v. Gamm* 16. Kapitel Rdn. 11.

85 *Osterrieth/Axster* S. XX.

86 *Miosga* S. 14, 16.

87 Wer – als natürliche oder juristische Person – die Qualität eines Angehörigen des betreffenden Verbandslandes (Inländer) hat, bestimmt sich nach dem Recht des betreffenden Verbandslandes, *Bodenhausen* S. 27 f; *Miosga* S. 21 f; *Osterrieth/Axster* S. 12 ff, 25 ff.

Eigentums **„die Vorteile, welche die betreffenden Gesetze den eigenen Staatsangehörigen gegenwärtig gewähren oder in Zukunft gewähren werden"**, und zwar „unbeschadet der durch diese Übereinkunft besonders vorgesehenen Rechte" (Art. 2 Abs. 1 S. 1 PVÜ). Sie haben demgemäß „den gleichen Schutz wie diese und die gleichen Rechtsbehelfe gegen jeden Eingriff in ihre Rechte, vorbehaltlich der Bedingungen und Förmlichkeiten, die den eigenen Staatsangehörigen auferlegt werden" (Art. 2 Abs. 1 S. 2 PVÜ). Art. 2 Abs. 2 betont, daß ein Wohnsitz- oder Niederlassungserfordernis im Schutzland unter keinen Umständen verlangt werden darf. In Abs. 3 wird ein Vorbehalt für gewisse verfahrensrechtliche Vorschriften gemacht. Art. 3 stellt Nichtverbandsangehörige mit Wohnsitz oder Niederlassung in einem Verbandsland den Verbandsangehörigen gleich[88]. Zusammenfassend können die nach Art. 2 und Art. 3 in den Genuß der Inländerbehandlung gelangenden Personenkreise als **„Verbandsbegünstigte"** bezeichnet werden, die PVÜ selbst pflegt – pars pro toto – von „Verbandsangehörigen" zu sprechen (vgl. z. B. Art. 10ter Abs. 1).

Der hiermit statuierte unmittelbar anwendbare fremdenrechtliche **Grundsatz der Inländerbehandlung**[89] (Assimilationsprinzip) bildet das Herzstück der PVÜ. Im Recht des unlauteren Wettbewerbs wird der auf dem Gegenseitigkeitsprinzip beruhende **§ 28 UWG** hierdurch weitgehend überlagert und praktisch nahezu ausgeschaltet: Wer nach Art. 2 oder Art. 3 in den Genuß der Inländerbehandlung kommt, kann ohne weiteres den Schutz des UWG in Anspruch nehmen; auf die Reziprozitätsvoraussetzungen des § 28 UWG kommt es nicht an. § 28 UWG besitzt nur noch im Verhältnis zu den nicht der PVÜ angehörigen Staaten Bedeutung (s. im einzelnen die Kommentierung zu § 28 UWG). **F 37**

Wenn Art. 2 Abs. 1 S. 1 PVÜ die Inländerbehandlung „unbeschadet der durch diese Übereinkunft besonders vorgesehenen Rechte" gewährt, wird damit ein Vorbehalt zugunsten eines im Vergleich mit dem nationalen Recht höheren Schutzniveaus der Konvention gemacht, das durch Gewährung sog. **besonderer Rechte oder Mindestrechte** erreicht wird. Auf die Mindestrechte kann sich der ausländische Verbandsbegünstigte unmittelbar berufen[90]. Praktisch läuft das Zusammenspiel von Inländerbehandlung und Mindestrechten auf eine Art von Meistbegünstigung hinaus: Geht der Schutz nach nationalem Recht über den Konventionsschutz hinaus, wird der Verbandsbegünstigte sich kraft des Assimilationsprinzips auf das nationale Recht berufen; werden umgekehrt in der Konvention weitergehende besondere Rechte eingeräumt, wird er diese in Anspruch nehmen. Die besonderen Rechte der PVÜ haben somit gegenüber dem Inlandsrecht im Ergebnis nur eine subsidiäre Bedeutung[91]. Der Mindestschutz der Konvention steht aber jedenfalls zu Gebote; er kann z. B. auch angerufen werden, wenn das nationale Recht an sich darüber hinausgeht, in bezug auf seine Anwendung aber praktische Hindernisse, etwa Beweisschwierigkeiten, bestehen. Das Prinzip der Inländerbehandlung hat keine Sperrwirkung gegenüber dem Schutz durch die besonderen Rechte. **F 38**

---

[88] An das Niederlassungserfordernis sind, damit nicht das System der PVÜ gesprengt wird, strenge Anforderungen zu stellen, *Miosga* S. 26.

[89] *Miosga* S. 28; *Wirner* S. 26. S. in der neueren Praxis z. B. BGH WRP 1991, 575, 576 – *Betonsteinelemente*: Ergänzender wettbewerbsrechtlicher Leistungsschutz für ein englisches Unternehmen in Deutschland nach Art. 2 Abs. 1 PVÜ, § 1 UWG.

[90] *Schönherr* S. 113 f.

[91] RGZ 117, 215, 222 – *Eskimo-Pie*; *Baumbach/Hefermehl* Warenzeichenrecht, Art. 2 PVÜ Rdn. 1, 2; *Miosga* S. 21.

F 39 Die Inländerbehandlung gilt sowohl für das **Sachrecht** als auch für das **internationale Privatrecht.** Bei der Anwendung des letzteren sind der Inländerbehandlung freilich Grenzen gesetzt: Zwar kann der ausländische Verbandsbegünstigte beanspruchen, daß für ihn dieselben Kollisionsregeln Anwendung finden, die bei Sachverhalten der betreffenden Art herangezogen würden, wenn an seiner Stelle ein Inländer beteiligt wäre. Wenn die Kollisionsnorm ihrerseits aber auf die Lokalisierung bestimmter Sachverhaltselemente abstellt, kann Art. 2 PVÜ nicht dazu führen, daß ausländische Sachverhalte als inländische fingiert werden[92]. Hierin liegt kein Verstoß gegen die Inländerbehandlung, da ausländische Sachverhalte ebenso in Rechnung gestellt werden, wenn ein Inländer sie verwirklicht.

Dagegen kommt das Prinzip der Inländerbehandlung zu Zuge, wenn das Kollisionsrecht Begünstigungen gewährt, die an die Inländereigenschaft anknüpfen, einem Ausländer in gleicher Situation aber versagt werden. Hier ist vor allem **Art. 38 EGBGB** (früher Art. 12 EGBGB) zu nennen: Wenn die Vorschrift bei einer im Ausland begangenen unerlaubten Handlung Deutsche vor weitergehenden Ansprüchen schützt, als sie das deutsche Recht zuläßt, muß nach Art. 2 PVÜ auch ein ausländischer Verbandsangehöriger in gleicher Situation sich auf das Durchschlagen des deutschen Rechts berufen können (s. im einzelnen unter III).

F 40 Auf die besonderen Rechte der PVÜ kann sich nach dem Wortlaut und dem Sinn und Zweck der Konvention nur der **ausländische Verbandsbegünstigte** berufen (d. h. der Angehörige eines ausländischen Verbandslands, Art. 2, und der sonst in einem ausländischen Verbandsland Wohnende oder Niedergelassene, Art. 3). Dem inländischen Verbandsbegünstigten kommen die besonderen Rechte der Konvention dagegen im Inland nicht unmittelbar zugute. Dieses Prinzip ist nicht unstrittig, entspricht heute aber der in Deutschland herrschenden Meinung[93]. Was den Schutz gegen unlauteren Wettbewerb betrifft, läßt sich die Beschränkung des Schutzes auf ausländische Verbandsbegünstigte zwar nicht aus dem Wortlaut des Art. 10bis ablesen, sie findet aber in dem daran anknüpfenden Art. 10ter Abs. 1 deutlichen Ausdruck („… den Angehörigen der anderen Verbandsländer geeignete Rechtsbehelfe zu sichern"). Wäre der materielle Schutz in Art. 10bis auch den Inländern zugedacht gewesen, bliebe unverständlich, warum ihnen nicht auch die entsprechenden Rechtsbehelfe zugesichert werden. Art. 10bis ist somit im Lichte des Art. 10ter Abs. 1 als Schutz allein der ausländischen Verbandsbegünstigten zu interpretieren.

F 41 Die Begünstigung nur der Ausländer kann zu einer **Inländerdiskriminierung** führen[94], die jedoch nicht gegen Art. 3 GG verstößt[95]. Will der nationale Gesetzgeber eine Schlechterstellung der Inländer vermeiden, wird er danach trachten, den inländischen Schutzstandard anzuheben; insofern wirkt die PVÜ auf eine gewisse Rechtsvereinheitlichung „nach oben" hin[96]. Das einfachste Verfahren der Anpassung des nationalen Rechts besteht darin, daß man die PÜV auch zugunsten der Inländer für

---

92 OLG Hamm GRUR Int. 1970, 199, 200 (Stilschränke).

93 *Baumbach/Hefermehl* Warenzeichenrecht, Grundzüge Vor Art. 1 PVÜ Rdn. 14; *Beier* in Beier/Deutsch/Fikentscher Die Warenzeichenlizenz S. 555, 577 ff; *Burghardt* GRUR Int. 1973, 600 f (unter Hinweis auch auf abweichende Meinungen, insbesondere auf *Pfanner* GRUR Int. 1966, 262, 264 ff); *v. Gamm* 16. Kapitel Rdn. 9, 15; *Osterrieth/Axster* S. 15, 52; so auch für Österreich *Schönherr* S. 114.

94 *Miosga* S. 17 f.

95 *v. Gamm* 16. Kapitel Rdn. 15. Die Problematik der Inländerdiskriminierung wird vor allem im Zusammenhang mit dem EWGV diskutiert, s. die Kommentierung hierzu unten V).

96 *Schönherr* S. 114.

anwendbar erklärt[97]; insbesondere in bezug auf den Wettbewerbsschutz des Art. 10bis ist dies verschiedentlich geschehen (Rdn. F 46/47). Im übrigen kann es nach allgemeinen Auslegungsregeln geboten sein, auch bei Rechtsbeziehungen, die nicht der PVÜ, sondern nur dem Inlandsrecht unterstehen, die Konventionsregelungen bei der Auslegung des Inlandsrechts zu berücksichtigen oder sogar entsprechend anzuwenden[98].

c) **Der Schutz gegen unlauteren Wettbewerb nach Art. 10bis PVÜ.** Vom unlauteren Wettbewerb war in der ersten Fassung der PVÜ von 1883 nicht die Rede. Erst auf der Brüsseler Revisionskonferenz im Jahr 1900 wurde auf Anregung der Internationalen Vereinigung für gewerblichen Rechtsschutz[99] mit **Art. 10bis PVÜ** eine einschlägige Vorschrift eingefügt[100]. Ihr Text beschränkte sich zunächst darauf, den Verbandsangehörigen **denselben Schutz gegen unlauteren Wettbewerb wie den Inländern** zu gewähren, d. h. das Assimilationsprinzip der Konvention (Rdn. F 36 ff) auf das Recht des unlauteren Wettbewerbs zu erweitern. Die Ergänzung ging auf einen französischen Antrag zurück. In Frankreich, dem Mutterland der „concurrence déloyale", hatte die Lehre schon lange gegen die zurückhaltende Rechtsprechung eine Zulassung von Ausländern zur Wettbewerbsklage gefordert[101]. **F 42**

Die ursprüngliche Fassung des Art. 10bis stellte lediglich die Ausländer den Inländern gleich; ob überhaupt ein Schutz gegen unlauteren Wettbewerb gewährt wurde, war Sache des nationalen Rechts. Auf der Washingtoner Revisionskonferenz 1911 wurde die Inländerbehandlung bei der „Unterdrückung des unlauteren Wettbewerbs" in die allgemeine Vorschrift des Assimilationsprinzips, Art. 2 PVÜ, verwiesen, wohin sie systemrichtig gehört. Zugleich wurde Art. 10bis zur **Verpflichtung der Mitgliedstaaten** umformuliert, einen „wirksamen Schutz gegen unlauteren Wettbewerb" zu gewähren, wie dies unverändert heute in Art. 10bis Abs. 1 der Stockholmer Fassung gesagt wird. **F 43**

Der entscheidende Schritt zu einer materiellen Ausfüllung des Schutzanliegens wurde auf der Haager Revisionskonferenz 1925 getan[102]. Man sah darin eines der Hauptziele der Revisionskonferenz[103]. In interessierten Kreisen war eine Verbesserung des Schutzes gegen unlauteren Wettbewerb mit Nachdruck verlangt worden. Die internationale Bewegung zur Verbesserung des Schutzes gegen unlauteren Wettbewerb hatte sich in Bestrebungen mancherlei nationaler und internationaler Institutionen manifestiert; Art. 274 des Versailler Friedensvertrages verpflichtete die besiegten Staaten, den Siegermächten Schutz gegen unlauteren Wettbewerb zu gewähren[104]. Auch der Völkerbund hatte sich des Anliegens angenommen[105]. **F 44**

In Abs. 2 wurde dem Art. 10bis mit der Haager Fassung eine **Definition des unlauteren Wettbewerbs** eingefügt sowie in Abs. 3 die Verpflichtung statuiert, als

97 S. die Beispiele bei *Beier* in Beier/Deutsch/Fikentscher (Hrsg.) Die Warenzeichenlizenz S. 555, 579 Fn. 47; *Miosga* S. 18; *Schönherr* S. 114; *Troller, A.* Die mehrseitigen internationalen Verträge, S. 37.

98 *v. Gamm* 16. Kapitel Rdn. 15.

99 *Osterrieth* S. 474.

100 S. zur Entstehungsgeschichte des Art. 10bis Actes de la Conférence de la Haye S. 546; Bodenhausen Art. 10bis Anm. a; *Ladas* S. 1678 ff; *Pillet* S. 434 ff.

101 S. im einzelnen *Pillet* S. 433 ff.

102 Zum Gang der Beratungen s. Actes de la Conférence de la Haye S. 252 ff.

103 Actes de la Conférence de la Haye S. 546.

104 *Ladas* S. 1679.

105 S. zu den diversen Resolutionen internationaler und nationaler Vereinigungen im Vorfeld der Haager Konferenz, insbesondere zu den Bestrebungen des Völkerbundes zur Bekämpfung des unlauteren Wettbewerbs, Actes de la Conférence de la Haye S. 94 ff; s. auch Document Prepáratoire pour la Conférence de la Haye Heft 2 1924; s. ferner *Ladas* S. 1680 f.

wichtigste Einzeltatbestände insbesondere das **Hervorrufen von Verwechslungen** und die **Anschwärzung durch falsche Angaben** zu untersagen. Damit war ein Kompromiß zwischen französischer Generalklausel- und britischer Enumerationstechnik erreicht[106].

Die Londoner Revisionskonferenz von 1934 überarbeitete die Vorschrift im Sinne einer Erweiterung, insbesondere wurden als Gegenstände der Verwechslung und Anschwärzung neben den Waren auch die Niederlassung und die gewerbliche oder kaufmännische Tätigkeit eingeführt[107].

F 45 Schließlich wurde auf der Lissaboner Revisionskonferenz 1958 auf Vorschlag Österreichs[108] der Beispielkatalog der zu untersagenden Tatbestände unlauteren Wettbewerbs auf die **irreführende Werbung** erstreckt; allerdings nur bezüglich bestimmter Gegebenheiten der Waren[109].

Damit war der heutige Stand des Konventionsrechts erreicht; bei der begrenzten Stockholmer Revision von 1967 waren Veränderungen weder beabsichtigt noch wurden solche beschlossen[110]. Auch in der späteren Reformdiskussion zur PVÜ scheint Art. 10bis kein Thema mehr zu sein.

F 46 Art. 10bis hat einen nicht unerheblichen Einfluß auf die **Entwicklung des Rechts des unlauteren Wettbewerbs in den Verbandsländern der PVÜ** ausgeübt. Als Beispiele seien Italien und Belgien genannt.

In **Italien** stand zur Bekämpfung des unlauteren Wettbewerbs im wesentlichen nur die allgemeine deliktsrechtliche Generalklausel des Codice Civile von 1865 zu Gebote. Um der verbandsrechtlichen Verpflichtung zur Schutzgewährung nach Maßgabe der Haager Fassung der PVÜ zu genügen, erklärte der italienische Gesetzgeber die in Art. 10bis Abs. 2 und 3 enthaltenen Verbote unlauteren Wettbewerbs als für das innerstaatliche Recht maßgeblich; die den Ausländern durch die PVÜ eingeräumten Vorteile wurden auf die Inländer erstreckt. Von 1928 bis zum Erlaß des neuen Codice Civile im Jahr 1942 fungierte Art. 10bis in Verbindung mit dem allgemeinen Deliktsrecht als italienische Regelung des unlauteren Wettbewerbs[111].

F 47 Ähnlich war die Entwicklung in **Belgien**[112]. Auch hier wurde die Haager Fassung der PVÜ unter Erstreckung auf die Inländer ratifiziert; Art. 10bis bildete – wiederum in Verbindung mit der allgemeinen deliktsrechtlichen Generalklausel – bis zum Erlaß der Wettbewerbsverordnung von 1934 das maßgebliche belgische Recht des unlauteren Wettbewerbs.

F 48 Hält man sich die praktische Bewährung des Art. 10bis als innerstaatliches Wettbewerbsrecht in diversen Verbandsländern vor Augen, so muß verwundern, daß die **unmittelbare Anwendbarkeit des Art. 10bis** im deutschen Schrifttum von manchen geleugnet wird[113]. Gewiß, in Verbandsländern, wie dem Vereinigten Königreich, in denen man internationale Verträge nur dann für innerstaatlich verbindlich erachtet,

---

106 *Plaisant, M.* Prop. Ind. 1949, 166; *Wirner* S. 27.

107 S. im einzelnen *Ladas* S. 1683 f.

108 S. den Bericht von *Krieger, A.* GRUR Int. 1959, 90 f.

109 S. im einzelnen *Ladas* S. 1684 f.

110 Vgl. Vorbereitende Dokumente GRUR Int. 1967, 179 ff; Bericht von Mitgliedern der deutschen Delegation GRUR Int. 1967, 425, 460 ff.

111 S. im einzelnen *Ulmer/Schricker* Das Recht des unlauteren Wettbewerbs in den Mitgliedstaaten der EWG, V, Italien S. 4 f; s. auch *Ulmer* I Rdn. 38.

112 S. *Ulmer/Schricker/Wunderlich* II/1, Belgien, Luxemburg S. 57 f.

113 *v. Gamm* 16. Kapitel Rdn. 16; *Miosga* S. 107 f (anders aber S. 112); *Wirner* S. 27 ff; und wohl auch *Baumbach/Hefermehl* Warenzeichenrecht Art. 10bis Rdn. 1; MünchKomm/*Kreuzer*² Art. 38 EGBGB Rdn. 227.

wenn sie in ein nationales Gesetz umgegossen wurden, kommt eine unmittelbare Anwendung der Konventionsnorm nicht in Betracht, solange es an einem einschlägigen Gesetz fehlt[114]. In Verbandsländern dagegen, in denen Normen ratifizierter internationaler Verträge als unmittelbar anwendbar gelten, wenn sie eine genügende Bestimmtheit aufweisen (Rdn. F 27), muß die unmittelbare innerstaatliche Anwendbarkeit bejaht werden.

Denn Art. 10bis hat sich über die ursprünglich nur bestehende Assimilationsregel und die später hinzutretende Verpflichtung der Verbandsländer zur Schutzgewährung hinaus zu einem inhaltlich hinreichend konkretisierten **Mindestrecht** entwikkelt[115]. Insbesondere ist auch die Generalklausel des unlauteren Wettbwerbs in Art. 10bis Abs. 2 mit den einschlägigen Generalklauseln des nationalen Rechts, etwa mit § 1 UWG, durchaus vergleichbar; daß Art. 10bis Abs. 2 und 3 geeignet sind, als Wettbewerbsgesetz Dienst zu tun, lehren die belgischen und italienischen Erfahrungen. Der Vorwurf, Art. 10bis sei nach **Inhalt, Zweck und Fassung** privatrechtlicher Wirkung nicht fähig[116], kann demgegenüber nicht überzeugen. Gewiß, Abs. 2 und 3 des Art. 10bis konkretisieren einerseits die Verpflichtung der Mitgliedstaaten, für einen entsprechenden Schutz in ihrem nationalen Recht[117] zu sorgen[118]; andererseits werden damit aber Mindeststandards des Konventionsschutzes aufgestellt. Der Ausbau des Art. 10bis auf der Haager Revisionskonferenz zielte ausdrücklich auf einen „Mindestschutz" durch eine „uniforme internationale Gesetzgebung" ab, wodurch die Abhängigkeit vom Stand der jeweiligen nationalen Gesetzgebung aufgehoben werden sollte[119]. **F 49**

Dabei steht auch das Fehlen einer **Sanktionsregelung** in der Konvention der Annahme einer unmittelbaren Anwendung nicht entgegen[120]. Denn Art. 10bis kommt im innerstaatlichen Recht die Wirkung einer Verbotsnorm (Primärnorm) zu; sie ist mit einschlägigen Sanktionsnormen (Sekundärnormen) [121]des nationalen Rechts zu verbinden, zu deren Bereitstellung Art. 10ter Abs. 1 die Mitgliedstaaten verpflichtet[122]. Derartige Sanktionen pflegen sich in den Mitgliedstaaten namentlich im Recht der unerlaubten Handlung zu finden. Im italienischen und belgischen Recht hat man in diesem Sinne auf die allgemeine deliktsrechtliche Generalklausel zurückgegriffen, die hier in einer Funktion zur Anwendung gelangt, die mit derjenigen des deutschen § 823 Abs. 2 BGB zu vergleichen ist[123]. Im deutschen Recht kommt dagegen eine Anknüpfung an §§ 1, 13 UWG unter dem Gesichtspunkt der Unlauterkeit wegen Verletzung einer wettbewerbsregelnden Vorschrift in Betracht[124]. Was die Ausgestaltung der Sanktionen im einzelnen betrifft, ist namentlich auch Art. 10ter Abs. 2 PVÜ (Rdn. F 98) zu berücksichtigen[125]. **F 50**

---

114 S. allgemein oben Rdn. F 27; zum britischen Recht *Wirner* S. 28 Fn. 11 mwN.

115 *Ulmer* I Rdn. 38. Zu den Mindestrechten s. Rdn. F 38.

116 *Wirner* S. 29.

117 Der Schutz braucht nicht notwendig durch Sondergesetze gewährleistet zu werden; es genügt, daß die Gerichte aufgrund allgemeiner Rechtsgrundsätze Schutz geben, *Bodenhausen* Art. 10bis Anm. b unter Hinweis auf die Konferenzakten.

118 Vgl. Actes de la Conférence de la Haye S. 253; *Miosga* S. 107, 110.

119 Actes de la Conférence de la Haye S. 472.

120 So aber *Wirner* S. 29; *Miosga* S. 108.

121 Vgl. zu den Begriffen *Schricker* Gesetzesverletzung und Sittenverstoß S. 91, 158 f.

122 Vgl. *Ladas* S. 1737 f; *Roubier* I S. 605.

123 S. im einzelnen Schricker Gesetzesverletzung und Sittenverstoß S. 75 ff, 145 ff, 157 ff.

124 Vgl. *Schricker* Gesetzesverletzung und Sittenverstoß § 39, 252 ff.

125 *Roubier* I S. 605.

F 51 Von der wohl überwiegenden Meinung wird die **unmittelbare Anwendbarkeit des Art. 10bis PVÜ** deshalb mit Recht bejaht[126].

F 52 In Verbandsländern mit einem ausgebauten Wettbewerbsrecht, wie in Deutschland, erlangt die unmittelbare Anwendung von Art. 10bis freilich insoweit keine Bedeutung, als bereits das über den Grundsatz der Inländerbehandlung anwendbare[127] nationale Recht denselben Schutz wie Art. 10bis oder einen noch weitergehenden Schutz gewährt[128]; auf die Mindestrechte des Art. 10bis braucht dann nicht zurückgegriffen zu werden. Ob Art. 10bis gegenüber dem deutschen UWG deshalb überhaupt keine Bedeutung besitzt, ist freilich noch zu untersuchen (s. im folgenden).

Dagegen wird auf Art. 10bis in Ländern zurückzugreifen sein, die über kein Gesetz zur Bekämpfung des unlauteren Wettbewerbs verfügen oder deren innerstaatliche Regelung hinter Art. 10bis zurückbleibt. Als Beispiel mag ein vom OLG Nürnberg entschiedener Fall dienen, in dem auf die Klage eines deutschen Unternehmens gegen einen deutschen Konkurrenten wegen irreführender Werbung auf einer Messe in Moskau sowjetrussisches Recht für anwendbar erklärt und mangels einer innerstaatlichen Gesetzgebung Art. 10bis PVÜ unmittelbar angewendet wurde[129].

F 53 Nach der Generalklausel[130] des Art. 10bis Abs. 2 ist unlauter **„jede Wettbewerbshandlung, die den anständigen Gepflogenheiten in Gewerbe oder Handel zuwiderläuft"**. Der Begriff der Wettbewerbshandlung ist dabei nach dem Recht des Schutzlandes zu bestimmen[131]. Was mit den „anständigen Gepflogenheiten" gemeint ist, bedarf einer einheitlichen, konventionsautonomen Definition[132]. Das Kriterium der Beurteilung in Art. 10bis Abs. 2 PVÜ verweist, wie dies bei wettbewerbsrechtlichen Generalklauseln verbreitet anzutreffen ist, auf außerrechtliche Standards[133]: Mit den **„Gepflogenheiten"** (usages) wird ein faktisches Moment der tatsächlichen

---

126 *Bodenhausen* Art. 10bis Anm. b, e; *Ladas* S. 1682, 1686, 1687 f; *Ulmer* Das Recht des unlauteren Wettbewerbs in den Mitgliedstaaten der EWG I Rdn. 36, 38; *Fikentscher* Wirtschaftsrecht I § 7 III 5; *Schricker/Stauder/Katzenberger* Handbuch des Ausstattungsrechts S. 1048 Rdn. 90; *Beier* in Problemi Attuali S. 93, 96 Fn. 7; *Weber* Die kollisionsrechtliche Behandlung von Wettbewerbsverletzungen mit Auslandsbezug, S. 9; OLG Nürnberg IPRspr. 1983, 123; unklar BGH GRUR 1967, 298, 300, wonach „§ 1 UWG in Verbindung mit Art. 10bis PVÜ" angewendet werden soll. S. ferner für Frankreich *Plaisant* S. 277, 280 f; *Roubier* I S. 275; *Ulmer/Kraßer* IV Frankreich Rdn. 176; Trib. Comm. Paris Prop. Ind. 1949, 167; für die Niederlande *Ulmer/Baeumer/van Manen* II/2 Niederlande Rdn. 131; für die Schweiz Kantonsgericht Zug RIW 1988, 648; für Österreich *Koppensteiner* Wettbewerbsrecht 2. Aufl. Bd. 2 § 2 II S. 22; OGH GRUR Int. 1959, 397 (a. A. *Schönherr* GRUR Int. 1964, 177, 179); für Polen *Kepiński* GRUR Int. 1990, 542, 543; für Kanada Cour Supérieur de Québec vom 11. 1. 1946, zitiert nach Actes de Conférence de Lisbonne S. 705 f; für Mexiko Distriktionsverwaltungsgericht vom 28. 8. 1963 GRUR Int. 1967, 29; für Belgien und Italien s. Rdn. F 46/47; für die USA Court of Appeals 122 USPQ 56 (1959) (die PVÜ lege aber nur gewisse Grundsätze fest); s. für Spanien die Nachweise bei *Krömer* Der unlautere Wettbewerb nach spanischem Recht, 1984 S. 61 (hierauf beruft sich auch OLG Stuttgart VuR 1990, 221, 226).

127 So schon RGZ 60, 217, 219 ff; s. aus der späteren Rechtsprechung z. B. BGH GRUR 1955, 342, 343; OLG Hamm GRUR Int. 1970, 199, 200 (nicht nur Anwendung des deutschen Sachrechts, sondern auch des Kollisionsrechts), s. Rdn. F 39.

128 Vgl. *Baumbach/Hefermehl* Warenzeichenrecht Art. 10bis Rdn. 3–6; *Busse/Starck* Art. 10bis Rdn. 2; *Miosga* S. 111; *Wirner* S. 29.

129 OLG Nürnberg IPRspr. 1983, 123.

130 Wer gegen eine unmittelbare Anwendung von Art. 10bis eingestellt ist, wird darin freilich keine Generalklausel, sondern nur eine „Begriffsbestimmung" sehen, so *Baumbach/Hefermehl* Warenzeichenrecht Art. 10bis Rdn. 2; *Miosga* S. 109.

131 *Bodenhausen* Art. 10bis Anm. d.

132 *Bodenhausen* Art. 10bis Anm. d; *Brandmair* S. 22 f.

133 *Ladas* S. 1685 f; vgl. auch *Bodenhausen* Art. 10bis Anm. d.

Übung angesprochen, während die Qualifizierung, daß es sich um **„anständige"** (honnêtes) Gebräuche handeln muß, ein normatives Korrektiv ins Spiel bringt[134]. So verstanden, erledigt sich die weitere Frage, ob Art. 10bis Abs. 2 auf die „anständigen Gepflogenheiten" im Schutzland oder weltweit in allen Verbandsländern[135] verweist: Es kann sich nur um die Gebräuche im Schutzland handeln, da es an einer weltweit homogenen Übung fehlt, wie die Disparität der nationalen Wettbewerbsgesetze und -judikatur lehrt[136]. Anpassung an einen universell identischen Standard wäre unrealistisch und würde zu Wettbewerbsverzerrungen führen; zu dem die PVÜ beherrschenden Territorialitätsprinzip (Rdn. F 4 ff) entstünde ein Widerspruch. Selbst im nationalen Wettbewerbsrecht wird betont, daß die Standards von Verkehrskreis zu Verkehrskreis unterschiedlich ausgeprägt sein können und die Anwendung der wettbewerbsrechtlichen Generalklausel entsprechend zu relativieren ist[137]. Umsomehr muß Art. 10bis Abs. 2 nicht als ein Verweis auf einen hypothetischen „Weltstandard", sondern auf die Gepflogenheiten der einschlägigen Verkehrskreise im Schutzland verstanden werden[138].

Entsprechend nimmt die Qualifizierung der maßgeblichen Gepflogenheiten als **„anständige"** auf die **Wertung im jeweiligen Schutzland** Bezug. Die Formel von den „usages honnêtes" stammt aus dem französischen Rechtskreis[139]. Sie ist dort vorwiegend als ein rechtsethisches Kriterium aufgefaßt worden[140], wobei die moralische Wertung allerdings auf der tatsächlich geübten Sitte, den „usages" aufbaut. Über das Verhältnis von Übung und moralischer Wertung, sowohl bei Art. 10bis Abs. 2 als auch bei der Generalklausel des nationalen Rechts, die auf die „berufliche Korrektheit" abstellt, hat man speziell in Italien viel diskutiert und gelangt je nach dem Ausgangspunkt im nationalen Recht zu einer Identität oder Abweichung beider Formeln[141]. Die Frage läßt sich nicht allgemeingültig beantworten: Da Art. 10bis Abs. 2 PVÜ mit den „usages honnêtes" auf die Standards des Schutzlandes verweist, beurteilt sich nach diesen auch, welches vergleichsweise Gewicht jeweils der Übung und dem moralischen Korrektiv zukommt. Jedenfalls darf aber die faktische Übung nicht allein entscheiden, denn nur die „anständigen", d. h. rechtsethisch zu billigenden Gepflogenheiten sind maßgeblich. **F 54**

Die **jeweiligen Kriterien der rechtsethischen Wertung** sind nach den im Schutzland herrschenden Überzeugungen zu bestimmen. Danach entscheidet sich auch, welche Interessen und Belange der geschäftliche Anstand vor Augen hat, insbesondere ob es dabei allein um die Interessen der Konkurrenten geht. Der **Schutz der privaten Letztverbraucher** gehört als solcher zwar nicht zu den Zielen der Pariser **F 55**

---

134 *Brandmair* S. 23; *Ladas* S. 1685 f.

135 S. die Nachweise bei Wirner S. 29.

136 So im Ergebnis auch *Baumbach/Hefermehl* Warenzeichenrecht Art. 10bis PVÜ Rdn. 2; *Bodenhausen* Art. 10bis Anm. d (der freilich darauf hinweist, daß die Gepflogenheiten im internationalen Handel dabei nicht außer Betracht gelassen werden dürfen); *Miosga* S. 108, 110. Wenn hier vom Schutzland die Rede ist, wird das Land gemeint, dessen Rechtsordnung im konkreten Fall zur Anwendung gelangt.

137 S. für Deutschland Schricker Gesetzesverletzung und Sittenverstoß S. 193 f, 195 f; für Frankreich *Ulmer/Kraßer* VI Frankreich Rdn. 84; für Italien *Ulmer/Schricker* V Italien Rdn. 34.

138 Wobei freilich auch internationale Kodifikationen, wie insbesondere die Werberegeln der Internationalen Handelskammer eine indizielle Bedeutung haben können, vgl. *Schönherr* GRUR Int. 1964, 177, 179; eingehend *Brandmair* S. 23 ff.

139 S. zur Entstehungsgeschichte Actes de la Conférence de la Haye S. 252 ff, 475, 579.

140 S. im einzelnen *Ulmer/Kraßer* IV Frankreich Rdn. 85 ff mwN.

141 S. die Nachweise bei *Ulmer/Schricker* V Italien Rdn. 33.

Verbandsübereinkunft[142]; in Verbandsländern jedoch, in denen sich der Verbraucherschutz als moralisches Prinzip durchgesetzt hat, wird er gleichwohl im Rahmen der „honnêteté" Berücksichtigung finden können[143]. Insofern wird sich eine Fortbildung der nationalen Generalklausel des unlauteren Wettbewerbs, wie sie etwa § 1 UWG in Deutschland durch Einbeziehung des Verbraucher- und Allgemeininteresses erfahren hat, über eine parallele Entwicklung der rechtsethischen Prinzipien im Sinne einer weitgehend gleichlaufenden Anwendung von Art. 10bis Abs. 2 PVÜ auswirken[144]. Andererseits kann freilich die in einem Verbandsland herrschende rückständige Geschäftsmoral durch Art. 10bis Abs. 2 nicht „aufgebessert" werden, sondern muß so hingenommen werden, wie sie ist; entsprechend beschränkt sich der vom ausländischen Verbandsangehörigen über Art. 10bis Abs. 2 zu beanspruchende Rechtsschutz.

F 56 Der durch die Verweisung auf die jeweiligen Schutzlandgebräuche begründeten Schwäche des Wettbewerbsschutzes nach Art. 10bis Abs. 2 hilft Abs. 3 durch die Formulierung dreier Gruppen von **Sondertatbeständen** auf, die „insbesondere" zu untersagen sind. Die Sondertatbestände knüpfen an die Generalklausel des Abs. 2 an; sie sind aber selbständig formuliert; ihre Anwendung kann und darf nicht davon abhängig gemacht werden, ob zusätzlich auch die Generalklausel erfüllt ist. Andererseits sind die – im ganzen ja ziemlich rudimentären – Sondertatbestände nicht abschließend, sondern es ist anhand der Generalklausel zu entscheiden, ob Sachverhalte, die außerhalb der Sondertatbestände fallen, nicht doch unlauteren Wettbewerbs bilden[145]. Aus der Beschränkung des Art. 10bis Abs. 3 Nr. 3 auf irreführende Angaben über Waren darf somit nicht etwa im Umkehrschluß gefolgert werden, daß irreführende Angaben über Dienstleistungen keinen unlauteren Wettbewerb bilden könnten; hierüber ist vielmehr anhand der Generalklausel zu entscheiden[146].

F 57 Die Sondertatbestände des Art. 10bis Abs. 3 sind **konventionsrechtliche Mindestrechte**. Sie verweisen nicht auf das jeweilige Recht des Schutzlandes, sondern treffen eine **verbandsautonome Regelung**[147].

Für ihre Auslegung[148] sind neben der Entstehungsgeschichte vor allem Erkenntnisse der Rechtsvergleichung von Bedeutung. Eine kurzschlüssige Gleichsetzung mit entsprechenden Regelungen des deutschen UWG verbietet sich. Am nächsten liegt vielmehr die Annahme, daß Art. 10bis auf einen international gemeinsamen Schutzstandard Bezug nimmt, wie er sich insbesondere in den kontinental-europäischen Regelungen zur Bekämpfung unlauteren Wettbewerbs bei vergleichender Betrachtung abzeichnet.

F 58 **Art. 10bis Abs. 3 Nr. 1** verbietet Handlungen, die geeignet sind, **Verwechslungsgefahr** hervorzurufen, und zwar sollen, wie vor allem der französische Text deutlich macht („tout fait quelconques ... par n'importe quel moyen ..."), **alle Modalitäten**

---

[142] *Pillet* S. 436; *Zoll* in Actes de la Conférence de la Haye de 1925 S. 473 f, s. dort auch S. 478; *Windisch* S. 212. Zweifelnd *Ladas* S. 1687. Für einen Ausbau des Verbraucherschutzes in der PVÜ *Fikentscher* Wirtschaftsrecht I § 7 III 6 a.

[143] So auch *Ladas* S. 1689.

[144] Für gleichbedeutend erklären § 1 UWG und Art. 10bis Abs. 2 PVÜ *Baumbach/Hefermehl* Warenzeichenrecht Art. 10bis PVÜ Rdn. 2; *Busse/Starck* Art. 10bis Rdn. 2; s. auch *Ladas* S. 1689. Auf eine Evolution des Schutzzwecks des Art. 10bis deutet die Aufnahme des Verbots der irreführenden Werbung in Art. 10bis Abs. 3 Nr. 3 im Lissaboner Text hin, so *Ladas* S. 1687, s. auch S. 1689.

[145] *Ladas* S. 1706.

[146] Vgl. *Ladas* S. 1734.

[147] Zutreffend spricht *Bodenhausen* (Art. 10bis Anm. e) von „Common Legislation" für alle Verbandsländer.

[148] S. zur Auslegung allgemein Rdn. F 30 ff.

des konfundierenden Wettbewerbs[149] erfaßt werden. Unter Art. 10bis Abs. 3 Nr. 1 fällt z. B. auch die zu Verwechslungen führende sklavische Nachahmung[150]. Auf eine Hinterlegung oder Eintragung des zu schützenden Kennzeichens kommt es nicht an.

Während die Haager Fassung nur an die Verwechselbarkeit der **Erzeugnisse** anknüpft, wurden auf der Londoner Fassung auch die **„Niederlassung"** und die „gewerbliche oder kaufmännische **Betätigung**" einbezogen; damit werden namentlich auch Dienstleistungsunternehmen geschützt[151].

Unter Art. 10bis Abs. 3 Nr. 1 fällt insbesondere der Schutz des **Handelsnamens** gegen Verwechslungen (Näheres s. unten Rdn. F 77 ff). Was das **Markenrecht** betrifft, so entsteht angesichts der weiten Formulierung des Art. 10bis Abs. 1 Nr. 3 für Deutschland die Frage, ob an dem im nationalen Recht geltenden Vorrang des Markenrechts mit subsidiärem Zurücktreten des UWG, dem im wesentlichen eine ergänzende Rolle zugewiesen wird[152], im Blick auf Art. 10bis Abs. 3 Nr. 1 festgehalten werden kann oder ob nicht die Konventionsvorschrift als ein umfassend gedachtes Verbot des Hervorrufens von Verwechslungen auf jede zu Verwechslungsgefahr führende Benutzung von Herkunftskennzeichen von Produkten zur Anwendung gelangen muß, ganz gleich, ob es sich um eingetragene Marken, Ausstattungen oder nicht sondergesetzlich geschützte Kennzeichen handelt.

Praktische Bedeutung erlangt die Frage vor allem im Blick auf den Ausstattungsschutz des § 25 WZG mit seiner besonderen Schutzschwelle der Verkehrsgeltung, die ihn gegenüber dem Schutz von Unternehmenskennzeichnen abhebt, der bei von Haus aus unterscheidungskräftigen Kennzeichen ja schon von der Benutzungsaufnahme an einsetzt[153]. Für den Schutz der unterhalb der Schwelle der Verkehrsgeltung liegenden sog. Ausstattungsanwartschaft nach § 1 UWG werden besondere Unlauterkeitselemente verlangt; die bloße Verwechslungsgefahr soll nicht genügen[154]. Im Recht anderer Länder fehlt es dagegen an einer derart hoch angesetzten Schutzschwelle; es wird mit Priorität in Benutzung genommenen Zeichen vielfach ohne weiteres ein Schutz gegen Herkunftsverwechslungen gewährt[155]. **F 59**

Was die **Anwendung von Art. 10bis Abs. 3 Nr. 1 PVÜ auf markenrechtliche Tatbestände** betrifft, so war die zu Verwechslungen führende Benutzung von Marken und Ausstattungen im ursprünglichen Vorschlag ausdrücklich genannt[156]; ein von **F 60**

---

149 Insofern besteht weitgehende Übereinstimmung mit dem Verbot des „Passing off" im angelsächsischen Recht. Im deutschen Recht wird ein so allgemein formulierter Grundsatz freilich nirgends ausgesprochen, wenngleich er dem Markenrecht und § 16 UWG zugrunde liegt, vgl. *Baumbach/Hefermehl* Warenzeichenrecht Art. 10bis Rdn. 3.

150 Hierauf beruft sich ausdrücklich EuGH GRUR Int. 1982, 439, 441 Nr. 9 und folgert daraus, daß dieser Schutz als zwingenden Erfordernissen des Verbraucherschutzes und der Lauterkeit des Handelsverkehrs dienend auch gegenüber Art. 30 EWGV (freier Warenverkehr) anwendbar bleibt; Näheres s. V. Zur Produktnachahmung s. allgemein *Ladas* § 898 S. 1709 ff.

151 Vgl. *Plaisant* S. 278, 279.

152 § 16 Abs. 3 S. 2 UWG bezüglich des Kennzeichenschutzes nach § 16 UWG; allgemein s. *Baumbach/Hefermehl* Wettbewerbsrecht Allg. Rdn. 100/101; *Baumbach/Hefermehl* Warenzeichenrecht Einl. Rdn. 55 ff; *v. Gamm* Warenzeichenrecht Einf. Rdn. 80 ff.

153 Vgl. *Baumbach/Hefermehl* Wettbewerbsrecht § 16 Rdn. 148; s. auch unten Rdn. F 89.

154 *Baumbach/Hefermehl* Warenzeichenrecht § 25 Rdn. 105; *v. Gamm* Warenzeichenrecht Einf. Rdn. 87.

155 S. vergleichend *Schricker* in Schricker/Stauder Handbuch des Ausstattungsrechts, Einführung Rdn. 20 ff, 23.

156 Actes de la Conférence de la Haye, S. 254 f; s. in diesem Sinne auch ein Votum der AIPPI aaO S. 94. Andererseits sollte sich der Vorschlag allerdings nach dem Grundsatz richten, „die Ordnung der Konvention nicht zu stören und sich deshalb auf die Behandlung ... von Handlungen unlauteren Wettbewerbs zu beschränken, die nicht in Mißbrauch oder der Aneignung von Marken ... bestehen, die von anderen Artikeln

deutscher Seite gemachter Alternativvorschlag erwähnte sowohl die Marken als auch die Ausstattung[157]; ein österreichischer Vorschlag wollte für die Ausstattung jedoch Bekanntheit verlangen[158]. Die Aufzählung von Einzelbeispielen des Hervorrufens von Verwechslungen wurde dann aber aufgegeben, um nicht zu „einschränkenden Auslegungen" Anlaß zu geben; daß der Gebrauch von Marken aber zu den zu erfassenden Mitteln des Tatbestandes gehören sollte, stand dabei fest[159]. Vorbehalte gegen einen Wettbewerbsschutz markenfähiger Zeichen machte aufgrund der einheimischen Rechtslage[160] lediglich Belgien geltend und verwies zugleich auf die Möglichkeit des Markenschutzes[161]; im Verhandlungsergebnis hinterließ dies jedoch keine Spuren[162]. Da sich aus der Entstehungsgeschichte oder sonstigen für die Auslegung beachtlichen Umständen Anhaltspunkte für eine Restriktion nicht ergeben, im Gegenteil die Anwendung des Art. 10bis beim Markenschutz in Art. $6^{quinquies}$ B Nr. 3 ausdrücklich vorbehalten wird, muß es bei einem auf den Wortlaut ausgerichteten Verständnis der Vorschrift bleiben: Sie erfaßt unmittelbar jedes Hervorrufen von Verwechslungsgefahr durch Mißbrauch von Marken und Ausstattungen[163], wobei freilich auf eine angemessene Abstimmung mit dem System des Formalschutzes geachtet werden muß. Im Ergebnis bedeutet dies, daß ausländische Verbandsangehörige sich grundsätzlich zum Schutz marken- und/oder ausstattungsfähiger Elemente gegen Verwechslungsgefahr in Deutschland auf Art. 10bis Abs. 3 Nr. 1 PVÜ in Verbindung mit § 1 UWG berufen können, ohne daß sie sich auf den Marken- und Ausstattungsschutz verweisen lassen müßten. Die Ausstattungsanwartschaft genießt, mit anderen Worten, konventionsrechtlichen Schutz gegen Verwechslungsgefahr; besondere Unlauterkeitsumstände sind dabei nicht zu verlangen[164].

Unter den Tatbestand des Hervorrufens von Verwechslungen wird auch das Unterschieben von Waren zu subsumieren sein[165].

F 61 Art. 10bis Abs. 3 Nr. 1 stellt auf die **objektive Verwechslungsgefahr** ab; böser Glaube oder sonstige subjektive Unlauterkeitsumstände werden nicht verlangt[166]. Dies wurde bei den Beratungen im Anschluß an einen Einwand der italienischen Delegation, die das Merkmal der Verwechslungsabsicht eingefügt sehen wollte, hin-

behandelt werden (6, 6bis, 6ter, 6^{quater} ...)" (Actes de la Conférence de la Haye S. 253). Ein solcher Vorrang erscheint insbesondere für 6bis plausibel, weniger jedoch für die anderen markenrechtlichen Bestimmungen, die nicht allgemein das Hervorrufen von Verwechslungsgefahr durch unbefugten Markengebrauch regeln und schon gar nicht den Schutz der nicht eingetragenen Marken.

157 Actes de la Conférence de la Haye S. 349. S. dort auch zu anderen Vorschlägen, aaO S. 349 f.

158 Actes de la Conférence de la Haye S. 349.

159 Actes de la Conférence de la Haye S. 476; s. auch *Ladas* S. 1706 f.

160 S. zum belgischen Recht *Ulmer/Schricker* II/1 Belgien Rdn. 17 ff. S. auch vergleichend *Schrikker* in Schricker/Stauder Handbuch des Ausstattungsrechts, Einführung Rdn. 7.

161 Actes de la Conférence de la Haye S. 475, 476, 579 f; s. dazu auch Ladas S. 1707.

162 Daß es sich bei der Äußerung der belgischen Delegation nicht um einen Vorbehalt im Rechtssinne handelt, legt *Ballreich* in Schricker/Stauder Handbuch des Ausstattungsrechts S. 928 f zutreffend dar.

163 *Bodenhausen* Art. 10bis Anm. f; *Ladas* S. 1689 ff, 1707 f; *Plaisant* S. 280. *Schricker/Stauder/Katzenberger* Handbuch des Ausstattungsrecht S. 1048 Rdn. 91, vgl. auch S. 1050 Rdn. 96; *Eeckman*, Ing.-Cons. 1964, 109 ff, 133 ff und 161 ff. Abweichend. *M. Gotzen* Ing.-Cons. 1964, 293; *Ballreich* in Schricker/Stauder S. 928, 929 ff, der annimmt, daß die Frage des Wettbewerbsschutzes der Marke in der PVÜ ausdrücklich offengeblieben sei, aber auf die Möglichkeit einer „dynamischen" rechtsfortbildenden Auslegung der Konvention hinweist.

164 Die hM verlangt freilich auch für ausländische Ausstattungen als Voraussetzung für den Schutz in Deutschland grundsätzlich inländische Verkehrsgeltung, s. Baumbach/Hefermehl Warenzeichenrecht Art. 8 PVÜ Rdn. 4. Großzügiger RGZ 141, 120. Vgl. auch unten Rdn. 91.

165 Vgl. *Ladas* S. 1717 ff.

166 *Bodenhausen* Art. 10bis Anm. f; *Ladas* S. 1709.

reichend und auch zur Einsicht der interpellierenden Delegation geklärt: Ob böser oder guter Glaube vorliege, so kam man überein, sei allein bei den – nach nationalem Recht zu bestimmenden – Sanktionen zu berücksichtigen[167].

Für das deutsche Recht bedeutet dies nach allgemeinen Regeln, daß bei bloß objektiver Erfüllung des Tatbestandes der **negatorische Rechtsschutz** der Unterlassungs- und Beseitigungsklage zu Gebote steht, während der **Schadensersatzanspruch** Verschulden voraussetzt. Hierdurch wird dem Gebot des Art. 10ter Abs. 1 PVÜ genügt, den Angehörigen der anderen Verbandsländer geeignete Rechtsbehelfe zu sichern. **F 62**

Der **Begriff der Verwechslungsgefahr** wird in Art. 10bis Abs. 3 Nr. 1 nicht erläutert. Aus den Materialien läßt sich entnehmen, daß es sich jedenfalls um eine Verwechslung „avec un commerce concurrent" handeln muß[168]. Soweit es um die Verwechselbarkeit von Waren geht, muß also eine Irreführung des Publikums über deren betriebliche Herkunft vorliegen[169]. Allgemein gesprochen, bedeutet Verwechslungsgefahr, daß ein Identitätsirrtum hinsichtlich der Zuordnung des Angebots hervorgerufen wird, wie dies auch für die entsprechenden Tatbestände des nationalen Rechts charakteristisch ist[170]. **F 63**

Voraussetzung für derartige Fehlzurechnungen ist, daß die Gefahr der Verwechslung sich auf ein **unterscheidungskräftiges Kennzeichen** bzw. eine kennzeichnende Gestaltung bezieht[171]. Weitgehende Übereinstimmung herrscht dabei international hinsichtlich des Schutzes von Haus aus kennzeichnungskräftiger Zeichen, während die Meinungen bezüglich der Berücksichtigung einer nachträglich durch Benutzung und Bekanntheit erlangten Kennzeichnungskraft auseinandergehen[172]. In rechtsvergleichender Interpretation des Art. 10bis Abs. 3 Nr. 1 dürfte der Schutz gegen Verwechslungsgefahr deshalb nur den von Haus aus kennzeichnungskräftigen Elementen zu gewähren sein; nur soweit reicht der gesicherte gemeinsame Bestand des Schutzes in den Verbandsländern, an den die Konvention im Zweifel anknüpft. Hinsichtlich der Anforderungen an die schutzbegründende Unterscheidungskraft werden allerdings – wiederum in rechtsvergleichender Sicht[173] – nicht allzu hohe Anforderungen zu stellen sein. **F 64**

Was die **territoriale Reichweite** des Schutzes des Kennzeichens des Kl. betrifft, so ist entscheidend, daß Konflikte im Sinne einer Verwechslungsgefahr zu befürchten sind; eine strenge territoriale Segmentierung im Sinne des Territorialitätsprinzips (Rdn. F 4 ff) findet nicht statt.

---

167 Actes de la Conférence de la Haye S. 476 f; *Ladas* S. 1709.

168 Actes de la Conférence de la Haye S. 476.

169 Es braucht sich bei den Waren, mit denen Verwechslungen hervorgerufen werden, nicht um von dem betroffenen Wettbewerber selbst hergestellte Waren zu handeln; es kann auch um von ihm angekaufte Handelsware aus dritter Produktion gehen; diese – an sich selbstverständliche – Erstreckung des Schutzbereichs wurde bei den Beratungen klargestellt (s. Actes de la Conférence de la Haye S. 579).

170 Vgl. *Ulmer* Das Recht des unlauteren Wettbewerbs in den Mitgliedstaaten der EWG I Rdn. 142.

171 *Ulmer* I Rdn. 141.

172 *Ulmer* I Rdn. 141; *Schricker* in Schricker/Stauder Handbuch des Ausstattungsrechts, Einführung Rdn. 22. Die europarechtliche Anerkennung der durch Benutzung erlangten Unterscheidungskraft in Art. 6 Abs. 1 des Entwurfs einer Verordnung über die Gemeinschaftsmarke (GRUR Int. 1989, 388, 389) sowie in Art. 3 Abs. 3 der Ersten Markenrechtsangleichungsrichtlinie (GRUR Int. 1989, 294, 295) bedeutet gegenüber der zurückhaltenden Auffassung vor allem im französischen Rechtskreis einen erst neuerdings erzielten Durchbruch.

173 Vgl. z. B. für Belgien *Ulmer/Schricker* II/1 Rdn. 188; für das italienische Recht *Schricker* GRUR Int. 1980, 637, 643. Zwischen verschiedenen Arten von Kennzeichnungsmitteln wird dabei wiederum zu unterscheiden sein.

F 65 Bei der **Beurteilung der Verwechslungsgefahr** kann zwar international eine weitgehende Übereinstimmung in den Grundsätzen konstatiert werden[174], die Praxis der einzelnen Staaten geht aber doch auseinander. So sind die Ergebnisse des deutschen Rechts häufig als exzessiv streng im Sinne einer sehr weitgehenden Annahme von Verwechslungsgefahr bezeichnet worden, wobei exakte Vergleichsuntersuchungen freilich fehlen[175]. Auch hier dürfte eine dem rechtsvergleichenden Durchschnittsbild entsprechende mittlere Linie bei der Auslegung der Intention des Konventionsrechts am ehesten entsprechen; eine überspitzte Sensibilität, wie sie mitunter in der deutschen Praxis zu beobachten ist, muß bei der Anwendung von Art. 10bis Abs. 3 Nr. 1 PVÜ vermieden werden.

F 66 Mit dem **Verbot falscher herabsetzender Behauptungen** im geschäftlichen Verkehr kodifiziert **Art. 10bis Abs. 3 Nr.** 2 den „klassischen" Unlauterkeitstatbestand der **Anschwärzung** (dénigrement). In den Verbandsländern herrscht hinsichtlich der Rechtswidrigkeit der Anschwärzung weitgehende Übereinstimmung[176]; in Deutschland gilt diesbezüglich § 14 UWG. Die Bekämpfung rufschädigender Behauptungen reicht in den Verbandsländern häufig erheblich weiter als Art. 10bis Abs. 3 Nr. 2 PVÜ, insbesondere werden vielfach auch der Wahrheit entsprechende herabsetzende Angaben für unlauter erachtet, namentlich in Form kritisierender Vergleichswerbung[177].

F 67 Die Tatsache, daß Art. 10bis Abs. 3 Nr. 2 PVÜ nur die „falschen Behauptungen" erfaßt, steht freilich einer Anwendung der Generalklausel des Art. 10bis Abs. 2 auf **wahrheitsgemäße herabsetzende Angaben** nicht im Wege (vgl. Rdn. F 56)[178]. Auch wenn bei den Beratungen eine – von französischer Seite vorgeschlagene – Erweiterung des Sondertatbestandes auf wahre Angaben abgelehnt wurde[179], bedeutet dies doch keine Einschränkung des Anwendungsbereichs der Generalklausel; man strebte ersichtlich nur für den Sondertatbestand ein „critérium sûr et précis" an[180].

F 68 Art. 10bis Abs. 3 Nr. 2 PVÜ beschränkt sich auf Behauptungen **tatsächlichen Gehalts**, hinsichtlich deren eine Beurteilung nach den Kriterien „richtig/falsch" sinnvoll ist. Reine Wertungen ohne Tatsacheninhalt fallen nicht unter die Vorschrift[181]; diesbezüglich ist allenfalls die Generalklausel des Art. 10bis Abs. 2 anwendbar.

F 69 Es genügt die **Eignung** der Behauptung, herabsetzend zu wirken; zu einer effektiven Rufschädigung braucht es noch nicht gekommen zu sein.

Der mögliche **Gegenstand der Behauptung** wird in Art. 10bis Abs. 3 S. 2, anders als in § 14 UWG, nicht bestimmt; es wird lediglich auf ihre **Wirkung** abgestellt. Diese kann sich auf alle Elemente der geschäftlichen Sphäre der Betroffenen beziehen („... Niederlassung, ... Erzeugnisse, ... gewerbliche oder kaufmännische Tätig-

---

174 So *Ulmer* I Rdn. 146 für die sechs alten Mitgliedstaaten der EWG.

175 S. zur Problematik *Schricker* in Schricker/Stauder Handbuch des Ausstattungsrechts, Einführung Rdn. 33.

176 Vgl. *Ulmer* I Rdn. 185 ff zur Rechtslage in den sechs alten EWG-Mitgliedstaaten. In diesem Sinne schon die Materialien zu Art. 10bis Abs. 3 Nr. 2, s. Actes de la Conférence de la Haye S. 477.

177 Vgl. *Ulmer* I Rdn. 189; *Baumbach/Hefermehl* Warenzeichenrecht Art. 10bis Rdn. 4. S. rechtsvergleichend *Hudelmaier* Die neuere Praxis zur vergleichenden Werbung in Deutschland, Belgien, Frankreich, Großbritannien und USA, 1990; *Meyer* Die kritisierende vergleichende Werbung, 1991 S. 284 ff. S. auch den Vorschlag einer EG-Richtlinie GRUR Int. 1991, 634; Näheres dazu unten V.

178 So im Ergebnis auch *Bodenhausen* Art. 10bis Anm. g; *Ladas* S. 1726; *Miosga* S. 110.

179 Actes de la Conférence de la Haye S. 477.

180 S. zur Entstehungsgeschichte der Regelung zusammenfassend *Schönherr* GRUR Int. 1964, 177, 179, der zum selben Resultat gelangt.

181 S. zu dem entsprechenden Abgrenzungsproblem bei § 14 UWG *Baumbach/Hefermehl* Wettbewerbsrecht § 14 Rdn. 3 ff.

keit des Wettbewerbers ...")[182]. Unter „gewerbliche oder kaufmännische Tätigkeit" fällt auch diejenige der Dienstleistungsunternehmen[183]. Die Person des Wettbewerbers selbst wird in der Vorschrift nicht genannt; indessen wird sich, sofern es sich nicht um Behauptungen rein privater Bedeutung handelt, eine Herabsetzung der Person des Unternehmensinhabers auch abträglich auf dessen geschäftliche Tätigkeit auswirken[184]. In diesem Sinne erfaßt auch § 14 Abs. 1 S. 1 UWG Behauptungen über „die Person des Inhabers oder Leiters des Geschäfts", sofern sie geeignet sind, „den Betrieb des Geschäfts oder den Kredit des Inhabers zu schädigen".

§ 14 UWG erfaßt das **„Behaupten"** aus eigenem Wissen und das **„Verbreiten"** fremder Behauptungen[185]. Beide Formen der Anschwärzung sind auch in Art. 10bis Abs. 3 Nr. 2 eingeschlossen, wenn dort schlechthin die „falschen Behauptungen" genannt werden, ohne daß die Vorschrift darauf abstellt, aus welcher Quelle diese letztendlich stammen. Es genügt, wenn der Täter zur Behauptung in eine Beziehung tritt, die es erlaubt, ihn als Störer zu qualifizieren. **F 70**

§ 14 UWG greift ein, wenn die Anschwärzung **„zu Zwecken des Wettbewerbs" erfolgt.** Grundfall ist das Handeln eines Wettbewerbers zum Nachteil eines anderen; unter § 14 fällt aber auch die Förderung fremden Wettbewerbs durch einen Außenstehenden, dem selbst die Rolle eines Wettbewerbers nicht zukommt[186]. Art. 10bis Abs. 3 Nr. 2 bringt den Wettbewerbsbezug hingegen dadurch ins Spiel, daß ein **„Wettbewerber"** von der Anschwärzung betroffen sein muß, und zwar, wie zu ergänzen sein wird, ein Wettbewerber des Täters. Damit erscheint eine engere Auslegung als bei § 14 UWG geboten: Eine Haftung Wettbewerbsfremder, etwa von Presse, Warentestinstitutionen u. dgl., kann nach Art. 10bis Abs. 3 Nr. 2 in keinem Fall begründet werden, ohne daß geprüft zu werden braucht, ob eine Wettbewerbsförderungsabsicht gegeben ist oder nicht. **F 71**

Strenger ist § 14 UWG als Art. 10bis Abs. 3 Nr. 2 PVÜ auch insoweit angelegt, als bei § 14 den Täter hinsichtlich der Wahrheit der Tatsache die **Beweislast** trifft[187], während bei Art. 10bis Abs. 3 Nr. 2 PVÜ dem Täter die Unwahrheit der Behauptung nachgewiesen werden muß, da kein Anhaltspunkt für eine Umkehr der Beweislast ersichtlich ist. **F 72**

Ferner gewährt § 14 UWG Schadenersatz auch ohne Verschulden[188]; für Art. 10bis Abs. 3 Nr. 2 PVÜ in Verbindung mit § 1 UWG wird dagegen nach allgemeinen Regeln Verschulden vorausgesetzt.

Das **Verbot der irreführenden Werbung** in Art. 10bis Abs. 3 Nr. 3 PVÜ wurde erst auf der Lissaboner Revisionskonferenz eingefügt. Auf der Haager Revisionskonferenz war zwar ursprünglich vorgeschlagen worden, bestimmte Fälle von täuschenden Angaben (unrichtige Berühmung von Medaillen und Auszeichnungen, unrichtige Angaben über Rohstoff und Herstellungsart der Produkte) wie auch allgemein die „réclame fausse" in Art. 10bis aufzunehmen; jedoch widersetzten sich verschiedene Delegationen (Großbritannien, Italien, Japan, USA) einer Regelung, da es sich eher um eine Frage des Verbraucherschutzes handle, für den die PVÜ nicht zuständig sei[189]. Man war sich andererseits aber einig, daß die im Vorschlag ge- **F 73**

---

[182] Nach der Haager Fassung waren nur die „Waren" erfaßt; die Londoner Revisionskonferenz brachte die Erweiterung zum jetzigen Text.

[183] *Ladas* S. 1726; *Plaisant* S. 278, 279.

[184] Vgl. *Ladas* S. 1726.

[185] Vgl. *Baumbach/Hefermehl* Wettbewerbsrecht § 14 Rdn. 16.

[186] *Baumbach/Hefermehl* § 14 Rdn. 2.

[187] *Baumbach/Hefermehl* § 14 Rdn. 27.

[188] *Baumbach/Hefermehl* § 14 Rdn. 30.

[189] Actes de la Conférence de la Haye S. 477 f.

nannten Fälle falscher Angaben den anständigen Gepflogenheiten zuwiderliefen[190]. Auch ein erneuter Vorstoß zu einer Regelung auf der Londoner Revisionskonferenz blieb ohne Erfolg[191].

F 74 Auf der **Lissaboner Revisionskonferenz** machte Österreich im Rahmen der Diskussion um den Schutz der berühmten Marke den Vorschlag, ein relativ weit gefaßtes Verbot irreführender Werbung als Art. 10bis Abs. 3 Nr. 3 ins Konventionsrecht aufzunehmen; es wurde damit eine Resolution der internationalen Handelskammer aufgegriffen[192]. Im Laufe der Beratungen verengte man die Vorschrift auf die Irreführung über mit den Waren zusammenhängende Umstände; die Täuschung über deren „Ursprung" wurde dabei jedoch ausgeklammert[193].

F 75 Gegenüber dem deutschen Recht, das mit § 3 UWG ein generalklauselhaft weites Verbot der irreführenden Werbung bereit hält, fällt bei Art. 10bis Abs. 3 Nr. 3 PVÜ die starke tatbestandliche Einengung auf lediglich die **Waren** betreffende Umstände auf[194]. Die Werbeangaben von Dienstleistungsunternehmen werden nicht erfaßt, ebensowenig wie unternehmensbezogene Angaben über die Verhältnisse des Anbieters[195] und Angaben über den Preis. Insoweit ist Art. 10bis Abs. 3 Nr. 3 PVÜ deutlich enger gefaßt als Art. 10bis Abs. 3 Nr. 1 und 2, die beide als Objekt der unlauteren Maßnahmen auch „die Niederlassung" und die „gewerbliche oder kaufmännische Tätigkeit" nennen. Auch hinsichtlich der warenbezogenen Angaben ist die Aufzählung in Art. 10bis Abs. 3 Nr. 3 nicht vollständig; insbesondere wurden die Angaben über die geographische Herkunft bewußt ausgespart (Rdn. F 74). Indessen kommt eine Ergänzung des Art. 10bis Abs. 3 Nr. 3 durch Heranziehung der Generalklausel des Art. 10bis Abs. 2 in Betracht (Rdn. F 56)[196].

F 76 Das zentrale Merkmal des Tatbestandes, die **Irreführungsgefahr**, wird im Konventionstext nicht näher spezifiziert. Es kommt darauf an, ob die Angabe oder Behauptung „geeignet ist, das Publikum ... irrezuführen". Objektive Irreführungsgefahr entscheidet; auf Irreführungsabsicht oder sonstige subjektive Umstände kommt es nicht an[197]. Bedenkt man die großen Unterschiede in der Auffassung des Begriffs der Irreführung von Land zu Land[198], so ist klar, daß hier nicht schlicht auf die extrem strengen deutschen Maßstäbe rekurriert werden kann. Anzustreben ist vielmehr eine in rechtsvergleichender Sicht gewonnene mittlere Lage der Interpretation. Danach dürfte die Reaktion des durchschnittlichen Angehörigen des maßgeblichen Verkehrskreises entscheiden. Ein Schutz besonders gefährdeter Randgruppen, wie ihn die deutsche Praxis durch die niedrige Eingriffsschwelle von regelmäßig 10% gewährt (s. die Kommentierung zu § 3 UWG), erscheint international betrachtet singulär und kann nicht als das konventionsrechtlich angestrebte Schutzziel erachtet werden.

F 77 **d) Der Schutz des Handelsnamens nach Art. 2, 3, 8 und 10bis PVÜ.** Die Pariser Verbandsübereinkunft führt seit ihrer ersten Fassung von 1883 unter den Gegen-

---

190 AaO S. 478.

191 Vgl. *Plaisant* S. 279.

192 Actes de la Conférence de Lisbonne S. 711, 789, 928 f; s. auch den Bericht der deutschen Delegation GRUR Int. 1959, 57, 90/91.

193 Actes de la Conférence de Lisbonne S. 789 f, 852. S. auch in diesem Sinne schon Actes de la Conférence de la Haye S. 253.

194 Vgl. *Baumbach/Hefermehl* Warenzeichenrecht Art. 10bis Rdn. 6.

195 *Bodenhausen* Art. 10bis Anm. h; *Ladas* S. 1733.

196 *Ladas* S. 1733 f. Ablehnend hinsichtlich eines Schutzes geographischer Herkunftsangaben *Tilmann* S. 409 Fn. 7.

197 *Ladas* S. 1733.

198 S. vergleichend *Schricker* GRUR Int. 1990, 112 ff.

ständen des „Schutzes des gewerblichen Eigentums" im Sinne der Konvention[199] **„den Handelsnamen"** („le nom commercial") auf (Art. 1 Abs. 1, 2 PVÜ[200]). Das Prinzip der **Inländerbehandlung** gemäß Art. 2, 3 PVÜ (Rdnr. F 36 f) bezieht sich somit auch auf den Schutz des Handelsnamens, d. h. verbandsbegünstigte Ausländer können verlangen, hinsichtlich des Schutzes des Handelsnamens wie Inländer gestellt zu werden[201]. Darüber hinaus enthält die PVÜ – ebenfalls schon seit der ersten Fassung von 1883 – eine Sondervorschrift über den Schutz des Handelsnamens: Nach **Art. 8** wird der Handelsname „in allen Verbandsländern, ohne Verpflichtung zur Hinterlegung oder Eintragung, geschützt, gleichgültig ob er einen Bestandteil einer Fabrik- oder Handelsmarke bildet oder nicht"[202]. **Art. 9** unterwirft jedes „widerrechtlich ... mit einem Handelsnamen versehene Erzeugnis" der Beschlagnahme bei der Einfuhr „in diejenigen Verbandsländer, in denen ... dieser Handelsname Anspruch auf gesetzlichen Schutz hat"[203].

Schließlich ist **Art. 10bis Abs. 3 Nr. 1** PVÜ zum Schutz des Handelsnamens gegen **F 78**
das Hervorrufen von Verwechslungen anwendbar. Insbesondere geht es, wenn dort die Verwechslung mit der „Niederlassung ... oder der gewerblichen oder kaufmännischen Tätigkeit eines Wettbewerbers" angesprochen wird, um Tatbestände, die typischerweise durch Mißbrauch von Handelsnamen verwirklicht werden. Art. 8 PVÜ bildet zwar eine Spezialregelung für den Handelsnamen[204]; durch die spätere Einführung des Art. 10bis (Rdn. F 42 ff) sollte aber ein umfassender Schutz gegen unlauteren Wettbewerb, insbesondere in allen Modalitäten des Hervorrufens von Verwechslungen geschaffen werden (Rdn. F 58 ff); es gibt kein Anzeichen dafür, daß der Schutz des Handelsnamens dabei ausgespart werden sollte. Schrifttum und Rechtsprechung pflegen zwar beim Schutz des Handelsnamens allein auf Art. 8 PVÜ zu rekurrieren; wo man eingehendere Überlegungen zum Verhältnis von Art. 8 und Art. 10bis PVÜ anstellt, gelangt man jedoch zur Bejahung der Anwendbarkeit des Art. 10bis Abs. 3 Nr. 1 zum Schutz der Handelsnamen verbandsbegünstigter Wettbewerber[205]. Die Heranziehung von Art. 10bis ist insofern von Bedeutung, als er ein Mindestrecht verleiht (Rdn. F 38, 48 ff), dessen Schutzvoraussetzungen von denjenigen des Handelsnamensschutzes im Schutzland unabhängig sind und es namentlich erlauben, das noch vielfach aufgestellte Erfordernis der Benutzung im Schutzland zu überwinden (Rdn. F 90).

Was die Grundlagen des internationalen Handelsnamensschutzes betrifft, so liegen **Universalitätsprinzip und Territorialitätsprinzip** (Rdn. F 4/5) im Streit[206]. Anfänglich schien das vom Schutz des bürgerlichen Namens vertraute Universalitätsprinzip verbunden mit einer Anknüpfung an das Recht des Heimatstaates des **F 79**

---

199 *Ulmer* Die Immaterialgüterrechte im Internationalen Privatrecht S. 24 f unterscheidet zwischen gewerblichen Schutzrechten im engeren Sinne und dem Schutz gegen unlauteren Wettbewerb; der Handelsname wird letzterem Bereich zugewiesen.

200 In der Stockholmer Fassung. Im Text von 1883 war der Handelsname in Art. 2 Satz 1 genannt.

201 Allgemeine Meinung *Ladas* S. 1545 § 829.

202 So der Stockholmer Text, der gegenüber demjenigen von 1883 nur geringfügige Abänderungen erfahren hat; s. zur Entstehungsgeschichte Bodenhausen Art. 8 Anm. a; Actes de la Conférence de la Haye 1925 S. 525, 545, 577 (Hinzufügung von „oder Eintragung").

203 S. zur Textgeschichte *Bodenhausen* Art. 9 Anm. a; zur Auslegung unten Rdn. F 93 ff.

204 *Wirner* S. 29; *Pillet* S. 435; *Miosga* S. 87.

205 So namentlich *Ladas* S. 1544, 1546, 1553; *Schricker/Stauder/Katzenberger* Handbuch des Ausstattungsrechts S. 1048 Rdn. 91; *Beier* in Problemi Attuali del diritto industriale S. 93, 95 f; so wohl auch *Ulmer* GRUR Int. 1973, 135, 139; so ferner App. Paris GRUR Int. 1966, 218, 219 (Transmission Flender); Schweizerisches Bundesgericht BGE 76 II 77, 85; BG GRUR Int. 1972, 487 (Commerzbank); BG GRUR Int. 1965, 513, (ELIN); BGE 91 II 117, 123.

206 S. hierzu zusammenfassend *Boudon* S. 106 ff, 152 f.

Namensträgers (Personalstatut)[207] das Feld zu beherrschen. In der Folge hat sich jedoch das im gewerblichen Rechtsschutz allgemein akzeptierte Territorialitätsprinzip mit Anwendung des Schutzlandsrechtes praktisch auch beim Handelsnamen durchgesetzt[208]: Ob ein ausländischer Handelsname im Inland Schutz genießt, wird grundsätzlich nach Inlandsrecht beurteilt; dem Recht des Schutzlandes unterstehen Inhaberschaft, Inhalt und Umfang sowie Übertragung und Erlöschen des Rechts. Der Handelsnamensschutz läuft damit – von der beim Handelsnamen im Gegensatz zur Marke meist formfreien Schutzentstehung abgesehen – parallel zum Markenrecht[209]; das Schutzlandsprinzip bildet für beide Immaterialgüterrechte die international-privatrechtliche Grundlage (s. zum Handelsnamen im Zusammenhang des internationalen Privatrechts des unlauteren Wettbewerbs unten Rdn. F 198 ff).

Das Territorialitätsprinzip verbietet indessen nicht, Auslandssachverhalte, etwa bei der Schutzentstehung mit zu berücksichtigen[210]. So kann etwa eine Verkehrsbekanntheit im Ausland die Annahme einer Verkehrsgeltung auch im Inland nahelegen und unterstützen[211] und insbesondere bei der Prüfung der Verwechslungsgefahr Bedeutung erlangen[212]. Vom Territorialitätsprinzip ausgeklammert und dem Heimatstaatsrecht (Personalstatut) zugewiesen bleiben freilich gewisse Vorfragen[213], so etwa die Frage, ob jemand seinen Namen zu Recht führt, beispielsweise der Name einer juristischen Person in zulässiger Weise gebildet ist[214] oder ob sich jemand gegenüber Gleichnamigen begründeterweise auf die Befugnis zur Führung eines bestimmten bürgerlichen Namens berufen kann[215]. Ob und wie der Name aber im geschäftlichen Verkehr des Schutzlandes benutzt werden darf, untersteht dem Territorialitätsprinzip und ist mithin nach dem Recht des Schutzlandes zu beurteilen[216].

Dagegen stellt sich die von einem Teil der Lehre und Praxis beim Schutz des Handelsnamens noch postulierte generelle Akzessorietät zum Heimatschutz als archaisches – und mit dem Prinzip der Inländerbehandlung in Widerspruch tretendes – Relikt des Universalitätsprinzips dar, das nicht haltbar erscheint (Rdn. F 87).

Das Territorialitätsprinzip gilt für den Schutz geschäftlicher Bezeichnungen auch insoweit als er in Deutschland auf den **Namensschutz des § 12 BGB** gestützt werden

---

207 S. Art. 10 Abs. 1 EGBGB.

208 *v. Gamm* 16. Kapitel Rdn. 22, 58. Kapitel Rdn. 2, 3; *Knaak* Firma und Firmenschutz S. 228; *ders.* GRUR Int. 1982, 651, 653; *Baur* J. AcP 167 (1967), 535, 548 ff; *Kunz-Hallstein* GRUR Int. 1972, 254; *Graf* WRP 1969, 209. Dementsprechend ist auf den Handelsnamen in Österreich § 34 Abs. 1 IPRG anwendbar, der auf das Recht des jeweiligen Schutzlandes verweist, s. OGH GRUR Int. 1986, 775, 736 f.

209 Es äußert sich hierin die stärker immaterialgüterrechtliche Betonung des Handelsnamensschutzes gegenüber der zurücktretenden persönlichkeitsrechtlichen Komponente.

210 Vgl. *Beier* GRUR Int. 1968, 8, 12 f; *Knaak* GRUR Int. 1982, 651, 653.

211 *v. Gamm* 58. Kapitel Rdn. 3.

212 BGH GRUR 1969, 357, 360 – *Sihl.*

213 Im einzelnen ist die Abgrenzung zwischen Schutzlandstatut und Personalstatut unklar und strittig; s. umfassend *Baur, J.* AcP 167 (1967), 535 ff mwN. S. aus der Rechtsprechung z. B. BGHZ 8, 318, 319 f.

214 *Palandt/Heldrich* BGB[52] 1991 Art. 10 EGBGB Rdn. 5; *Ulmer/Reimer* III Rdn. 167; Schweizerisches BG GRUR Int. 1977, 79, 80 (Terry).

215 S. Art. 10 Abs. 1 EGBGB. So im Ergebnis auch *Schramm* in Gedächtnisschrift Marxer S. 253, 267; vgl. Schweizerisches BG, BGE 92 II 117, 123 ff.

216 *Ulmer/Reimer* Das Recht des unlauteren Wettbewerbs in den Mitgliedstaaten der EWG Bd. III Deutschland Rdn. 167; *Palandt/Heldrich* BGB[52] Art. 10 EGBGB Rdn. 11; *Wirner* S. 63 f; RG GRUR 1937, 148, 149 f (Kronprinz); BGH GRUR 1958, 189, 195 – *Zeiß*; Schweizerisches BG BGE 91 II 117, 123 ff, 129 ff; BG GRUR Int. 1977, 79, 80 (Terry).
So auch OLG Hamm WRP 1991, 497: Auch wenn eine Firma nach dem zuständigen Personalstatut zulässig begründet wurde (hier dem Recht der USA), untersteht die Benutzung in Deutschland doch dem Verbot der Irreführung nach § 3 UWG. Das Gesetz zu dem Freundschafts- und Schiffahrtsvertrag v. 29. 10. 1954 zwischen der Bundesrepublik und den USA ändert hieran nichts; es gewährt lediglich Inländerbehandlung.

soll. Fremdenrechtlich schlägt hier allerdings das Universalitätsprinzip durch, d. h. der Schutz wird allen Ausländern gewährt, auch wenn sie weder Verbandsbegünstigte der PVÜ sind noch sich auf den Gegenseitigkeitsschutz des § 28 UWG berufen können[217]. Durchgeführt wird der Schutz geschäftlicher Bezeichnungen aber nach Maßgabe des deutschen Rechts, insbesondere setzt seine Entstehung regelmäßig inländische Benutzung voraus[218]. Es kann also auch hier nicht die Rede davon sein, daß die ausländische Firma ohne weiteres mit der Priorität ihres Heimatlandes in Deutschland geschützt würde, wie es der universalistischen Konzeption entspräche.

Durch die **Einführung von Art. 8 PVÜ** sollte der vielfach unklare und schwach entwickelte Handelsnamensschutz in den Verbandsländern gefördert und den Verbandsbegünstigten ein Schutz gewährt werden, der von der Eintragung ins Handelsregister oder einer sonstigen Hinterlegung nicht abhängig ist. Die Betonung der Unabhängigkeit vom Markenschutz wurde durch das seinerzeitige französische Recht nahelegt; in heutiger Sicht geht es um eine Selbstverständlichkeit[219]. **F 80**

Art. 8 enthält eine **Verpflichtung der Verbandsländer zum Schutz des Handelsnamens.** Die Verpflichtung ist generell formuliert; nach dem Sinn und Zweck und dem gesamten Schutzsystem der PVÜ ist sie aber als eine Pflicht lediglich des Schutzes der verbandsbegünstigten Ausländer zu verstehen[220]. Die Verbandsländer können die Pflicht aus Art. 8 somit schon dadurch einlösen, daß sie einen besonderen Handelsnamensschutz zugunsten der verbandsbegünstigten **Ausländer** einführen. In der Regel handelt es sich jedoch um den Inländerschutz des Handelsnamens, der über Art. 2, 3 den verbandsbegünstigten Ausländern zugute kommt. Einer unmittelbaren Anwendung[221] im Sinne der Gewährung eines Konventionsschutzes des Handelsnamens ist Art. 8 mangels Konkretisierung nicht fähig[222]. Jedoch sind die **negativen Schutzvoraussetzungen unmittelbar anwendbar**[223], d. h. eine national vorgeschriebene Registrierung oder Bindung an den Markenschutz wird durch die PVÜ derogiert, soweit sich diese gegenüber dem Inlandsrecht – etwa als jüngere in Geltung gesetzte Regelung (vgl. Rdn. F 29) – durchsetzt (Rdn. F 85 f).

Die **Schwächen** des konventionsrechtlichen Handelsnamensschutzes liegen vor allem im Fehlen einer Definition des – national sehr unterschiedlich aufgefaßten – Begriffs des Handelsnamens und im Fehlen eines Mindestrechtes mit konventionsweit verbindlichen Konturen. Der Inländerbehandlungsgrundsatz macht den Handelsnamensschutz vom Stand des nationalen Rechts abhängig. Wo das nationale **F 81**

---

[217] RGZ 117, 215, 218 – *Eskimo Pie*; BGHZ 8, 318 – *Pazifist*; BGH GRUR 1971, 517, 518 – *Swops*; *Baumbach/Hefermehl* Art. 8 PVÜ Rdn. 1; *Baumbach/Hefermehl* § 16 UWG Rdn. 37; HdbWbR/*Schultz-Süchting* § 56 Rdn. 28; *v. Gamm* 58. Kap. Rdn. 1; *Boudon* S. 161 ff. S. auch § 16 Rdn. 37 sowie die Kommentierung zu § 28 UWG. So im Ergebnis auch *Kraßer* GRUR 1971, 490. Kritisch *Fabricius* JR 1972, 15 ff; *Baumbach/Hefermehl* § 28 Rdn. 5.

[218] So deutlich z. B. BGH GRUR 1971, 517, 519 – *Swops*, worin das Erfordernis der inländischen Benutzung bei § 12 BGB aus dem Tatbestandsmerkmal des schutzwürdigen Interesses in § 12 BGB hergeleitet wird, aaO S. 519; s. ferner *Baumbach/Hefermehl* § 16 UWG Rdn. 37; *Kraßer* GRUR 1971, 490, 493; widersprüchlich *v. Gamm* 58. Kapitel Rdn. 1.

[219] S. zu Geschichte und Zweck des Art. 8 *Ladas* S. 1545 f Nr. 829.

[220] *Bodenhausen* Art. 8 Anm. b.

[221] Rdn. F 26 ff.

[222] HM s. *v. Gamm* 16. Kapitel Rdn. 19; *Wirner* S. 30 f mwN; *Beier/Kunz-Hallstein* GRUR Int. 1982, 362, 363. Widersprüchlich *Miosga* S. 87, 88, 91. Abweichend *Schramm* in Gedächtnisschrift Marxer 1963, S. 253, 256 f. Ein Mindestrecht folgt aber aus Art. 10bis Abs. 3 Nr. 1, s. Rdn. F 78, 91. Für unmittelbar innerstaatlich anwendbar hat das Polnische Oberste Gericht den Art. 8 PVÜ erklärt, GRUR Int. 1990, 540, 541.

[223] So auch *Ladas* S. 1549 f § 831, S. 1552 f § 834; *Beier/Kunz-Hallstein* GRUR Int. 1982, 362, 363 f.

Recht keinen Schutz des Handelsnamens vorsieht, geht das auf Art. 2, 3 und Art. 8 PVÜ gestützte Schutzbegehren des Verbandsbegünstigten ins Leere[224]; indessen kommt ein Schutz nach Art. 10bis Abs. 3 Nr. 1 PVÜ in Betracht (Rdn. F 78). Hinsichtlich der Schutzvoraussetzungen, insbesondere der Erfordernisse von Benutzung und Bekanntheit, wie auch der Rechtsfolgen, weichen die Regelungen der Verbandsländer nicht unerheblich voneinander ab. Insgesamt bleibt der gegenwärtige internationale Schutz des Handelsnamens hinter den Erfordernissen eines zunehmend sich internationalisierenden Wirtschaftsverkehrs zurück.

Um eine **Reform des Handelsnamensschutzes** hat sich vor allem die AIPPI bemüht[225]. Sie hat den gegenwärtigen Stand in den wichtigsten Ländern zu erfassen gesucht und Reformvorschläge entwickelt. Den Arbeiten der AIPPI ist insbesondere auch eine Klärung des Begriffs des Handelsnamens zu danken[226]. Zu einem Ausbau des Handelsnamensschutzes in der PVÜ ist es bisher allerdings noch nicht gekommen. Dies gilt insbesondere für die Bestrebungen, einen Sonderschutz für notorische und berühmte Handelsnamen in der PVÜ zu verankern[227].

F 82 An den **Begriff des „Handelsnamens"** („nom commercial") wird sowohl in Art. 1 Abs. 2 als auch in Art. 8 PVÜ angeknüpft. Es läge nahe, beide Begriffe gleichzusetzen[228]. Bei funktionaler Betrachtung erscheint jedoch eine Differenzierung geboten. Was zunächst **Art. 8** betrifft, so liegt nach dem Sinn und Zweck der Vorschrift die Deutung am nächsten, daß es sich um einen vertragsautonom zu interpretierenden Begriff des Konventionsrechts handelt[229]. Er ist in rechtsvergleichender Betrachtung auszufüllen; mit Ladas[230] wird man in einer weiten Interpretation hierunter „den Namen, unter dem ein Unternehmen geführt wird" zu verstehen haben[231]. Schutz für derartige Bezeichnungen zu gewähren, ist Inhalt einer Mindestverpflichtung der Verbandsländer; sie sollen sich nicht darauf zurückziehen können, daß der Begriff im nationalen Recht enger umschrieben ist oder gar nicht existiert[232].

Der konventionsrechtliche Begriff ist freilich nur Maßstab für die völkerrechtliche Verpflichtung der Verbandsländer zur Schutzgewährung. Welchen Schutz das einzelne verbandsbegünstigte Wirtschaftssubjekt im jeweiligen Schutzland in Anspruch nehmen kann, ergibt sich positiv nicht aus Art. 8, da er nicht unmittelbar anwendbar ist (Rdn. F 80), sondern aus dem Grundsatz der Inländerbehandlung

---

224 So Schweizerisches BG BGE 76 II 77, 82, 85.

225 S. die Arbeiten im Namen der Deutschen Landesgruppe der AIPPI und Berichte von *Beier/U. Krieger* in GRUR Int. 1964, 440; 1965, 616; 1967, 304; 1969, 103; 1970, 228; s. hierzu auch *Ladas* Nr. 841. Zu den Reformversuchen der IHK s. *Pointet* GRUR Int. 1961, 393, 395 ff; *Nastelski* MA 1955, 257, 258 ff, der auch auf die Arbeiten im Rahmen der International Law Association (ILA) hinweist.

226 S. den Vorschlag in GRUR Int. 1971, 57.

227 S. dazu auch *Saint-Gal* GRUR Int. 1964, 289, 298 f; *Pointet* GRUR Int. 1961, 393, 397 f.

228 So wohl *Bodenhausen* Art. 8 Anm. b.

229 *Ladas* S. 1546 ff; *Miosga* S. 87; *Boudon* S. 103 f mwN; *Schramm* in Gedächtnisschrift Marxer S. 153, 260; *v. Moltke* S. 87 ff. A. A. (Qualifikation nach dem Recht des jeweiligen Schutzlandes) *Bodenhausen* Art. 8 Anm. b; *Pointet* GRUR Int. 1961, 393, 395; *Beier* in Problemi Attuali S. 93, 95; s. dagegen *Nastelski* MA 1955, 257, 258 (Qualifikation nach dem Heimatrecht). Weitere Nachweise bei *v. Moltke* S. 86 ff.

230 S. 1549. Vgl. auch die von der AIPPI vorgeschlagene Definition, GRUR Int. 1971, 57.

231 Noch weiter *Troller* Mehrseitige Verträge S. 62: Jede Bezeichnung, die ein Unternehmen oder einen Teil desselben benennt, wobei auch die Enseigne einbezogen wird. Gegen die Einbeziehung von „Shop signs" etc. dagegen *Ladas* S. 1550 § 832. In der Tat hat man international de lege ferenda um eine Einbeziehung der Enseigne diskutiert.

232 Auch das Schweizerische BG (BGE 76 II 77, 85), das den Begriff grundsätzlich nach dem Schutzlandsrecht bestimmen will, erkennt an, daß Art. 8 PVÜ einen gewissen Mindestschutz verlangt.

gemäß **Art. 2, 3 PVÜ**. Das Assimilationsprinzip knüpft jedoch an das **nationale Recht** und seine Begriffswelt an[233]: Der verbandsbegünstigte Ausländer kann denjenigen Schutz beanspruchen, der einem Inländer in dem ganzen Bereich zugute kommt, den das nationale Recht unter den Begriff des Handelsnamensschutzes faßt[234]. Ist der nationale Begriff des Handelsnamens enger als der internationalrechtliche des Art. 8 PVÜ, so hat es für das schutzsuchtende Wirtschaftssubjekt dabei sein Bewenden; der Schutzstaat hätte freilich in diesem Fall seine Konventionspflicht aus Art. 8 nicht voll erfüllt. Ist der nationale Begriff dagegen weiter als derjenige des Art. 8, so kann der weitere Schutz nach Art. 2, 3 beansprucht werden; der Mindestschutzverpflichtung des Art. 8 wäre dann jedenfalls genügt.

In der Praxis hat die Frage nach der genauen Abgrenzung des Begriffs des Handelsnamens in denjenigen Verbandsländern geringere Bedeutung, in denen der Handelsnamensschutz in den weiteren Tatbestand eines nicht formgebundenen **Wettbewerbsschutzes gegen das Hervorrufen von Verwechslungsgefahr** eingebettet ist, wie im deutschen Recht: Verbandsbegünstigte Ausländer können qua Inländerbehandlung jedenfalls den Wettbewerbsschutz des § 16 UWG in Anspruch nehmen, ohne daß entschieden zu werden braucht, ob das zu schützende Zeichen unter den Begriff des Handelsnamens fällt oder nicht[235]. Geschützt sind unter den Voraussetzungen des § 16 UWG somit für verbandsbegünstigte Ausländer auch **Firmenschlagworte**[236], **Firmenabkürzungen**[237], **Geschäftsbezeichnungen und Geschäftsabzeichen**[238] sowie **Werktitel**[239].

Die konventionsrechtliche Verpflichtung des Art. 8 verlangt, daß der Handelsname „geschützt" werde. Um **welche Art von Schutz** es sich handeln muß, wird nicht näher definiert, wenn man von den negativen Voraussetzungen der Loslösung von Registrierung und Markenschutz zunächst einmal absieht. In Schrifttum und Praxis wird zutreffend hervorgehoben, daß die Konvention es damit dem nationalen Recht anheimgibt, über den Typus des Schutzes, die Schutzvoraussetzungen und den Schutzinhalt zu bestimmen, insbesondere zu entscheiden, ob der Handelsname einem Sonderschutz **als Ausschließlichkeitsrecht** unterliegt oder ob sich sein Schutz nach dem **Recht des unlauteren Wettbewerbs**[240] oder den Regeln über die **unerlaubte Handlung** richtet[241]. Zu dem national zu regelnden Bereich gehört u. a. die Frage der Rechtsinhaberschaft[242], der Zulässigkeit des zu schützenden Handelsnamens[243], insbesondere unter dem Aspekt der Irreführungsgefahr[244] sowie auch **F 83**

---

233 Vgl. *Bodenhausen* S. 24; *Wirner* S. 30 f.

234 So im Ergebnis auch BGH GRUR 1973, 661, 662 – *Metrix*; *v. Gamm* 58. Kapitel Rdn. 6; Schweizerisches BG BGE 77 II 84 f; *Pointet* GRUR Int. 1961, 393, 395.

235 Vgl. § 16 Rdn. 84; *v. Gamm* 58. Kapitel Rdn. 6.

236 OLG München GRUR Int. 1964, 321 (Teenform).

237 OLG Stuttgart GRUR Int. 1989, 783, 784 (MSU).

238 BGH GRUR Int. 1973, 661, 662 – *Metrix*; *v. Gamm* 58. Kapitel Rdn. 6; *Baumbach/Hefermehl* Art. 8 PVÜ Rdn. 1; HdbWbR/*Schultz-Süchting* § 56 Rdn. 26; *Beier/Krieger* GRUR Int. 1969, 103.

239 S. z. B. OLG Hamburg WRP 1991, 184, 185 f. (Premiere).

240 Abweichend *Ladas* S. 1553 § 834: Der Handelsname müsse auch über das Bestehen eines Wettbewerbsverhältnisses hinaus gegen Verwechslungsgefahr geschützt werden.

241 *Bodenhausen* Art. 8 Anm. c; *Ulmer* Das Recht des unlauteren Wettbewerbs in den Mitgliedstaaten der EWG Bd. I Rdn. 34; *Miosga* S. 89, 90; *Troller* Mehrseitige Verträge S. 62; *v. Gamm* 16. Kapitel Rdn. 19; Österreichischer OGH GRUR Int. 1959, 300 (Guerlain).

242 *Ladas* § 839.

243 S. allgemein HdbWbR/*Schultz-Süchting* § 56 Rdn. 34.

244 Vgl. *Wirner* S. 31.

die Schutzvoraussetzung der – ursprünglichen oder nachträglich erlangten – Unterscheidungskraft[245].

Ein gewisser **Mindestinhalt des Schutzes** wird aber freilich zu verlangen sein, soll die Pflicht des Art. 8 nicht voll zur Disposition der Mitgliedstaaten gestellt werden und damit praktisch leer laufen. Das konventionsrechtliche Schutzminimum ist aus dem Begriff des Handelsnamens zu erschließen, wie er dem Art. 8 zugrunde liegt. Versteht man unter dem Handelsnamen die Bezeichnung, unter der ein Unternehmen geführt wird (Rdn. F 82), so liegt seine Funktion in der Identifizierung des betreffenden Geschäftes, d. h. seiner Unterscheidung von anderen geschäftlichen Einheiten. Der Handelsname muß deshalb vor **Verwechslungen geschützt werden**[246]. Der Schutz gegen Verwechslungsgefahr bildet im übrigen den Grund- und Haupttypus des Schutzes auch anderer Unterscheidungszeichen, insbesondere der Marke. Wie der Schutz gegen Verwechslungsgefahr im einzelnen ausgestaltet und abgegrenzt wird, ist wiederum Sache der Verbandsländer[247] und auch, ob der Schutz über den Konfusionstatbestand hinausreicht und sich etwa auf die anlehnende Bezugnahme, die sonstige Rufausbeutung und/oder die Verwässerungsgefahr erstreckt[248]. Wird im nationalen Recht freilich ein weiterreichender Schutz zugunsten der Inländer gewährt, so kann sich gemäß Art. 2, 3 PVÜ auch der ausländische Verbandsangehörige darauf berufen[249].

F 84 Die negative Schutzvoraussetzung der **Unabhängigkeit vom Markenschutz** nach Art. 8 PVÜ hat heute praktisch kaum mehr Bedeutung[250]: Für Marken- und Handelsnamensschutz haben sich unabhängige Schutzsysteme entwickelt. Fungiert ein und dasselbe Zeichen sowohl als Marke als auch als Handelsname, stehen beide Schutzinstrumente selbständig nebeneinander; die jeweiligen Ansprüche pflegen in kumulativer Anspruchskonkurrenz gewährt zu werden.

F 85 Nicht ohne Bedeutung ist dagegen das Postulat des Art. 8, daß der Handelsname **„ohne Verpflichtung zur Hinterlegung oder Eintragung"** geschützt wird. Der Schutz darf weder von einer Hinterlegung oder Eintragung im Schutzland noch in einem sonstigen Land, etwa im Heimatstaat, abhängig gemacht werden[251]. Wie bereits vorstehend (Rdn. F 80) dargelegt, ist in dieser präzisen und konkreten negativen Schutzvoraussetzung eine unmittelbar im nationalen Recht anwendbare Norm zu sehen. In Verbandsländern, die der Ratifikation der PVÜ unmittelbare Geltung im

---

245 *Ladas* § 838.

246 *Bodenhausen* Art. 8 Anm. c; *Knaak* Firma und Firmenschutz S. 231; *Ladas* § 834, § 837.

247 *Schramm* Gedächtnisschrift Marxer S. 253, 269 f; so insbesondere für den Fall der Gleichnamigkeit Bodenhausen Art. 8 Anm. c.

248 OLG Frankfurt WRP 1992, 718 (Schutz des italienischen Namens Ferrari, bekannt für Kraftfahrzeuge, gegen eine Benutzung für Kosmetika). Abweichend App. Paris GRUR Int. 1965, 21 (Pontiac): Art. 8 verlange keinen Schutz, der über den Bereich des Wettbewerbs hinausreicht (im entschiedenen Fall Versagung des Schutzes des Handelsnamens „Pontiac" für Kraftfahrzeuge gegen eine Benutzung für Kühlschränke). S. zu den Unterschieden des Schutzes *Ladas* S. 1561 ff § 836; zu den Versuchen der Einführung eines erweiterten internationalen Schutzes des berühmten Handelsnamens *Pointet* GRUR Int. 1961, 393, 397 ff; *Saint-Gal* GRUR Int. 1984, 289, 298 f.

249 Vgl. z. B. OLG München GRUR Int. 1981, 180, 183, worin ohne weiteres Schutz nach § 1 UWG und § 823 Abs. 1 BGB in Betracht gezogen wird; s. ferner OLG Düsseldorf NJW-RR 1990, 293, wonach zugunsten einer ausländischen Firma auch Ansprüche aus §§ 687 Abs. 2, 812 BGB diskutiert werden; s. ferner App. Milano GRUR Int. 1985, 337 (John Player Special II).

250 Die Vorschrift erklärt sich aus der seinerzeitigen Besonderheit des französischen Rechts, wonach der Handelsname, wenn er Bestandteil einer Marke war, nur solange wie diese geschützt wurde, s. *Ladas* § 833; *Wirner* S. 30; vgl. auch *Bodenhausen* Art. 8 Anm. e.

251 *Bodenhausen* Art. 8 Anm. d.

nationalen Recht beilegen (vgl. Rdn. F 26), wird deshalb durch die Inkraftsetzung des Art. 8 PVÜ entgegenstehendes nationales Recht durchbrochen, soweit die PVÜ diesem gegenüber Vorrang hat (Rdn. F 29): Der ausländische Verbandsangehörige kann sich diesem gegenüber unmittelbar darauf berufen, daß das Hinterlegungs- oder Eintragungserfordernis für ihn nicht gilt, daß ihm mithin Schutz ohne einen entsprechenden Formalakt zu gewähren ist. Bei den Voraussetzungen des dem ausländischen Verbandsbegünstigten gemäß Art. 2, 3 PVÜ zu gewährenden nationalen Handelsnamensschutzes ist somit in diesem Fall vom Erfordernis der Hinterlegung oder Eintragung abzusehen; im übrigen sind die Schutzvoraussetzungen anzuwenden. Als Beispiel für eine derartige Praxis wird das spanische Recht genannt[252].

In manchen Ländern stehen **nebeneinander sowohl formgebundene als auch formfreie Schutzinstrumente** zur Verfügung. So wird in der Schweiz die im Schweizerischen Handelsregister eingetragene Firma nach Art. 956 Abs. 2 des Obligationenrechts geschützt; daneben existiert ein nicht formgebundener wettbewerblicher Kennzeichenschutz nach dem UWG[253] und der ebenfalls formfreie persönlichkeitsrechtliche Namensschutz des Art. 29 Abs. 2 des Zivilgesetzbuches. Das Schweizerische Bundesgericht steht heute – nach einer älteren schutzfreundlicheren Praxis – auf dem Standpunkt, daß verbandsbegünstigten Ausländern nur der wettbewerbs- und persönlichkeitsrechtliche Schutz ohne weiteres gewährt wird, während der obligationenrechtliche Schutz ungeachtet des Art. 8 PVÜ in jedem Fall Eintragung im Schweizerischen Handelsregister voraussetzt[254]. Entsprechend wird zum deutschen Recht die Auffassung vertreten, daß zwar der Schutz nach § 16, § 12 BGB den verbandsbegünstigten Ausländern ohne formale Voraussetzungen offensteht, daß aber der handelsrechtliche Firmenschutz nach §§ 37 Abs. 2, 30 HGB Eintragung ins Handelsregister verlangt[255]. Im österreichischen Recht, das im wesentlichen übereinstimmt, gilt Entsprechendes[256].

Die geschilderte Praxis zum schweizerischen, österreichischen und deutschen Recht mutet auf den ersten Blick wie eine Verletzung von Art. 8 PVÜ an[257]. Bei näherer Betrachtung gelangt man jedoch zur Bestätigung der Verbandskonformität. Denn Art. 8 verlangt nur, daß der Handelsname in den Verbandsländern überhaupt – in den Konturen eines Mindestschutzes gegen Verwechslungsgefahr (Rdn. F 83) – formfrei Schutz genießt. Dieser Pflicht genügen das schweizerische und deutsche Recht mit ihren formungebundenen Schutzsystemen. Würden diese Länder außer den formfreien Schutzsystemen keinen weiteren Schutz vorsehen, läge keine Verletzung der PVÜ vor. Eine solche kann deshalb auch nicht darin gesehen werden, daß das nationale Recht ein zusätzliches formgebundenes Schutzsystem einrichtet. Dieses kommt bei Erfüllung der Formalitäten gemäß Art. 2, 3 PVÜ auch dem verbandsbegünstigten Ausländer zugute; wobei es Art. 2 Abs. 1 Satz 2 PVÜ erlaubt, den **F 86**

---

252 Vgl. Span. Tribunal Supremo GRUR Int. 1972, 253 mit Anm. von *Kunz-Hallstein* aaO S. 254; s. auch *Ladas* S. 1558 f.

253 Früher Art. 1 Abs. 2 lit. d UWG 1941; heute Art. 3 lit. d UWG 1986, s. dazu *Schricker* Recht der Werbung in Europa Bd. 5 *Knaak/Ritscher* Schweiz Rdn. 167 ff.

254 BGE 79 II 305, 307 ff; BG Schweiz. Mitt. 1956, 199, 200; BG GRUR Int. 1965, 513 (ELIN); BG GRUR Int. 1966, 95, 96 f (Mondial); BG GRUR Int. 1972, 487 (Commerzbank); BG GRUR Int. 1977, 79, 80 (Terry); *A. Troller* Mehrseitige Verträge S. 62; *P. Troller* S. 207 f. Zustimmend *Bodenhausen* Art. 8 Anm. c; *Wirner* S. 30. Kritisch *Ladas* S. 1557 f.

255 *Beier* in Problemi Attuali S. 93, 98 mwN; *Miosga* S. 91.

256 OGH GRUR Int. 1959, 300 f (Guerlain); OGH GRUR Int. 1962, 251, 252 (Wayss & Freytag). S. auch für das polnische Recht *Kępiński* GRUR Int. 1990, 542.

257 Kritisch *Ladas* S. 1557.

Ausländern die Förmlichkeiten aufzuerlegen, die für die eigenen Staatsangehörigen gelten. Art. 8 derogiert die Formvorschriften dann nicht, wenn ein formfreier Schutz nach anderen Vorschriften gegeben ist. Abweichendes würde nur gelten, wenn es an einem formfreien Schutz überhaupt fehlte oder wenn er den Anforderungen an den Minimalschutz gemäß Art. 8 (Rdn. 80) nicht genügen würde. Dann käme es auf den formgebundenen Schutz an; er hätte die Aufgabe, die Konventionspflicht nach Art. 8 zu erfüllen. Damit griffe aber das unmittelbar anwendbare Gebot der Unabhängigkeit des Schutzes von Hinterlegung und Eintragung durch; d. h. der verbandsbegünstigte Ausländer[258] könnte sich auf den formgebundenen Schutz berufen, ohne die Formvoraussetzungen erfüllen zu müssen (soweit sich die PVÜ in dem betreffenden Schutzland gegenüber dem innerstaatlichen Recht durchsetzt, vgl. Rdn. F 29).

F 87 Nach Art. 2, PVÜ in Verbindung mit Art. 8 PVÜ kann der verbandsbegünstigte Ausländer verlangen, daß seinem Handelsnamen **nach dem Recht des Schutzlandes wie demjenigen eines Inländers Schutz gewährt wird**. Vom Erfordernis einer Hinterlegung oder Eintragung darf der Schutz nicht abhängig gemacht werden (s. im einzelnen Rdn. F 86); der Schutz ist vom Markenschutz gelöst. Wenn der Grundsatz der Inländerbehandlung gebietet, daß der schutzsuchende verbandsbegünstigte Ausländer im Inland zum Schutz wie ein Inländer zugelassen werde, so bedeutet dies, daß zusätzliche Schutzvoraussetzungen zu seinen Lasten nicht statuiert werden dürfen (vgl. allgemein Rdn. F 36). Eine derartige zusätzliche Schutzbedingung bildet das in der Rechtsprechung[259] und Lehre[260] zuweilen postulierte Erfordernis des **Heimatschutzes im Herkunftsland des ausländischen Verbandsbegünstigten** (Akzessorietät). Ein derartiges Erfordernis stellt sich als konventionswidrig dar; es dürfte hierin ein Relikt der überwundenen Universalitätstheorie des Handelsnamens zu sehen sein (vgl. Rdn. F 79). Vom Heimatschutz des ausländischen Verbandsbegünstigten ist somit abzusehen; es kommt allein auf die Erfüllung der nach inländischem Recht für einen Inländer geltenden Schutzvoraussetzungen an[261].

F 88 Im **deutschen Recht** sind folgende Vorschriften zum Schutz von Handelsnamen ausländischer Verbandsbegünstigter anwendbar:

- § 12 BGB (s. im einzelnen Vor § 16 Rdn. 37, § 16 Rdn. 10 ff);
- § 16 UWG (Vor § 16 Rdn. 37, § 16 Rdn. 1 ff, 84 ff);
- § 37 Abs. 2 HGB (§ 16 Rdn. 27, 79 ff, 463 ff);
- § 24 WZG (§ 16 Rdn. 26),

---

258 und nur er, so *Bodenhausen* Art. 8 Anm. d; *Beier/Kunz-Hallstein* GRUR Int. 1982, 362, 364.

259 So OLG München GRUR Int. 1981, 180, 182 (John Player); so auch die portugiesische Rechtsprechung s. GRUR-Ber. Nr. 777/68. Nicht eindeutig BGH GRUR 1973, 661, 662 – *Metrix*.

260 *Pointet* GRUR Int. 1961, 393, 395; weitere Nachweise bei *Beier/Kunz-Hallstein* GRUR Int. 1982, 362, 364. Abgeschwächt *v. Gamm* 16. Kapitel Rdn. 21: Es müsse eine vom Heimatrecht „als solche anerkannte Unternehmensbezeichnung" vorliegen, was „keine Akzessorietät im eigentlichen Sinne" bedeute. Zweifelnd *Reuter* BB 1989, 2265, 2268. Vgl. auch OLG Hamburg MD 1993, 924 (Torres/Torres de Quart): Wenn zwei Firmenrechte im Heimatland (hier Spanien) koexistieren, so soll auch in Deutschland Koexistenz nach dem Recht der Gleichnamigen gegeben sein, was aus Art. 30 EWGV folge.

261 So auch § 16 Rdn. 85; OLG Frankfurt GRUR 1984, 891, 894 (Rothschild); *Baumbach/Hefermehl* Art. 8 PVÜ Rdn. 1; *Bodenhausen* Art. 8 PVÜ Anm. 8 c; *Ladas* S. 1547; *Beier/Kunz-Hallstein* GRUR Int. 1982, 362, 364 ff mwN; *Baur* AcP 167 (1967), 535, 555; *Schramm* Gedächtnisschrift Marxer S. 253, 262; *Troller* GRUR Int. 1957, 336, 339; App. Milano Riv. Prop. Int. 1956, 114.

– § 1 UWG (insbesondere zur Abwehr anlehnender Bezugnahme, versteckter Annäherung und sonstiger Rufausbeutung; s. § 16 Rdn. 25 sowie die Kommentierung zu § 1 UWG);
– § 823 Abs. 1 BGB (zum Schutz berühmter Handelsnamen gegen Verwässerung; s. § 16 Rdn. 21 ff, 439 ff)[262];
– § 826 BGB (§ 16 Rdn. 25).

Das Hauptgewicht tragen in der Praxis die insoweit fast völlig kongruenten[263] § 12 BGB und § 16 UWG. Der Schutz richtet sich auch gegen den Gebrauch gleicher oder verwechselbarer Warenzeichen durch Dritte[264].

Entsprechend wie beim Inländerschutz stellt die hM in Deutschland für die Schutzbegründung und Priorität[265] ausländischer Handelsnamen verbandsbegünstigter Ausländer bei von Haus aus kennzeichnungskräftigen Handelsnamen auf die **Benutzungsaufnahme im Inland** ab; bei nicht von Haus aus kennzeichnungskräftigen Handelsnamen auf die Erlangung **inländischer Verkehrsgeltung**[266]. Im Schrifttum[267] wird darüber hinaus dafür plädiert, bloße **Bekanntheit im Inland** bzw. **internationale Bekanntheit** für die inländische Schutzbegründung genügen zu lassen, zumindest soweit Schutz für einen Handelsnamen aus dem Bereich der EWG begehrt wird[268]. Manche schlagen vor, den inländischen Schutz schon an die erkennbare Tendenz der Benutzung des ausländischen Handelsnamens anzuknüpfen, auf das Inland überzugreifen[269]. Um Härten auszugleichen, operiert man bei diesen Lösungen vielfach mit einer Verpflichtung zur Benutzung unterscheidender Zusätze nach Art des Rechts der Gleichnamigen[270]. Auch im Ausland[271] sind die Meinungen **F 89**

262 S. auch *Miosga* S. 91.

263 *Siebert* BB 1959, 641.

264 BGH GRUR 1969, 357, 359 – *Sihl.*

265 *Baumbach/Hefermehl* § 16 Rdn. 40 mwN; *v. Gamm* 58. Kapitel Rdn. 5; *Boudon* S. 105, 133; *Schramm* in Gedächtnisschrift Marxer S. 253, 364 ff; *Beier* in Problemi Attuali S. 93, 103 f.

266 S. im einzelnen § 16 Rdn. 83 ff, 103 ff; *Baumbach/Hefermehl* Art. 8 PVÜ Rdn. 2; *Baumbach/Hefermehl* § 16 UWG Rdn. 40; *Miosga* S. 91 f; HdbWbR/*Schultz-Süchting* § 56 Rdn. 26 ff; *v. Gamm* 58. Kapitel Rdn. 3; *Boudon* S. 133 ff; s. aus der Rechtsprechung z. B. BGH GRUR 1966, 267, 269 – *White-Horse*; BGH GRUR 1967, 199, 202 – *Napoleon II*; BGH GRUR 1969, 357, 359 – *Sihl.* Ausführlicher Überblick über die Rechtsprechung bei *Boudon* S. 106 ff.

267 S. die Nachweise bei *Boudon* S. 136 ff.

268 *Baumbach/Hefermehl* Art. 8 PVÜ Rdn. 3; *Baumbach/Hefermehl* § 16 Rdn. 40; HdbWbR/*Schultz-Süchting* § 56 Rdn. 29; *Wirner* S. 129; *U. Krieger* GRUR 1969, 361 f; *Graf* WRP 1969, 209, 212; *Näke* S. 117 ff; *Nastelski* MA 1955, 257, 261; *Boudon* S. 155 f. S. auch den Vorschlag der AIPPI GRUR Int. 1970, 228 f und 1971, 55 (bei internationaler Bekanntheit Schutz bereits, wenn Anzeichen für Ausdehnung der Tätigkeit auf Schutzland in absehbarer Zeit). Die deutsche Rechtsprechung geht bisher über Andeutungen nicht hinaus. Vgl. BGH GRUR 1969, 357, 359/360 – *Sihl*; BGH GRUR 1970, 528, 530 – *Migrol.* Dagegen hat der österreichische OGH in Anwendung deutschen Rechts angenommen, der in Deutschland noch nicht gebrauchte ausländische Handelsname werde dort schon dann geschützt, „wenn er aufgrund seiner Verkehrsanerkennung im Ausland auch im Inland in Fachkreisen oder allgemein einen so hohen Bekanntheitsgrad besitzt, daß ... eine Irreführung ... zu befürchten ist". Der OGH hat damit praktisch die österreichische Auslegung auf das deutsche Recht übertragen (OGH GRUR Int. 1986, 735, 737 (Hotel Sacher)).

269 So schon RGZ 117, 215, 220 f – *Eskimo Pie*; vgl. auch *Riehle* S. 66 f; *Boudon* S. 156 ff. S. ferner HdbWbR/*Schultz-Süchting* § 56 Rdn. 30 f (rein innerbetriebliche Vorbereitungen sollen aber nicht genügen); abgeschwächt *v. Gamm* 58. Kapitel Rdn. 4 („jede Benutzungshandlung, die den nahe bevorstehenden Beginn einer Ausdehnung der im Ausland bereits ausgeübten wirtschaftlichen Tätigkeit auf das Inland zum Ausdruck bringt") (unter Berufung auf BGH GRUR 1971, 517, 519 – *Swops*).

270 *Korschan* S. 90 ff; *Riehle* S. 75 ff; *Röttger* RIW/AWD 1976, 354; *Brandt* Festschrift vom Stein S. 19, 30; kritisch *Beier* RIW/AWD 1978, 213, 215, 220; und z. T. auch *Boudon* S. 159.

271 Siehe die Übersicht von *Saint-Gal* GRUR Int. 1964, 289; s. a. *Knaak* Firma und Firmenschutz S. 226; *Ladas* S. 1553 ff; *Korschan* S. 23 ff; *v. Moltke* S. 105 ff; *Cartella* La protection du nom commercial étranger Riv. Dir. Ind. 1977 I 509.

geteilt. Während man zum Teil inländische Benutzung[272] verlangt, begnügt sich eine starke, im Wachsen begriffene Gruppe von Rechtsordnungen[273] mit einer inländischen Bekanntheit, die durch Benutzung oder auch ohne eine solche erlangt werden kann[274] oder man schützt den ausländischen Handelsnamen verbandsbegünstigter Subjekte ohne weiteres aufgrund seines Heimatschutzes[275] oder zumindest aufgrund einer potentiellen oder vernünftigerweise vorhersehbaren Ausdehnungstendenz ins Schutzland[276].

---

[272] So für Frankreich Cour de Paris GRUR Int. 1963, 448; Cour de Douai GRUR-Ber. Nr. 2289/74; Trib. comm. Lille GRUR Int. 1964, 514; s. dazu und zu abweichenden Meinungen *Ulmer/Kraßer* Das Recht des unlauteren Wettbewerbs in den Mitgliedstaaten der EWG Bd. IV Frankreich Rdn. 179 f; *E. Baur* Der Schutz des ausländischen Namens und des ausländischen Handelsnamens in Frankreich (1967), S. 77 ff. Siehe ferner für Schweden Oberstes Verwaltungsgericht GRUR-Ber. Nr. 471/65: Das schutzsuchende Unternehmen müsse irgendwie Maßnahmen getroffen haben, seine Tätigkeit auf Schweden zu erstrecken.

[273] *Kunz-Hallstein* Riv. Dir. Int. 1976 I 412, 422.

[274] So in der Schweiz BG GRUR Int. 1966, 95, 96 f (Mondial); BGE 91 II 117, 123 (Schutz nur, wenn der Handelsname „in der Schweiz bekannt ist, sei es wegen seines allgemeinen Rufes, sei es weil die Klägerin unter ihm in der Schweiz in nennenswertem Umfang Geschäfte betreibt"); BG GRUR Int. 1965, 513, 514 verlangt dagegen geschäftliche Betätigung in der Schweiz; s. zur schweizerischen Praxis auch *Troller* GRUR Int. 1957, 336, 342; *Stöckli* Der Schutz des ausländischen Handelsnamens in der Schweiz (1958). S. ferner für Österreich OGH GRUR Int. 1962, 251, 252 (Wayss & Freytag): Erfordert wird Verkehrsbekanntheit im Inland; sie kann durch Geschäftstätigkeit im Inland erlangt werden oder dadurch, daß „der inländische Name sonst in den inländischen Verkehr eingedrungen ist und in den beteiligten Verkehrskreisen eine gewisse Anerkennung gefunden hat"; so auch ÖPatA und PatGH GRUR 1965, 89, 90 f, 91, 92 (Ogo) (einige wenig auffällige Zeitschrifteninserate genügen zur Erlangung der erforderlichen Bekanntheit aber nicht); s. ferner zur österreichischen Praxis *Schönherr* GRUR Int. 1976, 502. Auch in Belgien genügt nach überwiegender, wenn auch nicht unstrittiger Meinung die Bekanntheit, s. *Ulmer/Schricker* Das Recht des unlauteren Wettbewerbs in den Mitgliedstaaten der EWG Bd. II/1 Belgien Rdn. 246 mwN; s. z. B. Trib. comm. Bruxelles J. T. 1979, 308; Trib. comm. Bruxelles J. C. B 1984, 319 (Maxim's); vgl. ferner für Luxemburg *Ulmer/Wunderlich* Bd. II/1 Luxemburg Rdn. 68, 714 f; für die Niederlande Rechtbank Utrecht GRUR-Ber. Nr. 516/66; Hoge Raad GRUR-Ber. Nr. 2341/73; s. für Italien Trib. Milano GRUR Int. 1979, 307, 309 (Cartier): Inländische Bekanntheit und Gewinnung inländischer Kunden genügt; so wohl auch Trib. Milano GRUR Int. 1964, 150 (Hotel Ritz). Im Vereinigten Königreich kommt es auf inländische Verkehrsbekanntheit im Sinne eines goodwill an; sie kann durch inländische Benutzung, aber auch auf andere Weise erworben werden; s. zusammenfassend *Boudon* S. 70 ff. S. aus der Praxis z. B. High Court of Justice, Chancery Division GRUR Int. 1978, 253 f (Maxim's): Die Firma des Pariser Restaurants Maxim's wird aufgrund ihrer Bekanntheit in England geschützt; in der Begründung wird freilich nicht auf Art. 8 PVÜ hingewiesen, wohl aber auf die EWG. S. ferner für die USA *Ladas* S. 1559 f, für Canada *ders.* S. 1561. Für Finnland Berufungsgericht Helsinki GRUR Int. 1973, 204 (Dr. Pepper) (Bekanntheit durch Werbung in ausländischen Zeitschriften, die auch nach Finnland gelangen). Nach einer Entscheidung des Polnischen Obersten Gerichtes (GRUR Int. 1990, 540, 542) genügt eine Bekanntheit in Polen aufgrund Eintragung im Zentralregister der ausländischen Vertragspartner und Kooperation mit polnischen Außenhandelszentralen (kritisch hierzu die Anm. von Kępiński S. 542).

[275] *Roubier* II Nr. 305; Spanisches Tribunal Supremo GRUR Int. 1972, 253 m. Anm. von *Kunz-Hallstein* S. 254; s. zur spanischen Praxis ferner *Fernández-Nóvoa* GRUR Int. 1976, 275, 277; *Elzaburu* RIPIA 1972, 275; vgl. neuerdings das allgemeine Verbot des Hervorrufens von Verwechslungsgefahr in Art. 6 des Gesetzes über den unlauteren Wettbewerb von 1991 (GRUR Int. 1991, 551, 553), über dessen Anwendung zum Schutz ausländischer Handelsnamen freilich noch nichts bekannt ist. S. weiter Corte di App. di Milano 1962, 247 f (ablehnend Tribunale di Milano GRUR Int. 1979, 307, 309 (Cartier)); Tribunale di Milano Rass. Prop. Int. 1956, 205 (Knorr). S. für Griechenland GRUR-Ber. Nr. 89, 73; für Portugal Supremo Tribunal GRUR Int. 1981, 124 (aber Verfall bei zehnjähriger Nichtbenutzung in Portugal); für Polen Oberstes Gericht GRUR Int. 1990, 540, 541 mit insoweit kritischer Anmerkung von Kępiński aaO S. 542; Niederländischer Hoge Raad NJ 1927, 991 (Vita). S. zum ganzen *Miosga* S. 90; *Saint-Gal* RIPIA 1962, 189, 190.

[276] So für Italien Mangini in Digesto, Stichwort „Ditta" S. 17; Tribunale di Roma GRUR-Ber.

Daß ausländische Handelsnamen, die in Deutschland bekannt sind, dort auch ohne inländische Benutzungsaufnahme Schutz genießen, könnte im Zeichen zunehmenden internationalen Wirtschaftsverkehrs gewiß wünschenswert sein, insbesondere liegt für den Gemeinsamen Markt eine Berücksichtigung der durch Benutzung in anderen Mitgliedstaaten erworbenen Notorietät nahe. Das Territorialitätsprinzip braucht einer Heranziehung ausländischer Sachverhalte nicht notwendig entgegenzustehen[277]; es geht vielmehr um eine Abgrenzung und Wertung der Interessen des Schutzsuchenden und seiner in- und ausländischen Konkurrenten[278]. Dabei dürfen freilich nicht Überlegungen de lege ferenda mit der Auslegung des geltenden Rechts verwechselt werden. Den Bedürfnissen des Handelsnamensschutzes im Gemeinsamen Markt wird ohne eine Rechtsharmonisierung durch Gemeinschaftsrecht nicht zu genügen sein[279]. § 16 Abs. 1 des deutschen UWG setzt voraus, daß sich jemand des zu schützenden Handelsnamens „bedient"; dies wird in einer heute schon Gewohnheitsrecht gewordenen Gerichtspraxis[280] als inländische Benutzung gedeutet. Art. 8 PVÜ führt hier nicht weiter.

Es ist somit daran festzuhalten, daß das System des deutschen Handelsnamensschutzes gemäß § 16 UWG, § 12 BGB, § 37 HGB und § 24 WZG sowohl für inländische wie für ausländische Handelsnamen – ohne Art. 2, 3, 8 PVÜ zuwiderzulaufen[281] – auf der **inländischen Benutzung** aufbaut[282]. **F 90**

Die **Anforderungen an die Benutzungsaufnahme** in Deutschland sind dabei nicht hoch; es genügt jede Form der namensmäßigen[283] Benutzung, auch die durch Dritte – etwa eine Tochtergesellschaft, einen Lizenznehmer oder einen unabhängigen Vertriebshändler, sofern die Benutzung auf den Inhaber des Handelsnamens hinweist – vermittelte[284], durch die der ausländische Inhaber des Handelsnamens mit einer unter diesem Namen betriebenen, auf Dauer angelegten geschäftlichen Aktivität als Anbieter oder Nachfrager[285] auf dem deutschen Markt präsent ist oder – wie die Rechtsprechung formuliert – „wenn die Bezeichnung im Inland in einer Weise in Gebrauch genommen worden ist, die auf den Beginn einer dauernden wirtschaftlichen Betätigung im Inland schließen läßt"[286].

Nr. 1046/76; Tribunale di Milano GRUR Int. 1979, 307. Näheres bei *Cartella* La Protezione del nome comerciale in Italia (1978), S. 69 ff.

277 Rdn. F 79.

278 *Beier* in Problemi Attuali S. 93, 104 f.

279 Vgl. den Harmonisierungsvorschlag von *Ulmer* Das Recht des unlauteren Wettbewerbs in den Mitgliedstaaten der EWG Bd. I Rdn. 413: Erstbenutzung in einem Mitgliedstaat soll Schutz in allen Staaten begründen. Schon nach geltendem Recht hält *Korschan* S. 80 ff diese Lösung für anwendbar, wobei er sich vor allem auf das Diskriminierungsverbot des Art. 7 EWGV beruft. Anders als *Ulmer Knaak* Firma und Firmenschutz S. 229 ff, der eine generelle gemeinschaftsweite Priorität ablehnt und nur einen Ausdehnungsschutz empfiehlt. Zum Verhältnis Handelsname/Gemeinschaftsmarke s. *Kunze* GRUR 1981, 634; *Knaak* GRUR Int. 1987, 560. S. zur Harmonisierung auch *Knaak* GRUR Int. 1982, 651; *Lorenz-Wolf* GRUR 1981, 644.

280 § 16 Rdn. 87.

281 *Miosga* S. 89; so wohl auch *Bodenhausen* Art. 8 Anm. c.

282 Ebenso § 16 Rdn. 86/87.

283 BGH GRUR 1989, 626, 627 – *Festival Europäischer Musik*.

284 § 16 Rdn. 88; *Baumbach/Hefermehl* Art. 8 PVÜ Rdn. 2; *Baumbach/Hefermehl* § 16 UWG Rdn. 40; HdbWbR/*Schultz-Süchting* § 56 Rdn. 26; *v. Gamm* 58. Kapitel Rdn. 4; BGH GRUR 1971, 517, 519 – *Swops*; BGH GRUR 1973, 661, 662 – *Metrix*; vgl. auch OLG Hamburg GRUR Int. 1991, 138 (Conrad Johnson): Hat ein ausländisches Unternehmen ein inländisches Firmenrecht erlangt, erlischt dieses bei Einstellung der inländischen Betätigung nicht, wenn das ausländische Unternehmen seine Waren durch Dritte auf den inländischen Markt bringen läßt.

285 BGH GRUR 1980, 114, 115 f – *Concordia I*; *Baumbach/Hefermehl* § 16 UWG Rdn. 40; *v. Gamm* 58. Kapitel Rdn. 4; so für Frankreich auch App. Paris GRUR Int. 1979, 359. A. A. OLG Köln WRP 1978, 226, 228.

286 S. im einzelnen zum Benutzungsbegriff § 16 Rdn. 88, 91 ff; *Baumbach/Hefermehl* Art. 8 PVÜ Rdn. 2; *v. Gamm* 58. Kapitel Rdn. 4.

Zur Benutzungsaufnahme braucht bei von Haus aus schutzfähigen Bezeichnungen eine Verkehrsanerkennung nicht hinzuzukommen[287].

Ein ergänzender Schutz in Deutschland nicht benutzter ausländischer Handelsnamen gegen eine gezielte Ausbeutung oder Behinderung in Deutschland kann aus **§§ 1 UWG, 826 BGB** hergeleitet werden[288]; es kommt auch eine Anwendung von **§ 3 UWG** in Betracht[289].

Schließlich kann sich der ausländische Verbandsbegünstigte zum Schutz eines Handelsnamens auf den in Deutschland unmittelbar zu seinen Gunsten anwendbaren **Art. 10bis Abs. 3 Nr. 1 PVÜ** (vgl. Rdn. F 58) berufen, um einer **Verwechslungsgefahr** entgegenzutreten. Verwechslungen auf dem deutschen Markt werden vielfach bereits dann zu befürchten sein, wenn der ausländische Handelsname im Inland bekannt ist, auch wenn er dort noch nicht in Benutzung genommen wurde. Der ausländische Handelsnamensinhaber kann folglich der Benutzung identischer oder verwechselbarer Bezeichnungen in Deutschland entgegentreten, ohne daß es auf eine inländische Benutzungsaufnahme des Handelsnamens des Klägers oder eine Ausbeutungsabsicht auf der Seite des Beklagten ankäme (vgl. Rdn. F 64, 61).

F 91 Es wurde vorstehend (Rdn. F 82) bereits darauf hingewiesen, daß die konventionsrechtliche Verpflichtung zur Inländerbehandlung beim Schutz des Handelsnamens und beim Schutz gegen unlauteren Wettbewerb dazu führt, daß verbandsbegünstigten Ausländern der **gesamte Bereich des Schutzes geschäftlicher Kennzeichen** nach § 16 UWG wie auch des ergänzenden Schutzes nach § 1 UWG zugute kommt, ganz gleich, ob es sich dabei um Handelsnamen im engeren oder weiteren Sinne handelt oder um andersartige Kennzeichen, wie etwa Werktitel.

Von manchen wird Art. 8 PVÜ entsprechend auch für den **Ausstattungsschutz** herangezogen[290]. Was zunächst den konventionsrechtlichen Gehalt der Vorschrift betrifft, so ist ihre Heranziehung für den Ausstattungsschutz unzutreffend und auch unnötig. Unzutreffend deshalb, weil nichts darauf hindeutet, daß die konventionsrechtliche Schutzverpflichtung des Art. 8 PVÜ auch für die Ausstattung, insbesondere für die dabei implizierte nicht eingetragene Marke gelten sollte. Der Komplex des Schutzes der nicht eingetragenen Marke und der sonstigen Ausstattungen gehört vielmehr, soweit nicht der Schutz der notorisch bekannten Marke nach Art. 6bis PVÜ[291] oder der Sonderschutz des Markeninhabers gegen den ungetreuen Agenten gemäß Art. $6^{septies}$ PVÜ[292] eingreift, zum Bereich des Schutzes gegen unlauteren

[287] BGH GRUR 1966, 267, 269 – *White Horse*; BGH GRUR Int. 1967, 396, 398 – *Napoleon II*; *Baumbach/Hefermehl* Art. 8 PVÜ Rdn. 2; *Baumbach/Hefermehl* § 16 UWG Rdn. 40; *Boudon* S. 134. Anders z. T. die ältere Praxis, s. die Nachweise bei *Baumbach/Hefermehl* Rdn. 2; kritisch hierzu schon LG Düsseldorf GRUR 1962, 508, 509.

[288] § 16 Rdn. 87; *v. Gamm* 58. Kapitel Rdn. 7; *Boudon* S. 135; *Beier* in Problemi Attuali S. 93, 108 ff; BGH GRUR Int. 1970, 286, 288 (*Migrol*); vgl. auch BGH GRUR 1967, 298 – *Modess*; BGH GRUR 1967, 304, 406 – *Siroset*; BGH GRUR 1969, 607, 609 – *Recrin*; BGH GRUR 1970, 138, 139 – *Alemite*; BGH GRUR 1980, 110, 111 – *Torch*; BGH GRUR Int. 1980, 173 – *Martin*; BGH GRUR 1986, 74, 76 f – *Shamrock III*; OLG Stuttgart GRUR Int. 1969, 142 (Thermoflex).

[289] § 16 Rdn. 87.

[290] *v. Gamm* 16. Kapitel Rdn. 23; *Baumbach/Hefermehl*, WZG Art. 8 PVÜ Rdn. 4; *Miosga* S. 92; so schon RGZ 141, 110, 120 – *The white spot*. Ablehnend mit eingehender Begründung *Katzenberger* in Schricker/Stauder Handbuch des Ausstattungsrechts S. 1040 ff Rdn. 70 ff.

[291] S. dazu *Schricker/Stauder/Katzenberger* Handbuch des Ausstattungsrechts S. 1043 ff Rdn. 78 ff.

[292] S. im einzelnen *Schricker/Stauder/Katzenberger* Handbuch des Ausstattungsrechts S. 1046 f Rdn. 86 ff; umfassend *Bauer* Die Agentenmarke (1972).

Wettbewerb, insbesondere des Konfusionsschutzes nach Art. 10bis Abs. 3 Nr. 1 (Rdn. F 58 ff). Dieser Schutz ist von einer Hinterlegung oder Eintragung sowie auch vom Markenschutz unabhängig; der Verweis auf Art. 8 PVÜ ist insofern überflüssig (Rdn. F 58).

Nicht sachgerecht wäre es aber auch, für ausländische Ausstattungen den im Zusammenhang mit dem Handelsnamensschutz nach Art. 8 PVÜ beschrittenen Weg über § 16 UWG zu suchen; insofern steht § 16 Abs. 3 S. 2 entgegen. Zugunsten von Ausstattungen verbandsbegünstigter Ausländer gilt vielmehr kraft des Prinzips der Inländerbehandlung die Regel des § 25 WZG, ganz gleich, ob man darin eine markenrechtliche oder wettbewerbsrechtliche Schutznorm erblickt. Nach § 25 WZG wird auch für ausländische Ausstattungen inländische Verkehrsgeltung erfordert. Der Schutz ist vom Heimatschutz unabhängig[293]. Für die Zeit bloßer Ausstattungsanwartschaft kann **§ 1 UWG** helfen (vgl. Rdn. F 90); darüber hinaus ist der Schutz gegen Verwechslungen gemäß **Art. 10bis Abs. 3 Nr. 1 PVÜ** zugunsten ausländischer Verbandsbegünstigter unmittelbar anwendbar[294], was zu einer Senkung der Schutzschwelle zu führen vermag (Rdn. F 59). Hinsichtlich der Einzelheiten des Ausstattungsschutzes im In- und Ausland und nach den internationalen Verträgen sei auf Schricker/Stauder Handbuch des Ausstattungsrechts (1986) verwiesen.

e) **Rechtsbehelfe und Klagerecht nach Art. 2, 3, 9, 10, 10ter PVÜ.** Der Grundsatz der **Inländerbehandlung** nach Art. 2, 3 PVÜ gilt auch für die **Sanktionen** bei unlauterem Wettbewerb und bei der Verletzung von Handelsnamensrechten (zum Schutz geographischer Angaben s. unten 2). Art. 2 Abs. 1 S. 2 PVÜ gewährleistet den ausländischen Verbandsbegünstigten „den gleichen Schutz ... und die gleichen Rechtsbehelfe gegen jeden Eingriff in ihre Rechte ...“. Damit wird auf das **nationale Recht des jeweiligen Schutzlandes** verwiesen[295]. **F 92**

Zum **Schutz des Handelsnamens**[296] (und der Marken einschließlich der Ausstattungen[297]) enthält **Art. 9** besondere Vorschriften betreffend die Beschlagnahme von Waren mit widerrechtlich angebrachten Kennzeichen. Gedacht ist sowohl an eine Beschlagnahme in dem Verbandsland, in dem der dort geschützte Handelsname auf dem betreffenden Erzeugnis angebracht wurde, als auch in dem Verbandsland, in das das Erzeugnis eingeführt wurde, wenn der Handelsname dort Schutz genießt (Art. 9 Abs. 1, 2 PVÜ). Im Fall der Durchfuhr besteht keine Beschlagnahmeverpflichtung (Art. 9 Abs. 4); die Anordnung von Maßnahmen ist aber nicht verboten[298]. **F 93**

---

293 *Schricker/Stauder/Katzenberger* Handbuch des Ausstattungsrechts S. 1038 Rdn. 67, S. 1042 Rdn. 77; BGH GRUR 1967, 298, 300 – *Modess*; so schon RGZ 141, 110, 116, 120 ff – *The white spot.*

294 *Schricker/Stauder/Katzenberger* Handbuch des Ausstattungsrechts S. 1048 Rdn. 90 f.

295 *Bodenhausen* Art. 9 Anm. b.

296 Es gilt hier der konventionsrechtliche Begriff des Handelsnamens, wie er Art. 8 PVÜ zugrundeliegt, *Miosga* S. 95, vgl. oben Rdn. F 82.

297 *Miosga* S. 95; so im Ergebnis auch *Baumbach/Hefermehl* WZG Erläuterung zu Art. 9 PVÜ, wo die Ausstattungen freilich dem Begriff des Handelsnamens zugeordnet werden, vgl. auch oben Rdn. F 91.

298 Vgl. § 28 Abs. 1 WZG aF, wonach beim Eingang ausländischer Waren in den Geltungsbereich des WZG „zur Einfuhr oder Durchfuhr“ die Beschlagnahme erfolgte; s. *Baumbach/Hefermehl* § 28 WZG Rdn. 1. § 28 Abs. 1 WZG idF des Produktpirateriegesetzes v. 7. 3. 1990 (BGBl. I 422) erwähnt nurmehr die Einfuhr oder Ausfuhr. Die Durchfuhr wurde ausgeklammert, da bei ihr mangels inländischen Inverkehrbringens keine Verletzungshandlung vorliege, so die Amtl. Begr. BT-Drucks. 206/89 S. 142 f.

F 94 Trotz der eingehenden, in mehrfachen Ansätzen detailliert ausgebauten Fassungen[299] handelt es sich auch bei Art. 9 grundsätzlich nicht um eine unmittelbar anwendbare Norm, sondern um eine **Verpflichtung der Verbandsländer,** die diese durch eine entsprechende Gestaltung der einheimischen Gesetzgebung einzulösen haben. Das Schutzminimum ist nach Art. 9 Abs. 6 die Inländerbehandlung: Wird den Inländern in dem betreffenden Land kein Schutz gewährt, entfällt er auch für die Ausländer. Art. 10ter Abs. 1 ändert daran nichts, da er ebenfalls nur eine Verpflichtung der Mitgliedstaaten enthält (Rdn. F 97). Erst wenn das nationale Recht Schutzmöglichkeiten vorsieht, können die Regelungen des Art. 9 Abs. 5 und 6 eingreifen; die dort vorgeschriebene Ersetzung national nicht eingeführter durch vorhandene Behelfe ist dann aber zwingend[300]. Im Zeitalter der Marken- und Produktpiraterie kommen den Maßnahmen der Beschlagnahme besondere Bedeutung zu[301]. Unter diesem Aspekt wäre zu wünschen, daß Art. 9 PVÜ internationalrechtlich zu einem effizienten Mindestrecht umgestaltet würde[302].

F 95 Im **deutschen Recht** wird der Verpflichtung aus Art. 9 PVÜ durch **§ 28 WZG** und **§ 2 des Gesetzes über den Beitritt des Reichs zu dem Madrider Abkommen betreffend Unterdrückung falscher Herkunftsangaben auf Waren** genügt[303]. Beide Regelungen sind auch zum Schutze von Handelsnamen im weitesten Sinne anwendbar[304]. Zwar beschränkte sich § 28 WZG aF auf den Schutz deutscher Handelsnamen und Ortsbezeichnungen[305]; jedoch erfaßt § 2 des Beitrittsgesetzes zum MHA uneingeschränkt auch ausländische Handelsnamen[306]. Die Neufassung des § 28 WZG durch das Produktpirateriegesetz vom 7. 3. 1990[307] hat die Beschränkung auf „deutsche" Bezeichnungen fallen gelassen; geschützt werden nunmehr ganz allgemein „nach diesem Gesetz geschützte Kennzeichnungen", ganz gleich, welches ihr Ursprung ist.

§ 28 Abs. 1 WZG nF enthält einen Vorbehalt zugunsten der **EWG-VO v. 1986 über Maßnahmen zum Verbot der Überführung nachgeahmter Waren in den zollrechtlich freien Verkehr**[308]. Die VO dient dem Schutz gegenüber „nachgeahmten Waren"; hierunter fallen aber nur Waren, die rechtswidrig mit einer Marke oder einem Warenzeichen versehen sind, das einem eingetragenen Zeichen gleicht (Art. 1 Abs. 2 lit a der VO). Die VO beschränkt sich damit auf den Schutz eingetragener

---

299 S. zur Textgeschichte *Bodenhausen* Art. 9 Anm. a.

300 *Bodenhausen* Art. 9 Anm. b; unklar *Miosga* S. 93 ff.

301 S. hierzu und zu den Arbeiten zum Produktpirateriegesetz (v. 7. 3. 1990 BGBl. I S. 422) *Wölfel* Rechtsfolgen von Markenverletzungen und Maßnahmen zur Bekämpfung der Markenpiraterie (1989), S. 149 ff, 161 ff. Kritisch zur Beschlagnahme noch *Miosga* S. 94.

302 So auch *Wölfel* S. 190 f. S. dort (S. 191 ff) auch zu Bestrebungen nach Einführung eines besonderen Produktpiraterieschutzes im Rahmen der WIPO und zu sonstigen Arbeiten.

303 *Baumbach/Hefermehl* Anm. zu Art. 9 PVÜ; *Miosga* S. 97; *Wölfel* S. 190. Durch das Produktpirateriegesetz von 1990 (Fn. 298) wurde § 28 WZG neu gefaßt; § 2 des Gesetzes über den Beitritt zum MHA blieb davon unberührt, *Meister* WRP 1991, 137, 139.

304 *Baumbach/Hefermehl* § 28 WZG Rdn. 1, 4, Anhang nach § 28 WZG Rdn. 1; *Miosga* S. 97; in § 28 WZG aF war die „Firma" als Schutzgegenstand ausdrücklich erwähnt; § 28 in der Neufassung des Produktpirateriegesetzes bezieht sich nunmehr allgemein auf „nach diesem Gesetz geschützte Kennzeichnungen", wozu auch Namen und Firmen gehören dürften (vgl. § 24 Abs. 1 WZG). **A. A.** wohl *Meister* WRP 1991, 137, 140 der als geschützt nur Warenzeichen und Ausstattung nennt. Die Amtl. Begr. zum Pirateriegesetz will aber für „alle Schutzrechte des geistigen Eigentums" eine Zollbeschlagnahme ermöglichen, s. BT-Drucks. 206/89 S. 119.

305 *Baumbach/Hefermehl* § 28 WZG Anm. 1, 4; *Miosga* S. 97.

306 *Miosga* S. 97.

307 BGBl. I 422.

308 VO EWG 3842/46 des Rates vom 1. 12. 1986, ABl. 1986 Nr. L 357/1 = GRUR Int. 1987, 98.

Marken[309]; hinsichtlich des Schutzes von Handelsnamen und Ausstattungen verbleibt es bei § 28 WZG.

Art. 10 PVÜ erklärt die Beschlagnahmemaßnahmen des Art. 9 u. a. auch auf den Fall des „unmittelbaren oder mittelbaren Gebrauchs einer falschen Angabe ... über die Identität des Erzeugers, Herstellers oder Händlers" für anwendbar[310]. Ebenso wie Art. 9 (Rdn. F 94) enthält Art. 10 nur eine Verpflichtung der Verbandsländer zur Gewährung entsprechenden Schutzes durch die nationale Gesetzgebung[311]. **F 96**

Unter „indirekten" falschen Angaben sind z. B. bildliche Angaben zu verstehen[312]. Es wird sich, wenn nicht ein Handelsnamensmißbrauch vorliegt, jedenfalls um sonstigen konfundierenden unlauteren Wettbewerb handeln, der unter Art. 10bis Abs. 3 Nr. 1 PVÜ fällt[313].

§ 2 des deutschen Beitrittsgesetzes zum MHA (Rdn. F 95) ist so weit formuliert, daß nicht nur unmittelbare, sondern auch mittelbare falsche Angaben erfaßt werden[314].

Art. 10ter PVÜ, der in der Haager Revisionskonferenz eingeführt wurde[315], bekräftigt in Abs. 1 die Verpflichtung der Verbandsländer, wirksame Sanktionen gegen unlauteren Wettbewerb (Art. 10bis, s. Rdn. F 37 ff) und gegen u. a. die Verletzung von Handelsnamen gemäß Art. 9 (Rdn. 93 ff) und Art. 10 (Rdn. F 96) vorzusehen. Es wird dabei deutlich, daß die Verpflichtung nur zugunsten ausländischer Verbandsbegünstigter[316] besteht (vgl. auch Rdn. F 40). Es handelt sich um eine Verpflichtung der Verbandsländer zum Erlaß geeigneter Gesetzesvorschriften, nicht um eine unmittelbar anwendbare Konventionsnorm[317]. **F 97**

Die Sanktionen müssen „wirksam" sein. Auf der Haager Revisionskonferenz wurde betont, daß dies bei Unterlassungsansprüchen prinzipiell Verschuldensunabhängigkeit bedeute, während Schadensersatzansprüche vom Verschulden abhängig gemacht werden könnten[318]. Das Sanktionsinstrumentarium des deutschen Rechts, insbesondere des UWG, entspricht den Anforderungen von Art. 10ter Abs. 1[319].

Auch **Art. 10ter Abs. 2**, der Maßnahmen zur Ermöglichung einer Klage ausländischer **Verbände** vorschreibt, enthält nur eine Verpflichtung der Verbandsländer[320]. In der Praxis wirkt sich die Norm im Sinne konventionskonformer Auslegung da- **F 98**

---

309 *Wölfel* Rechtsfolgen von Markenverletzungen und Maßnahmen zur Bekämpfung der Markenpiraterie S. 154 f; s. auch Amtl. Begr. zum Produktpirateriegesetz, BT-Drucks. 206/89 S. 143.

310 S. zur Entstehungsgeschichte des Art. 10 *Bodenhausen* Art. 10 Anm. a. Zu seiner Anwendung zum Schutz geographischer Herkunftsangaben s. Rdn. F 101 ff.

311 *Bodenhausen* Art. 10 Anm. b, e; *Miosga* S. 99.

312 *Bodenhausen* Art. 10 Anm. c.

313 *Bodenhausen* Art. 10 Anm. e.

314 *Baumbach/Hefermehl* Anhang zu § 28 WZG Rdn. 1; *Miosga* S. 104.

315 *Bodenhausen* Art. 10ter Anm. a.

316 *Bodenhausen* Art. 10ter Anm. b; *Miosga* S. 112.

317 *Bodenhausen* Art. 10ter Anm. b; *Miosga* S. 112, 113.

318 *Bodenhausen* Art. 10ter Anm. c.

319 *Baumbach/Hefermehl* Art. 10ter Erl. a; *Miosga* S. 114.

320 *Bodenhausen* Art. 10ter Anm. c; *Baumbach/Hefermehl* Art. 10ter Erl. b; *Ulmer* Das Recht des unlauteren Wettbewerbs in den Mitgliedstaaten der EWG Bd. I Rdn. 37. A. A. (unmittelbar anwendbar) *Miosga* S. 112, 115 f; Tribunale di Milano GRUR Int. 1965, 253 (The Scotch Whisky Association). Die italienische Praxis hinsichtlich der Zulassung ausländischer Verbände ist auch sonst großzügig, s. *Ulmer/Schricker* Das Recht des unlauteren Wettbewerbs in den Mitgliedstaaten der EWG Bd. V Rdn. 55; s. zur schwankenden Praxis in Belgien *Ulmer/Schricker* Das Recht des unlauteren Wettbewerbs in den Mitgliedstaaten der EWG Bd. II/1 Belgien Bd. 154; zur französischen Praxis s. *Ulmer/Kraßer* Das Recht des unlauteren Wettbewerbs in den Mitgliedstaaten der EWG Bd. IV Frankreich Rdn. 178. In der Schweiz werden ausländische Verbände im Rahmen von Art. 10ter PVÜ zur Klage zugelassen (*B. v. Büren* Kommentar zum Wettbewerbsgesetz (1957) S. 184 Rdn. 57).

hingehend aus, daß Verbandsklageregelungen, die nicht spezifizieren, ob einheimische oder auch ausländische Verbände zur Klage zugelassen werden, dahingehend interpretiert werden, daß sie auch ausländischen Verbänden aus Verbandsländern zugute kommen[321].

Der Sache nach wird hier **Inländerbehandlung für Verbände und Vereinigungen** beim Auftreten vor Gericht oder vor Verwaltungsbehörden im Rahmen von Maßnahmen nach Art. 9, 10 und/oder 10bis PVÜ gefordert[322]. Es muß sich um Verbände handeln, die die „beteiligten Gewerbetreibenden, Erzeuger oder Händler vertreten". Aus dem Zusammenhang des Abs. 2 mit Abs. 1 des Art. 10ter ist zu folgern, daß die vertretenen Gewerbetreibenden, Erzeuger oder Händler zu den Verbandsbegünstigten gehören müssen oder daß doch wenigstens auch die Interessen von verbandsbegünstigten Unternehmen vertreten werden.

Das Bestehen der Verbände darf „den Gesetzen ihres Landes nicht zuwiderlaufen", nach denen sich ihre Zulässigkeit und ihr Rechtsbestand regelt[323]. Keine Voraussetzung für das Auftreten im Schutzland ist aber, daß die Verbände im Heimatland dieselben Befugnisse haben[324].

Verbraucherverbände fallen nicht unter die Vorschrift[325]. Wenngleich Verbraucherschutzgesichtspunkte bei der Ausfüllung von Art. 10bis Abs. 2 eine Rolle spielen können, so bildet der Verbraucherschutz doch kein unmittelbares Ziel der Konvention[326].

F 99 Die Verpflichtung der Verbandsländer zur Zulassung ausländischer Verbände und Vereinigungen in inländischen Sanktionsverfahren beschränkt sich **auf das Maß der Zulassung einheimischer Verbände und Vereinigungen**. Insofern gilt das Assimilationsprinzip, abgeschwächt allerdings zu einer bloßen Pflicht der Verbandsländer zur Gleichbehandlung. Kennt das Recht des Schutzlandes keine Verbandsklage für inländische Verbände, besteht auch keine Verpflichtung, ausländische Verbände zuzulassen. Verlangt das Recht des Schutzlandes für inländische Verbände Rechtsfähigkeit, kann sie auch von ausländischen Verbänden verlangt werden[327]. Die Gleichstellung bezieht sich auf alle Behelfe „zur Unterdrückung" der fraglichen Handlungen; hierunter können alle Klagearten fallen, soweit sie inländischen Verbänden eröffnet sind[328].

F 100 Im **deutschen Recht** fehlt eine ausdrückliche Vorschrift über die Zulassung ausländischer Verbände und Vereinigungen zur Wettbewerbsklage. **§ 13 Abs. 2 Nr. 2 UWG** wird aber im Licht des Art. 10ter Abs. 2 PVÜ so angelegt, daß auch ausländische rechtsfähige Verbände und Vereinigungen zur Förderung gewerblicher Interessen zur Unterlassungsklage (und Beseitigungsklage[329]) in dem in § 13 gezogenen Rahmen zugelassen werden[330]. Für § 13 Abs. 2 Nr. 4 UWG (Industrie- und Handelskammern und Handwerkskammern) muß Entsprechendes gelten[331]. Soweit das deutsche Recht eine Verbandsklage für einheimische Verbände ausschließt, etwa bei § 14 und § 16 UWG[332], scheidet auch eine Klage ausländischer Verbände aus, ohne daß dies eine Verletzung von Art. 10ter Abs. 2 PVÜ bilden würde.

---

321 So *Baumbach/Hefermehl* Art. 10ter Erl. b; vgl. auch *Miosga* S. 116.
322 *Miosga* S. 115.
323 *Miosga* S. 114.
324 *Miosga* S. 115.
325 Anders offenbar *Miosga* S. 116.
326 Rdn. F 55.
327 *Baumbach/Hefermehl* Erl. b zu Art. 10ter PVÜ; Cour de Paris, GRUR Int. 1961, 68.
328 *Miosga* S. 119.
329 Vgl. *Baumbach/Hefermehl* Einl. UWG Rdn. 307 ff, § 13 Rdn. 1.
330 *Baumbach/Hefermehl* § 13 Rdn. 30; *Baumbach/Hefermehl* Erl. b zu Art. 10ter PVÜ.
331 Vgl. *Baumbach/Hefermehl* § 13 Rdn. 45 mit Rdn. 30.
332 Vgl. *Baumbach/Hefermehl* § 13 Rdn. 6, 28.

2. Der Schutz geographischer Bezeichnungen

Übersicht

Literatur

Barbieri/Devlétian Accords franco-italiens en matière d'appellations d'origine, RIPIA 1968, 276; *Baumbach/Hefermehl* Warenzeichenrecht und Internationales Wettbewerbs- und Zeichenrecht[12] (1985); *Beier* Herkunftsbezeichnungen und Ursprungsangaben im Gemeinsamen Markt, GRUR Int. 1959, 277; *Beier* Der Schutz geographischer Herkunftsangaben in Deutschland, GRUR 1963, 169 und 236 = Sonderveröffentlichung aus GRUR 1963 Heft 4 und 5; *Beier* Täuschende Reklame und Schutz der geographischen Herkunftsangaben, GRUR Int. 1966, 197; *Beier* Geographische Herkunftsangaben und Ursprungsbezeichnungen (Soll Deutschland dem LUA beitreten?) GRUR Int. 1968, 69; *Beier* Internationaler Schutz von Ursprungsbezeichnungen, GRUR Int. 1974, 134; *Beier* Das Schutzbedürfnis für Herkunftsangaben und Ursprungsbezeichnungen im Gemeinsamen Markt, GRUR Int. 1977, 1; *Beier/Knaak* Der Schutz der geographischen Herkunftsangabe in der Europäischen Gemeinschaft – Die neueste Entwicklung GRUR Int. 1993, 602; *Benson* Vers un nouveau traité sur la protection des indications géographiques, PI 1978, 134; *Bodenhausen* Guide to the Application of the Paris Convention for the Protection of Industrial Property (1968); *Brogsitter* Der Rechtsschutz von geographischen Herkunftsbezeichnungen von Weinen im deutschen und französischen Recht (1965); *Brogsitter* Die Reform des geographischen Weinbezeichnungsrechts in Deutschland unter Berücksichtigung der vorgesehenen EWG-Regelung, GRUR 1966, 238; *Busse/Starck* Warenzeichengesetz[6] (1987); *Christian* Herkunftsangaben und Ursprungsbezeichnungen, GRUR Int. 1957, 478; *Cohen Jehoram* (Hrsg.) International Protection of Geographic Denominations of Goods and Services (1980); *Dessemontet* Der Schutz geographischer Herkunftsangaben nach schweizerischem Recht, GRUR Int. 1979, 245; *Devlétian* Appellations d'origine, indications de provenance, indications d'origine (1989); *Dutoit* (Hrsg.) Les indications de provenance et les appellations d'origine en droit comparé (1983); *Dutoit* Unlautere Ausnutzung und Beeinträchtigung des guten Rufs bekannter Marken, Namen und Herkunftsangaben – Die Rechtslage in der Schweiz und in Frankreich, GRUR Int. 1986, 1; *Fernández-Nóvoa* La Protección International de las Denominaciones Geograficas de los Productos (1970); *v. Gamm* Wein- und Bezeichnungsvorschriften des Gemeinschaftsrechts und nationales Recht gegen den unlauteren Wettbewerb, GRUR 1984, 165; *v. Gamm* Wettbewerbsrecht[5] (1987); *Heine* Das neue gemeinschaftsrechtliche System zum Schutz geographischer Bezeichnungen, GRUR 1993, 96; *Jung* Der Schutz von geographischen Herkunftsangaben im multi- und bilateralen europäischen Vertragsrecht sowie im EG-Recht (1988); *Jung* Der Schutz von geographischen Herkunftsbezeichnungen für Weine und Spirituosen im internen und externen Recht der EG (1990); *Junker* Die personengebundene Herkunftsangabe, WRP 1987, 523; *Kaemmerer* Der Schutz der geographischen Herkunftsangaben in den USA (1988); *Kraatz* Der Schutz geographischer Weinbezeichnungen im Recht der Europäischen Gemeinschaft (1980); *Krieger* Unlauterer Wettbewerb und Herkunftsangaben, GRUR Int. 1959, 90; *Krieger* Möglichkeiten für eine Verstärkung des Schutzes deutscher Herkunftsangaben im Ausland, GRUR Int. 1960, 400; *Krieger* Zur Auslegung der zweiseitigen Abkommen über den Schutz geographischer Bezeichnungen, GRUR Int. 1964, 499; *Krieger* Der deutsch-schweizerische Vertrag über den Schutz von Herkunftsangaben und anderen geographischen Bezeichnungen, GRUR Int. 1967, 334; *Krieger* Erwägungen über eine Revision des Lissaboner Abkommens über den Schutz von Ursprungsbezeichnungen, GRUR 1972, 304; *Krieger* Zum deutsch-schweizerischen Vertrag über den Schutz von Herkunftsangaben, GRUR Int. 1981, 543; *Krieger* Der internationale Schutz von geographischen Bezeichnungen aus deutscher Sicht, GRUR

Int. 1984, 71; *Kühn* Zum Schutzumfang geographischer Bezeichnungen nach den zweiseitigen Verträgen über den Schutz von Herkunftsangaben, GRUR Int. 1967, 268; *Ladas* Patents, Trademarks, and Related Rights. National and International Protection, Bd. III (1975), The International Protection of Indications and Appellations of Origin, Chapter 43; *Laugier* La protection des appellations d'origine en droit communautaire, RIPIA 1979, 326; *Lehmann* „Capri-Sonne“: Ein schutzfähiges Zeichen? IPRax 1984, 148; *Lehmann* Die wettbewerbswidrige Ausnutzung und Beeinträchtigung des guten Rufs bekannter Marken, Namen und Herkunftsangaben, GRUR Int. 1986, 6; *Matthies* Herkunftsangaben und europäisches Gemeinschaftsrecht, Festschrift Schiedermaier (1976) 391; *Miosga* Internationaler Marken- und Herkunftsschutz (1967); *Möschel* Schutz der Aufmachung und Maßnahmen gleicher Wirkung nach Art. 30 EWGV, RIW 1984, 524; *v. Mühlendahl* Der Schutz geographischer Herkunftsangaben in der Europäischen Gemeinschaft nach der Verordnung Nr. 2081/92 vom 24. Juli 1992, ZLR 1993, 187; *Neise* Deutsche gewerbliche Schutzrechte und Schutz kubanischer Ursprungsbezeichnungen, MA 1955, 67; *Oppenhoff* Geographische Bezeichnungen und Warenzeichen, GRUR Int. 1977, 226; *Pastor* Der Schutz von schweizerischen geographischen Kennzeichnungen nach dem deutsch-schweizerischen Vertrag, WRP 1980, 591; *Plaisant* La revision des dispositions des traités relatives aux appellations d'origine et aux indications de provenance, PI 1980, 183; *Ruijsenaars* Champagner mit Beigeschmack in Italien? GRUR Int. 1990, 937; *Schricker* Territoriale Probleme und Klagerecht bei unlauterem Wettbewerb, GRUR Int. 1973, 453; *Schricker* Neue Wege zum Schutz geographischer Herkunftsangaben, BB 1977, 1429; *Schricker* Der Schutz der Ursprungsbezeichnungen und Herkunftsangaben gegen anlehnende Bezugnahme, GRUR Int. 1982, 515; *Schricker* Der Schutz der Herkunftsangaben, Ursprungsbezeichnungen und anderen geographischen Bezeichnungen in der Bundesrepublik Deutschland, 78, in: Actes du Colloque de Lausanne 1983; *Schricker* Etikettierung beim Weinexport und internationales Wettbewerbsrecht, IPRax 1983, 103; *Schricker* Recht der Werbung in Europa I, Einführung in das Recht der Werbung, Internationales und EWG-Recht (1990); *Seidel* Die sogenannte „Cassis de Dijon“-Rechtsprechung des Europäischen Gerichtshofs, und der Schutz von Herkunftsangaben in der Europäischen Gemeinschaft, GRUR Int. 1984, 80; *Sinanioti* Der Schutz geographischer Herkunftsangaben und Ursprungsbezeichnungen (1987); *Sordelli* Die rechtliche Regelung der Herkunftsangaben und Ursprungsbezeichnungen in Italien, GRUR Int. 1960, 421; *Tilmann* Die geographische Herkunftsangabe (1976); *Tilmann* Zur Bestimmung des Kreises der an einer geographischen Herkunftsangabe Berechtigten, GRUR 1980, 487; *Tilmann* Kennzeichenrechtliche Aspekte des Rechtsschutzes geographischer Herkunftsangaben, 1007, GRUR-Festschrift 2 (1991); *Tilmann* Grundlage und Reichweite des Schutzes geographischer Herkunftsangaben nach der VO/EWG 2081/92, GRUR Int. 1993, 610; *Troller, A.* Die mehrseitigen völkerrechtlichen Verträge im internationalen gewerblichen Rechtsschutz und Urheberrecht (1965); *Trotta* La Convention de Stresa sur l'emploi des noms des fromages et le projet de traité de l'OMPI sur la protection des indications géographiques, PI 1977, 117; *Ullrich* Der Rechtsschutz von geographischen Herkunftsangaben als Warenkennzeichen in der BRD und nach internationalen Abkommen (1988); *Ulmer/Beier* Das Recht des unlauteren Wettbewerbs in den Mitgliedstaaten der EWG, Bd. I Vergleichende Darstellung (1965), 3. Teil 5. Kap., 4. Teil 4. Kap.; *Ulmer/Reimer/Beier* Das Recht des unlauteren Wettbewerbs in den Mitgliedstaaten der EWG, Bd. III Deutschland (1968) Rdn. 673 ff; *Weides* Verfassungsrechtliche Aspekte der geographischen Herkunftsangabe, WRP 1977, 141; *v. Zumbusch* Das Verhältnis des EG-Weinbezeichnungsrechts zum deutschen Wein- und Wettbewerbsrecht (1990).

F 101 **a) Art. 10 der Pariser Verbandsübereinkunft.** Zu dem von der Pariser Verbandsübereinkunft (PVÜ) geschützten „gewerblichen Eigentum“ gehören nach Art. 1 Abs. 2 seit der Haager Fassung von 1925 auch die **„Herkunftsangaben oder**[1] Ur-

[1] Richtig müßte es und/oder heißen, *Miosga* S. 442.

sprungsbezeichnungen[2]"; ihr Schutz unterliegt dem Prinzip der Inländerbehandlung (Rdn. F 36 ff)[3]. Die Entwicklungsgeschichte der PVÜ wird freilich durch eine deutliche **Zurückhaltung gegenüber dem Schutz geographischer Bezeichnungen** geprägt[4]. So werden sie in der Enumeration der Tatbestände unlauteren Wettbewerbs in Art. 10bis bis heute nicht genannt (vgl. Rdn. F 74/75). Art. 10 sah zwar bereits in der ursprünglichen Fassung von 1883 ein Vorgehen gegen falsche Herkunftsangaben vor; jedoch war es – sachwidrig – auf den Fall reduziert, daß „diese Bezeichnung einem erfundenen oder einem zum Zweck der Täuschung entlehnten Handelsnamen beigefügt wird". Nach verschiedenen Änderungen des Art. 10 auf den Revisionskonferenzen von Brüssel, Washington, Haag und London[5] fiel die in der Koppelung mit der Benutzung eines täuschenden Handelsnamens liegende wesentliche Einschränkung erst auf der Lissaboner Revisionskonferenz von 1958 weg[6]. Die Fälle der Täuschung über die geographische Herkunft und über die Identität des Anbieters sind in Abs. 1 der Vorschrift nunmehr getrennt geregelt. Die heute für die Bundesrepublik geltende Stockholmer Fassung (Rdn. F 23/24) hat keine weiteren Änderungen gebracht.

Die Vorschrift des Art. 10 Abs. 1 PVÜ erfaßt **jeden Fall „des unmittelbaren oder mittelbaren Gebrauchs einer falschen Angabe über die Herkunft des Erzeugnisses"**. Sowohl der Schutz von Herkunftsangaben als auch von Ursprungsbezeichnungen[7] fällt hierunter[8]. Es wird nicht vorausgesetzt, daß es sich um eine Herkunftsangabe aus einem Verbandsland handelt[9]; wie die Regelung der Beteiligungsfähigkeit zeigt, soll auch allgemein dagegen Schutz gewährt werden, daß durch eine – beliebige – falsche Herkunftsangabe ein Vorsprung im Verhältnis zur Konkurrenz im Schutzland erzielt wird (vgl. Rdn. F 105). Ein **unmittelbarer Gebrauch** einer falschen Herkunftsangabe ist gegeben, wenn die Herkunft durch Benutzung einer wörtlichen geographischen Bezeichnung direkt angesprochen wird (unmittelbare Herkunftsangabe[10]) [11]. Unter den **mittelbaren Gebrauch** einer falschen Herkunftsangabe sind die Fälle der sog. mittelbaren Herkunftsangabe zu subsumieren[12], etwa durch Benutzung von Bildern, Wappen, fremdsprachigen Angaben, durch begleitende Werbung usw.[13]. **F 102**

Der Versuch auf der Lissaboner Revisionskonferenz, Art. 10 auf irreführende Angaben auszudehnen, scheiterte zwar[14], jedoch wurde die Vorschrift auch auf den „mittelbaren Gebrauch" einer falschen Herkunftsangabe erstreckt. Diese Einbeziehung der mittelbaren Herkunftsangaben in Art. 10 Abs. 1 macht deutlich, daß es schwerlich allein mehr auf die formale Richtigkeit oder „Falschheit" der Angabe ankommen kann. Erfaßt werden zwar in erster Linie die unmittelbar **objektiv und** **F 103**

---

[2] S. allgemein zu Begriff, Schutzbedürfnis und Schutzsystemen der Herkunftsangaben und Ursprungsbezeichnungen § 3 Rdn. 550 ff; *Beier* GRUR Int. 1977, 1 ff; *Ulmer/Beier* Das Recht des unlauteren Wettbewerbs in den Mitgliedstaaten der EWG, I Rdn. 228 ff; *Ulmer/Reimer/Beier* Das Recht des unlauteren Wettbewerbs in den Mitgliedstaaten der EWG, III Rdn. 673 ff; *Tilmann* S. 11 ff; *Schricker* GRUR Int. 1982, 515. Einen Überblick über den nationalen Schutz in den wichtigsten Ländern gibt *Cohen Jehoram* (Hrsg.) Protection of Geographic Denominations of Goods and Services 1980.

[3] *Ulmer/Reimer/Beier* III Rdn. 784.

[4] *Ulmer/Beier* I Rdn. 35. S. allgemein zur Entwicklung des internationalen Rechts *Tilmann* S. 407 ff.

[5] S. zur Textgeschichte *Bodenhausen* Art. 10 Anm. a.

[6] S. dazu Actes de la Conférence Réunie à Lisbonne 1963, 779 ff.

[7] Zur Terminologie s. § 3 Rdn. 552.

[8] *Bodenhausen* Art. 10 Anm. d; *Miosga* S. 100.

[9] *Miosga* S. 443.

[10] § 3 Rdn. 554.

[11] *Bodenhausen* Art. 10 Anm. d.

[12] § 3 Rdn. 556.

[13] *Bodenhausen* Art. 10 lit. d; *Miosga* S. 100 f.

[14] S. *Ladas* S. 1581 § 844.

formal unrichtigen Angaben. Darüber hinaus werden als „mittelbar falsch" aber auch irreführende Angaben miteinbezogen. Bei ihnen ist entscheidend, daß durch die gebrauchten Angaben ein falscher Eindruck hinsichtlich der geographischen Herkunft entsteht[15].

Die Irreführungsgefahr entfällt, wenn die Angabe im Schutzland als **Gattungsbezeichnung** oder **Phantasiebezeichnung** ohne Herkunftsindikation[16] aufgefaßt wird; hierüber haben die Gerichte des Schutzlandes nach der dortigen Verkehrsauffassung zu entscheiden[17].

Der Schutz gilt in erster Linie für die typischen mit der Herkunftsangabe assoziierten Produkte; er ist jedoch auf **verwandte Produkte** auszudehnen, soweit eine Irreführung vorliegt[18].

Da es auf die Irreführung ankommt, kann die Benutzung geographischer Angaben mit **entlokalisierenden oder „richtigstellenden" Zusätzen,** wenn sie eine Herkunftstäuschung ausschließen[19] mit Hilfe der Vorschrift nicht bekämpft werden, auch wenn darin eine unlautere Ausbeutung fremden Rufes liegt.

F 104 Hinsichtlich der **Sanktionen** verweist Art. 10 Abs. 1 auf **Art. 9** PVÜ, d. h. auf die dort vorgesehene **Beschlagnahme.** Wie Art. 9 (Rdn. F 94) bildet Art. 10 **keine unmittelbar anwendbare Konventionsnorm,** sondern eine Verweisung auf das nationale Recht der Verbandsländer[20], wobei freilich das Konventionsrecht u. U. einen zwingenden Einfluß auf das nationale Recht ausübt[21].

Eine – nicht auf Beschlagnahmemaßnahmen beschränkte – Sanktionierungsverpflichtung der Verbandsländer ergibt sich darüber hinaus aus **Art. 10ter Abs. 1** (Rdn. F 97)[22].

F 105 Soweit das nationale Recht entsprechende Beschlagnahmemöglichkeiten vorsieht, ist insbesondere die das **Beteiligungs-, insbesondere Antragsrecht**[23], regelnde Vorschrift des **Art. 10 Abs. 2** unmittelbar anwendbar[24]. Aus Art. 10 Abs. 2 ergibt sich, daß sowohl natürliche als auch juristische Personen im Beschlagnahmeverfahren als beteiligungsfähig anzusehen sind[25]. Das Beteiligungsrecht gilt für zwei Gruppen von Erzeugern, Herstellern oder Händlern, die sich mit dem betreffenden Erzeugnis befassen, und zwar zum einen für die an dem fälschlich bezeichneten Herkunftsort oder in der Gegend, in der dieser Ort liegt oder in dem fälschlich bezeichneten Land ansässigen und zum anderen für die in dem Land, in dem die falsche Herkunftsangabe verwendet wird, ansässigen Gewerbetreibenden[26]. Es kommt dabei auf die Niederlassung an. Neben den direkt betroffenen ortsansässigen Gewerbetreibenden sind somit auch die indirekt durch den unlauteren Vorsprung des Benutzers der falschen Angabe Betroffenen als beteiligte Partei zuzulassen[27]. Aus Art. 10ter ist ferner eine Verpflichtung zur Zulassung ausländischer gewerblicher Verbände als Beteiligte abzuleiten (s. im einzelnen Rdn. F 97 ff).

---

15 Anders wohl die – unreflektierte – herkömmliche Auffassung, die nach wie vor auf die objektive Falschheit abstellt, *Miosga* S. 100; *Streber* S. 193; *Ladas* S. 1581 § 844.
16 Vgl. § 3 Rdn. *561, 566.*
17 *Bodenhausen* Art. 10 Anm. d; *Tilmann* S. 409 f.
18 *Troller* Die mehrseitigen völkerrechtlichen Verträge, S. 65 Fn. 49 unter Kritik an der italienischen Praxis.
19 Vgl. § 3 Rdn. 592 ff.
20 *Bodenhausen* Art. 10 Anm. b; *Miosga* S. 99; *Tilmann* S. 409.
21 S. im einzelnen Rdn. F 94.
22 *Miosga* S. 98 f.
23 *Miosga* S. 102.
24 *Bodenhausen* Art. 10 Anm. f.
25 *Miosga* S. 102.
26 *Miosga* S. 103 f.
27 *Bodenhausen* Art. 10 Anm. f.

Im **deutschen Recht** wird der Verpflichtung aus Art. 10 PVÜ in Verbindung mit Art. 9 PVÜ durch **§ 28 WZG** und **§ 2 des Gesetzes über den Beitritt des Reichs zu dem Madrider Abkommen betreffend Unterdrückung falscher Herkunftsangaben auf Waren** entsprochen (s. im einzelnen Rdn. F 95/96). Das innerstaatliche deutsche Recht wird den Verpflichtungen aus Art. 10 PVÜ in vollem Umfang gerecht und geht z. T. darüber hinaus[28]. **F 106**

Wenn § 28 WZG in der Neufassung des Produktpirateriegesetzes[29] eine Beschlagnahme von Waren ermöglicht, „die widerrechtlich mit einer nach diesem Gesetz geschützten Kennzeichnung versehen sind", so bezieht sich dies auch auf das Verbot „einer falschen Angabe über den Ursprung ..., die geeignet ist, einen Irrtum zu erregen" im Sinne des § 26 Abs. 1 WZG. Daß mit „Ursprung" (jedenfalls auch) die geographische Herkunft gemeint ist, ergibt sich schon aus der in § 26 Abs. 4 geregelten Ausnahme[30].

Die Irreführung über die geographische Herkunft fällt ferner unter die „falschen Angaben über (den) Ursprung" im Sinne des deutschen Beitrittsgesetzes zum MHA[31], wenn „Ursprung" hier auch in einem weiteren Sinn verstanden wird, der die betriebliche Herkunft einschließt[32].

b) Das Madrider Herkunftsabkommen (MHA). Bereits im Jahr 1891 schlossen Mitgliedstaaten der PVÜ, die ihr Anliegen eines zufriedenstellenden Schutzes geographischer Herkunftsangaben im Rahmen der PVÜ nicht realisiert sahen, als Sonderabkommen (vgl. Art. 19 PVÜ) das „Madrider Abkommen über die Unterdrückung falscher Herkunftsangaben"[33], seit der Lissaboner Fassung „Madrider Abkommen über die Unterdrückung falscher oder irreführender Herkunftsangaben" genannt[34]. Die Zahl der Mitglieder des Abkommens war zunächst klein und umfaßte u. a. die am Herkunftsschutz besonders interessierten Länder Frankreich, Portugal, Schweiz und Spanien. Deutschland wurde durch den Versailler Friedensvertrag zum Beitritt[35] veranlaßt[36]; Italien schloß sich nach langem, für eine Reihe dem Schutz abgeneigter Länder exemplarischen Widerstand 1950 dem Abkommen an[37]. In der Folge ist der Mitgliederstand auf rund 30 Mitgliedstaaten angewachsen[38]; die meisten Mitglieder gehören, wie Deutschland[39], der **Lissaboner Fassung** vom 31. Oktober 1958 an[40]. Die Stockholmer Zusatzvereinbarung vom 14. Juli 1967, die von Deutschland ebenfalls ratifiziert wurde[41], gliedert das Abkommen in die WIPO[42] ein[43]. **F 107**

---

[28] *Ulmer/Reimer/Beier* Rdn. 784.
[29] Vom 7. 3. 1990, BGBl. I 422.
[30] Vgl. *Baumbach/Hefermehl* Warenzeichenrecht § 26 Rdn. 5/6.
[31] Vom 21. 3. 1925, RGBl. II 115 in der Fassung des Gesetzes vom 4. 9. 1967, BGBl. I 953.
[32] *Baumbach/Hefermehl* Warenzeichenrecht Anhang nach § 28 WZG Rdn. 1; *Miosga* S. 104.
[33] S. zur Entstehungsgeschichte und zu den Revisionen *Ladas* S. 1583 ff Rdn. 847 f; *Busse/Starck* Vorbem. MHA Rdn. 3.
[34] S. zur Modifikation des Titels *Miosga* S. 443.
[35] S. Gesetz vom 21. 3. 1925, RGBl. II 115 mit Änderung BGBl. 1974, 469.
[36] S. im einzelnen *Ladas* S. 1596 ff § 856; s. hierzu und allgemein zur Entwicklung des Mitgliederstandes auch *Tilmann* S. 410 f.
[37] S. im einzelnen *Ulmer/Schricker* Das Recht des unlauteren Wettbewerbs in den Mitgliedstaaten der EWG Bd. V Italien Rdn. 210.
[38] S. die Aufstellung in GRUR Int. 1992, 376/377.
[39] Gesetz vom 23. 3. 1961 BGBl. 1961 II 273, 293.
[40] In Kraft getreten am 17. 2. 1963 Prop. Ind. 1963, 4. S. zur Lissaboner Revisionskonferenz *Krieger* GRUR Int. 1959, 58, 93 ff.
[41] BGBl. 1970 II 293, 244.
[42] Rdn. F 22.
[43] S. dazu *Baumbach/Hefermehl* Warenzeichenrecht Vorbem. zum MHA mit Abdruck des Zusatzabkommens im Anhang zum MHA S. 1100; s. auch *Busse/Starck* S. 975 f; *Rogge* GRUR Int. 1967, 474.

F 108 **Kernstück** des MHA bildet Art. 1 Abs. 1, worin die **Benutzung falscher oder irreführender Herkunftsangaben auf Erzeugnissen** verboten wird:

„Jedes Erzeugnis, das eine falsche oder irreführende Angabe trägt, durch die eines der Länder, auf die dieses Abkommen Anwendung findet, oder ein in diesen Ländern befindlicher Ort unmittelbar oder mittelbar als Land oder Ort des Ursprungs angegeben ist, wird bei der Einfuhr in diese Länder beschlagnahmt."

Nach Art. 1 Abs. 2 erfolgt die **Beschlagnahme** sowohl im Land der Anbringung der Angabe als auch im Einfuhrland. Die folgenden Absätze sehen bei Fehlen einschlägiger Beschlagnahmebehelfe im nationalen Recht Ersatzbehelfe vor; als letzter Ausweg bleibt die Anwendung der Gesetze über Marken oder Handelsnamen (Art. 1 Abs. V).

Die Beschlagnahme erfolgt auf Betreiben der Zollbehörde; ferner kann die Staatsanwaltschaft oder jede andere zuständige Behörde auf Verlangen der verletzten Partei oder von Amts wegen die Beschlagnahme beantragen (Art. 2 Abs. 1).

Für die **Durchfuhr** besteht keine Beschlagnahmepflicht (Art. 2 Abs. 2)[44].

F 109 Art. 3 erlaubt es dem Verkäufer, **Namen und Anschrift** auf den Erzeugnissen anzugeben, auch wenn sie aus einem anderen Land stammen; es müssen jedoch Angaben hinzugefügt werden, die geeignet sind, jeden Irrtum über den wahren Ursprung der Waren auszuschließen[45].

Art. 3 ^{bis} erweitert das Verbot der Angaben, die geeignet sind, das Publikum über die Herkunft zu täuschen, hinsichtlich der Modalitäten der Benutzung. Während Art. 1 nur die Anbringung und Benutzung der Angaben auf den Erzeugnissen oder ihrer Verpackung erfaßt[46], bezieht Art. 3bis den Bereich der **Benutzung in der Werbung** ein, insbesondere auf Geschäftsschildern, Ankündigungen, Rechnungen, Weinkarten, Geschäftsbriefen oder Geschäftspapieren oder anderen geschäftlichen Mitteilungen. Indessen spricht Art. 3bis lediglich von einer Verpflichtung der Mitgliedstaaten zur Einführung eines derartigen Verbots.

F 110 In Art. 1/2 ist nicht nur von einer Verpflichtung der Mitgliedstaaten die Rede, sondern es werden hinsichtlich des dort umschriebenen Tatbestandes unmittelbar Sanktionen verhängt. Gleichwohl werden im deutschen Schrifttum Art. 1/2 als lediglich die Mitgliedstaaten zur Schaffung einschlägiger Gesetze verpflichtend, nicht aber als unmittelbar anwendbar erachtet[47]. Dagegen hat beispielsweise die italienische Rechtsprechung Art. 1 MHA aufgrund der Ratifizierung in Italien für unmittelbar anwendbar erklärt[48]. Zieht man die präzise Fassung der Verbotsvoraussetzungen in Art. 1 MHA und die Tatsache in Betracht, daß nach Art. 2 bei Fehlen spezifischer Beschlagnahmeregelungen letzten Endes mit den Sanktionen des Handelsnamens- oder Markenrechts auf eine überall vorgehaltene Auffangposition rekurriert wird, erscheint die Auffassung zutreffend, daß es sich **bei Art. 1/2 um eine unmittelbar anwendbare Norm** des internationalen Rechts handelt. Die auf die nationalen Regelungsspielräume der Sanktionierung hinweisende Gegenansicht[49] überzeugt demgegenüber nicht[50].

---

[44] *Busse/Starck* MHA Art. 2 Rdn. 3.

[45] S. dazu *Miosga* S. 463 ff; *Busse/Starck* MHA Art. 3 Rdn. 3.

[46] *Fernández-Nóvoa* S. 111.

[47] *Miosga* S. 450; *Wirner* S. 32; *v. Gamm* 16 Kap. Rdn. 3.

[48] Trib. Milano Mon. Trib. 1964, 1361; s. dazu *Ulmer/Schricker* Bd. V Italien Rdn. 218.

[49] *Miosga* S. 450; *Wirner* S. 32.

[50] Für unmittelbare Anwendbarkeit auch *Ladas* S. 1593 ff, §§ 854/855. So auch *Fernández-Nóvoa* S. 120 ff, der von einem „Minimalschutz" spricht; s. auch *Busse/Starck* MHA Art. 2 Rdn. 1.

Art. 3bis MHA besagt dagegen ausdrücklich, daß sich die Mitgliedstaaten zu einem Verbot **„verpflichten"**; Sanktionen und Verbotsinstrumentarium werden – anders als bei Art. 1/2 MHA – nicht geregelt. Eine stillschweigende Bezugnahme auf die in Art. 1/2 vorgesehene Beschlagnahmesanktion ist dabei auszuschließen. Denn die Beschlagnahmesanktion zielt auf den Warenverkehr, insbesondere den Import, ab; bei den unter Art. 3bis fallenden Sachverhalten dürfte es sich in der Regel nicht um grenzüberschreitende Vorgänge handeln, sondern um Werbung im Absatzland. Art. 3bis bildet deshalb nur eine Verpflichtung der Mitgliedstaaten und **keine unmittelbar anwendbare Norm**[51]. **F 111**

Materiellrechtlich besitzt Art. 1 MHA grundsätzlich denselben weiten Anwendungsbereich wie Art. 10 PVÜ: Sowohl Ursprungsbezeichnungen wie Herkunftsangaben werden geschützt; die Ortsangabe kann unmittelbar oder mittelbar gemacht werden (Rdn. F 102). Die Einbeziehung nicht nur objektiv und formal „falscher" Angaben, sondern auch der irreführenden Angaben (vgl. Rdn. 103) wird seit der Lissaboner Revision in Art. 1 ausdrücklich hervorgehoben. In Art. 3bis ist – moderner formuliert – nur noch die Voraussetzung aufgestellt, daß die Angaben „geeignet sind, das Publikum über die Herkunft der Erzeugnisse zu täuschen". Auch für Art. 1 muß in diesem Sinne die **Eignung zur Irreführung** über die Herkunft genügen[52]. Es kommt für die Irreführung dabei auf das Verständnis der Angabe im Schutzland, insbesondere auf dessen Verkehrsauffassung, an (vgl. Rdn. F 114). Auch ob eine Bezeichnung „falsch" ist, kann nicht abstrakt, sondern nur im Blick auf das Sprachverständnis eines konkreten Marktes beurteilt werden, und zwar desjenigen des Schutzlandes, der mit der Bezeichnung konfrontiert wird[53]. **F 112**

Die Begriffe der „Falschheit" und „Irreführung" sind im übrigen vertragsautonom auszulegen. Eine Komponente der Anlockung oder gar des Anscheins besonderer Vorzüge, etwa einer besonderen Qualität wird nicht erfordert; es genügt, daß Fehlvorstellungen über die Herkunft hervorgerufen werden[54].

Art. 1 MHA schützt nur gegen den Mißbrauch geographischer **Angaben aus den Ländern, „auf die dieses Abkommen Anwendung findet"**, nicht dagegen sind geographische Angaben aus Drittländern geschützt[55]. Durch diesen engeren Anwendungsbereich unterscheidet sich Art. 1 MHA von Art. 10 PVÜ, der eine solche Einschränkung nicht enthält (Rdn. F 102)[56]; hierdurch wird ein Anreiz geschaffen, dem engeren Verband beizutreten. Art. 3bis MHA läßt eine entsprechende Beschränkung im Text zwar nicht erkennen, jedoch dürfte sie wegen des Zusammenhangs mit der Grundnorm des Art. 1 auch für Art. 3bis anzunehmen sein. Ein weitergehender, auch Herkunftsangaben aus Drittländern einbeziehender Schutz wird jedoch durch das MHA nicht verboten; namentlich bei der Bekämpfung irreführender Werbung im Sinne des Art. 3bis MHA pflegt zwischen Mitgliedstaaten des MHA und Nichtmitgliedstaaten nicht differenziert zu werden, wie dies etwa § 3 des deutschen UWG zeigt[57]. **F 113**

Die Frage ist damit weitgehend theoretisch, ob das Diskriminierungsverbot des Art. 7 EWGV verletzt würde, wenn ein Antragsteller aus einem zwar der EWG, nicht aber dem MHA angehörenden Land (Belgien, Dänemark, Griechenland, Lu-

51 So auch *Fernández-Nóvoa* S. 126f, 140; *Roubier* Bd. II Nr. 318 S. 806.

52 *Fernández-Nóvoa* S. 114.

53 *Fernández-Nóvoa* S. 114.

54 *Miosga* S. 451f, 471; *Fernández-Nóvoa* S. 114; *Troller* Die mehrseitigen völkerrechtlichen Verträge S. 67.

55 *Miosga* S. 443, 451.

56 *Miosga* S. 443.

57 Vgl. freilich § 28 UWG, insbesondere Rdn. 3.

xemburg, Niederlande) schutzlos bliebe, während Angehörige von Verbandsstaaten des MHA in gleicher Situation Schutz gewährt würde[58].

F 114 Die sowohl für Art. 1 als auch für Art. 3bis entscheidende Eignung zur Irreführung über die Herkunft fehlt, wenn geographische Bezeichnungen von den maßgeblichen Verkehrskreisen als **Phantasiebezeichnungen** (vgl. § 3 Rdn. 561 ff)[59] oder **Gattungsbezeichnungen** (vgl. § 3 Rdn. 566 ff) verstanden werden[60].

Für die Gattungsbezeichnungen enthält **Art. 4 MHA** eine wichtige Präzisierung[61]:

> „Die Gerichte jedes Landes haben zu entscheiden, welche Bezeichnungen wegen ihrer Eigenschaft als Gattungsbezeichnung nicht unter die Bestimmungen dieses Abkommens fallen; der Vorbehalt dieses Artikels bezieht sich jedoch nicht auf die regionalen Bezeichnungen der Herkunft von Weinbauerzeugnissen."

Die Vorschrift erklärt grundsätzlich die **Gerichte des Schutzlandes** für die Entscheidung über das Vorliegen einer Gattungsbezeichnung für zuständig und verweist auf dessen Recht und Verkehrsauffassung[62]. Letzteres ist im Grunde nichts anderes als eine Konsequenz der Herrschaft des Irreführungsstandards: Wenn es dabei auf das Verständnis der Angabe im Schutzland ankommt (Rdn. F 112), muß auch die Beurteilung des Vorliegens einer Gattungsbezeichnung sich nach der Auffassung im Schutzland richten. Einer Bezeichnung, die im Ursprungsland Herkunftsangabe ist, mag somit von den Gerichten des Schutzlandes sehr wohl der Schutz mit dem Argument versagt werden, daß es sich im Schutzland um eine Gattungsbezeichnung handle, die nicht unter das Abkommen fällt[63].

F 115 Nach dem letzten Halbsatz des Art. 4 bezieht sich der Vorbehalt dieses Artikels nicht auf „die **regionalen Bezeichnungen der Herkunft von Weinbauerzeugnissen**"[64]. Die Vorschrift wird als eine Ausnahme der betreffenden Bezeichnungen von der Entwicklung zur Gattungsbezeichnung verstanden[65]. Genauer gesagt, soll für die Beurteilung, ob eine Gattungsbezeichnung vorliegt, das Recht nicht des Schutzlandes, sondern des Ursprungslandes Anwendung finden[66]. Wenn die Bezeichnung im Ursprungsland Herkunftsangabe ist, soll ihr Schutz nicht daran scheitern, daß sie nach dem Verständnis des Schutzlandes eine Gattungsbezeichnung bildet[67].

Fraglich ist, was zu gelten hat, wenn die Bezeichnung schon im Ursprungsland sich zur Gattungsbezeichnung entwickelt hat. Ist sie auch im Schutzland Gattungsbezeichnung, scheidet ein Schutz jedenfalls aus, denn von einer falschen oder irreführenden Angabe über die Herkunft im Sinne von Art. 1 kann dann auch in weitester Auffassung nicht mehr gesprochen werden. Dagegen wäre ein Schutz nicht ohne weiteres von der Hand zu weisen, wenn die Bezeichnung zwar im Ursprungsland Gattungsbezeichnung ist, sie aber im Schutzland als Herkunftsangabe gewertet wird, so daß dort eine Irreführung gegeben sein könnte. Indessen setzt Art. 4 voraus, daß es sich um eine regionale Bezeichnung **„der Herkunft"** handelt; ein Schutz

---

58 Vgl. auch § 28 Rdn. 4.

59 S. z. B. BPatGer 4, 171: Chambord ist für Tabakerzeugnisse Phantasiebezeichnung; *Busse/Starck* MHA Art. 2 Rdn. 1.

60 *Busse/Starck* MHA Art. 4 Rdn. 1; *Miosga* S. 453, 468, 470.

61 S. zur Entstehungsgeschichte *Fernández-Nóvoa* S. 129 f, 132 ff.

62 *Miosga* S. 469 f; *Fernández-Nóvoa* S. 131.

63 *Miosga* S. 469.

64 S. zu den Versuchen, diese Ausnahme auf andere Naturprodukte auszuweiten *Fernández-Nóvoa* S. 132 f.

65 *Miosga* S. 471; *Jung* S. 80 („absoluter Schutz").

66 *Miosga* S. 471; *Fernández-Nóvoa* S. 134; *Jung* S. 80 f.

67 *Miosga* S. 471.

von Bezeichnungen, die schon im Ursprungsland Gattungsbezeichnungen sind, scheidet somit aus[68].

Die Vorschrift gilt nur für direkte Herkunftsangaben[69], und zwar solche regionaler Art, d. h. von Gegenden; nicht fallen hierunter somit lokale und nationale Angaben[70].

Art. 4 letzter Halbsatz gilt für die Bezeichnungen von **Wein und Weinbauerzeugnissen**, d. h. für alle Produkte der Reben[71].

Die in Art. 4 enthaltene Privilegierung für regionale Bezeichnungen von Weinbauprodukten bildet den einzigen Ansatzpunkt zu einem absoluten Herkunftsschutz im MHA, der von einer konkreten Irreführung losgelöst ist. Die neueren zweiseitigen Verträge zum Schutz von Herkunftsangaben haben diesen Gedanken aufgegriffen und weiter entfaltet (Rdn. F 125 ff).

Die grundsätzliche Ausrichtung des Konventionsschutzes des MHA auf den Fall der Irreführung (Rdn. 112) bringt mit sich, daß die **nicht irreführende Rufausbeutung, insbesondere durch anlehnende Bezugnahme mittels sog. „richtigstellender" oder entlokalisierender Zusätze**[72], vom Abkommen nicht erfaßt wird[73]. Dies gilt auch für die in Art. 4 privilegierten Herkunftsangaben von Weinbauprodukten; Versuche, das absolute Verbot auf die Benutzung mit Zusätzen auszudehnen, sind bisher ohne Erfolg geblieben[74]. Es wird im Einzelfall freilich zu prüfen sein, ob nicht trotz der Zusätze – etwa, weil sie in unscheinbarer Form angebracht sind, so daß sie überlesen werden – eine Irreführung zu bejahen ist; die Rechtsprechung ist diesbezüglich mit Recht streng[75]. **F 116**

Im **deutschen Recht** wird der konventionsrechtlichen Pflicht zum Herkunftsschutz zunächst durch § 2 des Gesetzes über den Beitritt des Reichs zu dem Madrider Abkommen betreffend die Unterdrückung falscher Herkunftsangaben auf Waren (s. im einzelnen Rdn. F 106) genügt. § 2 bildet dabei eine eigenständige, von § 3 UWG unabhängige Rechtsgrundlage[76]. Ferner kommen §§ 28, 26 WZG und §§ 3, 4 UWG in Betracht (Rdn. 106). Das innerstaatliche Recht bleibt grundsätzlich hinter dem Konventionsrecht nicht zurück[77], sondern geht z. T. noch über dieses hinaus[78], wie z. B. bei der Bekämpfung der anlehnenden Bezugnahme mit Hilfe von § 1 UWG (vgl. § 3 Rdn. 592). Daß die Bezeichnungen von Weinbauprodukten nicht als Gattungsbezeichnungen betrachtet werden dürfen, wie Art. 4 MHA letzter Halbsatz vorschreibt, ergab sich früher aus einer ausdrücklichen Norm des Weinrechts[79]. Die heute einschlägigen Verordnungen der EWG und des WeinG von 1971[80] in der Fassung von 1982[81] enthalten zwar keine ausdrücklichen Verbote mehr, jedoch hält man – insbesondere durch entsprechende Auslegung der Irreführungsverbote – an **F 117**

---

[68] So auch *Fernández-Nóvoa* S. 134; *Jung* S. 80 f; *Tilmann* S. 412.

[69] *Fernández-Nóvoa* S. 131. Um Ursprungsangaben im engeren Sinne braucht es sich nicht zu handeln, *Miosga* S. 471.

[70] *Jung* S. 80. Weitergehend *Fernández-Nóvoa*, der auch Bezeichnungen kleinerer lokaler Einheiten darunter faßt, S. 134.

[71] *Fernández-Nóvoa* S. 134. Versuche der Ausdehnung des Textes auf andere landwirtschaftliche Produkte scheiterten, s. *Fernández-Nóvoa* S. 132 ff.

[72] S. dazu allgemein *Schricker* GRUR Int. 1982, 515, 518 ff.

[73] *Fernández-Nóvoa* S. 112 f; *Jung* S. 79; *Tilmann* S. 411 f.

[74] *Fernández-Nóvoa* S. 135 f; *Ladas* § 852 S. 1592.

[75] Vgl. § 3 Rdn. 594 ff.

[76] OLG München GRUR 1988, 67.

[77] *Miosga* S. 458.

[78] *Ulmer/Reimer/Beier* Bd. III Rdn. 785; *Baumbach/Hefermehl* Warenzeichenrecht Vorbem. vor Art. 1 MHA.

[79] § 6 Abs. 1 WeinG von 1930 (RGBl. I 359).

[80] BGBl. I 893.

[81] BGBl. I 1196.

der Regel fest, daß geographische Angaben für Wein ausschließlich zur Bezeichnung der geographischen Herkunft Verwendung finden dürfen[82]. Ausländische Angehörige von Mitgliedstaaten des MHA können sich diesbezüglich jedenfalls unmittelbar auf Art. 4 MHA letzter Halbsatz berufen.

Der Schutz des innerstaatlichen Rechts – der zugleich der Ausführung von Art. 10, 9 PVÜ dient (Rdn. F 106) – beschränkt sich nicht auf den Schutz von Herkunftsbezeichnungen aus Mitgliedstaaten des MHA, sondern steht im gesamten Geltungsbereich der PVÜ sowie von § 35 WZG und § 28 UWG zur Verfügung[83]. So liegt eine falsche Angabe über den Ursprung einer Ware im Sinn von § 2 Beitrittsgesetz zum MHA z. B. auch dann vor, wenn der Eindruck erweckt wird, die Ware sei im Inland hergestellt worden, während sie tatsächlich im Ausland produziert wurde[84].

Soweit der Schutzsuchende sich auf das MHA berufen kann, ist in einem Punkt freilich eine konventionskonforme, erweiternde Auslegung des deutschen Rechts geboten: Von dem sonst bei § 3 UWG zugrundezulegenden Merkmal der **anlockenden Wirkung** (§ 3 Rdn. 118 ff) ist abzusehen, da es dem MHA fremd ist (Rdn. F 112).

F 118 Das MHA ist wegen seiner Beschränkung auf falsche und irreführende Angaben, der Ausklammerung der Benutzung mit anlehnenden Zusätzen und der Freiheit der Schutzländer, das Vorliegen von Gattungsbezeichnungen anzunehmen, sofern es nicht um Weinbauprodukte geht, oft **kritisiert** worden; das internationale Schutzbedürfnis kann durch das MHA nicht befriedigt werden[85]. Dazu trägt auch bei, daß Art. 1 und Art. 2 nur die Beschlagnahmesanktion vorsehen[86].

Geht man von einer unmittelbaren Anwendbarkeit der Art. 1, 2 und 4 aus (Rdn. F 110), so kann aber immerhin in Mitgliedstaaten mit unterentwickelter innerstaatlicher Gesetzgebung, gestützt auf das Abkommen, ein Minimalschutz erreicht werden. Im deutschen Recht führt das Abkommen, konsequent angewendet, zu einem vom Merkmal der Anlockung abstrahierenden und insofern strengeren Irreführungsschutz (Rdn. 117); der weinrechtlich nicht mehr ausdrücklich gewährleistete Schutz der Herkunftsangaben für Weinbauprodukte gegen eine Benutzung als Gattungsbezeichnung wird bekräftigt.

F 119 c) **Das Lissaboner Ursprungsabkommen (LUA).** Angesichts der Unzulänglichkeiten des Schutzes geographischer Bezeichnungen durch die PVÜ (Rdn. F 101, 104) und das MHA (Rdn. F 107, 118) wurde auf Betreiben interessierter Staaten, insbesondere Frankreichs auf der Lissaboner Revisionskonferenz ein weiteres Sonderabkommen (vgl. Art. 19 PVÜ) abgeschlossen, das Lissaboner Abkommen über den Schutz von Ursprungsbezeichnungen und ihre internationale Registrierung (LUA) vom 31. Oktober 1958[87]. Das Abkommen sieht einen weitreichenden, an eine **internationale Registrierung** anknüpfenden Schutz von **Ursprungsbezeichnungen** vor, die im Ursprungsland als solche anerkannt und geschützt sind. Es hat jedoch nur einen

---

[82] S. *v. Zumbusch* Das Verhältnis des EG-Weinbezeichnungsrechts zum deutschen Wein- und Wettbewerbsrecht 1990 S. 24; *Baumbach/Hefermehl* Wettbewerbsrecht § 3 Rdn. 221, 258, Anhang IV zu § 3 Rdn. 2; *Tilmann* S. 104 ff; *Busse/Starck* MHA Art. 4 Rdn. 2.

[83] *Busse/Starck* S. 977 Rdn. 2.

[84] OLG München GRUR 1988, 67; *Schricker* Recht der Werbung in Europa Bd. I Rdn. 46.

[85] *Beier* GRUR Int. 1966, 197, 206; *Fernández-Nóvoa* S. 137 ff; *Jung* S. 79; *Beier* GRUR Int. 1968, 69, 74.

[86] *Fernández-Nóvoa* S. 140.

[87] GRUR Int. 1959, 135, in Kraft getreten am 31. Oktober 1973 Ind. Prop. 1973, 294.

kleinen Mitgliederkreis gewinnen können[88]. Deutschland ist dem Abkommen bis heute nicht beigetreten (Näheres Rdn. F 121).

Da das LUA für Deutschland nicht gilt, soll sein Inhalt nur kurz skizziert werden[89]. **F 120**

Der Schutz bezieht sich nur auf **„Ursprungsbezeichnungen"**[90]. Als Ursprungsbezeichnung definiert Art. 1 Abs. 1 „die geographische Benennung eines Landes, einer Gegend oder eines Ortes ..., die zur Kennzeichnung eines Erzeugnisses dient, das dort seinen Ursprung hat und das seine Güte oder Eigenschaften ausschließlich oder überwiegend den geographischen Verhältnissen einschließlich der natürlichen und menschlichen Einflüsse verdankt". Die Ursprungsbezeichnungen müssen im Ursprungsland **„als solche anerkannt und geschützt"** sein (Art. 1 Abs. 2), wozu jedenfalls die Festlegung der geographischen Grenze des Ursprungsgebietes gehört[91]. Der internationale Schutz wird durch **Registrierung beim Internationalen Büro** zum Schutz des gewerblichen Eigentums erlangt (Art. 5). Die Bezeichnungen werden auf den Namen natürlicher oder juristischer Personen des öffentlichen oder Privatrechts registriert, die gemäß ihrer Landesgesetzgebung Inhaber des Rechts zur Benutzung sind (Art. 5 Abs. 1).

Die anderen Mitgliedstaaten können binnen Jahresfrist erklären, daß sie der Ursprungsbezeichnung den Schutz nicht gewähren (Art. 5 Abs. 1)[92]. Der internationale Schutz besteht solange wie der Schutz im Ursprungsland (Art. 7 Abs. 1); solange er besteht, kann die Bezeichnung nicht als **Gattungsbezeichnung** angesehen werden (Art. 6). Der Schutz wird gegen **„jede widerrechtliche Aneignung oder Nachahmung"** gewährt, selbst wenn der wahre Ursprung des Erzeugnisses angegeben ist oder wenn die Bezeichnung in Übersetzung oder zusammen mit Ausdrücken wie ‚Art', ‚Typ', ‚Fasson', ‚Nachahmung' oder dergleichen gebraucht wird" (Art. 3). Die Rechtsverfolgung kann gemäß der Landesgesetzgebung des Schutzlandes auf Betreiben der zuständigen Behörde oder Staatsanwaltschaft oder durch jede beteiligte Partei eingeleitet werden (Art. 8). Die Einzelheiten der Registrierung sind in einer Ausführungsordnung geregelt (Art. 10).

Die Haltung Deutschlands zum LUA und die Möglichkeit eines Beitritts ist vielfach diskutiert worden[93]. Haupthindernis bleibt die Tatsache, daß es im deutschen Recht an einer allgemeinen Einführung der Kategorie durch Gesetz, gerichtlichen oder behördlichen Akt anerkannter Ursprungsbezeichnungen fehlt[94]. Ferner dürften sich die geographischen Bezeichnungen industrieller Erzeugnisse, an denen ein besonderes Interesse in der Bundesrepublik besteht, schwerlich unter die Definition der Ursprungsbezeichnung im Sinn des LUA bringen lassen[95]. **F 121**

Der Abschluß zweiseitiger Verträge der Bundesrepublik Deutschland mit wichtigen Mitgliedstaaten des LUA (Frankreich, Italien, s. Rdn. F 125 ff) hat das Interesse

---

[88] 16 Mitglieder nach dem Stand vom 1. 1. 1992, s. GRUR Int. 1992, 374/375, darunter Frankreich, Italien, Portugal, Tschechoslowakei und Ungarn. S. auch *Jung* S. 81 f.

[89] Ausführlichere Darstellungen bei *Tilmann* S. 412 ff; *Miosga* S. 481 ff; *Fernández-Nóvoa* S. 141 ff.

[90] *Jung* S. 82.

[91] *Tilmann* S. 414.

[92] S. zur Schutzversagung in Israel Urteil des Obersten Gerichtshofs GRUR Int. 1991, 151.

[93] *Beier* GRUR Int. 1966, 197, 207 und eingehend in GRUR Int. 1968, 69 ff; *Krieger* GRUR 1972, 304 ff; *Miosga* S. 479; *Tilmann* S. 415 ff; s. auch die Erklärung der deutschen Delegation auf der Lissaboner Konferenz, referiert bei *Krieger* GRUR Int. 1959, 99. S. ferner allgemein *Christian* GRUR Int. 1957, 478, 485.

[94] *Beier* GRUR Int. 1968, 69, 78 f; *Miosga* S. 478 f; *Jung* S. 82. Als Ausnahme gilt das Gesetz zum Schutz des Namens „Solingen" vom 25. 7. 1938 RGBl. I 953, s. dazu *Tilmann* S. 100, der auch weitere mögliche Ausnahmen diskutiert.

[95] *Jung* S. 82 f.

an einem mehrseitigen internationalen Schutz reduziert[96]. Im Gemeinsamen Markt erfüllt seine Funktion nunmehr in ihrem Anwendungsbereich die Verordnung zum Schutz von geographischen Angaben und Ursprungsbezeichnungen für Agrarerzeugnisse und Lebensmittel (Rdn. 145 ff).

F 122 d) **Das Stresaer Käseabkommen.** Ausschließlich auf Käseerzeugnisse bezieht sich das Abkommen von Stresa über die Benennungen für Käse vom 1. 6. 1951[97]. Dem Abkommen, das am 8. 7. 1953 in Kraft getreten ist[98] gehören nur wenige Staaten an, darunter Dänemark, Frankreich, Italien, die Niederlande, Österreich und die Schweiz[99]; Deutschland ist nicht beigetreten. Das Stresaer Abkommen[100] sieht eine Registrierung der geschützten Bezeichnungen in zwei Schutzstufen vor. Wie das LUA setzt es voraus, daß die Bedingungen der Benutzung der Bezeichnung im Ursprungsland reglementiert sind. Während bei der höheren Schutzstufe auch die Benutzung mit Zusätzen verboten ist, erlaubt die niedrigere Schutzstufe, daß die ihr zugeordneten Bezeichnungen auch für qualitativ entsprechende Produkte aus anderen Vertragsstaaten unter Hinzufügung des wahren Herkunftsortes benutzt werden dürfen; das Abkommen erweist sich insoweit, wie *Tilmann*[101] kritisch bemerkt, „als Instrument der Usurpateure"[102].

F 123 Mit dem Verhältnis zwischen dem Grundsatz des freien Warenverkehrs (Art. 30 ff) und der Anwendung des Stresaer Käseabkommens hat sich die Entscheidung des EuGH vom 22. 9. 1988[103] befaßt. Es ging dabei allerdings nicht um den Herkunfts- sondern nur um den Qualitätsschutz, und zwar um die Einfuhr von Edamer Käse mit 34,30% Fettgehalt von Deutschland nach Frankreich, wo nach Maßgabe des Stresaer Käseabkommens für das fragliche Produkt ein Mindestfettgehalt von 40% verlangt wird[104]. Der EuGH betont den Vorbehalt der Rechte und Pflichten dritter Länder aus vorbestehenden internationalen Verträgen gemäß Art. 234 Abs. 1 EGWV, meint aber, im vorliegenden Fall seien Rechte dritter Länder nicht berührt, so daß Art. 234 der Anwendung von Art. 30 ff nicht entgegenstehe[105].

F 124 e) **Zweiseitige Verträge.** In älteren zweiseitigen völkerrechtlichen Verträgen finden sich zuweilen Regelungen zum Schutz geographischer Herkunftsangaben[106]. Die praktische Bedeutung ist relativ gering. Erwähnt seien hier die deutsch-portugie-

---

[96] Positiver sieht *Tilmann* S. 415 ff die Chancen des LUA, der empfiehlt, die nationalen Voraussetzungen des Schutzes durch eine Eintragung der geographischen Bezeichnungen als Verbandsmarken zu schaffen (s. in diesem Sinne bereits *Oppenhoff* GRUR Int. 1977, 226, 233 ff; s. zum Vorschlag *Tilmann Schricker* BB 1977, 1429 ff). *Tilmann* (S. 417 f) unterrichtet auch über neuere Ansätze zur Belebung des LUA. S. zur Reform des LUA auch *Beier* GRUR Int. 1974, 134 ff.

[97] Prop. Ind. 1953, 21. S. dazu *Jung* S. 85 ff; *Trotta* Prop. Ind. 1977, 197.

[98] *Ulmer* Bd. 1 Rdn. 42.

[99] *Jung* S. 85.

[100] S. dazu *Ulmer* Bd. 1 Rdn. 42; *Troller* Die mehrseitigen völkerrechtlichen Verträge, S. 101 ff; *Jung* S. 85 ff; *Tilmann* S. 422 f (s. dort auch zu der im Ergebnis verwandten Arbeit der Codex-Alimentarius-Kommission der FAO und WHO, S. 423 f).

[101] S. 423.

[102] S. auch die Kritik von *Jung* S. 86 ff, der freilich auch auf positive Wirkungen hinweist.

[103] RS 286/86 – Deserbais NJW 1990, 972. S. zum Verhältnis des Stresaer Abkommens zum Gemeinschaftsrecht auch *Trotta* Prop. Ind. 1977, 117, 125 ff.

[104] Der EuGH weist denn auch ausdrücklich darauf hin, daß Edamer weder eine Ursprungsbezeichnung noch eine Herkunftsangabe bilde, sondern eine bloße Verkehrsbezeichnung einer Käsesorte, s. Nr. 9.

[105] S. zum Verhältnis zwischen den internationalen Verträgen zum Schutz geographischer Herkunftsangaben und dem EWGV im einzelnen Rdn. 143.

[106] S. dazu *Tilmann* S. 418 f; *Ulmer/Reimer/Beier* Rdn. 787/78. Vgl. auch den Gesamtüberblick über die zweiseitigen Verträge im gewerblichen Rechtsschutz bei *Baumbach/Hefermehl* Warenzeichenrecht, S. 1192 ff.

sischen Handels- und Schiffahrtsverträge[107], in denen sich die deutsche Seite verpflichtet, die portugiesischen Bezeichnungen „Porto" und „Madeira" zu schützen[108]; ferner das deutsch-cubanische Abkommen vom 22. 3. 1954[109], das den gegenseitigen Schutz geographischer Angaben regelt, u. a. der Angaben „Havanna" und „Cuba" für Tabakerzeugnisse[110].

F 125 Neue Impulse erhielt der internationale Schutz durch den ab 1960 erfolgenden Abschluß der sogenannten **zweiseitigen Verträge „neuen Typs"**[111]; durch sie wurde eine wesentliche Verbesserung des Schutzsystems erreicht[112]. Um Entwicklung und Abschluß dieser Verträge hat sich als zuständiger Referent im Bundesjustizministerium Albrecht Krieger verdient gemacht, der sich in zahlreichen Veröffentlichungen mit Entstehungsgeschichte und Auslegung der Abkommen befaßt hat[113].

Bahnbrechend war das Abkommen mit **Frankreich** über den Schutz von Herkunftsangaben, Ursprungsbezeichnungen und anderen geographischen Bezeichnungen vom 8. 3. 1960[114]. Es folgten diesem Muster Verträge mit **Griechenland** vom 16. 4. 1964[115] und **Italien** vom 23. 7. 1963[116]. In einer „zweiten Generation"[117] mit gewissen inhaltlichen Verbesserungen schlossen sich Verträge mit der **Schweiz** vom 7. 3. 1967[118], **Spanien** vom 11. 9. 1970[119] und **Österreich** vom 6. 10. 1981 an (bisher nur von österreichischer Seite ratifiziert)[120]. Die praktische Bedeutung dieser Verträge „neuen Typs" läßt sich an zahlreichen Gerichtsentscheidungen und literarischen Beiträgen ablesen[121]. Im Anschluß wird, sofern Artikel der Abkommen zitiert werden, auf das deutsch-französische Abkommen als Beispiel für die Abkommen der ersten Generation (Fr) und auf das deutsch-schweizerische Abkommen als Beispiel für die zweite Generation (Schw) Bezug genommen.

---

107 Vom 20. 11. 1908, RGBl. 1910, 679; vom 20. 3. 1926, RGBl. II 289 und vom 24. 8. 1950, BGBl. 1950, 298; auszugsweise abgedruckt bei *Busse/Starck* S. 982; s. dazu *Ulmer/Reimer/Beier* Rdn. 787; *Baumbach/Hefermehl* Warenzeichenrecht S. 1200.

108 Das Abkommen wurde von Portugal 1961 gekündigt, wird aber im Einverständnis beider Vertragsstaaten im wesentlichen weiter angewendet, *Baumbach/Hefermehl* Warenzeichenrecht S. 1202 Rdn. 1; *Tilmann* S. 129 f.

109 BGBl. 1954 II 1112; auszugsweise abgedruckt bei *Baumbach/Hefermehl* Warenzeichenrecht S. 1198 f und *Busse/Starck* S. 980 ff.

110 S. dazu *Ulmer/Reimer/Beier* Rdn. 788; *Neise* MA 1955, 67; BGH GRUR 1957, 430 – *Havana*; OLG Hamm GRUR 1978, 483 (Havana-Stäbchen).

111 Heute nach dem Vorgang von *Beier*, s. *Ulmer/Reimer/Beier* Rdn. 789, allgemein so bezeichnet, s. z. B. *Tilmann* S. 418.

112 S. zur Bewertung *Jung* S. 132 ff.

113 *Krieger* GRUR Int. 1960, 400; 1964, 499; 1967, 334; 1981, 543; 1984, 71.

114 BGBl. 1961 II 22 = GRUR Int. 1960, 431 = Bl. f. PMZ 1960, 209; 1961, 172 (mit Denkschrift), abgedruckt auch bei *Baumbach/Hefermehl* Warenzeichenrecht S. 1205 ff; Neufassung der Anlagen BGBl. 1969 II 856.

115 BGBl. 1965 II 176 = Bl. f. PMZ 1965, 129 (mit Denkschrift), abgedruckt auch bei *Baumbach/Hefermehl* Warenzeichenrecht S. 1227 ff.

116 BGBl. 1965 II 1963 = Bl. f. PMZ 1965, 138 (mit Denkschrift), abgedruckt bei *Baumbach/Hefermehl* Warenzeichenrecht S. 1242 ff.

117 *Tilmann* S. 421.

118 BGBl. 1969 II 139 = Bl. f. PMZ 1969, 182 (mit Denkschrift), abgedruckt auch bei *Baumbach/Hefermehl* Warenzeichenrecht S. 1260 ff.

119 BGBl. 1972 II 110 = Bl. f. PMZ 1972, 242 (mit Denkschrift), abgedruckt auch bei *Baumbach/Hefermehl* Warenzeichenrecht S. 1277 ff.

120 Abgedruckt bei *Baumbach/Hefermehl* S. 1307 ff. S. dazu *v. Gamm* 37. Kapitel Rdn. 267; *Schricker* in Les indications de provenance 1983, S. 78, 94. S. auch VO (EWG) Nr. 3826/81 vom 15. 12. 1981 (ABl. L 389/1) betreffend den Abschluß eines Abkommens zwischen der EWG und Österreich über geographische Angaben von Weinen.

121 Kurze Kommentierungen der Abkommen finden sich bei *Baumbach/Hefermehl* Warenzeichenrecht S. 1202 ff; *Ulmer/Reimer/Beier* 789 ff; *v. Gamm* 37. Kapitel Rdn. 257 ff; HdbWbR/*Helm* § 48 Rdn. 223; s. hierzu ferner *Tilmann* S. 418 ff, 435 ff; *Schricker* Recht der Werbung in Europa 1 Rdn. 49 ff; *Miosga* S. 439 ff; *Jung* S. 95 ff und umfassend *Streber*, Die internationalen Abkommen der Bundesrepublik Deutschland zum Schutz geographischer Herkunftsangaben, Münchener Dissertation 1992 (noch unveröffentlicht) S. 64 ff. S. schließlich die im folgenden zitierte Aufsatzliteratur.

Zu erwähnen ist schließlich, daß auch andere europäische Staaten[122] zweiseitige Abkommen nach dem Modell der Verträge neuen Typs zwischen sich abgeschlossen haben, so etwa Frankreich und Spanien (vgl. Rdn. F 142) und Frankreich und Italien[123].

F 126 Die zweiseitigen Abkommen neuen Typs statuieren ein **komplexes Schutzsystem.** Bei ihrer Auslegung darf nicht unreflektiert dem deutschen Recht gefolgt, sondern es müssen die Regeln über die Auslegung internationaler Verträge herangezogen werden[124]. Die Tatsache, daß die Abkommen ausländische Bezeichnungen schützen und dadurch inländische Produzenten schlechter als ausländische stellen, verletzt den Gleichheitssatz nicht[125]. Zur Vereinbarkeit mit dem EWG-Recht siehe Rdn. F 143.

Der Schutz, der durch die Abkommen selbst gewährt wird (Fr Art. 6), gilt in erster Linie den in zwei dem Abkommen beigefügten **Listen** aufgezählten geschützten Bezeichnungen aus beiden Vertragsstaaten[126]. In den Abkommen der zweiten Generation kommt ein Schutz für **Staats- und Ländernamen** hinzu. Die geschützten Bezeichnungen dürfen ausschließlich für Erzeugnisse aus dem Land (Ursprungsland) benutzt werden, für das die Bezeichnungen geschützt sind (**Staatenreservierung**, s. Rdn. F 127–129). Die Bezeichnungen dürfen nur unter denselben Voraussetzungen benutzt werden, wie sie in der Gesetzgebung des Ursprungslandes vorgesehen sind (**Schutzrechtsübernahme**, s. Rdn. F 130/131).

Erfaßt wird jede **Benutzung im geschäftlichen Verkehr in bezug auf Erzeugnisse oder Waren** (nicht aber bezüglich Dienstleistungen[127]), ganz gleich, ob sie auf den Erzeugnissen oder Waren selbst erfolgt, auf ihrer Aufmachung oder äußeren Verpakkung oder auf Rechnungen, Frachtbriefen oder anderen Geschäftspapieren oder in der Werbung[128]. Hierunter fällt grundsätzlich auch die Benutzung als **Firma**[129], wobei Art. 2 Abs. 4 und Art. 3 Abs. 4 des deutsch-schweizerischen Vertrags einen Vorbehalt zugunsten Gleichnamiger vorsieht (der für die Abkommen der ersten Generation entsprechend aus § 16 WZG abzuleiten ist)[130]. Der Schutz erstreckt sich ferner auf die abkommenswidrige[131] **Benutzung** und auch bereits die **Eintragung**[132] von **Warenzeichen**[133] sowie auf die Benutzung als **Ausstattung**[134].

Hinsichtlich der **Sanktionen** wird auf das Recht des Schutzlandes verwiesen. **Verbände** aus dem Ursprungsland sind im Schutzland zur Klage zugelassen (Fr Art. 7). Erfaßt werden auch verwechselbare **Bezeichnungen** (Rdn. F 133/134) und die Benutzung mit **Zusätzen** (Rdn. F 137) wie „Art“, „Typ“, „Fasson“, „Nachahmung“

---

122 S. zu den Abkommen der Schweiz *Dessemontet* GRUR Int. 1979, 245, 257 f; zum österreichisch-französischen Abkommen von 1976 ÖPatA GRUR Int. 1992, 788; zum österreichisch-tschechoslowakischen Abkommen ÖBGBl. 1981, 637. S. ferner den Überblick bei *Ladas* § 857.

123 S. dazu *Barbieri/Devletian* RIPIA 1968, 276; *La Villa* GRUR Int. 1979, 398, 404.

124 BGH GRUR 1969, 611, 612 – *Champagner-Weizenbier*; HdbWbR/*Helm* § 48 Rdn. 233.

125 OLG Hamm GRUR Int. 1992, 834, 836 (Typ Mozarella).

126 Die Aufzählung ist abschließend; jedoch ist ein Verfahren zur Änderung oder Erweiterung der Listen vorgesehen, Fr Art. 11, Schw Art. 8. Zur Frage der Homonyme s. Schw Art. 2 Abs. 3, Art. 3 Abs. 3, s. dazu *Schricker* S. 113 ff; s. aus der Praxis LG München I GRUR 1986, 476 (Unser Frankenschweizer).

127 *Streber* S. 111 f.

128 Fr Art. 4 Abs. 1, s. auch Art. 5 Abs. 1; s. dazu *Streber* S. 110 ff.

129 OLG München GRUR Int. 1987, 177; *Streber* S. 171 ff.

130 *Streber* S. 172 ff; *Krieger* GRUR 1967, 340; *Jung* S. 119 ff.

131 BPatGer GRUR 1991, 145 (Mascasano); *Streber* S. 176.

132 *Streber* S. 178 ff; BGH GRUR 1969, 615, 617 – *Champagner-Krone*; BGH GRUR 1970, 311, 312 – *Samos*; *Baumbach/Hefermehl* Warenzeichenrecht S. 1207; *Pastor* WRP 1980, 595 f.

133 S. umfassend *Streber* S. 175 ff; s. ferner HdbWbR/*Helm* § 48 Rdn. 223. Zur Frage des Löschungsanspruchs s. unten Rdn. F 139.

134 *Streber* S. 181 f.

o. dgl. (Rdn. F 136). Der Schutz erstreckt sich ferner auf eine nachteilige Benutzung für **Waren anderer Art** (Rdn. F 135) sofern nicht eine Interessenbeeinträchtigung ausgeschlossen ist; die Staats- und Ländernamen genießen diesbezüglich einen absoluten Schutz (Schw Art. 2 Abs. 2, Art. 3 Abs. 2). Die Abkommen werden jeweils durch ein allgemeines **Irreführungsverbot** (Rdn. F 137, 138) ergänzt. Der Schutz aufgrund innerstaatlicher Vorschriften (insbesondere aufgrund des UWG) und anderer internationaler Verträge wird nicht ausgeschlossen (Fr Art. 10)[135].

Die **Staatenreservierung** bedeutet, daß die in den Listen figurierenden Bezeichnungen sowie die geschützten Staats- und Ländernamen im Schutzland nur für Erzeugnisse aus dem Ursprungsland[136] benutzt werden dürfen, ganz gleich, ob es sich um Ursprungsbezeichnungen, Herkunftsangaben oder Gattungsbezeichnungen handelt (Fr Art. 2, 3; Schw Art. 2 Abs. 1, Art. 3 Abs. 1)[137]. Auf eine Irreführung kommt es dabei nicht an[138]. **F 127**

Im Verhältnis zur Schutzrechtsübernahme fungiert der Schutz qua Staatenreservierung als eine Art von „Grobfilter"[139]. Insbesondere können auf diese Weise Bezeichnungen geschützt werden, die im Ursprungsland bereits **Gattungsbezeichnungen** geworden sind[140], im internationalen Handelsverkehr aber doch noch auf das Ursprungsland hindeuten („Nationalisierung" von Gattungsbezeichnungen[141]). Voraussetzung ist freilich, daß der Vertragspartner eine Aufnahme in die Liste konzediert hat, wobei in den Vertragsverhandlungen häufig Kompromisse geschlossen und differenzierte Lösungen gefunden wurden (z. B. Fr: „Kölnisch Wasser" geschützt, obgleich in Deutschland Gattungsbezeichnung, nicht geschützt aber „Eau de Cologne"[142]; s. auch die verklausulierte Regelung für „Emmentaler Käse" in Nr. 7 des Protokolls zum deutsch-schweizerischen Abkommen, abgedruckt bei Baumbach/Hefermehl S. 1265). Ferner ermöglicht die Staatenreservierung den Schutz **personengebundener Herkunftsangaben**, die auf die Herkunft aus einem bestimmten Betrieb hindeuten (z. B. „Ettaler Klosterlikör")[143]. **F 128**

Die Staatenreservierung impliziert keine Schutzrechtsübernahme und ist von dieser **unabhängig**: Es ist also nicht zu prüfen, ob die betreffende Listenbezeichnung im Ursprungsland wirklich Schutz genießt, sondern sie ist ohne weiteres gegen eine Benutzung für Erzeugnisse zu schützen, die nicht aus dem Ursprungsland stammen[144].

Wenig geklärt ist die Frage, wie die **Herkunft eines Erzeugnisses** bestimmt werden soll, insbesondere wenn Gewinnung und Verarbeitung der Rohstoffe in ver- **F 129**

---

135 So kann z. B. die Benutzung einer Listenbezeichnung für Ware, die nicht aus dem Ursprungsland stammt, auch schlicht nach § 3 UWG verboten werden, wenn eine Irreführung vorliegt, so z. B. OLG München NJW-RR 1992, 237 (Mozarella); vgl. auch BGH GRUR 1982, 564, 566 f – *Elsässer-Nudeln*.

136 S. dazu Schweizerisches Bundesamt f. geistiges Eigentum GRUR Int. 1983, 882: Ein Produkt gilt als in der Schweiz hergestellt, wenn mindestens 50% der Produktionskosten auf den Herstellungsabschnitt in der Schweiz entfallen und das Produkt diesem Abschnitt seine charakteristischen Eigenschaften verdankt. S. auch *Krieger* GRUR Int. 1964, 499, 507 f zur Frage, ob bei einem deutschen Erzeugnis auf die Herkunft eines verarbeiteten Vorprodukts aus Frankreich hingewiesen werden darf.

137 *Ulmer/Reimer/Beier* Rdn. 790.

138 HdbWbR/*Helm* § 48 Rdn. 223; vgl. auch BGH GRUR 1969, 610, 613 f – *Champagner-Weizenbier*.

139 *Streber* S. 71.

140 *Krieger* GRUR Int. 1960, 404; BGH GRUR 1969, 611, 613 – *Champagner-Weizenbier*.

141 *Streber* S. 73.

142 *Ulmer/Reimer/Beier* Rdn. 790.

143 *Krieger* GRUR Int. 1960, 406 f; *Streber* S. 73 f.

144 BGH GRUR 1969, 611, 612 f – *Champagner-Weizenbier*; *Ulmer/Reimer/Beier* Bd. III Rdn. 790; *Krieger* GRUR Int. 1964, 500; *Krieger* GRUR Int. 1984, 75; *Pastor* WRP 1980, 592 f; *Jung* S. 102; *Streber* S. 74 ff.

schiedenen Ländern stattfinden. Streber[145] will die Frage nach Recht und Verkehrsauffassung des Schutzlandes entscheiden lassen. Die „Nationalität" des Erzeugnisses bildet jedoch einen Begriff des Vertrages (vgl. Fr Art. 2 Abs. 1 „... sind ausschließlich deutschen Erzeugnissen oder Waren vorbehalten ..."), der vertragsautonom auszulegen ist, wobei die Rechtsauffassung in beiden Partnerstaaten berücksichtigt werden muß.

F 130 Die **Schutzrechtsübernahme** bedeutet, daß die Listenbezeichnungen (und im Rahmen der Verträge der zweiten Generation auch die geschützten Staaten- und Ländernamen) nur „unter denselben Voraussetzungen" im Schutzland benutzt werden dürfen, „wie sie in der Gesetzgebung" des Ursprungslandes „vorgesehen sind". Hinsichtlich Schutzfähigkeit, Schutzvoraussetzungen und Schutzumfang wird somit auf das Recht des Ursprungslandes verwiesen, das insoweit von den Gerichten des Schutzlandes anzuwenden ist[146]. Nach dem Recht des Ursprungslandes beurteilt sich, ob eine Bezeichnung **überhaupt geschützt wird**, nicht etwa als Gattungsbezeichnung zu werten ist[147]; die Aufnahme in die Liste begründet insofern keine Vermutung, da ja bewußt auch Gattungsbezeichnungen in die Listen eingefügt wurden, um wenigstens in den Genuß der Staatenreservierung zu gelangen (Rdn. F 127).

Nach dem Recht des Schutzlandes richten sich ferner die **Schutzvoraussetzungen.** Wenn etwa Wein mit einer französischen Ursprungsbezeichnung, die in der Liste figuriert, in Deutschland vertrieben wird, ist von dem gegen die Benutzung angerufenen deutschen Gericht zu prüfen, ob der Wein die Bedingungen des französischen Rechts, insbesondere auch hinsichtlich seiner Qualität, erfüllt, die an die Benützung der Bezeichnung geknüpft werden[148]. Eine Klage gegen den Vertrieb entschwarteten Schinkens als Parma-Schinken in Deutschland ist schon deshalb erfolgreich, weil die einschlägige italienische Gesetzgebung vorschreibt, daß der Stempelaufdruck „Parma" auf der Schwarte sichtbar sein muß[149]. Die Bezeichnung „Napoléon" ist in Frankreich nicht Branntweinen aus den Regionen Cognac, Armagnac oder Calvados vorbehalten. Ihre Benutzung für französischen Branntwein aus anderen Regionen verstößt deshalb nicht gegen das deutsch-französische Herkunftsabkommen[150].

F 131 Um die Anwendung des Rechts des Ursprungslandes im Schutzland zu erleichtern, können **gewisse Vorschriften seiner Gesetzgebung für unanwendbar** erklärt (Fr Art. 2, 3 jeweils Satz 2; Schw Art. 2, 3 jeweils Abs. 1 Satz 2). In den Protokollen zu den Abkommen ist eine solche Ausnahme für Vorschriften über die verwaltungsmäßige Kontrolle erfolgt (Fr Protokoll vom 8. 3. 1960 Nr. 1; Schw Protokoll vom 7. 3. 1967 Nr. 1). Im übrigen gilt für die **Ermittlung des fremden Rechts im Prozeß** § 293 ZPO[151].

F 132 Das Recht des Schutzlandes ist nur soweit anzuwenden, als für den Schutzumfang nicht ergänzende und überlagernde – ausdrückliche oder aus der Auslegung der Abkommen zu gewinnende – **vertragsautonome Regelungen** bestehen. Solche

---

[145] S. 77 ff. S. auch die Angaben in Fn. 136.

[146] S. umfassend Streber S. 80 ff; Ulmer/Reimer/Beier Rdn. 790.

[147] Gleiches gilt für die Frage, ob es sich nicht um eine Marke handelt, Schweiz. BG GRUR Int. 1992 398, 399 (Montparnasse).

[148] Ulmer/Reimer/Beier Bd. III Rdn. 790.

[149] OLG Düsseldorf GRUR Int. 1983 47; s. auch OLG München Magazin-Dienst 1991 565. S. dazu Streber S. 83.

[150] OLG Köln GRUR 1992, 533 gegen OLG Frankfurt WRP 1987, 391.

[151] *Krieger* GRUR Int. 1960, 408 f; *Streber* S. 84. S. hierzu Rdn. 222.

existieren hinsichtlich der Benutzung verwechselbarer Beziehungen (Rdn. F 133), der Benutzung für andere Waren (Rdn. F 135) und mit Zusätzen (Rdn. F 136). Für die hierdurch geregelten Fragen des Schutzumfangs ist nicht auf das Recht des Ursprungslandes, sondern auf die Vertragsregelung abzustellen[152]. Dies bedeutet, daß der Vertragsschutz im Schutzland – wie auch im Fall der Staatenreservierung von Gattungsbezeichnungen (Rdn. F 128) – über den Schutz im Ursprungsland hinausgehen kann. So wird eine im Ursprungsland als Herkunftsangabe geschützte Bezeichnung im Schutzland gegen eine Benutzung mit dem Zusatz „Typ" auch dann geschützt, wenn im Ursprungsland eine Benutzung mit diesem Zusatz zulässig ist. Anders wäre es, wenn es sich bei der Angabe im Ursprungsland um eine Gattungsbezeichnung handelt: Dann führt die Schutzrechtsübernahme zum Ergebnis, daß auch im Schutzland kein Schutz zu gewähren ist; die Bezeichnung kann dort für aus dem Ursprungsland stammende Waren mit oder ohne den Zusatz „Typ" geführt werden[153].

Nach abweichender Auffassung[154] soll dagegen die vertragliche Regelung des Schutzumfangs nur bei der Staatenreservierung ohne weiteres anwendbar sein, bei der Schutzrechtsübernahme dagegen lediglich der „Abgrenzung des Anwendungsbereichs" dienen. Anwendbar ist der vertragsautonome Schutz aber auch zugunsten der nicht in den Listen enthaltenen Bezeichnungen im Zusammenhang mit dem Irreführungsverbot, was „kurioserweise" dazu führte, daß Bezeichnungen außerhalb der Liste besser geschützt wären als Listenbezeichnungen[155]. Diese Gegenauffassung überzeugt nicht. Daß die vertragsautonome Schutzdefinition für den Hauptfall des Schutzes, die Listenbezeichnungen, ohne Bedeutung bliebe, erscheint mit dem objektiven Sinn und Zweck des Vertrages nicht vereinbar. Aus dem Vertragswortlaut (vgl. Fr Art. 4 Abs. 2, Schw Art. 4 Abs. 2) läßt sich kein Vorrang der Schutzrechtsübernahme gegenüber den Schutzdefinitionen des Vertrages herleiten, wie die Verfechter der Gegenmeinung annehmen. Auch im LUA, das insoweit als Vorbild diente, handelt es sich beim Verbot der Benutzung mit Zusätzen um eine vertragsautonome Regelung (Rdn. F 120)[156].

Was den Schutz gegen **verwechselbare Bezeichnungen** betrifft, so enthalten die **F 133**
Abkommen der ersten Generation keine ausdrückliche Regelung, wenn man vom Verbot der Benutzung der Bezeichnungen „in Übersetzung" (Fr Art. 4 Abs. 2) absieht. Der BGH ist in seiner Entscheidung Champi-Krone[157] ersichtlich von einer vertragsautonomen Auslegung ausgegangen[158]. Hinsichtlich der Reichweite des Schutzes sei nicht der in der deutschen Rechtsprechung entwickelte weite Begriff der Verwechslungsgefahr anzuwenden. Der Schutz beschränke sich aber nicht auf identische Bezeichnungen, sondern sei jedenfalls auch gegeben, wenn die angegriffene Bezeichnung ihrem Sinn nach denselben Eindruck wie die geschützte Bezeichnung hervorruft und wenn deren Abwandlung geeignet ist, den in der geschützten Bezeichnung (Champagne) steckenden Werbewert zu beeinträchtigen (bejaht für

---

152 HdbWbR/*Helm* § 48 Rdn. 223; *Ulmer/Reimer/Beier* Bd. III Rdn. 790 (S. 559 cc). So im Ergebnis auch LG Düsseldorf GRUR Int. 1965, 363 (Remané/Romanée); s. dazu kritisch *Streber* S. 109 f.

153 *Krieger* GRUR Int. 1960, 400, 411.

154 *Streber* S. 81 ff; *Fernández-Nóvoa* S. 162; *Tilmann* S. 141.

155 *Tilmann* S. 141.

156 *Miosga* S. 491 ff; so auch *Streber* S. 82, der freilich daraus nicht die Konsequenz einer entsprechenden Auslegung der zweiseitigen Abkommen ziehen will.

157 GRUR 1969, 615, 616.

158 Dagegen will LG Düsseldorf GRUR Int. 1965, 365 f (Remané/Romanée) von dem im Ursprungsland geltenden Begriff der Verwechslungsgefahr ausgehen.

„Champi-Krone", „Champi Apri-Mix" und „Champi-Perle"). Bei der Anwendung dieser Kriterien stellt der BGH auf die Verkehrskreise im Schutzland[159] ab. Die Entscheidung ist in der Literatur auf Zustimmung gestoßen[160].

Die Verträge der zweiten Generation haben aus den aufgetretenen Streitfällen die Konsequenz gezogen, daß eine ausdrückliche Regelung angebracht ist. So schützt der deutsch-schweizerische Vertrag[161] nicht nur gegen eine Benutzung der Namen und Bezeichnungen „in Übersetzung" (Art. 4 Abs. 2 Satz 1)[162], sondern auch „in abweichender Form ... sofern trotz der Abweichung die Gefahr einer Verwechslung im Verkehr besteht". Der Begriff der **Verwechslungsgefahr** ist vertragsautonom auszulegen, wobei auf der vom BGH im Fall „Champi-Krone" gegebenen Interpretation aufgebaut werden kann. Mit „Verkehr" sind die maßgeblichen Verkehrskreise im Schutzland gemeint[163].

F 134 Soweit im Vertrag eine **substantivische Bezeichnung** geschützt ist, erstreckt sich der Schutz auch auf die **adjektivische Form** als für den Verkehr gleichbedeutend[164] und umgekehrt, wobei es praktisch kaum von Bedeutung ist, ob man die Abwandlungen unmittelbar in den Schutz einbezieht oder sie als Fall der verwechselbaren Benutzung betrachtet[165].

F 135 In den Verträgen der ersten Generation war auch die Frage der **warenmäßigen Reichweite** des Schutzes ungeregelt geblieben. Der BGH hat dazu im Fall „Champagner-Weizenbier"[166] nach grundsätzlichen Ausführungen zur Auslegung der zweiseitigen Verträge – bei der der Grundsatz der Harmonie der Rechtsanwendung in beiden Staaten in Rechnung zu stellen sei[167] – aus dem Sinn und Zweck des Abkommens abgeleitet, daß sich der Schutz des Abkommens nicht auf die Warenarten beschränkt, unter denen die Bezeichnungen in den Listen geführt werden; der BGH geht also vom Konzept eines absoluten Schutzes aus[168]. Der Schutz scheide aber aus, wenn nach den Umständen des Falles die Gefahr einer Beeinträchtigung der

---

159 GRUR Int. 1969, 615, 616. Im Ergebnis ebenso *Streber* S. 85, 170; so schon *Krieger* GRUR 1964, 504; LG Düsseldorf GRUR Int. 1965, 363 (Remané/Romanée).

160 *Baumbach/Hefermehl* Warenzeichenrecht S. 1206; HdbWbR/*Helm* § 48 Rdn. 223; *Hoepffner* GRUR 1969, 618. Zum Teil kritisch *Streber* S. 164 ff (es komme allein auf die Zeichenähnlichkeit an). S. zur Praxis des BPatG die Beispiele bei *Streber* S. 165 Fn. 90.

161 S. dazu *Krieger* GRUR Int. 1967, 334 ff.

162 So schon Fr Art. 4 Abs. 2. Der Schutz wird ohne weiteres auf die Übersetzungen erstreckt, auf Verwechslungsgefahr kommt es dabei nicht an, so *Streber* S. 127 f; OLG Düsseldorf GRUR Int. 1967, 110 f. Zu den Sonderregelungen für Kölnisch Wasser und Frankfurter Würstchen s. *Streber* S. 128 ff; s. auch Schweizerisches BG GRUR Int. 1977, 241 (Colonia Aneja).

163 *Streber* S. 85; *Krieger* GRUR Int. 1964, 564.

164 *Krieger* GRUR 1964, 501, 1967, 344; GRUR Int. 1981, 543 ff; *Kühn* GRUR Int. 1967, 268, 270; *Tilmann* S. 125; *Streber* S. 117; *v. Gamm* 37. Kap. Rdn. 264; LG München I GRUR Int. 1982, 559 (Nach Schweizer Rezept); LG München I GRUR Int. 1987, 104, 105 (Nach Schweizer Rezept); vgl. auch BGH GRUR 1964, 136, 138 – *Schweizer* mit zust. Anm. von *Beier* S. 139.

165 S. hierzu – namentlich im Blick auf Nr. 8 des Protokolls zum deutsch-schweizerischen Vertrag – *Streber* S. 117 ff, der für unmittelbare Unterstellung unter den Schutz plädiert.

166 GRUR 1969, 611, 612 ff. Der BGH entwickelt dabei die Auffassung der Vorinstanzen weiter, vgl. LG Düsseldorf GRUR Int. 1966, 393; OLG Düsseldorf GRUR Int. 1967, 110. Zustimmend zur Entscheidung des BGH *Krieger* GRUR Int. 1967, 334; *Tilmann* S. 125 ff; *Lehmann* IPrax 1984, 248; HdbWbR/*Helm* § 48 Rdn. 224; *v. Gamm* 37. Kap. Rdn. 259; *Baumbach/Hefermehl* Warenzeichenrecht S. 1206; *Pastor* WRP 1980, 593; *Streber* S. 142 ff. S. zum Streit um die extensive oder restriktive Auffassung auch *Kühn* GRUR Int. 1967, 268. Anders als die deutsche Praxis im Ergebnis für das italienisch-französische Abkommen ital. Corte di Cassazione GRUR Int. 1990, 989 – *Champagner-Schaumbad*; App. Bologna GRUR Int. 1988, 516; s. dazu *Ruijsenaars* GRUR Int. 1990, 937.

167 S. 612.

168 *Streber* S. 142 ff. Anders offenbar *v. Gamm* 37. Kap. Rdn. 267.

durch das Abkommen geschützten Interessen zu verneinen ist. Dies könne der Fall sein, wenn die Waren, für die die geschützte Bezeichnung im Inland verwendet wird, keinerlei wettbewerbliche Berührung mit den Waren haben, für die sie im Ursprungsland benutzt wird. Im Verhältnis zwischen Schaumwein und Bier wurde die Gefahr einer relevanten Beeinträchtigung bejaht[169]. Der BGH betont, daß man nicht kurzschlüssig auf Begriffe des deutschen Rechts, wie denjenigen der Warengleichartigkeit rekurrieren könne; dagegen erscheine der Begriff der „Beeinträchtigung des geschäftlichen Werbewerts" als ein „allgemeiner, nicht auf eine bestimmte Rechtsordnung beschränkter" Begriff zur Auslegung des Abkommens geeignet.

Die vom BGH entwickelte Abgrenzung wird in ständiger Rechtsprechung angewendet; zu nennen sind die Entscheidungen[170] „Samos" (die griechische Ursprungsbezeichnung für Wein wird durch eine Benutzung für elektronische Geräte nicht in einer abkommensrelevanten Weise tangiert)[171], „Capri-Sonne" (die Beeinträchtigung der italienischen Ursprungsbezeichnung für Wein durch eine Benutzung für Fruchtsaftgetränke erscheint wenig wahrscheinlich; es wird zurückverwiesen)[172] und der „Champagner unter den Mineralwässern" (worin das Kriterium der Beeinträchtigung des Werbewerts im Rahmen von § 1 UWG angewendet wird)[173].

Die Erkenntnisse der Rechtsprechung wurden bei den folgenden Abkommen der zweiten Generation in eine ausdrückliche Regelung umgesetzt, die allerdings gewisse Abweichungen aufweist. Sie findet sich im deutsch-schweizerischen Abkommen in Art. 2 Abs. 2 und Art. 3 Abs. 2. Wegen des Widerstandes der Schweizer Seite gegen einen absoluten Schutz ging man von der engeren relativen Konzeption aus und sah erforderlichenfalls eine Erweiterung vor[174]. Dabei werden für die **Listenbezeichnungen** zwei Fälle der Erstreckung des Schutzes auf andere Erzeugnisse oder Waren alternativ ins Auge gefaßt und zwar

- bei der Gefahr von Nachteilen im Wettbewerb, es sei denn, es besteht ein schutzwürdiges Interesse (wobei vor allem an schutzwürdige Besitzstände gedacht ist[175]);
- bei Eignung der Benutzung zur Beeinträchtigung des besonderen Rufs oder der besonderen Werbekraft der Bezeichnung.

Während der zweite Fall dem Komplex des Verwässerungsschutzes berühmter Bezeichnungen zuzuordnen ist, dürfte der erste Fall auf Sachverhalte der Rufausbeutung anwendbar sein[176].

Die **Staats- und Ländernamen** genießen dagegen[177] einen uneingeschränkten absoluten Schutz[178].

Schließlich enthalten die Abkommen eine vertragsautonome Regelung der **Benutzung mit sog. „richtigstellenden" wie auch sog. „entlokalisierenden" Zusät-** **F 136**

---

[169] Zulässig wäre dagegen „Champagner-Zange" für eine Gasrohrzange, OLG Düsseldorf GRUR Int. 1967, 109, 110 oder „Champagner-Farben" für Textilien oder Leder, LG Düsseldorf GRUR Int. 1966, 391; weitere Beispiele bei *Baumbach/Hefermehl* Warenzeichenrecht S. 1206; s. auch *Streber* S. 149 f.

[170] S. zur vergleichenden Wertung *Streber* S. 156 f.

[171] BGH GRUR 1970, 311, 312 – *Samos.*

[172] BGH GRUR 1983, 768 – *Capri-Sonne.* S. dazu auch *Tilmann* in GRUR Festschrift S. 1007, 1044 ff; *Lehmann* IPrax 1984, 248 f.

[173] BGH GRUR 1988, 453; OLG München GRUR Int. 1985, 474 (Perrier); s. dazu *Streber* S. 154 f; *v. Gamm* GRUR 1989, 381 f; *Tilmann* in GRUR Festschrift S. 1041 f.

[174] *Krieger* GRUR Int. 1967, 334 ff; *Streber* S. 157 ff.

[175] *Krieger* GRUR Int. 1967, 336.

[176] S. im einzelnen *Streber* S. 159 f.

[177] S. zum Unterschied zwischen beiden Fällen *Jung* S. 114 ff.

[178] *Streber* S. 142, 158; *Krieger* GRUR Int. 1967, 335 f, 1981, 543 ff; *Jung* S. 110 f; *Pastor* WRP 1980, 593 ff; HdbWbR/*Helm* § 48 Rdn. 224.

zen[179]. Erfaßt wird vom Abkommensschutz auch die Benutzung der geschützten Bezeichnungen „mit einem Hinweis auf die tatsächliche Herkunft oder mit Zusätzen wie ‚Art', ‚Typ', ‚Fasson', ‚Nachahmung' o. dgl."[180]. Die Regelung findet sich im deutsch-französischen Abkommen in Art. 4 Abs. 2 und an der gleichen Stelle auch im deutsch-schweizerischen Vertrag. Auch hier handelt es sich um eine bei allen Varianten des Schutzes (für den Irreführungsschutz s. Rdn. F 137) anwendbare vertragsautonome Bestimmung des Schutzbereichs. Die ausdrücklich genannten Zusätze sind absolut verboten[181]; soweit es darum geht, ob ein Zusatz unter „o. dgl." fällt, d. h. also ähnliche Wirkung hat, wie die genannten Zusätze, kommt es auf das Verständnis des Verkehrs im Schutzland an.

Strittig war, ob die Bezeichnung „nach Schweizer Rezept" unter Art. 4 Abs. 2 des deutsch-schweizerischen Vertrages fällt. Wortsinn und Verkehrsverständnis sprechen für eine grundsätzliche Bejahung der Frage[182]. Ausnahmen können allenfalls gemacht werden, wenn nach den Modalitäten der Verwendung – etwa bei ad hoc im Restaurant zubereiteten, nicht transportfähigen Gerichten – eine anlehnende Rufausbeutung oder sonstige unlautere Beeinträchtigung ausscheidet.

Eine Beschränkung auf **kennzeichenmäßige** Benutzungsformen darf in das Verbot der Benutzung mit Zusätzen nicht hineingelesen werden; sie steht zu einseitig unter dem Eindruck des deutschen Zeichenrechts und würde den beabsichtigten Schutz allzu stark verkürzen[183].

Verboten wurde nach dem deutsch-italienischen Abkommen z. B. eine Benutzung der Listenbezeichnung „Mozarella" in der Form „Typ Mozarella – Käse nach italienischer Art – hergestellt in der Bundesrepublik Deutschland"[184].

Eine besondere Regelung haben im deutsch-schweizerischen Vertrag in diesem Zusammenhang die Käsebezeichnungen „Gruyère" und „Emmentaler" erfahren[185].

F 137 Der durch die Staatenreservierung (Rdn. F 127) und die Schutzrechtsübernahme (Rdn. 130) bewirkte, in erster Linie ins Gewicht fallende Abkommensschutz wird durch ein **Irreführungsverbot** ergänzt (s. Fr Art. 5, Schw Art. 5). Das Irreführungsverbot ist auf die Benutzung **für Erzeugnisse oder Waren** bezogen und erfaßt dieselben **Benutzungsmodalitäten** wie der sonstige Abkommensschutz (Rdn. F 126). Erforderlich ist eine Benutzung **im geschäftlichen Verkehr**[186]. Falsche und irreführende Angaben werden zum einen in bezug auf die geographische **Herkunft** erfaßt. Auf den Schutz der Listenbezeichnungen und der Staats- und Ländernamen ist der

---

179 S. zu diesen Fällen der offenen Anlehnung allgemein *Schricker* GRUR Int. 1982, 517; s. ferner *Streber* S. 130 ff.

180 S. dazu *Ulmer/Reimer/Beier* Rdn. 790 S. 559 cc.

181 *Streber* S. 131.

182 S. im einzelnen *Streber* S. 134 f; *Baumbach/Hefermehl* Warenzeichenrecht S. 1262; *Krieger* GRUR Int. 1981, 543, 544 ff (der auch auf den Standpunkt der Schweizer Regierung hinweist, selbst aber gewisse Einschränkungen insbesondere für den wahrheitsgemäßen nicht blickfangmäßigen Hinweis auf Rohstoffe macht); LG München I GRUR Int. 1982, 558 (nach Schweizer Rezept); LG München I GRUR Int. 1987, 104 (nach Schweizer Recht); *v. Gamm* 37. Kap. Rdn. 264 (zulässig die nicht blickfangmäßige beschreibende Benutzung); Stellungnahme des BJM DB 1980, 2124; *Jung* S. 122. A. A. *Pastor* WRP 1980, 596 f. Zur Bezeichnung „méthode champénoise" s. *Streber* S. 126 ff; s. auch den Vorlagebeschluß des VG Mainz EuZW 1993, 648.

183 So überzeugend *Streber* S. 121 ff; A. A. *Klette* GRUR 1988, 456; *Krieger* GRUR Int. 1964, 507 f. Nicht entschieden in BGH GRUR Int. 1988, 357 – *Ein Champagner unter den Mineralwässern.*

184 OLG Hamm GRUR Int. 1992, 834, 835. Vgl. auch OLG München NJW-RR 1992, 237 (Anwendung von § 3 UWG).

185 S. dazu *Streber* S. 132 f; *Schricker* GRUR Int. 1982, 519 f.

186 Fr, Schw Art. 1; *Streber* S. 194.

Schutz dabei nicht beschränkt; er ist insbesondere auch auf mittelbare Herkunftsangaben anwendbar[187]. Zum anderen erstreckt sich der Irreführungsschutz auf Angaben über **„Natur, Sorte oder wesentliche Eigenschaften der Erzeugnisse oder Waren"**, d. h. also bezüglich von Beschaffenheitsmerkmalen. Für manche Verträge finden sich Präzisierungen im Protokoll (Fr Protokoll Nr. 3)[188]. Da auch Art. 5 unter der Prämisse des Art. 1 steht, die aus dem Gebiet des jeweils anderen Vertragsstaates stammenden Erzeugnisse gegen unlauteren Wettbewerb zu schützen, erfaßt Art. 5 nur die Vortäuschung der Herkunft aus dem anderen Vertragsstaat[189].

Art. 5 Abs. 2 des deutsch-schweizerischen Vertrags enthält für bestimmte Namen oder Abbildungen von Orten, Gebäuden, Denkmälern, Flüssen, Bergen o. dgl., die nach Auffassung des Verkehrs im Schutzland auf den anderen Vertragsstaat hinweisen eine – nur nach Maßgabe des letzten Halbsatzes des Art. 5 Abs. 2 widerlegliche – Irreführungsvermutung[190].

Als Beispiel für die Anwendung des Irreführungsverbots sei die Alpia-Entscheidung des LG München I[191] erwähnt: Ein Unternehmen, das in seiner Anzeigenwerbung für Schokolade zwar ausdrücklich darauf hinweist, daß es sich um deutsche Schokolade handelt, gleichwohl aber eine in der Werbung auftretende Testperson in schweizerischem Dialekt sprechen läßt und auch sonst mehrfach auf die Schweiz hinweist, führt zumindest den flüchtlichen Betrachter über die Herkunft der Schokolade in die irre. Wird hierdurch trotz ausdrücklichem Hinweis auf die deutsche Herkunft der Schokolade eine schweizerische Herkunft suggeriert, liegt ein Verstoß gegen § 1 UWG in Verbindung mit dem Irreführungsverbot des deutsch-schweizerischen Vertrags über den Schutz von Herkunftsangaben, Ursprungsbezeichnungen und anderen geographischen Bezeichnungen vor.

Wenn Art. 5 der Abkommen **„falsche oder irreführende Angaben"** erfaßt, so sind diese Begriffe vertragsautonom auszulegen[192]. Unter „falschen Angaben" sind wie im MHA, das als Vorbild diente, die objektiv und schon nach formalem Verständnis unrichtigen Angaben zu subsumieren, wobei auf das Sprachverständnis der Verkehrskreise im Schutzland abzustellen ist[193]. **F 138**

Hinsichtlich der „irreführenden Angaben" entscheidet die Gefahr einer Täuschung für die Verkehrskreise des Schutzlandes[194]. Auf die im deutschen Recht verlangte anlockende Wirkung[195] kommt es dabei nicht an, da weder das MHA[196] noch das französische Recht[197] ein solches Merkmal kennen; der vertragsautonome Begriff der Irreführung darf nicht einseitig im Sinne des deutschen Rechts ausgelegt werden[198].

---

187 *Krieger* GRUR Int. 1960, 411 f; *Tilmann* S. 139 Fn. 166; *Pastor* WRP 1980, 593; *Ulmer/Reimer/Beier* Bd. III Rdn. 790 a. E.; *Streber* S. 195 f; *v. Gamm* 37. Kap. Rdn. 260. Offengelassen in BGH GRUR 1982, 564, 567 – *Elsässer Nudeln*; LG Hamburg GRUR 1988, 632, 633 (Le Cremot).

188 *Streber* S. 202 ff, insbesondere zur Bezeichnung „Napoléon" für Branntwein.

189 *Streber* S. 197.

190 S. dazu im einzelnen *Streber* S. 205 ff; s. ferner *Krieger* GRUR Int. 1967, 341; *Pastor* WRP 1980, 595; *Jung* S. 126 f.

191 GRUR Int. 1980, 667.

192 *Streber* S. 197 ff (der jedoch den Irreführungsbegriff nicht als vertragsautonom ansehen will, S. 200 f). Für parallele Auslegung zu § 3 UWG dagegen BGH GRUR 1982, 564, 567 – *Elsässer Nudeln* (obiter dictum); LG Hamburg GRUR 1988, 632, 634 (Le Cremot); *Krieger* GRUR Int. 1960, 412; *v. Gamm* 37. Kap. Rdn. 260.

193 Vgl. Rdn. 112. *Streber* S. 200; *Jung* S. 126.

194 *Streber* S. 200 f.

195 S. dazu § 3 Rdn. 118 ff.

196 Rdn. F 112.

197 *A. Meyer* Die anlockende Wirkung der irreführenden Werbung 1989, S. 156 ff, 179 ff.

198 *Streber* S. 197 ff.

F 139 Hinsichtlich der **Sanktionen** verweist Art. 4 Abs. 1 auf „alle gerichtlichen und behördlichen Maßnahmen, die in der Gesetzgebung jedes der Vertragsstaaten vorgesehen sind, einschließlich der Beschlagnahme, soweit die Gesetzgebung der Vertragsstaaten diese zuläßt". Anwendbar ist somit das Recht des Schutzlandes[199]. Mit der „Gesetzgebung" sind entsprechend dem Zweck der Abkommen (vgl. Art. 1) in erster Linie die bei unlauterem Wettbewerb zu Gebote stehenden Behelfe gemeint.

Im deutschen Recht bedeutet dies, daß eine Verletzung des Abkommens unmittelbar einen **Unterlassungs- und Beseitigungsanspruch** auslöst, ohne daß es auf eine zusätzliche Heranziehung von §§ 1, 3 UWG oder sonstiger innerstaatlicher anspruchsbegründender Normen ankommt[200]. Bei Verschulden ist ein **Schadensersatzanspruch** gegeben[201]. Ferner fungieren die Abkommen als Warenzeicheneintragungsverbot, wenn die Eintragung des Zeichens für keine der unter dem angemeldeten Warenoberbegriff fallenden Waren ohne Verstoß gegen das Abkommen benutzt werden könnte[202] und gewähren einen **Warenzeichenlöschungsanspruch**, da bereits die Eintragung eine „Benutzung" iS der Abkommen bildet (Rdn. F 126)[203]. Für die **Firmenlöschung** gilt Entsprechendes[204].

Ausdrücklich vorgesehen ist ferner die **Beschlagnahme**, soweit die Gesetzgebung des Schutzlandes diese zuläßt (Fr Art. 4). In Deutschland kommt die Beschlagnahme nach dem Gesetz über den Beitritt zum Madrider Herkunftsabkommen sowie nach § 28 WZG in Betracht, sofern die jeweiligen Voraussetzungen erfüllt sind (Rdn. F 117, 106)[205].

F 140 Auf das Recht des Schutzlandes verweist auch die Regelung der **Klagebefugnis** (Fr Art. 7; Schw Art. 6). Danach sind die wettbewerbsrechtlich klagebefugten Einzelkläger und Verbände zur Klage zugelassen (vgl. § 13 UWG)[206]. In einzelnen Abkommen bestehen Sonderregelungen.

An sich unnötig (vgl. Rdn. F 100) wird die Klagebefugnis der gewerblichen Verbände aus dem jeweils anderen Verbandsland hervorgehoben; es kann sich auch um öffentlich-rechtliche Institutionen handeln[207]. In den Abkommen der zweiten Generation werden auch die Verbraucherverbände einbezogen (Schw Art. 6)[208].

Es sind unter dem Aspekt der Bekämpfung eines ungehörigen Vorsprungs auch wettbewerbsrechtlich Klagebefugte aus dem Schutzland oder aus Drittländern zugelassen[209].

---

199 *Streber* S. 210; *Krieger* GRUR Int. 1960, 410; *Fernández-Nóvoa* S. 196 f. Anders OLG Düsseldorf GRUR 1983, 47 (Parma-Schinken), das auf das Recht des Ursprungslandes rekurriert; vgl. in diesem Sinne auch OLG München GRUR 1987, 182 (Parma-Schinken).

200 *Streber* S. 212 f; *Krieger* GRUR Int. 1960, 410; *Tilmann* S. 137 Fn. 158; *Baumbach/Hefermehl* Warenzeichenrecht S. 1203 Rdn. 3; *Pastor* WRP 1980, 593 f; BGH GRUR 1969, 612 – *Champagner-Weizenbier.* **A. A.** OLG Frankfurt GRUR 1987, 380 (Napoléon).

201 *Baumbach/Hefermehl* Warenzeichenrecht S. 1203 Rdn. 3; *Streber* S. 214; *Krieger* GRUR Int. 1960, 410; *Tilmann* S. 137 Fn. 158.

202 BPatG GRUR 1991, 195 (Mascasano). Vgl. grundsätzlich auch bereits BGH GRUR 1964, 136 – *Schweizer.*

203 *Streber* S. 214 ff; LG Düsseldorf GRUR Int. 1965, 363 (Remané/Romanée). **A. A.** für den Löschungsanspruch BGH GRUR 1969, 617 – *Champi-Krone*; *Baumbach/Hefermehl* Warenzeichenrecht S. 1207.

204 *Streber* S. 216 f; OLG München GRUR Int. 1987, 177, 178 (Parma-Schinken).

205 *Streber* S. 222.

206 *Streber* S. 217 ff; *Krieger* GRUR Int. 1960, 413.

207 S. dazu BGH GRUR 1969, 611 f – *Champagner-Weizenbier*; BGH GRUR 1969, 615 – *Champi-Krone*; OLG Düsseldorf GRUR Int. 1983, 48 (Parma-Schinken); OLG München GRUR Int. 1985, 475 (Der Champagner unter den Mineralwässern).

208 *Streber* S. 219; *Krieger* GRUR Int. 1967, 345.

209 *Streber* S. 218; OLG Hamm GRUR Int. 1992, 834, 835 (Typ Mozarella); *Lehmann* IPrax 1992, 221; *Krieger* GRUR 1960, 400, 411 ff; *v. Gamm* 37. Kap. Rdn. 260.

f) Das Recht der Europäischen Wirtschaftsgemeinschaft. Die Rechtsprechung des EuGH, insbesondere zur Warenverkehrsfreiheit der Art. 30 ff EWGV[210] hat zunächst den Eindruck gegeben, als verdienten nur die mit bestimmten Qualitätsmerkmalen verbundenen geographischen Angaben, insbesondere die **Ursprungsbezeichnungen** (vgl. Rdn. F 101) volle Berücksichtigung im Gemeinschaftsrecht, während die **einfachen und insbesondere die bloß mittelbaren Herkunftsangaben** niedriger einzustufen seien, es insbesondere bei ihnen genüge, Irreführungen durch zusätzliche Angaben hintanzuhalten. In diesem Sinne wurde etwa in der Entscheidung „Bocksbeutelflasche" der Einwand der Bundesregierung, bei einer Verwendung der in Deutschland auf Frankenwein hindeutenden Flasche für italienische Weine werde der Verkehr irregeführt, mit dem Argument zurückgewiesen, Verwechslungen könnten durch eine entsprechende Etikettierung vermieden werden[211]. In der „Sekt/Weinbrand"-Entscheidung[212] führte der EuGH aus, die Ursprungsbezeichnungen und Herkunftsangaben erfüllten ihre spezifische Aufgabe nur, „wenn das Erzeugnis, das sie bezeichnen, tatsächlich Eigenschaften und Wesensmerkmale aufweist, die es seinem geographischen Ursprung verdankt". Was insbesondere die Herkunftsangaben anbelange, so müsse „der geographische Ursprung eines Erzeugnisses diesem eine Qualität und besondere Wesensmerkmale verleihen, die geeignet sind, es zu individualisieren" (Nr. 7). **F 141**

Der **EuGH hat jedoch in seiner Entscheidung vom 10. 11. 1992**[213] eine Wendung vollzogen[214] und ausgesprochen, daß nicht nur **Ursprungsbezeichnungen**, sondern auch **einfache Herkunftsangaben**, bei denen sich nicht nachweisen läßt, daß die betreffenden Erzeugnisse ihrem Herkunftsgebiet besondere geschmackliche Eigenschaften verdanken und die nicht gemäß bestimmten behördlichen Qualitäts- und Fabrikationsnormen hergestellt sind, unter die Privilegierung des gewerblichen und kommerziellen Eigentums nach Art. 36 EWGV fallen[215], da sie bei den Verbrauchern sich einer hohen Wertschätzung erfreuen können und für die ortsansässigen Erzeuger ein wesentliches Mittel zur Schaffung und Erhaltung eines Kundenstammes darstellen[216]. **F 142**

Es ging um eine Vorabentscheidung auf Vorlage eines französischen Gerichts[217] in einem von einer spanischen Vereinigung der Exporteure von Turrones de Jijona

---

[210] S. allg. Rdn. F 376 ff; s. auch § 3 Rdn. 17 ff. Im Zusammenhang mit Herkunftsangaben: *Baumbach/Hefermehl* Warenzeichenrecht S. 1203; *Beier* GRUR Int. 1959, 277; *ders.* GRUR Int. 1993, 79 ff; *Seidel* GRUR Int. 1984, 80 ff; *Jung* S. 253 ff.

[211] EuGH GRUR Int. 1984, 291; s. dazu *Möschel* RIW 1984, 524; *Beier/Knaak* GRUR Int. 1992, 411, 420 f; *Tilmann* GRUR 1980, 487, 495 f.

[212] EuGH GRUR Int. 1977, 25, 29; kritisch hierzu *Beier* GRUR Int. 1977, 1 ff; *Schricker* in Les indications de provenance, 1983, S. 78, 87. S. ferner *Beier/Knaak* GRUR Int. 1992, 411, 419 ff; *Jung* S. 276 ff; *Kraatz* S. 72 ff; *Baumbach/Hefermehl* Warenzeichenrecht S. 1204; s. ferner *Seidel* GRUR INt. 1984, 80, 87 ff; *Streber* S. 35 ff; *Krieger* GRUR Int. 1984, 71, 77 f; *Tilmann* S. 430 ff; *Steindorff* WRP 1993, 139, 144 ff.

[213] RS C-3/91 Exportur/LOR, GRUR Int. 1993, 76 mit zustimmender Anmerkung von *Beier* S. 79 ff; s. auch *Beier/Knaak* GRUR Int. 1993, 602, 606 f.

[214] Hierauf weist ausdrücklich *Beier* GRUR Int. 1993, 79 hin.

[215] Hierfür plädierten bereits *Beier/Knaak* GRUR Int. 1992, 411, 421 f, 424; so schon *Beier* GRUR Int. 1959, 277, 279; *ders.* GRUR Int. 1989, 603, 608/609 und nunmehr GRUR Int. 1993, 79, 80; so ferner *Matthies* in Festschrift für Schiedermaier 1976, S. 391, 398 ff; *Lehmann* IPrax 1992, 221, 222.

[216] S. Urteil Nr. 28. Wie *Beier* (GRUR Int. 1993, 79, 80) hervorhebt, kommt es auf eine eigentumsrechtliche Ausgestaltung des Schutzes nicht an. Mittelbare Herkunftsangaben dürften jedenfalls dann unter Art. 36 fallen, wenn der Schutz an den Gebrauch bestimmter Bilder, Symbole u. dgl. anknüpft (weitergehend *Beier* aaO S. 80 f).

[217] Cour d'appel de Montpellier GRUR Int. 1992, 226.

(Provinz Alicante) gegen ein französisches Unternehmen, das Süßwaren unter der Bezeichnung „Touron Alicante", „Touron Jijona" bzw. „Touron catalan type Alicante" und „Touron catalan type Jijona" herstellte und vertrieb. Das Rechtsschutzbegehren war auf das französisch-spanische Abkommen zum Schutz von Ursprungsbezeichnungen, Herkunftsangaben und Bezeichnungen bestimmter Erzeugnisse vom 27. 6. 1973 gestützt, einen im wesentlichen den von Deutschland abgeschlossenen Herkunftsabkommen „neuen Typs" entsprechenden Vertrag, nach dem die Bezeichnungen „Turrón de Alicante" und „Turrón de Jijona" für spanische Produkte geschützt sind und der Schutz auch die Benutzung mit Zusätzen wie „Art", „Gattung" oder „Typ" erfaßt.

Der EuGH geht davon aus, daß eine zumindest potentielle Beschränkung des freien Warenverkehrs vorliege: spanischen Unternehmen werde die Benutzung der Bezeichnung in Frankreich verboten, wenn sie ihnen nach spanischem Recht nicht gestattet sei und umgekehrt; ferner werde Unternehmen aus dritten Mitgliedstaaten eine Ausfuhr nach Frankreich oder Spanien mit nach dem Abkommen untersagten Bezeichnungen verboten (Nr. 18/19)[218]. Der EuGH entscheidet jedoch, daß Art. 30 und Art. 36 EWGV der Anwendung eines zweiseitigen Abkommens zwischen Mitgliedstaaten über den Schutz von Herkunftsangaben und Ursprungsbezeichnungen nicht entgegen stehe, soweit die geschützten Bezeichnungen im Ursprungsland nicht im Zeitpunkt des Inkrafttretens des Abkommens oder später zu Gattungsbezeichnungen geworden sind[219].

F 143 Aus dem Urteil des EuGH vom 10. 11. 1992 lassen sich allgemeine Schlüsse auf die **Vereinbarkeit des Schutzes durch die zweiseitigen Herkunftsabkommen** mit dem EWGV ziehen[220]. Die Abkommen stellen, wie der EuGH betont, Ausfuhrhindernisse iSd. Art. 30 EWGV dar, da sie auch Unternehmen im Ursprungsland beim Export unter den fraglichen Bestimmungen behindern und gleiches für Unternehmen in Drittstaaten bewirken können. Art. 36 rechtfertige den Schutz aber auch zugunsten einfacher Herkunftsangaben, solange sie im **Ursprungsland** nicht zu Gattungsbezeichnungen geworden sind. Daß sie im **Schutzland** Gattungsbezeichnungen seien, schade nicht; Art. 36 erlaube auch, daß ein Mitgliedstaat den Schutz seiner Herkunftsangaben auf einen anderen Mitgliedstaat erstrecke.

Der Abkommensschutz – einschließlich des Verbots der Benutzung mit Zusätzen, wenn eine Rufausbeutung oder Beeinträchtigung vorliegt – wird durch Art. 36 EWGV somit gerechtfertigt, soweit die Abkommen **Ursprungsbezeichnungen** und **Herkunftsangaben** des jeweiligen Ursprungslandes schützen. Ferner sind die **Irreführ-**

---

[218] Dagegen hat das OLG Hamm in einem vergleichbaren Fall (GRUR Int. 1992, 834, 835 (Typ Mozarella), zustimmend *Lehmann* IPrax 1992, 221, 222; *Tilmann* EuZW 1992, 343 f; kritisch *G. Meier* WRP 1992, 299) Art. 30 nicht anwenden wollen, weil bei einer Anwendung eines zweiseitigen Vertrags auf Produkte aus dem Schutzland kein konkreter Verstoß gegen Art. 30 vorliege. Die dem Gemeinschaftsrecht mehr Wirkungsspielraum einräumende Auffassung des EuGH verdient den Vorzug, schon um einer allzu weit gehenden Rechtszersplitterung vorzubeugen.

[219] Vgl. in diesem Zusammenhang die Vorlageentscheidung des LG Köln betreffend den Herkunfts- oder Gattungscharakter der Bezeichnung „Kölnisch Wasser", For. Pad. 1976 IV 57 m. Anm. *Franzosi*, die jedoch nicht zu einer Entscheidung des EuGH geführt hat.

[220] S. dazu *Streber* S. 35 ff, der auch die – grundsätzlich zu bejahende – Kompetenz der Mitgliedstaaten zum Abschluß zweiseitiger Herkunftsabkommen behandelt, S. 57 ff. S. dazu und zum Fortbestand der Abkommen auch *Kraatz* S. 140 ff; *Jung* S. 203 ff. S. ferner *Beier* GRUR Int. 1993, 79, 81 und bereits *ders.* GRUR Int. 1959, 277 ff; s. ferner *Baumbach/Hefermehl* Warenzeichenrecht S. 1203.

rungsverbote der Abkommen im Rahmen der Cassis de Dijon-Rechtsprechung (Rdn. F 378; s. auch § 3 Rdn. 17 ff) gerechtfertigt, soweit sie zum Schutz der Lauterkeit des Handelsverkehrs und der Verbraucher zwingend erforderlich sind[221]; auch in der Richtlinie über irreführende Werbung[222] und in der Lebensmitteletikettierungsrichtlinie[223] sind irreführende Angaben über die geographische Herkunft verboten[224].

Fraglich ist die Anwendbarkeit der Abkommen dagegen, soweit in den Abkommen Bezeichnungen geschützt werden, die bereits im Ursprungsland Gattungsbezeichnungen sind und die das Ursprungsland mit Hilfe des Abkommens für sich relokalisieren will. Soweit sie im Schutzland noch als Herkunftsangaben gewertet werden, greift jedenfalls der nach der Cassis de Dijon-Rechtsprechung gerechtfertigte Irreführungsschutz ein[225]. Handelt es sich dagegen sowohl im Ursprungsland als auch im Schutzland um Gattungsbezeichnungen, dürfte eine Rechtfertigung der Anwendung des Abkommens sowohl nach Art. 36 als auch nach der Cassis de Dijon-Rechtsprechung ausscheiden[226].

Zur **Vereinheitlichung des Schutzes der geographischen Bezeichnungen in der EWG** hatte Ulmer und Beier 1965 vorgeschlagen, ein nach dem Vorbild der zweiseitigen Verträge neuen Typs gestaltetes, aber an die Bedingungen des gemeinsamen Marktes angepaßtes multilaterales Abkommen mit einem Schutzsystem auf Listenbasis abzuschließen, dessen Grundgedanke die Anerkennung der geographischen Herkunftsangaben der Ursprungsländer mit den dortigen Benutzungsbedingungen bildet[227]. **F 144**

Auf weltweiter Ebene sind die Bestrebungen im Rahmen der **WIPO** zur Belebung des dahinkümmernden LUA (Rdn. F 119) gescheitert; auch die Versuche zur Revision der PVÜ sind steckengeblieben[228]. So überlegt man, ob ein neuer internationaler Vertrag zum Schutz geographischer Angaben abgeschlossen werden könnte[229].

Auch im Rahmen der anhängigen **GATT**-Verhandlungen wurde die Aufnahme von Mindeststandards zum Schutz geographischer Herkunftsangaben vorgeschlagen[230].

Was die bisherigen Harmonisierungsarbeiten der EWG betrifft, so ist zunächst auf die **Richtlinie über irreführende Werbung** hinzuweisen (Rdn. F 331), die auch Irreführungen über die geographische Herkunft (s. Art. 3 lit. a) erfaßt, wenn auch nur in allgemeiner und generalklauselhaft weiter Art und Weise. **F 145**

Ein erster Schritt zu einer spezifischen Vereinheitlichung im Bereich des geographischen Herkunftsschutzes wurde mit der **Verordnung (EWG) Nr. 2081/92** des

221 *Streber* S. 40 ff.

222 Art. 3 lit. b der Richtlinie vom 1. 9. 1984, GRUR Int. 1984, 688.

223 Art. 2 Abs. 1 lit. a Nr. 1, Art. 3 Abs. 1 Nr. 7 der Richtlinie vom 18. 12. 1978, ABl. 1979 L 33/1.

224 *Streber* S. 42.

225 *Streber* S. 55 f; a. A. *Tilmann* S. 431 ff.

226 So im Ergebnis auch *G. Meier* WRP 1992, 299, 300; *Lehmann* IPrax 1992, 221, 222; *Kraatz* S. 143.

227 *Ulmer/(Beier)* Das Recht des unlauteren Wettbewerbs in den Mitgliedstaaten der EWG, Bd. I Rdn. 439 ff; *Beier* und *Knaak* kommen auf diesen Vorschlag zurück, GRUR Int. 1992, 411, 424; s. auch *Beier* GRUR Int. 1993, 79, 81. Der Vorschlag wird auch von *Streber* S. 241 ff unterstützt. S. ferner *Krieger* GRUR Int. 1984, 71 ff.

228 S. im einzelnen *Streber* S. 234; *Jung* S. 134 ff; s. auch *Laugier* RIPIA 1979, 326 ff; *Krieger* GRUR 1972, 304.

229 S. die Nachweise bei *Streber* S. 234 ff.

230 S. *Beier/Schricker* GATT or WIPO? New Ways in the International Protection of Intellectual Property 1989 S. 263 ff, 329 f, 345; s. ferner GRUR Int. 1990, 485 und die Angaben bei *Streber* S. 233 f.

Rates vom 14. Juli 1992 zum Schutz von geographischen Angaben und Ursprungsbezeichnungen für Agrarerzeugnisse und Lebensmittel[231] unternommen. Der Entwurf dieser Verordnung wurde gegen starke Kritik von deutscher Seite[232] verabschiedet; eine Reihe von Kritikpunkten war allerdings ausgeräumt worden. Die Verordnung betreffend geographische Angaben wurde zusammen mit einer Verordnung über Bescheinigungen besonderer Merkmale für Agrarerzeugnisse und Lebensmittel[233] im Rahmen des Programms der EG-Kommission zur Verbesserung der Lebensverhältnisse im ländlichen Raum erlassen[234]. Die Verordnung betreffend geographische Angaben soll der Diversifizierung der Agrarproduktion durch Förderung von Erzeugnissen mit bestimmten Merkmalen dienen, der steigenden Nachfrage nach Qualitätserzeugnissen bestimmter geographischer Herkunft entgegenkommen und die Verbraucherinformation verbessern[235]. Der Gedanke des Schutzes geographischer Bezeichnungen als kollektives Kennzeichenrecht der ortsansässigen Produzenten scheint dabei zurückzutreten[236].

Kernstück des Schutzes ist die auf Antrag erfolgende **Eintragung** der Bezeichnungen in das bei der Kommission geführte Verzeichnis der geschützten Bezeichnungen, die von einer **Spezifikation** der Anforderungen an die entsprechenden Produkte begleitet sein muß.

F 146 Die Verordnung ist von begrenztem **sachlichen Anwendungsbereich**: Die wohl wichtigste Gruppe von Erzeugnissen im Rahmen des Herkunftsschutzes, die **Weinbauerzeugnisse und alkoholischen Getränke**, ist ausdrücklich ausgenommen (Art. 1 Nr. 1 Abs. 2)[237]. Anwendbar ist die Verordnung auf die in Anhang II des EWGV genannten zum menschlichen Verzehr bestimmten Agrarerzeugnisse sowie die in zwei Anhängen zur Verordnung aufgeführten Lebensmittel und Agrarerzeugnisse (Art. 1 Abs. 1). Zum Bereich der Verordnung gehören demnach etwa Käse, Gemüse und Obst, Bier, Mineralwasser, Backwaren und Süßwaren.

Die Verordnung gilt primär nur für Bezeichnungen, die geographisch einem **Mitgliedstaat der EWG** zuzuordnen sind. Jedoch sind – „unbeschadet internationaler Übereinkünfte" – unter gewissen Voraussetzungen auch Bezeichnungen aus **Drittländern** zugelassen (Art. 12).

F 147 Die Verordnung kennt zwei Typen geschützter Bezeichnungen, die höher qualifizierten **„Ursprungsbezeichnungen"**, die abgekürzt als **„g. U."** bezeichnet werden,

---

[231] ABl. Nr. L 208/1 = GRUR Int. 1992, 750. S. dazu *Tilmann* GRUR 1992, 829; *ders.* GRUR Int. 1993, 610 ff; *Krimphove* ZLR 1992, 674; *Heine* GRUR 1993, 96 ff; *v. Mühlendahl* ZLR 1993, 189 ff. Durchgehend kritisch *Beier/Knaak* GRUR Int. 1993, 602 ff.

[232] S. die GRUR-Eingabe GRUR 1992, 368; s. ferner AIPPI-Jahrbuch 1992 II 349 f; *Beier/Knaak* GRUR Int. 1992, 411, 424; *dies.* GRUR Int. 1993, 602 ff (die die neue VO wegen Verstoßes gegen den EWGV für nichtig halten); *Streber* S. 238 ff; s. auch *Beier* GRUR Int. 1993, 79, 81 f. Zur Vorgeschichte ferner *Heine* GRUR 1993, 96; *v. Mühlendahl* ZLR 1993, 189, 193 ff.

[233] VO (EWG) Nr. 2082/92 ABl. Nr. L 208/9 = GRUR Int. 1992, 755.

[234] *Tilmann* GRUR 1992, 829. Rechtsgrundlage ist Art. 43 EWGV. S. hierzu und zu den Zielen der VO *Heine* GRUR 1993, 96 ff.

[235] S. Begründungserwägungen GRUR Int. 1992, 750.

[236] *Tilmann* GRUR 1992, 829, 830 f.

[237] S. zum Anwendungsbereich der VO *Heine* GRUR 1993, 96 f. S. zu den Wein- und Bezeichnungsvorschriften der EWG im Überblick *v. Gamm* GRUR 1984, 165; ausführlich *v. Zumbusch* Das Verhältnis des EG-Weinbezeichnungsrechts zum deutschen Wein- und Wettbewerbsrecht 1990; *Kraatz* Der Schutz geographischer Weinbezeichnungen im Recht der Europäischen Gemeinschaften 1980; *Jung* Der Schutz von geographischen Herkunftsbezeichnungen für Weine und Spirituosen im internen und externen Recht der EG 1990.

und die in ihrem Regulatorium einfacheren **„geographischen Angaben"**, abgekürzt **„g. g. A."**[238]. Beide Typen sind in Art. 2 Nr. 2–7 wie folgt definiert:

„(2) Im Sinne dieser Verordnung bedeutet

a) ‚Ursprungsbezeichnung' der Name einer Gegend, eines bestimmten Ortes oder in Ausnahmefällen eines Landes, der zur Bezeichnung eines Agrarerzeugnisses oder eines Lebensmittels dient,

- das aus dieser Gegend, diesem bestimmten Ort oder diesem Land stammt und
- das seine Güte oder Eigenschaften überwiegend oder ausschließlich den geographischen Verhältnissen einschließlich der natürlichen und menschlichen Einflüsse verdankt und das in dem begrenzten geographischen Gebiet erzeugt, verarbeitet und hergestellt wurde;

b) ‚geographische Angabe' der Name einer Gegend, eines bestimmten Ortes oder in Ausnahmefällen eines Landes, der zur Bezeichnung eines Agrarerzeugnisses oder eines Lebensmittels dient,

- das aus dieser Gegend, diesem bestimmten Ort oder diesem Land stammt und
- bei dem sich eine bestimmte Qualität, das Ansehen oder eine andere Eigenschaft aus diesem geographischen Ursprung ergibt und das in dem begrenzten geographischen Gebiet erzeugt und/oder verarbeitet und/oder hergestellt wurde.

(3) Als Ursprungsbezeichnungen gelten auch bestimmte traditionelle geographische oder nichtgeographische Bezeichnungen, wenn sie ein Agrarerzeugnis oder ein Lebensmittel bezeichnen, das aus einer bestimmten Gegend oder einem bestimmten Ort stammt und das die Anforderungen nach Abs.2 Buchst. a) zweiter Gedankenstrich erfüllt.

(4) Abweichend von Abs. 2 Buchst. a) werden bestimmte geographische Bezeichnungen Ursprungsbezeichnungen gleichgestellt, wenn die Grunderzeugnisse der betreffenden Erzeugnisse aus einem anderen geographischen Gebiet oder aus einem Gebiet stammen, das größer als das Verarbeitungsgebiet ist, sofern

- das Gebiet, in dem das Grunderzeugnis hergestellt wird, begrenzt ist und
- besondere Bedingungen für die Erzeugung der Grunderzeugnisse bestehen und
- ein Kontrollsystem die Einhaltung dieser Bedingungen sicherstellt.

(5) Im Sinne des Abs. 4 gelten als Grunderzeugnisse lediglich lebende Tiere, Fleisch und Milch. Die Verwendung anderer Grunderzeugnisse kann nach dem Verfahren des Art. 15 zugelassen werden.

(6) Voraussetzung für die Abweichung nach Abs. 4 ist, daß die betreffende Bezeichnung von dem betreffenden Mitgliedstaat als geschützte Ursprungsbezeichnung anerkannt wird oder bereits anerkannt ist oder daß, wenn eine solche Regelung nicht besteht, ihre Tradition sowie die Außergewöhnlichkeit ihres Ansehens und ihrer Bekanntheit nachgewiesen sind.

(7) Voraussetzung für die Abweichung nach Abs. 4 ist, daß die Anträge auf Eintragung innerhalb einer Frist von zwei Jahren nach Inkrafttreten dieser Verordnung gestellt werden."

Gattungsbezeichnungen dürfen nicht eingetragen werden (Art. 3 Nr. 1, Art. 17 Nr. 2 Satz 2); andererseits können geschützte Bezeichnungen nicht zu Gattungsbezeichnungen werden (Art. 13 Nr. 3). Auch der Begriff der Gattungsbezeichnung wird näher bestimmt (Art. 13 Nr. 1 Abs. 2/3): **F 148**

„Im Sinne dieser Verordnung gilt als Bezeichnung, die zur Gattungsbezeichnung geworden ist, der Name eines Agrarerzeugnisses oder eines Lebensmittels, der sich zwar auf einen Ort oder ein Gebiet bezieht, wo das betreffende Agrarerzeugnis oder Lebensmittel

[238] S. Art. 2, Art. 4 Abs. 1, Art. 8. S. hierzu *Heine* GRUR 1993, 96, 98 ff.

ursprünglich hergestellt oder vermarktet wurde, der jedoch der gemeinhin übliche Name, für ein Agrarerzeugnis oder ein Lebensmittel geworden ist.

Bei der Feststellung, ob ein Name zur Gattungsbezeichnung geworden ist, sind alle Faktoren und insbesondere folgendes zu berücksichtigen:

- die bestehende Situation in dem Mitgliedstaat, aus dem der Name stammt, und in den Verbrauchsgebieten;
- die Situation in anderen Mitgliedstaaten;
- die einschlägigen nationalen oder gemeinschaftlichen Rechtsvorschriften."

F 149 Als **Auftakt**, um die Verordnung ins Werk zu setzen, ist vorgesehen, daß die **Mitgliedstaaten** innerhalb von sechs Monaten nach Inkrafttreten der Verordnung[239] der Kommission **mitteilen**, welche ihrer gesetzlich geschützten oder falls in einem Mitgliedstaat ein Schutzsystem nicht besteht, durch Benutzung üblich gewordenen Bezeichnungen sie nach Maßgabe dieser Verordnung eintragen lassen wollen (Art. 17 Nr. 1). Die Kommission trägt diese Bezeichnungen ein, wobei das sonst vorgesehene Verfahren des Einspruchs (Art. 7) nicht Platz greift, sondern ein Ausschuß aus Vertretern der Mitgliedstaaten gemäß Art. 15 tätig wird; bei Dissens beschließt der Rat (Art. 17 Nr. 2).

Ferner erstellt der Rat auf Vorschlag der Kommission mit qualifizierter Mehrheit ein nicht erschöpfendes informatives **Verzeichnis der Gattungsbezeichnungen**, das im Amtsblatt veröffentlicht wird. Die Mitgliedstaaten werden gut beraten sein, auf diese im Anfangsstadium durchzuführenden Maßnahmen einige Aufmerksamkeit zu verwenden, da hier bereits die Weichen für die Anwendung der Verordnung gestellt werden. Zwar dürfte die Aufnahme als Gattungsbezeichnung in das lediglich als „informativ" bezeichnete Verzeichnis nicht bindend sein, so daß die Einordnung aufgrund eines gleichwohl erfolgenden Eintragungsantrags korrigiert werden könnte; jedoch dürfte die **Löschung** einer einmal zum Schutz eingetragenen Bezeichnung nicht so einfach zu erreichen sein[240]. Es wird deshalb die zu erwartende große Zahl[241] mitgeteilter Bezeichnungen aus den anderen Mitgliedstaaten auf Interessenkonflikte hin sorgsam zu überprüfen sein.

Der Bundesminister der Justiz hat die einschlägigen Verbände aufgefordert, bei der Erstellung des Verzeichnisses der Gattungsbezeichnungen mitzuwirken[242]. Eine Mithilfe der interessierten Kreise ist auch bei Zusammenstellung der im Anfangsstadium mitzuteilenden Bezeichnungen geboten wie auch bei der Erarbeitung der erforderlichen Spezifikationen[243].

F 150 Das **„normale" Verfahren der Eintragung** setzt einen Antrag voraus, der von einer Vereinigung und ausnahmsweise auch von einer natürlichen oder juristischen Person gestellt werden kann und an den zuständigen **Mitgliedstaat** zu richten ist, in

---

239 Die VO tritt 12 Monate nach ihrer Veröffentlichung im Amtsblatt in Kraft (Art. 18); sie ist im ABl. vom 24. 7. 1992 Nr. 208 veröffentlicht worden.

240 Zur Löschung kann eine Diskrepanz zur Spezifikation führen, s. Art. 11. Sonstige Löschungsgründe sind nicht vorgesehen; ausdrücklich ausgeschlossen ist die Entwicklung zur Gattungsbezeichnung (Art. 13 Nr. 3). Für den von *Tilmann* (GRUR 1992, 834) gleichwohl postulierten Löschungsantrag wegen Entwicklung zur Gattungsbezeichnung bietet die VO keine Grundlage; die Kommission kann allenfalls ihre Entscheidung über die Eintragung korrigieren, wozu auch eine informelle Anregung gegeben werden könnte.

241 *Tilmann* GRUR 1992, 834.

242 *Krimphove* ZLR 1992, 674, 682; *v. Mühlendahl* ZLR 1993, 189, 197.

243 Vgl. *Tilmann* GRUR 1992, 829, 834; *v. Mühlendahl* ZLR 1993, 189, 197.

dem sich das betreffende geographische Gebiet befindet[244]; der Mitgliedstaat leitet den Antrag nach Prüfung an die **Kommission** weiter (Art. 5). Der Antrag muß insbesondere die **Spezifikation** (Art. 4) umfassen. Der Antrag wird von der Kommission geprüft und bei Bejahung der Schutzwürdigkeit **veröffentlicht** (Art. 6 Nr. 1–2). Innerhalb von sechs Monaten nach der Veröffentlichung kann jeder Mitgliedstaat **Einspruch** einlegen (Art. 7 Nr. 1). In ihrem berechtigten Interesse betroffene natürliche oder juristische Personen können sich mit ihrem Einspruch nur an die zuständige Behörde ihres Mitgliedstaates wenden, die die erforderlichen Maßnahmen trifft, damit der Einspruch fristgerecht berücksichtigt wird (Art. 7 Nr. 3). Bei Einsprüchen soll zunächst eine einvernehmliche Regelung angestrebt werden; gelingt sie nicht, trifft die Kommission eine Entscheidung (Art. 7 Nr. 5). Wird dabei die Eintragung beschlossen oder wird kein Einspruch eingelegt, so bewirkt die Kommission die **Eintragung** in das von ihr geführte **„Verzeichnis der geschützten Ursprungsbezeichnungen und der geschützten geographischen Angaben"** (Art. 6 Nr. 3, Art. 7 Nr. 5 lit. b S. 2).

Die Mitgliedstaaten stellen sicher, daß spätestens sechs Monate nach Inkrafttreten der Verordnung **Kontrolleinrichtungen** geschaffen werden, die gewährleisten, daß die Anforderungen der Spezifikation erfüllt werden (Art. 10 Nr. 1). Es kann sich um Kontrollbehörden oder private Kontrollstellen handeln (Art. 10 Nr. 2). Werden Diskrepanzen festgestellt, hat der betreffende Mitgliedstaat die erforderlichen Maßnahmen zu treffen (Art. 10 Nr. 4). In Deutschland liegt eine Einschaltung der Lebensmittelkontrollbehörden nahe[245]. **F 151**

Der **Schutz der eingetragenen Bezeichnungen** wird durch einen vierfach aufgegliederten Verbotstatbestand gesichert (Art. 13 Nr. 1). Seinen Kern bildet das **Verbot jeder direkten oder indirekten kommerziellen Verwendung der Bezeichnung für gleiche Erzeugnisse**, die nicht unter die Eintragung fallen (Art. 13 Nr. 1 lit. a). Das Verbot wird auf die Verwendung für **„vergleichbare Erzeugnisse"** ausgedehnt sowie auch auf die Fälle, in denen das Ansehen der geschützten Bezeichnung durch eine Benutzung für **andersartige Erzeugnisse** ausgenutzt wird (Art. 13 Nr. 1 lit. a). Eine Erweiterung findet ferner hinsichtlich der Bezeichnung selbst statt: Nicht nur ihre identische Verwendung (Aneignung) wird erfaßt, sondern auch jede **widerrechtliche Nachahmung oder Anspielung**, selbst wenn der **wahre Ursprung angegeben** wird oder die Bezeichnung **in Übersetzung oder zusammen mit Zusätzen wie „Art", „Typ", „Verfahren", „Façon", „Nachahmung" o. dgl.** verwendet wird (Art. 13 Nr. 1 lit. b). In dieser doppelten Ausdehnung des Verbotstatbestandes, sowohl hinsichtlich der Waren als auch der Bezeichnung spiegelt sich deutlich die mit den zweiseitigen Verträgen neuen Typs gemachten Erfahrungen wider (vgl. Rdn. F 133, 135, 136). Wie in diesen findet sich ein **ergänzender Irreführungstatbestand**, der sowohl Täuschungen über die Herkunft oder den Ursprung als auch hinsichtlich Natur oder wesentliche Eigenschaften der Erzeugnisse erfaßt (Art. 13 Nr. 1 lit. c). Der Irreführungstatbestand wird nochmals durch einen generalklauselhaftes Verbot aller sonstigen über den Ursprung irreführenden Praktiken ergänzt (Art. 13 Nr. 1 lit. d, Abs. 1). **F 152**

---

[244] Nach dem Referentenentwurf eines Gesetzes zur Reform des Markenrechts vom 9. 8. 1993 soll das Patentamt für die Entgegennahme und Prüfung des Antrags zuständig sein (§§ 130 ff); der Entwurf sieht auch eine Ermächtigung zum Erlaß von Rechtsverordnungen zur näheren Bestimmung des Schutzes einzelner geographischer Herkunftsangaben vor (§§ 137 ff).

[245] *Tilmann* GRUR 1992, 830; *v. Mühlendahl* ZLR 1993, 189, 198.

Besondere Regeln finden sich hinsichtlich der Benutzung **gattungsmäßiger Bestandteile** eingetragener Bezeichnungen (Art. 13 Nr. 1 lit. d Abs. 2) und über das Verhältnis zum **Markenrecht** (Art. 14)[246].

F 153 Hinsichtlich der **Rechtsfolgen** bei Übertretung der Verbote regelt die Verordnung nur den Fall, daß die Kontrolleinrichtungen feststellen, daß die Anforderungen der Spezifikation nicht erfüllt werden; sie treffen dann die „erforderlichen Maßnahmen" (Art. 10 Nr. 4), die freilich nicht näher konkretisiert werden. Im übrigen sollen die eingetragenen Bezeichnungen zwar „auf Gemeinschaftsebene geschützt" werden (Art. 2 Nr. 1), jedoch läßt die Vorschrift des Art. 10 Nr. 4 über die Kontrollen in den Mitgliedstaaten und das Schweigen der Verordnung im übrigen doch den Schluß zu, daß die Sanktionierung den Mitgliedstaaten überlassen bleibt[247]. Was die privatrechtlichen Rechtsfolgen betrifft, liegt es für Deutschland nahe, an das UWG anzuknüpfen: Als wettbewerbsregelnde, im Schutzzweck weitgehend mit dem UWG übereinstimmende und in Deutschland unmittelbar geltende Vorschriften bilden die Verbote der Verordnung Verhaltensnormen, mit deren Verletzung sich das Unwerturteil des § 1 UWG unmittelbar verbinden kann[248]; Rechtsfolgen und Klagerechte bestimmen sich dann nach §§ 1, 13 UWG[249]. Der Referentenentwurf eines Gesetzes zur Reform des Markenrechts vom 9. 8. 1993 sieht nunmehr einen eigenen Unterlassungs- und Schadensersatzanspruch vor (§ 135).

Die einschlägigen **nationalen Vorschriften**, die spezifisch dem **Schutz geographischer Bezeichnungen** dienen, werden hinsichtlich der auf Gemeinschaftsebene geschützten Bezeichnungen durch die gemeinschaftsrechtliche Regelung verdrängt; in dem von der Verordnung behandelten Regelungskomplex ist grundsätzlich nurmehr diese anwendbar[250]. Dagegen kann das nationale allgemeine Wettbewerbsrecht, soweit ein Wertungswiderspruch zum vorrangigen Gemeinschaftsrecht nicht vorliegt, insbesondere § 3 UWG, neben den gemeinschaftsrechtlichen Verboten zur Anwendung kommen. Jedenfalls ist das nationale Recht weiter für die nicht vom Gemeinschaftsrecht erfaßten Bezeichnungen zulässig[251].

F 154 Zur **Bewertung** der Verordnung ist zu bemerken, daß ihre detaillierte Regelung zwar an das LUA (Rdn. F 119) und die zweiseitigen Verträge neuen Typs (Rdn. 125) anknüpft, aber doch eine eigene supranationale Begriffswelt entfaltet, deren Interpretation zu manchen Unsicherheiten und Komplikationen führen dürfte. Auch bringt die Verordnung einen beträchtlichen Verwaltungsaufwand sowohl auf der Seite der Mitgliedstaaten als auch der Kommission mit sich; Klagen gegen Kommissionsentscheidungen könnten zu einer erheblichen Belastung des Gerichtshofs füh-

---

[246] S. dazu *Tilmann* GRUR 1992, 829, 831.

[247] S. zur vergleichbaren Problematik im Weinrecht *v. Zumbusch* S. 64 f. Die Mitgliedstaaten können insbesondere straf- und verwaltungsrechtliche Rechtsfolgen anordnen, s. *v. Zumbusch* S. 124 ff.

[248] Auf die Erlangung eines ungehörigen Vorsprungs kommt es damit nicht an; anders wohl die Rechtsprechung zum Weinrecht, s. *v. Zumbusch* S. 96 ff.

[249] So auch *Tilmann* GRUR 1992, 829, 830, 831; vgl. auch zum Weinrecht *v. Zumbusch* S. 67. Abweichend *Heine* GRUR 1993, 96, 102, der auf § 823 Abs. 2 BGB verweist.

[250] Vgl. *Tilmann* GRUR 1992, 829, 831; vgl. auch zum Weinrecht *v. Zumbusch* S. 76. Nur dieser nationale Rechtsbereich dürfte mit den Übergangsvorschriften in Art. 17 Nr. 3 gemeint sein.

[251] Vgl. zu der parallelen Frage im Weinrecht EuGH GRUR Int. 1981, 318 – *Klosterdoktor*); BGH GRUR 1982, 423 – *Schloßdoktor/Klosterdoktor*; BGH GRUR Int. 1982, 553 – *Domgarten-Brand*; LG Hamburg GRUR Int. 1990, 641, 642 – *Erzeugerabfüllung*; umfassend *v. Zumbusch* S. 113 ff; s. a. *v. Gamm* GRUR 1984, 165 ff; *v. Mühlendahl* EWR 1983, 15 ff; *ders.* ZLR 1993, 189, 196. Anders im Ergebnis wohl *Tilmann*, der das nationale Recht ganz ausschließen will, GRUR 1992, 829, 831; so wohl auch *Heine* GRUR 1993, 96, 102.

ren. Länder mit bestehenden verwaltungsrechtlichen Regelungen zum Schutz von Ursprungsbezeichnungen, wie etwa Frankreich, werden sich leichter auf das System der Verordnung einstellen können als Deutschland, das solche Systeme nicht kennt und die von der Verordnung verlangten Spezifikationen erst schaffen muß[252]. Aus deutscher Sicht ist auch die Übergehung der mittelbaren Herkunftsangaben zu bedauern, die nicht eingetragen, sondern allenfalls bei den Irreführungsverboten berücksichtigt werden können, sowie die Ausklammerung des gesamten Bereichs der Produkte, die nicht zum Agrar- und Lebensmittelsektor gehören[253]. Andererseits hebt die Verordnung nicht, wie befürchtet, die grundsätzliche Bezeichnungsfreiheit auf; sie läßt das Verhältnis zum Markenrecht nicht ungeregelt und erlaubt auch die Einbeziehung von Drittstaaten-Bezeichnungen in das System. Wesentliche Vorteile der Verordnung will man in der Steigerung der Rechtssicherheit, der Verbesserung des Verbraucherschutzes und der Schraffung neuer Marketingmöglichkeiten durch Benutzung eingetragener Bezeichnungen erblicken[254].

III. Das internationale Privatrecht des unlauteren Wettbewerbs

Übersicht

Literatur

von Bar Internationales Privatrecht Bd. II (1991); *Baumbach/Hefermehl* Wettbewerbsrecht[17] Einleitung, 5. Kapitel, Rdn. 173 ff; *Baur, J.* Zum Namensschutz im deutschen internationalen Privatrecht unter besonderer Berücksichtigung des Schutzes des Handelsnamens, AcP 167 (1967) 535; *Beier/Schricker/Ulmer* Stellungnahme des Max-Planck-Instituts für ausländisches und internationales Patent-, Urheber- und Wettbewerbsrecht zum Entwurf eines Gesetzes zur Ergänzung des internationalen Privatrechts, GRUR Int. 1985, 104; *Beitzke* Auslandswettbewerb unter Inländern, JuS 1966, 139; *Bernhard* Insel-Recht auf Gran Canaria, GRUR Int. 1992, 366; *Bernhard* Cassis de Dijon und Kollisionsrecht – am Beispiel des unlauteren Wettbewerbs, EuZW 1992, 437; *Breitenmoser* Publicity outside National Boundaries, 64 TMR 133 (1974); *Burmann* Werbung und Wettbewerb deutscher Unternehmen im Ausland, DB 1964, 1801; *Deutsch* Wettbewerbstatbestände mit Auslandsbeziehung(1962); *Emmerich* Das Recht des unlauteren Wettbewerbs[3] (1990); *von Gamm* Wettbewerbsrecht[5], 15. Kapitel; *von Gamm* Anwendung deutschen Wettbewerbsrechts auf auslandsbezogene Sachverhalte, EWS 1991, 166; *Gloede* Der deut-

[252] *Tilmann* GRUR 1992, 829, 834.
[253] *Beier/Knaak* GRUR Int. 1992, 411, 424; *Tilmann* GRUR 1992, 829, 832.
[254] *Krimphove* ZLR 1992, 674, 683 f. Im Gesamtergebnis positiv auch *v. Mühlendahl* ZLR 1993, 189, 198.

sche Außenhandel und seine wettbewerbsrechtliche Beurteilung nach deutschem internationalen Privatrecht, GRUR 1960, 464; *Gloy* (Hrsg.) Handbuch des Wettbewerbsrechts/*Wilde*, § 6; *Gloy* (Hrsg.) Handbuch des Wettbewerbsrechts/*Jacobs*, § 28; *Hoth* Ausländische Werbung mit Inlandswirkung, GRUR Int. 1972, 449; *Joerges* Die klassische Konzeption des internationalen Privatrechts und das Recht des unlauteren Wettbewerbs, RabelsZ 36 (1972) 421; *Kegel* Internationales Privatrecht[6] (1987); *Kreuzer*, in: von Caemmerer (Hrsg.) Vorschläge und Gutachten zur Reform des deutschen IPR der außervertraglichen Schuldverhältnisse (1983) 232; *Körner* Wettbewerbsschutz deutscher Zeichenrechte gegen im Ausland begangene Verletzungshandlungen, AWD 1970, 211; *Kropholler* Internationales Privatrecht (1990); *Möllering* Das Recht des unlauteren Wettbewerbs in Europa: Eine neue Dimension, WRP 1990, 1; *Mook* Internationale Rechtsunterschiede und nationaler Wettbewerb (1986); *Müller-Graff* Fakultatives Kollisionsrecht im internationalen Wettbewerbsrecht? RabelsZ 48 (1984) 289; MünchKommBGB/*Kreuzer*[2], Art. 38 EGBGB; MünchKommBGB/*Sonnenberger*[2] IPR Einleitung (1990); *Neumann* Der Anwendungsbereich des deutschen UWG im internationalen Wettbewerb, Int. Wettb. 1959, 13; *Paefgen* Unlauterer Wettbewerb durch Rechtsbruch in internationalprivatrechtlicher Sicht, WRP 1991, 447; *Raape/Sturm* Internationales Privatrecht Bd. I[6]; *Regelmann* Die internationalprivatrechtliche Anknüpfung des Gesetzes gegen unlauteren Wettbewerb, Dissertation, Konstanz (1987); *Reuter* Der Ausländer im deutschen Wettbewerbs- und Kennzeichnungsrecht, BB 1989, 2265; *Roth* Der Einfluß des Europäischen Gemeinschaftsrechts auf das Internationale Privatrecht, RabelsZ 1991, 623; *Sack* Die kollisions- und wettbewerbsrechtliche Beurteilung grenzüberschreitender Werbe- und Absatztätigkeit nach deutschem Recht, GRUR Int. 1988, 320; *Sack* Probleme des Inlandswettbewerbs mit Auslandsbezug nach deutschem und österreichischem Kollisions- und Wettbewerbsrecht, ÖBl. 1988, 113; *Sack* Marktortprinzip und allgemeine Ausweichklausel im internationalen Wettbewerbsrecht, am Beispiel der Gran-Canaria-Fälle, IPRax 1992, 24; *Sandrock* Das Kollisionsrecht des unlauteren Wettbewerbs zwischen dem internationalen Immaterialgüterrecht und dem internationalen Kartellrecht, GRUR Int. 1985, 507; *Sasse* Grenzüberschreitende Werbung, Diss. Kiel (1974); *Schricker* Die Durchsetzbarkeit deutscher Werberegelungen bei grenzüberschreitender Rundfunkwerbung, GRUR Int. 1982, 720; *Schricker* Etikettierung beim Weinexport und internationales Wettbewerbsrecht, IPRax 1983, 103; *Schricker* Recht der Werbung in Europa Bd. I Einführung (1990); *Soergel/Lüderitz* BGB[11], Art. 12 EGBGB, Rdn. 17; *Spätgens* Zur Frage der Anwendbarkeit deutschen Wettbewerbsrechts oder des Ortsrechts bei Wettbewerb zwischen Inländern auf Auslandsmärkten, GRUR 1980, 473; *Staudinger/von Hoffmann* BGB[12] Art. 38 EGBGB; *Steindorff* Sachnormen im IPR (1958); *Tilmann* Möglichkeiten und Grenzen der Rechtsentwicklung in ZAW (Hrsg.) Irreführende Werbung in Europa (1990); *Troller, Kamen* Das internationale Privatrecht des unlauteren Wettbewerbs (1962); *Ulmer* Die Immaterialgüterrechte im internationalen Privatrecht (1975); *Ulmer/Reimer* Das Recht des unlauteren Wettbewerbs in den Mitgliedstaaten der EWG Bd. III Deutschland (1968); *Weber* Die kollisionsrechtliche Behandlung von Wettbewerbsverletzungen mit Auslandsbezug (1982); *Weber* Zum Anwendungsbereich des deutschen UWG bei Auslandswettbewerb zwischen Inländern, GRUR Int. 1983, 26; *Wengler* Die Gesetze über unlauteren Wettbewerb und das internationale Privatrecht, RabelsZ 1954, 401; *Wirner* Wettbewerbsrecht und internationales Privatrecht (1960).

1. Allgemeines

F 155 **a) Aufgabenstellung. Nationales und internationales Recht.** Die Weltwirtschaft befindet sich in einer Phase beschleunigter **Internationalisierung.** Vollendung des Binnenmarktes der EWG, Errichtung des Europäischen Wirtschaftsraums, Öffnung der Länder Mittel- und Osteuropas, Bemühungen zur Liberalisierung des Welthandels im GATT sind nur einige Marksteine dieser Entwicklung. Die Wettbewerbs- und Marktordnungsprobleme, mit denen das Recht des unlauteren Wettbewerbs zu tun hat, erhalten zunehmend einen internationalen Einschlag; Wettbewerbskonflikte werden immer häufiger durch „Auslandsberührung" geprägt. In derartigen Fällen entsteht zunächst die Frage, ob dem Ausländer im Inland Schutz zu gewähren ist; hier ist das

Fremdenrecht des UWG einschlägig[1]. Im vorliegenden Zusammenhang geht es dagegen um die Frage des **anwendbaren Rechts**.

Die klarste Lösung für das Problem der international sich erstreckenden Wettbewerbskonflikte wäre die Schaffung eines international einheitlichen Sachrechtes. Das **internationale Einheitsrecht** des unlauteren Wettbewerbs ist jedoch nur schwach entwickelt; dies gilt sowohl für die internationalen Verträge (Rdn. F 37 ff) als auch für das regionale supranationale Recht der EWG (Rdn. F 330 ff)[2]. Nach wie vor ist deshalb auch bei grenzüberschreitenden Wettbewerbskonflikten in erster Linie das nationale Recht zur Regelung berufen[3]. Damit bleibt auch die Frage von zentraler Bedeutung, welches nationale Recht auf Sachverhalte anzuwenden ist, die mehrere Rechtsordnungen berühren, sei es in territorialer, sei es in personeller oder sonstiger Hinsicht.

Soweit es um die privatrechtlichen Normierungen des unlauteren Wettbewerbs geht, ist die Lösung dieser Frage im **internationalen Privatrecht (Kollisionsrecht) des unlauteren Wettbewerbs** zu suchen. Es handelt sich dabei im wesentlichen um **nationales Recht**: Jede nationale Rechtsordnung bestimmt, wann sie zur Anwendung gelangt und wann sie dem Auslandsrecht Raum gibt[4]. Die nationalen Gerichte legen dabei das Kollisionsrecht der Rechtsordnung zugrunde, der sie jeweils angehören (lex fori)[4a]. Im folgenden wird in erster Linie das deutsche internationale Privatrecht des unlauteren Wettbewerbs in seinen Grundlagen (Rdn. F 168 ff) und Einzelentscheidungen (Rdn. F 198 ff) behandelt werden. Zum ausländischen wettbewerbsrechtlichen Kollisionsrecht werden ergänzende Informationen gegeben (Rdn. F 223 ff). **F 156**

Ansatzpunkte zu **internationalrechtlichen Kollisionsregeln** für Fälle unlauteren Wettbewerbs finden sich nur vereinzelt. Die **Pariser Verbandsübereinkunft zum Schutz des gewerblichen Eigentums** enthält in erster Linie fremdenrechtliche Vorschriften und darüber hinaus in Art. 10bis ein unmittelbar für Verbandsbegünstigte anwendbares internationales Sachrecht des unlauteren Wettbewerbs (Rdn. F 32 ff, 37 ff). Im übrigen läßt sie erkennen, daß es bei der Anwendung des nationalen Rechts des unlauteren Wettbewerbs der Verbandsländer einschließlich von deren Kollisionsrecht bleiben soll[5]. Während sich für die gewerblichen Schutzrechte aus dem Prinzip der Inländerbehandlung der PVÜ und anderen Konventionsregeln – wie insbesondere auch aus Art. 8 PVÜ für den Handelsnamen[6] – ein deutlicher kollisionsrechtlicher Gehalt im Sinne einer Bestätigung des Territorialitäts- und Schutzlandprinzips herauslesen läßt[7], ist für das Recht des unlauteren Wettbewerbs im allgemeinen eine derartige Weichenstellung nicht erkennbar[8]. Wenn etwa ein ausländischer Verband- **F 157**

---

1 S. § 28 und die Kommentierung hierzu.

2 Die von *Sack* GRUR Int. 1988, 320, 342 geäußerte Vermutung, die kollisionsrechtliche Feststellung des anwendbaren Rechts könne in Zukunft angesichts der EG-Richtlinie über irreführende Werbung entfallen, da das materielle Recht jetzt gleich sei, verkennt die begrenzte Tragweite der Richtlinie, die wesentliche Voraussetzungen der Beurteilung der Irreführung offenläßt und zudem nur auf einen gemeinsamen Mindeststandard abzielt, es dem nationalen Gesetzgeber erlaubt, strengere Vorschriften zu schaffen. S. im einzelnen Rdn. 336, 351.

3 *Wirner* S. 24 ff; *Weber* S. 8 ff.

4 S. allgemein zu Funktion und Begriff des IPR MünchKommBGB/*Sonnenberger*[2] EGBGB Einl. IPR Rdn. 1 ff.

4a Kommt bei der Beurteilung eines Sachverhalts die Anwendung ausländischen Rechts in Betracht, ist das deutsche internationale Privatrecht von Amts wegen anzuwenden, BGH RIW 1993, 585.

5 *Weber* S. 8 f; *Wirner* S. 38 ff.

6 *Sandrock* GRUR Int. 1985, 507, 516. Dahingestellt in OLG Stuttgart RIW 1991, 954, 955.

7 S. statt aller *Ulmer* Die Immaterialgüterrechte im Internationalen Privatrecht S. 10 ff.

8 *Weber* S. 8; *Wirner* S. 39 f; MünchKomm/*Kreuzer*[2] Art. 38 EGBGB Rdn. 227; *Staudinger/v. Hoffmann* Art. 38 EGBGB Rdn. 505. Anders *Ulmer* Die Immaterialgüterrechte S. 20, der auch im Blick auf den unlauteren Wettbewerb von einem „kollisionsrechtlichen Gehalt" des Art. 2 PVÜ spricht.

sangehöriger vor einem deutschen Gericht gegen die Nachahmung seiner Produkte in Deutschland und den Vertrieb der Nachahmungen im Ausland klagt, gebietet Art. 2 PVÜ zwar, daß ihm Rechtsschutz gegen unlauteren Wettbewerb wie einem Inländer gewährt wird; es wird aber nicht ausgeschlossen, daß das deutsche Gericht den Fall nach den Regeln des deutschen Kollisionsrechts dem Recht des ausländischen Vertriebsmarktes unterstellt[9].

F 158 Ausnahmsweise finden sich kollisionsrechtliche Regelungen in den **zweiseitigen Verträgen „neuen Typs" zum Schutz von Herkunftsangaben** (Rdn. F 125 ff). Die Verträge verweisen für den Schutz der Listenbezeichnungen – soweit nicht vertragsautonome Regelungen eingreifen – auf das Recht des Ursprungslandes, hinsichtlich der Rechtsfolgen auf das Schutzlandsrecht (Rdn. 126, 130 ff). Hierin liegen kollisionsrechtliche Normierungen, die als Sonderregelungen das allgemeine Kollisionsrecht durchbrechen und modifizieren[10].

F 159 Kollisionsrechtlichen Gehalt weist ferner die **EWG-Fernsehrichtlinie von 1989** auf, wenn sie hinsichtlich der Werberegeln allein das Ursprungsland der Sendung als für die Kontrolle zuständig erklärt (s. im einzelnen Rdn. F 365 ff). Damit wird nicht nur die Kompetenz der Behörden (und ggf. Gerichte) im Ursprungsland begründet, sondern zugleich das Recht des Ursprungslandes für maßgeblich erklärt (das freilich weitgehend durch die Richtlinie harmonisiert wird)[11].

Hingegen berührt die **EWG-Richtlinie über irreführende Werbung von 1984** (Rdn. F 331 ff) das Kollisionsrecht nicht. Die Richtlinie geht stillschweigend von der Anwendung der nationalen Kollisionsnormen aus und davon, daß diese in der Regel auf das Recht des jeweils von der Wettbewerbshandlung berührten Marktes verweisen. Der Harmonisierungsbedarf erwächst gerade daraus, daß es auf diese Weise zur Anwendung nationaler Sachnormen kommt, die erheblich voneinander abweichen[12].

F 160 Eine **Rechtsangleichung des Kollisionsrechtes** im Bereich des unlauteren Wettbewerbs scheint man auf internationaler Ebene noch nicht in Angriff genommen zu haben. In der EWG haben die Arbeiten zur Angleichung des Kollisionsrechts der außervertraglichen Schuldverhältnisse nicht weitergeführt[13].

F 161 In der Praxis wird für viele Rechtsordnungen ein gemeinsamer Ansatzpunkt durch die deliktsrechtliche Anknüpfung an das **Recht des Begehungsortes** vorgegeben, die für das Recht des unlauteren Wettbewerbs unbesehen übernommen wird. Die Ergebnisse weichen gleichwohl nicht selten voneinander ab. Hier wirkt sich auch der sporadische, gleichsam zufällige Charakter des anfallenden **Rechtsprechungsmaterials** aus; für die Entwicklung stetiger Linien des Richterrechts ist die Judikatur vielfach zu spär-

---

[9] So im Ergebnis BGH GRUR 1962, 243 – *Kindersaugflaschen* und die heute ganz hM s. Rdn. F 207/208.

[10] MünchKomm/*Kreuzer*² Art. 38 EGBGB Rdn. 227; *Staudinger/v. Hoffmann* Art. 38 EGBGB Rdn. 405.

[11] *Schricker* Recht der Werbung in Europa I Rdn. 182; *ders.* GRUR Int. 1990, 771, 775. Unentschieden *Roth* RabelsZ 1991, 623, 672.

[12] *Schricker* GRUR Int, 1990, 112, 115; MünchKomm/*Kreuzer*² Art. 38 EGBGB Rdn. 227.

[13] *Weber* S. 13; Münch/Komm/*Kreuzer*² Art. 38 EGBGB Rdn. 7. S. zur Frage, ob die Rechtsprechung des EuGH zur Anwendung des nationalen Rechts des unlauteren Wettbewerbs – etwa das Urteil GB INNO (Rdn. F 397) kollisionsrechtliche Auswirkungen habe, *v. Gamm* EWS 1991, 166; *Chrocziel* EuZW 1991, 173, 175; *Jayme* IPRax 1991, 361, 369; *Bernhard* EuZW 1992, 437. Die Frage ist zu verneinen; der EuGH geht von der Anwendung des nationalen Rechts aus, wie sie mit der Vorlagefrage ihm vorgegeben wird; von einem Übersehen der kollisionsrechtlichen Problematik oder einer eigenen kollisionsrechtlichen Beurteilung durch den EuGH kann nicht die Rede sein. Allgemein zum Einfluß des Europäischen Gemeinschaftsrechts auf das Internationale Privatrecht s. *Roth* ZabelsZ 1991, 623 ff.

lich. Die überraschende Diskrepanz zwischen dem Aufkommen an Gerichtsentscheidungen und der zu prognostizierenden Dichte an internationalen Konfliktsfällen ist oft herausgestellt worden[14]. Eine Erklärung mag in der häufigen Übergehung der kollisionsrechtlichen Frage durch die Gerichte liegen, die unreflektiert – und meistens im Ergebnis auch zutreffend – einheimisches Recht anwenden. Der Aufwand an dogmatischer Bemühung – namentlich im deutschen Rechtskreis – geht über die praktische Resonanz der Problematik weit hinaus. In der Alltagspraxis verkürzt sich letztere auf die seltenen Sonderfälle, in denen man mit der Anwendung ausländischen Rechts ernst machen muß.

b) **Territorialitätsprinzip.** Im Patent-, Muster-, Marken- und Urheberrecht wird auf die Frage nach dem anwendbaren Recht eine klare, gleichsam schematisierte Antwort gegeben: Entstehung, Rechtsinhaberschaft, Wirkung und Erlöschen des Schutzrechts richten sich nach dem Recht des jeweiligen Schutzlandes, für das der Schutz in Anspruch genommen wird; es herrscht das **Territorialitätsprinzip**. Es wurde bereits vorstehend (Rdn. 4 ff) gezeigt, daß diese Betrachtungsweise, die sich auf die Figur staatlich für das jeweilige Hoheitsgebiet verliehener Rechte stützt, für das Recht des unlauteren Wettbewerbs nicht paßt. Das schließt freilich nicht aus, daß man bei der international-wettbewerbsrechtlichen Beurteilung im Einzelfall doch über die Anknüpfung an das jeweilige Marktrecht zu territorialer Segmentierung gelangt, wie sie für das Kollisionsrecht der Immaterialgüterrechte charakteristisch ist. Das Recht des unlauteren Wettbewerbs beschränkt sich aber nicht auf den Immaterialgüterschutz, wenngleich er im Einzelfall durchaus mit impliziert sein kann; die Schutzzwecke haben sich aber über den Individualrechtsschutz seit langem und deutlich hinausentwickelt. Für das Kollisionsrecht des unlauteren Wettbewerbs kann das Territorialitätsprinzip somit kein allgemein gültiges Präzept bilden, auch wenn es für kennzeichenschutzrechtliche Aspekte (Rdn. F 198 ff) Bedeutung erlangt und auch sonst die Lösungen zuweilen mit ihm koinzidieren. **F 162**

Das Territorialitätsprinzip wird nicht nur im gewerblichen Rechtsschutz angewendet, sondern taucht als traditionelles Kriterium auch im **internationalen Verwaltungsrecht** auf. Die neuere Lehre begegnet ihm freilich insbesondere wegen seiner Verschwommenheit zunehmend mit Skepsis und plädiert für die Anwendung differenzierterer Grundsätze[15]. In den dem UWG benachbarten Gebieten des Wirtschaftsverwaltungsrechts ist die territoriale Betrachtung indessen noch verbreitet: Öffentlichrechtliche Normierungen im Bereich der Lebensmittel und Getränke, Heilmittel, Kosmetika und Bedarfsgegenstände beziehen sich in der Regel auf den inländischen Verkehr und den deutschen Markt, da es um Vorschriften geht, die dem Zweck dienen, Konsumenten und Volksgesundheit im deutschen Staatsgebiet zu schützen[16]. **F 163**

Hier ist freilich zunehmend der Einfluß des supranationalen Gemeinschaftsrechts spürbar geworden, das die Anwendbarkeit des territorial zuständigen nationalen Rechts bei grenzüberschreitenden Vorgängen aufhebt, wenn die Warenverkehrsfreiheit in ungerechtfertigter Weise beschränkt wird; dabei wird auch berücksichtigt, ob

---

[14] S. z. B. *Weber* S. 15 ff.

[15] S. im einzelnen MünchKommBGB/*Sonnenberger*[2] EGBGB Einl. Rdn. 272 ff mwN, s. ferner *Kegel* Internationales Privatrecht[6] § 23 I 1, 2 IV; *Kegel/Seidl-Hohenveldern* Zum Territorialitätsprinzip im internationalen öffentlichen Recht, Festschrift Ferid 1978, 233 ff; *Hoffmann* in v. Münch Besonderes Verwaltungsrecht[5] 1979, 781 ff; *v. Gamm* 15. Kap. Rdn. 1, 2.

[16] So z. B. OLG Hamburg RIW 1989, 144 (Verstoß einer Werbung für ein aus den Niederlanden eingeführtes Erzeugnis gegen das deutsche Lebensmittelrecht). Vgl. auch *Sack* GRUR Int. 1988, 320, 326.

nicht schon im Ursprungsland äquivalente Kontrollen zur Wirkung gelangt sind (s. i. einzelnen Rdn. F 379).

F 164 Unmittelbare Bedeutung kann die Übertretung verwaltungsrechtlicher Vorschriften – und u. U. auch die Vorteilserzielung durch Einbruch in fremde Schutzrechte – im Rahmen der Fallgruppe des **unlauteren Wettbewerbs durch Verletzung außerwettbewerbsrechtlicher Normen** erlangen[17]. Hier wird eine zweigliedrige kollisionsrechtliche Prüfung erforderlich sein: Zum einen muß die Anwendbarkeit der außerwettbewerbsrechtlichen Norm untersucht werden und zum anderen bedarf die Frage der Beantwortung, welchem Recht der Komplex wettbewerblichen Verhaltens untersteht, in den der Rechtsbruch einzuordnen ist (s. im einzelnen Rdn. F 214 ff).

F 165 c) **Internationales Kartellrecht.** Über eine geschriebene Kollisionsnorm verfügt das Kartellrecht in **§ 98 Abs. 2 GWB**, von dem im Blick auf das UWG nur S. 1 interessiert. Danach ist das deutsche Gesetz auf Wettbewerbsbeschränkungen anwendbar, die sich im Geltungsbereich dieses Gesetzes auswirken, auch wenn sie außerhalb des Geltungsbereiches veranlaßt werden; d. h. es findet das sogenannte **Auswirkungsprinzip** Anwendung[18].

Die kartellrechtliche Kollisionsprüfung wird für die lauterkeitsrechtliche Beurteilung von Bedeutung, soweit kartellrechtliche **Vorfragen** zu beantworten sind, etwa bei der Mißachtung von Preis- oder Vertriebsbindungen die präjudizielle Frage nach der Rechtswirksamkeit des jeweiligen Bindungssystems zu klären ist[19].

Der Blick auf das internationale Kartellrecht wird ferner naheliegen, wenn es sich um Sachverhalte handelt, die einer **parallelen Beurteilung** sowohl nach dem Lauterkeitsrecht als auch nach Kartellrecht zugänglich sind, wie etwa bei Boykott, Diskriminierung und gemeinschaftsschädlicher Wettbewerbsstörung durch Mißbrauch einer wirtschaftlichen Machtstellung (Rdn. F 209). Kartellrechtlich ist hier auch für privatrechtliche Ansprüche nach Art. 98 Abs. 2 S. 1 GWB zu verfahren[20]. Es liegt nahe, zumindest in diesen Fällen das **Auswirkungsprinzip** im Kollisionsrecht des unlauteren Wettbewerbs **entsprechend heranzuziehen**; auch sonst ist es geeignet, bei der Lösung von Rechtsanwendungsfragen im Recht des unlauteren Wettbewerbs Hilfestellung zu geben[21].

F 166 d) **Internationales Strafrecht.** Über ein eigenes System von Kollisionsnormen verfügt das internationale Strafrecht. Einschlägig sind in Deutschland die §§ 3–7 des Strafgesetzbuches (StGB). Die Regelung geht vom **Territorialitätsprinzip** aus, das sich auch im Auslandsrecht verbreitet findet: Das deutsche Strafrecht gilt für Taten, die im Inland begangen werden (§ 3 StGB). Taten auf deutschen **Schiffen und Luftfahrzeugen** sind gleichgestellt (§ 4 StGB). Für Auslandstaten gilt das deutsche Strafrecht, wenn sie sich **gegen inländische Rechtsgüter** richten (§ 5 StGB). Hierzu gehört nach § 5 Nr. 7 die Verletzung von **Betriebs- und Geschäftsgeheimnissen** eines im räumlichen Geltungsbereich des StGB liegenden Betriebs, eines Unternehmens, das dort seinen Sitz hat oder eines Unternehmens mit Sitz im Ausland, das von einem Unternehmen mit

---

[17] S. allgemein *Baumbach/Hefermehl* § 1 Rdn. 609 ff.

[18] S. statt aller die Kommentierung des Art. 98 Abs. 2 bei *Immenga/Mestmäcker/Rehbinder* GWB² 1992; HdbWbR/*Wilde* § 8.

[19] Vgl. HdbWbR/*Wilde* § 6 Rdn. 47.

[20] MünchKommBGB/*Kreuzer*² Art. 38 EGBGB Rdn. 9.

[21] *Schricker* GRUR Int. 1982, 720, 723 f mwN; *ders.* IPRax 1983, 103, 105; HdbWbR/*Wilde* § 6 Rdn. 12 ff; *Kropholler* § 53 VII 1; *Weber* GRUR Int. 1983, 26, 20, 30; so schon *Wengler* RabelsZ 1954, 401, 414 ff. Ablehnend dagegen *v. Gamm* 15. Kap. Rdn. 5; *Beitzke* JuS 1966, 139, 143; *Sack* GRUR Int. 1988, 320, 327; *Staudinger/v. Hoffmann* Art. 38 EGBGB Rdn. 513/514; MünchKomm/*Kreuzer*² Art. 38 EGBGB Rdn. 238.

Sitz im räumlichen Geltungsbereich dieses Gesetzes abhängig ist und mit diesem einen Konzern bildet. § 20 a UWG verweist auf die Anwendung der §§ 17, 18 und 20 UWG ausdrücklich auf die Vorschrift des § 5 Nr. 7 StGB.

Im übrigen erklärt § 6 StGB das deutsche Strafrecht bei Verletzung besonders gewichtiger, **international geschützter Rechtsgüter** auf Auslandstaten für anwendbar, § 7 für **Auslandstaten gegen einen Deutschen oder eines Deutschen** oder eines im Inland betroffenen nicht ausgelieferten Ausländers, wenn die Tat am Tatort mit Strafe bedroht ist oder der Tatort keiner Strafgewalt unterliegt. Wegen der Einzelheiten ist auf die strafrechtliche Literatur zu verweisen.

Von diesen allgemeinen strafrechtlichen Kollisionsnormen ist auch hinsichtlich des Wettbewerbsstrafrechts auszugehen, d. h. also insbesondere bezüglich des Straftatbestands der irreführenden Werbung (§ 4 UWG), progressiven Kundenwerbung (§ 6 c UWG), der geschäftlichen Verleumdung (§ 15 UWG) und der Bestechung (§ 12 UWG), auch wenn nur für den Geheimnisschutz in § 20 a auf das StGB verwiesen wird[22].

Das **Gesetz über Ordnungswidrigkeiten** (OWiG) geht in § 5 ebenfalls vom Territorialitätsprinzip aus, wobei deutsche Schiffe und Luftfahrzeuge als Inland betrachtet werden. Da das OWiG gemäß § 2 für alle Ordnungswidrigkeiten nach Bundesrecht gilt, ist seine Kollisionsregelung insbesondere auch auf Ordnungswidrigkeiten beim Konkurswarenverkauf (§ 6 Abs. 2 UWG) und im Zugabe- und Rabattrecht anwendbar (§ 11 RabG, § 3 Zugabe VO). **F 167**

2. Grundlagen der internationalprivatrechtlichen Beurteilung des unlauteren Wettbewerbs

a) Rechtsquellen. Für das Recht des unlauteren Wettbewerbs existieren in Deutschland – anders als etwa in Österreich (Rdn. 231) und der Schweiz (Rdn. F 232) – keine geschriebenen Kollisionsregeln. Man geht traditionell davon aus, daß das Recht des unlauteren Wettbewerbs dem **Recht der unerlaubten Handlungen** zuzuordnen und nach den für dieses geltenden Kollisionsnormen zu beurteilen sei[23]. **F 168**

Eine **gesetzliche Regelung** des internationalen Privatrechts des unlauteren Wettbewerbs ist geplant. Nach den bisherigen Vorschlägen soll an der heute anachronistischen Eingliederung in das internationale Privatrecht der unerlaubten Handlungen festgehalten werden; die Fortentwicklung des Schutzzwecks und der Funktion des Rechts des unlauteren Wettbewerbs wird dabei nicht hinreichend berücksichtigt[24].

Gegenwärtig fehlt es freilich nicht nur an einem speziellen Kollisionsrecht des unlauteren Wettbewerbs, sondern es sind auch die **Kollisionsregeln des Rechts der unerlaubten Handlung** im wesentlichen ungeschrieben. Im Ergebnis ist diese Rechtslage der Ausbildung eines **Richterrechts** zugutegekommen, das die Besonderheiten der wettbewerbsrechtlichen Rechtsanwendungskonflikte berücksichtigen und das wettbewerbsrechtliche Kollisionsrecht von demjenigen des Deliktsrechts weitgehend ablösen konnte, wie es der Sache angemessen ist.

---

22 *v. Gamm* 15. Kap. Rdn. 8; *Möllering* WRP 1990, 1, 4 ff.

23 S. z. B. *Baumbach/Hefermehl* Einl. UWG Rdn. 176; *v. Gamm* 15. Kap. Rdn. 7.

24 S. den Entwurf des Bundesjustizministeriums von 1984, GRUR Int. 1985, 104 und dazu die kritische Stellungnahme des Max-Planck-Instituts für ausländisches und internationales Patent-, Urheber- und Wettbewerbsrecht, GRUR Int. 1985, 104, 107 f; s. auch *Sandrock* GRUR Int. 1985, 507 sowie das Gutachten von *Kreuzer* in v. Caemmerer (Hrsg.) Vorschläge und Gutachten zur Reform des deutschen IPR der außervertraglichen Schuldverhältnisse, 1983 S. 232.

F 169 Für außervertragliche Schuldverhältnisse findet sich im EGBGB lediglich die Regel des **Art. 38** (früher Art. 12 EGBGB), wonach aus einer im Ausland begangenen unerlaubten Handlung gegen einen Deutschen nicht weitergehende Ansprüche geltend gemacht werden können, als nach den deutschen Gesetzen begründet sind. Diese Inländerschutzklausel[25] des Art. 38 EGBGB geht von der Situation aus, daß ein deutsches Gericht auf eine unerlaubte Handlung nach den einschlägigen Kollisionsregeln – die in Art. 38 vorausgesetzt, aber nicht definiert werden – ausländisches Recht anzuwenden hat. Der Anwendung ausländischen Rechts wird dabei eine Grenze gesetzt: Der aus unerlaubter Handlung haftende Deutsche darf nicht Rechtsfolgen ausgesetzt werden, die über das hinausgehen, was nach deutschem Sachrecht begründet wäre. Dabei ist ein umfassender Vergleich der Rechtsfolgen nach dem anwendbaren ausländischen Recht mit den Rechtsfolgen durchzuführen, die nach deutschem Recht eingreifen würden[26]. Hierzu muß u. U. ein entsprechender deutscher Sachverhalt fingiert werden, so werden z. B. bei Verletzung einer ausländischen Marke die Rechtsfolgen mit derjenigen bei Verletzung einer deutschen Marke verglichen werden müssen, auch wenn in Wirklichkeit ein Markenrecht in Deutschland nicht besteht[27].

Art. 38 EGBGB ist von Amts wegen anzuwenden; die von Art. 38 abgeschnittenen weitergehenden Ansprüche sind unwirksam[28].

F 170 Art. 38 EGBGB wird meist mit dem Vorbehalt der **öffentlichen Ordnung**, der sich in **Art. 6 EGBGB** (früher Art. 30 EGBGB) findet, in Zusammenhang gebracht[29]. Nach Art. 6 EGBGB ist eine Rechtsnorm eines anderen Staates nicht anzuwenden, wenn ihre Anwendung zu einem Ergebnis führt, das mit wesentlichen Grundsätzen des deutschen Rechts offensichtlich unvereinbar ist; dies gilt insbesondere für die Unvereinbarkeit mit Grundrechten. Soweit Art. 38 anwendbar ist, bedarf es eines Rückgriffs auf Art. 6 nicht; Art. 38 kommt bei Erfüllung seiner Voraussetzungen auch dann zum Zug, wenn Art. 6 nicht anwendbar wäre[30].

Die ordre public-Klausel wird nur in Ausnahmefällen eingreifen. Die Anwendung weniger strengen Auslandsrechts wird dem ordre public etwa dann zuwiderlaufen, wenn das Auslandsrecht „einen völlig unzureichenden Schutz gegenüber Handlungen gewährt, die nach der gemeinsamen Ansicht der durch gleiche sittliche Anschauungen verbundenen Kulturstaaten Wettbewerbsverstöße darstellen" oder wenn „die Anwendung des ausländischen Wirtschaftsrechts das deutsche Wirtschaftsleben ernsthaft bedrohen würde"[31]. Bei der Neuformulierung der ordre public-Klausel in Art. 6 EGBGB ist insbesondere durch die Bezugnahme auf die Grundrechte eine gewisse Konkretisierung erzielt worden[32].

---

25 MünchKomm/*Kreuzer*² Art. 38 EGBGB Rdn. 303.

26 MünchKommBGB/*Kreuzer*² Art. 38 EGBGB Rdn. 309, 315.

27 MünchKomm/*Kreuzer*² Art. 38 EGBGB Rdn. 316.

28 MünchKommBGB/*Kreuzer*² Art. 38 EGBGB Rdn. 317, 318.

29 Die strukturelle Verschiedenheit einerseits der Inländerschutzklausel des Art. 38 EGBGB und andererseits des ordre public betont *Bungert* ZIP 1992, 1707, 1713. Kritisch zur Zuordnung des Art. 38 zum ordre public des Art. 6 auch *Koch* NJW 1992, 3073, 3074. Für vollstreckbar erklärt werden kann ein ausländisches Urteil in Deutschland auch, wenn es Art. 38 EGBGB widerspricht, BGH NJW 1992, 3096, 3100 f.

30 MünchKomm/*Kreuzer*² Art. 38 EGBGB Rdn. 319.

31 BGH GRUR 1962, 243, 246 – *Kindersaugflaschen* (zum alten Recht entschieden); MünchKomm/*Kreuzer*² Art. 38 EGBGB Rdn. 255; *Ulmer/Reimer* Das Recht des unlauteren Wettbewerbs in den Mitgliedstaaten der EWG III Deutschland Rdn. 168.

32 S. allgemein zum ordre public und insbesondere auch zum Verhältnis zu den sogenannten Eingriffsnormen – deren Vorkommen und Bedeutung im Recht des unlauteren Wettbewerbs kaum diskutiert wird – die Kommentierung von *Sonnenberger* in MünchKomm zum BGB² Art. 6 EGBGB Rdn. 31 ff, 44 ff. Zu den ausländischen Eingriffsnormen im Wirtschaftskollisionsrecht s. allgemein *Siehr* RabelsZ 1988, 41. Die Proble-

Außerhalb des Anwendungsbereichs des Art. 38 EGBGB, so etwa wenn ein Ausländer vor deutschen Gerichten verklagt wird, kann Art. 6 EGBGB im Einzelfall ähnlich wie Art. 38 eine **Anspruchsverkürzung** bringen[33]. **F 171**

Im Gegensatz zu Art. 38 EGBGB vermag Art. 6 EGBGB aber nicht nur anspruchsbegrenzend, sondern auch **anspruchsbegründend oder -erweiternd** zu wirken: Wenn das anwendbare ausländische Recht in einer Weise, die dem Vorbehalt des Art. 6 zuwiderläuft, Ansprüche ausschließt oder zurückschneidet, hat es nach Art. 6 außer Betracht zu bleiben; insoweit gelangt das deutsche Recht zum Zuge[34].

Die Vorschrift des Art. 38 EGBGB gilt auch im Bereich des **unlauteren Wettbewerbs**[35]. Sie kommt nicht nur **natürlichen Personen** deutscher Staatsangehöriger zugute sondern auch **juristischen Personen und Handelsgesellschaften**, die ihren Hauptsitz in Deutschland haben[36]. Indessen wird Art. 38 EGBGB bei unlauterem Wettbewerb angesichts der relativen Strenge des deutschen Wettbewerbsrechts wohl nur selten in Aktion treten. Immerhin hat die Rechtsprechung z. B. Ansprüche aus ausländischem Recht dann ausgeschlossen, wenn Ansprüche nach deutschem Wettbewerbsrecht bereits gemäß der dreimonatigen Verjährungsfrist des § 21 UWG verjährt gewesen wären, die Verjährung nach ausländischem Recht aber noch nicht eingetreten war[37]. **F 172**

Wendet man die in Art. 38 EGBGB enthaltene Privilegierung dem Wortlaut folgend nur zugunsten Deutscher an, impliziert die Vorschrift eine **Ausländerdiskriminierung.** Die Vorschrift wird deshalb de lege ferenda mit Recht kritisiert[38]. Aber auch de lege lata werden gegen ihre Geltung Bedenken erhoben. Hierzu ist zunächst zu bemerken, daß eine Versagung der Anwendung des Art. 38 EGBGB zugunsten von Ausländern, die zu den Verbandsbegünstigten der PVÜ gehören (Rdn. F 36), dem **Verbandsgrundsatz der Inländerbehandlung** (Rdn. 37 ff) widerspräche. Man könnte zwar einwenden, daß sich der Grundsatz der Inländerbehandlung nur auf das materielle, nicht aber auf das Kollisionsrecht beziehe, wofür Art. 2 Abs. 3 PVÜ einen Anhaltspunkt geben könnte. Die Inländerbehandlung ist jedoch umfassend konzipiert; sie bezieht jedenfalls auch solche international-privatrechtlichen Regeln ein, die wie Art. 38 EGBGB eine materielle Inländerbevorzugung statuieren (s. auch oben Rdn. F 39), andernsfalls wäre einer Umgehung des Inländerbehandlungsgrundsatzes Tür und Tor geöffnet. Ausländische Verbandsbegünstigte können sich deshalb vor deutschen Gerichten gegenüber Ansprüchen aus unlauterem Wettbewerb, die nach Auslandsrecht zu beurteilen sind, ebenso wie Deutsche auf das Privileg des Art. 38 EGBGB berufen[39]. **F 173**

Die weitere Streitfrage, ob Art. 38 EGBGB mit dem **Diskriminierungsverbot von Art. 7 EWGV** in Widerspruch steht, verliert deshalb an praktischer Bedeutung, da alle **F 174**

---

matik der Eingriffsnormen ist mit derjenigen des unlauteren Wettbewerbs durch Verletzung außerwettbewerbsrechtlicher Normen verwandt, bei der ebenfalls zweistufig anzuknüpfen ist, s. Rdn. F 214.

[33] *Schricker* Recht der Werbung in Europa I Rdn. 87; MünchKommBGB/*Kreuzer*² Art. 38 Rdn. 319.

[34] *Baumbach/Hefermehl* Einl. UWG Rdn. 189; MünchKomm/*Kreuzer*² Art. 38 EGBGB Rdn. 319.

[35] *Baumbach/Hefermehl* Einl. UWG Rdn. 190; *Schricker* Recht der Werbung in Europa I Rdn. 88; *Sack* GRUR Int. 1988, 320, 331.

[36] MünchKommBGB/*Kreuzer*² Art. 38 EGBGB Rdn. 310; HdbWbR/*Wilde* § 6 Rdn. 56; *Schrikker* Recht der Werbung in Europa I Rdn. 88.

[37] RGZ 129, 385, 387 f – *Vacuum Oil*; s. auch HdbWbR/*Wilde* § 6 Rdn. 58; *Schricker* Recht der Werbung in Europa I Rdn. 88.

[38] MünchKomm/*Kreuzer*² Art. 38 EGBGB Rdn. 306 mwN; *Bungert* ZIP 1992, 1707, 1713.

[39] *Schricker* Recht der Werbung in Europa I Rdn. 89. In ähnliche Richtung gehen offenbar *Baumbach/Hefermehl* Einl. UWG Rdn. 189, wenn sie bei Art. 6 EGBGB die Zugehörigkeit der Bundesrepublik zur PVÜ berücksichtigen wollen.

Mitgliedstaaten der EWG auch der PVÜ angehören[40]. Man wird das Problem allerdings nicht schon damit abtun können, daß das Deliktsrecht außerhalb des sachlichen Anwendungsbereiches des EWGV liege. Dies mag zwar für das allgemeine bürgerlichrechtliche Deliktsrecht zutreffen[41], läßt sich aber schwerlich für das Recht des unlauteren Wettbewerbs vertreten, das für das Funktionieren des Gemeinsamen Marktes wesentlich ist und Gegenstand sekundären Gemeinschaftsrechts bildet (vgl. Rdn. F 330 ff)[42]. Im übrigen überzeugt die Auffassung wenig, daß das Privileg des Art. 38 EGBGB gemäß Art. 7 EWGV dann entfalle, wenn ein Deutscher von einem Angehörigen eines anderen Mitgliedstaates verklagt wird[43]. Es wird dabei verkannt, daß Art. 38 an der Beklagtenseite ansetzt und nicht danach differenziert, wer die Klage erhebt. Zutreffend und nicht im Sinn des Art. 7 EWGV diskriminierend erscheint deshalb die bereits aus dem Inländergrundsatz der PVÜ sich ergebende Lösung (Rdn. F 173), wonach Staatsangehörige anderer EWG-Mitgliedstaaten sich – wie auch Verbandsbegünstigte aus Drittländern – ebenso wie Deutsche auf Art. 38 berufen können[44].

F 175 Nach § 1 Abs. 1 der **VO über die Rechtsanwendung bei Schädigungen deutscher Staatsangehöriger außerhalb des Reichsgebietes** vom 7. 12. 1942[45] gilt für außervertragliche Schadensersatzansprüche wegen einer Handlung und Unterlassung, die ein deutscher Staatsangehöriger außerhalb des Reichsgebiets begangen hat, deutsches Recht, soweit ein deutscher Staatsangehöriger geschädigt worden ist. Die VO, die aus Anlaß des Zweiten Weltkriegs insbesondere im Blick auf Kraftfahrzeugunfälle im Ausland erlassen wurde, gilt nach hM fort[46]. Eine Anwendung auf Ansprüche wegen unlauteren Wettbewerbs wird in der Literatur jedoch ganz überwiegend abgelehnt[47], da die VO Individualschädigungen im Auge hat, während im Recht des unlauteren Wettbewerbs die Individualinteressen mit Abnehmerinteressen und Belangen der Allgemeinheit verflochten sind. Der BGH hat die VO jedenfalls bei Verbandsklagen für unanwendbar erklärt[48] und sich im übrigen darauf beschränkt, Bedenken gegen eine uneingeschränkte Anwendbarkeit der VO auf dem Gebiet des Wettbewerbsrechts zu äußern[49]. Die im Rahmen der ungeschriebenen kollisionsrechtlichen Grundsätze in Wettbewerbsfällen von der Praxis herangezogene sogenannte Nußbaumsche Regel weist allerdings eine gewisse Verwandtschaft mit der VO von 1942 auf (Rdn. F 186). Neuerdings hat das OLG München[50] die Meinung vertreten, die Anwendung der VO von 1942 sei „in Wettbewerbssachen nicht völlig ausgeschlossen"; auf den Wettbewerb unter deutschen Zeitschriften um amerikanische Anzeigenkunden durch an solche gerichtete Werbeschreiben wurde deshalb deutsches UWG angewendet.

---

[40] S. dazu MünchKomm/*Kreuzer*² Art. 38 EGBGB Rdn. 304; *Sack* GRUR Int. 1988, 320, 331; *Baumbach/Hefermehl* Einl. UWG Rdn. 190 jeweils mwN; *Roth* RabelsZ 1991, 623, 642.

[41] So MünchKommBGB/*Kreuzer*² Art. 38 EGBGB Rdn. 304.

[42] So auch *Roth* RabelsZ 1991, 623, 642.

[43] So *Sack* GRUR Int. 1988, 320, 331.

[44] *Schricker* Recht der Werbung in Europa I Rdn. 90. S. als Modell für eine entsprechende nicht diskriminierende Regelung Art. 137 Abs. 2 des schweizerischen IPR-Gesetzes, Rdn. F 232.

[45] RGBl. I 706; abgedruckt in MünchKomm/*Kreuzer*² nach Art. 38 EGBGB S. 1887 f.

[46] MünchKomm/*Kreuzer*² Art. 38 EGBGB Rdn. 72 mwN.

[47] *Baumbach/Hefermehl* Einl. UWG Rdn. 184; HdbWbR/*Jacobs* § 28 Rdn. 11; *v. Gamm* 15. Kap. Rdn. 5; *Sack* GRUR Int. 1988, 320, 325; *Deutsch* Wettbewerbstatbestände mit Auslandsbeziehung S. 34; *Schricker* IPRax 1983, 103, 105; MünchKomm/*Kreuzer*² Art. 38 EGBGB Rdn. 251; *Weber* S. 222 ff; *Schricker/Stauder/Pfaff* Handbuch des Ausstattungsrechts S. 1163.

[48] BGH GRUR 1982, 495, 498 – *Domgarten-Brand.*

[49] BGH GRUR 1964, 306, 319 – *Stahlexport.*

[50] GRUR 1992, 634 f (PC professionell).

b) Entwicklungslinien[51]. Grundlegend war von Anfang an die Einordnung des wettbewerbsrechtlichen Kollisionsrechts in dasjenige des **Deliktsrechts.** Nach traditioneller Auffassung ist das auf den unlauteren Wettbewerb anwendbare Recht deshalb nach dem **Begehungsort (Tatort)** zu bestimmen (lex loci delicti commissi)[52]. In Betracht gezogen werden dabei sowohl der Ort, an dem gehandelt wurde (**Handlungsort**) als auch der Ort an dem der tatbestandsmäßige Verletzungserfolg eingetreten ist (**Erfolgsort**); nicht jedoch der Ort, an dem nur (weitere) schädliche Auswirkungen eingetreten sind (**Schadensort**)[53]. Die Begriffe tauchen gleichlautend auch im internationalen Prozeßrecht auf; inhaltlich braucht jedoch keine Begriffskonkordanz zu bestehen[54]. **F 176**

Nach der Lehre vom Tatort steht man auf relativ sicherem Grund, wenn **sowohl Handlungsort als auch Erfolgsort im Inland** liegen: Es ist dann das deutsche UWG anzuwenden, auch wenn sonstige Elemente des Falles ins Ausland weisen, etwa ausländische Unternehmen[55] beteiligt sind[56]. So hat der BGH im Fall einer Werbung für französisches Mineralwasser in Deutschland durch einen die französische Bezeichnung „Champagner" mißbrauchenden Slogan („Ein Champagner unter den Mineralwässern") gleichwohl deutsches Recht angewendet, „weil die beanstandeten Werbebehauptungen im Inland aufgestellt worden sind und das zu schützende Interesse der Kläger an der Unterscheidung dieser Werbung in erster Linie deren wettbewerbliche Stellung auf dem Inlandsmarkt betrifft"[57]. **F 177**

Schwierig wird die Beurteilung in den Fällen „echter" **grenzüberschreitender Wettbewerbsverstöße**[58], so etwa, wenn Handlungs- und Erfolgsort in verschiedenen Ländern liegen oder wenn bereits die Handlung mehrere Länder bestreicht, sei es, daß sie von einem Land in das andere getragen wird – wobei man, vom Inland aus gesehen, von **„Wettbewerbsexport"** oder **„Wettbewerbsimport"** sprechen kann[59] – oder daß eine komplexe Wettbewerbsaktion mehrere Länder parallel erfaßt (**„Multistate-Wettbewerb"**[60]) oder daß sich schließlich beide Typen von Wettbewerbshandlungen überschneiden. **F 178**

---

[51] S. zur Rechtsentwicklung auch die Darstellungen und Nachweise bei MünchKomm/*Kreuzer*² Art. 38 EGBGB Rdn. 229 ff; *Staudinger/v. Hoffmann* Art. 38 EGBGB Rdn. 507 ff; HdbWbR/*Wilde* § 6 Rdn. 4 ff; *Sack* GRUR Int. 1988, 320, 321 f; *Mook* S. 39 ff.

[52] *Baumbach/Hefermehl* Einl. UWG Rdn. 176; *v. Gamm* 15. Kap. Rdn. 11 ff; s. zur hM auch *Sack* GRUR Int. 1988, 320, 322 mwN.

[53] *Baumbach/Hefermehl* Einl. UWG Rdn. 176, 178; *v. Gamm* 15. Kap. Rdn. 11, 13, 14; s. zu den Begriffen allgemein MünchKom/*Kreuzer*² Art. 38 EGBGB Rdn. 44, 48.

[54] *Schricker* Recht der Werbung in Europa I Rdn. 92 Fn. 175; *Sack* GRUR Int. 1988, 320, 330; vgl. auch HdbWbR/*Schütze* § 99 Rdn. 15/16. Anders OLG Celle IPRspr. 1977 Nr. 119, das die für das IPR maßgebliche Auslegung der Begriffe auch für die Bestimmung der internationalen Zuständigkeit heranziehen will; ebenso OLG Hamm NJW-RR 1986, 1047 f. Vgl. auch § 24 Rdn. 32.

[55] S. aus der Rechtsprechung z. B. OLG Hamburg WRP 1962, 264 Leitsatz: Streiten ausländische Parteien über ihren Wettbewerb auf dem deutschen Markt, so ist deutsches Recht anzuwenden.

[56] *Baumbach/Hefermehl* Einl. UWG Rdn. 177; *Sack* GRUR Int. 1988, 320, 331 f mwN. Dies gilt auch für Verkäufe an Mitglieder der in der Bundesrepublik Deutschland stationierten Truppen der USA, so LG Frankfurt/M. GRUR Int. 1983, 48, 49. S. allgemein zu den „Platzdelikten" oder „Punktdelikten" MünchKomm/*Kreuzer*² Art. 38 EGBGB Rdn. 39.

[57] BGH GRUR 1988, 453, 454. Der BGH hat jedoch bei der Prüfung der Sittenwidrigkeit nach § 1 UWG die Rechtslage in Frankreich für erheblich gehalten, vgl. auch Rdn. F 181.

[58] Allgemein spricht man von „gestreckten" oder „Distanzdelikten", s. MünchKomm/*Kreuzer*² Art. 38 EGBGB Rdn. 39.

[59] S. zu den Begriffen *Schricker* IPRax 1983, 103.

[60] Allgemein im Deliktsrecht spricht man von „Streudelikten", s. MünchKomm/*Kreuzer*² Art. 38 EGBGB Rdn. 39.

Im Kollisionsrecht der unerlaubten Handlungen im allgemeinen geht die hM hier von der **Ubiquitätsregel** aus, nach der es mehrere Tatorte gibt: Als Tatort gilt jeder Ort, an dem – und sei es auch nur partiell – gehandelt wurde oder ein Erfolgseintritt zu konstatieren ist[61]. Unter mehreren nach Tatorten berufenen Rechtsordnungen ist grundsätzlich **die für den Geschädigten Günstigste** auszuwählen, wobei nach überwiegender Meinung dem Geschädigten ein **Wahlrecht** zugebilligt wird[62].

F 179 Die Regel vom Begehungsort wurde im Recht des unlauteren Wettbewerbs durch den Grundsatz eingeschränkt bzw. ergänzt, daß bei einem Ausländerwettbewerb unter. deutschen Mitbewerbern stets das Auslandsrecht zur Anwendung zu gelangen hatte (sog. **Nußbaumsche Regel**)[63]. Gewerbetreibende, die im Inland eine Niederlassung haben, forderte das RG und die ältere Rechtsprechung des BGH unter Berufung auf *Nußbaum*[64], müßten untereinander ihren gesamten Wettbewerb auch im Ausland nach den inländischen Vorschriften gegen unlauteren Wettbewerb einrichten[65].

F 180 Die vorstehend skizzierten Grundsätze führten in der Praxis zu einer starken **Bevorzugung des deutschen Rechts.** Als ein vergleichsweise deutlich profiliertes, aber auch maximal strenges Recht mußte das deutsche Recht des unlauteren Wettbewerbs die Präferenz der Kläger genießen. Die deutschen Gerichte ließen es für die Anwendung einheimischen Rechts genügen, daß auch nur ein kleiner Teil des Geschehensablaufs in Deutschland zu lokalisieren war; bloße Vorbereitungshandlungen im Inland wurden im Ergebnis für ausreichend erachtet. Die Nußbaumsche Regel führte dazu, daß auch Auslandswettbewerb dem deutschen UWG unterstellt wurde. Verbreitet hat man deshalb kritisiert, daß deutsche Unternehmen das strenge deutsche Recht wie eine Fessel mit sich schleppen müßten und dadurch an einer freieren Bewegung auf den Auslandsmärkten gehindert würden[66].

F 181 Eine gewisse Abmilderung suchte man dadurch zu erreichen, daß im Rahmen der Anwendung von § 1 des deutschen UWG abweichende, das Wettbewerbsverhalten legitimierende **ausländische Sitten, Gebräuche und ethische Auffassungen** mit berücksichtigt werden sollten[67]. In der **Literatur** wird allerdings bemerkt, dieser – ohnehin nur vereinzelt in der Judikatur nachweisbare – Rückgriff auf Auslandsstandards habe heute „an Bedeutung verloren"[68]; er sei bei „leichteren Wettbewerbsverstößen" am Platze[69]; während andere ihn ganz ablehnen[70].

---

[61] S. statt aller MünchKomm/*Kreuzer*² Art. 38 EGBGB Rdn. 40, 231 mwN.

[62] Einzelheiten strittig, s. MünchKomm/*Kreuzer*² Art. 38 EGBGB Rdn. 50 ff, 231 mwN. S. ferner *K. Müller* JZ 1986, 212; *v. Bar* JZ 1985, 961; *Kropholler* RabelsZ 1969, 601. Von einem Wahlrecht scheint auch heute noch im Recht des unlauteren Wettbewerbs BGH GRUR 1987, 172, 174 – *Unternehmensberatungsgesellschaft I* auszugehen, s. dazu Rdn. F 192.

[63] Vgl. *Baumbach/Hefermehl* Einl. UWG Rdn. 175 mwN; *v. Gamm*⁵ 15. Kap. Rdn. 18; *Ulmer/Reimer* Das Recht des unlauteren Wettbewerbs in den Mitgliedstaaten der EWG III Deutschland Rdn. 161.

[64] Deutsches internationales Privatrecht, 1932, S. 339 ff.

[65] S. ausführlich *Wirner* S. 51 ff mwN.

[66] S. zur Rechtsentwicklung und zur Diskussion in der Literatur *Baumbach/Hefermehl* Einl. UWG Rdn. 175, 180 f; HdbWbR/*Wilde* § 6 Rdn. 4 ff; *Sack* GRUR Int. 1988, 320, 321 f.; *Schricker* IPRax 1983, 103 f; ausführlich *Wirner* S. 51 ff; *Weber* S. 23 ff.

[67] S. z. B. BGH GRUR 1958, 189, 197; BGH GRUR 1968, 587 – *Bierexport*; vgl. dazu *Baumbach/Hefermehl* Einl. UWG Rdn. 179 mwN; s. ferner BGH GRUR 1964, 316 (worin der Rückgriff auf die ausländische Auffassung „insbesondere bei leichteren Wettbewerbsverstößen" für zulässig erklärt wird).

[68] *Baumbach/Hefermehl* Einl. UWG Rdn. 179; *Baumbach/Hefermehl* wollen freilich immer noch eine Berücksichtigung im Rahmen der Interessenabwägung bei § 1 und auch bei § 3 zulassen.

[69] *v. Gamm* 15. Kap. Rdn. 20; vgl. auch *Katzenberger* IPRax 1981, 7, 8 f.

[70] *Beitzke* JuS 1966, 139, 147; *Sack* GRUR Int. 1988, 320, 321 f, 325; *Weber* S. 121 ff. *Tilmann* will dagegen neuerdings unter Hinweis auf das im kartellrechtlichen IPR betonte „Gebot der Rücksichtnahme auf die Internationalität des Sachverhalts" die Anwendung deutschen Rechts

In der **Rechtsprechung** artikuliert sich das Unbehagen am strengen deutschen Wettbewerbsrecht gelegentlich auch heute in Form derartiger Einbrüche von Auslandsstandards. So will der BGH die Ausbeutung des guten Rufs der französischen Ursprungsbezeichnung „Champagner" in Deutschland nach § 1 UWG offenbar für zulässig halten, wenn die Bezeichnung im Heimatstaat gegen eine derartige werbliche Verwendung nicht geschützt werde; es könne dann „nach dem zu billigenden Rechtsempfinden der maßgeblichen inländischen Verkehrskreise nicht als sittenwidrig angesehen werden, wenn ein inländisches Vertriebsunternehmen desjenigen, der im Herkunftsland so werben darf, im Inland in gleicher Weise verfährt[71]. **F 182**

Hiergegen ist einzuwenden, daß der Hinweis auf das „Rechtsempfinden der maßgeblichen Verkehrskreise" spekulativ ist; im Ergebnis gelangt der BGH zu einer Verwischung der international-privatrechtlichen Rechtsanwendungsgrenzen und konsequent zu einer Diskriminierung rein inländischer Wettbewerber, die sich auf ein tolerantes Heimatrecht im Ausland nicht berufen können. Wenn es auf dem deutschen Markt nach § 1 UWG verboten ist, fremden Goodwill als Vorspann einzusetzen, besteht kein Anlaß, demjenigen ein Privileg zu gewähren, der ausländischen Goodwill in dieser Weise ausbeutet, nur weil dieser Goodwill auf dem ausländischen Markt entsprechenden Schutz nicht genießt. Die Gefahren einer unkontrollierten Vermischung deutschen und ausländischen Rechts werden hier deutlich; sie ist generell abzulehnen[72]. Wenn Klette[73] die Entscheidung als einen „bescheidenen richterlichen Beitrag zur europäischen Rechtsangleichung" lobt, ist dem entgegenzuhalten, daß es zwar wünschenswert erscheint, daß überspitzte einheimische Standards, etwa bei der irreführenden Werbung, im Lichte der Rechtsvergleichung revidiert werden[74], daß dies aber nur eine allgemeine Korrektur, auch für Fälle ohne Auslandsberührung, bedeuten kann, nicht aber, daß man punktuell den Import ausländischer Unsitten erlaubt[75].

c) **Die neuere Praxis.** Die neuere Praxis zum Kollisionsrecht des unlauteren Wettbewerbs wird durch eine **grundsätzliche Wende** geprägt, die sich Anfang der sechziger Jahre vollzogen hat. Verbal geht die Rechtsprechung zwar nach wie vor vom deliktsrechtlichen Topos des „Begehungsortes" aus; die alte Hülse wird aber mit neuem Inhalt gefüllt. Das Kollisionsrecht des unlauteren Wettbewerbs emanzipiert sich vom Internationalprivatrecht der unerlaubten Handlung. **F 183**

Grundlegend ist die **„Kindersaugflaschen"-Entscheidung** des BGH[76]. Ein amerikanischer Hersteller von Kindersaugflaschen klagte gegen den Vertrieb in Deutschland produzierter nachgeahmter Flaschen; der Vertrieb erfolgte durch eine deutsche Exportfirma nach Singapur, Westindien, Mittel- und Südamerika. Anders als die

---

durch den Verhältnismäßigkeitsgrundsatz einschränken, wobei internationalprivatrechtliche, sachrechtliche und europarechtliche Aspekte (Warenverkehrsfreiheit) in wenig klarer Weise vermengt werden, s. *Tilmann* in ZAW (Hrsg.) Irreführende Werbung in Europa S. 105, 107 ff. Ähnlich bereits *Baudenbacher* GRUR Int. 1988, 310, 318 f und *Mook* S. 64 ff, die in einer ganzheitlichen Betrachtung für eine Berücksichtigung der Auslandsbezüge im Rahmen einer Interessenabwägung eintreten.

[71] BGH GRUR 1988, 453, 456 – *Ein Champagner unter den Mineralwässern* mit insoweit zustimmender Anmerkung von *Klette* S. 457. Vgl. ferner OLG Frankfurt MD 1991, 170 f – *Bericht* (Vergleichende Werbung in amerikanischer Zeitschrift wird nach deutschem Recht beurteilt; die amerikanischen Verhältnisse sollen jedoch in einer Interessenabwägung berücksichtigt werden).

[72] Auch beim Schutz des Handelsnamens ist es unzulässig, den inländischen Schutz vom Schutz im Ursprungsland abhängig zu machen, s. Rdn. F 87.

[73] GRUR 1988, 456, 457.

[74] Vgl. *Schricker* GRUR Int. 1990, 112, 121.

[75] Es sei denn, das deutsche UWG ist aufgrund des EWG-Rechts, insbesondere in Vollzug der Warenverkehrsfreiheit unanwendbar, s. Rdn. F 376 ff.

[76] BGH GRUR 1962, 243.

ältere Praxis ließ es der BGH hier für die Anwendung deutschen Wettbewerbsrechts nicht genügen, daß der Handlungskomplex zu einem Teil in Deutschland zu lokalisieren war. Die Entscheidung gelangt vielmehr zum Ergebnis, daß nicht deutsches Recht, sondern das Recht der ausländischen Märkte anzuwenden sei, auf denen das nachgeahmte Produkt mit dem des Klägers in Wettbewerb trete.

F 184 Wesentlich ist dabei, daß der Begehungsort nicht mehr deskriptiv als Handlungs- bzw. Erfolgsort verstanden wird, sondern daß in wertender Betrachtung auf den **Ort der wettbewerblichen Interessenkollision** abgestellt wird[77]. Beim unlauteren Wettbewerb gehe es nicht um den Schutz eines Ausschließlichkeitsrechts, sondern lediglich um denjenigen schutzwürdiger Interessen. Unlauterer Wettbewerb könne deshalb idR nur dort begangen werden, wo wettbewerbliche Interessen aufeinanderstoßen, denn nur an dem Ort wettbewerblicher Interessenüberschneidung werde das Anliegen der Verhinderung unlauterer Wettbewerbshandlungen berührt. Bei einer zu Täuschungen der Abnehmer führenden sklavischen Nachahmung komme es nicht auf den Produktionsort, sondern den Marktort an, wo der Nachahmer unmittelbar im Wettstreit um den Kunden in die wettbewerbliche Stellung eines Mitbewerbers eingegriffen oder das dort bestehende Interesse der Allgemeinheit, vor Täuschungen bewahrt zu bleiben, verletzt hat[78]. Die beanstandeten Wettbewerbshandlungen seien im entschiedenen Fall somit nach den jeweiligen Rechtsordnungen derjenigen Länder zu beurteilen, auf deren Absatzmärkten die Waren der Parteien aufeinandertreffen und wo eine Irreführung der Abnehmerkreise zu befürchten steht.

F 185 Als **„Begehungsort"** im internationalprivatrechtlichen Sinne ist somit nicht mehr jedes tatbestandliche Geschehen zu werten, sondern es kommt auf den **Schwerpunkt** der wettbewerblichen Interessenüberschneidung an[79]. Bei Handlungen, die von einem Staat in einen anderen getragen werden, gibt es mithin nur **einen** Begehungsort, nicht eine Mehrzahl äquivalenter Begehungsorte, zwischen denen zu wählen wäre. Wird die Handlung – wie im entschiedenen Fall – in paralleler Weise von einem Staat in mehrere andere Staaten erstreckt (**Multistate-Wettbewerb**), so ist für jeden Handlungsstrang der jeweilige Schwerpunkt zu bestimmen. Liegt er auf den Absatzmärkten, ist für jeden nationalen Markt das dortige Recht anzuwenden. Auch hier gibt es keine Wahl zwischen mehreren einschlägigen Rechtsordnungen; das Gesamtgeschehen ist vielmehr territorial in mehrere Sektoren zu zerlegen, deren jeder dem einschlägigen Markt untersteht (s. auch Rdn. F 205).

F 186 Vom Grundsatz der Kindersaugflaschen-Entscheidung hat der BGH in der **„Stahlexport"-Entscheidung**[80] eine Einschränkung im Sinne der alten **Nußbaumschen Regel** gemacht. Es ging dabei um ein an ausländische Kunden versandtes Rundschreiben einer deutschen Stahlexportfirma, in dem Äußerungen über eine andere deutsche Stahlexportfirma enthalten waren, die eine unlautere Ausnutzung und Gefährdung des guten geschäftlichen Rufs der letzteren bilden konnten. Obgleich hier auf die wettbewerblichen Interessen auf dem Auslandsmarkt eingewirkt wurde, hat der BGH doch deutsches Recht für anwendbar erklärt, da der Fall zwischen deutschen Konkurrenten spielte. Das **gemeinsame Heimatrecht** soll zwar nicht in jedem Fall maßgeblich sein; „eine allgemeine Pflicht inländischer Gewerbetreibender, sich bei ihrem Wettbewerb untereinander auf dem Auslandsmarkt schlechthin an die Regeln des deutschen Wett-

[77] BGH GRUR Int. 1962, 243, 245. S. zum Begriff der „wettbewerbsmäßigen Interessenkollision" auch *K. Troller* Das internationale Privatrecht des unlauteren Wettbewerbs, 1962, S. 49 f.

[78] GRUR 1962, 243, 246.

[79] Zur „Schwerpunktlösung" s. insbesondere *Wirner* S. 106 ff.

[80] GRUR 1964, 316.

bewerbsrechts zu halten" wird – in Einschränkung der älteren Rechtsprechung – verneint. Richte sich eine im Ausland begangene Wettbewerbshandlung eines Inländers aber nach Art und Zielrichtung ausschließlich oder doch überwiegend gegen die schutzwürdigen Interessen eines inländischen Mitbewerbers, so sei ihre Zulässigkeit wegen dieser besonderen Inlandsbeziehung aus dem Gesichtspunkt der Anknüpfung an das gemeinsame Heimatrecht in der Regel nach inländischem Wettbewerbsrecht zu beurteilen[81]. Ebenso soll das gemeinsame Heimatrecht durchschlagen, so fügt der BGH in einem obiter dictum hinzu, wenn der fragliche Wettbewerb auf dem Auslandsmarkt sich ausschließlich zwischen inländischen Unternehmen abspielt[82].

Die Regel vom Durchschlagen des gemeinsamen Heimatrechts gilt freilich nicht, wenn es zwar um die Interessen inländischer Mitbewerber geht, in erster Linie aber doch das **Allgemeininteresse auf dem Auslandsmarkt** berührt wird. Dies hat der BGH im Falle **„Domgarten-Brand"** hervorgehoben[83]. Wird ein in Deutschland etikettierter Lagewein von britischen Importeuren auf dem englischen Markt mit einer zusätzlichen britischen Marke vertrieben, die vom englischen Verbraucher irrig (ebenfalls) als Lagebezeichnung aufgefaßt werden könnte, so ist nach dieser Entscheidung englisches Recht anwendbar, auch soweit ein deutscher gewerblicher Verband gegen die deutsche Weinkellerei klagt, die den Wein abfüllt, etikettiert und exportiert. Denn es geht dabei nicht um eine gezielte Behinderung deutscher Mitbewerber, sondern um eine Irreführung der britischen Konsumenten auf dem englischen Markt[84]. Die „Domgarten-Brand"-Entscheidung bestätigt insofern die „Kindersaugflaschen"-Entscheidung und macht deutlich, daß es sich bei der maßgeblichen **„Interessenüberschneidung"** auch um eine Intereferenz mit dem „Interesse der Allgemeinheit" (recte Verbraucherinteresse) handeln kann[85]. **F 187**

Die **„Stahlexport-Lehre"** vom Durchschlagen des gemeinsamen Heimatrechts wird dabei restriktiv eingegrenzt. Aus der Entscheidung „Ein Champagner unter den Mineralwässern"[86] läßt sich ferner entnehmen, daß es sich bei der Stahlexport-Regel um einen einseitigen, nicht umkehrbaren Grundsatz handelt: Bei Inlandswettbewerb zwischen Ausländern mit gemeinsamem Heimatrecht bleibt es bei der Anwendung des deutschen UWG[87].

Während die vorstehend (Rdn. F 183–187) erörterten Entscheidungen Fälle des sogenannten **Wettbewerbsexportes** betreffen, bildet für den **Wettbewerbsimport** die **Tampax-Entscheidung** des BGH[88] das maßgebliche Präjudiz; die zum Wettbewerbsexport entwickelten Grundsätze werden konsequent übertragen und fortgebildet. **F 188**

---

[81] BGH GRUR 1964, 316 Leitsätze.

[82] GRUR 1964, 316, 318 f. Die letztgenannte Fallkonstellation soll nach *v. Gamm* 15. Kap. Rdn. 18 „unter den modernen Wirtschaftsverhältnissen ohne praktische Bedeutung" sein; indessen liegen bereits erste Anwendungsbeispiele aus der Rechtsprechung vor: So hat das OLG München (GRUR 1992, 634 f [*PC professionell*]) auf den Wettbewerb zwischen deutschen Zeitschriften um Anzeigenkunden in den USA wegen Fehlens von Mitkonkurrenten in den USA deutsches Recht angewendet; s. ferner OLG Hamm NJW-RR 1986, 1047: Auf eine Wettbewerbsbehinderung zwischen deutschen Unternehmen auf dem US-Markt wird ebenfalls in diesem Sinne deutsches Wettbewerbsrecht angewendet. S. im übrigen zu den beiden Fallgruppen, in denen das Heimatrecht nach der Rechtsprechung des BGH durchschlagen soll, auch MünchKomm/*Kreuzer*[2] Art. 38 EGBGB Rdn. 250 mwN.

[83] GRUR 1982, 495; s. dazu *Schricker* IPRax 1983, 103; *Weber* GRUR Int. 1983, 26. Die Berufungsentscheidung OLG Frankfurt DB 1978, 1535 war dagegen nach der Stahlexport-Regel verfahren.

[84] BGH GRUR 1982, 495, 498.

[85] Hierdurch unterscheidet sich das Konzept der Interessenkollision, mit dem der BGH arbeitet, von dem streng individualrechtlichen Begriff *K. Trollers*, s. dazu *Weber* S. 108 ff.

[86] BGH GRUR 1988, 357, 358.

[87] So auch *Sack* GRUR Int. 1988, 320, 325 f.

[88] BGH GRUR 1971, 153.

Es ging um eine nach § 1 und § 3 UWG zu beurteilende Werbung mit wissenschaftlich ungesicherten, möglicherweise irreführenden Behauptungen auf dem Gebiet des Gesundheitswesens, die in einer in der Schweiz erscheinenden deutschsprachigen Zeitschrift zur Bewerbung eines Produkts verbreitet wurden, das von unterschiedlichen Vertriebsfirmen sowohl in der Schweiz als auch in Deutschland auf den Markt gebracht wurde. Ein Teil der Auflage wurde in Deutschland vertrieben.

Der BGH wendet deutsches Recht an. Wenn die Zeitschrift regelmäßig auch in der Bundesrepublik vertrieben werde, werde die deutsche Wettbewerbsordnung nicht nur am Rande oder in einem Nebenpunkt berührt. Daran ändere sich nichts durch die Tatsache, daß der Schwerpunkt des Zeitschriftenvertriebs und der Werbung in der Schweiz liege[89].

F 189 Die Entscheidung bestätigt zum einen, daß es auch beim Wettbewerbsimport auf den **Ort der wettbewerblichen Interessenüberschneidung** ankommt; bei einer irreführenden und unlauteren Werbung ist dies der Marktort, wo das beworbene Produkt im Wettbewerb mit anderen Produkten den Abnehmern durch die Werbung empfohlen wird.

Zum anderen wird erneut deutlich, daß beim **Multistate-Wettbewerb** für jeden Markt das dortige Marktrecht zur Anwendung gelangt (Rdn. F 185). Im Verhältnis zwischen mehreren parallel erfaßten Ländern gilt also keine Schwerpunktbetrachtung, nach der für alle Länder nur das Recht des Landes einschlägig wäre, in dem das Schwergewicht der Werbung liegt, sondern die mehreren zuständigen Marktrechte sind kumulativ anzuwenden, wobei sich freilich die Sanktionen jeweils auf den Geltungsbereich jedes nationalen Rechts beschränken[90]. Das Wettbewerbsverhalten ist somit in jeweils nach Ortsrecht zu beurteilende Sektoren territorial aufzuteilen, wobei durchaus in einem Land Zulässigkeit, im anderen Unzulässigkeit festgestellt werden mag.

F 190 Schließlich deutet die Entscheidung ein praktisch wichtiges quantitatives Element der Bewertung an: Wird eine Rechtsordnung nur marginal tangiert, „nur am Rande oder in einem Nebenpunkt berührt", indem etwa von einer Zeitschrift, „nur da und dort ein Einzelstück oder eine Mehrzahl von Stücken über die Grenze gelange", so daß diese Streuwerbung nur zu einer unerheblichen Absatzförderung führen kann, dann kann diese minimale Marktwirkung vernachlässigt werden; das Recht des nur unerheblich berührten Marktes bleibt außer Betracht. Man kann hier eine **kollisionsrechtliche Spürbarkeitsgrenze** erblicken[91].

F 191 Die kollisionsrechtliche Spürbarkeitsgrenze wird vor allem bei **Werbemedien mit Streuwirkung** bedeutsam: bei international verbreiteten Periodika[92] wie auch bei

---

89 BGH GRUR 1971, 153, 154. Ebenso im Ergebnis KG Magazin Dienst 1991, 690, 692 f: Werbung eines belgischen Einzelhändlers in deutscher Zeitung untersteht deutschem Wettbewerbsrecht.

90 MünchKomm/*Kreuzer*² Art. 38 EGBGB Rdn. 248.

91 *Schricker* GRUR Int. 1982, 720, 724; *Baumbach/Hefermehl* Einl. Rdn. 187; *Sack* GRUR Int. 1988, 320, 328 f; HdbWbR/*Wilde* § 6 Rdn. 32, 33; *Reuter* WRP 1989, 2265, 2267; im wesentlichen übereinstimmend auch *Mook* S. 64 ff. Grundsätzlich ablehnend – wenn auch in den Ergebnissen weitgehend übereinstimmend – HdbWbR/*Jacobs* § 28 Rdn. 12 ff, insbesondere Rdn. 14 Fn. 47 (es soll beim Rundfunk auf das intendierte Sendegebiet ankommen). S. zum Abstellen auf den beabsichtigten Empfängerkreis auch *Breitenmoser* TMR 64 (1974) 133 ff.

92 Sehr weit geht OLG Hamburg GRUR Int. 1987, 105, 107, wonach es für die Anwendung deutschen Rechts bereits genügen könnte, daß zwei Exemplare einer französischen Fachzeitschrift regelmäßig in Deutschland im Abonnement bezogen werden.

Rundfunksendungen[93]. Im Rahmen der Prüfung, ob der Minimaleffekt auf dem fraglichen Markt erreicht wird, ist auch zu berücksichtigen, inwieweit die angesprochenen Kreise evtl. benützte ausländische Sprachen verstehen und ob es sich nicht um Werbung für Waren handelt, die auf dem betreffenden Markt gar nicht erhältlich sind[94]. Die Frage spielt in erster Linie für die Beurteilung grenzüberschreitender Werbung eine Rolle (s. Rdn. F 206).

Die neue Linie in der Praxis des BGH ist durch die Entscheidung **„Unternehmensberatungsgesellschaft I"**[95] überraschend wieder in Frage gestellt worden. Im Falle der von einer schweizerischen Unternehmensberatungsgesellschaft im Zusammenwirken mit einem Steuerbevollmächtigten in Deutschland organisierten unbefugten und damit nach § 1 UWG wettbewerbswidrigen Steuerberatung für deutsche Kunden geht der BGH davon aus, daß Wettbewerbsverstöße unerlaubte Handlungen seien und den für diese geltenden Kollisionsnormen unterlägen, die an das Recht des Tatorts, des Handlungs- bzw. des Erfolgsorts anknüpften. Weiter konstatiert der BGH, daß hier sowohl in Deutschland als möglicherweise auch in der Schweiz ein Handlungsort vorliege. Bei einer solchen Fallgestaltung könne die klagende Partei ihre Ansprüche aus der Rechtsordnung herleiten, die sie dafür am geeignetsten hält. Da sich die Klägerin für deutsches Recht entschieden habe, sei dieses anwendbar. **F 192**

Die Entscheidung scheint damit, obgleich sie das „Stahlexport"-Urteil (Rdn. F 186) zitiert (nicht freilich die grundlegende „Kindersaugflaschen"-Entscheidung, Rdn. F 183), in den Rechtszustand der die Anwendung deutschen Rechts forcierenden Reichsgerichtspraxis zurückzufallen und die Fortentwicklung des wettbewerbsrechtlichen Kollisionsrechtes seit der „Kindersaugflaschen"-Entscheidung zu ignorieren, die die alte Ubiquitätsregel aufgegeben hat[96]: Ohne nach dem Schwerpunkt der wettbewerbsrechtlichen Interessenüberschneidung zu fragen, wird das Geschehen im Sinne der Ubiquitätsregel in mehrere Handlungsorte zerlegt und dem Kläger die Wahl unter den berührten Rechtsordnungen freigegeben. All dies geschieht unreflektiert unter pauschalem Verweis auf das allgemeine Kollisionsrecht der unerlaubten Handlung.

Die Entscheidung „Unternehmensberatungsgesellschaft I" ist indessen vereinzelt geblieben; angesichts der Tatsache, daß die **ständige Rechtsprechung des BGH** in der Folge wieder zur Lehre von der Maßgeblichkeit des Ortes der wettbewerblichen Interessenüberschneidung zurückgekehrt ist, dürfte sie als isolierter „Ausreißer" zu qualifizieren sein.

In der **instanzgerichtlichen Praxis**[97] und im **Schrifttum**[98] wird die von der neueren BGH-Rechtsprechung erreichte Fortbildung der Regel vom Begehungsort zum Ort der **F 193**

---

93 S. dazu im einzelnen *Schricker* GRUR Int. 1982, 720, 724.

94 *Schricker* GRUR Int. 1982, 720, 724; *Hoth* GRUR Int. 1972, 449, 453.

95 GRUR 1987, 172, 174.

96 MünchKomm/*Kreuzer*² Art. 38 EGBGB Rdn. 229. Gegen die Ubiquitätsregel dezidiert auch *Staudinger/v. Hoffmann* Art. 38 Rdn. 509. *Lüderitz* in Soergel Art. 12 EGBGB Rdn. 17/18 scheint sie freilich noch anwenden zu wollen.

97 S. OLG Hamburg GRUR Int. 1987, 105, 107 (IR/UV-Kombinationstrockner); OLG Karlsruhe WRP 1985, 104, 105; LG Weiden IPRax 1983, 192; OLG Nürnberg IPRspr. 1983 Nr. 123; OLG Celle GRUR Int. 1977, 238, 240; OLG Hamm NJW-RR 1986, 1047; KG Magazin Dienst 1991, 690, 692 f; LG München I VuR 1/1993, 62, 64 f; OLG Koblenz, GRUR 1993, 763 f (Kfz-Reinigungsmittel).

98 *Baumbach/Hefermehl* Einl. Rdn. 183 ff; MünchKomm/*Kreuzer*² Art. 38 EGBGB Rdn. 234; *v. Gamm* 15. Kap. Rdn. 11 ff (freilich noch unter starker Betonung der herkömmlichen deliktsrechtlichen Betrachtungsweise); *Rittner* Wettbewerbs- und Kartellrecht⁴ S. 30; *Ferid* Internationales Privatrecht³ Nr. 6–193; *Kropholler* § 53 VII 1; *v. Bar* II Rdn. 695; *Emmerich* § 4 Nr. 5 (S. 40); *Staudinger/v. Hoffmann* Art. 38 EGBGB Rdn. 515, 519; *Soergel/Lüderitz* Art. 12 EGBGB Rdn. 17; *Weber* GRUR Int. 1983, 26 ff; *Spätgens* GRUR 1980, 473 ff; *Sack* GRUR Int. 1988, 320 ff; *Mook* S. 64 ff; *Katzenberger* IPRax 1981,

wettbewerblichen Interessenüberschneidung im Ergebnis im wesentlichen gebilligt. Die dogmatischen Begründungsansätze und die Gruppierung der Einzelfälle gehen freilich nach wie vor auseinander; in ihnen steckt ein beachtlicher Aufwand an juristischer Phantasie, wenngleich die praktischen Resultate relativ wenig differieren[99]. Im vorliegenden Zusammenhang wird bei der Besprechung der Fallgruppen auf abweichende Ergebnisse einzugehen sein.

F 194 Das von der neueren Praxis herausgearbeitete und von der hL jedenfalls im Ansatzpunkt akzeptierte **Kriterium der wettbewerblichen Interessenüberschneidung** verdient Zustimmung. Das Kollisionsrecht des unlauteren Wettbewerbs sollte vom deliktsrechtlichen Modell gelöst werden. Die Interessenüberschneidung darf deshalb nicht individualrechtlich mißverstanden werden, sondern es ist der Tatsache Rechnung zu tragen, daß sich das Recht des unlauteren Wettbewerbs auch sachrechtlich vom Deliktsrecht emanzipiert hat. Im deutschen Recht ist anerkannt, daß das Recht des unlauteren Wettbewerbs heute nicht nur die **Mitbewerber** als einzelne und als Gruppen schützt, sondern daß sich der Schutz gleichberechtigt auf die **Abnehmer**, insbesondere die privaten Letztverbraucher erstreckt, und daß zugleich ein Schutz der **Allgemeinheit**, insbesondere an der Funktionsfähigkeit der Institution Wettbewerb impliziert ist[100]. In der Europäischen Wirtschaftsgemeinschaft ist dieser dreifache Schutzzweck durch Art. 1 der Richtlinie über irreführende Werbung anerkannt (s. Rdn. F 2/3); integrierte Systeme des Schutzes von Wettbewerbern und Abnehmern finden sich beispielsweise auch im nationalen Recht Belgiens, Dänemarks, Frankreichs, Österreichs, der Schweiz und Spaniens[101].

Die typische Frage im Kollisionsrecht des unlauteren Wettbewerbs lautet heute, welche Rechtsordnung angesichts der Interessen aller Marktbeteiligter und der Allgemeinheit berufen ist, zu entscheiden, ob eine Wettbewerbshandlung zu tolerieren oder zu verbieten ist[102].

F 195 Charakteristisch ist dabei die **Verflechtung der Interessen**. Daß eine Wettbewerbshandlung lediglich auf ein isoliertes Individualinteresse einwirkt, wird kaum mehr vorkommen. Wer etwa unter Verletzung von § 16 UWG Verwechslungen mit dem Kennzeichen eines Mitbewerbers hervorruft, schädigt keineswegs nur diesen, sondern verschafft sich zugleich einen ungehörigen Vorsprung gegenüber dritten Konkurrenten, leitet die Abnehmer fehl und bedient sich eines im Allgemeininteresse zu bekämpfenden, den Marktmechanismus störenden Mittels. Wer einen Konkurrenten im Sinn des § 14 UWG anschwärzt, beeinträchtigt nicht nur die Wettbewerbsposition des unmittelbar Betroffenen, sondern deformiert auch den Informationshorizont der Abnehmer und stört das Spiel des Wettbewerbs durch sachwidriges Hervorrufen negativer Motivationen. Gewiß, im deutschen UWG deutet das individualrechtlich zugeschnittene Klagerecht bei §§ 14, 16 UWG darauf hin, daß der Gesetzgeber hier noch dem traditionellen Individualschutz verhaftet war (vgl. § 13 Rdn. 13); es ist aber keines-

---

7, 8; *Reuter* WRP 1989, 2265, 2266 f; *Möllering* WRP 1990, 1 ff; *Bernhard* EuZW 1992, 437, 443; HdbWbR/*Jacobs* § 28 Rdn. 4/5; HdbWbR/*Wilde* § 6 Rdn. 19 ff (unter Betonung der Differenzierung nach Fallgruppen und kritisch zur „Stahlexport"-Regel des BGH).

[99] S. für einen Überblick über die Lehre MünchKomm/*Kreuzer*² Art. 38 EGBGB Rdn. 232; *Weber* S. 60 ff; HdWbR/*Wilde* § 6 Rdn. 12 ff; *Mook* S. 45 ff; *Staudinger/v. Hoffmann* Art. 38 EGBGB Rdn. 509 ff.

[100] Von dieser dreifachen Interessenrichtung geht bei der kollisionsrechtlichen Beurteilung auch MünchKomm/*Kreuzer*² Art. 38 Rdn. 226, 241 aus; s. ferner *Kropholler* § 53 VII 1; *v. Bar* II Rdn. 695.

[101] S. im Überblick *Schricker* Recht der Werbung in Europa I Rdn. 15 ff.

[102] *Beier/Schricker/Ulmer* GRUR Int. 1985, 104, 107; *Staudinger/v. Hoffmann* Art. 38 EGBGB Rdn. 509; *Kropholler* Internationales Privatrecht § 53 VII 1.

wegs ausgemacht, ob nicht die überindividuellen Interessen gemäß § 1, 3 UWG daneben Berücksichtigung finden könnten[103]. Sie dürfen deshalb bei der Frage des anwendbaren Rechts nicht unter den Tisch fallen, wobei keine Rolle spielt, ob Interessen positiv oder negativ berührt werden, d. h. ob sie für ein Verbot oder für die Erlaubtheit der Wettbewerbshandlung sprechen: Daß sie jedenfalls tangiert werden, ist das Entscheidende.

Die kollisionsrechtliche Wertung hat bei der Suche nach dem **Schwerpunkt des Interessenkonflikts** deshalb sowohl das Mitbewerber- als auch das Abnehmer- und Allgemeininteresse zu berücksichtigen. Es geht dabei nicht nur um Interessenüberschneidung, sondern nicht zuletzt um parallel laufende Interessenstränge. In der Regel wird der „Interessenknoten" auf dem **Markt** zu lokalisieren sein, auf den durch die Wettbewerbsmaßnahme eingewirkt wird. Insofern kann der Gedanke des **§ 98 Abs. 2 GWB** mit Nutzen herangezogen werden (vgl. Rdn. F 165). Sind die beteiligten Unternehmen auf mehreren Märkten tätig, so kommt es darauf an, welcher Markt von der Wettbewerbshandlung konkret berührt wird. Geht es etwa um den Wettbewerb zweier in Deutschland vertriebener Zeitschriften um Anzeigenkunden in den USA durch an solche gerichtete Werbeschreiben, ist der amerikanische Markt tangiert; die Werbung ist deshalb nach amerikanischem Recht zu beurteilen[104]. **F 196**

Der mit der Nußbaumschen Regel propagierte, in der „Stahlexport"-Entscheidung[105] in abgeschwächter Weise perpetuierte Grundsatz der Maßgeblichkeit des **gemeinsamen Heimatrechts** erscheint demgegenüber nicht haltbar[106]. Er vernachlässigt die auch bei Wettbewerbshandlungen, die traditionell als Individualverletzungen betrachtet werden, doch implizierten Mitbewerber-, Abnehmer- und Allgemeininteressen. Die speziell involvierten Wettbewerber sind nicht wie Robinson auf einsamer Insel tätig, sondern in ein Marktgeschehen eingebunden, das weitere Interessenkreise aktuell oder doch zumindest potentiell berührt. Die Beurteilung ist deshalb nicht allein eine Sache der im Vordergrund stehenden Akteure und ihres Heimatrechts; auch hier ist auf den Schwerpunkt der Interessenkollision abzustellen, der in der Regel auf dem ausländischen Markt liegen wird. Das für den Schwerpunkt der Interessenkollision zuständige Ortsrecht ist somit in jedem Fall als das sachnächste Recht anzuwenden; diese Rechtsordnung erscheint in erster Linie legitimiert, sich um die Lösung des unter ihrer Herrschaft angesiedelten Interessenkonflikts zu kümmern.

Für das weitere Vorgehen empfiehlt sich eine Differenzierung nach **Fallgruppen**, wie sie auch in der neueren Lehre vorherrschend vorgenommen wird[107]. **F 197**

Für die Anknüpfung steht der Gesichtspunkt der **Einwirkung auf den Schwerpunkt des Interessenkonflikts** im Vordergrund, der bei der **Werbung** (Rd. F 202 ff), aber auch bei der **Marktstörung** (Rdn. F 209) und bei der **sklavischen Nachahmung**

[103] S. z. B. zur Anwendung von § 3 auf Fälle der betrieblichen Herkunftstäuschung § 3 Rdn. 639 ff.

[104] So LG München im Falle PC professionell; anders freilich unter Berufung auf das gemeinsame Heimatrecht und die VO von 1942 OLG München GRUR 1992, 634.

[105] Rdn. F 186.

[106] Ablehnend auch *Weber* S. 100, 114 ff; *Sack* GRUR Int. 1988, 320, 325 f; *Möllering* WRP 1990, 1 ff; *Burmann* DB 1964, 1801, 1804; *v. Bar* II Rdn. 699/700; *Staudinger/v. Hoffmann* Art. 38 EGBGB Rdn. 522 f; MünchKomm/*Kreuzer*² Art. 38 EGBGB Rdn. 251 (der freilich einen Vorbehalt für nicht marktgerichtete Individualverletzungen macht, Rdn. 236/237); kritisch ferner HdbWbR/*Wilde* § 6 Rdn. 19 ff. Für eine Erweiterung des Anwendungsbereichs der Stahlexport-Regel dagegen *Spätgens* GRUR 1980, 473 ff; *Bernhard* GRUR Int. 1992, 366, 371 ff.

[107] *Weber* S. 100, 114 ff, 139 ff; *Wirner* S. 108 ff; MünchKomm/*Kreuzer*² Art. 38 EGBGB Rdn. 243 ff; HdbWbR/*Wilde* Rdn. 25 ff; *Staudinger/v. Hoffmann* Art. 38 EGBGB Rdn. 520 ff.

(Rdn. F 207) zur Anwendung des **Marktrechtes** führt. Soweit es um den Wettbewerbsschutz territorial begrenzter Rechte geht, schlägt das **Territorialitätsprinzip** durch (Rdn. F 198 ff). **Betriebsbezogene Beeinträchtigungen**, bei denen eine Marktwirkung nicht zum Tatbestand gehört, sind der Rechtsordnung zuzuordnen, unter der der betroffene Betrieb lokalisiert ist (Rdn. F 212). Für die wettbewerbsrechtlichen Nebengebiete des **Zugabe-, Rabatt- und Sonderveranstaltungsrechts** sind spezielle Überlegungen anzustellen (Rdn. F 219 ff), wie auch der unlautere Wettbewerb durch **Verletzung außerwettbewerbsrechtlicher Vorschriften** gesonderter Erwägungen bedarf (Rdn. F 214).

Richtet sich die Klage gegen ein deutsches oder durch die PVÜ verbandsbegünstigtes Unternehmen, können gemäß **Art. 38 EGBGB** keine weitergehenden Rechtsfolgen ausgesprochen werden, als es sich nach deutschem Recht ergeben (Rdn. F 169 ff). Im übrigen ist zu prüfen, ob ein Verstoß gegen den ordre public im Sinne von **Art. 6 EGBGB** vorliegt (Rdn. F 170).

Die für die einzelnen Fallgruppen sich ergebenden Kollisionsregeln sind zwingendes Recht unter **Ausschluß einer Rechtswahl**; die Parteien können **nicht** die Anwendung einer anderen nationalen Rechtsordnung – vorweg oder später – **vereinbaren.** Dies ergibt sich aus dem Schutz der im Wettbewerbsrecht regelmäßig mitberührten Interessen Dritter, insbesondere der Verbraucher und der Allgemeinheit[108].

Eine Ausnahme von den vorstehend entwickelten Regeln ist schließlich für **Wettbewerbshandlungen auf Schiffen und Luftfahrzeugen** geboten. Ein Abstellen auf den jeweiligen Aufenthalt und dessen Recht ist gerade bei Flugzeugen praktisch schwierig und unbefriedigend; offen bliebe der Rechtszustand über hoheitsfreiem Gebiet. Nicht sachgerecht und praktikabel erscheint ferner das Abstellen auf Nationalität oder Herkunft der Passagiere oder Ausgangspunkt der Reise. Am besten befriedigt die Lösung, wonach in jedem Fall das **Flaggenstatut** maßgeblich sein soll[109]. Vorschriften, die auf das stationäre Gewerbe zugeschnitten sind, wie das Rabattrecht, und das Recht der Sonderveranstaltungen gelten jedoch für Schiffe und Flugzeuge nicht[110].

3. Die internationalprivatrechtliche Beurteilung im einzelnen

F 198 **a) Schutz des Handelsnamens und anderer Unterscheidungszeichen.** Der Schutz des Handelsnamens ist in Deutschland und anderen Ländern zwar schwerpunktmäßig im Recht des unlauteren Wettbewerbs geregelt – in Deutschland in § 16 UWG – jedoch handelt es sich gleichwohl um den Ausschließlichkeitsschutz eines territorial begrenzt geschützten subjektiven Immaterialgüterrechts: Es gilt das **Territorialitätsprinzip** (Rdn. F 79)[111]. Nach § 16 UWG fallen unter diesen wettbewerbsrechtlichen Immaterialgüterschutz sowohl die Firma und der geschäftlich benutzte Name als auch die Geschäftsbezeichnung und das Geschäftsabzeichen[112]; der Schutz des Werktitels

---

[108] MünchKomm/*Kreuzer*² Art. 38 Rdn. 249 mwN; *Sack* GRUR Int. 1988, 320, 329; *ders.* ÖBl. 1988, 113, 118 f; *Schricker* Recht der Werbung in Europa I Rdn. 106; *v. Bar* II Rdn. 698. A. A. (differenzierend) HdbWbR/*Wilde* § 6 Rdn. 55; *Müller-Graff* RabelsZ 48 (1984) 289 ff; *Staudinger/v. Hoffmann* Art. 38 EGBGB Rdn. 547 ff.

[109] *Sack* IPRax 1991, 386, 391 f; MünchKomm/*Kreuzer*² Art. 38 EGBGB Rdn. 170 mwN.

[110] So KG WRP 1991, 111, 112 f für das deutsche Rabattrecht. A. A. *Sack* IPRax 1991, 386, 391 f.

[111] *Weber* S. 164 ff; *Sack* GRUR Int. 1988, 320, 332 f; *Sandrock* GRUR Int. 1985, 507, 516 ff; *J. Baur* AcP 167 (1967) 535, 544 ff; *Ulmer/Reimer* Das Recht des unlauteren Wettbewerbs in den Mitgliedstaaten der EWG III Deutschland Rdn. 167; OLG Stuttgart RIW 1991, 954; OLG Düsseldorf RIW, 1990, 404; OLG Frankfurt WRP 1992, 718, 720 – *Ferrari.*

[112] *Sandrock* GRUR Int. 1985, 507, 516.

wird gleichgestellt[113]. Im Ausland wird der Begriff des Handelsnamens allerdings zum Teil abweichend aufgefaßt (Rdn. F 82); hier können Qualifikationsprobleme entstehen[114].

Ob und wie ein Handelsname in einem bestimmten Land Schutz genießt, wird nach dem Territorialitätsprinzip grundsätzlich gemäß dem Recht dieses Landes beurteilt[115]. Dem Recht des Schutzlandes unterstehen Schutzbegründung, Inhaberschaft, Inhalt und Umfang des Schutzes sowie Übertragung und Erlöschen des Rechts. Wegen der Einzelheiten, insbesondere der Frage, ob und inwieweit daneben noch bei einem ausländischen Handelsnamen das Heimatsstaatsrecht durchschlägt, ist auf den Abschnitt zum internationalen Schutz des Handelsnamens zu verweisen (Rdn. F 77 ff, insbesondere 79).

Der vom Territorialitätsprinzip gesteuerte Handelsnamensschutz ist seinem Wesen nach ein Schutz gegen das Hervorrufen von **Verwechslungsgefahr** (Rdn. F 83). Der Schutz kann aber freilich im Einzelfall über den Konfusionsbereich hinaus erstreckt werden, sich etwa gegen eine **offene Anlehnung** oder **versteckte Annäherung** richten und selbst gegen eine **Rufausbeutung oder Verwässerung** durch Benutzung in anderen Branchen gewährt werden[116]. Hierher gehört auch der unter dem Aspekt von § 1 UWG bisher vorwiegend für Warenzeichen[117], gelegentlich aber auch für Firmen[118] erörterte Fall der Aneignung einer im Ausland bekannten Kennzeichnung mit der Absicht, den Inlandsmarkt zu versperren. **F 199**

Für den ergänzend zum Konfusionsschutz durch das allgemeine Wettbewerbsrecht, insbesondere mittels der Generalklausel bewerkstelligten weitergehenden Schutz kann sich die Frage stellen, ob man sich auch hier noch zu Recht im Rahmen des Territorialitätsprinzips bewegt oder ob eine wettbewerbsrechtliche Anknüpfung unabhängig davon zu suchen ist. Der österreichische OGH hat sich im Fall des Schutzes der in Österreich beheimateten Firma „Hotel Sacher" gegen eine verwechselbare Bezeichnung in Deutschland, wo die Firma zwar nicht benutzt, aber bekannt war, für die Anwendung der immaterialgüterrechtlichen, auf das Recht des Schutzlandes – hier Deutschland – verweisenden Kollisionsnorm des § 34 Abs. 1 IPRG entschieden; er hebt aber hervor, daß die für Ansprüche aus unlauterem Wettbewerb geltende Kollisionsvorschrift des § 48 Abs. 2 IPRG zum gleichen Ergebnis gelangt, wenn sie das Recht des Staates für anwendbar erklärt, auf dessen Markt sich der Wettbewerb auswirkt[119]. In der Tat liegt die Anwendung des Territorialitätsprinzips und des Schutzlandprinzips auch für die atypischen, lediglich durch das allgemeine Wettbewerbsrecht erfaßbaren Verletzungsformen nahe[120]. Geht es etwa um den Schutz einer ausländischen Firma gegen eine bösgläubige Aneignung im Inland, gelangt man so zur

---

113 Vgl. *Bappert/Maunz/Schricker* Verlagsrecht² § 13/39 Rdn. 21.

114 Vgl. *Schricker/Stauder/Pfaff* Handbuch des Ausstattungsrechts S. 1131 ff.

115 S. den instruktiven Fall OLG Stuttgart RIW 1991, 954 ff: Wenn es um den Firmenschutz in Deutschland, Österreich und der Schweiz geht, ist aufgrund des deutschen Kollisionsrechts für Deutschland deutsches, für Österreich österreichisches und für die Schweiz schweizerisches Sachrecht anwendbar.

116 Rdn. F 83, § 16 Rdn. 420 ff. So im Ergebnis auch OLG Frankfurt WRP 1992, 718, 720 ff (Ferrari).

117 S. z. B. BGH GRUR 1967, 298, 302 – *Modess*; BGH GRUR 1967, 304 – *Siroset*; *Baumbach/Hefermehl* § 1 Rdn. 240; s. auch oben Rdn. 90, Fn. 288.

118 BGH GRUR Int. 1970, 286, 288 – *Migrol*; s. oben Rdn. 90 bei Fn. 288; § 16 Rdn. 87.

119 OGH GRUR Int. 1986, 735, 737 (Hotel Sacher). S. allgemein zum österreichischen IPR Rdn. F 231.

120 Vgl. auch *Weber* S. 142, der auf dem Gesichtspunkt der „Nähe zu sachverwandten Rechtsmaterien" hinweist.

Anwendung inländischen Rechts als Schutzlandsrecht; dasselbe Ergebnis läßt sich allerdings auch aus dem Prinzip des Marktrechts ableiten. Die einschlägigen deutschen Entscheidungen haben denn auch mehr oder weniger unreflektiert deutsches Recht angewendet[121].

Zusammenfassend läßt sich somit feststellen, daß der Schutz des **Handelsnamens** in allen seinen Aspekten dem Territorialitätsprinzip unterzuordnen ist: Es ist das Recht des jeweiligen Schutzlandes anzuwenden. Für **Werktitel** gilt dasselbe[122].

F 200 Die **eingetragene Marke** (Warenzeichen, Dienstleistungsmarke, s. § 1 WZG) und die kraft Verkehrsgeltung geschützte **Ausstattung** (Warenausstattung, Dienstleistungsausstattung, s. § 25 WZG) sind, soweit ihre typische Funktion in Frage steht, in dem gegenüber dem Recht des unlauteren Wettbewerbs vorrangigen Warenzeichengesetz geregelt. Internationalprivatrechtlich gilt das **Territorialitätsprinzip**, das zum Schutzlandsrecht führt (Rdn. F 4, 5). Auch hier hat das Wettbewerbsrecht (und unter Umständen das allgemeine Recht der unerlaubten Handlungen) einen ergänzenden Schutz gegen die atypischen Verletzungsformen der **offenen Anlehnung, versteckten Annäherung, Rufausbeutung, Behinderung und Verwässerung** zu leisten[123]. Wie beim Handelsnamen (Rdn. F 199) liegt es nahe, die für diesen ergänzenden Wettbewerbsschutz einschlägige Kollisionsregel nach dem Territorialitätsprinzip auszurichten. Es ist dann freilich wettbewerbsrechtlich zu verstehen: Es kommt nicht auf die staatliche Verleihung der Marke und deren Reichweite an, sondern auf die wettbewerbliche Beeinträchtigung des Kennzeichnungspotentials im Schutzland. Es ist somit das Recht des Landes anzuwenden, für das der ergänzende Schutz in Anspruch genommen wird[124]. Dies gilt insbesondere für den Fall der bösgläubigen Aneignung eines ausländischen Zeichens im Inland zum Zweck wettbewerblicher Behinderung: Die Gerichte wenden hier ohne weiteres deutsches Recht an (s. die Nachweise in Rdn. F 199).

F 201 Der Gedanke, daß das Recht des Landes zur Anwendung berufen ist, in dem der in einem Kennzeichenrecht verkörperte Goodwill geschützt werden soll, läßt sich schließlich auf den Schutz **sonstiger kennzeichnender Merkmale** übertragen, die zwar nicht zu einem Immaterialgüterrecht vertypt sind, die aber doch Kristallisationspunkte für Ruf, Ansehen, Herkunfts- und/oder Qualitätsvorstellungen bilden können und die deshalb einem wettbewerbsrechtlichen Schutz gegen Verwechslungsgefahr, Ausbeutung und/oder Beeinträchtigung zugänglich sind, wie etwa Werbeslogans, charakteristische Formen der Werbung, die Aufmachung des Geschäftslokals, die Dienstkleidung des Personals u. dgl., wobei vielfach schon § 16 Abs. 3 UWG eingreifen wird, ergänzend jedenfalls § 1 UWG[125].

---

[121] S. z. B. BGH GRUR 1967, 298, 299 – *Modess*, wonach sich die Anwendbarkeit der deutschen wettbewerbsrechtlichen Vorschriften bereits aus Art. 1, 2 der PVÜ ergebe; s. ferner BGH GRUR 1969, 607, 609 – *Recrin*, wonach der warenzeichenrechtliche Territorialitätsgrundsatz jedenfalls einer Anwendung des inländischen Wettbewerbsrechts nicht entgegenstehe; s. ferner – ohne Berührung der Frage der internationalprivatrechtlichen Anwendung des deutschen UWG – BGH GRUR Int. 1980, 173 – *Martin*; BGH GRUR Int. 1980, 110 – *Torch*; BGH GRUR 1967, 304 – *Siroset*; BGH GRUR Int. 1970, 286 – *Migrol*.

[122] S. z. B. österreichischer OGH GRUR Int. 1990, 239, 240: Wird der Titel eines deutschen Verlages unter Angabe eines österreichischen Ausliefererers angekündigt, ist hinsichtlich des Schutzes gegen Verwechslungen österreichisches Recht anwendbar.

[123] Die Erste EWG-Markenrechtsrichtlinie erlaubt es, zumindest manche Fälle dieses ergänzenden Schutzes in das Markenrecht aufzunehmen, s. Art. 4 Abs. 3, Art. 5 Abs. 2 der Richtlinie von 1988, GRUR Int. 1989, 294.

[124] So im Ergebnis auch *Sack* ÖBl. 1988, 113, 120 f.

[125] S. *Baumbach/Hefermehl* § 16 Rdn. 142 ff; § 1 Rdn. 541 ff.

b) **Werbung.** Die größte und praktisch wichtigste Gruppe von Handlungen unlauteren Wettbewerbs wird von den unter dem Oberbegriff der **„Werbung"** zusammenzufassenden Sachverhalten gebildet. In Anlehnung an die Definition der EG-Richtlinie über irreführende Werbung[126] kann unter Werbung jede geschäftliche Kommunikation zum Zweck der Absatzförderung verstanden werden[127]. Charakteristisch ist die **Einwirkung auf die Marktpartner**, insbesondere die Abnehmer mit dem Ziel, ihr wirtschaftliches Verhalten in einer letzten Endes für den Werbenden positiv ausschlagenden Art und Weise zu beeinflussen. Das wettbewerbsrechtliche Unwerturteil leitet sich zum einen aus der Beeinträchtigung der **Interessen der Abnehmer und Werbeadressaten** her: Sie werden irregeführt, der Gefahr von Verwechslungen ausgesetzt, unzumutbar belästigt, psychisch unter Druck gesetzt, gefühlsbetont oder sonst massiv unsachlich angesprochen. Zum anderen geht es um die **Mitbewerber**, die entweder speziell von einer Anschwärzung, kritisierenden Vergleichswerbung, Anlehnung oder Annäherung betroffen sind oder denen gegenüber allgemein der Werbende durch unlautere Lockmittel einen Vorsprung gewinnt. Und schließlich wird das **Allgemeininteresse** am sachgerechten Funktionieren des Wettbewerbs tangiert. Diese Interessen werden sich vielfach gleichlaufend gegen das betreffende unlautere Werbemittel richten, so etwa bei der irreführenden Werbung; z. T. laufen die Interessen aber auch pro und contra, wie beispielsweise bei der im Verbraucher- und Allgemeininteresse erwünschten, von Wettbewerberseite jedenfalls aus der Sicht des Betroffenen zu mißbilligenden wahrheitsgemäßen vergleichenden Werbung[128]. **F 202**

Ganz gleich, wie die beteiligten Interessen und Belange im einzelnen gelagert sind: Der Schwerpunkt des Geschehens und der Brennpunkt des Interessenkonflikts liegt bei der **Einwirkung auf die Abnehmer und Werbeadressaten**. Bei der Werbung kommt als Ort der maßgeblichen wettbewerblichen Interessenüberschneidung der Markt in Betracht, auf dem auf die Werbeadressaten eingewirkt werden soll, das hierfür zuständige Recht ist das sachnächste. Auf diesem Markt sucht das wettbewerbliche Interesse des Werbenden sich gegenüber demjenigen der Konkurrenz durchzusetzen; hier stoßen auch die Belange des Werbenden und der Abnehmer aufeinander; die Werbung übt hier ihre unter dem Aspekt des Allgemeininteresses zu wertende Wirkung auf das Wettbewerbsgeschehen aus: auf diese Interessenüberschneidung richtet sich das Schutzanliegen des ortszuständigen Rechts. Wettbewerbshandlungen der Werbung sind deshalb grundsätzlich nach dem **Recht des Werbemarktes** zu beurteilen[129]. **F 203**

Werbung auf dem deutschen Markt unterliegt mithin **deutschem Recht**; Werbung auf einem Auslandsmarkt dem zuständigen **ausländischen Recht**[130]. Daß Deutsche

---

126 Art. 2 Nr. 1 der Richtlinie über irreführende Werbung von 1984 GRUR Int. 1984, 688.

127 S. zur Definition und Abgrenzung der Werbung *Schricker* Recht der Werbung in Europa I Rdn. 1.

128 S. im einzelnen zur Interessenlage *Schricker* AcP 172 (1972) 203 ff.

129 So im Ergebnis auch *Baumbach/Hefermehl* Einl. UWG Rdn. 183, 184, 188; HdbWbR/*Wilde* § 6 Rdn. 25 ff; MünchKomm/*Kreuzer*² Art. 38 EGBGB Rdn. 234, 235, 241, 244; *Sack* GRUR Int. 1988, 320, 322 ff; *Wirner* S. 111 ff; *Emmerich* § 4 Nr. 5 (S. 40); *Soergel/Lüderitz* Art. 12 EGBGB Rdn. 17; *Schricker* Recht der Werbung in Europa Rdn. 100 ff (mit Beispielen).

130 S. z. B. LG Weiden IPRax 1983, 192 und OLG Nürnberg IPRspr. 1983 Nr. 123: Die Werbung eines deutschen Unternehmens auf einer Moskauer Messe beurteilt sich nach Ortsrecht, auch wenn sie zum Nachteil eines deutschen Mitbewerbers gereicht. S. ferner OLG Karlsruhe WRP 1985, 104, 105: Verwendung eines Werbeprospekts mit irreführender Firma im Ausland unterliegt ausländischem Recht, auch wenn er vom Inland aus versandt wird. LG München I VuR 1/1993, 62, 64 f: Veranstaltung eines Gewinnspiels in Frankreich durch ein deutsches Unternehmen ist nach französischem Recht zu beurteilen. OLG Koblenz GRUR 1993, 763 – Kfz-Reinigungsmittel: Lieferung von Waren aus

auf einem Auslandsmarkt angesprochen werden, führt noch nicht zur Anwendung deutschen Rechts[131]. Diese Lösung genügt insbesondere dem Erfordernis der Chancengleichheit aller auf demselben Markt Tätigen[132].

Die Marktortregel gilt für **alle Werbemedien**: Sowohl für Plakatanschlag, Katalogverteilung, Direktwerbung, Anzeigen in Zeitungen und Zeitschriften als auch für Hörfunk und Fernsehen[133].

Auf den jeweils maßgeblichen **Unlauterkeitsgehalt** kommt es grundsätzlich nicht an: Das Recht des Werbemarktes gilt sowohl für die irreführende Werbung, als auch für die kritisierende Werbung, insbesondere die persönliche und vergleichende Werbung; ferner für die unsachliche Werbung, etwa in Form des psychologischen Kaufzwangs, die gefühlsbetonte Werbung und das übertriebene Anlocken, wie auch für die belästigende Werbung[133a].

Das gemeinsame Heimatrecht führt in keinem Fall zu einer Ausnahme von der Marktortregel[134].

Auszunehmen sind jedoch die Fälle, in denen es um den wettbewerbsrechtlichen Schutz von **Unterscheidungszeichen oder sonstigen kennzeichnenden Merkmalen** gegen Verwechslungsgefahr, offene Anlehnung, versteckte Annäherung, Rufausbeutung, Verwässerung oder sonstige Beeinträchtigung geht: Hier ist im Sinne des kennzeichenrechtlichen **Territorialitätsprinzips** das Recht des Schutzlandes anzuwenden (Rdn. F 198 ff), das freilich in der Regel mit demjenigen des Werbemarktes koinzidieren dürfte.

F 204 Der Werbemarkt ist in der Regel zugleich der **Absatzmarkt**[135]. Dort wird die Reaktion der Abnehmer auf die Werbung in einem entsprechenden Absatzvorgang umgesetzt. Ausnahmsweise können Werbemarkt und Absatzmarkt auseinanderfallen: Entscheidend ist dann der Werbemarkt, denn auf ihm liegt der Schwerpunkt der Interessenberührung[136].

Wird etwa in Deutschland irreführend für ein ausländisches Erzeugnis geworben, das in Deutschland nicht erhältlich ist, aber in der Hoffnung empfohlen wird, daß deutsche Interessenten, etwa Urlauber, es beim Besuch in jenem Land erwerben möchten, ist die Werbung gleichwohl nach deutschem Recht zu beurteilen[137]. Denn das deutsche Wettbewerbsrecht ist berufen, das deutsche Verbraucherpublikum vor nachteiligen Käufen infolge Ansprache im Inland zu schützen, mögen sie auch im

---

Deutschland nach USA mit verwechselbaren Kennzeichen ist nach amerikanischem Recht zu beurteilen.

131 S. Näheres insbesondere zu den Gran Canaria-Fällen Rdn. F 206.

132 MünchKomm/*Kreuzer*² Art. 38 EGBGB Rdn. 251; *Sack* GRUR Int. 1988, 320, 323.

133 Für letztere ist jedoch die EG-Richtlinie über die Fernsehtätigkeit zu beachten; s. dort auch zur Abgrenzung zwischen Fernsehwerberecht und allgemeinem Recht des unlauteren Wettbewerbs. Allgemein zum IPR der Rundfunkwerbung s. *Schricker* GRUR Int. 1982, 720, 722 ff; zur Satellitenwerbung HdbWbR/*Jacobs* § 28 Rdn. 2 ff.

133a S. z. B. München I VuR 1/1993, 62, 64 f: Anwendung der Marktwirkungsregel auf die Veranstaltung eines Werbegewinnspiels.

134 Anders BGH GRUR 1964, 316 (Stahlexport); OLG München GRUR 1992, 634 (PC professionell); OLG Düsseldorf NJW-RR 1993, 171 f (Patentberühmung im Ausland). S. Rdn. F 195.

135 *Staudinger/v. Hoffmann* Art. 38 EGBGB Rdn. 533.

136 *Sack* GRUR Int. 1988, 320, 323 f; *ders.* IPRax 1992, 14, 25 f; *Reuter* WRP 1989, 2265, 2266 f; *Schricker* Recht der Werbung in Europa I Rdn. 100; *v. Bar* II Rdn. 697; *Staudinger/v. Hoffmann* Art. 38 EGBGB Rdn. 519, 538; BGH GRUR 1991, 463, 464 f – *Kauf im Ausland*; OLG Hamburg GRUR Int. 1987, 105.

137 Vgl. BGH GRUR 1972, 367, 368 – *Besichtigungsreisen*: Die in Deutschland durchgeführte Werbung für ausländische Immobilien ist nach deutschem Recht zu beurteilen; so im Ergebnis auch *Sack* GRUR Int. 1988, 320, 339; *Schricker* Recht der Werbung in Europa I Rdn. 107.

Ausland getätigt werden; Anbieter von Konkurrenz- oder Substitutionsprodukten im Inland sollen vor einem irreführend veranlaßten Kundenverlust bewahrt werden; das Spiel des Wettbewerbs auf dem deutschen Markt ist vor Störung durch unzutreffend motivierten Abzug von Kaufkraft ins Ausland zu schützen, die so verhindert wird, sich dem besten Angebot zuzuwenden, sei es deutscher oder ausländischer Herkunft[138].

Gelangt die Werbung auf mehrere nationale Märkte (**Multistate-Werbung, Streuwerbung**), so ist für ihre Beurteilung für jeden Markt das dort geltende Recht heranzuziehen[139]. Im Ergebnis bedeutet dies, daß sich eine einheitlich gestaltete internationale Werbung, etwa in international verbreiteten Zeitschriften oder Rundfunksendungen, nach dem strengsten Recht ausrichten muß[140]. **F 205**

Ein Korrektiv bildet die **kollisionsrechtliche Spürbarkeitsgrenze** (Rdn. F 190/ 191): Außer Betracht bleibt ein Markt, auf dem wettbewerbliche Interessenkonflikte von einiger Erheblichkeit nicht auftreten, sei es, daß die Werbung durch die spärliche Verbreitung eines Printmediums in dem betreffenden Land nur ganz sporadisch und vereinzelt auf dessen Markt gelangt[141], daß Funkwerbung technisch nur in geringem Umfang in dem betreffenden Staat empfangbar ist[142], oder daß eine Werbung wegen ihrer sprachlichen Fassung nur einen vernachlässigbar kleinen Rezipientenkreis hat[143], wobei nach deutschem Recht freilich auch fremdsprachige Teile der inländischen Bevölkerung geschützt werden[144]. Gleich liegt schließlich auch der Fall, daß das beworbene Produkt nicht auf dem Markt ist und die Abnehmer es sich allenfalls vereinzelt werden beschaffen können[145] oder daß schließlich das Zusammentreffen **mehrerer dieser Faktoren** zu einer Minimalisierung der wettbewerblichen Auswirkungen auf dem Markt führt. Hingewiesen sei hier etwa auf das Beispiel[146] der Bewerbung eines nur in Spanien erhältlichen Produkts in einer spanischsprachigen Zeitung, die auch in Deutschland in kleinerem Umfang verbreitet wird. Zwar werden spanische Gastarbeiter und Spanisch sprechende Deutsche die Werbung verstehen; daß sie aber bei Spanienaufenthalten sich an die Werbung erinnern und das Produkt in nennenswertem Umfang kaufen werden, so daß der Erwerb von konkurrierenden oder Substitutionsgütern in Deutschland unterbleibt, wird kaum in relevantem Umfang zu erwarten sein. Das deutsche Wettbewerbsrecht ist deshalb **F 206**

---

[138] Außer Betracht bleiben freilich Fälle, in denen die Spürbarkeitsgrenze nicht erreicht ist, s. Rdn. F 206.

[139] Rdn. 189. S. MünchKomm/*Kreuzer*² Art. 38 EGBGB Rdn. 248; *Sack* GRUR Int. 1988, 320, 327f; *Schricker* GRUR Int. 1982, 720, 724; *Baumbach/Hefermehl* Einl. UWG Rdn. 187; *Wirner* S. 117ff; *v. Bar* II Rdn. 696; *Staudinger/v. Hoffmann* Art. 38 EGBGB Rdn. 544ff. So im Ergebnis auch BGH GRUR 1962, 243 – *Kindersaugflaschen* Rdn. 183ff; BGH GRUR 1971, 153 – *Tampax* Rdn. 188/189; OLG Hamburg GRUR Int. 1987, 105ff.

[140] MünchKomm/*Kreuzer*² Art. 38 EGBGB Rdn. 248; *Sack* GRUR Int. 1988, 320, 328, 329; *Schricker* GRUR Int. 1989, 112, 114.

[141] Vgl. BGH GRUR 1971, 153 – *Tampax*: Marktwirkung in Deutschland unerheblich, wenn von einer international verbreiteten Zeitschrift „nur da und dort ein Einzelstück oder eine Mehrzahl von Stücken über die Grenze gelangt", da die deutsche Wettbewerbsordnung dann „nur am Rande oder in einem Nebenpunkt berührt" wird. S. auch *v. Bar* II Rdn. 697.

[142] *Schricker* GRUR Int. 1982, 720, 724; HdbWbR/*Wilde* § 6 Rdn. 33; vgl. auch HdbWbR/*Jacobs* § 28 Rdn. 12ff (der jedoch vorwiegend auf den intendierten Sendebereich abstellen will).

[143] *Schricker* Recht der Werbung in Europa I Rdn. 101; HdbWbR/*Jacobs* § 28 Rdn. 15; *Sasse* S. 135ff.

[144] LG Frankfurt IPRspr. 1964/65 Nr. 184, 1981, 133; vgl. auch BGH GRUR Int. 1986, 805 – *Whisky-Mischgetränk* (für den Absatz an Dänen im deutsch-dänischen Grenzgebiet); HdbWbR/*Wilde* § 6 Rdn. 38. Kritisch *Joerges* RabelsZ 1972, 421, 485.

[145] *Sack* GRUR Int. 1988, 320, 322; *Reuter* WRP 1989, 2265, 2267.

[146] *Schricker* Recht der Werbung in Europa I Rdn. 107 Nr. 4.

hier uninteressiert; die Werbung ist allein – in bezug auf die Verbreitung in Spanien – nach spanischem Recht zu überprüfen[147].

Anders sind die Fälle zu beurteilen, in denen eine **im Ausland durchgeführte Verkaufsveranstaltung in Deutschland angebahnt** wird, etwa deutsche Interessenten in Deutschland zu einer dem Immobilienverkauf dienenden Besichtigungsreise nach Spanien eingeladen werden[148] oder für Verkaufsveranstaltungen in Deutschland geworben wird, die vom Inland ausgehen und im Ausland durchgeführt werden (z. B. sog. Kaffeefahrten ins Ausland)[149]: Hier ist deutsches Recht anwendbar, da auf die deutschen Abnehmer auf dem deutschen Markt eingewirkt wird, ohne daß diese Einwirkung nur eine marginale Randwirkung einer Auslandshandlung bildete.

Keine Frage der Spürbarkeitsgrenze ist dagegen die **Werbung gegenüber deutschen Touristen im Ausland**; hier fehlt es schon an der Einwirkung auf den deutschen Werbemarkt; es ist ausländisches, nicht deutsches Recht anwendbar, wie der BGH in den umstrittenen **Gran Canaria-Fällen** mit Recht entschieden hat, auch wenn die so angebahnten Geschäfte in Deutschland abgewickelt werden[150]. Denn im deutschen Kollisionsrecht des unlauteren Wettbewerbs gilt nicht das Schutzprinzip; es würde unter den beteiligten Mitbewerber-, Abnehmer- und Allgemeininteressen einseitig den Aspekt des Verbraucherschutzes herausgreifen, ohne der Verflechtung der Interessen Rechnung zu tragen. Wer sich im Ausland aufhält, begibt sich unter eine fremde Marktordnung, die vom jeweiligen Auslandsrecht beherrscht wird. In den Ferienländern mit dem Instrument des Kollisionsrechts der jeweiligen Heimatländer der Touristen „Enklaven des Heimatrechts" zu schaffen, würde den internationalen Entscheidungseinklang stören[151].

F 207 **Sklavische Nachahmung.** Bei der sklavischen Nachahmung – im weiteren Sinne verstanden unter Einbeziehung auch der sog. unmittelbaren Leistungsübernahme – steht ein **komplexes Wettbewerbsgeschehen** inmitten, das in **drei Abschnitte** aufgeteilt werden kann: die Ermöglichung der Nachahmung, insbesondere Erlangung des Vorbilds, die Produktion des nachgeahmten Erzeugnisses und schließlich dessen Vermarktung. Jede der drei Stufen mag in jeweils einem anderen Land lokalisiert sein oder mehrere mögen örtlich zusammentreffen.

Der BGH hat in der „Kindersaugflaschen"-Entscheidung[152] für **die zur Täuschung der Abnehmer führende sklavische Nachahmung** den **Absatzmarkt** als den

---

147 S. ferner *Schricker* Recht der Werbung in Europa I Rdn. 107 Beispiel Nr. 7.

148 BGH GRUR 1972, 367, 368 – *Besichtigungsreisen* Rdn. 204.

149 *Sack* IPRax 1992, 24, 27; *v. Gamm* EWS 1991, 166, 167; *v. Bar* II Rdn. 697; vgl. auch österr. OGH GRUR Int. 1986, 270. Offengelassen in BGH GRUR 1991, 463, 465; BGH ZIP 1988, 53 wendet für eine Verkaufsfahrt von Deutschland nach Spanien unreflektiert deutsches Wettbewerbsrecht an.

150 BGH GRUR 1991, 463, 464f; kritisch hierzu *Koch* JZ 1991, 1039ff; *Bernhard* GRUR Int. 1992, 366, 369ff. Zustimmend *Paefgen* WRP 1991, 447ff (mit umfassenden Nachweisen); *Staudinger/v. Hoffmann* Art. 38 EGBGB Rdn. 538; *Baumbach/Hefermehl* Einl. Rdn. 188. Im Grundsatz zustimmend, aber im Ergebnis abweichend *Sack* IPRax 1992, 24, 25ff; ähnlich bereits *Mook* S. 64ff (keine Berücksichtigung der lediglich reflexartigen Rückwirkung auf das Inland; Inlandsrecht aber anwendbar, wenn die Auslandswerbung ausschließlich auf den Inlandswettbewerb abzielt). Für Anwendung deutschen Wettbewerbsrechts in einem vergleichbaren Fall OLG Stuttgart VuR 1990, 221, 226. Einen Überblick über die instanzgerichtliche Rechtsprechung gibt *Paefgen* WRP 1991, 447, Fn. 4. S. ferner zu den vertragsrechtlichen Problemen *Kohte* EuZW 1990, 150; *Coester-Waltjen*, Festschrift für Lorenz (1991), S. 297; *Taupitz* BB 1990, 642; *Langenfeld* IPRax 1993, 155.

151 Abweichend *Bernhard* GRUR Int. 1992, 366, 373, der für eine „‚deutsche Insel' im spanischen Meer" plädiert. Zum Teil abweichend auch *Sack* IPRax 1992, 24, 27.

152 BGH GRUR 1962, 243, s. Rdn. F 183/184/185.

maßgeblichen Schwerpunkt der wettbewerblichen Interessenkollision erachtet. In der Tat sind dort sowohl die Vermarktungsinteressen der beteiligten Anbieter als auch die Interessen der Abnehmer am Schutz vor Täuschungen lokalisiert, als auch das Interesse der Mitbewerber an der Vermeidung eines durch Ausbeutung und Irreführung erlangten Vorsprungs des Anbieters der Kopie. Schließlich sind die Allgemeininteressen des Marktortes relevant: In ihrem Lichte ist insbesondere zu entscheiden, ob wettbewerbs- und innovationspolitische Belange die negativen Bewertungsfaktoren überwiegen.

Der Interessenschwerpunkt ist auch in **anderen Fällen sklavischer Nachahmung** nicht abweichend zu setzen, mögen auch z. B. bei der verwerflichen Erlangung des Vorbilds oder der Berücksichtigung eines Investitionsschutzes bei der Kopie kurzlebiger Erzeugnisse die der Vermarktung vorausgehenden Phasen stärker betont sein. In jedem Fall gibt aber erst die Abwägung mit den Abnehmer-, Mitbewerber- und Allgemeininteressen auf dem Absatzmarkt den Ausschlag. Für die gesamte Tatbestandsgruppe der sklavischen Nachahmung ist deshalb **das Recht des Absatzmarktes** zur wettbewerbsrechtlichen Beurteilung berufen[153]. **F 208**

d) **Marktstörung.** Unter dem Titel der **„gemeinschaftsschädlichen Wirtschaftsstörung“** erörtert die neuere Rechtsprechung Fälle, in denen durch „anomale“ Angebotsmodalitäten, wie **Gratisabgabe von Waren, insbesondere Presseerzeugnissen**[154], erhebliche **Preisunterbietung,** namentlich Verkauf unter Selbstkosten[155] oder durch **Einsatz der Macht** öffentlich-rechtlicher Versicherungsträger[156] oder von Gewerkschaften[157] der Bestand des Wettbewerbs auf dem Markt bedroht oder sein Funktionieren erheblich gestört wird[158]. **F 209**

Entscheidend schlägt in diesen Fällen das **Interesse der Allgemeinheit an der Institution des Wettbewerbs** zu Buche[159]. Die Fallgruppe steht dem **Kartellrecht** nahe; lauterkeitsrechtliche und kartellrechtliche Tatbestände überschneiden sich vielfach[160]. Demgemäß erscheint es sachgerecht, die kartellrechtliche Kollisionsregel des **§ 98 Abs. 2 Satz 1 GWB** entsprechend heranzuziehen: Das deutsche Gesetz gegen den unlauteren Wettbewerb findet Anwendung, wenn die Marktstörung sich auf den **deutschen Markt auswirkt**[161].

Das Kriterium der **Spürbarkeit** der Auswirkung[162] spielt dabei insofern praktisch kaum eine Rolle, als der Tatbestand materiell erst bei ernsthafter Gefahr für Bestand und/oder Funktionieren des Wettbewerbs auf dem betreffenden Markt erfüllt ist[163]. Entsprechend § 98 Abs. 2 Satz 1 GWB untersteht nur der **Teil des Sachverhalts**

---

153 BGH GRUR 1962, 243 – *Kindersaugflaschen*; OLG Celle GRUR Int. 1977, 238, 240; OLG Hamm GRUR 1971, 89; *Baumbach/Hefermehl* Einl. Rdn. 188 c; MünchKomm/*Kreuzer*² Art. 38 EGBGB Rdn. 245; *Wirner* S. 114; *Weber* S. 183, 201; *ders.* GRUR Int. 1983, 26, 29; HdbWbR/*Wilde* § 6 Rdn. 42; *Sack* GRUR Int. 1988, 320, 334 f; *Emmerich* § 4 Nr. 5 (S. 40).

154 *Baumbach/Hefermehl* § 1 Rdn. 856 ff.

155 *Baumbach/Hefermehl* § 1 Rdn. 870 ff.

156 BGHZ 82, 375 – *Brillen-Selbstabgabestellen.*

157 BGH GRUR 1990, 522 – *HBV-Familien- und Wohnungs-Rechtsschutz.*

158 S. allgemein *Baumbach/Hefermehl* § 1 Rdn. 832 ff.

159 *Schricker* GRUR 1980, 194, 197.

160 *Baumbach/Hefermehl* § 1 Rdn. 838 ff.

161 HdbWbR/*Wilde* § 6 Rdn. 39. Ablehnend bezüglich einer entsprechenden Anwendung von § 98 Abs. 2 Satz 1 GWB, im Ergebnis aber ebenfalls auf den Absatzmarkt abstellend, MünchKomm/*Kreuzer*² Art. 38 EGBGB Rdn. 238, 245.

162 Vgl. *Immenga/Mestmäcker/Rehbinder* GWB² § 98 Abs. 2 Rdn. 68/69, 78.

163 Vgl. die Diskussion zur Anwendung des § 98 Abs. 2 Satz 1 auf marktbeherrschende Unternehmen, *Immenga/Mestmäcker/Rehbinder* § 98 Abs. 2 Rdn. 157 ff.

deutschem Wettbewerbsrecht, der die Inlandsauswirkung zum Gegenstand hat[164]; die Lage ist hier ähnlich wie bei der Multistate-Werbung (Rdn. F 189).

F 210 § 98 Abs. 2 Satz 1 GWB regelt als **einseitige Kollisionsnorm** nur die Anwendung des deutschen GWB[165]. Was für die Anwendung **ausländischen** Kartellrechts gilt und ob § 98 Abs. 2 Satz 1 entsprechend zu einer allseitigen **Kollisionsnorm** erweitert werden kann, ist strittig[166]. Soweit das lauterkeitsrechtliche Kollisionsrecht in Frage steht, erscheint für die einschlägige Tatbestandsgruppe eine universelle Anwendung des Auswirkungsprinzips sachgerecht, wobei wiederum bei relevanter Auswirkung auf mehreren Märkten für jeden nationalen Wirkungsbereich das dortige Recht zur Anwendung berufen ist.

F 211 Was vorstehend für die gemeinschaftsschädliche Wirtschaftsstörung ausgeführt wurde, gilt entsprechend auch für **sonstige Unlauterkeitstatbestände**, die einer parallelen Bewertung im Kartellrecht zugänglich sind, wie insbesondere **Boykott und Diskriminierung**, ohne daß es im Einzelfall darauf ankommt, ob die kartellrechtlichen Sachnormen (s. § 26 GWB) eingreifen. Zwar mag bei Boykott und Diskriminierung der Zweck des Individualschutzes des beeinträchtigten Unternehmens stärker in Erscheinung treten, jedoch verbindet er sich in jedem Fall mit dem Schutz der Institution des Wettbewerbs auf dem betroffenen Markt[167]. Das marktbezogene **Auswirkungsprinzip** erscheint deshalb auch hier am Platze, zumal die berührten Individualinteressen sich ebenfalls auf diesen Markt beziehen; es kommt auf den **Absatzmarkt** an[168].

Für die lauterkeitsrechtliche Beurteilung der **Mißachtung von Preis- oder Vertriebsbedingungen** gilt das gleiche; auch hier entscheidet die Marktwirkung[169]. Bei der Beurteilung des Inlandsvertriebs im Ausland erworbener Ware unter § 1 UWG ist aber freilich die Vorfrage – sofern es auf diese ankommt[170] –, ob ein rechtlich zu mißbilligender Erwerb, insbesondere eine Ausnutzung eines Vertragsbruchs vorliegt, nach Auslandsrecht zu beantworten[171].

Wird isoliert nur der Schleichbezug im Inland unter Verletzung einer inländischen Vertriebsbindung angegriffen, so ist deutsches Recht anwendbar, auch wenn die beschaffte Ware im weiteren Verlauf exportiert werden soll[172]; es steht nur die

---

164 Vgl. *Immenga/Mestmäcker/Rehbinder* § 98 Abs. 2 Rdn. 223.

165 *Immenga/Mestmäcker/Rehbinder* Art. 98 Abs. 2 Rdn. 242.

166 S. im einzelnen *Immenga/Mestmäcker/Rehbinder* § 98 Abs. 2 Rdn. 243 ff mwN.

167 *Immenga/Mestmäcker/Markert* GWB² § 26 Rdn. 2.

168 Ebenso im Ergebnis HdbWbR/*Wilde* § 6 Rdn. 40; *Wirner* S. 115; *Staudinger/v. Hoffmann* Art. 38 EGBGB Rdn. 536.

169 Übereinstimmend im Ergebnis wohl HdbWbR/*Wilde* § 6 Rdn. 47 ff; *Sack* GRUR Int. 1988, 320, 335 ff; *v. Bar* II Rdn. 697. So wendet der BGH auf den Vertrieb in Deutschland, auch wenn die Ware im Ausland beschafft wurde, unreflektiert deutsches Recht an, s. BGH GRUR 1989, 832, 833 – *Schweizer Außenseiter*. Vgl. auch Österr. OGH Medien und Recht 1991, 150, 151: Österreichisches Recht ist anzuwenden, wenn die Vertriebsbindung eines italienischen Unternehmens auf dem österreichischen Markt mißachtet wird, da sich die Handlung auf den österreichischen Markt auswirkt.

170 Zu einer abweichenden Konstruktion der Unlauterkeit s. *Schricker* GRUR 1976, 528 ff. Kritisch zur hM auch *Beier* GRUR 1987, 131 ff.

171 BGH GRUR 1989, 832, 833 – *Schweizer Außenseiter*; so auch *v. Gamm* EWS 1991, 166, 168; *ders.* GRUR 1990, 313, 317. **A. A.** *Fezer* GRUR 1990, 551, 563 ff, der beim Warenbezug aus der Schweiz und Vertrieb in Deutschland auch den in der Schweiz spielenden vorgelagerten Komplex deutschem Recht unterstellen will, wobei er Art. 136 Abs. 1 des schweizerischen IPR-Gesetzes heranziehen will, der freilich für deutsche Gerichte nicht maßgeblich ist, da für sie die Kollisionsregeln der lex fori gelten (Rdn. F 223). S. ferner zur Problematik *Kraßer* GRUR Int. 1988, 709 ff; *Baudenbacher* GRUR Int. 1988, 931 ff.

172 So BGH IPRax 1989, 384 f; zustimmend *Lederer* IPRax 1989, 362 ff; *v. Bar* II Rdn. 697; *Staudinger/v. Hoffmann* Art. 38 EGBGB Rdn. 519.

Beeinträchtigung der Vertriebsbindung auf dem inländischen Markt als selbständiger Komplex unlauteren Wettbewerbs in Frage.

e) **Betriebsbezogene Eingriffe.** Es bleibt eine Restgruppe von Handlungen unlauteren Wettbewerbs übrig, bei denen weder das kennzeichenrechtliche Territorialitätsprinzip (Rdn. F 198) einschlägig ist, noch es sich um die Einwirkung auf die Marktpartner durch Werbung (Rdn. F 202) handelt, noch um eine sklavische Nachahmung (Rdn. F 207), noch auch um eine vorrangig die Allgemeininteressen berührende Marktstörung (Rdn. F 209). Hierher gehören vor allem die **Geheimnisverletzung,** die **Abwerbung von Arbeitnehmern** und die **Störung oder Behinderung eines fremden Unternehmens durch materielle Eingriffe** oder direkte immaterielle Einwirkungen, wie insbesondere durch **ungerechtfertigte Abmahnungen,** namentlich Schutzrechtsverwarnungen[173]. **F 212**

Das Abstellen auf die **Marktwirkungen** wird bei diesen Sachverhaltsgruppen dadurch erschwert oder gar unmöglich gemacht, daß Vermarktungsaspekte nicht zum Tatbestand gehören. Wem etwa Betriebsgeheimnisse durch Verrat zerstört werden, wer wichtige Arbeitnehmer durch unlautere Abwerbung verliert, wird in seinem Unternehmenspotential geschwächt, ohne daß ein Bezug zu einem bestimmten Markt vorliegt; jede Unternehmenstätigkeit, sei sie im Inland, sei sie im Ausland, wird betroffen. Entsprechend läßt sich auch nicht konkretisieren, welche Mitbewerber-, Abnehmer- und/oder Allgemeininteressen im Marktgeschehen berührt werden.

Bei dieser Situation erscheint es sachgerecht, den Schwerpunkt dort zu setzen, wo die Individualinteressen des Geschädigten radiziert sind, d. h. an dem Ort, an dem das betroffene **Unternehmen seinen Sitz** hat und wo der tatbestandsmäßige Erfolg des Angriffs eintritt. Bei „rein" unternehmensbezogenen Wettbewerbshandlungen ist somit das Heimatrecht des Betroffenen anwendbar, ganz gleich, ob der Angriff vom Inland oder Ausland geführt wird, gleich auch, welche Märkte das Unternehmen mit seinen Produkten oder seiner sonstigen Geschäftstätigkeit erreicht[174]. **F 213**

f) **Verletzung außerwettbewerbsrechtlicher Normen.** In ständiger Expansion begriffen ist die praktisch wichtige Fallgruppe der Verletzung außerwettbewerbsrechtlicher Normen[175]. Die Unlauterkeit aus § 1 UWG wird hier zum Teil unmittelbar an die Tatsache angeknüpft, daß im geschäftlichen Verkehr zu Zwecken des Wettbewerbs eine außerhalb des Wettbewerbsrechtes zu lokalisierende Rechtnorm übertreten wird, wobei die **„sittliche Fundierung"** der Norm entscheidend sein soll[176], ihr **F 214**

---

[173] Die hM pflegt in der letztgenannten Fallgruppe zwar vorzugsweise das Deliktsrecht des BGB anzuwenden, jedoch handelt es sich der Sache nach um Wettbewerbskonflikte, die unter § 1 UWG gehören, s. allgemein *Baumbach/Hefermehl* Einl. UWG Rdn. 559 mwN; speziell zur Anwendung des Wettbewerbsrechts *Horn* Die unberechtigte Verwarnung aus gewerblichen Schutzrechten 1971 passim. Für Anwendung deutschen Rechts bei Verwarnung eines deutschen Unternehmens durch ein französisches Unternehmen LG Mannheim GRUR 1980, 935, 937. Die unrichtige Patentberührung bildet dagegen einen Fall der irreführenden Werbung; anwendbar ist das Recht des jeweiligen Werbemarktes (vgl. OLG Düsseldorf NJW-RR 1993, 171 f, das unzutreffenderweise das deutsche Recht als gemeinsames Heimatrecht anwenden will).

[174] So im Ergebnis auch HdbWbR/*Wilde* § 6 Rdn. 22, 44, 45; *Reuter* BB 1989, 2265, 2267; *Firsching* Einführung in das internationale Privatrecht² S. 260; *Wirner* S. 115 f; vgl. auch MünchKomm/*Kreuzer*² Art. 38 EGBGB Rdn. 236, 247, der bei den „nicht marktgerichteten Wettbewerbsverletzungen" die allgemeinen deliktsrechtlichen Kollisionsnormen anwenden will; ebenso *Staudinger/v. Hoffmann* Art. 38 EGBGB Rdn. 524 ff. Ablehnend *Sack* GRUR Int. 1988, 320, 326 f.

[175] S. etwa die Kommentierung *Baumbach/Hefermehl* § 1 Rdn. 609 ff.

[176] *Baumbach/Hefermehl* § 1 Rdn. 613.

Zweck, **wichtige Gemeinschaftsgüter** zu schützen[177], oder ihre **wettbewerbsregelnde Zielsetzung**[178]. Richtigerweise lassen sich diese Argumente unter dem gemeinsamen Aspekt der – nicht nur marginalen – Übereinstimmung der Schutzzwecke der übertretenen Norm und des UWG zusammenführen[179]. Soweit nicht ein derartiger per se-Verstoß vorliegt, wird die Unlauterkeit nach § 1 UWG damit begründet, daß der Normverletzer durch den Gesetzesverstoß einen **ungerechtfertigten Wettbewerbsvorsprung vor der gesetzestreuen Konkurrenz** anstrebt bzw. erlangt, wobei gewisse Meinungsverschiedenheiten hinsichtlich des Erfordernisses eines planmäßigen, systematischen oder sonst nachhaltigen Handelns bestehen[180].

Angesichts der zweigliedrigen Struktur des Tatbestandes liegt es nahe, daß hier eine **doppelte kollisionsrechtliche Prüfung** anzustellen ist: Es ist einmal nach der internationalen Anwendbarkeit der außerwettbewerbsrechtlichen Norm (Primärnorm) zu fragen und zum anderen nach dem einschlägigen Wettbewerbsrecht (als Sekundärnorm)[181]. Als Beispiel mag die BGH-Entscheidung „Cocktail-Getränk"[182] dienen: Hinsichtlich der wettbewerbsrechtlichen Beurteilung des Vertriebs einer in den USA hergestellten Spirituose in Deutschland, die den gesetzlich vorgeschriebenen Mindestalkoholgehalt nicht aufweist, wird zunächst geprüft, ob § 100 Abs. 3 BranntwMonG verletzt ist und sodann gemäß § 1 UWG untersucht, ob ein Vorsprung durch Rechtsbruch vorliegt. Ebenso war im Falle Unternehmensberatungsgesellschaft I[183] zu fragen, ob die beklagte schweizerische Unternehmensberatungsgesellschaft das deutsche Steuerberatungsgesetz verletzte und ob auf ihr gesetzwidriges Tun das deutsche Wettbewerbsrecht anwendbar war. In den Gran Canaria-Fällen, in denen es um die wettbewerbsrechtlichen Folgen einer Verletzung des Haustürwiderrufsgesetzes und/oder des AGB-Gesetzes ging, war einerseits zu untersuchen, ob diese Gesetze anwendbar sind, andererseits ob die Ausnutzung einer evtl. Verletzung im Wettbewerb unter das deutsche UWG fällt[184].

F 215 Was die **Anwendbarkeit der außerwettbewerbsrechtlichen Norm** betrifft, so beurteilt sie sich nach dem für sie jeweils geltenden Kollisionsrecht. Da es sich häufig um Vorschriften des Straf- und/oder Verwaltungsrechts handelt, ist insofern das internationale Strafrecht (Rdn. F 166) bzw. das internationale Verwaltungsrecht (Rdn. F 163) heranzuziehen[185]. Es ist dann – sachrechtlich – weiter zu prüfen, ob die zur Anwendung berufene außerwettbewerbsrechtliche Norm verletzt ist (s. aber Rdn. F 217).

F 216 Auf der zweiten Stufe ist sodann die **anwendbare Wettbewerbsrechtsordnung** zu bestimmen. Soweit es um den Tatbestand des **Vorsprungs durch Rechtsbruch** geht, ist dabei auf den Markt abzustellen, auf dem der aus der Normverletzung folgende Vorsprung angestrebt bzw. realisiert wird[186]. Wer etwa unter Verletzung des Laden-

---

177 *Baumbach/Hefermehl* § 1 Rdn. 615 ff.

178 *Baumbach/Hefermehl* § 1 Rdn. 665.

179 *Schricker* Gesetzesverletzung und Sittenverstoß s. S. 250 ff.

180 *Baumbach/Hefermehl* § 1 Rdn. 647 ff, 658 ff.

181 So im Ergebnis auch *Sack* IPRax 1992, 24; *Katzenberger* IPRax 1981, 7, 8. Abweichend *Mook* S. 126 ff: Bei sittlich fundierten Normen soll der Rechtsbruch nach deutschem Recht, bei wertneutralen Normen nach Ortsrecht beurteilt werden. S. zu den verschiedenen Meinungen und konstruktiven Ansätzen eingehend *Paefgen* WRP 1991, 447, 448 ff.

182 BGH GRUR 1985, 886.

183 BGH GRUR 1987, 172.

184 Letzteres hat der BGH mit Recht verneint, BGH GRUR 1991, 463, 464 ff; Näheres s. Rdn. F 206.

185 So auch *Katzenberger* IPRax 1981, 7, 8 Fn. 9.

186 So auch *Katzenberger* IPRax 1981, 7, 8; *Staudinger/v. Hoffmann* Art. 38 EGBGB Rdn. 537. So im Ergebnis – ohne Problematisierung – BGH GRUR 1985, 886, 888 – *Cocktail-Getränk*. A. A. *Baumbach/Hefermehl* Einl. Rdn. 188: Es komme auf den Ort der Gesetzesverletzung an.

schlußgesetzes sein Geschäft zu „verbotener Stunde" offenhält, unterliegt dem Wettbewerbsrecht des Landes, in dem sein Geschäft lokalisiert ist und er den Vorsprung vor der Konkurrenz anstrebt. Wer ein verbotenes Werbemittel benutzt, eine gebotene Preisangabe unterläßt oder eine gewerberechtlich unzulässige Bezeichnung verwendet, haftet nach dem Wettbewerbsrecht des Landes, wo er Werbung treibt bzw. sein nicht hinreichend oder unzulässig bezeichnetes Angebot auf den Markt bringt.

Es bleibt die Gruppe der **per se-Verstöße**. Bringt man sie auf den Nenner einer mit dem Wettbewerbsrecht im Schutzzweck kongruenten Interessenverletzung, so gelangt man zur Anwendung des Wettbewerbsrechts, das zum Schutz der von der außerwettbewerbsrechtlichen Norm geschützten Interessen berufen ist; die Kongruenz des Interessenschutzes ist also auch kollisionsrechtlich herzustellen. Auch hier wird man, wie in den Fällen des Vorsprungs durch Rechtsbruch, in der Regel zum **Marktrecht** gelangen[187], was insofern einleuchtet, als sich die per se-Verstöße meist hilfsweise auch unter den Tatbestand des Vorsprungs durch Rechtsbruch fassen lassen.

Die beiden Stufen der Kollisionsprüfung sind sachrechtlich insofern verklammert, als nach deutschem Wettbewerbsrecht – und auch nach demjenigen anderer Länder – in der Regel **nur die Verletzung einheimischer Rechtsnormen** als unlauterer Wettbewerb gewertet werden kann[188]. Wenn die Kollisionsprüfung der ersten Stufe zur Anwendung einer ausländischen außerwettbewerbsrechtlichen Norm führt und die zweite zur Anwendung des deutschen UWG, so wird das Vorliegen unlauteren Wettbewerbs gemäß § 1 UWG auszuschließen sein. Eine Ausnahme ist allenfalls bei Verletzung gewichtiger Schutzgüter des ausländischen Rechts zu machen, die sich im Lichte inländischer wettbewerbsrechtlicher Bewertungskriterien für sich betrachtet als untragbar und wettbewerbsrechtlich zu mißbilligen darstellt[189]. **F 217**

Eine verwandte Frage betrifft die Unlauterkeit der **Ausnutzung des Rechtsgefälles zum Ausland**. Hier werden inländische außerwettbewerbsrechtliche Normen nicht verletzt, da sie kollisionsrechtlich nicht anwendbar sind; und auch die ausländischen Normen werden nicht übertreten; letztere sind jedoch toleranter als die vergleichbaren inländischen Normen und eröffnen dem Wettbewerb einen weiteren Spielraum. Es fragt sich, ob unlauter handelt, wer diesen Spielraum ausnutzt und sich dadurch Vorteile auf dem Inlandsmarkt verschafft, für den das deutsche UWG an sich anwendbar ist (vgl. Rdn. F 216). **F 218**

Im Falle **„Weltweit-Club"** hat der BGH in der inländischen Werbung mit im Ausland zu gewährenden Rabatten, die nach deutschem RabG unzulässig gewesen wären, im Ausland dagegen nicht verboten waren, eine nach § 1 UWG unlautere Ausnutzung des Rechtsgefälles zum Ausland sehen wollen[190]. Die Entscheidung ist

---

187 So im Ergebnis auch BGH GRUR 1991, 463, 464 f – *Kauf im Ausland*. Allgemein gilt, daß sich der Ort der wettbewerbsrechtlichen Interessenkollision in der Regel mit dem Territorium decken wird, für das das Verbotsgesetz gilt, so *v. Bar* II Rdn. 697.

188 *Sack* GRUR Int. 1988, 320, 338; *ders.* IPRax 1992, 24, 28 f.

189 *Sack* GRUR Int. 1988, 320, 338. So nimmt der BGH z. B. – im Rahmen von § 826 BGB – beim Verstoß gegen ausländische Embargobestimmungen eine Verletzung der guten Sitten an, „wenn dadurch sehenden Auges die Gefährdung von Vermögensinteressen unbeteiligter Dritter herbeigeführt wird und somit eine besondere Bedenkenlosigkeit gegenüber diesen fremden Vermögensbelangen zum Ausdruck kommt", BGH WM 1993, 73, 74; s. a. BGH NJW 1991, 634, 635 mit Anm. von *v. Hoffmann* IPRax 1991, 345; s. dazu auch *Junker* JZ 1991, 699; *Staudinger/v. Hoffmann* Art. 38 EGBGB Rdn. 500. Vgl. auch zur Verletzung ausländischer Rechtsnormen und der Anwendung von § 138 BGB *Schrikker* Gesetzesverletzung und Sittenverstoß S. 67 f, 70 ff.

190 BGH GRUR 1977, 672, 674.

jedoch fast einhellig kritisiert worden[191]: Die rechtlichen Rahmenbedingungen gehören zu den lokalen Standortvorteilen, die im Rahmen internationaler Arbeitsteilung auszunutzen, nicht verboten sein kann. Der BGH dürfte seinen Standpunkt mit der Entscheidung „Asbestimporte“[192] aufgegeben haben. Nach der letzteren kommt eine unlautere Ausnutzung des internationalen Rechtsgefälles jedenfalls dann nicht in Betracht, wenn eine im Ausland nach der dortigen Rechtsordnung ordnungsgemäß hergestellte Ware unter Beachtung aller Vorschriften offiziell ins Inland eingeführt und als Importware vertrieben wird. Anderes könne nur gelten, wenn die Herstellungsbedingungen im Ausland sittliche Grundanforderungen, die an jede menschliche und staatliche Ordnung zu richten sind, in so starkem Maße verletzten, daß auch der Handel mit derartigen Produkten guten kaufmännischen Sitten widerspricht[193].

F 219 **g) Rabatte, Sonderveranstaltungen, Zugaben.** Bei der Beurteilung der internationalen Anwendbarkeit des **Rabattgesetzes** ist davon auszugehen, daß es den Zweck hat, die deutsche Witschaft, insbesondere das mittelständische Gewerbe durch Eliminierung von Rabattgeschäften zu schützen[194]. Nach dieser territorial und funktional begrenzten Zwecksetzung kommt es darauf an, ob eine **Rabattgewährung auf dem deutschen Markt** vorliegt: Nur in diesem Fall greift das marktordnende deutsche RabG ein, nicht aber auch, wenn ein inländisches Unternehmen Kunden im Ausland mit Rabatt beliefert oder wenn im Inland ein im Ausland zu gewährender Rabatt angekündigt wird. Denn die Ankündigung bildet nur einen Hilfsakt in bezug auf die Rabattgewährung: Ist die Rabattgewährung aufgrund Auslandsrechts zulässig, ist es auch die Ankündigung[195]. Nach abweichender Auffassung soll das deutsche RabG jedoch auch dann zum Zuge kommen, wenn in Deutschland für Rabatte geworben wird, die im Ausland gewährt werden[196]. Die letztere Meinung überdehnt den Anwendungsbereich des RabG in unzulässiger Weise: Es soll die gute Ordnung im inländischen Handel schützen und dort zur „Preisberuhigung“ durch Ausschaltung des ad hoc-Preiswettbewerbs beitragen, ein in heutiger verbraucher- und wettbewerbspolitischer Sicht fragwürdiger Zweck, hinsichtlich dessen auch

---

191 *Schricker* GRUR 1977, 646 ff; *Katzenberger* IPRax 1981, 7, 9; *Baumbach/Hefermehl* Einl. Rdn. 186; *Sack* GRUR Int. 1988, 320, 337, 339 f; *v. Gamm* 15. Kap. Rdn. 19; *ders.* EWS 1991, 166, 168; KG WRP 1991, 111, 113. Im wesentlichen zustimmend dagegen *Mook* S. 142 ff: Bei einem im Inland durch „sittlich fundierte“ Normen geregelten Rechtsgefälle sei dessen Ausnutzung immer sittenwidrig (wobei der mit den „sittlich fundierten“ Normen implizierte Zirkelschluß konsequent fortgeführt wird); bei wertneutralen Normen sei die Ausnutzung des Gefälles bei „künstlichen Wettbewerbsvorteilen“ relevant.

192 BGH GRUR 1980, 858, 860. Zustimmend HdbWbR/*Wilde* § 6 Rdn. 50; *Sack* GRUR Int. 1988, 320, 337 f; kritisch *Katzenberger* IPRax 1981, 7 ff.

193 BGH GRUR Int. 1980, 858, 860: Für die defizitären Arbeitsschutzvorschriften bei Asbestverarbeitung in Südkorea wurde ein derartiger ins Inlandsrecht durchschlagender „Extremverstoß“ verneint.

194 KG GRUR Int. 1992, 296, 297 mwN. Anders im Ausgangspunkt *Staudinger/v. Hoffmann*, wonach das RabG dem Allgemeininteresse diene, Art. 38 EGBGB Rdn. 539.

195 *Schricker* GRUR 1977, 646, 647 f; KG GRUR Int. 1992, 296, 297; KG GRUR 1993, 771 f; *Weber* S. 161 ff; *Wirner* S. 91 ff, 110 f; *v. Gamm* EWS 1991, 166, 168 f; *Baumbach/Hefermehl* Vor § 1 RabG Rdn. 13, Einl. UWG Rdn. 186 (anders aber wohl Einl. UWG Rdn. 185 aE). So im Ergebnis auch MünchKomm/*Kreuzer* Art. 38 EGBGB Rdn. 246 (der mit der sachlich begrenzten Reichweite des RabG argumentiert). S. aus der Rechtsprechung z. B. LG Frankfurt WRP 1985, 59: Wenn ein Schweizer Verlag deutschen Kunden beim Bezug im Versand 5% Rabatt anbietet, so ist das deutsche RabG verletzt.

196 HdbWbR/*Wilde* § 6 Rdn. 35 ff; *Hoth/Gloy* Zugabe und Rabatt RabG Einführung Rdn. 6; *Sack* IPRax 1991, 386 ff; *ders.* GRUR Int. 1988, 320, 340; *Kegel* Internationales Privatrecht[6] § 18 IV 1 a, bb (S. 458); *Staudinger/v. Hoffmann* Art. 38 EGBGB Rdn. 541; OLG Düsseldorf WRP 1970, 149.

symptomatisch ist, daß in den meisten europäischen Ländern ein allgemeines Rabattverbot unbekannt ist[197]. Ein extraterritorialer Anwendungsbereich darf dieser dubiösen Regelung nicht beigelegt werden[198].

Einen territorial auf die Durchführung der Veranstaltungen im deutschen Markt beschränkten Anwendungsbereich haben auch die **Vorschriften über Sonderveranstaltungen in §§ 7–8 UWG**: Deutsches Recht gilt nur für im deutschen Einzelhandel durchgeführte Sonderveranstaltungen[199]. Inländische Werbung für im Ausland durchgeführte Sonderveranstaltungen fällt deshalb nicht unter einschlägige deutsche Beschränkungen, wohl aber ist das deutsche Recht anwendbar, wenn ein Versandhaus aus dem Ausland sich mit einer Sonderveranstaltung an das deutsche Publikum wendet. **F 220**

Das **Zugaberecht** wird vielfach mit dem RabG und den Vorschriften über Sonderveranstaltungen in einen Topf geworden und zu den gewerbepolizeilichen Ordnungsnormen von territorial begrenztem Anwendungsbereich gerechnet[200]. Das Zugaberecht dient jedoch nicht nur der guten Ordnung auf dem Markt und dem Schutz der inländischen Mitbewerber, insbesondere der mittelständischen Gewerbetreibenden, sondern auch dem Schutz der Abnehmer, insbesondere der privaten Letztverbraucher[201]. Die internationale Anwendbarkeit des Zugaberechts ist deshalb wie diejenige der verwandten Tatbestände der Anlockung durch Werbung (Rdn. F 202) zu beurteilen, insbesondere besteht eine Nähe zur irreführenden und unsachlichen Werbung. Der Schwerpunkt der wettbewerblichen Interessenkollision ist deshalb auf dem Markt zu suchen, auf dem auf die Abnehmer durch Ankündigung und/oder Gewährung von Zugaben zum Schaden der Mitbewerber und unter möglicher Störung des im Allgemeininteresse liegenden Funktionierens des Wettbewerbs eingewirkt wird[202]. Werden z. B. Abnehmern im Inland Zugaben versprochen, wenn sie Auslandsgeschäfte abschließen, so ist das deutsche Zugaberecht anwendbar[203], ebenso wie unter entsprechenden Umständen eine irreführende Werbung deutschem Recht unterfiele (Rdn. F 203). **F 221**

h) Auslandsrecht im Prozeß. Nach § 293 Satz 1 ZPO bedarf das in einem anderen Staat geltende Recht des Beweises nur insofern, als es dem Gericht unbekannt ist. Kenntnis des ausländischen Rechts wird beim Richter somit nicht vorausgesetzt[204]. Er ist nach § 293 Satz 2 aber gehalten, es **von Amts wegen zu ermitteln**, wobei alle erreichbaren Erkenntnisquellen auszuschöpfen sind, insbesondere durch Einholung von Rechtsgutachten[205]. Es gelten mithin **Untersuchungsgrundsatz** und **F 222**

---

197 S. *Baumbach/Hefermehl* Vor § 1 RabG Rdn. 14. In Österreich wurde das RabG vor kurzem ersatzlos aufgehoben, s. GRUR Int. 1992, 406. Auch in Deutschland ist nunmehr seine Abschaffung geplant, s. dazu EWS 1993, 329; GRUR 1993, 805.

198 *Weber* S. 162.

199 MünchKomm/*Kreuzer*² Art. 38 Rdn. 246; *Wirner* S. 110; HdbWbR/*Wilde* § 6 Rdn. 51. A. A. *Staudinger/v. Hoffmann* Art. 38 EGBGB Rdn. 543: Es komme auf den Ort an, an dem auf die Marktgegenseite eingewirkt wird.

200 S. z. B. *Wirner* S. 91 f, 110 f; *v. Gamm* EWS 1991, 166, 168 f.

201 S. umfassend *Götting* Die neuere Entwicklung des Zugaberechts in Deutschland, Belgien, Frankreich und Schweden 1984 S. 4 ff, 7; HdbWbR/*Klosterfelde* § 50 Rdn. 4.

202 HdbWbR/*Wilde* § 6 Rdn. 35 ff; *Staudinger/v. Hoffmann* Art. 38 EGBGB Rdn. 542; *Hoth/Gloy* Zugabe und Rabatt, Zugabe VO, Einf. Rdn. 7; *Sack* IPRax 1991, 386 ff. So im Ergebnis wohl auch *v. Gamm* 59. Kap. Rdn. 9 (anders freilich ders. EWS 1991, 166, 168 f); vgl. auch BGH GRUR 1972, 367 – *Werbe-Flugreisen*. Enger im Ergebnis MünchKomm/*Kreuzer*² Art. 38 EGBGB Rdn. 246 (der aber eine engere materielle Begrenzung des Zugaberechts annimmt).

203 *Sack* IPRax 1991, 386, 389 ff.

204 *Thomas/Putzo* ZPO¹⁸ § 293 Anm. 1. Kritisch hierzu – insbesondere angesichts der modernen Kommunikationsmöglichkeiten – *Gruber* ZRP 1992, 6 ff.

205 MünchKomm/*Sonnenberger* Einl. EGBGB Rdn. 453 ff mwN; *Raape/Sturm* Internationales Privatrecht Bd. I⁶ § 17 II.

Freibeweis, wobei im Rahmen des Zumutbaren eine Mitwirkungspflicht der Parteien besteht[206]. Kommt das Gericht zur Überzeugung, daß das ausländische Recht keine das Begehren stützende Norm enthält, ist dieses abzuweisen[207]. Ist dagegen nicht zu klären, ob eine entsprechende ausländische Rechtsnorm existiert oder was ihr Inhalt ist, so ist eine **Ersatzlösung** geboten; als solche wird in der Regel eine Anwendung der lex fori in Betracht kommen[208]. Insbesondere kann ein derartiges Ausweichen im **Verfahren der einstweiligen Verfügung** geboten sein, wenn die Ermittlung des an sich anwendbaren ausländischen Rechts zu einer unzumutbaren Verzögerung führen würde[209].

Die Anwendung des deutschen Kollisionsrechts ist **revisibel**, nicht aber kann die Revision darauf gestützt werden, daß ausländisches Recht nicht richtig angewendet oder ausgelegt worden sei (vgl. § 549 Abs. 1 ZPO)[210]. Revisibel ist jedoch die Anwendung des § 293 ZPO[211]; er ist beispielsweise verletzt, wenn das Gericht das ausländische Recht nicht von Amts wegen ermittelt, sondern sich mit der Anwendung der ausländischen „Rechtsgrundlagen" begnügt hat[212] oder wenn der Richter in einem Fall, in dem es auf die ausländische Rechtspraxis ankommt, sich mit einem Gutachten zufrieden gegeben hat, das lediglich auf der Auswertung von Literatur beruht, ohne daß sein Verfasser über spezielle Kenntnisse der Auslandspraxis verfügt[213]. Führt die Anwendung deutschen oder fremden Rechts nicht zu verschiedenen Ergebnissen, kann es für die Revision, anders als in der Berufungsinstanz, offenbleiben, welches sachliche Recht auf das streitige Rechtsverhältnis anzuwenden ist[214].

4. Das internationale Privatrecht des unlauteren Wettbewerbs im Ausland

F 223 Das internationale Privatrecht des unlauteren Wettbewerbs ist nationales Recht (Rdn. F 156 ff). Das angerufene Gericht pflegt in jedem Staat bei der Frage nach dem anwendbaren Recht des unlauteren Wettbewerbs von der sog. lex fori, d. h. dem am Gerichtsort geltenden nationalen Kollisionsrecht auszugehen[215]. Vorstehend wurden die Grundsätze dargestellt, die dabei von deutschen Gerichten angewendet werden. Wird ein ausländisches Gericht angegangen, so wird es das einschlägige ausländische Kollisionsrecht anwenden, das mit dem deutschen nicht notwendig übereinzustimmen braucht. Im folgenden sei deshalb ein kurzer Überblick über das Kollisionsrecht des unlauteren Wettbewerbs in einigen europäischen Ländern gegeben.

F 224 **Belgien:**

Die belgischen Vorschriften gelten für alle im Inland begangenen Wettbewerbshandlungen; auf Auslandstaten wird grundsätzlich ausländisches Recht angewen-

[206] *Thomas/Putzo* § 293 Anm. 2.
[207] MünchKomm/*Sonnenberger* Einl. Rdn. 458.
[208] MünchKomm/*Sonnenberger* Einl. Rdn. 459, 557 ff, 560; *Thomas/Putzo* § 293 Anm. 2 b; *Raape/Sturm* § 17 II 6 m (im einzelnen strittig).
[209] MünchKomm/*Sonnenberger* Einl. Rdn. 449, 562; MünchKomm/*Kreuzer*² Art. 38 EGBGB Rdn. 253.
[210] MünchKomm/*Sonnenberger* Einl. EGBGB Rdn. 480; *Raape/Sturm* § 17 III; vgl. auch *Schütze* EWS 1991, 372, der aufgrund der neueren Rechtsprechung des BGH die Frage nach einem Abschied vom Grundsatz der Nichtrevisibilität ausländischen Rechts stellt, EWS 1991, 372.
[211] *Thomas/Putzo* § 293 Anm. 2 c.
[212] BGH NJW 1992, 3106 f.
[213] BGH EWS 1991, 396.
[214] BGH WM 1991, 837.
[215] *Raape/Sturm* Internationales Privatrecht I⁶ § 112.

det. Bei grenzüberschreitendem Wettbwerb wird vorzugsweise auf den Handlungsort abgestellt. Insgesamt ist aber eine Tendenz zur Anwendung belgischen Rechts zu beobachten, wenn Belgier als Täter des unlauteren Wettbewerbs beteiligt sind[216].

Dänemark: **F 225**

Es wird das Recht des Marktortes angewendet[217].

Finnland: **F 226**

Das finnische Verbraucherschutzgesetz ist stets anwendbar, wenn sich eine Marketingmaßnahme an in Finnland wohnende Verbraucher richtet, unabhängig davon, ob die Maßnahme selbst in Finnland oder außerhalb von Finnlands Grenzen vorgenommen wurde. Das Gesetz findet auch auf den Inhalt einer Fernsehwerbung Anwendung, die über Fernmeldesatelliten im Ausland ausgestrahlt wird und in Finnland über Kabel empfangbar ist[218].

Frankreich: **F 227**

Die Praxis pflegt auf den Deliktsort abzustellen; ob es dabei auf den Handlungs-, Erfolgs- oder Schadensort ankommt, ist ungeklärt; es läßt sich jedoch eine gewisse Bevorzugung französischen Rechts erkennen[219].

Italien: **F 228**

Es gilt Art. 25 Abs. 2 des Einführungsgesetzes zum Zivilgesetzbuch[220], der lautet:

> „Die außervertraglichen Verbindlichkeiten werden durch das Gesetz des Ortes geregelt, an dem die Tatsache eingetreten ist, aus der sie sich ableiten."

Ob darunter der Handlungs-, Erfolgs- oder Schadensort zu verstehen ist, erscheint ungeklärt; in der Praxis besteht eine Neigung zur Bevorzugung des italienischen Rechts[221]. Siehe aus der Praxis z. B. Tribunale di Milano vom 26. 7. 1914[222]: Ein deutscher Wermutfabrikant klagt in Italien gegen einen Konkurrenten, der in Anzeigen in deutschen Zeitschriften irreführend geworben hat. Es wird vom italienischen Gericht deutsches Recht angewendet.

Bei Wettbewerbsstreitigkeiten zwischen italienischen Firmen, die den Export ins Ausland betreffen, wird vorzugsweise italienisches Recht angewendet[223].

---

216 S. im einzelnen *Ulmer/Schricker* Das Recht des unlauteren Wettbewerbs in den Mitgliedstaaten der EWG, II/1 Rdn. 173 ff mwN.

217 *Reinel* WRP 1990, 92, 97 mwN.

218 Entscheidung des finnischen Marktgerichts GRUR Int. 1989, 412 (McDonalds Schiffskampagne); s. dazu auch *Kur* Rundfunkwerbung in nordischen Ländern GRUR Int. 1989, 368 ff.

219 S. im einzelnen *Ulmer/Kraßer* Das Recht des unlauteren Wettbewerbs in den Mitgliedstaaten der EWG IV Frankreich Rdn. 183 ff mwN.

220 Disposizioni sulla legge in generale.

221 S. im einzelnen *Ulmer/Schricker* Das Recht des unlauteren Wettbewerbs in den Mitgliedstaaten der EWG V Italien Rdn. 62. S. ferner *Magelli* Riv. Dir. Ind. 1977 I 168; *Origoni della Croce* Riv. Dir. Int. Priv. e Proc. 1976, 782.

222 Riv. Dir. Comm. 1915 II 166, 169.

223 S. Corte di Cassazieone 23. 1. 1958 Riv. Prop. Int. 1958, 76; Tribunale di Pescara 22. 12. 1960 Rep. Fort. It. 1962, 616 f Nr. 21. S. allgemein auch *Magelli* Riv. Dir. Ind. 1977 I 168 ff; *Origoni della Croce* Riv. Dir. Int. Priv. e Proc. 1976, 782 ff.

F 229 **Liechtenstein:**

Analog zur österreichischen Regelung (s. F Rdn. 231) wird die Frage nach dem bei grenzüberschreitenden Wettbewerbsverstößen anzuwendenden Recht aufgrund des Wirkungsstatuts gelöst, so ein Beschluß des Liechtensteinischen Obersten Gerichtshofs vom 14. 9. 1987[224].

F 230 **Niederlande:**

Nach allgemeinen Regeln wird das Recht des Handlungsortes herangezogen[225].

F 231 **Österreich:**

Eine ausdrückliche gesetzliche Regelung findet sich in § 48 Abs. 2 des Bundesgesetzes vom 15. 6. 1978 über das internationale Privatrecht (IPRG)[226]:

„§ 48 Außervertragliche Schadensersatzansprüche.

Außervertragliche Schadensersatzansprüche sind nach dem Recht des Staates zu beurteilen, in dem das den Schaden verursachende Verhalten gesetzt worden ist. Besteht jedoch für die Beteiligten eine stärkere Beziehung zum Recht ein und desselben Staates, so ist dieses Recht maßgebend.

Schadensersatz- und andere Ansprüche aus unlauterem Wettbewerb sind nach dem Recht des Staates zu beurteilen, auf dessen Markt sich der Wettbewerb auswirkt."

Gemäß § 35 Abs. 1 IPRG ist eine Rechtswahl durch die Parteien möglich[227]. Aus der Praxis sind folgende Beispiele anzuführen[228]:

Werbung für österreichischen Fremdenverkehr durch Anzeigen in holländischen Zeitschriften und durch Prospektverteilung in Holland untersteht niederländischem Wettbewerbsrecht[229].

Ein Möbelhändler in Passau wirbt in einer österreichischen Tageszeitung unter angeblich inkorrekter Preisauszeichnung. Der OGH wendet österreichisches Recht an[230].

Ebenso wurde die Werbung eines Rosenheimer Elektrogerätehändlers in einer Salzburger Zeitung beurteilt[231].

Ein deutscher Einzelhändler hat in Zusammenarbeit mit österreichischen Autobusunternehmen in Österreich „Kaffeefahrten" angekündigt, die zu Werbeveranstaltungen nach Bayern führen. Es ist österreichisches Recht anwendbar[232].

Eine Schweizer Gesellschaft bot in österreichischen Zeitungen Produkte an, hinsichtlich deren ein ausländischer Produzent eine Mißachtung von Alleinvertriebsverträgen geltend machte. Der Anspruch wurde österreichischem Recht unterstellt[233].

Die Wiener Inhaberin einer Firmenbezeichnung wendet sich dagegen, daß eine Konkurrentin in einem von Wien nach Saudiarabien gesandten Brief eine verwechselbare Bezeichnung verwendet. Nach Art. 48 Abs. 2 IPRG wurde hier das saudiara-

---

224 GRUR Int. 1988, 69, 70. Es geht um das Verhalten eines liechtensteinischen Unternehmens, das vertriebsgebundene Ware in der Schweiz aufkauft, die Kontrollzeichen entfernt und die Ware zum Vertrieb in der Bundesrepublik Deutschland exportiert, wo sie unter Mißachtung des deutschen Vertriebsbindungssystems vertrieben wird. Das Gericht wendet deutsches Recht an.

225 *Ulmer/Baeumer/van Manen* Das Recht des unlauteren Wettbewerbs in den Mitgliedstaaten der EWG II/2 Rdn. 132.

226 S. dazu *Schönherr/Wiltschek* Wettbewerbsrecht[5] 1987, 800 ff; *Wiltschek* GRUR Int. 1988, 299 ff.

227 *Wiltschek* GRUR Int. 1988, 299, 307 f; strittig, offengelassen in OGH GRUR Int. 1986, 735, 736 f (Hotel Sacher).

228 S. auch *Wiltschek* GRUR Int. 1988, 299, 301 ff.

229 OGH GRUR Int. 1981, 401.

230 GRUR Int. 1983, 750.

231 OGH ÖBl. 1987, 44.

232 OGH GRUR Int. 1986, 270.

233 OGH ÖBl. 1982, 122.

bische Recht als Recht des Marktes, auf dem sich der Wettbewerb auswirkt, für maßgeblich erklärt[234].

Die Klägerin betreibt in Wien das Hotel Sacher. Sie wendet sich dagegen, daß der Beklagte, Helmut Sachers, in deutschen Zeitungen Anzeigen für von ihm auf dem deutschen Markt zu vertreibenden „Wiener Sachers Kaffee" erscheinen läßt. Es wurde deutsches Recht herangezogen[235].

Die beklagte deutsche Fluggesellschaft wirbt vor allem in den USA mit einem Katalog, wonach man bei Buchung einer einwöchigen Flugreise nach Österreich dort kostenlos Leihskier samt Bindung erhält. Es wurde österreichisches Recht angewendet, da die Werbung sich auf dem österreichischen Markt zum Nachteil der dortigen Vermieter bzw. Händler auswirke[236].

Wird ein Buchtitel im Verlagsprospekt eines deutschen Verlages unter Nennung einer österreichischen Vertriebsfirma angekündigt, so sind Auswirkungen auf den österreichischen Markt zu befürchten; es ist deshalb ein Schutz gegen Verwechslungen nach österreichischem Recht gegeben[237].

Die Mißachtung der Vertriebsbindung eines italienischen Unternehmens in Österreich ist wegen der Auswirkungen auf den Inlandsmarkt nach österreichischem Recht zu beurteilen[238].

Verteilt ein österreichischer Einzelhändler Zugabegutscheine in Ungarn, die in Österreich eingelöst werden, so ist wegen der Auswirkungen auf den österreichischen Markt gemäß § 48 Abs. 2 IPRG österreichisches Recht anwendbar[239].

Auf den Vertrieb von in Italien hergestellten nachgeahmten Möbeln in Österreich findet nach § 48 Abs. 2 IPRG österreichisches Recht Anwendung[240].

Schweiz: **F 232**

Im Bundesgesetz über das Internationale Privatrecht (IPRG) vom 18. 12. 1987[241] finden sich für den unlauteren Wettbewerb folgende Regelungen:

„Art. 136 Unlauterer Wettbewerb

Ansprüche aus unlauterem Wettbewerb unterstehen dem Recht des Staates, auf dessen Markt die unlautere Handlung ihre Wirkung entfaltet.

Richtet sich die Rechtsverletzung ausschließlich gegen betriebliche Interessen des Geschädigten, so ist das Recht des Staates anzuwenden, in dem sich die betroffene Niederlassung befindet.

Art. 133 Abs. 3 ist vorbehalten[242].

Art. 137 Wettbewerbsbehinderung

Ansprüche aus Wettbewerbsbehinderung unterstehen dem Recht des Staates, auf dessen Markt der Geschädigte von der Behinderung unmittelbar betroffen ist.

Unterstehen Ansprüche aus Wettbewerbsbehinderung ausländischem Recht, so können in der Schweiz keine weitergehenden Leistungen zugesprochen werden als nach schweizerischem Recht für eine unzulässige Wettbewerbsbehinderung zuzusprechen wären."

---

234 OGH GRUR Int. 1984, 453; s. dazu auch *Wiltschek* GRUR Int. 1988, 299, 304 f.

235 OGH GRUR Int. 1986, 735.

236 OLG Innsbruck, referiert von *Wiltschek* GRUR Int. 1988, 299, 306 f.

237 OGH GRUR Int. 1990, 239, 240 (Kopfsalat).

238 OGH Medien und Recht 1991, 150, 151.

239 OGH GRUR Int. 1992, 230.

240 OGH GRUR Int. 1991, 384, 385.

241 GRUR Int. 1988, 343 f.

242 Art. 133 Abs. 3 lautet: „Wird durch eine unerlaubte Handlung ein zwischen Schädiger und Geschädigtem bestehendes Rechtsverhältnis verletzt, so unterstehen Ansprüche aus unerlaubter Handlung, ungeachtet der Absätze 1 und 2, dem Recht, dem das vorbestehende Rechtsverhältnis unterstellt ist."

Aus der Rechtsprechung[243] seien folgende Beispielsfälle erwähnt:

Eine deutsche Faserprodukteherstellerin hatte einer in Deutschland erscheinenden Fachzeitschrift eine Werbeschrift für ihr synthetisches „Silbond"-Papier beilegen lassen; von der Fachzeitschrift gelangten Exemplare mit der Beilage auch in die Schweiz. Dagegen klagte die Züricher Papierfabrik Sihl wegen Hervorrufen von Verwechslungsgefahr. Das Schweizerische Bundesgericht[244] verurteilte wegen unlauteren Wettbewerbs. Es sei ein Erfolgsort in der Schweiz gegeben. Das Handeln der Beklagten könne nicht durch eine Interessenabwägung gerechtfertigt werden, da es keines großen Aufwandes bedurft hätte, um die Werbeschrift den in der Schweiz versandten Exemplaren nicht beizulegen oder sie daraus zu entfernen, „weshalb ihr die Berufung auf den Fall der Werbung durch Rundfunk- und Fernsehwellen nicht nützt"[245]. Nicht haltbar sei auch die Auffassung, „das Vorgehen der Beklagten sei erlaubt, weil der schweizerische Leser einer deutschen Fachzeitschrift ein Recht darauf habe, deren Inhalt vollständig und unzensuriert zu erfahren. Diese Meinung liefe darauf hinaus, daß jede Werbung in der Schweiz mit Hilfe der ausländischen Presse, unbekümmert darum, ob sie sich mit den schweizerischen Gesetzen vertrage, um der Leser willen hingenommen werden müßte"[246].

Eine deutsche Steuerberatungsgesellschaft mit dem Firmenkern „Treuarbeit" klagt gegen eine jüngere Schweizer Gesellschaft, die ebenfalls den Firmenbestandteil „Treuarbeit" benutzt. Die Beklagte hat in der Frankfurter Allgemeinen Zeitung Inserate erscheinen lassen. Das Kantonsgericht Zug[247] geht davon aus, daß Namens- und Markenverletzung sowie unlauterer Wettbewerb dem Deliktsstatut unterstünden; sowohl das Recht des Handlungsortes als auch des Erfolgsortes sei einschlägig; der Verletzte habe die Wahl. Da es der Klägerin gleichgültig war, ob deutsches oder schweizerisches Recht zur Anwendung gelange, die Beklagte sich der Anwendung deutschen Rechts widersetzte, wendet das Gericht „in Übereinstimmung mit den Parteien" schweizerisches Recht an (und gelangt zur Verurteilung).

Ein Schweizer Unternehmen hat Kunden in Frankreich unter Verwendung vertraulicher Kundenlisten des Antragstellers über die Gründung einer eigenen Vertriebsgesellschaft informiert. Nach Art. 136 Abs. 1 IPRG ist französisches Recht anwendbar, da die Wettbewerbshandlung auf dem französischen Markt ihre Wirkung entfaltet. Da in dem auf Erlaß vorsorglicher Maßnahmen gerichteten Verfahren das französische Recht innerhalb vertretbarer Frist nicht feststellbar war, ist ersatzweise gemäß Art. 16 Abs. 2 IPRG schweizerisches Recht angewendet[248].

F 233 **Vereinigtes Königreich von Großbritannien und Nordirland:**

Für Inlandstaten gilt inländisches Recht; auf Auslandstaten wird dieses ebenfalls angewendet, sofern das Delikt auch klagbar wäre, wenn es im Inland begangen worden wäre und nicht nach dem Recht des Tatorts gerechtfertigt ist[249].

---

243 S. zum Ganzen *Baudenbacher* GRUR Int. 1988, 310 ff.

244 GRUR Int. 1967, 364, 366 f; s. dazu auch *Baudenbacher* GRUR Int. 1988, 310, 316 f.

245 AaO S. 367. *Baudenbacher* weist darauf hin, daß die Beurteilung einer Rundfunkwerbung damit offengeblieben sei. Er tritt dafür ein (aaO S. 318 f), aufgrund einer Zumutbarkeits- und Verhältnismäßigkeitsprüfung, die sich auf subjektive und objektive Elemente stützt, die jeweilige Anwendung des Schweizer Rechts bei grenzüberschreitender Werbung zu bemessen. Bei Printmedien sei es eher zumutbar, nach Ländern zu differenzieren als bei Rundfunkmedien.

246 AaO S. 367.

247 Urteil vom 25. 2. 1988 RIW 1988, 648.

248 Kantonsgericht Zug GRUR Int. 1992, 790 f.

249 S. im einzelnen *Ulmer/v. Westerholt* Das Recht des unlauteren Wettbewerbs in den Mitgliedstaaten der EWG VI Vereinigtes Königreich Rdn. 106 ff. Zur internationalen Deliktszuständigkeit s. *Ahrens* IPRax 1990, 128 ff; *Nevermann* RIW 1991, 901 ff.

Als Beispiel sei eine Entscheidung des Court of Appeal[250] genannt: Auf die Frage, ob gegen die Paralleleinfuhr von Markenwaren aus Brasilien nach Großbritannien wegen Qualitätstäuschung vorgegangen werden kann, wird unreflektiert englisches Recht angewendet.

S. andererseits High Court of Justice, Chancery Division[251]:

„1. Eine Passing off-Klage kann gegen Verletzungshandlungen im Ausland nur dann in Großbritannien geführt werden, wenn die unerlaubte Handlung des passing off nach englischem sowie nach dem anwendbaren ausländischen Recht klagbar ist.

2. Für den Antrag auf einstweilige Unterlassung genügt nicht die Behauptung einer dem englischen Recht entsprechenden ausländischen Rechtslage; der Antragsteller muß zu dieser Frage vielmehr Beweis vorlegen.

3. Der bloße Empfang von Briefen und Zahlungen in Großbritannien, die von Personen eingehen, die im Ausland irregeführt werden, ist nicht Teil einer in England begangenen Verletzungshandlung."

IV. Überblick über den Schutz gegen unlauteren Wettbewerb im europäischen Ausland

Übersicht

Literatur

1. Größere rechtsvergleichende und auslandsrechtliche Darstellungen

Bernitz Marknadsrätt (Market Law. A comparative Study of the Development and Principles of Market Legislation) (1969); *Eyben/Heinonen/Storm Bull/Bergquist/Tengelin* Das Recht des unlauteren Wettbewerbs in den nordischen Ländern (1967); *v. Hippel* Verbraucherschutz[3] (1986); *v. Kalinowski* World Law of Competition (1979 ff); *Pinner* (Hrsg.) World Unfair Competition Law (1965); *Reich/Micklitz* Verbraucherschutzgesetze in den EG-Staaten. Eine vergleichende Analyse (1979) (Studie für die EG-Kommission aufgrund der Landesberichte von Bourgoignie, Consumer Legislation in Belgium and Luxemburg (1980); *Dahl* Consumer Legislation in Denmark (1981); *Calais-Auloy* Consumer Legislation in France (1981); *Reich/Micklitz* Verbraucherschutzrecht in der Bundesrepublik Deutschland (1980); *Ghidini* Consumer Legislation in Italy (1980); *Hondius* Consumer Legislation in the Netherlands (1980); Whincup Consumer Legislation in the United Kingdom and the Republic of Ireland (1980)); *Schotthöfer* (Hrsg.) Handbuch des Werberechts in den EG-Staaten, Österreich, Schweiz und den USA

---

250 GRUR Int. 1991, 50 – *Colgate II.*

251 GRUR Int. 1989, 704 (International Telex Directory) (Leitsatz).

(1991); *Schricker* (Hrsg.) Recht der Werbung in Europa: Bd. I *Schricker* Einführung in das Recht der Werbung, Internationales und EWG-Recht (1990); Bd. II *Henning-Bodewig* Belgien (1990); Bd. III *Kur* Dänemark (1990); Bd. IV *Bredow* Spanien (1990); Bd. V *Knaak/Ritscher* Schweiz (1991); *Sprüngli* Der unlautere Wettbewerb. Grundzüge des Wettbewerbsrechts in rechtsvergleichender Darstellung unter besonderer Berücksichtigung der Regelungen von Frankreich, England, Deutschland und der Schweiz (1955); *Ulmer* Das Recht des unlauteren Wettbewerbs in den Mitgliedstaaten der EWG Bd. I, Vergleichende Darstellung mit Vorschlägen zur Rechtsangleichung (1965); *Ulmer/Schricker/Wunderlich* Bd. II/1 Belgien, Luxemburg (1967); *Ulmer/Baeumer/van Manen* Bd. II/2 Niederlande (1967); *Ulmer/Reimer* Bd. III Deutschland (1968); *Ulmer/Kraßer* Bd. IV Frankreich (1967); *Ulmer/Schricker* Bd. V Italien (1965); *Ulmer/Graf v. Westerholt* Bd. VI Vereinigtes Königreich.

2. Rechtsvergleichende und auslandsrechtliche Arbeiten zu Einzelthemen[252]

Actes du Colloque de Lausanne, Prix et marques d'appel en droit comparé (1976); Actes du Colloque de Lausanne, La concurrence parasitaire en droit comparé (1981); *Baudenbacher* Suggestivwerbung und Lauterkeitsrecht (1978); *Baur, E.* Der Schutz des ausländischen Namens und des ausländischen Handelsnamens in Frankreich (1967); *Beier* Entwicklung und gegenwärtiger Stand des Wettbewerbsrechts in der Europäischen Wirtschaftsgemeinschaft, GRUR Int. 1984, 61; *Beier/Bastian/Kur* Wettbewerbsrecht und Verbraucherschutz in Mittel- und Osteuropa (1992); *Bernitz* Zugaben und andere kombinierte Angebote im nordischen, insbesondere schwedischen Recht, GRUR Int. 1983, 476; *Bernitz* Unzulässiges Eingreifen in Vertragsverhältnisse nach schwedischem Recht und in vergleichender Perspektive, GRUR Int. 1989, 799; *Bock* Die Grenzen der Superlativreklame im deutschen, schweizerischen, französischen und anglo-amerikanischen Recht (1961); *Boudon* Internationaler Schutz des Handelsnamens im englischen und deutschen Recht (1982); *Boudon* Irreführende Werbeangaben im neueren französischen Recht (1986); *Brandmair* Die freiwillige Selbstkontrolle in der Werbung. Rechtstatsachen–Rechtsvergleichung–internationale Bestrebungen (1978); *Cohen Jehoram* (Hrsg.) The protection of Know-how in 13 countries (1972); *Cohen Jehoram* (Hrsg.) Protection of Geographic Denominations of Goods and Services (1980); *Dohi* Rechtsvergleichende Überlegungen zur unberechtigten Abnehmerverwarnung, GRUR Int. 1985, 641; *Dutoit* Unlautere Ausnutzung und Beeinträchtigung des guten Rufs bekannter Marken, Namen und Herkunftsangaben. Die Rechtslage in der Schweiz und Frankreich, GRUR Int. 1986, 1; *Fikentscher* Zur Anerkennung von Grundsätzen des gewerblichen Rechtsschutzes, Urheberrechts und Wettbewerbsrechts im Rahmen einer neuen Weltwirtschaftsordnung, GRUR Int. 1987, 758; *Francq* Die vergleichende Werbung, GRUR Int. 1977, 93; *Grimes* Anschwärzung und vergleichende Werbung im Recht der USA (1974); *Götting* Die neuere Entwicklung des Zugaberechts in Deutschland, Belgien, Frankreich und Schweden (1986); *Götting* Das deutsche Zugaberecht im Vergleich zur Reformgesetzgebung in Belgien, Frankreich und Schweden, GRUR Int. 1986, 687, 788; *Henning-Bodewig* Die wettbewerbsrechtliche Haftung von Werbeagenturen und Massenmedien nach deutschem und amerikanischem Recht (1981); *Henning-Bodewig* Die Beurteilung des parasitären Wettbewerbs, insbesondere der unmittelbaren Leistungsübernahme in den Benelux-Staaten, GRUR Int. 1982, 667; *Henning-Bodewig* Die Trennung von Werbung und Programm im deutschen und europäischen Rundfunk- und Wettbewerbsrecht, GRUR Int. 1987, 538; *Herlemann* Die Regelung der Hörfunk- und Fernsehwerbung in den Mitgliedstaaten der Europäischen Gemeinschaft, Diss. München 1989; *Hotz* Die Bedeutung des neuen schweizerischen Bundesgesetzes gegen den unlauteren Wettbewerb für die Berichterstattung der Massenmedien, GRUR 1990, 214; *Hudelmaier* Die neuere Praxis zur vergleichenden Werbung in Deutschland, Belgien und USA (1990); *Kaufmann* Passing Off and Misappropriation. An Economic and Legal Analysis of the Law of Unfair Competition in the United States and Continental Europe (1986); *Keyßner* Täuschung durch Unterlassen –

[252] Berücksichtigt werden in erster Linie neuere deutschsprachige Werke.

Informationspflichten in der Werbung. Rechtsvergleichende Untersuchung zum deutschen, schwedischen und dänischen Recht (1986); *Kirchhoff* Die kartellrechtliche Beurteilung vertikaler Vertriebsverträge in den USA, Deutschland und der EG (1989); *Korschan* Der Schutz des Handelsnamens in der Europäischen Wirtschaftsgemeinschaft (1971); *Kraßer* Der Schutz vertraglicher Rechte gegen Eingriffe Dritter. Untersuchungen zum Delikts- und Wettbewerbsrecht Deutschlands, Frankreichs und Belgiens (1971); *Kraßer* Der Schutz von Preis- und Vertriebsbindungen gegenüber Außenseitern (1972); *Kroher* Wettbewerbsrecht und Verbraucherschutz in Kanada (1985); *Kur* Neuere Entwicklungen im Verbraucherschutzrecht der skandinavischen Länder, GRUR Int. 1979, 510; *Kur* Beweislast und Beweisführung im Wettbewerbsprozeß. Rechtsvergleichende Untersuchung zum deutschen, amerikanischen und schwedischen Recht (1981); *Lehmann* Der Verkauf unter Einstandspreis aus rechtsvergleichender Sicht (1979); *Lema Devesa* Der Schutz des Verbrauchers im Allgemeinen Werbegesetz Spaniens, GRUR Int. 1990, 208; *Levin* Werbung und Informationsfreiheit, GRUR Int. 1987, 207; *Lukes/Viehweg/Hauck* Schutz von Betriebs- und Geschäftsgeheimnissen in ausgewählten EG-Staaten (1986); *Meyer, A.* Die anlockende Wirkung der irreführenden Werbung (1989); *Meyer, J.* Die kritisierende vergleichende Werbung (1991); *Möller* Europäisches Firmenrecht im Vergleich, EWS 1993, 22; *Otero-Lastres* Zur Rechtsfigur der sklavischen Nachahmung, GRUR Int. 1986, 232; *Paz-Ares* El ilícito concurrencial: de la dogmática monopolista a la política antitrust, Revista de Derecho Mercantil 159 (1981) 7; *Pluta* Der ergänzende wettbewerbsrechtliche Kennzeichenschutz mit Blick auf die Rechtslage in England, USA, Frankreich und Italien (1977); *Quiring* Die sklavische Nachahmung im italienischen Wettbewerbsrecht (1989); *Reich* Die vergleichende Werbung und EG-Recht, WRP 1988, 75; *Reimer, D.* Persönliche und vergleichende Werbung in der deutschen und französischen Rechtsprechung (1955); *Röder* Schutz des Werktitels. Rechtsvergleichende Untersuchung des Titelschutzes in Belgien, Deutschland, Frankreich, Italien, Österreich und der Schweiz (1970); *Ruijsenaars* Wettbewerbsrechtlicher Leistungsschutz für Sportler? GRUR Int. 1988, 764; *Ruijsenaars* Die Verwertung des Werbewerts bekannter Marken durch den Markeninhaber, GRUR Int. 1988, 385; 1989, 280; *Sack* Die kollisions- und wettbewerbsrechtliche Beurteilung grenzüberschreitender Werbe- und Absatztätigkeit nach deutschem Recht, GRUR Int. 1988, 320; *Schaltenberg* Die Bekämpfung irreführender und unlauterer Werbung in Italien (1988); *Schönherr/Bußmann* Vergleichende Reklame und Warentest in rechtsvergleichender Sicht (1964); *Schotthöfer* Die vergleichende Werbung in den Mitgliedstaaten der EG, Österreich, Schweiz, RIW 1991, 973; *Schotthöfer* Neuere Entwicklung im Werberecht in der EG und den europäischen Ländern EuZW 1992, 760; *Schricker* Die täuschende Werbung im italienischen Wettbewerbsrecht (1962); *Schricker* Gesetzesverletzung und Sittenverstoß. Rechtsvergleichende Untersuchung zur wettbewerbsrechtlichen Haftung bei Verletzung außerwettbewerbsrechtlicher Normen (1970); *Schricker* Berichtigende Werbung, GRUR Int. 1975, 191; *Schricker* Der Schutz der Ursprungsbezeichnungen und Herkunftsangaben gegen anlehnende Bezugnahme, GRUR Int. 1982, 515; *Schricker* Die Bekämpfung der irreführenden Werbung in den Mitgliedstaaten der EG, GRUR Int. 1990, 112; *Schricker* Werbeverbote in der EG, GRUR Int. 1991, 185; *Schricker* Neuere Entwicklungen im Recht des unlauteren Wettbewerbs in Europa, Osaka University Law Review 40 (1993) 45; *Schricker/Stauder* (Hrsg.) Handbuch des Ausstattungsrechts. Der Schutz der nichteingetragenen Marke und Ausstattung im In- und Ausland (1986); *Sinanioti* Der Schutz geographischer Herkunftsangaben und Ursprungsbezeichnungen. Systematische Darstellung des griechischen Rechts unter besonderer Berücksichtigung des französischen und deutschen Rechts mit Harmonisierungsvorschlägen auf europäischer und internationaler Ebene (1986); *Straus* Das Wettbewerbsrecht in Jugoslawien (1970); *Treis* Recht des unlauteren Wettbewerbs und Marktvertriebsrecht in Schweden (1991); *Troxler* Kritische Würdigung der Rechtsprechung zur vergleichenden Werbung in der Schweiz und im Ausland (1970); *Verkade* Unlautere Ausnutzung und Beeinträchtigung des guten Rufs bekannter Marken, Namen und Herkunftsangaben. Ein Beitrag aus den Benelux-Staaten, GRUR Int. 1986, 17; *Waibel* Warenzeichenrechtliche und wettbewerbsrechtliche Fragen des Ersatzteile-, Zubehör- und Reparaturgewerbes. Eine Untersuchung zur Rechtslage in Belgien, Italien, den USA und in Deutschland (1977); *Walter* Die geschäftliche Verwertung von Werbesymbolen durch Lizenzvergabe. Eine rechtsvergleichende Untersuchung (1979); *Graf v. Westerholt* Die Passing off-Klage im englischen Recht (1977);

Winkel Formalschutz dreidimensionaler Marken. Rechtsvergleichende Untersuchung der Rechtslage in den Vereinigten Staaten von Amerika, Frankreich, Italien und den Benelux-Staaten. Zugleich ein Beitrag zum künftigen europäischen Markenrecht (1979).

Landesberichte

Belgien

Literatur

Balate/Stuyck (Hrsg.) Pratiques du commerce & Information et Protection du consommateur (1988); *van den Bergh* Wettbewerbsrechtliche Grenzen des Preiswettbewerbs nach belgischem Recht, GRUR Int. 1991, 192; *van den Bergh* Das neue belgische Gesetz über die Handelspraktiken und die Information und den Schutz des Verbrauchers, GRUR Int. 1992, 803; *Bourgoignie* Consumer Legislation in Belgium and Luxemburg (1980); *Braun* Das belgische Gesetz über Handelspraktiken, WRP 1972, 271; *De Caluwé/Delcorde/Leurquin* Les pratiques du commerce (1973) 3 Bde.; *De Visscher* Publicité transfrontalière et concurrence déloyale, Rev. Int. de la Conc. 1992, 43; *De Vroede/Ballon* Handelspraktijken (1986); *Fagnart/de Caluwé/de Brouwer/Domont-Naert/Stuyck/Francq/Wolfcarins* Les pratiques du commerce et la protection et l'information du consommateur depuis la loi du 14 juillet 1991, 1991; *Francq* Concurrence déloyale, faute et directive Européenne: Revision salutaire ou concepts dévoyés? Ing. Cons. 1986, 163; *Frédériq* Handboek van Belgisch Handelsrecht Teil I^2 (1976); *Henning-Bodewig* Die Reform des belgischen Gesetzes über die Handelspraktiken von 1978, GRUR Int. 1979, 461; *Schricker* Das belgische Gesetz über Handelspraktiken, GRUR Int. 1972, 184; *Schricker/Henning-Bodewig* Recht der Werbung in Europa Bd. II Belgien (1990); *Stuyck* Vier Jahre Rechtsprechung zum belgischen Gesetz über Handelspraktiken , GRUR Int. 1976, 520; *Stuyck/van Gerven* Handels- en economisch recht Teil 2 mededingingsrecht, A. Handelspraktijken (1985); *Ulmer/Schricker/Wunderlich* Das Recht des unlauteren Wettbewerbs in den Mitgliedstaaten der EWG Bd. II/1 Belgien, Luxemburg (1967) (überarbeitete französische Fassung 1974); *Wohlgemut* Das Recht des unlauteren Wettbewerbs in Belgien, WRP 1992, 457; *Zschocke* Zum neuen belgischen Kartellrecht, WuW 1993, 381.

F 234 Wie in Frankreich hat sich in Belgien die Bekämpfung des unlauteren Wettbewerbs als Richterrecht in Anwendung der allgemeinen **deliktsrechtlichen Generalklausel** herausgebildet. Als erste spezielle Normierung diente zwischen 1929 und 1934 der auch zugunsten der Inländer in Kraft gesetzte **Art. 10bis der PVÜ** (vgl. Rdn. F 47). Wesentliche Neuerungen brachte die **Wettbewerbsverordnung von 1934**. Sie definierte Sondertatbestände und Generalklausel des unlauteren Wettbewerbs und schuf darüber hinaus ein besonderes Eilverfahren für die **Unterlassungsklage (action en cessation)** in der Zuständigkeit des Handelsgerichtspräsidenten. Es bildet kein bloß vorläufiges Verfahren, sondern führt zur endgültigen Streitentscheidung und ist mit einem Rechtsmittelzug versehen. Für die **Schadensersatzklage** bildet dagegen nach wie vor das allgemeine Deliktsrecht die Rechtsgrundlage; über sie wird im ordentlichen Verfahren entschieden[253]. Das Nebeneinander der action en cessation im Eilverfahren und der Schadensersatzklage im normalen Verfahren besteht bis heute fort.

F 235 Das Recht des unlauteren Wettbewerbs wurde durch das **Gesetz über Handelspraktiken von 1971**[254] fortgebildet. Es nahm den **Schutz der Verbraucher** mit in den Schutzzweck auf, löste sich von der Voraussetzung eines **Wettbewerbsverhältnisses** und bezog mit dem Ziel einer **Gesamtregelung** eine Reihe verwandter Materien ein, wie Verkauf unter Selbstkosten, unbestellte Zusendung, Ursprungsbezeich-

[253] S. zur Rechtsentwicklung und zur WettbewerbsVO von 1934 *Ulmer/Schricker* II/1 Belgien Rdn. 1 ff, 9 ff.

[254] GRUR Int. 1972, 210; s. dazu *Schricker* GRUR Int. 1972, 184.

nungen, Zugaben, Koppelungsverkäufe, Rabattsysteme, Ausspielungen, besondere Verkaufsveranstaltungen, Preisauszeichnung, Mengenangabe, Bezeichnung und Zusammensetzung der Produkte, wobei weitgehend eine **Endpönalisierung** angestrebt wurde. Es wurde die **Verbraucherverbandsklage** eingeführt; die hM läßt auch eine Klage des einzelnen Verbrauchers zu. Schließlich wurde dem **Wirtschaftsminister** ein Klagerecht verliehen. Insgesamt stellt sich das Gesetz gegen Handelspraktiken als eine moderne und progressive Unternehmer- und Verbraucherschutz integrierende, allgemein das Marktverhalten umfassend regulierende Kodifikation dar.

Nach geringfügiger Änderung[255] und langwieriger Reformdiskussion wurde das Gesetz von 1971 durch das **Gesetz vom 14. 7. 1991 über die Handelspraktiken und die Information und den Schutz des Verbrauchers** ersetzt[256]. Das neue Gesetz setzt die **EG-Richtlinie über irreführende Werbung** um, regelt das **Recht der Allgemeinen Geschäftsbedingungen** und der **außerhalb des Unternehmens des Verkäufers abgeschlossenen Konsumentenkäufe** (in Umsetzung der EG-Richtlinie von 1985 über Verkäufe außerhalb von Geschäftsräumen). Darüber hinaus bringt es eine große Zahl von Verbesserungen im Detail und neuen Einzelregelungen. **F 236**

Die Reform steht vorwiegend im Zeichen der Förderung des Verbraucherschutzes, wenngleich der in Belgien traditionell stark vertretene Mittelstandsschutz im grundsätzlichen Verbot des Verkaufs unter Selbstkosten immer noch deutlichen Ausdruck findet[257].

Im neuen Gesetz ist der Tatbestand der **irreführenden Werbung** (Art. 22 Nr. 1–4, 9) weitgehend an die EG-Richtlinie von 1984 angepaßt[257a]. Hinzugefügt wurde ein Verbot, wesentliche Informationen mit dem Ziel vorzuenthalten, eine Irreführung hervorzurufen (Nr. 4). Erfaßt wird ferner die getarnte Werbung (Art. 22 Nr. 5). Bei Irreführungen gilt eine weitgehende Beweislastumkehr (Art. 24). **F 237**

Verboten wird weiter die **Anschwärzung** (Art. 22 Nr. 6) sowie die Werbung, die „irreführende, anschwärzende oder solche **Vergleiche** enthält, die es ohne Notwendigkeit möglich machen, einen oder mehrere andere Verkäufer zu identifizieren" (Art. 22 Nr. 7). Gegenüber den vielfachen Vorschlägen zu einer Liberalisierung der vergleichenden Werbung hat somit die traditionell ablehnende Haltung des belgischen Rechts gegenüber Werbevergleichen gesiegt[258].

Weitere Regelungen betreffen das **Hervorrufen von Verwechslungsgefahr** (Art. 22 Nr. 8) und die Werbung mit **Zufallsgewinnspielen.** **F 238**

Hinsichtlich der Werbung mit **Preisherabsetzungen** statuiert das belgische Recht vernünftigerweise genau das Gegenteil zum absurden § 6e des deutschen UWG: Die Gegenüberstellung durchgestrichener alter und neuer Preise oder die Angabe konkreter Prozentsätze der Herabsetzung ist nicht wie in Deutschland grundsätzlich untersagt, sondern im Interesse der Verbraucheraufklärung gerade geboten[259].

Die **Generalklausel der unlauteren Geschäftspraktiken** ist konsequent in eine auf die Verletzung der Interessen anderer Anbieter und eine auf die Verletzung der Interessen der Konsumenten abgestellte Vorschrift aufgespalten (Art. 93, Art. 94).

---

[255] S. *Henning-Bodewig* GRUR Int. 1979, 461.

[256] GRUR Int. 1992, 623. S. dazu *van den Bergh* GRUR Int. 1992, 803.

[257] S. zur Reformdiskussion die Beiträge bei *Balate/Stuyck*; s. ferner *van den Bergh* GRUR Int. 1992, 803, 813f, der kritisiert, daß Verbraucherinteressen „auf dem Altar des Mittelstandsschutzes geopfert" worden seien.

[257a] Durch Gesetz vom 21. 10. 1992, Mon. Belge v. 17. 11. 1992, S. 24084 wurde ein entsprechendes Verbot irreführender Werbung im Bereich der freien Berufe eingeführt.

[258] S. *van den Bergh* GRUR Int. 1992, 803, 808f.

[259] Art. 26 mit Art. 5. Vgl. *van den Bergh* GRUR Int. 1991, 192.

F 239 In das Sanktionsinstrumentarium wurde eine **Abmahnung durch den zuständigen Minister** eingeführt (Art. 101). Bei den strafbaren Gesetzesverletzungen tritt neben die Tätigkeit der Staatsanwaltschaft ein **behördliches Ermittlungsverfahren** (Art. 113 ff).

Dänemark

Literatur

Dahl Consumer Legislation in Denmark (1981); *von Eyben/Heinonen/Bull/Bergquist/Tengelin* Das Recht des unlauteren Wettbewerbs in den nordischen Ländern (1967); *Keyssner* Täuschung durch Unterlassen – Informationspflichten in der Werbung. Eine rechtsvergleichende Untersuchung zum deutschen, schwedischen und dänischen Recht (1986); *Koktvedgaard* Lærebog i Konkurrenceret (1991); *Krüger-Andersen* Markedsforingsret (1978); *Krüger-Andersen* Unlauterer Wettbewerb und Verbraucherschutz in Dänemark, GRUR Int. 1976, 322; *Kur* Das neue dänische Markengesetz als Beispiel für die Umsetzung der EG-Markenrechtsrichtlinie, GRUR Int. 1991, 785; *Kur* Neue Entwicklungen im Verbraucherschutzrecht der skandinavischen Länder, GRUR Int. 1979, 510; *Reinel* Dokumentation der „Besonderheiten" des Wettbewerbsrechts in Europa: Dänemark, WRP 1990, 92; *Schneider* Werbe- und Marketingrecht in Dänemark, WRP 1975, 570; *Schricker/Kur* Recht der Werbung in Europa Bd. III Dänemark (1990).

F 240 In Dänemark galt zunächst das Gesetz gegen unlauteren Wettbewerb und unlautere Warenbezeichnungen in der Fassung der Bekanntmachung Nr. 145 v. 1. 5. 1959[260]. Die Arbeiten zur Reform dieses Gesetzes im Rahmen der nordischen Zusammenarbeit wurden durch eine vom schwedischen Marktvertriebsgesetz inspirierte Neuorientierung in Richtung Verbraucherschutz unterbrochen[261]. Hieraus ging das dänische **Marktgesetz** Nr. 297 vom 14. 7. 1974[262] hervor, das heute in der Fassung der Bekanntmachung Nr. 55 vom 28. 1. 1987[263] gilt.

F 241 Im dänischen Marktgesetz wird der Verbraucherschutz nicht so einseitig akzentuiert wie in Schweden; im Rahmen des Schutzzwecks sind die **Interessen der Verbraucher, der Gewerbetreibenden und der Allgemeinheit** gleichgestellt[264]. Dementsprechend ist das Klagerecht der Gewerbetreibenden neben demjenigen des Verbraucherombudsmannes gegeben und nicht subsidiär wie in Schweden. Auch im materiellrechtlichen Zuschnitt des Gesetzes wird die stärkere Betonung des Schutzes der Unternehmen deutlich. Schließlich ist zur Anwendung des Gesetzes kein Spezialgericht berufen wie in Schweden; es ist vielmehr das **See- und Handelsgericht Kopenhagen** zuständig.

Im übrigen setzt das dänische wie das schwedische Gesetz das Vorliegen eines **Wettbewerbsverhältnisses** nicht voraus[265]. Zentrale Figur für die Gesetzesanwendung ist der **Verbraucherombudsmann.** Er kann Gesetzesverstöße abmahnen; einstweilige Verbote aussprechen und Klage zum See- und Handelsgericht Kopenhagen erheben (§§ 15, 16 des Marktgesetzes); darüber hinaus ist er informell, insbesondere durch Erarbeitung freiwilliger Beschränkungen der Wirtschaft tätig[266]. Wie in Schweden hat sich neben dem staatlich dominierten Schutzsystem eine allgemeine **freiwillige Selbstkontrolle** nicht halten können[267].

---

[260] S. zur Entwicklung *von Eyben/Heinonen/Bull/Bergquist/Tengelin* S. 1 ff.
[261] S. im einzelnen *Schricker/Kur* Rdn. 3 ff.
[262] GRUR Int. 1976, 345.
[263] Auszugsweise abgedruckt bei *Schricker/Kur* S. 91 f.
[264] *Schricker/Kur* Rdn. 7.
[265] *Schricker/Kur* Rdn. 9.
[266] S. *Reinel* WRP 1990, 92, 95.
[267] *Schricker/Kur* Rdn. 203 ff.

Nach § 1 Satz 1 gehören zum **Anwendungsbereich** des dänischen Marktgesetzes die Gewerbebetriebe des privaten Rechts sowie die Unternehmen der öffentlichen Hand, die diesen gleichzustellen sind. Die Vorschriften über irreführende und herabsetzende Werbung finden nach § 2 Abs. 4 auch auf Vereinigungen und Verbände Anwendung, die die Interessen der Gewerbetreibenden oder Verbraucher wahrnehmen sowie auf Institutionen, deren besondere Aufgabe darin besteht, Verbraucheruntersuchungen von Produkten mit dem Ziel der Veröffentlichung der Untersuchungsergebnisse durchzuführen. Für Warentests haften Verbraucherverbände und andere neutrale Testveranstalter somit wie Gewerbetreibende nach dem Marktgesetz[268]. **F 242**

Die **Generalklausel** des Marktgesetzes findet sich in § 1 Satz 2:

> „Im Rahmen einer solchen gewerblichen Betätigung dürfen keine Handlungen vorgenommen werden, die gegen die guten Sitten im Geschäftsverkehr verstoßen."

Aufgrund der Generalklausel können Fälle von getarnter, belästigender und unsachlicher Werbung untersagt werden, wobei man sich ergänzend auch an den Werberichtlinien der internationalen Handelskammer orientiert[269].

§ 2 Abs. 1 des Marktgesetzes verbietet die „unrichtigen, irreführenden oder unbillig mangelhaften Aufgaben ..., die geeignet sind, die Nachfrage nach oder das Angebot von Waren, Immobilien und sonstigen Vermögenswerten sowie Arbeits- und Dienstleistungen zu beeinflussen". Dieses Verbot der **irreführenden Werbung**[270] wird in Abs. 3 auf gleichbedeutende Fälle erweitert. **F 243**

Die Haftung für „unbillig mangelhafte Angaben" bedeutet, daß auch das **Unterlassen der Informationsvermittlung** als Irreführung gelten kann; darüber hinaus begründet § 3 besondere Informationspflichten über wesentliche Umstände bei der Abgabe von Angeboten und beim Vertragsschluß[271].

Das Verbot der **Anschwärzung, persönlichen, unsachlich oder sonst unlauter kritisierenden Werbung** verbirgt sich in den recht abstrakten Formulierungen des § 2 Abs. 2, 3 des Marktgesetzes[272]. Die wahrheitsgemäße **vergleichende Werbung** gilt in Dänemark als grundsätzlich zulässig; sie darf jedoch nicht herabsetzend wirken und muß relativ strengen Vollständigkeits- und Richtigkeitsanforderungen genügen[273]. **F 244**

Das dänische Marktgesetz untersagt ferner das **Hervorrufen von Verwechslungen** (§ 5), die nicht nur ganz geringwertigen **Zugaben** (§ 6), die **Verlosungen und Preisausschreiben mit Zufallsgewinnen** (§ 8) und regelt die **Rabattmarkensysteme** (§ 7). Dem Schutz der **Geschäfts- und Betriebsgeheimnisse und technischen Zeichnungen** ist die Vorschrift des § 9 gewidmet. **F 245**

Frankreich

Literatur

Azéma Die Rolle des Zivil-, Straf- und Verwaltungsrechts bei der Bekämpfung unzulässiger Wettbewerbspraktiken in Frankreich GRUR Int. 1973, 651; *Baudenbacher/Klauer* Der Tatbe-

---

268 *Schricker/Kur* Rdn. 48.

269 S. im einzelnen *Schricker/Kur* Rdn. 69 ff; *Reinel* WRP 1990, 92, 96. S. aus der Praxis z. B. See- und Handelsgericht Kopenhagen, GRUR Int. 1993, 553 – Papstwerbung.

270 S. dazu im einzelnen *Schricker/Kur* Rdn. 16 ff.

271 S. dazu im einzelnen *Keyßner* Täuschung durch Unterlassen – Informationspflichten in der Werbung S. 159 ff.

272 S. dazu *Schricker/Kur* Rdn. 59 ff.

273 *Schricker/Kur* Rdn. 64 ff.

stand der „concurrence déloyale" des französischen Rechts und der Vertrieb selektiv gebundener Ware durch einen Außenseiter GRUR Int. 1991, 799; *Baumann* Die neuere Entwicklung des Mittelstands-, Wettbewerbs- und Verbraucherschutzes in Frankreich GRUR Int. 1975, 367; *Baumann* Droit de la consommation (1977); *Baumann/Uhlig* Neue Entwicklungen im französischen Werberecht und Verbraucherschutz GRUR Int. 1978, 398; *Boudon* Irreführende Werbeangaben im neueren französischen Recht (1986); *Calais-Auloy* Droit de la consommation^2 (1986); *Dutoit* Unlautere Ausnützung und Beeinträchtigung des guten Rufs bekannter Marken, Namen und Herkunftsangaben. Die Rechtslage in der Schweiz und in Frankreich GRUR Int. 1986, 1; *Fabre* Concurrence, distribution, consommation (1983); *Fourgoux* Droit du marketing (1974); *Greffe/Greffe* La publicité et la loi (1983); *Hauser* Werbung mit Lockvogelpreisen in Frankreich GRUR Int. 1981, 218; *Guinchard* Publicité et droit de la concurrence déloyale, Juris-Classeur Commercial, concurrence-consommation; *Hauser* Werbung und das Recht am eigenen Bild in Frankreich GRUR Int. 1988, 839; *Hémard* Wettbewerbsrecht und Schutz der Verbraucher in Frankreich GRUR Int. 1972, 108; *Langer* Das französische Wettbewerbsrecht WRP 1991, 11; *Lob* Das neue französische Recht der Wettbewerbsbeschränkungen RIW 1988, 92; *Thrierr* Das französische Markengesetz Nr. 91–7 vom 4. 1. 1991 GRUR Int. 1991, 516; *Ullrich* Kartell- und wettbewerbsrechtliche Reaktionen auf verändertes Nachfrageverhalten des Handels in Frankreich GRUR Int. 1987, 69; *Ulmer/Kraßer* Das Recht des unlauteren Wettbewerbs in den Mitgliedstaaten der EWG Bd. IV Frankreich (1967).

F 246 Das Recht des unlauteren Wettbewerbs, der **„concurrence déloyale"**, ist in Frankreich um die Mitte des 19. Jahrhunderts entstanden; von dort hat sich die Rechtsdisziplin und der für sie zentrale Begriff in aller Welt verbreitet[274]. Gleichwohl hat es Frankreich bis heute nicht zu einem umfassenden Gesetz gegen den unlauteren Wettbewerb gebracht. Die Rechtsmaterie ist vielmehr durch eine tiefgehende Spaltung zwischen der nach wie vor auf die allgemeine deliktsrechtliche Generalklausel gestützten **zivilrechtlichen Haftung** einerseits und einer Fülle **straf- und verwaltungsrechtlicher Sonderregelungen** auf der anderen Seite charakterisiert. Die Rezeption des **Verbraucherschutzgedankens** hat nicht zu einer Integration geführt: Die zivilrechtliche Schadensersatzhaftung bleibt individualrechtlich geprägt, während das Verbraucherschutzrecht zur Domäne der Sondergesetze gehört. In deren Rahmen wurde jedoch die Möglichkeit eines besonderen – einstweiligen oder endgültigen – **Unterlassungsgebotes** geschaffen, das die Brücke zur herkömmlichen zivilrechtlichen Haftung schlägt. Zivil- und Strafrecht werden auch dadurch verklammert, daß wegen **Verletzung straf- und verwaltungsrechtlicher Normen** zivilrechtlicher Schadensersatz verlangt werden kann[275] und daß andererseits der Geschädigte das Strafverfahren als **Zivilpartei** in Gang setzen und in diesem Schadensersatz geltend machen kann[276].

Zivilrechtlich bildet die **allgemeine deliktsrechtliche Generalklausel der Art. 1382 und 1383 des Code Civil** die Grundlage für die richterrechtliche Entwicklung der Bekämpfung des unlauteren Wettbewerbs. Danach ist zu Schadensersatz verpflichtet, wer einem anderen durch ein fehlerhaftes Verhalten (faute) einen Schaden zufügt, und sei es auch nur fahrlässig. Fehlerhaft ist das Verhalten nicht nur bei Verletzung eines subjektiven Rechts oder einer gesetzlichen Verhaltensnorm, sondern auch, wenn es sich als mißbräuchlich darstellt, weil es den anständigen Gepflogenheiten zuwiderläuft[277].

F 247 Auf dieser schmalen gesetzlichen Basis haben die französischen Gerichte in einer mehr als hundertjährigen Praxis eine reiche Kasuistik von Fällen unlauteren Wettbe-

[274] S. zur Geschichte *Ulmer/Kraßer* Rdn. 1 ff mwN.
[275] S. *Schricker* Gesetzesverletzung und Sittenverstoß S. 127 ff.
[276] *Ulmer/Kraßer* Rdn. 158 ff.
[277] S. im einzelnen *Ulmer/Kraßer* Rdn. 76 ff.

werbs entwickelt. Hier begegnen die international anerkannten Kategorien des Hervorrufens von Verwechslungen, der **Anschwärzung**, der **Geheimnisverletzung**, der **sklavischen Nachahmung**, der **Abwerbung von Arbeitnehmern**, des **Eingriffs in das Unternehmen des Konkurrenten** und der **irreführenden Werbung**[278].

Der Schwerpunkt liegt freilich bei den Individualverletzungen; Tatbestände mit diffusem Geschädigtenkreis, wie die irreführende Werbung, sind unter dem Aspekt der Deliktshaftung schwerer faßbar. Die Bekämpfung der irreführenden Werbung wird überwiegend den **straf- und verwaltungsrechtlichen Sonderregelungen** zugewiesen, die auch den Aspekt des Verbraucherschutzes aufgenommen haben[279].

Klassische Grundlage für die strafrechtlich orientierte Ahndung betrügerischer Machenschaften beim Warenabsatz (seit 1978 auch beim Absatz von Dienstleistungen) war das **Gesetz vom 1. 8. 1905 sur la répression des fraudes**[280]. Trotz seiner strafrechtlich-engen Formulierung und des Bezugs auf die Täuschung eines bestimmten Vertragspartners beim Absatz einer Ware hat das Gesetz in der Praxis eine wichtige Rolle gespielt. Zu Ermittlung und Feststellung von Verstößen ist eine besondere Behörde, der Service de la Répression des Fraudes geschaffen worden[281]. **F 248**

Ein weiter gespannter auf unrichtige und irreführende Werbeangaben abzielender Irreführungstatbestand wurde mit **Art. 5 des Finanzgesetzes vom 2. 7. 1963** eingeführt, das hinsichtlich der Straffolgen auf das Gesetz von 1905 Bezug nahm[282]. Art. 5 des Finanzgesetzes wurde in der Folge durch das fortentwickelte Verbot der irreführenden Werbung in **Art. 44 der sogenannten Loi Royer von 1973**[283] ersetzt. Das Verbot richtet sich nicht mehr auf den Absatzvorgang, sondern generell auf die Werbung aus. Das Gesetz sieht auch eine Klagebefugnis der Verbraucherverbände vor[284], die durch Gesetz Nr. 88–15 vom 15. 1. 1988 weiter ausgebaut wurde[285]. Verstöße gegen das Gesetz werden von den Agenten der Generaldirektion für Binnenhandel und Preise, der Dienststelle für die Verfolgung von Warenbetrugsfällen und den Beamten für Qualitätskontrolle festgestellt; sie haben weitreichende Ermittlungsbefugnisse[286]. Eine **einstweilige Einstellung der Werbung** kann gerichtlich angeordnet werden (Art. 44–II Abs. 3)[287]. Verbraucherverbände können als Zivilpartei vor den Strafgerichten auftreten und auch vor den Zivilgerichten klagen, wenn dem Kollektivinteresse der Verbraucher direkt oder indirekt ein Schaden entstanden ist (Art. 46)[288]. Als Rechtsfolgen werden bei einem Verstoß die endgültige **Einstellung der Werbung** ausgesprochen und **Strafen** verhängt[289]. Weitere Sanktionen sind die **Urteilsveröffentlichung** und die Möglichkeit der Anordnung der **Verbreitung richtigstellender Anzeigen** (Art. 44–II Abs. 6 S. 1–3)[290]. Ferner kommt eine Verurteilung zu **Schadenersatz** in Betracht[291]. **F 249**

Die strafrechtliche Ausrichtung der Bekämpfung irreführender Werbung bringt es mit sich, daß grundsätzlich **Verschulden**, wenn nicht sogar Vorsatz Voraussetzung **F 250**

---

278 S. die umfassende Darstellung bei *Ulmer/Kraßer* Rdn. 187 ff.

279 S. umfassend *Boudon* Irreführende Werbeangaben im neueren französischen Recht S. 5 ff.

280 S. hierzu im einzelnen *Boudon* S. 12 ff; *Ulmer/Kraßer* Rdn. 456 ff. Aufgehoben durch den Code de la Consommation, s. Rdn. 251 a.

281 *Boudon* S. 102.

282 S. dazu *Ulmer/Kraßer* Rdn. 466 ff.

283 Loi d'orientation du commerce et de l'artisanat no 73–1193 vom 21. 12. 1973, geändert durch Gesetz vom 10. 1. 1978 no 78–23. Aufgehoben durch den Code de la Consommation, s. Rdn. 251 a.

284 S. im einzelnen *Boudon* S. 29 ff.

285 S. den Bericht in GRUR Int. 1988, 721.

286 S. im einzelnen *Boudon* S. 102 ff.

287 *Boudon* S. 106 ff.

288 S. *Boudon* S. 114 ff.

289 *Boudon* S. 126 ff.

290 *Boudon* S. 132 ff.

291 *Boudon* S. 136.

ist; im einzelnen ist dies freilich nicht unstrittig. Die Praxis entschärft das Verschuldensmerkmal aber weitgehend durch Schuldvermutungen. Im Blick auf die von der EWG-Richtlinie über irreführende Werbung von 1984 geforderte Verschuldensunabhängigkeit der Unterlassungssanktion erscheint es nicht ganz unzweifelhaft, daß das französische Recht der europäischen Vorgabe genügt; weitere Umsetzungsdefizite könnten hinsichtlich der Beweislastumkehr bestehen[292].

F 251 Das **Gesetz Nr. 92–60 vom 18. 1. 1992 zur Stärkung des Verbraucherschutzes**[293] hat neuerdings Vorschriften zum Ausbau der Verbraucherverbandsklage (Art. 8) gebracht. Frankreich hat dabei die in Deutschland im Rahmen der UWG-Reform der 80er Jahre diskutierte[294] Möglichkeit der **gebündelten Geltendmachung von Verbraucherschadensersatzansprüchen** eingeführt. Ferner entscheidet sich das Gesetz für die **grundsätzliche Zulässigkeit der lauteren, wahrheitsgemäßen und nicht irreführenden, objektiven, wesentlichen und nachprüfbaren Vergleichswerbung** (Art. 10–I). Das Gesetz knüpft mit dieser Vorschrift an die Rechtsprechung der Cour de Cassation an, die wahrheitsgemäße Preisvergleiche schon vor geraumer Zeit für zulässig erklärt hat[295]. Gegen die Zulassung der vergleichenden Werbung, bei der das Gesetz ausdrücklich die „Nennung oder Darstellung der Fabrik-, Handels- oder Dienstleistungsmarke eines anderen" erlaubt, erhob eine Gruppe von Abgeordneten Klage zum Conseil Constitutionnel wegen **Verletzung des Eigentums an der Marke**. Die Klage wurde jedoch als unbegründet abgewiesen. Die Marke falle zwar unter die Eigentumsgarantie, jedoch werde die Regelung durch das dem Gemeinwohl dienende Ziel der Verbesserung der Verbraucherinformation gerechtfertigt[296].

F 251a Die Vorschriften zum Schutz der Verbraucher wurden unlängst durch den Code de la Consommation zusammengefaßt, der zahlreiche bestehende Regelungen aufhebt und ersetzt[296a]. Der Code regelt u. a.

- Ursprungsbezeichnungen,
- irreführende und vergleichende Werbung,
- Zugaberecht,
- Werbegewinnspiele,
- Koppelungsgeschäfte,
- Schneeballgeschäfte.

Der Code enthält ferner umfangreiche Verfahrensvorschriften und Regelungen betreffend Verbraucherverbände.

Griechenland

Literatur

Alexandridou Die Beurteilung der Zugabe nach griechischem Wettbewerbsrecht, GRUR Int. 1977, 277; *Alexandridou* Das griechische Gesetz Nr. 703/1977 über die Kontrolle von Monopolen und Oligopolen und über den Schutz des freien Wettbewerbs, WuW 1978, 629; *Alexandridou* Das neue griechische Gesetz gegen Wettbewerbsbeschränkungen, GRUR Int. 1978, 238; *Alexandridou* Der Schutz der berühmten Marke in Griechenland, GRUR Int. 1987, 27; *Alexandridou* Consumer Protection in the Greek Legislation, JCP 1988, 347; *Alexandri-*

[292] S. zum ganzen *Boudon* S. 139 ff.
[293] GRUR Int. 1992, 451. Nunmehr in den Code de la Consommation eingearbeitet, s. Rdn. 251 a.
[294] Vgl. z. B. *Schricker* GRUR 1979, 1 ff.
[295] Cass. GRUR Int. 1987, 598 (Preisvergleich).
[296] Conseil Constitutionnel GRUR Int. 1992, 464.
[296a] Code de la Consommation – Loi no 93–949 du 26 juillet 1993, J. O. 27, juill. 1993 p. 10538 = Recueil Dalloz Sirey Legislation 1993, 411.

dou Die gesetzgeberische Entwicklung des Verbraucherschutzes und Wettbewerbsrechts in Griechenland, GRUR Int. 1992, 120; *Alexandridou*, in Ulmer (Beier/Schricker) (Hrsg.) Das Recht des unlauteren Wettbewerbs in den Mitgliedstaaten der EWG Bd. VII Griechenland (erscheint 1994); *Gouga* Die Klagebefugnis der Verbraucherverbände nach dem neuen griechischen Verbraucherschutzgesetz, GRUR Int. 1992, 822; *Liakopolus* Das Firmenrecht im Entwurf eines griechischen Handelsgesetzbuches, GRUR Int. 1985, 650; *Marinakos* Die Bedeutung der Benutzung der Marke im griechischen und deutschen Recht mit Ausblick auf das europäische Markenrecht (1985); *Oehler/Tzouganatos* Zum neuen griechischen Kartellrecht, RIW/AWD 1978, 720; *Simitis, K.* Gute Sitten und Ordre public (1960); *Sinanioti* Der Schutz geographischer Herkunftsangaben und Ursprungsbezeichnungen (1986); *Sinanioti* Der griechische Gesetzesentwurf von 1985 über irreführende und unlautere Werbung, GRUR Int. 1986, 520; *Sinanioti/Musulas* Zum Schutz der Computersoftware nach griechischem Recht, GRUR Int. 1989, 905.

Griechenland hat mit dem **Gesetz 146/1914 gegen den unlauteren Wettbewerb vom 26. 12. 1913/17. 1. 1914**[297] das deutsche UWG von 1909 fast wortgleich übernommen. Wesentliche Abweichungen bestehen im Fehlen eines Bestechungstatbestandes (vgl. § 12 des dt. UWG), in der wettbewerbsrechtlichen Regelung des Ausstattungsschutzes und im Strafschutz des Handelsnamens. In der Folge haben sich die Wege der beiden Gesetze getrennt: Weder hat das griechische UWG die deutschen Rabatt- und Zugaberegelungen übernommen noch die späteren Reformen des deutschen UWG mitgemacht. Das griechische UWG von 1914 ist nur geringfügig geändert worden; es gilt grundsätzlich bis heute fort. **F 252**

Durch die Umsetzung der EWG-Richtlinie über irreführende Werbung von 1984 wurde neben dem UWG ein zweiter Regelungskomplex von gegenständlich beschränkterem Anwendungsbereich eingeführt. Zunächst waren 1985 und 1987 Entwürfe vorgelegt worden[298], die nicht zur Verabschiedung gelangten. 1989 stellte der Europäische Gerichtshof fest, daß Griechenland durch das Unterlassen einer fristgemäßen Umsetzung der Richtlinie den EWG-Vertrag verletze[299]. Die Umsetzung erfolgte schließlich durch VO 5206/89 vom 9. 1. 1990 über irreführende Werbung[300]. Die VO wurde durch das **Gesetz vom 3. 9. 1991 Nr. 1961 über Verbraucherschutz und sonstige Vorschriften**[301] aufgehoben und ersetzt. Das Verbraucherschutzgesetz regelt die irreführende und unlautere Werbung und setzt partiell auch die Fernsehrichtlinie von 1989 ins griechische Recht um. Im übrigen behandelt es die Grundrechte des Verbrauchers, die Produkthaftung, die allgemeinen Geschäftsbedingungen, die Haustürgeschäfte, die Verbrauchervereine und -verbände, die Schlichtung von Verbraucherstreitigkeiten und den nationalen Verbraucherrat. In einigen Punkten wurde das Verbraucherschutzgesetz durch das Gesetz vom 14. 12. 1991 Nr. 2000 über die Privatisierung, Förderung des Wettbewerbs und sonstige Vorschriften geändert; die wichtigste Modifikation betrifft die Einfügung eines Art. 40 a über die Klagebefugnis der Verbraucherverbände[302]. **F 253**

UWG und Verbraucherschutzgesetz stehen nebeneinander; für das Verhältnis gilt Art. 50 Nr. 3 des Verbraucherschutzgesetzes, wonach letzterem widersprechende Bestimmungen außer Kraft treten, es sei denn, sie sind für die Verbraucher günstiger. Unberührt bleibt das UWG hiernach jedenfalls, soweit es andere Themen als die vom Verbraucherschutzgesetz allein behandelte Werbung betrifft oder soweit es um andere Rechtsfolgen als diejenigen des Verbraucherschutzgesetzes (Unterlassung, **F 254**

---

297 Abgedruckt bei *Rokas/Perakis* in v. Kalinowski Law of Competition, Greece Appendix III.

298 S. *Sinanioti* GRUR Int. 1986, 520.

299 Entscheidung vom 6. 12. 1989 RS C-329/88, s. den Bericht in GRUR Int. 1990, 401 f.

300 GRUR Int. 1991, 27.

301 GRUR Int. 1992, 124.

302 GRUR Int. 1992, 824; s. dazu *Gouga* GRUR Int. 1992, 822.

Urteilsveröffentlichung, berichtigende Werbung) geht; das UWG ist somit insbesondere für den Schadensersatzanspruch zuständig[303].

Das **Kartellrecht** ist im Gesetz 703/1977 über die Kontrolle von Monopolen und Oligopolen und über den Schutz des freien Wettbewerbs geregelt. Das **Markengesetz** wurde 1992 reformiert und an die EWG-Markenrechtsrichtlinie angepaßt[303a].

F 255 Das **griechische UWG** bedarf wegen seiner weitgehenden Übereinstimmung mit dem deutschen UWG hier keiner detaillierten Erläuterung. In Einzelheiten und insbesondere in der Auslegung bestehen freilich gewisse Abweichungen. So ist das UWG nach griechischer Auffassung auf freie Berufe, Kunst und Wissenschaft nicht anwendbar. Ob das UWG auch dem Schutz der Verbraucher und der Allgemeinheit zu dienen hat, ist strittig; eine Verbraucherverbandsklage kennt das griechische UWG nicht. Auch werden manche Einzeltatbestände abweichend angewendet; so ist die griechische Praxis zur irreführenden Werbung weniger streng als in Deutschland. Griechenland kennt kein allgemeines Rabattverbot. Zugaben werden nur nach Maßgabe der Generalklausel beurteilt[304].

F 256 Wesentliche Neuerungen hat das **Verbraucherschutzgesetz von 1991** gebracht. Abweichend von der EWG-Richtlinie über irreführende Werbung geht es nicht von einer Schutzzwecktrias (vgl. Rdn. F 333) aus, sondern hebt nur den Zweck des Verbraucherschutzes hervor (Art. 1 Nr. 1). Die Definition der Werbung (Art. 18 Nr. 1) und der irreführenden Werbung (Art. 18 Nr. 3) stimmen mit der Richtlinie überein. Die Auflistung der Beurteilungskriterien ist gegenüber der Richtlinie ausgebaut (Art. 19); dabei ist auch die redaktionelle Werbung erfaßt (Art. 19 Nr. 2 b). Als unlautere Werbung ist generalklauselhaft jede Werbung verboten, die gegen die guten Sitten verstößt (Art. 18 Nr. 3). Ferner sind eine Reihe von Fällen unlauterer Werbung speziell aufgelistet (Art. 20), darunter die Diskriminierung nach Geschlecht, Rasse, Religion, Nationalität, politischer Überzeugung, Alter, physischen oder psychischen Eigenschaften und die Verletzung der Menschenwürde (Art. 20 lit c); die Erweckung oder der Mißbrauch von Angstgefühlen (lit. d); die Werbung, die geeignet ist, Kindern moralischen, geistigen oder seelischen Schaden zuzufügen oder sie zu gefährlichen Verhaltensweisen zu verlocken (lit. e); der übermäßige Anreiz zum Kauf durch Mißbrauch von Glücksspielen (lit. f); die Anschwärzung (lit. g), die vergleichende Werbung, wenn die Angaben unwesentlich, nicht vergleichbar oder nicht nachprüfbar sind (lit. h); das Hervorrufen von Verwechslungen (lit. i).

F 257 Das **Sanktionsinstrumentarium** (Art. 21) entspricht im wesentlichen den Vorgaben der Richtlinie; das Gericht kann auch eine berichtigende Werbung anordnen. Das Klagerecht wird in undeutlicher Weise jedem Interessierten zugewiesen. Durch Gesetz Nr. 2000 von 1991[305] wurde nachträglich noch unter bestimmten Voraussetzungen eine Verbraucherverbandsklage erlaubt, hinsichtlich deren aber weiterhin Unklarheiten bestehen.

Italien

Literatur

Auletta Concorrenza[3] in Commentario del Codice Civile a cura die A. Scialoja e G. Branca (1987); *Auteri* La concorrenza sleale, in: Rescigno (Hrsg.) Trattato di Diritto Privato; *Auteri* Lo sfruttamento del valore suggestivo dei marchi d'impresa mediante merchandising, Con-

303 *Alexandridou* GRUR Int. 1992, 120, 122.
303a GRUR Int. 1993, 307.
304 S. im einzelnen *Alexandridou* GRUR Int. 1977, 277.
305 GRUR Int. 1992, 824; s. dazu *Gouga* GRUR Int. 1992, 822; *Alexandridou* GRUR Int. 1992, 120, 123 f.

tratto e Impresa 1989, 510; *Braggion* Vertraglicher und außervertraglicher Schutz des Know-how im italienischen Recht, GRUR Int. 1989, 895; *Cuonzo* Der Schutz berühmter Marken in der neueren italienischen Rechtsprechung, GRUR Int. 1988, 490; *Di Cataldo* L'Imitazione Servile (1979); *Di Cataldo* Das Verbot der sklavischen Nachahmung im italienischen Recht, GRUR Int. 1983, 162; *Fauceglia* Die Werbesendungen im neuen italienischen Rundfunkgesetz, GRUR Int. 1992, 275; *Floridia* Correttezza e Responsabilità dell'impresa (1982); *Franceschelli, R.* Die Werbeselbstkontrolle in Italien, GRUR Int. 1984, 677; *Franceschelli, R.* Befremdliche Neuigkeiten zur Beurteilung des parasitären Wettbewerbs in Italien, GRUR Int. 1987, 147; *Frignani* Il Cash & Carry nella teoria dell'impresa di commercio all'ingrosso (1981); *Ghidini* La concorrenza sleale, in: Bigavi (Hrsg.) Giurisprudenza Sistematica Civile e Commerciale (1971); *Ghidini* Consumer Legislation in Italy (1980); *Ghidini/Libertini/Putzolu* La concorrenza a i Consorzi, in: Galgano (Hrsg.) Trattato di Diritto Commerciale e di Diritto Pubblico dell'Economia (1981); *Giammarco* Bemerkungen zum selektiven Verrieb im italienischen Recht, GRUR Int. 1985, 313; *Giammarco* Die Generalklausel des unlauteren Wettbewerbs als Grundlage kartellrechtlicher Entscheidungen in Italien, GRUR Int. 1989, 29; *Guglielmetti* La concorrenza e i consorzi, in: Vassalli (Hrsg.) Trattato di Diritto Civile Italiano (1970); *La Villa* Imitazione Servile e Forme di Mercato (1987); *Liuzzo* Prozessuale Aspekte des italienischen Werberechts, GRUR Int. 1992, 599; *Munari* The Legge 287/1990 on Protecting Competition in the Marketplace, EuZW 1991, 489; *Ruijsenaars* Champagner mit Beigeschmack in Italien, GRUR Int. 1990, 937; *Schaltenberg* Die Bekämpfung irreführender und unlauterer Werbung in Italien (1987); *Schricker* Die täuschende Werbung im italienischen Wettbewerbsrecht (1962); *Schultz* Unlauterer Wettbewerb in Italien, WRP 1991, 556; *Ubertazzi* Giurisprudenza completa del Giurì di Autodisciplina pubblicitaria (1986); *Ulmer/Schrikker* Das Recht des unlauteren Wettbewerbs in den Mitgliedstaaten der EWG Bd. V Italien (1965); *Wichelhaus* Das italienische Firmenrecht (1967).

Das italienische Recht des unlauteren Wettbewerbs hat sich – nach dem Vorbild des französischen Rechts – aus der allgemeinen deliktsrechtlichen Generalklausel des Zivilgesetzbuches von 1865 richterrechtlich entwickelt. Ab 1928 wurde Art. 10bis PVÜ als für das innerstaatliche Recht – auch zugunsten von Inländern – zur maßgeblichen Rechtsgrundlage erklärt (vgl. Rdn. F 46). Der **Codice Civile von 1942** – der außer dem Zivilrecht auch das Unternehmens- und Arbeitsrecht regelt – widmet dem unlauteren Wettbewerb unter der Überschrift „Della concorrenza sleale“ die **Art. 2598–2601**[306]. **F 258**

Die Regelung in Art. 2598 ff Codice Civile sieht als **Einzeltatbestände** unlauteren Wettbewerbs vor: **F 259**

- das Hervorrufen von Verwechslungen einschließlich der sklavischen Nachahmung (Art. 2598 Nr. 1) (wobei in Anspruchskonkurrenz zur Marken- und Firmenklage bei Kennzeichenverletzung auch eine Wettbewerbsklage gegeben ist);
- die Anschwärzung und die Anmaßung von Vorzügen (worunter die anlehnende Werbung sowie an Vorzüge bestimmter Konkurrenten anknüpfende Fälle der irreführenden Werbung zu subsumieren sind (Art. 2598 Nr. 2).

In Art. 2598 Nr. 3 schließt sich die **Generalklausel** des unlauteren Wettbewerbs an, wonach unlauteren Wettbewerb begeht, wer

> „direkt oder indirekt irgendein anderes Mittel benutzt, das mit den Grundsätzen der beruflichen Korrektheit (correttezza professionale) nicht in Einklang steht und geeignet ist, das Unternehmen eines anderen zu schädigen.“

[306] S. zur Rechtsentwicklung *Ulmer/Schricker* V Rdn. 1 ff; s. dort auch Art. 2598–2601 im Original und in deutscher Übersetzung, Rdn. 4.

F 260 Art. 2599–2600 sehen **Unterlassungs-, Beseitigungs- und – bei Verschulden – auch Schadensersatzklage und Urteilsveröffentlichung** vor. Das Verschulden wird gemäß Art. 2600 Abs. 3 vermutet. Art. 2601 erlaubt eine Klage der Berufsvereinigungen oder Institutionen, die eine Berufsgruppe vertreten. Eine Verbraucherverbandsklage ist im Codice Civile nicht vorgesehen, was nach einer Entscheidung des italienischen Verfassungsgerichtshofs von 1988 verfassungsrechtlich unbedenklich ist[307]. Nach der allgemeinen Vorschrift des Art. 700 der Zivilprozeßordnung können **einstweilige Maßnahmen im Eilverfahren** beantragt werden[308].

F 261 Entsprechend der deliktsrechtlichen Abkunft und der individualrechtlichen Ausrichtung der Art. 2598 ff Codice Civile wird der Zweck des Rechts des unlauteren Wettbewerbs in Italien traditionell im **Schutz der konkurrierenden Unternehmen** gesehen; ein Schutz der Verbraucher und der Allgemeinheit soll nicht impliziert sein, was von der neueren Lehre zunehmend bestritten wird[309]. Die Praxis konzentriert sich deshalb auf die Bekämpfung von Angriffen auf Individualinteressen von Anbieterunternehmen; markante Toleranz herrscht im Bereich der irreführenden Werbung, der belästigenden, unsachlichen oder sonst verbraucherschädlichen Werbung[310]. Einen gewissen Ausgleich bringt ein seit Anfang der sechziger Jahre entwickeltes System der **Werbeselbstkontrolle**[311].

F 262 Im Jahre 1990 wurde nach jahrzehntelangen Vorarbeiten ein **Kartellgesetz** erlassen[312].

F 263 Mit der **Gesetzesverordnung Nr. 74 v. 25. 1. 1992**[313] hat Italien die **EG-Richtlinie über irreführende Werbung** (Rdn. F 332 ff) umgesetzt. Wie die Richtlinie dient die Gesetzesverordnung dem dreifachen Zweck des Schutzes der Anbieter, der Verbraucher und der Allgemeinheit (Art. 1 Nr. 1). Vorangestellt wird der Satz, daß die Werbung offenkundig, wahr und zutreffend sein muß (Art. 1 Nr. 2). „Werbung" und „irreführende Werbung" werden im Sinne der Richtlinie definiert (Art. 2 Nr. 1 a, b); identisch übernommen ist auch die Vorschrift über die Beurteilungskriterien (Art. 3). Neu gegenüber der EG-Richtlinie ist die Forderung der Erkennbarkeit der Werbung (Art. 4 Nr. 1), eine Regelung der Werbung mit „Garantie", „garantiert" o. dgl. (Art. 4 Nr. 2) sowie ein Verbot der subliminalen Werbung (Art. 4 Nr. 3); ferner die Regelung, daß auch eine Werbung für Erzeugnisse, die die Gesundheit und Sicherheit der Verbraucher gefährden können, ohne Warnhinweise als irreführend gilt (Art. 5) sowie schließlich eine Sonderregelung zum Schutz von Kindern und Jugendlichen (Art. 6).

F 264 Die durch das Kartellgesetz von 1990 geschaffene **Behörde zum Schutz des Wettbewerbs und des Marktes** ist auch zur Anwendung der Gesetzesverordnung von 1992 berufen (Art. 7). Interessierte Wettbewerber, Verbraucher, Verbände und Behörden können von der Behörde verlangen, daß irreführende Werbung verboten wird und ihre Folgen beseitigt werden. Die Behörde kann Eilmaßnahmen verfügen, Beweise der Richtigkeit der Werbung verlangen, die irreführende Werbung verbieten, die Veröffentlichung der Entscheidung sowie gegebenenfalls einer berichtigen-

307 S. die Angaben bei *Schricker* GRUR Int. 1990, 112, 116.

308 *Ulmer/Schricker* Rdn. 58; s. zum Prozeßrecht *Liuzzo* GRUR Int. 1992, 599.

309 S. *Schaltenberg* S. 18 f, 58 ff.

310 Vgl. *Schricker* GRUR Int. 1990, 112, 116 f mwN.

311 S. den Überblick bei *Schricker* GRUR Int. 1990, 112, 117 f; eingehend *Schaltenberg*, s. auch die Entscheidungssammlung von *Ubertazzi*.

312 Gesetz zum Schutz des Wettbewerbs und des Marktes Nr. 287 v. 10. 10. 1990, deutsche Übersetzung in WuW 1991, 302; s. dazu *Munari* EuZW 1991, 489; s. auch den Bericht in GRUR Int. 1990, 998.

313 Deutsch in GRUR Int. 1992, 825.

den Erklärung anordnen. Der Verstoß gegen die Anordnungen ist strafbar. Rechtsmittel können zu den Verwaltungsgerichten eingelegt werden. Die Zuständigkeit der ordentlichen Gerichte für Handlungen unlauteren Wettbewerbs bleibt unberührt. Ist die freiwillige Selbstkontrolle angerufen, kann das Verfahren vor der Wettbewerbskontrollbehörde ausgesetzt werden (Art. 8).

Italien folgt mit dieser Gesetzesverordnung im verfahrensrechtlichen Teil dem **Federal Trade Commission-Modell der USA** sowie dem im Vereinigten Königreich gewählten Weg der Umsetzung der EG-Richtlinie. Die Verfolgung hängt von der Effizienz der Behörde ab. Offen bleibt wohl, ob ein Verstoß gegen die Verbote der Gesetzesverordnung auch als unlauterer Wettbewerb im Sinne der Generalklausel des Art. 2598 Nr. 3 des Codice Civile vor den Zivilgerichten verfolgt werden kann. **F 265**

Niederlande

Literatur

van Engelen Der wettbewerbsrechtliche Leistungsschutz in den Niederlanden: Ein Zipfel des Schleiers gelüftet? GRUR Int. 1987, 763; *Henning-Bodewig/Limperg* Die Reform des Rechts zur Bekämpfung der irreführenden Werbung in den Niederlanden GRUR Int. 1981, 429; *Henning-Bodewig* Das neue (alte) Recht des unlauteren Wettbewerbs der Niederlande GRUR Int. 1993, 126; *Hondius* Consumer Legislation in The Netherlands (1980); *Keurentjes* Agressieve handelspraktijken (1986); *Mehring* Das Recht des unlauteren Wettbewerbs in den Niederlanden, WRP 1990, 477; *van Nieuwenhoven* Helbach Nederlands handels- en faillissementsrecht II, Industriële eigendom en mededingingsrecht (1989); *Ruijsenaars* Der Grundsatz der Trennung von Werbung und Programm im niederländischen Rundfunk- und Wettbewerbsrecht GRUR Int. 1987, 550; *van der Saag* Der unlautere Wettbewerb der öffentlichen Hand nach niederländischem Recht GRUR Int. 1987, 842; *Schricker/Henning-Bodewig/Verkade/Quadvlieg* Recht der Werbung in Europa, Niederlande (erscheint 1994); *Ulmer/Baeumer/van Manen* Das Recht des unlauteren Wettbewerbs in den Mitgliedstaaten der Europäischen Wirtschaftsgemeinschaft Bd. II/2 Niederlande (1967); *Verkade* Unlautere Ausnutzung und Beeinträchtigung des guten Rufs bekannter Marken, Namen und Herkunftsangaben. Ein Beitrag aus den Benelux-Staaten GRUR Int. 1986, 17; *Verkade* Ongeoorlofde mededinging^2 (1986).

Die Niederlande verfügen über kein umfassendes Sondergesetz des Rechts des unlauteren Wettbewerbs. Grundlegend ist immer noch die **allgemeine deliktsrechtliche Generalklausel des Bürgerlichen Gesetzbuchs**. Sie gelangt zur Anwendung, wenn eine Gesetzesvorschrift verletzt wird – für den Wettbewerb kommt hier eine Vielzahl straf-, verwaltungs- und gewerberechtlicher Vorschriften in Betracht – wenn in ein subjektives Recht eingegriffen wird – etwa das Handelsnamensrecht – oder wenn ein Verstoß gegen eine ungeschriebene Sorgfaltsnorm vorliegt. In neuerer Zeit ist der wichtige Teilbereich der **irreführenden Werbung** durch Sondervorschriften im Bürgerlichen Gesetzbuch kodifiziert worden. Große Bedeutung besitzen **selbstdisziplinäre Regelungen**, die in umfangreichen Codices aufgezeichnet sind und denen zum Teil sogenannte „halbgesetzliche" Natur beigelegt wird[314]. Zur Entscheidung ist dabei ein privatrechtliches Regelungsorgan, die sogenannte „Code Commissie" berufen[315]. **F 266**

---

[314] S. im einzelnen *Schricker/Henning-Bodewig/Verkade/Quadvlieg* Rdn. 36 ff, 645 ff, Anhang c; *Hondius* Consumer Legislation in The Netherlands S. 131 ff.

[315] *Schricker/Henning-Bodewig/Verkade/Quadvlieg* Rdn. 595 ff, 645 ff.

F 267 Ein Blick auf die **geschichtliche Entwicklung** mag das wenig homogene System[316] besser verständlich machen[317]. Die Niederlande übernahmen mit ihrem Zivilgesetzbuch von 1838 das französische Vorbild der deliktsrechtlichen Generalklausel. Eine leichte Abweichung in der Formulierung des einschlägigen **Art. 1401 des Bürgerlichen Gesetzbuchs,** worin die „Unrechtmäßigkeit" der Tat ausdrücklich angesprochen wurde, mag dazu beigetragen haben, daß man lange – ähnlich wie in Deutschland – Bedenken trug, die Vorschrift auf den unlauteren Wettbewerb anzuwenden, wenn nicht Gesetze oder subjektive Rechte verletzt waren. Zur Abhilfe wurde 1915 mit **Art. 328**^{bis} des Strafgesetzbuches eine Primärnorm geschaffen, die sich jedoch in sehr engem Zuschnitt auf die Pönalisierung der Schädigung der Konkurrenz durch betrügerische Handlungen zur Täuschung des Publikums oder bestimmter Personen beschränkte. Der Durchbruch in der Rechtsprechung gelang mit einer Entscheidung des Hogen Raads im Jahr 1919[318]: Unter ausdrücklicher Abkehr von seiner bisherigen Rechtsprechung definierte das oberste niederländische Gericht die „unrechtmäßige Tat" nunmehr als

> „ein Handeln oder Unterlassen, das das Recht eines anderen verletzt oder gegen eine dem Täter obliegende Rechtspflicht, gegen die guten Sitten oder diejenige Sorgfalt verstößt, die jeder im wirtschaftlichen Verkehr hinsichtlich der Person oder des Vermögens eines anderen zu beachten hat."

F 268 Vor allem das Kriterium der **Verletzung einer ungeschriebenen Sorgfaltspflicht** bot die Möglichkeit zur Entfaltung einer reichen richterrechtlichen Kasuistik der Handlungen unlauteren Wettbewerbs, die auch heute noch zur Fortbildung offensteht. Im Vordergrund sieht man dabei traditionell den Schutz der Konkurrenten[319].

Aus dem Bereich des ungeschriebenen Wettbewerbsrechts wurde 1980 unter dem Eindruck der im Entstehen begriffenen EWG-Richtlinie über irreführende Werbung der Bereich der **irreführenden Werbung** herausgegriffen und einer Kodifizierung in Art. 1416 a – 1416 d des Bürgerlichen Gesetzbuches zugeführt, worin man eine vorweggenommene Umsetzung der Richtlinie von 1984 erblickt[320].

F 269 Das **neue Bürgerliche Gesetzbuch,** das im hier interessierenden Teil am 1. 1. 1992 in Kraft getreten ist, hat die traditionelle Auslegung der deliktsrechtlichen Generalklausel aufgenommen und gegenüber dem Ausspruch des Hoge Raad von 1919 nur geringfügig fortgebildet; sie dient weiterhin als die zentrale Grundlage für die Bekämpfung des unlauteren Wettbewerbs, ohne daß davon im Gesetz die Rede wäre[321]. Die unerlaubte Handlung – genauer gesagt, ihre Tatbestandsmäßigkeit und Rechtswidrigkeit – wird in Art. 6 : 162 Nr. 2 des Bürgerlichen Gesetzbuchs in der Fassung von 1992 wie folgt definiert:

> „Als unerlaubte Handlung gilt eine Verletzung eines Rechts oder ein Tun oder Unterlassen, das gegen eine gesetzliche Pflicht oder dagegen verstößt, was im wirtschaftlichen Verkehr infolge ungeschriebenen Rechts zu beachten ist, es sei denn, daß ein Rechtfertigungsgrund vorliegt."

---

[316] Die Einführung eines „comprehensive fair trading act" verlangt denn auch *Hondius*, Consumer Legislation in The Netherlands Rdn. 145.

[317] S. dazu *Ulmer/Baeumer/van Manen* Rdn. 1 ff; *Schricker/Henning-Bodewig/Verkade/Quadvlieg* Rdn. 1 ff.

[318] Urteil vom 31. 1. 1919 – Lindenbaum ./. Cohen NJ 1919 Nr. 163.

[319] *Ulmer/Baeumer/v. Manen* Rdn. 84 f.

[320] S. dazu *Henning-Bodewig* GRUR Int. 1981, 429.

[321] S. im einzelnen *Henning-Bodewig* GRUR Int. 1993, 126, 129 ff.

Für die Ableitung der Deliktshaftung aus einer Gesetzesverletzung ist wichtig, daß man in Holland der Konzeption der **relativen Rechtswidrigkeit oder Normzwecktheorie** folgt, wie sie in Deutschland in § 823 Abs. 2 BGB zum Ausdruck gelangt[322]. Die Relativitätslehre ist nunmehr in Art. 6 : 163 des neuen Bürgerlichen Gesetzbuches niedergelegt[323]. **F 270**

Als **Sanktionen** sind im Deliktsrecht die Klage auf Schadensersatz, Unterlassung, Beseitigung, Feststellung der Rechtswidrigkeit und Urteilsveröffentlichung eingeführt[324]. Es steht auch ein im wesentlichen mit der einstweiligen Verfügung des deutschen Rechts vergleichbares Eilverfahren zu Gebote[325].

Die Vorschriften über die **irreführende Werbung** finden sich jetzt fast unverändert in Art. 6 : 194–6 : 196 des neuen Bürgerlichen Gesetzbuch[326]. Art. 194 enthält einen weitgespannten, durch zahlreiche Einzelbeispiele konkretisierten Irreführungstatbestand[327]. Art. 195 erlaubt eine **Beweislastumkehr** hinsichtlich der Richtigkeit und Vollständigkeit der Angaben und des Verschuldens. Als **Sanktionen** werden in Art. 196 Unterlassung und Berichtigung geregelt. Die Klagebefugnis wird auf gewerbliche und Verbraucherverbände sowie sonstige juristische Personen erstreckt, deren Zweck durch die Angaben tangiert wird. Zumindest hierin zeigt sich eine Einbeziehung des Verbraucherschutzes, wie sie der Schutzzweckdeklaration der EWG-Richtlinie entspricht (Rdn. F 333). **F 271**

Auf der Grundlage der deliktsrechtlichen Generalklausel wird die **Anschwärzung** durch unwahre Angaben als unlauter gewertet[328]. Irreführende Vergleiche werden in Art. 6 : 194 lit. j des Bürgerlichen Gesetzbuches verboten. Die Zulässigkeit der wahrheitsgemäßen Kritik und insbesondere der wahren **vergleichenden Werbung** ist sehr strittig; die Beurteilung hängt von den Umständen des Falles ab[329]. Unter Umständen kommt hier auch eine Anwendung von Art. 13 A Abs. 1 Nr. 2 des Benelux-Markengesetzes in Betracht, ein markenrechtlicher Verletzungstatbestand, der so weit reicht, daß er auch die – anlehnende oder kritisierende – Bezugnahme auf eine Marke erfassen könnte[330]. **F 272**

Für die **sonstige unter dem Aspekt der Unlauterkeit zu beurteilende Werbung,** insbesondere die belästigende, getarnte, gefühlsbetonte oder geschmacklose Werbung greifen in der Praxis meist selbstdisziplinäre Regelungen durch[331]. **F 273**

Der **wettbewerbsrechtliche Kennzeichenschutz** gegen Verwechslungsgefahr oder Rufausbeutung hat angesichts der Sonderregelungen im Benelux-Markengesetz und im Handelsnamengesetz keine große Bedeutung erlangt[332].

---

322 S. *Schricker/Henning-Bodewig/Verkade/Quadvlieg* Rdn. 23 ff; s. auch rechtsvergleichend *Schricker* Gesetzesverletzung und Sittenverstoß, 1970 S. 174 ff.

323 Die hier interessierenden Vorschriften des Bürgerlichen Gesetzbuchs sind bei *Schricker/Henning-Bodewig/Verkade/Quadvlieg* Anhang A II abgedruckt.

324 *Ulmer/Baeumer/v. Manen* Rdn. 88 ff.

325 *Schricker/Henning-Bodewig/Verkade/Quadvlieg* Rdn. 610 ff.

326 S. diese bei *Schricker/Henning-Bodewig/Verkade/Quadvlieg* Anhang A II.

327 S. dazu im einzelnen *Schricker/Henning-Bodewig/Verkade/Quadvlieg* Rdn. 46 ff.

328 *Schricker/Henning-Bodewig/Verkade/Quadvlieg* Rdn. 239 ff; *Ulmer/Baeumer/v. Manen* Rdn. 303 ff.

329 *Schricker/Henning-Bodewig/Verkade/Quadvlieg* Rdn. 248 ff, 256 ff; *Ulmer/Baeumer/v. Manen* Rdn. 314 ff.

330 *Schricker/Henning-Bodewig/Verkade/Quadvlieg* Rdn. 158 ff, 284 ff.

331 *Schricker/Henning-Bodewig/Verkade/Quadvlieg* Rdn. 310 ff.

332 *Schricker/Henning-Bodewig/Verkade/Quadvlieg* Rdn. 329 ff.

Bei der **sklavischen Nachahmung** betont die neuere Praxis den Grundsatz der Nachahmungsfreiheit; wichtigste Fallgruppe der Unlauterkeit sind die Sachverhalte der Hervorrufung einer vermeidbaren Verwechslungsgefahr[333].

Das Strafgesetzbuch enthält in Art. 273 einen Straftatbestand des **Geheimnisverrats durch Angestellte**; im übrigen ist die allgemeine Deliktsvorschrift anwendbar[334].

F 274 Sondergesetzlich ist u. a. das **Zugaberecht** geregelt; die Zugabeverordnung von 1977 enthält auch Vorschriften für gewisse **Sonderveranstaltungen**[335]

Ein allgemeines **Rabattverbot** besteht in den Niederlanden nicht[336].

Österreich

Literatur

Barfuß Die zivilrechtliche Unternehmerhaftung für Wettbewerbsverstöße Dritter, GRUR Int. 1966, 14; *Ehricke* Der Verkauf unter Einstandspreis in Österreich, GRUR Int. 1991, 100; *Hodik* Zur Sittenwidrigkeit des Vernichtungswettbewerbs nach österreichischem Recht, GRUR Int. 1986, 453; *Hohenecker/Friedl* Wettbewerbsrecht (1959); *John* Gedanken zum österreichischen Wettbewerbs- und Nahversorgungsgesetz, GRUR Int. 1978, 343; *John* Die unberechtigte Schutzrechtsverwarnung im deutschen und österreichischen Recht, GRUR Int. 1979, 236; *Koppensteiner* Wettbewerbsrecht, Bd.2 Unlauterer Wettbewerb² (1987); *Kramer* Die vergleichende Werbung im österreichischen Wettbewerbsrecht, GRUR Int. 1974, 195; *Kramer/Mayrhofer* Konsumentenschutz im Privat- und Wirtschaftsrecht (1977); *Krejci* (Hrsg.) Handbuch zum Konsumentenschutzgesetz (1981); Nowakowski Die berühmte Marke in Österreich, GRUR Int. 1984, 273; *Röttinger* Neuerungen im österreichischen Urheber- und Wettbewerbsrecht, GRUR Int. 1989, 827; *Sack* Schadensersatzansprüche wettbewerbsgeschädigter Verbraucher nach deutschem und österreichischem Wettbewerbs- und Deliktsrecht, in: Kramer/Mayrhofer (Hrsg.) Konsumentenschutz S. 99; *Schönherr* Die Beurteilung von Gratislieferungen und -leistungen nach österreichischem Wettbewerbsrecht, GRUR Int. 1958, 169; *Schönherr* Zugaben und Rabatte nach österreichischem Recht (1960); *Schönherr* Die Novellierung des österreichischen Wettbewerbsrechts, GRUR Int. 1971, 328; *Schönherr* Die sklavische Nachahmung in der neueren österreichischen Praxis GRUR Int. 1983, 575; *Schönherr/Kucsko* Wettbewerbs-, Marken-, Muster- und Patentrecht (Vorlesungsskriptum)² (1985); *Schönherr/Wiltscheck* Wettbewerbsrecht – Gesetz gegen den unlauteren Wettbewerb⁵ (1987) (mit Ergänzungsheft 1992); *Schuhmacher* Verbraucherschutz bei Vertragsanbahnung (1983); *Wiltscheck* Die Beurteilung grenzüberschreitender Werbe- und Absatztätigkeit nach österreichischem Wettbewerbsrecht, GRUR Int. 1988, 299; *Wiltscheck* Wettbewerbs- und Markenrecht in Österreich. Eine Übersicht über die im Jahr 1992 veröffentlichten Entscheidungen, WRP 1993, 602, 657 (s. ferner die ähnlichen Berichte in den Vorjahren).

F 275 In Österreich wurde nach dem Beitritt zur PVÜ im Jahre 1908 und nachdem auch der Staatsvertrag von Saint Germain (in Art. 226) eine Verpflichtung zum Schutz gegen unlauteren Wettbewerb statuiert hatte, in Anlehnung an das deutsche UWG das **Bundesgesetz vom 26. 9. 1923 gegen den unlauteren Wettbewerb** kundgemacht[337]; nach einer Reihe von Änderungen wurde es als **Bundesgesetz gegen den unlauteren Wettbewerb 1984** wiederverlautbart[338].

---

333 *Ulmer/Baeumer/v. Manen* Rdn. 236 ff. S. zuletzt Hoge Raad GRUR Int. 1992, 227 (ASSA flex).

334 *Ulmer/Baeumer/v. Manen* Rdn. 260 ff.

335 *Mehring* WRP 1990, 477, 478; *Ulmer/Baeumer/v. Manen* Rdn. 614 ff; *Hondius* Consumer Legislation in The Netherlands Rdn. 139.

336 *Ulmer/Baeumer/v. Manen* Rdn. 616, 646 ff.

337 ÖBGBl. Nr. 531.

338 ÖBGBl. Nr. 188. S. den Text mit kurzer Kommentierung bei *Schönherr/Wiltscheck* S. 1 ff. Zur historischen Entwicklung s. *Koppensteiner* 2 S. 4 ff.

Mit dem deutschen UWG weist das österreichische UWG weitgehende Übereinstimmungen auf[339], so in der **Generalklausel** des § 1 und im **Irreführungsverbot** des § 2 Abs. 1 (das in Abs. 2 das Presseprivileg beim Schadensersatz mitregelt, vgl. § 13 Abs. 6 Nr. 1 des deutschen UWG; worauf sich in § 3 eine Regelung der Unterlassungshaftung der Presse anschließt; die Pressehaftung ist auch beim Straftatbestand des § 4 besonders behandelt; strafrechtliche Nebenfolgen sind in § 5 geregelt). Weiter knüpft § 6 mit der **Freistellung der Gattungsbezeichnungen** an § 5 Abs. 1 des deutschen UWG an. Neu wurde 1980 ein **Verbot von Mogelpackungen** in § 6a eingefügt. Die in §§ 6a und 6b, 6d und 6e des deutschen UWG sich verkörpernden gesetzgeberischen Fehlleistungen sind Österreich erspart geblieben. Ähnlich wie im deutschen Recht ist die **Anschwärzung** geregelt (§ 7). Der **Schutz der geschäftlichen Kennzeichen** in § 16 des deutschen UWG findet sein Gegenstück in § 9 des österreichischen UWG, der freilich nicht wie § 16 Abs. 3 S. 2 den Warenzeichen- und Ausstattungsschutz ausklammert, sondern die registrierten Marken und Ausstattungen von Waren, die im Verkehr als Kennzeichen des Unternehmens gelten, ausdrücklich gleichstellt[340]. Die **Bestechung** ist nach § 10 strafbar; **Geheimnisverletzung** und **Vorlagenmißbrauch** sind in §§ 11–12 strafrechtlich und in § 13 zivilrechtlich geregelt. **F 276**

Das **Klagerecht** wird in § 14 behandelt; seit der Novelle von 1971 sind auch gewisse verbrauchernahe Dachverbände zur Unterlassungsklage befugt, was die Rezeption des **Verbraucherschuzgedankens** im österreichischen UWG bestätigt[341]. Der im deutschen UWG bis heute neben dem Unterlassungsanspruch nur stillschweigend mitlaufende **Beseitigungsanspruch**[342] wird in § 15 des österreichischen UWG ausdrücklich erwähnt. Beim Schadensersatz werden **Gewinnherausgabe** und eine **Vergütung für immaterielle Schäden** miteinbezogen (§ 16); mehrere Personen haften zu ungeteilter Hand (§ 17). Die strikte **Unterlassungshaftung des Unternehmers** für Handlungen in seinem Betrieb in § 18 Satz 1 ähnelt § 13 Abs. 4 des deutschen UWG; weitergehend ist auch die in Deutschland nur über die schwache Brücke des § 831 BGB erreichbare **Schadensersatzhaftung** mit geregelt (§ 18 Satz 2). Mit der Verjährung hält es das österreichische Recht (§ 20) wie das deutsche (§ 21). Es finden sich noch einige prozessuale Vorschriften und anders als im deutschen UWG in §§ 27ff ein Abschnitt mit **verwaltungsrechtlichen Bestimmungen**, wie einem **Verbot des Schneeballsystems** (§ 27) (vgl. dazu § 6c des deutschen UWG), der **Verkoppelung des Absatzes mit Verlosungen** (§ 28), des Hinweises auf eine **Konkursmasse** (§ 30, der § 6 des deutschen UWG entspricht) und der **Irreführung über Auszeichnungen und Vorrechte** (§ 31). **Schließlich finden sich Ermächtigungen zum Erlaß von Kennzeichnungsvorschriften** (§ 32), mit Bestimmungen über die Straffolgen bei deren Verletzung (§§ 33, 34) und über die Zurückbehaltung von Waren durch **Zollämter** (§§ 35–37). Im Rahmen der gemeinsamen und Schlußbestimmungen wird der **land- und forstwirtschaftliche Betrieb** einbezogen (§ 38, vgl. § 2 des deutschen UWG) und es werden **bildliche Darstellungen** den wörtlichen Angaben gleichgestellt (§ 39 Abs. 1, vgl. § 5 Abs. 2 des deutschen UWG); die **fremdenrechtliche** Reziprozitätsvorschrift des § 40 entspricht § 28 des deutschen UWG (und hat wie diese ange- **F 277**

[339] S. den Paragraphenvergleich bei *Schönherr/Wiltscheck* S. XXXIff.

[340] S. *Koppensteiner* II S. 135f, 143ff.

[341] *Koppensteiner* S. 7; *Schönherr/Wiltschek* Anm. 4 zu § 14; Schönherr GRUR Int. 1971, 328, 329.

[342] *Baumbach/Hefermehl* Einl. Rdn. 307.

sichts des Inländerbehandlungsgrundsatzes der PVÜ kaum praktische Bedeutung), wobei in § 41 bei Diskriminierung österreichischer Waren im Ausland noch ein **Vergeltungsrecht** vorgesehen ist, das im Einzelfall der PVÜ widersprechen könnte, aber keine praktische Bedeutung besitzt[343].

F 278 Im ganzen koinzidiert das österreichische UWG in wesentlichen Zügen mit dem deutschen UWG; es ist freilich zum Teil detaillierter und stoffreicher und weicht teilweise in der Systematik ab. Die österreichische Praxis nimmt häufig auf deutsche Lehre und Rechtsprechung Bezug, ist aber in manchen Punkten auch eigene Wege gegangen.

F 279 Bemerkenswert ist eine Änderung des UWG von 1988, durch die **vergleichende Preiswerbung** ausdrücklich erlaubt wird[344]. Mit Urteil vom 26. 6. 1990[345] hat der OGH entschieden, daß die durch die UWG-Novelle von 1988 eingeführte Bestimmung des § 2 Abs. 1 Satz 2 UWG über die grundsätzliche Zulässigkeit vergleichender Preiswerbung eine wettbewerbspolitische Entscheidung impliziere, die auf Werbevergleiche aller Art zu übertragen sei. **Vergleichende Werbung** sei daher **als grundsätzlich zulässig** anzusehen, sofern sie nicht im Sinne des § 2 UWG zur Irreführung geeignet ist oder – etwa durch Pauschalabwertungen, unnötige Bloßstellungen oder aggressive Tendenzen – das Sachlichkeitsgebot verletzt und deshalb sittenwidrig ist.

F 280 Seit den zwanziger und dreißiger Jahren wird das österreichische UWG von einem **Zugabegesetz**[346], dem vom deutschen Recht übernommenen **Rabattgesetz**[347] und von einem **Ausverkaufsgesetz**[348] begleitet.

F 281 Einschneidende Veränderungen hat hier das **Wettbewerbsderegulierungsgesetz** gebracht, das am 1. 4. 1992 in Kraft getreten ist[349]. Es hat das **Rabattgesetz ersatzlos aufgehoben** und integriert Zugabe- und Ausverkaufsrecht ins UWG. Das **Zugaberecht** wird dabei in §§ 9 a, 9 b und 9 c UWG neu geregelt; das **Ausverkaufswesen** in §§ 33 a–33 f UWG.

F 282 Im Jahre 1977 wurde das (1980 und 1988 novellierte[350]) **Nahversorgungsgesetz** erlassen, das „eine Art Zwitterstellung zwischen UWG und KartG" einnimmt[351]. Nach § 1 Abs. 1 des Nahversorgungsgesetzes können „Verhaltensweisen von Unternehmern im geschäftlichen Verkehr untereinander ... untersagt werden, soweit sie geeignet sind, den **leistungsgerechten Wettbewerb** zu gefährden"; zur Untersagung ist das Kartellgericht beim OLG Wien zuständig (§ 6). Das Gesetz enthält eine Reihe von Sondertatbeständen, zu denen auch ein **Verbot des Verkaufs unter Einstandspreis** gehörte (§ 3 a), das zunächst nur für gewisse Lebensmittel galt, dann aber auf alle Waren erstreckt wurde[352]. Der österreichische Verfassungsgerichtshof hat mit Entscheidung vom 15. 6. 1990 das Verbot des Verkaufs unter Einstandspreis aber als einen unverhältnismäßigen Eingriff in die Erwerbsausübungsfreiheit für verfas-

---

343 Vgl. *Hohenecker/Friedl* S. 10.
344 S. den Bericht in GRUR Int. 1988, 722.
345 GRUR Int. 1991, 225.
346 Bundesgesetz vom 3. 8. 1934 (ÖBGBl. II 196) über das Verbot von Zugaben zu Waren und Leistungen, abgedruckt bei *Schönherr/Wiltschek* S. 65 ff.
347 Gesetz über Preisnachlässe vom 25. 11. 1933, s. *Schönherr/Wiltschek* S. 72 ff.
348 Bundesgesetz über Ausverkäufe und ausverkaufsähnliche Veranstaltungen (Ausverkaufsgesetz 1985), s. *Schönherr/Wiltschek* S. 85 ff begleitet.
349 S. den Bericht in GRUR Int. 1992, 406.
350 Vgl. den Bericht in GRUR Int. 1988, 722; das Gesetz ist abgedruckt bei *Schönherr/Wiltschek* S. 209 ff.
351 *Koppensteiner* S. 3. S. zum Nahversorgungsgesetz auch John GRUR Int. 1978, 343.
352 Durch die Novelle von 1988, s. GRUR Int. 1988, 722.

sungswidrig erklärt[353]. Durch diese Entscheidung und durch die Zulassung der vergleichenden Werbung dürfte in Österreich eine wesentliche Intensivierung des Preiswettbewerbs ermöglicht werden[354].

Schweden

Literatur

Bernitz Svensk och internationell marknadsrätt² (1973); *Bernitz* Der Verbraucherschutz in Schweden, ZHR 138 (1974); *Bernitz* Schwedisches Verbraucherschutzrecht, RabelsZ 40 (1976) 593; *Bernitz* Zugaben und andere kombinierte Angebote im nordischen, insbesondere schwedischen Recht, GRUR Int. 1983, 476; *Bernitz/Draper* Consumer Protection in Schweden. Legislation, Institutions and Practice (1981); *Carsten* Marktgerichtshof und Verbraucherombudsmann, WuW 1983, 667; *Ehlers* Aus der Praxis des schwedischen Marktgerichts, GRUR Int. 1978, 327; *von Eyben/Heinonen/Bull/Bergquist/Tengelin* Das Recht des unlauteren Wettbewerbs in den nordischen Ländern (1967); *Korkisch* Verbraucherschutz in Schweden, RabelsZ 37 (1973) 755; *Kur* Neuere Entwicklungen im Verbraucherschutzrecht der skandinavischen Länder, GRUR Int. 1979, 510; *Kur* Rundfunkwerbung in den nordischen Ländern, GRUR Int. 1989, 368; *Levin* Der wettbewerbsrechtliche Schutz für Gewerbetreibende nach dem schwedischen Gesetz über Vertriebsmaßnahmen, GRUR Int. 1986, 511; *Levin* Werbung und Informationsfreiheit, GRUR Int. 1987, 207; *Neumeyer* Der schwedische Verbraucherombudsmann und die schwedische Verbrauchergesetzgebung in den letzten Jahren, GRUR Int. 1973, 686; *Treis* Tendenzen und Besonderheiten im schwedischen Recht des unlauteren Wettbewerbs, GRUR Int. 1987, 395; *Treis* Das Recht des unlauteren Wettbewerbs und Marktvertriebsrecht in Schweden (1991).

Das Recht des unlauteren Wettbewerbs hatte sich in Schweden zunächst nur zögernd entwickelt, wobei die Gesetzgebung vom deutschen Modell inspiriert worden war. Das **Gesetz gegen unlauteren Wettbewerb von 1931/1942**, das bis 1970 – in Teilen bis Ende der achtziger Jahre – fortgalt, enthielt jedoch keine Generalklausel und war von ausgeprägt strafrechtlichem Charakter. Die geringe praktische Bedeutung des staatlichen Rechts wurde durch ein wohlfunktionierendes **Selbstkontrollsystem** ausgeglichen[355]. **F 283**

Die seit Ende der vierziger Jahre laufenden Arbeiten zur Reform des Gesetzes gegen unlauteren Wettbewerb wurde in den sechziger Jahren durch einen aus der schwedischen Verbraucherschutzpolitik hervorgehenden gänzlich neuen Ansatz überholt und verdrängt; er führte zum Erlaß des Gesetzes gegen ungebührlichen Marktvertrieb Nr. 1975 : 1418 vom 15. 12. 1975, später **Gesetz über Marktvertrieb** genannt[356]. **F 284**

Das Marktvertriebsgesetz stellt den **Schutz der Verbraucher** ganz in den Vordergrund. Zentrale Figur ist der **Konsumentombudsmann**[357]. Er ist ein besonderer staatlicher Amtrsträger, der aus der nordischen Ombudsmann-Tradition hervorgegangen ist; die Figur des Ombudsmanns als einer unabhängigen Kontrollperson begegnet auch in anderen Bereichen. Der Konsumentombudsmann überwacht das Marktgeschehen und wird aus eigener Initiative oder auf Anregung von Unternehmer- oder Verbraucherseite tätig. Er klärt auf, berät und mahnt ab; gegen ungehörige Marktpraktiken kann er durch eigene Verbotsverfügungen und durch Erhebung

---

353 S. den Bericht in GRUR Int. 1990, 890 und das Urteil in GRUR Int. 1991, 156; s. dazu *Ehricke* GRUR Int. 1991, 100.

354 Vgl. *Ehricke* GRUR Int. 1991, 100, 103.

355 S. zur Rechtsentwicklung *Treis* S. 5 ff.

356 Deutsche Übersetzung in GRUR Int. 1978, 350; geänderte Fassung von 1986 abgedruckt bei *Treis* S. 175 ff; s. dort zur Gesetzesgeschichte S. 11 ff.

357 S. im einzelnen *Treis* S. 33 ff.

einer Klage zum Marktgericht vorgehen. Betroffene Gewerbetreibende oder gewerbliche Verbände können nach dem Marktvertriebsgesetz erst dann klagen, wenn der Ombudsmann entschieden hat, nicht selbst Klage zu erheben. Seit 1975 ist der Ombudsmann zugleich Generaldirektor des staatlichen Verbraucheramtes; seine Zugehörigkeit zur staatlichen Verwaltung wird hierdurch betont.

F 285 Das **Marktgericht** ist ein besonderes Gericht, das für Marktvertriebs- und Kartellsachen ausschließlich zuständig ist[358]. Es ist nicht nur mit Berufsrichtern, sondern auch mit Vertretern von Wirtschaft und Verbrauchern und unabhängigen Sachverständigen besetzt. Das Verfahren ist relativ rasch; das Marktgericht entscheidet in erster und letzter Instanz.

F 286 **Aufgabe des Marktvertriebsgesetzes** ist es, die Interessen der Verbraucher im Zusammenhang mit dem gewerbsmäßigen Vertrieb von Waren, Dienstleistungen und anderen Bedarfsgütern zu fördern sowie solche Vertriebsmethoden zu bekämpfen, die gegenüber Verbrauchern oder Gewerbetreibenden unlauter sind (§ 1). Nach der **Generalklausel** des § 2 kann eine Werbung oder sonstige Handlung untersagt werden, wenn sie „wegen Verstoßes gegen die guten kaufmännischen Sitten oder aus sonstigem Grund gegenüber Verbrauchern oder Gewerbetreibenden unlauter ist". Mit Strafe bedroht ist die **irreführende Werbung** (§ 6). Unterläßt der Gewerbetreibende die Angabe von Informationen, die für die Verbraucher von besonderer Bedeutung sind, kann ihm das Marktgericht die Verpflichtung auferlegen, entsprechende Angaben zu machen (§ 3)[359]. Strafrechtlich verboten sind im Marktvertriebsgesetz weiter die Ausgabe von Wertzeichen, die anders als in Geld einzulösen sind (§ 7) sowie die **Zugaben und Koppelungsgeschäfte** (§ 8)[360]. Schließlich ist vorgesehen, daß der Vertrieb sicherheitsgefährdender und untauglicher Produkte verboten werden kann (§ 4). Charakteristisch ist für das Gesetz, daß es ein bestimmtes Marktverhalten verbietet, ohne daß es dabei auf ein Wettbewerbsverhältnis oder ein Handeln zu Zwecken des Wettbewerbs ankäme.

Hauptsanktion ist nach dem Marktvertriebsgesetz neben der Strafbarkeit das Verbot, das vom Marktgericht (§ 10) ausgesprochen wird. In Fragen geringerer Bedeutung kann eine Verbotsverfügung des Konsumentombudsmanns ergehen. Letztere wird allerdings nur bindend, wenn der Adressat sie akzeptiert; wird dies verweigert, muß der Ombudsmann Klage zum Marktgericht erheben (§ 14). Der Verstoß gegen eine strafbewehrte Verbotsverfügung führt zur Bestrafung (vgl. § 9, §§ 17 f). Wer gegen die Generalklausel verstößt oder sich nach dem Gesetz strafbar macht, ist verpflichtet, den einem Wettbewerber daraus entstehenden Schaden zu ersetzen (§ 19).

F 287 Die in erster Linie auf den **Schutz der Gewerbetreibenden** orientierten Vorschriften im alten UWG über Geheimnisverletzung und Bestechung sind zunächst aufrechterhalten geblieben; ein neues Gesetz zum Schutz von Betriebsgeheimnissen trat 1990 in Kraft[361].

Die **freiwillige Selbstkontrolle der Wirtschaft** ist angesichts der mit dem Marktvertriebsgesetz verbundenen staatlichen Dominanz aufgegeben worden[362].

---

[358] S. im einzelnen *Treis* S. 71 ff.

[359] S. dazu rechtsvergleichend *Keyßner* Täuschung durch Unterlassen – Informationspflichten in der Werbung, 1986 S. 107 ff.

[360] S. dazu rechtsvergleichend *Bernitz* GRUR Int. 1983, 476 und umfassend *Götting* Die neuere Entwicklung des Zugaberechts in Deutschland, Belgien, Frankreich und Schweden, 1986 S. 200 ff.

[361] *Treis* S. 21 f; s. auch *Levin* GRUR Int. 1986, 511.

[362] *Treis* S. 17 f.

Das schwedische Modell eines vom Verbraucherombudsmann verwalteten Marktvertriebsgesetzes ist in **anderen nordischen Ländern,** so namentlich in Norwegen, Dänemark und Finnland – mit gewissen Modifikationen – übernommen worden[363]. Darüber hinaus hat es aber auch in der wettbewerbs- und verbraucherrechtlichen **Reformdiskussion** außerhalb des nordischen Rechtskreises, so insbesondere in Deutschland, Beachtung gefunden[364]. Es ist allerdings nicht zu verkennen, daß die Erfolge des Ombudsmanns zu nicht geringem Teil auf seinem informellen Wirken im Einzelfall und durch generelle „Richtlinien" für die Wirtschaft beruhen und weniger auf den relativ wenigen von ihm erlangten Gerichtsurteilen, und daß für vergleichbare Aktivitäten die Vorbedingungen in einem Staat wie der Bundesrepublik Deutschland sich weit weniger günstig darstellen. Die Reformdiskussion in Deutschland hat denn auch mit Recht dazu geführt, die Verfolg unlauteren Wettbewerbs nicht staatlichen Behörden zu übertragen, sondern weiterhin auf die Initiative der Beteiligten zu setzen, in deren Kreis sich auch die Verbraucherverbände etabliert haben. **F 288**

In Schweden mehrt sich neuerdings die **Kritik** vor allem an der einseitig verbraucherschutzorientierten Praxis zum Marktvertriebsgesetz, bei der die Interessen der Gewerbetreibenden zu kurz kommen. Eine hierdurch angestoßene Reform dürfte demnächst zu Gesetzesänderungen führen[365]. Die Wirtschaft kehrt neuerdings auch wieder zu Selbstkontrollinstrumenten zurück[366]. **F 289**

Schweiz

Literatur

Baudenbacher Suggestivwerbung und Lauterkeitsrecht (1978); *Baudenbacher* Zur gesundheitsbezogenen Werbung, WRP 1980, 471; *Baudenbacher* Probleme der Rechtsverfolgung im schweizerischen Recht des unlauteren Wettbewerbs, GRUR Int. 1980, 344; *Baudenbacher* Die Revision des schweizerischen UWG, GRUR Int. 1981, 162; *Baudenbacher* Die wettbewerbsrechtliche Beurteilung grenzüberschreitender Werbe- und Absatztätigkeit nach schweizerischem Recht, GRUR Int. 1988, 310; *Baudenbacher* Zum Schutz selektiver Vertriebssysteme im schweizerischen Recht, GRUR Int. 1988, 931; *Baudenbacher* (Hrsg.) Das UWG auf neuer Grundlage (1989); *von Büren, B.* Kommentar zum Bundesgesetz über den unlauteren Wettbewerb (1957); *David* Schweizerisches Werberecht (1977); *David* Schweizerisches Wettbewerbsrecht[2] (1988); *Dessemontet* Der Schutz geographischer Herkunftsangaben nach schweizerischem Recht, GRUR Int. 1979, 245; *Dessemontet* (Hrsg.) UWG: Gesetz, Materialien, Rechtsprechung (1989); *Dutoit* Unlautere Ausnutzung und Beeinträchtigung des guten Rufs bekannter Marken, Namen und Herkunftsangaben. Die Rechtslage in der Schweiz und Frankreich, GRUR Int. 1986, 1; *Germann* Concurrence déloyale (1945); *Hilti/Marbach* Einschränkung des Markenkennzeichnungrechts durch Werbeverbote im schweizerischen Recht, GRUR Int. 1985, 379; *Honsell* OR-Novelle zum Konsumentenschutz, AJP 1992, 66; *Hotz* Zur Bedeutung des Bundesgesetzes gegen unlauteren Wettbewerb für die Massenmedien, GRUR Int. 1990, 214; *Klein* Die Ausnützung des Spieltriebes durch Veranstaltungen der Wirtschaftswerbung und ihre Zulässigkeit nach schweizerischem Recht (1970); *Künzle* Die vergleichende Werbung im schweizerischen Wettbewerbsrecht – de lege lata und de lege ferenda, Wirtschaft und Recht 1982, 138; *Martin-Achard* La loi fédérale contre la concurrence déloyale du 19 décembre 1986 (1988); *Rehbinder, M.* Schweizerisches Presserecht (1975); *Rehbinder, M.* Konsumentenschutz im schweizerischen Recht, RIW 1991, 97; *Schluep/Schürmann* KG + PüG-Kommentar

363 S. die Angaben bei *Kur* GRUR Int. 1979, 510 f.

364 S. nur die Nachweise bei *Treis* S. 2/3.

365 S. zur Kritik umfassend *Treis* S. 22 ff, 58 ff, 64 ff, 98 ff, 111, 169 ff.

366 S. *Coronel* Advertising and Selfregulation, 1992 S. 65.

zum Kartellgesetz und Preisüberwachungsgesetz (1988); *Schricker/Knaak/Ritscher* Recht der Werbung in Europa Bd. V Schweiz (1991); *Troller, A.* Immaterialgüterrecht^3 Bd. II (1985); *Troller, A.* Gedanken zur Bedeutung des Leistungsschutzes im Entwurf für ein neues schweizerisches Gesetz gegen den unlauteren Wettbewerb, GRUR Int. 1985, 94; *Troller, P.* Kollisionen zwischen Firmen, Handelsnamen und Marken (1980); *Vischer* Das internationale Privatrecht des Immaterialgüterrechts nach dem schweizerischen IPR-Gesetzentwurf, GRUR Int. 1987, 670.

F 290 Die Schweiz hatte bereits mit dem **Bundesgesetz über unlauteren Wettbewerb vom 30. 9. 1943**, das bis 1988 in Geltung war, ein relativ modernes UWG aufzuweisen. Inhaltlich war es dem deutschen UWG verwandt, wenngleich die Generalklausel nicht auf die „guten Sitten", sondern auf den – ebenfalls deutschrechtlichen – Begriff von „Treu und Glauben" verwies. Ansprüche wegen unlauteren Wettbewerbs waren – aus „referendumspolitischen Überlegungen, wie *B. von Büren*[367] bemerkt – auch dem in seinen wirtschaftlichen Interessen geschädigten Kunden zugewiesen worden; zugleich war neben dem Klagerecht der gewerblichen Verbände auch ein solches der Konsumentenverbände vorgesehen; diese progressiven Regelungen haben in der Praxis jedoch keine Bedeutung erlangt. Allgemein ist die zivilrechtliche Judikatur zum schweizerischen UWG von 1943 vergleichsweise dünn gesät; mehr Bedeutung haben im Bereich der geschäftlichen Betätigung die straf- und verwaltungsrechtlichen Vorschriften erlangt[368].

F 291 Das neue **Bundesgesetz gegen den unlauteren Wettbewerb vom 19. 12. 1986**[369], in Kraft getreten am 1. 3. 1988[370], bekennt sich zu einem **funktionalen Ansatz**, d. h. daß „die Scheidung des lauteren vom unlauteren Wettbewerb sich auf die Ergebnisse stützen müsse, die von einem System funktionierenden Wettbewerbs erwartet werden dürfen"[371]. Damit wird das Dogma der **wirtschaftspolitischen Neutralität des UWG** aufgegeben. Neben und über dem Schutz der Wettbewerber und der anderen Marktbeteiligten wird der Schutz der Institution des freien und lauteren Wettbewerbs in den Vordergrund gestellt[372]. Demgemäß deklariert Art. 1:

> „Dieses Gesetz bezweckt, den lauteren und unverfälschten Wettbewerb im Interesse aller Beteiligten zu gewährleisten."

Als bewegende Kräfte der schweizerischen UWG-Reform der achtziger Jahre scheinen weniger Verbraucherinteressen[373] wirksam geworden zu sein, wie sie in anderen Ländern in Erscheinung getreten sind, als vielmehr Interessen und Wünsche aus Wirtschaftskreisen, insbesondere aus dem Einzelhandel[374].

F 292 Nach der **Generalklausel** in Art. 2 des schweizerischen UWG von 1986 ist „unlauter und widerrechtlich ... jedes täuschende oder in anderer Weise gegen den Grundsatz von Treu und Glauben verstoßende Verhalten oder Geschäftsgebaren, welches das Verhältnis zwischen Mitbewerbern oder zwischen Anbietern und Abnehmern beeinflußt."

Für den **Anwendungsbereich** des Gesetzes ergibt sich hieraus, daß ein Wettbewerbsverhältnis oder Handeln zu Zwecken des Wettbewerbs oder der Absatzförderung nicht vorausgesetzt wird. Es genügte die objektive Beeinflussung des Verhältnisses zwischen Anbietern und Abnehmern[375]. Nach der Konzeption des neuen

---

367 S. 183, Rdn. 52.

368 S. zu diesem Phänomen und seinen Gründen *Schricker/Knaak/Ritscher* Rdn. 3 ff.

369 GRUR Int. 1987, 159. S. auch das neue Markengesetz von 1992, GRUR Int. 1993, 663.

370 S. § 29 des Gesetzes.

371 Botschaft zum Gesetz, zitiert nach *Dessemontet* UWG: Gesetz, Materialien, Rechtsprechung S. 31 f.

372 *Schricker/Knaak/Ritscher* Rdn. 35 ff.

373 S. aber zur Obligationenrechtsnovelle zum Konsumentenschutz *Honsell* AJP 1992, 66. Die Novelle behandelt u. a. die unbestellte Zusendung von Waren und das Widerrufsrecht bei Haustürgeschäften.

374 *Baudenbacher* GRUR Int. 1981, 162, 165; s. a. *Rehbinder* RIW 1991, 97, 98 f.

375 *Schricker/Knaak/Ritscher* Rdn. 43.

UWG haften deshalb auch Personen, die nicht am Wettbewerb teilnehmen, wie z. B. Konsumentenorganisationen bei einer Veröffentlichung von Warentests oder die Presse im Rahmen ihrer Berichterstattung für Handlungen oder Äußerungen, die gegen Vorschriften des UWG verstoßen[376].

An **Einzeltatbeständen** unlauteren Wettbewerbs aus dem neuen schweizerischen Gesetz sind stichwortartig vor allem zu nennen: **F 293**

- die **Anschwärzung** (Art. 3 lit. a);
- die **irreführende Werbung** (Art. 3 lit. b, c, i);
- das Hervorrufen von **Verwechslungen** (Art. 3 lit. d);
- die unrichtige, irreführende, unnötig herabsetzende oder anlehnende **vergleichende Werbung** (Art. 3 lit. e – Die wahrheitsgemäße vergleichende Werbung wurde bisher grundsätzlich als zulässig angesehen; es wird erwartet, daß die Neuregelung im Lichte der Zwecksetzung des neuen Gesetzes eher weiter liberalisierend wirken könnte[377]);
- die irreführenden **Lockvogelangebote unter Einstandspreis** (Art. 3 lit. f);
- die **täuschenden Zugaben** (Art. 3 lit. g.);
- die Beeinträchtigung der Entscheidungsfreiheit der Kunden durch besonders **aggressive Verkaufsmethoden** (Art. 3 lit. h);
- die **Verleitung der Arbeitnehmer zumVertragsbruch** (Art. 4 lit. a);
- die **Bestechung von Hilfspersonen** (Art. 4 lit. b);
- die **Verleitung von Hilfspersonen zum Geheimnisverrat** (Art. 4 lit. c);
- die **unbefugte Verwertung anvertrauter Arbeitsergebnisse** (Art. 5 lit. a);
- die Verwertung **unbefugt erlangter fremder Arbeitsergebnisse** (Art. 5 lit. b);
- die **Übernahme und Verwertung des marktreifen Arbeitsergebnisses eines anderen** als solches ohne angemessenen eigenen Aufwand durch technische Reproduktionsverfahren (Art. 5 lit. c);
- die Verletzung von **Fabrik- und Geschäftsgeheimnissen** (Art. 6);
- die Nichteinhaltung rechtlich geltender oder berufs- oder ortsüblicher **Arbeitsbedingungen** (Art. 7);
- die irreführende Verwendung erheblich benachteiligender **allgemeiner Geschäftsbedingungen** (Art. 8)[378].

Das neue schweizerische Gesetz stellt sich im materiellrechtlichen Teil damit als eine der detailliertesten europäischen Regelungen dar.

Als **Sanktionen** sind **Unterlassungs-, Beseitigungs- und Feststellungsklage** sowie der Anspruch auf Mitteilung einer **Berichtigung** oder des **Urteils** selbst vorgesehen; hinsichtlich des Anspruchs auf **Schadensersatz** und **Genugtuung** sowie auf **Gewinnherausgabe** wird auf das Obligationenrecht verwiesen (Art. 9). **F 294**

Klagebefugt ist, wer in seinen wirtschaftlichen Interessen bedroht oder verletzt wird (Art. 9 Abs. 1); dies gilt auch für die Kunden (Art. 10 Abs. 1). Die Klagen außer Schadensersatz, Genugtuung und Gewinnherausgabe stehen auch gewerblichen und Verbraucherverbänden zu (s. i. einzelnen Art. 10 Abs. 2). **F 295**

Weitere Regelungen des Gesetzes beziehen sich auf die **Preisbekanntgabe** (Art. 16–20); auf der Grundlage dieser Vorschriften wurde die Preisbekanntgabeverordnung vom 14. 12. 1987 erlassen[379]. Konträr zu § 6e des deutschen UWG sind danach im Ergebnis wahrheitsgemäße, spezifizierte Angaben über Preisreduktionen

---

376 Schweizerisches BG GRUR Int. 1992, 68/69 (Bernina-Nähmaschinen); *Hotz* GRUR Int. 1990, 214ff.

377 *Schricker/Knaak/Ritscher* Rdn. 41, 126ff.

378 S. dazu kritisch *Rehbinder* RIW 1991, 97, 98f.

379 Auszugsweise abgedruckt bei *Schricker/Knaak/Ritscher* S. 200ff.

zulässig, nicht dagegen undeutliche Angaben wie „bis zu ... % reduziert“[380]. Geregelt sind ferner die **Ausverkäufe** (Art. 21–22).

Die vorsätzliche Erfüllung von Sondertatbeständen ist mit **Strafe** bedroht (Art. 23–27). Nicht unwichtig sind in der Schweiz allgemeine sowie branchenspezifische Systeme der **freiwilligen Selbstkontrolle**[381].

Spanien

Literatur

Alfaro Aguila-Real Competencia desleal por infracción de normas, Revista de Derecho Mercantil no. 202 (1991) 667; *Bacherach de Valera* Acciones derivadas de la competencia desleal, Revista General de Derecho No 562/63 (1991) 6177; *Barona Vilar* Reflexiones en torno de las normas procesales de la nueva ley 3/1991 de 10 de enero de Competencia Desleal, Revista General de Derecho no. 562/63 (1991) 6217; *Bercovitz* La competencia desleal, Derecho de Negocios 3 (1992) no 20; *Bercovitz* (Hrsg.) La Regulación contra la Competencia Desleal en la Ley de 10 de enero de 1991 (1992); *Botana Agra* Das spanische Markengesetz von 1988 im Überblick. GRUR Int. 1991, 527; *Casado-Cerviño* Das neue Markenrecht Spaniens und der Europäischen Gemeinschaften – Eine rechtsvergleichende Untersuchung GRUR Int. 1992, 107; *Freyer* Das neue spanische Gesetz gegen unlauteren Wettbewerb, ZVglRWiss 91 (1992) 96; *Fröhlingsdorf* Neue spanische Gesetzgebung zum unlauteren Wettbewerb, RIW 1991, 987; *Lobato García-Mijan* Los actos de imitación en la Ley de Competencia Desleal de 10 de enero de 1991, Revista General de Derecho no. 562/63 (1991) 6151; *Krömer* Der unlautere Wettbewerb nach spanischem Recht (1984); *Leible* Bedeutung und Bestimmung der Verkehrsauffassung im spanischen Recht des unlauteren Wettbewerbs, WRP 1992, 1; *Leible/Lösing* Grundzüge des spanischen Lebensmittelrechts, ZLR 1992, 1; *Lema Devesa* La publicidad de tono excluyente (1980); *Lema Devesa* (Hrsg.) Legislación publicitaria (1985); *Lema Devesa* La publicidad desleal: modalidades y problemas, Revista General de Dereco no 562/63 (1991) 6135; *Madrenas i Boadas* Sobre interpretación de la prohibiciones de la publicidad engañosa y desleal (1990); *Martínez Perez* La Ley general de publicidad y el futuro delito publicitario, Actas de Derecho Industrial 13 (1989/90) 81; *Massaguer* Der Schutz des Know-how in Spanien, GRUR Int. 1989, 884; *Massaguer* La protección de los sistemas de distribución selectiva ante las ventas grises, La Lei (Juli 1992) 1; *Massaguer* Las medidas cautelares en la Ley de competencia desleal, Revista de Derecho Mercantil 1992 no 206 S. 731; *Massaguer* Der Schutz selektiver Vertriebssysteme gegenüber grauer Ware GRUR Int. 1993, 617; *Nordemann* Das neue spanische Werbegesetz im Vergleich zum deutschen Wettbewerbsrecht, Festschrift von Gamm S. (1990) 109; *Otero Lastres* Das neue spanische Gesetz gegen unlauteren Wettbewerb, GRUR Int. 1992, 183; Presidencia de Gobierno (Hrsg.) Problemas Actuales del Derecho de la Publicidad (1984); *Röhrenbach/Meister* Wettbewerbsrecht in Spanien, WRP 1990, 307; *Schricker/Bredow* Recht der Werbung in Europa Bd. IV Spanien (1990); *Schulze* Das spanische Kartellrecht, WuW 1991, 993; *Tallon García* Curso de Derecho Publicitario (1972); *Wirth* Supuestos procesales de la nueva Ley de Competencia Desleal, Derecho de Negocios 3 Nr. 24 (1992).

F 296 In der Entwicklung des spanischen Rechts des unlauteren Wettbewerbs zeichnet sich eine bis heute fortbestehende **Zweigleisigkeit** ab: Zum einen enthielt das Gesetz über das gewerbliche Eigentum ab 1902 – recht lückenhafte und systematisch wenig befriedigende – **allgemeine Vorschriften über unlauteren Wettbewerb im traditionellen Sinn**; daneben wurde 1964 als Sonderregelung des Bereichs der Werbung ein **Statut der Werbung** eingeführt[382]. Letzteres wurde zum **Allgemeinen Werbege-**

[380] S. im einzelnen *Schricker/Knaak/Ritscher* Rdn. 70/71.

[381] S. im einzelnen *Schricker/Knaak/Ritscher* Rdn. 405 ff.

[382] S. zur Rechtsentwicklung und zur bisherigen Praxis *Krömer* S. 73 ff, 127 ff.

setz von 1988[383] fortgebildet; die alten Vorschriften über unlauteren Wettbewerb wurden durch einen dem unlauteren Wettbewerb gewidmeten Abschnitt im neuen Markengesetz von 1988 ersetzt[384].

Kurz darauf erging jedoch das **neue Gesetz Nr. 3/1991 vom 10. 1. 1991 über unlauteren Wettbewerb**[385], das die markenrechtlichen Vorschriften über unlauteren Wettbewerb aufhob. Das Allgemeine Werbegesetz wird im Text des Gesetzes über unlauteren Wettbewerb nicht ausdrücklich angesprochen (und in der Präambel nur kurz erwähnt); beide Gesetze dürften in Fortsetzung der überkommenen Zweigleisigkeit nebeneinander fortbestehen, so daß insbesondere zwei z. T. abweichend formulierte Verbote der irreführenden Werbung zu beachten sind[386]. Die z. T. demselben Gegenstand gewidmeten Vorschriften werden harmonisierend auszulegen sein, wobei das Gesetz gegen unlauteren Wettbewerb gemäß Abs. 2 der „Aufhebungsbestimmung" am Ende des Gesetzes den Vorrang hat. **F 297**

Schließlich ist noch die Neuregelung des spanischen Kartellrechts im Jahr 1989 zu nennen[387].

Das allgemeine Werbegesetz von 1988[388] dient nach seinen Motiven u. a. der materiellrechtlichen und verfahrensrechtlichen Umsetzung der EWG-Richtlinie über irreführende Werbung von 1984. Letzterer entspricht die Definition der Werbung (Art. 2 des Gesetzes) und der **Tatbestand der irreführenden Werbung** (Art. 4 Satz 1), wobei über die Richtlinie hinausgehend auch diejenige Werbung als irreführend einbezogen wird, die wesentliche Angaben verschweigt, wenn die Adressaten hierdurch getäuscht werden. Auch die Konkretisierung des Irreführungstatbestandes ist gegenüber der Richtlinie in einzelnen Punkten noch angereichert (Art. 5). **F 298**

Als **unlautere Werbung** (Art. 6) wird im wesentlichen die Anschwärzung, das Hervorrufen von Verwechslungen und die vergleichende Werbung erfaßt, „wenn sie sich nicht auf wesentliche, naheliegende oder objektiv aufzeigbare Charakteristika der Waren oder Dienstleistungen stützt oder wenn hierbei ein Vergleich mit Waren oder Dienstleistungen erfolgt, die nicht vergleichbar oder nicht bekannt sind oder nur einen geringen Marktanteil besitzen". Systematisch versteckt wird zusammen mit dem Hervorrufen von Verwechslungen generalklauselhaft allgemein die Werbung für unlauter erklärt, „ die den Normen der Korrektheit und guten Handelsgepflogenheiten zuwiderläuft" (Art. 6 lit. b aE).

Außer der irreführenden und unlauteren Werbung ist die **unterschwellige Werbung** verboten (Art. 3 lit. d, Art. 7), definiert als Werbung, „die durch künstlich hergestellte Anreize von nahezu gleichem Wirkungsgrad wie die Schwellenwerte der Sinne auf den Adressaten oder in analoger Weise einwirken kann, ohne bewußt wahrgenommen zu werden". Ferner erstreckt sich das Verbot auf die Werbung, die gegen die Würde der Person verstößt oder die die durch die Verfassung anerkannten Werte und Rechte verletzt, insbesondere diejenigen, die dem Schutz von Kindern, Jugendlichen oder Frauen dienen" (Art. 3 lit. a). **F 299**

Zugleich enthält das Werbegesetz Ermächtigungen zu **produktspezifischen Regelungen und Verboten.** Neben dem werberechtlichen Teil steht ein den **Werbeverträgen** gewidmeter Abschnitt. Ausführlich geregelt ist das **Sanktionsverfahren** **F 300**

383 GRUR Int. 1989, 908.
384 GRUR Int. 1989, 552; s. dazu im Überblick *Botana Agra* GRUR Int. 1991, 527.
385 GRUR Int. 1991, 551.
386 So auch *Bercovitz* La Regulación contra la Competencia Desleal en la Ley de 10 de enero de 1991, S. 11, 18 f, der darauf hinweist, daß auch die Ley General de Defensa de los Consumidores y Usuarios von 1984 in Art. 8.3 ein Verbot der irreführenden Werbung enthält.
387 S. dazu *Schulze* WuW 1991, 991.
388 GRUR Int. 1989, 908.

(Art. 25 ff). Zuständige Verwaltungsbehörden, Verbraucherverbände sowie betroffene oder sonst interessierte Personen können vom Werbenden die Einstellung oder gegebenenfalls Berichtigung der Werbung verlangen. Obligatorisch ist eine Abmahnung, der zu entsprechen der Werbende nur über kurze Fristen verfügt. Für Klagen sind die ordentlichen Gerichte zuständig, wobei gewisse verfahrensmäßige Besonderheiten gelten, u. a. unter bestimmten Voraussetzungen Beweislastumkehr. Vorgesehen sind auch vorläufige Maßnahmen, wie die EWG-Richtlinie sie verlangt. Die Klage kann die Beseitigung unerlaubter Elemente der Werbung in bestimmter Frist aussprechen, die endgültige Einstellung der Werbung, die Urteilsveröffentlichung und/oder eine berichtigende Werbung auferlegen.

F 301 Dem **Gesetz über unlauteren Wettbewerb von 1991**[389] steht eine umfangreiche Präambel voran. Das Gesetz soll das disparate, z. T. veraltete, z. T. lückenhafte Recht des unlauteren Wettbewerbs reformieren und dadurch den privaten Interessen der Unternehmer, dem kollektiven Interesse der Verbraucher und dem öffentlichen Interesse des Staates an der Aufrechterhaltung einer gesunden Wettbewerbsordnung dienen. Das spanische Recht soll international angeglichen und mit der spanischen Verfassung von 1978 in Einklang gebracht werden, insbesondere mit den Prinzipien der unternehmerischen Freiheit und des Verbraucherschutzes. Als Ziele des Gesetzes werden „Allgemeingültigkeit, Modernität und Institutionalität" genannt. Von einem Instrument der Lösung von Konflikten zwischen Wettbewerbern wird das Recht des unlauteren Wettbewerbs zu einem Instrument zur Ordnung und Kontrolle von Verhaltensweisen auf dem Markt fortentwickelt. Die Anwendung des Gesetzes wird deshalb ausdrücklich vom Bestehen eines Wettbewerbsverhältnisses gelöst (Art. 3 Nr. 2).

Anwendbar ist das Gesetz auf Handlungen auf dem Markt zum Zweck des Wettbewerbs, wobei bei objektiver Eignung der Absatzförderung der Wettbewerbszweck vermutet wird (Art. 2). **International-privatrechtlich** erfaßt das Gesetz alle unlauteren Wettbewerbshandlungen, die wesentliche Wirkungen auf dem spanischen Markt haben (Art. 4).

F 302 Nach der **Generalklausel** gilt als unlauter jedes Verhalten, das sich als objektiv gegen die Anforderungen des guten Glaubens verstoßend verweist (Art. 5). Die Sondertatbestände betreffen das Hervorrufen von Verwechslungen (Art. 6), die irreführende Werbung (die weit summarischer definiert ist als im Allgemeinen Werbegesetz, Art. 7), die Zugaben, Prämien und analogen Tatbestände (Art. 8), die Anschwärzung (Art. 9) und vergleichende Werbung (Art. 10), die Nachahmungshandlungen (Art. 11), die Ausbeutung fremden Rufs, insbesondere durch anlehnende Werbung (Art. 12), die Verletzung von Geheimnissen (Art. 13), die Verleitung zum Vertragsbruch (Art. 14), die Verletzung außerwettbewerbsrechtlicher Normen (Art. 15), die Diskriminierung (Art. 16), den Verkauf mit Verlust (der nicht wie in Belgien und Frankreich grundsätzlich verboten, sondern grundsätzlich erlaubt ist, Art. 17).

F 303 **Klagen** können sich auf Feststellung der Unlauterkeit, Unterlassung, Beseitigung, Berichtigung, Schadensersatz, Urteilsveröffentlichung und Bereicherungsausgleich richten (Art. 18). Aktivlegitimiert sind außer interessierten Personen auch gewerbliche und Verbraucherverbände (Art. 19). Möglich sind vorsorgliche Maßnahmen (Art. 25); es kann eine Beweislastumkehr eintreten (Art. 26).

F 304 Das spanische Gesetz über unlauteren Wettbewerb von 1991 besticht durch seine Modernität und Detaillierung[390]. Es hat wesentliche Erkenntnisse vor allem der

---

[389] GRUR Int. 1991, 551.

[390] Wenig überzeugt die Kritik von *Otero Lastres* GRUR Int. 1992, 183; positiv dagegen die Wertung von *Fröhlingsdorf* RIW 1991, 987, 991 und *Freyer* ZVglRWiss. 91 (1992) 96 (108).

deutschen Lehre aufgenommen und sich in manchem ersichtlich auch nach dem Schweizer Recht ausgerichtet. In Europa kann das spanische Gesetz zweifellos Aufmerksamkeit, wenn nicht Modellcharakter beanspruchen. Sein schwacher Punkt ist freilich das unklare Nebeneinander mit dem Allgemeinen Werbegesetz und konfliktgeladene Verhältnis zu den Verbraucherschutzregelungen der Autonomen Regionen.

Denn nach der spanischen **Verfassung** ist die Zentrale zwar zuständig für die „Handelsgesetzgebung", die „Grundlagen der vertraglichen Verpflichtungen" sowie für „Grundlagen und Koordinierung der allgemeinen Planung der wirtschaftlichen Tätigkeit"; jedoch steht die Kompetenz für den „inländischen Handel" und „Verbraucherschutz" den **Autonomen Regionen (Comunidades Autónomas)** zu[391]. **F 305**

Die Autonomen Regionen haben von dieser Gesetzgebungsbefugnis Gebrauch gemacht[392]. In ihren Verbraucherschutzgesetzen finden sich Ermächtigungsgrundlagen, die sich z. T. mit dem Recht des unlauteren Wettbewerbs zu überschneiden scheinen, so etwa, wenn es zur Aufgabe der Behörde der Comunidad erklärt wird, „die Verbraucher und Benutzer gegen Praktiken oder Maßnahmen der Werbung, Verkaufsförderung oder Kommunikation zu schützen, die gegen das Recht auf freie Wahl, das ihnen zukommt, verstoßen oder die letztere beschränken oder verfälschen[393]. Hier ist noch mancher Konflikt denkbar. **F 306**

Ungarn

Literatur

Rittner Das ungarische Wettbewerbsrecht auf neuen Wegen, WuW 1992, 24; *Tilmann* Neuere Entwicklungen im ungarischen Wirtschaftsrecht, GRUR Int. 1992, 814; *Vida* Wettbewerbs- und Warenzeichenrecht in der ungarischen Rechtsprechung, GRUR Int. 1991, 791; *Vida* Das Recht des unlauteren Wettbewerbs in Ungarn, WRP 1991, 465; *Vörös* Das neue einheitliche Gesetz über den wirtschaftlichen Wettbewerb und das Recht der Wettbewerbsbeschränkungen in Ungarn, GRUR Int. 1985, 550; *Vörös* Das neue Wettbewerbsgesetz in Ungarn in Kraft, WuW 1991, 462; *Vörös* Das neue Wettbewerbsgesetz in Ungarn, in: Beier/Bastian/Kur (Hrsg.) Wettbewerbsrecht und Verbraucherschutz in Mittel- und Osteuropa (1992) S. 160 ff.

Als Beispiel für den Aufbau einer neuen Wettbewerbsordnung in den ehemals sozialistischen Ländern Mittel- und Osteuropas diene das ungarische Recht[394]. **F 307**

Das vorrevolutionäre UWG von 1923 galt in Ungarn bis 1984 fort; war aber ohne wesentliche Bedeutung. 1984 wurde ein Gesetz über die unlautere Wirtschaftstätigkeit erlassen, das sowohl lauterkeits- als auch kartellrechtliche Aspekte regelte[395]. Im Zuge des politischen und wirtschaftlichen Wandels wurde im Dezember 1990 das **Gesetz Nr. LXXXVI über das Verbot unlauteren Marktverhaltens** verabschiedet, das seit 1. 1. 1991 in Kraft ist[396].

---

391 S. zu dieser verfassungsrechtlichen Situation die Präambel zum Gesetz über den unlauteren Wettbewerb von 1991, GRUR Int. 1991, 551, 553.

392 S. z. B. Gesetz 1/1990 v. 8. 1 über die Disziplin des Marktes und den Schutz der Verbraucher und Benutzer der Comunidad Autónoma de Cataluña, Estudios sobre Consumo, No 17 April 1990 S. 155; Gesetz 2/1987 vom 9. 4. betreffend Statut der Verbraucher und Benutzer der Comunidad Valenciana, Estudios sobre Consumo, No 17 April 1990 S. 143.

393 Gesetz vom 9. 4. 1987 für Valencia Art. 12 lit. b.

394 S. umfassend *Beier/Bastian/Kur* Wettbewerbsrecht und Verbraucherschutz in Mittel- und Osteuropa (1992), mit Länderberichten S. 89 ff und Abdruck der einschlägigen Gesetze S. 203 ff.

395 S. zur Entwicklung im einzelnen *Vörös* in Beier/Bastian/Kur S. 160 f. Zur Praxis s. *Vida* GRUR Int. 1991, 791 ff.

396 Deutsche Übersetzung bei *Beier/Bastian/Kur* S. 307 ff, s. auch WuW 1991, 582.

F 308 Das Gesetz regelt sowohl den Bereich des unlauteren Wettbewerbs als auch das Kartellrecht (insbesondere wettbewerbsbeschränkende Vereinbarungen, Mißbrauch wirtschaftlicher Macht und Fusionskontrolle). Nach seiner Präambel schützt das Gesetz „das Gemeininteresse am wirtschaftlichen Wettbewerb, die Interessen der Mitbewerber und – in Verbindung mit dem ehrlichen Marktverhalten – die Interessen der Verbraucher". Allgemein wird vorweggeschickt, daß das Gesetz für die im Territorium der ungarischen Republik ausgeübte Wirtschaftstätigkeit der Unternehmer gilt (§ 1). Auf ein Wettbewerbsverhältnis kommt es nur bei der Anschwärzung und beim Hervorrufen von Verwechslungen an; ansonsten dient das Gesetz der Marktverhaltenskontrolle, ohne an ein Wettbewerbsverhältnis anzuknüpfen[397].

In § 3 Abs. 1 ist zunächst ein für beide Teile des Gesetzes gültiger Grundsatz vorausgeschickt, wonach der Unternehmer die Freiheit und Reinheit des Wirtschaftswettbewerbs zu achten hat. Die **lauterkeitsrechtliche Generalklausel** schließt sich in § 3 Abs. 2 an[398]:

> „Es ist verboten, die Wirtschaftstätigkeit auf unehrliche Weise – insbesondere auf eine Weise, die die gesetzlichen Interessen der Mitbewerber, der Verbraucher verletzt oder gefährdet oder in Widerspruch zur Geschäftsehre steht – auszuüben."

F 309 Der 1. Teil des Gesetzes befaßt sich mit dem **„unehrlichen Marktverhalten"** im einzelnen. Hier finden sich u. a. Sondertatbestände der **Anschwärzung** (§ 4), des **Geheimnisschutzes** (§ 5), des **Boykotts** (§ 6), des Hervorrufens von **Verwechslungen** (§ 7), worunter auch die **sklavische Nachahmung** fällt[399], der **Preisspekulation** (§ 8), der **Koppelungsgeschäfte** (§ 9), der **unlauteren Beeinflussung von Ausschreibungen und Börsengeschäften** (§ 10), der **irreführenden Werbung** (§ 11), wobei der aufgrund unbefangener und fachgerechter Prüfung durchgeführte Warenvergleich als nicht zur Täuschung geeignet gilt (§ 12) (hierunter dürften wohl Warentests als auch die vergleichende Werbung fallen)[400].

F 310 Bei Verletzung der Bestimmungen der §§ 4–10 kann sich die interessierte Partei an das Zivilgericht, bei Verletzung der Generalklausel und der §§ 11 ff wahlweise an das Gericht oder an die Wettbewerbsaufsichtsbehörde wenden, letztere ist allein für die kartellrechtlichen Verstöße zuständig (§ 28)[401]. Der Antrag bei Gericht kann sich auf Feststellung, Beseitigung, Unterlassung, Genugtuung (insbesondere durch eine Veröffentlichung), Aufhebung der beschwerenden Lage, Wiederherstellung der früheren Lage sowie Vernichtung rechtsverletzender Produkte und Schadensersatz richten (§ 29). Wurde einem breiten Kreis von Verbrauchern ein Nachteil zugefügt, kann die Wettbewerbsaufsichts- oder Verbraucherschutzbehörde die zivilrechtlichen Ansprüche der Verbraucher geltend machen, selbst wenn sich deren Person nicht mehr feststellen läßt, eine Art von class action[402] (§ 31). Eingehend ist das Verfahren der Wettbewerbsaufsichtsbehörde geregelt (§ 32 ff), das die Erfüllung der Bestimmungen des Gesetzes kontrolliert (§ 32) und auf Antrag oder von Amts wegen tätig wird (§ 33)[403]. Die Behörde kann die Rechtsverletzung feststellen, Unterlassung oder Beseitigung gebieten und eine Strafe aussprechen (§ 43).

---

[397] Vörös in *Beier/Bastian/Kur* S. 161.
[398] *Vörös* in Beier/Bastian/Kur S. 163.
[399] *Vörös* in Beier/Bastian/Kur S. 163 f. S. zur Praxis Oberstes Gericht GRUR Int. 1991, 319; Oberstes Gericht GRUR Int. 1991, 232.
[400] S. dazu *Vida* WRP 1991, 465, 469; *Tilmann* GRUR Int. 1992, 814, 816.
[401] S. *Vörös* in Beier/Bastian/Kur S. 166.
[402] *Vörös* in Beier/Bastian/Kur S. 163.
[403] Bedenken hinsichtlich des Initiativrechts der Behörde deutet *Rittner* WuW 1992, 24 an.

Das Gesetz stellt sich als eine wohldurchdachte Kodifikation dar, die an die Ergebnisse der Entwicklung des Wettbewerbsrechts in der westlichen Welt anknüpft. Die besondere Lage Ungarns bei der Entfaltung der Marktwirtschaft schlägt sich nur vereinzelt im materiellrechtlichen Teil des Gesetzes nieder (so etwa in §§ 8, 9, 10), steht aber freilich hinter dem starken verwaltungsrechtlichen Einschlag des Sanktionsverfahrens[404]. **F 311**

Vereinigtes Königreich von Großbritannien und Nordirland

Literatur

Boudon Internationaler Schutz des Handelsnamens im englischen und deutschen Recht (1982); *Boyle* Das Recht des unlauteren Wettbewerbs in Großbritannien, WRP 1990, 159; *Circus* Implementing the EEC Misleading Advertising Directive, Advertising and Marketing Law & Practice Sept./Oct. 1986, 206; *Cornish* Unlauterer Wettbewerb und Verbraucherschutz in England, GRUR Int. 1973, 679; *Cornish* Der Geheimnisschutz im englischen Recht, GRUR Int. 1975, 153; *Cornish* Intellectual Property: Patents, Copyright, Trade Marks and Allied Rights² (1989); *Dean* Unlawful Competition – Substitute for Infringement of Copyright in Technical Works? Copyright World March/April 1990, 21; *Honig* Das Wettbewerbsrecht in Großbritannien, GRUR Int. 1959, 286; *Kroher* Die neuere Entwicklung der Passing off-Klage im englischen Recht, GRUR Int. 1982, 92; *Lane* Passing off and the Foreign Plaintiff 1984 EIPR 279; *Lawson* Advertising Law (1978); *Lellewyn* Angleichung des nationalen Markenrechts in der EWG: Vereinigtes Königreich, GRUR Int. 1992, 97; *Mittendorfer* Die Schutzfähigkeit der Marke in Großbritannien und den USA (1977); *Newell* Advertising Standards in Court, New Law Journal Sept. 1 1989, 1161; *Ohly*, Die vergleichende Werbung im britischen Recht, GRUR Int. 1993, 730; *Ott* Die sklavische Nachahmung im anglo-amerikanischen Wettbewerbsrecht, GRUR Int. 1961, 317; *Paefgen* Zur straf- und gewerbepolizeirechtlichen Bekämpfung irreführender Werbung in Großbritannien, RIW 1993, 271; *Pluta* Der ergänzende wettbewerbsrechtliche Kennzeichenschutz mit Blick auf die Rechtslage in England, USA, Frankreich und Italien (1977); *Stewardson* EEC Directive on Misleading Advertising – UK Implementation, Advertising and Marketing Law & Practice 1985, 55; *Terrant* Admissibility and use of survey evidence in the law of unfair competition and trademarks in England and Wales, International Review of Competition Law 1991, 29; *Ulmer/Graf von Westerholt* Das Recht des unlauteren Wettbewerbs in den Mitgliedstaaten der Europäischen Wirtschaftsgemeinschaft Bd. VI Vereinigtes Königreich von Großbritannien und Nordirland (1981); *Graf von Westerholt* Die Passing off-Klage im englischen Recht (1976); *Young* Passing off. The Law and Practice Relating to the imitation of Goods, Businesses and Professions (1985).

Der kontinentaleuropäische **Begriff des „unlauteren Wettbewerbs"** ist im Vereinigten Königreich bis heute nicht heimisch geworden; eine kohärente Rechtsdisziplin eines Rechts des unlauteren Wettbewerbs existiert nicht[405]. Daß Großbritannien der Pariser Verbandsübereinkunft angehört und nach Art. 10bis verpflichtet ist, einen wirksamen Schutz gegen unlauteren Wettbewerb zu gewähren, hat daran nichts geändert; insbesondere wird Art. 10bis in Großbritannien nicht als unmittelbar anwendbar erachtet (s. Rdn. F 27). Das schon in Gerichtsurteilen des 19. Jahrhunderts artikulierte **Mißtrauen gegenüber einer wettbewerbsrechtlichen Generalklausel**[406] besteht fort und hat wesentlich dazu beigetragen, daß die Arbeiten der EWG zur Harmonisierung des Rechts der unlauteren Werbung in den achtziger Jahren gescheitert sind und man sich mit einer Richtlinie über die irreführende Wer- **F 312**

[404] S. zur Organisation und Praxis des Amtes *Rittner* WuW 1992, 24, 30/31.

[405] *Ulmer/Graf von Westerholt* Rdn. 1; *Kroher* GRUR Int. 1982, 92, 102.

[406] S. Fry L. J. im Mogul Case (1889) 23 Ch. D. 598 (625–626): „To draw a line between fair and unfair competition between what is reasonable and unreasonable passes the power of the Courts".

bung 1984 begnügen mußte[407]. Die Zurückhaltung des hier offenbar immer noch präsenten „viktorianischen Zeitgeistes"[408] gegenüber gesetzlichen Schuldverhältnissen, Furcht vor einer Flut von Klagen, betonter Wirtschaftsliberalismus und eine Reihe mehr oder weniger unausgesprochener Ressentiments scheinen der Entwicklung eines Rechts des unlauteren Wettbewerbs weiterhin entgegenzustehen. Auch die Akzeptanz des Verbraucherschutzes hat nicht zu einem Durchbruch geführt, dieser wurde vielmehr in herkömmlichen Bahnen straf- und verwaltungsrechtlicher Regelungen kanalisiert[409]. Die EWG-Richtlinie über irreführende Werbung von 1984 wurde zwar 1988 umgesetzt, jedoch in Anknüpfung an das kartellrechtliche Instrumentarium und in einer Weise, die wohl garantiert, daß das absolute Minimum an Auswirkungen auf das bestehende Recht nicht überschritten wird.

F 313 Die Funktionen, die in Kontinentaleuropa vom Recht des unlauteren Wettbewerbs erfüllt werden, laufen im Vereinigten Königreich freilich nicht völlig leer, sondern werden zumindest partiell von anderen Rechtsinstituten wahrgenommen. Hier sind vor allem drei Gruppen von Normen zu nennen[410]:

- das dem Common Law zugehörende Recht der unerlaubten Handlungen (**Law of Torts**);
- straf- und verwaltungsrechtliche Grundsätze, wie insbesondere der gegen täuschende Angaben anwendbare **Trade Descriptions Act**;
- und neuerdings die zur Umsetzung der EWG-Richtlinie gegen irreführende Werbung von 1984 erlassene **The Control of Misleading Advertisements Regulations 1988**.

F 314 Das größte Gewicht kommt traditionell dem Law of Torts und hier vor allem dem **Deliktstatbestand des Passing off** (Hervorrufen von Verwechslungen) zu[411]. Es geht dabei um einen Schutz des in Kennzeichnungsmitteln und Unternehmenselementen aller Art verkörperten goodwill gegen die Gefahr von Fehlzurechnungen im Verkehr. In der neueren Praxis sind Tendenzen zu einer vorsichtigen Erweiterung der Passing off-Klage bis in den Bereich der irreführenden Werbung hinein, insbesondere zum Schutz geographischer Herkunftsangaben erkennbar[412].

Weitere Tort-Tatbestände können gegen die geschäftliche **Rufschädigung** eingesetzt werden; die wahrheitsgemäße vergleichende Werbung wird jedoch im wesentlichen toleriert[413].

F 315 Der Bekämpfung der irreführenden Werbung dient der **Trade Descriptions Act**, 1968, der eine Strafbarkeit vorsieht und von lokalen Verwaltungsbehörden angewendet wird[414].

---

[407] Vgl. den Bericht in Consumer Law Today October 1984 (Vol. 7 issue 10) S. 1: „It is not unfair to say that the Directive represents an almost total victory for the long campaign waged by the United Kingdom. The references to ‚unfair' advertising ... have gone ...".

[408] So *Cornish* Intellectual Property² Rdn. 1–009.

[409] S. zum ganzen *Cornish* Intellectual Property² Rdn. 1–009 – 1–011; s. auch *Boyle* WRP 1990, 159 f.

[410] Vgl. die Übersicht bei *Ulmer/Graf von Westerholt* Rdn. 26/27.

[411] *Ulmer/Graf von Westerholt* Rdn. 128 ff; *Graf von Westerholt* Die Passing off-Klage im englischen Recht (1976).

[412] S. *Kroher* GRUR Int. 1982, 92.

[413] S. im einzelnen *Ulmer/Graf von Westerholt* Rdn. 281 ff, 303 ff; *Ohly* GRUR Int. 1993, 730 ff. S. aus der Praxis z. B. High Court, Chancery Division GRUR Int. 1993, 782: Eine irreführende Vergleichswerbung in der Computerbranche wird verboten. S. ferner Court of Appeal GRUR Int 1993, 780 (Chanel): Anlehnende Bezugnahme als Markenverletzung.

[414] *Ulmer/Graf von Westerholt* Rdn. 312 ff; *Paefgen* RIW 1993, 271 ff. S. zu einer Kurzcharakteristik der Praxis zur irreführenden Werbung im Vereinigten Königreich auch *Schricker* GRUR Int. 1990, 112, 118. Eine Reform des Trade Descriptions Act ist geplant, s. Consumer Law Today, Vol. 13 no. 6 June 1990, 1 ff; Consumer Policy Review 3 (1993) no 1 S. 34 ff.

Zur Ausführung der EG-Richtlinie über irreführende Werbung wurde 1988 „The **Control of Misleading Advertisements Regulations**" erlassen[415]. Die Regulation übernimmt wörtlich den Tatbestand der irreführenden Werbung aus der Richtlinie[416]. Wegen irreführender Werbung können Beschwerden an den Direktor General of Fair Trading[417] gerichtet werden, der sie unter Berücksichtigung aller involvierter Interessen, insbesondere des öffentlichen Interesses prüft. Wenn der Director dies für angemessen erachtet („if he thinks it appropriate to do so") kann er ein Verbot bei Gericht beantragen[418]. Bezüglich der Rundfunkwerbung sind die einschlägigen Kontrollbehörden zuständig[419], die bei irreführender Werbung die Sendung verweigern bzw. unterbinden können. Die Bedeutung der Gesetzesänderung dürfte im verfahrensrechtlichen Teil liegen. Ob damit eine Hebung des materiellrechtlichen Schutzstandards verbunden ist, wird zum einen davon abhängen, wie der Director General sein Ermessen ausübt, zum anderen aber auch davon, ob der Irreführungstatbestand der Richtlinie überhaupt geeignet ist, die Praxis konkret zu beeinflussen. **F 316**

Das Vereinigte Königreich ist das klassische Land der **Werbeselbstkontrolle**: Die vom staatlichen Recht offengelassenen Lücken werden von effizienten allgemeinen und speziellen selbstdisziplinären Systemen ausgefüllt[420]. Zwischen der freiwilligen Selbstdisziplin und dem staatlichen Recht bestehen mancherlei Berührungspunkte. So hat der Director General of Fair Trading auf die Ausarbeitung von Selbstkontrollkodices hinzuwirken[421]; bei seinem Vorgehen nach der Control of Misleading Advertisements Regulations kann er berücksichtigen, ob der Beschwerdeführer sich bereits an die Selbstkontrollinstanz gewendet hat oder wenden sollte[422]. **F 317**

V. Unlauterer Wettbewerb und Recht der EU

Übersicht

Literatur

Alt/J. Sack Nationale Werbebeschränkungen und freier Warenverkehr EuZW 1990, 311; Arbeitskreis Werbefernsehen der deutschen Wirtschaft (Hrsg.) Europafernsehen und Werbung

[415] Statutory Instruments 1988 no. 915 Consumer Protection. The Control of Misleading Advertisements Regulations 1988, in Kraft getreten am 20. 6. 1988.

[416] Sec. 2 (2).

[417] Der Aufgaben im Bereich des Kartellrechts und des Verbraucherschutzes zu erfüllen hat, s. dazu *Ulmer/Graf von Westerholt* Rdn. 37, 94.

[418] Sec. 5 (1).

[419] Sec. 8–11.

[420] *Ulmer/Graf von Westerholt* Rdn. 113 ff; s. auch *Boyle* WRP 1990, 159, 160 f, 162 f.

[421] *Ulmer/Graf von Westerholt* Rdn. 94; s. auch den Bericht in Consumer Law Today 1991/no. 8, 6.

[422] *Boyle* WRP 1990, 159, 163.

(1987); *Baumbach/Hefermehl* Wettbewerbsrecht[17] (1993) Einl. UWG Rdn. 606 ff; *Beier* Entwicklung und gegenwärtiger Stand des Wettbewerbsrechts in der Europäischen Gemeinschaft GRUR Int. 1984, 61; *Beier* Gewerblicher Rechtsschutz und freier Warenverkehr im Europäischen Binnenmarkt und im Verkehr mit Drittstaaten, GRUR Int. 1989, 603; *Bernhard* Cassis de Dijon und Kollisionsrecht – am Beispiel des unlauteren Wettbewerbs, EuZW 1992, 437; *Betz* Die EG-Fernsehrichtlinie – Ein Schritt zum europäischen Fernsehen? Media Perspektiven 1989, 677; *Bleckmann* Zur Problematik der Cassis de Dijon-Rechtsprechung des Europäischen Gerichtshofs, GRUR Int. 1987, 172; *Bühler* Abschied vom Verbot der vergleichenden Werbung in Deutschland? WM 1992, 677; *Chrozciel* Die eingeschränkte Geltung des Gesetzes gegen unlauteren Wettbewerb für EG-Ausländer, EWS 1991, 173; *Classen* Zur Bedeutung von EWG-Richtlinien für Privatpersonen, EuZW 1993, 83; *Constantinesco* Das Recht der Europäischen Gemeinschaften Bd. I (1977); *Dauses* Das Vorabentscheidungsverfahren nach Art. 177 EWGV (1985); *Delbrück* Die europäische Regelung des grenzüberschreitenden Rundfunks – Das Verhältnis von EG-Richtlinie und Europaratskonvention, ZUM 1989, 373; *Ebenroth* Gewerblicher Rechtsschutz und europäische Warenverkehrsfreiheit (1992); *Faßhold* Freier Warenverkehr in der EG und nationale Absatzregelungen (1986); *Fikentscher* Wirtschaftsrecht Bd. I (1983); *Funke* Das deutsche Wettbewerbsrecht im Europäischen Binnenmarkt, WRP 1991, 550; *v. Gamm* Wettbewerbsrecht (1987) Bd. I/1 11.–14. Kap.; *v. Gamm* Vorschlag der EG-Kommission für eine Richtlinie des Rates über vergleichende Werbung, WRP 1992, 143; *Grabitz* (Hrsg.) Kommentar zum EWGV; *v. d. Groeben/Thiesing/Ehlermann* Kommentar zum EWG-Vertrag[3]; *Hauschka* Der Stand der gemeinschaftsrechtlichen Rechtsangleichung im Recht der privaten Wirtschaft drei Jahre vor Vollendung des Binnenmarktes 1991, NJW 1989, 3048; *Hauschka* Lauterkeitsrecht und Verbraucherschutz zwischen nationalem Regelungsanspruch und der Rechtsprechung des Europäischen Gerichtshofs, ZVglRWiss 89 (1990) 166; *Henning-Bodewig* Die Trennung von Werbung und Programm im deutschen und europäischen Rundfunk- und Wettbewerbsrecht, GRUR Int. 1987, 538; *Herlemann* Die Regelung der Hörfunk- und Fernsehwerbung in den Mitgliedstaaten der Europäischen Gemeinschaft – Deutschland–Vereinigtes Königreich–Frankreich–Niederlande–Italien, Diss. München (1989); *v. Hippel* Verbraucherschutz[3] (1986); *Hohmann* Einwirkungen des Gemeinschaftsrechts auf die Auslegung von § 3 UWG unter besonderer Berücksichtigung des „becel"-Urteils des BVerwG WRP 1993, 225; *Hösch* Der Einfluß der Freiheit des Warenverkehrs (Art. 30 EWGV) auf das Recht des unlauteren Wettbewerbs 1993; *Hümmerich* Nationale Rundfunkordnung oder Europäischer Medienmarkt? Die deutsche Rundfunkordnung unter dem Einfluß des europäischen Gemeinschaftsrechts, AfP 1991, 591; *Keilholz* Die mißlungene Harmonisierung des Verbots der irreführenden Werbung in der EG und ihre Konsequenzen für die deutsche Rechtsprechung, GRUR Int. 1987, 390; *Keßler* Wettbewerbsrechtliches Irreführungsverbot und Freiheit des Warenverkehrs, EuZW 1991, 107; *Knaak* Gedanken zum Konflikt von Handelsnamen im Gemeinsamen Markt, GRUR Int. 1983, 651; *Knaak* Firma und Firmenschutz (1986); *Koch* Wettbewerbsrecht und europäischer Binnenmarkt, WRP 1989, 553; *Krämer* EWG-Verbraucherrecht (1985); *Kresse* Rundfunkwerbung in Europa, WRP 1988, 575; *Leisner* Der mündiger Verbraucher in der Rechtsprechung des EuGH – Zur europarechtlichen Zulässigkeit abstrakter Gefährdungstatbestände (§§ 6 a, 6 b UWG) EuZW 1991, 498; *Lieber* Über die Vorlagepflicht des Art. 177 EWG-Vertrag und deren Mißachtung (1986); *Meier* Ausländisches oder deutsches Lebensmittelrecht als Bezug für die lebensmittelrechtlichen Sorgfaltspflichten des Importeurs im innergemeinschaftlichen Warenverkehr? GRUR Int. 1985, 460; *Meier* Die Cassis-Rechtsprechung des Gerichtshofs der Europäischen Gemeinschaften, Entscheidungssammlung (1988 ff); *Meier* Zur Mitverantwortung deutscher Richter für die Vollendung des europäischen Binnenmarkts, EuZW 1990, 81; *Meier* Einschränkung des deutschen Wettbewerbsrechts durch das Europäische Gemeinschaftsrecht, GRUR Int. 1990, 817; *Meier* Die Lauterkeit des Handelsverkehrs: Zur Einwirkung des Art. 30 EWGV auf Auslegung und Anwendung der Generalklauseln des deutschen Wettbewerbsrechts, GRUR Int. 1993, 219; *Meyer, A. H.* Das Verbraucherleitbild des Europäischen Gerichtshofs – Abkehr vom „flüchtigen Verbraucher" – WRP 1993, 215; *Meyer, J.* Die gebotene Liberalisierung der vergleichenden Werbung, WRP 1991, 765; *Meyer, J.* Vergleichende Werbung und Markttransparenz ZRP 1993, 290; *Möllering* Das Recht des unlauteren Wettbewerbs in Europa: Eine neue Dimension, WRP 1990, 1; *Möschel* Die rechtliche Behandlung der Paralleleinfuhr von Markenware innerhalb der EWG (1968); *Möschel* Schutz der Aufmachung und Maßnahmen gleicher Wirkung nach Art. 30 EWG-Vertrag RIW 1984, 524; *Möschel* zum Subsidiaritätsprinzip im Vertrag von Maastricht NJW 1993, 3025; *Mook* Internationale Rechtsunterschiede und nationaler Wettbewerb (1986); *v. Mühlendahl* Einheitliches Recht in der Beurteilung der Irreführungsgefahr im Gemeinsamen Markt? EWR 1983, 15; *Nessler* Richterrecht wandelt EG-Richtlinien, RIW 1993, 206; *Oppenhoff* Im Spannungsfeld zwischen Gemeinschaftsrecht und deutschem Wettbewerbsrecht, Festschrift v. Gamm 1990, S. 117; *Paefgen* Globales und Euro-Marketing (1988); *Paefgen* Grenzüberschreitendes Telemarketing im europäischen Binnenmarkt, CR 1992, 385; *Piper* Zu den Auswirkungen des EG-Binnenmarktes auf das deutsche Recht gegen unlauteren Wettbewerb, WRP 1992, 685; *Reich* Rechtsprobleme grenzüberschreitender irreführender Werbung im Binnenmarkt, RabelsZ 56 (1992) 444; *Reich/Micklitz* Verbraucherschutzrecht in den EG-Staaten. Eine vergleichende Analyse (1981); *Riehle* Markenrecht und Parallelimport (1968); *Reuter* Neues zu Euro-Marketing und §§ 6e, 7 UWG: Der EuGH-Entscheid zu Schlußverkauf und Preisgegenüberstellung, BB 1990, 1649; *Sack/Faßbold* Die Reichweite von Art. 30 EWGV und der Binnenmarktvergleich, WRP 1987, 519; *Sedelmeier* Vergleichende Werbung auch in Deutschland? ZRP 1991, 370; *Seidel* Die sogenannte Cassis de Dijon-Rechtsprechung des Europäischen Gerichtshofs und der Schutz von Herkunftsangaben in der Europäischen Gemeinschaft, GRUR Int. 1984, 80; *Seidel* Rechtsangleichung und Rechtsgestaltung in der Europäischen Gemeinschaft (1990); *Spätgens* Zum Problem der sog. Inländerdiskriminierung nach dem EWG-Vertrag, Festschrift v. Gamm 1990, S. 201; *Speyer* Anwendung der Cassis-de-Dijon-Doktrin und Spaltbarkeit reglementierter Tätigkeiten als neue Etappen der Dienstleistungsfreiheit, EuZW 1991, 588; *Schödermeier* Werbung ohne Grenzen? DB 1990, 1511; *Schotthöfer* Neuere Entwicklung im Werberecht in der EG und den europäischen Ländern, EuZW 1992, 760; *Schricker* Harmonisierung des Rundfunkwerberechts, ZUM 1985, 594 ff; *Schricker* Die Bekämpfung der irreführenden Werbung in den Mitgliedstaaten der EG, GRUR Int. 1990, 112; *Schricker* Die europäische Angleichung des Rechts des unlauteren Wettbewerbs – ein aussichtloses Unterfangen? GRUR Int. 1990, 771; *Schricker* Einführung in das Recht der Werbung, Internationales und EWG-Recht, in: Schricker (Hrsg.) Recht der Werbung in Europa Bd. 1 (1990); *Schricker* Werbeverbote in der EG, GRUR Int. 1991, 185; *Schricker* Unlauterer Wettbewerb und Europäisches Gemeinschaftsrecht, in: Beier/Bastian/Kur (Hrsg.) Wettbewerbsrecht und Verbraucherschutz in Mittel- und Osteuropa (1992) 10 ff; *Schricker* Zur Werberechtspolitik der EG – Liberalisierung und Restriktion im Widerstreit, GRUR Int. 1992, 347; *Schütz* Rabattgesetz und Gemeinschaftsrecht EuZW 1993, 409; *Schwanhäusser* Die Zukunft der „irreführenden Werbung", GRUR 1988, 180; *Schwartz* EG-Rechtssetzungsbefugnis für das Fernsehen, ZUM 1989, 381; *Schwartz* Fernsehen ohne Grenzen: Zur Effektivität und zum Verhältnis von EG-Richtlinie und Europaratskonvention, EuR 1989, 1; *Schweer* Die erste Markenrechts-Richtlinie der Europäischen Gemeinschaft und der Rechtsschutz bekannter Marken (1992); *Schwintowski* Konzept, Funktion und Entwicklung des deutschen und europäischen Wettbewerbsrechts, ZVglRWiss 92 (1993) 40; *Steindorff* Probleme des Art. 30 EWG-Vertrag ZHR 148 (1984) 338; *Steindorff* Gemeinsamer Markt als Binnenmarkt ZHR 150 (1986) 687; *Steindorff* Unlauterer Wettbewerb im System des EG-Rechts, WRP 1993, 139; *Streinz* Gibt es eine europäische Verkehrsauffassung? ZLR 1991, 242; *Tilmann* Wirtschaftsrecht (1986); *Tilmann* Irreführende Werbung in Europa – Möglichkeiten und Grenzen der Rechtsentwicklung, GRUR 1990, 87; *Tilmann* Grenzüberschreitende vergleichende Werbung, GRUR Int. 1993, 133; *Tomuschat* Die gerichtliche Vorabentscheidung nach den Verträgen über die Europäischen Gemeinschaften (1964); *Ullmann* Der Verbraucher – ein Hermaphrodit, GRUR 1991, 789; *Ullrich* Nationale Geschäftsgeheimnisse und Gemeinsamer Markt, RIW Beilage 23 zu Heft 12 1990; *Veelken* Nationales Lauterkeitsrecht und Europäisches Gemeinschaftsrecht ZVglRWiss 92 (1993) 241; *Voss* Vereinbarkeit von nationalen Umweltzeichen mit Art. 30 EWGV EWS 1993, 202; *Weber* Rechtsfragen der Durchführung des Gemeinschaftsrechts in der Bundesrepublik (1987); *Winkler* Italien, das EG-Recht und die Direktwirkung der Richtlinien, EuZW 1992, 443; ZAW (Hrsg.) Irreführende Werbung in Europa. Maßstäbe und Perspektiven (1990); *Zumschlinge*, Das Verbot der Werbung mit Preisgegenüberstellungen (§ 6e UWG) in rechtsvergleichender und europarechtlicher Sicht (1991).

1. Einführung: Unlauterer Wettbewerb und EWG-Vertrag

F 318 Der **Vertrag zur Gründung der Europäischen Wirtschaftsgemeinschaft** (EWGV) vom 25. März 1957[423] ergänzt durch die **Einheitliche Europäische Akte (EEA)** von 1986[424] hat in den nunmehr 12 Mitgliedstaaten der Gemeinschaft ein **supranationales europäisches Gemeinschaftsrecht** geschaffen, das vom nationalen Recht der Mitgliedstaaten unabhängig ist[425], unmittelbare Wirkung für und gegen die Mitgliedstaaten und z. T. (auch) deren Bürger hat[426] und dem im Verhältnis zum nationalen Recht der **Vorrang** zukommt[427]. Zum europäischen Gemeinschaftsrecht gehört neben dem im EWGV enthaltenen Primärrecht das Sekundärrecht der von den Organen der Gemeinschaft erlassenen Verordnungen, Richtlinien und Entscheidungen (vgl. Art. 189 EWGV)[428]; das primäre geht dem sekundären Recht vor[429].

F 318a Durch den am 7. 2. 1992 unterzeichneten, am 1. 11. 1993 in Kraft getretenen **Vertrag von Maastricht über die Europäische Union** (EUV, s. BGBl. 1992 I 2086, II 1251; s. zur Verfassungsmäßigkeit BVerfG, NJW 1993, 3047) wurde der Prozeß der europäischen Integration durch Gründung der Europäischen Union (EU) auf eine neue Stufe gehoben. Die EU hat die Aufgabe, die Beziehungen zwischen den Mitgliedstaaten sowie zwischen ihren Völkern kohärent und solidarisch zu gestalten. Sie verfolgt die Ziele, einen Wirtschafts- und Sozialraum ohne Binnengrenzen zu schaffen, eine Wirtschafts- und Währungsunion – auf längere Sicht mit einheitlicher Währung – zu errichten, die Identität der Union auf internationaler Ebene vor allem durch eine gemeinsame Außen- und Sicherheitspolitik – auf längere Sicht auch durch die Festlegung einer gemeinsamen Verteidigungspolitik –zu behaupten, eine Unionsbürgerschaft einzuführen, die Zusammenarbeit in den Bereichen Justiz und Inneres zu entwickeln sowie den gemeinschaftlichen Besitzstand voll zu wahren und weiterzuentwickeln. Die Europäische Wirtschaftsgemeinschaft (EWG), die als eine der Grundlagen der EU fungiert, wird zur „Europäischen Gemeinschaft" (EG) umgetauft und mit zusätzlichen Aufgaben und Befugnissen ausgestattet. Der EWGV – jetzt EGV – wird entsprechend geändert. Insbesondere wird in Art. 3b Abs. 2 EGV das **Subsidiaritätsprinzip** bekräftigt, wonach die Gemeinschaft in Bereichen, die nicht in ihre ausschließliche Zuständigkeit fallen, nur tätig wird, sofern und soweit die Ziele der in Betracht gezogenen Maßnahmen auf der Ebene der Mitgliedstaaten nicht ausreichend erreicht und daher wegen ihres Umfangs oder ihrer Wirkungen besser auf Gemeinschaftsebene verwirklicht werden können. Die Maßnahmen der Gemeinschaft gehen gemäß Art. 3b Abs. 3 EGV nicht über das für die

---

423 BGBl. II 766 ber. 1678 und 1958 II 64.

424 ABl. Nr. L 169/1 ff, 29; abgedruckt auch in EuR 1986, 175.

425 *Fikentscher* Wirtschaftsrecht I § 11 III 1; *v. Gamm* 11. Kap. Rdn. 1, 2.

426 *Fikentscher* § 11 III 2; *v. Gamm* 11. Kap. Rdn. 2.

427 *Fikentscher* § 11 III 3, § 13 III, IV; *v. Gamm* 11. Kap. Rdn. 2; *Piper* WRP 1992, 685, 686. Die Vorrangfrage ist viel und z. T. strittig diskutiert worden, s. statt aller *Everling* in Studienvereinigung Kartellrecht (Hrsg.) 1986 S. 60 ff; *Bleckmann* Europarecht³ § 7, insbesondere VI; *Constantinesco* Das Recht der Europäischen Gemeinschaften I S. 639, 692 ff; s. weiter die Nachweise bei *Paefgen* Globales und Euro-Marketing 1988 S. 64 ff. S. aus der Rechtsprechung des EuGH z. B. EuGH GRUR Int. 1987, 585, 586 Nr. 14 (Berlin-Butter II). Der Vorrang gilt nach der jüngsten Rechtsprechung des BVerfG nunmehr auch für das Verfassungsrecht, insbesondere die Grundrechte, s. BVerfGE 73, 339, 366 ff; BVerfGE 75, 223, 233 f; s. die weiteren Nachweise bei *Paefgen* Fn. 65, S. 65.

428 *Constantinesco* Das Recht der Europäischen Gemeinschaften I 537 ff; *Fikentscher* Wirtschaftsrecht § 11 IV 1, 2, § 13 I 5; *Tilmann* Wirtschaftsrecht § 12 I 3; *v. Gamm* 11. Kap. Rdn. 8 ff.

429 *Constantinesco* S. 540 Rdn. 479.

Erreichung der Ziele des Vertrags erforderliche Maß hinaus (s. dazu Möschel, Zum Subsidiaritätsprinzip im Vertrag von Maastricht, NJW 1993, 3025 ff).

Am 1. 1. 1994 ist der Vertrag über den **Europäischen Wirtschaftsraum** (EWR) in **F 318 b**
Kraft getreten, durch den sich die Europäische Union mit Österreich, Liechtenstein, Schweden, Norwegen, Finnland und Island zu einer qualifizierten Freihandelszone verbindet. Im Europäischen Wirtschaftsraum sollen die Regeln über den freien Waren- und Dienstleistungsverkehr entsprechend gelten.

Das europäische Gemeinschaftsrecht gilt in den Mitgliedstaaten als Teil von de- **F 319**
ren Rechtsordnung[430]. Behörden und Gerichte der Mitgliedstaaten haben es in Verfahren, die individuelle Rechte betreffen, mit Vorrang gegenüber dem nationalen Recht anzuwenden, soweit es sich um **„unmittelbar durchgreifende"**, „rechtwirkungsfähige" „Durchgriffsnormen" handelt, d. h. um Vorschriften des Gemeinschaftsrechts, die nicht nur die Mitgliedstaaten „obligatorisch" binden, sondern „normativ" für die Bürger und Unternehmen gelten[431].

Viel diskutiert wird die Frage der **unmittelbaren Wirkung der Richtlinien**. Gegen ihre unmittelbare Wirkung scheint prima facie zu sprechen, daß sie sich an die Mitgliedstaaten richten und nur das Ziel, nicht auch die Form und die Mittel vorgeben (vgl. Art. 189 Abs. 3 EWGV). In der Praxis sind die Richtlinien freilich vielfach detailliert und wie Mustergesetze ausformuliert, so daß sie ihrer Struktur nach einer unmittelbaren Anwendung durchaus fähig wären. Die Rechtsprechung des Gerichtshofs und die Literatur scheinen sich denn auch in Richtung auf einen unmittelbaren Durchgriff zu bewegen, wenngleich noch die Einschränkung gemacht wird, daß Private aus Richtlinien gegen Private keine Ansprüche sollen herleiten können. Wichtig ist aber vor allem, daß das Recht der Mitgliedstaaten richtlinienkonform auszulegen ist, auch soweit es Privaten Ansprüche gewährt; dies gilt auch für die im vorliegenden Zusammenhang relevanten Richtlinien[432].

Zur verbindlichen Auslegung des Europäischen Gemeinschaftsrechts ist der Ge- **F 320**
richtshof der Europäischen Gemeinschaften (EuGH) in Luxemburg berufen[433]. Der EuGH entscheidet im Wege der **Vorabentscheidung gemäß Art. 177 EWGV** über die Auslegung des EWGV sowie über die Gültigkeit und die Auslegung der Handlungen der Gemeinschaft, sowie auch die Setzung von sekundärem Gemeinschaftsrecht gehört[434]. Hält ein Gericht eines Mitgliedstaates eine derartige Frage für vor-

---

430 *v. Gamm* 11. Kap. Rdn. 2, 3.

431 S. zu der – in der Literatur mit unterschiedlichen Begriffen umschriebenen – unmittelbaren Anwendbarkeit des EWG-Rechts *Fikentscher* § 13 II (mwN); s. auch *v. Gamm* 11. Kap. Rdn. 1, 5.

432 S. zur Diskussion um die unmittelbare Wirkung der Richtlinien unter Eingehen insbesondere auf die Rechtsprechung des EuGH *Bach* JZ, 1990, 1108 ff; *Clasen* EuZW 1993, 83 ff; *Emmert* EWS 1992, 56 ff; *Everling* in Festschrift Carstens S. 95 ff; *Di Fabio* NJW 1990, 947 ff; *Götz* NJW 1992, 1849 f; *Groß* JuS 1990, 522 ff; *Herber* EuZW 1991, 401 ff; *Jarass* NJW 1990, 2420 ff; *ders.* NJW 1991, 2665 ff; *Nessler* RIW 1993, 206 ff; *Oldenbourg* Die unmittelbare Wirkung von EG-Richtlinien im innerstaatlichen Bereich 1984; *Scherzberg* Jura 1993, 225; *Weymüller* RIW 1991, 501 ff. Zur Lage in Italien s. *Winkler* EuZW 1992, 443; zur Lage in Frankreich *Fromont* EuZW 1992, 46. Zur Haftung eines Mitgliedstaats bei Nichtumsetzung einer Richtlinie s. EuGH NJW 1992, 165 (Andrea Francovich); s. dazu *Bahlmann* DWiR 1992, 61 ff; *Piper* NJW 1992, 2454 ff; *Ewert* RIW 1993, 881; *Graf v. Westphalen* EWS 1993, 269, s. ferner BGH WM 1993, 707.

433 S. zur gemeinschaftsrechtlichen Gerichtsbarkeit *Fikentscher* § 14 V. Zu Stellung und Arbeitsweise des Gerichtshofs s. *Everling* in ZAW (Hrsg.) Irreführende Werbung in Europa S. 43 ff. Zum neu eingerichteten Gericht 1. Instanz der Europäischen Gemeinschaften s. die Mitteilung in ABl. 1989 C 281 S. 12 = WuW 1990, 223; s. dazu *Rabe* NJW 1989, 3041 ff.

434 *Grabitz/Wohlfahrt* Kommentar zum EWGV Art. 177 Rdn. 16/17; *Fikentscher* § 14 V 4. S. allgemein *Tomuschat* Die gerichtliche Vorabentscheidung nach den Verträgen über die Europäischen Gemeinschaften (1964); *Dauses* Das Vor-

greiflich und klärungsbedürftig, so kann es die Frage dem Gerichtshof zur Vorabentscheidung vorlegen. Handelt es sich um ein Gericht, dessen Entscheidungen selbst nicht mehr mit Rechtsmitteln des innerstaatlichen Rechts angefochten werden können, so ist dieses Gericht zur Anrufung des Gerichtshofs verpflichtet (Art. 177 Abs. 3 EWGV). Der EuGH kann dabei zwar nicht über die Vereinbarkeit nationalen Rechts mit dem Gemeinschaftsrecht entscheiden, gibt aber die Kriterien an die Hand, nach denen das nationale Gericht die Vereinbarkeit beurteilen kann.

F 321 Die neuere Rechtsprechung des deutschen BVerfG[435] schließt den EuGH in den Begriff des gesetzlichen Richters im Sinn des Art. 101 Abs. 1 Satz 2 GG ein, sein Entzug kann mit der Verfassungsbeschwerde beim BVerfG geltend gemacht werden. Die Verletzung des Art. 101 wird dabei freilich auf die willkürliche Unterlassung einer gebotenen Richtervorlage beschränkt, d. h. wenn das Gericht seinen Beurteilungsrahmen in unvertretbarer Weise überschreitet[436].

F 322 Im hier interessierenden Bereich bildet das Vorabentscheidungsverfahren den praktisch wichtigsten Weg zum EuGH. Daneben kann er von der Kommission im Rahmen des **Vertragsverletzungsverfahrens** (Art. 169 EWGV) mit der Behauptung angerufen werden, ein Mitgliedstaat habe eine gemeinschaftsrechtliche Verpflichtung verletzt. Jeder Mitgliedstaat kann den Gerichtshof nach Art. 170 EWGV mit dem Vorbringen befassen, ein anderer Mitgliedstaat habe gegen Gemeinschaftsrecht verstoßen. Schließlich ist auf die Möglichkeit einer Klage von Mitgliedstaaten oder von natürlichen oder juristischen Personen wegen eines Handelns des Rates oder der Kommission nach Art. 173 EWGV hinzuweisen.

F 323 Die **Wettbewerbsregeln des EWGV in den Art.** 85 ff behandeln kartellrechtliche Problembereiche; mit dem Recht des unlauteren Wettbewerbs sind allenfalls in Randgebieten Überschneidungen denkbar[437].

F 324 Der **unlautere Wettbewerb** wird im EWGV dagegen nicht unmittelbar geregelt, wenngleich die Präambel das Ziel nennt, „einen redlichen Wettbewerb zu gewährleisten" und es nach Art. 3 lit. f zur Tätigkeit der Gemeinschaft gehört, ein System zu errichten, „das den Wettbewerb innerhalb des Gemeinsamen Marktes vor Verfälschungen schützt" (vgl. auch Art. 101). Das Recht des unlauteren Wettbewerbs ist somit in erster Linie Sache der Mitgliedstaaten; die Gemeinschaft befaßt sich hiermit vornehmlich im Zuge der Rechtsangleichung[438].

F 325 Da das Recht des unlauteren Wettbewerbs als eine zentrale wirtschaftsrechtliche Materie mit zahlreichen anderen Rechtsgebieten zusammenhängt oder sich mit ihnen überschneidet, tauchen wettbewerbsrechtliche Probleme nicht nur in den spezifisch mit dem unlauteren Wettbewerb sich befassenden Rechtsangleichungsmaßnahmen auf, sondern auch in Harmonisierungsinstrumenten, die unter anderem Titel

---

abentscheidungsverfahren nach Art. 177 EWGV (1985); *Lieber* Über die Vorlagepflicht des Art. 177 EWG-Vertrag und deren Mißachtung (1986); *Weber* Rechtsfragen der Durchführung des Gemeinschaftsrechts in der Bundesrepublik (1987) S. 80 ff.

435 BVerfGE 73, 339, 369; BVerfGE 75, 223, 245; BVerfG RIW 1988, 487; BVerfG RIW 1989, 230.

436 BVerfG RIW 1989, 230.

437 So etwa bei Boykott und Diskriminierung.

438 *Schwintowski* ZVglRWiss. 92 (1993) 40, 71. Auch *Fikentscher* Wirtschaftsrecht I § 15 X, der von einer „gemeinschaftsrechtlichen Generalklausel gegen unlauteren Wettbewerb im Rahmen des Freiheitsschutzes" ausgeht, gesteht zu, daß sie „durch Sekundärrecht oder durch richterliche Normsetzung des EuGH anwendbar gemacht werden muß". Vgl. auch *Müller-Graff* in Festschrift für Carstens, S. 109, 218 ff. Weitergehend wohl *Steindorff* WRP 1993, 139 f, der von „Grundsätzen und Normen des Gemeinschaftsrechts zum unlauteren Wettbewerb" spricht, aber offenläßt, ob sie unmittelbar anwendbar sind; vgl. auch *Veelken* ZVglRWiss. 92 (1993) 241, 281.

laufen. So schließt die **Erste Markenrechtsrichtlinie**[439] in ihren Begründungserwägungen zwar nicht aus, daß „andere Rechtsvorschriften ... wie die Vorschriften gegen den unlauteren Wettbewerb ... Anwendung finden", die Markenrechtsrichtlinie behandelt aber in Art. 4 Abs. 3 und Art. 5 Abs. 2 doch auch selbst dem Wettbewerbsrecht zuzuordnende Fälle der Ausnutzung oder Beeinträchtigung von Unterscheidungskraft oder Wertschätzung des Zeichens „in unlauterer Weise" und gibt an anderer Stelle Raum für eine Benutzung der Marke durch Dritte zu bestimmten Zwecken, „sofern die Benutzung den anständigen Gepflogenheiten in Gewerbe oder Handel entspricht" (Art. 6 Abs. 1).

Partiell überschneiden sich vor allem Recht des unlauteren Wettbewerbs und **Verbraucherschutz**[440]. Das zunächst im EWGV nicht direkt angesprochene Postulat, für den Schutz der Gesundheit, Sicherheit und die wirtschaftlichen Interessen der Verbraucher zu sorgen, ist in pragmatischer Weise nach und nach in das Tätigkeitsspektrum der Gemeinschaft aufgenommen worden[441]. **F 326**

Die am 1. Juli 1987 in Kraft getretene **Einheitliche Europäische Akte**[442] hebt im Rahmen des Verfahrens zum Erlaß von Maßnahmen zur Angleichung der Rechts- und Verwaltungsvorschriften der Mitgliedstaaten, die die Errichtung und das Funktionieren des Binnenmarktes zum Gegenstand haben, ausdrücklich hervor, daß die Kommission in ihren Vorschlägen u. a. im Bereich „Verbraucherschutz von einem hohen Schutzniveau" ausgeht (Art. 100 a Abs. 3 EWGV). Der **Vertrag von Maastricht**[443] enthält einen eigenen Titel über den Verbraucherschutz[444], worin auf Art. 100 a Bezug genommen wird und zusätzlich „spezifische Aktionen" vorgesehen werden, „welche die Politik der Mitgliedstaaten zum Schutz der Gesundheit, der Sicherheit und der wirtschaftlichen Interessen der Verbraucher und zur Sicherstellung einer angemessenen Information der Verbraucher unterstützen und ergänzen"[445]. **F 327**

Verbraucherschutzpolitik und Politik der Bekämpfung unlauteren Wettbewerbs verbinden sich, wie noch zu zeigen sein wird (Rdn. F 333), in der **Richtlinie gegen irreführende Werbung.** Beide Aspekte sind ferner in den Kennzeichnungs- und Werbevorschriften einer großen Zahl **produktspezifischer Regelungen** präsent, so insbesondere für Lebensmittel, Wein, Chemikalien, Kosmetika, Arzneimittel und Tabakwaren[446], auf die hier nicht näher eingegangen werden kann. **F 328**

Außer in der Rechtsangleichung ergeben sich Berührungspunkte zwischen EG-Recht und Recht des unlauteren Wettbewerbs bei der Durchsetzung der Grundfrei- **F 329**

---

[439] Erste Richtlinie des Rates vom 21. 12. 1988 zur Angleichung der Rechtsvorschriften der Mitgliedstaaten über Marken (89/104/EWG) GRUR Int. 1989, 294. S. dazu *Schweer* Die erste Markenrechts-Richtlinie der Europäischen Gemeinschaft und der Rechtsschutz bekannter Marken, 1992.

[440] Rdn. F 2. S. auch *Schricker* Recht der Werbung in Europa, Bd. 1 Rdn. 14 ff.

[441] S. dazu umfassend *Krämer* EWG-Verbraucherrecht (1985) S. 17 ff; Entschließung des Rates vom 14. 4. 1975 betreffend ein Erstes Programm der Europäischen Wirtschaftsgemeinschaft für eine Politik zum Schutz und zur Unterrichtung der Verbraucher (ABl. Nr. C 92 v. 25. 4. 1975, abgedruckt auch bei *v. Hippel* Verbraucherschutz[3] 1986 S. 454 ff); Entschließung des Rates vom 19. 5. 1981 betreffend ein Zweites Programm der Europäischen Wirtschaftsgemeinschaft für eine Politik zum Schutz und zur Unterrichtung der Verbraucher (ABl. Nr. C 133 v. 3. 6. 1981, abgedruckt auch bei *v. Hippel* S. 467 ff); s. ferner EG-Kommission, Zehn Jahre Verbraucherpolitik der Gemeinschaft (1985); EG-Kommission, Neuer Impuls für die Politik zum Schutz der Verbraucher (1985).

[442] ABl. Nr. L 169/1 ff 29.

[443] S. Rdn. F 318 a.

[444] Titel XI Art. 129 a.

[445] S. dazu *Micklitz/Reich* EuZW 1992, 593 ff.

[446] S. den Überblick bei *Schricker* Recht der Werbung in Europa Bd. 1 Rdn. 187 ff; s. ferner *Schricker* GRUR Int. 1991, 185 ff; *ders.* GRUR Int. 1992, 347, 348 ff.

heiten des EWGV, insbesondere der **Warenverkehrsfreiheit** und des **freien Dienstleistungsverkehrs.** Der Ansatzpunkt der gemeinschaftsrechtlichen Betrachtung ist hier ein anderer, die Tendenz der Einwirkung des Gemeinschaftsrechts entgegengesetzt, nicht auf eine Hebung der Schutzstandards, sondern auf eine Liberalisierung abzielend[447]. Konkret geht es hier um die Frage, ob und inwieweit die Anwendung des nationalen Rechts des unlauteren Wettbewerbs der Mitgliedstaaten eine Beschränkung des freien Waren- oder Dienstleistungsverkehrs bildet und unter welchen Voraussetzungen eine derartige Beschränkung gerechtfertigt sein kann oder nicht zu tolerieren ist, so daß die mitgliedstaatliche Sorge um die Bekämpfung unlauteren Wettbewerbs hinter den Grundfreiheiten des EWGV zurückzustehen hat, was zur Unanwendbarkeit der nationalen Rechtsvorschriften führt (s. im einzelnen unten Rdn. F 376 ff).

2. Rechtsangleichung

F 330 a) **Gang der Arbeiten.** Angesichts der zentralen Bedeutung, die dem Recht des unlauteren Wettbewerbs zumindest in einem Teil der Mitgliedstaaten für das Funktionieren des Wirtschaftslebens zukommt, verwundert der vergleichsweise Rückstand der Wettbewerbsrechtsharmonisierung, etwa im Blick auf das Patentrecht[448]. Dabei gehen die ersten Überlegungen zur Angleichung des Rechts des unlauteren Wettbewerbs mehr als 30 Jahre zurück. Im Auftrag der EWG-Kommission erarbeitete das Institut für internationales und ausländisches Patent-, Marken- und Urheberrecht der Universität München, später Max-Planck-Institut für ausländisches und internationales Patent-, Urheber- und Wettbewerbsrecht, unter Leitung von Eugen Ulmer eine **Bestandsaufnahme** des Rechts der Mitgliedstaaten mit Vorschlägen zur Rechtsangleichung, die der Kommission als Grundlage für die Harmonisierungsarbeiten dienen sollte[449]. Die Studie wies wesentliche Rechtsverschiedenheiten nach; die Kommission beschloß ein umfassendes Programm zur Angleichung des Rechts des unlauteren Wettbewerbs[450].

F 331 **Motiv der Angleichung** war zunächst, Wettbewerbsverzerrungen und Hindernisse für den grenzüberschreitenden Wirtschaftsverkehr, insbesondere für die grenzüberschreitende Werbung, auszuräumen. Der Nachweis konkreter Hemmnisse für das Funktionieren des Binnenmarktes bereitete zunächst jedoch Schwierigkeiten: Auch Umfragen der Kommission bei den Verbänden der Wirtschaft brachten wenig an Konfliktstoff zutage. Als weiteres Motiv für das Eingreifen der Gemeinschaft trat

[447] S. im einzelnen *Schricker* GRUR Int. 1992, 347 ff.

[448] S. zu den Gründen und weiteren Perspektiven *Schricker* GRUR Int. 1990, 771 f.

[449] S. das von *Ulmer* herausgegebene Gutachten über das Recht des unlauteren Wettbewerbs in den Mitgliedstaaten der EWG. Die deutsche Ausgabe ist in 6 Bänden veröffentlicht; verschiedene Bände sind auch in anderen Sprachen der Gemeinschaft erschienen: *Ulmer* Das Recht des unlauteren Wettbewerbs in den Mitgliedstaaten der EWG, Bd. I, Vergleichende Darstellung mit Vorschlägen zur Rechtsangleichung (1965); *Ulmer/Schricker/Wunderlich* Bd. II/1, Belgien, Luxemburg (1967); *Ulmer/Baeumer/van Manen* Bd. II/2, Niederlande (1967); *Ulmer/Reimer* Bd. III, Deutschland (1968); *Ulmer/Kraßer* Bd. IV, Frankreich (1967); *Ulmer/Schricker* Bd. V, Italien (1965); *Ulmer/von Westerholt* Bd. VI, Vereinigtes Königreich (1981). Die Reihe wird fortgesetzt; als nächstes werden Darstellungen des griechischen und spanischen Rechts erscheinen.

[450] S. hierzu und zum weiteren Fortgang der Arbeiten *Ulmer* GRUR Int. 1973, 135 ff; *Schricker* GRUR Int. 1973, 141 ff; *ders.* WRP 1977, 1 ff; *ders.* in Festschrift für Zweigert (1981) S. 537 ff; *Albrecht* WRP 1978, 687 ff; *Stuyck* ZVP 1978, 326 ff; *Beier* GRUR Int. 1984, 61 ff; HdbWbR/*Jacobs* § 26 Rdn. 11; weitere Literaturhinweise bei *Paefgen* Globales und Euro-Marketing (1989) S. 133 ff.

im Zeichen des Erstarkens der Verbraucherschutzpolitik in der EG[451] jedoch das Bestreben hinzu, in allen Mitgliedstaaten ein gewisses Niveau des Schutzes der Verbraucher, insbesondere gegenüber irreführender Werbung, zu sichern. Die Zuständigkeit zur Ausarbeitung der Richtlinie innerhalb der Kommission und die Akzentsetzung bei den rechtspolitischen Zielen wechselte verschiedentlich; der Beitritt des Vereinigten Königreichs und Irlands wirkte retardierend, da ein Recht des unlauteren Wettbewerbs im kontinentaleuropäischen Sinn in diesen Common Law-Ländern nicht besteht und man erhebliche Vorbehalte vor allem gegenüber einer Generalklausel des unlauteren Wettbewerbs nach Art. von § 1 des deutschen UWG geltend macht[452].

Angesichts des Widerstands gegen eine umfassende Regelung des unlauteren Wettbewerbs und der Konzentration des Verbraucherschutzinteresses auf Fragen der Werbung wurde das Vorhaben der Angleichung, um deren völliges Scheitern zu vermeiden, auf den **Teilbereich der irreführenden Werbung** reduziert[453]. Einziges Ergebnis der Harmonisierungsarbeiten bildete zunächst die Richtlinie über die irreführende Werbung von 1984. Sie greift freilich die praktisch wohl wichtigste Fallgruppe unlauteren Wettbewerbs heraus und zugleich einen Bereich mit markanten Rechtsunterschieden[454].

b) Die Richtlinie über irreführende Werbung von 1984. In den der Richtlinie des Rates vom 10. September 1984 zur Angleichung der Rechts- und Verwaltungsvorschriften über irreführende Werbung (84/450/EWG)[455] vorangestellten **Erwägungsgründen** wird darauf hingewiesen, daß die gegenwärtig in den Mitgliedstaaten geltenden Vorschriften gegen irreführende Werbung stark voneinander abweichen, was sich auf die **Errichtung und das Funktionieren des Gemeinsamen Marktes** nachteilig auswirke. Irreführende Werbung verfälsche den Wettbewerb. Werbekampagnen, die die Grenzen eines Staates überschreiten, würden durch die Rechtsverschiedenheiten behindert, der freie Waren- und Dienstleistungsverkehr beeinflußt. Dieser Ausgangsposition liegt die stillschweigende Annahme zugrunde, daß solche „Multistate"-Werbung in den Rezipientenländern unterschiedlich nach dem jeweils einschlägigen Marktrecht zu beurteilen ist, was der **kollisionsrechtlichen Weichenstellung** entspricht (vgl. Rdn. F 159, 189, 203); die Richtlinie ändert an dieser Ausgangsposition nichts[456]. Die Bekämpfung der irreführenden Werbung liege, so fahren die Erwägungsgründe fort, auch im **Interesse der Verbraucher**, um sie vor nachteiligen Kaufentscheidungen zu schützen. Erforderlich sei deshalb, „objektive Mindestkriterien aufzustellen, nach denen berurteilt werden kann, ob eine Werbung irreführend ist". Der Schutz gegen irreführende Werbung müsse „angemessen und wirksam" sein. Namentlich das Ziel des Verbraucherschutzes rechtfertigt es, daß die Richtlinie nicht nur auf grenzüberschreitende Transaktionen anwendbar ist, sondern auch auf rein innerstaatliche Sachverhalte; es wird mit anderen Worten die Bekämpfung der irreführenden Werbung in der Gemeinschaft in voller Breite harmonisiert. **F 332**

[451] S. zur Verbraucherpolitik der Gemeinschaft umfassend *Krämer* EWG-Verbraucherrecht (1985) S. 17 ff.

[452] Rdn. F 358. S. dazu *Schricker* GRUR Int. 1990, 112, 118.

[453] Noch der Richtlinienvorschlag von 1978/79 umfaßte sowohl die irreführende als auch die unlautere Werbung, GRUR Int. 1980, 30.

[454] S. den vergleichenden Befund bei *Ulmer* Das Recht des unlauteren Wettbewerbs in den Mitgliedstaaten der EWG, Bd. I Rdn. 203 ff.

[455] ABl. 1984 Nr. L 250/20 = GRUR Int. 1980, 30.

[456] Anders die Fernsehrichtlinie, s. Rdn. F 159.

F 333 In Art. 1 wird der Richtlinie eine **Schutzzweckdeklaration** vorangestellt. Ziel der Richtlinie ist danach

„der Schutz der Verbraucher, der Personen, die einen Handel oder ein Gewerbe betreiben oder ein Handwerk oder einen freien Beruf ausüben, sowie der Interessen der Allgemeinheit gegen irreführende Werbung und deren unlautere Auswirkungen".

Die Richtlinie gehört damit zu den modernen Regelungen eines **integrierten Unternehmer- und Verbraucherschutzes,** wie sie etwa in Belgien, Dänemark, Deutschland und Spanien sich herausgebildet haben[457]. Zutreffend wird zwischen **Verbraucher- und Allgemeininteressen** unterschieden, eine Differenzierung, die der deutschen Judikatur noch heute schwerfällt, durch die Richtlinie jedenfalls im Bereich der Irreführung nunmehr aber geboten wird[458].

F 334 Als progressiv erweist sich auch die grundlegende **Definition der Werbung** in Art. 2 Nr. 1 der Richtlinie; sie versteht als

„ ‚Werbung' jede Äußerung bei der Ausübung eines Handels, Gewerbes, Handwerks oder freien Berufs mit dem Ziel, den Absatz von Waren oder die Erbringung von Dienstleistungen ... zu fördern."

Zum Merkmal des „geschäftlichen Verkehrs" in § 3 UWG dürfte insofern Übereinstimmung bestehen[459]; es entfällt jedoch jede Bezugnahme auf ein Wettbewerbsverhältnis oder ein Handeln zu Zwecken des Wettbewerbs. Die Fortentwicklung des Rechts des unlauteren Wettbewerbs zu einem Recht der Marktverhaltenskontrolle, wie sie etwa in Belgien, Dänemark, Schweden, der Schweiz und Spanien bereits vollzogen ist, wird von der Richtlinie rezipiert. Ganz gleich, wie die deutsche Diskussion um die Entbehrlichkeit des Wettbewerbsverhältnisses ausgeht[460]: Für § 3 UWG führt eine richtlinienkonforme Auslegung dazu, daß das Tatbestandsmerkmal des Handelns **„zu Zwecken des Wettbewerbs"** im Gesetzestext – das sich freilich praktisch als wenig bedeutungsvoll erweist[461] – nunmehr als ein Handeln „zu Zwecken der Absatzförderung" zu lesen ist.

F 335 Kernstück der Richtlinie bildet der – europarechtlich einheitlich auszulegende – **Verbotstatbestand der irreführenden Werbung.** Nach Art. 2 Nr. 2 der Richtlinie ist

„ ‚irreführende Werbung' jede Werbung, die in irgendeiner Weise – einschließlich ihrer Aufmachung – die Personen, an die sie sich richtet oder die von ihr erreicht werden, täuscht oder zu täuschen geeignet ist und die infolge der ihr innewohnenden Täuschung ihr wirtschaftliches Verhalten beeinflussen kann oder aus diesen Gründen einen Wettbewerber schädigt oder zu schädigen geeignet ist."

F 336 Die Mitgliedstaaten haben ihr dieser Vorgabe nicht entsprechendes nationales Recht an die Definition **anzupassen;** jedenfalls ist das nationale Recht **richtlinienkonform auszulegen.** Gemäß Art. 7 sind die Mitgliedstaaten allerdings nicht gehindert „Bestimmungen aufrechtzuerhalten oder zu erlassen, die einen weiterreichenden Schutz der Verbraucher, der einen Handel, ein Gewerbe, ein Handwerk oder einen freien Beruf ausübenden Personen sowie der Allgemeinheit vorsehen". Der

---

[457] Dabei darf von einer Gleichrangigkeit des Anbieter- und Verbraucherschutzes ausgegangen werden, vgl. § 3 Rdn. 14. Der Schutz der Allgemeininteressen liegt als ein Bewertungsfaktor freilich auf einer anderen Ebene, s. *Schricker* GRUR 1974, 579, 580.

[458] S. zum Allgemeininteresse als überindividuellen Wertungsfaktor *Hösl* Interessenabwägung und rechtliche Erheblichkeit der Irreführung bei § 3 UWG (1986) S. 357 ff. Es handelt sich nicht nur um das Interesse am Funktionieren des Wettbewerbs (vgl. § 3 Rdn. 6), sondern es können im Einzelfall etwa auch Interessen im Bereich des Umwelt- und Gesundheitsschutzes involviert sein.

[459] *Hauschka* ZVglRWiss. 1990, 166, 170 f.

[460] S. bereits *Schricker* GRUR 1974, 579, 581 f.

[461] *Baumbach/Hefermehl* § 3 Rdn. 6.

Schutzstandard der Richtlinie darf somit zwar nicht unterschritten werden; die Mitgliedstaaten können zur Verfolgung der in Art. 7 legitimierten Schutzzwecke aber darüber hinausgehen.

Art. 3 der Richtlinie schreibt eine Berücksichtung aller Bestandteile der Werbung bei der Beurteilung der Irreführung vor und zählt eine Reihe **relevanter Angaben** auf. Hier begegnen der Sache nach die auch in § 3 UWG aufgeführten Irreführungsthemen; z. T. geht die Enumeration des Art. 3 aber weiter. Von Bedeutung für das deutsche Recht könnte sein, daß nach lit. c des Art. 3 auch Angaben über „die Art, die Eigenschaften und die Rechte des Werbenden, wie seine Identität ..." zu berücksichtigen sind. Es stellt sich die Frage, ob damit nicht auch das **Hervorrufen von Verwechslungsgefahr** als die Erzeugung eines Identitätsirrtums, insbesondere durch Mißbrauch von Kennzeichenrechten unter den Tatbestand der irreführenden Werbung zu ziehen ist[462]. Diese weite Auslegung findet im angelsächsischen Recht und in verbraucherpolitischen Postulaten Rückhalt; soweit bekannt, wurde sie bei der Schaffung der Richtlinie zugrunde gelegt; der subtil einschränkende deutsche Standpunkt, der zwischen den für § 3 irrelevanten „betrieblichen Herkunftsangaben" und den ausnahmsweise täuschungsrelevanten „qualifizierten betrieblichen Herkunftsangaben" unterscheiden will[463], fand bei den Harmonisierungsarbeiten keine Gegenliebe. Eine richtlinienkonforme Auslegung wird deshalb in der Tat auch das bloße Hervorrufen von Verwechslungen hinsichtlich der Herkunftsquelle für § 3 UWG beachtlich erklären müssen, sofern die sonstigen Tatbestandsvoraussetzungen des § 3 erfüllt sind[464]. **F 337**

Fragt man weiter, ob der Schutz des deutschen Rechts irgendwie hinter der Richtlinie zurückbleibt, so stößt man auf die abweichende Definition der **maßgeblichen Verkehrskreise** („... Personen, an die sie sich richtet oder die von ihr erreicht werden ..."). Es wird mit dem Richtlinientext nicht impliziert, daß es sich um aktuelle oder potentielle Abnehmer (§ 3 Rdn. 132 ff) handeln muß. Insofern ist freilich der weitere Wortlaut des Verbotstatbestandes mitzulesen, der voraussetzt, daß die Täuschung „ihr wirtschaftliches Verhalten beeinflussen kann". Im Zusammenhang mit der Bestimmung des Anwendungsbereichs der Richtlinie in Art. 1 als Werbung, verstanden im Sinne von Absatzförderung, ergibt sich zwanglos die Auslegung, daß mit den Adressaten die Abnehmer gemeint sind, die durch die Irreführung zumindest angelockt werden. Insofern wäre Gleichklang mit dem deutschen Recht zu konstatieren[465]. **F 338**

Offen bleibt dann freilich noch die Frage, was mit der **Schädigung der Mitbewerber** am Ende des Verbotstatbestandes gemeint ist, die zwar als selbständige Voraussetzung eingefügt wird (Anknüpfung mit „oder"), aber inhaltlich doch auf die Reaktion der Abnehmer Bezug zu nehmen scheint („aus diesen Gründen"). Aufgrund Kenntnis der Diskussion im Vorfeld der Richtlinie kann hier folgende Erklärung vorgeschlagen werden: Mit der „Beeinflussung des wirtschaftlichen Verhaltens" dürfte nicht schon wie im deutschen Recht die Anlockung im Sinne einer bloßen **F 339**

---

462 Vgl. dazu *Schricker* GRUR Int. 1990, 112, 113.

463 § 3 Rdn. 36 ff, 639 ff.

464 *Schricker* Recht der Werbung in Europa, Bd. I Rdn. 147; ebenso im Ergebnis *Henning-Bodewig/Kur* Marke und Verbraucher, Bd. II Einzelprobleme (1989) S. 21 ff, 29 ff, 37 ff. Für einschränkende Auslegung dagegen HdbWbR/*Jacobs* § 26 Rdn. 19.

465 So HdbWbR/*Helm* § 48 Rdn. 12; HdbWbR/*Jacobs* § 26 Rdn. 14. S. umfassend und rechtsvergleichend *A. Meyer* Die anlockende Wirkung der irreführenden Werbung (1989), s. dort zur Richtlinie S. 219 ff.

Beschäftigung mit einem sonst übergangenen Angebot zu verstehen sein (vgl. § 3 Rdn. 123 ff), sondern in engerem Verständnis die Maßgeblichkeit der Irreführung für den Kaufentschluß[466]. Nicht erfaßt wurde durch diese Tatbestandsalternative somit die Anlockung, die nicht zu einem entsprechenden Abschluß führt, etwa durch eine Lockvogelwerbung mit Angeboten, die – mangels Vorrats – gar nicht wirklich angenommen werden können, sondern den Abnehmer nur in den Laden locken sollen, um ihm unabhängig von der Irreführung über den Lockvogel etwas zu verkaufen. Hier ist die Irreführung aber jedenfalls geeignet, Mitbewerber durch Entzug von Kunden zu schädigen, und diese Fälle der Anlockung sollten mit der Wendung am Ende des Verbotstatbestandes miteinbezogen werden. Insofern ergibt sich keine Diskrepanz zum deutschen Recht.

F 340 Bei der Kausalkette von zunächst der Täuschung und sodann der Beeinflussung des wirtschaftlichen Verhaltens oder Schädigung der Mitbewerber gemäß Art. 2 der Richtlinien scheint im übrigen offen zu bleiben, ob (nur) eine irreführende Anlockung durch Täuschung über die eigene geschäftliche Sphäre gemeint ist oder (auch) die Herabsetzung des Mitbewerbers durch irreführende Angaben im Sinne einer **Anschwärzung** (vgl. § 14 UWG). Denn auch bei der Anschwärzung wird das wirtschaftliche Verhalten der Abnehmer beeinflußt, wenngleich negativ im Sinne einer Vermeidung des betroffenen Angebots; es liegt auf der Hand, daß es zu einer Schädigung des Mitbewerbers kommen kann. Die Entstehungsgeschichte der Richtlinie spricht jedoch für eine Erfassung nur der irreführenden Werbung in dem Sinne eines Tatbestands der Anlockung, wie sie im deutschen[467] und im internationalen Recht (Rdn. F 66, 73) verstanden und von der Anschwärzung abgeschichtet wird[468]. Für die Anschwärzung war in den Entwürfen zur Richtlinie eine besondere Vorschrift im Rahmen der Regelung der unlauteren Werbung vorgesehen[469], die dann abgetrennt und aufgeschoben wurde. Auch die Fassung von Art. 3 der Richtlinie (s. insbesondere lit. c: „... des Werbenden") sprich für die engere Auslegung unter Ausschluß der Anschwärzung.

F 341 Weiterhin ist die irreführende Werbung im Sinne der Richtlinie von der **unsachlichen Werbung** abzugrenzen, die keine konkreten, rational faßbaren und damit keine auf ihren Richtigkeitsgehalt überprüfbaren Angaben enthält. Zwar wird im angelsächsischen Sprachgebrauch und in der verbraucherpolitischen Diskussion unter „misleading advertising" nicht selten auch die Beeinflussung durch Suggestivwerbung verstanden. Jedoch lassen die Aufzählung der möglichen Gegenstände der Irreführung in Art. 3 der Richtlinie, die Erwähnung des Beweises der Richtigkeit bzw. Unrichtigkeit von Tatsachenangaben in der Werbung in Art. 6 sowie auch die Entstehungsgeschichte der Richtlinie[470] erkennen, daß man nicht soweit gehen will, den vagen und unklaren und in der Unlauterkeit strittigen Bereich der sog. unsachlichen Werbung miteinzubeziehen[471].

---

466 So wohl EuGH ZIP 1992, 719, 720 (Nissan), wonach freilich die weitere Tatbestandsalternative der Schädigung nicht geprüft wird.

467 S. zur Abgrenzung von § 3 UWG § 3 Rdn. 39.

468 *Schricker* Recht der Werbung in Europa, Bd. I Rdn. 148.

469 S. zuletzt Art. 2 lit. b des Vorschlags in der Fassung v. 10. 7. 1979, GRUR Int. 1990, 30.

470 Die letzte Vorschlagsfassung wollte als „unlautere Werbung" auch die Werbung verbieten, die „das Vertrauen, die Leichtgläubigkeit oder den Mangel an Erfahrung des Verbrauchers mißbraucht oder ihn oder die Öffentlichkeit mit anderen Mitteln in unangemessener Weise beeinflußt oder zu beeinflussen geeignet ist" (Art. 2 3. Spiegelstrich lit. e); die irreführende Werbung wurde davon unterschieden (Art. 2 2. Spiegelstrich).

471 S. zur Abgrenzung auch *Schricker* GRUR Int. 1990, 112, 113; *ders.* Recht der Werbung in Europa, Bd. I Rdn. 149.

Ergibt der bisherige Vergleich zwischen Richtlinie und deutschen Recht, von der Frage der betrieblichen Herkunftsangaben abgesehen, daß das deutsche Irreführungsverbot jedenfalls hinter dem Standard der Richtlinie nicht zurückbleibt, so ist abschließend noch zu prüfen, ob die Entscheidungen mit der Richtlinie vereinbar sind, in denen der Irreführungsschutz aufgrund einer **Interessenabwägung** versagt wird, weil die betroffenen Interessen nicht schutzwürdig erscheinen oder sie von vorrangigen Gegeninteressen überholt werden[472]. **F 342**

Auszugehen ist davon, daß die Richtlinie als Gemeinschaftsrecht nach dessen Grundsätzen auszulegen ist; die deutsche Interessen- und Wertungsjurisprudenz kann nicht ohne weiteres als auch gemeinschaftsrechtlich maßgebliche Auslegungsmethode gelten. In Art. 2 der Richtlinie scheint das Moment der Interessenabwägung zwar nicht auf; die Perspektive des Interessenschutzes wird aber in Art. 1 vorangestellt. Wenn die Richtlinie zwischen drei Interessenbündeln unterscheidet und deren Schutz postuliert, wird dem Rechtsanwender notwendig die Aufgabe gestellt, zwischen den Interessen abzuwägen, wenn sie sich als gegenläufig herausstellen. Im übrigen wird der zentrale Begriff der Täuschung oder Täuschungseignung in Art. 2 Nr. 2 nicht näher konkretisiert, insbesondere wird nicht gesagt, bei welchem Anteil täuschungsgefährdeter Angehöriger der Verkehrskreise das Verbot einsetzen soll (vgl. Rdn. F 351). Solange nicht eine Mindestschwelle für den Eingriff europarechtlich definiert ist, bleibt der nationale Richter somit frei, die Mindestschwelle aufgrund der jeweiligen Interessenbilanz herauf- oder herunterzusetzen[473].

Bei den Harmonisierungsarbeiten war man sich bewußt, daß nicht nur im materiellen Recht, sondern auch bei den **Sanktionsinstrumenten** wesentliche Unterschiede zwischen den Mitgliedstaaten bestanden und daß die Abweichungen im Schutzstandard nicht zuletzt auch hierauf zurückzuführen waren[474]. Der Angleichung waren hier gleichwohl Grenzen gesetzt, wollte man nicht in Behörden- und Gerichtsstruktur und Verfahrensgrundsätze eingreifen, was wohl die ganze Richtlinie hätte scheitern lassen. Man begnügte sich deshalb mit Minimalanforderungen, die z. T. eine Wahl zwischen Alternativen zulassen und die Einführung gewisser Sanktionsinstrumente dem Ermessen der Mitgliedstaaten anheimstellen. **F 343**

Offen bleibt für die Mitgliedstaaten vor allem die Wahl, ob sie ein **gerichtliches Vorgehen** der Betroffenen oder die Einschaltung einer **Verwaltungsbehörde** vorziehen; es muß sich nur um „geeignete und wirksame Möglichkeiten zur Bekämpfung der irreführenden Werbung" handeln (Art. 4 Abs. 1). Während in Kontinentaleuropa für die Betroffenen und ihre Verbände traditionell der Weg der zivil- und/oder strafrechtlichen Klage offensteht und er in den Umsetzungsinstrumenten Belgiens[475], Griechenlands[476] und Spaniens[477] auch beibehalten wird, haben das Vereinigte Königreich und Italien, die Länder mit dem wohl größten Bedarf nach einer Intensivierung des Schutzes, eine andere Lösung gewählt. Nach dem britischen Umsetzungsgesetz, The Control of Misleading Advertisements Regulations von **F 344**

---

[472] Vgl. § 3 Rdn. 245 ff; umfassend *Hösl* Interessenabwägung und rechtliche Erheblichkeit der Irreführung bei § 3 UWG (1986).

[473] So im Ergebnis wohl auch § 3 Rdn. 24, wo darauf hingewiesen wird, daß bei einer Prüfung der Art. 30 EWGV (s. unten Rdn. F 376 ff) mit dem Marktintegrationsinteresse eine weitere Wertungsdimension hinzutritt.

[474] Vgl. *Schricker* GRUR Int. 1973, 694.

[475] Art. 95 des Gesetzes von 1991 über die Handelspraktiken, GRUR Int. 1992, 623.

[476] Art. 21 des Verbraucherschutzgesetzes von 1991, GRUR Int. 1992, 124.

[477] Art. 25 ff des Allgemeinen Werbegesetzes von 1988, GRUR Int. 1989, 908.

1988[478], ist eine Verwaltungsbehörde, der auch mit kartellrechtlichen Aufgaben betraute Director General of Fair Traiding, allein zuständig, nach seinem Ermessen ein Verbot vor Gericht zu beantragen. In Italien überträgt eine Gesetzesverordnung von 1992[479] es der unlängst geschaffenen Kartellbehörde, gegen irreführende Werbung vorzugehen. Es liegt auf der Hand, daß eine zentrale für einen großen Mitgliedstaat zuständige Behörde schon quantitativ eine viel weniger dichte Kontroll- und Verfolgungspraxis wird ausüben können, als sie durch eine von Mitbewerbern und Verbänden bewerkstelligte Abmahn- und Klagetätigkeit bewirkt wird. In Italien wird immerhin in der Verordnung von 1992 (Art. 7 Nr. 13) die Zuständigkeit des ordentlichen Richters für Handlungen unlauteren Wettbewerbs nach Maßgabe des Codice Civile für unberührt erklärt; die Frage bleibt freilich offen, ob die irreführende Werbung im Sinne der Richtlinie und der Umsetzungsverordnung auch als unlauterer Wettbewerb gemäß dem Codice Civile zu betrachten ist.

F 345 Als hauptsächliche **Sanktionsmaßnahmen**[480] schreibt die Richtlinien zwingend die Möglichkeit der Anordnung einer **Einstellung** der irreführenden Werbung und einer **Untersagung** einer bevorstehenden irreführenden Werbung vor, „auch wenn kein Beweis eines tatsächlichen Verlusts oder Schadens oder der Absicht oder Fahrlässigkeit seitens des Werbenden erbracht wird“ (Art. 4 Abs. 2). Die im deutschen Recht gegebene Unterlassungsklage (§§ 3, 13 UWG) entspricht dem. Die Mitgliedstaaten müssen ferner vorsehen, daß diese Maßnahmen im Rahmen eines **beschleunigten Verfahrens** mit vorläufiger oder endgültiger Wirkung getroffen werden können, wobei jedem Mitgliedstaat vorbehalten bleibt zu entscheiden, welche dieser beiden Möglichkeiten gewählt wird (Art. 4 Abs. 2). Im deutschen Recht erfüllt das Verfahren der einstweiligen Verfügung diese Aufgabe.

F 346 Andere Sanktionsmöglichkeiten stellt die Richtlinie in das Ermessen der Mitgliedstaaten, so die Anordnung der **Urteilsveröffentlichung** oder einer **berichtigenden Erklärung**[481].

F 347 Auch hinsichtlich der **Befugnis, sich an Gericht oder Behörde zu wenden**, eröffnet die Richtlinie den Mitgliedstaaten einen erheblichen Regelungsspielraum: Ein Vorgehen ist nach Art. 4 Abs. 1 „den Personen oder Organisationen, die nach dem nationalen Recht ein berechtigtes Interesse an der Verhinderung der irreführenden Werbung haben“, zu ermöglichen. Mit dieser Kompromißformel wird die Diskussion um die Einführung einer Verbraucherverbandsklage beendet. Die Mitgliedstaaten können ein „berechtigtes Interesse“ der Verbraucherverbände für ein Vorgehen gegen irreführende Werbung anerkennen oder auch nicht und entsprechend die Klagebefugnis oder die Legitimation zur Anrufung der Verwaltungsbehörde ausgestalten[482]. Die Regelung des Klagerechts in § 13 Abs. 2 des deutschen UWG ist deshalb mit der Richtlinie ohne weiteres in Einklang; wenn der nationale Gesetzgeber das

---

[478] S. dazu *Schricker* GRUR Int. 1990, 112, 118 f; *Boyle* WRP 1990, 159, 163 f.

[479] GRUR Int. 1992, 825.

[480] S. zur Rechtsverfolgungsproblematik bei grenzüberschreitender irreführender Werbung umfassend *Reich* RabelsZ 56 (1992) 444 ff.

[481] Die Anordnung einer berichtigenden Erklärung ist insbesondere in Italien (Art. 7 Nr. 6 der Verordnung von 1992, GRUR Int. 1992, 825), Griechenland (Art. 21 Nr. 2 lit b des Gesetzes von 1991, GRUR Int. 1992, 124) und Spanien (Art. 30 Nr. 2 lit. d des Gesetzes von 1988, GRUR Int. 1989, 908) vorgesehen.

[482] Daß die Verbraucherverbandsklage in das Ermessen der einzelstaatlichen Gesetzgebung gestellt wurde, beklagte der Dachverband der Europäischen Verbraucherverbände (BEUC), siehe BEUC Actualités/News, no. 57, September 1986 S. 5. Der Vorschlag *Reichs* (RabelsZ 56 [1992] 444, 499 ff) zur gemeinschaftsweiten Einführung einer Verbraucherverbandsklage verdient Zustimmung.

berechtigte Interesse bestimmen kann, vermag er dieses, wie dies in § 13 Abs. 5 UWG geschieht, bei Mißbrauchsfällen auch abzusprechen.

Schließlich wurde auch die Frage der **Beweislastumkehr** in einer Weise gelöst, die auf die Angemessenheit im Einzelfall abstellt und damit eine recht unterschiedliche Handhabung in den Mitgliedstaaten ermöglicht. Der diesbezügliche Art. 6 der Richtlinie lautet: **F 348**

„Die Mitgliedstaaten übertragen den Gerichten oder Verwaltungsbehörden Befugnisse, die sie ermächtigen, in den in Artikel 4 vorgesehenen Verfahren vor den Zivilgerichten oder Verwaltungsbehörden

a) vom Werbenden Beweis für die Richtigkeit von in der Werbung enthaltenen Tatsachenbehauptungen zu verlangen, wenn ein solches Verlangen unter Berücksichtigung der berechtigten Interessen des Werbenden und anderer Verfahrensbeteiligter im Hinblick auf die Umstände des Einzelfalls angemessen erscheint, und
b) Tatsachenbehauptungen als unrichtig anzusehen, wenn der gemäß Buchstabe a) verlangte Beweis nicht angetreten wird oder wenn er von dem Gericht oder der Verwaltungsbehörde für unzureichend erachtet wird."

Die in der deutschen Rechtsprechung gewährten Beweiserleichterungen dürften dieser Vorgabe entsprechen[483].

Nach Art. 8 der Richtlinie haben die Mitgliedstaaten die erforderlichen Maßnahmen in Kraft zu setzen, um ihr spätestens am 1. Oktober 1986 nachzukommen.

Die ersten **Kommentare zur Richtlinie über irreführende Werbung von 1984**[484] waren ersichtlich von der Enttäuschung darüber geprägt, daß das Harmonsierungsprogramm kurzfristig zusammengestrichen, die unlautere Werbung ausgeklammert worden war. Bedeutete schon die Konzentration der Harmonisierungsarbeiten allein auf das Feld der Werbung, daß weite Bereiche des Wettbewerbsrechtes beiseite blieben, so erschien die nochmalige Verengung auf die irreführende Werbung als ein halbes Eingeständnis des Scheiterns. Verstärkt wurde der negative Eindruck durch die Tatsache, daß die Richtlinie zunächst nichts zu bewegen vermochte, die Frist zum 1. Oktober 1986, binnen deren die Mitgliedstaaten ihre Gesetzgebung an die Richtlinie anzupassen hatten, fruchtlos verstrich, wobei manche Mitgliedstaaten, wie die Bundesrepublik Deutschland, von vornherein erklärten, daß für sie keine Notwendigkeit zu einer Reaktion auf die Richtlinie bestehe[485]. **F 349**

Inzwischen sind jedoch Maßnahmen zur **Umsetzung der Richtlinie** aus Belgien[486], Griechenland[487], Irland[487a] Italien[488], Portugal[488a], Spanien[489] und dem **F 350**

[483] S. *v. Gamm* 12. Kap. Rdn. 9; HdbWbR/*Helm* § 48 Rdn. 14; HdbWbR/*Jacobs* § 26 Rdn. 23.

[484] S. z. B. *Keilholz* GRUR 1987, 390 ff; *Schwanhäusser* GRUR 1988, 180 ff; *Hauschka* ZVglRWiss. 1989, 166 ff.

[485] Mittlerweile scheint festzustehen, daß jedenfalls Dänemark, Deutschland, Frankreich und die Niederlande eine Anpassung ihrer Gesetzgebung nicht für erforderlich halten, s. *Schricker* GRUR Int. 1990, 112, 120 f; s. auch den Bericht in GRUR Int. 1986, 157, 166. Zum dänischen Recht s. zuletzt den Überblick von *Reinel* in WRP 1990, 92 ff.

[486] Gesetz v. 14. 7. 1991 über die Handelspraktiken und die Information und den Schutz des Verbrauchers, GRUR Int. 1992, 623.

[487] Dekret 5206/89 v. 9. 1. 1990, ersetzt durch Gesetz Nr. 1961 über Verbraucherschutz und sonstige Vorschriften, GRUR Int. 1992, 124.

[487a] European Communities (Misleading Advertising) Regulations 1988 (S/1988/134).

[488] Gesetzesverordnung Nr. 74 v. 25. 1. 1992, GRUR Int. 1992, 825.

[488a] Werbegesetzbuch von 1990

[489] Allgemeines Werbegesetz v. 5. 11. 1988, GRUR Int. 1989, 908; s. dazu *Schricker/Bredow* Recht der Werbung in Europa, Bd. 4 Spanien, Rdn. 1 ff; *Nordemann* in: Festschrift v. Gamm 1990, 109; *Schricker* GRUR Int. 1990, 112, 119 f; *Lema Devesa* GRUR Int. 1990, 208 ff. Ergänzt nunmehr durch Gesetz gegen unlauteren Wettbewerb v. 10. 1. 1991, GRUR Int. 1991, 551.

Vereinigten Königreich[490] bekanntgeworden. Die legislativen Texte übernehmen meist, was die Definition der Irreführung betrifft, den Wortlaut der Richtlinie oder schließen sich doch eng an diesen an.

F 351 Was den möglichen Angleichungseffekt im Verhältnis zwischen den in puncto irreführende Werbung strengen und den toleranten Rechtsordnungen angeht, so war von Anfang an klar, daß die Technik der **Minimalharmonisierung**, die strengere Standards in Art. 7 ausdrücklich erlaubt, kaum Aussichten darauf eröffnete, daß das Wertungsgefälle von oben her verringert oder gar eingeebnet werde[491]. Aber auch für Länder niedrigen Standards erscheint der Harmonisierungsdruck in Richtung auf eine Anhebung des Verbotsniveaus nicht eben beträchtlich, geht er doch von einem wenig profilierten Irreführungstatbestand aus. Seine entscheidende Schwäche liegt in der **mangelnden Präzisierung des Merkmals der Täuschungseignung**[492]. Es wird zwar deutlich, daß es auf die Reaktion der – angepeilten und/oder erreichten – Werbeadressaten, d. h. der maßgeblichen Verkehrskreise[493], ankommen soll; nicht entschieden wird aber, ob eine Irreführung mehr oder weniger aller Werbeadressaten erforderlich ist oder ob bereits die Irreführung eines Teiles von ihnen – und welchen Teiles – ausreicht; offen bleibt somit die Frage der Eingriffsschwelle. In diesem Punkt bestehen jedoch erhebliche Unterschiede im nationalen Recht der Mitgliedstaaten; die starken Abweichungen in der Beurteilung der Irreführung gehen hierauf wesentlich zurück[494]. Es liegt auf der Hand, daß das Verbotsniveau strenger sein wird, wenn man, wie im deutschen Recht, auch die unterdurchschnittlich begabten und erfahrenen Abnehmer schützt und deshalb bereits die Irreführung einer Minderheit von 10–15% regelmäßig genügen läßt, während sich eine größere Toleranz gegenüber irreführender Werbung ergibt, wenn man auf den Durchschnittsverbraucher abstellt (Italien, Vereinigtes Königreich)[495]. Die Meinung, daß die Richtlinie zu einem Minderheitenschutz deshalb verpflichtete, weil nach ihrer Begründung ein „wirksamer" Schutz angestrebt werde[496], dürfte sich in den traditionell toleranten Mitgliedstaaten demgegenüber schwerlich durchsetzen; sie überinterpretiert die entsprechende Wendung in den Begründungserwägungen, die sich auch eher auf das Sanktionsinstrumentarium zu beziehen scheint[497].

F 352 Dabei wirken sich auch die nationalen Unterschiede im **Beweisverfahren** aus. Die Richtlinie vermochte in diesen verfahrensrechtlichen Bereich naturgemäß nicht einzugreifen. Mit demoskopischen Sachverständigengutachten arbeitet man bisher im wesentlichen nur im deutschen Recht; während in anderen Ländern die richterli-

---

490 The Control of Misleading Advertisements Regulations 1988, Statutory Instruments 1988 no. 915 Consumer Protection, s. dazu *Schricker* GRUR Int. 1990, 112, 18 f; *Boyle* WRP 1990, 159, 163 f.

491 Nach Wortlaut und auch Sinn und Zweck der Vorschrift, wie sie insbesondere aus der Entstehungsgeschichte erhellen, zielt Art. 7 in der Tat nicht nur auf die Sanktionsseite, sondern (vor allem) auf das materielle Schutzniveau ab, so wohl auch *Krämer* EWG-Verbraucherrecht, S. 187. Abweichend *Everling* in: ZAW (Hrsg.) Irreführende Werbung in Europa, S. 43, 50 ff, der den Standpunkt vertritt, Art. 7 erlaube keine strengere Regelung beim Begriff der Irreführung.

492 S. *Schricker* GRUR Int. 1990, 112, 121; *Möllering* WRP 1990, 1, 9 f.

493 S. dazu im einzelnen HdbWbR/*Jacobs* § 26 Rdn. 16.

494 S. im einzelnen *Schricker* GRUR Int. 1990, 112, 115 ff.

495 S. auch HdbWbR/*Jacobs* § 26 Rdn. 17.

496 So HdbWbR/*Helm* § 48 Rdn. 12.

497 Vgl. Art. 4, der in Abs. 1 die Mitgliedstaaten verpflichtet, für „wirksame Möglichkeiten zur Bekämpfung der irreführenden Werbung" zu sorgen.

che Eigenwertung entscheidet[498]. In letztere pflegen nicht selten restriktive Kriterien einzufließen, die Vernunft und Sorgfalt beim Abnehmer postulieren oder unterstellen, daß er der Werbung nicht leicht Glauben schenke[499].

Es fragt sich, ob die Rechtsprechung des **Europäischen Gerichtshofs** zu einer einheitlichen Auslegung des Begriffs der Irreführung im Sinn der Richtlinie gelangen könnte. Hier wäre zunächst hervorzuheben, daß angesichts des Vorbehalts strengerer Regelungen in Art. 7 es sich im Rahmen einer Auslegung der Richtlinie allenfalls um die gemeinschaftsrechtliche Festlegung eines **Mindeststandards** handeln könnte[500]. **F 353**

Eine Kontrolle des **Maximalstandards,** d. h. ob die nationalen Irreführungsstandards nicht zu streng sind, vermag nur unter dem Aspekt der Wahrung der Grundfreiheiten des EWGV, insbesondere des freien Warenverkehrs (Art. 30 ff) ausgeübt werden (s. dazu Rdn. F 376 ff). Wie weit zur Bekämpfung der Irreführung national in die grenzüberschreitende oder sonst gemeinschaftsrelevante Werbung eingegriffen werden darf, ist dabei in Abwägung von Warenverkehrsfreiheit einerseits, Verbraucher- und Lauterkeitsschutz andererseits, vom EuGH zu entscheiden. Angesichts der Abhängigkeit der Entscheidung von der Interessenlage des Einzelfalles ist zu bezweifeln, daß sich hier ein allgemeingültiger Minimalstandard herausbilden kann. Jedenfalls würde er für die rein innerstaatlichen Sachverhalte oder Fälle, die nur Drittstaaten berühren, nicht zu gelten brauchen. **F 354**

Zweifelhaft mag aber auch erscheinen, ob der Irreführungstatbestand der Richtlinie als ein **Minimalstandard von Allgemeingültigkeit** aufzufassen ist. Angesichts seiner mangelnden Konkretisierung und teilweise tautologischen Natur (irreführend ist, was täuscht), könnte er auch dahingehend verstanden werden, daß hier den Mitgliedstaaten ein Beurteilungsspielraum eröffnet werden sollte, hinsichtlich dessen nur die Einhaltung der Grenzen und die Wahrung des Prinzips der Verhältnismäßigkeit vom Gerichtshof nachgeprüft werden könnte[501]. **F 355**

Gegen diese Auffassung spricht, daß die Intensionen der Richtlinie sich erkennbar auf einen festen Mindeststandard richteten[502] und daß die Definition der Irreführung in der Richtlinie keinen derartigen Ermessensspielraum erkennbar macht[503]. In einem Fall, in dem es um den Mindeststandard des Irreführungsverbots im nationalen Recht geht und sich fragt, was die Richtlinie bei konformer Auslegung des nationalen Rechts[504] diesbezüglich gebietet, könnte der EuGH somit auf eine Richtervorlage hin sehr wohl den gemeinschaftsrechtlichen Mindeststandard definieren, der für die Mitgliedstaaten verbindlich sein soll. Wenigstens die „Untergrenze" des harmonisierten Irreführungsverbots könnte hierdurch gemeinschaftsweit festgelegt werden. Die „Obergrenze" kann freilich nur von Fall zu Fall vom **F 356**

---

498 S. zur Rechtslage bezüglich der Verwendung demoskopischer Untersuchungen im Vereinigten Königreich *Tarrant* Int. Rev. of Competition Law 1991, 29.

499 S. im einzelnen *Schricker* GRUR Int. 1990, 112, 115 f.

500 Abweichend *Everling* in: ZAW (Hrsg.) Irreführende Werbung in Europa, S. 43, 50 ff, der von einem fixen Irreführungsstandard ausgeht und Art. 7 auf andere Regelungen der Richtlinie als den Irreführungsbegriff oder sonstige Werberegelungen beziehen will. Diese Auffassung widerspricht jedoch dem Wortlaut des Art. 7 und seiner Entstehungsgeschichte, für die die Wahrung strengerer Irreführungsstandandards, insbesondere des deutschen Rechts, bestimmend war.

501 Vgl. *Everling* in: ZAW (Hrsg.) Irreführende Werbung in Europa, S. 43, 51.

502 Vgl. die Begründungserwägungen, die von „objektiven Mindestkriterien" sprechen.

503 So im Ergebnis auch *Everling* in: ZAW (Hrsg.) Irreführende Werbung in Europa, S. 43, 51 ff.

504 Vgl. EuGH ZIP 1992, 719, 720 (Nissan); *Steindorff* WRP 1993, 139, 149 f.

Gerichtshof in Abwägung mit der Warenverkehrsfreiheit angezeigt werden (s. Rdn. F 376 ff).

F 357 Im übrigen kann man nur darauf hoffen, daß eine verstärkte gemeinschaftsweite Unterrichtung über die nationale Judikatur in der Gemeinschaft und ein wachsendes „europäisches Bewußtsein" zu einer Überprüfung eingefahrener Rechtsprechungsgewohnheiten und Begriffe führen möge[505]. Für das deutsche Recht kann es dabei nur um eine Kupierung der Überspitzungen gehen, durch die sich das deutsche Recht augenfällig von dem sonst in der Gemeinschaft herrschenden Standard abhebt[506] (s. auch Rdn. F 401). Die Sensibilität der Gerichte für mögliche Irreführungsgefahren sollte nicht zu einem Behinderungswettbewerb zu Lasten einzelner Konkurrenten oder Gruppen von Mitbewerbern ausnutzbar sein. Die verbraucherpolitische Legitimation solcher Strenge ist nur vorgeschützt und scheinbar. In Wirklichkeit geht es nicht selten um den Wunsch gewisser Anbieter, unerwünschter Konkurrenz Steine in den Weg zu legen; die Klagevereine nehmen sich solcher Anliegen willfährig an, wenn ihnen vom Auftraggeber das Kostenrisiko abgenommen wird. Von der Mißbrauchsklausel des § 13 Abs. 5 UWG scheint dabei immer noch nicht im wünschbaren Umfang Gebrauch gemacht zu werden[507]. Es ist ein altes, gleichwohl in der Praxis nur selten beherzigtes Petitum, daß die Bekämpfung möglicher Irreführungsgefahren so dosiert sein muß, daß sie nicht über Gebühr in die Wettbewerbsfreiheit einschneidet; die Wertungen des Lauterkeitsrechts im UWG und des Wettbewerbsfreiheitsrechts im GWB müssen aufeinander abgestimmt werden[508].

F 358 c) **Unlautere und vergleichende Werbung.** Die Harmonisierungspläne der Kommission waren von Anfang an darauf gerichtet, das **gesamte Recht des unlauteren Wettbewerbs** einer Angleichung zuzuführen. Die Mitberücksichtigung des Verbraucherschutzes bewirkte eine Konzentration auf die irreführende und unlautere Werbung[509]. Vor allem der Widerstand der angelsächsischen Mitgliedstaaten gegen eine Generalklausel der unlauteren Werbung oder auch nur generalklauselhafte Wendungen beim Verbot unlauterer Werbung zwangen dazu, sich auf die irreführende Werbung zu beschränken, gegen deren Regelung grundsätzliche Einwendungen nicht erhoben werden konnten.

F 359 Die Richtlinie über irreführende Werbung wurde unter der Federführung der **für den Verbraucherschutz zuständigen Generaldirektion** verabschiedet, während das sonstige Recht des unlauteren Wettbewerbs zum Kompetenzbereich der Generaldirektion gehört, die für die **Rechtsangleichung im Bereich des gewerblichen Rechtsschutzes,** insbesondere auch für die nah verwandte Europäisierung des Markenrechts zuständig ist. Diese Aufteilung der einheitlichen Rechtsmaterie in ein Recht der Werbung und in ein Recht des sonstigen unlauteren Wettbewerbs ist zu bedau-

---

505 S. in diesem Sinne § 3 Rdn. 15 f, 102 ff; *Keilholz* GRUR 1987, 390 ff; *Schwanhäusser* GRUR 1988, 180 ff; *Koch* WRP 1989, 553, 555; *Keßler* EuZW 1991, 107; *Leisner* EuZW 1991, 498 ff; *Traub* in: Festschrift Nirk, S. 1017, 1029 ff; *Ullmann* GRUR 1991, 789, 792; *Schricker* GRUR Int. 1990, 112, 121. S. auch zur „Mitverantwortung deutscher Richter für die Vollendung des Europäischen Binnenmarktes" *G. Meier* EuZW 1990, 81. Zu den Möglichkeiten, insbesondere im Lebensmittelrecht zu einer „europäischen Verkehrsauffassung" zu gelangen s. *Streinz* ZLR 1991, 242 ff.

506 S. zu den Ursachen *Schricker* GRUR Int. 1990, 112, 115 f.

507 Die Rechtsprechung sollte insbesondere auch mit den Mißbrauchsfällen der Schädigungsabsicht, der sachfremden Gründe und der Dritteinwirkung ernst machen, s. dazu § 13 Rdn. 137–139.

508 *Schricker* GRUR Int. 1970, 32,40; *ders.* GRUR 1974, 579, 582 f.; *ders.* GRUR Int. 1975, 33, 41; *Keßler* WRP 1990, 73 ff.

509 Noch der Richtlinienvorschlag von 1978/79 behandelte sowohl die irreführende als auch die unlautere Werbung, GRUR Int. 1980, 30.

ern; sachgerecht erschiene es, den unlauteren Wettbewerb im ganzen als Teil des gewerblichen Rechtsschutzes zu begreifen und kompetenzmäßig entsprechend zuzuordnen, wie dies der systematischen Einordnung im nationalen Recht der Mitgliedstaaten und im internationalen Recht der PVÜ entspricht (vgl. Rdn. F 1/2). Denn Mitbewerberinteressen und Allgemeininteressen an der Institution eines funktionsfähigen Wettbewerbs werden bei allen Tatbeständen des unlauteren Wettbewerbs regelmäßig berührt, während Verbraucherbelange nicht von allen Spielarten unlauteren Wettbewerbs in relevanter Weise tangiert werden.

Schon in den Begründungserwägungen zur Richtlinie über irreführende Werbung **F 360** wird eine „zweite Phase" der Harmonisierung angekündigt, die sich mit der unlauteren und gegebenenfalls auch der vergleichenden Werbung befassen soll. Es hat jedoch bis zum Sommer 1991 gedauert, bis die für Verbraucherschutz zuständige Generaldirektion einen weiteren Richtlinienvorschlag vorlegte; er beschränkt sich auf die Problematik der **vergleichenden Werbung**[510]. Bei der vergleichenden Werbung geht es – anders als bei der irreführenden Werbung – nicht um eine Hebung des Verbotsstandards, sondern um eine Deregulierung und Liberalisierung: Die wahrheitsgemäße vergleichende Werbung soll in den Mitgliedstaaten, in denen sie noch als grundsätzlich verboten gilt, im Interesse der Verbraucherinformation, der Förderung der Markttransparenz und der Intensivierung des Wettbewerbs freigestellt werden, wobei freilich gewisse Kautelen einzuhalten sind. Es soll damit einem alten verbraucherpolitischen Postulat entsprochen werden[511]. Deutschland gehört – auch in der Sicht der Kommission[512] – zu den Verbotsländern. In der Tat hat die in den 60er Jahren vom BGH konzedierte Öffnung für den „hinreichend veranlaßten" Vergleich praktisch wenig gebracht. Die Entscheidung zum Cola-Test[513] mag eine weitere Liberalisierung andeuten; in der Literatur wird eine entscheidende Wende darin jedoch nicht erblickt[514]; die Instanzgerichte praktizieren weiter den Verbotsgrundsatz[515]. Vor dem Hintergrund der jahrzehntelangen Vorarbeit der deutschen Rechtsliteratur muß die von der Kommission angestrebte Liberalisierung der Vergleichswerbung als erwünscht, ja als längst überfällig erscheinen[516].

Wenn gleichwohl die Verbände der deutschen Wirtschaft dem Richtlinienvor- **F 361** schlag ablehnend gegenüberstehen[517], so dürfte dies seinen Grund zum einen darin haben, daß der Vorschlag über den eigentlichen Bereich der kritisierenden Ver-

---

510 Vorschlag einer Richtlinie des Rates über vergleichende Werbung und zur Änderung der Richtlinie 84/450 über irreführende Werbung v. 28. 5. 1991, ABl. C 180 S. 15 = GRUR Int. 1991, 634.

511 S. zur älteren Rechtsentwicklung *Schricker* AcP 172 (1972) 203 ff; zum gegenwärtigen Stand *Hudelmaier* Die neuere Praxis zur vergleichenden Werbung in Deutschland, Belgien, Frankreich, Großbritannien und USA, 1991; *Meyer* Die kritisierende vergleichende Werbung, 1991 (beide Bücher mit umfangreichem Material); s. ferner *Sedelmeier* ZRP 1991, 370 ff.

512 S. Begründung S. 15.

513 BGH GRUR 1987, 49.

514 S. *Meyer* S. 112 ff; mwN; s. ferner *Piper* WRP 1992, 685, 687 f; vgl. auch *Tilmann* GRUR 1993, 133, 136.

515 S. z. B. OLG München NJW-RR 1990, 107; OLG München GRUR 1990, 287, 288; OLG Düsseldorf WRP 1990, 177. Für großzügigere Maßstäbe zur Beurteilung einer Vergleichswerbung in einer auch in Deutschland verbreiteten amerikanischen Fachzeitschrift OLG Frankfurt AfP 1991, 629.

516 So auch *Meyer* WRP 1991, 765 ff; *Sedelmeier* ZRP 1991, 370 ff; *Bühler* WM 1992, 677 ff. Daß das grundsätzliche Verbot der wahren vergleichenden Werbung gegen Art. 5 GG verstößt, haben zuletzt *Kloepfer/Michael* GRUR 1991, 170 ff, gezeigt.

517 S. den Bericht über die Anhörung beim BJM am 9. 10. 1991, ZAW-basisdienst v. 10. 10. 1991; s. ferner Stellungnahme des Markenverbandes, MA 1991, 242 und der Deutschen Vereinigung für gewerblichen Rechtsschutz und Urheberrecht, GRUR 1992, 370 ff. S. zur Kritik des Bundesrates BR-Drucks. 459/91; ZAW-Service Nr. 170/171 Dez. 1991 S. 25. Kritisch ferner *v. Gamm* WRP 1992, 143 ff.

gleichswerbung weit hinausreicht und zum anderen, daß manch bedenkliche Ungereimtheiten im Detail zutage treten. Zu Sorgen gibt namentlich die Einbeziehung der sog. anlehnenden Werbung[518] Anlaß, d. h. der Ausnutzung fremden Rufs durch Berühmung von Gleichheit, Entsprechung oder Ersetzbarkeit der Produkte. Wenn es die Begründung zum Richtlinienvorschlag[519] für wünschenswert erklärt, „die Fähigkeit der Unternehmen wirkungsvoll (zu) verbessern, führende Warenzeichen erfolgreich herauszufordern", so wird die Markenartikelindustrie dem schwerlich Beifall zollen. Angesichts solcher Angriffsmöglichkeiten erscheint das Korrektiv des Art. 3 a Abs. 1 lit. c, der es für unzulässig erklärt, daß die vergleichende Werbung „hauptsächlich darauf abzielt, den Ruf eines Warenzeichens oder des Handelsnamens auszubeuten" als eine zu schwache Vorkehrung, da ja eine anlehnende Werbung danach schon zulässig wäre, wenn Verbraucherinformation und Schmarotzen an fremdem Ruf gleichgewichtige Motive des Werbenden bilden[520]. Hier treten auch Interferenzen mit dem Warenzeichenrecht hervor, insbesondere wenn man bedenkt, daß nach Art. 5 Abs. 1 lit. b der Markenrechtsrichtlinie[521] der Markeninhaber auch dagegen geschützt ist, daß jemand durch unbefugte Zeichenbenutzung die Gefahr hervorruft, daß „das Zeichen mit der Marke gedanklich in Verbindung gebracht wird" und daß gemäß Art. 5 Abs. 2 die Benutzung bekannter Marken selbst für ungleichartige Waren für unzulässig erklärt werden kann, wenn die „Benutzung des Zeichens die Unterscheidungskraft oder die Wertschätzung der Marke ohne rechtfertigenden Grund in unlauterer Weise ausnutzt oder beeinträchtigt". Andererseits wird die Benutzung einer fremden Marke „als Hinweis auf die Bestimmung einer Ware, insbesondere als Zubehör oder Ersatzteil oder einer Dienstleistung", zugelassen, „sofern die Benutzung den anständigen Gepflogenheiten in Gewerbe oder Handel entspricht" (Art. 6 Abs. 1 lit. c), woraus im Gegenschluß gefolgert werden könnte, daß eine sonstige anlehnende Benutzung nicht zulässig ist. Hinsichtlich der Bezugnahme auf Marken beruft sich die Begründung zum Richtlinienvorschlag über die vergleichende Werbung[522] indessen auf eine – offenbar weitergehende, den Gesamtbereich der Bezugnahme betreffende – „Einschränkung des Warenzeichenrechts", die bei der Verabschiedung der Markenrechtsrichtlinie „stillschweigend vorausgesetzt" worden sei. Das erklärende Argument, das Markenrecht trete hier zurück, „da ein solcher Gebrauch nicht dazu dient, sich den damit verbundenen Ruf anzueignen, sondern sich davon zu unterscheiden", mag freilich allenfalls für die kritisierende Vergleichswerbung, nicht aber für die anlehnende Bezugnahme zu überzeugen, da diese ja gerade auf einen Ruf- und/oder Imagetransfer abzielt[523].

F 362 Weitere Bedenken drängen sich auf, wenn man die Regelungen des Richtlinienvorschlags im einzelnen durchmustert[524]. Die Bedenken setzen bereits bei der Definition der vergleichenden Werbung ein[525]. Sie erscheint jedenfalls als zu weit geraten, bezieht sie neben der kritisierenden und anlehnenden Vergleichswerbung doch offenbar auch jede einseitige Bezugnahme mit ein, also die Kritik ohne Vergleich

---

518 Vgl. auch *v. Gamm* WRP 1992, 143, 144, 145.

519 S. 9 Nr. 3, 7.

520 Kritisch auch *v. Gamm* WRP 1992, 143, 145 f.

521 1. Richtlinie des Rates vom 21. 12. 1988 zur Angleichung der Rechtsvorschriften der Mitgliedstaaten über Marken (89/104/EWG) ABl. Nr. L 40/1.

522 S. 12 Nr. 4, 5.

523 Kritisch auch *v. Gamm* WRP 1992, 143, 146.

524 S. die Kritik bei *Schricker* GRUR Int. 1992, 347, 352 ff.

525 Vergleichende Werbung ist nach dem Richtlinienvorschlag „jede Werbung, die unmittelbar oder mittelbar einen Mitbewerber oder dessen gleichartige Erzeugnisse oder Dienstleistungen erkennbar macht" (Art. 2 Nr. 3).

und möglicherweise sogar das Hervorrufen von Verwechslungen. Zumindest die letztere Fallgruppe sollte klarstellend ausgeklammert werden. Andererseits könnte die Definition, da sie sich nur auf den einzelnen Betroffenen bezieht („einen Mitbewerber"), für die in der Praxis häufige Fallgruppe des Vergleichs mit mehr oder weniger großen Gruppen von Mitbewerbern, etwa in Form des Systemvergleichs, zu kurz greifen.

Ferner fällt die Beschränkung der zulässigen Vergleiche auf die Eigenschaften von Erzeugnissen oder Dienstleistungen als Gegenstand des Vergleichs auf; die Preisvergleiche, Vergleiche bezüglich Konditionen, Unternehmen, Umsatzzahlen u. a. würden von der Liberalisierung nicht erfaßt. Besonders Preisvergleiche sind aber vorrangig für die Verbraucher wichtig und dabei wenig irreführungsträchtig; wo man liberalisiert, werden sie als erstes erlaubt[526]. Es wäre schwer verständlich, wenn in der Gemeinschaft die vergleichende Werbung zwar liberalisiert würde, Preisvergleiche aber ausgespart blieben.

Eine weitere Unsicherheit verbindet sich mit der Frage der Beweislast. Aus der Begründung zum Richtlinienvorschlag[527] ergibt sich, daß hinsichtlich der vergleichenden Werbung eine generelle Beweislastumkehr angestrebt wird (wie sie auch sachgerecht erscheint und in Deutschland in der Regel schon aus § 14 UWG folgt)[528]. Jedoch wird die Regelung in Art. 6 der Richtlinie über irreführende Werbung, wonach die Beweislastumkehr in das Ermessen der Gerichte gestellt wird, durch den Richtlinienvorschlag zur vergleichenden Werbung nicht abgeändert. Möglicherweise verbindet man mit dem Wort „nachprüfbar" in Art. 3 a (1) die Erwartung einer Beweislastumkehr; indessen wird damit eigentlich nur gesagt, daß der Werbende, wenn er sich auf Art. 3 a beruft, die Möglichkeit einer objektiven Nachprüfung des Inhalts seiner Werbung dartun und beweisen muß, nicht aber, daß es ihm auch obliegt, diese Nachprüfung zu einem positiven Ergebnis hinsichtlich der Wahrheit seiner Behauptungen zu führen.

Trotz der im einzelnen zu äußernden Kritik sollte an dem Vorhaben einer Libera- **F 363**
lisierung der Vergleichswerbung jedoch festgehalten werden. Die Erfahrung lehrt, daß die Diskrepanzen der Beurteilung in den Mitgliedstaaten auch durch eine jahrzehntelange Rechtsprechungspraxis nicht abgebaut werden. Hier bedarf es im Interesse von Verbrauchern, freiem Wettbewerb und Marktintegration eines Eingriffs der Gemeinschaft[529].

Im übrigen besteht nach wie vor Harmonisierungsbedarf im Bereich des **sonsti- F 364**
gen Rechts der Werbung und des **unlauteren Wettbewerbs außerhalb des Bereichs des Werberechts** samt wettbewerbsrechtlicher **Nebengebiete,** wie Rabatt- und Zugaberecht[530].

---

[526] So in Frankreich durch die Rechtsprechung der Cour de Cassation (s. Cass. GRUR Int. 1987, 598; s. dazu *Hudelmaier* S. 109 ff) und in Österreich 1988 durch den Gesetzgeber (s. dazu *Meyer* S. 309 ff). S. zur französischen Rechtsentwicklung im übrigen Loi n. 92–60 du 18 janvier 1992 renforçant la protection du consommateur (JO 21 janvier 1992), wonach die vergleichende Werbung grundsätzlich erlaubt wird (Art. 10). Die Regelung lehnt sich deutlich an den EG-Richtlinienvorschlag an; die Preisvergleiche werden aber ausdrücklich einbezogen. S. dazu auch die Entscheidung des Conseil Constitutionnel n. 91–303 du 15 janvier 1992 (JO 18 janvier 1992), die Verfassungsmäßigkeit der Regelung feststellt (Deutscher Text des Gesetzes und der Entscheidung des Conseil GRUR Int. 1992, 451, 464). S. zum Ganzen *Sterzing* RIW 1992, 103.

[527] S. 11.

[528] S. dazu *Hudelmaier* S. 28. S. zur Kritik der Richtlinie in diesem Punkt auch *v. Gamm* WRP 1992, 143, 146.

[529] So auch *Tilmann* GRUR 1993, 133 ff. Für eine Liberalisierung im Interesse der Markttransparenz auch *J. Meyer* ZRP 1993, 290 ff; *Menke* GRUR 1993, 718, 728.

[530] S. im einzelnen *Schricker* GRUR Int. 1990, 771 ff. Für entbehrlich hält die weitere Harmo-

Nach Meinung des Verfassers sind für eine Harmonisierung folgende Tatbestände in Betracht zu ziehen[531]:

- das Hervorrufen von Verwechslungen sowie die Rufausbeutung durch Anlehnung und Annäherung;
- Anschwärzung, d. h. Herabsetzung von Ruf, Ansehen oder Kredit erkennbar betroffener Anbieter durch unwahre Tatsachenangaben;
- persönliche Werbung, d. h. Hinweise auf persönliche Verhältnisse, eines oder mehrerer Anbieter, die mit Qualität, Preis oder sonstigen objektiven Faktoren des Angebots nichts zu tun haben, zum Schaden des Betroffenen, z. B. Hinweise auf Geschlecht, Rasse, Nationalität, religiöses Bekenntnis, politische Haltung, familiäre Verhältnisse o. dgl.;
- exzessive unsachliche Anlockung durch Benutzung gefühlsbetonter, sachfremder Werbeargumente zum Vorteil des Werbenden, wie die mißbräuchliche Ausnutzung politischer Gefühle, religiöser oder konfessioneller Motive, charitativer Gefühle, ökologischer Wirkungen, abergläubischer Vorstellungen, von Angstgefühlen oder sexuellen Motiven;
- getarnte Werbung, d. h. Werbung, die als solche nicht klar erkennbar ist, insbesondere wenn sie den Eindruck einer neutralen Information macht;
- belästigende Werbung, die den Abnehmer in seiner Privatsphäre in unzumutbarer Weise stört oder ihn unter Druck setzt, insbesondere Ansprechen von Kunden auf der Straße, Zusendung unbestellter Ware, unerbetene Telefonanrufe über private Fernsprechanschlüsse.

Weitere Überlegungen sollten dem Geheimnisschutz, der sklavischen Nachahmung, der Abwerbung von Arbeitnehmern, der Preisunterbietung, dem Firmenrecht[532] und dem Schutz der geographischen Herkunftsangaben und Ursprungsbezeichnungen[533] gelten. Schließlich erscheinen bestimmte Nebengebiete des Wettbewerbsrechts, wie das Zugabe- und Rabattrecht und das Recht der Sonderveranstaltungen einer Rechtsangleichung bedürftig.

F 365 **d) Die Fernsehrichtlinie von 1989.** Grenzüberschreitende Rundfunksendungen fallen unter die Vorschriften des EWGV über den **freien Dienstleistungsverkehr** (Rdn. F 402 ff)[534]. Aus Anlaß eines belgischen Verbots der Kabelweitersendung von Fernsehwerbung in in- und ausländischen Programmen entschied der EuGH, daß in Ermangelung einer Harmonisierung jedem Mitgliedstaat die Zuständigkeit belassen bleibt, **Fernsehwerbung** in seinem Hoheitsgebiet aus Gründen des Allgemeininteresses Rechtsvorschriften zu unterwerfen, zu beschränken oder sogar völlig zu verbieten, soweit solche Vorschriften alle Sendungen gleich behandeln, unabhängig davon, wo sie ihren Ursprung haben und welche Staatsangehörigkeit der Erbringer der Dienstleistung besitzt oder wo er ansässig ist[535].

---

nisierung *Hösch* S. 162 ff; er übersieht freilich den Gesichtspunkt der Rechtssicherheit, der gegenüber einer allmählich durch den Gerichtshof zu verwirklichenden europäischen Wettbewerbsordnung zu bedenken ist.

[531] Vgl. auch BEUC Actualités/News, no. 57, September 1986 S. 5 ff.

[532] S. *Knaak* GRUR Int. 1987, 560 ff; *Kunze* GRUR 1981, 634 ff; *Lorenz-Wolf* GRUR 1981, 644.

[533] Näheres s. Rdn. F 141 ff.

[534] EuGH GRUR Int. 1974, 297 (Sacchi); EuGH GRUR Int. 1980, 608 (Debauve); EuGH GRUR Int. 1989, 665, 666 (Bond von Adverteerders); EuGH EuZW 1991, 699 (Stichting Collectieve Antennenvoortienung); EuGH EuZW 1992, 56 (Kommission/Königreich der Niederlande); EuGH EWS 1991, 284 (Elliniki Radiophonia). S. auch *Schwartz* GRUR Int. 1982, 713 ff; *Roth* ZHR 149 (1985) 679 ff.

[535] EuGH GRUR Int. 1980, 608, 609 Nr. 13–16 (Debauve).

F 366 Die EG-Kommission hat angesichts dieser Möglichkeit zur Beschränkung grenzüberschreitender Fernsehwerbung alsbald die Harmonisierungsarbeiten mit dem Ziel aufgenommen, **„Fernsehen ohne Grenzen"** in der Gemeinschaft zu ermöglichen, wie der Titel eines **Grünbuchs** vom 14. Juni 1984 lautet[536]. Neben dem Urheberrecht, dem Jugendschutz und dem Recht der Gegendarstellung nehmen eine Bestandsaufnahme der Rundfunkwerberegelungen in den Mitgliedstaaten und Überlegungen zu ihrer Angleichung breiten Raum ein[537].

F 367 Aus dem Grünbuch ist die **Fernsehrichtlinie von 1989** hervorgegangen. Die Richtlinie des Rates vom 3. Oktober 1989 zur Koordinierung bestimmter Rechts- und Verwaltungsvorschriften der Mitgliedstaaten über die Ausübung der Fernsehtätigkeit[538] enthält neben Regelungen über die Sendezeit für Werbung, die Einfügung der Werbung in das Programm, produktspezifische Werbeverbote und -vorschriften sowie Minderjährigenschutzbestimmungen auch **Werbevorschriften**, die ihrer Natur nach zum Recht des unlauteren Wettbewerbs gerechnet werden können, zumindest mit diesem verwandt sind. Die Vorschriften gelten sowohl für grenzüberschreitende als auch nur für das Inland bestimmte Sendungen in den Mitgliedstaaten der Gemeinschaft; ausgenommen sind nach Art. 2 Abs. 3 Sendungen, die zum Empfang in Drittstaaten bestimmt sind, und nicht in einem Mitgliedstaat empfangen werden. Für Fernsehveranstalter, die ihrer Rechtshoheit unterworfen sind, können die Mitgliedstaaten strengere oder ausführlichere Bestimmungen in den von der Richtlinie erfaßten Bereichen vorsehen (Art. 3 Abs. 1). Es handelt sich bei den Werberegelungen der Richtlinie zum einen um das Gebot der Erkennbarkeit der Werbung, der Trennung von Werbung und sonstigem Programm (Art. 10 Abs. 1) sowie um das Verbot der Schleichwerbung (Art. 10 Abs. 4) und der „subliminalen Techniken" (Art. 10 Abs. 3) samt den Kautelen, mit denen das Sponsoring umgeben ist (Art. 17). Der Sache nach wird hier die bereits im Recht des unlauteren Wettbewerbs bestehende Unzulässigkeit der getarnten Werbung in detaillierter Form neu eingeschärft[539]. Zum anderen stellt die Fernsehrichtlinie in Art. 12 allgemeine Regeln für die Werbung auf:

„Die Fernsehwerbung darf nicht
a) die Menschenwürde verletzen,
b) Diskriminierungen nach Rasse, Geschlecht oder Nationalität enthalten,

---

[536] Fernsehen ohne Grenzen – Grünbuch über die Errichtung des Gemeinsamen Marktes für den Rundfunk, insbesondere über Satellit und Kabel (Mitteilung der Kommission an den Rat) KOM (84) 300 endg.; auszugsweise abgedruckt in GRUR Int. 1984, 612.

[537] Grünbuch S. 209 ff. S. zu den Werberegelungen des Grünbuchs *Schricker* ZUM 1985, 594 ff. S. ferner die Tagungsbeiträge in Europafernsehen und Werbung, 1987, hrsg. vom Arbeitskreis Werbefernsehen.

[538] ABl. Nr. L 198 v. 17. 10. 1989 S. 23 = GRUR Int. 1990, 134. Den Richtlinienvorschlag von 1986 s. in GRUR Int. 1986, 388. S. dazu umfassend *Herlemann* Die Regelung der Hörfunk- und Fernsehwerbung in den Mitgliedstaaten der Europäischen Gemeinschaft, Münchener Dissertation 1989 S. 181 ff; s. ferner *Paefgen* Globales und Euro-Marketing, S. 139 ff; *Schricker* Recht der Werbung in Europa, Bd. I S. 89 ff; *Betz* Media Perspektiven, 1989, 677. Zu dem aus dem Kreis der Bundesländer unternommenen (gescheiterten) Versuch, eine einstweilige Verfügung des BVerfG gegen die Zustimmung der Bundesregierung zur Fernsehrichtlinie zu erlangen s. BVerfG AfP 1990, 116; s. dazu auch *Hess* AfP 1990, 95. Zu der im Bereich der Werberegelungen z. T. mit der Richtlinie übereinstimmenden Europäischen Konvention über grenzüberschreitendes Fernsehen des Europarats von 1989 GRUR Int. 1990, 448; s. *Herlemann* S. 186 ff, die auch Richtlinie und Konvention vergleicht; s. zum Verhältnis beider auch *Schwartz* EuR 1989, 1 ff; *Delbrück* ZUM 1989, 373; *Pieper* ZUM 1989, 396; *Kresse* WRP 1988, 575.

[539] S. *Henning-Bodewig* Die Trennung von Werbung und Programm im deutschen und europäischen Rundfunk- und Wettbewerbsrecht, GRUR Int. 1987, 538 ff.

c) religiöse oder politische Überzeugungen verletzen,
d) Verhaltensweisen fördern, die die Gesundheit oder Sicherheit gefährden,
e) Verhaltensweisen fördern, die den Schutz der Umwelt gefährden."

Auch diese Vorschriften wären in einem Gesetz gegen unlauteren Wettbewerb oder doch als richterrechtliche Konkretisierungen der Generalklausel der wettbewerblichen Lauterkeit denkbar, wenngleich sie in der Praxis bisher eher in außerrechtlichen selbstdisziplinären Codices zu finden sind.

F 368 Was die **Kontrolle der Werbesendungen** auf Einhaltung der ihnen gesetzten Regeln betrifft, so liegt der Fernsehrichtlinie allerdings ein anderes System als dem allgemeinen Recht des unlauteren Wettbewerbs und auch der Richtlinie über irreführende Werbung zugrunde. Die letztere beläßt es hinsichtlich der Gerichts- und Behördenzuständigkeit sowie des anwendbaren Rechts bei den allgemeinen Regeln: Sie geht davon aus, daß die Unterschiede der nationalen Wettbewerbsgesetze, die nach den nach wie vor geltenden Normen des internationalen Privatrechts auf grenzüberschreitende Werbekampagnen anwendbar sind, deren Durchführung behindern und den freien Verkehr von Waren und Dienstleistungen beeinflussen könnten, weshalb das materielle Werberecht anzugleichen sei[540]. Es wird dabei in Kauf genommen, daß sich Unvollkommenheiten der Angleichung weiterhin als Hindernisse auswirken, daß zumindest durch eine mehrfache gerichtliche oder behördliche Kontrolle Verzögerungen und Kosten entstehen können.

F 369 Diese Nachteile einer lediglich auf das Sachrecht, nicht auch das Kollisionsrecht ausgerichteten Harmonisierung will die Fernsehrichtlinie durch Einführung des **Prinzips der Sendestaatskontrolle** vermeiden. Diesbezüglich heißt es in Art. 2 der Fernsehrichtlinie:

„(1) Jeder Mitgliedstaat sorgt dafür, daß alle Fernsehsendungen, die
- von seiner Rechtshoheit unterworfenen Fernsehveranstaltern gesendet werden oder
- von Fernsehveranstaltern gesendet werden, die eine von diesem Mitgliedstaate zugeteilte Frequenz oder Übertragungskapazität eines Satelliten oder eine in diesem Mitgliedstaat gelegene Erd-Satelliten-Sendestation benutzen, ohne jedoch der Rechtshoheit eines Mitgliedstaates unterworfen zu sein, dem Recht entsprechen, das auf die für die Allgemeinheit bestimmten Sendungen anwendbar ist.

(2) Die Mitgliedstaaten gewährleisten den freien Empfang und behindern nicht die Weiterverbreitung von Fernsehsendungen aus anderen Mitgliedstaaten in ihrem Hoheitsbereich aus Gründen, fallen (sic, soll wohl heißen ‚die' – Anm. des Verf.) in Bereiche fallen, die mit dieser Richtlinie koordiniert sind."

Zur Durchführung der Sendestaatskontrolle[541] bestimmt Art. 3 Abs. 2

„Die Mitgliedstaaten sorgen mit geeigneten Mitteln im Rahmen ihrer Rechtsvorschriften dafür, daß die jeweils ihrer Rechtshoheit unterworfenen Fernsehveranstalter die Bestimmungen dieser Richtlinie einhalten".

F 370 Nur ausnahmsweise wird in Art. 2 Abs. 2 unter **Durchbrechung des Sendestaatsprinzips** die zusätzliche Möglichkeit der Empfangsländer eröffnet, die Weiterverbreitung von Fernsehsendungen vorübergehend auszusetzen, wenn eine Sendung in „offensichtlicher, ernster und schwerwiegender Weise" gegen den in Art. 22 geregelten Minderjährigenschutz verstößt, insbesondere im Bereich von Pornographie und

---

[540] S. Begründungserwägungen GRUR Int. 1984, 688.

[541] S. hierzu *Schricker* ZUM 1985, 594, 600 f; *Brühann* in: AKW (Hrsg.), Europafernsehen und Werbung, 1987 S. 11, 18 f.

Gewalttätigkeiten, wobei noch eine Reihe weiterer Voraussetzungen einzuhalten sind (Art. 2 Abs. 2 lit. a–d).

Das **Prinzip der Sendestaatskontrolle bedeutet im einzelnen** **F 371**

- ein Gebot an den Sendestaat zur Rechtmäßigkeitskontrolle der Sendungen, für die er zuständig ist;
- ein Verbot für den Empfangsstaat, gegen den freien Empfang und die Weiterverbreitung von Sendungen aus anderen Mitgliedstaaten etwas zu unternehmen (mit einer Ausnahme im Bereich des Minderjährigenschutzes);
- international-privatrechtlich die Maßgeblichkeit des materiellen Rechts des Sendestaats, das an die Richtlinie angepaßt wurde; in diesem Sinne heißt es in den Begründungserwägungen (S. 24), die Sendungen müßten „dem auf die zum Empfang durch die Allgemeinheit im Ursprungsmitgliedstaat bestimmten Fernsehsendungen anwendbaren Recht dieses Mitgliedstaats ebenso wie dieser Richtlinie entsprechen". Hiermit dürfte das Sachrecht dieses Mitgliedstaates gemeint sein.

Unter dem Aspekt des Wettbewerbsrechts ist die Frage nach der **Reichweite des Prinzips der Sendestaatskontrolle** praktisch bedeutsam, d. h. ob und inwieweit nicht doch im Empfangsstaat eine Kontrolle nach allgemeinen Vorschriften, etwa aus dem Bereich des gewerblichen Rechtsschutzes, des Urheberrechts, des Persönlichkeitsschutzes oder zur Bekämpfung unlauteren Wettbewerbs durchgeführt werden kann, insbesondere im Wege gerichtlicher Maßnahmen. Anhaltspunkte zur Antwort auf diese Frage lassen sich gewinnen, wenn man die Formulierung von Art. 2 Abs. 1 und Art. 2 Abs. 2 vergleicht. Danach wird zwar der Sendestaat zu einer umfassenden Kontrolle nach „dem Recht ..., das auf für die Allgemeinheit bestimmte Sendungen anwendbar ist" verpflichtet; das Verbot der Behinderung der Weiterverbreitung von Fernsehsendungen aus anderen Mitgliedstaaten gilt aber nicht allgemein, sondern beschränkt sich auf „Gründe, die in Bereiche fallen, die mit dieser Richtlinie koordiniert sind". Wenn auch die „Gewährleistung freien Empfangs", folgt man dem Wortlaut, nicht in dieser Weise eingeschränkt wird, so dürfte doch insoweit sinngemäß dasselbe gelten. Hierauf deutet auch ein Satz in den Begründungserwägungen[542] hin, in dem es heißt: **F 372**

„Die Verpflichtung des Sendestaats, die Einhaltung des durch diese Richtlinie koordinierten nationalen Rechts sicherzustellen, reicht nach dem Gemeinschaftsrecht aus, um den freien Verkehr von Fernsehsendungen zu gewährleisten, ohne daß eine zweite Kontrolle aus den gleichen Gründen in jedem der Empfangsstaaten stattfinden muß."

Der Schluß scheint gerechtfertigt, daß die Beschränkung der Kontrolle im Empfangsstaat nur für den in der Richtlinie geregelten Bereich gilt; Maßnahmen nach sonstigen Rechtsvorschriften bleiben unbenommen. Es ist somit mit der Richtlinie nicht unvereinbar, daß gegen eine aus einem anderen Mitgliedstaat eingestrahlte oder über Kabel weiterverbreitete Fernsehsendung **im Empfangsstaat** eine Verurteilung z. B. wegen **unlauteren Wettbewerbs** ergeht[543]. Ausgenommen sind freilich solche Bereiche unlauteren Wettbewerbs, die in der Richtlinie behandelt werden, wie etwa Schleichwerbung oder Verstoß gegen die Grundsätze des Art. 12; ferner scheidet eine Geltendmachung unlauteren Wettbewerbs durch Verletzung in der Richtlinie enthaltener Regeln aus, auch wenn ein unlauterer Vorsprung durch Rechtsbruch **F 373**

[542] GRUR Int. 1990, 134.

[543] So im Ergebnis auch *Herlemann* Die Regelung der Hörfunk- und Fernsehwerbung in den Mitgliedstaaten der Europäischen Gemeinschaft, Münchener Dissertation, 1989, S. 224 ff; s. ferner *Paefgen* Globales und Euro-Marketing, S. 147 ff; *Schricker* ZUM 1985, 594, 600; *ders.* Recht der Werbung in Europa, Bd. I, S. 94 f.

gerügt wird, denn über die Einhaltung der Vorschriften der Richtlinie zu wachen, ist allein Aufgabe des Sendestaates.

F 374 Zulässig ist ein Vorgehen im Empfangsland insbesondere wegen **irreführender Werbung.** Dies wird auch durch eine Passage in den Begründungserwägungen bestätigt, worin es heißt[544]:

> „Diese Richtlinie, die sich auf spezifisch für das Fernsehen geltende Regelungen beschränkt, läßt bestehende oder künftige Rechtsangleichungsmaßnahmen der Gemeinschaft unberührt, mit denen insbesondere zwingenden Erfordernissen zum Schutz der Verbraucher, der Lauterkeit des Handelsverkehrs und des Wettbewerbs entsprochen werden soll."

Hiermit dürfte insbesondere die Richtlinie über irreführende Werbung von 1984 gemeint sein; hierunter wären auch etwa in Zukunft getroffene weitere Rechtsangleichungsrichtlinien im Bereich des unlauteren Wettbewerbs einzuordnen. Ein Vorbehalt im Sinne der „Cassis de Dijon"-Rechtsprechung zur Gewährleistung des freien Warenverkehrs klingt freilich an.

Die Werberegelungen der Fernsehrichtlinie lassen also, von einer partiellen Überschneidung abgesehen, das allgemeine Recht zur Bekämpfung unlauteren Wettbewerbs unberührt. Im Ursprungsland kann das Recht des unlauteren Wettbewerbs jedenfalls Platz greifen, soweit es sich um nicht in der Richtlinie geregelte Sachverhalte handelt; im übrigen ist es richtlinienkonform unter Beachtung der Wertungen der Richtlinie anzuwenden, wobei Art. 3 Abs. 1 strengere oder ausführlichere Bestimmungen erlaubt. Im Empfangsstaat entfällt zwar eine Anwendung des allgemeinen Wettbewerbsrechtes in den von der Richtlinie geregelten Problemkreisen; ansonsten kann es jedoch zum Zuge kommen.

F 375 Die **Mitgliedstaaten** haben bis 3. Oktober 1991 die erforderlichen Rechts- und Verwaltungsvorschriften zu erlassen, um der Richtlinie nachzukommen[545]. Nach Art. 3 Abs. 2 sorgen die Mitgliedstaaten mit geeigneten Mitteln im Rahmen ihrer Rechtsvorschriften dafür, daß die jeweils ihrer Rechtshoheit unterworfenen Fernsehveranstalter die Bestimmungen dieser Richtlinie einhalten. In der Bundesrepublik enthält nunmehr der **Staatsvertrag über den Rundfunk im vereinten Deutschland**[546] in § 6 Werbebestimmungen, durch die irreführende Werbung, Schleichwerbung sowie Werbung, die Verhaltensweisen fördert, die die Gesundheit oder Sicherheit der Verbraucher sowie den Schutz der Umwelt gefährden, für unzulässig erklärt werden; in § 7 wird das Sponsoring geregelt[547]. Die Direktoren-Konferenz der Landesmedienanstalten haben entsprechende neue Werberichtlinien beschlossen[547a].

3. Freier Waren- und Dienstleistungsverkehr und Recht des unlauteren Wettbewerbs

F 376 a) **Freier Warenverkehr**[548]. Für die Marktintegration in der Europäischen Wirtschaftsgemeinschaft ist das Prinzip des freien Warenverkehrs von essentieller Bedeu-

---

544 GRUR Int. 1990, 134, 135, linke Spalte.

545 S. zur Umsetzung *Hümmerich* AfP 1991, 591 ff; *Kreile/Straßer* Werbung ohne Grenzen? ZUM 1990, 174 ff; *Baumbach/Hefermehl* § 1 Rdn. 40.

546 Media Perspektiven 1991, 105 ff.

547 S. dazu *J. Kreile* Rundfunk im vereinten Deutschland ZUM 1991, 568.

547a AfP 1/93 S. 468. S. die Gemeinsamen Richtlinien der Landesmedienanstalten für die Werbung, zur Durchführung der Trennung von Werbung und Programm und für das Sponsoring v. 26. 1. 1993, Media Perspektiven Dokumentation I/93; s. dort auch die ZDF-Richtlinien für Werbung und Sponsoring v. 19. 3. 1993.

548 Speziell zur Anwendung von § 3 UWG unter dem Aspekt des freien Warenverkehrs s. § 3 Rdn. 17 ff.

tung. Die Grundnorm des **Art. 30 EWGV** verbietet zwischen den Mitgliedstaaten „mengenmäßige Einfuhrbeschränkungen sowie alle Maßnahmen gleicher Wirkung". Für das Verständnis dieser Vorschrift ist die **Dassonville-Entscheidung des** EuGH[549] maßgeblich geworden, worin es heißt:

„Jede Handelsregelung der Mitgliedstaaten, die geeignet ist, den innergemeinschaftlichen Handel unmittelbar oder mittelbar, tatsächlich oder potentiell zu behindern, ist als Maßnahme gleicher Wirkung wie eine mengenmäßige Beschränkung anzusehen".

Ausnahmen von diesem weiterstreckten Verbot des Art. 30 werden in **Art. 36** gemacht, der folgenden Wortlaut hat:

„Die Bestimmungen der Art. 30 bis 34 stehen Einfuhr-, Ausfuhr- und Durchfuhrverboten oder -beschränkungen nicht entgegen, die aus Gründen der öffentlichen Sittlichkeit, Ordnung und Sicherheit, zum Schutz der Gesundheit und des Lebens von Menschen, Tieren oder Pflanzen, des nationalen Kulturguts von künstlerischem, geschichtlichem oder archäologischem Wert oder des gewerblichen und kommerziellen Eigentums gerechtfertigt sind. Diese Verbote oder Beschränkungen dürfen jedoch weder ein Mittel zur willkürlichen Diskriminierung noch eine verschleierte Beschränkung des Handels zwischen den Mitgliedstaaten darstellen."

Art. 30 und Art. 36 EWGV bilden die Grundlage einer umfangreichen Praxis **F 377** der EG-Kommission, des EuGH und der nationalen Gerichte zur Ausübung von **gewerblichen Schutzrechten und Urheberrechten** im Gemeinsamen Markt, insbesondere in Fällen der Einfuhr schutzrechtsrelevanter Waren über EG-Binnengrenzen hinweg. Auch wenn das „gewerbliche und kommerzielle Eigentum" durch Art. 36 privilegiert wird, stellten sich die Organe der Gemeinschaft doch gegenüber den Schutzrechten, und namentlich dem Markenrecht, kritisch ein, da die Territorialität der Schutzrechte tendenziell dem Anliegen des freien Warenverkehrs zuwiderläuft. Erst in neuerer Zeit hat sich demgegenüber eine positivere Sicht durchgesetzt, die im Urheberrecht im Zuge der Harmonisierungsarbeiten zum Ausdruck kommt[550] und im Markenrecht in der Entscheidung des EuGH zum „umgekehrten Hag-Fall" ausgesprochen wurde[551]. Die Einwirkung der Art. 30ff auf die Ausübung nationaler Schutzrechte findet im Grundsatz der sogenannten gemeinschaftsweiten Erschöpfung ihren Niederschlag, der heute im wesentlichen in gleicher Weise für Patente und Gebrauchsmuster[552], Marken[553], Ausstattungsrechte[554], Firmenrechte[555], Urheberrechte und verwandte Schutzrechte[556] sowie Geschmacksmusterrechte[557] gilt. Danach kann sich der Rechtsinhaber oder sein Lizenznehmer auf das

---

549 GRUR Int. 1974, 467, 468. Die spätere Rechtsprechung beruft sich stets hierauf, so z. B. EuGH GRUR Int. 1987, 404, 412 (Reinheitsgebot für Bier).

550 Kritisch noch das Grünbuch über Urheberrecht und die technologische Herausforderung – Urheberrechtsfragen, die sofortiges Handeln erfordern, KOM (88) 172 endg. v. 23. 8. 1988, Kap. 1; positiver nunmehr z. B. Initiativen zum Grünbuch – Arbeitsprogramm der Kommission auf dem Gebiet des Urheberrechts und der verwandten Schutzrechte, KOM (90) 584 endg. v. 17. 1. 1991, Kap. 1.

551 EuGH Int. 1990, 960 (Hag II); s. dazu *Joliet* Markenrecht und freier Warenverkehr: Abkehr von Hag I GRUR Int. 1991, 177. Vgl. auch den Vorlagebeschluß des OLG Düsseldorf GRUR Int. 1993, 550 – Ideal Standard.

552 S. zusammenfassend *Benkard* Patent- und Gebrauchsmustergesetz[8] 1988 § 9 PatG Rdn. 18ff, § 11 GebrMG Rdn. 7, jeweils mwN; *Ebenroth* Gewerblicher Rechtsschutz und europäische Warenverkehrsfreiheit S. 51ff.

553 *Baumbach/Hefermehl* Warenzeichenrecht[12] § 15 Rdn. 75ff; *Loewenheim* in: GRUR-Festschrift S. 1501, 1076ff; *Ebenroth* S. 21ff.

554 *Schricker/Stauder/Ullrich* Handbuch des Ausstattungsrechts, 1986 S. 1195f.

555 *Lorenz* GRUR 1980, 644ff; s. aus der Praxis z. B. OLG Hamburg WRP 1989, 737, 739f.

556 *Bappert/Maunz/Schricker* Verlagsrecht[2] Einl. Rdn. 51ff; *Schricker/Loewenheim* Urheberrecht § 17 Rdn. 32ff mwN.

557 *Eichmann/v. Falckenstein* Geschmacksmustergesetz, 1988, § 14a Rdn. 22; *Eichmann* GRUR Int. 1990, 121ff.

in einem Mitgliedstaat bestehende Ausschließlichkeitsrecht zur Verhinderung der Einfuhr schutzrechtsgegenständlicher Waren nicht berufen, wenn die Waren auf dem Markt eines anderen Mitgliedstaates von dem Rechtsinhaber selbst oder mit seiner Zustimmung rechtmäßig in den Verkehr gebracht wurden[558].

F 378 Nach der weiten Dassonville-Formel kann zweifellos auch die Anwendung von Vorschriften des **nationalen Rechts des unlauteren Wettbewerbs,** insbesondere gegen die Einfuhr von Waren aus anderen Mitgliedstaaten, in den Geltungsbereich von Art. 30 fallen[558a]. Die Rechtsprechung des Gerichtshofs schließt eine Anwendung von Art. 36 zugunsten der Bekämpfung unlauteren Wettbewerbs aus[559], es sei denn, es gehe um den Schutz von Positionen, die sich zu Ausschließlichkeitsrechten verfestigt haben, wie von Firmen- und Ausstattungsrechten. Zugunsten des nationalen Lauterkeitsrechts kann jedoch eine immanente Beschränkung der Anwendung von Art. 30 eingreifen, die vom EuGH – in teilweiser Überschneidung mit Art. 36 – seit der Cassis de Dijon-Entscheidung[560] konzediert wird. Diese sogenannte **Cassis de Dijon-Formel** besagt[561]:

„Hemmnisse für den Binnenhandel der Gemeinschaft, die sich aus den Unterschieden der nationalen Regelungen über die Vermarktung ... (der) Erzeugnisse ergeben, müssen hingenommen werden, soweit diese Bestimmungen notwendig sind, um zwingenden Erfordernissen gerecht zu werden, insbesondere den Erfordernissen einer wirksamen steuerlichen Kontrolle, des Schutzes der öffentlichen Gesundheit, der Lauterkeit des Handelsverkehrs und des Verbraucherschutzes."

Zugunsten der Anwendung wettbewerbsrechtlicher Regelungen kommen, entsprechend dem Schutzzweck des modernen Wettbewerbsrechtes, die Ausnahmen für den Schutz der **„Lauterkeit des Handelsverkehrs"** und idR auch den **„Verbraucherschutz"** in Betracht.

F 379 Nach der **Cassis de Dijon-Formel** kann die einzelstaatliche Beschränkung nur Bestand haben, wenn sie zur Erreichung des zwingenden Gemeinwohlerfordernisses, um das es geht, geeignet ist[562]. Dabei ist eine enge Auslegung geboten[563]. Bloß wirtschaftspolitische Belange genügen als Rechtfertigung nicht[564]. Die Mitgliedstaaten haben die Notwendigkeit der Maßnahmen darzutun[565]; ihnen wird dabei ein

---

558 S. zusammenfassend *v. Gamm* 13. Kap. Rdn. 1 ff, 13 ff; *Beier* GRUR Int. 1989, 603, 607 ff; *Reischl* GRUR Int. 1982, 151 ff.

558a S. hierzu umfassend *Hösch* S. 12 ff, 28 ff.

559 EuGH GRUR Int. 1982, 117, 120 (Irische Souvenirs); EuGH GRUR Int. 1985, 110 (r + r); *v. Gamm* 13. Kap. Rdn. 11; HdbWbR/*Helm* § 48 Rdn. 23; *Baumbach/Hefermehl* Vor §§ 3–8 Rdn. 30. Kritisch zur Ausklammerung der Bekämpfung unlauteren Wettbewerbs aus Art. 36 *Beier* GRUR Int. 1989, 603, 608 f.

560 EuGH GRUR Int. 1979, 468, 471.

561 S. zur Cassis-de-Dijon-Rechtsprechung Mitteilung der Kommission über die Auswirkungen des Urteils des EuGH v. 20. 2. 1979 ABl. Nr. C 256 v. 3. 10. 1980 S. 2 = GRUR Int. 1980, 660. S. aus der Literatur: *Bernhard* EuZW 1992, 437 ff; *Bleckmann* GRUR Int. 1986, 172 ff; *Dauses* RIW 1984, 197 ff; *ders.* ZLR 1987, 243 ff; *Everling* ZLR 1989, 304 ff; *Funck-Brentano* RIW 1980, 779 ff; *diess.* RIW 1987, 379 ff; *v. Gamm* 13. Kap. Rdn. 1 ff; HdbWbR/*Helm* § 48 Rdn. 18 ff; *Krohn* ZLR 1987, 285 ff; *Meier* RIW 1984, 529 ff; *ders.* WRP 1985, 15 ff; *ders.* GRUR Int. 1985, 460 ff; *ders.* RIW 1987, 841 ff; *ders.* NJW 1987, 537 ff; *Meier* Die Cassis de Dijon-Rechtsprechung des Gerichtshofs der Europäischen Gemeinschaften, Teil A Kommentar, 1988 ff; *Möschel* RIW 1984, 529 ff; *Mutke* RIW 1985, 460 ff; *Paefgen* Globales und Euro-Marketing S. 66 ff; *Rabe* EUR 1987, 253 ff; *Seidel* GRUR Int. 1984, 80 ff; *Steindorff* ZHR 148 (1984) 338 ff; *ders.* ZHR 150 (1986) 687 ff; *Vollmer* GRUR 1986, 286 ff; *Zipfel* ZLR 1984, 233 ff; *ders.* NJW 1987, 2113 ff.

562 EuGH GRUR Int. 1979, 468 Nr. 11 (Cassis de Dijon); EuGH GRUR Int. 1983, 236 Nr. 8 (Sauerbier).

563 *v. Gamm* 13. Kap. Rdn. 10.

564 *Grabitz/Matthies* Art. 30 Rdn. 56; *v. d. Groeben/Boeck/Thiesing/Ehlermann/Wägenbaur* Kommentar zum EWGV, Art. 30 Rdn. 43. Zweifelnd *Steindorff* WRP 1993, 139, 143 f.

565 *Everling* ZLR 1989, 304, 316.

gewisser Beurteilungs- und Regelungsspielraum eingeräumt[566]. Die Regelung muß in einem angemessenen Verhältnis zum verfolgten Zweck stehen[567]. Hat der Mitgliedstaat die Wahl zwischen verschiedenen zur Erreichung desselben Ziels geeigneten Mitteln, so hat er das Mittel zu wählen, das den freien Warenverkehr am wenigsten behindert (Übermaßverbot)[568]. Im übrigen gilt das Äquivalenzprinzip: Wenn bereits im Exportland eine gleichwertige Regelung besteht, ist diese im Importland anzuerkennen[569]. Das Interesse am Schutz der Lauterkeit des Handelsverkehrs und am Verbraucherschutz einerseits ist mit dem Marktintegrationsinteresse am freien Warenverkehr andererseits abzuwägen[570].

Die vorstehenden Regeln beziehen sich auf Vorschriften, die für in- und ausländische Erzeugnisse gleichermaßen gelten. Geht es dagegen um Regelungen, die ausschließlich den Vertrieb ausländischer Erzeugnisse beschränken und damit durch eine – offene oder versteckte – Diskriminierung eine Abschottung innerhalb des Gemeinsamen Marktes bewirken, so ist ohne weiteres eine Verletzung von Art. 30 anzunehmen[571].

Die unmittelbare Anwendung von Normen des EWGV, etwa von Art. 30, ist grundsätzlich davon unabhängig, ob in den betroffenen Bereichen eine Harmonisierung oder Koordinierung des nationalen Rechts der Mitgliedstaaten durch Schaffung **sekundären Rechts** beabsichtigt ist oder bereits stattgefunden hat[572]. Das primäre Gemeinschaftsrecht des EWGV geht dem sekundären Recht vor; letzteres ist konform zu ersterem auszulegen. Umgekehrt können u. U. auch aus dem Sekundärrecht im Einzelfall Rückschlüsse auf die Auslegung von Primärrecht gezogen werden. Im übrigen wird bei Vorhandensein einer sekundärrechtlichen Regelung hinsichtlich der Beurteilung der Zulässigkeit von Handelshemmnissen in erster Linie auf die Sekundärvorschriften abzustellen sein[573]. **F 380**

Wenn das Sekundärrecht einen Komplex abschließend regelt und abweichende einzelstaatliche Vorschriften nicht zuläßt, sind solche schon wegen der Verletzung des Sekundärrechts unwirksam, wenn sie Handelshemmnisse errichten, die über das im Sekundärrecht zugelassene Maß hinausgehen; eine Prüfung anhand von Art. 30 ff ist dann nicht mehr erforderlich[574]. Von Bedeutung bleibt das Primärrecht des EWGV freilich, wo die Rechtsangleichung nicht als abschließend ausgestaltet ist. So ist im Falle des Verbots einer als irreführend erachteten Werbung nach einzelstaatlichen Vorschriften, die über den Schutzstandard der Richtlinie über irreführ- **F 381**

---

566 EuGH ZLR 1984, 156 Nr. 16 (Sandoz); EuGH ZLR 1987, 154 Nr. 24/25 (Muller); EuGH GRUR Int. 1987, 404, 412 ff (Reinheitsgebot für Bier); *Everling* ZLR 1989, 304, 315 f; *Bleckmann* GRUR Int. 1986, 172, 187 ff.

567 EuGH GRUR Int. 1987, 404, 412 Nr. 28 (Reinheitsgebot für Bier). S. auch *Everling* in: ZAW (Hrsg.) Irreführende Werbung in Europa, S. 43, 56.

568 EuGH GRUR Int. 1982, 439, 441 Nr. 10; EuGH GRUR Int. 1984, 291 (Bocksbeutel); EuGH GRUR Int. 1984, 762 Nr. 12 (Melkunie); EuGH GRUR Int. 1983, 293, 294 Nr. 12 (Margarineverpackung).

569 EuGH GRUR Int. 1982, 642 Nr. 12 (Silberprägestempel).

570 § 3 Rdn. 24; *Baumbach/Hefermehl* Einl. Rdn. 621.

571 EuGH GRUR Int. 1981, 390 (Werbeverbot Alkoholika); EuGH GRUR Int. 1982, 117, 121 (Irische Souvenirs); GRUR Int. 1985, 110, 111 (r + r); EuGH GRUR Int. 1981, 393, 397 (Imerco Jubiläum); EuGH GRUR Int. 1984, 291 (Bocksbeutel). Vgl. dazu auch die Richtlinie Nr. 70/50 (ABl. L 13/29). S. ferner *Hakenberg/Harles* GRUR Int. 1990, 957, 958. Vorbehalten bleibt freilich eine Anwendung von Art. 36 EWGV, s. *Baumbach/Hefermehl* Einf. UWG Rdn. 617.

572 *v. Gamm* 13. Kap. Rdn. 7.

573 Vgl. HdbWbR/*Helm* § 48 Rdn. 19 mwN.

574 Vgl. EuGH GRUR Int. 1983, 642 (Silberprägestempel). S. auch *Everling* in: ZAW (Hrsg.) Irreführende Werbung in Europa, S. 43, 50 ff.

rende Werbung an Strenge hinausgehen, Art. 30 anzuwenden, obgleich die Richtlinie in Art. 7 strengere nationale Vorschriften ausdrücklich zuläßt (Rdn. F 336, 351)[575].

F 382 Der EuGH hat dies im Falle Pall/Dahlhausen[576] mit aller Deutlichkeit zum Ausdruck gebracht. Wenn die Anwendung einer nationalen Handelsbeschränkung Art. 30 EWGV widerspricht, kann sie auch nicht unter Hinweis auf die EG-Richtlinie über irreführende Werbung gehalten werden:

„Schließlich findet das fragliche Verbot auch in der Richtlinie 84/450/EWG des Rates vom 10. 9. 1984 zur Angleichung der Rechts- und Verwaltungsvorschriften der Mitgliedstaaten über irreführende Werbung (Abl. L 250, S. 17), auf die sich die Bundesregierung in ihren Ausführungen gestützt hat, keine Grundlage, da festgestellt worden ist, daß es nicht durch zwingende Erfordernisse des Verbraucherschutzes oder der Lauterkeit des Handelsverkehrs gerechtfertigt ist. Diese Richtlinie beschränkt sich auf eine Teilharmonisierung der nationalen Rechtsvorschriften über irreführende Werbung durch die Festsetzung von objektiven Mindestkriterien, anhand deren sich feststellen läßt, ob eine Werbung irreführend ist und von Mindestanforderungen in bezug auf die Einzelheiten des Schutzes gegen eine solche Werbung".

F 383 Staatliche Maßnahmen – etwa ein Gerichtsurteil auf Unterlassung des Vertriebs bestimmter Waren aus dem EG-Ausland wegen unlauteren Wettbewerbs-, die die vorrangige Gemeinschaftsnorm des Art. 30 verletzen, sind **verboten**, d. h. das Gericht darf das mit Art. 30 unvereinbare nationale Recht nicht in dieser Weise anwenden; bei Auslegungszweifeln kommt eine Vorlage zum Europäischen Gerichtshof nach Art. 177 EWGV in Betracht bzw. es ist eine solche geboten (Rdn. F 320). Gegen eine dem EWGV widersprechende Rechtsanwendung kann die EG-Kommission ein Vertragsverletzungsverfahren anstrengen, in dessen Zug der EuGH zur Entscheidung berufen ist (Rdn. F 322). Ferner kann jeder Mitgliedstaat den Gerichtshof mit dem Vorbringen anrufen, ein anderer Mitgliedstaat habe eine Verpflichtung aus dem EWGV verletzt (Rdn. F 322). In der Praxis gehen die meisten einschlägigen Urteile des EuGH auf eine Richtervorlage zurück.

F 384 Insgesamt ließ sich feststellen, daß das im internationalen Rechtsvergleich außerordentlich strenge deutsche Wettbewerbsrecht, das namentlich im Bereich der irreführenden Werbung zu Exzessen neigt[577], zunehmend unter gemeinschaftsrechtlichen Gesichtspunkten einer Überprüfung unterzogen zu werden schien. Sie führt zwar nicht zu einer völligen Aufhebung wettbewerbsrechtlicher Normen, aber doch dazu, daß sie auf dem Gemeinschaftsrecht unterstehende Sachverhalte nicht mehr angewendet werden können. Das Ergebnis ist eine gespaltene Rechtslage mit strengen Regeln für rein nationale oder den Rechtsverkehr mit Drittstaaten betreffende Sachverhalte, toleranteren Regeln für gemeinschaftsrechtlich relevante Fälle[578]. Die so begründete **Inländerdiskriminierung** dürfte weder dem Gemeinschaftsrecht noch

---

[575] HdbWbR/*Helm* § 48 Rdn. 19; *Spätgens* in: ZAW (Hrsg.) Irreführende Werbung in Europa, S. 71, 77 f. S. aus der Praxis des EuGH den Fall Pall/Dahlhausen GRUR Int. 1991, 215 Nr. 22. Vgl. auch EuGH GRUR Int. 1990, 459, 460 (Buet): Anwendung von Art. 30 im Bereich der Richtlinie für Haustürverkäufe auf eine nach Art. 8 der Richtlinie vorbehaltene strengere nationale Regelung (die aber im Interesse des Verbraucherschutzes im Ergebnis auch unter Art. 30 toleriert wird).

[576] EuGH GRUR Int. 1991, 215 Nr. 22. So im Ergebnis zum Verhältnis der Richtlinie zu Art. 30 auch HdbWbR/*Helm* § 48 Rdn. 24; *Schricker* Recht der Werbung in Europa, Bd. I Einf. Rdn. 237.

[577] S. im einzelnen *Schricker* GRUR Int. 1990, 112, 115 ff.

[578] § 3 Rdn. 22. S. dazu auch *Chrocziel* EWS 1991, 173 ff.

dem nationalen Gleichheitsgrundsatz widersprechen[579]; sie ist aber freilich rechtspolitisch wenig wünschenswert[580]. Die bisherige Praxis des EuGH hat jüngst durch das Urteil in Sachen **Keck** eine Neuorientierung erfahren, deren Tragweite noch nicht abzuschätzen ist, die aber tendenziell jedenfalls auf eine Reduktion der Kontrolle hinausläuft (s. i. einzelnen Rdn. F 389 a). Die neue Linie des EuGH setzt bei der Frage der Beschränkung des freien Warenverkehrs an (s. Rdn. F 385 ff).

Für die Anwendung von Art. 30 EWGV liegt nach der bisherigen Praxis des EuGH die erforderliche – zumindest potentielle – **Behinderung des freien Warenverkehrs**[581] in der Regel auf der Hand, wenn das nationale Recht den Vertrieb von **Erzeugnissen bestimmter Art und/oder Eigenschaften** verbietet[582], den Gebrauch gewisser **Bezeichnungen oder Kennzeichen** untersagt[583] oder vorschreibt[584] oder bestimmte **Verpackungsformen** für unzulässig erklärt[585], soweit diese Beschränkungen auch für Importe aus anderen Mitgliedstaaten gelten. Selbst wenn die Einfuhr der betroffenen Erzeugnisse nicht völlig ausgeschlossen ist, genügt es doch, daß die Maßnahme geeignet ist, den Vertrieb zu erschweren oder zu verteuern, weil den Produkten bestimmte Absatzwege verschlossen werden oder durch die Notwendigkeit der Anpassung an die Erfordernisse des Bestimmungsmarktes zusätzliche Kosten entstehen[586]. Art. 30 kann selbst dann anwendbar sein, „wenn die Behinderung geringfügig ist und noch andere Möglichkeiten für den Vertrieb des eingeführten Erzeugnisses bestehen"[587]. Es darf nicht die gegenseitige wirtschaftliche Durchdringung im Rahmen der Gemeinschaft gehemmt werden, indem der Verkauf von Waren behindert wird, die aufgrund einer Arbeitsteilung zwischen den Mitgliedstaaten erzeugt werden[588]. Bei einer nur den inländischen Einzelhandel betreffenden Regelung ist zu beachten, daß sie auf den Großhandel und die Herstellerebene zurückwirkt, etwa derart, daß ausländische Hersteller gezwungen werden, die Waren in **F 385**

---

[579] Vgl. EuGH GRUR Int. 1987, 866 (Cognet); OLG Hamburg GRUR 1990, 55, 57 (Butasan); OLG München Magazin-Dienst 11/1989, 1330; 1338. S. in der Literatur allgemein *Schöne* RIW 1989, 450; *Weis* NJW 1983, 2721; *Bleckmann* RIW 1985, 917; *Kewenig* JZ 1990, 20; *Kleier* RIW 1988, 623; *G. Meier* RIW 1987, 841; *Streinz* ZLR 1990, 487. Abweichend *Spätgens* in Festschrift für v. Gamm 1990 S. 201; *Hösch* S. 155 ff; vgl. auch *Baumbach/Hefermehl* Einl. Rdn. 622.

[580] Geht es um eine Verletzung außerwettbewerbsrechtlicher Vorschriften, kann freilich ein unlauterer Vorsprung im Blick auf gemeinschaftsrechtlich zulässige Einfuhren zu verneinen sein, so LG Hamburg GRUR Int. 1990, 640 (Mischfett).

[581] Bei der es auf einen „Binnenmarktvergleich" nicht ankommt, wie *Sack/Fasshold* WRP 1987, 519 meinen.

[582] S. z. B. EuGH GRUR Int. 1979, 468 (Cassis de Dijon); EuGH GRUR Int. 1987, 404 (Reinheitsgebot für Bier), s. dazu auch OLG Karlsruhe GRUR Int. 1989, 697, 698 (Lückenbier); EuGH NJW 1980, 2630 (Essig), s. auch EuGH NJW 1982, 1212, EuGH ZLR 1986, 296; EuGH GRUR Int. 1982, 439, 441 (multi Cable Transit).

[583] EuGH GRUR Int. 1981, 392 f (Likeur); EuGH GRUR Int. 1986, 633 f (Genever); EuGH NJW 1990, 972, 973 (Edamer); vgl. auch EuGH GRUR Int. 1991, 215, 216 (Pall ./. Dahlhausen); EuGH GRUR Int. 1987, 404 (Reinheitsgebot für Bier). Auch wenn eine Bezeichnung nur für das im Inland hergestellte Endprodukt verboten wird, kann dies doch eine mittelbare Beschränkung für den eingeführten Rohstoff bedeuten; anders OLG München WRP 1993, 828, 837 (Bricout Sekt).

[584] EuGH GRUR Int. 1983, 642, 643 (Silberprägestempel); EuGH GRUR Int. 1986, 112 (Origin Marking).

[585] EuGH GRUR Int. 1983, 293 Nr. 13 (Margarineverpackung); EuGH GRUR Int. 1987, 414, 417 (pétillant de raisin); vgl. auch OLG Frankfurt EuZW 1992, 126, 127 (Grand Marnier).

[586] EuGH GRUR Int. 1983, 293, 294 Nr. 13 (Margarineverpackung).

[587] EuGH GRUR Int. 1984, 760, 761 Nr. 14 (Banderolenpreis).

[588] EuGH GRUR Int. 1986, 112, 113 Nr. 17 (Origin Marking).

bestimmter Menge zu kennzeichnen oder anders aufzumachen, wenn sie sie auf dem inländischen Markt absetzen wollen[589].

Über die unmittelbar warenbezogenen Regelungen hinaus sind aber auch **Werbe- und Marketingregelungen** als Beschränkungen i. S. des Art. 30 zu erachten. Hiervon geht schon die Entscheidung zum **französischen Alkoholwerbeverbot** aus[590], in der es heißt:

„Obwohl eine solche Beschränkung die Einfuhren nicht unmittelbar betrifft, ist sie doch geeignet, deren Umfang dadurch zu vermindern, daß sie den Vertrieb der eingeführten Erzeugnisse beeinträchtigt. ..."

Im entschiedenen Fall handelte es sich freilich um eine Werberegelung, die im Ergebnis Einfuhrprodukte einseitig benachteiligte. Dagegen betraf der Fall Oosthoek's eine für einheimische und Einfuhrprodukte nach Wortlaut und Wirkung unterschiedslos geltende Regelung. Der EuGH führte zu dem in Frage stehenden **niederländischen Zugabeverbot** aus[591]:

„Eine Regelung, die bestimmte Formen der Werbung und bestimmte Methoden der Absatzförderung beschränkt oder verbietet, kann – obwohl sie die Einfuhren nicht unmittelbar regelt – geeignet sein, das Einfuhrvolumen zu beschränken, weil sie die Absatzmöglichkeiten für die eingeführten Erzeugnisse beeinträchtigt. Es ist nicht auszuschließen, daß der für den betroffenen Unternehmer bestehende Zwang, sich entweder für die einzelnen Mitgliedstaaten unterschiedlicher Systeme der Werbung und Absatzförderung zu bedienen oder ein System, das er für besonders wirkungsvoll hält, aufzugeben, selbst dann ein Einfuhrhindernis darstellen kann, wenn eine solche Regelung unterschiedslos für inländische und eingeführte Erzeugnisse gilt."

F 386 Diese Rechtsprechung wird im **Falle Buet**[592] bestätigt, in dem es um die Anwendung des französischen Verbots der Kundenwerbung an der Haustür für den Verkauf von pädagogischem Material aus dem Ausland geht und das Bestehen eines Hindernisses für den freien Warenverkehr bejaht wird.

F 387 Die Argumentation wird im Falle **GB-INNO-BM** weitergeführt[593].

Das Verfahren betrifft den Fall eines belgischen Einzelhandelsunternehmens, das in Luxemburg Werbeschriften verbreitet hatte, in denen mit einer Preissenkung für die Dauer einer zeitlich begrenzten Sonderaktion geworden worden war und die herabgesetzten Preise den früheren Preisen gegenübergestellt worden waren. Diese Art der Werbung war nach belgischem Recht zulässig, in Luxemburg dagegen verboten. Der EuGH bekräftigt, daß Werbebeschränkungen für Art. 30 relevant sind und entscheidet, daß der freie Warenverkehr auch Einfuhren durch Privatpersonen mit einschließe:

„(7) ... Wie der Gerichtshof in seinem Urteil vom 15. 12. 1982 in der Rechtssache 286/81(Oosthoek's Uitgeversmaatschappij, Slg. 1982, 4575 = GRUR Int. 1983, 648) bereits entschieden hat, können Rechtsvorschriften, die bestimmte Formen der Werbung und bestimmte Methoden der Absatzförderung beschränken oder verbieten, obwohl sie den Handel nicht unmittelbar regeln, geeignet sind, das Handelsvolumen zu beschränken, weil sie die Absatzmöglichkeiten beeinträchtigen.

(8) Der freie Warenverkehr betrifft aber nicht nur den gewerblichen Handel, sondern auch Privatpersonen. Dies bedeutet, und zwar inbesondere für Grenzgebiete, daß es den in einem Mitgliedstaat ansässigen Verbrauchern möglich sein muß, sich frei in das Hoheitsgebiet

---

589 EuGH GRUR Int. 1986, 112, 113 Nr. 16 (Origin Marking). Vgl. auch OLG Frankfurt EuZW 1992, 126, 128 (Grand Marnier).

590 EuGH GRUR Int. 1981, 390, 391 Nr. 11.

591 GRUR Int. 1983, 648, 650 Nr. 15.

592 EuGH GRUR Int. 1990, 459, 460 Nr. 7–9.

593 GRUR Int. 1990, 955.

eines anderen Mitgliedstaats begeben zu können, um dort unter denselben Bedingungen wie die ortsansässige Bevölkerung einzukaufen. Dieses Recht der Verbraucher wird beeinträchtigt, wenn ihnen der Zugang zu dem im Einkaufsland erhältlichen Werbematerial verwehrt wird. Ein Verbot, derartiges Werbematerial zu verbreiten, muß folglich in den Geltungsbereich der Art. 30, 31 und 36 EWG-Vertrag fallen."

Im jüngst entschiedenen Fall des **regionalen spanischen Werbeverbotes für hochprozentige Alkoholika** wird die Feststellung der handelsbeschränkenden Wirkung von Werberegelungen bereits als etablierte Praxis behandelt[594]: **F 388**

„Wie der Gerichtshof ... festgestellt hat, sind Rechtsvorschriften, die bestimmte Formen der Werbung und bestimmte Methoden der Absatzförderung beschränken oder verbieten, obwohl sie die Einfuhr nicht unmittelbar regeln, dennoch geeignet, das Einfuhrvolumen zu beschränken, weil sie die Absatzmöglichkeiten für eingeführte Erzeugnisse beeinträchtigen".

Sie sind daher grundsätzlich als eine Maßnahme gleicher Wirkung im Sinn von Art. 30 EWGV anzusehen.

Zusammenfassend[595] kann festgestellt werden, daß eine Beschränkung von Werbe- und/oder Marketingmaßnahmen durch nationales Recht nach der geschilderten Rechtsprechung des EuGH immer als Handelshemmnis im Sinn des Art. 30 EWGV in Betracht kommt, wenn sie sich zumindest auch auf den Absatz von Erzeugnissen bezieht, die aus anderen Mitgliedstaaten eingeführt werden. Es genügt, daß die Absatzmöglichkeiten hinsichtlich eingeführter Erzeugnisse beeinträchtigt werden. Daß die Beschränkung sich spezifisch oder auch nur überproportional zu Lasten von Einfuhrware auswirkt, ist nicht erforderlich. Es kommt auch nicht darauf an, ob im Ausfuhrland entsprechende Beschränkungen fehlen, so daß eine kostspielige Umstellung der Werbung erforderlich wird, wenngleich ein derartiges Rechtsgefälle als zusätzliches Argument dienen kann. Es genügt aber, daß die Werbe- und/oder Marketingbeschränkung im Absatzland das Verkaufsvolumen und damit auch das Einfuhrvolumen negativ beeinflußt. Praktisch wird damit das gesamte Werbe- und Marketingrecht einer Kontrolle nach Art. 30 EWGV unterstellt. **F 389**

Diese Perspektive hat möglicherweise – namentlich im Blick auf die befürchtete Belastung des Gerichtshofs und das Subsidiaritätsprinzip –dazu geführt, daß der EuGH im Urteil in Sachen Keck und Mithourd das Steuer herumgeworfen hat (Urteil vom 24. 11. 1993 – RS C 297/91 und 268/91, ZIP 1993, 1813 mit kritischer Anmerkung von Reich). Es ging um eine Richtervorlage betreffend das französische Verbot des Verkaufs mit Verlust. Der EuGH gelangt zum Ergebnis, daß Art. 30 keine Anwendung auf Rechtsvorschriften eines Mitgliedstaates findet, die den Weiterverkauf zum Verlustpreis allgemein verbieten. In seiner Begründung geht der **F 389 a**

---

594 EuGH GRUR Int. 1993, 221, 222 Nr. 10. Vgl. auch EuGH GRUR Int. 1993, 76, 77 (Exportur) Nr. 17–20, worin betont wird, daß potentielle Auswirkungen auf den innergemeinschaftlichen Handel genügen. S. ferner EuGH GRUR Int 1993, 747 (Yves Rocher).

595 S. im Sinne des dargestellten Ergebnisses auch § 3 Rdn. 18; *Baumbach/Hefermehl* Einl. UWG Rdn. 615, 625; *v. d. Groeben/Boeck/Wägenbaur* Kommentar zum EWGV, Art. 30 Rdn. 62; *Paefgen* Globales und Euro-Marketing, S. 83 f, 87 f; *Reuter* BB 1990, 1649, 1650, 1651; *Leupold/Nachbaur* JZ 1991, 1110 f; *Hakenberg/Harles* GRUR Int. 1990, 957, 958 f; *Steindorff* WRP 1993, 139, 141; OLG Düsseldorf GRUR 1987, 723, 725 (Nachgerüstete Muting Schaltung); OLG Hamburg GRUR Int. 1988, 254, 255 (NanYU-Tee); OLG Frankfurt EuZW 1992, 126, 128 (Grand Marnier); so im Ergebnis auch BGH ZIP 1991, 607, 608 (Yves Rocher). Zurückhaltender HdbWbR/*Helm* § 48 Rdn. 20; *Everling* in: ZAW (Hrsg.) Irreführende Werbung in Europa, S. 43, 54 f. Restriktiv OLG Köln NJW-RR 1989, 750, 751 (Gewinnspiel); OLG Köln ZLR 1988, 667 (Frischgeflügel).

EuGH nach wie vor vom Dassonville-Urteil (Rdn. F 376) aus (Nr. 11, 16). Das fragliche Verbot bezwecke keine Regelung des Warenverkehrs zwischen den Mitgliedstaaten (Nr. 12). Ob die Möglichkeit ausreicht, daß das Volumen des Absatzes von Erzeugnissen aus anderen Mitgliedstaaten durch Eliminierung einer Methode der Absatzförderung beschränkt wird, sei „fraglich" (Nr. 13). Da sich die Wirtschaftsteilnehmer immer häufiger auf Art. 30 beriefen, „um jedwede Regelung zu beanstanden, die sich als Beschränkung ihrer geschäftlichen Freiheit auswirkt, auch wenn sie nicht auf Erzeugnisse aus anderen Mitgliedstaaten gerichtet ist, hält es der Gerichtshof für notwendig, seine Rechtsprechung auf diesem Gebiet zu überprüfen und klarzustellen" (Nr. 14). In der Folge gelangt der Gerichtshof zu einer differenzierenden Revision der Cassis de Dijon-Rechtsprechung (Nr. 15–17):

- Nach wie vor sollen Vorschriften, denen Einfuhrerzeugnisse entsprechen müssen (wie etwa hinsichtlich ihrer Bezeichnung, ihrer Form, ihrer Abmessungen, ihres Gewichts, ihrer Zusammensetzung, ihrer Aufmachung, ihrer Etikettierung und ihrer Verpackung), selbst dann, wenn diese Vorschriften unterschiedslos für alle Erzeugnisse gelten, unter Art. 30 fallen (Nr. 15);
- „Entgegen der bisherigen Rechtsprechung" wird jedoch die Anwendung nationaler Vorschriften, „die bestimmte Verkaufsmodalitäten beschränken oder verbieten" nicht von Art. 30 betroffen, „sofern sie den Absatz der inländischen Erzeugnissen und der Erzeugnisse aus anderen Mitgliedstaaten rechtlich wie tatsächlich in der gleichen Weise berühren" (Nr. 16).

F 389 b In einer weiteren Entscheidung in Sachen Hünermund u. a. vom 15. 12. 1993 (RS C –292/92)wird die neue Linie des EuGH bekräftigt. Es ging um ein von der Landesapothekerkammer Baden-Württemberg erlassenes standesrechtliches Verbot der Werbung für apothekenübliche Waren außerhalb der Apotheke; auch hier wurde eine Anwendung von Art. 30 EWGV verneint. Die Begründung ist im Kern gleichlautend (Nr. 20 bis 22). Die Regelung, die, ohne nach der Herkunft zu unterscheiden, für alle Apotheker gelte, berühre der Absatz der Waren aus anderen Mitgliedstaaten nicht in anderer Weise als den der inländischen Waren (Nr. 23).

F 389 c Die Tragweite dieser Änderung der Rechtsprechung des EuGH könnte erheblich sein. Sie wirft freilich eine Reihe von Zweifelsfragen auf. So dürfte die Abgrenzung von warenbezogenen und nicht warenbezogenen Regelungen, von der der EuGH offenbar ausgeht, im Einzelfall Schwierigkeiten machen und wenig einleuchten (kritisch auch Reich, ZIP 1993, 1815, 1817). Soll das Verbot einer bestimmten Bezeichnung auf dem Warenetikett zwar unter Art. 30 fallen, ein Verbot des Gebrauchs der Bezeichnung in der Werbung Art. 30 aber nicht berühren? Wäre ein umfassendes Verbot des Gebrauchs der Bezeichnung, die für Etiketten und Werbung gilt, dann u. U. teilunanwendbar? Könnte sich z. B. ein Großhändler gegen das unverhältnismäßige abstrakte Irreführungsverbot des § 6 a UWG (vgl. Rdn. F 401) zwar wehren, soweit es um seine Firmierung auf den Preisetiketten geht, nicht aber bezüglich seiner Werbung? Oder – um auf einen vom EuGH entschiedenen Fall zurückzukommen – darf dem französichen Versandhändler im Falle Yves Rocher (Rdn. F 398) der Gebrauch durchgestrichener Preise nach § 6 e UWG zwar auf der Ware selbst nicht verboten werden, aber doch in seinen Katalogen und in der Werbung? Warum Etikettierungsvorschriften immer relevant sein sollen, sonstige Vermarktungsvorschriften aber nur unter besonderen Voraussetzungen, ist wenig einsichtig; letztere können im Einzelfall den innergemeinschaftlichen Warenfluß weit stärker treffen, wenn die tatsächlichen Verhältnisse entsprechend gestaltet sind.

Bei den nicht warenbezogenen Verboten scheint der EuGH Art. 30 auf ein Diskriminierungsverbot reduzieren zu wollen. Hier ist insbesondere nach der „tatsächlichen" Diskriminierung zu fragen, die offenbar ausreichen soll. Hierbei könnte es auf die Marktverhältnisse ankommen. Werden auf einem bestimmten Markt überwiegend Importerzeugnisse aus anderen Ländern umgesetzt, so berühren Verbote, auch wenn sie unterschiedslos gelten, doch die Importe „tatsächlich" stärker als die einheimische Wirtschaft. Ein Händler, der vorzugsweise eingeführte Produkte anbietet, könnte argumentieren. daß der Warenfluß aus den anderen Mitgliedstaaten stärker betroffen wird, wenn das Verbot zu seinen Lasten angewendet wird, als wenn es einen Konkurrenten trifft, der nur mit einheimischen Produkten handelt.

Insgesamt ist der teilweise Rückzug des EuGH aus der „Liberalisierung durch Rechtsprechung" (vgl. Schricker GRUR Int. 1992, 347, 354 ff) zu bedauern (so auch Reich ZIP 1993, 1815, 1817f). Es wäre zu wünschen, daß sich letztendlich eine mittlere, nach dem Gewicht der Beschränkung sich orientierende Linie herausentwickelt, die von dem eher zufällig wirkenden Kriterium der Warenbezogenheit des Verbots abrückt.

Im folgenden seien die **wichtigsten Entscheidungen des EuGH** zur Anwendung des einzelstaatlichen Rechts des unlauteren Wettbewerbs im Lichte von Art. 30 EWGV kurz dargestellt, wobei freilich nach der neuesten Rechtsprechung des EuGH (Rdn. F 389 a–c) in vielen Fällen bereits die Anwendbarkeit von Art. 30 auszuschließen wäre. Für **gerechtfertigt erachtet** wurden dabei Beschränkungen, die nicht spezifisch mit der ausländischen Herkunft der Ware in Zusammenhang stehen. Zu nennen sind hier folgende Entscheidungen: **F 390**

EuGH GRUR Int. 1982, 439 (Multi Cable Transit): **F 391**

Die niederländische Alleinvertriebsgesellschaft einer in Schweden hergestellten Kabeldurchleitungsvorrichtung klagt gegen den Import eines aus Deutschland importierten verwechselbar nachgebauten Erzeugnisses. Auf Richtervorlage wird der im niederländischen Recht gegebene Schutz gegen sklavische Nachahmung für mit Art. 30 EWGV vereinbar erachtet. Es heißt im Urteil[596]:

„(9) Eine nationale Rechtsprechung, die die sklavische, Verwechslungen hervorrufende Nachahmung eines fremden Erzeugnisses verbietet, ist in der Tat geeignet, die Verbraucher zu schützen und die Lauterkeit des Handelsverkehrs zu fördern, Ziele von allgemeinem Interesse, die nach der vorerwähnten Rechtsprechung des Gerichtshofs die Existenz von Hemmnissen für den Binnenhandel der Gemeinschaft, die sich aus Unterschieden der nationalen Regelungen über die Vermarktung der Erzeugnisse ergeben, rechtfertigen können. Daß eine solche Regelung tatsächlich zwingenden Erfordernissen genügt, wird im übrigen durch die Tatsache bestätigt, daß sie dem Grundgedanken von Art. 10bis der zuletzt am 14. Juli 1967 in Stockholm revidierten Pariser Verbandsübereinkunft zum Schutze des gewerblichen Eigentums entspricht, wonach jegliches Tun, das geeignet ist, auf welchem Wege es auch sei, eine Verwechslung mit den Waren eines Wettbewerbers hervorzurufen, untersagt ist, wie auch durch die Tatsache, daß diese Regelung in der Rechtsprechung der meisten Mitgliedstaaten grundsätzlich anerkannt ist.

(10) Um die Frage zu beantworten, ob eine Rechtsprechung, wie sie im Vorlageurteil beschrieben wird, für die Erreichung der angegebenen Ziele notwendig ist oder ob sie über das hinausgeht, was durch diese Ziele gerechtfertigt werden kann, ist die in dem Urteil geschilderte Art und Weise der Anwendung näher zu untersuchen.

(11) Insoweit ergibt sich bereits aus dem Wortlaut der Frage erstens, daß nach der vorläufigen Beurteilung des Vorlagegerichts die Erzeugnisse, deren Vermarktung zu verbieten das Gericht ins Auge faßt, ohne Notwendigkeit mit den nachgeahmten Erzeugnissen nahezu identisch sind und daß die Berufungsklägerin des Ausgangsverfahrens dadurch unnötig

596 GRUR Int. 1982, 439, 441.

Verwechslungen hervorruft. Ferner ist dem Vorlageurteil zu entnehmen, daß die Notwendigkeit oder Unnötigkeit einer solchen Nachahmung nicht nur aus technischer, sondern auch aus wirtschaftlicher und kommerzieller Sicht beurteilt worden ist.

(12) Zweitens ergibt sich aus dem Wortlaut der Frage sowie aus den Akten, daß kein Anhaltspunkt für eine Vereinbarung oder ein Abhängigkeitsverhältnis zwischen dem schwedischen Hersteller des Originalerzeugnisses und dem deutschen Hersteller desjenigen Erzeugnisses besteht, das als Nachahmung angesehen wird und dessen Vermarktung in den Niederlanden umstritten ist."

F 392 EuGH GRUR Int. 1983, 648 (Zugabeverbot):
Eine niederländische Firma vertreibt in den Niederlanden, in Belgien und in Nordfrankreich Nachschlagewerke, die z. T. in den Niederlanden, z. T. in Belgien hergestellt werden. Sie wird in den Niederlanden wegen Verletzung des Zugabeverbots belangt. Die Firma macht geltend, das niederländische Recht zwinge sie, sich in den einzelnen Mitgliedstaaten des Gemeinsamen Marktes unterschiedlicher Systeme der Absatzförderung zu bedienen; nach belgischem Recht sei ihre Zugabepraxis rechtmäßig. Der Europäische Gerichtshof, dem das niederländische Gericht die Sache zur Vorabentscheidung vorgelegt hatte, hält Art. 30, soweit es sich um Bücher handelt, die aus Belgien stammen, und Art. 34 hinsichtlich der Ausfuhr in andere EG-Mitgliedstaaten für anwendbar[597]:

„(9) Hierzu ist festzustellen, daß die Anwendung der niederländischen Rechtsvorschriften auf den Verkauf von in den Niederlanden hergestellten Nachschlagewerken in den Niederlanden in der Tat nicht in einem Zusammenhang mit der Wareneinfuhr oder -ausfuhr steht und daher nicht von den Art. 30 und 34 erfaßt wird. Beim Verkauf von in Belgien hergestellten Nachschlagewerken in den Niederlanden und von in den Niederlanden hergestellten Nachschlagewerken in anderen Mitgliedstaaten handelt es sich jedoch um Vorgänge des innergemeinschaftlichen Handels. Insoweit ist mit Rücksicht auf die von dem innerstaatlichen Gericht gestellte Frage zu prüfen, ob Bestimmungen von der Art der niederländischen Rechtsvorschriften sowohl mit Art. 30 als auch mit Art. 34 EWG-Vertrag vereinbar sind ..."

Hinsichtlich Art. 34 (Ausfuhr) stellt der EuGH weiter fest, daß es schon an einer „besonderen Beschränkung der Ausfuhrströme und damit einer Ungleichbehandlung des Binnenhandels eines Mitgliedstaats und seines Ausfuhrhandels" fehle; die Vorschrift des Art. 34 greife deshalb nicht ein. Für die Anwendung von Art. 30 genüge, daß (auch) die Absatzmöglichkeiten für eingeführte Erzeugnisse beeinträchtigt würden:

„(15) Eine Regelung, die bestimmte Formen der Werbung und bestimmte Methoden der Absatzförderung beschränkt oder verbietet, kann – obwohl sie die Einfuhren nicht unmittelbar regelt – geeignet sein, das Einfuhrvolumen zu beschränken, weil sie die Absatzmöglichkeiten für die eingeführten Erzeugnisse beeinträchtigt. Es ist nicht auszuschließen, daß der für den betroffenen Unternehmer bestehende Zwang, sich entweder für die einzelnen Mitgliedstaaten unterschiedlicher Systeme der Werbung und Absatzförderung zu bedienen oder ein System, das er für besonders wirkungsvoll hält, aufzugeben, selbst dann ein Einfuhrhindernis darstellen kann, wenn eine solche Regelung unterschiedslos für inländische und eingeführte Erzeugnisse gilt.

(16) Daher ist zu prüfen, ob das Verbot des Systems des Verkaufs mit Zugaben, wie es sich aus den niederländischen Rechtsvorschriften ergibt, durch Erfordernisse des Verbraucherschutzes und der Lauterkeit des Handelsverkehrs gerechtfertigt werden kann."

---

[597] GRUR Int. 1983, 648, 649.

Im Ergebnis wurde hier die Beschränkung unter dem Gesichtspunkt des Verbraucherschutzes und der Lauterkeit des Handelsverkehrs aber für gerechtfertigt erachtet.

Für unvereinbar mit Art. 30 hat der EuGH dagegegen eine Reihe von Beschränkungen erachtet, bei denen das Verbot mit der ausländischen Herkunft der Ware in einem engeren Zusammenhang stand. Hier sind aufzuführen:

EuGH GRUR Int. 1982, 393 (Imerco Jubiläum): **F 393**

Die dänische Firma Imerco bezog von einem britischen Hersteller zum Firmenjubiläum Porzellan mit einem bestimmten Dekor, das nach Angabe des Bestellers hergestellt worden war. Die Stücke zweiter Wahl sollte die britische Firma vertreiben dürfen, allerdings nicht in Skandinavien. Über den Handel gelangten Stücke zweiter Wahl nach Dänemark; Imerco geht gegen deren Absatz nach Maßgabe des dänischen Marktvertriebsgesetzes vor. Auf die Vorlagefrage des dänischen Obersten Gerichts entschied der Europäische Gerichtshof[598]:

„(15) Zur Beantwortung dieser Frage ist zunächst darauf hinzuweisen, daß das Gemeinschaftsrecht grundsätzlich nicht verhindert, daß in einem Mitgliedstaat die in diesem Staat geltenden Vermarktungsvorschriften auf die aus anderen Mitgliedstaaten eingeführten Waren angewandt werden. Daraus folgt, daß der Vertrieb eingeführter Waren untersagt werden kann, wenn die Umstände, unter denen die Waren abgesetzt werden, einen Verstoß gegen das darstellen, was im Einfuhrstaat als guter und redlicher Handelsbrauch betrachtet wird.

(16) Es ist jedoch zu betonen, daß – wie der Gerichtshof bereits in anderem Zusammenhang in seinem Urteil vom 25. November 1971 (Béguelin, Rechtssache 22/71, Slg. 1971, 949 = GRUR Int. 1972, 495) zum Ausdruck gebracht hat – die bloße Einfuhr einer Ware, die in einem anderen Mitgliedstaat rechtmäßig in den Verkehr gebracht worden ist, nicht als unzulässige oder unlautere Handelspraxis angesehen werden kann, da eine solche Qualifizierung des Absatzes nur aufgrund von Umständen möglich ist, die von der eigentlichen Einfuhr unabhängig sind.

(17) Überdies ist darauf hinzuweisen, daß Vereinbarungen zwischen Privaten in keinem Fall von den zwingenden Bestimmungen des Vertrags über den freien Warenverkehr abweichen dürfen. Daraus folgt, daß eine Vereinbarung, mit der die Einfuhr einer Ware in einen Mitgliedstaat verboten wird, die in einem anderen Mitgliedstaat rechtmäßig in den Verkehr gebracht worden ist, nicht geltend gemacht oder berücksichtigt werden kann, um den Absatz dieser Ware als eine unzulässige oder unlautere Handelspraxis zu qualifizieren."

Der dänische Oberste Gerichtshof verurteilte daraufhin wegen Irreführung über die Qualität des Porzellans, soweit die Ware nicht als solche zweiter Wahl bezeichnet werde[599].

EuGH GRUR Int. 1985, 110 (r + r): **F 394**

Es geht um die Benutzung einer Firmenbezeichnung für Importwaren aus Frankreich. Die Abkürzung war zuvor von einem konzernverbundenen deutschen Unternehmen verwendet worden, das jedoch seinen Betrieb eingestellt hatte. Es war geltend gemacht worden, daß bei dieser Lage die Benutzung der Bezeichnung durch das französische Unternehmen im Sinn von § 3 UWG irreführe. Der EuGH hielt die Anwendung des § 3 UWG nicht mit Art. 30 EWGV für vereinbar. Der Voraussetzung, daß die nationale Rechtsvorschrift für inländische und ausländische Erzeugnisse unterschiedlos anwendbar sein müsse, sei nicht genügt[600]:

---

598 GRUR Int. 1981, 393, 397.

599 Oberster Gerichtshof GRUR Int. 1982, 450.

600 GRUR Int. 1985, 110, 111. Hierzu mit Recht kritisch HdbWbR/*Helm* § 48 Rdn. 21.

„(15) Die vom nationalen Gericht ermittelten, im Vorlagebeschluß wiedergegebenen Tatsachen erlauben die Feststellung, daß diese Voraussetzung in einem Fall wie dem vorliegenden nicht erfüllt ist. Selbst wenn eine Vorschrift eines nationalen Gesetzes gegen den unlauteren Wettbewerb unterschiedslos für den Vertrieb von einheimischen wie von eingeführten Erzeugnissen gilt, kann sie die genannte Voraussetzung nicht erfüllen, sobald sie so ausgelegt wird, daß sie es ermöglicht, die Benutzung eines Firmensignets nur mit der Begründung zu untersagen, daß die Öffentlichkeit in bezug auf die in- oder ausländische Herkunft der Waren getäuscht werden könnte, ohne daß weitere besondere Tatsachen festgestellt werden, die das Vorliegen unlauteren Wettbewerbs bewiesen. In einem solchen Fall betrifft diese Vorschrift in Wirklichkeit ausschließlich den Vertrieb eingeführter Erzeugnisse.

(16) Soweit eine Vorschrift eines solchen nationalen Gesetzes die Möglichkeit gibt, ein derartiges Verbot durchzusetzen, kann sie nicht als Gesetz angesehen werden, das den Vertrieb einheimischer und eingeführter Erzeugnisse einheitlich regelt.

(17) Insoweit läßt sie eine Abschottung innerhalb des Gemeinsamen Marktes zu, die eine gemäß Art. 30 EWG-Vertrag verbotene Beschränkung des innergemeinschaftlichen Handelns darstellt."

F 395 In diesem Zusammenhang gehört auch die Bocksbeutel-Entscheidung des EuGH[601], die zum Weinrecht ergangen ist:

Nach deutschem Weinrecht wurde die traditionelle Bocksbeutel-Flasche für Wein aus Franken und aus einigen badischen Weinbauorten reserviert; die Benutzung für Wein anderer Provenienz, insbesondere für ausländischen Wein, galt grundsätzlich als Irreführung. Ein Importeur von Wein aus Südtirol in Bocksbeutelflaschen war in Deutschland in ein Strafverfahren verwickelt worden; durch Richtervorlage kam die Sache an den EuGH.

Der EuGH nahm eine Verletzung von Art. 30 EWGV an; dabei spielte allerdings auch eine Rolle, daß die Bocksbeutelflasche als in Südtirol herkömmlich betrachtet wurde. Der Einwand der Bundesregierung, die Verbraucher könnten durch solche Flaschen für italienischen Wein getäuscht werden, wurde zurückgewiesen; Verwechslungen könnten durch eine entsprechende Etikettierung vermieden werden.

F 396 Weiter ist zu dieser Gruppe von Entscheidungen der Fall Pall/Dahlhausen[602] zu rechnen. Zugrunde liegt eine in Deutschland erhobene, auf § 3 UWG gestützte Klage gegen den Vertrieb von Einfuhrwaren aus Italien unter der Bezeichnung Mirapore zusammen mit dem Buchstaben (R) im Kreis als Hinweis auf bestehenden Markenschutz. Der Schutzhinweis wurde als irreführend angegriffen, weil der Warenzeichenschutz nicht in Deutschland bestand. Auf Richtervorlage hin entschied der EuGH, daß

„Art. 30 dahin auszulegen ist, daß er der Anwendung einer nationalen Vorschrift über den unlauteren Wettbewerb entgegensteht, die es einem Wirtschaftsteilnehmer erlaubt, das Verbot des Inverkehrbringens einer Ware im Gebiet eines Mitgliedstaates zu erwirken, die neben dem Warenzeichen den Buchstaben (R) im Kreis trägt, wenn dieses Warenzeichen nicht in dem Staat, wohl aber in einem anderen Mitgliedstaat eingetragen ist."

Der EuGH betont den Grundsatz der Verhältnismäßigkeit; Beschränkungen des Warenverkehrs sind zwar zulässig, wenn sie notwendig sind, um zwingenden Erfordernissen des Verbraucherschutzes oder der Lauterkeit des Handelsverkehrs gerecht

[601] GRUR Int. 1984, 291; s. dazu *Möschel* RIW 1984, 524 ff; vgl. ferner das Sekt/Weinbrand-Urteil des EuGH GRUR Int. 1977, 25; kritisch dazu *Beier* Markenrechtliche Abhandlungen, S. 535 ff. S. hierzu auch im Abschnitt über den Schutz geographischer Herkunftsangaben, insbesondere zu der schutzfreundlicheren Exportur-Entscheidung des EuGH, Rdn. F 142.

[602] EuGH GRUR Int. 1991, 215.

zu werden; die Beschränkungen müssen jedoch in einem angemessenen Verhältnis zum verfolgten Zweck stehen; der Zweck darf nicht durch Maßnahmen erreicht werden können, die den innergemeinschaftlichen Handel weniger beschränken[603]. Im entschiedenen Fall könnten umsichtige Wirtschaftsteilnehmer, die wissen möchten, ob ein Warenzeichen eingetragen ist, sehr wohl im öffentlichen Register die Rechtslage prüfen. Im übrigen interessierten sich die Verbraucher mehr für die Eigenschaften der Ware als dafür, wo das Warenzeichen eingetragen ist.

Besondere Beachtung verdient schließlich die Entscheidung in Sachen GB-INNO[604]. Sie macht deutlich, daß auch Beschränkungen der Werbung unter Art. 30 fallen können und daß mit dem Verbraucherschutz eine Regelung nicht gerechtfertigt werden kann, die in Wirklichkeit den Verbrauchern wahrheitsgemäße Informationen vorenthält, im entschiedenen Fall durch ein generelles Verbot der Bezugnahme auf höhere Preise, die der Anbieter früher verlangt hat. In den Schlußanträgen des Generalanwalts Lenz wird darüber hinaus der Gesichtspunkt der Verhältnismäßigkeit betont: Abstrakte Verbote generell als „irreführungsverdächtig" erachteter Verhaltensweisen sind insofern nicht haltbar, als es genügt, gegen konkrete Irreführungsgefahren vorzugehen. **F 397**

Das Verfahren betrifft den Fall eines belgischen Einzelhandelsunternehmens, das in Luxemburg Werbeschriften verbreitet hatte, in denen mit einer Preissenkung für die Dauer einer zeitlich begrenzten Sonderaktion geworben worden war und die herabgesetzten Preise den früheren Preisen gegenübergestellt worden waren. Diese Art der Werbung war nach belgischem Recht zulässig, in Luxemburg dagegen verboten. Auf Vorlage durch ein luxemburgisches Gericht entschied der EuGH, daß

> „die Art. 30 und 36 EWGV dahin auszulegen sind, daß nationale Rechtsvorschriften, wonach es verboten ist, in der geschäftlichen Werbung für ein Sonderangebot die Dauer des Angebots und den früheren Preis anzugeben, auf eine in einem anderen Mitgliedstaat rechtmäßig durchgeführte Werbeaktion nicht angewandt werden dürfen."

Die Entscheidung lenkt das Augenmerk auf verwandte Vorschriften im Recht der Mitgliedstaaten, so insbesondere auf § 6e des deutschen UWG[605]. Der BGH hat in einem Fall, in dem § 6e UWG zu Lasten eines französischen Versandhandelsunternehmens angewendet werden sollte, die Frage der Vereinbarkeit des § 6e UWG mit Art. 30 EWGV jüngst dem EuGH vorgelegt[606]. Nach der vom EuGH in der GB-INNO-Entscheidung dargelegten Argumentation war zu erwarten, daß auch die Anwendung von § 6e UWG mit Art. 30 EWGV für unvereinbar erklärt würde[607]; in der Tat hat der EuGH inzwischen so entschieden[607a]. Es wäre zu wünschen, daß die Entscheidung des EuGH den deutschen Gesetzgeber veranlaßte, die unglückliche, 1986 zur Kontentierung mittelständischer Interessen unter dem Deckmantel des Verbraucherschutzes erlassene Vorschrift des § 6e UWG aufzuheben. Darüber **F 398**

[603] GRUR Int. 1991, 215, 216 Nr. 12.

[604] EuGH GRUR Int. 1990, 955 m. Anm. v. *Hakenberg/Harles*; s. auch Heermann, WRP 1993, 578ff. Kritisch *Schödermeier* DB 1990, 2511; *Alt/J. Sack* EuZW 1990, 311ff.

[605] S. dazu umfassend *Zumschlinge* Das Verbot der Preisgegenüberstellungen (§ 6e UWG) in rechtsvergleichender und europarechtlicher Sicht (1991). S. rechtsvergleichend *van den Bergh* GRUR Int. 1991, 192.

[606] BGH GRUR Int. 1991, 556 = EuZW 1991, 415 (Yves Rocher).

[607] So auch *Chrocziel* EWS 1991, 173, 178; *Funke* WRP 1991, 550, 554; Alt EuZW 1990, 311, 312; vgl. auch UWG Großkomm./*Piper* § 6e Rdn. 41ff.

[607a] EuGH v. 18. 5. 1993 – Rs C 126/91 – Yves Rocher, GRUR 1993, 747 m. Anm. *Bornkamm* = WRP 1993, 615 m. Anm. *Schricker* = ZIP 1993, 1028. S. davon auch Keßler WRP 1993, 571; Weyer DZ Wir 1993, 359; Reich VuR 1993, 254.

hinaus sollten auch die abstrakten Gefährdungsverbote der §§ 6 a, 6 b und 6 d UWG einer Revision unterzogen werden, da sie jedenfalls dem Grundsatz der Verhältnismäßigkeit zuwiderlaufen (s. auch unten Rdn. F 401). Inzwischen sind Pläne zur Aufhebung der §§ 6 d und 6 e UWG sowie des Rabattgesetzes bekanntgeworden[607b].

F 399 Schließlich ist auf die **Nissan-Entscheidung des EuGH**[608] hinzuweisen. Es geht um die Anwendung der französischen Vorschriften gegen irreführende Werbung auf den Slogan „Kaufen Sie Ihren Neuwagen billiger" eines französischen Parallelimporteurs, der verschwiegen hatte, daß die angebotenen Fahrzeuge in Belgien bereits – ohne in Betrieb genommen zu werden – zugelassen waren und daß ihre Ausstattung hinter derjenigen der unmittelbar in Frankreich importierten Fahrzeuge zurückblieb. Die Entscheidung betont, daß das nationale Recht mit Rücksicht auf Text und Zielrichtung der Richtlinie über irreführende Werbung auszulegen sei. Die Irreführung müsse vom nationalen Gericht anhand des Einzelfalls geprüft werden. Es komme dabei darauf an, ob die Kaufentscheidung einer nicht unerheblichen Anzahl von Verbrauchern durch die Irreführung beeinflußt werde.

F 400 In der **deutschen Praxis** wird der Einwand der Verletzung von Art. 30 EWGV immer häufiger erhoben. Die Haltung der Instanzgerichte scheint sich von einer defensiven, wenig aufgeschlossenen Behandlung des EWG-Rechts in Richtung auf eine gemeinschaftsfreundlichere Praxis hinzuentwickeln[609], wobei freilich die jüngste Rechtsprechung des EuGH zu einem Rückschlag führen dürfte, s. Rdn. F 318 a.

F 401 Namentlich die außerordentliche Strenge bei der Anwendung von § 3 UWG fordert eine **Moderation des Schutzniveaus** durch Anwendung von Art. 30 EWGV geradezu heraus. Hier rächt sich, daß die Richtlinie über irreführende Werbung sich mit einer Minimalharmonisierung begnügt hat (Rdn. F 336, 351). Der strengeres nationales Recht erlaubende Art. 7 der Richtlinie schließt freilich eine Kontrolle nach Art. 30 EWGV nicht aus[610]; primäres Gemeinschaftsrecht geht dem sekundären vor. Die bisherige Praxis des EuGH tendiert dahin, ein Schutzbedürfnis nur

---

[607b] S. Bericht der Bundesregierung zur Zukunftssicherung des Standorts Deutschland, BT-Drucks. 12/5620 S. 50 f; s. die Berichte in EWS 1993, 329; GRUR 1993, 805. Gegen die Reform WRP 1993, 847.

[608] WRP 1993, 233 = ZIP 1992, 719 (Auszug) m. Anm. von *Heinemann* S. 720 ff. Kritisch hierzu *Piper* WRP 1992, 685, 690 f unter Hinweis auf die entgegengesetzte Entscheidung des BGH GRUR 1992, 171 (*Vorgetäuschter Vermittlungsauftrag*). S. dazu auch *A. H. Meyer* WRP 1993, 215 ff.

[609] Gegen Anwendung von Art. 30 bzw. Vorlage zum EuGH OLG Hamburg GRUR Int. 1982,255 (Baguettines de Paris); OLG Köln GRUR Int. 1982, 754 (Apfel Korn); OLG Hamburg GRUR Int. 1988, 254 (Nan-YU-Tee); OLG Köln NJW-RR 1989, 750 (Gewinnspiel); OLG Köln GRUR Int. 1990, 634 (Importiertes Frischgeflügel); KG Magazin Dienst 1991, 690, 694 f; OLG Köln GRUR 1992, 323 (Eierlikör); OLG München EuZW 1990, 358, 359 f; OLG Düsseldorf GRUR 1987, 723, 725 (Nachgerüstete Muting Schaltung; LG Köln ZLR 1990, 688, 691 f; BPatGer. GRUR Int. 1991, 130, 132 f (Starkraft); OLG Frankfurt WRP 1992, 718, 722 (Ferrari); OLG München EWS 1993, 190, 191 – Sekt; OLG München WRP 1993, 527, 531 – Gesichtscreme; LG Köln MP 1993, 407 – Schokolinsen; OLG München WRP 1993, 828, 837 (Bricout Sekt). S. zur Kritik der deutschen Praxis § 3 Rdn. 25 ff; *Meier* ZLR 1988, 675 ff; *Steindorff* WRP 1993, 139, 145; *Schricker* Recht der Werbung in Europa, Bd. I Rdn. 225.
Gemeinschaftsrechtsfreundlicher OLG Frankfurt/M. GRUR Int. 1982, 120 (Französischer Weinbrand); OLG Frankfurt GRUR Int. 1992, 291 (Grand Marnier), s. dazu § 3 Rdn. 28; OLG München GRUR Int. 1990, 636 (s. dazu § 3 Rdn. 26); OVG Nordrhein-Westfalen ZLR 1992, 545. S. ferner die Vorlageentscheidung LG Berlin WRP 1993, 546 – Clinique mit Anm. von Leible. VGH Baden-Württemberg WRP 1993, 540, 543 ff – Werbebeschränkungen für Apotheken.

[610] So aber offenbar KG Magazin Dienst 1991, 690, 694.

anzuerkennen, wenn auch ein umsichtiger Verbraucher getäuscht würde[611] und wenn die Irreführung für den Kaufentschluß wesentlich ist[612], das im deutschen Recht praktizierte Leitbild des „flüchtigen“ Verbrauchers dürfte durch dasjenige des „mündigen“ Verbrauchers ersetzt werden[612a].

Gemeinschaftsrechtlich nicht haltbar sind ferner das grundsätzliche Rabattverbot[612b] und die unverhältnismäßig einschneidenden abstrakten Gefährdungsverbote der §§ 6a, 6b, 6d und 6e UWG[613]. Werden sie europarechtlich für unanwendbar erklärt, wird der Gesetzgeber nicht umhinkönnen, sie ganz aufzuheben[614], eine erwünschte Bereinigung des deutschen Lauterkeitsrechts und Rückführung auf seine genuinen Aufgaben. Auch sonst werden manche Überspitzungen der Praxis, insbesondere zu § 1 UWG, zu kupieren sein, so etwa Verbote, die mit den einer rationalen Kontrolle sich entziehenden Argumenten des „psychologischen Kaufzwangs“[615] und des „übertriebenen Anlockens“ begründet werden[615a]. Die de lege ferenda betriebene Liberalisierung des grundsätzlichen Verbots der wahrheitsgemäßen vergleichenden Werbung (Rdnr. F 360 ff) dürfte im wesentlichen bereits de lege lata über Art. 30 zu verwirklichen sein. In vielen anderen Bereichen wird der deutsche Wettbewerbsschutz der Kontrolle nach Art. 30 freilich standhalten[616].

Insgesamt betrachtet bildet die deutsche Praxis zum Recht des unlauteren Wettbewerbs in der Gemeinschaft jedoch ein staunenerregendes Kontrollsystem mit unvergleichlicher Strenge und Entscheidungsdichte. Das deutsche Prozeßkosten- und Verbandsklagerecht ermöglicht nach wie vor eine Verfolgung kommerzieller Zwecke und unternehmerischer Eigeninteressen der Verbände durch Abmahn- und Klagetätigkeit[616a]. Gruppen- und Individualinteressen, die sich auf Wettbewerbsbeschränkungen und Obstruktionen unerwünschter Konkurrenz richten, werden von den Gerichten allzu unreflektiert unterstützt. Der Punkt optimalen Schutzes des Wettbewerber-, Verbraucher- und Allgemeininteresses zu angemessenen Sozialkosten dürfte überschritten sein; die heutige Praxis des deutschen Wettbewerbsrechtes scheint in manchen Bereichen mehr und mehr zu einem selbstgenügsamen Instrument zur Aufzehrung von Ressourcen zu werden, das sich einer gesamtwirtschaftlichen Kontrolle entzieht. Solange es nicht zu einer effektiven Haromonisierung kommt, kann hier nur versucht werden, die Praxis durch Heranziehung von Art. 30

---

611 EuGH GRUR Int. 1991, 215 (Pall/Dahlhausen) Nr. 21; *Steindorff* WRP 1993, 139, 144. *A. H. Meyer* WRP 1993, 215, 221 f, 224; *Leible* WRP 1993, 547, 549; *Dornkamm* GRUR 1993, 748, 750.

612 EuGH ZIP 1992, 719, 720 (Nissan).

612a *A. H. Meyer* WRP 1993, 215, 221 f, 224.

612b Ebenso *Schütz* EuZW 1993, 409 ff; *Hösch* S. 80.

613 S. im einzelnen *Schricker* GRUR Int. 1992, 347, 360 f. So im Ergebnis auch *Leisner* EuZW 1991, 498; *Veelken* ZVglRWiss. 92 (1993) 241, 280; *Hösch* S. 68 ff; Reich ZIP 1993, 1815, 1818; ders. VuR 1993, 251, 257; *Keßler* WRP 1993, 571, 577; *Heermann* WRP 1993, 578, 591, vgl. ferner *Steindorff* WRP 1993, 139, 143; *Tilmann* GRUR 1990, 87, 91. *Piper* WRP 1992, 685, 690, will zwischen §§ 6 d und 6 e einerseits und §§ 6 a, 6 b andererseits differenzieren, wobei er bei letzteren eine Irreführungsgefahr als „nicht zu bestreitende Erfahrungstatsache“ bezeichnet. Das Argument verwischt, daß hier zwischen „rein“ privaten Letztverbrauchern und gewerblichen Abnehmern zu differenzieren ist und daß die von der Rechtsprechung angenommenen Täuschungsgefahren bei letzteren in markanter Weise erfahrungswidrig sind.

614 *Piper* WRP 1992, 685, 690. Inzwischen sind Pläne zur Aufhebung von §§ 6 d und 6 e UWG sowie des RabG bekanntgeworden, s. BT-Drucks. 12/5620 S. 50 f.

615 Kritisch auch *Schwintowski* ZVglRWiss. 92 (1993) 40, 72; *Hösch* S. 83 f.

615a S. allgemein in diesem Sinne einer Einwirkung des Art. 30 EWGV auf die Generalklausel des deutschen Wettbewerbsrechts *Meier* GRUR Int. 1993, 219 ff; *Hösch* S. 143 ff.

616 S. zum Geheimnisschutz *Ullrich* RIW Beilage 23 zu Heft 12/1990.

616a Hiergegen richten sich ebenfalls die vor kurzem bekanntgewordenen Pläne zur Novellierung des UWG, s. BT-Drucks. 12/5620 S. 50 f.; s. auch FN 607 b.

EWGV Punkt für Punkt zu einem angemessenen Verbotsniveau zurückzuführen. Die deutschen Gerichte sollten den Gerichtshof der Gemeinschaft dabei unterstützen.

F 402 b) **Freier Dienstleistungsverkehr.** In geringerem Maße als hinsichtlich des Warenverkehrs sind die Implikationen des Gemeinschaftsrechts bisher beim Dienstleistungsverkehr im Bereich des unlauteren Wettbewerbs zum Tragen gekommen. Spezifisch einschlägige Entscheidungen des EuGH sind bisher nicht bekanntgeworden. Rückschlüsse auf die Beurteilung wettbewerbsrechtlicher Vorschriften erlaubt indessen die **Debauve-Entscheidung des EuGH**[617], die die Anwendung eines belgischen Verbots der Werbung im Kabelfernsehen auf Fernsehsendungen aus anderen Mitgliedstaaten für gemeinschaftsrechtlich unbedenklich erklärt hat[618]:

> „In Ermangelung einer Harmonisierung der einzelstaatlichen Rechtsvorschriften und unter Berücksichtigung der auf das Allgemeininteresse abstellenden Erwägungen, die den einschränkenden Regelungen auf diesem Gebiet zugrunde liegen, kann die Anwendung dieser Rechtsvorschriften nicht als Beschränkung des freien Dienstleistungsverkehrs angesehen werden, soweit diese Vorschriften alle Dienstleistungen auf diesem Gebiet gleich behandeln, unabhängig davon, wo sie ihren Ursprung haben und welche Staatsangehörigkeit der Erbringer der Dienstleistung besitzt oder wo er ansässig ist."

F 403 Die Debauve-Entscheidung gab – zusammen mit der das Urheberrecht bei Kabelsendungen betreffenden Coditel-Entscheidung[619] – den Anstoß zum Erlaß der Fernsehrichtlinie (s. Rdn. F 365). Wie auch in anderen Entscheidungen zum freien Dienstleistungsverkehr hebt der Gerichtshof vor allem das **Diskriminierungsverbot** hervor[620]. In der Tat fehlt für die Dienstleistungsfreiheit ein Pendant zu Art. 30 EWGV; grundsätzlich ist die Liberalisierung hier dem Gesetzgeber vorbehalten[621]. Man hat deshalb die Vermutung geäußert, daß sich der Grundsatz des freien Dienstleistungsverkehrs im wesentlichen de lege lata in einem Diskriminierungsverbot erschöpfe.

F 404 Indessen ist aus der Rechtsprechung des EuGH im Laufe der Zeit doch deutlich geworden, daß auch die Dienstleistungsfreiheit als ein fundamentaler Grundsatz des Vertrages nur durch solche nationalen Regelung beschränkt werden darf, die durch das **Allgemeininteresse** gerechtfertigt werden[622]; schon in der vorstehend zitierten Passage der Debauve-Entscheidung klingt dies an. Dabei ist – wie beim freien Warenverkehr – zu berücksichtigen, ob der Leistungserbringer nicht bereits entsprechenden Vorschriften in dem Staat unterliegt, in dem er ansässig ist (Äquivalenzprinzip)[623].

F 405 In der neueren Praxis des EuGH tritt die Tendenz hervor, an die Voraussetzung des Allgemeininteresses bei nationalen Regelungen des Dienstleistungsverkehrs gesteigerte Anforderungen im Sinne einer Annäherung an die Cassis de Dijon-Formel

---

617 EuGH GRUR Int. 1980, 608.

618 GRUR Int. 1980, 608, 609 Nr. 13.

619 EuGH GRUR Int. 1983, 175.

620 S. allgemein *Schricker* Recht der Werbung in Europa Bd. 1 S. 101 ff. Als diskriminierend und damit unzulässig hat der EuGH z. B. die niederländische Kabelregelung erachtet, wonach es verboten war, im Rahmen der Kabelverbreitung ausländischer Programme Werbung einzuspeisen, die sich speziell an das niederländische Publikum richtet, EuGH GRUR Int. 1989, 665. Vgl. ferner die beiden Entscheidungen des EuGH v. 25. 7. 91 RS C-288/91, C-353/89, GRUR Int. 1993, 223, 226 betr. das niederländische Rundfunkwesen.

621 *von der Groeben/Boeckh/Thiesing/Ehlermann/Troberg* Kommentar zum EWGV[3] Art. 59 Rdn. 2.

622 *Grabitz/Randelzhofer* Art. 60 Rdn. 22 ff; *Reich* ZHR 153 (1989) 571, 581 ff.

623 *Grabitz/Randelzhofer* Art. 60 Rdn. 22.

zu stellen[624]. Die gemeinschaftsrechtliche Dienstleistungsfreiheit erhält hierdurch mehr Gewicht und nähert sich der Warenverkehrsfreiheit an. In der Tat wäre schwer verständlich, daß die **Anwendung des nationalen Wettbewerbsrechts auf die Dienstleistungsunternehmen**, wie Banken, Versicherungen, die freien Berufe[625] u. a. m. gemeinschaftsrechtlich auf Dauer weniger einschneidenden Korrektiven unterliegen sollte als der Bereich der mit dem Warenvertrieb befaßten Unternehmen. Ebensowenig wäre eine Differenzierung zwischen den zum Warenverkehr gehörenden körperlichen Werbeträgern, wie Warenverpackungen, Etiketten und Printmedien einerseits und den **unkörperlichen Kommunikationsmitteln** der Werbung, wie Hörfunk[626], Bildschirmtext, Telefax, On-line-Verkehr von Datenbanken usw. andererseits plausibel[627]. Die Richtlinie über irreführende Werbung (Rdn. F 332) unterwirft denn auch alle Branchen und Werbemittel einer einheitlichen Regelung. Auch soweit es zu weiteren Rechtsangleichungsmaßnahmen im Bereich des unlauteren Wettbewerbs nicht kommen sollte, dürfte damit zu rechnen sein, daß sich der Einfluß des EWG-Vertrages auf das nationale Wettbewerbsrecht nicht nur im Bereich des freien Warenverkehrs, sondern auch der Dienstleistungsfreiheit verstärken wird.

VI. Unlauterer Wettbewerb und Europäische Menschenrechtskonvention

Literatur

Astheimer Art. 10 der Europäischen Menschenrechtskonvention, EWS 1991, 275; Europarat Dokument DH-MM (9) 3 (Überblick über die „Straßburger" Rechtsprechung zu Art. 19 EMRK), Medien und Recht 1991, 222, 1992, 13; *Fahrenhorst* Die Individualbeschwerde vor den Organen der Menschenrechtskonvention, Jura 1987, 130; *Frowein* Art. 10 EMRK in der Praxis von Kommission und Gerichtshof, AfP 1986, 197; Goux L'interdiction de certaines formes de publicité et la Convention Européenne des droits de l'homme, Ing.-Cons. 1991, 319; *Hauschka* Auswirkungen der Auslegung des Art. 10 der Europäischen Konvention für Menschenrechte auf Wettbewerbsrecht, Medienrecht und Recht der freien Berufe, ZUM 1987, 559; *Kloepfer/Michael* Vergleichende Werbung und Verfassung, GRUR 1991, 170; *Krüger* Der Fall „Club X". Zum Verhältnis von § 1 UWG und Art. 10 der Europäischen Menschenrechtskonvention (EMRK), GRUR 1989, 739; *Lester/Pannick* Advertising and Freedom of Expression in Europe (1984); *Müller, J. P.* Art. 10 EMRK und das nationale Medienrecht aus Schweizer Sicht, ZUM 1987, 1; *Müller, W.* Deutsches Wettbewerbsrecht und die Europäische Konvention zum Schutz der Menschenrechte (EMRK), WRP 1992, 20; *Preslmayr* Vergleichende Werbung und Äußerungsfreiheit gemäß Art. 10 EMRK, EuGRZ 1985, 221; *Preslmayr* § 1 UWG und Äußerungsfreiheit gemäß Art. 10 Abs. 2 MRK, Medien und Recht 1988, 151; *Rikker* Die Freiheit des Fernseh-Direktempfangs und die rechtliche Zulässigkeit ihrer Beschränkung, NJW 1991, 602; *Ring* Unlauterer Wettbewerb durch standeswidriges Verhalten? Zum Urteil des Europäischen Gerichtshofs für Menschenrechte vom 25. März 1985, GRUR Int.

---

624 S. insbesondere EuGH *Säger/Dennemeyer* EuZW 1991, 542, 543 = NJW 1991, 2693: Die nationalen Regelungen müssen durch „zwingende Gründe des Allgemeininteresses" gerechtfertigt sein. Siehe dazu *Speyer* EuZW 1991, 588. S. ferner zur Entwicklung der Rechtsprechung des EuGH *Hailbronner/Nachbaur* EuZW 1992, 105 ff; *Seidel* Rechtsangleichung und Rechtsgestaltung in der Europäischen Gemeinschaft S. 61 ff.

625 Vgl. OLG Karlruhe NJW 1990, 3093, 3095: Es wird erwogen, ob die Anwendung von § 3 UWG auf eine Firmierung deutscher Rechtsanwälte zusammen mit französischen Avocats gegen die Regeln über den freien Dienstleistungsverkehr verstößt; die Heranziehung letzterer wird mit dem kaum nachvollziehbaren Argument abgelehnt, es handele sich um einen rein inländischen Sachverhalt.

626 Die Fernsehwerbung ist freilich bereits einer Sonderregelung durch Richtlinie unterstellt worden, siehe unten Rdn. F 365 ff.

627 S. dazu *Paefgen* CR 1992, 385 ff.

1986, 103; *Ring* Die wettbewerbsrechtliche Relevanz der „Berufsstandsvergessenheit" angesichts einer sich ändernden verfassungsrechtlichen Rechtsprechung, GRUR 1986, 845; *Schmitz* Freedom to Advertise: A Consumers View, BEUC Suppl. Juridique no. 19 Oct. 1987; *Ulm/Wittmann* Das ORF-Monopol vor der Europäischen Kommission für Menschenrechte, Medien und Recht 1992, 222; *Wenzel* Art. 10 EMRK und das nationale Medienrecht, ZUM 1986, 594.

F 406 Nach **Art. 10 Nr. 1 der Europäischen Menschenrechtskonvention**[628], die für die Bundesrepublik Deutschland verbindlich ist[629] hat „Jedermann ... Anspruch auf freie Meinungsäußerung. Dieses Recht schließt die Freiheit der Meinung und die Freiheit zum Empfang und zur Mitteilung von Nachrichten oder Ideen ohne Eingriffe öffentlicher Behörden und ohne Rücksicht auf Landesgrenzen ein." Weiter heißt es in Art. 10 Nr. 2:

> „Da die Ausübung dieser Freiheiten Pflichten und Verantwortung mit sich bringt, kann sie bestimmten, vom Gesetz vorgesehenen Formvorschriften, Bedingungen, Einschränkungen oder Strafdrohungen unterworfen werden, wie sie in einer demokratischen Gesellschaft im Interesse der nationalen Sicherheit, der territorialen Unversehrtheit oder öffentlichen Sicherheit, der Aufrechterhaltung der Ordnung und der Verbrechensverhütung, des Schutzes der Gesundheit und der Moral, des Schutzes des guten Rufs oder der Rechte anderer unentbehrlich sind, um die Verbreitung von vertraulichen Nachrichten zu verhindern oder das Ansehen und die Unparteilichkeit der Rechtsprechung zu gewährleisten."

F 407 Für den Bereich des **geschäftlichen Wettbewerbs und der Werbung** hat Art. 10 EMRK zunächst indirekte Bedeutung, insofern als es um die **Freiheit von Presse und Rundfunk** als Medien geht, die auch die Funktion von Werbeträgern erfüllen[630].

F 408 Es ist jedoch auch die für das Wettbewerbsrecht unmittelbar bedeutsame Frage aufgetaucht, ob **geschäftliche Äußerungen** („commercial speech"), insbesondere **Äußerungen zu Wettbewerbs- und Werbezwecken,** unter Art. 10 EMRK fallen und unter welchen Voraussetzungen aus dem Recht des unlauteren Wettbewerbs fließende Beschränkungen nach Art. 10 Nr. 2 zulässig sind.

Ob Art. 10 EMRK auf geschäftliche Äußerungen, insbesondere auf Werbung, anwendbar ist, wird nicht einheitlich beantwortet. Die Stimmen, die die Frage bejahen, gewinnen jedoch immer mehr die Oberhand; diese Auffassung verdient Zustimmung[631]. Angesichts der wirtschaftlichen, sozialen und kulturellen Bedeutung

---

628 Konvention zum Schutz der Menschenrechte und Grundfreiheiten vom 4. 11. 1950, in Kraft getreten am 3. 9. 1953.

629 BGBl. 1952 II 685, 953; BGBl. 1954 II 14.

630 S. z. B. Europäischer Gerichtshof für Menschenrechte NJW 1991, 620 (Der Empfang ausländischer Fernsehprogramme über Satellit fällt in den Schutzbereich von Art. 10 EMRK); Europäischer Gerichtshof für Menschenrechte NJW 1991, 615 (jede Rundfunksendung, die durch den Äther oder durch Kabel weiterverbreitet wird, fällt unter Art. 10 EMRK); s. ferner EuGH 18. 6. 1991 RS C-260/89 (Elleniki Radiophonia Tileorassi) EuZW 1991, 507 = JZ 1992, 682 (zum griechischen Rundfunkmonopol); OLG Wien Medien und Recht 1986, 11 (Zur Freiheit der journalistischen Meinungsäußerung unter dem Aspekt von Art. 10 EMRK).

631 Für die Einbeziehung geschäftlicher, insbesondere zu Wettbewerbs- und Werbezwecken gemachte Äußerungen in Art. 10 Nr. 1 EMRK *Frowein/Peukert* Europäische Menschenrechtskonvention (1985) S. 228 Rdn. 9; *Frowein* AfP 1986, 197, 198 f; *ders.* in AKW (Hrsg.) Europafernsehen und Werbung (1987) S. 23 ff mwN; *Hauschka* ZUM 1987, 559 ff mwN; *Preslmayr* EuGRZ 1985, 221, 223; *Lester/Pannick* Advertising and Freedom of Expression in Europe, passim; *v. Gamm* 22. Kap. Rdn. 5, 48. Kap. Rdn. 6; *Paulus* WRP 1990, 22, 23 f; *Paefgen* Globales und Euro-Marketing S. 57 f, 117 f; *Schricker* Recht der Werbung in Europa Bd. I Rdn. 5; OLG München MD 10/1991 S. 620, 624; Öster. OGH EuGRZ 1986, 481. Kritisch *Schmitz* BEUC Suppl. Juridique No. 19 Oct. 1987 S. 10 ff; *Krämer* EWG-Verbraucherrecht S. 191. Zurückhaltend *Müller* WRP 1992, 20, 26: Art. 10 EMRK sei erst anwendbar, wenn die Äußerung neben ihrem werblichen Inhalt auch Elemente enthält, die sie zum Gegenstand allgemeinen öffentlichen Interesses macht bzw. als Beitrag im öffentlichen Meinungskampf erscheinen läßt.

der Werbung kann diese vom Anwendungsbereich des Kommunikationsrechts nicht ausgespart werden.

Daß Art. 10 EMRK auf geschäftliche, insbesondere Wettbewerbs- und Werbezwecken dienende Äußerungen zur Anwendung gelangt, entspricht insbesondere der Meinung der **Europäischen Kommission für Menschenrechte**[632]. **F 409**

Der Europäische Gerichtshof für Menschenrechte hatte die Frage bisher offengelassen[633]. In seinem Urteil im Falle „markt-intern"[634] stellt er jedoch allgemein fest, daß „Informationen kommerzieller Natur" unter Art. 10 EMRK fallen[635]: **F 410**

> „Solche Informationen können vom Anwendungsbereich von Art. 10 § 1 nicht ausgeschlossen werden, der nicht nur auf bestimmte Typen von Informationen oder Ideen oder Arten von Äußerungen anwendbar ist."

Was die Anwendung der **Schrankenbestimmungen des Art. 10 Nr. 2 EMRK** betrifft, so ist allerdings im Ergebnis eine Differenzierung möglich: Werbung kann „schärferen Einschränkungen" unterworfen werden als etwa eine politische Meinungsäußerung[636]; das Gewicht der durch die Beschränkung zu schützenden Güter kann vergleichsweise schwerer in die Waagschale fallen; den Staaten ist ein weiterer Beurteilungsspielraum einzuräumen. In diesem Sinne führt der Gerichtshof im Falle „markt-intern" aus[637]: **F 411**

> „Der Gerichtshof hat durchgehend angenommen, daß die Vertragsstaaten einen gewissen Beurteilungsspielraum bei der Feststellung der Existenz und Reichweite der Erforderlichkeit des Eingriffs haben, aber dieser Spielraum unterliegt einer europäischen Überprüfung, sowohl was die Gesetzgebung als auch, was die Entscheidungen betrifft, die sie anwenden, sogar diejenigen eines unabhängigen Gerichtshofs ... Solch ein Beurteilungsspielraum ist wesentlich in kommerziellen Angelegenheiten, und besonders auf einem so komplexen und im Fluß begriffenen Bereich wie dem des unlauteren Wettbewerbs. Anders müßte der europäische Menschenrechtsgerichtshof eine erneute Prüfung der Tatsachen und aller Umstände jedes Falles durchführen. Der Gerichtshof muß seine Überprüfung auf die Frage beschränken, ob die auf staatlichem Niveau ergriffenen Maßnahmen gerechtfertigt und angemessen sind ...".

Der Gerichtshof dürfte damit wohl auch der Gefahr vorbeugen wollen, als „Oberrevisionsinstanz" durch eine große Masse mit der Menschenrechtsbeschwerde[638] angegriffener wettbewerbsrechtlicher Entscheidungen, namentlich aus Deutschland, überschwemmt zu werden.

Um die Anwendung des deutschen Wettbewerbsrechts ist es bisher vorwiegend in Fällen gegangen, die im Grenzbereich von Wettbewerbsrecht und Pressefreiheit liegen und/oder mit dem Standesrecht freier Berufe zu tun haben[639]. **F 412**

---

632 S. die Nachweise bei *Frowein* in AKW (Hrsg.) Europafernsehen und Werbung S. 23, 33; ferner das Europaratsdokument Medien und Recht 1992, 13 f. Vgl. insbesondere den Bericht der Kommission vom 13. 7. 1983 im Falle Barthold GRUR Int. 1984, 631, 632. S. weiter den Bericht der Kommission im Fall markt-intern AfP 1988, 231 f: Die Kommission weist ausdrücklich das Argument zurück, Art. 10 Abs. 1 EMRK beschränke sich auf künstlerische, religiöse, wissenschaftliche, politische und politisch-ökonomische Sachverhalte, die Teil einer laufenden Diskussion sind. Ohne daß die Kommission sich dazu äußert, bis zu welchem Ausmaß rein werbliche Äußerungen unter Art. 10 fallen, wird die Anwendbarkeit der Vorschrift doch auf eine zu Wettbewerbszwecken erfolgende Veröffentlichung eines Branchendienstes bejaht.

633 So insbesondere im Fall Barthold GRUR Int. 1985, 468, 469 Nr. 42 aE.

634 Nr. 3/1988/147/201 v. 20. 11. 1989.

635 Erwägung Nr. 26 – Übersetzung aus dem Englischen. Zurückhaltender interpretiert *Müller* WRP 1992, 20, 23 diese Äußerung.

636 So *Frowein/Peukert* S. 228 Rdn. 9 unter Berufung auf die Praxis der Kommission.

637 Erwägung Nr. 33 – Übersetzung aus dem Englischen.

638 S. allgemein zur Individualbeschwerde nach der EMRK *Fahrenhorst* Jura 1987, 130.

639 S. zur Praxis des Gerichtshofs zu Art. 10 EMRK insgesamt das Dokument des Europarats Me-

Im **Falle Barthold** war auf ein Zeitschrifteninterview eines Tierarztes wegen des werblichen Nebeneffekts das UWG angewendet und eine standeswidrige und damit unlautere Werbung angenommen worden[640]. Der Gerichtshof ging davon aus, daß eine Beschränkung zwar auch dann „vom Gesetz vorgesehen" sei iSd. Art. 10 Nr. 2, wenn das Gesetz einen unbestimmten Rechtsbegriff enthält, wie § 1 UWG denjenigen der „guten Sitten" (Nr. 45–47 der Entscheidung). Die Verhängung eines Äußerungsverbots zu Lasten eines Freiberuflers mit der Begründung, ein Handeln zu Zwecken des Wettbewerbs iSd. § 1 UWG liege bereits dann vor, wenn die Wettbewerbsabsicht nicht völlig hinter anderen Beweggründen zurücktrete, sei jedoch unverhältnismäßig und werde von Art. 10 Nr. 2 nicht gedeckt[641].

Das OLG Hamburg hat dagegen eine Anwendung des Art. 10 EMRK in einem Fall ausgeschlossen und das **ärztliche Werberverbot** durchgreifen lassen, in dem Artikel angegriffen waren, in denen die Person des Arztes und nicht die Sache herausgehoben wurde, der Werbeeffekt also im Vordergrund stand[642].

F 413 Im **Falle markt-intern** ging es um einen Brancheninformationsdienst, der ausdrücklich verlautbart hatte, dem Interesse einer bestimmten Branche dienen zu wollen, und der eine Kampagne gegen einen Außenseiter veranstaltete, die geeignet war, zumindest Zweifel an dessen Seriösität zu wecken[643]. Die Menschenrechtskommission hielt eine Verletzung von Art. 10 EMRK für gegeben[644]; der Gerichtshof entschied jedoch, daß sich der nationale Richter im Rahmen des ihm zustehenden Beurteilungsspielraumes gehalten habe (s. die oben Rdn. F 411 zitierte Passage).

F 414 Ein weiteres Verfahren befaßte sich mit einer Rüge der Rechtsanwaltskammer Stuttgart gegen einen Anwalt wegen Verletzung des **anwaltlichen Werbeverbots** durch Versendung von Werbeschreiben an Inkassobüros. Unter Berücksichtigung einerseits des Interesses des Beschwerdeführers, für seine Praxis zu werben und andererseits des Interesses Dritter an einem ordnungsgemäßen Funktionieren des anwaltlichen Berufes kommt die Kommission zum Ergebnis, daß die Rüge der Anwaltskammer nicht unverhältnismäßig, die Beschwerde deshalb offensichtlich unbegründet sei[645].

Im Zusammenhang mit einer irreführenden und deshalb nach § 3 UWG zu verbietenden Firmierung von Anwälten hat das OLG Karlsruhe[646] die Anwendung von Art. 10 EMRK erwogen, einen Verstoß aber abgelehnt[647].

Die Beschwerdekammer in Disziplinarangelegenheiten des Europäischen Patentamts hat entschieden, daß das in den Richtlinien für die Berufsausübung beim EPA zugelassener Vertreter enthaltene Werbeverbot mit Art. 10 EMRK vereinbar ist[648].

---

dien und Recht 1991, 222, 1992, 13. S. zur schweizerischen Praxis *Müller* ZUM 1987, 1.

640 S. Bericht der Europäischen Kommission für Menschenrechte GRUR Int. 1984, 631 (Tierärztlicher Nachtdienst I); Urteil des Europäischen Gerichtshofs für Menschenrechte GRUR Int. 1985, 468 (Tierärztlicher Nachtdienst II).

641 Nr. 52–59 der Entscheidung. Ebenso im Ergebnis die Menschenrechtskommission.

642 OLG Hamburg Magazin Dienst 12/89, 1382, 1388.

643 S. zu diesem Fall ausführlich *Krüger* GRUR 1989, 738, 740ff; s. auch *Müller* WRP 1992, 20ff. Der BGH hatte wegen nicht hinreichend veranlaßter Kritik nach § 1 UWG verurteilt, das BVerfG die Verfassungsbeschwerde zurückgewiesen (s. zu einem ähnlichen Fall BVerfG GRUR 1984, 357). S. auch zur Vereinbarkeit des Verbots einer unlauteren herabsetzenden Äußerung mit Art. 10 EMRK OLG Wien GRUR Int. 1990, 241 f (Master Monster).

644 AfP 1988, 231.

645 Europäische Kommission für Menschenrechte NJW 1992, 963.

646 NJW 1990, 3093, 3096.

647 S. zur Problematik von Standesrecht und EMRK *Ring* GRUR 1986, 845; *ders.* GRUR Int. 1986, 103; *Hauschka* ZUM 1987, 559.

648 GRUR Int. 1992, 288, 290 (Werbung für Patentanwaltskanzlei).

Herabsetzende Äußerungen im Verhältnis konkurrierender Zeitschriften wurden vom OLG München unter dem Aspekt des Art. 10 EMRK geprüft; das wettbewerbsrechtliche Verbot wurde aber für damit vereinbar erklärt[648a].

Im Schrifttum ist mit guten Gründen dargelegt worden, daß das von der hM nach wie vor für richtig gehaltene[649] **grundsätzliche Verbot der wahrheitsgemäßen vergleichenden Werbung** im deutschen Recht auch deshalb anfechtbar erscheint, weil es mit Art. 10 EMRK nicht vereinbart werden kann[650]. **F 415**

Insgesamt erscheint die Europäische Menschenrechtskonvention in dem vom Recht des unlauteren Wettbewerbs kontrollierten Bereich an Bedeutung zu gewinnen; die europäische Direktive „pro libertate" konvergiert hier in begrüßenswerter Weise mit dem aus Art. 5 GG fließenden Freiheitsgrundrecht[651]. Insbesondere die den Grundsatz der Verhältnismäßigkeit außerachtlassenden Werbeverbote in §§ 6 a, 6 b, 6 d und 6 e UWG sollten anhand der EMRK einer kritischen Revision unterzogen werden. **F 416**

VII. Internationale Selbstkontrolle

Literatur

Albrecht Kontrolle der Werbung? ZRP 1974, 32; *Beckmann* Werbeselbstdisziplin in Deutschland und Europa, WRP 1991, 702; *Brandmair* Neufassung der Internationalen Verhaltensregeln für die Werbepraxis, GRUR Int. 1974, 251; *Brandmair* Die freiwillige Selbstkontrolle der Werbung – Rechtstatsachen – Rechtsvergleichung – internationale Bestrebungen (1978); *Braun* Self-Disciplinary Advertising Control in Britain (1972); *Callmann* Wettbewerbsregeln in den USA, GRUR 1965, 20; *Coronel* Advertising and Self-Regulation. A major new Analysis of Self-Regulatory Systems and their Codes of Advertising Practice throughout the EC, and in five EFTA Countries (1992); *Drumalbyn* Advertising Control: The Evolution of the Self-Regulatory System (1974); *Fusi* Il nuovo Codice de Lealtà pubblicitaria (1971); *Fusi* Panorama Internazionale dell'autodisciplina volontaria, Riv. Dir. Ind. 1975, I 62; Internationale Handelskammer (ICC), Verfahrensordnung der Internationalen Schiedsstelle der ICC für die Werbepraxis (1973); *Kleist* Die Werbeselbstkontrolle in der pharmazeutischen Industrie, MA 1975, 477; *Löffler/Hébarre* Form und Funktion der Presseselbstkontrolle (1968); *Nickel* Deutscher Werberat: Politik der Vernunft, MA 1977, 6; *Nickel* Brüssel demontiert den Werberat, MA 1991, 279; *Oehler* Wettbewerbsregeln als Instrument der Wettbewerbspolitik (1968); *Sack* Die Wettbewerbsregeln nach §§ 28 ff GWB und das Recht des unlauteren Wettbewerbs (1969); *Sordelli* Autodisciplina pubblicitaria: Rapporti fra autodisciplina e legge statuale, Riv. Dir. Ind. 1975 I 52; *Schneider* Die internationalen Verhaltensregeln für die Werbepraxis, GRUR Int. 1968, 44; *Ubertazzi* Giurisprudenza completa del Giurì di Autodisciplina Pubblicitaria (1986); *Ulmer, P.* Die freiwillige Selbstkontrolle in Wirtschaft und Presse, WRP 1975, 549; *Weimar* Die wettbewerbsrechtliche Bedeutung internationaler Verhaltensregeln im Weltwirtschaftsrecht, RIW 1993, 85; *Wiethoff* Der deutsche Werberat, MA 1975, 224; ZAW Deutscher Werberat (1992).

Die Selbstregulierung des Wettbewerbs in Zünften und Gilden hat alte Wurzeln. Durch die Handels- und Gewerbefreiheit sind diese korporativen Reglementierungen freilich aufgehoben worden; an ihre Stelle ist eine staatliche Mißbrauchsgesetzgebung getreten. Soweit es um den **Lauterkeitsaspekt** geht, hat man von Gesetzes **F 417**

648a OLG München MD 10/91 S. 620, 624 f.

649 Vgl. *Schricker* GRUR Int. 1992, 347, 352.

650 So *Kloepfer/Michael* GRUR 1991, 170 ff; s. für Österreich *Preslmayr* EuGRZ 1985, 221 ff; ebenso für das belgische Recht *Goux* Ing.-Cons 1991, 320, 333 ff. S. weiter – auch zu sonstigen wettbewerbsrechtlichen Problemkreisen – *Hauschka* ZUM 1987, 559, 565 ff.

651 S. *Schricker* Recht der Werbung in Europa Bd. I Rdn. 3–7.

wegen nichts dagegen, wenn die beteiligten Unternehmen daneben in Systemen der Selbstkontrolle (Selbstdisziplin) die anständigen Gepflogenheiten des Wettbewerbs aufzeichnen, fortbilden und über ihre Einhaltung wachen; die Zielrichtung der Förderung eines unlauteren Wettbewerbs ist dieselbe. Private Kodifikationen und staatliches Recht können sich dabei verzahnen: Wenn die Generalklauseln der Wettbewerbsgesetze auf die „guten Sitten", die „berufliche Korrektheit" oder „anständigen Gebräuche" verweisen, vermögen private Regelbildungen zumindest als Indiz für die in den beteiligten Kreisen herrschenden Standards dienen.

F 418 Suspekt sind Wettbewerbsregeln, namentlich in Form von Verhaltensregeln, die von Verbänden beschlossen oder von Unternehmen vereinbart werden, dagegen aus der Sicht des **Kartellrechts**: Im Ergebnis wird Wettbewerb eingeschränkt, und es ist oft schwer auszumachen, ob es dabei wirklich nur um nicht schützenswerte unlautere oder zumindest in der Beurteilung zweifelhafte Wettbewerbspraktiken geht oder ob in den Bereich des freien, vor Selbstbeschränkung zu schützenden Wettbewerbs eingebrochen wird. Die kartellrechtlichen Bedenken potenzieren sich, wenn weitreichende Selbstkontrollsysteme errichtet werden, die nicht nur Empfehlungen geben, sondern über Einzelfälle entscheiden und durch Einbeziehung von Agenturen und Medien in der Lage sind, den Regelverletzer zu boykottieren, ihm insbesondere den Zugang zu den Werbeträgern zu versperren. Die Kartellgesetze pflegen deshalb ein besonderes Augenmerk auf Wettbewerbsregeln zu verwenden (s. z. B. §§ 28 ff GWB) oder diese doch zumindest in den Anwendungsbereich der allgemeinen kartellrechtlichen Vorschriften zu ziehen (s. z. B. die Beurteilung der Wettbewerbsregeln nach Art. 85 f EWGV[652]).

F 419 Gleichwohl bilden Selbstkontrollsysteme tendenziell doch nützliche Instrumente zur Förderung der vom Lauterkeitsrechts verfolgten Zwecke. Unentbehrlich werden sie, wo das staatliche Recht zurückbleibt, den Regelungsbedürfnissen nicht genügt: Hier kommt ihnen die Funktion zu, die Schwäche der Gesetzgebung zu **kompensieren.** Aussagekräftige Beispiele bilden die Selbstkontrolle im Vereinigten Königreich[653] und in Italien[654].

F 420 Bescheidener sind Entwicklungsstand und Bedeutung der Selbstkontrolle dagegen in Ländern mit hoher Dichte staatlicher Normierung und intensiver gerichtlicher Normdurchsetzung wie in Deutschland[655]. Daß die Einführung massiver Staatsintervention ein funktionierendes Selbstkontrollsystem sogar ganz zum Verschwinden bringen kann, zeigt das schwedische Beispiel (Rdn. F 287).

F 421 Auch wo die staatliche Regulierung ganz im Vordergrund steht, darf freilich nicht verkannt werden, daß die selbstdisziplinären Systeme, auch wenn sie quantita-

---

652 S. dazu *Gleiss/Hirsch* Kommentar zum EWG-Kartellrecht³ Art. 85 Abs. 1 Rdn. 51 ff; *Grabitz* Kommentar zum EWGV Art. 85 Rdn. 35 ff.

653 Rdn. F 317. S. im einzelnen *Ulmer/Graf von Westerholt* Das Recht des unlauteren Wettbewerbs in den Mitgliedstaaten der EWG Bd. VI Vereinigtes Königreich Rdn. 113 ff.

654 Rdn. F 261; s. umfassend *Schaltenberg* Die Bekämpfung irreführender und unlauterer Werbung in Italien S. 75 ff; s. ferner die eindrucksvolle Sammlung der Entscheidungen der Selbstkontrollinstanz von *Ubertazzi* Giurisprudenza completa del Giurì di Autodisciplina Pubblicitaria.

655 S. ZAW Jahrbuch Deutscher Werberat 1992 S. 33: 1991 gingen 226 Beschwerden zu 153 Fällen ein; 93 Vorgängen fielen in die Zuständigkeit des Gremiums, von denen 31 weiter verfolgt wurden; in 27 Fällen wurde das beanstandete Verhalten geändert oder aufgegeben; 4 öffentliche Rügen wurden ausgesprochen. Verglichen mit den tausenden von Wettbewerbsprozessen, die pro Jahr von den deutschen Gerichten entschieden werden, fällt diese Aktivität kaum ins Gewicht.

tiv keine hohen Geschäftszahlen erreichen, doch **informierend, beratend und edukativ** wirken und auf formelle Weise zur Förderung der Lauterkeit des Wettbewerbs beitragen. In der Ausbildung von Verhaltensnormen hat die Selbstkontrolle vielfach eine **Pionierrolle** gespielt: Mit neuen Werbe- und Wettbewerbspraktiken konfrontiert, werden Verhaltensnormen im rechtlich noch nicht geregelten Raum entwikkelt, wobei nicht nur das bereits Verbotene, sondern auch das zunächst nur als sozialwidrig, unzumutbar oder geschmacklos Empfundene erfaßt werden kann. Es läßt sich immer wieder beobachten, wie erstmals in der Selbstdisziplin auftauchende Verhaltensregeln in staatliches Recht übernommen werden; Beispiele bilden die Werberegeln der EWG-Fernsehrichtlinie (Rdn. F 365 ff)[656] und in jüngster Zeit etwa das griechische Verbraucherschutzgesetz (Rdn. F 253) und das spanische Gesetz gegen unlauteren Wettbewerb (Rdn. 297).

Die **staatliche Rechtsordnung** pflegt sich deshalb – bei aller kartellrechtlichen Skepsis – im ganzen doch positiv gegenüber der Selbstdisziplin einzustellen. Bezeichnend ist etwa der ausdrückliche Vorbehalt zugunsten der „freiwilligen Kontrolle irreführender Werbung durch Einrichtungen der Selbstverwaltung" in Art. 5 der EWG-Richtlinie über irreführende Werbung[657]. In manchen Ländern verbinden sich staatliche Aktivität und Selbstkontrolle zu Institutionen gemischter „halbgesetzlicher" Natur, wie etwa in den Niederlanden (Rdn. F 266). **F 422**

Die eigentliche Domäne der freiwilligen Selbstkontrolle (Selbstdisziplin) ist die **Werbung**. Es handelt sich dabei z. T. um eine **allgemeine**, nicht auf bestimmte Wirtschaftsbereiche und Medien beschränkte Selbstkontrolle, wie sie etwa der Deutsche Werberat ausübt[658]; z. T. um **produktspezifische Selbstkontrolle** (z. B. für Arzneimittel oder für Versicherungen) oder um **medienspezifische Selbstkontrolle** (z. B. für Presse oder Fernsehen). Die Regelungen sind manchmal eher locker und von geringer praktischer Verbindlichkeit, manchmal verdichten sie sich zu Codices von umfassender Geltung mit justizförmig arbeitenden Kontrollinstitutionen, deren Entscheidungen durch eine Sperre der Medien für die beanstandete Werbung sanktioniert werden. Unterschiedlich ist dabei die Verbraucherbeteiligung in den Selbstkontrollinstitutionen[659]. Konsequent wäre, mit der Aufnahme des Verbraucherschutzzwecks in das staatliche Lauterkeitsrecht auch bei der Selbstdisziplin einen Verbrauchereinschlag zu erwarten, dem freilich mitunter organisatorische Schwierigkeiten entgegenstehen, die in der mangelnden Organisation der Verbraucherseite und ihrer Frontstellung zu den gewerblichen Verbänden liegen. **F 423**

Die meisten nationalen selbstdisziplinären Systeme sind von den **„Internationalen Verhaltensregeln für die Werbepraxis"** (International Code of Advertising Practice) der Internationalen Handelskammer, Paris, inspiriert, sei es, daß man die Verhaltensregeln unmittelbar zugrundelegt oder sei es, daß sie als Modell für die Entwicklung eigener Regeln dienen[660]. Die internationalen Verhaltensregeln für die Werbepraxis gehen auf das Jahr 1937 zurück[661]; sie wurden mehrfach revidiert **F 424**

---

656 S. hierzu *Nickel* MA 1991, 279 ff.

657 GRUR Int. 1984, 688, 689; s. Rdn. F 332.

658 S. dazu ZAW (Hrsg.) Deutscher Werberat – Ordnung, Leistungen und Ergebnisse, 1985; s. auch ZAW (Hrsg.) Spruchpraxis Deutscher Werberat[6], 1990; s. ferner *Brandmair* S. 185 ff; *Beckmann* WRP 1991, 702 ff.

659 Vgl. die Übersicht von *Coronel* S. 12: Von den untersuchten Selbstkontrollorganen in 13 Ländern wiesen nur 4 eine Vertretung der Verbraucherseite auf.

660 Zu sonstigen internationalen Verhaltensregeln namentlich im kartellrechtlichen Bereich s. *Weimar* RIW 1993, 85 ff.

661 S. dazu *Brandmair* S. 3 ff; *Schneider* GRUR Int. 1968, 44 ff.

(1949, 1955, 1966, 1973); derzeit gilt die Neufassung von 1987[662]. Daneben existieren u. a. noch internationale Verhaltensregeln für die Praxis der Verkaufsförderung (International Code of Sales Promotion, Fassung von 1987).

F 425 Gegenwärtig laufen Bestrebungen, ein neues **selbstdisziplinäres System auf europäischer Ebene** zu schaffen, das insbesondere Beschwerden über grenzüberschreitende Werbemaßnahmen behandeln soll[663].

VIII. Wettbewerbsrechtliche Fragen der deutschen Einigung

Übersicht

Literatur

Adrian/Nordemann/Wandtke Erstreckungsgesetz und Schutz des geistigen Eigentums (1992); *Arnold* Anerkennungs- und Vollstreckungsabkommen in Zivil- und Handelssachen nach der Deutschen Einigung BB 1991, 2240; *Beier/Bastian/Kur* (Hrsg.) Wettbewerbsrecht und Verbraucherschutz in Mittel- und Osteuropa (1992); *Berg* Das Warenkennzeichnungsgesetz der Deutschen Demokratischen Republik GRUR Int. 1988, 622; *Berg* Parallele Benutzung verwechslungsfähiger Marken auf Grund der Erstreckung nach der deutschen Vereinigung aus Billigkeitsgründen – Ausnahmeregelung oder Modellfall? WRP 1993, 297; *Busche* Rechtsvereinheitlichung und Vermögensrestitution auf dem Gebiet des Immaterialgüterrechts DZWir 1993, 227; *Drobnig* Das Schicksal der Staatsverträge der DDR nach dem Einigungsvertrag DtZ 1991, 76; *Faupel* Deutsche Einheit und Schutz des geistigen Eigentums Mitt. 1990, 202; *Fingerhut/Witzmann* Deutsch-deutsches Firmenrecht von Gleichnamigen in Enteignungsfällen BB 1993, 1382; *Gaul/Burgmer* Das Erstreckungsgesetz für den gewerblichen Rechtsschutz GRUR 1992, 283; *v. Hoffmann* Internationales Privatrecht im Einigungsvertrag IPrax 1991, 1; *Horn* Die heutige Auslegung des DDR-Rechts und die Anwendung des § 24 BGB auf DDR-Altverträge DWiR 1992, 45; *Irrling/Schröter* Die Schutzfähigkeit von Marken nach dem Recht der ehemaligen DDR GRUR 1993, 425; *Jacobs/U. Krieger* (Hrsg.) Gewerblicher Rechtsschutz und Urheberrecht im vereinigten Deutschland GRUR Heft 10–11/1990, 717 ff; *Janssen* Neue Aktualität für das alte Rechtsinstitut vom Wegfall der Geschäftsgrundlage im Zusammenhang mit der Wiedervereinigung? ZRP 1991, 418; *Jayme/Furtak* (Hrsg.) Der Weg der deutschen Rechtseinheit, Internationale und interne Auswirkungen im Privatrecht (1991); *Lange/Metzger* Westliche Unternehmen in der DDR 1990, 7; *Kinkel* Auf dem Weg zur Rechtseinheit ZGR 1991, 1; *Knaak* Der Schutz der nicht eingetragenen Kennzeichenrechte im vereinigten Deutschland GRUR 1991, 891; *Knaak* Kennzeichenrechte in der deutschen Einigung GRUR Int. 1993, 18; *Kort* Eine Deutsch-Deutsche Markenlegende? GRUR 1993, 104; *Kroitzsch* Der räumliche Geltungsbereich des Firmennamens innerhalb Deutschlands NJW 1960, 702; *v. Mühlendahl/Mühlens* Gewerblicher Rechtsschutz im vereinigten Deutschland GRUR 1992, 725; *Mühlens/*

---

662 Abgedruckt bei *Schricker* Recht der Werbung in Europa Bd. I Anhang C S. 157 ff.

663 S. zu diesen Bestrebungen von The European Advertising Tripartite (EAT) und der European Advertising Standards Alliance (EASA) Coronel Advertising and Self-Regulation S. V/VI (Vorwort von *Flotzinger*); *Beckmann* WRP 1991, 702.

Schaefer Die Vereinheitlichung des gewerblichen Rechtsschutzes im vereinigten Deutschland DtZ 1992, 194; Münchener Kommentar zum Bürgerlichen Gesetzbuch, Zivilrecht im Einigungsvertrag, Ergänzungsband zur 2. Aufl. (1991); *Niederleithinger* Die Erstreckung von gewerblichen Schutzrechten auf das Gesamtgebiet Deutschlands Mitt. 1991, 125; *Oetker* Rechtsvorschriften der ehemaligen DDR als Problem methodengerechter Gesetzesanwendung JZ 1992, 608; *Papier/Dippel* Die Rückübertragung enteigneter Warenzeichen nach dem Vermögensgesetz GRUR 1991, 639; *Prölss/Armbrüster* Wegfall der Geschäftsgrundlage und deutsche Einheit DtZ 1992, 203; *Rieß* Der lange Weg zur Normalität. Zum Stand des Aufbaus der Rechtspflege in den neuen Ländern DWiR 1992, 52; *Schultz-Süchting* Kennzeichnungsrecht im vereinigten Deutschland GRUR 1992, 481; *Stögmüller* Ringberg-Symposium über Urheberrecht und Kennzeichenrechte in der deutschen Einigung GRUR Int. 1993, 32; *Th. Tetzner* Die Koexistenz kollidierender Zeichenrechte unter besonderer Beachtung des Erstreckungsgesetzes (1993); *Ulmer* Warenzeichen und Firma zwischen Ost und West GRUR 1949, 63.

1. Der historische Ablauf

a) Ausgangslage. In der **DDR** war das **UWG** – und zwar in seiner Fassung vom 26. 2. 1935 – in Geltung geblieben[664]. Angesichts des herrschenden Wirtschaftssystems erlangte das Gesetz freilich kaum praktische Bedeutung. Von einiger Tragweite – insbesondere aus der Sicht heute hervortretender Konflikte – scheint vor allem der über **§ 16 UWG** zu gewährende Kennzeichenschutz zu sein. Die Versuche, die Rechtslage in der DDR zu rekonstruieren, werden durch das Fehlen einer einschlägigen Judikatur und die wenig intensive Behandlung in der Literatur erschwert. **F 426**

Auszugehen ist für den Kennzeichenschutz von der Tatsache, daß – wie der BGH in der ESDE-Entscheidung[665] feststellte – die beiden deutschen Gebietsteile keinen einheitlichen Wirtschaftsraum mehr darstellten, so daß im Verhältnis beider Gebiete eine Sachlage entstand, wie sie sich sonst nur im Verhältnis ausländischer Staaten entwickeln kann. Die Bundesrepublik und die DDR wurden mit anderen Worten als voneinander **getrennte, selbständige Schutzterritorien iSd. des Territorialitätsprinzips**[666] (vgl. Rdn. F 4 ff) erachtet[667], das auch für das Recht des Handelsnamens gilt (Rdn. 79). Dem entsprach es, daß sowohl die Bundesrepublik als auch die DDR als Mitgliedstaaten der internationalen Verträge, insbesondere der PVÜ, geführt und das Bestehen vertraglicher Beziehungen zwischen beiden Staaten auf der Grundlage dieser Verträge anerkannt wurde[668]. **F 427**

Beim Handelsnamensschutz konnten sich somit Unternehmen aus West und auch Ost im jeweils anderen Teil auf den Konventionsschutz des Handelsnamens nach Art. 2, 8, 10bis Abs. 3 Nr. 1 berufen (s. im einzelnen Rdn. F 77 ff); für den sonstigen Schutz gegen unlauteren Wettbewerb konnte auf Art. 2, 10bis PVÜ rekurriert werden **F 428**

---

[664] *Glücksmann* Handbuch der Werbung², 1969, S. 388; *Berg* Die Aufgaben des sozialistischen Kennzeichnungsrechts bei der Erhöhung der Effektivität der Wirtschaftstätigkeit, Leipzig 1984 S. 62, 66, 107, 109, 318 (der auf eine in diesem Sinne ergangene Plenarentscheidung des Obersten Gerichts der DDR vom 26. 6. 1970 hinweist); *ders.* GRUR Int. 1988, 621, 628; *Göldner/Woltz* NJ 1980, 300 ff; *Woltz* Namen der Wirtschaftseinheiten, Berlin 1982, S. 38, 46, 103 ff; Bericht der Landesgruppe der DDR, AIPPI Annuaire 1986/III S. 236 ff; *Knaak* GRUR 1991, 891 ff; *ders.* GRUR Int. 1993, 18; *Hierse*, in: Adrian/Nordemann/Wandtke (Hrsg.) Erstreckungsgesetz und Schutz des geistigen Eigentums (1992) S. 161 f; Bezirksgericht Dresden GRUR 1992, 338 (Gelbe Seiten).

[665] BGH GRUR 1961, 294, 297.

[666] S. zur entsprechenden Situation im Urheberrecht *Schricker* IPrax 1992, 216.

[667] *Baumbach/Hefermehl* Wettbewerbsrecht¹⁶ Vor § 16 Rdn. 19 f; *Knaak* GRUR Int. 1993, 18 f.

[668] S. die westdeutsche Bekanntmachung v. 19. 12. 1974 BGBl. 1974 II 159.

(vgl. Rdn. 42 ff). Die Entstehung des Schutzes von Kennzeichenrechten war aber für beide Gebiete gesondert zu prüfen: Die Benutzungsaufnahme in der DDR begründete dort ein Schutzrecht und nicht auch in der Bundesrepublik und umgekehrt[669].

F 429 Für den Schutz der Firmenbezeichnungen **volkseigener Wirtschaftseinheiten** galt in der DDR ein Sonderrecht mit der KombinatsVO von 1979 und der damit in Verbindung stehenden Registerverordnung. Der Schutz wurde durch Erstbenutzung begründet, wobei als erster Gebrauch der in der Gründungsanweisung genannte Tag betrachtet wurde[670].

Die Handelsnamen und sonstigen Kennzeichen ausländischer Unternehmen wurden dagegen § 16 UWG unterstellt, wobei die Benutzungsaufnahme in der DDR den Schutz begründete[671].

Kraft Erstbenutzung waren in der DDR auch die **Werktitel** geschützt; der wettbewerbsrechtliche Titelschutz wurde in §§ 84, 85 des UWG geregelt[672].

F 430 Ferner hat das Warenkennzeichnungsgesetz von 1984 einen Schutz der **Namen von Betrieben und von allgemein bekannten Kurzbezeichnungen** (Firmenschlagworten) eingeführt[673].

Einen **Ausstattungsschutz** sah das Warenkennzeichnungsgesetz von 1984 nicht mehr vor, jedoch wurden **nicht eingetragene Marken** nach dessen § 28 Abs. 3 geschützt, wenn sie bei Anwendern oder Verbrauchern als Kennzeichen der Waren oder Dienstleistungen eines anderen „allgemein bekannt" waren. Die Voraussetzung der „allgemeinen Bekanntheit" scheint im Sinne der Notorietät des Art. 6bis PVÜ verstanden worden zu sein[674].

F 431 **Geographische Herkunftsangaben** konnten nach dem Warenkennzeichnungsgesetz von 1984 (§§ 19–22) zur Eintragung in ein besonderes Register gebracht werden[675].

F 432 **b) Die Einführung der für die Bundesrepublik geltenden Fassung des UWG in der DDR.** Durch Gesetz der DDR über die Inkraftsetzung von Rechtsvorschriften der Bundesrepublik Deutschland gegen den unlauteren Wettbewerb, über das Zugabewesen und über Preisnachlässe in der Deutschen Demokratischen Republik vom 22. 7. 1990[676] wurden das **UWG, die ZugabeVO und das RabG in der in der Bundesrepublik geltenden Fassung** mit geringfügigen durch die Anpassung an das Rechtswesen der DDR begründeten Änderungen **mit Wirkung vom 22. 7. 1990**

---

669 *Knaak* GRUR Int. 1993, 18, 19.

670 *Göldner/Woltz* NJ 1980, 300; *Knaak* GRUR Int, 1993, 18, 19 f.

671 *Woltz* Namen der Wirtschaftseinheiten S. 38 ff; *Glücksmann* Handbuch der Werbung² S. 388; *Berg* GRUR Int. 1988, 621, 628; *Knaak* GRUR Int. 1993, 18, 20.

672 *Knaak* GRUR Int. 1993, 18, 20. S. aus der Praxis OLG Hamburg GRUR 1992, 336 (DER SPIEGEL/Sachsen Spiegel) (worin allerdings auf die Frage der Schutzbegründung in der DDR nicht eingegangen wird). S. ferner KG WRP 1992, 105, worin auf eine im Februar 1990 im Leipziger Börsenblatt erschienene Titelschutzanzeige unreflektiert § 16 UWG nach westdeutschen Maßstäben angewendet wird.

673 *Berg* GRUR Int. 1988, 621, 628; *Knaak* GRUR Int. 1993, 18. 20. S. allgemein zum Markenrecht der DDR *Irrling/Schröter* GRUR 1993, 425 ff.

674 S. *Knaak* GRUR Int. 1993, 18, 20 mwN; s. auch den Diskussionsbericht von *Stögmüller* GRUR Int. 1993, 42 f.

675 *Hierse*, in: Adrian/Nordemann/Wandtke (Hrsg.) Erstreckungsgesetz und Schutz des geistigen Eigentums S. 161 ff; *Knaak* GRUR Int. 1993, 18, 20 f.

676 Gesetzblatt der DDR Teil I Nr. 1 vom 14. 8. 1990 S. 991. Eine „Wiederbelebung" des UWG hatte der ZAW vorgeschlagen, s. den Bericht in MA 1990, 162. S. zum Hintergrund *Faupel* Mitt. 1990, 202, 206 f.

(§ 7) in Kraft gesetzt. Aufschlußreich ist dabei der in § 3 Abs. 1 Satz 1 gewählte Wortlaut:

„An die Stelle der in der Deutschen Demokratischen Republik geltenden Fassung des Gesetzes gegen den unlauteren Wettbewerb tritt die in der Bundesrepublik Deutschland geltende Fassung ...";

er bekräftigt, daß das UWG in alter Fassung in der DDR noch in Kraft war.

c) **Der Einigungsvertrag.** Mit dem Wirksamwerden des **Beitritts** der DDR zur Bundesrepublik Deutschland gemäß Art. 23 GG **am 3. 10. 1990** bilden die alten und die neuen Bundesländer das einheitliche neue Staatsgebiet[677] und damit auch ein **einheitliches Schutzland im Sinne des Territorialitätsprinzips**[678]. Nach Art. 8 des Einigungsvertrages ist von dem Grundsatz auszugehen, daß mit dem 3. 10. 1990 in den neuen Ländern, d. h. der ehemaligen DDR, **Bundesrecht** in Kraft getreten ist. Es gilt somit in der ganzen Bundesrepublik nunmehr das UWG in der in den alten Bundesländern gültigen Fassung, d. h. die mit dem Gesetz der DDR vom 22. 7. 1990 noch angeordneten Änderungen sind weggefallen[679]; das UWG ist nunmehr als einheitliches Gesetz anzuwenden. **F 433**

Die **völkerrechtlichen Verträge**, denen die Bundesrepublik angehört, behalten ihre Gültigkeit und erstrecken sich auch auf die neuen Bundesländer (Art. 11 des Einigungsvertrages); dies gilt etwa für die PVÜ[680].

Art. 8 des Einigungsvertrages behält Beschränkungen des Geltungsbereiches und **abweichende Regelungen** im Einigungsvertrag und insbesondere in dessen Anlage I vor. Für das UWG liegen Beschränkungen des Anwendungsbereiches nicht vor. Das mit „gewerblicher Rechtsschutz, Recht gegen den unlauteren Wettbewerb; Urheberrecht" überschriebene Kapitel III Sachgebiet E der Anlage I[681] enthält in Abschnitt III lediglich die Modifikation, daß abweichend von § 27a Abs. II Satz 1 UWG die Einigungsstelle auch mit einem Rechtskundigen als Vorsitzenden besetzt werden kann, der die Befähigung zum Berufsrichter nach dem Recht der DDR erworben hat[682].

Für **Formalschutzrechte**, insbesondere **Warenzeichen und Dienstleistungsmarken**, trifft Kapitel III Sachgebiet E Abschnitt II der Anlage I zum Einigungsvertrag dagegen weitergehende Übergangsregelungen: Nach Wirksamwerden des Beitritts getätigte Neuanmeldungen und darauf erteilte Schutzrechte haben Geltung im gesamten Bundesgebiet (§ 2). Vor dem Wirksamwerden des Beitritts eingetragene oder erteilte Altrechte werden mit Wirkung für ihr bisheriges Schutzgebiet aufrechterhalten und unterliegen weiterhin den jeweils für sie vor dem Wirksamwerden des Beitritts geltenden Rechtsvorschriften (§ 3 Abs. 1). Eine darüber hinausgehende Rechtsvereinheitlichung, insbesondere die Regelung der Erstreckung bestehender Schutzrechte auf das jeweils andere Gebiet, bleibt dem künftigen gesamtdeutschen Gesetzgeber vorbehalten (§ 13), womit das Erstreckungsgesetz antizipiert wird (Rdn. F 437ff). **F 434**

677 Art. 1 des Einigungsvertrages BGBl. 1990 II 889 = GRUR 1990, 750.

678 Vgl. auch zur entsprechenden Situation im Urheberrecht *Schricker* IPrax 1992, 216.

679 *Mühlendahl* GRUR 1990, 719, 735. S. aus der Praxis z. B. OLG Frankfurt GRUR 1991, 947 (Leitsatz), Volltext der Entscheidung in MD 1991, 527: Behinderungshandlungen beim Erwerb eines Konsument-Warenhauses in Leipzig durch ein Handelsunternehmen aus der alten Bundesrepublik, die nach dem 3. 10. 1990 erfolgten, sind nach § 1 UWG (bzw. § 826 BGB) zu prüfen.

680 *v. Mühlendahl* GRUR 1990, 719, 727. S. allgemein zum Schicksal der Staatsverträge der DDR *Drobnig* DtZ 1991, 76ff.

681 GRUR 1990, 808f.

682 S. dazu *v. Mühlendahl* GRUR 1990, 719, 736.

F 435 In den Erläuterungen zu den Anlagen zum Einigungsvertrag[683] heißt es, daß für **durch Benutzung erworbene Kennzeichenrechte** Sonderregelungen nicht erforderlich seien, insbesondere komme eine Erstreckung nicht in Betracht. Mit dem Inkrafttreten des WZG und des UWG würden im beigetretenen Gebiet die Anspruchsgrundlagen für den Schutz solcher Kennzeichenrechte unmittelbar gelten. Ein in der bisherigen Bundesrepublik bestehender Ausstattungsschutz z. B. könne ohne Erstreckung auch im beigetretenen Gebiet geltendgemacht werden, „soweit die entsprechenden Tatbestandsmerkmale gegeben sind". Dies gelte in vergleichbarer Weise auch für Ansprüche nach § 16 UWG[684]. Ansprüche aufgrund dieser Gesetze könnten auch hinsichtlich solcher Rechte geltend gemacht werden, die in dem beigetretenen Gebiet begründet worden sind. Die Rechtsprechung werde Regelungen für die Lösung solcher Fälle entwickeln, in denen die für den Schutz erforderlichen Voraussetzungen zunächst nur im Ursprungsgebiet des Rechts, nicht aber auch schon im jeweils hinzukommenden Gebiet gegeben sind. Anknüpfungspunkte für solche Regelungen bestünden z. B. in den Grundsätzen, die von den Gerichten der Bundesrepublik für in territorialer Ausdehnung begriffene Ausstattungen oder geschäftliche Bezeichnungen entwickelt worden sind[685].

F 436 Zu erwähnen ist schließlich noch, daß der Einigungsvertrag für Schuldverhältnisse, insbesondere **Verträge**, intertemporale Regelungen mit den Art. 230 ff in das EGBGB eingefügt hat[686]. Für nach dem 3. 10. 1990 abgeschlossene Verträge gilt das Recht der Bundesrepublik; für vor dem 3. 10. 1990 entstandene vertragliche Schuldverhältnisse, die dem Recht der DDR unterstanden, bleibt dieses grundsätzlich weiter maßgebend (Art. 232 § 1 EGBGB mit gewissen Ausnahmen in den folgenden Vorschriften)[687]. Bei seiner Anwendung sind jedoch die grundsätzlichen Wertungen des Rechts der Bundesrepublik zu beachten[688]. Bereits im Staatsvertrag der DDR mit der Bundesrepublik Deutschland über die Schaffung einer Währungs-, Wirtschafts- und Sozialunion vom 18. 5. 1990 wurde in Art. 2 Abs. 2 bestimmt, daß Vorschriften der Verfassung der DDR, die der freiheitlichen, demokratischen, föderativen, rechtsstaatlichen und sozialen Grundordnung entgegenstehen, nicht mehr angewendet werden; nach Art. 4 Abs. 1 ist das Recht der DDR nur noch mit dieser Maßgabe auszulegen und anzuwenden[689]. Zu den auch im Rahmen fortgeltenden DDR-Rechtes zu beachtenden Grundsätze der Rechtsordnung der Bundesrepublik gehört das Prinzip von Treu und Glauben gemäß § 242 BGB; auf ihm baut das Rechtsinstitut der Änderung der **Geschäftsgrundlage** auf. Ob im Einzelfall eine Berufung auf die Änderung der Geschäftsgrundlage zulässig ist, hängt freilich von den jeweiligen Umständen ab[690].

---

683 GRUR 1990, 897, 925. Die Begründung zum Erstreckungsgesetz Bl. f. PMZ 1992, 218 nimmt hierauf Bezug.

684 – und für solche aus § 12 BGB, so *v. Mühlendahl* GRUR 1990, 719, 736.

685 Zum Teil weitergehende Erläuterungen hierzu gibt *v. Mühlendahl* GRUR 1990, 719, 736 f; s. auch *v. Mühlendahl/Mühlens* GRUR 1992, 725, 730 f.

686 Abgedruckt in GRUR 1990, 789 ff. S. dazu *Knaak* GRUR Int. 1993, 18, 21 f. S. zur parallelen Problematik im Urhebervertragsrecht *Schrikker* IPrax 1992, 216, 218 f. Allgemein zur Anwendung dieser Vorschriften *Horn* DWiR 1992, 45; *v. Hoffmann* IPrax 1991, 1 ff; *Dörner/Meyer-Sparenberg* DtZ 1991, 1; *Pirrung* RabelsZ 55 (1991) 211; *Mörsdorf-Schulte/Otto* ZIP 1993, 15.

687 *Knaak* GRUR Int. 1992, 18, 21 f.

688 *Horn* DWiR 1992, 45 ff, 49 ff; vgl. auch *Stögmüller* Diskussionsbericht GRUR Int. 1992, 38 ff; *Oetker* JZ 1992, 608 ff.

689 BGH ZIP 1992, 1787, 1789; BGH ZIP 1992, 1797, 1799.

690 S. allgemein zur Anwendung der Lehre von der Geschäftsgrundlage im Zusammenhang mit der deutschen Einigung – allzu negativ – *Prölss/Armbrüster* DtZ 1992, 203. S. ferner *Janssen* ZRP 1991, 418. S. aus der Praxis BGH ZIP 1992, 1787; BGH ZIP 1992, 1797; LG Berlin ZIP 1992, 1660. S. auch LAG Berlin ZIP 1991, 825: Ein für das frühere Gebiet der Bundesrepu-

d) Das Erstreckungsgesetz. Die in § 13 des Einigungsvertrages angekündigten weitergehenden Regelungen der Vereinheitlichung für Formalschutzrechte trifft das **Gesetz über die Erstreckung von gewerblichen Schutzrechten vom 23. 4. 1992**[691]. **F 437**

Was die eingetragenen **Warenzeichen und Dienstleistungsmarken** betrifft, so werden die am 1. 5. 1992 in der Bundesrepublik und in der DDR bestehenden Altrechte mit Wirkung ab diesem Tag auf das jeweils andere Gebiet erstreckt (§ 1, § 4). Die DDR-Altrechte unterliegen hinsichtlich der Schutzfähigkeit grundsätzlich dem Recht der DDR, im übrigen dem Recht der Bundesrepublik (§ 5). Trifft ein auf die neuen Bundesländer ertrecktes Warenzeichen infolge der Erstreckung mit einer übereinstimmenden Marke zusammen, die auf das übrige Bundesgebiet erstreckt wird, so darf jedes Zeichen in dem Gebiet, auf das es erstreckt wird, nur mit **Zustimmung** des Inhabers des anderen Zeichens benutzt werden (§ 30 Abs. 1)[692]. Das Zustimmungserfordernis entfällt in drei Fällen (§ 30 Abs. 2 Nr. 1–3: Gebietsübergreifende Werbung, Rückübertragungsanspruch, Unbilligkeit[693]), wobei uU eine angemessene Entschädigung verlangt werden kann (§ 30 Abs. 3). **F 438**

Nach § 31 ist die Regelung des § 30 entsprechend anzuwenden, wenn erstreckte Warenzeichen oder Marken infolge der Erstreckung mit einem **Namen, einer Firma, einer besonderen Bezeichnung eines Unternehmens oder einem sonstigen durch Benutzung erworbenen Kennzeichenrecht** zusammentreffen[694]. Auf weitere Einzelheiten der für Marken geltenden Erstreckungsregelung kann hier nicht eingegangen werden[695].

Hinsichtlich der in der DDR **eingetragenen Herkunftsangaben** und der Anmeldungen solcher sehen §§ 33 ff eine Umwandlung in Verbandszeichen vor. Mit der Begründung, es handle sich um eine Gattungsbezeichnung, kann die Umwandlung nur abgelehnt werden, wenn die Verkehrskreise im gesamten Bundesgebiet darin ausschließlich einen Warennamen oder die Bezeichnung einer Sorte oder Art von Waren erblicken (§ 37). Es kann also dazu kommen, daß ein Verbandszeichen für eine in den neuen Bundesländern als Herkunftsangabe, in den alten Bundesländern als Gattungsbezeichnung gewertete Angabe entsteht[696]. Hier gilt dann die Konfliktsregelung des § 38: Bei Kollision mit einer übereinstimmenden Gattungsbezeichnung in den alten Bundesländern[697] oder einer übereinstimmenden Bezeich- **F 439**

---

blik vereinbartes Wettbewerbsverbot kann im Wege ergänzender Vertragsauslegung auf das heutige Staatsgebiet erstreckt werden; OLG Frankfurt GRUR Int. 1992, 461 (Piper Heidsieck): Zur Frage der Fortgeltung für DDR und BRD jeweils mit anderen Partnern abgeschlossenen Alleinvertriebsverträgen.

691 BGBl. I 938 = GRUR 1992, 749 (dort auch abgedruckt die Begründung des Regierungsentwurfs, S. 760, sowie Beschluß-Empfehlung und Bericht des Rechtsausschusses S. 797. S. auch den erläuternden Aufsatz v. *v. Mühlendahl/Mühlens* GRUR 1992, 725; s. ferner *Niederleithinger* Mitt. 1991, 125; *Mühlens/Schaefer* DtZ 1992, 194; *Gaul/Burgmer* GRUR 1992, 283 ff; *Th. Tetzner* Die Koexistenz kollidierender Zeichenrechte S. 55 ff, 77 ff; *Berg* WRP 1993, 297 ff.

692 S. zur Regelung der Kollision kritisch *Schultz-Süchting* GRUR 1992, 481 ff.

693 S. zum letzteren Punkt § 30 Abs. 3 Nr. 3: Kein Zustimmungserfordernis, „Soweit sich der Ausschluß der Benutzung des Zeichens ... unter Berücksichtigung aller Umstände des Falles und bei Abwägung der berechtigten Interessen der Beteiligten und der Allgemeinheit als unbillig erweist". Hier handelt es sich ersichtlich um die „Generalklausel" der Ausnahmefälle. Relevant können hier z. B. die Benutzungsverhältnisse und die Möglichkeiten der Abgrenzung des Vertriebs sein, s. von *v. Mühlendahl/Mühlens* GRUR 1992, 725, 743 f; *Berg* WRP 1993, 297 ff.

694 Vgl. für einen Warenzeichen/Firmen-Konflikt vor Erlaß des Erstreckungsgesetzes OLG München DtZ 1992, 247 (Leitsatz).

695 S. hierzu *v. Mühlendahl/Mühlens* GRUR 1992, 725, 731 ff, 738 ff, 742 ff; *Th. Tetzner* Die Koexistenz kollidierender Zeichenrechte S. 55, 77 ff.

696 Denkbar etwa bei „Dresdener Stollen", s. *v. Mühlendahl/Mühlens* GRUR 1992, 725, 746.

697 S. zur Problematik des gespaltenen Ost-West-Verhältnisses auch § 3 Rdn. 615.

nung eines Unternehmens, das dort die Tradition eines ursprünglich im Gebiet der DDR ansässigen Unternehmens fortführt[698], wird ein zeitlich befristetes Weiterbenutzungsrecht gewährt (§ 38)[699]. Im übrigen könnten hinsichtlich der bisherigen Beurteilung der Frage, ob eine geographische Bezeichnung Herkunftsangabe oder Gattungsbezeichnung – wie auch sonst bei der Anwendung des **§ 3 UWG** – Änderungen dadurch eintreten, daß der repräsentative Bevölkerungsquerschnitt im vergrößerten Bundesgebiet demoskopisch anders reagiert als derjenige des alten Bundesgebiets[700].

Nach §§ 39 ff ErstrG wird eine **Einigungsstelle** beim deutschen Patentamt für bürgerliche Rechtsstreitigkeiten errichtet, die sich aus dem Zusammentreffen von nach diesem Gesetz erstreckten gewerblichen Schutzrechten oder Benutzungsrechten ergeben.

2. Kennzeichenschutz

F 440 Die praktischen Probleme der deutschen Einigung, die im UWG-Bereich bisher aufgetaucht sind, betreffen im wesentlichen den Schutz der kraft Benutzung geschützten Kennzeichenrechte; hierauf soll im folgenden näher eingegangen werden. Wegweisend können dabei die dem Erstreckungsgesetz zugrundeliegenden Prinzipien sein[701], und zwar vor allem der Grundsatz der Gleichberechtigung aller Schutzrechte, ganz gleich, ob sie aus Ost oder West stammen; ferner der Grundsatz, daß nicht nach der Inhaberschaft differenziert wird und daß eine Erstreckung „telle quelle" stattfindet, d. h. daß die Rechte in ihrem ursprünglichen Rechtszustand erstreckt werden, wie dies dem Gedanken des Bestandsschutzes entspricht[702]. Hinzuzufügen wäre noch, daß im Sinne des Einigungsprozesses im Zweifel für eine einheitliche Lösung, „in dubio pro unitate", zu entscheiden ist[703].

a) **Formalschutzrechte.** Was zunächst die **Formalschutzrechte** betrifft – Warenzeichen und Dienstleistungsmarken in der Bundesrepublik, Marken aus der DDR – und die dazugehörigen Anmeldungen, so ergibt sich die Überleitungsregelung aus dem Einigungsvertrag samt Anlage (Rdn. 434) und dem Erstreckungsgesetz (Rdn. F 437 ff). **Neurechte**, d. h. Rechte, die aufgrund von Anmeldungen nach dem 3. 10. 1990 entstehen, richten sich allein nach dem Recht der Bundesrepublik und haben in deren gesamten Territorium Geltung; besondere Probleme entstehen hier nicht[704]. Im übrigen ist für Markenanmeldungen der 1. 7. 1990 als Stichtag bestimmt worden: Schon gegen Anmeldungen, die zwischen dem 1. 7. 1990 und dem 2. 10. 1990 getätigt wurden, können Widersprüche und Löschungsansprüche aufgrund von Rechten aus dem jeweils anderen Gebiet geltend gemacht werden[705].

F 441 **Altrechte** sind zunächst im jeweiligen Schuzterritorium bestehen geblieben; mit Wirkung vom 1. 5. 1992 sind sie auf das jeweils andere Territorium erstreckt worden. Treffen die erstreckten Rechte im Erstreckungsgebiet auf ein dort bestehendes

---

698 Sogenannte personengebundene Herkunftsangabe, s. § 3 Rdn. 633/634.

699 S. hierzu *v. Mühlendahl/Mühlens* GRUR 1992, 745 f.

700 § 3 Rdn. 615; s. auch *Knaak* GRUR Int. 1993, 18, 25. Vgl. OLG München DtZ 1993, 154, 155.

701 S. Begründung Bl. f. PMZ 1992, 214 ff; s. auch *Knaak* GRUR Int. 1993, 18, 22 f. Zur Vermögensrestitution bei Immaterialgüterrechten s. *Busche* DZWir 1993, 227 ff.

702 *Knaak* GRUR Int. 1993, 18, 21.

703 S. *Stögmüller* Diskussionsbericht GRUR Int. 1993, 32, 41.

704 *Knaak* GRUR Int. 1993, 18, 23.

705 §§ 2, 3, 21, 23 Erstreckungsgesetz; *Knaak* GRUR Int. 1993, 18, 22 f.

Formalschutzrecht oder ein kraft Benutzung geschütztes Recht mit Priorität vor dem 1. 5. 1992, so gilt die „Zustimmungslösung", auch Grundsatz der „territorialen Ausschließlichkeit" genannt[706]: Die erstreckten Rechte dürfen nur mit Zustimmung des Inhabers des älteren Rechts benutzt werden, wobei vom Zustimmungserfordernis wiederum Ausnahmen gemacht werden (Rdn. F 438).

b) Kraft Benutzung geschützte Rechte: Neurechte. Bei **kraft Benutzung geschützten Rechten**, d, h. den unter § 16 UWG fallenden Kennzeichenrechten, wie insbesondere Firma, Titel und Geschäftsbezeichnung, sowie den Ausstattungsrechten des § 25 WZG und den bekannten Marken nach § 28 Abs. 3 des Warenkennzeichnungsgesetzes der DDR fehlt eine ausdrückliche Erstreckungsregelung. Es empfiehlt sich, auch hier methodisch nach der für die Formalschutzrechte sich abzeichnenden Problemstruktur vorzugehen. **F 442**

Der Schutz der **Neurechte**, deren Entstehungstatbestand nach dem 3. 10. 1990 liegt, bestimmt sich allein nach dem Recht der Bundesrepublik; alte und neue Bundesländer haben den gleichen territorialen Stellenwert. Wer nach dem 3. 10. 1990 eine Firma oder ein sonstiges unter § 16 UWG fallendes kraft Erstbenutzung geschütztes Kennzeichenrecht in den alten oder in den neuen Bundesländern in Benutzung genommen hat, erwirbt grundsätzlich Schutz im ganzen Bundesgebiet, es sei denn es liegen Umstände vor, nach denen ein räumlich eingeschränkter Schutzbereich (§ 16 Rdn. 453, 455 ff) anzunehmen ist[707]. Bei nicht von Haus aus kennzeichnungskräftigen, erst ab Verkehrsgeltung geschützten Kennzeichen des § 16 und bei Ausstattungsrechten kommt es, wenn Verkehrsgeltung nach dem 3. 10. 1990 in den alten und/oder neuen Bundesländern erreicht wurde, auf die allgemeinen Regeln an, die für den örtlichen Schutzbereich solcher Rechte (§ 16 Rdn. 454) gelten[708]. **F 443**

c) Kraft Benutzung geschützter Rechte: Altrechte. Bei den kraft Benutzung schutzfähigen **Altrechten** ist zunächst zu fragen, ob nach der bis zum 3. 10. 1990 im fraglichen Gebiet geltenden Gesetzeslage überhaupt ein Recht **entstanden** war. Sodann ist zu prüfen, ob die Einigung zu einer **Erstreckung** des betreffenden Rechtes führt. Und schließlich ist das Problem der **Kollision** mit einem älteren Recht zu erörtern, auf das das erstreckte Recht im Erstreckungsgebiet trifft. **F 444**

Was zunächst die Frage der **Rechtsentstehung** betrifft, so ist sie nach dem Territorialitätsprinzip für jedes Gebiet nach dem für dieses geltenden Recht zu beantworten. Geht es um Vorgänge in den alten Bundesländern, ist deren Recht, d. h. §§ 16 UWG, 25 WZG anwendbar; bei Sachverhalten in der DDR das Recht der DDR, d. h. der dort ebenfalls geltende § 16 UWG sowie für den Schutz bekannter Marken § 28 Abs. 3 des Warenkennzeichnungsgesetzes (Rdn. F 430). Nach dem Recht der DDR ist insbesondere zu prüfen, ob einem in der Bundesrepublik bestehenden Kennzeichenrecht durch Benutzungsaufnahme bzw. Verkehrsgeltung (vgl. Rdn. 89/90) in der DDR gemäß § 16 UWG ein territorial auf die DDR bezogenes „Schwesterrecht" in der Hand desselben Inhabers zugewachsen ist. Zu beachten ist dabei, daß viele westliche Firmen und Marken in der DDR aus der Werbung des dort empfangbaren Westfernsehens bekannt waren und daß in Sondergeschäften (insbesondere Intershops) viele westliche Markenartikel gekauft werden konnten[709]. **F 445**

Was die **Erstreckung** bestehender Altrechte betrifft, so ergibt sie sich aus dem Beitritt der DDR und der vom Einigungsvertrag in Art. 8 angeordneten Geltung des **F 446**

---

706 *v. Mühlendahl/Mühlens* GRUR 1992, 725, 742 f.
707 *Knaak* GRUR Int. 1993, 18. 23.
708 *Knaak* GRUR Int. 1993, 18, 23 f.
709 Vgl. *Stögmüller* Diskussionsbericht GRUR Int. 1993, 32, 42 f.

Rechts der Bundesrepublik im Beitrittsgebiet ab 3. 10. 1990. Die Erstreckung folgt aus der Tatsache, daß die vereinigten Staatsgebiete ab 3. 10. 1990 ein einheitliches Schutzgebiet im Sinne des Territorialitätsprinzips unter einheitlichem Recht bilden. Ein Aufschub der Erstreckung durch Vorbehalt einer erst später durch den Gesetzgeber zu treffenden Erstreckungsregelung, wie er bei den Formalschutzrechten in der Anlage zum Einigungsvertrag statuiert wurde (Rdn. F 434), findet sich in bezug auf die durch Benutzung geschützten Rechte nicht. Es ist somit davon auszugehen, daß kraft Benutzung **im ganzen Staatsgebiet eines der deutschen Staaten** geschützte Kennzeichenrechte ab 3. 10. 1990 grundsätzlich auch im jeweils anderen Gebiet, d. h. also im heutigen Gesamtgebiet der Bundesrepublik geschützt sind[710].

F 447 Während sie im Ursprungsgebiet ihre alte **Priorität** der Schutzbegründung behalten, kommt ihnen im Erstreckungsgebiet die „Erstreckungspriorität" vom 3. 10. 1990 zu; es handelt sich also um Zeichen „gespaltener" Priorität. Da die Einigung insoweit keine Rückwirkung besitzt, kommt eine Übertragung der Ursprungspriorität auf das Erstreckungsgebiet nicht in Betracht. Soweit es sich um Rechte aus der Bundesrepublik handelt, ist ein Statutenwechsel damit nicht verbunden. Der Schutz von Rechten aus der DDR ist dagegen nunmehr nach dem Recht der Bundesrepublik zu bemessen; für die Schutzentstehung bleibt jedoch nach dem Grundsatz des Bestandsschutzes und entsprechend der Regelung des Erstreckungsgesetzes das Recht der DDR maßgeblich[711].

Die Erstreckung ist, da sie eine Folge der **rechtlichen Erweiterung** des Schutzterritoriums im Sinne der Schaffung staatlicher Einheit bildet, erst mit der Einigung am 3. 10. 1990 eingetreten und nicht bereits am 1. 7. 1990 mit Inkrafttreten der Wirtschafts- und Währungsunion[712]. Einheitliche Wirtschaftsräume bilden noch keine einheitlichen Schutzländer im Sinne des Territorialitätsprinzips, das auf die jeweilige Schutzrechtsordnung abstellt[713]. Daß das Erstreckungsgesetz ausdrücklich eine Übergangsregelung für Anmeldungen zwischen dem 1. 7. 1990 und dem 2. 10. 1990 geschaffen hat (Rdn. F 440), spricht dafür, daß der 1. 7. 1990 noch keine automatische Territoriumserweiterung bedeutet. Die Übergangsregelung war wegen der verfahrensmäßigen Gegebenheiten der Formalrechte erforderlich; bei den kraft Benutzung geschützten Rechten können Umgehungsgesichtspunkte und sonstige Schutzwürdigkeitsdefizite im Rahmen der Interressenabwägung (Rdn. F 451) geltend gemacht werden.

F 448 Es fragt sich, ob die Erstreckung außer für die bereits **kraft Erstbenutzung** geschützten Kennzeichenrechte in gleicher Weise auch für die **kraft Verkehrsgeltung** geschützten Rechte gilt. Hier ist zunächst darauf hinzuweisen, daß es sich in jedem Fall um Rechte handeln muß, die im Zeitpunkt der Erstreckung für das jeweilige **gesamte Heimatstaatsgebiet** wirksam waren[714]. **Kennzeichenrechte mit lediglich örtlich begrenztem Schutz** gelangen nicht in den Genuß der Erstreckung, ganz gleich, ob es sich um kennzeichnungskräftige, d. h. kraft Erstbenutzung geschützte

---

710 Ebenso § 16 Rdn. 455. Davon gehen auch die Erläuterungen zur Anlage des Einigungsvertrages aus, GRUR 1990, 897, 925 („kommt ... eine erst später die Erstreckung herbeiführende Regelung nicht in Betracht ...".) Ebenso *Knaak* GRUR Int. 1993, 18, 24, 25. So auch Bezirksgericht Dresden GRUR 1992, 338 (Gelbe Seiten).

711 *Knaak* GRUR Int. 1993, 18, 25.

712 So aber *Knaak* GRUR Int, 1993, 18, 24; s. auch *Knaak* GRUR 1991, 891, 893. Erwogen bereits von *v. Mühlendahl* GRUR 1990, 719, 739. Offengelassen vom Bezirksgericht Dresden GRUR 1992, 338 (Gelbe Seiten).

713 Vgl. auch für die Frage des Firmenschutzes in der EWG Rdn. F 89.

714 S. zu den Schwierigkeiten der Entstehung solcher Rechte in der DDR *Knaak* GRUR Int. 1993, 18, 25 f.

Rechte, aber nur mit örtlich begrenztem Wirkungskreis handelt (vgl. § 16 Rdn. 456 ff) oder um kraft Verkehrsgeltung geschützte Rechte, die lediglich eine örtlich beschränkte Verkehrsgeltung erlangt haben (vgl. § 16 Rdn. 228, 454). Für sie wäre die Erstreckung ein durch nichts gerechtfertigter Zuwachs.

Bei den **im ganzen Staatsgebiet geschützten Kennzeichenrechten** besteht Einigkeit hinsichtlich der Erstreckung der von Haus aus kennzeichnungskräftigen Zeichen[715]. Dagegen wird für die **kraft Verkehrsgeltung geschützten Kennzeichen** die Meinung vertreten, daß eine Erstreckung ausscheide; ihr Schutz bleibe auf das Gebiet der erlangten Verkehrsgeltung beschränkt, wobei freilich Härten durch geringere Anforderungen an die zu erlangende Verkehrsgeltung oder durch Anwendung von § 1 UWG ausgeglichen werden sollen[716]. **F 449**

Dabei ist freilich zu beachten, daß in der Bundesrepublik ein bundesweiter Schutz für kraft Verkehrsgeltung zu schützende Zeichen keineswegs voraussetzt, daß lückenlos überall die erforderliche Verkehrsgeltung erreicht wird; es muß nur bei einem nicht unerheblichen Teil der Verkehrskreise des Gesamtgebietes die erforderliche Verkehrsanerkennung vorliegen, dann erstreckt sich der Schutz auch auf die Teile des Staatsgebietes, in denen Verkehrsgeltung noch nicht erreicht ist[717]. Es findet also auch bei den durch Verkehrsgeltung geschützten Kennzeichenrechten eine gewisse Pauschalierung des Schutzbereiches statt: Liegt eine überregionale Verkehrsgeltung vor, können auch Teile des Staatsgebietes in den Schutz einbezogen werden, in denen es an der Verkehrsgeltung (noch) fehlt. Im Interesse der Einheitlichkeit des Schutzes ist eine derartige pauschale Schutzerweiterung auch bei der Erstreckung zu gewähren: Hat ein Kennzeichen ein derartiges Gewicht erlangt, daß es kraft Verkehrsgeltung Schutz im ganzen Staatsgebiet findet, soll seinem Schutzbereich auch der Zuwachs an Staatsgebiet durch die Erstreckung zugute kommen[717a]. Auch bei Warenzeichen wird bei der Erstreckung eine Differenzierung nicht danach vorgenommen, ob sie aufgrund ursprünglicher Unterscheidungskraft oder kraft Verkehrsdurchsetzung (§ 4 Abs. 3 WZG) eingetragen wurden. Eventuell entstehende Härten sind bei der Lösung von Konflikten mit älteren Rechten im Erstreckungsgebiet auszugleichen (s. im folgenden). **F 450**

Bei der Beurteilung von **Kollisionen** zwischen erstreckten Kennzeichenrechten und bestehenden Altrechten im Erstreckungsgebiet ist vom **Prioritätsgrundsatz** auszugehen: Den erstreckten Rechten kommt im Erstreckungsgebiet die Priorität vom 3. 10. 90 zu (Rdn. F 446); im Erstreckungsgebiet bereits bestehende Altrechte gehen infolge ihrer früheren Priorität den erstreckten Rechten im Erstreckungsgebiet grundsätzlich vor. Diese Lösung liegt auch der im Erstreckungsgesetz für den Konflikt zwischen Marken und zwischen Marken sowie durch Benutzung erworbenen Kennzeichenrechten getroffenen Regelung zugrunde (Rdn. F 438). Das Erstreckungsgesetz mildert den Prioritätsgrundsatz freilich durch eine Reihe von Ausnahmen ab, wobei die „Generalausnahme" des § 30 Abs. 2 Nr. 3 auf eine **„Abwägung der berechtigten Interessen der Beteiligten und der Allgemeinheit" unter Berücksich-** **F 451**

---

[715] § 16 Rdn. 455; *Knaak* GRUR Int. 1993, 18, 24, 25.

[716] S. zum ganzen *Knaak* GRUR Int. 1993, 18, 24 ff. Für Rechte aus der DDR besteht die zusätzliche Schwierigkeit, daß zumindest unklar ist, ob und unter welchen Voraussetzungen ein auf Verkehrsgeltung beruhender Schutz – etwa im Rahmen des § 16 UWG – anerkannt wurde. Auf Ausstattungsanwartschaften will *Th. Tetzner*, S. 61 ff, im Einzelfall § 1 UWG anwenden.

[717] § 16 Rdn. 226 mwN; *Baumbach/Hefermehl* Warenzeichenrecht[12] Rdn. 79.

[717a] So im Ergebnis auch OLG Stuttgart GRUR 1993, 494, 498 – Altenburger Spielkartenfabrik.

tigung aller Umstände des Falles abstellt. Bei der Lösung der vom Erstreckungsgesetz nicht unmittelbar geregelten Zeichenkonflikte sind diese Gedanken entsprechend heranzuziehen[718]. Gesichtspunkte von Benutzung, Verkehrsgeltung, räumlichem Geltungsbereich, Vertriebsverhältnissen, Besitzstand, Gutgläubigkeit, Freihaltebedürfnis u. dgl. können hier herangezogen werden[719]; die Lösung kann dabei uU auch zur Ermöglichung einer Koexistenz mit der Pflicht zu zumutbaren Zusätzen nach Art des Gleichnamigenrechts führen[720]; auch eine analoge Anwendung der Entschädigungspflicht des § 30 Abs. 3 ErstrG ist nicht auszuschließen.

[718] So auch *Knaak* GRUR Int. 1993, 18, 27ff; vgl. auch *v. Mühlendahl* GRUR 1990, 719, 737.

[719] S. auch *Knaak* GRUR Int. 1993, 18, 27.

[720] Vgl. § 16 Rdn. 455; s. auch *Schultz-Süchting* GRUR 1992, 481, 486. Ablehnend *Knaak* GRUR Int. 1993, 18, 28. LG Stuttgart DtZ 1992, 59, hat das Verhältnis zwischen der Firma eines in der DDR enteigneten und im Westen fortgeführten Unternehmens einerseits und der übereinstimmenden Firma des in der DDR fortgeführten Betriebs andererseits nach dem Recht der Gleichnamigen beurteilt und Koexistenz angenommen. Ebenso im Ergebnis OLG Stuttgart GRUR 1993, 494 – Altenburger Spielkartenfabrik (unter analoger Heranziehung von § 30 Abs. 2 Nr. 3 Erstr. G); s. dazu *Fingerhut/Witzmann* BB 1993, 1382.

Kolibri 360 GmbH
Ferdinand-Jühlke-Straße 7
99095 Erfurt, Deutschland
produktsicherheit@kolibri360.de